Arthur Russell

X – 1869 –

Vergiß mein nicht!

COURS
PRATIQUE ET THÉORIQUE
DE LANGUE LATINE,

ou

MÉTHODE PRÉNOTIONNELLE,

Qui renferme un nombre suffisant d'exemples tirés des bons Auteurs,

Pour
{
fonder toutes les règles { lexigraphiques,
syntaxiques,
étymologiques et de nomenclature ;
rassembler toutes les tournures latines, tous les latinismes ;
employer les deux mille racines et quinze mille autres mots ;
}

Et forme un Recueil de toutes les Phrases et de tous les Mots qu'il faut connaître, et des Observations qu'il faut avoir faites pour traduire, SANS DICTIONNAIRE, les Auteurs latins classiques, et les imiter dans l'art d'écrire et de parler cette langue ;

Par M. LEMARE,

Membre de plusieurs Sociétés Savantes et Littéraires, Auteur du Cours Pratique et Théorique de Langue française, du Système Naturel de Lecture, etc.; Ancien Professeur de Réthorique et Principal, DIRECTEUR DE L'ATHÉNÉE DE LA JEUNESSE, à Paris.

TROISIÈME ÉDITION,

Qui diffère des deux précédentes par la MANIÈRE D'APPRENDRE LES LANGUES, par quatre mille citations latines, et une TABLE ALPHABÉTIQUE de près de vingt mille articles, dont le but est de faciliter tous les genres de recherches, et de remplacer avantageusement le Dictionnaire.

A PARIS,

Chez
{
L'AUTEUR, quai de l'École, n° 34.
HENRY GRAND, rue Neuve des Petits-Champs, n° 32, au coin de la rue Ste-A.e
BACHELIER, Libraire, quai des Augustins, n° 55.
LENORMANT, Imprimeur-Libraire, rue de Seine, n° 8.
}
Et au Dépôt de la Tenue des Livres, chez M. CHAPUIS, rue Bailleul, n° 1.

AOUT, 1817.

D.

Principaux Ouvrages de l'Auteur.

1°. COURS PRATIQUE et THÉORIQUE DE LANGUE FRANÇAISE,
SECONDE ÉDITION, 2 vol. *in-8°*, prix 15 fr.

Cet ouvrage est conçu et exécuté sur le même plan que le Cours latin, d'après la Méthode prénotionnelle, et contient beaucoup plus de citations et de solutions que l'édition *in-4°*.

2°. COURS ABRÉGÉ de LANGUE FRANÇAISE et EXERCICES,
500 pag. *in-8°*, prix 7 fr. 50 cent.

Cet Abrégé diffère du grand ouvrage par les proportions qui y sont réduites, et par plus de deux cents pages d'exercices, ou thèmes chiffrés sur l'Orthographe, la Syntaxe, etc., qui, à l'aide des numéros de rapport, se trouvent tout corrigés dans le grand ouvrage.

3°. TRAITÉ COMPLET d'Orthographe d'usage, 1 vol. *in-12*, prix 2 f. 50 c.

NOTA. Ce Traité diffère de celui qui est dans le Cours *in-8°*, par les exceptions qui sont placées à côté de chaque règle, au lieu que, dans le grand ouvrage, on a préféré de les rassembler sous un seul ordre alphabétique.

4°. SYSTÈME NATUREL DE LECTURE, avec 50 Fig. en taille-douce.

Ces figures par leurs formes représentent d'après nature, et *immédiatement*, les caractères écrits; et leurs noms étant prononcés sont *les noms mêmes* de ces caractères, sans soustraction ni addition.

A l'aide du Système naturel, qui ne ressemble à rien de ce qui a paru en ce genre en France, en Allemagne et en Angleterre, les enfants, placés au milieu d'agréables illusions, apprènent à lire *en quelques semaines*. Les expériences publiques qui en ont été faites ne laissent aucun doute sur le mérite de cette invention.

Dans cette 4° édition, 45 Contes ont été refaits, à l'imitation de ceux qui ont le mieux réussi; et quelques figures ont été perfectionnées.

Un volume *in-8°*, 4° édition; 1 fr. 50 cent., et 3 fr. papier vélin.

5°. RACINES LATINES employées dans deux cents phrases, avec les étymologies et les dérivations, *in*.18, oblong, prix 3 fr.

NOTA. Le mérite de cet ouvrage est dans les dérivations et les étymologies; car les phrases ne sont pas en latin classique.

**6°. LE CHEVALIER de la Vérité, traduit de l'Allemand, 3 vol. *in-12*,
prix 6 fr.**

————

**EXAMEN CRITIQUE des Anciens historiens d'Alexandre-le-Grand,
par M. Sainte-Croix, SECONDE ÉDITION**

Considérablement augmentée, et ornée huit planches en taille-douce. Un vol. *in-4°* de 1,000 pages environ. Prix 30 fr. — Papier vélin, dont il ne reste que 15 exemplaires. Prix 60 fr.

INTRODUCTION.

QUEL est le plan et le but de cet ouvrage? quelle est la manière relative de s'en servir? par où en commencer l'étude? comment savoir s'il contient ou s'il ne contient pas ce qu'on y cherche? y retrouver ce qu'on y a vu? faudra-t-il, pour chaque éclaircissement dont on aura besoin, dévorer une préface, ou parcourir (quelquefois sans succès) le livre entier?

Quelque but qu'on se propose,

Le moyen le plus prompt, comme le plus sûr, c'est de recourir à la TABLE *générale alphabétique.* Vingt mille articles rappèlent les mots et les choses. Les professeurs, les pères et les mères, qui servent de maîtres à leurs enfants, les adultes, qui s'instruisent seuls, y trouveront comment ils doivent se diriger les uns dans leurs leçons, les autres dans leurs études. La Table se sert à elle-même pour expliquer la marche qu'on y suit, pour donner la clé des chiffres ou autres signes abréviatifs qu'on a été obligé d'y employer (*). Le mot *Table* lui-même y a son article.

(*) Comme la table est alphabétique, on n'y peut rien trouver que dans cet ordre. Lorsqu'un chiffre y est employé comme signe, il faut donc le transformer en lettres, par exemple : si l'on veut savoir ce

Ceux qui sentiront l'importance de cet AVIS, auront à leurs ordres un guide toujours prêt, ne se fatigueront point en recherches inutiles, et ménageront beaucoup de temps.

---

que signifie le chiffre 23 placé devant *struo* (voy. *struo* dans la table), il faut chercher VINGT-TROIS, et l'on trouvera l'explication de ce chiffre.

Il n'est pas besoin de dire que, si l'on a un mot tronqué, comme TER., CIC., il faut chercher TER., CIC., et l'on trouvera *Térence, Cicéron.*

DE LA MANIÈRE

D'APPRENDRE LES LANGUES.

PREMIÈRE PARTIE.

CHAPITRE PREMIER.

Que le langage d'action est nécessaire pour commencer à apprendre la première Langue ou Langue maternelle.

On sait ce qu'on a coutume d'entendre par *langage d'action* et par le mot *langue*.

La première langue est celle qui s'apprend dès le berceau, on l'appèle *langue maternelle*, les autres sont nommées *langues étrangères*. En tout cela, il n'est question que des langues dites articulées, telles que le français, le latin ou le grec.

Nous ne perdrons pas un instant à définir ces différents mots, sûrs qu'ils n'en seront que mieux compris, lorsqu'ils seront employés.

Que, pour la première fois, un enfant entende cette phrase : *Fermez la porte*, s'il ne voit point de geste qui accompagne cet ordre ; s'il ne le voit pas à l'instant s'exécuter, il ne saura point ce qu'il signifie, il lui sera impossible de le savoir.

Il en est ainsi de toutes les phrases de la première langue, qui ne seraient pas traduites par le langage d'action.

Mais si d'un côté la voix crie : *Fermez la porte*, et qu'on

accoure pour la fermer, l'association est faite, l'enfant la
saisit, et dans le geste et l'action qu'il voit faire, il trouve
le sens de la phrase qu'il a entendue; il trouve l'inconnu
dans le connu.

CHAPITRE II.

Que la Langue maternelle se sert bientôt à elle-même de moyen de traduction.

L E besoin de se mettre en rapport avec l'enfant qui ne
parle point encore notre langue nous en a fait trouver
le moyen, celui d'associer, comme on a vu dans le chapitre précédent, la phrase gesticulée à la phrase parlée.

Il est de fait que de telles associations ne sont nécessaires que jusqu'à ce que les phrases parlées soient apprises
ou connues. Dès-lors on n'a plus besoin de reproduire
ensemble les deux parties associées, l'une réveille invinciblement l'autre. Ainsi l'enfant, qui par l'effet de l'association
aura compris la phrase: *fermez la porte*, pourra la comprendre isolée, il comparera la phrase qu'il entend avec
celle qu'il a entendue et qu'il connaît, en sentira l'identité,
et, par une équation rapide, il substituera l'une à l'autre.
Il est vrai que cette opération est tellement instantanée
que la conception de la dernière phrase semble être immédiate et indépendante; il n'en est rien. Comment trouver
en effet un sens dans des signes purement conventionnels,
sans l'association qui les rends significatifs?

A ce second moyen, celui des phrases identiques, vient
bientôt se joindre celui des phrases semblables, qui est
d'une bien autre étendue.

CHAPITRE III.

Que c'est les unes par les autres que les phrases se décomposent en leurs éléments.

Sɪ le langage d'action n'avait point été associé à la phrase, *fermez la porte*, l'enfant aurait pu l'entendre répéter mille fois sans jamais s'imaginer qu'elle a une signification; de même, lorsqu'il l'aurait comprise, il l'entendrait répéter mille autres fois, sans se douter qu'elle est susceptible de décomposition, si de nouvelles phrases ne venaient en montrer les éléments séparés.

Mais si après avoir entendu : *fermez la porte*, il entend dire : *fermez l'armoire, ouvrez la porte, ouvrez l'armoire*, et qu'il voie exécuter ces diverses actions, il jugera que les phrases ont des parties séparables, qu'elles se décomposent les unes par les autres. Sans doute, il ne se rendra point compte de ces jugements, mais sa conduite prouvera qu'il les a portés. Car non seulement il nous comprendra, lorsque nous prononcerons une de ces quatre phrases; mais par ses gestes, on verra qu'il compose lui-même d'autres phrases semblables, et qui équivalent, par exemple, à *fermez la fenêtre, ouvrez la montre.*

Ainsi les phrases connues peuvent, en se décomposant, servir à en former de nouvelles : tel est le troisième moyen d'apprendre la première langue.

La seconde langue a évidemment les mêmes moyens de traduction que la première, savoir : le langage d'action, et les différents secours qu'elle se prête à elle même; elle a de plus une langue parlée déjà connue, qui peut lui servir d'interprète universel. Cet avantage est inapréciable; par là celui qui apprend une seconde langue est affranchi du

langage d'action, de ce langage qui exige la présence, l'exhibition des objets, de ce langage imparfait, borné, avec lequel le genre humain serait resté dans une éternelle enfance.

Mais avec une langue articulée une fois connue, tous les obstacles sont applanis. On me dit d'un : côté *hominem quæro*[a], et de l'autre : *je cherche un homme*. C'est dans le sens connu de la phrase française que je trouve le sens inconnu de la phrase latine ; pour faire l'équation ou la substitution, il m'a suffi d'avoir entendu.

Il est vrai, rigoureusement parlant, que je ne sais point encore lequel des deux mots signifie *homme* dans l'exemple traduit ; mais d'autres phrases, en décomposant *hominem quæro*, m'apprendront à le démêler : si, par exemple, je vois *habemus* HOMINEM *ipsum*[b], *nous avons* L'HOMME *lui-même*, je comprends que c'est *hominem*, qui dans *hominem quæro* répond à l'*homme* de la langue maternelle.

Cependant on a remarqué que la première langue ou langue maternelle s'apprend bien plus vite et bien plus agréablement que la seconde ; nous verrons que cette différence tient à la méthode, nous dédaignons les routes aisées de la nature, et nous en sommes punis par la fatigue et la douleur.

CHAPITRE IV.

Que ce ne sont jamais des mots isolés, mais des phrases qu'on traduit lorsqu'on apprend une langue.

UNE mère montre à son enfant un objet dont elle veut lui apprendre le nom, par exemple un *cabriolet*, et elle dit :

---

a PHÆD. 3, *Fab.* 19.　| b TÉR. *Eun.* 5, 1, *v.* 19.|

CABRIOLET! ne croyez pas que ce soit pour l'enfant le cabriolet du dictionnaire, que ce soit là un mot isolé, un mot sans rapport; c'est une phrase, qu'il traduit par le langage d'action, et qui, par exemple, peut signifier *l'objet que je montre s'appèle* CABRIOLET. Nous savons bien que la phrase peut se décomposer en mots, mais nous disons que, de fait, jamais on ne parle par mots détachés, que les monosyllables eux-mêmes, lorsqu'il sont employés seuls, équivalent à des phrases entières.

D'où il suit

Que la méthode de faire apprendre des listes de MOTS ISO-LÉS n'a pu être imaginée que par de mauvais observateurs.

CHAPITRE V.

Que la langue maternelle s'apprend sans le secours des règles, et par l'effet seul des traductions répétées.

IL est de fait que, dans tous les pays, la langue maternelle s'apprend avec à peu près la même facilité; que partout, à trois ou quatre ans, sans avoir jamais entendu parler de règles, on fait déjà d'assez bonne prose; qu'à cet âge, celle qui se faisait à Rome valait peut-être les thêmes de nos universités, même (surtout pour les alliances de mots), les discours qui, aux jours solemnels, se prononçaient gravement en Sorbonne, et dont on a dit :

> Quel latin, juste ciel! les héros de l'empire
> Se mordaient les cinq doigts pour s'empêcher de rire.

CHAPITRE VI.

Qu'aucune langue ne s'apprend jamais, ne peut jamais s'apprendre par les règles.

Ou les règles précèdent les exemples, ou elles les suivent.

Dans le premier cas, il est impossible qu'elle soient comprises : « il n'y a point d'âge, dit Condillac, où l'on puisse » comprendre les principes généraux d'une science, si on » n'a pas fait les observations qui y ont conduit, » ou, comme il dit ailleurs, « si l'on ne connait pas les faits « sur lesquels ils reposent. »

« Je ne connais point de principes généraux, dit Dumarsais, qui, pour être bien entendus, ne supposent la » connaissance des idées particulières qui les ont fait naître ».

« C'est tomber dans le défaut le plus grossier, ajoute-t-il » ailleurs, que de commencer par les règles.... »

Dans le second, elles viennent trop tard ; car les exemples sur lesquels elles sont fondées n'ont plus besoin d'elles pour être compris, ce sont eux au contraire qui les ont fait comprendre.

Un siècle de théorie (de pure théorie) ne ferait pas avancer d'un pas dans la connaissance d'une langue, il n'apprendrait pas à traduire une phrase. En effet, une phrase est un corps, composé de parties séparables, visibles, évaluables par les sens ; une règle est une abstraction, et ne peut être comprise qu'autant qu'on REMONTE aux faits d'où elle est déduite.

Cependant on accumule les règles, on les répète à toute occasion, comme si elles étaient la source des faits, tandis que ce sont les faits qui sont la source des règles. Heureusement que leur impuissance, leur stérilité force à

faire intervenir les exemples dans l'instruction, et le temps qu'elles n'ont pas absorbé, on l'emploie à traduire un peu de Virgile, un peu de Salluste, un peu d'Horace, et l'on finit avec beaucoup de temps par savoir un peu de latin. Le fait est que les règles ne nous ont rien appris, et que c'est à la pratique seule que nous sommes redevables de ce que nous savons.

Les règles sont donc complétement inutiles? — oui, s'il s'agit d'apprendre. Nous verrons plus tard quel est leur usage.

CHAPITRE VII.

Que le besoin fait trouver la meilleure manière d'apprendre et de montrer la langue maternelle.

Un enfant vient de naître, sa langue sera long-temps muette, mais des besoins le pressent, et il sait se faire entendre; ses larmes, ses cris, son agitation parlent.

Sa mère, inquiète, éprouve un besoin qui n'est pas moins pressant, celui de le secourir, de satisfaire et de prévenir tous ses désirs.

C'est ce besoin qui lui inspire l'heureuse idée d'agir et de parler en même temps, d'associer presque toujours le langage articulé avec le langage d'action, lors même que le premier paraît être sans objet. Instruite par l'instinct, elle semble dire: « tu ne me comprends point encore, « mais, avant de pouvoir parler, tu dois écouter long- « temps pour t'y préparer ».

On croirait aussi que cette tendre institutrice choisit toutes ses paroles, dans le dessein de hâter l'instruction de son enfant, et d'établir entr'elle et lui les moyens de communication, elle parle et répond; et toute sa conversation

roule sur les besoins, les jeux et les plaisirs de son nour-
risson, ou sert à exhaler les sentiments de sa tendresse.

Voyez aussi, lorsque l'enfant commence à parler, comme
elle est attentive à lui fournir les mots qui lui manquent,
à traduire par le langage d'action les petites phrases qu'elle
lui adresse, et que, sans ce secours, il ne comprendrait
point encore.

Aussi, quels étonnants progrès fait le jeune élève ! Il
comprend presque tout ce qu'on lui dit, et balbutie déjà
un grand nombre de phrases. D'un côté, le besoin dicte
la leçon, de l'autre, il y rend attentif, et c'est toujours avec
le même intérêt que la leçon est donnée et reçue.

A ce guide infaillible, le besoin, nous avons substitué
nos raisonnements et nos caprices dans l'étude et l'enseignement des langues, et nous nous sommes longuement
fourvoyés dans des chemins hérissés d'épines.

CHAPITRE VIII.

*C'est aussi le besoin qui doit montrer quelle est la meilleure
manière d'apprendre une seconde langue.*

Un instinct sûr dirige la première instruction; le besoin
de communiquer, senti d'un côté par la faiblesse, et de
l'autre par la tendresse inquiète et active, inspire tout ce
qui conduit à ce but.

Le besoin d'apprendre une seconde langue est bien
loin d'être aussi pressant, ses inspirations sont donc moins
vives et moins sûres.

Cependant, quand l'étude en est résolue, qu'on s'en est fait
une loi; au défaut de l'instinct, la raison doit guider dans
la recherche des moyens de satisfaire, à aussi peu de frais
qu'il est possible, ce nouveau besoin.

Il s'agit d'une langue vivante ou d'une langue morte, car il est nécessaire de faire cette distinction.

Dans le premier cas, on a *besoin* de savoir le langage de la société avec laquelle on veut se mettre en rapport.

Dans le second, c'est ordinairement la langue des auteurs classiques qu'on a *besoin* de connaître.

Il faut donc ne pas se consumer en efforts inutiles, en meublant sa tête de phrases et d'expressions qu'on n'aura peut être jamais l'occasion d'employer; avant d'entrer dans la carrière qu'on veut fournir, il faut la mesurer, la borner.

Le seul besoin doit tracer le cercle.

CHAPITRE IX.

Tout est trouvé.

La manière d'apprendre une seconde langue, c'est-à-dire une langue étrangère quelconque, se déduit de faits que nous avons établis.

Pour être moins distrait, nous allons borner notre horison, et personnifier en quelque sorte toutes les langues dans la langue latine, qui est ordinairement pour nous la seconde.

La meilleure méthode pour apprendre le latin

CONSISTE

A traduire des PHRASES CHOISIES dans le dessein de familiariser les étudiants avec la lexigraphie, la nomenclature, les tours et les idiotismes classiques de cette langue.

Cette méthode exige donc, comme moyen, un recueil ɛ phrases choisies dans cette intention.

Le recueil le mieux composé en ce genre sera] meilleure méthode écrite pour apprendre le latin.

Il suffira de le lire et relire, pour se mettre en état d traduire les auteurs, c'est-à-dire, de satisfaire le besoi qu'on s'est créé, lorsqu'on s'est décidé à étudier cetl langue.

Ce recueil ne doit être ni trop resserré ni trop étendu;

Trop resserré, il ne rassemblera pas assez de faits pou fonder les analogies et fournir les moyens de généraliser;

Trop étendu, il séparera trop les différents groupe analogiques et rendra plus difficiles les comparaisons.] aura de plus le défaut d'appartenir au genre ennuyeux.

Ce travail, entrepris dans le même dessein par plusieur auteurs, présenterait dans son exécution des différence plus ou moins considérables.

Sa plus grande difficulté, c'est de garder une just mesure.

CHAPITRE X.

Méthode de l'Auteur.

ELLE est intitulée : *Cours Pratique* et *Théorique di langue latine.* Elle a dû prendre ce titre, chaque groupɛ ou d'exemples étant suivi d'une ou de plusieurs observa tions en forme de règles.

D'après la doctrine des chapitres précédents, le mo *Pratique* paraît une redondance, puisque toute méthode pour apprendre une science, n'est telle qu'autant qu'ell est pratique ; et le mot *Théorique* semble annoncer que le

règles ne sont point infructueuses, quoiqu'on paraisse les avoir frappées de stérilité. Hâtons-nous d'expliquer cette apparente contradiction.

Lorsqu'ayant appris une langue, ou une partie de cette langue par la seule manière dont elle s'apprène, par la traduction des phrases, on se rend compte de ce qu'on a fait, et qu'on généralise les idées individuelles qu'on s'est acquises; c'est ce qu'on appèle se former des règles, se faire une théorie. Il est impossible, par exemple, de traduire beaucoup de phrases dans l'analogie de *bonus dormitat Homerus*, sans embrasser ce qu'elles ont de commun, sans descendre aux deux généralités ou règles sur l'accord de l'adjectif, avec le substantif, et du verbe avec son nominatif, etc. Eh bien! ce que, nécessairement, le traducteur de nos phrases ferait seul, plus ou moins tard, avec plus ou moins d'exactitude, nous l'avons fait, non pas pour lui en éviter le soin, mais pour lui fournir des moyens de comparer ses observations avec les nôtres, ou, tout au moins, pour le mettre sur la voie d'observer.

Or, les généralités ou règles, dont tout notre Cours est entremêlé, comparées aux groupes de faits qui leur servent de bases, forment comparativement deux méthodes, l'une PRATIQUE, celle par laquelle on apprend le latin; et l'autre THÉORIQUE, celle qui généralise, qui quintessencie ce qu'on a appris.

CHAPITRE XI.

De quoi se compose le Cours latin, et dans quel ordre il convient ordinairement de l'étudier.

Le Cours pratique renferme près de quatre mille citations, presque toutes accompagnées d'une traduction latérale, en voici la distribution :

1°. *Lexigraphie,* 1,200 phr.
- dont 70 pour les décl. rég., *pag.* 90
- 150 pour les conjug. rég., *p.* 140
- 175 pour les décl. irrég., *p.* 78
- 145 pour les conjug. irrég., *p.* 127
- 360 pour les passés et les présents irréguliers, ... *p.* 159
- 300 pour les gén. et nominatifs irréguliers, ... *p.* 100

2°. *Syntaxe,* ... 2,400 phr.
- dont 344 principales, numérotées, depuis 1 jusqu'à 344, ... *pag.* 191-427
- 2,056 subalternes placées sous les mêmes 344 numéros, ... *pag.* 191-427

3°. *Nomenclature,* 250 phr.
- dont 100 pour les initiatifs et les terminatifs, ... *pag.* 427
- 150 pour les radicaux qui n'avaient pas encore été employés, *pag.* 433

Ajoutez les 3,400 phrases qui ont fondé les règles lexigraphiques et syntaxiques, et qui, en même temps, ont servi à former des radicaux etc.

De toutes ces citations, les plus importantes sont les 1,644 suivantes,

Savoir :
- les douze cents phrases lexigraphiques,
- les trois cent quarante-quatre principales phrases syntaxiques,
- et les cent phrases des initiatifs et des terminatifs.

Il est nécessaire de les apprendre, non pour les réciter de suite, mais pour reproduire chacune d'elles selon le besoin.

Le Cours théorique, c'est-à-dire la partie théorique, se compose, savoir :

1°. D'observations sur la valeur des initiatifs et des terminatifs, *p.* 9
2°. Des altérations des mots ou art étymologique, ... *p.* 49
3°. De tableaux lexigraphiques analytiques, ... *p.* 98 et 156
4°. D'observations sur chacun de 344 numéros, ou groupes de faits donnés dans la syntaxe, ... *p.* 185
5°. De 225 notes destinées aux maîtres et à ceux qui veulent approfondir la raison des faits.

Les chapitres suivants donneront de nouveaux développements sur la manière d'étudier l'un et l'autre cours.

CHAPITRE XII.

Par quelles phrases il faut commencer l'étude du latin.

On étudie, non-seulement pour savoir ce qu'on apprend, mais encore pour trouver dans ce qu'on a appris le moyen d'augmenter ses connaissances.

Si donc, dans l'étude du latin, on vise à ce double but, il n'y a pas de doute qu'il ne faille la commencer par les phrases lexigraphiques; et que, même dans cette étude, l'ordre à suivre ne soit celui qui a été indiqué dans le chapitre précédent.

Les phrases des déclinaisons et des conjugaisons régulières font passer en revue les analogies les plus fécondes, celles sous lesquelles se range la plus grand partie des mots latins. Les phrases qui rassemblent les mots irréguliers, sous le rapport des finales déclinatives et conjugatives, renferment, par cela même, les mots les plus usuels. Celles enfin qui donnent les nominatifs et les passés irréguliers ont à-peu-près le même avantage.

Lorsqu'on sait ces trois sortes de phrases, on connaît et les mots les plus usuels, et les formes par lesquelles se fait la grande multiplication des mots; et si ces phrases ont fait apprendre cinq mille mots, on a acquis le moyen de former 2 ou 3 cent mille autres mots, de traduire, de composer des millions de phrases nouvelles, sans sortir du cercle des phrases apprises.

On a vu, dans le chapitre trois, comment les phrases, en se décomposant, fournissent le moyen d'analyser la pensée, et d'en varier l'expression. Il suffit, pour opérer ce prodige, de se laisser entraîner par l'analogie; par elle on

b 2

décline, on conjugue, on syntaxie, sans se douter qu'il y
ait des nombres et des cas, des genres épicènes, des genres
douteux, des temps, une nomenclature des temps, des
principes pour la formation des temps, des concordances
ou discordances; enfin, des déclinaisons, des conjugaisons
et une syntaxe. On ignore cinq ou six mille autres curiosités
pareilles; on puise dans le magasin des 12 cents phrases
devenues familières, et dans les cinq mille mots dont elles
se composent, de quoi former presque toutes les combi-
naisons dont on peut avoir besoin, et on fait de la prose
plus ou moins passable, mais toujours facile.

A l'étude des phrases lexigraphiques, il faut faire succéder celle des phrases syntaxiques. D'abord, comme les
premières, elles donnent le moyen de placer beaucoup de
mots usuels, et de rassembler d'autres genres de groupes
analogiques, ceux qui concernent les différentes tournures
de phrases et les idiotismes.

Lorsque, d'un côté, l'on s'est familiarisé avec la forme
des mots, et de l'autre avec les phrases; que reste-t-il, sinon
de compléter la nomenclature ? Pour y parvenir, on étudie
les 100 phrases des initiatifs et des terminatifs *.

Ces phrases sont d'un grand intérêt, par la quantité
immense de composés et de dérivés qu'elles donnent le
moyen de former ou de traduire.

Le Cours pratique se termine par les phrases des radicaux et autres mots usuels qui n'avaient point été employés.

Cet ordre d'étude s'écarte en quelques points de celui
qui est suivi dans l'ouvrage.

Ces deux ordres tiennent à deux genres différents de
considérations.

La nature des objets classés a déterminé l'ordre du livre;

---

a Voyez Cours latin, pag. 427.

l'utilité qu'on peut retirer des mêmes objets, comme moyens, a réglé l'ordre d'étude.

Il y a aussi un ordre de facilité, qui quelquefois ne se trouve point réuni avec les deux autres. Tel groupe analogique peut, par la nature des objets, être le premier, et l'être aussi par le dégré d'utilité, quoique, en tout ou en partie, il soit l'un des moins faciles à étudier.

L'ordre de facilité varie d'ailleurs selon les prénotions de ceux qui étudient, et telle leçon peut être la première pour l'un, et la 2e ou la 10e pour un autre.

Il est donc rare de trouver un livre qui doive toujours être étudié par le commencement; l'ordre d'utilité ou de facilité, ou quelquefois les deux ensemble, concourent à changer le premier ordre.

CHAPITRE XIII.

Expérience décisive.

Un enfant de 10 ans, qui n'avait pas encore ouvert de livre latin; a étudié, sous la direction de sa mère, les phrases des déclinaisons et des conjugaisons régulières *.

Au bout de quinze jours, étant donné le français, il disait le latin; il fesait avec encore plus de facilité l'opération inverse. Un mot de la phrase latine, surtout le premier, et même la finale seule de ce premier mot, suffisait pour le mettre sur la voie, et lui rappeler toute la phrase. Nous n'avions point douté de semblables résultats; notre dessein, en lui donnant ces phrases à apprendre, était de préparer l'expérience suivante:

---

a Voyez Cours latin, *pag.* 90 et 140.

De toutes les questions que nous lui avons faites, nous ne rapporterons que les trois premières :

1ere QUESTION : que signifie *terram videmus*? il a répondu sans hésiter : *nous voyons la terre*; ce qu'il n'a pu faire qu'en décomposant la phrase *terram video*ᵃ, et la phrase *videmus Italiam*ᵇ; empruntant *terram* à l'un, et *videmus* à l'autre, d'après le procédé expliqué dans le chapitre trois.

2ᵉ QUESTION : que signifie *rem tenemus ?* il a répondu, nous *tenons la chose* (ou *nous y sommes*). Or, il n'a pu traduire *rem tenemus* qu'en décomposant deux phrases, savoir : *rem tenes*ᶜ, où il a pris *rem*, et par *videmus Italiam*, où il a pris *videmus*, seulement comme objet d'imitation, pour former sur lui *tenemus*, qui tient aux deux phrases ; à la première, par l'idée radicale, à la deuxième par les idées accessoires. Ces diverses opérations, il les a faites à son insçu, avec promptitude et sûreté; l'analogie seule lui a servi de guide.

3ᵉ QUESTION : comment traduirez-vous en latin ?

Vous voyez la terre :

Il a répondu : *terram videtis*. Nous avons compris qu'il avait emprunté *videtis* à la phrase prénotionnelle : *videtis quo in loco res hæc sit*ᵈ, et *terram* dans *terram video*ᵉ; que l'habitude de construire *terram* avant le verbe a été la cause secrète qui l'a déterminé à placer *terram* avant *videtis*.

Une remarque bien importante, c'est que, dans toutes les phrases latines qu'il a faites, il n'a pas manqué une fois de les construire à l'instar de celles qu'il a apprises; ce qui prouve que c'est en latin qu'il a pensé, effet nécessaire d'une méthode qui commence par les phrases latines et qui fonde tout sur elles.

---

a Voy. Cours latin, p. 90.   c Ibid., *pag.* 97.   e Ibid., *pag.* 90.
b Ibid., *pag.* 143.   d Ibid., *pag.* 143.

Nous avons senti que LA MÉTHODE DES PHRASES CHOISIES, dans le dessein expliqué chapitre neuf, donne la solution incontestable du grand problème : QUELLE EST LA MEILLEURE MANIÈRE D'APPRENDRE LES LANGUES, et que l'expérience que nous venions de faire était décisive.

CHAPITRE XIV.

Qu'il faut se hâter de rassembler, par l'étude des phrases, les moyens de traduction.

IL est bon que, de temps en temps, une semblable expérience se renouvèle, c'est-à-dire que l'élève, par la décomposition des phrases qu'il connaît, traduise ou compose des phrases inconnues. Par là, il voit quelle source de richesses il possède dans les phrases qu'il a apprises, et s'encourage à se rendre maître de celles qui restent à apprendre.

Mais il ne faut pas trop l'arrêter à cet exercice ; il faut que presque toute son occupation soit l'étude des phrases prénotionnelles ; car nos citations servent toutes, s'il est permis de s'exprimer ainsi, comme d'autant de règles concrètes.

Il n'y a pas une des 1,200 phrases lexigraphiques qu'il ne soit nécessaire de savoir. Par exemple, si on ne sait pas la phrase : *pepigerunt ante parentes*, pag. 166, comment remonter au présent *pango*, et composer ou traduire les phrases où doit se trouver un temps passé de ce verbe ?

Il faut donc peu se distraire, et marcher droit au but, qui est surtout de savoir toutes les phrases lexigraphiques, sinon pour les réciter de suite comme une leçon, au moins de telle manière, qu'au moindre signe de rappel, elles puissent se représenter.

Alors, il sera temps de faire une bonne pause, et de s'exercer sur ce fonds, soit à la traduction, soit à la composition d'un grand nombre de nouvelles phrases.

Dans ce double exercice tout sera sujet de triomphe, et pour l'esprit et pour la mémoire de l'élève. Mais, s'il se peut, il ne faut rien écrire, il vaut mieux que tout se passe en action.

Si l'élève hésite, il faut à l'instant l'aider, soit en lui rappelant la phrase ou les phrases prénotionnelles, soit en composant ou en traduisant pour lui tout ou partie de la phrase demandée.

Il profite à-peu-près également, soit en fesant lui-même, soit en voyant faire.

CHAPITRE XV.

Points fixes ou Prénotions fixes.

Chacune de nos phrases est un point fixe, qui, une fois bien connu, se retrouve toujours avec facilité aussitôt que le besoin s'en fait sentir; c'est une prénotion claire et lumineuse, qui, devenu familière, se reproduit spontanément à la moindre occasion (1).

---

(1) Nous prenons le mot de *prénotion* dans le sens du latin *prænotio*, qui signifie connaissance antérieure. C'est ainsi que l'a employé Bacon dans son *Novum organum*, pour exprimer une connaissance certaine, précédemment acquise, et qui peut servir de base à de nouvelles connaissances. Nous espérons que l'Académie fera disparaître de la nouvelle édition de son dictionnaire cette définition étrange, et également contraire à l'analogie, et à l'usage des grands écrivains : « La prénotion est la con » naissance obscure et superficielle qu'on a d'une chose avant de l'avoir » examinée ».

Pour le thème, comme pour la version, c'est toujours au latin des phrases prénotionnelles qu'il faut remonter. Lorsqu'on a du latin à traduire, c'est par le mot latin donné qu'il faut retrouver le mot latin prénotionnel.

Si, par exemple, connaissant nos phrases *prénotionnelles*, car c'est le nom que nous leur ferons porter, on veut traduire cette phrase inconnue :

Videbis meliora probabisque,

Il sera facile d'y parvenir en remontant aux points fixes, ou prénotions. La forme matérielle des mots suffit pour le rappel ,

Videbis fait penser à *videbis*, ut soles, omnia[a],

Meliora — — à video *meliora* proboque[b],

Probabis — — { à la phrase précédente, où est *proboque*, et à *dabis*, improbe, pœnas[c].

Or, dans ces quatre phrases prénotionnelles, se trouve la traduction de la phrase inconnue : *Videbis meliora probabisque*.

Si l'on avait eu à mettre en latin : *Tu verras le mieux et tu l'approuveras;* c'est le sens des mots français qui aurait servi de moyen de rappel. C'est toujours par des traductions qu'il faut commencer le travail sur les phrases prénotionnelles; car il est plus facile de remonter au latin par un latin semblable, souvent même identique, que par le français.

Nous avons réuni, dans notre ouvrage, tous les points fixes ou prénotions nécessaires pour traduire et pour composer toutes sortes de phrases. Il ne peut se présenter aucune nouvelle forme, aucun nouveau mot, aucune tournure, aucun idiotisme, qui ne reporte l'élève à une phrase déjà connue.

Archimède disait : « Donnez-moi un point d'appui , et je » souleverai le monde ». Il entendait un point d'appui convenable.

Nos points fixes sont comme des points d'appui appro-

___

a Voy. Cours latin, *p* 143. | b Ibid. | c Ibid., *pag.* 140.

priés à des usages prévus, ils ont le mérite d'être connus d'avance, et d'être toujours prêts à recevoir le levier. Ce levier est ici tout trouvé, c'est l'analogie.

La puissance, c'est notre esprit, qui, armé de ce levier, décompose et compose, c'est-à-dire qui agit à l'instar de ce qu'il a vu faire. C'étoient donc de bons points d'appui qu'il fallait tenir prêts.

C'est ce que fait la MÉTHODE *des phrases prénotionnelles*, et cet avantage, que rien ne peut compenser, doit tôt ou tard la rendre universellement classique.

SUITE DU CHAPITRE XV.

Étant prise au hasard une phrase, dans les auteurs classiques, on peut improviser sur chaque mot trois citations prénotionnelles,

Savoir :
{ une citation lexigraphique,
{ une citation syntaxique,
{ et une citation relative à la nomenclature.

Soit donnée cette phrase : *percurrit pectine telas* [a] :

Percurrit
{ phrase lexigraphique: *dic-IT semper ex tempore* [b],
{ phrase syntaxique: *quandoque bonus* DORMITAT *Homerus* [c],
{ phrase { de l'initiatif : PER-*fudit nectare vestam* [d],
{ { du radical : CURRITUR *ad prætorium* [e].

Pectine..
{ phrase lexigraphique : *homin-E illo opus est* [f],
{ phrase syntaxique : *agnam* ENSE *ferit* [g],
{ phrase de la nomenclature : PECTINE *crines diducit* [h].

Telas ...
{ phrase lexigraphique : *terr-AS numine torquet* [i],
{ phrase syntaxique : TERRAM *tetigimus* [k],
{ phrase de la nomenclature : TELA *victum quæritans* etc. [l].

Ce que nous venons de faire sur cette phrase peut se répéter sur toute la latinité.

---

a VIRG. *Georg.* I, v. 294.
b *Cours latin, pag.* 144.
c *Ibid. pag.* 292.
d *Ibid. voyez la table.*

e *Cours latin, pag.* 165.
f *Ibid. pag.* 94.
g *Ibid. pag.* 242.
h *Ibid. pag.* 117.

i *Cours latin, pag.* 91.
k *Ibid. pag.* 278.
l *Ibid. pag.* 390.

AUTRE SUITE DU CHAPITRE XV.

Deux grandes propriétés des phrases prénotionnelles.

Nous supposons qu'on ait parcouru, qu'on sache plus ou moins bien les phrases prénotionnelles, et qu'on veuille traduire l'Énéide. Au lieu de procéder à coups de dictionnaire, on s'aidera de ses seules prénotions. Soit ce premier vers du 4e livre :

At regina gravi jamdudùm saucia curâ.

Si *saucia* est encore inconnu, et que sa phrase tarde à se reproduire, on recourt à l'instant à la table alphabétique, au mot *saucius* ou *saucia*, car on trouve également l'un et l'autre; et la table renvoie à *saucius factus sum* » *in prœlio* [a].

Ainsi, 1°. jamais un mot n'est donné comme dans les dictionnaires avec une valeur vague, absolue, abstraite, mais avec une valeur déterminée, relative et individuelle; car il est toujours montré comme employé, et comme le sont en effet tous les mots dans le langage parlé ou écrit.

2°. Les phrases prénotionnelles, par le fréquent usage qu'on en fait, pour décomposer ou composer des phrases, deviennent toujours plus familières, plus faciles, plus promptes à se représenter.

Cette manière de se créer un nombre suffisant de points fixes, auxquels on peut toujours revenir, trouvera, nous osons le prédire, de chauds partisans et même d'heureux imitateurs.

[a] Cours latin, ou PLAUT. *Pers.* 1, 1, *v.* 24.

CHAPITRE XVI.

Que toutes les autres méthodes, manquant de points fixes, ou prénotions, errent plus ou moins long-temps dans le vague.

Lᴇꜱ prétendues méthodes qui s'appuient sur les règles n'ont que des points d'appui illusoires ; elles prènent pied sur l'inconnu ; il n'y a donc avec elles aucun parallèle à établir.

Il ne s'agit donc que d'examiner le procédé des méthodes pratiques.

Supposons qu'après s'être exercé 2 ou 3 ans par une de ces méthodes, on ait à traduire : *sivi quæ sarserat dolia lini*

On pourra n'avoir jamais vu, ou entendu, ou du moins n'avoir pas retenu une partie des mots que cette phrase contient. Celui, par exemple, qui aurait traduit tout entiers Phèdre, Salluste, Virgile, Horace, n'y aura trouvé ni *sivi*, ni *sarsi*, ni aucune forme qui puisse facilement y conduire ; il faudra donc qu'il recoure au dictionnaire.

Lini est employé, sous différentes formes, dans Horace et Virgile ; mais comment se rappeler à l'instant où et à quelle occasion ?

La méthode des phrases prénotionnelles, qui ensemble n'ont guères plus d'étendue que les Géorgiques et sont beaucoup plus faciles à étudier, donne le moyen de traduire sans dictionnaire tous les auteurs latins classiques et de composer toutes sortes de phrases.

Sivi de la phrase donnée fait songer à *sivi tuo te vivere modo* *.

___

a Voyez le Cours, *pag.* 177.

Sarserat fait penser à *si sarseritis benè dolia*·; et *lini* rappèle la phrase : *linit ora luto*[b], près de laquelle on trouve aussi : *vile sabinum levi*[c].

Il ne reste donc plus d'élément inconnu; les phrases prénotionnelles ont décomposé la phrase-problème, et en ont donné la solution. Il en sera ainsi des millions de phrases nouvelles qui pourraient se présenter.

CHAPITRE XVII.

Que, dans les méthodes théoriques, pour appliquer une seule règle de syntaxe, celle de l'accord du verbe avec son nominatif, il faudrait connaître au moins 1200 autres règles.

On a vu dans le chapitre onze que nous avons 1200 phrases prénotionnelles, uniquement relatives à la déclinaison et à la conjugaison; qu'une seule ôtée, une voie serait ouverte aux barbarismes.

Or, dans le système des règles, chacune de nos phrases remplace une règle ou abstraction; par exemple, on dit que le futur *amabo* se forme du présent de l'indicatif en changeant *o* en *abo* etc. etc. etc. etc..... Il est vrai qu'avant ou après cela, on nous a donné des modèles et des paradigmes; mais ces tableaux sont des abstractions, qui ne sont significatives que par les mots qui leur ont servi de base; et les mots eux-mêmes ne peuvent bien se classer dans nos têtes, que quand ils sont enchassés dans des phrases.

Abis par lui-même ne signifie rien et résiste à la mémoire,
Dabis est presque aussi réfractaire,
Dabis, improbe, pœnas s'apprend et se retient facilement.

a Voy. le Cours, p. 175. | b Ibid. 177. | Ibid, 177.

individuelle des mots; et il fait dans notre langue des progrès rapides.

La traduction latérale, telle que nous l'avons faite pour nos phrases prénotionnelles, est donc plus que suffisante, puisque, non seulement, elle donne le sens total de chaque phrase, mais les moyens de distinguer les sens indivi-duels, ce qui n'était point rigoureusement nécessaire.

SUITE DU CHAPITRE XVIII.

Avantage de la traduction latérale.

Nous ne parlons ici que de la traduction des phrases prénotionnelles; car on ne devra plus avoir besoin de traductions préparées, lorsque ces phrases seront une fois connues.

La division constante de la page en deux colonnes, l'une latine et l'autre française, donne la facilité de voiler l'une ou l'autre, à volonté, de dire le latin en voyant le français, et le français en voyant le latin, et de se servir à soi-même de répétiteur.

On a vu que cinq moyens aident à faire correspondre, par la pensée, les mots des deux langues, sans DÉRANGER le latin. La brièveté de nos phrases assure et facilite cette opé-ration, bonne à répéter de temps en temps, mais à laquelle il ne faut pas trop s'attacher. Car, comme nous l'avons dit, d'autres phrases viendront, qui feront pour vous la décomposition que vous vous fatiguez à faire ; semez, mais attendez le temps de la récolte.

Les méthodes qui commencent par la traduction des auteurs sont pleines d'embarras; tout vient à la fois, et ce maudit auteur au lieu de débuter par de petites phrases, s'annonce souvent par une interminable période;

enfin, quel qu'il soit, rien n'y est gradué; les choses les plus difficiles sont sans cesse à côté des plus faciles. On connaît les machines qu'on dresse autour de tant d'obstacles, nous aurons l'occasion d'en signaler les vices.

CHAPITRE XIX.

De la dé-construction, *vulgairement dite* construction.

Lᴀ première phrase de Népos est de 47 mots;

La première de l'Énéide : *ille ego.... arma virumque* etc., est de 78.

On gagne peu à vouloir choisir; car un livre n'a point *de* page qui ne renferme plus ou moins de longues phrases.

Ceux qui, comme Radonvilliers, Dumarsais, commencent immédiatement par l'explication des auteurs (et il n'y a pas d'autre méthode à employer en l'absence d'un recueil prénotionnel), sont inévitablement forcés de construire le latin et de le présenter dans un ordre qui applanisse une partie des difficultés.

Voici les défauts de ce procédé :

1°. Il porte à l'oreille une atteinte irréparable;

2°. Il accoutume à voir le latin dans l'ordre français, à penser dans l'ordre français, de sorte que cet ordre se reproduira presque invinciblement, lorsqu'il s'agira de composer en latin;

3°. Il n'apprend pas le vrai latin, le latin qu'on veut savoir, mais un latin barbare, un latin plat, un faux latin, un latin qu'il faut oublier; et comment parvenir à cet oubli si nécessaire, comment détruire les premières impressions, des impressions si souvent répétées?

4°. Il est décourageant; quel goût peut prendre une oreille bien organisée à entendre des sons mal assemblés, et comme en dépit du précepte?

Fuyez des mauvais sons le concours odieux.

Une mère donne-t-elle à son enfant un français barbare pour lui expliquer le français usuel? ou, lorsque nous voulons nous faire entendre d'un étranger, cherchons-nous à ranger nos mots dans l'ordre de sa langue? disons nous à un allemand?

Je sais   ne   si ils   bu   ont,
parce qu'il dit: Ich weiss nicht ob sie getrunken haben.

Or c'est à quoi, c'est à ce français, construit à la manière allemande, que ressemblent les volumes latins qu'on voudrait mettre sous les yeux, faire retentir syllabe par syllabe à l'oreille de ceux qui se destinent à lire, à écrire et à parler la langue de Térence et de Virgile.

Ce procédé, il est vrai, est bien moins vicieux, bien moins ridicule, bien moins funeste que ceux des thêmes; bien moins stérile, bien moins nul que celui des règles. Car au moins les mots de ce latin sont latins, les alliances de mots sont latines, et l'on apprend du latin quelconque.

Dans la méthode des phrases prénotionnelles, on commence aussi par la traduction, et l'un de ses avantages c'est de n'avoir jamais besoin de déconstruire; on en a vu la raison dans plusieurs chapitres.

CHAPITRE XX.

Quand et comment il faut étudier la partie théorique.

Lorsqu'après des travaux et des recherches immenses que nous n'oserions pas recommencer, les faits ont été

recueillis, choisis, distribués par groupes analogiques; que les groupes ont été classés, et les parties de chaque groupe placées selon l'analogie des nuances; tout a été terminé, et nous pouvions dire à ceux qui veulent apprendre le latin : PRENEZ ET LISEZ,.... RELISEZ ENCORE, les moyens de pratique sont organisés. Voulez-vous des règles? observez les faits, ils sont rapprochés, coordonnés, de manière à vous mettre sur la voie des découvertes; quintessenciez, généralisez, vous avez la monnaie des règles.

Cependant nous avons voulu consigner, dans des observations écrites, comment nous avions été affectés à la vue de chaque groupe analogique, et voilà comment s'est élevée la partie théorique de notre ouvrage.

Que ceux qui étudient notre cours imitent ce que nous avons fait, qu'ils s'occupent d'abord uniquement des phrases prénotionnelles, et que, revenant ensuite sur leurs pas, ils fassent marcher ensemble l'étude des faits et celle des règles. Nous voudrions qu'avant de lire nos observations, chaque élève fît les siennes, et qu'il trouvât lui-même la science au lieu de l'apprendre [a]; car chaque groupe renferme assez de faits semblables, graduellement nuancés, pour faire penser à une idée commune, généralité ou règle.

Des hommes habiles pensent que la seule lecture des auteurs peut suffire à tout, et à donner la pratique et à inspirer toutes les observations utiles; et l'expérience a prouvé cette opinion. Mais quelle différence entre cette méthode et la nôtre? D'un côté, les faits sont épars dans toute la latinité, et pour réunir seulement les éléments d'une seule conjugaison, ou les exemples qui peuvent

---

[a] Pensée de J.-J. dans l'Émile.

fonder telle ou telle règle de syntaxe, il faudrait avoir lu plusieurs volumes; de l'autre, le cercle est borné, toutes les analogies diverses y sont resserrées, les faits semblables sont rapprochés et les moyens de comparaison rendus faciles.

Ainsi, au lieu de faire réciter à votre élève des paroles, qu'il ne peut concevoir, et de lui demander gravement : *qu'enseigne cette règle?* faites lui lire et relire un groupe de faits, comme celui de *te tua fata docebo* etc. *, *nunquam divitias deos rogavi* *, et demandez-lui ce que montrent, ce qu'enseignent ces faits, vous verrez que son défaut ne sera point de ne pouvoir généraliser, mais de généraliser trop; il sera temps alors de lui faire vos remarques ou de lui faire lire les nôtres.

Au reste, on ne doit pas trop l'arrêter à ce genre d'étude. Qu'il fasse sa route, il raisonnera après; c'est-à-dire qu'il se rende maître de nos phrases prénotionnelles, surtout des lexigraphiques, et qu'il ne consulte nos théories qu'autant qu'il prend goût à théoriser lui-même. Mais que jamais on ne lui en fasse un devoir, bien moins encore une fatigue. Il est même des individus qui ne sont point nés pour ce genre de travail, qui ne généralisent que par instinct et ne peuvent se rendre compte de ces sortes d'opérations. Ceux-là seraient tout-à-fait perdus, s'il leur fallait étudier des règles; ce serait même un malheur pour eux, s'ils soupçonnaient qu'il en existe; ils en deviendraient timides et n'auraient plus cette confiance que donne l'ignorance du danger.

Laissons-les dans leur sécurité profonde. Ils ne peuvent que perdre à en sortir.

_____

a Voyez Cours latin, *pag.* 273 et 274.

CHAPITRE XXI.

Que le secret d'apprendre est de diviser.

Voyez si vous romprez ces dards liés ensemble.

L'union aussi fait la force des difficultés, en faisceaux, elles résistent; séparées, un enfant peut les vaincre.

Telle est la conviction, qui nous a dirigé dans notre cours. Jamais aucune de nos phrases prénotionnelles ne montre deux choses; s'il y a quatre mots dans une phrase, trois restent dans l'ombre; un seul, ordinairement le premier, et en caractère différent, attire l'attention; et ce mot même n'est jamais présenté que sous un seul point de vue.

Si donc, dans la lexigraphie, nous citons *terram video*, nous ne faisons porter les regards que sur *terram*, considéré sous le seul rapport de la forme; le même mot reparait-il dans la syntaxe, comme dans *terram tetigimus*, c'est pour être examiné sous un nouveau point de vue.

Dix autres considérations ont exigé dix autres phrases, de sorte qu'on n'a jamais qu'un seul objet d'étude à la fois.

« Le grand écueil est de vouloir tout apprendre en « même temps », » le sens des mots, leurs formes, la syntaxe, le sens de la phrase latine et la traduction en français littéral et en bon français, et peut-être à faire du latin. « Au contraire, le secret pour apprendre beau-« coup et promptement, est de diviser les difficultés [b]. »

a Radonvilliers, manière d'apprendre les langues.
b Cours latin, *pag.* 90 et 278.

CHAPITRE XXII.

De la composition ou des thêmes.

S'IL y avait au monde un seul homme éclairé qui crût qu'il est plus facile d'écrire ou de parler une langue que de la comprendre, ce serait pour nous un phénomène; nous voudrions le voir pour examiner comment les ténèbres peuvent subsister avec la lumière.

L'art d'écrire ou de parler une langue étrangère exige tant de connaissances, un si grand usage pour le choix de mots et leurs alliances, une si grande habitude des tours et des idiotismes! tandis que pour la comprendre, il suffit presque de la nomenclature, et que la langue traductrice, qui est pour nous un instrument si docile, nous paie d'à-peu-près, qui vous suffisent, car nous comprenons.

Cependant il existe une grande nation où malgré ce principe incontesté, toute la jeunesse est presqu'en naissant condamnée aux thêmes. Voulez-vous vous en convaincre? ouvrez la grammaire classique, vous y lirez:

Doctior Petro :

« Après le comparatif exprimé par un seul mot, on « met le nom à l'ablatif en retranchant le *que*.

Ceux qui voient un *que* retranché dans *doctior Petro* prènent nécessairement leur point d'appui dans la phrase française: *il est plus savant que Pierre*, leur but est de montrer l'art de traduire du français en latin, et c'est ce qu'ils appèlent MÉTHODE DES THÊMES.

Or tel est dans cette grande nation le premier genre d'exercice par lequel on commence l'étude du latin.

On y commence donc par la fin, par tout ce qu'il y a de plus difficile, disons le, par l'impossible.

D'un autre côté, ceux qui partent ainsi du français, penseront toujours en français et ne pourront jamais écrire dans le goût de la bonne latinité. Lorsqu'ils voudront parler latin, le tour français se présentera toujours le premier, et comme il leur est beaucoup plus familier, l'habitude les entraînera souvent. Cet effet tient à la nature même du procédé, il est inévitable.

« C'est sur toute chose, dit Pluche, une précaution « bien nécessaire, que le latin des thêmes ne soit pas du « crû du maître; on ne peut faire fonds que sur la belle « antiquité. »

CHAPITRE XXIII.

Que dans la méthode des phrases prénotionnelles, il n'y a ni danger ni difficulté à faire, si l'on veut, des thêmes, dès les commencements.

Si, par exemple, l'on connait seulement les phrases où les diverses formes de *dominus*[a], et celles de *do*[b], sont employées, l'on pourra en partant de l'une de ces phrases, comme *dabis, improbe, pœnas*, faire les thêmes suivants:

Méchant, tu es puni, ...	das, improbe, pœnas.
Le méchant est puni, ...	dat improbus pœnas.
Les méchants sont punis, ...	dant improbi pœnas.
Les méchants seront punis, . . .	dabunt improbi pœnas.

L'élève ne sera jamais tenté d'employer le tour ni la construction française, il pourra dire: *dat, improbe, pœnas*. Mais semblable chose arrive à tous ceux qui

---

a Cours latin, *pag.* 91. | b Ibid., *pag.* 140.

commencent à parler une langue étrangère. On relèvera , si l'on veut, sa faute en lui disant tout court et sans commentaire : *dominus à cœnâ redit*, qui est une phrase déjà connue * , et il dira : *dat improbus pœnas.*

Qu'on juge par là combien de volumes de thèmes on pourrait composer en variant, en combinant les 4,000 phrases prénotionnelles.

Ce cercle est assez vaste, il n'en faut point sortir; autrement on tomberait dans le défaut des thèmes prématurés. Car, « le latin que le disciple compose, dit « Dumarsais, ne doit être que l'imitation du latin qu'il « a vu auparavant. »

Lorsque tous les détails seront successivement parcourus, l'élève aura acquis l'habitude de penser immédiatement en latin sur toutes sortes de tournures. Le danger de faire du latin de collège n'existera plus, les obstacles seront applanis; on aura assez de prénotions et d'usage pour n'avoir plus besoin d'être circonscrit.

CHAPITRE XXIV.

Que la méthode des phrases prénotionnelles fournit les moyens de faire toutes sortes de thèmes.

C'EST toujours du latin que nous sommes partis dans notre recueil de phrases et d'observations prénotionnelles. Notre but direct a été constamment de conduire à l'intelligence des auteurs. Tout est dirigé là. La méthode des prénotions prépare un magasin de mots latins, de formes et de phrases latines, et contient un recueil complet de latinismes.

---

a Cours latin, *pag.* 91.

Le français ne vient qu'accessoirement comme moyen de traduction ; rien n'a été fait pour lui. De nos 344 numéros syntaxiques, il n'en est pas un qui enseigne comment s'exprime en latin tel ou tel gallicisme.

Mais qu'est-ce qui a pu nous empêcher, lorsque nous avons assemblé nos phrases latines, d'y comprendre, sans aucun but apparent, celles qui amèneraient en traduction les gallicismes ; enfin toutes celles qui présenteraient des modèles d'imitation pour écrire ou parler le latin ? C'est ce que nous avons fait. Le nombre de phrases prénotionnelles s'en est accru dans la syntaxe ; mais ce sont des richesses de plus, que nous sommes heureux d'avoir eu l'occasion de distribuer dans nos cadres.

Ainsi, quelque pensée qu'on ait à exprimer en latin, on partira des phrases-modèles, c'est-à-dire du latin connu pour arriver au latin qu'on cherche. L'habitude acquise, par les phrases prénotionnelles, de penser en latin, rendra le rappel facile et comme machinal.

Le français pensé, écrit ou parlé, réveille l'idée du latin qui s'y rapporte. Un seul mot réveillé entraîne toute la phrase ; semblable à une corde touchée, qui suffit pour rappeler la suite des sons dont elle est le commencement.,

Les effets de la méthode d'imitation trouvent leur explication dans plusieurs de nos chapitres, et surtout dans ceux où nous avons montré comment les phrases, en se décomposant, peuvent concourir à en former des millions d'autres.

Ils ne coûtent, dans les commencements, qu'un peu d'exercice, ils deviennent bientôt faciles et spontanés.

CHAPITRE XXV.

Qu'il est nécessaire que les phrases prénotionnelles soient fidelement extraites des auteurs classiques.

Il nous était incomparablement plus facile de composer nos quatre mille phrases prénotionnelles, que de les chercher dans toute la latinité.

Mais, 1º il nous eût été impossible d'y mettre cette variété qui fait, en partie, le prix et l'agrément de notre recueil.

2º. Il ne nous eût pas été possible, quelques soins que nous eussions pris, d'éviter, dans un si grand nombre de phrases, le juste reproche fait au latin des modernes. ·

3º. En nous supposant même un ancien ressuscité exprès, pour faire un livre latin classique, eût-il été en notre pouvoir de vaincre l'incrédulité? Tels qui croient à la légitimité du latin de Tricot ou de Lhomond, douteraient de celui de Térence, donné sans étiquette.

Il fallait donc chercher du latin incontestable, du latin classique, tel qu'il se trouve sans *déconstruction*, sans altération dans les auteurs. Non-seulement, ce latin est exempt des défauts vrais ou supposés du latin moderne, mais il se présente entouré de la magie, de l'autorité et du respect religieux qu'inspirent des noms antiques et célèbres.

Du premier jour on lit, on traduit du latin de Térence, du latin de Cicéron, du latin d'Horace, on le sait; et bientôt on a le sentiment de l'harmonie latine, car l'oreille ne tarde pas à se former. Qui osera soutenir que la phrase

tronquée *liber petri* sera aussi intéressante, aussi instruc-
tive que les belles citations ?

> Si *Cæsaris* liber præ manibus est , promi jubeas [a].

> Ast ego quæ *divúm* incedo regina *Jovisque*
> Et soror et conjux........ bella gero [b].

Qui osera dire que les bouts-rimés, *statua ex auro* ,
statua aurea, produiront le même effet sur l'oreille, et
laisseront la même empreinte dans l'imagination que ces
beaux vers de Plaute et de Virgile ?

> Huic decet statuam statui ex *auro* [c];

> Cui pharetra ex *auro* , crines nodantur in *aurum* [d],
> *Aurea* purpuream subnectit fibula vestem.

Et si, comme dans les instituts de Pestalozzi, tout se passe
en action ; si l'on parle ensemble et tout haut, les effets de
la méthode prénotionnelle deviennent encore plus étonnants. Les élèves donnent et reçoivent l'étincelle élec-
trique , le sentiment, pour être communiqué, partagé,
n'en devient individuellement que plus intense , et toute
la leçon est comme une espèce d'enchantement.

CHAPITRE XXVI.

Qu'il est utile que les sources , où sont puisées les phrases prénotionnelles , soient bien indiquées.

Supposons qu'ayant pris toutes nos phrases dans les classiques, nous nous fussions contenté de l'annoncer, et qu'on
l'eût cru; la phrase, en devenant anonyme , aurait perdu de
son autorité, et l'imagination errant dans le vague, serait res-
tée froide. Si nous n'eussions donné que le nom de l'auteur,

---

a Cours latin, *pag.* 200. c Cours latin , *pag.* 240.
b Ibid. *pag.* 201. d Ibid. *pag.* 313.

la plupart de nos citations auraient perdu une partie de leur utilité. Car, comment les retrouver, comment savoir, par exemple, où Vigile avait dit ?

Possunt quia posse videntur [a].

Comment savoir dans quelle pièce, dans quel acte, dans quelle scène, Plaute avait employé *tetigisti acu* [b] ? en effet, on peut désirer de recourir aux sources :

1º. Pour savoir à quelle occasion l'auteur s'est servi de telle ou telle phrase ;

2º. Pour éclaircir par le contexte le sens d'une citation ;

3º. Pour aggrandir la sphère prénotionnelle et rattacher aux phrases déjà connues des phrases ou parties de phrases qu'on voudrait connaître.

Virgile, Horace (éd. stéréotype), Térence (éd. de Baskerville), et Plaute (éd. de St.-André, 1581), peuvent surtout fournir le magasin additionnel. Ce sont les quatre auteurs dont les citations ont été vérifiées avec le plus de soin, elles s'élèvent ensemble à près de deux mille (1).

Le *tetigisti acu* de Plaute amènerait toute cette phrase dialoguée :

« Ut vales?—quid tu medicus, quæso, es?—Immò edepol
» unâ litterâ plùs quàm medicus. — Mendicus es. —
» Tetigisti acu »

Ceux qui nous auraient jugé trop laconique pourraient à volonté augmenter, sans peine, notre travail prénotionnel, et préluder ainsi à la traduction des auteurs.

---

(1) Cicéron en renferme plus de six cents, prises, en très-grande partie, dans l'édition *in-4º* de Bâle, 1687. Souvent les indications sont moins précises que dans celles des quatre auteurs précités.

---

a Cours latin, *pag.* 348. | b Ibid., *pag.* 166.

CHAPITRE XXVII.

Qu'une Table alphabétique unique, mais à double fin, est un instrument nécessaire pour mettre à profit tous les avantages de la Méthode prénotionnelle.

Soient ces trois mots renfermés dans la phrase préno-tionnelle : *struxere cubilia frondes* [1]. On peut les chercher dans notre table alphabétique de deux manières, savoir :

1º. Sous la forme *auctorale*, c'est-à-dire, tels qu'ils sont dans la phrase même de l'auteur ;

2º. Sous la forme *lexicale*, c'est-à-dire sous la forme donnée par les lexiques ou dictionnaires.

Nous demandons grace pour ces deux expressions en faveur de leur justesse et de la brièveté.

La première manière est à la portée des commençants. Les points d'où ils doivent partir pour arriver à la table leur sont parfaitement connus ; ce sont les mots mêmes qu'ils voient ou qu'ils se souviennent d'avoir vus dans la phrase.

Si donc, soit pour traduire, soit pour composer, ils ont besoin de démêler le sens des mots *struxere*, *cubilia*, *frondes* ou de tout autre, et de savoir l'espèce, le genre, la déclinaison ou la conjugaison de chacun d'eux ; ils cher-chent immédiatement

Struxere, et ils trouvent...	23 *struxere*, de *struo*, c.-à-d. verbe de la 3ᵉ conjugaison.
Cubilia, et ils trouvent	3 *cubilia*, de *cubile*, c.-à-d. subst. neutre de la 3ᵉ déclinaison.
Frondes, et ils trouvent....	:3 *frondes* de *frons*, c.-à-d. subst. féminin de la 3ᵉ déclin. (1).

(1) Voyez dans la table même l'explication des abréviations, des chiffres etc. Transformez les chiffres en lettres ; si vous cherchez,

a Lucan. 9, *v.* 841, ou Cours latin, *voyez* la table.

De là ils peuvent même remonter à la forme lexicale, *struo* etc., à la suite de laquelle sont données toutes les formes de ce mot employées dans nos phrases, en cette sorte : 23 *struo*, pag. 68, voy. *struere, struitur, struxére*.

La seconde manière est nécessaire pour les maîtres ; car il ne sont point censés connaître quels mots sont employés dans les phrases, ni sous quelles formes ils le sont. Le point connu pour eux, c'est la forme lexicale. Ils cher-cheront donc, par exemple :

Struo, et ils trouveront.....	23 *struo, struitur, struxére* etc.
Cubile, et ils trouveront....	3 *cubile, cubilia, cubilium*, etc.
Frons, et ils trouveront.....	:3 *frons, fronde, frondes* etc.

Cette seconde manière sert aussi aux élèves qui ont acquis assez d'usage pour chercher leurs mots sous la forme lexicale. Car, lorsqu'ils ont oublié la forme de l'auteur, ou qu'ils ne savent où prendre une phrase, ils recourent à la table, et ils retrouvent et le mot lexical, et toutes les formes sous lesquelles il est employé dans le Cours.

---

par exemple, *ving-trois*, vous trouverez que le chiffre 23, placé-de-vant un mot de la table, signifie *verbe de la 3ᵉ conjugaison*.

Les signes et abréviations de la table alphabétique sont aussi expli-qués à la tête de cette table, et dans la table.

SUITE DU CHAPITRE XXVII.

Usage de la Table pour la traduction des Auteurs classiques.

Soit une phrase quelconque, employée dans l'auteur qu'on explique, celle-ci, par exemple :

Cæditur et tilia altaque fagus etc., [a].

Si l'on possède bien ses prénotions, on n'aura pas besoin de recourir à la table ;

Car on aura le sens

De *cæditur* par........... {
cæduntur vigiles [b], ou par
sermones *cædimus* [c], ou par
cecidimus hostes [d], etc.
}

De *tilia* par *tiliæ* folia tantùm in usu [e],

D'*altá* par { *altá* non vidit in herba [f].
et autres phrases.
}

De *fagus* par *fagi* glans nucleis similis [g].

Mais si la mémoire chancèle, et que, voulant consulter ses phrases prénotionnelles, on mette quelque prix à les retrouver à l'instant, on cherche *cædo*, *tilia*, *altus*, *fagus*, ou tout autre mot.... La table est toujours là, prête à suppléer à la mémoire, et à fournir les moyens de revenir aux phrases du Cours.

Ainsi, rien ne peut arrêter le traducteur. S'il est fort dans ses prénotions, tout coule de source ; s'il y est plus ou moins faible, il recourt plus ou moins souvent à la table, et se fortifie à chaque pas. Les impressions que fait le

---

a Virg. *Georg* 1, *v.* 174.
b Cours latin, *pag.* 165.
c Ibid. *pag.* 419.

d Cours latin, *pag.* 165.
e Ibid. *v.* la table.
f Ibid. *pag.* 260.

g Cours latin, *voy.* la table.

dictionnaire sont passagères et long-temps nouv elles ;elles ont le besoin indéfini d'être répétées. Mais chaque mot revu dans les phrases prénotionnelles , forme dans la mémoire une nouvelle couche; et la phrase, où il est encadré, devient à chaque fois plus connue , plus familière. Enfin, les mots qu'on apprend par la voix du dictionnaire n'ont point de place ; les mots appris dans les phrases prénotionnelles sont toujours placés , et l'on sait toujours où les prendre. Et qu'on ne compare point ces deux sortes d'instruments , la TABLE et le DICTIONNAIRE.

La table renvoie toujours à des points fixes et prénotion-nels, le dictionnaire laisse tout dans le vague ; les sens qu'il donne sont tous absolus , tous abstraits ; ceux que la table fait trouver sont tous relatifs, tous individuels. Le dictionnaire n'apprend que des mots , et les apprend tou-jours mal ; la table fait, tout-à-la-fois, retrouver des mots et des phrases , et conduit à des idées toujours bien terminées.

Ceux qui ne sentiront pas vivement l'importance de tout rattacher ainsi à un nombre déterminé et suffisant de points fixes , doivent fermer ce livre. Il serait mal étudié ; ce serait pour eux un levier dont ils ne connaîtraient point la puissance, et qui , entre leurs mains , ferait peu d'hon-neur à celui qui l'a trouvé.

SECONDE PARTIE.

Des diverses Méthodes.

CHAPITRE XXVIII.

DESPAUTÈRE.

> Aspera, tristis, horrida oratio.
> Cic. *in Orat.*

SINGULARITER *nominativo ; hæc musa*, la muse : ainsi débute la première partie de la Grammaire de Despautère ; *mobile cum fixo... conveniat*, tel est le commencement de la seconde.

Un langage si âpre, si triste, si hérissé, eut comme un effet magique, car le Ninivite (1) soumit pendant près de deux siècles toute la jeunesse de son pays. aux lois de la pénitence, eut au dehors de nombreux disciples, et conserve encore d'ardents prosélytes.

C'était une idée bien étrange que celle de se servir d'une langue inconnue pour donner des leçons de cette langue, et de vouloir ainsi montrer l'inconnu dans l'inconnu.

Telle est encore, au 19ᵉᵐᵉ siècle, chez le peuple qu'illustra Bacon, l'idée qui caractérise la grammaire latine dominante, en ce moment à sa septième édition. Nous l'avons vu, de .nos propres yeux vu, ce monument de vandalisme.

Cependant nous devons dire que ces deux ouvrages contiennent en échantillons tous les matériaux d'une bonne grammaire et que les exemples sur lesquels s'appuient les règles sont puisés dans les sources de la bonne latinité. Voici à quoi nous réduisons les justes reproches que nous avons à leur adresser.

1°. Ils commencent par les théories, c'est-à-dire par l'inconnu ;

2°. Ils expliquent cet inconnu par un autre inconnu, par le latin qu'on ignore et qu'on veut apprendre :

3°. Ce latin explicatif, ils l'ont fabriqué ;

4°. Ils.ne donnent qu'un nombre bien insuffisant de citations latines

---

(1) JOANNIS DESPAUTERII *Ninivitæ* GRAMMATICA.

d

pour fonder les règles de syntaxe, et ils n'en ont pas une pour toute la lexigraphie, qui, dans la méthode prénotionnelle, en exige plus de 1200 (1).

Quoique ces défauts soient graves, les études latines ont rétrogradé depuis qu'à Despautère on a fait succéder Bistac, Tricot, Lhomond et autres théoristes qui ont fait des Grammaires latines sans un mot de latin, comme si toutes les bibliothèques publiques et particulières d'Europe eussent été alexandrisées.

CHAPITRE XXIX.

COMÉNIUS.

> Ferreus orantem nequicquam, janitor, audis,
> Roboribus duris Janua fulta riget.
>
> OVID. 1, *Am. eleg.* 5, *v.* 27.

E<small>N</small> 1642, Coménius publia en huit langues son *Janua linguarum*, qui d'Amsterdam fut bientôt lancé dans toute l'Europe. Le succès en fut éclatant; plusieurs souverains en acceptèrent successivement la dédicace.

Cet ouvrage est divisé en cent titres, dont voici les 20 premiers :

1. L'entrée.	5. Du feu.	11. des arbres et des fruits.	16. Des animaux domestiques.
2. De l'origine et de la création du monde.	6 Des météores.	12. Des plantes.	17. Des bêtes sauvages.
3. Des éléments.	7. Des eaux.	13. Des arbrisseaux.	18. Des amphibies.
4. Du firmament.	8. De la terre.	14. Des animaux.	19. Des insectes.
	9. Des pierres.	15. Des animaux aquatiques.	20. De l'homme.
	10. Des métaux.		

Ce dernier titre est suivi de dix-huit autres où sont parcourus les divers états, métiers, sciences, maladies de l'homme; viennent ensuite la paix et la guerre, la vie et la mort etc. etc.

Mais celui qui apprend le latin dans le seul but raisonnable d'entendre et d'imiter les auteurs classiques, qu'a-t-il à faire de cette nomenclature encyclopédique? s'il cultive un jour la botanique, la médecine, la zoologie, l'architecture,..... ne sera-t-il pas à temps d'en étudier les termes, d'apprendre les noms d'*alopecurus* d'*onocrotalus*, et vingt mille autres, qu'il ne trouvera certainement point dans Térence ni dans aucun des auteurs classiques? et quelle clé

---

(1) *Voyez* le chapitre XIV, *p.* 23.

serait capable d'ouvrir cette porte colossale, cette porte de fer?
quelle volonté pourrait, *sans besoin*, tenter, exécuter une telle
entreprise?

Coménius avait, dès l'*entrée*, posé en principe que savoir ou être
érudit, c'est pouvoir nommer chaque chose par son nom, que tout
est là. C'est en effet sur cette idée qu'est construite toute sa méthode.

Car elle parut d'abord avec les objets gravés. Des chiffres ren-
voyaient aux huit colonnes qui contenaient les noms dans les huit
langues.

Ce procédé était infaillible pour montrer le sens des mots; mais
il ne donnait que des mots isolés, et après avoir enlevé l'obstacle, on
n'eût pas encore été capable de demander *du pain*, de dire *panem*.

La nécessité des phrases se fit donc sentir, et les figures disparurent.

C'est dans cet état que nous considérons le *Janua linguarum*,
qui, d'ailleurs exécuté avec les figures, ne pourrait guère être
acquis que par des princes.

Selon nous, cette méthode possède à un haut dégré les quatre
défauts suivants :

1°. D'être en disproportion avec les forces humaines ;

2°. D'enseigner un grand nombre de choses qu'on n'a pas besoin
d'apprendre (1);

3°. De donner du latin moderne, qui ne diffère guère des listes de
mots isolés (2).

4°. De ne présenter qu'un vague immense, et de n'être point une
méthode prénotionnelle, qui rattache tout à des points fixes (3);

Le *Janua linguarum* était donc une conception hardie beaucoup
plus que sensée. Les esprits faux l'exaltent encore; plusieurs l'ont
mise à leur mesure, en fesant du colosse un pygmée.

_____

(1) *Voy*. chap. VIII, *p.* 14. | (2) *Voy*. chap. IV, *p.* 10. | (3) *Voy*. le chap. XV, *p.*24.

CHAPITRE XXX.

PORT-ROYAL.

Felix qui potuit rerum cognoscere causas!
                                        VIRG.

I. LES règles étaient écrites en langue inconnue, en langage barbare.

II. Les règles étaient presque toutes des résultats d'observations incomplètes ou mal faites.

III. Les règles étaient regardées comme moyens d'apprendre.

Il fallait donc dans l'instruction trois révolutions successives ou simultanées.

La nouvelle méthode latine sortie de Port-Royal en 1650 opéra les deux premières. Elle naturalisa la langue française dans nos écoles, et remplaça par un instrument connu l'instrument étranger, dont on cherchait à acquérir l'usage. Elle importa en france tout l'or de Sanctius, dégagé de ses alliages, et répandit la lumière sur les causes de la langue latine.

C'était beaucoup pour l'époque où elle parut; le nom de Bacon était à peine connu, et Loke et Condillac n'avaient point encore éclairé la marche des opérations intellectuelles.

C'était à d'autres qu'était réservé l'honneur de la troisième révolution.

La méthode latine de Port-Royal ne peut donc être que la méthode des maîtres, et de ceux qui savent le latin. Sous ce rapport, c'est un des monuments les plus glorieux et les plus durables de l'esprit humain.

Cette méthode est telle que si, au lieu de procéder des causes aux effets, on y procède des effets aux causes et qu'on recueille les faits qui manquent, c'est la méthode des élèves. Prenons la lexigraphie de Port-Royal, tout y est; donnez un corps aux mots isolés et aux abstractions qu'elle renferme, trouvez 1210 phrases qui les incorporent; et la lexigraphie de ceux qui ont appris devient la lexigraphie de ceux qui apprènent. Les exemples de la syntaxe n'ont guères besoin que d'être complétés; le cadre est fait, remettez les exemples à leur place, ajoutez-en un nombre suffisant, pour donner l'idée des diverses analogies, et vos élèves ont une syntaxe fondée sur les faits, d'où ils peuvent descendre aux généralités ou règles. La

nomenclature, il est vrai, manque toute entière dans Port-Royal; nous voulons dire toute cette partie d'un cours latin, qui donne dans des phrases les initiatifs, les terminatifs et les radicaux avec le dessein de rendre presque toujours inutile le recours au dictionnaire.

CHAPITRE XXXI.

LOCKE.

Magnus ab integro sæclorum nascitur ordo.

VIRG.

Locke déposa aux portes du grand siècle son essai sur l'entendement humain, et ses pensées sur l'éducation des enfants.

C'est en 1692 qu'il dédia ce dernier ouvrage à Edouard Ekwart. « Lorsque l'enfant vient au monde, disait-il au lord, le latin ne lui « est pas plus étranger que l'anglais, pour lequel on n'emploie ni « règles ni grammaire... On a coutume de montrer le français de la « même manière sans embarrasser de règles l'esprit des enfants... « Je ne puis donc assez m'étonner que les pères, ayant vu les succès « d'une telle méthode, ne se soient pas imaginés de l'appliquer à « l'étude de la langue latine... Je voudrais bien qu'on me montrât « une langue qu'on ait apprise par la voie des règles... Pour « apprendre une langue, il n'y a d'autre guide à suivre que l'usage, « et rien ne peut servir en cette rencontre que la mémoire, et les « habitudes qu'on a contractées (1). »

Ainsi, d'un côté, Locke a signalé l'arbre stérile, autour duquel se desséchaient les générations naissantes, et de l'autre il a indiqué l'arbre fécond, toujours prêt à donner des fruits.

« Si donc vous pouvez, dit-il au lord, trouver un homme qui sache « bien parler latin, et qui, voulant bien se tenir auprès de votre « fils, lui parle latin, et l'oblige à lui répondre de même, ce serait « la plus naturelle et la meilleure manière pour apprendre cette « langue. Mais si vous ne pouvez trouver un tel gouverneur, voici la « méthode qui approche le plus de celle que je viens d'indiquer.

« Prenez un livre aisé et agréable, par exemple LES FABLES D'ÉSOPE, « traduites aussi littéralement qu'il est possible; que dans une ligne « soit le latin, dans une autre l'anglais, chaque mot correspondant

(1) Pensées de Locke sur l'Éducation des enfants.

« des deux langues exactement placé l'un sous l'autre, le latin en
« dessus (1). ».....»

Mais où trouver l'homme de Locke, c'est-à-dire un moderne qui
sache bien parler latin, le latin étant une langue morte, et l'Europe
entière n'ayant pas une seule école où de tels hommes puissent se former?

Il est vrai que peu sensible à l'harmonie, le philosophe anglais
se fût à cette égard montré peu difficile; et il le prouve, lorsqu'il
propose de chercher un tel homme, lorsqu'il fait traduire du l tin
moderne, (les fables d'Ésope des *Variorum*), et lorsqu'il dit que, par
la mé hode interlinéaire, car il a trouvé et le nom et la chose (2),
une mère peut enseigner le latin à son fils en lisant et relisant avec
lui les quatre évangélistes, les fables d'Ésope, etc.

On voit, 1° que, pour avoir du latin aisé, Locke est obligé de se
contenter du latin moderne;

2° Que, n'en trouvant point encore d'assez aisé, il est forcé de
recourir à l'expédient d'un dictionnaire interlinéaire; nous verrons,
dans le chapitre *Luneau*, quels sont les avantages et les défauts de
tels instruments;

3° Que sa méthode ouvre une route, dont il est impossible de fixer
le terme. En effet, combien de livres préparés à la manière de Locke,
faudra-t-il lire avant de pouvoir s'affranchir de ce secours ?

C'était cependant tout ce qu'il pouvait proposer dans l'état ou
se trouvaient les choses. Car en supposant que l'idée d'une *méthode
prénotionnelle*, plus ou moins semblable à celle que nous avons
organisée, se fût présentée à son esprit, devait-il répondre à lord
Ekwart? » attendez : il manque un livre aisé et agréable qui, resser-
« rant en quelque sorte toute la latinité classique en un petit espace,
« rassemble toute la nomenclature, toutes les analogies latines et
« avec elles tous les moyens de traduction et de composition. Dans
« dix à vingt ans, s'il était commencé demain, ce travail pourrait
« être achevé et remis au jeune lord. »

. (1) Pensées de Locke sur l'éducation des enfants. | (2) Way of Interlining.

CHAPITRE XXXII.

˙ROLLIN.

Quæsivit cœlo lucem, ingemuitque repertâ.
                                                    VIRG.

« Pour bien composer en latin, il faut bien connaître le tour, les
« locutions, les règles de cette langue, et avoir fait amas d'un
« nombre assez considérable de mots dont on sente bien la force; or
« tout cela ne peut se faire qu'en expliquant les auteurs, qui sont
« comme un DICTIONNAIRE VIVANT, et une *grammaire particulière*,
« où l'on apprend par expérience la force et le véritable usage des
« mots, des phrases, et des règles de la syntaxe. »

« J'ai toujours souhaité qu'il y eût des livres faits exprès pour
« les commençants où ils trouvassent l'application des règles toute
« faite, au lieu qu'ils sont obligés de la faire dans des thêmes, qui
« ne sont propres qu'à (les) tourmenter par un travail pénible et
« peu utile (1).

« Il est vrai que la méthode contraire a prévalu, mais souvent
« la coutume exerce sur les esprits une espèce de tyrannie, qui les
« empêche de faire usage de la raison......

« Je voudrais qu'il fût possible....

Le sage Recteur n'a osé dire, sans périphrase : *d'introduire la raison
dans l'Université.*

On voit qu'après avoir cherché la vérité et l'avoir trouvée,
Rollin gémit de ne pouvoir en faire jouir ses contemporains. Quoiqu'en recueillant nos phrases prénotionnelles, nous n'ayons été
guidé que par l'instinct et notre propre expérience, nous croyons
ne nous être pas écarté de cet heureux plan, tracé par Rollin dans
un moment d'inspiration. Car notre travail, presque tout consacré
à l'explication, rassemble de nombreuses applications de toutes les
règles , même lexigraphiques; fournit de nombreux modèles de
toutes les tournures et locutions latines, et renferme une nomenclature abondante et heureusement employée.

Nos phrases ont bien été aussi recueillies *exprès* et dans le dessein
exprimé par le même auteur ; et elles ont un mérite qui n'aurait
point été méconnu par Rollin , car elles n'ont point été faites, ni

_____

(1) Rollin , Traité des études.

empruntées aux bacheliers de l'Université , mais trouvées, et
copiées littéralement et sans *déconstruction* dans les auteurs latins
classiques.

~~~~~~

CHAPITRE XXXIII.

JEAN BOND, JOUVENCI, etc. les *Variorum*.

> Post modo nescio quâ venisse volubile malum ,
> Verba ferens doctis insidiosa notis.
>
> Ovid. *Heroid. epist.* 20, *v.* 209.

En 1606, Jean Bond publia à Londres son Horace , avec des notes
latines. Cet ouvrage a eu depuis 5o à 6o éditions.

En France, on connaît encore davantage les notes latines de Jouvenci,
du P. de Larue, etc. , et celles dites des *Variorum*.

Quel que puisse être le mérite de semblables notes , nous ne savons
pas si elles peuvent être fort utiles aux savants , aux hommes formés;
mais nous savons bien qu'elles ne sont pas à la portée de ceux qui
apprènent , et qu'elles ne peuvent que leur gâter le goût et le jugement. Comment Bond a-t-il pu savoir que tous ses lecteurs compren-
draient mieux *prognate regibus* qu'*edite regibus, propugnatio* que
præsidium, æquiparat diis qu'*evehit ad deos?* Expliquer du latin par
du latin , c'est montrer l'inconnu par l'inconnu; et puis c'est donner
du latin moderne , c'est-à-dire de faux modèles; c'est parodier le texte ,
c'est faire dire aux auteurs ce qu'ils n'ont pas dit, ce que peut-être ils
n'auraient pas voulu dire.

A des livres latins , c'est-à-dire d'une langue qu'on cherche à apprendre, il faut des notes écrites dans la seule langue qui nous soit bien
connue, des notes en langue maternelle. N'est-ce pas dans la belle langue,
qui lui avait servi pour son *Das Goldene Spiegel* (miroir d'or), que le
patriarche de la littérature allemande , le célèbre Vieland , traduisit les
épîtres d'Horace, et les enrichit de notes immortelles? et n'est-ce pas
avec des notes françaises, que déjà deux siècles plus tôt(en 1681),
le judicieux Dacier avait publié les œuvres du poète latin ?

Il était réservé au dix-neuvième siècle de voir reparaître Bond, nous
apportant dans des notes savantes des paroles insidieuses, qui semblent
imiter celles de l'original, en éclaircir le sens, et qui, dans le fond ,
n'expliquent rien, et ne sont, rigoureusement parlant , d'aucune
langue (1).

_____

(1) Édition d'Achaintre, un gros vol *in-8°*, Paris 1806.

CHAPITRE XXXIV.

LE PÈRE DE LA RUE, LE PÈRE RODEL, etc.

> Comment en un vil plomb l'or pur s'est-il changé ! RAC.

VERS la fin du dix-septième siècle et au commencement du dix-huitième, les jésuites parurent avoir formé la singulière entreprise de refaire en latin de leur ordre tous les auteurs latins classiques. Les livres *ad usum Delphini* attestent jusqu'où ils portèrent la témérité, et quelle devait être leur première victime.

Ce fut le P. de Larue qui en ce triste genre acquit le plus de célébrité.

> Tityre, tu patulæ recubans sub tegmine fagi,

Signifiait en latin de la compagnie,

> « O tu Tityre, qui opacæ jacens sub umbraculà fagi » ;

Mais c'était changer l'or en plomb, c'était encore expliquer l'inconnu par l'inconnu ; c'était, selon la pensée de Dumarsais, donner deux auteurs pour un, doubler la difficulté ; c'était traduire des mots propres par des mots impropres : car « si les mots dont s'est servi l'auteur sont » propres, il faut conclure que ceux de son translateur ne le sont pas. »

Une langue ne peut se traduire elle-même. Pour des Français, c'est le français qui doit traduire le latin.

Ainsi nous mettons à l'index philosophique tous les livres latins dits *interpellés ;* ce qui n'empêchera point qu'ils ne circulent librement et qu'ils ne continuent à faire les délices de ceux qui s'étonnent que notre poëte Daru n'ait pas consacré son talent à traduire Horace en vers latins.

De grands noms, souvent usurpés, imposent à leurs contemporains; l'erreur s'acclimate, des siècles s'écoulent, et cet oracle se vérifie :

> Le monde avec lenteur marche vers la sagesse.

Cependant le livre de la nature est toujours ouvert ; mais on y lit avec les yeux d'autrui; ou l'habitude dirige ailleurs les regards.

~~~~~~

CHAPITRE XXXV.

DUMARSAIS.

Quandoque bonus dormitat Homerus. Hor.

En 1722, Dumarsais publia l'Exposition d'une méthode raisonnée pour apprendre le latin; en 1729, les vrais principes de la Grammaire, et en 1731, la traduction interlinéaire de l'Epitome du P. Jouvenci. « Il n'est pas possible, dit-il, d'entendre les principes généraux et » abstraits, lorsqu'on n'en a pas encore les idées particulières qu'ils » supposent.... Je commence par l'explication et non par les règles. » Lorsque les enfants ont remarqué que les mots latins changent de » terminaison, je leur montre à décliner et à conjuguer (1). »

Dumarsais est donc le premier qui ait proclamé sans réserve la stérilité des règles, lorsqu'il s'agit d'apprendre une langue. Locke, en fesant commencer l'étude du latin par les déclinaisons et les conjugaisons, rendait énigmatique et ténébreuse toute sa doctrine contre les règles anticipées.

D'un autre côté, Dumarsais avait été vivement frappé du temps si inutilement employé à chercher les mots dans le Dictionnaire, de la difficulté qu'avaient les commençants de les y trouver, et sur-tout de l'insuffisance, ainsi que du danger de cet instrument, si propre à meubler l'imagination de fausses idées, tout y étant présenté abstractivement et sans appui.

Il organisa donc une méthode, aujourd'hui connue dans toute l'Europe, sous le nom de *Traductions interlinéaires.* Il trouva sur sa route tous les pédants, auxquels étaient mêlés quelques hommes de qui on devoit mieux espérer; et, chose étonnante! la nouvelle méthode, qui n'était point exempte de défauts, fut attaquée par les raisons mêmes qui devaient le plus contribuer à son triomphe.

Les savants du journal de Trévoux s'indignèrent qu'on voulût applanir les routes de l'enseignement : « moins on a de secours, disaient- » ils, plus l'esprit lutte et s'efforce dans la carrière épineuse. » Un professeur du Plessis-Sorbonne, un sieur Gaullier, traita d'*intolérable* une méthode qui fesait porter des fruits si hâtifs, pensant que « d'arriver » en rhétorique à l'âge de 17 à 18 ans était déjà bien assez tôt, et même

_____

(1) OEuvres de Dumarsais, édition de Pougin.

» trop tôt. On pourrait fort bien , ajoutait-il, forcer de tels aventuriers » de se taire, et les chas er des grandes villes. » Cette dernière raison eût été bonne un siècle plus tôt.

Rollin lui - même trouvait aussi trop faciles les gloses interlinéaires. « Quand il y a une version, dit-il ingénument, les yeux , » comme d'intell.gence, se tournent de ce côté-là. » Il est vrai que cela est plus commode que de feuilleter un Dictionnaire. Les traductions interlinéaires et les dictionnaires ne sont, à proprement parler, que des instruments ; mais un ouvrier tient-il donc loin de soi ses outils, de peur que les ayant sous la main, et n'ayant qu'à se tourner pour les prendre, quitter ou reprendre à volonté, il ne soit taxé de paresse, et, comme dit Rollin, de s'épargner toute la peine ?

Beauzée, l'intellectuel et subtil Beauzée, ne voyant rien dans tout cet appareil que de solide et de palpable, s'étonna qu'on osât disputer aux abstractions ou règles , leur priorité, leur principauté sur les faits ; et craignit qu'une telle méthode ne servît *à abâtardir l'esprit.* Il ne voulait pas même qu'on apprît des mots employés dans les phrases, mais des mots bien isolés ; enfin, comme il le dit, une simple nomenclature, telle qu'elle est à peu près dans l'*Indiculus universalis* du P. Pomey. Si nous ne consultions pas les époques, nous croirions que Beauzée et Dumarsais ont vécu à deux siècles de distance l'un de l'autre ; nous croirions même que Beauzée est antérieur à Ramus d'un demi-siècle.

Au milieu de toutes ces attaques, la nouvelle méthode fesait des progrès rapides. Condillac, et avec lui tous les esprits justes, l'honorèrent de leurs suffrages. Dès lors les ennemis du Grammairien philosophe prouvèrent que cette méthode n'avait rien de neuf. On vit même un M. l'abbé Frémy soutenir qu'on s'était paré de ses plumes.

Quoique la méthode de Dumarsais ait de grands avantages sur tout ce qui existait alors, elle joint aux trois défauts reprochés à celle de Locke, les deux suivants :

1°. De construire le latin à la manière française (1);

2°. De rétablir dans le texte latin les vraies ou prétendues ellipses.

On ne peut concevoir comment le judicieux Dumarsais a pu se faire illusion sur des points aussi importants ; car il est évident qu'un latin ainsi rapiécé , ainsi déconstruit , n'est plus le latin d'aucun auteur.

Nous ne connaissons qu'une manière de montrer la construction et de rétablir les ellipses, c'est de citer des phrases latines analogues à celles

_____

(1) *Voyez* sur ce défaut chap. xix, p. 33.

qu'on explique, où la construction soit directe et pleine. Si donc , par exemple, on doit faire voir qu'il y a une ellipse dans le passage de Térence: *Re benè gestd redisse me videt* (1), on citera cette phrase de Plaute : *Cum re benè gestd revertor domum* (2). Au reste , ces obser tions sont bonnes à faire de temps en temps ; mais rien ne serait plu inutile, plus fastidieux que leur éternelle répétition.

Cependant, il faut l'avouer, malgré ses défauts, la méthode de Dumarsais, comparée à celle des colléges, est un service éclatant rendu à l'instruction, car elle conduit bien plus vîte à l'intelligence des au- teurs, et augmente beaucoup moins la difficulté de les imiter.

CHAPITRE XXXVI.

PLUCHE.

Amphora cœpit
Institui, currente rotâ, cur urceus exit? Hor.

En 1735, Pluche publia LA MÉCANIQUE DES LANGUES.

I. « Il n'est point prudent, dit-il, de commencer par gâter une langue,
» quand on entreprend de l'enseigner ; ceux qui ont soin, par condes-
» cendance pour les commençants , de ranger le latin selon la marche
» de notre langue , conviennent que c'est un latin fort éloigné du bon
» usage ; mais ils ne conviennent point qu'il en coûte plus pour ap-
» prendre ce mauvais latin, que pour apprendre le bon, parce qu'ayant
» l'esprit plein de leurs rubriques, ils ne font pas de réflexions sur
» l'action et la marche de la nature (2). »

II. « Un jeune homme se gâte par le latin qu'il fait, et par le latin
» corrigé. »

III. « Lorsqu'il sera temps de faire des thêmes, il faut que le sujet
» en soit pris dans un auteur latin classique, et que ce latin ne soit
» jamais du crû du maître; on ne peut faire fonds que sur la belle
» antiquité.

IV. « La connaissance des huit ou neuf parties du discours est pour
» nous une étude pénible et communément inutile, quand on considère
» cette structure en elle-même, et qu'on la sépare de tout objet, nous
» verrons que c'est cette ABSTRACTION même qui gâte tout, au lieu

_ (1) Cours latin, *p.* 249. | (2) Mécanique des langues, etc.

» qu'elle est plus agréable et plus sûre lorsqu'on commence par l'usage
» des bons auteurs (1). »

« Le règles et les généralités s'assemblent dans la tête à la suite des
» bons exemples *. »

Voilà donc quatre arrêts solemnels prononcés par Pluche, savoir :

> Contre la construction,
> Contre les thêmes prématurés,
> Contre tout latin moderne,
> Contre les règles anticipées.

Après avoir ainsi professé avec tant de pureté les grands principes,
Pluche s'exprime ainsi :

« Qu'on commence par bien savoir la déclinaison et la conjugaison,
» et les dix à douze règles les plus communes de la structure, et
» qu'avec ce léger appareil on se mette de suite à traduire d'après un
» bon maître, Sulpice-Sévère, Népos, Quinte-Curce, et les autres,
» tour à tour, selon le degré de force des différents styles; on ne peut
» manquer de s'accoutumer peu à peu au bon usage. »

Ainsi, 1°. voilà notre nouveau sage qui offre aussi son œuf à Esculape,
en fesant commencer comme Locke par les abstractions ou règles déclinatives et conjugatives, qui veut même qu'on ajoute à ce double préli-
minaire dix à douze règles les plus générales de syntaxe, ne réfléchis-
sant pas que plus une règle est générale, plus elle suppose de faits
connus, plus elle est inintelligible sans ces prénotions.

2°. Il ne crée point de méthode pour faire acquérir cet usage de la
langue classique, car tout ce qu'il propose se réduit à ceci :

Jeune homme, choisissez un bon maître, et avec lui établissez-vous
auprès d'une bibliothèque; ouvrez le premier rayon, prenez et lisez;
continuez, *vous ne pouvez manquer* peù à peu d'arriver aux derniers
degrés, et *de vous accoutumer au bon usage.*

---

(1) Pluche, Mécanique des langues.

CHAPITRE XXXVII.

DELAUNAY, VANIÈRE.

> Et cum iis, quia obierunt, rem nobis non esse.
> PLIN. *Præf.*

VERS la fin du dernier siècle (ici la précision des époques est peu nécessaire), Delaunay et Vanière publièrent, le premier une méthode latine en quatre volumes in-8°, et le second un cours de latinité, en deux parties.

Le fort de M. Delaunay, c'est de *faire acquérir beaucoup de connaissances tout à la fois.*

M. Vanière veut qu'on *apprène les mots avant de s'occuper des phrases.* Puis divisant son cours par semaines, il ouvre un nouveau JANUA (1), et déjà, au commencement de la dixième, il arrive à l'hippopotame.

Quoique ces deux prétendus rivaux de Dumarsais aient fait beaucoup de bruit de leur vivant, ils n'en justifient pas moins notre épigraphe; et puisqu'ils sont morts, nous n'avons rien à démêler avec eux.

CHAPITRE XXXVIII.

RADONVILLIERS.

EN 1768, Radonvilliers fit paraître LA MANIÈRE d'apprendre les langues. Ce membre de l'Académie française y *professe* constamment les vrais principes. « L'étude du latin, dit-il, se réduit à un recueil de faits (2);
» il ne s'agit que de lire le latin joint au français qui l'interprète (3);
» la vraie et la seule difficulté des langues, c'est la nécessité de répéter les mêmes lectures. Je puis épargner à mon élève le dégoût
» du rudiment et de la syntaxe, l'ennui des thèmes et des versions,
» le travail même du dictionnaire; mais je ne puis pas lui épargner
» la peine de relire souvent les mêmes mots (4).

» Avec les règles on est souvent arrêté ou par la difficulté de les
» comprendre, ou par la difficulté d'en faire l'application; mais par

---

(1) *Voy.*Coménius, *p.* 50.
(2) RAD. Man. d'appr. les lang. *p.* 93.
(3) RAD. Ibid. *p.* 90.
(4) RAD. Ibid. *p.* 81.

» l'usage on fait toujours un pas en avant, et on ne s'arrête jamais (1).»

Radonvilliers condamne les listes de mots détachés. « Attendez, » dit-il, que les mêmes mots se présentent dans la lecture, ils se gra- » veront dans la mémoire à moins de frais, parce que leur connexion » avec d'autres mots aidera à en retenir le sens (2). »

Nul n'a poussé plus loin que ce digne académicien le mépris des règles, même déclinatives et conjugatives, lorsqu'il s'agit d'apprendre. Mais « rien n'empêche, dit-il en finissant, quand on entend le latin, » d'en étudier la grammaire. » Voici comment il organise les moyens d'acquérir l'usage.

Il prend, par exemple, les annales de Tacite, et donne des modèles de quatre livres élémentaires gradués (3).

Le premier renferme le latin construit à la française, avec une double traduction, l'une des mots, et l'autre de la pensée;

Le second ne diffère du premier que parce que le français et le latin y sont sur des cahiers séparés;

Le troisième n'a plus le latin artificiel ou construit;

Le quatrième n'a que la version de la pensée, mais aussi littérale qu'il est possible;

Ce qu'il y a de remarquable, c'est que Radonvilliers lui-même, qui donne la construction toute faite, s'exprime ainsi: « J'avoue que c'est » accoutumer les yeux et les oreilles à un arrangement de mots con- » traire au génie de la langue latine; j'en sens le danger. Mais il serait » encore plus dangereux d'accabler un commençant du poids de toutes » les difficultés réunies. »

Nous convenons à notre tour de ce dernier point, mais il fallait chercher à diviser le faisceau, sans en brouiller les éléments, et c'est en quoi consiste le premier avantage de la méthode prénotionnelle, ou d'un recueil de phrases plus ou moins courtes, plus ou moins faciles, et qui, présentant toujours les difficultés séparées, ne peuvent jamais accabler l'étudiant.

---

(1) RAD. Man. d'apprendre les (2) RAD. Ibid. p. 77. langues p. 52 et 53. (3) RAD. Ibid. p. 95.

CHAPITRE XXXIX.

LUNEAU DE BOISJERMAIN,

Et sur les défauts communs à toutes les méthodes interlinéaires.

Incultu, tenebris, fœda atque terribilis ejus facies.
SALL. 3, *Cat. in Tulliano.*

En 1787, Luneau de Boisjermain publia César et Virgile interlinéaires sans déconstruction ni rétablissement des ellipses. Il y joignit une tra‑duction ordinaire. Voici le français interlinéaire du neuvième vers du huitième livre de l'Énéide :

« Est envoyé du grand Vénulus Diomède à la ville ».

Nous avons donné ce français à deviner à huit personnes qui ne con‑naissaient ni Virgile, ni Vénulus , ni Diomède. Cinq ont rangé les mots dans cet ordre :

« Diomède est envoyé du grand Vénulus à la ville ».

Trois ,
« Diomede est envoyé à la ville du grand Vénulus ».

Nous l'aurions donné à cent , il ne s'en serait pas trouvé une qui eût rencontré le sens de Virgile :

« Vénulus est envoyé à la ville du grand Diomède. »

Qu'a donc fait Luneau en mettant des mots français sous des mots latins ? Certainement il n'a pas traduit Virgile; car traduire un auteur, c'est en donner l'intelligence. Dira-t-on que les finales latines aident à découvrir que c'est Diomède qui est grand et non pas Vénulus; que c'est Vénulus qui est envoyé, et non pas Diomède ? O la plaisante tra‑duction , que celle qui a besoin d'être traduite , et qui suppose qu'on possède les connaissances qu'on cherche à acquérir !

C'est donc étrangement abuser des termes que d'appeler *traduction interlinéaire* ce qui évidemment n'est qu'un dictionnaire local et indi‑viduel, comme il est aisé d'en juger par l'exemple suivant :

Mittitur   et magni   Venulus Diomedis ad urbem,
Est envoyé et du grand Vénulus Diomède à   la ville.

Dumarsais, Radonvilliers , Frémont, qui ont déconstruit le latin et mis le français au-dessous, ont vraiment donné des traductions inter‑linéaires, mais ce n'est pas du vrai latin qu'ils ont traduit.

Locke, Luneau, Maugard, qui ne déconstruisent pas les phrases latines donnent du latin, mais les mots qu'ils placent en dessous ne le traduisent pas, ou ne le traduisent que par accident.

Cette méthode, ou des dictionnaires locaux et individuels, est de beaucoup préférable à la première, à celle des traductions interlinéaires. Mais elle a pour défaut d'être souvent d'un foible secours ; car la traduction même, dont on a coutume de l'accompagner, est souvent si éloignée de ce mot-à-mot, qu'il est impossible de faire correspondre dans les deux langues les diverses parties d'une même phrase, surtout lorsqu'elle est un peu longue.

M. Maugard reproche d'ailleurs à M. Luneau beaucoup de vices d'exécution, qui, joints aux défauts communs au genre, ne justifient que trop notre épigraphe.

DÉFAUTS

Communs à toutes les Méthodes interlinéaires (soit Dictionnaires, soit Traductions).

1°. Elles n'imitent point la marche de la nature ; car l'usage de ces machines est totalement inconnu dans la langue maternelle (1).

2°. Elles ouvrent un chemin dont elles ne montrent point le terme ; car, après avoir étudié le César et le Virgile de Luneau, le Phèdre et le Cornélius de Maugard, on n'aura encore acquis (d'une manière plus ou moins imparfaite) qu'une foible partie de la nomenclature latine. Toutes les analogies ayant été vues éparses, à peine se doutera-t-on qu'il existe des déclinaisons, des règles de syntaxe, et l'on sera bien loin de connaître tous les tours latins, encore bien moins de pouvoir s'en rendre compte.

3°. Elles n'offrent point, comme les traductions latérales, des moyens de répétition (2).

4°. Elles produisent des effets typographiques insupportables, savoir :

Par une alternative irrégulière { de caractères différents
et de vides inégaux,

Et par une éternelle interruption { du texte latin
et des mots français.

Ces différents effets attristent l'œil et présentent continuellement l'image hideuse du chaos. Le dernier fatigue l'attention. Car, à la fin de chaque ligne, soit latine, soit française, il faut faire un saut ;

(1) *V.* chap. II, III etc. | (2) *Voy.* chapitre XVII. |

e

enjamber une ligne, ce qui est contraire à nos habitudes, à cette seconde nature contre laquelle il est toujours pénible de lutter.

Cependant les méthodes interlinéaires, quelles qu'elles soient, malgré tous leurs défauts, tant communs que particuliers, vont mieux au but qu'on se propose que la méthode des collèges, qui fait étudier des règles stériles, composer dans une langue inconnue, et traduire à coups de dictionnaire.

CHAPITRE LX.

LHOMOND.

Unum cognôris, omnes nôris. Ter.

Le rudiment de Lhomond est destiné à ceux qui apprènent, c'est sous ce seul rapport que nous l'envisageons, et que nous lui trouvons les défauts suivants :

1°. D'être presque tout théorique, et, partant, presque complètement inutile à ceux qui commencent (1).

2°. De donner un nombre insuffisant d'exemples pour appuyer les théories (2).

3°. De donner presque toujours ce peu d'exemples en latin moderne, plus capable de gâter le goût, que de le former (3).

4°. De commencer l'instruction par les thêmes (4).

5°. De prendre les gallicismes pour points de départ, au lieu de faire connaître les latinismes et de les proposer pour objets d'imitation (5).

Ces défauts sont communs aux méthodes de Bistac, de Tricot etc., et à ces mille et une autres grammaires, éternelles répétitions les unes des autres.

CHAPITRE LXI.

L'Abbé GAULTIER.

Summo tenùs attigit ore. Virg.

Quelques règles ou notions de grammaire, des listes de mots isolés forment le premier petit volume de sa méthode latine. Un

---

(1) Voy sur ce défaut, le chapitre vi. | (2) Voy. chapitre xxi. | (4) Voy. chapitre xxii etc.
(3) Voy. chapitre xxii. | (5) V. ch. xxii etc.

second volume comprend entr'autres un petit *Janua*, qui prélude par quatre leçons à la création du monde.

Voici l'ordre des leçons :

1. L'Oraison dominicale.	4. Le monde en général.	7. Des pierres et des métaux.
2. Le Symbole des apôtres.	5. LA CRÉATION DU MONDE.	8. Des plantes et des herbes.
3. Le Décalogue.	6. L'Univers.	9. Des arbres.

La 10ᵐᵉ leçon traite des reptiles et des scarabées, et la dernière des ellipses.

M. Gaultier n'est point du nombre de ces savants qui imposent de lourds fardeaux, il n'en donne qu'autant qu'il en faut pour ceux qui aiment à jouer. Quoiqu'il ait l'heureux secret de faire de tout, DES JEUX INSTRUCTIFS, il n'y a pas de danger que ses petits encyclopédistes prennent des goûts profanes, en s'initiant d ns Horace, ou dans Térence. Monsieur Gaultier est bien sûr qu'avec sa méthode ils ne pousseront jamais le jeu si loin.

, CHAPITRE XLII.

MAUGARD.

Multa tulit fecitque.... sudavit et alsit. Hor.

En 1810, M. Maugard annonça son Cours de langue française et de langue latine comparées ; cet ouvrage parut en 1815, en 9 vol. in-8°.

La partie latine, non compris les principes généraux, occupe plus de quatre mille pages, et se compose comme il suit :

1°. DES MOTS, considérés indépendamment des rapports qu'ils peuvent avoir entr'eux. Cette partie comprend des listes de plus de onze mille mots isolés, comme *scriba*, *columba*, etc.

2°. DE LA SYNTAXE. Cette partie renferme plus de neuf mille exemples, dont les deux tiers sont de simples assemblages binaires, comme *Cainus impius s. s. filiam tuam*, TER. *Dominus epuli*, CIC. *facessere rem*. PLIN.

3°. DE LA CONSTRUCTION. Cette partie comprend près de cinq mille exemples, les uns présentant un sens complet, les autres un sens incomplet : *in humo*, OVID. *terrd condere*, PLIN., *longè improbissimus*.

4°. DE CORNÉLIUS NÉPOS et PHÈDRE, avec un double français, dont l'un interlinéaire.

5°. DE HUIT CENTS PAGES où sont répétés, mais isolément et sans traduction, les textes latins, savoir : les exemples de la syntaxe et de la construction, Népos et Phèdre.

Nous voulions nous borner à cet exposé, qui fournit tous les moyens d'apprécier les travaux de M. Maugard; mais, comme certains esprits pourraient croire que cette méthode et la nôtre, consistant surtout en exemples, ne diffèrent guère que par le plus ou le moins, nous allons en faire analytiquement le parallèle.

Méthode de M. Maugard.	*Méthode de l'Auteur.*
1°. Les déclinaisons et les conjugaisons n'y sont montrées que dans des tableaux de finales, sans mots déclinés ou conjugués, et sans phrase.	Les déclinaisons et les conjugaisons, régulières et irrégulières, y sont montrées dans cinq cents phrases complètes, qui commencent toutes par le mot décliné ou conjugué.
2°. Les nominatifs et autres cas, les présents et passés irréguliers, n'y sont point donnés, pas même dans des listes.	700 phrases donnent tous les génitifs et nominatifs, tous les passés irréguliers.
3°. Les règles de syntaxe y sont le plus souvent fondées sur des assemblages de mots qui ne forment point de sens complet, par exemple la règle qui répond au *Deus sanctus* des rudiments, y est développée par deux mille deux cent vingt-quatre phrases, comme *Cainus impius* s. s., *furor impius*, VIRG., *totius mundi*, CIC.	Toutes les règles de la syntaxe y sont fondées sur des phrases complètes; par exemple, non seulement l'analogie *Deus sanctus*, mais tout ce qui concerne l'adjectif, quels que soient la sorte et le degré, y est traité en trente deux numéros, et comprend un nombre borné de citations (environ douze cents).
4°. Les phrases, lorsqu'elles sont complètes, y sont plus ou moins longues, de deux mots jusqu'à deux cents, et les mots à difficulté n'ont dans la phrase aucune place déterminée.	Toutes les phrases y sont plus ou moins courtes, ordinairement de quatre, cinq ou six mots. Dans les 1,200 phrases lexigraphiques, le mot qu'on montre est toujours le premier.
5°. On n'y voit nulle part que M. Maugard ait voulu donner les racines latines et une nomenclature suffisante pour servir ensuite à traduire, sans dictionnaire, tous les auteurs classiques.	On y trouve employées, dans des phrases, les deux mille racines latines, et plus de quinze mille mots usuels qui doivent servir à la traduction des auteurs. NOTA. La preuve est dans la table.
6°. M. Maugard s'est complu à accumuler dans son Cours les formes extraordinaires, comme *scibunt, audibis, perduim, potesse, quol* etc.	On y a évité les citations qui ne devaient pas être imitées.

Suite de la Méthode de M. Maugard.	Suite de la Méthode de l'Auteur.
7°. On n'y trouve point de table unique ni de tables particulières suffisamment étendues pour faciliter les recherches dans un travail aussi immense.	Une table alphabétique unique, très-étendue, y facilite la recherche des mots et des choses. Cette table est aussi un moyen d'exercices et de répétition.
8°. On n'y a point de moyens de remonter au nominatif par un autre cas, ou au présent par un des temps passés; ni de savoir de quelle déclin. ou conjug. ou de quel genre sont les mots employés dans les phrases.	Soit *auximus arte vias ;* ces trois mots se trouvent dans la table, tels qu'ils sont dans Ovide; ils s'y trouvent aussi sous les formes *augeo*, *ars* et *via*; ainsi de tous les autres.

Nous terminerons là ce parallèle, dont le but unique est de montrer combien la marche des deux méthodes est différente.

Le Cours de M. Maugard a un mérite qui ne peut être contesté : c'est de présenter, sur toutes les difficultés de la langue, une grande quantité de phrases complètes (car nous comptons pour rien les listes de mots isolés, et les exemples incomplets) toutes prises dans la belle antiquité, collationnées avec une rare exactitude sur les meilleurs imprimés ou manuscrits, et traduites avec un soin toujours soutenu, qui surprend dans un ouvrage d'une aussi longue haleine. Les maîtres ne peuvent se priver d'un tel secours, et les élèves studieux y trouveront aussi de nombreux et solides aliments. Le Phèdre et le Cornélius Népos seront d'une grande utilité pour ceux qui ont besoin d'un français interlinéaire. Ce sont les deux meilleurs instruments qui existent en ce genre.

CHAPITRE XLIII.
GUÉROULT.

Nisi utile est quod facimus, stulta est gloria.
PHÆD. 3, *Fabl.* 17.

« Après avoir défini les mots, et les avoir considérés isolément, il » faut les mettre en rapport les uns avec les autres, et voir quelles » formes ils reçoivent, quelles variations ils éprouvent dans leurs ter- » minaisons pour former des phrases et des périodes. »

Tel est l'ordre que s'est prescrit M. Guéroult dans sa MÉTHODE pour étudier la langue latine.

Il a donc été inutile pour l'auteur de cette méthode que BACON, LOCKE, CONDILLAC, et de nos jours, GARAT, DESTUTT-TRACY, LAROMIGUIÈRE,

et plusieurs autres célèbres idéologistes, aient observé et analysé la marche de l'entendement humain.

Car, si l'on renverse la phrase ou période de M Guéroult, on aura précisément l'ordre selon lequel la nature nous apprend à procéder dans l'étude des langues; ce qui pourrait s'exprimer ainsi :

Après avoir lu ou entendu plus ou moins de PHRASES , on observera qu'elles sont composées de mots, que ces mots reçoivent différentes formes; plus tard on s'apercevra *qu'ils éprouvent* ces effets ou *variations pour se mettre en rapport les uns avec les autres* ; ensuite , les ayant vus plus ou moins souvent employés, on pourra les *considérer isolément*, et en généraliser la valeur; enfin . si l'on veut, et qu'on ait assez de ressort dans l'esprit pour cette opération, on cherchera à les DÉFINIR.

L'épigraphe de M. Guéroult , prise dans Dumarsais, ses anciennes fonctions de directeur des écoles normales, et ses talents littéraires étaient de bon augure ; nous avons parcouru sa méthode , et le dépit a succédé à nos espérances déçues.

Il est vrai qu'on y trouve des exemples puisés dans les bons auteurs ; mais il -on en trop petit nombre pour donner le sentiment des analogies, éveiller dans l'esprit des idées générales bien terminées, et servir à fonder les règles. Par rapport à la langue qu'on veut apprendre , ce sont comme quelques points montrés dans l'espace , ou comme quelques gouttes d'eau ôtées de la mer. Sans doute par la pureté de son style, la précision de ses règles et la justesse de ses définitions , M. Guéroult se distingue de la foule dans laquelle il s'est mêlé. Mais qu'importe ici tout cela, puisque ce n'est point par des règles ni par des définitions que s'apprend une langue? ce sont des faits, des faits nombreux qu'il s'agissait de rassembler, les observations et les règles seraient venues ensuite , et auraient exercé utilement la plume de M. Guéroult.

CHAPITRE XLIV.

FRÉMONT.

Macte novâ virtute, puer. VIRG.

LA traduction interlinéaire des deux premiers livres de l'Énéide , par M. Frémont; les notes françaises qu'il y a jointes, et sa construction d'après l'ordre des rapports, annoncent un professeur de la bonne

école. Disciple respectueux de Dumarsais, il n'a touché qu'avec timidité à l'arche nouvelle, mais les perfectionnements qu'il y a faits prouvent son esprit d'exactitude et d'observation. S'il prend plus de confiance en ses forces, et qu'instruit par son expérience, il ose devenir son propre maître; nous ne doutons point qu'il ne puisse exécuter des travaux très-utiles à l'instruction.

CHAPITRE XLV.

PESTALOZZI.

Homo sum, humani nihil à me alienum puto.
TER. *Heaut.* 1, 1.

TELLE est la devise que semble avoir adoptée Pestalozzi, ou plutôt tel est le sentiment qui n'a cessé de l'inspirer, et qui éclate dans toute sa personne, dans toutes ses expressions. C'est à ce sentiment de bienveillance universelle qu'il a dû son génie et ses succès.

Honneur au canton de Vaud, qui sut l'apprécier et l'accueillir au milieu des persécutions que lui suscitaient l'ignorance et la mauvaise foi!

Honneur à l'Allemagne, qui est déjà remplie de ses disciples! Et pourquoi, tout français que nous sommes, ne dirions-nous pas? honneur à la Prusse, où l'on célèbre le jour de sa naissance! Honneur à la Russie qui appèle et encourage les professeurs de sa méthode!

Car nous voyons avec douleur, avec quelle légèreté nous nous prévenons en faveur de tout ce qui nous vient d'une île, justement célèbre, mais qui, sous plus d'un rapport, est bien loin du bon sens allemand et du goût français.

Pestalozzi a justifié par l'expérience le grand principe, développé si éloquemment dans les séances normales par le digne émule de Bacon (1), « que son art s'applique à toutes les connaissances humaines, » et que son instrument, qui est celui de tous les hommes de génie, » est un instrument universel. »

Mais ce n'est pas du caractère personnel de Pestalozzi, c'est de sa méthode que nous avons à parler.

MANIÈRE
Dont le latin est enseigné dans les instituts de Pestalozzi.

Les instituts de Pestalozzi n'ont encore aucune méthode imprimée pour l'enseignement de cette langue, et les élèves n'ont entre les mains

_____

(1) M. Garat, séances des Écoles normales, tom. 2, pag. 4.

aucune grammaire latine. Tout s'y passe d'abord en exercices parlés, qui, pris ensemble ou séparément, offrent des bases, une suite, une progression. Le plus grand art de la méthode consiste à ne point franchir d'intermédiaires Mais ce n'est que par des faits que nous pouvons nous faire comprendre. Les instituteurs liront avec intérêt ceux que nous allons leur présenter ; ils les méditeront, les vérifieront par leur pratique, et nous sauront gré de leur avoir fourni les moyens de juger une méthode qu'il est désormais honteux de ne pas connaître.

N° 1. Ou DES DÉCLINAISONS.

Le maître dit :	*Tous les élèvent répètent ensemble :*
NOM. L'aigle noire, *Aquila* nigra.	L'aigle noire, *Aquila* nigra.

Il est à de remarquer que l'on passe toujours ainsi de la langue maternelle à la langue latine.

Pour abréger, nous n'écrirons que le latin, et nous omettrons la répétition que font les élèves.

VOC. *Aquila* ferox, Imbellis *columba*.	**DAT.** *Aquilæ* insidias tendere, *Columbæ* pennas auferre.
GÉN. *Aquilæ* ferocitas, *Columbæ* timiditas, *Columbæ* ala, etc. etc. etc.	**ACC.** *Aquilam* capere, *Columbam* conspicere.
	ABL. Ab *aquilâ* capi, A *columbâ* conspici, etc.

C'est ainsi qu'on fait parcourir dans tous les cas, tant du pluriel que du singulier, un certain nombre de substantifs bien choisis de toutes les déclinaisons, n'attirant l'attention que sur *le substantif*, dont on veut montrer les formes. Les autres mots ne sont qu'accessoires ; et peu importe qu'ils soient réguliers ou irréguliers, ou d'une déclinaison encore inconnue etc., on ne s'occupe nullement de ce qu'ils sont. Ils ne sont là que pour *désisoler* le mot dont on parcourt les variations.

N° 2. Ou SUITE DES DÉCLINAISONS.

On décline les substantifs irréguliers, dits pronoms, les adjectifs, les dégrés de comparaison, toujours en suivant le même procédé, par exemple :

NOM. Corvus est *niger*. Hic capillus est *nigrior*, Ille petasus est *nigerrimus*, etc. etc.	**NOTA.** La graduation étant ici l'objet principal, on fait ainsi passer dans tous les genres, nombres et cas les trois dégrés de l'adjectif en le plaçant convenablement dans des phrases ou fragments de phrases.
ACC. Corvum *nigrum* aspicere, Capillum *nigriorem* pectere, Petasum *nigerrimum* induere.	

On a toujours bien soin de prendre dans les auteurs toutes les alliances de mots, ne se fiant jamais sur ce point qu'à l'usage des anciens.

N° 3, ou SUITE DES DÉCLINAISONS.

On fait sur les substantifs déjà connus des exercices qui servent de répétition à tout ce qui a été vu et appris jusqu'à présent, c'est-à-dire que l'on combine de toutes les manières les mêmes substantifs avec d'autres substantifs, avec des adjectifs réguliers, comme *candidus*, *n'ger*; ou irréguliers, comme *hic*, *hæc*, *hoc*, *qui*, *quæ*, *quod*, avec les différents dégrés de comparaison. On entremêle les cas, les genres, les déclinaisons, on ne craint point l'emploi des mots accessoires, de quelque classe qu'ils soient. On cherche même à placer les adverbes, les conjonctions qu'il importe le plus de connaître.

Il ne faut pas perdre de vue que l'on commence toujours par la phrase maternelle

Le maître fait, avec les mots qui ont déjà été employés, des phrases nouvelles, d'abord très-courtes, et qu'il allonge graduellement, en cette sorte :

1°. Voir un *oiseau*;

2°. Voir un oiseau *noir*;

3°. Voir un oiseau noir *sur un arbre*;

4°. Voir un oiseau noir *sur une branche d'arbre*;

5°. Voir un oiseau noir sur la branche d'un arbre *très-élevé* etc., etc.

Comme ces phrases sont composées d'éléments déjà connus, le maître interroge successivement les élèves; et la réponse, lorsqu'elle est approuvée ou amendée, est répétée par toute la classe.

Cependant il ne se livre à ces interrogations, que lorsque les élèves sont en état d'y attribuer des réponses satisfesantes.

N° 4, ou DES CONJUGAISONS.

Les déclinaisons régulières et irrégulières, tant des adjectifs que des substantifs, étant devenues familières aux élèves, on passe à la conjugaison. On commence en cette sorte :

Le maître dit :

Préparer, *parare*; || préparer un repas, *parare convivium*.

Les élèves répètent *préparer*, *parare*, etc.

On continue de cette manière sur un grand nombre de verbes.

Nous n'écrirons plus que le latin.

1ʳᵉ. Conjugaison : *parare*.	Bellum parare.
	Insidias alicui parare.
	Fugam parare.
firmare.	Urbem præsidio firmare.
	Corpus labore firmare.
2ᵐᵉ. Conjugaison : *docere*.	Aliquem litteras docere.
	Aliquem artes docere, etc., etc.

On prend ainsi un certain nombre de verbes de chaque conjugaison, on les nomme d'abord isolément, puis on les combine avec les substantifs auxquels les bons auteurs ont coutume de les joindre. On recherche pour cet exercice des verbes qui aient beaucoup d'alliances, de dérivés et de composés.

N° 5, OU SUITE DE LA CONJUGAISON.

Par l'exercice précédent, lorsque les élèves ont appris beaucoup d'infinitifs et d'alliances de mots, on écrit sur le tableau les finales du présent, du passé et du futur, et le maître donne des exemples sur chacun de ces temps, en cette sorte :

PRÉSENT : L'ennemi *fortifie* la ville par une garnison.

L'élève, interrogé, compose le latin en s'aidant du tableau qui lui montre les finales, et dit :

Hostis firmat urbem præsidio,

Et tous les élèves répètent la même phrase.

PASSÉ : Les romains *ont préparé* la guerre.

FUTUR : Le maître nous *enseignera* les belles-lettres, etc., etc.

Viennent ensuite les thèmes progressifs, c'est-à-dire les phrases qui, par l'addition d'un ou de plusieurs mots, deviennent à chaque fois plus longues, et assemblent les difficultés, en les présentant une à une.

Après que les finales de ces trois temps principaux ont été employées dans un nombre suffisant d'exemples pour les rendre familières, on écrit sur le tableau celles de trois autres, ainsi de suite jusqu'à ce que tout le système conjugatif soit bien connu dans toutes ses parties.

On a eu soin de comprendre dans ces exercices les passés et les supins irréguliers, qui s'apprennent ainsi en même temps que les finales.

N° 6. EMPLOI DES PRÉPOSITIONS.

On parcourt de la même manière les prépositions dans des phrases où elles soient employées d'après l'analogie de la langue maternelle, puis dans d'autres où elles s'écartent plus ou moins de cette analogie. On continue toujours à prendre son départ de la première langue, en cette sorte:

Se précipiter à la porte : *ad portam ruere*.

Élever jusqu'aux dieux : *ad deos evehere*, etc.

N° 7, OU DES SPHÈRES.

Tel est le nom que les instituts de Pestalozzi donnent à l'assemblage de ce qui peut être dit d'un objet ;

Comme	de l'homme,	des parties de la maison,	des mœurs des
	de la guerre,	des sciences et des arts,	romains,
	de la paix,	de la terre,	des antiquités etc.

Sphère de l'homme.

1°. Nom. *Homo* dives, pauper ; locuples, egenus, inops ; sapiens, insipiens ; stultus, sanus, insanus ; doctus, indoctus ; rudis, eruditus, etc., etc.

2°. Gen. *Hominis* corpus, animus, ingenium, virtus, vitium ; fortuna, secunda, adversa ; ortus, infantia, pueritia, adolescentia, ætas virilis, senectus, vita, mors, etc., etc.

3°. Dat. *Homini* obesse, prodesse, irasci, minari, indulgere, blandiri, etc., etc.

4°. Acc. *Hominem* amare, diligere, negligere, laudare, vituperare, etc., etc.

Si l'on reprend le corps, les principales parties du corps, etc., etc., voilà de nouvelles sphères auxquelles se rattachent des milliers de mots et de locutions, tels que *manum conserere, manus dare, pedem conferre*, etc., etc.

Il est facile de comprendre combien cette mine est vaste et féconde, combien ces sphères et sous-sphères facilitent la classification des objets, et le rappel des signes qui servent à les représenter.

N° 8, OU DES FAMILLES.

On prend par exemple le verbe *agere*, et on le parcourt,

1°. Avec ses principales alliances, comme *agere res suas, agere animam, agere vitam, agere ætatem, agere regem, consulem, patrem*, etc., etc.

2°. Dans ses dérivés les plus usuels, comme *actio, actus, actor, actuosus, agitare, agilis, agilitas, agiliter, agmen, agminatim*, etc., etc., etc.

3°. Dans ses composés, comme *abigere, adigere, ambigere, exigere*, etc., etc. Puis avec leurs alliances *abigere pecus à cibo ; adigere ad insaniam*, etc., etc. Sans doute, cette mine était déjà connue ; mais on croyoit l'exploiter en donnant des listes de mots isolés, qui ne laissent aucune prise à la mémoire, et qui fatiguent l'élève en pure pérte.

N° 9. *Exercices généraux.—Thêmes.—Traduction des Auteurs.*

Jusqu'à présent les élèves n'ont rien écrit, si ce n'est des notes. Le temps qu'on auroit perdu à écrire un thême, on l'a employé à en faire cinq de vive voix.

Celui qu'il aurait fallu perdre pour le composer, on l'a consacré au dessin, ou à d'autres exercices utiles; on s'est épargné le spectacle décourageant d'un cahier criblé de ratures, qui semblerait accuser l'ignorance de l'élève, tandis qu'au fond il n'attesterait que celle du maître.

On n'arrive aux thèmes écrits, que lorsqu'on est capable de les faire; et c'est dans le même temps qu'on se livre à la traduction des auteurs, qui alors présentent peu de difficulté. Car ils ne peuvent guère reproduire que des mots, des alliances de mots, ces tournures déjà connues. Ces deux opérations, les versions et les thêmes, servent également à répéter tout ce qu'on a vu. Les thêmes sont utiles pour préluder à l'art de parler latin. Ils le sont aussi, parce qu'ils forcent toujours à réfléchir sur le choix des mots et l'emploi des règles, tandis que la traduction invite à ces réflexions plutôt quelle ne les commande, montrant elle-même les règles déjà appliquées et les choix tout faits.

Telle est la marche suivie dans les établissements de Pestalozzi pour l'enseignement de la langue latine.

QUESTIONS SUR CETTE MÉTHODE.

Première question. Pourquoi souvent commence-t-on les exercices par des phrases tronquées, comme *aquila nigra, aquilam capere, convivium parare*, etc. ?

Réponse. Cette conduite ne peut s'expliquer que par l'influence de l'habitude. Les nominatifs et les infinitifs ont, de temps immémorial, le privilége d'être nommés seuls et sans être encadrés dans des phrases. Mais ce privilège est usurpé; Pestalozzi lui-même sera étonné du respect qu'il lui conservait. Et pourquoi ne pas dire ?

Ecce aquila nigra, ou aquila *est* nigra.

Convivium parare *necesse est* ou	*ou* convivium parare *meum est*,
opus est,	*fratris est,*
expedit,	*ancillæest,* etc.

Le nominatif, l'infinitif sont, dit-on, des bases.... Des bases! Un nominatif seul, c'est comme un bâton qui n'aurait qu'un bout.... Un infinitif seul n'est pas plus concevable.

Deuxième question. Pourquoi dans les instituts de Pestalozzi prend-on son point de départ dans la langue maternelle ?

Réponse. C'est qu'un recueil de phrases prénotionnelles prises dans les auteurs latins classiques, et servant de manuel aux maîtres et aux élèves, manque à ces établissements. Car certainement Pestalozzi ni ses professeurs n'auraient jamais consenti à dire :

Et les aigles généreux n'engendrent pas la timide colombe,
Nec imbellem feroces progenerant aquilæ columbam,

mettant ainsi le modèle après la copie.

Il est un moyen bien facile de tout concilier. Qu'on commence par une phrase latine, comme *nec imbellem*, etc., qu'on la traduise en français, et qu'ensuite on fasse sur elle seule, ou combinée avec d'autres, autant de phrases françaises que l'on voudra ; en cette sorte :

L'Aigle n'engendrera point la Colombe, etc., etc.

Troisième question. Pourquoi les instituts de Pestalozzi écrivent-ils sur le tableau les finales des verbes, qui sont de pures abstractions ?

Réponse. C'est que la méthode manque de *verbesm-odèles* conjugués dans des séries de phrases prénotionnelles, en cette sorte :

Do fidem futurum.	Ainsi de suite pour toutes les conjugaisons régulières et irrégulières. Nous avons éprouvé que la force seule de l'analogie suffit pour faire dire *actat* à l'imitation de *dat* qui est rappelé par *dat*, *veniam corvis*, etc., etc.
Das epulis accumbere divûm.	
Dat veniam corvis, *etc.*	

Et puis M. Pestalozzi n'a pas concentré toute son attention sur l'enseignement de la langue latine. Le calcul, le dessin, la perspective, la musique, la géographie naturelle ont surtout exercé son zèle et contribué à fonder et à étendre sa réputation. Elle est désormais impérissable, et par ses œuvres qu'il vient de proposer en souscription, et par les élèves qui sortent tous les jours de ses instituts, qui, comme les jeunes *Dupuget* et *Heldenmayer*, se destinent à l'enseignement, et par le nombre et les talents de ses disciples.

Déjà la Méthode compte parmi ses plus fermes appuis :

M. Næf, à Philadelphie ;
Egger, instituteur, en Hongrie ;
De Muralt, ministre de l'église réformée, chef d'un institut, à Pétersbourg ;
Barraud, instituteur, à Bergerac ;
Delaspé, chef d'un institut, à Wisbaden ;
Ramsauer, *idem*, à Stuttgard ;
Goëldi, professeur de mathématiques,.........⎫
Nægeli, l'un des premiers compositeurs de cette ⎬ à Zurich ;
époque, ⎪
Pfeiffer, l'auteur de la méthode du chant, qui ⎪
jouit en Allemagne d'une grande célé- ⎪
brité, ⎭

Nabholz, collaborateur de M. Niederer,
Kruzi, l'un des principaux auteurs des ouvrages
    élémentaires de la méthode,
Niederer, rédacteur du journal d'instruction, chef
    de l'Institut des demoiselles,
                } à Yverdon.

Ce dernier établissement prend tous les jours de nouveaux accroissements, qui prouvent que la véritable et solide instruction, le désintéressement et la vertu trouvent aujourd'hui plus que jamais de nombreux appréciateurs.

Nous apprenons que ces trois derniers disciples de Pestalozzi, qui possèdent si bien la philosophie et la pratique de la méthode, viennent de se réunir pour former un institut de jeunes gens, et une école normale. Nous irons la visiter, cette École Normale, et, en recherchant la vérité, respirer l'air pur et sans mélange de la vertu et de la bonté qui en est la source.

SUITE DU CHAPITRE PRÉCÉDENT.

Secours mutuels que peuvent se prêter les deux méthodes.

Alterius sic
Altera poscit opem res et conjurat amicè. Hor.

Avec notre recueil prénotionnel, on peut sans tableau de finales, sans latin moderne, sans phrases tronquées, sans thème prématuré, exécuter tout ce qui se pratique dans les instituts de Pestalozzi, s'exercer sur tout ce qui fait l'objet des six premiers numéros, sur les familles, les sphères, etc., etc., et épuiser dans des phrases-modèles toutes les règles et toutes les difficultés syntaxiques.

Le maître, ou un élève pourra dire :

Nom. *Terra* mater est omnium..	La terre est la mère de tous.
Gen. *Terræ* filius est.	C'est un fils de la terre.
Dat. *Terræ* applicat ipsum.	Il l'applique a terre. etc.

Si, après avoir parcouru les douze phrases qui établissent la première déclinaison, on veut multiplier les exemples, on n'a qu'à recourir à la table. Elle renverra à 19 autres phrases, où sont encore employées diverses formes de *terra. Aqua, aquæ, aquam*, etc., en ont vingt, que la table donne le moyen de rassembler à l'instant.

Chaque déclinaison a un magasin aussi abondant. *Animus* seul et ses différents cas ont plus de 85 phrases; *homo* en a plus de 100, etc.

Les conjugaisons ne sont pas moins richement dotées. *Eo*, et ses différentes formes, ont plus de 5o phrases; *ago* plus de 8o.

Le recueil prénotionnel présente les mêmes secours pour les exercices sur les familles et sur les sphères.

Agere et ses différentes alliances, ses dérivés et ses composés, donnent au dépouillement fait dans la table plus de 3oo phrases.

Homo, sa sphère et ses sous-sphères en fournissent un bien plus grand nombre.

Et remarquez qu'excepté les douze phrases qui ont servi à établir chaque déclinaison, les autres n'ont point été recherchées dans ces divers desseins, mais qu'elles sont des produits spontanés et nécessaires de la méthode.

Avoir fait entrevoir les secours que peut retirer de notre recueil la méthode de Pestalozzi, c'est avoir montré combien, à son tour, la nôtre peut lui être redevable, et combien toutes les deux, en se prêtant un appui mutuel, peuvent rendre faciles et agréables l'étude et l'enseignement de la langue latine.

CHAPITRE XLVI.

Un mot sur le procédé dit *de* LANCASTRE.

> Tam ficti pravique tenax quàm nuntia veri. VIRG.

Nous ne savons pourquoi le vulgaire attache le nom de Lancastre au procédé de l'enseignement mutuel. Lancastre n'en est point l'inventeur, il l'emprunta à Bell, qui, dit-on, le tenait des Indiens, ou de l'hybernois de rude mémoire, connu sous le nom de chevalier Pawlet. Non, les Écoles françaises ne sont point Lancastriennes ; nous n'y voyons ni les espèces de billets de banque, avec lesquels le machiniste anglais fait mouvoir ses petits mercénaires; ni le jong auquel il attache sa caravane, ni ses entraves, ni ses billots de six livres, ni le terrible sac dans lequel il suspend ses coupables (1).

Il n'y a plus que le *mouvement ascendant*, qui blesse les regards.

Nous ne doutons point que l'illustre et sage société qui dirige le nouveau mode d'enseignement, ne parvienne à lui substituer un

_____

(1) Voyez l'ouvrage intitulé : SYSTÈME ANGLAIS D'INSTRUCTION, imprimé en 1815, rue de l'Éperon, n° 7.

POST-SCRIPTUM. Un Observateur qui arrive de Londres nous a assuré que ce Code Pénal a totalement disparu des Écoles anglaises.

mobile plus libéral, pris hors du système corrupteur des récompenses et des distinctions.

Et pourquoi éveiller dans de jeunes âmes le désir funeste de la primauté, l'y établir comme en permanence, et provoquer le spectacle de cet éternel déplacement, d'ailleurs, si peu conforme au doux sentiment de bienveillance qui doit unir des camarades ?

Il n'y a ni récompenses ni peines dans les instituts de Pestalozzi, le plaisir seul de l'étude en est le mobile. Tel est le cachet des bonnes méthodes, tout s'y fait naturellement; on étudie, on s'instruit pour satisfaire un besoin, comme on mange et comme on boit, parce qu'on a faim et soif.

L'enseignement mutuel est un puissant levier, qui peut s'appliquer utilement à toutes les parties de l'instruction. Mais qu'on y prène garde, il soulève également toutes sortes de masses, et peut aussi bien être l'organe de l'erreur que celui de la vérité. Si on ne se hâte de refaire les méthodes auxquelles on l'applique, il ne servira qu'à multiplier les échos; et la postérité dira que le 19ᵉᵐᵉ siècle fut le siècle des automates (1).

---

(1) La manière d'apprendre à lire ne diffère point de celle d'apprendre les langues. C'est par des faits, c'est-à-dire par des phrases, et non par des éléments, non par des lettres, qu'il faut commencer; voici la marche:

1°. On fait lire des phrases convenablement préparées, *voyez* chap. IX.

2o. On fait relire ces phrases, en fesant remarquer qu'elles se composent de mots, et l'on porte l'attention sur l'un d'eux, *voyez* chap. III.

3°. On fait relire encore les mèmes phrases; on fait remarquer sur le mot déjà connu, qu'il se compose de syllabes, et l'on porte l'attention sur la première.

4°. On fait relire enfin les mèmes phrases, en s'arrêtant sur le mot, sur la syllabe déjà connus, et on fait remarquer les lettres dont se compose cette syllabe.

Mais on se récrier... commencer à lire des phrases avant que de connaître ses ettres...!!! Oui, telle est la marche indiquée par la nature, les expériences en sont faites. La 4ᵉ édition de notre SYSTÈME NATUREL *de lecture*, qui va paraître, en fournira des preuves irrésistibles. Alors suspendant pour quelques instants nos occupations, nous dirons: *sinite parvulos venire ad me*, et pour le seul plaisir de les délivrer des 25 cartons d'A, B, C, de *ba, pa*, de *bl, pr*, etc., de |spl, spr, spra, sprar, sprour*, etc., autour desquels s'exténuent, sans acquérir une seule idée, les enfants de Lancastre, nous lirons; du premier moment, nous lirons des phrases; nous les décomposerons graduellement, toujours en lisant, et en moins de deux mois, NOUS *saurons tous lire*, et par pratique et par principes; nous pourrons voir des mots dans les phrases, des syllabes dans les mots, et même nous connaltrons bien et nous pourrons appeler toutes nos lettres.

Nous avons dit: *nous saurons tous lire* : car nous avons supposé que nous appliquerions à notre *système* le bel et bon procédé de l'enseignement mutuel.

CHAPITRE XLVII ET DERNIER.

Apparent rari nantes in gurgite vasto. VIRG.

QUOIQUE les auteurs qui surnagent sur ce gouffre immense, où tant d'autres ont disparu, soient en petit nombre, nous n'avons point eu la prétention d'en donner ici la biographie complète.

Nous avons seulement voulu fournir des moyens suffisants de comparaison pour juger des progrès et de l'état de la science.

Nous n'avons point fait l'analyse des travaux d'Erasme, ni de ceux de Robert et d'Henri Etienne, ni de ceux encore mieux conçus et mieux exécutés de Facciolati et de Forcellini. Ces recueils précieux de faits sont de vastes mines où puisent ceux qui savent, mais qui ne sont point ouvertes à ceux qui apprènent.

Le seul ouvrage un peu volumineux, qui marche directement à ce dernier but ; c'est celui de M. Maugard. Car, quoique la partie même de son cours , celle qui est composée de phrases incomplètes, comme *facessere rem* , *consulem agere*, etc., ait été l'objet de notre critique , pag. LXVIII et LXIX, lorsque nous l'avons considérée relativement au reste de son ouvrage, elle mérite de grands éloges, si on la compare à ces recueils d'abstractions qu'on appèle dictionnaires. Car *facessere rem* donne déjà une liaison d'idées.

Mais commencer, avec nos lexiques, par dire que *facessere* signifie faire, exécuter, accomplir, c'est renverser la marche par laquelle nous acquérons des connaissances, puisque c'est donner les abstractions avant les faits qui y conduisent. D'où il résulte qu'il n'existe encore aucun dictionnaire français ou latin qu'il ne soit urgent de refaire, à moins qu'on ne veuille continuer à peupler les têtes de fantômes. En supposant que *facessere* signifie, *faire, exécuter, accomplir*, il faut encore connaître quel est le genre de *faire*, d'*exécuter*, d'*accomplir*, qu'il exprime; ce qu'on ne peut savoir que lorsqu'on aura vu *præcepta* ou *jussa facessunt*(a), *rem facesso* (b), *mille facesse jocos* (c), *facesse hinc Corinthum* (d) , *vos ab hoc facessite* (e), etc., et autres liaisons ou emplois de ce mot. Les Etienne, Facciolati, Forcellini, Schneider même, l'auteur du célèbre

(a) VIRG. (b) PLAUT. (c) OVID. (d) LIV. (e) NONIUS.

dictionnaire grec et allemand, ne sont pas exempts de ce défaut, ils commencent toujours par où ils devraient finir.

Malgré le cadre étroit que nous nous sommes prescrit, nous aurions consacré des chapitres particuliers,

A MM.

FONTAINE, ancien professeur aux écoles centrales, auteur de la méthode comparative pour le latin et le français.

MANGIN, auteur d'un cours de latinité, d'un traité des ellipses, du mode de Quintilien, etc.

PASTELOT, auteur de la méthode latine raisonnée.

WANDELAINCOURT, ancien principal du collège de Verdun, auteur d'une méthode latine, d'un cours d'éducation, etc. (1)

WEISS, auteur d'une manière d'apprendre les langues.

et probablement à plusieurs autres auteurs vivants ou morts, si nous eussions pu nous procurer à temps leurs différents ouvrages.

Nous devons dire aussi que le chapitre de M. l'abbé Gaulthier aurait été traité d'une manière et plus étendue et plus exacte, si, lors de l'impression, nous eussions connu ses traductions interlinéaires, et surtout ses *ingénieux tableaux* à colonnes verticales et horizontales, qui présentent la construction idéologique sans détruire la construction de la langue particulière qu'on veut apprendre.

Au reste, ce sont les choses et non les hommes que nous nous sommes proposé de faire connaître, et il n'y aura de lacunes dans notre travail qu'autant que nous aurons ignoré des faits importants qui ne puissent se rapporter à aucun de ceux que nous avons rassemblés.

---

(1) Nous avons sous les yeux l'épître sur la grammaire, par M. le comte Françoi de Neuchâteau, où nous trouvons ces vers:

Pour toi, Wandelaincourt, tu fus plus généreux;
Et dans l'art d'enseigner, ta longue expérience,
De la syntaxe abstraite abrégea la science.
Elle traînait l'enfant au Parnasse latin
Par des thèmes sans but et des règles sans fin....
En traduisant les mots, l'élève apprend les choses;
Plus d'épine, et le fruit est caché sous les roses.
Je le sais, je l'ai vu; quarante ans de succès,
Ont de ce mode heureux couronné les essais.

La manière d'apprendre les langues est en général professée dans cette épître av une telle pureté de principes, que nous regrettons de ne pouvoir la rapporter ici presq toute entière.

COURS

DE LANGUE LATINE.

COURS
DE LANGUE LATINE.

Soit cette Traduction ou Version à faire (1) :

...... O si angulus iste
Proximus accedat, qui nunc
  denormat agellum (*)!

Ce vœu, que met Horace dans la
bouche d'un avare, pourrait s'exprimer ainsi d'après le génie de notre
langue.

O si angulus iste proximus,
ô si cet angle si proche (ou si
voisin); *accedat*, s'adjoignait;
qui nunc denormat agellum,
lui qui maintenant déforme
mon petit champ!

  « O! si ce petit coin de terre, qui est
» si bien à ma proximité, était joint à
» mon petit champ que maintenant
» il défigure ! »

Pour arriver au sens total latin, il a fallu savoir :

1°. Ce que veut dire chaque mot : c'est ce que nous appelons la *nomenclature ;*

2°. Ce que signifient les formes dites déclinatives et conjugatives, qui montrent les rapports que les mots ont entr'eux; c'est ce qu'apprend la *lexigraphie ;*

3°. Quelles sont les raisons qui forcent les mots à prendre telle ou telle forme, telle ou telle place plutôt que telle ou telle autre; et c'est ce qu'enseigne la *syntaxe.*

1°. *Nomenclature.*

On apprend le sens des mots en les cherchant dans le Dictionnaire, ou par la voie des traductions interlinéaires.

(1) C'est par la traduction des auteurs latins, que nous fesons commencer. En traduisant, l'élève prend l'idée des déclinaisons et des conjugaisons, en sent la raison et en reconnaît le besoin. On verra, dans la seconde partie, ou lexigraphie, qu'au lieu de formes abstraites et de mots isolés, des phrases tirées des meilleurs auteurs, donnant, tout à la fois, la théorie et la pratique de toutes les déclinaisons et conjugaisons régulières et irrégulières, font marcher ensemble la traduction des auteurs et la connaissance de la grammaire.

(*) Toutes les citations (au nombre de plus de mille), sont rassemblées dans une table particulière, avec l'indication des auteurs d'où elles sont tirées.

1.

Le premier instrument exige l'emploi de beaucoup de temps ; et , pour s'en servir, il faut avoir déjà un peu d'usage (2) : du reste, on doit chercher à pouvoir s'en passer le plus tôt possible.

Quant aux traductions interlinéaires, on ne peut les avoir long-temps sous les yeux.

Deux moyens hâteront singulièrement les progrès dans la nomenclature.

Premier moyen. Il est de fait que presque tous les mots français sont des mots latins plus ou moins reconnaissables ; il faut donc s'aider du français qu'on connaît (au moins par routine), pour remonter au latin qu'on veut apprendre. Ainsi, *angle, anguleux, proximité, accéder, agricole, agronome, agreste, normal, é-norme* (qui sort de la règle commune) serviront à faire trouver et à faire retenir le sens d'*angulus* (*angulosus*), *accedat, ager* (qui a formé *agellum*), *denormat*, etc.

Second moyen. Quand, par la traduction interlinéaire, ou autrement, on a acquis quelque usage , il est impossible de ne pas remarquer que beaucoup de mots se composent de plusieurs éléments, dont le premier se reproduit plus ou moins souvent. Soient, par exemple, *accedat* et *denormat*. L'un contient *cedat* et le mot *ad* , qui, à cause de la rencontre du *c* de *cedat*, s'est changé en *ac ;* le second renferme *de* , et vient de *norma , règle , loi ;* ainsi,

Par exemple ,

avec AD *on a*		*avec* DE *on a*	
Additio,	*Addition.*	Decolor ,	*Décoloré.*
accelerare ,	*accélérer.*	decurrens ,	*décurrent.*
affirmare,	*affirmer.*	deferre ,	*déférer.*
agglomerare,	*agglomérer.*	deficit ,	*déficit.*
applicare,	*appliquer.*	dementia ,	*démence.*
attentio ,	*attention.*		
etc.	etc.	etc.	etc.

(2) Par exemple , *accedat, denormat, agellum* ne sont point dans le dictionnaire sous cette forme ; il faut chercher, *accedo , denormo, agellus.* Il y a des mots bien plus difficiles, tels sont *vulneris* qu'on ne trouve qu'avec *vulnus ,* *leges* qui peut venir de *lex* ou de *lego.*

Ensuite ,

avec CEDAT, *on a,*		et de *norma,*	on a fait :
Accedat ,	{ *Qu'il accède ou accorde,*		{ *Normal ,* c'est-à-dire, qui appartient à la règle, ou sert de règle.
discedat ,	*qu'il se retire,*	Normalis ,	
præcedat ,	*qu'il précède,*		
procedat ,	{ *qu'il procède ou aille en avant.*	abnormis ,	{ *irrégulier,* qui s'écarte de la règle.
	etc.	enormis ,	*énorme.*

Il n'est guère plus difficile d'observer que les finales en ULUS, ELLUM, expriment des diminutifs. C'est ainsi qu'on a,

Acidulus ,	*Acidule,*	Capella ,	{ *Petite chèvre , chapelle,*
globulus ,	*globule,*		
particula ,	*particule ,*	libellus ,	*libelle , livret,*
virgula ,	{ *virgule , petite verge,*	umbella ,	{ *ombelle ;* petite ombre ,
etc.	etc.	etc.	etc.

Le Cours latin sera donc d'un puissant secours s'il fournit aux latinistes un recueil d'observations bien faites sur la nomenclature, s'il donne bien la valeur des initiatifs *ab, ad,* et des terminatifs *ALIS, osus,* etc. , et procure ainsi le moyen de réduire tous les mots latins à un petit nombre de familles ou d'analogies.

C'est donc par cette partie de la grammaire (qui va être pour la première fois rendue élémentaire) que nous devrons commencer.

2°. *Lexigraphie.*

Il est impossible qu'en traduisant on reste bien long-temps sans s'apercevoir qu'indépendamment du sens fondamental qui consiste, par exemple, à indiquer un champ, *agrum,* ou petit champ, *agellum,* à marquer l'action d'*accéder,* ou de *céder,* ou de *concéder,* ou de *précéder,* etc. ;

Les mots expriment des idées , à la vérité bien plus abstraites, bien moins importantes, de nombre, de cas, de personne, de temps, etc. ; on verra qu'on trouve dans les auteurs,

Angul*us* ,	Acced*at* ,
angul*o* ,	acced*it* ,
angul*um* ,	acced*o* ,
angul*orum* ,	acced*imus* ,
angul*is* , etc.	acced*ebam,* etc.

Il doit donc y avoir une partie de la grammaire latine qui traite des

I.

formes des mots , c'est ce qu'on appèle *déclinaisons* et *conjugaisons* , et ce que nous exprimons par le mot générique de lexigraphie. Mais il n'est temps de s'en occuper que lorsque l'expérience en a fait comprendre l'utilité , et que l'on est déjà bien avancé dans la science de la nomenclature (3).

3°. *Syntaxe.*

Il ne suffit pas de connaître le sens des mots et de combien de formes ils peuvent être revêtus ; mais il faut encore savoir quand et comment ils s'emploient, quelles sont enfin les raisons et les règles qui ont déterminé la place des mots et le choix des formes qu'on leur a données.

Il doit donc y avoir une partie de la grammaire qui traite de l'emploi et de l'ordre des mots , et cette partie est appelée *syntaxe* , du grec *TAXIS* , ordre, et de *SYN* ; ensemble.

Ce Cours sera donc divisé en trois parties ,

SAVOIR:

I⁰ PARTIE.   Elle traite de la *nomenclature* et de *l'étymologie.* Ce dernier mot vient du grec ETYMON , *vrai* , et de LOGOS, discours. Elle dit , en effet, la vérité sur la formation des mots, sur la valeur des divers éléments dont ils se composent. C'est elle qui montre le génie de la nomenclature et la vraie route qu'il faut tenir pour s'en rendre bientôt maître.

II⁰⁰ PARTIE.   Elle comprend la *lexigraphie* , ou science des formes variables, qui expriment les idées accessoires de nombre, de genre, de cas, de temps, de personne , etc. Ce mot vient du grec LEXIS, *mot* , et GRAPHÉ, *description ;* c'est elle en effet qui décrit les mots, en donne les formes dites déclinatives et conjugatives (3).

III⁰ PARTIE.   Elle contient la *syntaxe*, qui donne les règles de concordance des mots entr'eux, la construction, les ellipses, les latinismes, et procure ainsi les moyens de faire des versions raisonnées, et de traduire du français en latin, selon les règles et le génie de la bonne latinité.

------

(3) L'enfant sait parler une langue vivante avant de s'être douté qu'il y a des déclinaisons et des conjugaisons. Il est prouvé que c'est la même marche qu'il faut suivre dans l'étude des langues mortes. On verra dans la seconde partie que nous avons trouvé l'heureux moyen de *traduire* , et d'apprendre en même temps à *décliner* et à *conjuguer.* D'après cela il n'y aurait plus d'inconvénient de commencer par la lexigraphie.

Ière PARTIE.

NOMENCLATURE ET ÉTYMOLOGIE.

PREMIÈRE PARTIE.

De la Nomenclature et de l'Étymologie.

Nec modus inserere atque oculos imponere simplex (*).

« La manière d'insérer (ou de greffer) et d'imposer des yeux (ou
» d'enter en écusson), n'est pas simple (ou facile). »

Sed fugit interea, fugit irreparabile tempus.

« Mais cependant le temps fuit, le temps irréparable fuit. »

Si, négligeant les finales dites déclinatives et conjugatives, dont s'occupe expressément la lexigraphie, on examine les différents mots de
ces deux versions, on en trouvera de simples, et d'autres qui se décomposent en plusieurs.

Inserere *se décompose..* en *in* et *serere*, lier.
Imponere............. en *in* et *ponere*, poser.
Atque................ en *at* et *que.*
Simplex.............. en *sine*, sans, et *plexus*, pli.
Interea. .... en *inter* et *ea.*
Irreparabile.......... { en *in* , *re* et *parare*, et la finale *abile.*

Or, dans chacun de ces mots formés de plusieurs éléments, il y en a
un qui peut être regardé comme principal : tels sont *serere*, *ponere*, etc.,
par rapport à *in* ou *im*. Tel est *parare*, par rapport à *in*, *re*, et *abile* ;
car on a *parare*, *reparare*, *reparabile*, et *irreparabile*. Le mot principal
est comme le noyau autour duquel se rangent les autres éléments, que
pour cela nous appèlerons accessoires.

Il y a donc deux manières de considérer les mots composés et les
mots dérivés :

1°. Par rapport aux éléments qui entrent dans leur composition ;

2°. Par rapport aux diverses altérations que ces éléments subissent
en s'incorporant ensemble. C'est dans cet examen qu'on apprendra à
reconnaître également, par exemple, le mot *in* dans *im-ponere* et dans
ir-reparabile, etc.

Ainsi cette première partie aura DEUX SECTIONS.

_____

(*) Toutes les citations sont rappelées dans une liste alphabétique par le premier
en les premiers mots de la phrase : *Nec modus*, etc.

PREMIÈRE SECTION.

Des Élémènts qui entrent dans la composition des mots.

On a pu voir dans les deux vers cités et commentés ci-devant, que le mot principal s'accroît d'éléments accessoires, tantôt par le commencement, tantôt par la fin, ou même par ses deux extrémités, comme dans *ir-re-par-abile*.

Ces deux sortes d'accroissements du mot principal, vulgairement dit radical, peuvent être désignées sous les noms d'INITIATIFS et de TERMINATIFS. Or, c'est cette double connaissance qui abrège la nomenclature.

Liste des Initiatifs et des Terminatifs.

INITIATIFS.

	Pag.		Pag.		Pag.		Pag.
A*,	9	Cata*,	11	ter, quatuor,	14	Ob, etc.	17
Ab, etc.	id.	Circum, etc.	12	E, ex,extra,etc.	id.	Ne, nec, etc.	id.
Ad, etc.	id.	Cis,	id.	Epi*, etc.	15	Per, etc.	18
Æqui,	10	Com, etc.	id.	Hemi, semi,etc	id.	Peri*,	id.
Ambi, amphi,	id.	Contra, contro,	id.	Hyper*, super,	id.	Præ et præter,	id.
Ana*,	id.	De,	id.	Hypo*, sub,	id.	Pro,	19
Antè, anti,	id.	Dia*,	13	In { négatif,	16	Re, retro,	id.
Apo*,	11	Dis, etc.	id.	In { locatif,	id.	Se, ve et sine,	20
Archi*,	id.	Dis, tri, tetra,		Inter, intra, in-		Syn*,	21
Benè et malè,	id.	pehta, hexa,	id.	tro, intus.	id.	Trans et ultra.	id.
Bis, etc.	id.	Duo, tres, ou		Meta*, etc.	17	Vice.	id.

TERMINATIFS, 1re SORTE.

Capus, ceps,	22	Fluus,	24	Graphus,	25	Pes, peda,	
Cida,	23	Fragus et rupa,	id.	Legus, lex.	26	poda*.	27
Cola,	id.	Fugus,	id.	Lentus, lens,	id.	Sta, stes,	
Dicus, dex,	id.	Gena, geneus,		Logus*,loquus,	27	stus. etc.	28
Fer, phorus*,	id.	gen.	25	Parus, perus,		Undus,bundus.	id.
Ficus, fex,	24	Gerus, etc..	id.	ber.	id.	Urire, etc.	id.

3e SORTE.

Abilis, etc.	31	At-us, a, um,	36	Issimus, etc.	39	Or,	44
Acus, ax, etc.	id.	Atus, atùs, etc.	id.	Ies, imus, etc.	41	Or, t-or, t-rix,	
Alis, ale,	32	Etum,	37	Iter, è et im,	42	s-or.	45
Andus, endus,	id.	Eus, ea, cum	id.	Itas,	id.	Orius, a, um,	46
Ans, ens,	33	Idus,	38.	Itia, ities,	43	Osus,	id.
Anus,inus, etc.	34	Io, ionis,	id.	Itudo, etudo,	id.	Ulus,ellus,olus,	
Aris*, etc.	id.	O, onis,	id.	Ivus,	id.	a, um, etc.	id.
Aster, astrum,	35	Ior, ius, etc.	39	Mentum, men.	44	Urus, a, um.	47

(*) Mot grec.

ORDRE PREMIER.

DES INITIATIFS.

1. A, *initiatif grec.*

A-theus, ...	Athée, ...	*Sans* Dieu, de ʌ, et Theos*.
apus, apodis, ..	apode, ...	*sans* pieds, de pous, podos*, etc.
atomus, ...	atôme, ...	*sans* tome ou division.

Ainsi, d'après l'analogie des exemples ci-dessus, *a*, initiatif grec, marque une idée de privation.

2. AB *et ses variétés.*

Ab-jectus, ...	Abject, vil, ..	Jeté *loin*, de *jactus* et d'*ab*.
abusus, ...	abus, ...	us, ou usage *éloigné*, de *usus*.
absorbere, ...	absorber, ...	boire jusqu'à ce que tout soit *hors*.
A-vertere, ...	avertir, ...	tourner *loin*, de *verto*.
aversio, ...	aversion, ...	action de se tourner *loin*, ou de se détourner.
Abs-tinere, ...	s'abstenir, ...	se tenir *loin*, de *teneo*.
abstrahere, ...	abstraire, ...	traire ou tirer *loin*, de *traho*.
Au-ferre, ...	......а......	ôter loin, de *fero* et d'*ab*.

Ainsi, d'après l'analogie des exemples ci-dessus, *ab* et ses variétés *abs*, *a*, *au*, marquent une idée d'éloignement, et quelquefois par résultat, ils font naître l'idée d'augmentation, comme dans *ab-sorbere*.

3. AD *et ses variétés.*

Ad-versus, ...	Adverse, ...	Tourné *vers* ou contre, de *versus* et d'*ad*.
adamare,	»	aimer, être attiré *auprès*, aimer beaucoup.
addere, ...	additionner, ..	donner *en sus*, ajouter, de *do*, je donne.
Ac-cusare, ...	accuser, ...	frapper *dessus*, de *cudo*, je frappe.
Af-fabilis, ...	affable, ...	à qui l'on peut parler, de *fari*.
Ag-gregare, ...	agréger, ...	*joindre* au troupeau, de *grex*.
Al-licere, ...	allécher, ...	de *lacere* et de *ad*, engager à soi.
An-nexus, ...	annexé, ...	de *nexus* et *ad*, noué *auprès*.
Ap-ponere, ...	apposer, ...	poser *dessus* ou auprès, de *pono*.
Ar-rogare, ...	s'arroger, ...	demander, tirer *à soi*, de *rogo*.
As-sistere, ...	assister, ...	se tenir ou être *auprès*, de *sisto* et *ad*.
At-tribuere, ...	attribuer, ...	donner *à*, de *tribuo*.

Ainsi, *ad* et ses variétés *ac*, *af*, *al*, etc. (occasionnées, comme on verra plus tard, par les diverses rencontres du c, du f, du g, etc.), expriment des idées de tendance, de terme, et quelquefois, par résultat, des idées d'augmentation, comme dans *ad-amare*.

4. ÆQUI.

ÆQUI-noctium,	Equinoxe , ...	Nuits *égales,* de *nox,* nuit et d'*æquus.*
æquivocus,....	équivoque ,...	voix égale, ou à double sens, de *vox.*
æquipondium ,	»	contre-poids, de *pondus* , poids.
ÆQU-animus,	»	qui a un esprit égal, d'*animus.*

Ainsi *æqui,* et sa variété *æqu* , marquent une idée d'*égalité.*

5. AMBI, AMPHI *et leurs variétés.*

AMBI-dexter, .	Ambidextre,..	De *ambo,*deux,et *dextra,*main droite, adroit des deux mains.
AMB-ages,.....	ambages ,....	agir de *deux* façons, d'*ago* et *ambo.*
AM-putare,....	amputer ,...	couper des *deux côtés* , de *puto.*
AMPHI-bium,..	amphibie,....	*deux vies,* de BIOS*, et AMPHÒ* ou *ambo.*

Ainsi *ambi* et *amphi,* etc. signifient *deux* , et par résultat , ils font souvent naître l'idée d'*autour : amphitheatrum,* double théâtre ou théâtre autour d'un autre : le théâtre contient les acteurs, et l'amphi-théâtre les spectateurs. Dans le fait, celui-ci n'est qu'un second théâtre.

6. ANA, *initiatif grec.*

ANA-strophe,..	Anastrophe,..	Tour *en arrière,* renversement , de STROPHÒ* je tourne, et d'ANA*.
analysis,......	analyse,.....	solution *en arrière* , de LUSIS*.
analogia ,.....	analogie,.....	discours qui retourne *en arrière* , de LOGOS*.
anagramma ,...	anagramme,..	lettres mises *en arrière,*de GRAMMA*.

L'ANA du grec signifie donc *en arrière* , et par résultat, *de nouveau, derechef.* Il répond pour le sens au *re* des Latins : *ana-baptiste* , qui baptise en allant *en arrière,* c'est-à-dire qui recommence, ou donne une seconde fois le baptême. C'est ainsi que l'analyse, qui est une décomposition d'un tout en ses parties, met nécessairement une partie *en arrière,* puis *une seconde,* etc., tant qu'il reste des parties à séparer. L'analogie remonte aux faits déjà connus, et classe par groupes les êtres qui paraissent semblables; son défaut est d'être trop disposée à généraliser. Elle en est préservée par l'observation et l'analyse.

7. ANTÈ, ANTI.

ANTE-cedens,.	Antécédent,..	Qui va *devant,* de *cedo ,*je vais, et d'*antè* , devant.
ANTI-podes,...	antipodes ,....	pieds *en devant* ou à l'opposé.
antiphona,....	antienne , ...	son qui précède, de PHONOS* et ANTI*.

(*) Mot grec.

ANT-arcticus,...	antarctique,...	ours *contraire* ou à l'opposé, d'ARC-TOS*, ours.

Ainsi *antè* et ses variétés signifient *devant*, et par résultat, ils expriment une idée d'*opposition*.

8. APO, *initiatif grec.*

APO-gæum,..	Apogée,.....	*Loin* de la terre, de APO* et GAIA* terre.
apologus,.....	apologue,.*...	discours tiré *de loin*, de LOGOS* et APO*.
apostolus,.....	apôtre,......	envoyé *loin*, de STELLO*, j'envoie.

Apo répond donc au latin *ab*, et marque comme lui une idée d'*éloignement*. Il paroît même lui avoir donné naissance.

9. ARCHI, *initiatif grec.*

ARCHI-presbyter	Archiprêtre,.	Prêtre *au dessus* ou *qui commande,* d'ARCHEÒ*.
archidux,.....	archiduc,....	duc *supérieur*, de *dux*.
ARCHE-typus,..	archétype,...	*premier* type, ou premier modèle, de TYPUS*.

Archi et sa variété *arche* expriment donc une idée de *commandement* ou de *prééminence.*

10. BENÈ *et* MALÈ.

BENE-volus,..	Bénévole,....	Qui veut *du bien*, de *volo* et *benè*.
beneficus,.....	bienfaisant,...	qui dit *bien* ou *du bien*, de *dico*.
MALE-dictum,..	malédiction,..	de *dictum*, dit, et de *malè*.

Benè signifie bien, *malè* signifie mal; celui-ci est sujet en françai₅ à plusieurs altérations, comme on le voit dans *maudire*, *maussade*, *médire*, *mésoffrir*, etc.

11. BIS *et ses variétés.*

BIS-sextum,..	Bissexte,.....	*Deux fois* le sixième (jour des calendes).
BI-lanx,......	balance,.....	*deux* bassins, de *lanx*.
bipes,........	bipède,......	à *deux* pieds, de *pes, pedis*.
VI-ginti,......	vingt,.......	*deux fois* dix, car la finale *ginti* ou *ginta* signifie dix : *triginta, quadraginta*. VIGINTI est pour *biginti*.

Ainsi, *bis* et ses variétés signifient *deux* ou *deux fois*.

12. CATA, *initiatif grec.*

CATA-rrhus,..	Catarrhe,....	Qui coule *en bas*, de RREÒ*, je coule, et de CATA*, en bas.

(*) Mot grec.

catastrophe,...	catastrophe,..	tour *en bas*, de STROPHÉ*.
catalogus,.....	catalogue,....	discours de *haut en bas.*
CATH-olicus,...	catholique,...	tout de *haut en bas*, d'OLOS*, tout_

Ainsi, *cata* marque un mouvement qui se prolonge de *haut en bas*, et quelquefois par résultat une idée d'*augmentation*, comme dans *catholicus*, tout-à-fait universel. Il est assez bien traduit par le *de*, initiatif latin et français : *dejectio ;* déjection, *destructio*, destruction, *descriptio*, description.

13. CIRCUM *et ses variétés.*

CIRCUM-spectus,	Circonspect,..	Qui regarde autour, de *spicio*, etc.
CIRCU-itus,....	circuit,......	allée *autour*, de *itus*, d'*eo*, je vais, et de *circum.*

14. CIS.

CIS-alpinus,...	Cisalpin,....:	*En deçà* des Alpes par rapport à Rome, de *cis*, en *deçà*.
cispellere,	»	*pousser en deçà*, de *pello*, etc.

15. COM *et ses variétés.*

COM-ponere,..	Composer,....	Poser *avec*, de *pono*, et de *cum.*
CON-flare,.....	gonfler,.....	de *flo*, et de *cum*, je souffle *avec.*
conclamare,	»	crier ensemble, *avec* les autres.
co-gitare,	»	agiter *avec*, penser, d'*agito*.
co-hæres,....	cohéritier,...	héritier *avec*, de *hæres*.
COL-locare,....	colloquer,...	placer *avec*, de *locus*, lieu, *loco*, je place.
COR-rigere,....	corriger,.....	dresser *avec*, de *rego*.

Ainsi, *cum* (qui en composition est toujours plus ou moins altéré) marque toujours une idée de société, d'ensemble, de cumulation d'objets. On verra qu'il répond pour le sens au SYN des Grecs.

16. CONTRA, *contro.*

CONTRA-dicere,.	Contredire,..	Dire *contre*, de *dico* et *contra*.
contraponere,.	contreposer,.	poser *contre*, opposer, de *pono.*
CONTRO-versia,.	controverse,.	qui est tourné *contre*, de *verto*.

Ainsi, *contrà*, *contro*, marquent une idée de situation opposée entre deux ou plusieurs objets ou actions.

17. DE.

DE-jectio,....	Déjection,...	L'action de jeter *en bas.*
DE-scendere,..	descendre,...	grimper *en bas*, de *scando.*
demonstrare,..	démontrer,..	montrer de *haut en bas*, de *monstro.*
dealbare,	»	blanchir de *haut en bas*, de *albo.*

(*) Mot grec.

decrescere, ... décroître, ...| croître *en déclinant*, de *cresco.*
deflorere, ... défleurir, ...| mettre les fleurs *en bas*, de *floreo.*..

Ainsi, d'après l'analogie des exemples ci-dessus, *de* marque un trajet qui se fait *en bas*, ou *de haut en bas*. Mais le résultat de cette opération fait naître souvent l'idée d'augmentation, comme dans *demons-trare*, *dealbare*, *deamare*, aimer à fond, *deflagrare*, désirer ardemment, et plus souvent encore une idée d'opposition ou d'un mouvement qui défait ce qui a été fait, comme dans *decrescere*, décroître, et dans notre découdre, etc.

18. DIA, *initiatif grec.*

DIA-phanus, .. Diaphane, ...| Qui paraît *au travers*, de PHAINÔ*.
diameter, ... diamètre, ...| mesure qui *traverse*, de METER*.
diapason, ... diapason, ...| de PAS, PASA, PAN*, tout.

Ainsi, *dia* exprime une idée de *traversée*, et répond assez, pour le sens, au latin et au français *trans*, comme dans *transit, transparent.*

19. DIS *et ses variétés.*

DIS-seminare, . Disséminer, ...| Semer de *deux* côtés, ou *çà et là.*
distribuere, ... distribuer, ...| donner *çà et là*, ou à plusieurs, de *tribuo.*
dissonantia, ... dissonance, ..| *deux* ou plusieurs sons, de *sonus.*
DI-gerere, ... digérer, ...| porter *çà et là*, de *gero.*
DIF-fusus, ... diffus, ...| répandu *çà et là*, de *fusus.*
difficilis, ... difficile, ...| *séparé* du facile, de *facilis.*

DIS vient peut-être du grec DIS, qui signifie *deux*, premier signe de la division d'un tout. Quoi qu'il en soit, on voit qu'il exprime une idée de division, de séparation ; que quelquefois il fait naître celle d'opposition, de négation, comme dans *difficile.*

20. DIS, TRI, TETRA, PENTA, HEXA, *et autres numératifs.*

DIS-syllabus, . Dissyllabe, ...| *Deux* syllabes, de DIS*, *deux.*
TRI-pus, *podis*, . trépied, ...| qui a *trois* pieds, de TRI* et de POS*.
TETRA-gonus, . tétragone, ..| qui a 4 *angles*, de TETRA* et GONOS*.
PENTA-gonus, . pentagone, ..| qui a *cinq* angles, de PENTA*, *cinq.*
HEXA-gonus, .. hexagone, ...| qui a *six* angles, de HEXA*, *six.*
hexameter, ... hexamètre, ..| qui a *six* mesures, de METRON*.
HEPTA-gonus, .. heptagone, ..| qui a *sept* angles, de HEPTA*, *sept.*
OCTO-gonus, .. octogone, ...| qui a *huit* angles, de OKTO*, *huit.*
ENNEA-gonus, . ennéagone, ..| qui a *neuf* angles, d'ENNEA*, *neuf.*
DECA-logus, ... décalogue, ...| *dix*, discours ou commandements, de DECA*, *dix.*

(*) Mot grec.

hecatombe, ...	hécatombe , ..	cent bœufs , de HECATON*, cent.
»	hectogramme,	cent grammes, HECTO est pour HECATON.
chiliarchus, ...	chiliarque,...	qui commande à *millo*, de CHILIAS *.
»	kilogramme, .	qui a mille grammes , de CHILIAS *.
chiliophyllum,.	millefeuille, ..	qui a mille feuilles, de PHYLLON *, etc.
»	myriagramme,	*dix mille* grammes , de MYRIAS *.

C'est ainsi que , par les mots français , on se sera bientôt familiarisé avec les numératifs grecs , qui reviennent encore assez souvent dans la nomenclature latine.

21. DUO, *tres ou ter, quatuor et autres numératifs latins.*

DUO-decim,...	Douze, ...	*Deux* et dix, de *duo*, 2, et *decem*, 10.
»	duodécimal,..	le calcul *duodécimal*, ou par douze.
duodeviginti,	»	*deux* ôtés de vingt, ou dix-huit.
DU-bitare ,.....	douter,......	aller de *deux* côtés, de *bito*, je vais.
duplex ,.......	double,......	qui a *deux* plis, de *plexus*.
TRI-plex,......	triple,.......	*trois* plis (4),
QUATRI-duum,	»	*quatre* jours, de *dies*, et de *quatuor*.
QUIN-quennium,	quinquennium	*cinq* ans, d'*annus*, et de *quinque*.
SEX-aginta,....	soixante ,.....	*six* fois dix , etc., etc.

22. E, EX , EXTRA *et leurs variétés.*

E-liminare,....	Eliminer ,....	Mettre *hors* du seuil, d'E et de *limen*.
EX-pulsus, ...	expulsé,.....	poussé *en dehors*, de *pulsus*.
exquisitus,....	exquis,......	cherché *du dehors*, de *quæsitus*.
excitare,......	exciter ,......	pousser *en dehors*, de *cito*.
exasperare,....	exaspérer , ...	aigrir *hors* mesure, d'*asper*.
exaridus,	»	aride *hors* de mesure, d'*aridus*.
EF-fectus,.....	effet,........	fait *en dehors*, de *factus*.
E-normis,.....	énorme ,.....	*hors* de mesure, de *norma*.

Ainsi, d'après les analogies des exemples ci-dessus, E et ses altérations EX , EF, expriment une idée de mouvement de *dedans en dehors*, ou d'extraction, et par résultat, ils font naître quelquefois des idées d'augmentation, comme dans *exaridus*, ou d'opposition, comme dans *exarmare*, désarmer, *enormis*, énorme. Il a pour opposé *in*, qui marque le mouvement de *dehors en dedans*.

Ex se trouve dans *extra* qui paraît être un composé de *ex* et de *trans*, au-delà. *Extraordinarius*, hors et au - delà de l'ordinaire. *Extrinsecus* offre une variété d'*extra*.

---

(4) Voici les numératifs en *plex* : *simplex*, simple ou sans pli , *duplex*, *triplex* , *quadruplex*, *quintuplex* , *sextuplex*, *septemplex*, *octuplex*, *nonuplex*, *decemplex* , *centuplex*, etc.

(*) Mot grec.

23. EPI, *initiatif grec, et ses variétés.*

Epi-togium,..	Épitoge,.....	*Sur* la toge, d'ÉPI* , *sur*, et de *toga*.
epidemus,.....	épidémie,....	*sur* le peuple, de DEMOS*.
Eph-emerides,.	éphémérides,.	*sur* ou touchant le jour, d'EMERA*.
ephori,.......	éphores,.....	qui voient *dessus*, d'ORAÔ* et EPI*.

24. HEMI, SEMI *et leurs variétés.*

Hemi-sphæra,.	Hémi-sphère,.	*Demi*-sphère, de *sphæra*.
hemicranium,.	migraine,....	*moitié* du crâne, de *cranium*.
hemitonium,.. ⎱	semiton, ...	*demi* ton ou moitié de ton, de *tonus*.
semi-tonium,. ⎰		
semianimis,	»	*moitié* animé (moitié mort,) d'*a-nimus*.
semita,.......	sentier,.....	*demi* chemin, de *semi* et *itus*, d'*eo*.

Hemi est un initiatif grec qui a formé le latin *semi*. Tous deux, comme on voit, signifient *une demie, une moitié*.

25. HYPER*, SUPER.

Hyper-bole,...	Hyperbole,...	Lancé *au dessus*, de BALÔ*.
super-bus,....	superbe,.....	en grec HYPERBAS , de BAINÔ*, je marche *au-dessus des autres*.
superfluus,....	superflu, ...	qui coule *au-dessus*, de *fluo*.
superficies,....	superficie,....	face *au dessus*, de *facies*.
supra-dictus,..	susdit,.......	dit *ci-dessus*, de *dictus*.

Ainsi, le HYPER des Grecs marque une idée de *position en dessus*, d'élévation et d'extès, et a formé le latin *super* qui a le même sens.

26. HYPO*, SUB *et leurs variétés.*

Hypo-thesis,..	Hypothèse,...	Position *en dessous*, de *thesis* et HYPO*.
hypocrita,.....	hypocrite, ...	de CRRINÔ*, je vois.
hypogastrium,.	hypogastre, ..	gaster, ou ventre *inférieur*, de *gaster*.
sub-ire ,......	subir ,.......	aller *en dessous*, de *ire, eo*.
subacidus,	»	*au dessous* de l'acide, d'*acidus*.
sublevare,....	soulever,....	lever , étant *en dessous*.
suc-cumbere,..	succomber ,...	tomber *dessous*, de *cubo*.
suf-ferre,.....	souffrir,.....	porter, étant *en dessous*, de *fero*.
sufflare,......	souffler,.....	de *flare* , souffler *en dessous*.
sug-gerere,....	suggérer,....	porter *dessous*, de *gero*.
sum-mutare,	».	changer *dessous*, de *muto*.
sup-plicare,...	supplier,....	plier *en dessous*, de *plico*.
supponere,....	supposer ,....	poser *dessous*, de *pono*.

(*) Mot grec.

sur-ripere,	»	de *rapio*, enlever *en dessous.*
sus-citare,.....	susciter,.....	pousser *en dessous*, de *cito.*

Ainsi le grec ʜʏᴘᴏ, qui a formé le *sub* latin, comme nous le verrons dans le traité des altérations, marque une idée de *position en dessous*, d'infériorité. Il est l'opposé d'*hyper*. Le *sub* latin a le même sens; on comprend comment il peut en résulter une idée de diminutif comme dans *subacidus*, un *peu* acide, *subtimeo*, je crains un *peu*. *Sub* se trouve dans *subter*, *subtus*, qui signifient aussi *par dessous.* *Subterfugium*, subterfuge. *Subtus* n'entre point en composition.

27. ɪɴ, *négatif, et ses variétés.*

ɪɴ-iquus,.....	Inique,......	*Non* égal, de *in* et d'*æquus.*
injuria,.......	injure,.......	*non* droit, de *jus*, *juris.*
infirmare,.....	infirmer,.....	rendre *non* ferme, de *firmo.*
infans,........	enfant, infant,	*non* parlant, de *fari.*
ɪɢ-nobilis,.....	ignoble,.....	*non* noble, de *nobilis.*
ɪʟ-licitus,.....	illicite,.....	*non* licite, de *licitus.*
ɪᴍ-mensus,...	immense,....	*non* mesuré, de *mensus.*
ɪɴ-nocens,....	innocent,....	*non* nuisible, de *nocens.*
ɪʀ-reparabilis,.	irréparable,..	*non* réparable, de *reparo.*

Il y a donc un initiatif *in*, qui, ainsi que ses variétés, marque une idée de négation. On peut l'appeler *privatif* ou *négatif.*

ɪɴ, *locatif, et ses variétés.*

ɪɴ-jectio,.....	injection,....	Jeter *en dedans*, de *jactus.*
inserere,......	insérer,......	lier *en dedans*, de *sero.*
instruere,.....	instruire,....	bâtir *en dedans*, de *struo.*
instinctus,.....	instinct,.....	qui aiguillonne *en dedans*, de *stigo*, *instigo, instingo.*
ɪʟ-luminare,..	illuminer,....	mettre de la lumière *dedans* ou *dessus*, de *lumen*, lumière.
ɪᴍ-mersio,....	immersion,...	action de plonger *dedans*, de *mergo.*
ɪʀ-ruere,	»	ruer, fondre *sur* ou *contre*, de *ruo.*
ɪɴɢ-ruere,	↖	comme le précédent.

Il y a donc un second *in*, qui marque une idée d'intériorité, ou quelquefois simplement un rapport de tendance *vers* ou *contre* un objet.

28. ɪɴᴛᴇʀ, *intra, intrò, intùs.*

ɪɴᴛᴇʀ-cedere,.	Intercéder,...	Aller *entre*, de *cedo*, je vais.
Intervertere,..	Intervertir,..	tourner *entre*, de *verto.*
ɪɴᴛᴇʟ-ligens,..	Intelligent,..	qui choisit ou démêle *entre*, de *lego*, et *inter.*
ɪɴᴛʀᴀ-muranus,	»	qui est *en dedans* des murs, de *murus.*

INTRO-ducere,.	Introduire,....	Conduire *en dedans*, de *duco*.
introitus,.....	Introït,.......	Allée *en dedans*; d'*intus* et d'*eo*.
INTUS-susceptio	Intus-susception,	Action de recevoir *en dedans*, de *suscipio*.

Les mots formés par ces initiatifs sont peu nombreux, et s'expliquent mieux par les exemples que par des principes, ou généralités.

29. META, *initiatif grec.*

META-thesis,..	Métathèse,...	Ou transposition de lettres, de META* *au-delà*, et *thesis*, position.
Meta-phora,..	Métaphore,,.	*porté au-delà* du sens primitif, de PHÉRO*.
METH-odus,...	Méthode,....	chemin pour arriver *au-delà*, de ODOS*.

Cet initiatif répond donc, pour le sens, à l'idée exprimée par le latin et le français *trans*. Ainsi, *trans-position* est la traduction littérale de *méta-thèse*. L'initiatif META a peu de composés.

30. OB *et ses variétés.*

OB-jicere,....	Ob-jecter,....	Jeter *devant*, de *jacio* et d'*ob*.
obsessio,.....	obsession,....	l'action de s'asseoir *devant*, de *sedeo*.
obviam ire,...	obvier,.......	*devant* la route, de *via*.
oblongus,....	oblong,......	long *en devant*, ou plus long.
OC-casus,.....	occasion,....	qui tombe *devant*, de *ob* et *casus*.
OF-ferre,.....	offrir,.......	porter *devant*, de *fero*.
O-mittere,....	o-mettre,....	laisser *devant*, de *mitto*.
OP-ponere,...	op-poser,....	poser *devant*, de *pono*.
oppetere,	»	aller *au devant*, de *peto*, je vais.
OS-tentatio,...	ostentation,..	de *tento* et d'*ob*, je tiens *devant*.

Ob et ses variétés signifient donc *devant*, *en devant*, *en face*, et par résultat, ils réveillent souvent une idée d'obstacle, d'opposition, quelquefois ils augmentent la force du radical, comme dans *oblongus*, *obluridus*, très-pâle, *obarmare*, armer de pied en cap. C'est un des initiatifs dont la valeur générale est difficile à préciser.

31. NE, NEC *et leurs variétés.*

NE-uter,.....	Neutre,......	De *ne* et de *uter*, *non* l'un des deux.
necessarius,...	nécessaire,..	de *ne* et de *cedo*, qui *ne* s'en va pas, qui *ne* peut s'*en* aller.
nefandus,..	»	qu'on *ne* doit pas dire, de *fandus*.
negotium,.....	négoce,.....	de *nec otium*, *non* loisir.

(*) Mot grec.

negligere,.....	négliger,.....	*ne pas* choisir, ou soigner, de *lego.*
N EQU-ire;	»	*ne pas* aller, *ne pas* pouvoir, de *neque* et d'*ire.*
N-olo,......	»	de *non volo*, je *ne* veux pas.
nullus,....... nul,	....	*non* un, de *ullus*, un.
NON-nullus,.	»	*non* nul, c'est-à-dire quelqu'un.

32. PER *et ses variétés.*

PER-currere,..	Parcourir, ...	Courir *au travers*, ou tout-à-fait, de *curro* et de *per.*
perfectus,.....	parfait,.....	fait *dans tout son trajet*, ou tout-à-fait, de *factus.*
permanens,....	permanent,..	de *maneo*, qui demeure *tout-à-fait.*
percipere,....	percevoir,...	prendre *tout-à-fait*, de *capio.*
permittere,...	permettre,...	laisser *tout-à-fait* libre, de *mitto.*
perire,.......	périr,......	aller *tout-à-fait*, d'*ire, eo.*
perfidelis,	»	fidèle *tout-à-fait.*
perfidus,.....	perfide,.....	qui fend ou rompt *tout-à-fait*, de *findo.* C'est de là qu'on a *bifidus*, bifide , divisé en *deux.*

Il n'a de variété que *pellucidus*, très-lucide, ou lucide à *travers*, ou transparent.

La valeur générale de PER est très-marquée. Il signifie *au travers*, et par résultat, *beaucoup*, *entièrement*, *tout-à-fait.*

33. PERI , *initiatif grec.*

PERI-osteum, .	Périoste ,....	*Au tour* de *l'os*, de OSTEON*.
pericranium,..	péricrâne,...	*autour* du crâne.
periodus,.....	période,.....	chemin *autour*, circuit, de ODOS*.

Le grec *peri* répond pour le sens au latin *circum*, *autour.* V. le n°. 8.

34. PRÆ , et PRÆTER.

PRÆ-ponere,..	Préposer,....	Poser *devant* ou *à la tête*, poser *devant* ou à la tête des autres.
præsidere,....	présider,....	être assis *en avant*, de *sedeo.*
præmittere, ..	prémettre,..	mettre *en tête*, ou *avant.*
prædicere,....	prédire,.....	dire *avant*, ou d'avance.
prædoctus,	»	docte *avant* tous les autres, ou très-savant.

Præ marque donc une idée d'*avantage* , de primauté ou de priorité, d'où résulte quelquefois une idée d'augmentation ou de superlatif.

(*) Mot grec.

Celui, par exemple, qui est savant avant tous les autres, est nécessairement très-savant.

L'opposé de *præ* est *post* , qui entre dans *postscriptum* , *postponere* (*).

PLÆTER-itio, . .	Prétérition, .	Action d'aller *outre*, d'*ire*, *eo*.
prætermittere ,	»	laisser *outre*, omettre.

Il paraît que *tra*, *ter* ne sont que des altérations ou variétés de *trans*, et qu'ils ont servi à former *præ-ter*; *inter*, *intra* , etc.

35. PRO.

PRO-ponere , . .	proposer,....	poser *en avant*, de *pono*.
promittere , . . .	promettre , . .	mettre *en avant*.
propagare ,....	propager , . . .	planter *en avant*, de *pango*.
protegere , . . . ?	protéger ,....	couvrir étant placé *en avant*, de *tego*.
proficere ,.....	profiter,.....	faire de l'*avance*, de *facio*.
providentia ,...	providence ,..	qui voit *en avant*, de *video*.
provocare ,....	provoquer , . .	appeler *en avant*, de *voco*.
promulgare ,...	promulguer , .	divulguer *en avant*, de *vulgo*.
prologus , ...	prologue ,....	discours mis *en avant*.
PROS-pectus , . .	prospectus , . .	une vue jetée *en avant*, de *specio*, je vois.
PROD-igere (5), .	prodiguer ,...	pousser *en avant*, d'*ago*.
POL-licitatio , . .	pollicitation , .	de *polliceor*, je suis engagé *en avant*.
POR-rectio ,....	porrection , . .	action de dresser *en avant*, de *rego*.

Pro et *præ* expriment tous deux une idée d'*avancement*, mais *præ* y joint de plus une idée de *comparaison*. *Pro* fait abstraction des objets qui peuvent venir *après*.

Propè, *propter*, ont quelques composés : tels sont *propemodum* , presque, près de la mesure; *propediem*, au premier jour; *propterea*, à cause de cela , et *propterviam*, sacrifice à *cause* du chemin.

36. RE , RETRO.

RE-fluxus , ...	Reflux , ...	Flux *en arrière*, de *fluxus*.
repulsus , ...	repoussé ,....	poussé *en arrière*, de *pulsus*.
repetere ,.....	répéter ,.....	aller *en arrière*, de *peto*.
referre , ...	référer , ...	porter *en arrière*, ou à la source, de *fero*.

(*) *Poser après*, estimer moins, et qui est le contraire de *préférer*. *Posthumus* , posthume, enfant qui naît après que le père est en *terre*, appartient aussi au très-petit nombre de mots où *post* est employé.

(5) On a intercalé le D pour éviter l'hiatus. La même raison l'a fait intercaler dans *prodesse*, qui a *prosum* ; dans *prodire*, *prodeo*.

2.

regressus,.....	regret, retour,	pas, marche *en arrière*, de *gressus.*
recusare,.....	récuser,.....	frapper *en arrière*, de *cudo.*
ʀᴇᴅ-ire,.......	»	aller *en arrière* ou *de nouveau*, de *ire*, *eo.*
reducere, ...	réduire,.....	conduire *en arrière*, de *duco.*
redigere,.....	rédiger,.....	d'*ago*, pousser *en arrière.*
redimere,....	rédimer,.....	aller *en arrière* sur l'achat, d'*emo*, j'achète, acheter *de nouveau.*
redundans,....	redondant,...	d'*unda*, onde, et de *re.*
redintegrare,..	réintégrer,...	d'*integer*, entier, et de *re.*

Ainsi, *re* et sa variété *red* (6), ont le même sens que l'ᴀɴᴀ des Grecs, déjà expliqué sous le n°. 4. Ils signifient *en arrière*; et par un résultat nécessaire, ils expriment l'idée d'un mouvement fait de nouveau, soit par le même agent, soit par un autre.

Ainsi, le *reflux* suppose le flux; la *réaction*, l'action; être *repoussé* suppose qu'on s'est poussé ou qu'on a été poussé par un autre; être *reconduit* suppose qu'on a été conduit ou qu'on s'est conduit soi-même quelque part, et qu'on fait le mouvement en arrière pour parcourir de nouveau le même chemin.

37. sᴇ, ᴠᴇ *et* sɪɴᴇ.

Sᴇ-ducere,....	Séduire,.....	Conduire *à part*, de *duco.*
separare,.....	séparer,.....	mettre *à part*, de *paro.*
secretum,.....	secret,......	cru *à part*, de *cretus*, *cresco.*
seorsùs, seorsìm,	»	*à part*, ourdi *à part*, de *orsus.*
segnis,......	»	lâche, *sans feu*, d'*ignis.*
secors,.....	»	lâche, ou *sans cœur*, de *cor.*
so-cors,....	»	*id.*
sobrius,......	sobre,.......	*sans* coupe pour la boisson, de ʙʀɪᴀ⁺.
ᴠᴇ-cors,....	»	lâche, *sans cœur.*
vesania,......	vesanie, folie,	de *sanus*, sain, et de *ve.*
sɪɴ-cera,.....	sincère,.....	*sans* cire, *sine cerâ.*
sɪᴍ-plex,.....	simple,......	*sans* pli, de *sine plexu.*

Ces initiatifs produisent très-peu de mots (7).

---

(6) Rᴇᴛʀᴏ exprime encore avec plus d'énergie l'idée d'*arrière* : *retrogradus*, rétrograde, de *gradior.*

(7) *Sine* ne se trouve que dans *simplex* et *sincerus.* L'altération de sᴇ en *so*, peut être contestée, et ne se rencontre que dans *socors*, *sobrius* et composés. Il y a un sᴇ séparatif et un sᴇ privatif : ce dernier est-il une altération de *sine ?* C'est ce qu'il serait plus difficile qu'utile de déterminer. *Væ* peut être une altération de *Vᴇ* si connu par ce proverbe: *væ victis !* malheur aux vaincus, tout est refusé aux vaincus. Il n'entre en composition que dans *vecors*, *vesanus*, *vesculus*, mal nourri, maigre ; d'*esca*, nourriture.

38. SYN, *initiatif grec et ses variétés.*

Syn-thesis, . . .	Synthèse, . . .	position *avec* ou *composition*, de THE-SIS et SYN[*].
synedrium , . : .	sanhédrin , . . .	de SYN[*], ensemble, de EDRA[*], siége.
sym-bolum, . . .	symbole, ...	lancé *avec*, de BALÒ[*], je lance.
symptoma , . . .	symptôme, . .	qui tombe *avec*, de PTOÒ[*].
syl-laba, ...	syllabe, ...	qui se prend *ensemble*, de LAMBANÒ[*].

Syn et ses variétés ont le même sens que le *cum* des Latins, de *componere*, et le *com* français, de *composer*, etc. *Voyez* le n°. 15.

39. TRANS *et ses variétés*, et *ultra*.

Trans-ferre ,..	Transférer, ..	porter *au-delà*, de *fero* et *trans*.
transgredi, . . .	transgresser, .	aller *au-delà*, de *gradior*.
transcendens,..	transcendant,	qui monte *au-delà*, de *scando*.
tra-ducere ,....	traduire, ...	conduire *au-delà*, de *duco*.
traditio, ...	tradition ,....	qui est donné au-delà, de *do* et de *trans*.

Cet initiatif se trouve aussi dans notre français *travestir, traverser, tressaillir*, de *transilire*; trépasser, *passer au-delà*, etc. *Ultramontanus* et *ultramundanus* sont les deux seuls composés d'*ultra*, qui lui-même est composé d'OLOS [*], tout, et de *trans*.

40. VICE.

Vice-præses ,.. Vice-président, de *præses*, et de *vice*, président en remplacement de fonctions. *Vix* signifie *une fois*, ou *à peine*. Ses différentes formes sont *vicis, vice, vices*, etc. *fungar vice cotis.* HORACE. Je m'acquitterai de la fonction de la pierre à aiguiser.

Observations générales.

1°. Pour bien se pénétrer du génie qui a présidé à la composition des mots, il faut chercher dans un grand dictionnaire, les mots de cette liste, en étudier avec soin les différents emplois.

2°. Il faudra s'exercer aussi à multiplier les exemples et à les juger. Mais quelquefois on court le danger de faire de fausses coupes; le plus sûr est de s'aider, sur un dictionnaire, de mots rangés par ordre de famille et de se faire diriger par un bon maître.

(*) Mot grec.

ORDRE SECOND.

DES TERMINATIFS.

*Mea est magni-*FICA *sumptu-*OSA.

« La mienne est magni-*fique*, somptu-*euse*. »

MAGNI-FICA se décompose aisément en deux mots connus et usités séparément, *facio* et *magnus*. *Magnificus*, dit Calepin, *qui magna facit*, celui-là est magnifique *qui fait de grandes choses*. *Sumptuosa*, ne peut subir une pareille décomposition. Cependant *sumptu* signifie seulement *dépense*, et *sumptu-osa* indique la qualité de celle *qui abonde en dépense*, ou à faire, ou à occasionner de la dépense. La finale OSA joint donc à l'idée du mot principal une idée d'abondance, quoiqu'il soit impossible de détacher cette valeur et de la montrer à part. D'après cette considération nous distribuerons les terminatifs en deux SOUS ORDRES.

PREMIER SOUS ORDRE.

Terminatifs exprimés par des mots.

41. CAPUS, ceps.

Urbi-*capus*,.	»	*Qui prend* les villes, de *capio* et *urbs*, *urbis*.
for-*ceps*,......	le for-*ceps*,...	*qui prend* ou tire en dehors, de *capio* et *foras*, tenailles, pinces.
Particeps,.....	qui parti-*cipe*,	*qui prend* part, de *pars*, *partis*.
participium,..	parti-*cipe*,...	*prise* d'une part.
manceps,...	»	*qui se prend* par la main, de *manus*; esclave.
mancipium,.	»	esclavage, d'où le français émanciper.
princeps,....	»	prince, *qui prend* le premier rang, de *primus*.
principium,...	principe,....	*pris* en premier rang.
auceps,.....	»	*qui prend* des oiseaux, d'*avis*.

Il y a un autre *ceps*, qui vient de *caput*, *capitis*, comme dans *præceps*, *præcipitis*, la tête *en avant*, ou qui se précipite; *biceps*, *triceps*, qui a deux têtes, qui a trois têtes, mais il fait dans ces mots les fonctions de mot principal, et *præ*, *bis*, *tri*, celles d'éléments accessoires.

GEN.

gendré ou *né* semblable, ..., de geno et de omos*.
autre.
...u *né* dans les flots, de

...ans un *autre* pays, d'a-

... *engendrée* ou bien *née*,

...is naturel, de *malè*,

...part, de *privus*; beau-

...s dieux, de THEOS*.

...urs un sens passif. Les
...*ène*, *alcaligène*, etc.,
...acide, l'eau, le nitre,

...*is*.

...t la guerre, de *gero*

...laine, de *lana*.
...urs, de *flos*, *floris*.
...upporte les mœurs
...ui lui obéit, de *mo-*
...cile, complaisant.
...ter, etc.; complaire.
...es, d'*ala*.
..., gai.
..., ou l'amusement,
...*ludus*.

...ssagère, *qui* ou *quæ*

...erre, de GRAPHÔ*, et

...livres, de BIBLON*,

FER, PHORUS*.

.. Étoile du matin, de *fero* et *lux, lucis*;
   qui porte la lumière.
.. de *somnus*, sommeil.
.. qui *porte* un panier, de KISTÉ*.
.. qui *porte* un panier, de KISTÉ*.
...| qui *porte* la lumière, de PHÔS*.

en français comme en latin, un ...

pour base : *crucifère*, *létifère*, *mortifère*, etc. Le mot *vélocifère*, voiture qui conduit promptement, a donc été formé contre l'analogie des mots de sa classe ; *célérifère* n'est pas plus heureux.

46. FICUS, FEX.

Morbi-*ficus* ,...	Morbifique,..	qui *fait* la maladie , de *facio* et *morbus.*
aurificus ,......	aurifique ,....	Qui *fait* de l'or.
auri-*fex* ,...	»	qui *fait* de l'or, ou travaille sur l'or, orfèvre.
artifex ,.....	»	artisan; qui *fait* un art, d'*ars* , *artis* , et de *facio.*
artificium ,.....	artifice,......	ce qui se *fait* par art.
carnifex ,....	»	bourreau, qui *fait* de la chair, de *caro*, *carnis.*
forfex ,......	»	tenailles, qui *fait* ou tire en *dehors* , de *facio* et de *foras.*

47. FLUUS.

Melli-*fluus* ,..	»	D'où *coule* le miel, de *fluo* et de *mel.*
aurifluus, ...	»	où *coule* de l'or, d'*aurum.*

Fluus s'emploie comme mot principal dans *superfluus*, superflu, *refluus*, etc.

48. FRAGUS *et* RUPA.

Saxi-*fragus* ,...	Saxifrage ,....	Qui *rompt* la pierre, de *frango* et de *saxum.*
naufragus ,.....	naufragé ,....	qui *brise* son vaisseau, de *navis*, d'où *navita* ou *nauta*, nautonnier.
legi-*rupa* ,....	»	qui *brise* ou enfreint la loi.
naufragium ,...	naufrage, ...	bris d'un vaisseau.

Fragus s'emploie comme mot principal dans *suffragium*, suffrage, de *sub* et de *frango.*

49. FUGUS.

Febri-*fugus* ,...	Fébrifuge ,...	Qui *chasse* la fièvre, de *fugo*, je chasse, et de *febris.*
centrifugus, ...	centrifuge,...	qui *fuit* le centre , de *fugio.*

Il paraît donc qu'il y a deux *fugus*, l'un de *fugo* , je mets en fuite, l'autre de *fugio*, je fuis. *Fugus* s'emploie comme mot principal dans *profugus*, qui fuit *loin* , et *refugus*, qui se réfugie, etc.

5o. GENA, GENEUS, GEN.

Homo-*geneus*,.	homogène,...	Qui est *engendré* ou *né* semblable, de *genitus*, de *geno* et de OMOS*.
heterogeneus,.	hétérogène,..	d'ETEROS*, autre.
flucti-*gena*,...	fluctigène,...	*engendré* ou *né* dans les flots, de *fluctus*.
alienigena,..	»	*engendré* dans un *autre* pays, d'*alienus*.
beni-gna,.....	bénigne,.....	qui est bien *engendrée* ou bien *née*, de *benè*.
maligna,......	maligne,.....	d'un *mauvais* naturel, de *malè*, *nuil*.
privi-*gnus*,..	»	*engendré* à part, de *privus*; beau-fils.
theo-*gonia*,....	théogonie,...	*génération* des dieux, de THEOS*.

Dans la bonne latinité ce terminatif a toujours un sens passif. Les noms modernes d'*oxigène*, *hydrogène*, *nitrogène*, *alcaligène*, etc., qui sont pris pour signifier *ce qui engendre* l'acide, l'eau, le nitre, l'alcali, sont donc formés contre l'analogie.

5i. GERUS *et ses variétés.*

Belli-*ger*,......	Belligérant,..	*qui porte* ou fait la guerre, de *gero* et de *bellum*.
laniger,.....	»	*qui porte* de la laine, de *lana*.
floriger,....	»	*qui porte* des fleurs, de *flos*, *floris*.
morigerus,..	»	*qui porte* ou supporte les mœurs d'un autre, qui lui obéit, de *morem gero*: docile, complaisant.
morigerare,.	»	*porter* ou supporter, etc.; complaire.
aliger,........	alègre,......	*qui porte* des ailes, d'*ala*.
ala-*cer*,......	id.	id., gai.
ludicer,......} ludicrus,..... }	»	*qui porte* le jeu, ou l'amusement, de *gero* et de *ludus*.

Ce terminatif a formé en français mess*ager*, messagère, *qui* ou *quæ missa gerit*, *qui porte* les missives.

5a. GRAPHUS.

Geo-*graphus*,..	Géographe,..	*Qui décrit* la terre, de GRAPHÔ*, et de GEOS (*).
bibliographus;.	bibliographe,.	*qui décrit* les livres, de BIBLON*, livre.

(*) Mot grec.

olographus, ...	olographe, ...	*qui est écrit* tout entier (de la main du testateur), de ὁλος[*], tout.
autographus, ..	autographe, ..	*qui est écrit* par soi-même, de αυτος[*].

Ce terminatif a dans ces deux derniers exemples un sens passif; mais sa véritable analogie est de marquer l'activité.

Notre *orthographe* est une altération du latin *orthographia*, car *orthographus* signifie celui *qui écrit* correctement.

53. LEGUS, LEX.

Sacri·*legus*, ...	Sacrilège, ...	Qui *recueille* ou prend ce qui est sacré, de *lego* et de *sacrum*.
sacrilegium, ...	sacrilège, ...	action de celui *qui vole*, ou viole les choses sacrées.
sortilegus, ...	»	sorcier, *qui recueille* le sort, de *sors*.
sortilegium, ...	sortilège, ...	action du sorcier.
privilegium, ...	privilège, ...	prise de ce qui est particulier, privé, de *privus*.
aqui-*lex*, ...	»	qui *recueille* ou divise l'eau, d'*aqua*.

Dans *collega*, collègue, *collegium*, collège, assemblée, *legus* fait les fonctions de mot principal.

54. LENTUS, LENS.

Succu-*lentus*, ..	Succulent, ...	*Fléchi* par le suc, ou chargé de suc, de *lenitus, lentus, lenio*, je fléchis.
corpulentus, ..	corpulent, ...	*fléchi* par le corps, ou appesanti, de *corpus*.
fæculentus, ...	féculent, ...	chargé de lie, de *fex, fecis*.
esculentus, ...	»	d'*esca*, nourriture.
violentus, ... } vio-*lens*, ... }	violent; ...	de *vis*, force.
opulens, ...	opulent, ...	de *opes*, richesses, et *leniens*, fléchissant sous les richesses.

LENTUM, dit Calepin, *significat propriè flexuosum*. Lent signifie au propre flexueux, fléchi. M. Butet donne le nom d'*onératifs* aux mots qui en sont formés. L'effet du poids est de faire fléchir. On dit *il fléchit* sous le poids. Un homme corpulent est celui qui réellement *est fléchi*, courbé ou appesanti par le poids du corps. Ainsi, en considérant le résultat, on peut dire que le terminatif *lentus* marque une idée *de poids* ou *d'abondance.*

(*) Mot grec.

55. LOGUS* LOQUUS.

Astro-*logus*, ...	Astrologue, ..	*Qui parle* des astres, de LOGOS* , discours, et *astrum.*
chronologus,...	chronologue,.. }	de CHRONOS*, temps, d'où chronique.
chronologia,...	chronologie,.. }	
chrysologus,...	chrysologue,..	*qui parle* de l'or, de CHRYSON*.
horologium,...	horloge,.....	*qui dit* l'heure, de *hora.*
ventri-*loquus*,.	ventriloque,..	*qui parle* du ventre, de *loquor,* je parle (du grec LOGOS, et de *venter.*
soliloquum,....	soliloque,....	discours de celui *qui parle* seul.

Dans *prologus, epilogus, catalogus, dialogus, LOGUS* fait les fonctions du mot principal. Il en est de même de *loquus* dans *colloquium,* colloque, *eloquium,* éloquence.

56. PARUS, PERUS, ber.

Ovi-*parus*,....	Ovipare,.....	*qui produit* des œufs, de *pario* et *ovum.*
viviparus,.....	vivipare,....	*qui produit* des êtres vivants, de *vivus.*
vipera,.......	vipère,......	*id.*
puerpera,...	»	*qui engendre* un enfant.
vituperium,...	vitupère,....	ou blâme.
nu-*perus*,...	»	de *novus* et de *pario, produit* nouvellement.
celeber,......	célèbre,.....	
lugu-*bris*,.....	lugubre,.....	de *lugeo,* je pleure.
saluber,......	salubre,.....	de *salus,* santé, *qui produit* la santé.

Parus, etc., se prend dans un sens actif. *Nuperus* paraît donc s'écarter de cette analogie; car il est impossible de l'expliquer autrement que par le sens passif.

57. PES, PEDA, PODA*.

Æri-*pes*,....	»	*aux pieds* d'airain, de *pes, pedis,* et *œs, œris.*
capripes,....	»	*aux pieds* de chèvre, de *capra.*

En général *pes* s'emploie plutôt comme mot principal, que comme mot accessoire :

soni-*pes*,....	»	qui sonne ou frappe *du pied;* cheval, de *sono.*
quadrupes,...	quadrupède...	de *quatuor,* quatre, etc.
centi-*poda*,...	centipode,...	de *centum* et POUS, PODOS *
polypoda,.....	polypode,....	de POLUS *, beaucoup.

(*) Mot grec.

58. STA , *stes* , *stus* , etc.

Mode-*stus*,....	Modeste , ...	*Qui est* ou se tient dans la mesure , de *sto*, *stare* et de *modus*.
agre-*stis*,......	agreste , ...	*qui se tient* dans les champs , d'*ager*.
funestus,......	funeste,......	*qui tient* à la mort, de *funus*.
honestus, ...	honnête,.....	*qui tient* à l'honneur, d'*honor*.
sophi-*sta*,.....	sophiste ,.....	*qui tient* à la sagesse, de *sophia*. D'où moliniste, janséniste , ébéniste, etc.
justus,........	juste,........	*qui se tient* dans le droit, de *jus*, *juris*.
vetustas,......	vétusté , ...	de *vetus*, vieux.
faustus,.......	Fauste,......	*qui est* dans la faveur, heureux , de *favor*.
mini-*ster*, ...	ministre,.....	*qui est* sous la main d'un autre , de *manus*.
ministerium, ..	ministère,....	*qui tient* au ministre.
monasterium,..	monastère,....	où *se tiennent* les moines, ⲘⲟⲚⲟⲤ⁺, seul .
campestris,....	champêtre,....	*qui tient* aux champs, de *campus*.

Ce terminatif s'emploie sous beaucoup de formes, et produit dans les deux langues une grande quantité de mots.

59. UNDUS, BUNDUS.

Rot-*undus*, ...	Rond,.......	Peut-être d'*unda*, *onde*, abondance , et de *rota*, roue : qui abonde à tourner en roue. D'*unda*, on a fait *ab-undo*, d'où la plupart des mots en *undus*.
erra-*bundus*,	»	*qui abonde* à errer , vagabond , d'*abundus* et *erro*.
vaga-bundus,..	vagabond , ...	de *vagus*.
vastabundus,	»	*qui abonde* à ravager, de *vasto*.
ira-*cundus*,..	(8)	*qui abonde* en colère, d'*ira*.
facundus, ...	(8)	*qui abonde* à parler, éloquent, de *fari*.

60. URIRE, *et quelques autres terminatifs verbaux.*

1°. Lect-*urire*,. *brûler* de lire, peut-être d'*urere*, *uro*, je brûle, et de *lectum*, substantif verbal, de *legere*, *lego*.

es-urire,... *brûler* de manger, ou *avoir grande envie* de manger, d'*esum*, d'*edo*.

cœnat-urire, *brûler* de souper, de *cœnatum*, de *cœno*.

parturire, . *brûler* d'enfanter, de *partum*, de *pario*.

moriturire,. *brûler* de mourir, de *morior*, etc.

Les verbes de ce terminatif peuvent donc être appelés *désidératifs*, ou de désir.

---

(8) On pourrait demander d'où vient le c d'*iracundus* et de *facundus* ? Faut-il recourir à *irascor* et à *facio* ? Cette difficulté n'appartient point à cette section.

1°. Pot-*itare* , . . *aller souvent* au boire ou à la boisson, peut-être de *itare*, *ito*, je vais, je vais, ou je vais fréquemment, d'*ire*, *eo*.

scriptitare, . écrire, écrire : *on le voyait sans cesse écrire*, écrire*.

captitare , . . prendre souvent, de *captum*, *capio*.

Les verbes de ce terminatif ont donc été bien nommés *fréquentatifs*, car ils marquent *la fréquence* de l'action, ce qui est souvent contraire à l'intensité et à la force de cette action; un fréquent redoublement étant presque toujours lié avec la faiblesse.

Très-souvent, au lieu du verbe *itare*, on ne joint au substantif verbal *captum*, *factum*, etc. , que la finale ARE.

3°. Capt-*are*, . . de *capio*, *captum* ; je vais, je vais pour prendre : *Tantalus captat aquas :* Tantale cherche à prendre les eaux.

ventare , . . . de *teneo*, *tentum*, je vais, je vais tenir, je cherche à tenir.

aptare , ... d'*apisci* , *aptum* , je vais, je vais atteindre, je cherche à atteindre , je me dispose pour atteindre.

Ces verbes en ARE, entés sur le substantif verbal, dit supin, sont donc aussi des fréquentatifs, mais cette valeur accessoire n'est pas bien marquée ; c'est ainsi que pour le sens *pulsare*, de *pulsus*, ne semble pas différer beaucoup de *pellere*.

4°. Cant-*illare*, . calmer, diminuer le chant; peut-être du grec ΙΛΑÔ, *je tempère*, et de *cantum*, de *cano*, je chante.

Ce terminatif se trouve en français dans *sautiller*, *tortiller*, etc. Les verbes où il entre sont donc des *fréquentatifs ;* ils sont évidemment diminutifs. Il ne faut pas les confondre avec les verbes en LARE, comme dans *ventilare*, *ventilator*, qui viennent du grec ΛΑÔ, je porte, d'où *latus*, porté, *lator*, porteur, *legislator*, législateur.

5°. Alb-*icare* , . . *imiter* le blanc (ou tirer sur le blanc), peut-être du grec ΕΙΚÔ, *je ressemble*, ΙΟΟΝ, ressemblance, image, d'où *iconoclaste*, et du latin *albus*, blanc.

mord-icare , *imiter* celui qui mord, de *mordeo*. Une douleur *mordicante* est donc une douleur qui approche d'une douleur mordante, et qui en est le diminutif.

claudi-care, . boiter : *claudus* signifie perclus. *La claudication* n'est qu'une imitation , un diminutif de cet état.

On peut donc regarder les verbes en ICARE comme des diminutifs, qui n'expriment l'action que comme commencée, imitée.

(*) Vers de Voltaire.

6°. Trem-*iscere*, *S'ouvrir* à la crainte, peut-être de *hiscere*, *hisco*, s'ou-
               vrir, s'entr'ouvrir, et *tremo*, craindre c'est-à-
               dire, commencer à craindre.

dormiscere,. *s'ouvrir* au sommeil, ou *commencer* à dormir.

miserescere, *s'ouvrir* à la pitié, de *misereor*.

virescere,.. *s'ouvrir* à la verdure, de *vireo*, ou commencer à être
               vert.

ægrescere,.. *s'ouvrir* à la maladie, ou commencer à être malade.

vesperascit,. le soir *s'ouvre* ou commence, de *vesper.*

Les verbes en *iscere*, *escere*, *ascere*, *scere*, soit qu'ils viennent
d'*hiscere*, *hiascere*, et de leurs diverses altérations, ou qu'ils aient une
autre origine, signifient un commencement d'action, et ont été fort bien
nommés *inceptifs* ou *inchoatifs*.

Ne HISCERE *quidem audebat.* CICERO. Il n'osait pas même desserrer
les dents ou souffler. NOEL; c'est-à-dire il n'osait pas même faire un commencement d'action. Si *hisco* a été changé en *isco* dans *fatisco*, qui,
de l'aveu de tous les étymologistes, est pour *fatim hisco*, pourquoi ne
le verrait-on pas dans *trem-isco*, *dorm-isco*, et avec une légère altération dans *miser-esco* ?

Ce qu'il y a d'important

A remarquer sur ces six sortes de verbes, en *urire*, *itare*, *are*,
illare, *icare* et *iscere*, c'est que tous ont un verbe premier qui, étant
connu, sert, non point à les former (car les verbes consécutifs n'existent pas toujours), mais à les expliquer quand ils existent. Ainsi,
par exemple :

Captum	*fait* capt-urio,	et capio	*fait* capesso.
	capt-ito,		
	capt-o,		
Factum	*fait* facturio,	et facio	*fait* facesso.
	factito,		
	facto,		
Dormitum	*fait* dormiturio,	et dormio *fait* dormisco.	
	dormito,		
Cantum	*fait* cantito,	*NOTA.* Cano n'a point d'inceptif.	
	canto,	On aurait pu le confondre avec	
	cantillo.	*canesco*, je commence à être blanc.	

Nous n'avons point rapporté dans cette première liste de terminatifs
ceux qui sont tout-à-fait peu productifs, tels que *vagus* dans *nocliva-
gus*, *sugus* dans *sanguisugus*, *peta* dans *centripeta :* autant vaut les
apprendre à part et hors de composition.

IIme SOUS ORDRE.

Des Terminatifs qui ne sont point regardés comme des mots.

61. ABILIS, *ibilis*, *bilis*, etc.

Am-*abilis*, ...	Aimable, ...	*Habile à être* aimé, d'*amo*, comme si *abilis* venait d'*habilis*, *habile à*, *propre à.*
miserabilis, ...	misérable, ...	*habile à être* plaint, ou à être passif de la pitié, de *misereor.*
laudabilis, ...	louable, ...	*habile à être* loué, de *laudo.*
visibilis, ...	visible, ...	*habile, propre à être* vu, qui peut être vu, de *video.*
amovibilis, ...	amovible, ...	*habile à être* mu en arrière, d'*amoveo.*
nobilis, ...	noble, ...	*habile à être* connu : c'est une altération de *notabilis*, notable, de *notus*, connu.
facilis, ...	facile, ...	*habile à être* fait, qui peut être fait, de *facio* : il a le même sens qu'aurait *facibilis.*
docilis, ...	docile, ...	*habile, propre à être* enseigné, de *doceo* : il paraît une altération de *docibilis.*
utilis, ...	utile, ...	*habile à être* employé.

Ainsi ce terminatif et ses variétés marquent l'*aptitude passive.* On pèche donc contre l'analogie, lorsque pour signifier un cœur qui peut sentir, on dit un cœur *sensible.* Les Latins n'emploient *sensibilis* que pour exprimer ce qui peut être senti. Notre *capable* est donc mal formé; car nous nous en servons toujours dans le sens actif, et pour traduire le *capax* latin, qui signifie *propre à recevoir.*

62. ACUS, AX, ACEUS, ICUS.

Dæmoni-*acus*, ..	Démoniaque, .	Qui *siége* ou *s'incorpore* avec le démon, comme si la finale *acus* venait d'*acus*, pointe.
arteriacus, ...	artériaque, ...	qui *s'incorpore* avec les artères.
zodiacus, ...	zodiaque, ...	cercle qui *s'incorpore* avec les douze petits animaux, de ZODION*.
theriaca, ...	thériaque, ...	remède où *s'incorporent* des bêtes, de THÈROS*.
viv-*ax*, ...	vivace, ...	qui *s'incorpore* avec la vie, qui est uniformément avec la vie, de *vivo*, je vis.

(*) Mot grec.

rapax, ...	rapace,......	de *rapio* , je ravis.
tenax,........	tenace, ...	de *teneo*, je tiens, qui *s'incorpore* avec l'objet qu'il tient.

rosaceus , qui est tellement incorporé avec la rose , qu'il ne fait qu'un avec elle.

　　　　Oleum rosaceum , huile de rose.

　　Ainsi, notre terminatif en ᴀᴄᴇ́, de *rosacé*, *liliacé*, *malvacé*, *qui ressemble* à la rose, au lis , à la mauve, ne répond pas bien au latin *aceus*.

Aul-*icus*,......	Aulique, ...	qui est incorporé avec la cour, d'*aula*.
dogmaticus, ...	dogmatique,..	de *dogma* , *tis*, dogme , doctrine.
endemicus,....	endémique,...	qui s'incorpore avec le peuple, de *populus*.
rubrica , ...	rubrique ,....	qui s'incorpore dans le rouge, de *ruber*.
colicus ,.......	colique, ...	*dolor colicus* , douleur qui s'incorpore ou siége dans le *colon*.
rusticus , ...	rustique,.....	de *rus* , *ruris* , campagne.
publicus , ...	public ,......	de *populus* , peuple.

　　Ce terminatif avec ses variétés exprime donc d'une manière plus ou moins énergique, une idée d'adhésion, d'incorporation, d'où celle de siége , d'appartenance. D'ailleurs , c'est beaucoup plus dans l'analogie des finales et des mots français correspondants , que dans nos explications , qu'il faut chercher la valeur générale des terminatifs de ce second sous ordre.

63. ᴀʟɪꜱ, *ale.*

Capit-*alis* , ...	Capital, ...	*Qui tient* ou *appartient* à la tête , de *caput*.
labialis,.......	labial ,.......	*qui tient* ou appartient aux lèvres , de *labium*.
oralis, ...	oral ,........	*qui appartient* à la bouche, de *os* , *oris*.
cardinalis,.....	cardinal,.....	*virtus cardinalis*, vertu *qui tient* au gond , de *cardo, cardinis*.
diurnale , ...	diurnal ,.....	*qui appartient* au jour, de *dies* , d'où par altération *journal*.
venalis , ...	vénal,.......	*qui appartient* à la vente , de *veneo*.
carnalis , ...	charnel ,.....	*qui tient* à la chair, de *caro* , *carnis*.
mortalis,......	mortel,......	*qui appartient* à la mort, de *mors*.
venialis, ...	véniel,.......	*qui appartient* au pardon, de *venia*.

64. ᴀɴᴅᴜꜱ , *endus.*

Multiplic-*andum*,	Multiplicande,	Ce *qui doit être* multiplié, de *multiplico*.
offer-*endum* , ..	offrande, ...	ce *qui doit être* offert, d'*offero*, j'offre.

Jurandum, ...	jurande, ...	*qui doit être juré*, de *juro*, corps où il faut jurer, ou charge de juré.
ordinandus, . . .	ordinand , . . .	*qui doit être* ordonné , d'*ordino*.
legenda, ...	légende , ...	*qui doit être* lu , de *lego*.
præbenda, ...	prébende , . . .	*qui doit être* fourni , de *præbeo*.
dividendum , . .	dividende , . . .	*qui doit être* divisé , de *divido*.
reverendus, . . .	révérend, ...	*qui doit être* révéré, de *revereor*.

Presque tous les verbes latins forment un adjectif en ANDUS ou en ENDUS, selon qu'ils sont ou ne sont pas en *are*. On est presque toujours obligé, pour les traduire, de recourir à une périphrase. Ce terminatif exprime , comme on voit par l'analyse, *une idée de passivité obligée* pour le temps futur.

65. ANS, ENS.

Multiplic-*ans*, .	Multipli-*ant*, .	*Qui fait actuellement l'action de* multiplier.
divid-*ens*, ...	divis-ant, ...	de *divido, qui fait actuellement*, etc.
leg-*ens*, ...	lis-ant, ...	de *lego , qui fait actuellement*, etc.

Tous les verbes latins en ARE ou ARI, servent à former un adjectif en ANS. Les autres le font en ENS.

Mais il arrive souvent que ces adjectifs sont pris substantivement ; alors ils ne paraissent plus exprimer ni activité, ni temps présent. Tels sont :

Ascend-*ens*, . . .	Ascendant , . . .	D'*ascendo* , je monte au-dessus.
oriens, ...	orient, , ...	d'*orior*, je nais , je me lève.
occidens, ...	occident, ...	d'*occido* , je tombe , ou je me couche.
insolens , ...	insolent, ...	de *in* , non, et de *soleo*, j'ai coutume.
prudens, ...	prudent, ...	de *provideo, providens*.
præsens, ...	présent, ...	de *præsum*, je suis devant , ou me voilà.
absens, ...	absent, ...	d'*absum*, je suis loin.

Enfin, tous les mots latins en ANS et en ENS , viennent d'un verbe , à très-peu d'exceptions près, dont la plupart tiennent à l'ignorance où l'on est des étymologies.

Des adjectifs et des substantifs en ANS et en ENS , les Latins ont fait les substantifs en ANTIA et en ENTIA, en cette sorte ,

Ignor-*antia*, . . .	Ignorance, . . .	d'*ignorans, ignorantis*, ignorant.
insolentia , ...	insolence, ...	d'*insolens, insolentie*, insolent.
præsentia , ...	présence, ...	de *præsens, præsentis*, présent.

On verra dans la seconde section qui traite des altérations des mots, comment le T se change en C ; comment TIA , ITIA , etc. deviennent en français CE , ICIE , ICE.

66. ANUS, INUS, ENSIS.

Rom-*anus*,....	Romain,.....	*Qui est né* à Rome, ou qui est de **Rome**
ultramontanus,.	ultramontain,.	*qui est né* au-delà des monts, de *mons*
veteranus,.....	vétéran,.....	de *vetus*, *veteris*, vieux.
gallicanus,.....	gallican,......	de *gallicus*, qui lui-même **vient de** *Gallus*, Gaulois, Français : l'Eglise *Gallicane*.
Domitianus,...	Domit-*ien*, ...	nom propre : ces noms sont dérivés de mots plus courts : DOMITIANUS, de *Domitius*; LUCIANUS, de *Lucius*; CÆSARIANUS, de *Cæsar*, etc.
christianus,....	chrétien ,.....	enfant ou disciple de Christ.
adulter-*inus*,..	adultérin,.,..	*né de* l'adultère, *d'adulterium* , adultère.
uterinus,......	utérin,......	*né du* sein, d'*uterus*.
citadinus,......	citadin,......	*né dans* la ville, ou de la ville, de *civitas*, cité.
Benedictinus,..	Bénédictin,...	de *Benedictus* , Benoit; enfant de Saint-Benoit.
marinus,......	marin ,......	de *mare*, mer.
aquilinus,......	aquilin,.....	d'*aquila*, aigle.
piscina,.......	piscine,......	réservoir pour les poissons, de *piscis*.
farina,.,.....	farine ,......	*qui est né* ou sorti du blé, de *far*, *farris*, blé.

Ainsi, l'on peut dire que ce terminatif et ses variétés marquent une idée de naissance, d'habitation ou d'origine. M. Butet appèle *habitatifs* les mots en ANUS, et *exortifs*, ceux en INUS. Il donne le nom de *régionatifs* aux suivants :

Lugdun-*ensis* ,.	Lyonnais,....	*Qui est de la région* de Lyon, de *Lugdunum*.
Narbonensis,...	Narbonnais,..	de *la région* de Narbonne, de *Narbo*.
Rhemensis,....	Rhémois,....	de *la région* de Rheims, de *Rhemi*.
Chinensis,.....	Chinois,.....	*qui est de la région* de la Chine, de *China*.
castrensis, ...	.....».	*peculium castrense*, argent amassé dans les camps, de *castra*.
forensis,.......	.....».....,.	de *forum*, barreau. Les camps et le barreau sont assimilés à des régions.

67. ARIS, ARIUS, ARIA.

Ocul-*aris* ,....} ocul-*arius*, ...} oculaire. Témoin oculaire, c'est-à-dire qui exerce ou a exercé ses yeux, d'*oculus*. *Medicus ocularis*, ou *ocularius*; CELS,

médecin oculiste, ou qui s'exerce sur les yeux, comme si, *aris*, *arius*, venait d'*aro ;* je travaille, j'exerce, je *laboure*. Par extension, on a signifié, par cette finale, toutes sortes d'occupations, d'emplois, de fonctions.

Statu-*arius*,....	Statuaire,....	*Qui s'occupe* de statues, de *statua*.
mercenarius,...	mercenaire,..	*qui s'occupe* ou travaille pour un salaire, de *merces, mercedis*.
seminarium,...	séminaire,...	ou pépinière, lieu où l'on s'occupe des semences ou de semer, de *semen* ou *semino*.
vicarius,......	vicaire,......	*qui s'occupe* des fonctions d'un autre, de *vices*.
popularis,.....	populaire,...	*qui s'occupe* du peuple, de *populus*.
vulgaris,......	vulgaire,.....	*qui occupe* ou regarde la multitude, de *vulgus :* des pensées *vulgaires*.
militaris,.....	militaire,....	*qui s'occupe* de la guerre, de *militia*, de *miles*.
angularis,.....	angulaire,....	*qui occupe* les angles, d'*angulus*.
salutaris,.....	salutaire,....	*qui opère* la santé, de *salus*, *salutis*.
eleemosynarius,	aumônier,...	*qui s'occupe* des aumônes, d'*eleemosyna*.
materiarius,...	charpentier,..	*qui s'occupe* des matériaux, de *materia*.
argentarius,...	argentier,....	ou banquier, *qui s'occupe* d'argent, d'*argentum*.
aquarium vas,..	aiguière,.....	d'*aqua*.

C'est aussi de là que nous avons nos *librairies*, *imprimeries*, *vitreries*, etc., lieux où l'on *s'occupe* de livres, d'imprimer, du verre, etc.

Les mots formés par le terminatif, ARIS, ARIUS, ARIA, ARIUM, peuvent donc être appelés occupatifs, parce qu'ils désignent, soit ceux qui occupent ou remplissent telle ou telle fonction, soit le lieu où l'on s'en occupe.

68. ASTER, ASTRUM.

Philosoph-*aster*,	Philosophatre,	*Mauvaise espèce* de philosophe.
menth-*astrum*,.	menthastre,.	*mauvaise sorte* de menthe, menthe sauvage, de *mentha*.

Les mots formés par ce terminatif sont peu nombreux; on peut les appeler *dégradatifs* (*) : tels sont *parâtre*, *marâtre*, *rougeâtre*, *bellâtre*, etc. Le sens et l'étymologie s'opposent à ce qu'on regarde *emplastrum*, *alabaster*, *emplâtre*, *albâtre*, comme des dégradatifs.

(*) Dénomination donnée par M. Butet.

69. AT-US , A , UM.

Form-*atus* ,....	formé ,......	*Qui est passif* de l'action de former , de *formo*.
legatus ,.......	légué ,.......	*qui est passif* de l'action de léguer , de *lego*.
imitatus ,......	qui a imité ,..	c'est-à-dire *qui a fait* l'action d'imiter, d'*imitor*.

Les Latins ont plus de quatre mille adjectifs verbaux en ATUS. Ils sont presque tous passifs ; quelques-uns , comme *imitatus, precatus , minatus*, sont ordinairement traduits par un sens actif ; on les a nommés déponents.

Un certain nombre de ces adjectifs passifs se prennent substantivement.

Legat-*us* ,.....	un délégué ,..	ou un député.
legat *um* ,......	un legs ,.....	c'est-à-dire , un objet légué , *negotium legatum*.

On dit : *mea nata*, ma fille, de *nascor*, je .nais. En général, le terminatif en ATUS , ATA , ATUM, se change en français, en *é* ; cependant il produit quelques variétés, la principale est la suivante :

Leg-*atus* ,.....	lég-at ,........	c'est-à-dire légué , député.
mediatus ,.....	médiat ,......	de *medio*, je partage *par le milieu*.
sceleratus ,.....	scélérat ,.....	de *scelerare, scelero*, souiller.
candidatus ,....	candidat ,....	mis en blanc, de *candido*.
advocatus ,....	avocat ,......	*qui est appelé* auprès , d'*advoco*.

Les substantifs abstraits qui marquent une idée de *résultat*, comme *état* , *format, concordat*, viennent-ils du terminatif suivant, n°. 7°, ou de celui-ci? c'est ce qui pourra mieux se décider plus tard.

Les adjectifs passifs en *itus*, en *sus*, peuvent être regardés et traités comme des variétés de ceux en *atus*.

sonit-*us* ,......	sonn-é ,......	de *sonare, sono*.
dissectus ,......	disséqué , ...	de *dissecare, disseco*.

70. ATUS, *atûs*, um , u.

damn-*atus* ,....	damn-*ation* , ou condamnation , de *damno* : les mots
— *atûs* ,...	

de ce terminatif ont à peu près le même sens que ceux en *atio*. Ils se prennent dans le sens passif, et quelquefois dans le sens actif.

Damn-*atum*. *Videbatur iri damnatum*, LIV., l'accusé paraissait être
poussé à la condamnation passive, c'est-à-dire paraissait
devoir être condamné.

damn-*atu*, *A suo damnatu*. PLINE. Depuis sa condamnation, c'est-
à-dire depuis *qu'il fut passif* de l'action de condamner.

Les deux dernières formes, vulgairement dites supin en UM et en U,
viennent à la suite de presque tous les verbes. Mais les autres formes
des substantifs en US, ús, manquent très-souvent.

71. ETUM.

Aln-*etum*,......	Aunaie,......	*Lieu planté* d'aunes, d'*alnus*.
salicetum,.....	saussaie,.....	*lieu planté* de saules, de *salix*.
coryletum,....	coudraie,....	*lieu planté* de coudriers, de *corylus*.
rosetum,......	roseraie,.....	*lieu planté* de rosiers, de *rosa*.
rubetum,...... .... »		*lieu planté* de buissons, de *rubus*,
dumetum,...... .... »		*dumus*, buisson.

Il ne faut pas confondre les mots de ce terminatif avec ceux des adjectifs neutres, passifs ou qualificatifs en ETUM, comme *suppletum*, sup-
plé, *facetum*, enjoué.

72. EUS, EA, EUM, etc.

Ign-*eus*,......	Igné,........	*Qui est de feu*, d'*ignis*.
æthereus,.....	éthéré,......	*qui est de feu*, de EITHÔ*, je brûle.
empyreus,.....	empyrée,.....	*qui est de feu*, de PYROS*.
mediterraneus,..	méditerranée,..	*qui est au milieu* des terres, de *terra*.
chalybeus,.....	chalibé,......	*qui est d'acier*, de *chalybs*.
ferreus,........	.... »	*qui est de fer*, de *ferrum*.
aureus,........	....: » ...:	*qui est d'or*, d'*aurum*.
æneus,........	.... »	*qui est d'airain*, d'*æs*, *æris*.

On peut donner aux mots de cette terminaison le nom de *com-
positifs*; en effet, ils représentent des qualités qui se composent de
telle ou telle matière. Un météore *igné* est un météore qui se compose de la matière *du feu*.

Id-*æa*,.......	Idée,..........	*Æus, æa, æum*, répond pres-
scarabæus,....	scarabée,.......	que toujours au terminatif fran-
apogæum,....	apogée,........	çais en *ée*.

(*) Mot grec.

73. IDUS.

Luc-*idus* ,.....	Lucide ,.......	*Qui manifeste* la lumière, de *lux* , *lucis.*
avidus ,.......	avide ,........	qui *manifeste* le désir, d'*aveo.*
timidus, ...	timide ,.......	qui *manifeste* de la crainte, de *timeo.*
rigidus ,.......	rigide ,........	qui *manifeste* de la roideur., de *ri-gor, rigeo.*

On peut donner à ces mots le nom de *manifestatifs.* Ce terminatif vient peut-être du grec ιδϖ, *je montre.* On ne confondra pas ces mots avec ceux en *oïde*, comme dans *sphéroïde*, qui a la forme d'une sphère, d'où *ovoïde, cristalloïde, coronoïde, mastoïde*, et autres mots presque tous techniques ou scientifiques. On ne les confondra pas non plus avec les mots en *cida* : voyez n°. 42.

74. *Substantifs abstraits en* IO , *ionis.*

Coct-*io*,.......	Coction, ...	De *coquo , coctum ,* cuire.
flexio ,........	flexion ,.......	de *flecto , flexum ,* fléchir.
inclinatio ,.....	inclination ,....	d'*inclino , inclinatum ,* incliner.
mansio,........	maison ,.......	de *maneo , mansum ,* demeurer.
læsio ,.........	lésion ,........	de *lædo , læsum ,* léser.
percussio ,.....	percussion ,....	de *percutio , percussum ,* percuter.
versio ,........	version, ...	de *verto , versum ,* tourner.

Les deux langues ont chacune plus de mille mots ainsi formés à base de supin.

75. *Substantifs masculins en* O , *onis.*

Bib-o,*onis* ,....	biberon ,......	*Grand* buveur, de *bibo, bibere* , boire.
nas-o,*onis* ,.... ..... »		qui *a* un *grand* nez, de *nasus.*
latr-o,onis, ...	larron ,.......	*grand* voleur.
nebul-o , onis,..	»	*grand* vaurien, de *nebula.*
labe-o,onis,.... ..... »		qui *a de grosses* lèvres , de *labium.*
strab-o, onis , .	strabon, ...	qui *louche* beaucoup, de *strabus.*

Ces mots, comme on voit, diffèrent tout-à-fait des abstractifs de cette terminaison ; car ce sont des substantifs physiques ou concrets masculins, et qu'on appèle *augmentatifs* (*). Il y a aussi quelques mots en O , qui ont le génitif en *inis*, comme *grando , grandinis ,* grêle; *turbo , turbinis.*

_____

(*) Dénomination donnée par M. Butet.

76. 102 , *ius* (ioris), *iùs.*

Minut-*ior*, *ius*,.	Moindre, ...	Ou *plus* petit, ou *plus* menu, de *mi-nutus*, *petit* , ou diminué , de *mi-nuo.*
grandior, ... »		*plus* grand, de *grandis.*
maledicentior, ... »		*plus* médisant, de *maledicens*, et non point de *maledicus.*
exterior, ...	extérieur,....	*plus* externe, d'*exterus.*
melior, ...	meilleur, ...	bon *plus* qu'un autre.
pejor, ...	pire, ...	*plus* méchant.
major,........	majeur , ...	*plus* grand, de *magnus.*
minor, ...	moindre, ...	*plus* petit, de *minutus*, d'où *minu-tior*, puis *minor.*
valdiùs , ... »		*plus* fortement, de *validus.*
minùs , ... moins,.......		*plus* petitement.

Ce terminatif exprime donc toujours l'idée de *plus* , ajoutée à une qualité; les mots qui en sont formés ont été appelés *comparatifs*. Le nom de *supérioritifs* désignerait mieux leur fonction, qui est de marquer toujours une idée de supériorité relative; *minor*, moindre, est lui-même un supérioritif, car il signifie *plus* petit.

Tous les comparatifs latins sont en *ior* , *ius*, excepté trois , *minor*, *major*, *pejor* : encore dans ces deux derniers le *s* remplace l'*i*. Ils se forment d'un adjectif usité et connu, excepté *pejor*, *melior*. Nous n'avons en français que trois mots qui aient le sens comparatif ou supérioritif , savoir , *moindre* , *pire* et *meilleur* ; nous en avons la forme, sans le sens, dans *extérieur* , *citérieur*, *prieur.*

Tous les comparatifs variables latins ont leur invariable , qui est en *iùs* , ou *ùs*, selon que le comparatif variable a l'une ou l'autre de ces deux terminaisons.

77. ISSIMUS , RIMUS , IMUS.

Ampl-*issimus*, ..	Amplissime, .	*Très* ample, d'*amplus.*
doctissimus, ...	doctissime, ...	*très* docte, de *doctus.*
maledicentissimus, ... »		*très* médisant, de *maledic-ens.*
celeber-*rimus*, ... »		*très* célèbre, de *celeber.*
tenerrimus,..... ... »		*très* tendre, de *tener.*
opt-*imus*, ... »		*très* desiré, d'*optatus* , d'où *optatis-simus.*
maximus, ...	maxime, ...	*très* grand, de *magnus.*
pessimus, ... »		*très* bas, de *pessum*, bas.
minimus , ...	minime, ...	*très* menu, ou très petit, de *minutus.*
supr-*emus*, ...	suprême, ...	*très* élevé, de *superus.*

On a donné aux adjectifs ainsi augmentés le nom de *superlatifs*. Les adjectifs en *ER* font en latin le superlatif en *RIMUS ;* presque tous les autres le font en *ISSIMUS :* quelquefois, mais très-rarement le terminatif en *ISSIMUS* ou *RIMUS* est contracté de manière qu'il n'en reste plus qu'*IMUS*. C'est ce qui a lieu dans *opt-imus*, *max-imus*, *mini-mus*. Nous ne connaissons de superlatif en *EMUS* que *supremus*, *extremus*. Notre langue n'a que très-peu de superlatifs : *maxime* même, et *minime*, qui en ont la forme, en ont perdu le sens. On dit *une maxime*, l'empereur *Maxime*, les *Minimes*.

78. *Des terminatifs* IES, IMUS, ESIMUS.

Nous les diviserons en trois colonnes latines, et en autant de colonnes françaises correspondantes :

La première comprendra, les numératifs proprement dits, *unus, duo,* etc.; un, deux, etc.

La seconde, les répétitifs, *semel, bis,* une fois, deux fois, et la 3ᵉ, les ordinatifs, *primus, secundus,* etc. (9).

Unus,	semel,	primus.	un,	une fois,	1ᵉʳ.
Duo,	bis,	secundus.	2,	2 —	2ᵉᵐᵉ.
Tres,	ter,	tertius.	3,	3 —	3
Quatuor,	quater,	quartus.	4,	4 —	4
Quinqu-e (10),	-ies,	quintus.	5,	5 —	5
Sex,	-ies,	sextus.	6,	6 —	6
Sept-em,	-ies,	septimus.	7,	7 —	7
Oct-o,	-ies,	octavus.	8,	8 —	8
Nov-em,	-ies,	nonus.	9,	9 —	9
Dec-em (10),	-ies,	-imus.	10,	10 —	10
Undec-im,	-ies,	-imus.	11,	11 —	11
Duodec-im,	-ies,	-imus.	12,	12 —	12
Tredec-im,	-ies,	*	13,	13 —	13
Quatuordec-im,	-ies,	*	14,	14 —	14
Quindec-im,	-ies,	*	15,	15 —	15
Sexdec-im,	-ies,	*	16,	16 —	16
Septemdec-im,	-ies,	*	17,	17 —	17
Octodec-im,	-ies,	*	18,	18 —	18
Novemdec-im,	-ies,	*	19,	19 —	19
Vig-inti,	-ies,	-esimus.	20,	20 —	20
Trig-inta, (trigesies),	-ies,	-esimus.	30,	30 —	30
Quadrag-inta,	-ies,	-esimus.	40,	40 —	40
Quinquag-inta,	-ies,	-esimus.	50,	50 —	50
Sexag-inta,	-ies,	-esimus.	60,	60 —	60
Septuag-inta,	-ies,	-esimus.	70,	70 —	70
Octog-inta;	-ies,	-esimus.	80,	80 —	80
Nonag-inta,	-ies,	-esimus.	90,	90 —	90
Cent-um,	-ies,	-esimus.	100,	100 —	100
Ducent-i,	-ies,	-esimus.	200,	200 —	200
Trecent-i,	-ies,	-esimus.	300,	300 —	300
Quadringent-i,	-ies,	-esimus.	400,	400 —	400
Quingent-i,	-ies,	-esimus.	500,	500 —	500
Sexcent-i,	-ies,	-esimus.	600,	600 —	600
Septingent-i,	-ies,	-esimus.	700,	700 —	700
Octingent-i,	-ies,	-esimus.	800,	800 —	800
Noningent-i,	-ies,	-esimus.	900,	900 —	900
Mill-e,	-ies,	-esimus.	1000,	1000 —	1000

(9) On verra que, depuis *quinque,* les numératifs sont coupés par un tiret; en ajoutant IES après le tiret, on a le répétitif *quinqu-ies,* etc.

(10) Ce n'est que depuis *de-cem, dix,* que les ordinatifs se forment régulièrement en ajoutant après le tiret le terminatif IMUS, d'où dec-*imus, dixième,* ou ESIMUS, d'où vig-*esimus, vingt-ième.*

(*) Depuis 13 jusqu'à 19 inclus, l'ordinatif se forme de deux mots *decimus tertius, decimus quartus,* etc.

79. ITER , È et IM.

Agil-*iter*,......	Agilement,...	D'*une manière* agile, *d'agilis.*
acriter ,.......	acrement,....	*d'une manière* acre, d'*acer, aeris.*
abundant-*er*, ..	abondamment	d'*abundans, abundantis.*
cast-*è*,........	chastement,..	de *castus*, chaste.
certè, ...	certainement,	de *certus*, certain.

Presque tous les adjectifs qualificatifs latins ont un invariable qui indique la manière. Il se forme en *ITER*, en ER ou *È*, selon l'analogie des exemples ci-dessus : cette dérivation sera établie par des règles dans la lexigraphie.

Cochleatim ,.....	Pris par cuillerée, de *cochleatus*, de *cochlear*.
gradatim ,.......	pris par degrés, de *gradatus*, de *gradus*.
pedatim , ...	pied à pied, de *pedatus*, de *pes*.
partim ,........	pris par parties, de *partitus*, de *pars*.

Pedepressim, *pedetentim*, *seorsim*, *cumulatim*, *nominatim*, etc., etc. Tous les mots de ce terminatif paraissent formés sur la base d'un adjectif passif ; leur fonction générale est bien caractérisée. On les appèle *partitifs adverbiaux*.

80. ITAS.

Agil-*itas*,......	agilité ,......	D'*agilis* , agile.
ædilitas ,.......	édilité ,......	d'*ædilis*, édile , *qui est chargé* des bâtiments, d'*ædes, ædium*.
urbanitas ,.....	urbanité , ...	d'*urbanus*, urbain , *de la ville*.
rusticitas ,.....	rusticité , ...	de *rusticus*, rustique.
morositas , ...	morosité ,....	de *morosus* , morose.
stabilitas , ...	stabilité ,.....	de *stabilis*, stable.
activitas ,.....	activité ,.....	d'*activus*.
auctoritas , ...	autorité ,.....	d'*auctor*, auteur.
deitas ,........	déité ,........	de *Deus*.

Les deux langues ont chacune plus de deux mille mots ainsi formés sur la base d'un adjectif quelconque, qualificatif, actif ou passif, en *ILIS*, *ALIS*, *ANUS*, *ABILIS*, etc., et même d'un substantif. On peut les appeler *abstractifs objectifs* (*) , parce qu'en effet ils expriment, comme dans *auctor*, etc., une qualité abstraite, et la représentent comme un objet réel.

Ce terminatif subit quelques altérations , tant en français qu'en latin, dans sa voyelle pénultième.

_____

(*) Dénomination donnée par M. Butet.

Anxi-*etas*, ...	Anxiété, ...	D'*anxius*, l'*i*, d'*itas*, s'est changé en **x**.
liber-*tas*, ...	liberté , ...	de *liber*; l'*i*, d'*itas*, a disparu.
paupertas, ...	pauvreté, ...	de *pauper*, pauvre.
facultas, ...	faculté, ...	de *facilis*; on a aussi *facilitas*.

81. ITIA, ITIES.

Not-*itia*, ...	Notice, ...	De *notus*, connu.
avaritia, ... avar-*ities* , ...	} avarice,.......	d'*avarus*, avare.
malitia,.......	malice,.......	de *malus*, mauvais.
justitia ,.......	justice,........ justesse,......	} de *justus*, juste.
largitiæ, ...	largesses, ...	de *largus* , large.
pigritia,.......	paresse, ...	de *piger*, paresseux.
moll-*ities*,.....	mollesse, ...	de *mollis*, mou.

Ce sont aussi des *abstractifs objectifs*, à peu près comme ceux du n° précédent (*).

82. ITUDO, ETUDO.

Long-*itudo*, ...	longitude , ...	{ État *prolongé* et continuel de ce qui est long , de *longus*, et peut-être d'*itare* , *ito*.
latitudo ,......	latitude,......	de *latus*, large.
sollicitudo ,....	sollicitude ,....	de *sollicitus* , inquiet.
beatitudo, ...	béatitude, ...	de *beatus*, état *prolongé* de ce qui est *heureux*.
desu-*etudo*, ...	désuétude ,....	de *desuetus*, désaccoutumé.

On peut donner à ces substantifs le nom d'*abstractifs progressifs* ; ce sont en effet des substantifs abstraits qui ajoutent à cette idée celle d'un développement, d'un mouvement continué ou prolongé.

83. IVUS.

Purgat-*ivus*,...	Purgatif,....	Qui va ou tend à *purger*, de *purgo* s *purgatum* , *quod it purgatum*, ou qui a la *faculté* de purger.
aperitivus ,....	apéritif, ...	d'*aperio*, *apertum*, ouvrir.
furtivus ,......	furtif,.......	de *furor*, *furatum* , dérober.
intuitivus,.....	intuitif, ...	d'*intueor*, *intuitum* , voir.
incisivus,......	incisif,.......	d'*incido*, *incisum* , inciser.
passivus ,......	passif ,.......	qui a la *force* de supporter , de *patior*, *passum*.

(*) M. Butet leur ajoute le nom de *sociatifs* , parce que , dit-il , ils se rapportent à des êtres qui ont des relations sociales.

Ces mots très-nombreux peuvent s'appeler *facultatifs* (*). Le mot
actifs n'ajouterait rien à cette idée; car toute faculté est nécessairement active (**).

84. MENTUM, *men.*

Funda-*mentum*,	Fondement,..	De *fundo*, je fonde.
monumentum,.	monument,..	de *moneo*, j'avertis.
instrumentum,.	instrument,..	d'*instruo*, je bâtis, j'instruis.
momentum, ..	{mouvement,. {moment, }	de *moveo*, je meus.
ligamentum, ..	ligament,....	de *ligo*, je lie.
segmentum,...	segment,....	de *seco*, je coupe.
tormentum,...	tourment, ...	de *torqueo*, je tourmente.

Les cinq ou six cents mots de ce terminatif ont beaucoup de rapport
de signification avec les abstractifs en *TIO*, *fundatio*, *monitio*, *instruc-
tio*, *motio*, *ligatio*, *sectio*, *tortio*, etc. *Voyez* n°. 74. Comparer ces deux
sortes de mots, c'est le meilleur moyen d'en saisir la différence (11).
MEN paraît synonyme de *mentum*.

On a

Fundamen *ou* Fundamentum.	Ligamen *ou*	Ligamentum.
monumen *ou* monumentum.	segmen *ou*	segmentum.
momen *ou* momentum.	tormen *ou*	tormentum.

Cependant le terminatif en *MEN* est beaucoup moins abondant.

85. *Substantifs abstractifs en* OR.

Pallor, ...	Pâleur,......	De *palleo*, je pâlis.
liquor, ...	liqueur,.....	de *liqueo*, je me fonds.

(*) Dénomination donnée par M. Butet.

. (**) Notre *portatif*, que nous prenons dans le sens passif du latin *portabilis*, est
donc une espèce de barbarisme. Le *captivus* des Latins est aussi contre l'analogie.

Il est à remarquer que presque tous les *facultatifs* sont basés sur le substantif verbal du n°. 74. Il n'est pas même certain que quelques-uns d'entr'eux qui paraissent
dérivés d'adjectifs qualificatifs, ne soient pas des altérations du substantif verbal.

(11) Le terminatif *mentum*, vient peut-être de l'adjectif passif *mentum*, employé
par Lucrèce, etc. ; et qui a servi à composer *commento*, *mentio*, d'où aussi le mot
latin francisé *memento*. Alors *fundamentum* pourrait signifier, *ce qui fait souvenir* de l'action de fonder ; les mots en *mentum*, semblent en effet rappeler une
idée de résultat, une action faite dont il reste un souvenir, au lieu que ceux en
TIO, marquent l'action seule.

rubor, ...	rougeur, ...	de *rubeo*, je deviens rouge.
humor, ...	humeur, ...	d'*humesco*, je deviens humide.
candor, ...	candeur, ...	de *candeo*, je suis blanc.
calor, ...	chaleur, ...	de *caleo*, j'ai chaud.
error, ...	erreur, ...	d'*erro*, j'erre.
favor, ...	faveur, ...	de *faveo*, je favorise.
pavor, ...	peur, ...	de *paveo*, j'ai peur.
sapor, ...	saveur, ...	de *sapio*, j'ai du goût.
labor, ... {	labeur, ...	de *laboro*, je travaille, ou
	labour, ...	je laboure.
amor, ...	amour, ...	d'*amo*, j'aime.

Presque tous les abstractifs latins en or se traduisent par des mots en eur, et viennent d'un verbe inceptif ou qualificatif.

Ces mots et quelques centaines d'autres sont des substantifs abstraits, qui dérivent d'un verbe. Pour le sens, ils diffèrent peu des mots en *itas*, n°. 80. Ce n'est qu'en comparant attentivement les mots de ces deux sortes, qu'on pourra y apercevoir des différences.

On ne confondra pas les substantifs abstraits en or avec les substantifs ou adjectifs en tor, trix, sor.

86. OR, T-OR, T-RIX, S-OR.

Direct-*or*, ...	Directeur, ... }	*Qui a l'habitude* de diriger, de *di-*
direct-*rix*, ...	directrice, ... }	*rigo*, *directum*, je dirige.
actor, ...	acteur, ... }	d'*ago*, *actum*, j'agis.
actrix, ...	actrice, ... }	
inventor, ...	inventeur, ... }	d'*invenio*, *inventum*, j'invente, ou
inventrix, ...	inventrice, ... }	je trouve.
doctor, ...	docteur, ...	de *doceo*, *doct-um*, j'enseigne.
præcursor, ...	précurseur, ...	de *præcurro*, *præcurs-um*.
cursor, ...	coureur, ...	de *curro*, *curs-um*.

Ces mots très-nombreux dans les deux langues, se forment tous en latin du substantif verbal dit supin; leur fonction générale est de désigner les êtres, comme ayant l'*habitude* de faire l'action exprimée par le verbe qui a fourni leur base.

L'usage que nous faisons du mot *agresseur* pour désigner non pas celui qui a l'habitude d'attaquer, mais celui qui attaque instantanément, est donc contraire à l'analogie. Il en est de même de plusieurs autres mots.

87. ORIUS , A , UM.

Monit-*orius* ,...	Monitoire,.....	*Qui sert* à avertir, de *moneo , monitum.*
oratorius ,.....	oratoire ,......	*qui sert* à l'orateur, *d'oro , oratum*, parler.
aratorius ,.....	aratoire ,...,...	*qui sert* pour le labourage, *d'aro , aratum.*
purgatorius ,...	purgatoire,....	de *purgo , purgatum.*
spumatorium ,..	écumoire,.....	de *spumo , spumatum,* écumer.
aspersorium ,...	aspersoir,.....	*d'aspergo, aspersum,* arroser.
rasorius cult- ellus, } rasoir,........		de *rado, rasum,* raser.
sensorium, ...	sensor*ium,*	de *sentio, sensum,* sentir.
visorium ,.....	visorium ,.....	de *video, visum,* voir.

Ce terminatif latin est toujours à base du supin, et marque une idée de moyen. En français il est ordinairement en OIRE, mais sa base n'est pas toujours un supin, comme on le voit, dans *écumoire, étendoir, lavoir, miroir, polissoire,* etc., qui certainement ne viennent point immédiatement des supins *spumatum, extensum, miratum, politum* (*).

88. OSUS.

Fructu-*osus* ,...	Fructueux,....	*Abondant* en fruits, de *fructus.*
spinosus,......	épineux ,......	*abondant* en épines , de *spina.*
nodosus,......	noueux ,......	de *nodus*, nœud.
petrosus ,.....	pierreux ,.....	de *petra*, pierre.
formosus ,.....	formose ,......	de *forma*, forme, beauté.
carnosus ,......	charnu,.......	de *caro, carnis*, chair.

Ces mots assez nombreux dans les deux langues, ont quelque ressemblance avec ceux en *undus*, qui aussi marquent une idée d'abondance. Mais faites la comparaison des deux sortes dans un grand nombre d'exemples. Il nous semble que les adjectifs en *undus* se rapportent plutôt à une *abondance* d'actions, et ceux en *osus* à une *abondance* d'objets.

89. ULUS, ELLUS, OLUS , a , um, etc.

Glob-*ulus* ,.....	Globule ,......	*Petit* globe, de *globus.*
acidulus ,......	acidule,.......	*peu* acide , *d'acidus.*
regula, ...	règle,.........	*petit* guide, de *rego*, je dirige ou guide.

(*) A la rigueur on pourrait dire que les mots en *orius*, viennent immédiatement de ceux en *or*: ainsi, *monitor, arator,* etc. ont fait MONITOR-*ius*, ARATOR-*ius.*

ung-ulus,......	angle,........	*petit* coude, d'*ancus*, étroit.
cæpula ,......	ciboule ,.......	*petit* oignon , de *cæpe*.
monticulus ,....	monticule ,....	de *mons, montis* ; il paraît que pour éviter l'hiatus qui se trouverait dans *monti-ulus*, on y a intercalé un *c*.
pediculus,.....	pédicule ,.....	de *pes, pedis*.
clavicula ,.....	clavicule ,.....	de *clavis* , clef.
molecula ,.....	molécule ,.....	de *moles* , masse.
articulus,.....	article ,.......	d'*artus* , membre , jointure.
portiuncula ,...	portion-cule ,..	de *portio, portio-nis*.
ranunculus,....	renoncule , ...	de *rana* , grenouille.
»	grenouille , ...	
lib-ellus ,......	libelle ,........	ou livret, de *liber* , livre.
rastellum ,.....	râteau ,.......	de *rastrum*, râteau.
besti-ola ,.....	bestiole ,.......	de *bestia* , bête.
alveolus ,......	alvéole ,.......	d'*alveus* , ventre, capacité.
filiolus ,.....	filleul ,.......	de *filius* , fils.
gladiolus ,.....	glaïeul ,.......	de *gladius* , glaive.
linteolum ,.....	linceul ,.......	de *linteum* , linge.

Voilà les principaux diminutifs latins rassemblés sous ce numéro, avec les formes françaises correspondantes. Une remarque utile à faire, c'est que, perdant de vue l'étymologie, on ne donne en français à beaucoup de ces diminutifs que le sens de leur ba se ; c'est ce qui s'observe surtout dans les mots en EAU, comme *couteau*, *râteau*, *agneau*, *escabeau*, etc., de *cultellus*, *rastellum*, *agnellus*, *scabellum*, qui réellement signifient en latin *petit* couteau, *petit* râteau, *petit* agneau, *petit* banc sur lequel on met les pieds , de *scando*.

90. URUS , *ura* , *urum*.

Futurus ,.....	Futur , ...	*Ce qui doit être* ou *sera*, de l'ancien *fuo*, d'où *fui*, j'ai été. C'est le seul mot latin qui ait en français une forme correspondante exprimant une idée de temps à venir.
culturus ,...... ..... »		qui doit cultiver, de *colo*, *cultum*.
lecturus,...... ..... »		qui doit lire , de *lego*, *lectum*.

Tous les verbes latins, qui ont un substantif verbal ou supin, ont aussi un adjectif futur en *urus*, *ura*, *urum*.

Substantifs en URA.

Sculpt-*ura*, ...	Sculpture,.....	De *sculpo*, *sculptum*, je grave.
cultura,........	culture,.......	de *colo*, *cultum*, je cultive.
lectura,........	lecture,.......	de *lego*, *lectum*, je lis.
structura,.....	structure,.....	de *struo*, *structum*, je construis.
censura,.......	censure,.......	de *censeo*, *censum*, je recense.
cæsura,.......	césure,.......	de *cædo*, *cæsum*, je coupe.
captura,......	capture,......	de *capio*, *captum*, je prends.
figura,........	figure,.......	} ne sont point formés d'un supin.
cura,.........	cure.........	

Les mots de ce terminatif pourraient bien être le féminin de l'adjectif *urus*, *ura*, *urum*, employé substantivement, c'est-à-dire, avec la sous-entente d'un substantif. Ainsi *sculptura* serait *ars sculptura*, l'art qui doit sculpter, par résultat l'art qui sculpte; et par un autre résultat, ce qui est sculpté, comme lorsqu'on dit *voilà une belle sculpture*. Quoi qu'il en soit, ces mots représentent l'action comme ayant produit, produisant ou devant produire un résultat. Ils sont formés, comme les adjectifs en *urus*, sur la base du supin.

Il y a quelques mots, comme *figura*, *cura*, *obscurus*, etc. où *urus*, *ura*, *urum*, paraît appartenir à la base.

Observation générale.

Ces terminatifs, tant de ce second ordre que du premier, forment la très-grande généralité des mots latins. En y joignant la connaissance des quarante initiatifs, on sera très-avancé dans la nomenclature, le nombre des mots dits radicaux n'étant pas de deux mille.

IIme SECTION.

Des Altérations des Mots.

Ingruit Æneas Italis^a , ...	Énée se précipite sur les Italiens.
Irruit in hostes^b , ...	il se précipite sur les eunemis.
Alius Latio jam *partus* Achilles^c,	déjà un autre Achille est engendré, acquis au Latium.

In-g-ruit et *ir-ruit* viennent également de *in* et de *ruit*, qui se rue.

Il y a donc addition de la lettre G dans *in-g-ruit*, et mutation de N en R dans *ir-ruit*.

Partus vient de *pario*, *paritum*; ce dernier mot est employé dans les anciens auteurs, et c'est lui qui a servi à former *parit-urus*. Il y a donc soustraction d'une lettre dans *par-tus*. C'est par la même soustraction qu'on a *sanctus*, de *sancitus*, qui existe aussi, etc., etc.

Or, après avoir parcouru toutes les altérations que reçoivent les mots latins, en se formant les uns des autres, nous pouvons établir en principe que les altérations des mots latins (de latin en latin) se rapportent toutes aux trois sortes de figures dont nous venons de fournir des exemples (*);

et sont, savoir :

{ L'ADDITION, ... comme dans *ingruit*, pour *in-ruit*.
{ La SOUSTRACTION, comme dans *partum*, de *paritum*.
{ Et la MUTATION, comme *ir-ruit*, pour *in-ruit*.

Il y a quelques mots, comme *al-burnum* et *la-burnum*, ou bien *por-tendo*, pour *pro-tendo*, qui donnent l'idée d'une quatrième figure qu'on pourrait appeler *transposition*. Mais elle est si rare, que nous bornons là ce que nous avions à dire sur ce sujet.

Toute cette section se composera donc de TROIS CHAPITRES.

(*) L'histoire des altérations des mots latins dans leurs transformations en mots français, n'appartient point à une grammaire latine. Nos listes d'initiatifs et de terminatifs où nous avons opposé les formes françaises et les formes latines immédiatement analogiques, jètent un grand jour sur la manière dont se sont francisés presque tous les mots latins.

a VIRG. Æn. 12. v. 628. | b VIRG. Æn. 9, v. 555. | c VIRG. Æn. 6, v. 89.

CHAPITRE PREMIER.

DE L'ADDITION.

Pabula... dente *momordi*[a] ,...	j'ai mordu de la dent les aliments.
Admitti-er orant[b] ,..........	ils demandent à être admis.
Tu me *redimes—redimam*[c] , ..	tu me racheteras— je te racheterai.

On ne peut douter que la première syllabe **mo**, de *mo-mordi*, n'ait été ajoutée à *mordi*, qui, sans elle, eût eu la même signification. *Hoc tene, hoc morde* : SÉNÈQ. Retiens cela, et le mords, c'est-à-dire, et ne l'oublie pas.

On trouvera un certain nombre d'autres exemples de l'addition faite au commencement des mots.

Admitti-er est pour l'infinitif passif *admitti*, et n'a pas la moindre différence dans le sens. Tous les infinitifs passifs peuvent dans la poésie recevoir cette addition. On trouve dans HORACE *mercari-er*, *torqueri-er*[d], etc. Il y a donc une addition qui se fait à la fin des mots.

Re-d-imes, *re-d-imam*, viennent évidemment de **re** et d'*emes*, *emam*, « tu acheteras, j'acheterai de nouveau, ou tu r'acheteras, je r'acheterai ». Le D est donc ajouté dans *redimes*, *redimam*. Il y a donc une addition qui se fait dans le milieu des mots.

L'addition peut donc se diviser en *pré-addition*, *inter-addition* et *post-addition* (*).

1°. *Pré-addition.*

Quelques verbes ont imité l'addition que font les Grecs au commencement de leurs temps passés; tels sont :

Ce-cidi,	je suis tombé,	de *cado*,	je tombe.
ce-cidi,	j'ai coupé,	de *cœdo*,	je coupe.
ce-cini,	j'ai chanté,	de *cano*,	je chante.
de-di,	j'ai donné,	de *do*,	je donne.
fe-felli,	j'ai trompé,	de *fallo*,	je trompe.
pe-pendi,	j'ai été suspendu,	de *pendeo*,	je suis suspendu.
pe-pendi,	j'ai pesé,	de *pendo*,	je pèse.

(*) Ces trois mots remplacent les noms barbares de *prothèse*, *épenthèse* et *paragoge*.

a OVID. 13, *Metam.*   c PLAUT. 1, *Asin.* 1.
b VIRG. *Æn.* 9, *v.* 231.   d HOR. 2, *Sat.* 3 et 6.

pe-puli,	j'ai poussé, ...	de *pello*,	je pousse.
mo-mordi,	j'ai mordu, ...	de *mordeo*,	je mords.
spo-pondi,	j'ai promis, ...	de *spondeo*,	je promets.
to-tondi,	j'ai tondu, ...	de *tondeo*,	je tonds,
cu-curri,	j'ai couru, ...	de *curro*,	je cours.
pu-pugi,	j'ai piqué, ...	de *pungo*,	je pique.
tu-tudi,	j'ai frappé, ...	de *tundo*,	je frappe.

Cette espèce de redoublement de la première syllabe de ces verbes n'ajoute rien à leur signification, et n'annonce point une différence d'origine. Cette pré-addition est chez les Grecs un moyen de conjugaison pour indiquer un ordre de temps. Elle ne se transporte pas dans les composés *incidi*, de *cado*, *incidi*, de *cædo*, etc. Il n'y a guère que les composés de *do* où le redoublement se continue, *abdidi*, *reddidi*, etc. (*)

On ne peut douter non plus que le *g* n'ait été pré-ajouté dans quelques mots latins.

G-navus,	courageux,	de *navus*.	*G*-nosco,	je connais,	de *nosco*.
gnatus,	né, fils,	de *natus*.	gnobilis,	noble,	de *nobilis*.
gnata,	née, fille,	de *nata*.	gratus,	agréé,	de *ratus*.

Ratus signifie *réalisé*, persuadé, de *reor*, je regarde comme réel; de *res*, chose, réalité.

G-ratus et *ratus*, qui ne sont visiblement que deux formes du même mot, présentent, par leur différence de signification, un phénomène qui se reproduit très-souvent. C'est ainsi que, *inclination* et *inclinaison* viennent évidemment tous deux du latin *inclinatio*; que *questeur*, *quéteur* et *cuistre*, sont immédiatement formés du latin *quæstor*, *quæstoris* **. On s'est donc enrichi par la diversité des altérations, puisque le même mot, sans cesser d'être unique par son origine, s'est multiplié par les sens différents qu'il doit à de plus ou moins légères différences de ormes.

2°. *Post-addition.*

Elle est extrêmement rare, nous en avons vu des exemples dans *admitti-er*, *mercari-er*, *torqueri-er*.

Nous ne parlons pas des additions que subissent les mots pour expri-

---

(*) *Do*, *dedi* a des composés. Non-seulement le redoublement du *D* y a lieu, mais l'*E* de *dedi* s'y change en *I* : AB-DO, je cache, *ab-didi*; ad-do, j'ajoute, ad-didi; condo, je compose, je cache, *condidi*; credo, je crois, *credidi*; dedo, de-didi; edo, edidi; per-do, *perdidi*, etc.

(**) *Quæstoris* est devenu *questre*, *quistre*, cuistre. *Coctoris*, cuisinier, n'a pu former *cuistre*; le sens s'y oppose encore plus que la forme.

4.

mer les idées de nos cinquante terminatifs et autres, ou celles de nombre, de genre, de cas, de temps, etc., qui sont représentée par les formes lexigraphiques.

3°. *Inter-addition* (*).

On a peu d'exemples du *g* intercalé : cependant cette figure est incontestable dans *con-g-ruus, in-g-ruo.* Nous ne parlons pas d'*in-g-ratus, ign-osco, ag-nosco*; d'un autre côté, on pourrait dire que *ig-nosco, ag-nosco,* sont pour *in-nosco, ad-nosco,* ce qui constituerait une mutation.

Mais le *D* et le *P* offrent un assez grand nombre d'exemples d'inter-addition.

D

Pro-*d*-esse,	être utile, ...	de *pro* et *esse*, qui a *pro-sum*.
pro*d*ire,	s'avancer,.	de *pro* et *ire*, aller, etc.
pro*d*igere ,	pousser devant,. . .	de *pro* et *agere*.
pro*d*igus,	prodigue,.	Id.
red*amo,*	j'aime à mon tour,.	de *re* et *amo*.
red*animo,*	je ressuscite, ...	de *re* et *animo*.
red*do,*	je rends,.	de *re* et *do*.
red*ire ,*	revenir,.	de *re* et *ire*.
red*hibere,*	ravoir , ...	de *re* et *habere*.
red*integer,*	réintégré,.	de *re* et *integer*, entier.
hoc red*olet,*	cela sent ,.	de *re* et *olere*.
red*undans,*	redondant,.	de *re* et *undans*.

Une cause aussi a fait intercaler un *D* dans les mots français *ten-d-re, gen-d-re, cen-d-re,* etc., qui viennent du latin *teneri, generi,* et *cineris,* où le *D* n'existe point.

P

Em-*p*-tus,	. . . . »	acheté, etc. d'*emo*.
dem*p*tus,	dem*psi*,.	ôté, etc. de *demo*.
adem*p*tus,.	. . . . »	ôté, de *adimo*.
prom*p*tus,	prom*psi*,.	tiré en dehors, de *promo*.
sum*p*tus,	sum*psi*, ...	pris, etc. de *sumo*.
tem*p*tus,	tem*psi*, ...	méprisé, etc. de *temno*.

Le français a copié cette figure, lorsqu'il l'a trouvée dans le latin (**); et il a intercalé le *B* dans beaucoup de mots qui dans le latin n'ont pas

---

(*) L'inter-addition est vulgairement appelée *paragoge.*

(**) C'est ainsi que nous avons *PROMPT*, de *promptus*, *RÉDEMPTEUR*, de *redemptor,* etc. Nous avons même quelquefois intercalé le *P* dans les mots où il n'existait pas en latin, comme dans *dompter*, de *domitare.*

cette consonne. C'est ainsi que nous avons CHAMBRE, de *camera ;* NOMBRE, de *numerus ;* INNOMBRABLE, de *innumerabilis ;* assembler, d'*assimilare,* etc. , etc.

L'euphonie est la cause de l'inter-addition.

C'est elle qui a repoussé *proesse ; reundans, inruit, em-tus,* etc. Mais pourquoi, pour éviter l'hiatus ou telle ou telle rencontre, a-t-on inter-ajouté tantôt un D, tantôt un G, tantôt un P ? C'est ce qui se pourra mieux comprendre plus tard.

CHAPITRE II.

DE LA SOUSTRACTION.

Cette altération se fait aussi de trois manières, au commencement, à la fin et au milieu des mots. Les initiatifs *pré, post* et *inter* serviront à les distinguer.

1°. De la Pré-soustraction.

Si qua fata sinant[a], ...	*si par quelque* voie les destins.
Et *si* non ALIQUA nocuisses, mortuus esses[b],	et si tu n'avais nui *par quelque* endroit, tu serais mort.
Sicubi satietas hominum, negoti[c],	si en *quelque* lieu le dégoût des hommes.
Siquando odium ceperat[d],	*si un jour* la haine de l'occupation.
Si constiterit ALICUBI[e],	s'il s'est arrêté *quelque* part.
Si nos ALIQUANDO revisas[f],	*si un jour* tu viens nous revoir.

D'après ces doubles exemples, on ne peut douter que *si qua, sicubi, siquando* ne soient des altérations de SI....ALIQUA, SI...ALICUBI, SI... ALIQUANDO. C'est la rencontre immédiate de *si* avec *ali,* qui a fait disparaître *ali.* Cette soustraction se fait dans tous les cas d'*aliquis ;* et l'on dit, *si quis, si quem, si quid,* etc., pour *si aliquis,* etc.

Vide *sis* ne in quæstione sis[g],	prends garde, *si tu veux,* qu'il ne faille te chercher.
Tace, *sis,* meum est quærere[h],	tais-toi, *si tu veux,* c'est à moi à interroger.
Refer animum, *sis,* ad veritatem[i],	rapporte ton esprit, *si tu veux,* à la vérité.

a VIRG. *Æn.* 1, v. 18.
b VIRG. *Egl.* 3, v. 15.
c TER. *Eun.* 3, 1.
d CIC. *de Orat.* 9.
e CIC. *Att.* 9.
f PLAUT. *Pseud.* 1, 2.
g PLAUT. *Amph.* 4, 4.
i CIC. *pro Sext. Roscio.*

Si vis me flere, dolendum est primùm ipsi tibi[a],	*si tu veux* que je pleure, il faut d'abord que toi-même tu sois affligé.

Il est évident que *sis* dans les trois premiers exemples est pour *si vis*. Il ne s'emploie qu'avec des subalternes avec lesquels on prend un ton impératif. Quelquefois ce mot est joint avec l'impératif, comme dans *agesis*, *manesis*, *cavesis* : agis, *si tu veux* ; reste, *si tu veux*, etc.

Laudari MALO quàm culpari[b],	*j'aime mieux* être loué que blâmé.
Amari *mavolo* me abs te[c],	*j'aime mieux* être aimé par toi.
Nolo victimas[d],........	*je ne veux pas* des victimes...
Non ædepol volo[e],.......	par le temple de Pollux (ou certes), *je ne veux pas*.

L'existence de *volo* dans *malo*, *nolo*, n'est donc point douteuse. *Malo* est pour *magis volo* ; d'où l'on a fait *mavolo*, puis *malo* ; *nolo* est pour *ne volo* ou *non volo*.

La *pré-soustraction* est très-rare, et ce sujet est presque épuisé.

2°. *De la post-Soustraction.*

Dic age[f],..............	*dis*, agis, ou courage.
DICE—*dic* quod te rogo[g],	*dis*, — *dis* ce que je te demande.
Fac sis[h],..............	*fais*, si tu veux.
FACE id ut paratum jam sit[i],	*fais* que cela soit déjà prêt.
Duc age, duc ad nos...ait[k],	*conduis*, agis (courage), conduis à nous.
DUCE me, amabo[l],....	*conduis*-moi, je t'aimerai (ou de grâce).
Fer stabulis ignem[m],	*porte* le feu dans les ruches.
In omnibus FERE minùs valent præcepta quàm experimenta[n],	dans *presque* toutes les choses, les préceptes valent moins que les exercices.

L'analogie générale et constante de la seconde personne singulière de l'impératif, est, comme on verra, d'être terminée par une voyelle. Il y a donc une post-soustraction dans *fac*, *duc* et *fer*. Les composés de ces deux derniers verbes conservent la même altération : *conduc*, *reduc*, *refer*, *confer*. *Dice*, *duce*, *face* ont vieilli. Nous ne doutons point que l'invariable *ferè*, qui se traduit par *presque*, ne soit l'impératif originel de *fero*.

---

a Hor. *Art poet.* v. 102.
b Plaut. 4, 3.
c Plaut. *Asin.* 5, 1.
d Plaut. *Amph.* 1, 3.
e Plaut. *Amph.* 1, 1.

f Virg. *Æn.* 6. v. 343.
g Plaut. *Rud.* 1, 2.
h Ter. *Eun.* 2, 3.
i Plaut. *Asin.* 1.
k Virg. *Georg.* 4, v. 358.

l Plaut. *Most.* 1, 4.
m Virg. *Georg.* 4, v. 330.
n Quint. 2, 5.

Sed tace, tace[a],........	*mais* tais-toi, tais-toi.
Post equitem *sede*[b],..	asseois-toi derrière le cavalier.
Ast ego.. bella gero[c],...	*mais* moi.... je fais la guerre.
Cave ne cadas, *asta*[d],...	garde que tu ne tombes, tiens-toi bien.

Sed et *ast* sont aussi des impératifs altérés, mais qui ne s'emploient plus qu'*invariablement*. Ils ont été bien choisis pour exprimer une idée de contrariété ou de différence dans ce qu'on va dire. Car ils annoncent qu'il faut se reposer, s'arrêter: ce qui prépare très-bien à un changement de direction dans les idées.

Nec caput, *nec* pedes habent res tuæ[e],	tes affaires n'ont *ni* pieds *ni* tête.
NEQUE veto neque suadeo[f],	je *ne* défends, *ni* ne conseille.
Neu abs te hanc segreges, *neu* deseras[g],	ou *ne* la sépare pas de toi, ou *ne* l'abandonne pas.
Ne prosit NEVE mihi noceat[h],	que cela ne me serve *ou ne* me nuise.
Seu rectè *seu* perversè facta sunt, me fecisse confiteor[i],	ou *si* les choses ont été bien faites, ou *si*, etc.
Postulo, SIVE æquum est, te oro[k],	je demande, *ou si* c'est juste, je te prie.
SIVE dolo, *seu* jam[l],...	*ou si* c'est par ruse, *ou si* déjà....

On voit par là que *nec*, *neu* et *seu*, sont pour NEQUE, NEVE et SIVE.

Viden' ut stant cristæ[m],.	*vois-tu* comme se tiennent les panaches?
Non-NE VIDES[n]?......	ne *vois-tu* pas?
Scin' me tuum esse herum[o]?	*sais-tu* que je suis ton maître?
Satin' id tibi placet[p]?....	cela te plaît-il assez?

Viden', *scin'*, *ain'*, *censen'*, etc., sont pour *videsne*, *scisne*, *aisne*, *censesne*, par l'effet de la post-soustraction de l'E, qui a nécessité ensuite celle de *s*.

Remarque générale sur QUE, VE *et* NE.

Que, *ve*, et *ne*, quand il est interrogatif, sont dans le discours comme sont dans la nature, les plantes parasites; ils s'appuient toujours sur un autre mot. Aussi les a-t-on appelés *enclitiques*, c'est-à-dire penchés, appuyés. C'est ainsi qu'on a eu *neque*, *neve*, *sive*, etc.

---

a PLAUT. *Curc.* 1. 2.
b *Imit. d'*HOR. 3, od. 1.
c VIR. *Æn.* 1, *v.* 46.
d PLAUT. *Most.* 1, 4.
e CIC. *Curio* 7.

f PLAUT. *Bacch.* 4, 9.
g TER. *Andr.* 1, 5.
h PLAUT. *Men.* 1, 2.
i PLAUT. *Trin.* 1, 2.
k TER. *Andr.* 1, 2.

l VIRG. *Æn.* 2, *v.* 27.
m VIRG. *Æn.* 6, *v.* 780.
n VIRG. *Georg.* 1, *v.* 55.
o PLAUT. *Amph.* 5, 1.
p TER. *Eun.* 5, 2.

Arma virum*que* cano[a],...	je chante les armes et le héros.
Tros Tyrius*ve* fuat[b],.....	que ce soit un Troyen *ou* un Tyrien.
Est*ne* ea, an non[c]?	est-ce elle, ou non?

Il est important de penser à ces trois enclitiques, lorsqu'on trouve des mots inconnus terminés de l'une de ces trois manières. Car ils peuvent s'appliquer ainsi à tous les mots, d'où une grande quantité d'homonymes : ainsi *ambitione*, *Cicerone*, *ligone*, peuvent être pour *ambitio*, *Cicero*, *ligo*, et *ne*, ou une simple forme de ces mots : ainsi *suave*, *dave*, peuvent être pour *sua* et *ve*, *da* et *ve*, ou pour un seul mot.

La post-soustraction, assez rare de latin en latin, est une figure d'altération par laquelle un grand nombre de mots latins se sont francisés.

C'est ainsi que

Pont-*is* a fait pont.	Tact-*us* a fait tact.
mont-*is* — mont.	coction-*is* — coction.
port-*us* — port.	prudent-*is* — prudent.
bon-*us* — bon.	ver-*mis* — ver.
duc-*is* — duc.	etc. etc.

3º. *Inter-soustraction* (12).

Le besoin d'abréger a fait dire :

Tegmen,..... couverture, .	pour *tegimen*,	de *tego*.
seg-mentum,.. segment,....	— *secamentum*,	de *seco*.
periclum, ... péril, ...	— *periculum*,	de *pereo*.
ne*c*vi [*], ... j'ai tué, ...	— de *necavi*,	de *neco*.
nectus, ... tué, ...	— de *necatus*.	

Les formes abrégées *tegmen*, *segmentum*, etc., sont des altérations évidentes des formes correspondantes également usitées *tegimen*, *secamentum*, etc. qui sont bien plus dans l'analogie des mots *regimen*, *sacramentum*, etc. etc., qui est la plus nombreuse.

(12) Dans l'étude de la langue latine, il n'y a guère que cette troisième sorte de soustraction qui soit importante. Pour abréger, nous lui donnerons donc souvent le nom de *soustraction*. Nous aurions adopté le nom de *syncope*, devenu vulgaire, s'il fût entré dans l'esprit de notre nomenclature qui ne doit pas être bigarrée de grec et de latin. La soustraction qui se fait au commencement des mots, s'appèle vulgairement *apocope*; celle qui se fait à la fin des mots, *aphérèse*; la troisième, c'est l'inter-soustraction, qui est connue sous le nom de *syncope*.

(*) Telle était l'ancienne orthographe; on confondait le *r* et l'*v*.

a VIRG. *Æn.* 1, *v.* 1. | b VIRG. *Æn* 10, *v.* 108. | c PLAUT. *Epid.* 4, 1.

Or, ce premier pas étant fait, une seule lettre étant soustraite par le besoin d'abréger, il peut en résulter des rencontres qui forcent à de nouvelles altérations : par exemple, *a* étant ôté de *secamentum*, le *c* et le *m* se rencontrent, et, ne pouvant pas se souffrir ensemble, font que, sans y songer, on substitue dans la prononciation *segmentum* à *secmentum*. Ainsi, la soustraction est non-seulement une altération, mais une nouvelle source d'altérations.

Les nominatifs singuliers, les passés, et les supins sont surtout, s'il est permis de s'exprimer ainsi, le théâtre de cette figure; nous nous bornerons à l'examiner dans ces trois sortes de mots.

Nominatifs singuliers.

Plebs,	de *plebis*,	menu peuple.	Stirps,	de *stirpis*, race.
urbs,	de *urbis*,	ville.	princeps,	de *principis*, prince.
seps,	de *sepis*,	serpent.		etc.

Il y a, comme on voit, soustraction de l'*i* pénultième (13).

Vas, de *vasis*, vase. | As, de *assis*, as.

L'*i* étant soustrait, il n'a pu rester qu'un *s*, qui est le *s* final.

Sol,	de *solis*,	soleil.	Arbor, }	d'*arboris*, arbre.
sal,	de *salis*,	sel.	arbos, *. }	
suber,	de *suberis*,	liége.	æquor,	d'*æquoris*, plaine, mer.

L'*i* étant soustrait, il restait *sols*, *sals*, *subers*, etc.; mais les assemblages *ls*, *rs* étant très-rares à la fin des mots, et rendant la prononciation plus pénible et plus longue, *s* a disparu par une seconde soustraction.

Robur, de *roboris*, rouvre, force. | Ebur, d'*eboris*, ivoire.

Il n'y a de plus que dans les précédents la mutation d'*o* en *u*.

---

(13) Nous appelons voyelle *pénultième* celle qui est dans la dernière syllabe du mot, mais qui est suivie d'une ou plusieurs consonnes; et voyelle *antépénultième* celle qui est dans l'avant-dernière syllabe, comme l'*i* de *paritum*, ou l'*a* de *necatum*.

(*) C'est ainsi que, par la double manière d'altérer les mots, on a eu les nominatifs en *or*, et ceux en *os*. Mais ces derniers sont très-peu nombreux : *honos*, *lepos*, *mos*.

Autres nominatifs

Provenant des génitifs en DIS, TIS, GIS.

Pes,	de *pedis*,	pied.	Prudens,	de *prudentis*,	prudent.
compes,	de *compedis*,	chaîne.	veritas,	de *veritatis*,	vérité.
epos,	d'*epodis*,	épode,	æstas,	d'*æstatis*,	été.
incus,	d'*incudis*,	enclume.	virtus,	de *virtutis*,	vertu (*).
amans,	d'*amantis*,	aimant.			

Ces mots ont subi une double soustraction :

1°. De l'*i* pénultième ;

2°. Du *v* ou du *t*, qui n'a pu se prononcer devant le *s*.

Rex,	de *regis*,	roi.	Velox,	de *velocis*,	véloce.
lex,	de *legis*,	loi.	coctio,	de *coctionis*,	coction(14).
felix,	de *felicis*,	heureux.		etc.	etc.

L'*i* étant soustrait, *gs* ou *cs* s'est écrit par *x*.

Lorsqu'à la connaissance de cette figure, on joindra celle de la mutation, et qu'on aura un peu d'usage, il sera presque toujours facile de résoudre cette difficulté.

Etant donné, le génitif d'un mot, trouver le nominatif, quelque altéré qu'il soit. *Voyez* dans la Lexigraphie la méthode pour remonter au nominatif par le génitif.

1°. *Passé.*

Culpo, culpare, accuser; *deleo, delere,* effacer, détruire; *peto,*

---

(14) La soustraction de l'*i* pénultième dans la classe nombreuse des mots en *onis*, a rapproché les consonnes *n*, *s* ; mais *s*, étant le signe d'un génitif en *nis* ou en *tis*, comme dans *frons, frondis, frons, frontis*, a été soustrait : on a donc eu comme en français *coction, action*, qui, se dénasalant, ou perdant le *n*, sont devenus *coctio, actio*.

(*) On voit dans les étymologies des phénomènes plus étonnants que la transformation de *virilitas* en *virtus* qui a le même sens. L'*i* antépénultième est extrèmement sujet à disparaître. On aura donc pu avoir *viriltas*, dès-lors le reste devient presque forcé. La rencontre de *l* et de *t*, fait rejeter *l*, d'où *viritas*, l'*i*, devenu encore antépénultième, est encore soustrait, et l'*i* étant changé en *v*, on a *virtus*.

NOTA. Il est très-probable que l'*v* de *virtus* est l'effet d'une mutation. Tout ce mot paraît une grande altération de *virilitas*.

petere, aller; *cupio*, *cupere*, désirer, *audio*, *audire*, écouter,

	culpavi,	j'ai inculpé,
	delevi,	j'ai effacé,
ont donné à leur passé	*petivi,*	j'ai demandé,
	cupivi,	j'ai désiré,
	audivi,	j'ai écouté,

selon la grande analogie des passés qui est d'être en *AVI*, *EVI* ou *IVI*.

Il n'y a pas un dixième des verbes latins qui s'écartent de cette analogie. C'est donc à cette forme en *AVI*, *EVI* ou *IVI* qu'il faut comparer les passés qui ont une autre forme. On verra qu'ils la doivent surtout à l'inter-soustraction.

Doubles passés.

On a *necui* et *necavi*, ... j'ai tué.
discrepui et *discrepavi*, j'ai différé.
personui et *personavi*, j'ai résonné.
implicui et *implicavi*, j'ai impliqué.

Ces deux formes se trouvent dans les auteurs; mais il y a une troisième forme intermédiaire qu'on ne voit plus que dans l'ancienne typographie : *necvi*, *discrepvi*, *personvi*, *implicvi*. Ces passés en *vi* sont donc dus à l'inter-soustraction de l'*i*, et à la mutation du *v* en *u*.

On est donc autorisé à regarder tous les passés en *ui* comme des altérations de ceux en *AVI*, *EVI* ou *IVI*, quoique ceux-ci n'existent plus, ou n'aient peut-être jamais existé.

AINSI :

Vetui, j'ai défendu, | *Habui,* j'ai eu,
secui, j'ai coupé, .. | *strepui,* j'ai fait du bruit,
arcui, j'ai serré, ... | *colui,* j'ai cultivé,
monui, j'ai averti, .. | *aperui,* j'ai ouvert, etc.,

sont des abréviations que l'usage a fait prévaloir, quoique les formes analogiques en *AVI*, *EVI* et *IVI*, n'existent point dans ces verbes.

Souvent il y a double soustraction :

Juvi, j'ai aidé, de *juvare*. | *Confodi*, j'ai creusé, de *confod-ere*, *io*.
lavi, j'ai lavé, de *lavare*. | *fugi*, j'ai fui, de *fug-ere*, *io*.
fovi, j'ai réchauffé, de *fovere*. | *acui*, j'ai aiguisé, d'*acu-ere*, *o*.
cavi, j'ai pris garde, de *cav-ere*, *eo*. | *statui*, j'ai résolu, de *statu-ere*, *o*.
 | *legi*, j'ai choisi, de *leg-ere*, *o*.
vidi, j'ai vu, de *vid-ere*, *eo*. | *veni*, je suis venu, de *ven-ire*, *io*.
prandi, j'ai dîné, de *prand-ere*, *prandeo*. |

etc. etc.

Juvi vient de *juvare*, dont le passé analogique est *juvavi*, qui, par une première soustraction, a perdu la voyelle pénultième, et a donné *juvvi*. Par une seconde soustraction, le *v* a disparu et a laissé *juvi*. Cette double soustraction est aussi facile à démontrer dans *lavi*, *fovi* et plusieurs autres verbes. Le mot étant ainsi abrégé, la voix appuie sur la voyelle pénultième, qui devient longue.

Passés en IVI, et II.·

Il est de remarque générale que les passés en IVI ont un passé abrégé en *ii* par la soustraction du *v*.

On dit *ivi*, ou *ii*, je suis allé.	*Petivi* ou *petii*, j'ai attaqué.
perivi, ou *perii*, j'ai péri.	*sapivi* ou *sapii*, j'ai eu du goût.
audivi, ou *audii*, j'ai écouté.	etc., etc.

Quelquefois un même verbe a trois passés : tel est *sapio*, qui a *sapivi*, *sapii*, et *sapui*.

Nous phraserons dans la lexigraphie tous les passés altérés. C'est le moyen le plus prompt comme le plus sûr pour reconnaître les altérations, et trouver les causes qui les ont amenées.

2°. Supins.

L'analogie des supins est d'être en ATUM, ETUM, ou ITUM. Ainsi, *culpo*, *culpare*, *deleo*, *delere*, *peto*, *petere*, *cupio*, *cupere*, *audio*, *audire*, font :

Culpatum,	d'où	Culpaturus.
deletum,	—	deleturus.
petitum,	—	petiturus.
cupitum,	—	cupiturus.
auditum,	—	auditurus.

On peut regarder comme altérés le petit nombre des supins qui s'écartent de cette analogie.

Et c'est aussi par la soustraction que commence l'altération.

On trouve dans les auteurs :

Necatum	*et* nectum,	....	de *necare*, tuer.
potatum	*et* potum,	....	de *potare*, boire.
lavatum	*et* lavtum,	lautum *et* lotum.	de *lavare*, laver.
lenitum	*et* lentum,	.....·.	de *lenire*, fléchir.
sancitum	*et* sanctum,	....	de *sancire*, sanctionner.

Or, il est évident que le second de ces supins est une abrévia-

tion du premier, par la soustraction de la voyelle pénultième *a* ou *i*.

Quoique les supins analogiques n'existent plus, il n'en faut pas moins regarder comme abrégés par le même procédé les supins suivants :

Sectum,	de *secare*,	couper.
frictum,	de *fricare*,	frotter.
fotum,	de *fovere*,	réchauffer.
motum,	de *movere*,	mouvoir.

Cautum,	de *cavere*,	garder de.
doctum,	de *docere*,	enseigner.
factum,	de *facere*,	faire.
raptum,	de *rapere*,	ravir.

Il y a eu soustraction de l'*a* pénultième dans les deux premiers. *Fovere* amenait *fovetum*, d'où *fovtum*, puis *fotum*. *Cautum*, pour *cavtum*, ancienne orthographe, offre tout à la fois un exemple de la soustraction et de la mutation.

Supins fort altérés.

Natum(15),	de *nascor*,	je nais.
ultum,	d'*ulciscor*,	je punis.
aptus,	d'*apiscor*,	j'atteins.
nactum,	de *nanciscor*	je trouve.
oblitus,	d'*obliviscor*,	j'oublie.

Profectum,	de *proficiscor*,	je pars.
adeptum,	d'*adipiscor*,	j'arrive.
cretum,	de *cresco*,	je crois.
pastum,	de *pascor*,	je pais.
cretum,	de *cerno*,	je distingue.

(15) Le supin analogique de *nascor*, est l'inusité *nascitum*, d'où s'est formé l'usité *nasciturus*, qui doit naître, ou naîtra. L'*i* antépénultième a disparu, par une première soustraction. *Sc*, ne pouvant se prononcer devant le *r*, n'a pu résister au choc de la rencontre. Le supin analogique d'*ulciscor* étant l'inusité *ulciscitum*, il y a eu quatre soustractions successives pour amener *ultum*. La première a tout décidé. Cependant, quand on a été arrivé à l'inusité *ulcitum*, on aurait pu s'arrêter, car on a bien gardé *poscitum*, de *posco*. Mais il se présentait encore un *i* antépénultième, qui, étant soustrait, a produit une nouvelle rencontre qui a rendu nécessaire la soustraction du *c*. *Poscitum* abrégé, se serait confondu avec *potum*, de *poto*. *Oblitus* est le résultat de plusieurs soustractions. Outre plusieurs soustractions, *profectum*, *adeptum* ont subi une mutation, *nactum* s'est dénasalé, ce qui constitue aussi une mutation, et *cretum*, de *cerno*, offre l'exemple d'une transposition sans laquelle on aurait *certum*, d'où l'on a fait l'adjectif *certus*.

CHAPITRE III.

DE LA MUTATION.

Scribi-to, scribe-quid scribam[a]?	mets-toi à écrire, écris— qu'écrirai-je ?
—Loquere, hoc *scriptum* est[b],	parle, cela est écrit.
Qui *legitis* flores, fugite hinc[c],	vous qui cueillez des fleurs...fuyez loin.
Mactant *lectas* bidentes[d], ...	elles immolent des brebis choisies, etc.

Il y a un в dans *scribito, scribe, scribam*; un ᴘ dans *scriptum*; un ɢ dans *legitis*; un ᴄ dans *lectas*. Il y a une cause qui a déterminé ce double changement. в et ɢ sont des lettres faibles qui, ne pouvant être prononcées comme telles devant le ᴛ qui est une lettre forte, ont cédé la place aux lettres fortes ᴘ et ᴄ, et cette cause est dans la nature des lettres. De semblables causes agissent sans cesse dans les mutations sans nombre que subissent les mots latins.

Les lettres appelées voyelles sont encore bien plus sujettes à des changements que celles qui portent le nom des consonnes (*).

Imberbus juvenis gaudet equis[e],	le jeune *imberbe* se plaît avec les chevaux.
Bᴀʀʙᴀ sonabat[f],.............	la *barbe* résonnait.
Aɢᴇ-dum, *abige* à te pigritudinem[g],	*agis*, (courage), chasse loin de toi la paresse.
Te ex *insulso* sᴀʟsᴜᴍ feci[h], ..	de non salé je t'ai rendu salé.

Voilà la voyelle ᴀ changée en ᴇ dans *imberbus*, de ʙᴀʀʙᴀ, en ᴇ dans *abige*, d'ᴀɢᴇ, et en ᴜ dans *insulsus*, de sᴀʟsᴜs. Toutes les autres voyelles sont aussi très-permutables.

Alii *fracti sunt*[i],...........	les uns sont brisés, c'est-à-dire abattus.
Quis nostras sic *fregit* fores[k] ?	qui a ainsi *brisé* nos portes?

(*) M. Destutt-Tracy a sapé, par sa base, la distinction des lettres en voyelles et en consonnes. « La *voix* et l'*articulation* ne sont que deux qualités du son. » L'articulation est cette partie du son qui commence à nous affecter lorsqu'on le » produit, et la voix est cette consistance du son qui fait qu'il est un ᴀ ou un ɪ » plutôt qu'un o ou un ᴜ. » Il n'y a, et ne peut y avoir de son (voyelle ou consonne) qui ne réunisse ces deux qualités, celle de la voix et celle de l'articulation. Mais c'est dans l'ouvrage qu'il faut lire la démonstration de cette vérité. *Voy. Eléments d'idéolog.* 2ᵉ partie, chap. 5.

---

a Pʟᴀᴜᴛ. *Bacch.* 4, 4.	e Hoʀ. *Art. poet.*	i Cɪᴄ. *ad Brut.* 11.
b *Ibid*, plus bas.	f Ovɪᴅ. *Metam.* 26.	k Pʟᴀᴜᴛ. *Asin.*
c Vɪʀɢ. *Egl.* 3, *v.* 92.	g Pʟᴀᴜᴛ. *Merc.* 4, 4.	
d Vɪʀɢ. *Æn.* 4, *v.* 56.	h Pʟᴀᴜᴛ. *Mil.*	

Turpe est viro, FRANGI[a], ...	il est honteux *d'être brisé*, c.-à-d. abattu ou découragé.
Ruperunt horrea messes [b], ...	les moissons *ont rompu* les greniers.
Segues *rumpe* moras[c], ...	*brise* les lâches retards.
Animo METITUR utrumque[d], ..	par le courage *il mesure* l'un et l'autre.
Sese *mensum* aiebat[e], ...	il se disait *mesuré.*

Si l'on admet la lettre nasale N comme radicale dans *frangi*, et que l'on considère de même l'autre nasale M dans *rumpe* ; si d'un autre côté on regarde *mensus*, mesuré, comme dérivé de *metiri*, *metior*, je mesure, on pourra dire que matériellement il y a soustraction dans *fracti* et *ruperunt*, et addition dans *mensus*.

Cependant, si l'on ne voit dans AN, EN, UM, que des syllabes nasales, on pourra dire qu'il y a dénasalement dans *fracti* et *ruperunt*, et nasalement dans *mensus* ; dès-lors ces trois mots sont altérés par voie de mutation. Il y a une double mutation dans *fregit*.

La connaissance de la nature des lettres, c'est-à-dire, de leurs ressemblances, et de leurs différences d'organes et de touches, expliquerait souvent les causes des altérations (16). Mais ce sont des faits que nous rassemblons. Nous allons les multiplier :

---

(16) *Nature des lettres, et leur division.*

A, *e*, *i*, *o*, *u* et *y*, sont des lettres . . . . nous allions dire *pectorales.*

G, *c*, *q*, *k*, *ch*, *h*, — des lettres *palato-basio-linguales.*

L et *r*, ... — des lettres *palato-linguales.*

Z et *s*, ... — des lettres *palato-dento-linguales.*

D et *t*, ... — des lettres *dento-linguales.*

V et *f*, ... — des lettres *dento-labiales.*

B et *p*, ... — des lettres *labiales.*

» m, ... est une lettre *nasale*, et de plus, labiale.

» n, ... — une lettre *nasale*, et de plus, dento-linguale.

Voilà pour les organes. Quant aux touches, G est une lettre faible par rapport à C ; V par rapport à F ; B par rapport à P, et par conséquent C, F et G sont des lettres fortes. Il n'existe pas deux autres lettres du même organe qui soient exactement les faibles et les fortes l'une de l'autre ; le D latin lui-même, n'est point comme en français la faible du T ; le Z n'est point non plus la forte de S. *Voy*. Port-Royal *et* Butet.

---

a Cic. *de Finibus.* 2. | c Virg. *Georg.* 3, *v.* 42. | e Cic. *Quint. frat.*
b Virg. *Georg.* 1, *v.* 49. | d Ovid. 2. *Metam.* 38. |

1°. *Mutation des lettres* appelées *voyelles*.

A *en* E.

Incrs,	inerte,	de *in* et *ars*.
inermis,	sans armes,	de *in* et *arma*.
imberbis,	imberbe,	de *in* et *barba*.
peregrè,	en voyage,	de *per* et *ager*,
		agri, champ.

Abdere,	*cacher*.	⎫
con-dere,	*bâtir, cacher*.	⎪
red-dere,	*rendre*.	⎬ de *dare*.
per-dere,	*perdre*.	⎪
etc.,	etc.	⎭

C'est ainsi qu'on a nombre de passés, tant de verbes composés que de verbes simples.

Egi ... d'ago, .. *j'agis*........	Abegi,... coegi, exegi, etc.
feci ... de facio, *je fais*.	effeci, .. defeci, suffeci, etc.
jeci ... de jacio, *je jète*.	abjeci, .. dejeci, injeci, etc.
cepi .. de capio, *je prends*	concepi, . incepi, suscepi, etc.
pe-peri de pario, *j'engendre*...	comperi , reperi, aperi, etc.
pe-perci de parco, *j'épargne*.	

Cette mutation de l'A en E a lieu aussi dans les supins composés de *facio, jacio, capio* et *pario* : *confectum, abjectum, inceptum, compertum*. Mais les simples conservent l'A : *factum, jactum*, etc. Les composés d'*actum* le conservent aussi : *abactum, redactum*, etc.

A *changé en* I.

Ab-igere,	igo	de *ago*.
aff-icere,	icio	de *facio*.
dej-icere,	icio	de *jacio*.
insp-icere,	icio,	de *specio*.
inc-ipere,	ipio	de *capio*.
des-ipere,	ipio	de *sapio*.
ins-ilire,	ilio	de *salio*.
inst-ituere,	ituo,	de *statuo*.

Conc-inere,	ino	de *cano*.
inc-idere,	ido	de *cado*.
inc-idere,	ido	de *cædo*.
ill-idere ,	ido	de *lædo*.
imm-inere,	ineo	de *maneo*.
abditum ,	de *dare*.	
domitum,	de *domare*.	
tonitum,	de *tonare*. etc.	

A *changé en* U.

Insulsus,	de *salsus*.
sculpo,	de *scalpo*.
insultum ,	de *saltum*.

Præsul ,	de *præ* et *salio*.
exul,	de *ex* et *salio*.
	etc.

Encore peut-on regarder *insultum*, *præsul*, *exul*, comme des altérations immédiates d'*insilio*, *præsilio*, *exilio*, et comme s'étant formés par la mutation d'I en U, qui à la vérité est bien plus fréquente que celle d'A en U.

Nousn'avons pu trouver d'exemples de la mutation d'A en *o*, car *cogo*,

cogito, etc., pour co-ago, co-agito présentent, plutôt une soustraction qu'une mutation.

E changé en I, etc.

Coll-igere,	igo, de *lego*.	Red-imere, imo, de *emo*.
compr-imere, imo, de *premo*.	ins-idere, ideo, de *sedeo*.	

Mais les passés et les supins gardent l'E radical, *collegi, collectum, compressi, compressum, redemi, redemptum, insedi, insessum.*

E changé en U.

Mos *gerundus* est Thaïdi[a].

Pour *gerendus*, il faut céder, obéir à Thaïs.

faciundus, pour *faciendus*[b].
dicundus, pour *dicendus*[c].

NOTA. Cette sorte de mutation ne se trouve guère que dans les auteurs très-anciens.

I changé en E.

Princeps, *de* principis.	Pecten, *de* pectinis.
cælebs, *de* cælibis.	murex, *de* muricis.

Un grand nombre de nominatifs singuliers se sont ainsi altérés. D'abord il y a eu soustraction de l'I pénultième, d'où *princips*, etc.; ensuite l'I redevenu pénultième s'est changé en E. *Pecten* est le produit de deux soustractions et d'une mutation.

I changé en U.

Simul, de *simile* ....
facul, de *facile*. ....
facultas, de *facilitas* ....

Semblablement, ensemble.
facilement.
NOTA. Il y a de plus inter-soustraction de l'I pénultième.

O changé en U.

Cultum, de *colo*...........
adultum, d'*adoleo*. ....
pu-blicola, de *populus*. ......

Cette mutation est fort rare.

Voyelles composées,

AU.

Auceps, d'*avis* et de *capio*.	Qui prend les oiseaux.
au-spex, d'*avis* et de *specio*.	qui voit, inspecte les oiseaux.
au-gurium, d'*avis* et de *garrio*.	langage des oiseaux.

---

[a] TER. *Æun.* 1, 5.   [b] PLAUT. *Ter.* etc.   [c] PLAUT. *Ter.* etc.

Lautum, de *lavatum*, qui fait aussi *lotum* par une autre altération.

Cautum,	de *cavere*,	prendre garde.
fautum,	de *favere*,	favoriser.
nauta,	pour *navita*,	nautonnier.

Une soustraction a eu lieu, qui a affronté le *v* contre une consonne; ainsi *navita*, par exemple, est devenu *navta*: le *v*, ne pouvant se prononcer, s'est changé en *u*, et cette voyelle étant jointe à l'*a*, il en est résulté le son composé *au*.

AN, EN, IN, ON, et UN, AM, etc.

Ou nasalement et dénasalement.

Mensus, mesuré, | de *metior*, je mesure.

Le dénasalement est beaucoup plus fréquent; la raison en est simple, c'est qu'il abrège, et puis les rencontres excluent plus souvent les lettres nasales qu'elles ne les appèlent: ainsi l'on a,

Fractum,	fregi,	de *frango*.	Victum,	vici,	de *vinco*.
fressum,	»	de *frendo*.	fissum,	fidi,	de *findo*.
pactum,	pegi,	de *pango*.	contusum,	contudi,	de *contundo*.
pictum,	»	de *pingo*.	ruptum,	rupi,	de *rumpo*.

2°. *Mutation des consonnes*

de faibles en fortes.

Scripsi,	scriptum,	de *scribo*.	Nupsi,	nuptum,	de *nubo*.
»	sorptum,	de *sorbeo*.	Deglupsi,	degluptum,	de *deglubo*.

Le *b* radical, se trouvant par l'effet des rencontres devant une *s* ou *p*, n'a pu se prononcer; car ces deux dernières lettres exigent de la force, un effort dans les organes qui les produisent. Le *b* au contraire, *voyez le tableau des lettres, pag.* 63, est une lettre faible; or telle est la nature de l'instrument vocal qu'il ne peut passer subitement et sans pause de la faiblesse à la force ou de la force à la faiblesse.

Publicus, de *populus* (17). | Public, qui tient au peuple.

---

(17) On a dit *populicus*, par soustraction *poblicus*; et par double mutation d'o en *u*, et de la lettre forte *p* en sa faible *b*, on a eu *publicus*.

Nota. La mutation des fortes en faibles est très-rare.

G, H, QU *changés en* C.

Actum,	d' *ago*,	je fais.	Tractum,	de *traho*,	je traîne.	
lictor,	de *ligo*,	je lie.	vectum,	de *veho*,	je charrie.	
lectum,	de *lego*,	je choisis.	coctum,	de *coquo*,	je cuis.	
junctum,	de *jungo*,	je joins.	structum,	de *struo*,*	je bâtis.	
rectum,	de *rego*,	je dirige.	fructus,	de *fruor*,*	je jouis.	
luctus,	de *lugeo*,	je pleure.	fluctus,	de *fluo*,*	je coule.	

Pour abréger, on fait très-souvent la soustraction d'une voyelle, ordinairement la pénultième ; et si une faible et une forte s'affrontent, il faut que la faible se permute ou disparaisse. Elle s'est permutée en forte du même organe dans les exemples ci-dessus.

Mais elle a disparu dans

Alsi,	alsum,	d'*algeo*.	Tersi,	tersum,	de *tergo*.
indulsi,	indultum,	d'*indulgeo*.	ursi,	ursum,	de *urgeo*.
emulsi,	emulsum,	d'*emulgeo*.	torsi,	tortum,	de *torqueo*.
mersi,	mersum,	de *mergo*.		etc., etc.	

Le o ou le c n'ont pu durer dans une telle rencontre ; on en trouve pourtant un exemple dans *mulgeo*, qui fait *mulctum*. Il est vrai que *mulsum* est beaucoup plus usité.

Les autres consonnes se permutent rarement sous le rapport de la touche.

Mutations organiques.

Accedo,	j'approche,	de *ad* et *cedo*.	*Annoto*,	je note,	de *ad* et *noto*.
affero,	j'apporte,	de *ad* et *fero*.	*appeto*,	je désire,	de *ad* et *peto*.
aggero,	j'entasse,	de *ad* et *gero*.	*arripio*,	je saisis,	de *ad* et *rapio*.
allido,	je heurte,	de *ad* et *lœdo*.	*attollo*,	je lève,	de *ad* et *tollo*.

Dans tous ces exemples, *attollo* est le seul mot où D soit changé en une lettre du même organe. Encore ne doit-il cette mutation qu'à la rencontre ; car en pareil cas, il s'est changé en c dans *accedo*, en F dans *affero*, etc. Le but d'une semblable mutation est de faciliter la prononciation des mots. Les grammairiens l'ont appelée *attraction*.

(*) Pourquoi les verbes *str-uo*, *fl-uo*, *fr-uor*, sont-ils assimilés à ceux où l'o est précédé d'un *H*, et font-ils *structum*, etc. ; et pourquoi *luo*, *arguo*, *suo*, etc., font-ils au supin *ablutum*, *argutum*, *sutum*, sans *C* ? Qu'on examine bien les éléments de ces différents mots, et l'on trouvera peut-être la cause physique de cette différence.

5.

C'est ainsi qu'on a

Occurro,	je rencontre ,	de *ob*	et *curro,*	je cours.
oppono,	j'oppose,	de *ob*	et *pono,*	je pose.
innitor,	j'appuie,	de *in*	et *nitor,*	je m'efforce.
immitte,	j'introduis,	de *in*	et *mitto,*	j'envoie.
irritus,	vain,	de *in*	et *ratus,*	solide.
committo,	je commets ,	de *cum*	et *mitto,*	j'envoie.
corripio,	je saisis,	de *cum*	et *rapio,*	j'enlève.

Voyez les initiatifs *ad, cum, in, sub* et leurs variétés.

Autres mutations.

Posui,	positum,	de *pono,*	je pose.
quæsivi,	quæsitum,	de *quæro,*	je cherche.

Il est évident que *s* remplace *n* dans le premier exemple, et *r* dans le second.

s, dans les passés et les supins,

Remplace-t-il la consonne pénultième *v* et *t*, ou une lettre radicale? etc.

Voici des faits qui pourront éclairer cette question :

Suasi,	suasum,	de *suadeo.*	Nexi,	nexum,	de *necto.*
risi,	risum,	de *rideo.*	misi,	missum,	de *mitto.*
clausi,	clausum,	de *claudo.*	tersi,	tersum,	de *tergeo.*
læsi,	læsum,	de *lædo.*	tursi,	tursum,	de *turgeo.*
illisi,	illisum,	de *illido.*	ursi,	ursum,	d' *urgeo.*
rasi,	rasum,	de *rado.*	alsi,	alsum,	d' *algeo.*
vasi,	vasum,	de *vado.*	torsi,	»	de *torqueo.*
cessi,	cessum,	de *cedo.*	jussi,	jussum,	de *jubeo.*
pressi,	pressum,	de *premo.*		etc, etc.	

Dans les passés en *xi*, et les supins en *xum*, le *x* est pour *gs, cs, hs*, etc.

Planxi,	de *plango,*	je frappe.	Traxi,	de *traho,*	je tire.
frixi,	de *frigo,*	je fris.	vexi,	de *veho,*	je voiture.
finxi,	de *fingo,*	je forme.	struxi,	de *struo,*	je construis.
rexi,	de *rego,*	je régis.	fluxi,	} de *fluo,* je coule.	
dixi,	de *dico,*	je dis.	fluxum,		
duxi,	de *duco,*	je conduis.	plexi,	} de *plecto,* je plie.	
			plexum,		

Cette liste et la précédente peuvent aider à découvrir la marche des altérations des passés et des supins. Nous nous bornons aux faits ; les explications mèneraient trop loin.

Sur les altérations en général.

1°. Trois causes déterminent surtout les altérations.

Iʳᵉ. Cause : le besoin d'abréger.

IIᵉ. Cause : le besoin d'éviter le concours des sons désagréables ou difficiles à prononcer, ou inusités dans la langue.

IIIᵉ. Cause : la nature des lettres qui se rencontrent.

C'est surtout par les consonnes que les mots diffèrent, et sont significatifs. Les voyelles tirent bien moins à conséquence dans la filiation des mots.

Les consonnes ne s'altèrent que pour des effets nécessaires, et dont il est presque toujours facile de trouver la cause, mais souvent on ne voit point la nécessité de l'altération des voyelles. Il a fallu que l'ɪ pénultième qui a dû exister dans le supin de *scribo*, étant soustrait, le ɪ se changeât en ᴘ, et qu'on eût *scriptum* au lieu de *scribtum.* Mais on ne sent pas si bien la nécessité qu'a eue l'ᴀ de *salsus* de se changer en ᴜ dans *insulsum.*

2°. C'est presque toujours la soustraction qui ouvre la marche des altérations. Une première altération faite produit une nouvelle rencontre, d'où résulte souvent la nécessité d'une seconde altération ; celle-ci peut en entraîner une troisième, celle-ci une quatrième, etc. C'est ainsi qu'il y a deux altérations dans *scriptum*, *lectum*; trois dans *aptum*, quatre dans *adeptum* (18).

3°. Lorsqu'on veut savoir ou prouver comment un mot est venu d'un autre, il faut remonter à la forme analogique, et chercher ou montrer les altérations successives qui ont pu le conduire à la forme usuelle actuelle, *voyez la note* 18.

---

(18) Il ne faut pas perdre de vue que nous ne traitons des altérations que pour faciliter l'étude de la nomenclature, et que nous ne considérons les mots latins que de latin en latin, et non point comme venant du grec et latinisés, ou comme formant des mots français ou francisés.

Il faut supposer les supins analogiques, *scribitum*, etc., l'on aura

	Scribitum,	Legitum,	Apiscitum,	Adipiscitum.
d'où 1°.	Scribtum,	Legtum,	Apisctum,	Adipisctum.
2°.	*Scriptum,*	*Lectum,*	Apitum,	Adipitum.
3°.	»	»	*Aptum,*	Adiptum.
4°.	»	»	»	*Adeptum.*

De toutes ces formes, il n'y a d'usitée que la dernière, *scriptum*, *lectum*, *aptum* et *adeptum.*

4°. Le même assemblage de lettres, quoique les cas soient ou paraissent quelquefois absolument semblables, peut subir des altérations
différentes. Par exemple, la forme analogique ɪvɪ des passés, devient ʊɪ, comme dans *colui;* ɪɪ, comme dans *salii;* ɪ, comme dans
cudi; sɪ comme dans *scripsi;* xɪ, comme dans *struxi,* etc. La
forme radicale elle-même s'altère aussi différemment, dans les
cas apparemment semblables, comme dans *fregi* de *frango, clanxi*
de *clango.* Il est donc nécessaire de grouper les faits, de les comparer, afin d'éviter une fausse étiologie.

5°. La connaissance ébauchée des altérations hâtera singulièrement
les progrès dans la nomenclature; et l'étude de la nomenclature,
si on la fait sur des mots distribués par ordre de famille, jètera à
son tour de nouvelles lumières sur la théorie des altérations.

6°. Le traité des altérations recevra des grands compléments dans
la lexigraphie, où nous trouverons comment sont altérés tous les
passés et tous les nominatifs irréguliers; ce qui fournira le moyen
de remonter au présent par le passé, et au nominatif par le
génitif, ou tous autres cas.

RADICAUX ou RACINES.

La première section de la nomenclature a, comme on a vu, fourni
deux ordres, les ɪɴɪᴛɪᴀᴛɪꜰs, *pag.* 9, etc., et les ᴛᴇʀᴍɪɴᴀᴛɪꜰs, *pag.* 22 *et
suiv.*

Un troisième ordre, celui des ʀᴀᴅɪᴄᴀᴜx, est nécessaire pour compléter la science des mots. Étant trouvé, par exemple, *im-pav-idus,* on
découvre, *pag.* 16, la valeur de l'initiatif ɪɴ, et *pag.* 38, celle du terminatif *idus.* Mais l'élément principal *pav* ou *paveo, j'ai peur,* restant
inconnu, on ne peut arriver à la connaissance du mot. Nous donnerons donc un *Traité des radicaux;* mais, pour le rendre plus fructueux
et plus court, nous le renverrons à la fin de l'ouvrage; car il ne se
composera que des mots qui n'auront été phrasés *initialement* ni dans
la Lexigraphie ni dans la Syntaxe.

Une table alphabétique rassemblera ensuite tous les radicaux, et
facilitera les recherches.

IIme PARTIE.

LEXIGRAPHIE.

LEXIGRAPHIE.

LATIN.	TRADUCTION.
Tu *es* Menæchmus ? — *sum*, me esse dico [a],	Es-tu Ménechme ? je le *suis*, je dis que je le suis.
ille *homo homines* non alit, verùm educat [b],....	cet *homme* ne nourrit pas les *hommes*, mais il les élève.
miser homo *est*... sed ille est *miserior*, et ille *miserrimus* est [c],	cet homme *est malheureux*... mais celui-ci est *plus malheureux*...., et celui-là est *très-malheureux*.
adeò-ne *miseris* mori *miserum* est [d]?...	est-ce donc *si malheureux* pour les *malheureux* que de mourir ?
qui *sunt*, qui *erunt*, quique *fuerunt*, quique *futuri sunt* [e],......	ceux qui *sont*, qui *seront*, qui *ont été*, et qui *doivent être*.

Homo et *homines*, diffèrent par des idées de nombre et de cas.

Miser, *miserum* comparés entr'eux, diffèrent par une idée de genre; et, par rapport à *miseris*, ils en diffèrent par des idées de nombre et de cas.

Sum exprime une idée de première personne, *es* une idée de seconde, *est* une idée de troisième. *Est* diffère de *sunt* par une idée de nombre, *sunt* diffère d'*erunt*, de *fuerunt*, par une idée de temps.

Il ne s'agit donc point ici, comme dans la nomenclature, de décomposer les mots en leurs éléments, mais de les multiplier en les variant, savoir : le substantif et l'adjectif par des idées de nombre, de genre et de cas, ce qui s'appèle *décliner;* et les verbes, par des idées de personne, de nombre, de temps, etc., ce qui s'appèle *conjuguer.*

Mais les adjectifs, comme *miser*, ERA, ERUM, non seulement se déclinent dans ce premier degré, mais dans leur comparatif comme *miserior*, *miserius*, et leur superlatif comme *miserrimus.* Avant donc de vouloir décliner les adjectifs dans tous leurs degrés, il faut savoir les graduer.

La lexigraphie aura donc trois SECTIONS, la *graduation* , la *déclinaison* et la *conjugaison.*

---

a PLAUT. *Men.* 5, 9.　c PLAUT. *Capt.* 3, 1.　　e PLAUT. *Pers.* 5, 2.
b PLAUT. *Men.* 1, 1.　d SENEC.

PREMIÈRE SECTION.

De la Graduation.

Les dictionnaires ne donnent que l'adjectif positif, comme *mis-er*, ERA, ERUM, misérable. C'est de là que part la grammaire pour former le comparatif, comme *miserior, miserius*, plus misérable, et le superlatif *miserrim-us*, A, UM, très-misérable.

La graduation se fait régulièrement ou irrégulièrement.

CHAPITRE I.

Graduation irrégulière.

Positifs.		Comparatifs.	Superlatifs.
Facil-*is*, *e*,	facile;	Facili-*or*, *us*;	Facillim-*us*, *a*, *um*.
difficil-*is*, *e*,	difficile;	difficili-*or*, *us*;	difficillim-*us*, *a*, *um*.
gracil-*is*, *e*,	grêle;	gracili-*or*, *us*;	gracillim-*us*, *a*, *um*.
simil-*is*, *e*,	semblable;	simili-*or*, *us*;	simillim-*us*, *a*, *um*.
dissimil-*is*, *e*,	dissemblable;	dissimili-*or*, *us*;	dissimillim-*us*, *a*, *um*.
humil-*is*, *e*,	humble;	humili-*or*, *us*;	humillim-*us*, *a*, *um*.
magn-*us*, *a*, *um*,	grand;	*maj-or*, *us*;	maxim-*us*, *a*, *um*.
parv-*us*, *a*, *um*,	petit;	*min-or*, *us*;	minim-*us*, *a*, *um*.
bon-*us*, *a*, *um*,	bon;	*meli-or*, *us* (*);	optim-*us*, *a*, *um*.
mal-*us*, *a*, *um*,	mauvais;	*pej-or*, *us*;	pessim-*us*, *a*, *um*.
— dic-*us*, *a*, *um*, ...		—dicenti-*or*, *us*;	—dicentissim-*us*, etc.
— fic-*us*, *a*, *um*, ...		—ficenti-*or*, *us*;	—ficentissim-*us*, etc.
—vol-*us*, *a*, *um*, ...		—volenti-*or*, *us*;	—volentissim-*us*, etc.

Ces trois derniers terminatifs n'existent qu'en composition : *benedicus*, *beneficus*, *benevolus*, etc.; bien-disant, bienfesant, bienveillant, etc.

_____

(*) *Meli-or*, meilleur; *optim-us*, très-bon; *pej-or*, pire ou plus méchant, et *pessimus*, très-méchant, sont empruntés de positifs inusités, car ils ne peuvent être dérivés de *bonus* et de *malus*, n'ayant pas plus de ressemblance avec ces mots qu'*alphana* n'en a avec *equus*.

Mais ces adjectifs ne forment ni comparatif, ni superlatif. On emprunte la forme en ɛɴs, de *benedicens*, et l'on en fait *benedicentï-or, us*, etc.

Ardu-us, ᴀ, ᴜᴍ, escarpé, } et autres adjectifs qui ont une voyelle
Pi-us, ᴀ, ᴜᴍ, pieux,

devant ᴜs, n'ont ni comparatif, ni superlatif. On est obligé d'exprimer ces deux degrés par des périphrases, comme on le fait en français, et de dire *magis arduus*, plus escarpé, *maximè arduus*, très-escarpé.

CHAPITRE II.

Graduation régulière.

A part quelques mots (*), tous les adjectifs se rapportent aux sept sortes suivantes, dont voici les modèles par ordre alphabétique :

1ʳᵉ. sᴏʀᴛᴇ:	Ampl-*us, a, um*,	Ample;	ɢᴇɴ.........	Ampl-*i*, etc.
2ᵉ. sᴏʀᴛᴇ:	asp-*er, era, erum*,	âpre ;	—.........	asper-*i*, etc.
3ᵉ. sᴏʀᴛᴇ:	at-*er, ra, rum*,...	noir ;	—.........	atr-*i*, etc.
4ᵉ. sᴏʀᴛᴇ:	celeb-*er, ris, re*,..	célèbre;	—celebr-*is*, ᴅᴀᴛ.	celebri.
5ᵉ. sᴏʀᴛᴇ:	com-*is, e*, ...	doux;	—com-*is*,	— com-*i*.
6ᵉ. sᴏʀᴛᴇ:	constan-*s*,........	constant ;	—constant-*is*,—	constant-*i*.
7ᵉ. sᴏʀᴛᴇ:	cura-*x*,..........	soigneux;	—curac-*is*,	— curac-*i*.

Le génitif et le datif ne sont ici donnés que pour faire arriver à la forme en ɪ, d'où l'on part pour former le comparatif et le superlatif en cette sorte :

	COMPARATIF.		SUPERLATIF.	
1	Ampli-*or, us*,	plus ample.	Ampli-*ssimus, a, um*,	très-ample.
2	Asperi-*or, us*,	plus âpre.	Asperri-*mus*, etc.	très-âpre.
3	Atri-*or, us*,	plus noir.	Aterri-*mus*, etc.	très-noir.
4	Celebri-*or, us*,	plus célèbre.	Celeberri-*mus*, etc.	très-célèbre.
5	Comi-*or, us*,	plus doux.	Comi-*ssimus*, etc.	très-doux.
6	Constanti-*or, us*,	plus constant.	Constanti-*ssimus*, etc.	très-constant.
7	Curaci-*or, us*,	plus soigneux.	Curaci-*ssimus, a, um*,	très-soigneux.

(*) Les plus remarquables de ces adjectifs, qui ne se rapportent à aucune des sept sortes, sont par, *vetus, auceps, anceps, particeps, inops, cælebs, dives, capripes, senex, vigil, celer*; ɢᴇɴ. : Paris, veteris, aucupis, ancipitis, participis, inopis, cælibis, divitis, capripedis, senis, vigilis, celeris. On les trouvera tous dans la liste des nominatifs et génitifs irréguliers.

D'où les Règles suivantes :

Règle *du comparatif.* Au cas en *i*, ajoutez oa pour le masculin et le féminin, et us pour le neutre.

On verra que le génitif est en oais pour les trois genres : *amplior*, *amplius*, GÉN. *ampli-oris*, et que par conséquent les comparatifs sont tous de la 3ᵉ déclinaison.

Règle Iʳᵉ *des superlatifs.* Lorsque l'adjectif est de la première sorte ou de l'une des trois dernières, il faut au cas en *i* ajouter ssimus, ssima, ssimum : ainsi dites *ampli-ssimus*, *comi-ssimus*, *constanti-ssimus* et *curaci-ssimus*, *ssima*, *ssimum*, très-ample, très-doux, très-soigneux.

Règle IIᵉ *des superlatifs.* Dans les trois sortes intermédiaires (savoir la 2ᵉ, la 3ᵉ et la 4ᵉ), au cas en *i*, ajoutez mus, ma, mum, doublez r, et le faites précéder d'un e : ainsi, dites *asperri-mus*, *aterri-mus*, *celeberri-mus**.

Observations générales.

1°. Lorsqu'un adjectif est triforme, ce qui arrive dans les quatre premières sortes et dans tous les superlatifs,

La 1ʳᵉ forme est   pour le masculin,
La 2ᵉ   —   pour le féminin,
La 3ᵉ   —   pour le neutre;

2°. Lorsque l'adjectif est biforme, ce qui arrive dans la cinquième sorte et dans tous les comparatifs,

La 1ʳᵉ forme est pour le masculin et le féminin : *comis amplior*, etc.
Et la 2ᵉ   — pour le neutre : *come*, *amplius*, etc.

3°. Lorsque l'adjectif est uniforme, ce qui arrive dans la sixième et la septième sorte, cette forme est pour les trois genres : m. f. et n, *constans*, *curax*.

On verra dans les déclinaisons que les adjectifs s'y distribuent comme les substantifs, et qu'ils suivent les mêmes analogies.

(*) Dans la seconde et la troisième sorte on est obligé d'intercaler un e devant les deux rr, et de dire at-e-rrimus, celeb-e-rrimus, au lieu d'*atrrimus*, *celebrrimus*, qui ne pourraient se prononcer.

Dérivations.

Les adjectifs, en se dépouillant des idées accessoires de nombre, de genre et de cas, deviennent nécessairement invariables. Alors, ils sont connus sous le nom d'adverbes; ils ont aussi leurs trois degrés en cette sorte :

1. Ampl-*è*,	ampli-*ùs*,	amplissimè.
amplement,	*plus amplement*,	*très-amplement*.
2. asper-*è*,	asperi-*ùs*,	asperrim-*è*.
3. atr-*è*,	atri-*ùs*,	aterrim-*è*.
4. celebr-*iter*,	celebri-*ùs*,	celeberrim-*è*.
5. com-*iter*,	comi-*ùs*,	comissim-*è*.
6. constant-*er*,	constanti-*ùs*,	constantissim-*è*.
7. curac-*iter*,	curaci-*ùs*,	curacissim-*è*.

On voit 1° : que le positif adverbe est en è dans les trois premières sortes, en ITER dans la quatrième, la cinquième et la septième, et en ER dans la sixième (*);

2°. Que le comparatif adverbe ne diffère du comparatif neutre que par l'accent dont l'ont frappé les modernes;

3°. Que le superlatif adverbe se forme toujours du superlatif adjectif, par le changement de la finale US, A, UM, en è (**).

Ainsi étant donnés les adjectifs suivants :

Alt-*us*, *a*, *um*,	haut, profond.		Poten-*s*, ...	puissant.
mis-*er*, *era*, *um*,	misérable.		lib-*er*, *era*, *erum*,	libre.
ac-*er*, *ris*, *re*,	âcre, vaillant.		aman-*s*, ...	aimant.
nig-*er*, *ra*, *rum*,	noir.		dext-*er*, *era*, *erum*,	droit, adroit.
Lev-*is*, *e*,	léger.		vora-*x*, ...	vorace.
fel-*ix*,	heureux.		dulc-*is*, *e*, ...	doux.

1°. Dire à laquelle des sept sortes chacun de ces adjectifs appartient; 2°. former le cas en *1*; 3°. graduer les adjectifs; 4°. graduer les adverbes de ces douze mots.

(*) Au lieu de CONSTAN-ti-TER, PRUDEN-ti-TER qu'amenait l'analogie, la promptitude de la prononciation a fait disparaître l'I, ce qui a fait *constantter*, etc. Le T se dédoublant, il est resté *constanter*. C'est ainsi qu'en français *constantement* est devenu *constantment*, constamment, etc. Il y a même quelques mots de la septième sorte, comme *audacter*, d'*audax*, *audacis*, où l'I s'est retranché.

(**) On pourrait établir des règles plus précises pour la formation de l'adverbe positif, mais il nous est prouvé qu'il est plus facile de le former d'après l'analogie des modèles que d'après des abstractions.

IIme SECTION.

De la Déclinaison.

Les substantifs et les adjectifs (positifs , comparatifs et superlatifs) varient, tant au pluriel qu'au singulier, pour six causes différentes, appelées cas.

Ces cas sont nommés GÉNITIF, DATIF, ABLATIF, ACCUSATIF, NOMINATIF et VOCATIF (18).

Décliner un mot, c'est le faire passer par ses douze formes, ou par ses six cas du singulier et ses six cas du pluriel.

Mais quelques mots, qui sont presque tous de la plus haute importance par le fréquent usage qu'on en fait, ne se déclinent d'après aucune analogie marquée. Tous les autres se distribuent visiblement dans plusieurs classes ; ainsi deux chapitres traiteront, l'un des *déclinaisons irrégulières*, l'autre des *déclinaisons régulières*. Un troisième donnera *une méthode pour remonter au nominatif par le génitif.*

CHAPITRE PREMIER.

Déclinaisons irrégulières.

Voici la Liste des mots traités dans ce Chapitre.

	Pag.		Pag.
1°. *Ego* et *nos.*	79	7°. *Ille* , *illa* , *illud* et les 13 sortes.	85
2°. *Tu* et *vos.*	79 et 80	Mots qui font le génif en *ius.*	85
3°. *Sui.*	80	8°. *Duo* , deux.	86
4°. *Quis* ou *qui.*	80 et 81	9°. *Ambo* , *ambæ* , *ambo.*	87
Ses composés.	82	10°. *Tres* , *tria.*	87 et 88
5°. *Is* , *ea* , *id.*	82 et 83	11°. *Vis* , la force.	88
Son composé, *idem*,	84	12°. *Domus* , maison.	89
6°. *Hic* , *hæc* , *hoc.*	84		

Cent-soixante treize phrases qui commencent chacune par le cas

(18) Tel est l'ordre analogique des cas considérés lexigraphiquement. On verra en effet que le génitif et le datif n'ont souvent qu'une seule forme; que le datif et l'ablatif, souvent semblables au singulier, le sont toujours au pluriel; que l'accusatif, le nominatif et le vocatif n'ont qu'une seule forme dans les substantifs et les adjectifs neutres; qu'excepté en une seule circonstance, le nominatif et le vocatif sont semblables dans les deux nombres et dans toutes les déclinaisons, etc., etc. Une

qu'on veut montrer, emploient toutes les formes déclinatives de ces douze irréguliers.

1°. EGO , *moi.*

GÉN. *Mei* solius solliciti sunt causâ [a],	ils sont en mouvement à cause de *moi* seul.
DAT. *Mihi* in mentem venit [b], ..	il *me* vient dans l'esprit.
ABL. *Me* duce , carpe viam [c] ,..	*moi* étant ton guide, prends cette route, c. à. d., si tu me crois, prends cette route.
ACC. *Me* intelligis? — Nugas blatis [d],	*me* comprends-tu ? etc.
NOM. *Ego* et oleum et operam perdidi [e],	*moi*, j'ai perdu mon huile et mon travail, c.-à.-d. mon temps et ma peine.

NOS , *nous.*

GÉN. *Nostri* nosmet pœnitet [f], .	le regret *de nous*, nous tient, c.-à-d., nous ne sommes pas contents *de nous.*
Nostrûm amborum ornatum aspicio [g],	je regarde la parure *de nous* deux.
DAT. *Nobis* hæc otia fecit (*Deus*) [h]	(un dieu) *nous* a fait ces loisirs.
ABL. *Nobiscum* vivit [i], ...	il vit *avec nous.*
ACC. *Nos* pudet [k], ...	la honte *nous* tient (ou nous avons honte).
NOM. *Nos* fugiamus. - quò? - in patriam [l],	*nous* (ou pour nous), fuyons.- Où ? - dans notre patrie.

2°. TU , *toi.*

GÉN. *Tui* te nec miseret nec pudet [m],	tu n'as ni pitié, ni honte *de toi.*
DAT. *Tibi* audendum est [n], ...	il *te* faut oser.
ABL. *Te* præsente, istuc egi, teque interprete [o],	j'ai fait cela *toi* étant présent, *toi* étant mon interprète.
ACC. *Te* scire oportet [p], ...	il faut *toi* savoir , c'est-à-dire que tu saches.

fois qu'on est convenu de prendre le génitif pour le mot primordial , d'où l'on part pour trouver les autres formes , l'ordre des cas est décidé. Car il attire à lui le datif , le datif ne peut être séparé de l'ablatif, sans une grande violation d'analogie; et les trois derniers cas (accusatif, nominatif et vocatif), sont évidemment inséparables.

a TER. *Heaut.* 1 , 1.
b TER. *Heaut.* 5 , 1.
c OVID. 8. *Métam.*
d PLAUT. *Amph.* 2 , 1.
e PLAUT. *Pœnul.* 1 , 2.

f TER. *Phorm.* 1 , 3.
g PLAUT. *Pœnul.* 1 , 2.
h VIRG. *Eclog.* 1 , v. 6.
i HOR. 1 , *sat.* 3.
k PLAUT. *Capt.* 1 , 3.

l PLAUT. *Capt.* 1 , 3.
m PLAUT. *Trinum.* 2 , 4.
n PLAUT. *Epid.* 1 , 2.
o PLAUT. *Curc.* 3 , 1.
p PLAUT. *Men.* 4 , 2.

NOM.	*Tu* me amas, ego te amo[a],	*tu* m'aimes , et je t'aime.
VOC.	*Tu* sequere me , vos va- lete [b],	*toi*, suis-moi, et vous, portez-vous bien.

VOS, *vous.*

GÉN.	{ *Vestri* ou } uter advectus { *Vestrúm* } est navi [c], { *Vostrúm* quivis formidat malum[d],	lequel *de vous* a été amené sur un vaisseau. chacun *de vous* redoute le mal. (*vostrúm* a vieilli).
DAT.	*Vobis* grates habeo[e],....	je *vous* rends grâces.
ABL.	*Vobis* spectantibus, hic de- ludetur (19)[f],	il sera joué , *vous* spectateurs.
ACC.	*Vos* valere volumus[g],...	nous désirons *vous* être bien por- tants, c.-à-d. que vous vous portiez bien , ou portez-vous bien.
NOM.	*Vos* estis ambæ meæ filiæ[h],	*vous* êtes les deux mes filles.
VOC.	*Vos* inter vos partite [i] ,..	*vous*, partagez (ou jugez) entre vous.

3°. SUI , *soi.*

GÉN.	*Sui* nos indigere volunt [k], .	ils veulent que nous ayons besoin d'*eux*.
DAT.	*Sibi* quisque habeat quod suum est [l],	que chacun ait *pour soi*, ce qui est le sien.
ABL.	*Se* dignas contumelias non cessavit dicere [m],	il n'a cessé de dire les injures dignes de *lui*.
ACC.	{ *Se* bubili condidit[n],..... { *Sese* omnes amant[o],....	il *s*'est caché dans la bergerie. ils *s*'aiment tous eux-mêmes.

NOM. et VOC. Ces cas manquent nécessairement.

On voit que *sui , sibi , se ,* servent pour tous les genres et pour tous les nombres.

4°. QUI et QUIS, etc., *qui, quel , lequel,* etc. , etc.

GÉN.	*Cujus* jussu venio, dicam[p],	je dirai par l'ordre *de qui* je viens.
DAT.	*Cui* bono fuerit vide [q], ..	vois *à quel* bien cela a été, c.-à-d. de quelle utilité cela a été.

---

(19) Deux guillemets placés dans une citation annoncent une transposition. On aura le texte dans l'ordre de l'auteur en transportant au commencement de la citation tout ce qui suit les guillemets ; par exemple, *vobis spectantibus » hic deludetur,* donne dans le texte *hic deludetur vobis spectantibus.*

---

a PLAUT. *Most.* 1, 3.	g PLAUT. *Bacch.* à la fin.	n PHÆD. 2 , *Fabl.* 8.
b PLAUT. *Pœnul.* 3 , 6.	h PLAUT. *Pœnul.* 5, 4.	o PLAUT. *Capt.* 1, 2.
c PLAUT. *Men.* 5, 9.	i PL. *Amph.* 4. sc. dern.	p PLAUT. *Amph. prol.*
d PLAUT. *Amph. prol.*	k PLAUT. *Cist.* 1, 1.	q CIC. 2 *Philipp.*
e PLAUT. *Pers.* 5, 1.	l PLAUT. *Curc.* 1 , 3.	
f PLAUT. *Amph.* 3, 4.	m TER. *Phorm.* 2, 2.	

ABL.	*Quo* præsente? Quo in loco promisi [a] ?	*qui* étant présent, en quel lieu ai-je promis ?
	Quâ de re ? — Rogas[b] ? . .	de *quelle* chose ? — Tu le demandes ?
	Quo de genere natu'st [c] ? .	de *quelle* race est-il né ?
ACC.	*Quem* quæris, ego sum[d], . .	*celui que* tu cherches, c'est moi ; ou c'est moi que tu cherches.
	Quam causam adferam[e] ?	*quelle* raison apporterai-je ?
	Quod agis, id agas [f], ...	fais *ce que* tu fais, c.-à-d., sois tout entier à ce que tu fais.
	Quid agis ? — Nil habeo quod agam[g],	*que* fais-tu ? — Je n'ai rien à faire.
NOM.	*Qui* fueris et qui nunc sis memineris [h],	rappèle-toi *qui* tu as été, et qui tu es maintenant.
	Quis vocat ? quis nominat me[i] ?	*qui* appèle ? qui me nomme ?
	Quæ res te agitat[k] ?	*quelle* chose t'agite ?
	Quôd erat ei nomen [l] ? . .	*quel* était son nom ?
	Quid opus est verbis[m] ? . .	*qu'*est-il besoin de paroles ?
GÉN.	*Quorum* hominum regio[n] ?	de *quels* hommes est-ce la patrie ?
	Quarum rerum nihil factum [o],	et *de ces* choses-*là*, on n'a rien fait.
	Quorum hæc erat summa, mandata remittunt [p],	ils remettent des ordres *dont* voici le sommaire.
DAT.	{ *Quibus* debeo, ʋeis reddo[q],	je rends à ceux *à qui* je dois.
	{ *Queis*...contigit oppetere[r],	ceux *à qui* il est arrivé de périr.
ABL.	{ *Quibus* modis me purgem scio[s],	je sais par *quelles* manières me justifier.
	{ *Queis*.... doleat natura negatis [t],	*lesquelles* choses étant refusées, il faut que la nature souffre.
ACC.	*Quos* tu convivas quæris[u] ?	*quels* convives cherches-tu ?
	Quas tu mihi tricas narras [v] ?	*quelles* sornettes tu me contes (20) ?
	Quæ ad rem referunt.... vide sis [x],	vois, si tu veux, les choses, *qui se* rapportent à la chose ?
NOM.	*Qui* dant eos derides [y], . .	tu railles ceux *qui* donnent.
	Quæ te res agitant[z] ?	*quelles* choses t'agitent ?
	Quæ mea flagitia [aa] ?	*quelles* sont mes infamies ?

---

a PLAUT. *Curc. à la fin.*
b PLAUT. *Casin.* 2, 3.
c PLAUT. *Capt.* 1, 4.
d PLAUT. *Curc.* 3, 1.
e TER. *Heaut.* 4, 2.
f PLAUT. *Most.* 5, 1.
g HOR.
h PLAUT. *Capt.* 3, 1.
l PLAUT. *Curc.* 2, 3.

k PLAUT. *Most.* 2, 2.
l PLAUT. *Capt.* 1, 4.
m TER. PLAUT. etc.
n HOR. *liv.* 1, *epist.* 15.
o CÆS. *de Bell. civ. l.* 1.
p CÆS. *de Bel. civ. l.* 1.
q PLAUT. *Curc.* 3, 1.
r VIRG. *Æn.* 1, *v.* 96.
s PLAUT. *Casin.* 5, 3.

t HOR. *lib.* 1, *sat.* 1.
u PLAUT. *Men.* 2, 2.
v PLAUT. *Curc.* 5, 2.
x PLAUT. *Pers.* 4, 4.
y PLAUT. *Asin.* 3, 1
z PLAUT. *Curc.* 1, 1.
aaPLAUT. *Men.* 5, 1.

Ainsi se déclinent les composés.

м.	quicumque,	quilibet,	quivis,	quisque,	quisquis.
ꜰ.	quæcumque,	quælibet,	quævis,	quæque,	quæquæ.
ɴ.	qnodcumque,	quodlibet,	quodvis,	quodque,	quodquod.
	quidcumque,	quidlibet,	quidvis,	quidque,	quidquid.

Ces cinq adjectifs ont à peu près le même sens, et signifient *quiconque, qui que ce soit, chacun;* le dernier est la réduplication de
quis, et se décline deux fois : ɢᴇ́ɴɪᴛɪꜰ : *cujuscujus;* ᴅᴀᴛɪꜰ *cuicui,* etc.

Uɴᴜsꝗᴜɪsꝗᴜᴇ, *un chacun,* est composé de *que* qui est invariable,
d'*unus,* qui se déclinera comme *unus,* voy. pag. 85, et de *quis*
dont nous avons donné la déclinaison phrasée.

м.	quisnam ?	quidam,	quisquam,	quispiam,	aliquis.
ꜰ.	quænam ?	quædam,	qnæquam,	quæpiam,	aliqua.
ɴ.	quodnam ?	quoddam,	quodquam,	quodpiam,	aliquod.
	quidnam ?	quiddam,	quidquam,	quidpiam,	aliquid.

Le premier ne sert que dans l'interrogation, et signifie *quel, qui?*

Les quatre suivants signifient *quelqu'un, quelque.*

Ecquis? ecqua? ou *ecquæ? ecquod?* et *ecquid?* sert, comme *quisnam,* à interroger.

La partie de ces douze mots, marquée en italique, savoir *cumque, libet, vis, ali, ec,* etc., est indéclinable. L'essentiel à l'égard de ces
douze mots est non point de les décliner, mais d'y retrouver, lorsqu'on les lit dans les auteurs, les formes correspondantes du primitif, *quid* ou *qui.*

5°. ɪs, ᴇᴀ, ɪᴅ, *ce, celui, celui-ci, il, cette, celle,* etc.

ɢᴇ́ɴ.	*Ej*us causâ vult omuia [a],	il veut tout à cause *de lui,* c.-à-d., tout ce qu'il veut.
ᴅᴀᴛ.	*Ei* rei operam dat suam [b],	il donne ses soins *à cette* chose.
ᴀʙʟ.	*Eo* præsente ostendit sym- bolum [c],	*lui* présent, il lui montre le signe.
	Eâ omnes stant sententiâ [d],	ils sont tous *de cet* avis.
	Eo triduo legio octava ve- nit [e],	dans cet intervalle de trois jours, la 8ᵉ légion arriva.

---

a Cɪᴄ. *ad Sulpit. lib.* 3. | c Pʟᴀᴜᴛ. *Bacch.* 2, 3. | e Cᴇ̃s. *de Bel. civ.l.*1,*v.*18.
b Pʟᴀᴜᴛ. *Cist.* 1, 3. | d Pʟᴀᴜᴛ. *Curc.* 2, 1,

ACC.	*Eum* esse opinor... is est[a],	je pense que c'est *lui*. — C'est lui.
	Eam rem diu disputavi[b],	j'ai pesé long-temps *cette* chose.
	Id ipsa res dicet tibi[c],...	la chose même te *le* dira.
NOM.	*Is* est amicus qui in re dubiâ re juvat[d],	*celui-là* est ami, qui aide de son bien dans l'adversité.
	Ea res nunc agitur ipsa[e],	*la* chose même est agitée, ou traitée.
	Id eis vitium nocet[f], ...	*Ce* vice leur nuit.

Pluriel.

GÉN.	*Eorum* causâ obsonatum est[g],	on a fait bonne chère à cause d'*eux*.
	Earum hic alteram perit[h],	il aime éperdument l'une d'*elles*.
	Eorum inventu res decem pessimas pessum dedi[i],	par l'invention *de ces* choses, j'ai empiré dix choses déjà très-mauvaises.
DAT.	*Eis* respondi[k], ...	je *leur* ai répondu.
	Iis profuit[l], ...	il *leur* a été utile.
ABL.	*Eisce* confectis, navim solvimus[m],	*ces* choses étant faites, nous avons dégagé le vaisseau (levé l'ancre).
	Iis infectis, proficiscitur[n],	*ces* choses non faites, il part.
ACC.	*Eos* deserit pudor[o], ...	la pudeur *les* abandonne.
	Eas, easque res agebam[p],	je fesais *ces* choses-là, ces choses-ci, c.-à-d. tantôt ceci, tantôt cela.
	Ea facito » quæ ego tibi præcipio[q],	fais ces choses que moi, je t'ordonne.
NOM.	*Ei* homines... non condiunt[r],	*ces* hommes-là n'assaisonnent pas.
	Ii solent dicere : quid opus fuit hoc[s]?	*ceux-là* ont coutume de dire : qu'est-il besoin de cela ?
	Eæ nos eluendo operam dederunt[t],	*elles* ont donné leurs soins à nous laver.
	Ea sunt verba hæc[u], ...	*telles* sont les paroles mêmes.

L'adjectif *idem, eadem*, même, le même, n'est autre chose que l'adjectif *is, ea, id*, auquel on a ajouté *dem*, qui reste invariable. Seulement il faut remarquer que le nominatif masculin est *idem*, et non pas *isdem*, et que le neutre *idem* ne double pas le D.

a PLAUT. *Pers.* 1, 1.
b PLAUT. *Most.* 1, 2.
c PLAUT. *Epid.* 5, 2.
d PLAUT. *Epid.* 1, 2.
e TER. *Heaut.* 4, 7.
f PLAUT. *Most.* 3, 3.
g PLAUT. *Mil.* 3, 1.
h PLAUT. *Pœn. prolog.*
i PLAUT. *Merc.* 5, 2.
k PLAUT. *Curc.* 2, 1.
l PLAUT. *Capt.* 4, 1.
m PLAUT. *Merc. prolog.*
n CÆS. *Bel. civ. lib.* 1, 33.
o PLAUT. *Epid.* 2, 1.
p PLAUT. *Rud.* 2, 6.
q PLAUT. *Trinum.* 2, 2.
r PLAUT. *Pseud.* 3, 2.
s PLAUT. *Mil.* 3, 1.
t PLAUT. *Pœn.* 1, 2.
u GELL. 15, 12.

Idem es ēcastor qui soles[a],...	par ma foi ! tu es *le même que de* coutume (20).
Eadem hora tulisset » ambas [b], .	*la même* heure nous eût enlevés tout es les deux.
Idem facit occidenti [c],	il fait *de même* que s'il tuait (20).
Ejudem generis addit pauca[d], .	il ajoute peu de choses *du même* genre ,
Eadem ferè[e], ...	presque *les mêmes* choses.

6°. HIC , HÆC , HOC , *même sens que* IS , EA , ID.

GÉN.	*Hujus* periclo fit ; ego in portu navigo[f],	cela se fait au péril *de lui*, c.-à-d., à ses risques et périls ; pour moi , je suis au port.
DAT.	*Huic* gratiam» habeto[g] ,.	rends-*lui* tes actions de grâces.......
ABL.	*Hoc* homine contento'st opus [h],	il faut bien être content *de cet* homme.
	Hâc re arbitror id fieri posse [i],	par *ce* moyen je pense que cela se peut.
	Hoc quòd sedent debilitantur [k],	elles sont affaiblies *par cela* seul qu'elles sont assises.
ACC.	*Hunc* volo colloqui [l], ...	je veux *l*'entretenir.
	Hanc rem agite [m],......	faites *cette* chose.
	Hoc volo te scire [n], ...	je veux que tu saches *cela.*
NOM.	*Hic* vir, hic est [o], ...	c'est là, c'est là *l*'homme.
	Hæc illa est misericordia?	c'est donc là cette pitié !
	Hoc, hoc est quod peracescit [q],	c'est *là*, c'est là ce qui est piquant.

Pluriel.

GÉN.	*Horum* causâ agitur fabula [r],	la pièce est jouée à cause *d'eux.*
	Harum miserebat [s],.....	on avait pitié d'*elles.*
	Horum tibi nihil eveniet [t],	rien *de ces* choses ne t'arrivera.
DAT.	*Hisce* hominibus est opus helleborum [u],	l'ellébore est *à ces* hommes-là un besoin , c.-à-d., ils ont besoin d'ellébore.
ABL.	*His* demùm exactis, devenêre locos lætos [v],	enfin *ces* choses étant faites, ils arrivèrent dans les lieux joyeux.

a PLAUT. *Truc.* 2, 4.
b VIRG. *Æn.* 4. *v.* 680.
c HOR. *Art. poet. v.* 467.
d CÆS. *de Bell. Gall.* 1,5.
e *Ibid.*
f TER. *And.* 3, 1.
g PLAUT. *Most. à la fin.*

h PLAUT. *Curc.* 2, 3.
i TER. *Eun.* 1, 2.
k PLIN. *Epist.* 19.
l PLAUT. *Men.* 2, 3.
m PLAUT. *Curc.* 5, 2.
n PLAUT. *Curc.* 1, 2.
o VIRG. *Æn.* 6, *v.* 791.

p CIC. ACAD.
q PLAUT. *Bacch.* 5, 1.
r PLAUT. *Pseud.* 2, 4.
s PLAUT. *Stich.* 2, 3.
t PLAUT. *Aul.* 2, 2.
u PLAUT. *Pseud.* 4, 7.
v VIRG. *Æn.* 6, *v.* 637.

ᴀᴄᴄ.	*Hosce* satius est docere ᵃ,	il vaut mieux *les* instruire.
	Has tabellas dare me jussit ᵇ,	il m'a chargé de donner *ces* tablettes.
	Hæc vobis dixi per jocum ᶜ	je vous ai dit *ces* choses pour rire.
ɴᴏᴍ.	*Hi* sciunt qui hic affuerunt ᵈ	*ceux-là* le savent, qui y ont été.
	Hæ tabellæ te arguunt ᵉ,.	*ces* tablettes t'accusent.
	Hæc sunt quæ me excruciant ᶠ,	ce sont *ces* choses qui me crucifient.

On ajoute quelquefois la particule *ce* à l'adjectif *hic*, *hæc*, *hoc* pour lui donner plus d'énergie : *hisce* oculis egomet vidi (Tᴇʀ. *Adelph act.* 3, *sc.* 1.) J'ai vu moi, moi-même, de ces yeux que voilà. On ajoute aussi *cine*, mais seulement lorsqu'on interroge.

Hic-cine Achilles est, inquit, tibi ᵍ ?	est-ce donc là, dit-il, un Achille pour toi ?

7°. ɪʟʟᴇ, ɪʟʟᴀ, ɪʟʟᴜᴅ, *lui*, *celui-là*, *le*, *il*, etc.

ɢᴇ́ɴ.	*Illius* ergo venimus ʰ, ...	nous sommes venus à cause *de lui*.
ᴅᴀᴛ.	*Illi* hoc dicito facturum me ⁱ,	dis-*lui* que je le ferai.

Toutes les autres formes sont régulières, et suivent, comme on verra les modèles de la première et de la seconde déclinaison. *Voy. p.* 90 *et* 91.

Ainsi se déclinent :

ɴᴏᴍ.		ɢᴇ́ɴ.	ᴅᴀᴛ.
Ali-*us*, *a*, *ud*,	autre ;	Ali-*us*,	Ali-*i*.
alt-*er*, *era*, *erum*,	l'autre ;	alter-*ius*,	alter-*i*.
alterut-*er*, *ra*, *rum*,	l'un ou l'autre ;	alterutr-*ius*,	
ips-*e*, *a*, *um*,	même ;	ips-*ius*,	
ist-*e*, *a*, *ud*,	ce ;...........	ist-*ius*,	
neut-*er*, *ra*, *rum*,	ni l'un ni l'autre;	neutr-*ius*,	
nonnull-*us*, *a*, *um*,	quelque ;......	nonnull-*ius*,	
null-*us*, *a*, *um*,	non un, nul ; ..	null-*ius*,	...*i*.
ull-*us*, *a*, *um*,	un ;..........	ull-*ius*,	
sol-*us*, *a*, *um*,	seul ;........	sol-*ius*,	
un-*us*, *a*, *um*,	un seul ;......	un-*ius*,	
ut-*er*, *ra*, *rum*,	lequel des deux;	utr-*ius*,	
ut-*erque*, *raque*, *rumque*,	l'un et l'autre ; .	utr-*iusque*,	utr-*ique*.

On voit que le génitif singulier de ces treize mots est en *ius*, et la datif en *i*. Il faut remarquer qu'il y a soustraction d'un *i* dans le

---

a Pʟᴀᴜᴛ. *Pœn.* 3, 1.
b Pʟᴀᴜᴛ. *Curc.* 3, 1.
c Pʟᴀᴜᴛ. *Pœn.* 3, 1.
d Pʟᴀᴜᴛ. *Pseud.* 2, 4.
e Pʟᴀᴜᴛ. *Bacch.* 4, 7.
f Pʟᴀᴜᴛ. *Trinum.* 2, 2.
g Pʟᴀᴜᴛ. *Milit.* 1, 1.
h Vɪʀɢ. *Æn.* 6, v. 670.
i Pʟᴀᴜᴛ. *Most.* 2, 1.

génitif d'*alius ;* toutes les autres formes de ces mots se modèlent sur celles de la première et de la seconde déclinaison. Cependant il faudra observer aussi que le nominatif singulier est une forme donnée, et qui reste telle, et que dans les neutres les deux derniers cas singuliers sont semblables au nominatif du même nombre.

8°. DUO, *deux.*

GÉN.	*Duorum* affinium » est lubido orationem audire[a]?	vous plaît-il d'entendre le discours *de deux* compères ?
	Si *duarum* pœnitet, addentur duæ[b],	si l'on a regret *de deux*, deux seront ajoutées.
	Duorum corporum video sepulchra duo[c],	je vois les deux sépulcres *de deux* corps.
DAT.	*Duobus* nuptæ fratribus erant »[d],	elles étaient mariées à *deux* frères.
	Duabus adde duas[e], ...	à *deux* ajoutez-en deux.
	Duobus corporibus unus erat » animus[f],	une même âme était aux *deux* corps.
ABL.	*Duobus* his oculis » meis vidi[g],	j'ai vu de mes yeux, *de ces deux* yeux-là.
	Duabus portis eruptionem fieri jubet[h],	il fait faire irruption *par deux* portes.
	Duobus exemplis meminerint[i],	qu'ils se rappèlent *par deux* exemples.
ACC. {	*Duos* sodales conspicor[k],	j'aperçois *deux* camarades.
	Duo peperit simul[l],	elle a engendré *deux* enfants à la fois.
	Duas res simul agere decretum est mihi[m],	j'ai résolu de faire *deux* choses ensemble, ou d'une pierre deux coups.
	Duo oppida.... vides[n], ..	tu vois *deux* villes.
NOM.	*Duo* sunt mihi dati, » quos fallam[o],	*deux* m'ont été donnés à tromper.
	Duæ nos solæ scimus[p], ..	nous *deux* seules le savons.
	Duo restabant fata tùm[q],	alors *deux* destins restaient.

a PLAUT. *Trinum.* 3, 1.
b PLAUT. *Stich.* 4, 1.
c CIC. *in Orat.*
d PLAUT. *Stich.* 4, 1.
e PLAUT. etc.
f =, CIC. VIRG. etc.

g PLAUT. *Mil.* 2, 3.
h CÆS. *de Bello, civ. l.* 1.
i PLIN. *Paneg.* 33.
k PLAUT., etc.
l PLAUT. *Amph.* 5, 2.
m PLAUT. *Merc.* 1, 1.

n VIRG. *Æn.* 8, v. 354.
o TER. *Phorm.* 4, 2.
p. PLAUT. *Cist.* 1, 2.
q PLAUT. *Bacch.* 4, 9.

9°. AMBO , *les deux.*

GÉN. *Amborum* ingratiis liber possum fieri [a], | en dépit *des deux* , je puis devenir libre.
Ambarum misereat » te [b], | aie pitié *des deux* (20).
Amborum generum una ratio [c], | la raison *des deux* genres est une.

DAT. *Ambobus* nobis sint ob-noxii [d], | qu'ils soient redevables *à nous deux.*
Ambabus hæc dicito [e],.. | dis cela *aux deux.*
Ambobus pectoribus his amor erat unus [f], | un même amour était *à ces deux* cœurs.

ABL. Cum *ambobus* volo accum-bere [g], | je veux me mettre à table *avec les deux.*
Ambabus malis vorem [h], | que je dévore *des deux* mâchoires.
Ambobus pessulis fores occlude [i], | ferme les portes *aux deux* verrous.

ACC. *Ambos* amo [k],.......... | je vous aime *les deux.*
Ambo opportunè vos volo [l], | je vous désire *les deux* bien à pro-pos.
Ambas profero (manus) [m], | je montre *les deux* mains.
Ambo oppida vides [n],... | tu vois *les deux* villes.

NOM. *Ambo* accusandi [o], ... | *les deux* doivent être accusés.
Ambæ manete [p],...... | restez *toutes les deux.*
Ambo mancipia abierunt foràs [q], | les deux esclaves sortirent.

On voit qu'*ambo* suit pour la déclinaison la même analogie que *duo.* Mais c'est dans les phrases comparées qu'on pourra saisir la nuance délicate qui les distingue dans la signification.

10°. TRES , *trois.*

GÉN. *Trium* litterarum homo (fur), me vituperas [r]! | Homme *de trois* lettres, tu me blâmes!

DAT. Te *tribus* verbis volo. — Vel trecentis [s], | je veux t'entretenir *en trois* mots. — Ou en trois cents.

---

a PLAUT. *Cas.* 2, 5.
b PLAUT. *Rud.* 1, 5.
c CIC. *de Divin.*
d PLAUT. *Asin.* 2, 2.
e PLAUT. etc.
f = OVID. VIRG., etc.

g PLAUT. *Stich.* 5, 5.
h PLAUT. *Trin.* 2, 4.
i PLAUT. *Aul.* 1, 2.
k PLAUT. *Stich.* 5, 5.
l TER. *Andr.* 2, 2.
m PLAUT. *Aul.* 4, 4.

n = VIRG. etc.
o TER. *Heaut.* 1, 1.
p PLAUT. *Bacch.* 5, 2.
q = PLAUT. etc.
r PLAUT. *Aul.* 2, 1.
s PLAUT. *Trin.* 4, 2.

ACC.	*Tres* latratus edidit[a],....	il poussa *trois* aboiements.
	Tres lites judicandas di-cito[b],	dis qu'il y a *trois* procès à juger.
	Tria primùm addidi[c],...	j'ai ajouté d'abord *trois* choses , etc.
NOM.	*Tres* aderant acerrimi testes[d],	*trois* témoins très-violents étaient là.
	Tres aberant noctes[e],...	*trois* nuits étaient loin, ou passées.
	Tria eis tribus sunt fata nostra » paria[f],	nos *trois* destins sont pareils à ces trois, etc.

Excepté les trois premiers numératifs et *ambo*, tous les autres numératifs jusqu'à *cent* inclusivement, sont indéclinables. *Voyez-en la liste , page* 41 *:* au-delà de ce nombre jusqu'à *neuf cents*, savoir : *ducent-i , œ, a*, deux cents, etc., *nongenti, œ , a*, neuf cents, se déclinent régulièrement comme les pluriels de *dominus*, p.92; *terra*, p. 90; *vinum*, p. 93. MILLE est indéclinable , lorsqu'il ne s'agit que d'un mille; mais lorsqu'il est question de plusieurs milliers, on dit également bien, *bis mille homines*, c'est-à-dire deux fois mille hommes , ou *duo millia hominum*. Dans cette dernière circonstance, *millia* se décline comme *tria*, et fait GÉN. *millium*, DAT. et ABL. *millibus*, et les trois derniers cas *millia*.

11°. VIS , force, violence.

GÉN. et DAT. Nous n'avons point trouvé ces deux cas employés dans les auteurs

ABL.	*Vi* victum est[g].Fit via *vi*[h],	on vainquit *par la force*, etc.[g]
ACC.	*Vim* minis addit[i],.......	il ajoute *la violence* aux menaces.
NOM.	*Vis* consili expers mole ruit suâ[k],	*la force* dénuée de prudence succombe par son propre poids.

Pluriel.

GÉN.	*Virium* defectio vitiis efficitur sæpiùs[l],	le manque *des forces* est souvent produit par des vices.
DAT.	*Viribus* ille confisus periit[m],	s'étant confié *à ses forces*, il a péri.
ABL.	*Viribus* ævi quassatum est corpus[n],	le corps a été abattu *par les forces* du temps.
ACC.	*Vires* acquirit eundo[o],...	elle acquiert *des forces* en marchant.
NOM.	*Vires* me deficiunt[p],....	les *forces* m'abandonnent.

a Ovid. *lib.* 4. *Metam.*	f Plaut. *Bacch.* 4, 9.	l Cic. *de Senect.*
b Plaut. *Merc.* 2, 2.	g Plaut. *Amph.* 1, 1.	m Juv. *Sat.* 10, *v*.11.
c Ter. *Adelph.* 5, 3.	h Virg. *Æn.* 2, *v.* 494.	n Lucr. 3.
d Plaut. *Most.* 4, 2.	i Ovid. *lib.* 4. *Metam.*	o Virg. *Æn.* 4, *v.* 175.
e Ovid. *lib.* 7. *Metam.*	k Hor. 3 , *Od.* 4.	p Cic. *de Orat.*

12°. DOMUS, *maison*, *demeure.*

GÉN. *Domús* ostia centum pa-tuére[a],	les cent portes *de la maison* s'ouvri-rent.
Domi sedet totos dies[b], .	il est assis *à la maison* les jours entiers.
DAT. *Domui* hospes erit[c], ...	il y aura un hôte *à la maison.*
ABL. *Domu* « ex hâc » ait sese fu-gere[d],	elle dit qu'elle fuit *de cette maison.*
Domo, abs te, afferto[e], . .	apporte *de la maison*, de chez toi.
ACC. *Domum* me recipiam[f],	je me retirerai *à la maison.*
NOM. *Domus* una non alit canes duos[g],	une seule *maison* ne nourrit pas deux chiens.

L'ABL. *domu* est rarement employé. Le génitif *domi* est digne de plusieurs remarques qui appartiennent à la syntaxe.

Pluriel.

GÉN. *Domúum* magnarum vis-cera petunt[h],	ils vont aux entrailles des grandes *maisons.*
Domorum tecta vident[i], .	ils voient les toits *des maisons.*
DAT. *Domibus* nostris hospites erunt[k],	il y aura des hôtes *à nos maisons.*
ABL. *Domibus* collapsis, dormi-tant in pulvere[l],	les *maisons* étant tombées, ils dorment sur la poussière.
ACC. *Domus* suas quemque ire jussit[m],	il leur ordonna de s'en aller chacun dans leurs *maisons.*
Domos abeamus nostras, sultis[n],	allons-nous-en dans nos *maisons* (chez nous), si vous voulez.
NOM. *Domus* antra fuerunt[o], . .	les *maisons* ont été des antres.

Le double génitif *domúum*, et le double accusatif *domus*, sont infiniment plus rares que *domorum* et *domos.*

(20) Le mot qui fait la difficulté commence toujours la phrase, et il est traduit littéralement et d'après les rapports qu'il exprime. C'est le seul qui est enseigné. Les autres doivent être appris par routine, et nous ne nous sommes pas asservis à les rendre toujours mot à mot.

a VIRG. *Æn.* 6, v. 81.
b PLAUT. *Aul.* 1, 1.
c OVID. 3, *Eleg.* 12, *Trist.*
d PLAUT. *Milit.* 2, 1.
e PLAUT. *Aul.* 2, 2.

f PLAUT. *Aul.* 1, 2.
g PROVERB. 2.
h « JUV. *Sat.* 3.
i VIRG. *Æn.* 8, v. 98.
k — OVID.

l PLIN. et VIRG.
m GELL. 17, 2.
n PLAUT. *Pœn.* 3, 6.
o OVID. *lib.* 1, *Metam.*

CHAPITRE II.

Déclinaisons Régulières.

Soient les exemples suivants :

1°. *Terr-æ* filius est[a],....... | c'est un fils *de la terre*, c'est-à-dire un homme obscur, de race inconnue.
2°. *Domin-i* ædes pervolat[b],.. | il vole aux appartements *du maître.*
3°. *Homin-is* facetias risi[c],... | j'ai ri des facéties *de l'homme.*
4°. *Man-ûs* injectio non est in vera bona[d], | le coup *de main* ne se fait pas sur les vrais biens.
5°. *R-ei* argumentum dicam[e], | je dirai le sujet *de la chose.*
  R-es monet[f],.......... | *la chose* avertit (parle).

Toutes ces phrases, excepté *res monet*, commencent par un génitif singulier. Or, voilà cinq finales différentes, et c'est de là qu'on est parti pour distribuer tous les substantifs et tous les adjectifs en cinq classes, appelées *déclinaisons.* Seulement la cinquième déclinaison a besoin d'être déterminée, non-seulement par la forme du génitif singulier qui est en EI, mais encore par celle du nominatif singulier, qui est en ES, comme dans RES.

Iere DÉCLINAISON.

TERRA , *terre , terrein , pays.*

GÉN. Terr-*æ* filius est[g], ... | c'est un fils *de la terre.*
DAT. Terr-*æ* applicat ipsum[h], . | il l'applique *à terre* ou contre terre.
ABL. Terr-*â* aut mari persequar ipsum[i], | je le poursuivrai *par terre* ou par mer.
ACC. Terr-*am* video[k],....... | je vois *la terre*, c'est-à-dire, je suis à la fin de mes peines.
NOM. Terr-*a* mater est omnium[l], | *la terre* est la mère de tous.
VOC. Terr-*a* , herilis patria, te video libens[m]. | *ô terre*, patrie de mon maître, je te vois volontiers.

Pluriel.

GÉN. Terr-*arum* dominos eve-hit ad deos[n], | il porte, il élève jusqu'aux dieux les maîtres *des terres.*

---

a ERASM.—CIC. *ad Treb.*
b VIRG. *Æn.* 12, *v.* 473.
c GELL. 16, 6.
d SENEC. *de tranq. vitâ.*
e PLAUT. *Trinum.* 2, 4.
f PLAUT. *Capt.* 2, 1.
g ERASM.—CIC. *ad Treb.*
h VIRG. *Æn.* 12 , *v.* 303.
i CIC. *ad Att. lib.* 7.
k PROVERBE.PLAUT, etc.
l CIC. *pro Cluent.*
m PLAUT. *Stich.* 5, 2.
n HOR. 1 , *od* 1.

ᴅᴀᴛ. Terr-*is* adnare necesse | il est nécessaire d'aborder *aux terres.*
est*,

ᴀʙʟ. Terr-*is* jactatus et alto ᵇ,. | il a été ballotté *sur les terres* et sur la
haute mer.

ᴀᴄᴄ. Terr-*as* numine torquet ᶜ, | il tourne *les terres* par sa divinité, c.-à-d.
il gouverne la terre par sa puissance.

ɴᴏᴍ Terr-*æ* monstra ferunt ᵈ, | *les terres* portent des monstres.

Le vocatif pluriel est, dans toutes les déclinaisons, semblable au nominatif du même nombre.

Ainsi se déclinent

Tous les substantifs masculins, tous les substantifs féminins et tous
les adjectifs positifs et superlatifs qui ont la désinence de *terr-a*, *terr-æ* :

1°. *Substantifs mascul.*	2°. *Subst. fém.*	3°. *Adjectifs.*
Agricola, laboureur.	*Aqua,* eau.	*Pulchra,* belle.
accola, habitant.	*arista,* épi.	*docta,* savante.
cacula, goujat.	*culpa,* faute.	*pulcherrima,* très-belle.
advena, étranger.	*silva,* forêt.	*doctissima,* très-savante.
etc.	etc., etc.	etc., etc., etc.

Huit substantifs féminins, au lieu d'avoir le dat. et l'abl. pluriels en *is*,
comme *terris*, l'ont en *abus*, et font *animabus*, *asinabus*, *dominabus*,
equabus, *famulabus*, *filiabus*, *mulabus*, *natabus* (*).

IIᵉ DÉCLINAISON. 1ᵉʳ *MODÈLE.*

DOMINUS , *maître , seigneur , monsieur.*

ɢᴇ́ɴ. Domin-*i* ædes pervolat ᵉ, . | elle vole aux appartements *du maître.*

ᴅᴀᴛ. Domin-*o* venatur verta | le chien de chasse chasse pour *son*
gus ᶠ, | *maître.*

ᴀʙʟ. Domin-*o* absente id ità fit ᵍ, | *le maître* absent, c'est ce qui arrive.

ᴀᴄᴄ. Domin-*um* generosa recu- | généreuse, elle refuse *un maître.*
sat ʰ,

ɴᴏᴍ. { Domin-*us* à cœnâ redit ⁱ, | *le maître* revient du souper.
{ Vɪʀ * me orabat meus ᵏ, | *mon homme* (ou mari) me priait.

(*) Il a y a aussi des mots comme *Æneas*, *Anchises*, *Penelope*, qu'on rapporte à cette déclinaison, et sur lesquels il y a quelques particularités à observer. *Voy.* la note 22, où sont renvoyées toutes les petites irrégularités déclinatives.

a Vɪʀɢ. *Æn.* 4, *v.* 613. | e Vɪʀɢ. *Æn.* 12, *v.*473. | i Pʀᴀᴅ. *l.* 2, *fab.* 8.
b Vɪʀɢ. *Æn.* 1, *v.* 3. | f Mᴀʀᴛ. *Epigr. l.* 14. | k Pʟᴀᴜᴛ. *Casin.* 3, 2.
c Vɪʀɢ. *Æn.* 4, *v.* 269. | g Tᴇʀ. Pʟᴀᴜᴛ.
d Vɪʀɢ. *Georg.* 1, *v.* 185. | h Ovɪᴅ. *l.* 8, *Metam.*

voc. {
Domin-*e*, non putavi[a], . | *monsieur*, je n'ai pas pensé.
Mi-vir[+], i tu, atque ar-cesse illam[b], | mon HOMME, va et fais-la venir.
Juli..[+]Flore, scire laboro[c], | JULIUS Florus! je désire savoir.
}

VIR indique une variété importante à remarquer : elle peut être généralisée ainsi :

« La 2ᵉ déclinaison a des mots qui n'ont pas le nominatif singulier en
» us, tels sont *vir*, *puer*, *niger*, *satur*, etc; alors, le vocatif singulier
» reste semblable au nominatif».

L'adjectifs *meus* est aussi, comme on voit, une exception : il fait
au vocatif *mi*, *mi vir*.

Il y a une seconde variété indiquée par JULI : Au vocatif singulier, on
retranchera us dans tous les noms propres d'hommes : ainsi, *Julius* fait
JULI, *Antonius* fait ANTONI. La note 22 réunit toutes les petites irrégularités des déclinaisons.

Pluriel.

GÉN. Domin - *ORUM* discordiâ ruit domus[d], | c'est par la discorde *des maîtres* que tombe une maison.
DAT. Domin-*is* parere coge-mur[e], | nous serons forcés d'obéir *à des maîtres.*
ABL. Domin - *is* absentibus , perstrepunt[f], | *les maîtres* absents, on fait du bruit.
ACC. Domin-*os* habere debet qui se non habet[g], | il doit avoir *des maîtres*, celui qui n'a pas soi pour maître.
NOM. Domin-*i* ubi absunt, pers-trepunt[h], | ils font du bruit quand *les maîtres* sont absents.

Ainsi se déclinent

Tous les substantifs masculins, tous les substantifs féminins et tous
les adjectifs (positifs et superlatifs) qui ont le génitif singulier en i, ou
le gén. plur. en ORUM.

1°. *Subst. masculins.*		2°. *Subst. féminins.*		3°. *Adjectifs.*	
Equus,	cheval.	*Laurus*,	laurier.	*Bonus*,	bon, celui qui
asinus,	âne.	*corylus*,	coudrier.		est bon.
oculus,	œil.	*fagus*,	hêtre.	*malus*,	mauvais.
puer, *i*,	enfant.	*fraxinus*,	frêne.	*liber*, *i*,	libre.
magist-er, *ri*,	maître.	*populus*,	peuplier.	*nig-er*, *ri*,	noir.
populus,	peuple.			*optimus*,	très-bon.
etc., etc., etc.		etc., etc., etc.		*nigerrimus*,	très-noir.

a PLIN. *Epist.* 188. | d —CIC. *de Finib.*, etc. | g MART. *l.* 2, *epig.* 48.
b PLAUT. *Casin.* 3, 3. | e VIRG. *Æn. l.* 12, *v.* 236. | h TER. *Eun.* 3, 5.
c HOR. *L.* 1, *epist.* 3. | f = TER. *Eun.* 3, 5. |

2ᵉ MODÈLE, ou MODÈLE DES NEUTRES.

VINUM , *vin.*

GÉN.	Vin-*i* vitio feci ᵃ, ...	j'ai fait cela par le vice du *vin.*
DAT.	Vin-*o* indulgent ᵇ, ...	ils se livrent *au vin.*
ABL.	Vin-*o* forma perit ᶜ, ...	la beauté périt *par le vin.*
ACC.	Vin-*um* potas? album an nigrum ᵈ ?	bois-tu *du vin* blanc ou du vin noir, (c.-à-d. du vin rouge) ?
NOM.	Vin-*um* sublimia pectora fregit ᵉ,	*le vin* a énervé des cœurs sublimes.

Le vocatif singulier des neutres est toujours semblable au nominatif du même nombre; l'acc. est aussi toujours semblable au nominatif.

Pluriel.

GÉN.	Vin-*orum* diversa genera ᶠ,	il y a divers genres *de vins.*
DAT.	Vin-*is*. NOTA. Cette forme et celle de l'abl. sont semblables dans les cinq déclinaisons.	
ABL.	Vin-*is* oculi natabant ᵍ, ...	les yeux nageaient dans *les vins.*
ACC.	Vin-*a* liques ʰ, ...	coule tes *vins.*
NOM.	Vin-*a* repertori nocuére ⁱ,	*les vins* ont nui à leur inventeur.

Ainsi se déclinent

Tous les substantifs neutres et tous les adjectifs neutres (positifs et superlatifs), qui ont le génitif singulier en ı, ou le génitif pluriel en ORUM.

1°. Substantifs neutres.		2°. Adjectifs.	
Fanum,	temple.	*Bonum,*	ce qui est bon.
Mancipium,	esclave.	*Malum,*	ce qui est mauvais.
Jussum,	ordre.	*Æquum,*	ce qui est juste.
Mandatum,	commission.	*Optimum,*	ce qui est très-bon.
Vinculum,	lien.	*Pessimum ,*	ce qui est très-mauvais.
Damnum ,	perte.	*Æquissinum,*	ce qui est très-juste.
Malum ,	pomme.		

Une remarque bien importante , c'est que tous les neutres, de quelque déclinaison qu'ils soient , ont toujours les trois derniers cas semblables, et que ces trois cas sont toujours en A, au pluriel (22).

---

a PLAUT. *Aul.* 4, 10.	d PLAUT. *Men.* 5, 5.	g OVID. *Fast. l.* 6.
b VIRG. etc.	e OVID. *l.* 1, *Fast.*	h HOR. 1, 10.
c OVID. *Metam.*	f CELS.	i PROPERT.

Déclinaisons régulières.

IIIᵉ DÉCLINAISON. 1ᵉʳ *MODÈLE*.

HOMO, *homme*, *femme*.

GÉN.	Homin-*is* ingenui est benè velle ᵃ,	c'est le propre *d'un homme* bien 1 d'être bienveillant.
DAT.	Homin-*i* nemini servias ᵇ,	ne sois esclave *à aucun mortel.*
ABL.	{Homin-*e* illo opus est ᶜ, ..	on a besoin *de cet homme.*
	{Omn-*i* ex numero ᵈ, ...	tiré *de tout* le nombre.
ACC.	Homin-*em* quæro ᵉ, ...	je cherche *un homme.*
NOM.	Homo es, euge, euge ᶠ, ..	allons, bien, tu es *un homme.*
VOC.	Homo nihili! non pudet te?	*homme de rien*, tu n'as pas honte ?

L'ablatif a, comme on voit, deux modèles, *homine* et *omni.*

RÈGLE : Tous les adjectifs qui, à l'une de leurs formes nominatives sont terminés en IS ou E, ont l'ablatif singulier en I : *celeber, celebri, celebre, fortis, forte,* font donc à l'ablatif singulier, *celebri* et *forti.*

NOTA. Les adjectifs en NS, et en X, ainsi que les comparatifs ; ou indifféremment l'ablatif singulier en E ou en I : *potens, amans, potentior,* etc., font à l'ablatif *potenti* ou *potente,* etc., *amanti* ou *amante, potentiori* ou *potentiore.*

Pluriel.

GÉN.	Homin-*um* } omn-*ium* } teterrime ʰ !	ô ! le plus noir *de tous les hommes.*
DAT.	Homni-*ibus* universis malè facit ⁱ,	il fait du mal *à tous les hommes.*
ABL.	Cum homin-*ibus* frugi, ibi bibisti ᵏ,	tu as bu *avec des hommes de bien.*
ACC.	Homin-*es* occupatos occupat ˡ,	il prend *les hommes* sur le fait.
NOM.	Homin-*es* fabulantur per viam ᵐ,	*les hommes* causent en route.

Le génitif *omnium* sert à établir CETTE RÈGLE :

« Lorsque l'ablatif est en I, ou qu'il est double, c'est-à-dire en E ou « le génitif pluriel est en IUM ». Cependant, les comparatifs, qui ont double ablatif, ont le génitif pluriel en UM : *potentior-um.*

---

a Cɪᴄ. 3, *de Finib.*
b Cɪᴄ. *in Syll.*
c Tᴇʀ. *Eun.* 5, 10.
d Vɪʀɢ. *Æn.* 1, *v.* 171.
e Pʜᴀᴅ. 3, *fab.* 19.
f Pʟᴀᴜᴛ. *Epid.* 3, 4.
g Pʟᴀᴜᴛ. *Trin.* 4, 3.
h Pʟᴀᴜᴛ. *Most.* 3, 1.
i Pʟᴀᴜᴛ. *Trinum.* 4,
k *Ibid.*
l Pʟᴀᴜᴛ. *Men.* 3, 1.
m Pʟᴀᴜᴛ.

Déclinez ainsi,

D'après l'analogie et les règles ci-dessus, tous les substantifs et adjectifs masculins et féminins qui ont le génitif singulier en IS ou le pluriel en UM ou en IUM.

Pat-*er*,	*ris*,	m.	.....	Père.	Celeb-*er*,	*ris*,	m. Celui qui est célèbre.
Calor,	*is*,	m.	.....	chaleur.	Celebr-*is*,	*is*,	f. celle qui est célèbre.
Lepor,	*is*,	m.	...	beauté.	Fort-*is*,	*is*,	m. fort, courageux.
Lepo-*s*,	*ris*,	m.	...	beauté.	Fort-*is*,	*is*,	f. forte.
Mulier,	*is*,	f.	....	femme mariée.	Fortior,	*is*,	m. plus fort.
					Fortior,	*is*,	f. plus forte.
Can-*is*,	*is*,	m. et f.		chien.	Cura-*x*	*cis*,	m. soigneux.
Lep-*us*,	*oris*,	m. et f.		lièvre.	Cura-*x*,	*cis*,	f. soigneuse.
Æta-*s*,	*tis*,	f.	.....	âge.	Poten-*s*,	*tis*,	m. puissant.
Virtu-*s*,	*tis*,	f.	.....	vertu.	Poten-*s*,	*tis*,	f. puissante.
Coctio,	*nis*,	f.	....	coction.			

Cette déclinaison n'a point de finale déterminée au nominatif singulier; ce cas est donné, et ne se forme point.

MODÈLE DES NEUTRES.

PECTUS, PECTORIS, *poitrine, cœur.*

GÉN., DAT. et ABL., comme dans le premier modèle, c'est-à-dire, *pector-is, pector-i, pector-e omni.*

ACC. Pectus mucrone recludit [a], | il ouvre *le cœur* avec la pointe.
NOM. Pectus ardet, hæreo [b],... | mon *cœur* brûle, je suis inquiet.

VOC. Pectus. Jamais, en aucune déclinaison, le vocatif neutre ne diffère du nominatif.

La règle *omn-i ex numero* s'applique aux neutres. Il faut ajouter que tous les substantifs en AL, AR, E, comme *anim-al, exempl-ar* et *cubil-e,* ont aussi l'ablatif en I.

Pluriel.

GÉN., DAT. et ABL., comme dans le modèle : *pector-um omn-ium, pector-ibus.*

ACC. Pector-*a* mulcet [c], ... | il calme les cœurs.
NOM. { Pector-*a* sunt potiora manu [d], | les cœurs sont plus puissants que la main.
{ Omn-*ia* plena [e], ... | tout est plein.

---

a VIRG. *Æn.* 10, *v.* 601. | c VIRG. *Æn.* 1, *v.* 197. | e VIRG. *Georg.* 2, *v.* 4.
b PLAUT. *Merc*, 3, 4. | d OVID. 13, *Metam.* 6. |

La règle omn-*ium* est applicable aux neutres, et lorsque le génitif pluriel neutre est en ɪᴜᴍ, les trois derniers cas sont en ɪᴀ, comme omn-*ɪᴀ*.

Déclines ,

D'après l'analogie ci-dessus , et les règles *omni* , *omnium* , *omnia* , les substantifs et les adjectifs neutres :

1°. *Les substant. neutres.*			2°. *Les adjectifs neutres.*		
Vuln-*us*,	*eris*,	Blessure.	Celebr-*e*,	*is*,	ce qui est célèbre.
Culm-*en*,	*inis*,	chaume.	Fort-*e*,	*is*,	ce qui est courageux.
Rob-*ur*,	*oris*,	vigueur.	Pruden-*s*,	*tis*,	ce qui est prudent.
Dogma,	*tis*,	dogme.	Aman-*s*,	*tis*,	ce qui est aimant.
Cubil-*e*,	*is*,	lit.	Viva-*x*,	*cis*,	ce qui est vivace.
Pulvinar,	*is*,	coussin.	Fort-*ius*,	*ioris*,	ce qui est plus courageux.
Animal,	*is*,	animal.	Prudent-*ius*,	*ioris*,	ce qui est plus prudent.
etc.,	etc.		etc.		

Nᴏᴛᴀ. Le comparatif n'a jamais le génitif en ɪᴜᴍ, ni les trois derniers cas en ɪᴀ.

IVᵉ DÉCLINAISON.

ᴍᴀɴᴜꜱ, *main ; force , armée , pouvoir.*

ɢᴇ́ɴ.	Man-*ûs* injectio non est in vera bona[a],	le coup *de main* ne se fait pas sur les vrais biens.
ᴅᴀᴛ.	Man-*ui* manum junge, ...	joins la main *à la main.*
ᴀʙʟ.	Man-*u* fert lapidem[b], ...	*d'une main* il porte une pierre.
ᴀᴄᴄ.	Man-*um* non verterim[c], ..	je n'en tournerais pas *la main.*
ɴᴏᴍ.	Man-*us* emicat ardens[d], ...	*une troupe* bouillante s'élance.

Pluriel.

ɢᴇ́ɴ.	Man-*ûum* lotio fiebat post epulas[e],	la lotion *des mains* se faisait après le repas.
ᴅᴀᴛ.	Man-*ibus* aquam date[f], ...	donnez de l'eau *sur les mains.*
ᴀʙʟ.	Man-*ibus* date lilia plenis[g],	jetez les lis *à pleines mains.*
ᴀᴄᴄ.	Man-*us* dedisti[h], ...	tu as renoncé.
ɴᴏᴍ.	Man-*us* credunt quod vident[i],	les mains croient ce qu'elles voient.

---

a Sᴇɴᴇᴄ. *de tranq. Vitd.*
b Pʟᴀᴜᴛ. *Aul.* 1 , 4.
c Cɪᴄ. 3 , *de fin.* 6.

d Vɪʀɢ. *Æn.* 6, *v.* 5.
e = Sᴇɴᴇᴄ.
f Pʟᴀᴜᴛ. *Pers.* 5, 1.

g Vɪʀɢ. *Æn.* 6, *v.* 883.
h Cɪᴄ. *Att.* 16.
i Pʟᴀᴜᴛ. *Asin.* 1, 3.

Ainsi se déclinent,

Les substantifs masculins et les substantifs féminins, qui ont le génitif singulier en **us**, et le génitif pluriel en **uum**.

Substantifs masculins.	*Substantifs féminins.*
Duct-*us*, *ús*, conduit, de *duco*.	An-*us*, *ús*, vieille.
Act-*us*, *ús*, acte, d'*ago*.	Nur-*us*, *ús*, belle-fille.
Mot-*us*, *ús*, mouvement, de *moveo*.	
Vis-*us*, *ús*, vue, de *video*.	Cette déclinaison a très-peu de
Jact-*us*, *ús*, jet, de *jacio*.	mots féminins, elle n'a point de
Exercit-*us*, *ús*, armée, d'*exerceo*.	neutres, à moins qu'on n'y rapporte *cornu*, *genu*, et quelques
	autres mots indéclinables au sin
Beaucoup de ces substantifs verbaux	gulier, qui font le génitif pluriel
n'ont que l'accusatif et l'ablatif singu	en *úum*, le datif et l'ablatif plu
lier, vulgairement appelés supin en	riels en **ibus**, et les trois dernier**s**
um, et supin en **u**, tels sont :	cas en **ua**. *Cornúum, cornibus,*
Amat-*um*, amat-*u*.	*cornua.* Voy. note 22, pag. 103.
Doct-*um*, doct-*u*, etc., etc.	

V^e. DÉCLINAISON.

R-**ES**, R-**EI**, *chose, bien,* etc.

GÉN. R-*ei* argumentum dicam[a],	je dirai le sujet de la *chose.*
DAT. R-*ei* operam dabo[b],	je donnerai mes soins *à la chose.*
ABL. R-*e* benè gestâ potasti » scelus[c],	*la chose* ayant été bien faite, c.-à-d. ayant réussi, tu es allé boire, scélérat.
ACC. R-*em* tenes[d],	tu tiens *la chose* (tu y es).
NOM. R-*es* monet[e],	*la chose* avertit (la chose parle).

Pluriel.

GÉN. R-*erum* suarum satagit[f],	il a assez (ou il se mêle) *de ses affaires.*
DAT. R-*ebus* nox abstulit colorem[g]	la nuit a ôté la couleur *aux choses.*
ABL. R-*ebus* in omnibus » magni fit eventus[h],	en toutes *choses* l'évènement est d'un grand prix.
ACC. R-*es* multas tibi mandavi[i],	je t'ai confié beaucoup de *choses.*
NOM. R-*es* humanæ caducæ sunt[k],	*les choses* humaines sont caduques.

Ainsi se déclinent,

Le substantif masculin *dies, diei,* jour, et les substantifs féminins qui au singulier ont le **nom.** en **es**, et le **gén.** en **ei**.

---

a PLAUT. *Trin.* 2, 4.	e PLAUT. *Capt.* 2. 1.	i PLAUT. *Pœn.* 1, 1.
b PLAUT. *Curc.* 4, 2.	f » TER. *Heaut.* 1, 3.	k CIC.
c TER. *Adelp.* 4, 8.	g VIRG. *Æn.* 6, *v.* 272.	
d TER. *Andr.* 2, 2.	h PLAUT. *Most.* 1, 3.	

Il est bon de remasquer, pour faire des progrès dans la nomenclature, que les mots de cette déclinaison, excepté peut-être le seul *dies*, se rattachent à un verbe.

Faci-*es*, *ei*, face,........	de *facio*,	je fais.
Effigi-*es*, *ei*, effigie,.....	d'*effingo* ;	je forme.
Speci-*es*, *ei*, espèce, ...	de *spicio*,	d'où *conspicio*, etc.
Seri-*es*, *ei*, série,.......	de *sero*,	je lie.
R-*es*, *ei*, réalité, ...	de *reor*,	je crois réel.
Temperi-*es*, température,	de *tempero*,	je tempère.
Illuvi-*es*, inondation, .	de *lavo*, *luo*, je lave.

TABLEAU analytique de toutes les Déclinaisons régulières.

NOMB.	CAS.	1° DÉCL. m. et f.	2° DÉCLINAISON. m. et f.	n.	3° DÉCLINAISON. m. et f.	n.	4° DÉCL. m. et f.	5° DÉCL. m. et f.
SING.	GÉN.	æ....	i....	i....	is....	is....	ûs....	ei....
	DAT.	æ....	o....	o....	i....	i....	ui....	ei....
	ABL.	à....	o....	o....	e *ou* i.	i *ou* e.	u....	e....
	ACC.	am...	um..	um..	em ..	»*..	um..	em..
	NOM.	a....	us ou »*	um ..	»*....	»*....	us....	es....
	VOC.	a....	e ou »*	um ..	»*....	»*....	us....	es....
PLUR.	GÉN.	arum .	orum .	orum.	um æ ium	um æ ium	ûum .	erum.
	DAT.	is....	is....	is....	ibus..	ibus .	ibus .	ebus .
	ABL.	is....	is....	is....	ibus..	ibus .	ibus .	ebus .
	ACC.	as....	os....	a....	es....	a *ou* ia	us....	es....
	NOM.	æ....	i....	a....	es....	a *ou* ia	us....	es....
	VOC.	æ....	i....	a....	es....	a *ou* ia	us....	es....

On peut, à la vue de ce tableau, répéter toutes les déclinaisons phrasées régulières, en cette sorte :

GÉNITIF, Æ : *terr-æ filius est*, il est fils de la terre ; DATIF, Æ : *terr-æ applicat ipsum*, ainsi de suite.

C'est ainsi qu'on apprendra, tout à la fois, le sens et la forme des cas, qu'on en saisira le génie, qu'on s'accoutumera à distinguer, par le sens, les cas mêmes qui se confondent par la forme : par exemple, à trouver quatre sens casuels dans le seul mot *terræ*, cinq dans *manus*, et autant dans *res*.

(*) Tout cas figuré par un guillemet est le nominatif singulier, tel qu'il

est donné par le dictionnaire, ou c'est un cas qui a la même forme que le nominatif. Au reste, ceux qui auront des doutes sur l'application de ce tableau n'ont, pour les lever, qu'à consulter les déclinaisons phrasées.

Remarques sur la distribution des Cas.

Il sera facile de remarquer, 1°. pourquoi le datif et l'ablatif, si souvent semblables au singulier, et toujours semblables au pluriel, ont été mis à côté l'un de l'autre; 2°. pourquoi l'accusatif et le nominatif, si souvent semblables au pluriel, et toujours semblables dans les neutres, n'ont pu être séparés; 3°. pourquoi les quatorze vocatifs, treize fois semblables au nominatif, sont placés à la suite des nominatifs (21).

Irrégularités

Qui n'ont point encore été traitées.

Elles complètent la théorie des déclinaisons; elles sont toutes rassemblées dans une seule note qu'on pourra consulter et étudier en temps et lieu (22).

---

(21) L'art des classifications consiste à grouper les ressemblances, et à séparer les différences. Or c'est ce que fait notre tableau déclinatif, au point qu'il est impossible d'y faire aucun changement.

Nous disons en quatre temps, par exemple : GÉN. *viri*, DAT. et ABL. *viro*, ACC. *virum*, NOM. et VOC. *vir;* et en trois, *templi, templo, templum*. L'ancienne méthode, déjà abandonnée par plusieurs instituteurs, semble s'efforcer à séparer ce que l'analogie rassemble, et dit : NOM. *vir*, GÉN. *viri*, DAT. *viro*, ACC. *virum*, VOC. *vir*, ABL. *viro*, etc.

(22) IRRÉGULARITÉS *qui n'ont point été traitées.*

PREMIÈRE DÉCLINAISON.

Il y a trois sortes de noms grecs qu'on a coutume de rapporter à la première déclinaison. Ils suivent les trois analogies suivantes :

	EPITOME.	COMETES.	ÆNEAS.	
GÉN.	épitom-*es*,	comet-*æ*,	Æne-*æ*.	Lorsque ces trois sortes de mots ont un pluriel, ils se déclinent régulièrement, c'est-à-dire comme *terrarum*, etc.
DAT.	épitom-*æ*,	comet-*æ*,	Æne-*æ*.	
ABL.	épitom-*e*,	comet-*e*,	Æne-*â*.	
ACC.	épitom-*en*,	comet-*en*,	Æne-*am*, ou *an*,	Dans *pater-familias*, père de famille, *filia - familias*, etc., *familias* ne varie point. On croit que c'est un génitif irrégulier. Cependant on dit: nom. *familia*, gén. *familiæ*; jamais *familias* seul n'est employé qu'à l'accusatif pluriel.
NOM.	épitom-*e*,	comet-*es*,	Æne-*as*.	
VOC.	épitom-*e*,	comet-*e*,	Æne-*a*.	

7.

CHAPITRE III.

Méthode pour remonter au Nominatif par le Génitif ou tout autre Cas.

Lorsque, connaissant aussi le système conjugatif, on voudra, sans le secours d'une traduction, lire les auteurs, la première condition à remplir, ce sera de pouvoir trouver dans le dictionnaire les mots dont le sens est inconnu.

Soient par exemple les phrases :

Acres venabor apros [a].	*Tergora* diripiunt [c].
Frutices in *gurgite* sistam [b].	*Velleribus* » jacebat [d]. .

S'il ne s'agissait que de reproduire le génitif, cette opération serait facile, il suffirait d'échanger les finales,

Et l'on arriverait,

D'acres	à *acris,*	De gurgite	à *gurgitis,*
D'apros	à *apri,*	De tergora	à *tergoris,*
De frutices	à *fruticis,*	De velleribus	à *velleris.*

Mais le dictionnaire résiste à toutes ces formes. C'est au nominatif

---

Suite de la note 22.

II° DÉCLINAISON.

1°. *Filius,* fils ; *genius,* génie, font au vocatif *fili, geni.*

On a déjà vu que *meus* fait *mi, anime mi,* mon cœur, *mi vir,* mon homme ou mon mari !

2°. *Deus, agnus* et *chorus,* ont le vocatif singulier semblable au nominatif.

Deus fait au pluriel, nom. et voc. *dii* ou *dei,* et par inter-soustraction *di,* dat. et abl. *diis* ou *deis* ou *dis.* Il se fait aussi quelquefois une inter-soustraction au génitif pluriel, *deûm* pour *deorum.* On trouve encore la même altération dans quelques autres mots, *nummûm* pour *nummorum,* etc.

3°. Il y a des noms propres grecs dont la déclinaison est partie grecque et partie latine.

Orpheus , Orphée,

gén. Orphe-*i* ou *os,*	acc. Orphe-*um* ou *on* ou *a.*	
dat. Orphe-*o,*	nom. »	Ainsi se déclinent *Theseus,*
abl. Orphe-*o,*	voc. Orphe-*u.*	*Perseus,* etc.

a Virg. *Ecl.* 10, *v.* 56.	c Virg. *Æn.* 1, *v.* 211.
b Petron. *in satir.* 135.	d Virg. *Æn.* 7, *v.* 94.

acer, aper, frutex, gurges, tergus, vellus, qu'il faut remonter ; autrement, le dictionnaire reste clos , et la traduction est impossible.

Le nominatif singulier étant déterminé dans la 4ᵉ et la 5ᵉ déclinaison , le retour à cette forme est toujours facile. Par exemple, si l'on a *di-erum, di-ebus*, l'échange de ces finales en *es*, finale constante du nominatif, donne *dies*. Mais les trois premières déclinaisons présentent plus ou moins de difficulté , et seront l'objet de TROIS PARAGRAPHES.

§ 1. — Iʳᵉ DÉCLINAISON.

Étant trouvé dans un auteur le Génitif (ou tout autre cas que le Nominatif) remonter au Nominatif singulier.

Le nominatif singulier de cette déclinaison est presque toujours en *a*. Le petit nombre de mots, qui s'écartent de cette analogie, est grec , comme *Menelas*, *Anchises*, *Penelope* ; et, dans ces mots mêmes, la variation se bornant à la finale, la recherche n'offre pas de difficulté.

Seulement, il faut observer que, les adjectifs ne se trouvant dans les dictionnaires que sous la forme du nominatif masculin, il faut acquérir cette seconde connaissance pour arriver à la première. Ainsi, par exemple, si l'on a *pulchrarum*, on en fera *pulchra* par l'échange des finales, et *pulcher* par un autre procédé, que donnera le paragraphe suivant.

Suite de la note 22.

IIIᵉ DÉCLINAISON.

1°. *Bos, bovis*, bœuf, fait au pluriel, GÉN. *boum*, DAT. et ABL. *bobus* ; les trois derniers cas , *boves*, sont réguliers.

2°. Les parisyllabes comme *nubes*, GÉN. *nubis*, et les nominatifs monosyllabes comme *par*, *mons*, ont le génitif pluriel en *ium*, *nubium*, *parium*, *montium*.

Cependant, les parisyllabes *canis*, *panis*, *juvenis*, *vates*, *strigilis*, et les monosyllabes *crus*, *dux*, *flos*, *fraus*, *fur*, *grus*, *laus*, *lex*, *mos*, *nux*, *pes*, *ren*, *rex* et *sus*, suivent l'analogie générale, et font au génitif pluriel *canum*, etc., *crurum*, *ducum*, etc.

3°. Les noms grecs se déclinent d'après les modèles suivants :

	PALLAS.	PARIS.	CRISIS.	HEROS.	DAPHNIS.
GÉN.	Pallad-*is* ou *os*.	Parid-*is* ou *os*.	Cris-*is* ou *eos*.	Hero-*is*.	Daphn-*is* ou *idis*.
ACC.	Pallad-*em* ou *a*.	Parid-*em* ou *a*.	Cris-*im* ou *in*.	Hero-*em* ou *a*.	daphn-*im* ou *in*, *ida*, *idem*.
NOM.	Pallas. »	Paris. »	Cris-*is*. »	Her-*os*. »	Daphn-*is* »
VOC.	Pallas. »	Pari. »	Cris-*is*. »	Her-*os*. »	Daphn-*i*. »

§ 2. — IIe DÉCLINAISON.

Étant trouvé dans un auteur le Génitif ou tout autre cas,
remonter au Nominatif.

N° 1.

Le *Génitif en* ERI, amène le *Nominatif en* ER dans les mots suivants :

Adulter-*os* punivit [a],...........	il punit les adultères.
Asper-*i* saporis allium [b],.......	l'ail est d'une odeur âpre.
Gener-*i* non lavantur cum so- cer-*is* [c],	les gendres ne se baignent point avec les beaux-pères.
Gibber-*i* spina remissa [d],......	l'épine du bossu est relâchée.
Lacer-*um* » Deiphobum vidit [e],.	il vit Déiphobe déchiré.
Liber-*i* similes patri [f],.........	les enfants (nés libres) ressemblent à leur père.
Væ *miser-o* mihi [g] !...........	malheur à moi misérable !
Presbyter-*i* » coronati» sedent [h],	les prêtres sont assis couronnés.
Prosper-*os* exitus consequar [i],..	j'obtiendrai d'heureux résultats.
Puer-*i* ludis tenentur [k],........	les enfants sont captivés par les jeux.
Tener-*is* annis lustrasti »terras [l]..,	dans tes tendres années,tu as visité....
Vesper-*o* surgente, decedunt [m],.	l'étoile du soir se levant, elles se re- tirent.

Lorsqu'on comprend les phrases, il faut partir du premier mot,

---

Suite de la note 22.

Dans ces différents mots, le datif et l'ablatif singuliers sont réguliers. Seulement *cri-sis*, fait à l'ablatif *crisi*. Il en est de même d'*hæresis*, gén. *hæresis* ou *hæres-eos*, etc.

L'accusatif pluriel est souvent double dans les noms qui ont l'acc. sing. double, en *em* et en *a*. Ainsi, l'on a *hero-es* et *hero-as*, *crater-es* et *crater-as*, parce qu'on a *heroem* et *heroa*, *craterem* et *cratera*.

4°. Les mots neutres en *ma*, ont quelquefois un double datif pluriel, *poematibus*, ou *poematis*.

5°. Amussis, buris, centussis, decussis, } ont l'accusatif en *im*, et l'ablatif en *i*.
pelvis, ravis, sitis, tigris,

Araris, fait à l'accusatif *Ararim*, à l'ablatif *Arari* ou *Arare*.

Vectis, levier, fait à l'ablatif *vecti*.

Puppis, navis, et quelques autres ont un double accusatif en *em* ou *im*, *puppem* ou *puppim*.

---

a Tacit. *Ann.* 3, 24.	e Virg. *Æn.* 6, *v.* 495.	i Cic. *Att.* 1, 9, *ep.* 6.
b Plin. 19, 6.	f Seneg. *Med.* 1 , 5.	k Cic. 5, *de Fin.* 18.
c Cic. 1 , *de Off.* 35.	g Ter. *Adelph.* 3, 2.	l Plin. *in Paneg.* 16.
d Plin. 34, 3.	h Tertul. *de Cor.Milit.*	m Hor. 2, *Od.* 6.

et du génitif passer au nominatif en cette sorte : *Adulteros*, génitif *adulter-i*, nom. *adulter ;* socaris, génitif *soceri,* nom. *socer ;* ainsi du reste.

N° 2.

Armifer-*i* admirator armifer °,.. | celui *qui porte les armes* (ou le guer-
rier), est l'admirateur du guerrier.

Armiger-*i* non est armiger °, ... | il n'est pas d'écuyer d'écuyer.

Règle. C'est toujours d'un génitif en *feri* et *geri*, que viennent les nominatifs en *fer*, *ger*.

Suite de la note 22.

IV° DÉCLINAISON.

1°. *Arcus, artus, lacus, quercus, portus, specus,* } font le datif et l'ablatif en ubus.

Veru, indéclinable au singulier, fait aussi ces deux cas en ubus.

2°. *Cornu* et autres mots en u, sont indéclinables au singulier, et font au pluriel uum, ibus, ua : *cornuum, cornibus, cornua.*

V° DÉCLINAISON.

Il n'y a que cinq mots de cette déclinaison qui se trouvent employés dans les bons auteurs au génitif, au datif et à l'ablatif pluriels : ces mots sont *res*, *species*, *facies*, *progenies* et *dies* : on dit bien *rerum*, *rebus*, *specierum*, *speciebus*, etc. ; mais on n'a jamais dit *sperum*, *spebus*, etc.

MOTS

Qui suivent deux Modèles de Déclinaison.

sing. Avern-*us*, *i*, plur. avern-*a*. carbas-*us*, *i*, — carbas-*a*. sibil-*us*, *i*, — sibil-*a*, tartar-*us*, *i*, — tartar-*a*.	Au singulier, ils sont masculins, et se déclinent comme *dominus ;* ils sont neutres au pluriel, et se déclinent comme *vina.*
sing. cœl-*um*, *i*, plur. cœl-*i*. elysi-*um*, *i*, — elysi-*i*.	Au singulier, ces deux mots sont neutres, et se déclinent comme *vinum ;* au pluriel ils sont masculins et se déclinent comme *domin-i*, *domin-orum.*
sing. delici-*um*, *i*, plur. delici-*œ*. epul-*um*, *i*, — epul-*œ*.	Ici non-seulement le modèle, mais la déclinaison est changée au pluriel.
sing. balne-*um*, *i*, plur. balne-*œ* ou balne-*a*, comme *terræ* ou *vina.* loc-*us*, *i*, plur. loc-*i* ou loc-*a*, c'est-à-dire comme *domini* ou *vina.*	

On a *juger-um*, *i*, et *juger*, *juger-is*, et par cette double voie on a deux séries de formes. On a déjà vu la double déclinaison de *domus*.

---

a *Imité de* Virg. *de Stat* , etc.

N° 3.

Le *génitif* en RI amène le *nominatif* en ER dans les mots suivants :

Æg-ri^{er} omnes non convalescunt^a,	tous les malades ne guérissent pas.
Ag-*rum* hic mercatus es^b, ...	tu as acheté là un champ...
Ap-*ri* « fulmen habent in denti- bus^c,	les sangliers ont la foudre dans les dents.
Arbit-*rum* » me cepére ^d ,.	ils m'ont pris pour juge.
At-*ri* dies erant nefasti ^e ,.	les jours *noirs* étaient néfastes.
Canc-*ri* signa rubescunt ^f ,.	les signes du cancer (l'écrevisse) com- mencent à se colorer en rouge.
Cap-*ri* et cap-*ræ* carpunt ^g ,. . . .	les *boucs* et les chèvres broutent.
Colub-*rum* in sinu foves ^h ,.	tu réchauffes une couleuvre dans ton sein.
Cult-*rum* habeo » acutum ⁱ ,. . . .	j'ai un couteau aiguisé.
Dext-*rum* fuge littus ^k ,.	fuis le rivage droit.
Fab-*ros* æris amavit ^l ,.	il aima les ouvriers en airain.
Lib-*rum* edidit ^m ,.	il publia un *livre*.
Mac-*ro* pauper agello, noluit ⁿ ,.	pauvre, avec un champ maigre....
Nig-*rorum* memor ignium (esto)^o,	sois mémoratif des feux *noirs*.
Pulch-*ro* sedet illa recessu ^p ,. . .	elle est assise dans une belle retraite.
Sacr-*um* exstruat lignis focum ^q ,.	qu'elle arrange le foyer *sacré* avec des bois.
Vaf-*ri* » non sunt in disputan- do^r,	ils ne sont pas très-fins dans la discus- sion.

Tels sont les mots épars, qui, par le génitif en *ri*, sans *e* de- vant *i*, font le nominatif en *er*.

N° 4.

Minist-*ri* minist-er eris ,. . . . . . .|tu seras valet d'un valet.

RÈGLE. C'est d'un génitif en *stri*, que viennent tous les nominatifs en STER de cette déclinaison, tels que le précédent, et *auster*, *magister*, *oleaster*, *philosophaster*, etc.

---

a Cic. *Nat. Deor.* 2, 4.
b Ter. *Heaut.* 1, 1.
c Ovid. 10. *Met. v.* 550.
d Ter. *Heaut.* 3, 1.
e Gell. 5, 17.
f Ovid. 6. *Fast. v.* 156.

g =Varr. *R. Rust. c.* 5.
h Proverbe.
i Plaut. *Epid.* 2, 2.
k Vig. *Æn.* 3, *v.* 413.
l Hor. 2. *Epist.* 1, *v.* 97.
m Suet. *in Jul. Cæs.*

n Hor. 1. *Sat.* 6, 'v. 71.
o Hor. 4. *Od.* 11.
p Ovid. 4. *Met. v.* 260.
q Hor. *Epod.* 2, *v.* 43.
r Cic. 3, *de repub.* 12.

N° 5.

Mots qui par le *gén. en* IRI et URI, font le *nomin. en* IR et en UR.

V-*iro* v-*ir* » hæret densus [a],.....	*l'homme* s'attache épais (ou serré) à l'homme.
Sat-*uri* fite [b],..............,...	devenez rassasiés.
Sa-*ur* sum , ...	je le suis.

Vir et ses composés, *duumvir*, etc., sont les seuls mots en *ir*; *satur* est le seul mot en *ur*.

N° 6.

GRANDE ANALOGIE DE LA 2me DÉCLINAISON.

Anim-*i* gratiâ me delegerat [c],...	il m'avait choisi pour cause d'esprit, c.-à-d. pour divertir l'esprit.
Anim-*us* est in patinis [d],.......	mon esprit est dans les plats.
Verb-*i* gratiâ [e],..............	par grâce de parole, c.-à-d., par exemple.
Nec verb-*um* verbo curabis reddere [f],	tu ne t'efforceras pas à rendre mot pour mot.

RÈGLE GÉNÉRALE. Si l'on excepte les mots des cinq premiers numéros, tous les masculins et féminins de la seconde déclinaison ont le nominatif en **us**, et tous les neutres l'ont en **um**.

NOTA. On a vu, p. 75, que les adjectifs triformes, en *us*, *a*, *um*, ceux en *er*, *ra*, *rum*; et ceux en *er*, *era*, *erum*, sont, pour le masculin et le neutre, de la seconde déclinaison; et que, pour le féminin, ils sont de la première. De ces trois formes, une seule, celle des masculins, se trouve dans l'ordre alphabétique du dictionnaire. Si donc le mot est neutre, comme *tenerum*, *pulchrum*, il faudra remonter au génitif, qui est le même que pour le masculin, et de-là au nominatif *tener*, *pulcher*.

C'est aussi à cette dernière forme qu'il faut remonter, lorsque, dans les auteurs, on trouve des adjectifs féminins.

---

a VIRG. *Æn*. 10, *v*. 361.   c CIC. pro. *Rosc. am.* 46.   e CIC. etc. etc.
b PLAUT. *Pœn. prolog.*   d TER. *Eun.* 4, 7.   f HOR. *Art. poet.* v. 133.

§ 3. — IIIe DÉCLINAISON.

Étant trouvé dans un auteur un Génitif singulier, ou tout
autre cas que le Nominatif, remonter à cette dernière
forme.

La solution de cette difficulté occupe ici quelque étendue, mais
elle donne le moyen de pénétrer dans les auteurs, diminue presque
d'autant la liste phrasée des radicaux, qui terminera ce Cours, et
continue la traduction.

Les génitifs et les nominatifs comparés entr'eux, sont égaux ou
inégaux en syllabes, et sont appelés *parisyllabes* ou *imparisyllabes*.
Nous allons traiter des uns et des autres, selon la nature des altérations qu'ils subissent. Nous continuerons la série des numéros. On
verra, par le dernier, que la grande analogie des nominatifs de cette
déclinaison, est d'avoir la même forme que le génitif.

1re SORTE, ou des PARISYLLABES.

N° 7.

Is du génitif est changé en *es* dans les mots suivants :

Acinac-*is* « mutari jussit » vagi-nam ª,	il fit changer le fourreau du sabre.
Æd-*es* » aperiuntur ᵇ, ...	la maison s'ouvre.
Ambag-*es*, mulier, mitte ᶜ, ...	femme, laisse-là les détours.
Ant-*es* opponuntur postibus ᵈ, .	les pilastres antérieurs sont oppo-sés aux poteaux postérieurs.
Cæd-i-*bus* deterruit Orpheus ᵉ, .	Orphée détourna des meurtres.
Clad-*em* divisit in orb-em ᶠ, ...	il répandit le ravage dans l'uni-vers.
Caut-*es* stat horrenda ᵍ, ...	un rocher horrible s'élève.
Compag-*ibus* arctis claudentur belli portæ ʰ,	les portes de la guerre seront closes par des assemblages serrés.
Crat-*es* arbuteis texunt virgis ⁱ,	ils tressent les claies avec des ver-ges d'arboisier.
Fam-*es* esse cœpit ᵏ, ...	la faim (ou la famine) commença.

---

a Curt. 3, 3.
b Plaut. *Curc.* 1, 1.
c Plaut. *Cist.* 4, 2.
d Isid. 5. *Orig.* 7.

e Hor. *Art. poet.* 392.
f Claud. 2, *in Ruf.* 5.
g Cic. = *Plin.* 2. *epist.* 96.
h Virg. *Æn.* 1, *v.* 293.

i Virg. *Æn.* 11, *v.* 65.
k Curt. 10, 8.

Fel-*ium* ** in tenebris fulgent oculi [a],	les yeux des chats brillent dans les ténèbres.
Fid-*em* sustinet à lævâ [b], ...	il tient de la gauche un instrument à cordes.
Grat-*es* tibi ago, summe sol [c], .	je te rends grâces, ô soleil! . . . .
Indol-*is* dedi specimen [d], ...	j'ai fait preuve de caractère.
Lab-*e* carere negant [e], ...	ils nient qu'ils soient exempts de tache.
Lemur-*es* portentaque rides [f],	tu te moques des revenants, etc.
Lu-*es* Latias vitiaverat auras [g],	la contagion avait vicié les airs. . . . .
Man-*ium* jura sancta sunto [h], . . .	que les droits des mânes soient sacrés.
Mol-*em* et montes imposuit [i], . .	il plaça dessus une masse. . . . . .
Nub-*es* globantur [k], ...	les nuages s'amoncèlent.
Prol-*em* est enixa gemellam [l], . . .	elle a enfanté une race jumelle.
Pub-*i* præsent-*i* » dico omnibus [m],	je le dis à tous, à la puberté (la jeunesse) présente.
Rup-*es* immineat (tibi) lapsu [n],	qu'un rocher te menace de sa chute.
Sed-*ibus* altis sedent [o], ...	ils sont assis sur *des sièges* élevés.
Sæp-*ibus* claudatur humus [p], . . .	que la terre soit close par des haies.
Sobol-*em* promittit origine mirâ [q],	il promet *une race* d'une origine admirable.
Sord-*ibus* lætatur [r], ...	elle se plaît dans la *crasse*.
Strag-*em* fecit tempestas [s], ...	la tempête a fait *un dégât.*
Stru-*em* lignorum faciunt [t], ...	ils font *un amas* de bois.
Sud-*em* vix ex osse revellit [u], . .	à peine de l'os arrache - t - il le pieu.
Tab-*es* cadavera solvit [v], ...	la corruption dissout les cadavres.
Vat-*ibus* hic mos est [x], ...	c'est là la coutume des poètes.
Vepr-*es* pruna ferunt [y], ...	les buissons épineux portent des prunes.
Verr-*es* à sue discrepat [z], ...	le verrat diffère du cochon.
Vulp-*es* pilum mutat, non mores **,	le renard change de poil, non de mœurs.

a Plin. 11, 37.
b Ovid. 11, *Met. v.* 167.
c Cic. *in somno Scip.*
d Plin. 3, *Ep.* 11.
e Ovid. *Amor. El.* 5.
f Hor. 2, *Epist.* 2, *v.* 208.
g Ovid. 15, *Met. v.* 626.
h Cic. 2, *de Leg.* 37.
i Virg. *Æn.* 1, *v.* 61.

k Plin. 18, 33.
l Ovid. 9, *Metam. v.* 452.
m Plaut. *Pseud.* 1, 1.
n Claud. 2, *in Ruf.* 507.
o Ovid. 6, *Metam. v.* 72.
p Plin. 12, 5.
q Ovid. 1, *Metam. v.* 251.
r Cic. *pro Cluent.* 6.
s Liv. 10, 34.

t Liv. 21, 37.
u Liv. 26, 51.
v Lucan. 7, *v.* 809.
x Pers. *Sat.* 3.
y Hor. 1, *Epist.* 16, *v.* 9.
z Varr. *de re rust.* 2, 4.
aaProv. = Suet. *in Vespas.* 16.

N.° 8.

IS du gén. est remplacé par E dans le nominatif des mots suivants :

Altar-*is* aram pessumdedit *, ..	il mit à bas la pierre ou petit autel , soutien du *grand autel*.
Ancil-*ia* dicta ab ancisu ᵇ ,.....	les anciles (bouclier) ont été ainsi nommés à cause de leur échancrement.
Bacchanal-*ia* vivunt ᶜ ,.........	ils vivent en fesant les bacchanales.
Se bovil-*i* condidit ᵈ ,.........	il se cacha dans la bergerie.
Caseal-*ia* quotidiè emundanda ᵉ ,	les fromageries doivent être nettoyées tous les jours.
Cæp-*e* nefas violare ᶠ ,........	c'est un crime de toucher à l'ognon.
Conclav-*ibus* sarcinantur (aves)ᵍ,	ils sont engraissés dans des cabinets.
Cubil-*ia* sibi construunt » aves ʰ,	les oiseaux se font des lits.
Il-*ia* pulsat ⁱ,..................	il bat les flancs.
Mantel-*ia* » ferunt ᵏ,..........	ils portent des serviettes.
Mar-*ia* alta tumescunt ˡ ,.......	les mers profondes s'enflent.
Ret-*ia* servo ᵐ ,................	je garde les filets.
Præsep-*ibus* arcent » fucos ⁿ,...	elles écartent des ruches les frelons.
Sedil-*ibus* in primis sedet ᵒ ,....	il s'assied aux premiers siéges.

En changeant la finale IS, IA, IBUS, etc., en E, on a les nominatifs *altare*, *ancile* et *præsepe*. Les mots suivants , savoir :

Gausape ,	Superliminare ,	Mamillare ,	Mulctrale,
Luminare ,	Magale ,	Mapale ,	Secale ,

suivent la même analogie, mais ne nous ont pas paru mériter la phrase.

En général, les substantifs en ɛ ne sont autre chose que le neutre des adjectifs en ɪs , ɛ. Nous n'avons donné que ceux qui ne sont plus usités comme adjectifs. Les autres, comme *brachiale*, bracelet, *missile*, trait, javelot, etc., sont aussi employés adjectivement. Ainsi, lorsque l'on rencontre *brachial-ia*, *missil-ia* , il faut remonter au génitif *brachialis*, *missilis*, qui est aussi la forme du nominatif masculin , sous laquelle le mot se trouve dans le dictionnaire.

Au reste, comme l'altération n'a lieu que dans la finale, les mots de ce numéro offrent peu de difficulté dans la recherche.

---

a Pʀᴜᴅ. *in Rom.* 14, 49.
b Vᴀʀʀ. *de re rust.* 6, 3.
c Jᴜᴠ. *Sat.* 2 , *v.* 3.
d Pʜᴀᴅ. 2 , *fab.* 8.
e = Cᴏʟᴜᴍ. 2 , 15.

f Jᴜᴠ. *Sat.* 15 , *v.* 10.
g Cᴏʟᴜᴍ. 12 , 2.
h Cɪᴄ. 2, *de Nat. deor.* 52.
i Vɪʀɢ. *Æn.* 9 , *v.* 415.
k Vɪʀɢ. *Georg.* 4 , *v.* 377.

l = Vɪʀɢ. *Georg.* 2, *v.* 479.
m Vɪʀɢ. *Eclog.* 3 , *v.* 75.
n Vɪʀɢ. *Georg.* 4, *v.* 168.
o Hᴏʀ. *Epod.* 4 , *v.* 15.

N° 9.

Le génitif en RIS *amène le nominatif en* ER*, dans les mots suivants.*

Acr-*i* ᵉʳ gaudet equo ᵃ, ...	il aime un cheval bouillant.
Alac-*res* admittier orant ᵇ, ...	gais (ou ardents), ils demandent à être admis.
Accipit-*rum* gene-*ra* sexdecim ᶜ,	il y a 16 genres d'oiseaux de proie.
Celeb-*res* vidit nuptias ᵈ, ...	il vit des noces très-fréquentées.
Decemb-*ri* utere « libertate » ᵉ,	use de la liberté de décembre.

September, October, November suivent la même analogie.

Frat-*rem* lugebat ademptum ᶠ,	il pleurait son frère mort.
Imb-*rem* iu cribrum geris ᵍ, ...	tu verses de la pluie sur un crible.
Insub - *res* Mediolanum condidêre ʰ,	les Lombards ont bâti Milan.
Lint-*ribus* efferuntur onera ⁱ, .	des fardeaux sont emportés sur des barques.
Mat-*ri* dedit oscula terræ ᵏ,	il donna des baisers à sa mère la terre.
Pat-*res* non pœnitebat ˡ, ...	nos pères ne s'en trouvaient pas mal.
Salub-*ribus* » consiliis utamur ᵐ,	usons de conseils salutaires.
Vent-*rem* mollit » beta ⁿ, ...	la poirée relâche le ventre.
Voluc-*ri* freta classe pererrat ᵒ,	avec une flotte *ailée*, ou *légère*, il erre sur les détroits (ou mers).

Tels sont les substantifs et les adjectifs en *er*, de la *troisième déclinaison*, venus de génitifs en *ris*, sans *e* devant *r*.

Il faut s'exercer à retrouver la forme nominative, et s'accoutumer à dire : ACRI, génitif, AC-RIS? nominatif, ACER : ACCIPIT-RUM, génitif, ACCIPITR-IS; nominatif, ACCIPIT-ER; ainsi de suite. L'oreille ainsi exercée ne pourra plus souffrir de sons illégitimes, et la phrase apprise se représentera sans peine, lorsque dans un auteur on trouvera un mot qui mettra sur la voie. Ainsi, *non rete accipitri tenditur* ᵖ, on ne tend pas de filet à l'épervier, fait penser à *accipitrum sexdecim genera*; et dès-lors tout s'enchaîne, et le sens et la forme.

a Virg. Æn. 4, v. 157.
b Virg. Æn. 9, v. 233.
c Plin. 10, 8.
d Phæd. 1, *fab.* 6.
e Hor. 2, *Sat.* 7, v. 4.
f Ovid. 11,*Metam.v.*55.
g =Plaut.*Pseud.* 1, 1.
h Liv. 1, *Bel. pun.* 96.
i Plin. 6, 23.
k Ovid. 2, *Fast.* v. 715.
l Cic. *in Divin.* 22.
m Cic. *ad Att.* 8.
n Plin. 20, 8.
o Ovid.7,*Metam.v.*460.
p Ter. *Phorm.* 2, 1.

2ᵉ SORTE: *DES IMPARISYLLABES.*

Nᵒ 10.

Les gén. BIS, PIS, etc., amènent les nom. BS, PS, etc., dans les mots suiv. :

Chalyb- *em* ᵃ frænosque momordit ᵃ,	il mordit et l'acier et le frein.
Dap-*e* pavit ᵇ equos ᵇ, ...	il reput ses chevaux d'un mets.
Gru-*es* abituræ congregantur ᶜ, .	les grues devant partir s'assemblent.
Hero-*a* ᵃ lyrâ sumis celebrare ᵈ, .	tu entreprends de célébrer sur la lyre un héros.
Hiem-*es* orate serenas ᵉ, ...	demandez des hivers secs.
Hydrop-*em* levat porrum ᶠ, ...	le porreau soulage l'hydropisie.
Gryph-*as* fabulosos reor ᵍ, ...	je crois les griffons fabuleux.
Inop-*is* me finxerunt animi ʰ, . . .	ils m'ont feint d'un esprit pauvre.
Pleb-*em* à populo divisit ⁱ, ...	il sépara le *menu-peuple* du peuple.
Scob-*e* auri porticum stravit ᵏ, . .	il sema de limaille d'or le portique.
Sep-*is* morsus sanatur cucumere ˡ,	la morsure du petit serpent se guérit par le concombre.
Stip-*em* spargere cœpit ᵐ, ...	il commença à prodiguer l'argent.
Heu ! stirp-*em* invisam ⁿ !	ô la racine, ou la race odieuse !
Su-*es* mares inter se dimicant ᵒ,	les cochons mâles se battent entr'eux.
Urb-*em*, Romam accipimus ᵖ, .	par la *ville*, nous entendons Rome.

C'est ainsi qu'on a eu *Arabs, Minos, Tros*, et peut-être quelques autres noms propres ou de pays.

Il faut s'exercer à dire : *chalybem*, génitif, *chalybis*; nominatif, *chalybs*; ainsi de suite. *dape*, génitif, *dapis*; nominatif, *daps*, etc. *Urbem*, génitif, *urbis*; nominatif, *urbs*, etc. L'œil le moins observateur apercevra bientôt que ces nominatifs sont des altérations du génitif, et qu'ils sont le produit de la simple soustraction de l'i.

a Lucan. 6, *v.* 398.
b Ovid. *Her. ep.* 9. *v.* 68.
c Plin. 10, 23.
d Hor. 1, *Od.* 11.
e Virg. *Georg.* 1, *v.* 100.

f Plin. 20, 6.
g Plin. 10, 49.
h Hor. 1, *Sat.* 4. *v.* 17.
i Gell. 10, 20.
k Lampr. *in Heliog.* 31.

l Plin. 20 a.
m Plin. 33, 10.
n Virg. *Æn.* 7, *v.* 293.
o Plin. 8, 5.
p Quint. 8, 2.

N° 11.

RIS (du génitif) réduit à S dans les nominatifs des mots suivants : par exemple, *æris*, par une première inter-soustraction, est devenu *ærs*, et *æs*, par une seconde. C'est ainsi qu'ont été produits *mas*, *Ceres*, *glis*, *rus*, *flos*, *mos*, etc.

Æ-*re* [a] dato, pingitur [a], ...	il est peint, de l'airain, ou de l'argent étant donné.
Ma-*res* [b] animos exacuit [b], ...	il excite les courages mâles.
Cere-*rem* canistris expediunt [c],	ils mettent Cérès, c.-à-d. le pain....
Gli-*res* legibus interdicti [d], ...	les *loirs* furent interdits par des lois.
Flo-*rem* jungit anethi [e], ...	il joint la fleur d'anet.
Mo-*rem* fecerat usus [f], ...	l'usage avait fait *la coutume*.
O-*ra* vacat epulis [g], ...	les bouches manquent de vivres.
Ro-*res* aurora remittit [h], ...	l'aurore ramène les rosées.

Il y a quelques mots qui ont un double nominatif, en *os*, et en *or*. Tels sont *honos*, *honor*; *labos*, *labor*. On est toujours sûr de les trouver dans le dictionnaire sous la dernière forme.

Ju-*re* an injuriâ sunt inimici [i]?..	est-ce avec droit ou à tort qu'ils sont ennemis?
Mu-*rem* mus fertur accepisse [k],	on dit qu'un rat régala un rat.
Plu-*res* calor vias relaxat [l], ...	la chaleur relâche plusieurs voies.
Pu-*ra* exscreantibus aron dedit [m],	à ceux qui crachaient le pus, il donna de l'arum (pied de veau).
Ru-*re* dapes parat [n].—Rus ibo [o],	il prépare des mets à la campagne.— J'irai à la campagne.
Tellu-*rem* amplectitur « nox [p], .	la nuit embrasse la terre.
Thu-*ris* vident arbo-rem Arabes [q].	les Arabes voient l'arbre de l'encens.

Quand on comprend bien les phrases, il faut s'exercer à dire : ÆRE, génitif, *æris*, nom. *æs*; MARES, génitif, *maris*, nom., *mas*, ainsi de suite.

---

a Hor. *Art. poet.* v. 21.
b Hor. *Art. poet.* v. 402.
c Virg. *Æn.* 1, v. 700.
d Varr. *de re Rust.* 37, 15.
e Virg. *Ecl.* 2, v. 48.
f Ovid. 2, *Metam.* 245.
g Ovid. 15, *Metam.* v. 96.
h Cic. 1, *Divin.* 24.
i Cic. *Verr.* 4, 61.
k Hor. 2, *Sat.* 6, v. 80.
l Virg. *Georg.* 1, v. 89.
m Plin. 24, 16.
n Ovid. *Fast.* 6, 671.
o Ter. *Eun.* 2, 1.
p Virg. *Æn.* 8, v. 369.
q Plin. 12, 14.

N° 12.

Mots qui, par le *génitif en* ERIS, ont le *nominatif en* US.

Ac - *era* ᵘˢ evannentur extrà aream ᵃ,	que les balles soient vannées hors de l'aire.
Fœd-*ere* cautum est ᵇ,........	on y a pourvu par une alliance.
Fun-*eris*, heu ! tibi causa fui ᶜ,.	hélas ! j'ai été la cause de ta mort !
Gen-*eris* græci est, perbona ᵈ,..	elle est d'une race grecque, etc......
Glom-*ere* lini, exitum inve-nies ᵉ,	avec un peloton de fil de lin, tu trou-veras l'issue (du labyrinthe).
Lat-*eri* argivum accommodat ensem ᶠ,	il ajuste à son côté une épée grecque.
Mun-*era*, crede mihi, placant hominesque Deosque ᵍ,	les présents, crois-moi, apaisent et les hommes et les dieux.
Ol-*era* sunt asparago, rapa ʰ,..	l'asperge, les raves sont des légumes.
On-*era* accipiunt venientùm ⁱ,.	elles reçoivent les fardeaux des ve-nantes.
Op-*eribus* » sepsit urbem ᵏ,...	il entoura la ville de travaux.
Pond-*eri* gladius est additus ˡ,.	un glaive fut ajouté au poids.
Rud-*eribus* purgandis manus ad-movit ᵐ,	Il s'employa à nettoyer les déblais.
Scel-*erum* caput, salveto ⁿ, ...	chef des crimes ou des scélérats, sa-lut !
Sid-*era* vertice tangam ᵒ,.....	du sommet de ma tête, je frapperai les *astres.*
Ulc-*eribus* laser prodest ᵖ,....	le laser est bon pour les ulcères.
Vell-*era* ᵘˢ fertis oves ᑫ,.......	brebis, vous portez des *toisons.*
Ven-*eris* nec præmia nôris ʳ,..	et de Vénus (ou de l'Amour), tu ne connaîtras point le prix.
Vet -*erem* ᵘˢ rem novam profe-ram ˢ,	je produirai comme nouvelle, une chose vieille (ou ancienne).
Visc-*era* transigit ensis ᵗ,......	l'épée traverse les entrailles.

Ces phrases étant apprises ou comprises, il faut s'exercer ainsi : *ac-era evannentur,* etc. Ac-era, génit. *ac-eris,* nom. *ac-us. Fœd-ere cautum est;* fœdere, génitif, *fœderis,* nominatif, *fœdus,* ainsi de suite. Le rapprochement de tous ces mots, qui suivent une même analo-gie, force à réfléchir sur les causes des altérations.

a Varr. *de Re rust.* 52.
b Justin. 12, 3.
c Virg. *Æn.* 6, *v.* 458.
d Plaut. *Merc.* 3, 1.
e Plin. 36, 13.
f Virg. *Æn.* 2. *v.* 393.
g Ov. *Art. Am.* 3, *v.* 130.
h = Colum. 2, 10.
i Virg. *Georg.* 4, *v.* 167.
k Nep. *in vit Milt.* 7.
l Liv. 5, 48.
m Suet. *in Vesp. vitd.* 9.
n Plaut. *Curc.* 1, 2.
o Ovid. 7, *Metam.* 12.
p Plin. 23, 6.
q Virg. *in Bathylum.*
r Virg. *Æn.* 4, *v.* 33.
s Plaut. *Amph. v.* 118.
t Lucan. 4, *v.* 545.

N° 13.

Mots qui, par le *génitif en* ORIS, ont le *nominatif en* US.

Corp-*oribus* [u] sede opus est [a],..	les corps ont besoin d'un siège.
Dec-*oris* causâ adeunda sunt quævis pericula [b],	à cause de l'honneur il faut affronter tous les dangers.
Facin-*ora* » sua narrat [c],......	il raconte ses prouesses.
Frig-*ora* mitescunt zephyris [d],	les froids s'adoucissent par les zéphirs....
Fœn-*ore* » vos lacerant homines [e],	on vous ruine par *l'usure*.
Lep-*ores* in Alpibus candidi [f],.	les lièvres sont blancs dans les Alpes.
Litt-*ora* littoribus contraria imprecor [g],	je désire, avec imprécation, que les rivages soient contraires aux rivages.
Pec-*oris* contagia lædent [h],....	les contagions du troupeau nuiront.
Pect-*ora* mulcet [i],............	il calme les poitrines (les cœurs).
Pign-*ora* da, genitor [k],........	donne des gages ou signes.
Sterc-*orum* varia genera [l],....	il y a plusieurs sortes de fumier.
Temp-*ori* cedere sapientis est [m],	il est du sage de céder au temps.
Terg-*ora* diripiunt costis [n],....	ils ôtent les cuirs de dessus les côtes.

N° 14.

Mots qui, par le *génitif* ICIS ou IGIS, font le *nominatif en* EX.

Ap-*icem* [ex] fortuna sustulit [o],...	la fortune a enlevé la houppe (la crête, la cime, ou ce qu'il y a de plus élevé).
Artif-*icum* manus miratur [p],...	elle admire les mains (troupes) des ouvriers.

On a par la même analogie *carnifex*, *munifex*, *opifex*, et autres mots en *fex*.

Ausp-*ice* Teucro » nil desperandum [q],	Teucer étant auspice, c.-à-d. sous les auspices de Teucer, il ne faut désespérer de rien.
Car-*ice* pastus acutâ » jacet [r],.	il gît nourri de glaïeul aigu.
Cim-*ices* nulli accedent [s],.....	aucunes punaises ne s'approcheront.
Cod-*ice* enascuntur » radiculæ [t],	du tronc naissent de petites racines.

a Cic. 2. *de Orat.*
b Cic. 2, *de finib.* 91.
c Ter. *Heaut.* 1, 3.
d Hor. 4, *Od.* 6.
e Plaut. *Curc.* 4, 2.
f Plin. 8, 55.
g Virg. *Æn.* 4, *v.* 627.
h Virg. *Ecl.* 1, *v.* 50.
i Virg. *Æn.* 1, *v.* 153.
k Ovid. 2, *Met.* *v.* 38.
l Colum, 2, 9.
m Cic. *Fam.* 4, *epist.* 9.
n Virg. *Æn.* 1. *v.* 211.
o Hor. 1, *Od.* 28.
p Virg. *Æn.* 1, *v.* 455.
q Hor. 1, *Od.* 6 *v.* 27.
r Virg. *Georg.* 3, *v.* 231.
s Varr. *Re rust.* 2.
t Colum. 4, 8.

Cort-*ice* nucum tinguntur lanæ [a]	on teint les laines avec l'écorce de noix.
Cul-*ices* avertunt somnos [b],....	les cousins ôtent le sommeil.
Dupl-*icem* vallum fecerat [c],...	il avait fait un *double* retranchement.
Frut-*icés* in gurgite sistam [d],...	je planterai des arbrisseaux dans un gouffre.
Harusp-*icum* munus erat exta inspicere [e],	la fonction des *Aruspices* était de considérer les entrailles (des victimes).
Ib-*ices* pernicitatis mirandæ [f], .	les chamois sont d'une légèreté admirable.
Il-*icibus* fremit Apenninus [g],...	l'Apennin frémit par le bruit des *yeuses.*
Ill-*ices* » malæ rei fuimus [h],...	nous fûmes les promoteurs d'une mauvaise chose.

Nota. Ce mot vient de *lacio*, j'engage; *pellex* a la même étymologie, et suit la même analogie.

Imbr-*ices* confregisti » meas [i], .	tu as brisé mes faîtières(tuiles creuses).
Sub jud-*ice* lis est [k],..........	le procès est sous le *juge.*

Tous les analogues *simplex , multiplex, quadruplex , supplex* , etc., suivent la même analogie.

Lat-*icum* libavit honorem [l],...	elle répandit en libation l'honneur des sources , c.-à-d. du vin.
Mur-*ice* mutabit vellera [m],....	il changera par la pourpre ses toisons.
Ob-*ices* arcere possunt [n],....	ils peuvent écarter les obstacles.
Pod-*ice* cæduntur mariscæ [o],..	des tumeurs à l'anus sont coupées.
Poll-*ice* versant » fusum [p],.....	elles tournent le fuseau avec le pouce.
Pul-*ices* amurcâ fugantur [q],....	les puces sont c assées par le marc d'huile.
È pum-*ice* postulas » aquam [r],	tu demandes de l'eau à une pierre ponce.
Ram-*icibus* exitus obserantur [s],	les issues sont bouchées avec des branches.
Sil-*ice* scintillam excudit [t],....	il fait jaillir une étincelle d'un caillou.
Sor-*ices* vitibus infesti [u],.......	les souris sont funestes aux vignes.
Vert-*ice* quot gerit capillos ? [v], .	combien a-t-elle de cheveux sur le toupet?

a Plin. 15, 22.
b Hor. 1, *Sat.* 5, *v.* 14.
c Cæs. 3, *Bell. civ.* 63.
d Petron. *in Sat. v.* 35.
e Val. Max. 1, 1.
f Plin. 8, 53.
g « Virg. Æn. 12, *v.* 701.
h Plaut. *Pœn.* 3, 4.
i Plaut. *Mil.* 2, 6.
k Hor. *Art. poet. v.* 78.
l Virg. *Æn.* 1, *v.* 735.
m Virg. *Ecl.* 4, *v.* 43.
n Liv. 4, *v.* 6, *ab. Urbe.*
o Juv. 2, *Sat. v.* 12.
p Ovid. 6, *Metam.* 22.
q Pollard. 1, 33.
r Plaut. *Pers.* 1, 1.
s Colum. 9, 1.
t Virg. *Æn.* 1, *v.* 174.
u Colum. *de Arbor.* 15.
v Mart. 12, *Epigr.* 7.

Vib-*ices* [ex] obliterantur [a],......	les marques des coups s'oblitèrent.
Vind-*icem* armemus manum [b],.	armons une main vengeresse.

Ces phrases étant apprises ou comprises, il faut s'exercer ainsi : *apicem fortuna sustulit;* APICEM, génitif, *ap-icis;* nominatif, *a-pex;* ARTIFICUM, génitif singulier, *artificis;* nominatif, *artifex*. Il sera impossible de ne pas remarquer la triple altération qui a produit ces nominatifs en EX.

N° 15.

Mots qui, par le *génitif en* ITIS, font le *nominatif en* ES.

Al-*ite* [es] fertur equo [c],........	il est porté sur un cheval *ailé*.
Am-*ite* tendit retia [d],........	il tend des filets à un petit pieu.
Antist-*ites* estis Saliorum [e],....	vous êtes les présidents, les chefs....
Cœl-*itibus* regnis pulsus erat [f],	il avait été chassé des célestes états.
Com-*item* quem miserat Ida [g],.	Ida l'avait envoyé pour compagnon.
Div-*item* quem intelligimus [h]? .	qui entendons-nous par riche?
Fom-*ite* flammas » excitat [i],...	il excite les flammes par un aliment.
Gurg-*ite* ibero tingat equos [k],...	qu'il plonge ses chevaux dans le gouffre espagnol.
Hosp-*item* accipies multi joci [l],.	tu recevras un hôte d'une grande gaîté.
Lim-*item* scindit [m],.........:	il coupe le chemin de travers.
Merg-*ites* ex spicis fiunt [n],....	les javelles se font d'épis.
Mil-*ites* equitesque misit [o],...	il envoya *soldats* et *cavaliers*.
Palm-*itum* duo genera sunt [p],..	il y a deux sortes de *sarments*.
Popl-*ites* procumbunt [q],......	les jarrets fléchissent.
Satell-*ites* Medi sequebantur [r],.	des satellites Mèdes suivaient.
Sosp-*item* et superst-*item* » vis unicum gnatum [s],	tu veux que ton fils unique soit sain et sauf, et survivant.
Stip-*itibus* duris agitur [t],......	on agit, on se bat avec des pieux durs.
Term-*item* avellito [u],.........	arrache une *branche d'arbre avec le fruit*.
Tram-*ite* sicco ad potum eant [v],.	qu'ils aillent boire par un sentier sec.
Vel-*ites* desiliunt [x],.........	les vélites sautent en bas.

Ces phrases étant apprises ou comprises, il faut s'exercer ainsi :

---

a PLIN. 30, 13.
b SENEC. *Hypp. v.* 261.
c OVID. 3, *Am. Eleg.* 11.
d HOR. *Epod.* 2, *v.* 33.
e CIC. *pro Domo.* 39.
f OVID. *Fast.* 1, *v.* 236.
g VIRG. *Æn.* 9, *v.* 176.
h CIC. *in Paradox.* 54.
i LUCAN. 8, *v.* 776.
k VIRG. *Æn.* 11, *v.* 913.
l CIC. *Fam.* 9.
m TAC. 1, *Ann.* 50.
n = COLUM.
o CÆS. 5, *Bel. gall.* 10.
p = COLUM. 5, 6.
q LUCA. 4, 950.
r NEP. *in Paus.* 3.
s PLAUT. *Asin.* 1, 1.
t VIRG. *Æn.* 7, *v.* 524.
u GELL. 2, 26.
v PLIN. 8, 43.
x LIV. 6, 19.

Alite fertur equo : ALITE, génitif *alitis ;* nominatif, *ales,* etc. *Velites*
desiliunt : VELITES, génitif *velitis,* nominatif, *veles,* etc.

N° 16.

Liste des mots épars qui ne se rattachent à aucune analogie.

Adam-*ante* " columnæ, ferrea turris[a],	les colonnes sont de diamant, la tour de fer.
Anc-*ipiti* [p] ferro effringam cardines[b],	je ferai sauter les gonds avec un fer à *deux têtes.*

Les analogues *biceps,* qui a deux têtes, *anaticeps,* à tête de canard,
triceps, præceps, etc., viennent aussi d'un génitif en *ipitis : bic-*
ipitis, etc. Il ne faut pas confondre ces composés de *caput,* avec *mu-*
niceps, particeps et autres composés de *capio.*

As-*sem* elephanto porrigis [c], . .	tu tends un sou à un éléphant, c.-à-d. tu agis timidement.
Auc-*upibus* [p] noti frutices[d], . .	les arbrisseaux sont connus des oiseleurs.
Bes-*sem* bibamus [e], ...	buvons les deux tiers de l'as, c.-à-d. de la mesure, ou du tout.
Bo-*vi* [s] clitellas vis imponere [f], .	tu veux mettre un bât à un bœuf.
Cæl-*ibes* [cb] esse prohibento [g], . .	qu'ils défendent d'être célibataires.
Cap-*ita* [nt] velamus amictu [h], . . .	nous voilons nos têtes d'un voile.
Car-*nibus* [o] vesci licet [i], ...	il est permis de vivre de *chair.*
Neu cin-*eres* [i] sparge meos [k], .	ne disperse pas mes cendres.
Cognomin - *em* [is] patriæ suæ Salamina constituit[l],	il fonda une Salamine du même *nom* que sa patrie.

NOTA. Il y a aussi un génitif *cognominis,* qui fait au nominatif *cogno-*
men (surnom), et suit l'analogie des mots en *minis, men.* Voy. n° 19.

Cor-*da* labant[m], ...	les cœurs chancèlent.

Les composés *concors, discors, vecors, excors, socors* suivent la règle du n° 17.

Cucum - *erem* [is] condito in aquam[n],	cache ou mets le concombre dans l'eau.
Eb-*ora* [ur] poliuntur » squatinâ [o]	les ivoires sont polies avec de l'ange.
Far-*ra* jaciebant, farra metebant[p],	ils semaient des blés, moissonnaient des blés.
Fel-*le* madent » spicula[q], ...	les traits sont trempés dans le fiel.

a VIRG. 6, *Æn. v.* 552.
b LUCIL. *ap. Non.* 4. 32.
c PROV. *Quint. macrob.*
d OVID. *Art.* 1, 10.
e MART. 11, *Epig.* 37.
f CIC. 5, *Attic.* 15.

g CIC. 3, *de Legib.* 3.
h VIRG. *Æn.* 3, *v.* 545.
i JUV. *Sat.* 15. *v.* 14.
k Ov. *de Pont. eleg.* 16.
l VELLEIUS. *au commen.*
m VAL. 3, *Arg.* 15.

n VARR. 1. re *Rust.* 2.
o PLIN. 9, 12.
p OVID. 6, *Fast. v.* 180.
q OVID. 2, *de Art. am.*

In fem-*ore* ᵘʳ habet lævam ᵃ,... | elle a la main gauche sur la cuisse.
Gīg-*antes* ᵃˢ terra produxit ᵇ,.. | la terre produisit les géants.
Hep-*atis*ᵃʳ lobum refert hepar ᶜ, | l'hépar poisson imite un lobe du foie.
Hom-*inum* ᵒ homo stultissime ᵈ! | ô l'homme le plus fou des hommes !
Ingu-*ina* ᵉⁿ devinxit » pedibus ᵉ, | il lia *les aines* aux pieds.
It-*inera* ᵉʳ duo » erant omninò ᶠ, | il n'y avait absolument que deux chemins.
Jec-*inora* ᵘʳ reperta sunt ᵍ,.... | *des foies* ont été trouvés.
Jec-*oris* ᵘʳ bonitate novère » eos ʰ, | ils les ont connues (les oies) par la bonté *du foie.*
J-*ovis* ⁿᵖⁱᵗᵉʳ omnia plena ⁱ,...... | tout est plein *de Jupiter.*

NOTA. L'ancien nominatif était *Jovis* : mais il est remplacé par *Jupiter*, mot composé de *jovis* et de *pater*, le père aidant.

Lac-*te* atque pecore vivunt ᵏ, | ils vivent *de lait* et de bétail.
Mel-*la* condit amphoris ˡ,.... | ils cachent les miels dans des amphores.
Mœn-*ibus* ⁱⁿ urbes accepère ᵐ,.. | ils ont entouré les villes *de murs.*
Nem-*inem* ᵉ pol video ⁿ.—Nemo homo est ᵒ, | certes je ne vois *personne.* — Ce n'est personne.
Ni-*vem* ˣ nigram dixit esse ᵖ,.. | il a dit que *la neige* est noire.
No-*ctes* ˣ atque dies patet atri janua Ditis ᵠ, | *les nuits* et les jours, la porte du noir Pluton est ouverte.
Occip-*ite* ᵘᵗ es calvo ʳ,........ | tu as *l'occiput* chauve.

Ainsi s'est formé *sincip-ut*, le devant de la tête ; génitif, *sincip-itis.*

Os-*sibus* albet humus ˢ,....... | la terre est blanchie *par les os.*

Exossis, sans os, a fait *exos*, d'après la même analogie.

Pect-*ine* ᵉⁿ crines diducit ᵗ,.... | il sépare ses cheveux *avec un peigne.*
Princ-*ipum* princ-*eps* erat ᵘ,... | il était le premier *des premiers.*

Les analogues *manceps, municeps, particeps, forceps*, etc... viennent aussi d'un génitif en *cipis*, de *capio* : *mancipis, municipis*, etc.

Poll-*inem* ᵉⁿ addito et salem ᵛ, | ajoute de *la fleur de farine* et du sel.

a PLAUT. *Mil.* 2, 2. | h PLIN. 10, 22. | p CIC. 4, *Acad.*
b SERV. *Ad. an.* 6. | i VIRG. *Ecl.* 3, v. 60. | q VIRG. *Æn.* 6, v. 127.
c PLIN. 32, 11. | k CÆS. 4. *Bel. gall.* 1. | r AUSON episo. de occas.
d TER, *Adelp.* 2, 2. | l Hor. *Epod.* 2, v. 15. | s OVID. 1, *Fast.* 112.
e STAT. *Theb.* 6, 900. | m VIRG. *Æn.* 11, v. 567. | t OVID. 4, *Metam.* 63.
f CÆS. 1, *Bell. gall.* 6. | n PLAUT. *Mil.* 4, 4. | u CIC. *pro Flacc.*
g PLIN. 11, 37. | o TER. *Eun.* 3, 5. | v CAT. *Re. R.* 1.

Præs-*idem* [a] vestrum sinitis vexari [a],	vous laissez vexer votre *président.*

Ainsi se sont formés les analogues *obses*, *deses*, *reses.*

Rob-*ore* [ur] nati [b] !.	ô vous qui êtes nés du rouvre, c.-à-d. qui êtes pleins *de vigueur !*
Sangu-*ine* [is] placastis ventos [c] , .	vous avez apaisé les vents *par du sang.*
Sen-*i* [ex] indulge, senex (23) [d] , ..	vieux, sois indulgent pour un vieillard.
Supell-*ectilem* [ex] auferre non dubitasti [e],	tu n'as pas craint d'enlever les *meubles.*
Tibic-*ini* [en] » bibat.—Et nobis [f],	qu'il boive *au musicien.* — Et à nous.

Ainsi se peuvent former les analogues *cornicen*, *fidicen*, etc... de *cano*, je chante, et de *cornu*, cor, de *fidis*, flûte, etc.

Trip-*odas* [as] geminos » dabo [os],	je donnerai deux *trépieds.*

C'est ainsi que se sont formés *apus*, sans pieds, etc.

Turb-*ine* [e] fertur » illa [h].	elle est emportée par un tourbillon.
Ungu-*ine* [en] ceræ utendum est [i],	il faut se servir de l'onguent cérat.

Il y a dans cette liste quelques mots qui auraient pu être rapprochés : tels sont *ebur*, *femur*, *jecur* et *robur* ; *unguen*, *inguen* et *pecten* ; *homo*, *nemo* et *turbo* ; *fel* et *mel* (24).

Règles particulières.

N° 17, ORIS, OR.

Lab-*oris* sui fructum capiant [k] ,	qu'ils reçoivent le fruit de leur *labeur.*
Lab-*or* omnia vicit improbus [l], .	*le travail* opiniâtre surmonta tout.

---

(23) *Senex* est le seul nom en *ex*, dont le génitif, qui devrait être en *ecis*, ou *icis*, soit en *is*. Comment *senis* a-t-il pu se permuter en *senex*, puisqu'il n'y a ni *c* ni *g* dans *senis* ? — C'est qu'en effet *senex* vient de *senicis*, que Calepin et Forcellini ont lu dans les anciens auteurs. Il ne nous reste que *senica*, vieille femme.

(24) Nous n'avons pas cru utile de phraser les mots suivants, qui sont ou trop faciles à franciser, ou trop rarement employés : tels que *Amath-untis* [us], Amathonte ; *Chamæleon-tis*, caméléon ; *horizon-tis*, horizon ; *eleph-antis* [as], éléphant, qui a aussi *elephant-us* [i], Apoll-*inis* [o], *glut-inis* [en], colle ; *ony-chis* [x], onyx, etc.

---

a Liv. 6, 16.	e Cic. 6, *Verr.* 37.	i Colum, 6, 31.
b Stat. *Th.* 4, *v.* 339.	f Plaut. *Stich.* 5, 5.	k Quint. 2, 7.
c Virg. *Æn.* 2, *v.* 116.	g Virg. *Æn.* 9, *v.* 265.	l Virg. *Georg.* 1, *v.* 145.
d *Imité de* Juv. *Sat.* 6.	h Lucr. 5, *v.* 631.	

Cette règle comprend plus de deux mille mots, savoir :

> *Amor*, *pudor*, et autres substantifs abstraits;
> *Amator*, *cursor*, et autres adjectifs concrets;
> *Æquor*, *arbor*, etc. etc...

Elle a pour exceptions les mots du n° 7, et quelques-uns du n° 16, *eboris*, *femoris*, etc., qui font *ebur*, *femur*. Voyez la Règle supplémentaire, *pag.* 121.

N° 18, MATIS, MA.

Poe-*MATIS* (25) origo dubia est [a],	l'origine du poëme est douteuse.
Poe-*MA* loquens pictura est [b],..	la poésie est une peinture parlante.

Cette règle, qui d'ailleurs s'applique à peu de mots, est sans exception. Tout génitif en *matis*, fait le nominatif en *ma*. Ces mots sont neutres, et ont un double datif et ablatif pluriels. On dit également bien à ces deux cas, *poematibus* ou *poematis*.

N° 19, MINIS, MEN.

Ag-*MINIS* instar » ecce, ...	voilà qu'à l'instar d'*un tourbillon*.
Ag-*MEN* agens (Clausus) [c], ...	Clausus conduit son *bataillon*, ou *armée*.

La seule exception à cette règle, c'est l'adjectif *cognominis*, (voy. n° 16), qui, quoiqu'en *minis*, ne fait pas son nominatif en *men*.

N° 20, DINIS, DO; GINIS, GO.

1°. Cupi-*DINIS* pravi sunt elementa » eradenda [d],	il faut déraciner les éléments d'une *passion* dépravée.
Cupi-*DO* cepit me proloqui [e],	le *désir* m'a pris de parler.
2°. Lanu *GINIS* instar, » comæ [f],	ses cheveux sont comme *du duvet*.
Lanu-*GO* netur [g], ...	le *duvet* se file.

Cette double règle est sans exception (26); car si, par exemple,

---

(25) Le double tiret placé devant le nom de l'auteur cité, signifie que le passage n'est qu'imité. Il y a dans Pline, *de poematum origine*, etc.

(26) Il ne faut point oublier que c'est du génitif au nominatif, et non point du nominatif au génitif, que nous allons. De ce que tous les mots en *dinis* font le nominatif en *do*, il ne s'ensuit point que tous les mots en *do*, témoin *burdo*, fassent le génitif en *dinis*.

---

a = PLIN. 7, 56 (25).   c VIRG. Æn. 7, v. 707.   f OVID. 1. *Amor. eleg.* 14.
b AUCT. *ad Her.* 4, 28.   d HOR. 3, Od. 18. v. 51.   g PLIN. 19, 1.
e CIC. *Tusc.* 3, 26.

quelques mots ont le nominatif en *do* et *go*, et le génitif en *donis* et *gonis*, comme *burdo*, *burdonis*, *mango*, *mangonis*, ces mots se jugent par une autre règle.

N° 21, ONIS, O.

Quæsti-*ONIS* finis inventio[a], ... | la fin de *la recherche* est l'invention.
Quæsti-*o* est jurene fecerit[b], .. | *la question* est, s'il a agi avec droit.

Cette règle comprend plus de trois mille mots, savoir :

Acti-onis, *acti-o*, et autres substantifs abstraits;
Nas-onis, *nas-o*, et autres augmentatifs;
Pulm-onis, *pulm-o*, etc...

N° 22, CIS et GIS ⟶ X.

1°. Vo-*CIS* genera permulta[c]... | il y a plusieurs sortes *de voix*.
Vo-*x* clamantis in deserto[d], | c'est *la voix* de celui qui crie.....
2°. Re-*GIS* ad exemplum[e], ... | à l'exemple du roi.
Re-*x* eris,aiunt,si rectè facies[f], | tu seras roi, si tu agis avec droiture.

Cette règle comprend un grand nombre de mots, comme :

Vivacis,	vivax,	Lancis,	lanx,
Vervecis,	vervex,	Quincuncis,	quincunx,
Filicis,	filix,	Faucis,	faux,
Velocis,	velox,	Legis,	lex,
Lucis,	lux,	etc.	etc...

On a vu, n° 14, les mots en *cis* et *gis*, qui, non seulement ont le nominatif en *x*, mais changent en E l'ı qui précède cette double consonne. *Voy.* aussi le n° 7.

N° 23, DIS, S.

Pe-*DIS* hæc sunt vestigia[g], ... | ce sont des vestiges *de pied*.
Pe-*s* condoluit[h], ... | *le pied* m'a fait mal.

Cette règle s'applique à beaucoup de mots, tels sont :

Deca-*dis*,...	decas,	Nefren-*dis*,....	nefrens.	Glan-*dis*,.....	glans.
Merce-*dis*,..	merces,	Fron-*dis*,.....	frons.	Frau-*dis*,.....	fraus.
Æne-*idis* ou		Epo-*dis*,......	epos.	Discor-*dis*,....	discors.
Æne-*idos*,	} Æneis.	Incu-*dis*......	incus.	etc. etc.	

Elle a quelques exceptions dans le n°. 7, comme *cladis*, nominatif *clades*. *Voy.* aussi le n° 16.

---

a Cic. 4, *Ac,. 8.,*
b Cic. *de Juv.* 13.
c Cic. 2, *Nat.Deor.*219.
d Sept.
e Claud.*Honor.*4, *cons.*
f Hor. 1, *epist.* 1, *v.* 59.
g Ovid. 2, *Metam.* 170.

N° 24, TIS, s.

Verita-*tis* magna vis est [a], . . .	la force *de la vérité* est grande.
Verita-*s* odium parit [b], ...	*la vérité* engendre la haine.

TIS, par une double inter-soustraction, perd au nominatif l'ı et le т. C'est la plus grande analogie de la langue latine. C'est ainsi qu'on a :

Carit-*atis*, ...	caritas.	Virtu-*tis*, ...	virtus.	Den-*tis*, ...	dens.
Arie-*tis*, ...	aries.	Sor-*tis*, ...	sors.	Ar-*tis*, ...	ars.
Di-*tis*, ...	dis.	Aman-*tis*, ...	amans.	Soler-*tis*, ...	solers.
Do-*tis*, ...	dos.	Viden-*tis*, ...	videns.	etc. etc.

On a vu, n° 15, les mots en *itis*, qui, non contents de la double inter-soustraction, ont encore changé l'*i* antépénultième en ᴇ, comme *alitis*, oiseau, qui a fait *ales*. *Voy.* aussi la note (26).

Règle supplémentaire et sans numéro.

Sit-*is* usserat herbas [c], ...	*la soif* ou sécheresse avait brûlé les herbes.
Sit-*is* ardor urit guttur [d], ...	l'ardeur de *la soif* brûle le gosier.

D'après la règle précédente, le génitif *tis* devrait se changer en *s* ; ce qui n'a point lieu dans *sitis*, non plus que dans *cutis, fustis*, etc. D'autres règles particulières souffrent de semblables exceptions ; d'où cette règle :

RÈGLE SUPPLÉMENTAIRE. Toutes les fois qu'un mot cherché ne se trouve pas dans le dictionnaire sous la forme qui lui est assignée par une des huit *règles particulières*, il se juge par la *règle générale*. Tels sont *on-onis, ju-gis, viri-dis*, etc., qui, contre les règles, n°ˢ 21, 22 et 23, font le nominatif semblable au génitif : *ononis, jugis, viridis.*

N° 25. *Règle générale.*

Spe *fin-is* dura ferens [e], . . . : .	dans l'espoir *de la fin* . . . . . .
Fin-is coronat opus [f], ...	*la fin* couronne l'œuvre.

RÈGLE GÉNÉRALE. Tous les mots, non compris dans un des dix-huit numéros précédents, ont le nominatif semblable au génitif. Avant d'appliquer cette règle, il faut donc bien s'assurer si le mot donné n'est point compris ou jugé dans un des précédents numéros.

---

a Cɪᴄ. *pro Cæl.* 26.   c Ovɪᴅ. 4, *Fast.* 66.   e Hoʀ. *Epist.*

b Tᴇʀ. *Andr.* 1, 1.   d Ovɪᴅ. 7 et 8, *Metam.*   f Pʀovᴇʀʙ.

Il y a aussi un certain nombre de mots, qui perdent la finale *is*, tels que *piper-is*, qui fait *piper*. Ils offrent peu de difficulté dans la recherche. Cependant ce sont de nouvelles exceptions à la règle générale. On peut en consulter la liste alphabétique (27).

APPLICATIONS

De la Méthode pour remonter du Génitif, etc. au Nominatif.

SOIENT LES PASSAGES:

Sublimi feriam *sidera vertice* ª.

Diffugêre *nives*, redeunt jam *gramina campis*,
Arboribusque comæ ᵇ.

Jam satis *terris nivis*, atque diræ
Grandinis misit *pater*, et *rubente*
Dexterd sacras jaculatus arces,
                   Terruit *urbem*;
Terruit *gentes* ᶜ...

---

(27)   *Liste des Nominatifs qui ont perdu la finale is.*

Acipenser,	Cadaver,	Daphnon,	Minutal,	Spinther,
Acmon,	Cæson,	Degener,	Mulier,	Stater,
Acrochordon,	Caldar,	Delphin,	Murmur,	Suber,
Ædon,	Canon,	Exemplar,	Nectar,	Sulphur,
Aër,	Carcer,	Exsul,	Papaver,	Torcular,
Æther,	Causon,	Fur,	Par,	Tribunal,
Agger,	Celer,	Furfur,	Passer,	Tuber,
Agon,	Cervical,	Gnomon,	Pauper,	Turtur,
Amazon,	Character,	Guttur,	Piper,	Uber,
Ancon,	Chirognomon,	Halter,	Præsul,	Vas,
Anien,	Cicer,	Ichneumon,	Pugil,	Vectigal,
Animal,	Cicur,	Icon,	Pulvinar,	Verber,
Anser,	Clyster,	Jubar,	Pulver,	Vesper,
Architecton,	Cochlear,	Lacunar,	Ren,	Vigil,
Artemon,	Congener,	Lar,	Sal,	Vomer,
Asser,	Consul,	Laser,	Sindon,	Vultur,
Attagen,	Crater,	Laver,	Siphon,	Zinziber.
Augur,	Cubital,	Lupanar,	Sol,	
Bacchar,	Dæmon,	Martyr,	Soter,	

Cette liste n'est qu'à consulter. Une remarque qui n'échappera pas, c'est qu'après la disparition de *is*, les lettres dento-palatales L et R et dento-linguo-nasale N, restent à découvert. *Vas* est seul de son espèce; et il faut observer que, comme *carcer*, *vigil*, etc.., il ne s'est point formé par la double-soustraction de *is*. Il est vrai que *vasis* a fait *vas-s*, par la soustraction de l'*i*; mais *vass* est devenu *vas*, non par post-mais par inter-soustraction.

---

a Hor. 1, *Od.* 1, *v.* 36. | b Hor. 4, *Od.* 6, *v.* 1. | c Hor. 1, *Od.* 2.

Si l'on veut, pour se rendre compte des mots marqués en italique, le chercher dans le dictionnaire, on procédera ainsi :

Mots donnés.	Génitifs.	NOMINATIFS.	RÈGLE OU LISTE.	Pag.
Sublimi, ...	sublimis,	sublimis, ..	règle Spe *finis*, n° 25...	121
Sidera, ...	sideris, .	sidus, ...	liste *Sidera*, etc. n° 12.	112
Vertice, ...	verticis,.	vertex, ...	liste *Vertice quot*, n° 14.	114
Nives, ...	nivis, ..	nix, ...	liste *Nivem dixit*, n° 16.	117
Gramina, ...	graminis,	gramen, ..	règle *Agminis*, n° 19....	119
Campis, ...	campi,..	campus,...	règle *Animi*, n° 6.	105
Terris, ...	terræ, ..	terra,.....	voy.	101
Grandinis,...	grandinis,	grando, ...	règle *Lanuginis*, n° 20..	119
Pater, ...	patris,..	pater, ...	liste *Patres*, n° 9.	109
Rubenti,.....	rubentis,	rubens, ...	règle *Veritatis*, n° 24...	121
Dextera, ...	dexteræ,	dextera, ..	voy.	101
Sacras, ...	sacræ, .. / M. sacri,	sacra, ... / M. sacer, .	liste *Sacrum*, n° 3.	104
Jaculatus, ...	jaculati, .	jaculatus, .	règle *Animi*, n° 6.	105
Arces, ...	arcis, ...	arx, ...	règle *Vocis*, n° 22......	120
Urbem, ...	urbis,...	urbs, ...	règle *Urbem*, n° 10......	110
Gentes,.....	gentis,..	gens, ...	règle *Veritatis*, n° 24 ...	121

C'est ainsi qu'on peut noter chaque règle par le mot initial qui la figure, et chaque liste par le mot même, qui est employé. Le mot réveille la phrase ; et c'est toujours à quelque chose de positif, de déterminé, que se fait le rappel.

L'élève fait avec un charme particulier cet exercice, parce qu'à chaque pas il fait une découverte, et qu'il la doit à son intelligence. Mais il ne faut pas perdre de vue que c'est toujours sur des phrases qu'il doit s'exercer, qu'on ne doit jamais lui donner de mots épars à déchiffrer. Il faut qu'il voie dans leur place les mots sur lesquels il travaille, parce que c'est ainsi qu'ils le sont dans les livres et dans le discours, et que c'est là, uniquement là qu'ils fructifient (28).

---

(28) Celui qui n'a encore que très-peu d'usage, est obligé quelquefois de tâtonner. Par exemple, il peut ignorer à quelle déclinaison appartiennent *campis*, *terris*. S'il croit qu'ils sont de la 3me, c'est par la règle *finis*, qu'ils seraient jugés : mais ne les trouvant point sous la forme qu'exige cette règle, il essaie une autre forme, et bientôt il arrive à *campus*, *terra*, qu'il trouve enfin dans le dictionnaire. Au reste, on peut rendre cet exercice facile aux commençants, en spécifiant les déclinaisons, et en notant au crayon les mots qu'on veut faire juger.

IIIᵐᵉ SECTION.

De la Conjugaison.

Era-**m** domi imperator summus[a],	*j'étais* à la maison, c.-à-d., en temps de paix, un très-grand général.
Era-s çoquus tu solus[b] ,......	*tu étais* cuisinier, toi seul.
Era-**t** tuin dignus amari[c] ,....	*il était* alors digne d'être aimé.
Era-**mus** nos nostris negotiis » negotiosi[d],	*nous étions*, nous, affairés de nos affaires.
Era-**tis** » uno nomine ambo[e]?	*étiez-vous* les deux du même nom ?
Era-**nt** duobus nuptæ fratribus[f],	*elles étaient* mariées aux deux frères.

Voilà les six formes d'un temps, trois pour le singulier, et trois pour le pluriel. Or, dans ces formes, il y a un élément commun, qui est *era*, et chacune d'elles est distinguée par une finale qui lui est propre : dans la première, c'est **m** ; dans la seconde, c'est *s*, etc.

Après avoir parcouru toutes les formes des verbes latins, nous avons trouvé cette grande analogie, ou

RÈGLE GÉNÉRALE.

M à la 1ʳᵉ forme se change en
$\begin{cases} s, & \text{à la 2}^e. \\ \textsc{t}, & \text{à la 3}^e. \\ \textsc{mus}, & \text{à la 4}^e. \\ \textsc{tis}, & \text{à la 5}^e. \\ \textsc{nt}, & \text{à la 6}^e. \end{cases}$ comme dans $\begin{cases} \text{era-}s. \\ \text{era-}t. \\ \text{era-}mus. \\ \text{era-}tis. \\ \text{era-}nt. \end{cases}$

Nous avons fait une autre remarque, qui a aussi son importance : elle sera mieux comprise après qu'on aura vu les exemples sur lesquels elle a été basée.

Dic-a-**m** si potero[g],........	je dirai, si je pourrai, c.-à-d. si je puis.
Dic-e-s : quid posteà[h]?.....	tu diras : et quoi ensuite ?
Dic-c-**t** aliquis : quid existimabas[i]?	quelqu'un *dira* : que pensais-tu donc ?
Dic-e-**mus** ficus, dicemus ficos[k],	*nous dirons* figues, *nous dirons* fics, ulcères.
Dic-e-**tis** » alternis[l],........	*vous direz* en vers alternatifs.
Dic-e-**nt** te mendacem esse[m],	*ils diront* que tu es un menteur.

On voit bien encore ici la règle générale observée. M a donné **s**, **t**, **mus**, **tis**, **nt**. Mais la voyelle qui précède **m**, s'est changée en

---

a Plaut. *Pseud.* 4, 7.
b Plaut. *Pseud.* 3, 2.
c Virg. *Ecl.* 5 v. 89.
d Plaut. *Merc.* 1, 2.

e Plaut. *Men.* 5, 9.
f Plaut. *Stich.* 4, 1.
g Hor. 2, *Sat.* 2.
h Cic. pro *Sext. Rosc.*

i Cic. 3, *Tusc.*
k Mart. 1, *Epigr.* 30.
l Virg. *Ecl.* 3, v. 59.
m Plaut. *Milit.* 4, 7.

x, dans la seconde forme; dic-*a-m* a fait dic-*e-s*, et ce changement de l'A en E s'est continué dans les quatre formes suivantes.

D'où cette règle particulière :

$$S \text{ à la } 2^e \text{ forme, lorsque la } 1^{re} \text{ est } \atop \text{en } {\scriptstyle AM}, \text{ se change en} \dots\dots \left\{ \begin{array}{l} T, \quad \text{à la } 3^e. \textit{Dice-T.} \\ {\scriptstyle MUS}, \text{à la } 4^e. \textit{Dice-MUS.} \\ {\scriptstyle TIS}, \text{à la } 5^e. \textit{Dice-TIS.} \\ {\scriptstyle NT}, \text{à la } 6^e. \textit{Dice-NT.} \end{array} \right.$$

Ainsi, pour abréger le travail conjugatif, et ne porter l'attention que sur ce qui fait la difficulté des conjugaisons, au lieu des six formes, nous ne donnerons que la première dans le cas de la règle générale, et nous nous arrêterons à la seconde dans le cas de la règle particulière.

Mais l'élève ne manquera jamais de rétablir et de . réciter les formes supprimées, afin de se rompre à toutes les formes conjugatives.

Cette SECTION comprendra DEUX CHAPITRES : le premier sera consacré aux verbes qui ne suivent aucune marche régulière dans leurs conjugaisons, et qu'il faut apprendre sans le secours des règles; le second traitera des verbes réguliers.

Mais, pour rendre facile la conjugaison des verbes réguliers et irréguliers, il faut systématiser la distribution des temps, de telle manière qu'elle puisse s'appliquer à toutes les langues.

C'est sur la langue française, qui déjà nous est connue, que nous devons prendre notre point d'appui.

Soient les quatre séries suivantes

De temps proprement dits et de phrases regardées comme des temps.

1re SÉRIE.	2e SÉRIE.	3e SÉRIE.	4e SÉRIE.
1. Je vois, . . .	1. J'ai, . . .	1. Je dois ou vais,	1. J'ai,. . .
2. Je voyais, .	2. J'avais, . .	2. Je devais ou j'allais,	2. J'avais,. . .
3. Je verrai, .	3. J'aurai, . .	3. Je devrai . .	3. J'aurai,. . .
4. » vois, . . .	4. Aie ,. . . .	4. . . . » . . .	4. . . . .
5. Que je voie,. .	5. Que j'aie, .	5. Que je doive,	5. Que j'aie ,
6. { Que je visse, ou je verrais.	6. Que j'eusse, etc.	6. Que je dusse, etc.	6. Que j'eusse, etc.
7. Voir	7. Avoir, . . .	7. Devoir,	7. Avoir, . . .
8. Voyant	8. Ayant,. . .	8. Devant ou allant,	8. Ayant, . . .

(vu.) — (voir.) — (dû voir.)

On verra que la première série des temps latins correspondants

exprime chacun de ses huit temps par un seul mot : 1°. VIDEO, *je vois* ; 2°. VIDEBAM, *je voyais*, etc.; que nos périphrases de la seconde série sont rendues en latin par un mot unique : *j'ai vu*, par VIDI, *j'avais vu*, par VIDERAM, etc. Des langues plus riches encore ont aussi des formes uniques pour les diverses périphrases de la 3° et 4° série. Il est donc nécessaire de savoir faire correspondre les temps latins simples non composés avec les trente-deux temps et phrases des tableau français, et *vice versâ.*

On voit qu'en français le verbe principal a huit temps exprimés chacun par un seul mot; voyez la 1ere série. Eh bien! qu'on prenne les huit mêmes temps du verbe *avoir*, et qu'on y ajoute l'adjectif passif du verbe principal, et l'on a la seconde série, J'AI VU. *Voy. le tableau.* Qu'on prenne encore les huit mêmes temps d'*avoir*, et qu'on y ajoute l'adjectif passif *dû* et l'infinitif du verbe principal, et l'on a la 4° série, J'AI DU VOIR. *Voyez le tableau.*

Le passif a nécessairement aussi ses quatre séries exactement correspondantes.

AINSI L'ON A, PAR EXEMPLE:

A L'ACTIF		AU PASSIF	
Je vois,... 1re série,		*Je suis vu*,... 1re série,	
J'ai vu, ... 2° série,	1er temps.	*J'ai été vu*,... 2° série,	1er temps.
Je dois voir, 3° série,		*Je dois être vu*, 3° série,	
J'ai dû voir, 4° série,		*J'ai dû être vu*, 4° série,	

Voilà donc huit séries, quatre à l'actif, quatre au passif, ou soixante-quatre temps, trente-deux à chaque voix. Pour le sens, ils existent dans toutes les langues, mais la manière de les exprimer diffère ou se ressemble plus ou moins (29).

Comme Ramus, à de longues et souvent fausses dénominations de temps, nous substituons de simples numéros d'ordre; notre mar-

---

(29) Nous nous félicitons d'offrir à la jeunesse et à tous ceux qui étudient les langues étrangères ce nouveau fil, pour les guider dans le labyrinthe des temps. Mais il faut remarquer que le nombre des temps simples qui existent dans la langue qu'on étudie, constitue toujours la base de la distribution; que si les temps latins qui répondent à la seconde série française, *vidi, videram, videro*, etc., forment, quoique simples, une série à part, c'est que toute cette série répond exactement à la première série française, et qu'elle n'en diffère que par une idée d'antériorité : *je vois, video*, a pour temps antérieur *j'ai vu*, VIDI; *je voyais*, VIDEBAM, s'oppose à *j'avais vu*, VIDERAM, par la même idée. Il faut aussi remarquer que c'est de l'ordre des analogies de la langue qu'on apprend, que doit dépendre l'ordre des temps.

...che en est au moins plus rapide. Nous ferons précéder le numéro du temps par celui de la série (30). C'est par la traduction française qu'on s'accoutumera à reconnaître la valeur des temps latins.

Avis important.

Avant de passer aux phrases latines, il faut s'exercer à répondre, sans hésiter, à ces questions : par exemple, *je voyais*, à quel temps est-il ? dans quelle série ? quel est son passif ? quel est son correspondant dans la 2ᵉ ? dans la 3ᵉ ? dans la 4ᵉ série ? quel est le passif de ce temps à la 2ᵉ série ? etc. *Voyant*, à quel temps est-il ? etc. On passera ensuite à d'autres verbes. Cette correspondance des temps dans les séries, satisfait l'intelligence et soulage incroyablement la mémoire.

CHAPITRE PREMIER.

Des Verbes irréguliers.

En voici la Liste :

	Pag.		Pag.
1°. *Sum*, je suis, et ses composés;	127	4°. *Volo*, je veux;	134
2°. *Possum*, je peux, l'un des comp. de *sum*;	131	5°. *Nolo*, je ne veux pas;	135
3°. *Eo*, je vais, et ses comp.;	132	6°. *Malo*, j'aime mieux;	136
		7°. *Inquio*, *fio*, *fero*, etc.	137

1°. SUM, *je suis*, Iʳᵉ SÉRIE.

1. *Sum* totus vester, et esse debeo[a],	je suis tout à vous, et dois l'être.
Es-ne tu, an non es ab illo milite[b]?	es-tu ou non de la part de ce soldat ?
Est modus in rebus[c],	il est une mesure dans les choses.
Nos numerus *sumus*[d],	nous, nous sommes (ou nous fesons) nombre.
Vos *estis* fratres[e],	vous, vous êtes frères.
Sunt certi denique fines[f],	enfin de certaines bornes sont, c.-à-d. il y a certaines bornes.

---

(30) C'est ainsi que sont indiqués les pièces et appartements d'un grand édifice. Il y a autant de numérotages qu'il y a d'ailes, et un seul numérotage par division.

---

a Cic. *ad Marc.* 15. c Hor. I, *Sat.* I, *v.* 106. e Juv. 5, *Sat.* v. 137.
b Plaut. *Pseud.* 2, 2. d Hor. I, *epist.* 2. v. 27. f Hor. I, *Sat.* I. v. 106.

2. *Era-m* domi imperator sum- | j'étais en temps de paix un très-
mus [a], | grand général (31).

Et par la règle générale, pag. 124, *era-s*, *era-t*, *era-mus*, *er-atis*, *er-ant*.

3. *Ero* ut me esse oportet [b],..... | *je serai* comme il faut que je
sois.

Eris mihi magnus Apollo [c],.... | *tu seras* pour moi le grand Apollon.

Erit illi illa res honori [d],...... | cette chose lui sera à honneur, ou
lui fera honneur.

Erimus hîc, interim potabi- | nous serons ici, nous boirons en
mus [e], | attendant.

Eritis nostræ portus senectæ [f],. | vous serez le port de notre vieil-
lesse.

Erunt induciæ [g],............ | des délais seront, c.-à-d. il y aura
une trève.

4. *Es* » bono animo [h], ... | sois d'un bon courage (ou courage).

Esto sanè Sosia, tu [i],........ | sois donc Sosie, toi.

Esto ut animus sinit [k],....... | soit, comme vous l'entendez.

5. *Este* duces, si qua via est [l],... | soyez les guides, s'il y a un chemin.

Estote a le même sens que *este*, mais il est plus rarement employé.

Sunto. Ea prima piacula *sunto* [m], | que ce *soient* les premières expia-
tions.

Neu *sim* causa doloris [n],...... | ou *que je ne sois* une cause de
douleur.

Et par la règle générale, pag. 124, *si-s*, *si-t*, *si-mus*, *si-tis*, *si-nt*.

6. *Esse-m* verè qui assimulabar [o], | *je serais* vraiment celui que je sem-
blais être.

Et par la règle générale, pag. 124, *esse-s*, *esse-t*, *esse-mus*, *esse-tis*, *esse-nt*.

7. *Esse* tibi videor desidiosus [p],.. | je te parais *être* désœuvré.

8. L'adjectif *étant*, manque en latin. Il ne s'exprime point, ou
s'exprime par une périphrase.

---

(31) Après *eram*, ou le temps dit imparfait indicatif, les rudiments placent les
temps dits parfait et plus-que-parfait indicatif, FUI, j'ai été; FUERAM j'avais été; mais
ces deux temps appartiennent à la belle série des temps antérieurs où l'analogie est
si bien suivie : *fui, fueram, fuero, fuerim, fuissem, fuisse.* Il nous est impossible de
séparer des temps, qui gagnent si visiblement à être rapprochés. L'ancienne distribution fut calquée sur la considération des modes qui est toute syntaxique, la nôtre est
vraiment lexigraphique.

---

a PLAUT. *Pseud.* 4, 7. | f MART. *lib.* 1, *epig.* 88. | l VIRG. *Æn.* 6, *v.* 194.
b PLAUT. *Men.*, 5, 6. | g PLAUT. *Capt.* 1, 4. | m VIRG. *Æn.* 6, *v.* 153.
c VIRG. *Ecl.* 3, *v.* 104. | h TER. *Eun.* 1, 2. | n VIRG. *Æn.* 9, *v.* 216.
d PLAUT. *Epid.* 1, 1. | i PLAUT. *Amph.* 1, 1. | o TER. *Eun.* 3, 5.
e PLAUT. *Men.* 1, 3. | k « PLAUT. *Pœn.* 3, 4. | p MART. *lib.* 12, *epig.* 25.

FUI, *j'ai été* ou *je fus*, 2ᵉ SÉRIE.

1. *Fu-i* illic in re præsenti[a], ... | *j'ai été* là dans l'affaire en question.

Fu-isti liber, et ego me confido fore[b], | *tu as été,* ' ou tu es devenu) libre , et moi j'ai confiance que je le deviendrai.

Fu-it Ilium[c], ... | Ilium *a été* , c.-à-d. a cessé d'être.

Fu-imus Troes[d], ... | nous *avons été* Troyens , c.-à-d. nous avons cessé, etc.

Fu-istis nobiscum[e], ... |

Fu-erunt duæ horæ , et non venit! quid ago[f]? | deux heures *ont été,* c.-à-d. se sont passées, et il n'est pas venu! qu'est-ce que je fais ?

Fu-ére qui.... mentirentur[g].... | des gens *ont été,* ou furent, qui disaient faussement.

2. *Fu-eram* liber,me fecit servum[h], | moi qui *avais été* libre, il m'a fait esclave.

3. *Fu-ero* qui esse debuero[i], ... | *j'aurai été* celui que j'aurai dû être.

Fu-eris quod esse debueris[k], . . | *tu auras été* ce que tu auras dû être.

Les quatre autres formes sont : fu-*erit*, fu-*erimus*, fu-*eritis*, fu-*erint*.

4. » *Aie été,* manque. Cet impératif antérieur n'existe dans aucun verbe latin.

5. Qui *fu-erim* liber, quæritur[l], .. | on demande comment *j'ai été* libre.

Et par la règle générale, pag. 124, fu-*eri-s* , que tu aies été, fu-*eri-t*, fu-*eri-mus*, fu-*eri-tis*, fu-*eri-nt*.

6. Si fu-*issem* hic, nihil evenisset mali[m], | si j'eusse été ici, il ne fût rien arrivé de mauvais.

Et par la règle générale, pag. 124, fu-*isse-s*, fu-*isse-t*, etc.

7. Fu-*isse*, ... | avoir été.

8. » *Ayant été,* manque en latin: il s'exprime par une autre tournure, et même on verra qu'à l'actif ce temps manque dans tous les verbes; cependant nous le figurerons toujours afin de laisser toujours exister le cadre.

NOTA. On verra que la conjugaison de *fui,* ou de cette seconde série, sert de modèle pour tous les verbes réguliers et irréguliers.

---

a PLAUT. *Amph.* 1, 1.
b PLAUT. *Capt.* 4, 1.
c VIRG. *Æn.* 2, v. 325.
d *Ibid.*

e CIC. *de Arusp.*
f CIC. *pro Quintio.*
g PLIN. *lib.* 12, *Cap.* 15.
h PLAUT. *Capt.* 1, 4.

i PLAUT. = CIC., etc.
k PLAUT. etc.
l PLAUT. *Amph.* 1, 1.
m = TER. *Andr.* 3, 4

futurus, *devant être*, 3° *série.*

1. *Futurus sum* rusticus [a],......	*je dois être* ou *je vais être* campagnard.
2. *Futurus eram* rusticus [a],......	*je vais* ou *j'allais être*, etc.
3. *Futurus ero* rusticus [a],......	*je devrai être*, etc.
4. »	»
5. *Futurus sim* rusticus , [a]......	*que je doive être* , etc.
6. *Futurus essem* rusticus [a],.....	*que je dusse* ou *je devrais être* campagnard.
7. *Futurus esse* rusticus [a],......	*devoir* être campagnard
8. *Futurus* rusticus , redegit pecuniam [b],	*devant* être campagnard, il a rassemblé, etc.

Futurus sum signifie plus littéralement *je suis devant être*. Une femme dira *futura sum rustica ;* plusieurs hommes diront *futuri sumus rustici*, etc.

Ainsi, en prenant la première série du verbe *sum*, et en y ajoutant le temps 8 de la troisième série, c.-à-d. l'adjectif futur, *futurus*, on a les autres temps de cette série.

4° SÉRIE.

1. *Futurus fui* rusticus [a],........	*j'ai dû être* campagnard.
Futura fui rustica [a],.........	*j'ai dû être* campagnarde.

En prenant la 2° série : *fui, fueram, fuero, fuerim, fuissem, fuisse*, et l'adjectif futur, on a la 4. série. Voyez ces deux dernières séries (la 3. et la 4.), conjuguées tout entières dans le verbe *do, dare*, pag. 140.

Ainsi se conjuguent les composés de sum.

*Ab*sum,	abesse,	abfui,	abfuturus, ..	être absent.
*Ad*sum,	adesse,	adfui,	adfuturus,...	être auprès, ou présent.
*De*sum,	deesse,	defui,	defuturus,...	être en défaut, manquer.
*In*sum,	inesse,	infui,	»	être dedans.
*Inter*sum,	interesse,	interfui,	interfuturus,	être entre, intéresser.
*Ob*sum,	obesse,	obfui,	obfuturus, ..	être en devant, nuire.
*Præ*sum,	præesse,	præfui,	præfuturus, .	être en avant, présider.
*Sub*sum,	subesse,	subfui,	subfuturus,..	être dessous.
*Super*sum,	superesse,	superfui,	superfuturus,	être dessus, survivre.

Les seuls composés *prosum*, je suis en avant, ou je suis utile, et *possum*, je suis puissant, ou je peux, s'écartent plus ou moins de la conjugaison de *sum*. *Prosum* intercale un *d* dans toutes les

---

a *Voyez la citation* (b). | b Hor. *Epod.* 2, *v.* 68. |

formes où se rencontrent *o* et *ɛ* : ainsi, au lieu de *proes*, *proest*, *proeram*, etc., on dit *prodes*, *prodest*, *proderam*, etc.

Possum a besoin d'être conjugué à part :

2°. POSSUM, *je peux*, Ire SÉRIE.

1. *Possum* scire quid veneris[a] ?..	*puis-je* savoir pourquoi tu es venu ?
Potesne mihi auscultare[b] ?...	*peux-tu* me prêter l'oreille ?
Potest fieri[c], ...	*il peut* se faire.
Possumus. Non omnia possumus omnes[d],	tous nous ne *pouvons* pas tout.
Potestis ope vestrâ censerier[e],	*vous pouvez* être comptés par votre fortune.
Possunt, quia posse videntur[f],	*ils peuvent*, parce qu'ils paraissent pouvoir.
2. *Poteram* à terrâ contingere ramos[g],	*Je pouvois* de la terre atteindre les rameaux.

Et par la règle générale, pag. 124, *potera-s*, *t*, etc.

3. Si *pot-ero*, dabo operam[h],,... | si *je pourrai*, c.-à-d. si je puis, etc.

Formez ce temps comme le simple : *pot-eris*, etc., *pot-erunt*.

4. L'impératif manque.

5. Fac *possim*, velim[i], ... | fais que *je puisse*, et je le voudrai.

Et par la règle générale, pag. 124, *possi-s*, *possi-t*, etc.

6. *Posse* et velle, hæc duo summa[k], | *pouvoir* et vouloir, voilà les deux points.

7. *Possem* tantos finire dolores[l],.. | *je pourrais* finir de si grandes peines.

Et par la règle générale, pag. 124, *posse-s*, *t*, *mus*. etc.

8. Huic *potens* erat Alphenus[m],.. | Alphenus était *puissant*.

Nota : *Potens* ne s'emploie que comme adjectif qualificatif : *pouvant* s'exprime en latin par une périphrase.

POTUI, *j'ai pu*, 2e SÉRIE.

1. Huic *potui* succumbere culpæ[n],.... | *j'ai pu* succomber à cette faute.

Toute cette série se conjugue comme la même série de *sum*. D'où 1. *potu-i*, 2. *potu-*ERAM, 3. *potu-*ERO, 4. », 5. *potu-*ERIM, 6. *potu-*ISSEM 7. *potu-*ISSE, 8. ».

---

a PLAUT. *Amph.* 1, 1.
b PLAUT. *Pœn.* 1, 2.
c PLAUT. *Trinum.* 3, 3.
d VIRG. *Ecl.* 8, *v.* 63.
e PLAUT. *Capt. prol.*

f VIRG. *Æn.* 5, *v.* 232.
g VIRG. *Ecl.* 8, *v.* 40.
h PLAUT. *Trin.* 4, 2.
i PLAUT.
k CIC., etc.

l VIRG. *Æn.* 12, *v.* 880.
m CIC. *pro Quint.*
n VIRG. *Æn.* 4, *v.* 19.

3ᵉ et 4ᵉ SÉRIE.

L'adjectif du futur en *urus*, manque, et avec lui tous les temps de ces deux dernières séries.

3° ɪᴏ, *je vais*, 1ᵉ SÉRIE.

1. *Eo* domum[a], ...	*je vais* à la maison.
Is dormitum[b], ...	*tu vas* dormir.
It inficias » nemo[c], ...	personne ne *va* à l'encontre, c'est-à-dire ne nie.
Imus, venimus, videmus[d], ...	*nous allons*, nous venons, nous voyons.
....................Optimè	*vous allez* fort bien, mais certes vous parlez très-mal.
Itis, pessumè hercle dicitis[e],	
Eunt res[f], ...	les choses *vont* ou marchent.
2. *Ibam forte* viâ sacrâ[g], ...	*j'allais* ou marchais dans la rue sacrée.

Et par la règle générale, pag. 124, *iba-s*, *iba-t*, etc.

3. *Ibo* et cognoscam quisquis est[h],	*j'irai*, et je connaîtrai qui c'est.
Ibis-ne ad cœnam foràs[i]?....	*iras-tu* souper dehors ?
Ibit istuc iu malam crucem[k],..	il *ira* par là à la potence.
Ibimus. Ibimus utcumque præcedes[l],	*nous irons*, nous irons de quelque manière que tu précèdes.
Ibitis Italiam[m], ...	*vous irez* en Italie.
Ibunt per vimina guttæ[n],.....	les gouttes *iront* le long des osiers.
4. *I* præ, sequar[o], — *I* rus[p],...	*va* devant, je te suivrai. — *Va* à la campagne.
Ito quà tua te fortuna sinet[q],..	*va* où la fortune te permettra, ...
Ito. Neu quis mihi segnior ito[r],.	que personne ne m'*aille* trop lentement.
Ite intro accubitum[s], ...	*allez*, entrez pour vous mettre à table.
Itote, comme *ite*, mais plus rare.	
Eunto in vigiliam milites[t],....	que les soldats *aillent* monter la garde.
5. *Ea-m*? redeam[u]?	faut-il que j'*aille*? que je retourne?

---

a· Plaut. *Merc.* 3, 4.
b Plaut. *Curc.* 1.3.
c Plaut. *Curc.* 4, 2.
d Ter. *Phorm.* 1, 2.
e Plaut. *Pœn.* 3, 1.
f Virg. *Æn.* 7. *v.* 592.
g Hor. 1. *Sat.* 9.

h Plaut. *Amph.* 5, 1.
i Plaut. *Stich.* 4, 2.
k Plaut, *Trinum.* 2, 4,
l Hor. 2, *od.* 14.
m Virg. *Æn.* 3. *v.* 254.
n = *Georg.* 2, *v.* 244.
o Ter. *Andr.* 1, 1.

p Plaut. *Most.* 1, 1.
q Virg. *Æn.* 6, *v.* 96.
r Virg. *Æn.* 12, *v.* 566.
s Ter. *And.* 1, 1.
t = Plaut *Pseud.* 4, 7.
u Ter. *Eun.* 1, 1.

Ea-s, ne pereas per eas*,...... | il faut que *tu ailles*, pour que tu ne périsses pas par elles.

Ce temps suit la règle générale, pag. 124, *ea-t, ea-mus,* etc.

6. *Irem* in carcerem rectâ viâ [b],... | *j'irais* en prison en droite ligne.

Et par la règle générale, pag. 124, *ire-s, ire-t, ire-mus,* etc.

7. *Ire* domum jussit [c],.......... | elle a ordonné *d'aller* à la maison.
8. *Iens.* Dextram complexus eun- | *allant.* Il a serré la main de lui tis [d], | allant ou marchant.

IVI, *je suis allé,* pour *j'ai allé,* 2° SÉRIE.

1. *Ivi* ego illis obviam *,......... | *je suis allé* moi à leur rencontre.

Cette seconde série est régulière dans tous les verbes. On a donc à : temps 1., *ivi,* 2. *iv-eram,* 3. *iv-ero,* 4. », 5. *iv-erim,* 6. *iv-issem,* . *iv-isse,* 8. », ou *étant allé,* manque en latin.

It-um, it-u, à aller *ou* pour aller.

Du substantif *i-tus, ús* ; acc. *it-um,* abl. *it-u,* les grammairiens tirent l'adjectif actif futur en URUS, et font *it-urus, it-ura, it-um,* qui, combiné avec la 1re série du verbe *sum,* donne la troisième série d'*eo,* et qui, l'étant avec la 2e du même verbe, donne 4e série, en cette sorte :

3° et 4° SÉRIE.

Iturus sum domum [f],........ | *je dois aller* ou je vais aller, ou il faut aller à la maison.
Iturus es [g],................. | *tu dois aller.*
Iturus est ipse in Seleuciam [h], .. | *il doit aller* lui-même en Séleucie.
Iturus fui [i],................. | *j'ai dû aller.*

Voyez la conjugaison du verbe *do, dare,* pag. 142 ; la 3e et la 4e sont données tout au long, et peuvent servir de modèle pour les verbes, qui ont un adjectif en *urus.*

Eundi, eundo, eundum,

sont des cas de l'adjectif passif neutre *eundum,* voyez les verbes en ..., pag. 153.

PROVERBE. | d VIRG. Æn. 8, v. 158. | g = CIC. ad Att.
PLAUT. *Pœn.* 3. 3. | e =CIC. ad Att. | h PLAUT. *Trin.* 1, 2.
PLAUT. *Asin.* 3, 3. | f PLAUT. *Bacch.* 1, 2. | i PLAUT. *Amph.* 1, 1.

Conjuguez comme EO *les verbes suivants.*

Ab-eo ,... aller loin, s'en aller.	*Præ*-eo ,. aller à la tête , commander.
Ad-eo ,... aller auprès , s'approcher.	
Ante-eo ,. aller devant, précéder.	*Præter*-eo, aller outre , omettre.
Circum-eo, aller autour, entourer.	*Prod*-eo ,. aller en devant , paraître.
Co-eo ,... aller avec , se réunir.	*Red*-eo ,.. aller en arrière, retourner.
Inter-eo ,.. aller entre , périr, etc.	
Ob-eo ,... aller devant, parcourir, mourir.	*Sub*-eo ,.. aller au-dessous, subir.
	Trans-eo, aller au de-là, passer.
Nequ-eo ,. n'aller pas, ne pouvoir.	

Avec *ab-eo*, on fait *ab-ire*, *ab-ivi*, *abit-urus*, ainsi des autres.

4° VOLO , *je veux* , 1ʳᵉ *SÉRIE.*

1. *Volo* ut me amet patrem *,...	je *veux* qu'il m'aime moi , son père.
Vis ergo experiamur ᵇ,.......	*veux - tu* donc que nous éprouvions ?
Quid vult sibi hæc oratio ᶜ?....	que *veut* dire ce discours?
Ut volumus, non licet ᵈ,......	comme *nous voulons* , etc.
Vultis auscultando operam dare ᵉ?	*voulez-vous* prendre la peine d'écouter.
Volunt pro laude pacisci ᶠ,.....	*ils veulent* traiter pour la gloire.
Volebam ego ex te percontarier ᵍ.	je *voulais*, moi, m'informer de toi.

Et par la règle générale , pag. 124, *voleba-s*, etc.

3. Si te *volam* , ubi eris ʰ?......	si *je te voudrai*, c.-à-d. si je veux, etc.
Ut *voles*, nobis legem imponito ⁱ,	comme *tu voudras* , impose-nous la loi.

Et par la règle particulière , pag. 124, *vole-t*, etc.

4. » » L'impératif manque.

5. *Velim* fieri possit ᵏ,..........	il faut que *je le veuille*, si cela peut se faire , ou je veux bien, si cela se peut.

Et par la règle générale, pag. 124, *veli-s*, etc.

6. *Vellem* herclè factum ˡ,.......	je *voudrais* certes que c'eût été fait.

Et par la règle générale, pag, 124, *velle-s*, etc.

---

a Plaut. *Asin.* 1 , 1.	e Plaut. *Amph.* 3 , 4.	i Plaut. *Asin.* 1 , 3.
b Virg. *Ecl.* 3 , v. 28.	f Virg. *Æn.* 5, v. 230.	k Plaut. *Trin.* 2 , 4.
c Ter. *Heaut.* 3 , 4.	g Plaut. *Bacch.* 2 , 2.	l Ter. *Heaut.* 4 , 5.
d Ter. *Andr.* 4 , 6.	h Plaut.	

7. *Velle* parùm est, cupias oportet[a], | *vouloir* est peu, etc..
8. *Volens* facilisque sequetur[b],... | *voulant* et facile, il suivra, c.-à-d. il suivra facilement, et sans résister.

VOLUI, *j'ai voulu*, 2ᵉ SÉRIE.

1. *Volui* dicere » stertit[c],....... | *j'ai voulu* dire : il ronfle, ou il ronfle, ai-je voulu dire.

Quid *voluisti*? cogita[d],....... | qu'as-tu *voulu* ? penses-y bien.

Toute cette série se conjugue comme *fu-i.* On a donc : 1. *volu-i*, 2. *volu-eram*, 3. *volu-ero*, 4. » 5. *volu-erim*, 6. *volu-issem*, 7. *volu-isse*, 8. » *ayant voulu* manque en latin.

3ᵉ et 4ᵉ SÉRIE.

L'adjectif en URUS, ou temps 8 de la 3ᵉ série, manque, et avec lui, les deux dernières séries.

5°. NOLO, *je ne veux pas*, 1ʳᵉ SÉRIE.

1. *Nolo* mentiare[e],............. | *je ne veux* pas que tu mentes.

Non vis obviam me hisce ire[f],.. | *tu ne veux* pas que j'aille au-devant d'eux.

Non vult te scire se rediisse[g],.. | *il ne veut* pas que tu saches qu'il est revenu.

Nolumus hunc regnare[h],..... | *nous ne voulons* pas qu'il règne...
Non vultis ad opus ire[i] ?...... | *vous ne voulez* pas aller à l'ouvrage?
Nolunt ubi velis ; ubi nolis cupiunt ultrò[k], | *elles ne veulent* pas dès que tu veux, et dès que tu ne veux pas, etc.

2. Quod *nolebam* fugiebatis[l], | vous évitiez ce que *je ne voulais pas*,

Et par la règle générale, pag. 124, *noleba-s*, etc.

3. *Nolam*
   Ubi *noles*, } PLAUT., etc...... | je ne voudrai pas, dès que tu ne voudras pas.

Et par la règle particulière, pag. 125, *nole-t*, etc.

4. { *Noli* metuere[m],............. | *ne veuille* pas craindre, c.-à-d. ne crains pas.

   Nolito in serium convertere[n],. | *ne veuille* pas le prendre au sérieux.

   Nolite cogere socios[o],........ | *ne veuillez* pas forcer, c.-à-d. ne forcez pas les alliés.

---

a Ovid. 3, *ex Ponto, ep.* 1.
b Virg. *Æn.* 6, v. 146.
c Plaut. *Mil.* 3, 2.
d Ter. *Heaut.* 3, 4.
e Ter. *Heaut.* 4, 2.

f Plaut. *Most.* 1, 4.
g Ter. *Heaut.* 3, 1.
h Septante.
i = Ovid.
k Ter. *Eun.* 4, 7.

l Plaut. *Asin.* 1, 3.
m Ter. *Phorm.* 3, 3.
n Plaut. *Pœn.* 5, 5.
o Cic. *in Verr.*

Nolitote, comme nolite , mais plus rare.

Nolunto ire inficias [a] , ...	qu'ils *ne veuillent* pas nier.
5. *Nolim* quidem hercle [b] , ...	et certes *je ne voudrais* pas.

Et par la règle générale, pag. 124, *noli-s*, etc.

6. *Nollem* accidisset hoc tibi [c] , ...	*je ne voudrais* pas que cela te fût arrivé.
7. *Nolle* se non probabit [d] , ...	il ne prouvera pas soi ne pas *vouloir* , c.-à-d. qu'il ne veut pas.
8. *Nolens*. Nolente senatu, traximus imperium [e] ,	nous avons pris le commandement le sénat *ne le voulant pas*.

NOLUI , *je n'ai pas voulu* , 2ᵉ *SÉRIE*.

1. *Nolui* iterare [f] , ... |*je n'ai pas voulu* réitérer.

On sait que dans tous les verbes, cette seconde série se conjugue comme *fu-i ;* l'on a donc ici : 1. *nolui*, 2. *nolueram*, 3. *noluero*, 4. » 5. *noluerim*, 6. *nolu-issem* , 7. *Nolu-isse*, 8 ».

3ᵉ et 4ᵉ *SÉRIE manquent*.

6° MALO, *j'aime mieux*, 1ʳᵉ *SÉRIE*.

1. *Malo* laudari quàm culpari [g] , . .	*j'aime mieux* être loué que blâmé.
Mavis ut abeat [h] , ...	*tu aimes mieux* qu'il s'en aille.
Mavult perdere dimidium , quàm credere totum [i] ,	*il aime mieux* perdre la moitié que de prêter le tout.
Malumus credere totum [k] , ...	*nous aimons mieux* confier le tout.
Mavultis damnari [l] ?	*aimez-vous mieux* être condamnés ?
Malunt metui quàm amari [m] , . .	*ils aiment mieux* être craints, etc.
2. *Maleba-m* , ...	*j'aimais mieux*, etc.

Et par la règle générale, pag. 124, *maleba-s*, etc.

3. *Malam* Quod *males* }	*j'aimerai mieux*, ce que tu aimeras mieux.

Et par la règle particulière, pag. 125, *male-t* , etc.

Malim mori quàm , etc. . . . . . . |*j'aimerais mieux* mourir que de, etc.

Et par la règle générale, pag. 124, *mali-s*, etc.

6. *Malle-m* auferre in præsentia , . |*j'aimerais mieux* l'enlever, etc.

Et par la règle générale , pag. 124, *malle-s*, ete.

---

a = PLAUT. *Curc,*4, 2.	e CIC. *lib*. 6.	i MART. 1, *epigr*. 36.
b PLAUT. *Merc.* 3, 1.	f =PLAUT. *Pseud.* 1, 3.	k Voy. (i).
c *Ibid.*	g PLAUT. *Most.* 1 , 3.	l CIC. 5, *Verr.*
d CIC. *ad. Q. frat. lib.* 3.	h PLAUT. *Most.* 3, 1.	m = PLAUT.

7. *Malle* te arbitror [a], ... | je pense *que tu aimes mieux.*

8. » *Aimant mieux*, manque en latin.

MALUI, *j'ai aimé mieux*, 2ᵉ SÉRIE.

1. *Malu-i* compilari quàm venire [b], | *j'ai mieux aimé* être pillé que vendu.

Ainsi de suite de toute la série, comme *fu-i* : d'où 1. *malu-i*, 2. *malu-eram*, 3. *malu-ero*, 4. » 5. *malu-erim*, 6. *malu-issem*, 7. *malu-isse*, 8. ».

3ᵉ et 4ᵉ SÉRIE *manquent*.

7° FERO, *je porte*.

Nous ne donnerons que les formes irrégulières.

1. *Fers* ut ferri decet [c], ... | *tu supportes* (cela) comme il convient que cela soit supporté.

Fert usus, fert res [d], ... | l'usage *porte* ou veut, etc.

Fertis aratra, boves [e], ... | bœufs ! *vous portez* ou traînez la charrue.

4. *Fer* pectus in hostem [f], ... | *porte* ta poitrine contre l'ennemi.

Ferto sententiam [g], ... | *porte* ton opinion.

Ferte arma [h], ... | *portez* les armes.

Fertote vos invicem [i], ... | *supportez*-vous mutuellement.

6. *Ferrem* tibi suppetias [k], ... | *je te porterais* du secours.

Ferres infortunium [l], ... | tu t'*attirerais* un malheur.

Et par la règle générale, pag. 124, *ferre-t*, etc.

7. *Ferre* videt sua gaudia ventos [m], | il voit les vents *emporter* sa joie.

Toutes les autres formes de ce verbe sont régulières et suivent l'analogie de la 3ᵉ conjugaison, voy. pag. 144. L'irrégularité consiste dans la soustraction d'un ι ou d'un ε : FERS au lieu de *feris*, FERREM, pour *fererem*, FER, pour *fere*. Cette irrégularité se continue dans les composés : et l'on dit *confers*, *confer*, *conferrem*, etc.

8° INQUIO, *dis-je*.

3. Jam, *inquam*, hic adero [n], ... | bientôt, disais-je, ou *dis*-je, je serai là.

---

a PLAUT.
b FLOR.
c PLAUT. *Capt.* 2, 1.
d CIC. *de Orat.*
e VIRG. *in Bathyl.*

f VIRG. *Æn.* 11, *v.* 370.
g =CIC. *pro Cluent.*
h VIRG. *Æn.* 2, *v.* 668.
i TER. *Heaut.*
k =PLAUT. *Epid.* 5, 1.

l TER. *Adelph.* 2, 1.
m VIRG. *Æq.* 10, *v.* 65a.
n TER. *Andr.* 4, 2.

4. Dabo, *inque*ᵃ,..............|je donnerai , *dis*-le lui.

Inquio n'a d'irrégulier qu'*inquam* et *inque*. Mais il est très-im-complet. Les formes qu'il a, savoir : *inqu-is*, *it*, *imus*, *itis*, *iunt*, dis-je, dis-tu, dit-il, etc. *inquiebam*, disais-je, et les 5 autres for-mes de ce temps; *inquies*, *inquiet*, diras-tu, dira-t-il; *inquito*, qu'il dise, *inquiat*, qu'il dise, se conjuguent comme *scio*, pag. 146. La seconde série a ɪɴQUɪsTɪ, ɪɴQUɪsTɪs, *as-tu dit*, *avez-vous dit*.

Aɪo, je dis, je dis oui, est aussi très-incomplet, mais les for-mes qu'il a, se conjuguent toutes comme celles de *scio*, voyez pag. 146. Les plus usitées sont *aio*, *ais*, *ait*, *aiunt*.

Aio rectè ᵇ,................|je dis bien, ou je parle juste.
Quid *ais*, ᶜ?..............|que *dis-tu* ?
Ain verò ? — *Aio* enimverò ᵈ, .|mais *dis-tu oui* ?— *Je dis oui.*
Negat quis ? nego, *ait* ? aio ᵉ, .|quelqu'un *dit-il* non ? je dis non ; *dis-il oui* ? je dis ouis.
Hodie uxorem ducis?— *Aiunt* ᶠ,|aujourd'hui tu te maries? *on le dit.*

Pʟᴀᴜᴛᴇ a dit aussi *ai* vel nega, *dis* oui ou non, etc.

---

a Pʟᴀᴜᴛ. *Pseud.* 1, 5.   c Pʟᴀᴜᴛ. *Curc.* 1, 3.   e Tᴇʀ. *Eun.* 2, 2.
b Pʟᴀᴜᴛ. *Capt.* 1, 1.   d Pʟᴀᴜᴛ.*Amph.*1,1. 188.   f Tᴇʀ. *Andr.* 2, 1.

CHAPITRE II.

Des Conjugaisons régulières.

1°. *D-ARE* nobis verba putas[a] ?	tu penses nous *donner* des paroles, c.-à-d. nous en imposer.
2°. *Vid-EO*[b]. — *Vid-ERE* licet[c],...	je *vois*. — Il est permis de *voir*.
3°. *Dic-o*, ego tibi dicere possum[d],	je *dis* et je puis le *dire*.
4°. *Sc-IRE* hoc vis[e],...........	tu veux *savoir* cela.
5°. *Fac-IO* ut me *fac-ERE* oportet[f],	je *fais* comme il me convient *de faire*.

Tous les verbes réguliers se rapportent à ces cinq analogies, d'où les cinq classes que nous appelons *conjugaisons régulières*.

SAVOIR :
- 1re Conjug. ou des verb. en ARE, comme *d-ARE*.
- 2e Conjug. ou des verb. en { EO, ERE, } comme { *vid-EO*. *vid-ERE*. }
- 3e Conjug. ou des verb. en { o, ERE, } comme { *dic-o*. *dic-ERE*. }
- 4e Conjug. ou des verb. en IRE, comme *sc-IRE*.
- 5e Conjug. ou des verb. en { IO, ERE, } comme { *fac IO*. *fac-ERE*. }

Ainsi l'on voit que l'indicatif seul suffit pour déterminer la *première* et la *quatrième* conjugaison, et il faut le concours de l'infinitif et de l'indicatif (1re pers. du sing.), pour juger les trois autres (31).

Ce chapitre sera divisé en quatre sous-chapitres : le premier, traitera des formes actives ; le second, des formes passives ; le troisième, des verbes dits déponents et incomplets ; le quatrième, donnera le moyen de remonter au présent indicatif, quels que soient le temps et la voix du verbe.

---

(31) Les rudiments rapportent à la *troisième* conjugaison nos verbes de la *cinquième* ; mais ce n'est rien abréger, puisqu'ils sont obligés de donner un modèle à part pour les verbes en IO, ERE. C'est même alonger le langage grammatical, car si l'on donne le verbe *capio, capere*, il faudra dire : 1°. qu'il est de la troisième conjugaison ; 2°. qu'il en est une variété, ou qu'il appartient à la subdivision. Nous disons, nous, qu'il est de la cinquième conjugaison, et nous n'avons plus rien à ajouter. D'un autre côté, on verra que les verbes en IO, ERE, ont beaucoup plus d'analogie avec la *quatrième* conjugaison des rudiments qu'avec la *troisième*.

---

a Hor. 1, *Sat.*, 3, *v.* 22. | c Cic. 1, *Off.* | e Ter. *Heaut.*, 1, 1.
b Hor. 1, *Sat.*, 2, *v.* 33. | d Cic. | f = Plaut. *Capt.* 2, 1.

PREMIER SOUS-CHAPITRE.

Des Formes actives.

Ire CONJUGAISON, ou des verbes en ARE.

DO (dare), *je donne*, Ire *SÉRIE.*

La première forme du présent indicatif étant connue, on en dérive toute la série.

1. D-*o* fidem futurum [a], ...	je *donne* ma foi, c.-à-d. ma parole que cela sera.
D-*as* nunquam, semper pro-mittis [b],	tu ne *donnes* jamais, tu promets toujours.
D-*at* veniam corvis, vexat cen-sura columbas [c],	la censure *donne* pardon (ou par-donne aux corbeaux et vexe les colombes.
D-*amus*, » petimusque vicís-sim [d],	nous *donnons* et recevons tour-à-tour.
D-*atis*-ne argentum [e] ?........	*donnez*-vous de l'argent ?
D-*ant* animos divitiæ [f], ...	les richesses *donnent* du courage.
2. D-*abam* » jura domosque [g], ...	je *donnais* des lois et des maisons.

Et par la règle générale, pag. 124, *daba-s*, etc.

3. D-*abo* uti scire possis [h], ...	je *donnerai* mes soins, que tu puisses savoir.
D-*abis*, improbe, pœnas [i], ...	méchant, tu *donneras* des peines, c.-à-d. tu seras puni.
D-*abit* deus his quoque finem [k],	un dieu *donnera* aussi une fin, etc.
D-*abimus* in omnem memo-riam [l],	nous *donnerons* en toute mémoire, c.-à-d., nous consacrerons à l'im-mortalité.
D-*abitis* nobis negotium [m], ...	vous nous *donnerez* la commission.
D-*abunt* di quæ exoptes [n], ...	les dieux te *donneront* ce que tu desires.
4. D-*a*, sodes, abs te [o], ...	*donne*, si tu l'oses, de ton argent.
D-*ato* excruciatum me [p], ...	*donne*-moi torturé, c.-à-d., mets à la torture.
D-*ato* se in pedes [q], ...	qu'il se *donne* sur les pieds, c.-à-d. qu'il fuie.

a Ter. *Eun.* 5, 10.
b Mart. 2, *epig.* 22.
c Juv. *Sat.*, 2, *v.* 63.
d Hor. *Art. poet*, *v.* 11.
e Plaut. *Asin.*, 3, 3.
f Liv.
g Virg. *Æn.* 3, *v.* 137.
h Plaut. *Asin.* 1, 3.
i Virg. *Æn.* 4, *v.* 386.
k Virg. *Æn.* 1, *v.*.199.
l Senec.
m Cic. 6, *Verr.*
n Plaut. *Pers.* 1, 1.
o Plaut. *Men.* 3, 3.
p Plaut. *Mil.* 2, 6.
q Plaut. *Capt.* 1, 2.

D-*ate* potestatem mihi ª,...... | *donnez*-moi la permission ,......
D-*atote* quod dixero ᵇ,........ | *donnez* alors ce que j'aurai dit.
D-*anto* manus ᶜ,............. | qu'ils *donnent* les mains , c.-à-d. qu'ils renoncent.
5. » Ut d-*em* tibi viaticum, sequere me ᵈ. | suis-moi, que je te *donne* ton via-tique.

Et par la règle générale, pag. 124, *de-s*, etc.

6. D-*arem* nisi soleres per te su-mere ᵉ, | je *donnerais* si tu n'avais coutume de prendre par toi-même.

Et par la règle générale, pag. 124, *dare-s*, etc.

7. D-*are* nobis verbâ putas ᶠ?.... | tu crois nous *donner* des mots (nous tromper).
8. D-*ans* fidem, jurans » venit ᵍ, .. | il est venu, *donnant* sa foi, etc.

DE-DI, *j'ai donné,* ou *je donnai,* 2ᵉ *SÉRIE.*

C'est cette première personne (toujours en 1) du passé indicatif, qu'on dérive la deuxième série de tous les verbes; elle se modèle toute entière sur la même série de *sum,* voy. pag. 129.

1. Ded-*i* pecuniam, dùm fuit ʰ,... | j'ai *donné* de l'argent tant qu'il y en a eu.
Ded-*isti* ne argentum ⁱ? — Fac-tum. | as-tu *donné* de l'argent? — C'est fait.

Ainsi de suite de toute la série : 1. *ded-i*, 2. *ded-eram*, 3. *ded-ero*, 4. » 5. *ded-erim*, 6. *ded-issem* , 7. *ded-isse* 8 ». *Ayant donné,* s'ex-prime en latin par une périphrase. Ce temps manque dans tous les verbes.

NOTA.

Les grammairiens ont joint à la conjugaison le substantif verbal, qu'ils appèlent supin, comme *dat-um,* *dat-u,* dont les phrases sui-vantes pourront donner une idée.

Dat-*um* » oportet ire operam ᵏ, | il faut aller *donner* des soins.
Dat-*u* meo, aurum aiebat se tibi ferre ˡ, | il disait qu'il te portait de l'or par mon *donner,* ou de mon don.

De ce substantif, ils forment l'adjectif en URUS, URA, URUM, comme *dat-urus, ura , urum,* devant donner.

a TER. *Heaut.* prol. | e PHÆD. 2, *Fab*, 1. | i PLAUT. *Trinum,* 1, 2.
b =PLAUT. etc. | f HOR. 1, *Sat.* 5. | k PLAUT. *Pæn.* 3, 1.
c *Imit.*d'HOR.*Ep.*12.*v.*1. | g TER. *Adelph.* 3, 5. | l » PLAUT. *Trinum,* 5,2.
d PLAUT. *Capt.* 2, 1. | h GELL.

Or, cet adjectif, combiné avec les temps de *sum*, donne les deux dernières séries actives.

DAT-URUS SUM, *je dois*, ou *je vais donner*, 3ᵉ SÉRIE.

1. Dat-*urus* tibi nihil *sum* ᵃ,......	je ne *dois* rien te *donner.*
Dat-*urus* es ,..............	tu *dois*, ou tu vas *donner.*
Dat-*urus* nemo *est* prandium ᵇ,	personne ne *doit*, ou ne va *donner* à dîner.
Dat-*uri* sumus ,...........	nous *devons donner.*
Dat-*uri*-ne *estis* fœnus mihi ᶜ ?.	*allez-vous me donner* l'usure ?
Dat-*uri* sunt ,...........	

On dira au fémin sing., *datura sum*, au neutre, *daturum sum*, au fém. plur., *daturæ sumus* ; au neutre, *datura sumus*.

2. Dat-*urus* eram,...........	*je devais*, ou *j'allais donner.*
3. Dat-*urus* ero ,...........	*je devrai donner.*
4. »	»
5. Dat-*urus* sim ᵈ,...........	que *je doive donner*,
6. Dat-*urus* essem,...........	que *je dusse*, ou *je devrais donner.*
7. Dat-*urus* esse diceris,........	tu es dit *devoir donner.*
.. Ceratis nititur pennis virreo,	il s'appuie sur des ailes enduites
8. Dat-*urus* nomina ponto ᵉ,.....	de cire, *devant donner* des noms à la mer, couleur du verre.

DAT-URUS FUI, *j'ai dû*, ou *je dus donner*, 3ᵉ SÉRIE.

4. Dat-*urus* m ui, » argentum ᶠ,	déjà *j'ai dû donner* ou j'ai été sur le point de donner l'argent.
2. Dat-*urus* fueram , etc., ...	*j'avais dû donner.*
3. Dat-*urus* ero , etc., ...	*j'aurai dû donner.*
4. »	»
5. Dat-*urus* fuerim , etc,......	que *j'aie dû donner.*
6. Dat-*urus* fuissem, etc ,......	que *j'eusse*, ou *j'aurais dû donner.*
7. Dat-*urus* fuisse, etc. ,.......	avoir *dû donner.*
8. » Manque en latin ,.......	*ayant dû donner* (32).

(32) Ces deux dernières séries fournissent plus de deux cents phrases ; car chaque temps se triple par les genres. Le temps premier de la deuxième série peut servir de modèle pour conjuguer en plein tous les autres.

---

a PLAUT. *Rud.* 4, 7. | c PLAUT. *Most.* 3, 1. | e HOR. 4, *Od.* 1,
b PLAUT. *Amph.* 2, 2. | d TER. *Heaut.* 4, 4. | f TER. *Heaut*, 4, 5.

IIᵉ CONJUGAISON, ou des verbes en EO, ERE.

VIDEO, *je vois*, Iʳᵉ SÉRIE.

1. Vid-*eo* meliora proboque [a],...	je *vois* le mieux, et l'approuve.
Vid-*es* ridiculos nihili fieri [b],...	tu *vois* qu'on ne fait aucun cas des hommes ridicules.
Vid-*et* plus naso quàm oculis [c]	il *voit* plus du nez que des yeux.
Vid-*emus* Italiam, Italiam [d],..	nous *voyons* l'Italie, l'Italie!
Vid-*etis* quo in loco res hæc siet [e], (pour *sit*).	vous *voyez* en quel état est la chose.
Vid-*ent* (nihil) nisi quod lubet [f],	ils ne *voient* que ce qui leur plaît.
2. Vid-*ebam* in futurum [g],........	je *voyais* dans l'avenir.

Et par la règle générale, pag. 124, *videba-s*, etc.

3. Vid-*ebo* te propediem [h],......	je te *verrai* au premier jour.
Vid-*ebis*, ut soles, omnia [i],...	tu *veilleras* à tout, etc.
Vid-*ebit* permixtos heroas » divis [k].	il *verra* les héros mêlés, etc.
Vid-*ebimus* quid opus sit [l],....	nous *verrons* ce qu'il faut.
Vid-*ebitis* numquid hoc placeat [m]	*vous verrez* si cela vous plait.
Vid-*ebunt* gratiam referentem [n],	ils *verront* rendre faveur pour faveur, ou la pareille.
4. Vi-*de* sis [o]. — Me vide [p],.......	*vois* si tu veux, regarde-moi (il y a peu de danger).
Vid-*eto* » unum illud [q],........	*vois* cela seul, c.-à-d. veille à cela seul.
Vid-*eto* quid potest pecunia [r],..	*voyez* ce que peut l'argent, etc.
Vid-*ete* quid acturi sitis [s],.....	*voyez* ce que vous devez faire.
Vid-*ento* etiam atque etiam [t], •	qu'ils *voient* encore et encore.
5. Fac vid-*eam*, si vis me vivere [u],.	fais que je *voie*, si tu veux, etc.

Et par la règle générale, pag. 124, *videa-s*, etc.

6. Ne vid-*erem*, effugi foras [v],...	afin que je ne *visse* pas, j'ai fui, etc.

Et par la règle générale, pag. 124, *videre-s*, etc.

7. Vid-*ere* videor jam illum diem [x],	il me semble déjà *voir* ce jour.
8. Vid-*ens* pereo [y],............	je péris, *voyant*, ou éveillé.

On voit que *vid-* existe dans toute la série. Tout le reste fait donc fonctions de finales. Or, *video* était la forme donnée. La première série de la 2ᵉ conjugaison se forme de la racine ou base qui reste après qu'on a retranché EO de la première personne singulière du présent indicatif.

a Ovid. *in Med.*
b Plaut. *Stich.* 4, 2.
c Plaut. *Mil.*, 4, 5.
d Virg. *Æn.*, 3, *v.* 523.
e Ter. *Phorm.*, 2, 3.
f Ter. *Heaut.*
g = Liv. *ab urbe.*
g Cic. *ad Att. lib.* 2.
i Cic. *ad Att. l.* 6.
k Virg. *Ecl.* 4, *v.* 15.
l Ter. *Heaut.* 3, 2.
m Plaut. *Most.* 1, 3.
n =, Petron. *Sat.* 102.
o Plaut. *Amph.* 2, 2.
p Ter. *And.* 2, 2.
q Cic. *Ad. tiron. l.* 16.
r Plaut. *Stich.* 3, 1.
s Plaut. *etc.*
t Cic. *pro Milon.*
u Plaut. *Epid.* 4, 1.
v Ter. *Eun.* 5, 5.
x Ter. *Adelph.* 3, 4.
y Ter. *Eun.* 1, 1.

VID-I, *j'ai vu*, ou *je vis*, 2ᵉ SÉRIE.

1. Vid-*i* jurgantem ancillam ᵃ,.... | j'ai *vu* une servante quereller.
Vid-*isti* quo Turnus equo ᵇ,... | tu as *vu* sur quel cheval Turnus, etc.

Toute cette série prend, comme on sait, les finales de *fui*, pag. 129. d'où 1. *vi-di*, 2. *vid-eram*, 3. *vid-ero*, 4. », 5. *vid-erim*, 6. *vid-issem*, 7. *vid-isse*, 8 ». *Ayant vu*, manque en latin.

NOTA.

On a coutume de joindre au verbe le substantif dit supin.

Vis-*um* nutricemüt ᶜ,........ | il est allé *voir* la nourrice.
Vis-*u* formæ terribiles ᵈ,..... | ce sont des figures terribles *à voir*.

De ce substantif, on forme l'adjectif futur : *vis-urus*, *ura*, *urum*, devant voir, d'où la 3ᵉ et la 4ᵉ série.

VISU-RUS SUM, *je vois* ou *je vais voir*, 3ᵉ SÉRIE.

VI-SURUS SUI, *j'ai dû* ou *je dus voir*, 4ᵉ SÉRIE.

Procédez pour ces deux séries d'après le modèle donné pag. 124.

IIIᵉ CONJUGAISON.

DIC-O (ERE), *je dis*, 1ʳᵉ SÉRIE.

1. Dic-*o* ut res est ᵉ,.......... | je *dis* comment la chose est.
Dic-*is* cursim aliena ᶠ,........ | tu *dis*, en passant, des choses étrangères à ton sujet.
Dic-*it* semper ex tempore ᵍ,.. | il *dit*, ou parle par impromptu.
Dic-*imus*: exaudi ʰ,.......... | nous te *disons* : exauce-nous.
Dic-*itis* vera, fateor ⁱ,........ | vous *dites* des choses vraies, ou dites vrai.
Dic-*unt*, summum jus sæpè summa est malitia ᵏ, | ils *disent*, ou l'on dit : souvent une extrême justice, est une extrême injustice.
2. Dic-*ebam* tibi, Galla, senescimus ˡ | je te *disais* : nous vieillissons, etc.

Et par la règle générale, pag. 124, *dicebas*, etc.

3. Dic-*am* horrida bella ᵐ,...... | je *dirai*, raconterai, ou célébrerai, etc.
Dic-*es* : quid posteà ⁿ ?........ | mais *diras-tu* ? quoi ensuite ?

Et par la règle particulière, pag. 125, *dicet*, etc.

---

a TER. *Andr.* 5, 2. | f Cic. 2, *Philipp.* | l Auson. *Epig.* 13.
b Virg. *Æn.* 9, *v.* 269. | g Plin. *Epist.* 27. | m Virg. *Æn.* 7, *v.* 42.
c Ter. *Eun.* 5, 2. | h Ovid. 9, *Metum.* | n Cic. *pro Rosc. Amer.* 33.
d Virg. *Georg. v.* 277. | i =Plaut. *Pseud.* 1, 3.
e Plaut. *Merc.* 2, 3. | k Ter. *Heaut.* 4, 4.

4. Dic-*e* — dic⁺ quod te rogo ᵃ (35), | *dis.* — dis toi, ce que je te prie de dire.

Dic-*ito* quidvis, non nocebo ᵇ,. | *dis* ce que tu voudras, etc.
Dic-*ito* quisque maximâ voce ᶜ,. | que chacun *dise* tout haut, etc.
Dic-*ite*, felices animæ ᵈ,...... | *dites*, parlez, âmes heureuses.
Dic-*itote* animo præsenti ᵉ,.... | *dites*, parlez hardiment.
Dic-*unto* causam oratores ᶠ,.... | que les orateurs *disent* ou plaident, etc.

5. Dic-*am* quid sis ? ᵍ............ | veux-tu *que je dise* ce que tu es ?

Et par la règle générale, pag. 124. *dica-s*, etc.

6. Dic-*erem* » ni sciretis ʰ,....... | je le *dirais*, si vous ne le saviez.

Et par la règle générale, pag. 124. *dicere-s*, etc.

7. Dic-*ere* penè sum oblitus ⁱ,.... | j'ai presque oublié de *dire*.
8. Hoc dic-*ens*, eduxit telum ᵏ,... | *disant* cela, il arracha le trait.

DIX-I, *j'ai dit,* ou *je dis*, 2ᵉ SÉRIE.

1. Dix-*i* Phormio ˡ.....Dixi,...... | j'ai *dit*, moi Phormion (telle est ma volonté). J'ai *dit*, c.-à-d., j'ai fini de parler.

On sait que toute la 3ᵉ série, dans tous les verbes, se conjugue comme *fu-i* : d'où 1. *Dix-i*, 2. *Dix-eram*, 3. *Dix-ero*, 4. », 5. *Dix-erim*, 6. *Dix-issem*, 7 *Dix-isse*, 8 ». *Ayant dit*, s'exprime en latin par une autre tournure.

NOTA.

On a coutume de joindre au verbe, le substantif en *um* et en *u*, comme *dict-um*, *dict-u*.

Is dict-*um* vale et cubitum ᵐ,.. | tu vas *dire* bon soir et te coucher.
Dict-*u* facilius » nihil est ⁿ,.... | rien n'est plus facile à *dire*.

De là on a formé dict-*urus*, devant dire, d'où :

DICT-URUS SUM, *je dois* ou *je vais dire*, 3ᵉ SÉRIE.
DICT-URUS FUI, *j'ai dû* ou *je dus dire*, 4ᵉ SÉRIE.

---

(33) *Dice* est dans la grande analogie, suivie dans toute cette conjugaison. Il n'y a que *dico*, *duco*, *fero*, et leurs composés qui perdent l'e à la deuxième personne singulière de l'impératif, *dic*, *duc*, *fer* ; DICE, DUCE ont vieilli.

---

a Plaut. *Rud.* 1, 2.
b Plaut.*Amph.*1. *v.*233.
c Cic. *Ed. l.* 1.
d Virg. *l.* 6, *v.* 669.
e =Ter. *Eun.* 4, 6.
f Cic. etc.
g Mart. *l.* 2, *Epig.* 6.
h =Ter., *Heaut. prol.*
i Plaut. *Pseud.* 1, 2.
k Virg. *Æn.* 10, *v.* 744.
l Ter. *Phorm.* 2, 2.
m Plaut. *Curc.* 1, 3,
n Ter. *Phorm.* 1, 5.

Percennione et Vibuleno sacra- | devons-nous *dire,* ou faut-il que nous
mentum *dicturi sumus* [a]? | disions, c.-à-d. , que nous prê-
| tions serment à Percennius, etc?

Dicturi sumus est, comme on voit, à la première personne plurielle du temps premier de la troisième série.

» Percennio sacramentum *dic-* | nous avons dû prêter, ou nous
turi fuimus [b]. | avons été à la veille de prêter
| serment à Percennius.

Serait à la même personne et au même temps, mais de la 4ᵉ série.

IVᵉ CONJUGAISON, ou des verbes en IRE.

SCIO, *je sais,* ou *je connais,* 1ʳᵉ *SÉRIE.*

1. Sc-*io* ego officium meum [c],.... | je *sais* moi mon devoir.
   Sc-*is* ordine ut æquum est [d],.. | tu *sais* de point en point, etc.
   Sc-*it* » omnes linguas [e],....... | il *sait* toutes les langues.
   Sc-*imus* jam nos, si sciant [f],... | nous le *savons* déjà, nous, etc.
   Sc-*itis*, ait , mortem non posse | vous *savez*, dit-elle , que la mort
   negari [g], | ne peut être refusée ou empê-
   | chée.
   Sc-*iunt* mî respondere , quos | ils *savent* me répondre, ceux que
   rogo [h], | j'interroge.
2. Sc-*iebam* ut esse me deceret [i],.. | je *savais* ce qu'il me convenait
   | d'être.

Et par la règle générale, pag. 124, *scieba-s*, etc.

3. Sc-*iam*, si dixeris [k],.......... | je le *saurai* quand tu l'auras dit.
   Sc-*ies* hoc ita esse [l],.......... | tu *sauras* que cela est ainsi.

Et par la règle particulière, pag. 125, *scie-t*, etc.

4. Sc-*i* latinè ; turpe nescire [m],.... | *sache* parler latin , il est honteux
   | de l'ignorer.
   Sc-*ito* scire me ex hoc [n],.... | *sache* que je le sais par lui.
   Sc-*ito* se minimi pretii [o],...... | qu'il *sache* qu'il vaut très-peu.
   Sc-*ite* omnia ordine [p],........ | *sachez* tout de point en point.
   Sc-*itote* neminem » esse reper- | *sachez* qu'on n'a trouvé personne.
   tum [q], |
   Sc-*iunto* viam quà domum re- | qu'ils *sachent* le chemin , etc.
   deant [r], |
5. Ut Sc-*iam* vos scire»rem,agite [s], | faites donc que je *sache* , etc.

Et par la règle générale, pag. 124, *scia-s*, etc.

---

a Tac. 1 ; *Ann.* 28. | g Mart. *l.* 1 , *Epig.* 83. | n Plaut. *Capt.* 1, 4.
b = *Ibid.* | h Plaut. *Pers.* 1, 1. | o Plaut. *Asin.* 5, 2.
c Plaut. *Pers.* 4, 4. | i Plaut. *Trin.* 3, 2. | p =Plaut. *Pseud.* 5, 2.
d Plaut. *Trin.* 4, 1. | k Plaut. *Pseud.* 2, 2. | q Cic. 6, *Verr.*
e Plaut. *Pœn.*, *prol.* | l Plaut. *Casin.* 1, 1. | r =Ter. *Hecyr.* 3, 1.
f Plaut. *Pœn.* 3, 1. | m =Cic. *de Clariss. Or.* | s Plaut. *Pœn.* 3, 1.

6. Aliud si Sc-*irem*, id pollicerer tibi[a], | si je *saurais*, c.-à-d. , si je savais, autre chose, je te le promettrais.

Et par la règle générale, pag. 124, *scire-s*, etc.

Sc-irent si ignoscere manes[b]!.. | si les mânes *savaient* pardonner !

7. Sc-*ire* expeto[c].— Sciri potest[d] , | je désire *savoir*, etc. — on peut savoir.

8. Sc-*iens* cavebo[e]................ | *sachant* (cela), je prendrai garde.

SCIVI , *j'ai su* , ou *je sus* , 2ᵉ SÉRIE.

1. Sciv-*i* equidem in principio[f],.. | je l'ai su , en effet , dès le principe.

On sait que, dans tous les verbes , cette série se conjugue comme *fui*, pag. 129, d'où 1° *sciv*-*i*, 2. *sciv*-*eram*, 3 *sciv*-*ero*, 5. » 4. *sciv-erim*, 6. *sciv-issem*, 7 *sciv-isse*. 8. ». *Ayant su*, manque en latin.

NOTA. Lorsque le passé d'un verbe est en IVI, quelle que soit la conjugaison, on peut faire l'inter-soustraction du *v* dans toute la série, et dire par exemple : *scivi* ou *scii*, *sciveram* ou *scieram*, etc. IVI ou II, je suis allé, *iveram* ou *ieram*, j'étais allé, etc.

NOTA.

On a coutume de joindre à la conjugaison le substantif en UM et en U.

Scit-um iri de argento speras[g], | tu espères qu'on va *savoir*, c.-à-d. qu'on saura quelque chose touchant l'argent.

Scit-u cuivis facile est[h], ... | il est facile à chacun *à savoir*.

De-là, on forme l'adjectif scit-*urus*, *ura*, *urum*, devant savoir, d'où

SCITURUS SUM , *je dois*, ou *je vais savoir*, 3ᵉ SÉRIE.

SCITURUS FUI , *j'ai dû*, ou *je dus savoir*, 4ᵉ SÉRIE.

Ces deux séries se forment de même dans tous les verbes qui ont un substantif verbal en UM et en U. Voyez le verbe *do* pag. 142.

---

a TER. *Hecy.* 4, 5.   d CIC. 5, *Verr.*   g =TER. *Andr.* 1, 2.
b VIRG. *Georg.* 4, *v.* 488.   e TER. *Adelp.* 4, 5.   h » TER. *Hecyr.* 3, 1.
c TER. *Heaut.* 5, 1.   f PLAUT. *Epid.* 3, 1.

Ve CONJUGAISON, ou des verbes en IO, ERE.

FACIO, *je fais*, 1re SÉRIE.

1. Fac-*io* obsidium Ilio^a, PROVERBE.	*je fais* siège à Ilium, ou j'assiége Ilium.
Fac-*is* delicias^b,............	*tu fais* bonne chère.
Fac-*it* ad stomachum nostra lagena^c,	notre bouteille *fait* (bien) pour l'estomac.
Fac-*imus* vestimentis nomina^d,	nous *fesons* ou donnons des noms aux vêsements.
Fac-*itis* magni, pessumæ^e,...	vous *faites* grand cas, etc.
Fac-*iunt* animos divitiæ^f,....	les richesses *font*, etc., c'est-à-dire, enhardissent.
2. Fac-*iebam* me bardum^g,.....	*je fesais* ou contrefesais le niais.
3. Fac-*iam* ut facias faciliùs^h,....	*je ferai* que tu fasses, etc.
Fac-*ies* moram » mihiⁱ,......	*tu feras* retard, tu me retarderas.

Et par la règle particulière, pag. 125, *facie-t*, etc.

4. Fac-*e** verba^k,............	*fais* des paroles, ou parle.
Fac periculum in palæstrà^l,...	*fais* l'expérience, ou l'essai, etc.
Ita, fac-*ito* age, ambula ergo^m,	*fais*, agis ainsi, courage, va donc.
Fac-*ito*, ut poteritⁿ,........	qu'il *fasse* comme il pourra.
Fac-*ite* æqui sitis^o,..........	*faites* que vous soyez justes.
Fac-*itote* manibus pedibusque^p,	*faites*, ou agissez des mains et des pieds.
Fac-*iunto* ex necessitate^q,....	qu'ils *fussent* ou agissent d'après la nécessité.
5. Quid fac-*iam*? non eam^r?...	que faut-il que je *fasse*? que je n'aille pas, etc.

Et par la règle générale, pag. 124, *facia-s*, etc.

6. Fac-*erem* aliquid ut hoc ne facerem^s,	*je ferais* bien quelque chose, pour que je ne *fisse* pas cela.

Et par la règle générale, pag. 124, *facere-s*.

7. Fac-*ere* te oportet^t,........	il faut toi *faire*, ou que tu fasses.
8. Fac-*iens* verba, turbas faciet (34)^u.	*fesant* des mots, ou haranguant, etc., il excitera des troubles.

(34) *Face* est dans la grande analogie des verbes en IO, ERE: *Cape*, *effice*. Mais par une exception unique, on dit *fac*; FACE a vieilli.

a PLAUT. *Bacch.* 4, 9.	h PLAUT. *Capt.* 2, 1.	p TER. *Andr.* 1, 1.
b PLAUT. *Pœn.* 1, 2.	i PLAUT. *Most.* 1, 1.	q PLIN. *Epist.* 103.
c MART. 10, *epig.* 40.	k OVID. 2, *de Ponto. el.* 2.	r TER. *Eun.* 1, 1.
d PLAUT. *Epid.* 2, 2.	l TER. *Eun.* 3, 2.	s TER. *Andr.* 1, 6.
e PLAUT. *Asin.* 1, 3.	m PLAUT. *Asin.* 2, 4.	t PLAUT. *Capt.* 2, 1.
f LIV. 1, *ab urbe.*	n CIC. *de Senect.* 6.	u =PLAUT. CIC., etc.
g » PLAUT. *Epid.* 3, 3.	o TER. *Heaut.* prolog.	

FEC-I, *j'ai fait*, ou *je fis*, 2ᵉ SÉRIE.

1. **Fec-i** : faciundum fuit[a] ,....... |je l'ai *fait*, il a fallu le faire.

On sait que, dans tous les verbes, toute cette série se conjugue comme *fui:* d'où 1. *fec-i*, 2. *fec-eram*, 3. *fec-ero*, 4. », 5. *fec-erim*, 6. *fec-issem*, 7. *fec-isse*, 8 ». *Ayant fait,* manque en latin.

NOTA.

On a coutume de joindre au verbe le substantif en *um* et en *u*, comme *factum*, *factu*.

Id fact-*um* iri» audierat[b] ,....|il avait entendu dire qu'on allait *faire* cela.

Hæc mihi facilia fact-*u* facta sunt|ces choses m'ont été rendues faciles quæ volui effieri[c] , |à *faire*, etc.

De-là, on forme l'adjectif futur, *fact-urus*, *ura*, *urum*, devant faire ; d'où

FACT-URUS SUM, *je dois*, ou *je vais faire*, 3ᵉ SÉRIE.

FACT-URUS FUI , *j'ai dû faire* , ... 4ᵉ SÉRIE.

Voyez, pour modèle, *daturus sum* et *daturus fui*, pag. 142 ; car les deux dernières séries se forment d'une seule et même manière dans tous les verbes.

Sur la cinquième Conjugaison.

Si l'on compare attentivement la 5ᵉ conjugaison avec la 4ᵉ, on trouvera qu'elle n'en diffère qu'à la première forme du temps 4, au temps 6 et au temps 7 ; que *facere*, fait *face* (ou *fac*), *facerem* et *facere* ; et qu'en tout le reste, il se conjugue comme *scire*. Seulement l'*i* est ordinairement long dans la 4ᵉ, et bref dans la 5ᵉ.

Généralités sur les Conjugaisons actives.

IL EST DONC ÉVIDENT ,

1°. Que la distinction des conjugaisons n'est due qu'à la première série ; les finales I, ISTI, etc., de la 2ᵉ série, convenant également à tous les verbes, et les deux dernières séries se formant toujours d'une seule et même manière.

2°. Que les 3ᵉ et 4ᵉ série ne sont autre chose que la 1ʳᵉ, et la 2ᵉ série du verbe *sum* auquel on a joint un adjectif, de sorte qu'à pro-

---

a TER. *Eun.* 1, 2. | b =TER. *Andr.* 1, 2. | c PLAUT. *Pers.* 5, 1.

prement parler, il n'y a dans tous les verbes réguliers (et même irréguliers) que deux séries de temps, la 1ere et la 2e ; que les deux autres ne sont que des compositions , où l'analyse ne trouve point de
nouvel élément (35).

3°. Qu'étant donné trois mots primordiaux, ou chefs de file , on peut
trouver tous les autres mots; que le premier, comme *d-o* , *vid-eo*, *dic-o* ,
sc-io , ou *fac-io*, sert pour toute la 1ere série; que la partie qui précède o, eo ou io, est invariable dans toute la série , et qu'elle est
variée par l'échange des finales (36).

Que le second mot primordial, comme *ded-i* , *vid-i* , *dix-i* , *sciv-i*
ou *fec-i*, forme aussi toute la seconde série, par l'échange des finales.

Et que le troisième mot primordial, ou mot donné, comme *datum*, *vis-um* , *dict-um*, *scit-um* ou *fact-um*, sert à dériver l'adjectif
en urus, *dat-urus*, *vis-urus*, etc., qui entre dans la composition
des deux dernières séries.

4°. Que les mots primordiaux vulgairement dits temps primitifs ,
ne sont que de pure convention , toute autre forme de chaque série ayant pu faire cette fonction, si l'on en était convenu.

---

(35) Quoique les séries périphrasées ne donnent à l'analyse , que la première et la
deuxième série d'un verbe et un adjectif, ce qui en fait plutôt un sujet de syntaxe
que de lexigraphie, nous avons cru utile de les placer à la suite de la conjugaison ;
car, pour le résultat, elles réveillent les mêmes idées qu'exprimeraient des temps proprement dits. On verra même qu'au passif, déjà la seconde série, qui , dans l'actif, a
des formes simples, comme *dedi* , *dederam* , etc. est périphrasée : *datus sum* , *datus
eram* ; et si le besoin sans cesse renaissant de comparer les idées temporelles excitées
en nous par ces deux procédés, force en quelque sorte d'assembler ces périphrases
passives, la même utilité assigne à notre troisième et à notre quatrième série, *daturus
sum* et *daturus fui* , une place à la suite de la conjugaison active. La troisième et la
quatrième série du passif *dandus sum* , *dandus fui*, voyez pag. 142 , sont motivées
par l'admission de la deuxième, *datus sum* ou *datus fui*.

(36) Dans ce système, l'infinitif, quoique nécessaire pour caractériser la conjugaison, ne fait point les fonctions de mot primordial. C'est du seul présent indicatif que
toute la première série (l'infinitif lui-même ou temps 7) est dérivée. Sans doute
le temps 6, comme *scirem* , pourrait très-naturellement être dérivé de *scire*, par l'addition de m. Mais, pour obtenir ce léger avantage, il faudrait admettre deux mots primordiaux dans la première série, détruire ainsi l'unité précieuse qui règne dans notre
conjugaison , et séparer des temps qui veulent être rapprochés. Le choix des temps
dits primitifs ou mots primordiaux étant tout arbitraire, pourquoi ne dirions-nous
pas que *sc-irem* , que *sc-ire* se forme de *sc-io* par l'échange d'io en irem et en ire?

TABLEAU des Finales conjugatives actives.

Ire SÉRIE (Voyez note 37).					II. SÉRIE.
1re CONJ.	2e CONJ.	3e CONJ.	4e CONJ.	5e CONJ.	Pour tous les Verbes.
1. o , ...	eo , ...	o , ...	io , ...	. » ..	1. i , ...
as , ...	es , ...	is , ...	is , ...	. » ..	isti , ...
at , ...	et , ...	it , ...	it , ...	. » ..	it , ...
amus , ..	emus , .	imus , .	imus , .	. » ..	imus , ..
atis , ...	etis , ..	itis , ..	itis , ...	. » ..	istis , ..
ant , ...	ent , ..	unt , ..	iunt , ..	. » ..	êrunt ou êr
2. abam , ..	ebam ,	ebam ,	iebam ,	. » ..	2. eram , .
etc.	etc.	etc.	etc.	. » ..	etc.
3. abo , ...	ebo , ..	am , ..	iam , ..	. » ..	3. ero , ...
abis , ...	ebis , ..	es , ...	ies , ...	. » ..	eris , ...
abit , ...	ebit , ..	et , ...	iet , ...	. » ..	erit , ...
abimus ,	ebimus,	emus , .	iemus ,	. » ..	erimus ,
abitis , ..	ebitis , .	etis , ..	ietis , ..	. » ..	eritis , ..
abunt , ..	ebunt , .	ent , ...	ient , ..	. » ..	erint , ..
4. a, ou , ..	e, ou ,	e, ou.	i, ou..	e (*) , .	4 manque
ato , ..	éto , .	ito , .	ito , .	. » ..	. » . .
ato , ...	eto , ..	ito , ..	ito , ..	. » ..	. » . .
ate, ou.	ete, ou	ite, ou.	ite, ou.	. » ..	. » . .
atote,	etote,	itote,	itote	. » ..	. » . .
anto , ..	ento , .	unto , ..	iunto , .	. » ..	. » . .
5. em , ...	eam , .	am , ..	iam , ..	. » ..	5. erim , ..
etc.	etc.	etc.	etc.	. » ..	etc.
6. arem , ..	erem , .	erem , .	irem , .	erem (*),	6. issem , .
etc.	etc.	etc.	etc.	etc.	etc.
7. are , ...	ere , ..	ere , ...	ire , ...	ere (*),	7. isse , ...
8. ans , ...	ens , ..	ens , ...	iens , ..	. » ..	8. manque.

Observations.

1°. La 5e conjugaison ne diffère de la 4e qu'aux trois endroi
astérisés. Ainsi, par exemple, *capio, capere*, (car *facio* n'a point

passif) fait au temps 4 *cap-e* , au temps 6 *cap-erem* et au temps 7
capere ; tout le reste emprunte les finales de la 4ᵉ ou de *sc-io* ; d'où
cap-io, cap-is, etc. *voyez pag.* 146.

2°. On peut, à la vue de ce tableau, répéter les phrases que rap-
pèleut les finales, en cette sorte : O, première conjugaison, *do fidem
futurum* ; pag. 140, AS, *das nunquam,* ibid. etc. ABIS, *dabis, improbe,
pœnas* ; EO, *video meliora proboque* (37).

3ᵉ et 4ᵉ *SÉRIES.*

Elles peuvent se figurer ainsi abstractivement, savoir :

La 3ᵉ série, temps 1. *urus sum.*	La 4ᵉ série, temps 1. *urus fui.*
— — temps 2. *urus eram.*	— — temps 2. *urus fueram.*
— — temps 3. *urus ero.*	— — temps 3. *urus fuero.*
etc.	etc. etc.

On sait que c'est la même formation dans toutes les conjugaisons,
que l'adjectif en URUS est dérivé du substantif en UM ou en U, et qu'il
doit être mis en rapport avec le substantif auquel il se rapporte (38).

(37) L'analyse pourrait réduire considérablement le tableau des finales ; on voit, par
exemple, que l'A règne dans presque toute la 1ᵉʳᵉ conjugaison ; que l'E se continue
dans toute la seconde, etc. Mais nous n'avons plus besoin de tous ces efforts d'analyse,
chaque finale se rattache à un mot, chaque mot à une phrase. Lorsque, par exemple,
je veux former la 2ᵉ personne singulière du futur ou temps 4 de *jacto* (ABE), je
ne penserai point à la finale, s ou is, ou BIS ou ABIS, mais à ma phrase : *dabis,
improbe, pœnas,* et à l'instant je dirai *jact-*ABIS. C'est ainsi que nous sommes faits,
nous voyons des concrétions ou des individus dans la nature, et nous abstrayons,
voyant toujours les parties dans le tout. Remarquez bien que c'est par la même raison
que *dabis, improbe, pœnas,* qui présente une pensée complète, est dix fois plus
facile à retenir que *dabis,* qui n'est qu'une partie de la pensée, qu'une espèce d'abstraction ; cette doctrine est fondamentale.

(38) Les formes en DI, DO, DUM, vulgairement appelées GÉRONDIFS, ne sont autre
chose que des cas de l'adjectif passif neutre en DUM, pris substantivement : on verra
leur emploi dans la syntaxe.

II° SOUS-CHAPITRE.

Des Conjugaisons passives.

Comme l'actif, le passif a ses quatre sÉRIES ; et si l'on conçoit bien la différence idéologique des deux voix , il est facile d'en faire correspondre tous les temps.

Ainsi par exemple :

Je donne ... fait au passif *je suis donné*,.... 1° sÉRIE,
J'ai donné...... — .... *j'ai été donné*,.... 2° sÉRIE,   } 1er temps.
Je dois donner .. — .... *je dois être donné* , 3° sÉRIE,
J'ai dû donner .. — .... *j'ai dû être donné* , 4° sÉRIE,

Enfin chacun des trente-deux temps actifs a , ou peut avoir son temps passif correspondant, également facile à trouver.

Sur les Adjectifs en NDUS *et en* US.

L'adjectif en DUS ne répond point par sa dérivation à l'adjectif actif en URUS. On fait dériver l'un de l'adjectif en NS , *dans* fait *dandus* ; et l'autre du substantif en *um*, DATUM fait *daturus*. Le sens de ces deux adjectifs ne se répond pas non plus bien exactement pour le temps. URUS exprime franchement le futur ; NDUS marque plutôt le devoir , l'obligation, la convenance , et ne fait naître l'idée de futurition que comme résultat. Telles sont les langues : la pauvreté les force souvent à se contenter d'approximations.

Voyez dans la nomenclature les terminatifs DUS et URUS.

LA MEILLEURE MANIÈRE

D'étudier le passif, c'est de le dériver de l'actif.

Nous n'avons pas phrasé le passif. Les phrases de l'actif doivent servir de prénotions ; huit vers techniques renferment les moyens de rattacher à une forme active toute forme passive correspondante , *voyez page suivante.* Ces vers n'ont pas besoin d'être appris, mais pratiqués, et bientôt ils deviennent inutiles , les liaisons d'idées étant contractées.

LES DIX PRÉCEPTES

Pour former le passif sans modèle de conjugaison.

Que de l'actif ainsi le passif soit tiré :

1er   Le temps sept change en *r*, soit l'*e* seul, soit *ere:*
     D'où *dar-i*, *vider-i*, *soir-i*, *dic-i*, *cap-i* (51).

2e   *Bis* futur fait *beris*, ou , si tu veux , *bere.*

3e   *Is* , de *dic-is* , *cap-is* , te fait *eris* , *ere*,

4e   *M* fait *r*, 5e *mus* fait *mur*, 6e *te*, *tis* vous fait *mini.*

7e   Dans les cas non prévus , *s* te fait *ris* ou *re.*

8e   *O* prend *r*, 9. *T* prend *ur*; 10. et l'*a*, l'*e*, l'*i*, prend *re.*

AINSI

D'après le 1er *précepte* (le temps sept change en *r*, soit l'*e* seul, etc.) on a :

Dar-e ,	donner,...	vider-e , .	scir-e , . .	dic-ere, ...	cap-ere.
Dar-i ,	être donné,	vider-i , .	scir-i,...	dic-i , ...	cap-i (39).

Où l'on voit que dans les trois conjugaisons figurées au passif par *dari*, *videri*, *sciri* , le temps sept ou présent infinitif s'est formé par le simple changement d'*e* en *i* : et dans les deux autres , par l'échange d'*ere* en *i*. *dic-i*, *cap-i*.

Par le 2e *précepte* (*bis* futur, etc.), on a :

Da-bis,.....	tu donneras.	Vide-bis , ...	tu verras.
Da-beris ou } Da-bere, }	tu seras donné.	Vide-beris ou } Vide-bere , }	tu seras vu.

Ce précepte ne s'applique , comme on voit, qu'à la première et à la deuxième conjugaison.

Par le 3e *précepte* (*is* de *dicis*, *capis*, etc.), on a :

Dic-is,...........	tu dis.	Cap-is ,...........	tu prends.
Dic-eris, ou dic-ere,	tu es dit.	Cap-eris, ou cap-ere,	tu es pris.

Ce précepte, comme on voit, ne s'applique qu'à la 3e et à la 5e conjugaison.

Par le 4e *précepte* (*m* fait *r*), on a :

De-m, que je donne.	videba-m ,	dica-m , .	scire-m , .	capia-m.
De-r, que je sois donné.	videba-r,.	dica-r, .	scire-r,.	capia-r,etc.

Ce précepte s'applique à toutes les conjugaisons , et à tous les temps où l'actif a un *m*.

---

(39) Comme *facere*, *facio*, n'a point de passif, nous prenons pour modèle de cette cinquième conjugaison passive, le passif de *capere*, *capio*.

Par le 5ᵉ précepte (mus fait mur), on a :

Da-*mus*, *nous donnons.*	videbi-*mus*,	dice-*mus*,	scire-*mus*.
Da-*mur*, *nous sommes donnés.*	videbi-*mur*,	dice-*mur*, .	scire-*mur*,etc.

Ce précepte s'applique à toutes les conjugaisons, et à tous les temps ; car à l'actif, la première personne plurielle est toujours en *mus*, et au passif, toujours en *mur*.

Par le 6ᵉ précepte (te, tis vous fait *mini*), on a :

Da-*te*, donnez.	da-*tis*,..	dici-*te*, dici-*tis*, .	videbi-*tis*.
Da-*mini*, soyez donnés.	da-*mini*,	dici-*mini*,......	videbi-*mini*, etc

Ce précepte s'applique à toutes les conjugaisons. Nota *tote* est une forme stérile.

Par le 7ᵉ précepte (s te fait ris ou re), on a :

Da-*s*, ... *tu donnes.*	scie-*s* ,..........	videre-*s*.
Da-*ris*, ou da-*re*. *tu es donné.*	scie-*ris*, ou scie-*re*,	videre-*ris*,ou re,etc.

Ce précepte est général, mais il a ses exceptions dans le 2ᵉ et le 3ᵉ précepte.

Par le 8ᵉ précepte (o prend r), on a :

Video, *je vois.*	videto , .	dato, ...	sciunto.
Video-*r*, *je suis vu.*	videto-*r*,.	dato-*r*,...	sciunto-*r*, etc., etc.

Ce précepte est général et sans aucune exception.

Par le 9ᵉ précepte (t prend ur), on a :

Dat, .. *il donne.*	dabunt,...	videret, ..	capit
Dat-*ur*, *il est donné.*	dabunt-*ur* ,	videret-*ur* ,	capit-*ur*, etc., etc.

Ce précepte est général et ne souffre aucune exception.

Enfin par le précepte 10 (l'a, l'e, l'i prend *re*), on a :

Da, .. *donne.*	vide; ...	sci ,.....	cape, ...	dice (ou dic).
Da-*re*, *sois donné.*	vide-*re* ,.	sci-*re*,...	cape-*re*, .	dice-*re*.

C'est ainsi qu'à l'aide de ces dix préceptes, l'actif connu fera trouver le passif avec promptitude et sûreté. Il sera impossible de voir une forme active sans entendre en quelque sorte retentir le précepte qui la passive. *Video*, *videto*, etc., appèleront invinciblement *video-r*, *videto-r*.

TABLEAU DES CONJUGAISONS PASSIVES.

Quoique nos dix préceptes suffisent pour la conjugaison de tous les verbes passifs, nous avons cru utile de rassembler, sous un seul coup-d'œil, toutes leurs formes, avec l'indication des temps français correspondants. Ce tableau fournit d'ailleurs un moyen certain de vérification à ceux qui se borneront aux dix préceptes. Ils pourront, en le consultant, s'assurer toujours de la justesse des applications.

Ire SÉRIE.

1re CONJUGAISON.	2e CONJUGAISON.	3e CONJUGAISON.	4e CONJUGAISON
1. D-or. *Je suis donné.*	Vid-eor. *Je suis vu.*	Dic-or. *Je suis dit.*	Sc-ior. . . . . , . . *Je suis connu*
D-aris *ou* D-are. D-atur. D-amur. D-amini. D-antur.	Vid-eris *ou* Vid-ere. Vid-itur. Vid-emur. Vid-emini. Vid-entur.	Dic-eris *ou* Dic-ere. Dic-itur. Dic-imur. Dic-imini. Dic-untur.	Sc-iris *ou* Sc-ire. Sc-itur. Sc-imur. . . . . . Sc-imini. Sc-iuntur.
2. D-abar, etc.(*). *J'étais donné.*	Vid-ebar, etc. (*). *J'étais vu.*	Dic-ebar, etc. (*). *J'étais dit.*	Sc-iebar, etc. (* *J'étais connu*
3. D-abor. *Je serai donné.*	Vid-ebor. *Je serai vu.*	Dic-ar. *Je serai dit.*	Sc-iar. . . . . . . *Je serai conn*
D-aberis *ou* D-abere. D-abitur. D-abimur. D-abimini. D-abuntur.	Vid-eberis *ou* Vid-ebere. Vid-ebitur, Vid-ebimur. Vid-ebimini. Vid-ebuntur.	Dic-eris *ou* Dic-ere. Dic-etur. Dic-emur. Dic-emini. Dic-entur.	Sc-ieris *ou* Sc-iere. Sc-ietur. Sc-iemur. Sc-iemini. Sc-ientur.
4. D-are *ou* D-ator. *Sois donné.*	Vid-ere *ou* Vid-etor. *Sois vu.*	Dic-ere *ou* Dic-itor. *Sois dit.*	Sc-ire *ou* . . . . . Sc-itor. *Sois connu.*
D-ator. D-amini. D-antor.	Vⁱd-etor. Vid-emini. Vid-entor.	Dic-itor. Dic-imini. Dic-untor.	Sc-itor. Sc-imini. Sc-iuntor.
5. D-er, etc. (*) *Que je sois donné.*	Vid-ear, etc. (*) *Que je sois vu.*	Dic-ar, etc. (*) *Que je sois dit.*	Sc-iar, etc. (*) *Que je sois con*
6. D-arer, etc. (*) *Que je fusse ou je serais donné.*	Vid-erer, etc. (*) *Que je fusse ou je serais vu.*	Dic-erer, etc. (*) *Que je fusse ou je serais dit.*	Sc-irer, etc. (*) *Que je fusse je serais con*
7. D-ari. *Être donné.*	Vid-eri. *Être vu.*	Dic-i. *Être dit.*	Sc-iri, *Être connu.*
8. Dat *us, a, um.* *Étant donné.*	Vis-*us, a, um.* *Étant vu.*	Dict-*us, a, um.* *Étant dit.*	Scit-*us, a, um.* *Étant connu*

Observations sur la première série.

1°. La cinquième conjugaison n'est pas figurée dans le tableau; elle se confo rec la 4°, excepté dans les cas suivants, 1° au temps 4, ou impératif, IRE se chan ı ERE; ainsi *capio, capere*, fait *capere*, sois pris. Le reste de l'impératif se conjug mme *scio*; 2° la finale *iri*, au temps 7, se change en I, ainsi *capio* fait *cap- ¹ IR se change en ER, ainsi on dira *cap-er-is*, ou *cap-er-e*, tu es pris; *cap-ER-E*, s ıis; *cap-ERE-R*, je serais pris.

2°. Le temps 8, *dat-us, vis-us*, etc., n'est point dérivé du 1er primordial d *deo*, etc.; mais du troisième, *datum, datu, visum, visu*, etc.

(*) Lorsque nous ne donnons que la première personne, c'est que les finales sont régulières at *r, ris* ou *re, tur, mur, mini*, ntur : DABA-*r*, DABA-*ris*, ou DABA-*re*, DABA-*tur*, etc.

IIᵉ SÉRIE.	IIIᵉ SÉRIE.	IVᵉ SÉRIE.
Modèle pour toutes les conj.	Modèle pour toutes les 5 conj.	Modèle pour toutes les conj.
1. **Dat-us sum** *ou* fui. *J'ai été ou je fus donné.* etc.	1. Da-ndus sum. *Je dois être donné.* etc.	1. Da-ndus fui. *J'ai dû être donné.* etc.
Dat-i sumus *ou* fuimus. etc.	Da-ndi sumus. etc.	Da-ndi fuimus. etc.
2. **Dat-us eram** *ou* fueram. *J'avais été donné.*	2. Da-ndus eram. *Je devais être donné.*	2. Da-ndus fueram. *J'avais dû être donné.*
3. **Dat-us ero** *ou* fuero. *J'aurai été donné.* etc.	3. Da-ndus ero. *J'aurai dû être donné.* etc.	3. Da-ndus fuero. *J'aurai dû être donné.* etc.
4. Le temps 4 ou impératif de cette série : *aie été donné* manque en français ,et n'est donné en latin dans aucune grammaire ; il se remplace par le temps 5.	4. *Manque.*	4. *Manque.*
5. **Dat-us sim** *ou* fuerim. *Que j'aie été donné.*	5. Da-ndus sim, etc. *Que je doive être donné.*	5. Da-ndus fuerim, etc. *Que j'aie dû être donné*
6. **Dat-us essem** *ou* fuissem *Que j'eusse ou j'aurais été donné.*	6. Dan-dus essem, etc. *Que je dusse ou je devrais être donné.*	6. Dan-dus fuissem , etc. *Que j'eusse ou j'aurais dû être donné.*
7. **Dat-us esse** *ou* fuisse. *Avoir été donné.*	7. Da-ndus esse. *Devoir être donné.*	7. Da-ndus fuisse. *Avoir dû être donné.*
8. **Dat-us**, a , um. *Ayant été donné.*	8. Da-ndus , a , um. *Devant être donné.*	8. Manque. *Ayant dû être donné.*

Observations sur les trois dernières séries.

1°. La 2ᵉ série se forme du temps 8, ou adjectif en US, comme DATUS, *étant donné*, ou *ayant été donné*, et de la 1ʳᵉ ou de la 2ᵉ série de *sum* (40), l'adjec subit les variations que comporte sa nature.

2°. La 3ᵉ série est formée du temps en DUS, qui se dérive de l'adjectif actif en N par le changement d'NS en NDUS, NDA, NDUM, et de la première série de *su*. La 4ᵉ série passive se forme du même adjectif NDUS , et de la 2ᵉ série de *sum*.

---

(40) Peut-on , comme on le croit, employer indifféremment *sum* ou *fui* dans la seconde séri *Datus sum*, par exemple , présente-t-il le même sens que *datus fui* ? C'est ce que nous tâcher d'éclaircir plus tard.

Suite des observations sur les trois dernières séries.

3°. Nous avons déjà vu que la périphrase um iri, est composée de l'infinitif passif d'*ire*, aller, et du substantif en um. On l'emploie comme l'équivalent du temps sept de la troisième série passive ; le résultat est à peu près le même, mais les causes n'en restent pas moins différentes, voyez l'emploi de cette périphrase dans les conjugaisons actives, pag. 140.

4°. Souvent l'idée et quelquefois l'usage seul refusent à un verbe la voix passive ; *vivere*, vivre, est dans le premier cas ; *facio* est dans le second, car *fio, je deviens*, est actif et par le sens et par la forme ; et lorsqu'on le traduit par *je suis fait*, c'est qu'alors *devenir* et *être fait* présentent à peu près dans le résultat la même idée. On trouve dans les langues des exemples frappants de ces sortes de traductions, c'est ainsi que *semianimus*, qui mot à mot signifie *demi-animé* ou *demi-vivant*, se traduit en français par *demi-mort.*

IIIᵉ SOUS-CHAPITRE.

Des Verbes dits déponents.

Le quatrain suivant contient tout ce qui concerne ces verbes :

> Tels déposent l'actif, ne gardant qu'ns, urus ;
> Leur passif est complet, nous parlons de la forme ;
> Mais leur sens est actif, excepté dans ndus,
> Où l'idée est au signe exactement conforme.

En partant de cette doctrine, qui est celle de l'école, *pollic-eor* (eri), promettre, étant donné par le dictionnaire comme déponent, on aura

A L'ACTIF,	AU PASSIF.
1ᵉ sérıe, *pollice-ns*, promettant, C'est la seule forme de cette série.	1ᵉ sérıe, *polliceor*, etc., je promets.
2ᵉ sérıe, elle manque toute entière.	2ᵉ sérıe, *pollicitus sum* ou *fui*, etc., j'ai promis.
3ᵉ sérıe, *pollicit-urus sum*, je dois promettre.	3ᵉ sérıe, *pollicendus sum*, etc., je dois être promis ou engagé.
4ᵉ sérıe, *pollicit-urus fui*, j'ai dû promettre.	4ᵉ sérıe, *pollicendus fui*, etc., j'ai dû être promis ou engagé.

Les déponents justifient leur étymologie, car de huit séries qu'a tout

erbe complet, ils n'en ont presque plus que six, ayant déposé toute la seconde série active, et ne gardant, dans la même voix, qu'un seul mot de la première, qui est l'adjectif en *ns.*

Ils n'ont exigé la création d'aucune nouvelle forme conjugative; et qui sait conjuguer les autres verbes, sait conjuguer les déponents. Il suffit seulement de ne leur pas donner les formes qu'ils ont déposées.

IVe SOUS-CHAPITRE.

De la manière de trouver le premier primordial, ou *présent indicatif.*

Les verbes ne se trouvent directement dans les dictionnaires que par la première personne singulière du présent indicatif, comme *do, traho,* etc. Il faut donc, si l'on veut expliquer les auteurs, qu'étant donné une des 150 autres formes quelconques d'un verbe, on puisse remonter à celle-ci, puisque, sans elle, il est impossible de recourir au dictionnaire, et de connaître le sens du mot qui se présente.

1e. MOYEN

De trouver le présent ou premier primordial, par un mot de la même série.

Trah-unt siccas machinæ carinas[a],	des machines *tirent,* ou traînent ...
Trah-imur omnes studio laudis[b],	nous *sommes* tous *entraînés.* ......
Trah-ere, rapere quisque sibi[c],	chacun commence *à tirer,* à enlever à soi.
Trah-i vento mirabere nubem[d],	tu t'étonneras de voir *entraîner* la nuée par le vent.
Trah-ebatur Priameia virgo[e], ..	la fille de Priam *était traînée....*
Trah-e, fuge late[f], ...	*entraîne,* fuis au loin.

Qu'on échange UNT, IMUR, ERE, EBATUR, etc., en O, on a toujours également *trah-o.* Le même procédé s'applique à tous les verbes.

D'où CE PRINCIPE GÉNÉRAL.

Étant donné, ou trouvé, dans un auteur, une des formes quelconques de la première série, soit active, soit passive, on échange

---

a Hor. 1, od. 4.   c Sall. *in Jugurth. c.* 45.   e Virg. *Æn.* 2, *v.* 403.
b Cic. *pro Arch.* 11.   d Virg. *Georg.* 4, *v.* 60.   f Plaut. *Trin.* 2, 2.

la finale de ce mot en *o* (io, ou eo *), et l'on a le présent ou premier primordial.

Mais soient les exemples suivants :

Trax-*it* per pulpita vestem[a],...	*il traîna* sa robe sur le théâtre.
Tot trax-*isse* moras tædet[b],....	on est fâché d'*avoir entraîné*, etc.
Trax-*ere* colorem » nigrum[c], ...	*ils ont contracté* ou pris une couleur...
Trax-*erunt*» in suam sententiam[d],	*ils avaient entraîné* à leur sentiment.

On peut, il est vrai, par l'échange des finales ɪᴛ, ɪssᴇ, ᴇʀᴇ, etc., en I, revenir au second primordial ou *trax-i ;* mais cela ne suffit point: il faut remonter au premier primordial ou présent *trah-o.* Or, l'échange des finales ɪᴛ, ɪssᴇ, etc., en O, produirait *traxo*, qu'on chercherait en vain dans le dictionnaire, et qui d'ailleurs, s'il eût existé, ne serait point le présent de *traxi.* La même difficulté se reproduit sans cesse; il est donc important de l'aplanir, *c'est en quoi consiste*, selon l'expression de Port-Royal, *presque tout le fort de la grammaire latine.*

2°. MÉTHODE

Pour remonter au présent par le passé.

1. Clam-*av-ɪ* ad te, Domine[e], ..	*j'ai crié* à vous, Seigneur.
Clam-*o* mihi ipse : numera[f],..	*je me crie* à moi-même : compte...
Del-*ev-ɪ* lacrymis epistolas tuas [g],	*j'ai effacé* tes lettres par mes larmes.
Del-*eo* ex animo omnes mulieres[h],	*j'efface*, je chasse de mon cœur toutes les femmes.
Pet-*iv-ɪ* » montem, sublato genitore [i],	*j'allai* à la montagne ayant pris mon père sur mes épaules.
2. Pet-*i-ɪ*, et exoravi [k],	*j'ai demandé*, et j'ai obtenu.
Tac-*u-ɪ*, tacendum putavi[l], .	*j'ai tu*, et j'ai cru qu'il fallait taire.
Tac-*eo* novercas[m],........	*je passe* sous silence les marâtres.
Vid-*i* aquam egredientem [n], ..	*j'ai vu* l'eau sortir.
Vid-*eo* animo[o], ...	*je vois* par l'esprit.....

Si, comme dans la première série, les mots de la seconde n'avaient

---

(*) Les 19 vingtièmes des verbes sont en O, il faut donc toujours, lorsqu'on ignore le présent, le chercher d'abord par O ; on rétrograde, s'il le faut, à ɪᴏ, ou ᴇᴏ, qui au reste occupe le plus souvent la même place, (ou à peu près) où l'on cherchait la forme en O.

---

a Hoʀ. *Art poet. v.* 215.	f Sᴇɴᴇᴄ. *ep.* 27.	Cɪᴄ. *de Orat.* 26.
b Vɪʀɢ. *Æn.* 10,*v.* 888.	g Cɪᴄ. *Terentia*, 14.	m Sᴇɴ. *Hyp. v.* 558.
c Oᴠɪᴅ. 2, *Metam.* 48.	h Tᴇʀ. *Eun.* 2, 3.	n Sᴇᴘᴛ.
d Lɪᴠ. 5ᵉ *ub Urde.*	i Vɪʀɢ. *Æn.* 2, *v* 804.	o Cɪᴄ. *Fam.* 6, *ep.* 3.
e Sᴇᴘᴛ.	k Qᴜɪɴᴛɪʟ. *Declam.* 9.	

que leurs finales conjugatives, qui sont ı, ıstı, ıt etc. ᴇʀᴀᴍ, il suffirait, comme dans *vid-i*, de faire l'échange des finales conjugatives pour remonter au présent. En général la grande analogie des passés est d'être en ᴀᴠı, ᴇᴠı ou ıᴠı. La première et la plus légère altération qu'ils subissent est d'être en *ii*, *ui*, ou *i*, la base du mot restant intacte.

Mais la base même a été altérée dans près de deux cents verbes qui ont, pour la plupart, plus ou moins de composés ou d'analogues. En donner la simple liste, c'est fatiguer la mémoire en pure perte ; les soumettre en vers ou en prose à de nombreux préceptes, soumis eux-mêmes à des exceptions encore plus nombreuses, c'est frapper l'oreille de sons inutiles et fastidieux. L'usage apprend les langues, l'art consiste uniquement à le hâter ; et c'est ce que nous ferons en donnant les phrases, et rapprochant ainsi les faits trop séparés dans les auteurs.

AINSI

Pour remonter au présent par le passé, il faut connaître les passés qui sont altérés dans leur base, car pour tous les autres, il suffit d'échanger les finales ᴀᴠı, ᴇᴠı, ıᴠı, ou *ii*, *ui*, *i* en O, ce qui n'offre point de difficulté.

LISTE ALPHABÉTIQUE

De tous les Passés altérés dans leurs bases, vulgairement dits Passés irréguliers, *avec l'indication de la page où chacun d'eux est phrasé.*

Nᴏᴛᴀ. En mettant après le trait, qui est dans *abdi-di*, la finale *tum*, on a le supin *abdi-tum*, ainsi de suite.

	Pag.		Pag.		Pag.
Abdi-di, *tum* , . . .	165	Ab-egi, *actum*, . .	178	Absorp-si , *tum* , . etc. (41).	171
Addidi , ...		Adegi , ...		Absti-ti , *tum* , . . .	165
Condidi, . . .		Ambegi , . . .		Adstiti , ...	
Credidi , . . .		Circumegi , . . .		Constiti , ...	
Dedidi , . . .		Exegi , ...		Extiti , ...	
Dididi, . . .		Peregi, ...		Institi , ...	
Edidi , ...		Prodegi , . . .		Interstiti , . . .	
Indidi , . . .		Redegi , . . .		Obstiti , ...	
Obdidi , . . .		Subegi, ...		Perstiti , ...	
Perdidi , ...		Transegi (41) . .		Præstiti , . . , .	
Prodidi , ...				Prostiti , ...	
Reddidi , . . .		Abje-ci , *ctum* , . .	178	Restiti , ...	
Subdidi , ...		Adjeci , ...		Substiti , ...	
Tradidi (41). . .		Conjeci, etc. (41). .		Superstiti (41). . .	

(41) Le simple et quelques autres suivent une autre analogie. *Voy. le simple.*

11

Pag.

Accep-i , *tum* , . . . 178
  Concepi , ...
  Decepi , etc. (42).
Accub·ui , *itum* , . 177
  Decubui , . . .
  Incubui , etc. . .
Acquisi-vi , *tum* ,. 180
  Conquisivi. . .
  etc. (42). . . .
Adem-i , *ptum* ,.. 178
  Diremi , ...
  Exemi , ...
  Interemi , . . .
  Peremi , ...
  Redemi (41). . .
Affec-i , *tum* , ... 179
  Confeci , ...
  Defeci , ...
  Effeci , ...
  Infeci , ...
  Interfeci , . . .
  Offeci , ...
  Perfeci , ...
  Præfeci , . , . .
  Profeci , ...
  Refeci , ...
  Suffeci (41). . .
Alle-xi , *ctum* , . . . 167
  Illexi , ...
  Pellexi , ...
Alli-si , *sum* , ... 174
  Collisi , ...
  Illisi , ...
  etc. (42). . . .
Al-si , *sum* , ... 172
Ami-xi , *ctum* , . . 167
An-xi , *ctum* , ... 168
Appre-ssi , *ssum* , 175
  Compressi , . . .
  Depressi , etc. (42)
Appul-i , *sum* , . . . 179
  Compuli , ...
  Expuli , etc. (42)
Arre-xi , *ctum* , . . 167
  Correxi. . . . .
Ar-si , *sum* , ... 173
  Exarsi , etc. . .
Asper-si , *sum* , . . 173
  Conspersi , . . .
  Dispersi , etc. (42)
Aspe-xi , *ctum* , . . 167
  Conspexi , . . .
  Despexi , etc. . .

Pag.

Asse-di , *ssum* , . . 179
  Insedi , etc. (42)
Att-igi , *actum* , . . 177
  Pertigi. (42) . .
Asti-ti , *tum* , ... 165
  Constidi , ...
  Restiti , etc. . . .
Au-xi , *ctum* , . . . 167
  Adauxi , ...
  Perauxi , ...
Carp-si , *tum* , ... 171
Cecidi
de *cado*, } *casum*, 165
  Superœcidi , . .
Cecidi
de *cædo*, } *cæsum*, 165
C-ecini , *antum* ,. 165
C-epi , *aptum* , . . . 178
Ce-ssi , *ssum* , ... 173
  Accessi , ...
  Concessi , ...
  Decessi , etc. . .
Cin xi , *ctum* , . . . 168
  Accinxi , etc. . .
Clau-xi , *ctum* , . . 168
Clau-si , *sum* , . . . 173
Clep-si , *tum* , . . . 172
Co-egi , *actum* , . . 179
Colle-gi , *ctum* , . . 179
  Delegi , ...
  Elegi , etc. (41)
Comp-egi , *actum* , 177
  Impegi , (42) . .
Compre-ssi , *ssum* , 175
  Depressi , . . .
  Expressi , etc. .
Comp-si , *tum* , . . . 175
Concerp-si , *tum* , · 172
  Decerpsi , . . .
  Excerpsi , etc. (42)
Conclu-si , *sum* , . : 173
  Exclusi , ...
  Inclusi , ...
  Reclusi , ...
Concu-ssi , *ssum* ,. 174
  Decussi , ...
  Recussi , etc. (42) ·
Confer-si , *tum* ,. . 172
  Refersi. (42) · ·

Pag.

Confr-egi , *actum* , 178
  Effregi , ...
  Perfregi , etc. (42)
Contu-di , *sum* ,. . 177
  Extudi , ...
  Retudi , etc. (42). ·
Co-xi , *ctum* , ... 170
  Decoxi , etc. . .
Cre-vi
de *cerno*, } *tum* , . 176
  Concrevi , . . +
  Decrevi , etc. .
Cre-vi
de *cresco*, } *tum*, 176
  Accrevi , ...
  Concrevi , ...
  Decrevi , etc. . .
Cu-curri , *rsum* , . 165
  Circumcucurri , .
  Decucurri , . . .
  Excucurri , . · .
  Præcucurri. (43)
D-edi , *atum* ,. . . . 165
  Circumdedi , . .
  Satisdedi , . . .
  Superdedi)43),.
Demp-si , *tum* , . . 175
Di-dici , *scitum* , . 165
  Addidici , ...
  Condidici , . . .
  Dedidici , etc. . .
Dile-xi , *ctum* , . . . 168
Distin-xi , *ctum* , . 168
  Stinxi , ...
  Extinxi , etc.. . .
Divi-si , *sum* , ... 174
Di-xi , *ctum* , ... 168
  Abdixi , ...
  Addixi , etc. . .
Du-xi , *ctum* , ... 168
  Abduxi , ...
  Adduxi , etc. .
Egi , *actum* , ... 178
  Circumegi , . . .
  Sategi (43), . .
Far-si , *tum* (43), . . 172
F-eci , *actum* , . . . 178
  Satisfeci (43). . .
F-efelli , *alsum* ,. . 165
Ferbui , (») 165
  Deferbui , etc.

(42) Le simple seul suit une autre analogie.

(43) Les autres verbes de cette famille ne suivent pas cette analogie.

	Pag.
Fi-di de *findo,* }ssum,.	177
Diffidi, etc....	
Fi-di de *fido,* } sum, (»)	
Fi-nxi, *ctum*,...	168
Affinxi,	
Confinxi, etc...	
Fi-xi, *ctum*,....	168
Affixi,	
Confixi, etc...	
Fle-xi, *xum*,...	170
Conflexi,.	
Deflexi, etc...	
Fli-xi, *ctum*,....	168
Affixi,	
Conflixi, etc..	
Flu-xi, *xum*,...	171
Affluxi,	
Confluxi, etc..	
Fr-egi, *actum,*(43)	177
Fri-xi, *ctum*,....	168
etc...	
Fu-di, *sum*,....	178
Affudi,	
Confudi, etc..	
Ful-si de *fulcio,* }*tum*,.	172
Confulsi, etc..	
Fulsi de *fulgeo,* }(») ..	172
Affulsi, etc..	
Ge-ssi, *stum*,...	175
Aggessi,	
Congessi etc..	
Gen-ui, *itum*,..	179
Congenui, etc..	
Hæ-si, *sum*,....	175
Adhæsi, etc..	
Cohæsi, etc...	
Hau-si, *stum*,...	175
Exhausi,	
Perhausi,	
Indul-si, *sum* ou *tum*,........	172
Intelle-xi, *ctum*,.	168
J-eci, *actum*,...	178
Superjeci (43),.	
Jun-xi, *ctum*,...	168
Adjunxi,	
Conjunxi, etc..	
Ju-ssi, *ssum*,.....	172

	Pag.
Læ-si, *sum*, (43).	174
L-evi, *itum*,....	177
Allevi,	
Ellevi, etc..	
Lin-xi, *ctum*,...	168
Elinxi,	
Li-qui, *ctum*,...	178
Deliqui,	
Dereliqui,	
Reliqui,	
Li-vi, *tum*,.....	177
Collivi,	
Elivi, etc.	
Lu-si, *sum*,.....	174
Delusi,	
Elusi,	
Luxi de *luceo,* }(») ..	169
Illuxi, etc..	
Lu-xi de *lugeo,* }*ctum*,.	169
Colluxi, etc..	
Man-si, *sum*,...	175
Permansi,	
Remansi, etc..	
Memini, (») ...	165
Comme.mini,*ntum,*	
Mer-si, *sum*,....	172
Demersi,	
Emersi, etc..	
Me-ssui, *ssum*,..	179
Demessui,	
Mi-nxi, *ctum*,...	169
Mi-si, *ssum*,....	174
Amisi,	
Admisi, etc..	
Mo-mordi, *rsum,*	165
Mulsi de *mulceo,*}......	172
Mul-xi de *mulgeo,*} *sum*,.	172
Emulsi, etc..	
Mun-xi, *ctum*,...	168
Emunxi,	
Remunxi,	
Negle-xi, *ctum*,.	169
Ne-xi, *xum*,....	170
Annexi,	
Connexi, etc..	
Ninxit,(»)	169

	Pag.
No-vi, *tum*, ...	176
Agn-ovi, *itum,*	
Cognovi, etc..	
Nup-si, *tum*,....	171
Odi, *osum*,....'.	179
Perodi,	
Pan-xi, *ctum*,...	169
Depanxi,	
Repanxi,.	
Par-si, *sum*, ...	173
Comparsi,	
Pa-vi de *pasco,*} *stum*,	179
Compavi,	
Depavi,	
Pavi de *paveo,*} (»).	176
Pepedi, (») ...	165
P-epegi, *actum,*	166
Pe-pendi, *nsum,*.	165
P-eperci, *arcitum,*	166
P-eperi, *artum,*.	166
P-epuli, *ulsum,*.	166
Percul-i, *sum*, ..	179
Perre-xi, *ctum,*..	169
Pe-xi, *xum*, ...	170
Depexi, etc..	
Pi-nxi, *ctum*,....	169
Appinxi,.	
Depinxi, etc..	
Plan-xi, *ctum*,..	169
Plau-si, *sum*,....	174
Applausi,	
Complausi, etc..	
Ple-xi, *xum*,....	170
Complexi,	
Implexi, etc..	
Po-posci, *scitum,*	166
Depoposci,	
Repoposci,	
Pos-ui, *itum*, ...	180
Pre-ssi, *ssum*(43),	175
Promp-si, *tum*,..	175
Deprompsi, etc..	
Pun-xi, *ctum*,..	169
Compunxi,	
Repunxi, etc.,	
Pu-pugi, *nctum,*.	166
Repupugi,	
Quæsi-vi, *tum*, ..	180
Qua-ssi, *ssum*,...	174

Pag.

Quie-vi , *tum* ,... 176
Acquievi , · · ·
Requievi , etc. · ·

Ra-si , *sum* ,..... 174
Arrasi,· · · ,
Corrasi , etc. · ,

Rau-si , *sum* ,.... 173
Rep-si , *tum* ,..... 172
Derepsi , · · · ·
Irrepsi , etc. · ·

Re-xi , *ctum* (43),· 169
Ri-si , *sum* , ... 174
Arrisi ,
Derisi , etc. · · ·

Ro-si , *sum* ,..... 174
Arrosi · · · ·
Conrosi , etc. · ·

Rup-i , *tum* , ... 178
Abrupi , · · · ·
Corrupi , etc. · ·

San-xi , *ctum* ,... 169
Sar-si , *tum* ,..... 173
Exsarsi , · · · ·
Resarsi , · · · ·

Scalp-si , *tum* ,... 172
Sci-di , *ssum* ,.... 178
Abscidi , · · · ·
Rescidi , etc. · ·

Scrip-si , *tum* , ... 171
Ascripsi , · · · ·
Descripsi , etc. · ·

Sculp-si , *tum* ;... 173
Exsculpsi , · · · ·
Insculpsi , etc. · ·

Sen-si , *sum* , ... 174
Ascensi , · · · ·
Consensi , etc. · ·

Sep-si , *tum* , ... 172
Consepsi , etc. · ·

S-evi , *atum* , ... 177
Ass-evi , *itum* ,· ·
Consevi , etc. · ·

Si-vi , *tum* , ... 177
Sor-bui , *ptum* , .. 171
etc. · · ·

Spar-si , *sum* (43) 173

Pag.

Spo-pondi, *nsum* , 166
Despopondi, ou · ·
Despondi. · · ·

Spre-vi , *tum* , ... 176
St-eti , *atum* ,.... 166
Circumst-eti, *itum* (43),

Stin-xi , *ctum* ,... 168
Distinxi.. · · ·
Extinxi , etc. · ·

Sti-ti , *tum* , ... 166
Stra-vi , *tum* , ... 177
Constravi , · · ·
Prostravi , etc. · ·

Stri-nxi , *ctum* ,.. 169
Astrinxi , · · ·
Constrinxi , etc. ·

Stru-xi , *ctum* ,... 171
Astru-xi , *ctum* ,
Destruxi , etc. ·

Sua-si , *sum* , ... 174
Dissuasi ,.. · ·
Persuasi , etc. · ·

Sue-vi , *tum* ,.... 177
Assuevi , · · ·
Desuevi, etc. · ·

Sump-si , *tum* ,... 175
Assumpsi , · · ·
Consumpsi, etc. ·

Surre-xi , *ctum* ,.. 169
Su-xi , *ctum* , ... 169
Exsuxi , · · · ·
Resuxi, etc. · ·

Temp-si , *tum* ,... 175
Contempsi , etc.·

Ter-si , *sum* ,..... 173
Abstersi , · · ·
Detersi , etc. · ·

Te-tendi , *nsum* , 166
T-etigi , *actum* , · 166
Te-xi , *ctum* , ... 170
Contexi , · · · ·
Retexi, etc. · ·

Tin-xi , *ctum* ,... 170
Intinxi , · · · ·
Retinxi, etc. · ·

Pag.

To-tondi , *nsum* , 166
Tor-si , *tum* ,.... 171
Detorsi , · · · ·
Intorsi , etc. · ·

Tra-xi , *ctum* , ... 170
Attraxi , · · · ·
Detraxi, etc. · ·

Tri-vi , *tum* ,.... 177
Attrivi , · · · ·
Contrivi , etc. · ·

Tru-si , *sum* ,.... 174
Detrusi , · · · ·
Retrusi, etc. · ·

Tuli ,(») 180
Attuli , etc. · · ·

Tur-si , *sum* ,.... 173
Tu-tudi , *sum* , .. 166
Un-xi , *ctum* ,... 170
Inunxi , · · · ·
Perunxi, etc. · ·

Ur-si , *sum* ,..... 173
U-ssi , *stum* ,.... 176
Combussi , · · ·
Exussi, etc. , · ·

Va-si , *sum* , ... 175
Evasi , · · · ·
Pervasi , etc. · ·

Ve-xi , *ctum* , ·· 171
Evexi , · · · ·
Invexi , etc. · ·

Vi-ci , *ctum* , ... 178
Convici ,. · · ·
Devici , etc. · · ·

Vin-xi , *ctum* ,... 170
Convinxi , · · ·
Devinxi, etc. · ·

Vi-xi , *ctum* , ... 171
Revixi , · · · ·

Vul-si , *sum* 175
Avulsi , · · · ·
Convulsi , · · ·
Divulsi , , · · ·
Evulsi , · · · ·
Pervulsi , · · ·
Revulsi , · · · ·
Subvulsi, etc. · ·

1°. *Passés à redoublement.*

Abdid-*it* se in Macedoniam ª,....	il se retira ou se cacha, etc.
Abdo me in bibliothecam ᵇ,...	je me cache dans ma bibliothèque.
Astiti, aurem admovi ᶜ,........	*je m'arrêtai,* et approchai l'oreille.
Ast-*a* atque audi ᵈ, (44).....	*tiens-toi près,* et écoute.
Cecid-*erunt* fulgura » cœlo ᵉ, (44).	des éclairs (ou foudres) sont tombés du ciel.
Cad-*unt* de montibus umbræ ᶠ,.	les ombres tombent des montagnes.
Cecid-*imus* hostes ᵍ,..........	nous avons taillé en pièces les ennemis.
Cæd-*untur* vigiles ʰ,.........	les sentinelles sont tuées.
Cecin-*it* receptui ⁱ,...........	il a chanté, ou sonné la retraite.
Non can-*imus* surdis ᵏ,.......	nous ne chantons pas à des sourds.
Cucurr-*it* Puteolos ˡ,..........	il courut au Puyville.
Curr-*itur* ad prætorium ᵐ,...	on court au prétoire.
Ded-*it* initium artis observatio ⁿ,.	l'obs. *a donné* le comm. de l'art.
Do manus scientiæ º,........	*je donne* les mains c.-à-d. je renonce à la science.
Didic-*erat* latinè loqui ᵖ,......	il avait appris à parler latin.
Disc-*e* quid sit vivere ᑫ,......	apprends ce que c'est de vivre.
Fefell-*it* eventus » vota ʳ,.....	l'événement a trompé les vœux.
Fall-*ebat* curas labor ˢ,.......	le travail trompait les soucis.
Fac ⁱᵒ *memin-eris* ᵗ,..........	fais que tu t'en souviennes.
Memini qui panem dederint ᵘ,. (Ce verbe manque de présent,)	je me souviens de ceux qui m'ont donné du pain.
Momord-*it* » paupertas ᵛ,.....	la pauvreté l'a mordu....
Morde-*t* cura medullas ˣ,.....	le souci pénètre la moëlle.
Pepedi ficus ʸ, ...	moi figuier, *j'ai fait un bruit...*
Ped-*ere*, Crispe, soles » coram me ᶻ,	Crispus, tu as coutume de *faire un bruit indécent* devant moi.
Pepend-*it* in arbore ᵃᵃ,........	il a été suspendu sur un arbre.
Pende-*nt* circum oscula nati ᵇᵇ,.	les enfants se pendent autour, etc.

(44) Nous ne nous sommes point assujétis à donner dans nos phrases les deux primordiaux, comme *hæsi, hæreo,* ou *cecidi, cado;* mais pour faciliter le retour à ces deux formes nous avons coupé le mot en deux, en cette sorte : cecid-*erunt* cad-*unt,* en échangeant les finales, ou ce qui suit la coupe en I et en O, on a le primordial des passés, comme *cecidi,* et celui des présents, comme *cado;* lorsque le mot n'est point coupé comme *abdo* ou *astiti,* c'est que c'est là le primordial.

ª Cɪᴄ. *Fam.* 13.	ᵏ Vɪʀɢ. *Eclog.* 10, *v.* 8.	ᵗ Tᴇʀ. *Heaut.* 3, 2.
ᵇ Cɪᴄ. ad *Curium. lib.* 7.	ˡ Cɪᴄ. ad *Attic. lib.* 10.	ᵘ Pʜᴀᴇᴅ. *lib.* 3, *fab.* 2.
ᶜ Tᴇʀ. *Phorm.* 5, 5.	ᵐ Cɪᴄ. *Varr.* 7.	ᵛ Cɪᴄ. *lib.* 3; *Tusc.*
ᵈ Pʟᴀᴜᴛ. *Cist.* 2, 3.	ⁿ Qᴜɪɴᴛ. *lib* 3.	ˣ Oᴠɪᴅ. 2, *amor. Eleg.* 3.
ᵉ Vɪʀɢ. *Georg.* 1, *v.* 487.	º Hᴏʀ. *Epod.* 12, *v.* 1.	ʸ Hᴏʀ. 1, *sat.* 8, *v.* 45.
ᶠ Vɪʀɢ. *Ecl.* 1, *v.* 84.	ᵖ Sᴀʟʟ. *in Jugur. cap* 7.	ᶻ Mᴀʀᴛ. *l.* 10, *epig.* 12.
ᵍ Cɪᴄ. ad *Att. lib.* 5.	ᑫ Tᴇʀ. *Heaut.* 5, 2.	ᵃᵃ Cɪᴄ. *Verr.* 5, 2.
ʰ Vɪʀɢ. *Æn.* 2, *v.* 266.	ʳ Cʟᴀᴜᴅ. 4, *Panég.* 18.	ᵇᵇ Vɪʀɢ. *Georg.* 2, *v.* 523.
ⁱ Cɪᴄ. 5. *Tusc.*	ˢ Oᴠɪᴅ. 3, *trist. El.* 2.	

Pend-*unt* Pœni stipendia [a],....	les Carthaginois *pèsent*, ou *paient* les tributs de solde.
Pepig-*erunt* ante parentes [b], ...	les parents ont arrêté, conclu, etc.
Pango carmina [c],............	je plante, c.-à-d. je fais des vers.
Peperc-*isse* quàm perdidisse » mavult [d],	il aime mieux avoir épargné que détruit.
Parc-endum auribus [e],.......	il faut épargner les oreilles.
Parc-e nimiùm cavere [f],......	abstiens-toi d'avoir trop de soucis..
Peper-*it* urbes philosophia [g],....	la philosophie a produit les villes.
Pari-*t* gallina » ovum [h], ...	la poule pond un œuf.
Pepul-isti fores [i] ?	*as-tu poussé*, ou frappé les portes?
Pell-*e* timorem [k],...........	chasse la crainte.
Poposc-*it* pateram [l], ...	elle demanda une coupe.
Posc-*it* equos [m], ...	il demande ses chevaux.¹
Pupug-*it* animos » suspicio [n],....	le soupçon a piqué les cœurs.
Pung-*it* me quòd scribis [o],.....	ce qui me pique, c'est ce que tu écris..
Spopond-*erunt* consules [p],.....	les consuls s'engagèrent, ou promirent.
Sponde-*t* fortuna salutem [q],...	la fortune promet le salut.
Stet-*it* unda fluens [r],.........	l'onde s'arrêta en coulant.
St-*at* sua cuique dies [s],.......	un jour propre est à chacun.
Se stit-*isse* » testificatur iste [t],..	il atteste qu'*il s'est représenté* (au jour indiqué).
Sist-it equos bijuges [u],........	*il arrête* ses deux chevaux attelés ensemble.
Tetend-*it* insidias consuli [v],......	il a tendu des pièges au consul.
Tend-*unt* vela noti [x], ...	les vents du midi tendent les voiles.
Tetig-*isti* acu [y],.............	tu *l'as touché* de la pointe, c.-à-d. tu as mis le doigt dessus, ou tu as deviné juste.
Tang-*is* eu ipsos metus [z] !.....	*tu touches* là mes craintes mêmes.
Totond-*i* hunc auro [aa],........	je l'ai tondu, ou dépouillé d'or.
Tonde-*nt* dumeta juvenci [bb], .	les jeunes bœufs broutent les buissons.
Tutud-*isti* aures jam satis [cc], ...	tu nous a battu les oreilles, etc.
Tund-*et* pede terram [dd],......	il frappera du pied la terre.

Quelques uns de ces verbes ont des analogues. Tels sont *abdidi* qui a *addidi, condidi*, etc., *astiti* qui a *abstiti, constiti*; d'autres ont des composés, tels sont *dedi* qui a *satisdedi, circumdedi*, plusieurs n'ont

---

a Enn. *ap. varr.* 4, *de LL.*
b Catull. *Carm.* 61.
c Luc. *lib.* 4.
d Cic. *pro. Quint.* 29.
e Cic. 3, *de Orat.* 43.
f Hor. 3, *od.* 7, *v*, 23.
g Cic. 5. *Tusc.* 7.
h Cic. 4. *Acad.*
i Ter. *Adelph.* 4, 5.
k Virg. *Æn.* 5, *v.* 812.

l Virg. *Æn.* 1, *v.* 729.
m Virg. *Æn.* 12, *v.* 82.
n. Apul. *lib.* 10. *Metam.*
o Cic. *Fam.* 7, *Ep.* 7.
p Liv. *lib* 9.
q Cic. *An. l.* 10, *v.* 637.
r Sept. *les Septante.*
s Virg. *Æn.* 10, *v.* 467.
t Cic. *pro. Quint.* 6.
u Virg. *Æn.* 12, *v.* 355.

v Sallust. *in Cat. c.* 28.
x Virg. *Æn.* 3, *v.* 268.
y Plaut. *Rud.* 5, 2.
z Senec. *Œdip. v.* 775.
aa = Plaut. *Bucch.* 2, 3.
bb Virg. *Georg.* 1, *v.* 15.
cc = Plaut. *Pœn.*
dd Hor. *Art. poet. v.* 430.

ni composés ni analogues, du moins sous le rapport de la dérivation dont il s'agit ici. Tel est par exemple *tetigi* qui ne sert de modèle que pour lui-même, quoique sous d'autres rapports, on puisse dire que *attigi*, *contigi*, etc., soient ses composés. Voyez dans la liste générale alphabétique *pag.* 161, les verbes qui ont des composés ou des analogues, ou qui sont seuls de leur formation (45).

2°. *Passés en* XI, Ire *SORTE,*

Ou passés qui dérivent d'un verbe en *co* (ceo ou cio), ou en *go*, *geo*.

Si illum *allex-ero*..» Rex sum ª,..	si je l'*attire* à moi, je suis roi (46).
Allici-*unt* somnos motusque merumque ᵇ.	le mouvement et le vin attirent le sommeil.
Amix-*it* » celeriùs mater ᶜ,......	sa mère l'*habilla* plus vîte.
Amici-*tur* arbos vitibus ᵈ,.....	l'arbre est *vêtu* ou entouré par les vignes.
Anx-*it* ea res animum ejus ᵉ,....	cela lui tourmenta l'esprit.
Ang-*it* me illa cura ᶠ,......	ce souci me serre, m'inquiète.
Arrex-*ére* animos itali ᵍ,........	les italiens rehaussèrent leur courage.
Arrig-*e* aures Pamphile ʰ,.....	*dresse* les oreilles, c.-à-d. prête, etc.
Aspexi et illico cognovi ⁱ,.......	je (l') *ai aperçue*, et aussitôt, etc.
Aspic-*e* ¹⁰ nunc ad sinistram ᵏ,..	*regarde* maintenant à gauche.

(45) Au reste, il ne faut pas perdre de vue que le but qu'on se propose, c'est de pouvoir remonter au présent par le passé trouvé dans les auteurs. Or, soit qu'on y lise, par exemple, *præcurristi*, ou *præcucurristi*, nous avons fourni le moyen de remonter à *præcurr-o* ; dans le premier cas, on change d'après la règle, pag. 161, la finale du passé en celle du présent et l'on a *præcurr-o* ; dans le second, on suit l'analogie de *cucurri*, on fait le dédoublement et l'on a *præcurristi*, qui doit aussi amener *præcurro*.

Quand on fera des thèmes, on imitera les auteurs qu'on aura traduits, l'on doublera ou l'on dédoublera ce que les auteurs auront doublé ou dédoublé ; apprendre d'avance des abstractions, c'est mépriser l'indication de la nature, qui ne nous montre que des concrétions, que des individus, que des compositions, que des modèles.

(46) Le passé analogique d'*allio-io* serait *allicivi*, qui par l'inter-soustraction de l'I pénultieme a donné l'usité *allicvi*, qu'on trouve dans Priscien, etc. Le V ou U s'étant changé en S pour cause de ressemblance organique, on a eu *allicsi* ; mais CS ayant X pour équivalent, on a du avoir *allixi*, qui par le changement d'I en E est devenu *allexi*. Voyez d'ailleurs le traité des altérations, pag. 49.

a PLAUT. *Pœn.* 3, 3.	e GELL. *lib.* 1.	i TER. *Heaut.*
b OVID. *lib.* 6. *fast.*	f CIC. ad Q. *frat.* 3, 19.	k PLAUT. *Merc.* 5, 2.
c VARR. *Apud Diomed.*	g VIRG. *Æn.* 12, *v.* 251.	
d OVID. 1. *Fast. v.* 153.	h TER. *Andr.* 5, 4.	

Aux-*imus* arte vias ᵃ,...........	par l'art nous avons augmenté les routes.
Auge-*tur* remis cursus aquæ ᵇ,.	le cours de l'eau *est augmenté* par les rames.
Cinx-*erunt* æthera nimbi ᶜ.....	les nuages ont ceint l'éther.
Cing-*it* vitta comas ᵈ,........	une bandelette ceint ses cheveux.
Clanx-*it* tuba ᵉ,.............	la trompette *a retenti*, ou sonné.
Clang-*unt* aquilæ ᶠ,..........	les aigles *battent des ailes*.
Dilex-*it* amicum ᵍ,............	*il a aimé* son ami.
Dilig-*es* me et amabis ʰ,......	tu me *distingueras* et m'aimeras.
Dixi quæ volui, vale ⁱ,.........	j'ai dit ce que j'avais à dire, etc.
Dic, dic, quæso clarius ᵏ,.....	dis, dis ou parle plus clairement.
Distinx-*it* nos à feris,.........	elle (la raison) nous a distingués.
Distingu-*it* mares austeritas ˡ,..	l'âpreté distingue les mâles.
Dux-*it* Albini filiam ᵐ (*),.......	il a conduit (à la maison), c.-à-d. il a épousé la fille d'Albin.
Duc age, duc ad nos ⁿ,.......	conduis (le) allons, conduis-le à nous.
Emunxi argento senes ᵒ,.	j'ai mouché, c.-à-d. purgé d'argent les vieux.
Emung-*am* hominem probè ᵖ, .	je duperai très-bien l'homme.
Fix-*it* leges pretio atque refixit ᑫ,	il a fait des lois à prix d'argent.
Fig-*at* humo plantas ʳ,.......	qu'il *fiche* ou mette dans la terre.
Finx-*it* » te ad honestatem ˢ,....	elle (la nature) t'a formé, etc.
Fing-*eris* ad rectum ᵗ,........	tu es formé pour le bien.
Flix-*ere* » obvia ᵘ,.............	ils heurtèrent ce qui se rencontra.
Se flig-*it* in terram ᵛ,........	il se heurte contre terre.
Frix-*erunt* et molis fregerunt ˣ,..	ils ont frit et brisé par les meules.
Frig-*unt*, deinde molis frangunt ʸ,	ils font frire, et ensuite ils brisent sous des meules.
Intellex-*tin*'? — probè ᶻ; .....,.	as-tu compris? — très-bien.
Intelligo quid loquar ᵃᵃ,......	je sais bien ce que je dis.
Junx-*imus* hospitio dextras ᵇᵇ,...	nous joignîmes les mains en signe d'hospitalité, etc.
Jung-*e* pares ᶜᶜ,.............	unis les pareils.
Linx-*isse* mel mihi visus sum ᵈᵈ,.	il m'a semblé avoir *léché* du miel.

(*) Ducere uxorem domum, ou simplement ducere uxorem, signifie prendre femme.

a Propert. 3, *éleg*. 7.
b Ovid. *de Pont*. 4. *él*. 15.
c Virg. *Æn*. 5. *v*. 13.
d Ovid. 4, *Trist*.
e Valer. *lib*. 3.
f Autor. *Phil*. ap. *Ovid*.
g Virg. *Æn*. 9, *v*. 430.
h Cic. *ad Brut*.
i Plaut. *Cist*. 2, 1.
k Cic. 3, *Verr*. c. 55.

l Plin. 37, 5.
m Cic. *pro Sexto*. *Cap*. 3.
n Virg. *Georg*. 4, *v*. 358.
o Ter. *Phorm*. 4. *v*, 1.
p Plaut. *Bacch*. 4, 4, *v*, 50.
q Virg. *Æn*. 6, *v*. 621.
r Virg. *Georg*. 4, *v*. 115.
s Cic. *pro murero*.
t Hor. *Art*. *poet*. *v*. 367.
u Lucan. *lib*. 2. *v*. 85.

v Liv.
x = Voyez *frigunt*.
y Plin. 18, *Cap*. 7.
z Ter. *Eun*. 4, 6.
aa Cic. *pro Ligar*. 5.
bb Virg. *Æn*. 11, *v*. 165.
cc Virg. *Georg*. 3, *v*. 168.
dd Voyez *la citat*. *suiv*.

Ling-*ere* mel mihi videor*(47),	il me semble *lécher* du miel.
Lux-*erunt* » parùm mea studia [b,c],	mes études ont peu brillé.
Luce-*t* in tenebris » virtus [c],	la vertu brille dans les ténèbres.
Lux-*erunt* eum matronæ [d],	les dames en portèrent le deuil.
Luge-*t* senatus [e],	le sénat est en deuil.
Minx-*isti* currente carinâ [f],	*tu as fait de l'eau,* le navire courant.
Ming-*ere*(ou mei-*ere*)vis iterum [g]	veux-tu *en faire* de nouveau ?
Mulx-*it* jam oves custos [h],	le berger a déja trait les brebis.
Bis mulge-*t* in hora [i],	il les trait deux fois par heure.
Quem neglex-*it*, alam [k],	celui qu'elle a négligé je le nourrirai.
Jam *negligo* matris iram [l],	je ne crains plus la colère de la mère.
Ninx-*erat* totâ passim silvâ,	il avait neigé dans toute la forêt.
Ning-*it* » toto aere [m],	il neige dans toute l'atmosphère.
Panx-*it* maxuma facta patrum [n],	il a fixé, c.-à-d. célébré, etc.
Pang-*is* aliquid Sophocleum [o]?,	plantes-tu, c.-à-d. fais-tu quelque chose digne de Sophocle ?
Perrexi Romamque perveni [p],	*j'ai continué* et je suis parvenu, etc.
Perg-*e* quò cœpisti [q],	poursuis où tu as commencé...
Pinx-*it* Apelles, finxit Lysippus [r],	Apelle a peint, Lysippe a jeté en moule.
Ping-*it* barba genas [s],	la barbe peint les joues.
Planx-*i* » tum demùm pectora [t],	alors enfin je me suis frappé, etc.
Plang-*unt* littora fluctus [u],	les flots frappent les rivages.
Punx-*it* me ille aculeus, quòd [v],	cet aiguillon m'a piqué.
Pung-*it* me, quòd scribas [x],	ce qui me pique, c'est que tu écris...
Rex-*ére* sagittas [y],	ils dirigèrent leurs flèches....
Reg-*e* tela per auras [z],	dirige les traits dans les airs.
Sanxi vota deis [aa],	j'ai arrêté, fait des vœux aux dieux.
Sanci-*t* victoria pacem [bb],	la victoire sanctionne, assure, confirme ou rend stable la paix.
Strinx-*it* Lavinia vultus [cc],	Lavinie fronça *le visage.*
String-*itur* unda noto [dd],	l'onde est *froncée* par le vent.
Surrex-*it* » de sella prætor [ee],	le préteur se leva de son siège.
Surg-*it* opus [ff],	l'ouvrage s'élève ou s'avance.
Sux-*isse* videmur » errorem [gg],	nous paroissons avoir sucé l'erreur.
Sug-*unt*, carpunt, mandunt [hh],	ils sucent, broutent, mâchent.

---

(47) Il y a dans Plaute ceci : *mel mihi videor lingere.* On verra dans la table des citations à quel signe on reconnaît les cas très rares ou nous avons été obligés de faire quelques changements aux phrases citées. La phrase de *linxisse* est imitée.

a PLAUT. *Cas.* 2,8. v.21.
b CIC. *ad Att.* 3.
c CIC. *pro Sext.* 28.
d » LIV. 2, 7.
e CIC. *pro Milone*, 8.
f MART. 3, *Epigr.* 78.
g Ibid. *Meiere vis.*
h = Voy. *Mulget.*
i VIRG. *Ecl.* 3, *v.* 5.
k TER. *Hecyr.* 4, 4.
l PLAUT. *Merc.* 5, 2, v.98.

m VIRG. *Georg.* 3, v.367.
n CIC 1, *Tusc.* 15.
o CIC. *Tiron.* 16.
p CIC. *ad Brut.* 10.
q CIC. *in Cat.* 7.
r = PLIN. 135.
s MART. 9, *Epig.* 78.
t OVID. 11, *Epist.* 19.
u LUCILIUS.
v DIOM. *lib.* 1, *et Plaut.*
x CIC. *ad Trib.* 7.

y LUCAN. *lib.* 7. *v.* 515.
z VIRG. *Æn.* 9, *v.* 409.
aa STAT. 11. *Theb.* v. 334.
bb CLAUD. *de Bell. Get.*
cc STAT, *Silv.* 2.
dd OVID. *Amor.* eleg. 7.
ee CIC. 3, *Off.* 31.
ff LUCAN. 2, v. 678.
gg CIC. 3, *Tusc.*
hh CIC. *De nat. deor.*

Tex-*it* galea molle caput [a],......	un casque couvrit sa tête délicate.
Vos teg-*it* arbutus umbrâ [b],...	l'arbousier vous couvre de son ombre.
Tinx-*it* sanguine cultros [c],.......	il a teint les couteaux de sang.
Ting-*untur* sanguine cultri [d],...	les couteaux sont teints de sang.
Unx-*it* » arsuros artus [e],.........	il oignit ses membres devant brûler.
Ung-*unt*, verrunt, spargunt [f],.	ils frottent, balaient, arrosent.
Vinx-*erat* et post terga manus [g],.	il avait lié les mains, etc.
Vinci-*at* auro lacertos [h],......	qu'elle enchaîne ses bras, c'est-à-dire qu'elle les orne de bracelets d'or.

2[e] *SORTE.*

Passés en *xi* dérivés des verbes en *quo*, *cto*, *ho*; *uo* et *vo*.

Cox-*it* (48) fornacibus æra [i],.....	il a cuit ou fondu l'airain, etc.
Coqu-*it* messem julius [k], ...	juillet cuit ou mûrit la moisson.
Flex-*imus* in lævam cursus [l],...	nous avons détourné notre course à gauche.
Flect-ere si nequeo superos, Acherunta movebo [m],	si je ne puis fléchir les dieux supérieurs, je remuerai l'Achéron.
Nex-*isti* retia [n],.................	tu as tissu ou tendu des filets.
Nect-*e* meo Lamiæ coronam [o],..	tresse une couronne pour mon Lamia.
Pex-*isti* (49) capillum [p],.........	tu as peigné tes cheveux.
Pect-*es* cæsariem [q],...........	tu peigneras ta chevelure.
Plex-*it* herus servum [r], ...	le maître a puni l'esclave.
Ego plect-*ar* pendens [s], ...	je serai châtié, étant suspendu.
Trax-*it* per ossa furorem [t], (50)..	elle a traîné, ou fait pénétrer....

(48) Le passé analogique serait *coquivi*, l'inter-soustraction de l'I en affrontant le V à *coqu* a fait *coquvi*, prononcé cocvi, et l'I s'est échangé en S d'où *coqusi*, prononcé cocsi, enfin, CS étant remplacés par X, on a eu *coxi*; toutes ces altérations sont devenues forcées par l'effet de la première. Voyez le traité des altérations pag. 49.

(49) Le passé régulier est *pectivi*, qui se trouve dans Asper et Priscien, l'inter-soustraction de l'I a donné pectvi, le T ne pouvant se prononcer s'est changé en S, d'où *pecsui*, et par équation *pexui*, qui se trouve dans Asper, Priscien, etc. par abréviation on a eu *pexi*, qui est devenu la forme la plus usitée; les mêmes causes ont donné *nexi*, *plexi*, *flexi*. Voyez le traité des altérations, pag. 49.

(50) On a vu dans le traité des altérations pag. 49, comment *traxi* et *vexi* sont venus de *traho*, *veho*; la lettre H appartenant au même organe que le C et le G, et affrontant un S, il en a dû naître un X. L'H a une telle affinité avec le c et le *g*, que les Italiens traduisent le latin *traho* par *traggo*, etc.

a PROP. 4, *Eleg*.3, *v*.44.
b VIRG. *Ecl*. 7, *v*. 46.
c OVID. 7, *Met*. *v*. 599.
d GEORG. 3, *v*. 492.
e OVID. 4, *Fast*. *v*. 853.
f CIC in *Parad*. 46.
g VIRG. *Æn*. 11, *v*. 81.
h TIBULL. *lib*. 1, *eleg*. 10.
i LUCAN. 6. *v*. 405.
k MART. 10, *Epig*. 62.
l OVID. 1, *Eleg*. 9. *Trist*.
m VIRG. *Æn*. 7. *v*. 312.
n PROPERT. 3, *Eleg*. 6.
o HOR. 1, *od*. 21.
p *Mæcenas apud. prisc.*
q HOR. 1, *Od*. 13.
r =Voyez *la citat. suiv.*
s TER. *Phorm*. 1, 4.
t VIRG. *Æn*. 4, *v*. 101.

Trah-*it* sua quemque voluptas[a],	un sien plaisir entraîne chacun, c.-à-d. chacun a son goût qui l'entraîne.
Vex-*erat* Europen taurus[b],.....	un taureau avait porté Europe.
Veh-*it* hic clitellas[c],.........	il porte un bât.
Flux-*it* (51) in terram cruor[d],...	le sang a coulé sur la terre.
Flu-*it* de corpore sudor[e],.....	la sueur coule de son corps.
Strux-*ére* cubilia frondes[f],.. ...	les feuilles ont construit des lits.
Stru-*itur* medicina dolori[g],...	on construit, c.-à-d. prépare...
Telum tors-*isti* primus[h],.......	tu as tourné ou lancé un trait......
Torque-*t* » portam converso cardine[i],	il tourne la porte, etc.
Vix-*isse* satius quàm, ... Viv-*ere*[k],.................	il vaut mieux avoir vécu que de *vivre*.

Lorsqu'on a ainsi parcouru tous les passés en *xi*, il est impossible de ne pas reconnaître la puissance des rencontres, et la nécessité des nouvelles liaisons, des nouvelles analogies qui en résultent.... de ne pas voir enfin que le besoin d'abréger fit disparaître l'*i* pénultième; que ce premier pas fait, tout le reste est devenu nécessaire.

3°. *Passés en* SI.

NOTA. Tous les passés en XI, sont à la rigueur des passés en *si;* x étant toujours en remplacement de CS ou de GS. Cette troisième liste comprend donc seulement les passés où le son S n'est point affronté par une gutturale, ou basio-linguale, C, ou G :

Comme la recherche est rendue facile par la liste générale alphabétique, *pag.* 161, nous les donnerons par groupes analogiques.

SI, de BO et PO (ou BEO, etc.)

Absorps-*it* rupes » palus[l] (51), ..	le marécage absorba les rochers.
Ne absorbe-*at* nos æstus consuetudinis[m],	que le torrent de l'habitude ne nous absorbe pas, ne nous entraîne pas.
Nups-*it* ei virgo[n],.............	la jeune fille se voila, c.-à-d., se maria à lui.
Nub-*e* pari » si qua voles aptè nubere[o],	marie-toi à ton pareil, si tu veux te marierconvenablement.
Quod scripsi scripsi[p],.........	ce que j'ai écrit, je l'ai écrit.
Scrib-*imus* indocti doctique[q],.	ignorants et savans *nous écrivons*.
Carps-*it* opes illa meas[r],.......	elle a pris, (enlevé) mes ressources.

(51) *Sorb-eo, exsorb-eo, resorb-eo*, font *sorb-ui, exsorb-ui, resorb-ui.*

a VIRG. *Ecl.* 2, *v.* 65.
b MART. *lib.* 1, *epig.* 16.
c PLAUT. *Most.*3,2,*v.*92.
d HOR. *Epod.* 7, *v.* 18.
e OVID. *met.* 9, *v.* 173.
f LUCAN. *lib.* 9, *v.* 169.
g STAT. 5.
h VIRG. *Æn.* 5, *v.* 49.
i VIRG. *Æn.* 9, *v.* 724.
k PLAUT. *Bacch.* 1, 2.
l LUCAN. 4.
m CIC. *lib.* 2, *de leg.*
n CIC. 1, *de divin.* 46.
o OVID. *her. ep.* 9, *v.*32.
p SEPT.
q HOR. 2, *epist.* 1, *v.* 117.
r OVID. 4, *ex pont. ep.*8.

Carp-*e* diem [a], ...	prends, ou saisis le jour présent.
Decerps-*erat* arbore pomum [b], . .	il avait cueilli de dessus l'arbre, etc.
Decerp-*unt* apes » thymum [c], .	les abeilles sucent le thym.
Si quis cleps-*it* [d], ...	si quelqu'un a dérobé...
Rape, clep-*e*, tene, harpaga [e], ·	pille, dérobe, tiens, harponne.
Reps-*erat* in cumeram frumenti [f],	il s'était glissé dans le pannier.....
Rep-*it* formica [g], ...	la fourmi rampe.
Scalps-*it* scyphos » Euphranor [h], .	Euphranor a ciselé des verres.
Scalp-*e* querelam»sepulchro(*) [i]	grave ta plainte sur mon tombeau.
Seps-*it* se tectis [k], ...	il se retrancha sous ses toits.
Sepi-*unt*» juga montium silvæ [l],	des forêts ferment ou entourent, etc.
Ut *juss-isti*, curatum est [m], ...	comme tu l'*as voulu*, cela est prêt.
Jubeo, cogo atque impero [n], .	j'invite, je force, je commande.

Voyez dans le traité des altérations, *pag.* 49, les causes qui ont amené ces passés irréguliers.

Ne ille als-*erit* [o], ...	pourvu qu'il n'ait pas eu froid.
Ne alge-*as* hac hyeme [p], ...	que tu n'aies pas froid cet hiver.
Fars-*it* pecudes ad victimas [q], . . .	il a engraissé des bestiaux, etc.
Cui farci-*as* centones » alium quæras [r],	cherche une autre personne à qui tu contes les fagots.
Refers-*it* libros » fabulis [s], ...	il a farci ou rempli ses livres, etc.
Referci-*untur* libri fabulis [t], . ·.	les livres sont pleins de fables.
Fuls-*ere* ignes [u], ...	les feux brillèrent.
Fulge-*bat* Apolline puppis [v], .	la pouppe brillait par son Apollon.
Fuls-*it* amicum et sustinuit re [x], .	*il appuya* son ami et le soutint de son bien.
Fulci-*t* » cœlum... vertice [y], .	il soutient le ciel par son cou.
Induls-*isse* vino aiunt Solonem [z],	on dit que Solon aimait le vin.
Indulge-*s* illi nimium [aa], ...	tu as trop d'indulgence pour lui.
Mers-*it* visceribus ferrum [bb], . .	il plongea le fer dans les entrailles.
Merg-*itur* unda delphinus [cc], . .	le dauphin est plongé dans l'onde..
Muls-*it* cantus delphinum [dd], . . .	le chant a adouci le dauphin.
Mulce-*tur*cantu delphinus [ee], . .	le dauphin est charmé par le chant.
Quod die *muls-ere*, nocte premunt [ff],	ce qu'ils ont trait le jour, ils le pressent la nuit.

(*) *Sculpo* est une altération de *scalpo* ; il se conjugue comme lui, et a le même sens.

a Hor. 1, *Od.* 10.
b Ovid. *lib.* 5, *v.* 526.
c Plin. *lib.* 21.
d Liv. *Bell.* 22, 20.
e Plaut. *Pseud.* 1, 2.
f Hor. 1, *Ep.* 7. n. 29.
g Plin. *lib.* 29.
h Plin. *lib.* 35, C. 11.
i Hor. 3. *Od.* 8, *v.* 44.
k Virg. *Æn.* 7. *v.* 600.
l Curt. *lib.* 6, C. 5.

m Plaut. *Men.* 2, 3.
n Ter. *Eun.* 2, 3, *v.* 97.
o Ter. *Adelph.* 1, 1.
p Plaut. *Mil.* 3, 1, *v.* 93.
q Varr. *die re rupt.*
r Plaut. *Epid.* 3, 4, *v.* 19.
s Cic. 1, *de Nat.* 13.
t Voy. *Refersit.*
u Virg. *Æn.* 4, *v.* 167.
v Virg. *Æn.* 10, *v.* 171.
x Cic. *Pro. Post.* 16.

y Virg. *Æn.* 4, *v.* 247.
z Senec.
aa Ter. *Heaut.*, 4, 8.
bb Claud. 1, *in Eutrop.*
cc Cic. *in Arato*, 41.
dd Voy. *Mulcetur.*
ee Plin. *lib* 9, 8.
ff Virg. *Georg.* 3, *v.* 400.

Bis *mulge-t* in horâ [a], ...	il trait deux fois par heure.
Pars-*it* » pecuniam maturè [b], ...	il a ménagé l'argent de bonne heure.
Parc-*e* metu, Cytherea [c], ...	abstiens-toi de craindre, ô Cythérée !
Raus-*it* orator [d], ...	l'orateur s'est enroué.
Ranci-*re* mos est oratoribus, . .	s'enrouer, c'est la coutume, etc.
Si sars-*eritis* benè dolia [e], ...	si vous avez bien réparé les tonneaux,
Sarci-*entur* » damna vestra [f], . .	vos pertès seront réparées.
Spars-*erant* se passìm campo [g], . .	ils s'étaient répandus çà et là. . .
Sparg-*e*, marite, nuces [h], ...	mari, jète ou repands des noix.
Aspers-*isti* aquam, rediit animus [i],	tu m'as jeté de l'eau, etc.
Asperg-*e* sapores [k], ...	répands des odeurs.
Ters-*it* lumina » lacrymantia [l], . .	il essuya ses yeux larmoyants.
Terg-*untur* manus » mantelio [m],	on s'essuie les mains à la serviette.
Terge-*ntur*, poliuntur, omni ætate [n],	elles s'essuient, se polissent à tout âge.
Turs-*erunt* in palmite gemmæ [o],	les bourgeons se sont gonflés, etc.
Turge-*nt* in palmite gemmæ [p],	les bourgeons se gonflent dans le sarment.
Neque *ursi* neque levavi » [q], ...	je ne l'ai ni pressé , ni aidé.
Urge-*ris* undique curis [r], ...	tu es pressé de soucis de toutes parts.

Il est facile de démêler pourquoi les passés de cette liste sont en si, tandis que ceux de la liste, pag. 167, qui viennent aussi des verbes en co, et en go sont en xi. La cause de cette différence est toute entière dans les palato-linguales ʟ et ʀ, qui, dans ces derniers verbes, précèdent la basio-linguale c et ɢ. *Mulx-i* est le seul passé où le c ait duré entre ʟ et s ; encore le remplace-t-on presque toujours par *mulsi.* Voyez *le Traité des altérations*, pag. 49.

si venant de DO , DEO.

Ars-*it* arundo [s], ...	le roseau (la flèche) a brûlé.
Arde-*t* in arma magis [t], ...	il brûle encore d'avantage , etc.
Cess-*it* in proverbium [u], ...	cela a passé en proverbe.
Cedo aquam manibus, puer [v],	*je vais* à l'eau pour mes mains, ou verse moi de l'eau sur les mains.
Claus-*erunt* » equitibus viam [x], . .	ils fermèrent la route aux cavaliers.
Claud-*ite* jam rivos, pueri [y], . .	il est temps , fermez les rigoles. . .
Conclus-*it* in corpore » animum [z],	il renferma l'ame dans le corps.

a Virg. *Ecl.* 3 , *v.* 5.
b Plaut. *Curc.* 3 , 1.
c Virg. *Æn.* 1, *v.* 257.
d = Lucil.
e Cat. *R. R. c.* 39.
f Liv. 9, 23.
g Liv. 7, *de Bell. maced.*
h Virg. *Ecl.* 8 , *v.* 30.

i Plaut. *Truc.* 2, 4.
k Virg. *Georg.* 4, *v.* 62.
l Ovid. 13, *v.* 132.
m Var. 1 , 5.
n Plaut. *Pœn.*
o Voy. *Turgent*
p Virg. *Ecl.* 7 , *v.* 48.
q Cic. *Quint frat.* 3, 9.

r Lucr. *l.* 3.
s Virg. *Æn.* 5, *v.* 525.
t Virg. *Æn.* 12, *v.* 71.
u Plin. 23, (ou 123).
v Plaut. *Most.* 1, 3.
x Liv. 9, *Bel. pun.*
y Virg. *Ecl.* 3 , *v.* 111.
z Cic. *de Unir.* 12.

Conclud-*itur* ipse portus urbe[a] ,	le port lui-même est enfermé par la ville.
Divis-*it* horas singulis [b] , ...	il distribua les heures à chacun.
Divid-*imus* muros [c] , ...	nous divisons, ou perçons les murs.
Læs-*it* opus lacrymis [d] , ...	il endommagea l'ouvrage par ses larmes.
Læd-*ent* juga prima juvencos [e] ,	les premiers jougs blessent les jeunes bœufs.
Allis-*it* se ad scopulos [f] , ...	il se heurta contre les rochers.
Ne allid-*as* gemmas [g] , ...	ne froissez pas les bourgeons (de la vigne.)
Lus-*isti* satis , atque bibisti [h] , ...	tu as assez joué et assez bu.
Lud-*ere* me putas. serio pete [i] ,	tu crois que *je badine* , etc.
Plaus-*it* ciconia pennis [k] , ...	la cigogne *a battu* des ailes.
Plaud-*itur* et palma datur [l] , ...	on applaudit et l'on donne la palme.
Ras-*ere* parietes [m] , ...	ils rasèrent les murs.
Rad-*ere* guttur cœperat [n] , ...	il avait commencé à couper la gorge.
Risi te hodie multùm [o] , ...	je t'ai raillé beaucoup aujourd'hui.
Ride-*t* argento domus [p] , ...	la maison rit, c'est-à-dire brille par l'argent.
Ros-*ere* mures scuta [q] , ...	les rats ont rongé les boucliers....
Rod-*e* , caper, vites [r] , ...	bouc, ronge les vignes.
Suas-*isti* ne facerem [s] , ...	tu m'as conseillé de ne pas faire.
Suade-*t* enim vesana fames [t] , ..	car la faim cruelle conseille.
Trus-*ere* penatibus umbram [u] , ..	ils chassèrent de leurs pénates cette ombre....
Trud-*itur* dies die [v] , ...	le jour est poussé par le jour.

si venant de TO , TIO.

Me mis-*it* ad vos oratum [x] , ...	il m'a envoyé vous prier.
Mitt-*e* malè loqui [y] , ...	cesse de mal parler.
Quass-*ere* terræ motus [z] , ...	les tremblements de terre ont ébranlé....
Quat-*itur* terræ motibus Ida [aa] ,	l'Ida est ébranlé , etc.
Concuss-*it* eum fortuna [bb] , ...	la fortune l'a frappé.
Tu concut-e[cc] plebem, Curio [cc] ,	toi, Curion, remue, émeus le peuple.
Sensi et jamdudum scio [dd] , ...	j'ai compris et je sais...
Sentio ipse quid agam [ee] , ...	je sais moi-même ce que j'ai à faire.

a Cic. 7 , *Verr.*
b Senec. *de Benef.* 3.
c Virg. *Æn.* 2, *v.* 234.
d Ovid. 1, 2. *Trist.*
e Ovid. *Heroid.* 4, *v.* 21.
f Cæs. *l.* 3, *Bell. civ.*
g Colum. *de Arbor.* 9.
h Hor. 2, *Epist.* 2, *v.* 214.
i Plin. *Fabio.* 1.
k Ovid. 6, *Metam.*

l Ovid. 2, *Trist.*
m Plin. 28, 4.
n Juv. *Sat.* 6. *v.* 105.
o Plaut. *Stich.*
p Hor. 4. *Od.* 10 , *v.* 6.
q = Cic. 2 , *de Divin.*
r Ovid. 1 , *Fast. v.* 357.
s Plin. 5, *Epist.* 6.
t Virg. *Æn.* 10 , *v.* 724.
u = Claud. 1, *in Eutrus.*

v Hor. 2. *Od.* 13, *v.* 15.
x Plaut. *Am. prol. v.* 20.
y Ter. *And.* 5 , 3.
z Voy. *Quatitur.*
aa Ovid. 12 , *Met. v.* 521.
bb Vell. *l.* 2 , 49.
cc Petron. *in Sat.* 1. 24.
dd Plaut. *Mil.* 2, 6, *v.* 97.
ee Plaut. *Trinum.* 3 , 2.

Vas-*it* » ad illum ex lybia [a], ...	de la Libie, *il alla* auprès de lui. ✦
Vad-*is* [c] an expectas [b] ?.	vas-tu, ou attends-tu ?

si venant de MO, NO.

Comps-*it* et arte caput [c], ...	il s'est ajusté la tête avec art.
Dum com-*untur*, annus est [d], . .	tandis qu'elles s'ajustent, une année se passe.
Demps-*erat* » ungues tonsor [e], ...	le barbier avait rogné les ongles.
Dem-*e* soleas, cedo vinum [f], . .	ôte-moi mes pantoufles, je vais au vin, c.-à-d., je vais à table, donne-moi du vin.
Press-*ére* ad pectora natos [g], ...	ils pressèrent leurs enfants contre leur sein.
Prem-*it* omnis dextera ferrum [h],	toute main presse une arme, c.-à-d., chacune s'arme.
Compressi et rabiem tantam [i], . . .	j'ai comprimé une telle rage.
Comprim-*e* te, nimiùm tinnis [k], .	retiens-toi, tu fais trop de ramage.
Promps-*isti* tu illi vinum [l] ?	lui *as-tu tiré* du vin ?
Prom-*ite* vires [m], ...	*montrez* vos forces.
Sumpsi hoc mihi [n], ...	j'ai pris cela sur moi.
Sum-*unt* incendia vires [o], ...	les incendies prennent des forces.
Mans-*it* » hostium adventum [p], . .	*il attendit* l'arrivée des ennemis.
Mane-*t* altâ mente repostum [q], . .	reste caché au fond de son cœur.
Temps-*erat* ille deos [r], ...	celui là avait méprisé les dieux.
Ne temn-*e* verba precantùm [s],	ne méprise pas les paroles des supliants.

si venant de LO, RO.

Vuls-*erat* herbas » de cæspite [t], . .	il avait arraché les herbes du gazon.
Vell-*it* sæpiùs aurem pauper-tas [u],	la pauvreté pince, ou picote souvent l'oreille, c.-à-d., avertit, conseille.
Gess-*it* » res magnas [v], ...	il a géré, (ou fait) de grandes choses.
Ger-*am* tibi morem [x], ...	je ferai ton goût, ou à ton goût.
Hæs-*it* in corpore ferrum [y], ...	le fer *resta attaché* dans le corps.
Hære-*t* pede pes [z], ...	le pied est fixé par le pied.
Haus-*it* de gurgite lymphas [aa], . . .	il puisa dans le gouffre les eaux.
Hauri-*t* corda pavor [bb], ...	la peur pompe, c.-à-d., saisit les cœurs.

a TERTULL. *de Pall.* 3.
b OVID. 6, *Fast.* v. 605.
c TIBULL. l. 1, *Eleg.*
d TER. *Heaut.* 2, 1.
e PLAUT. *Aul.* 2, 1.
f PLAUT. *Truc.* 2, 4.
g VIRG. *Æn.* 5, v. 518.
h SILIUS, 5 v. 670.
i SILIUS, 5, v. 802.

k PLAUT. *Casin.* 2, 3.
l PLAUT. *Mil.* 3, 2.
m VIRG. *Æn.* 5, v. 191.
n CIC. *Fam. epist.* 50.
o HOR. 8, *epist.* 9.
p LIV. 42, 26.
q VIR. *Æn.* 1, v. 25.
r SEN. *Agamn.*
s VIRG. *Æn.* 7, v. 236.

t LUCAN, l. 4, v. 414.
u CALPURN. *Ecl.* 4.
v NEP. *in Amilc.* 3.
x CIC. 1, *Tus* 9.
y VIRG. *Æn.* 11, v. 864.
z VIRG. *Æn.* 10, v. 360.
aa VIRG. *Æn.* 9, v. 23.
bb VIRG. *Georg.* v. 103,

Sitis *uss-erat* herbas [a], ... | la soif avait brûlé les plantes.
Sitis *ur-it* fauces [b], ... | la soif brûle le gosier.

Si l'on recherche à remonter aux causes qui ont produit les passés en XI, en SI et en SSI, on découvrira que rien ne s'est fait sans raison, et qu'une fois, une première altération admise, celle de l'intersoustraction de l'I pénultième, toutes les autres naissent de la nature des lettres qui se rencontrent.

3o. [bis.] *Passés en VI, où le* v *s'est conservé aux dépens de la base.*

Nov-*i* omnem rem [c], ... | j'ai su ou je sais toute la chose.
  Nosc-*e* te, nosce animam tuum [d] | connais-toi, connais ton ame.
Pav-*it* Adonis » oves [e], ... | Adonis a nourri (fait paître) des brebis.
  Spes *Pasc-is* inanes [f], ... | tu nourris de vaines espérances.
Quiev-*i* in navi noctem perpetem [g] | *je me reposai,* ou je dormis....
  Quiesc-*e* hanc rem petere [h], . . . | *cesse* de demander cela.
Unà crev-*imus* » [i], ... | nous avons crû ensemble....
  Cresc-*it* amor nummi quantùm | L'amour de l'écu croit autant que
  ipsa pecunia crescit [k], | l'argent lui-même croit.

Cresco, nosco, pasco et *quiesco,* sont les seuls verbes en SCO, qui doivent être placés ici, *pasco* étant déjà dans la liste des passés à redoublement, et tous les autres étant réguliers ou ayant un verbe premier, dont le présent est facile à retrouver. *Suesco* a *sueo, calesco* a *caleo, adolesco* a *adoleo,* etc., d'où *suevi, calui, adolevi,* ou *adolui.* On ne peut à la vérité remonter à SUESCO, CALESCO, ADOLESCO, par *suevi,* etc., mais on arrive tout droit a *sueo, caleo* et *adoleo,* dont le sens est réputé le même. On croit que *scivi,* est le passé de *scio,* je sais, et de *scisco,* j'ordonne. Les formes ne s'opposent point à cette opinion, car on arrive souvent à un même point par des chemins différents. C'est ainsi par exemple que, *crevi* qui va suivre, fait au présent *cerno,* tandis qu'il y a un *crevi* de *cresco.*

Crev-*it* senatus, populus jussit [l], . | le sénat a vû, ou examiné. . . . . .
  Cern - *untur* in agendo virtutes [m], | les vertus sont vues, ou jugées par l'action.
Nos sprev-*it* [n], ... | ils nous a repoussés, ou méprisés.
  Spern-*e* voluptates [o], ... | méprise les plaisirs.

a Ovid. 4, *Fast.* ,v.299. | f Virg. *Æn.* 10, *v.*627. | l Cic. 3, *de Lig.* 3.
b Hor. l. 1, *Sat.* 2, *v* 114. | g Plaut. *Amph.*2,2,100. | m Cic. *in Parad.* 22.
c Ter. *Andr.* 4, 5. | h Plaut. *Most.*5,2,v.51. | n Cic. *Phil.* 13, 9.
d Cic. 1, *Tusc.* 22. | i Plaut. *Merc.* 4, 7. | o Hor. 1, *epit,* 2, *v.* 55.
e Virg. *Ecl.* 10, *v.* 18. | k Juv. *Sat.* 14, *v.* 138.

Strav-*it* humi pronam [a], ...	il l'étendit la face contre terre.
Stern-*itur* omne solum telis [b], .	tout le sol *est jonché* de traits.
Aquis assuev-*imus* istis [c], ...	nous nous sommes accoutumés à ces eaux.
Votis assuesc-*e* vocari [d], ...	accoutume-toi à être invoqué....

Cerno, *sperno*, *sterno* offrent donc dans leurs passés le double phénomène par la soustraction du *n* radical, et la transposition du *r*. *Stravi* en présente un troisième, celui de la mutation de l'*e* en *a*.

Triv-*it* mola buxea piper [e], ...	un pilon de buis *a broyé* le poivre.
Ter-*etur* interea tempus [f], ...	cependant le temps se passera.
Sev-*erunt* hordea campis [g], ...	ils ont semé des orges dans les champs.
Ser-*ite* hordea campis [h], ...	semez des orges dans les champs.

Est-ce ce même *sero*, qui fait *serui?* ou *serui* vient-il d'un autre *sero? sevi* et *serui*, ne s'emploient pas indifféremment l'un pour l'autre, mais cela ne prouve point une diversité d'origine. Souvent les langues ont deux ou plusieurs altérations du même mot, qui reçoivent plusieurs acceptions, tels sont par exemple chez nous, *inclination* et *inclinaison*, *cavalier* et *chevalier*, *questeur*, *quêteur* et *cuistre*.

Siv*i* tuo te vivere modo [i], ...	je t'ai permis de vivre à ta mode.
Sin-*e* te hoc exorem.—Sino [k], .	permets que je te supplie.-Je permets.
Levi » vile sabinum (ou *livi*) [l], . .	*j'ai enduit* du vil sabin, c.-à-d., j'ai bouché du vil sabin.
Lin-*it* ora luto [m], ...	il frotte ou barbouille de boue...

4°. *Passés dénasalés.*

Accubu-*eram* apud Volumnium [n],	je *m'étais assis à table* auprès de...
Accumb-*e* in summo [o], ...	*asseois-toi à table* dans le haut.
Vox *attig-it* aures [p], ...	la voix a atteint les oreilles.
Ne me *atting-as*, sceleste [q], . . .	ne me touche pas, scélérat.
Contud-*i* prædonis audaciam [r], .	j'ai abattu l'audace du pirate.
Contund-*unt* colla boves [s], ...	les bœufs se meurtrissent le cou.
Fid-*it* os ictus [t], ...	le coup *a divisé* ou *fendu* l'os.
Find-*itur* illic Euphrates [u], ...	c'est-là que *se partage* l'Euphrate.
Compeg-*erat* sibi crepidas [v], ...	il *s'était assemblé,* composé des savates.
Comping-*itis* fabulas [x], ...	*vous fabriquez* des fables.
Freg-*it* in arbore cornu [y], ...	il s'est rompu une corne à l'arbre.
Frang-*untur* remi [z], ...	les rames *sont brisées*, (ou se brisent).

a Ovid. 2, *Met. v.* 96.	i =Ter. *And.* 1.	r Cic. *Phil.* 13.
b Virg. *Æn.* 9, *v.* 666.	k Ter. *Andr.* 5, 3. *v.* 31,	s Plin. 18, 19.
c Ovid. 3, *Trist.*	l Hor. 1, *Od.* 17.	t Cels. *l.* 8, *c.* 4.
d Virg. *Georg. v.* 42.	m Ovid. 3, *Fast.*	u Plin. *lib.* 6.
e Petron. 74.	n Claudian. *de Bell. het.*	v Alul. *in Flor.* 12, 9.
f Cic. *Phil.* 11.	o Plaut. *Pers.* 5, 1, *v.* 15.	x Arnob. 4.
g *Voy. Serite.*	p Claudian. *de Bell. get.*	y Ovid. 5, *Fast.*
h Virg. *Georg.* 1, *v.* 210.	q Ter. *Andr.* 4, 5.	z Virg. *Æn.* 1, *v.* 104.

Penè *confregi* fores » pulsando ª,.	j'ai presque brisé les portes en frappant.
Confring-*i* vas Samium solet ᵇ,.	un vase de terre (de Samos) a coutume de se briser, ou de se casser.
Fud-*it* has ore loquelas ᶜ,.......	il répandit ou prononça ces mots.
Fund-*itur* in Rhenum fluvius ᵈ,	le fleuve se verse dans le Rhin.
Me liqu-*it* animus ᵉ,..........	le souffle (la respiration) m'a quitté.
Linqu-*e* severa ᶠ,..........	laisse les choses sévères.
Rup-*erunt* horrea messes ᵍ, ...:..	les moissons ont rompu les greniers.
Rump-*e* moras ʰ,..........	romps c.-à-d. évite les retards.
Nihil *scid-isti* » convivis ⁱ,.....	tu n'as rien *coupé* pour les convives, c.-à-d., tu ne leur as rien distribué...
Scind-*it* se nubes ᵏ, ...	le nuage se divise.
Vic-*imus* » rumpantur iniqui ˡ, ..	nous avons vaincu; que les jaloux crèvent de dépit.
Vinc-*unt* » noctem funalia ˡˡ,..	les torches surmontent la nuit.

Passés où l'A du présent s'est changé en E.

Cep-*it* pecunias » ita apertè ᵐ,...	il prit ou reçut *des sommes*...
Cap-*e* ⁱᵒ dicta memor ⁿ,.......	reçois les paroles et t'en souviens.
Eg-*ere* boves... ad flumina ᵒ,.....	ils ont poussé les bœufs aux fleuves.
Ag-*e* si quid agis ᵖ. — Bib-*e* si bibis ᑫ.	si tu fais quelque chose *fais-le*. — Si tu bois, bois.
Feci potestatem ʳ,..........	*j'ai fait* ou accordé le pouvoir.
Fac ⁱᵒ potuisse ˢ,..........	fais ou suppose que tu l'aies pu.
Jeci fundamenta ᵗ,..........	j'ai jeté les fondements.
Jac-*e* ⁱᵒ pater, talos ut porro nos jacimus ᵘ,	mon père jète les osselets ou dés, comme nous les jetons, en avant.

Passés où l'I du présent est changé en E.

Abeg-*erunt* » pecus ᵛ,..........	ils ont chassé loin le troupeau.
Abig-*am* hunc rus ˣ,.........	je te chasserai à la campagne.
Abjec-*imus* » omnem curam ʸ,...	nous avons jeté loin tout souci.
Abjici-*te* » curas malas ᶻ,......	jetez loin les mauvais soucis.
Accep-*it* conditionem ᵃᵃ,.......	il a accepté la condition.
Accipi-*t* homo nemo meliùs ᵇᵇ,.	nul ne reçoit ou traite mieux.
Adem-*erunt* » illi ad,tus littoris ᶜᶜ,	ils lui ôtèrent l'accès du rivage.

---

a PLAUT. *Most.* 2, 2.
b PLAUT. *Bacch.* 2, 2.
c VIRG. *Æn.* 5, *v.* 842.
d PLIN. 4.
e SEN. *in Troad.* v. 623.
f HOR. 3, *Od* 7.
g VIRG. *Georg.* 1, *v.* 49.
h VIRG. *Georg.* 3, *v.* 43.
i MART. 3, *Epist.* 12.
k VIRG. *Æn.* 1, *v.* 587.

l PROP. 1, 8.
ll VIRG. *Æn.* 1, *v.* 727.
m CIC. 2, *De finib.*
n VIRG. *Æn.* 6, *v.* 376.
o VIRG. *Ecl.* 5, *v.* 24.
p PLAUT. *Stich.* 5, 4, *v.* 33.
q Ibid.
r CIC. 3, *in Catil.* 5.
s CIC. *Phil.* 2, 3.
t SUET. *in Caio.*

u PLAUT. *Asin.* 5, 2, *v.* 52
v CIC. *in Pis.* 34.
x TER. *Adelph.* 3, 4, *v.* 36.
y CIC. *Ad poet.* 9.
z PLAUT. *Pseud. prol.*
aa TER. *And.* 1, 1.
bb TER. *Eun dern.* sc.
cc CIC. 7, *Verr.* 68.

Das *adim-is* que dolores [a], ...	tu donnes et tu ôtes les douleurs.
Affec-*it* in diversùm » milites terror [b],	la terreur affecta différemment les soldats.
Affici-*mur* dolore, lætitâ [c], ...	nous sommes affectés par la douleur, par la joie.
Assed-*it*, surrexi ego [d], ...	il s'assit, je me levai.
Asside-*t* indè Jovi [e], ...	delà il s'assoit à côté de Jupiter.
Se colleg-*it* in arma [f], ...	ilse recueillit sans ses armes.
Se collig-*it* anguis » in spiram [g],	le serpent se rassemble en spirale.

On voit que ces verbes sont des composés d'*ago, jacio, capio, facio, sedeo, emo* et *lego*. On trouve à la suite de chacun de ces composés les analogues, qui ont subi la même altération. *Voyez* la table générale alphabétique, *pag.* 161.

Passés divers.

Appul-*erunt* » ad insulam [h], ...	ils se poussèrent contre l'île, c.-à-d., ils abordèrent à l'île.
Appell-*itur* navis Syracusas [i], ..	le vaisseau est poussé à Syracuse.
Percul·*it* me propè [k], ...	il m'a presque jeté à terre.
Percell-*it* radices arborum [l], ...	il (le vent) ébranle les racines des arbres.

Ces deux verbes en *ELLO* s'éloignent de l'analogie de *vello*, qui fait *vulsi*, par un autre procédé d'altération. On trouve aussi dans les auteurs *pulsi, appulsi, perculsi.*

Coegi ut parerent arva colono [m],	j'ai forcé le champs à obéir....
Cog-*ite* oves, pueri [n], ...	rassemblez vos brebis, jeunes-gens.

Cogo est évidemment pour *coago*, je pousse ensemble. Ces deux éléments paraissent à découvert dans *co-egi.*

Ferbu-*erat* lyæus » testâ [o], ...	Bacchus ou le vin avait bouilli dans le vase de terre.
Ferve-*t* opus [p], ...	l'ouvrage s'échauffe.
Genu-*it* te horrens Caucasus [q], ...	l'affreux Caucase t'engendra.
Gign-*it* » allium sitim [r], ...	l'ail engendre la soif.
Messu-*it* uvas [s], ...	il a moissonné des raisins.
Met-*it* Orcus grandia cum parvis [t],	l'Orcus, ou la mort moissonne les grands avec les petits.
Odi profanum vulgus et arceo [u],.	j'ai haï, ou je hais et j'éloigne loin de moi le vulgaire profane.
Ce verbe n'a point de présent.	

---

a Hor. 2, *Sat.* 3, *v.* 288.
b Tac. *Ann.* 11, 19.
c Cic. etc.
d Cic, *Pro Rosc. am.* 22.
e Ovid. 5, *Fast.*
f Virg. *Æn.* 12, *v.* 492.
g Georg. 2, *v.* 154.

h Liv. 4, 37.
i Cic. *Verr.* 7, 25.
k Plaut.*Pers.* 5, 2, *v.* 30,
l Plin. 18.
m Virg. *Æn.* 1.
n Virg. *Ecl.* 3, *v.* 98.
o Stat. 4, *Sil.*

p Virg. *Georg.* 4, *v.* 169.
q Virg. *Æn.* 4, *v.* 366.
r Plin. 20, 6.
s Cat. *Apud Prisian.*
t Hor. 2, *Epist.* 2, *v* 178.
u Hor. 3, *Od.* 1.

12.

Posu-*it* vinea frondes ᵃ,.........	la vigne a déposé ses feuilles.
Pon-*e* esse victum eum ᵇ,.....	pose ou suppose qu'il a été vaincu.
Quæsiv-*it* cœlo lucem ᶜ,........	elle chercha dans le ciel la lumière.
Quær-*e*, parce ᵈ,............	acquiers, épargne.
Acquisi-*it* hæreditatem ᵉ,.......	il a acquis un héritage.
Acquir-*endi* sunt quos diliga-mus ᶠ,	il faut acquérir des personnes que nous aimions.
Tul-*isset* » ambas eadem hora ᵍ,.	la même heure nous eût portées, ou emportées toutes les deux.
Toll-*ite* me Teucri ʰ,.........	portez, ou enlevez-moi ô Troyens (52).

Observations.

1°. L'élève en remontant aux primordiaux (comme *posui, pono*), par l'échange des finales, se rendra familier tout le mécanisme conjugatif, et préludera à des traductions plus compliquées.

2°. Il ne faut pas craindre de s'arrêter sur chaque phrase; il n'y a point de temps perdu, on remplit toujours dans notre méthode un double but. Le moins important est d'apprendre des principes, traduire est éminemment le principal.

3°. Deux élèves peuvent s'interroger, l'un dira la phrase du passé, l'autre celle du présent. L'esprit s'accoutumera bientôt à les lier d'une manière inséparable.

4°. Il faut s'accoutumer à répéter, mot à mot, les phrases latines. Ce sont autant de citations, qui meublent et ornent la mémoire.

5°. Il faut aussi revoir à chaque fois les composés et les analogues qui suivent l'analogie du mot phrasé, et recourir pour cela à la liste générale alphabétique, *pag.* 161.

---

(52) *Tollo*, comme verbe en ʟʟᴏ, a pu, à l'imitation *d'appello*, qui fait *appuli*, dédoubler la palato-linguale, changer en N sa voyelle pénultième, et donner *tuli*, presqu'entièrement par le même procédé que nous avons *appuli*, *perculi*, etc. D'un autre côté, on voit que le sens de *tuli* et celui de *tollo*, ne diffèrent point radicalement. Au reste, qu'on renonce, si l'on veut, à cette filiation, mais qu'on ne cherche plus à faire croire que *tuli* est le passé de *fero*, avec lequel il n'a pas plus de ressemblance que n'en a *equus* avec ᴀʟᴘʜᴀɴᴀ.

---

a Vɪʀɢ. *Georg.* 2, 403.   d Tᴇʀ. *Adelph.* 5, 1.   g Vɪʀɢ. *Æn.* 4, *v.* 679.
b Tᴇʀ. *Phorm.* 4, 3.   e Uʟᴘɪᴇɴ, *Dig.* 29.   h Vɪʀɢ. *Æn.* 3, *v.* 699.
c Vɪʀɢ. *Æn.* 4, *v.* 692.   Cɪᴄ.

6°. Pour bien s'assurer du sens des verbes de nos citations, il sera bon de les chercher dans un dictionnaire, afin de se former des idées bien nettes de leurs différents emplois, et s'élever de là à leur signification générale. Les phrases seront des prénotions auxquelles tout le reste se rattachera

7°. Il y a quelques passés en vi et en ui, comme *solvi*, j'ai payé et *metui*, j'ai craint, où le v et l'u appartiennent à la base. Il est bon d'en faire la remarque, car celui qui a peu d'usage remonterait à *sol-eo* et à *met-o*, tandis que c'est à *solvo* et *metuo* qu'il faut se reporter.

8°. Sous le rapport de l'art étymologique, nos tables présentent des matériaux précieux qui invitent à l'observation. Nous avons voulu laisser aux maîtres et aux élèves le plaisir de faire eux-mêmes la science, de rechercher, de trouver les causes des diverses métamorphoses et altérations de formes, apparemment si bizares, et pourtant si naturelles.

SUR LE 3ᵉ PRIMORDIAL, dit supin.

On sait que du substantif verbal en um et u, comme dans *dat-um*, *dat-u*, on forme l'adjectif *dat-urus*, *dat-ura*, *dat-urum*, d'où les deux dernières séries actives ; et *dat-us*, *dat-a*, *dat-um*, d'où la seconde série passive.

Mais, 1° ces adjectifs et ces séries ne sont point des formes conjugatives.

2°. Les adjectifs passifs, surtout lorsqu'ils sont irréguliers, se trouvent dans les dictionnaires, et peuvent servir, si l'on veut, à former les adjectifs en urus.

3°. Quand on connaît les passés, il est facile d'arriver aux supins, qui presque toujours se forment du passé par l'échange des deux dernières lettres en tum ou sum. C'est ainsi qu'on a :

Dele-*tum* de dele-*vi*.	Doc-*tum* de doc-*ui*.	Spre-*tum* de spre-*vi*.	Divi-*sum* de divi-*si*.
Clama-*tum*—clama-*vi*.	Scrip-*tum*—scrip-*si*.	Ges-*tum* — ges-*si*.	Plan-*ctum*—plan-*xi*.
Audi-*tum* — audi-*vi*.	Temp *tum*—temp-*si*.	Hæ-*sum* — hæ-*si*.	etc.

Au reste, nous ne connaissons point de moyen plus efficace de retenir

les supins que de les rattacher aux phrases des passés *ou* prétérits,

EN CETTE SORTE :

Après avoir dit :	*On ajoutera :*
Plausit ciconia pennis,...........	eo plausum , *je vais applaudir*, ou plausum est , *on a applaudi.*
Rexêre sagittas ,................	eo rectum *ou* rectum est.
Compegerat crepidas ,..........	eo compactum *ou* compactum est.
Momordit paupertas,...........	eo morsum *ou* morsum est.
Poposcit pateram ,.............	eo poscitum *ou* poscitum est.
Tetigisti acu,..................	eo tactum *ou* tactum est.

Ainsi de suite. L'élève a la table alphabétique, page 161 , que dans le doute il pourra consulter.

Lorsqu'il sera plus fort, il pourra s'exercer à passiver les phrases actives en cette manière :

Rexêre sagittas , ...	rectæ sunt *ou* fuêre sagittæ.
Compegerat crepidas , ...	compactæ erant crepidæ.

Mais pour peu qu'il éprouve de difficulté, il passera outre , pouvant revenir plus tard à cet exercice.

Nous le répétons, le plus grand obstacle aux progrès, c'est la multiplication des principes, à moins qu'ils ne soient déguisés par leur mise en action. Car, lorsqu'ils sont donnés abstractivement, ils dessèchent l'esprit, et entravent la pratique.

IIIme PARTIE.

SYNTAXE.

SYNTAXE.

Le but qu'on se propose dans l'étude des langues mortes est d'en entendre les auteurs. On peut en avoir un second, c'est celui de les imiter (53).

Nous allons éprouver sur le passage suivant quels secours nous ont fournis, pour la traduction, la nomenclature et la lexigraphie, et donner une idée de ceux qu'on doit puiser dans la Syntaxe.

> Ad fores auscultate atque asservate has ædes;
> Ne quis adventor gravior abeat quàm adveniat.
> .... Novi ego hominum mores. Plaut. *Truc.* 1, 2.

Nomenclature.

La nomenclature donne la connaissance des initiatifs, des terminatifs et des radicaux, c'est-à-dire de tous les éléments dont il est possible que les mots se composent. Voyons donc comment par elle nous arrivons au sens de tous les mots de ce passage de Plaute. Il ne faut pas oublier qu'elle n'explique que le sens absolu.

		Pag.	
Ad, ...	mot déjà connu comme initiatif,	9	auprès.
	et comme radical, voy. ...	70	*id.*
Fores, ...	radical, voyez, ...	70	porte
Auscultate,	radical, ou censé tel, ...	224	écouter.
Atque, ...	mot composé déjà très-con-		
	nu, ...	....	et.
Asservate, .	du radical *servo*, voyez.....	70	garder.
	et de l'initiatif *ad*, traité, ...	9	auprès.
Has, ...	mot déjà très-connu, phrasé, .	85	cé . cette.
Ædes, ...	radical, phrasé	106	maison.
Ne, ...	mot déjà très-connu, ...	....	ne, non.
Quis, ...	placé après *ne* est une altération		
	pour *ne aliquis*, phrasé,	53	quelqu'un.

---

(53) Vouloir composer ou faire des thèmes dans une langue, avant d'être versé dans l'explication des auteurs, et de connaître le génie de cette langue, c'est vouloir recueillir avant d'avoir semé, copier sans modèle, savoir sans avoir appris; c'est une entreprise, où sans aucune réparation, on s'épuise d'ennuis, de dégoûts, où l'on se fatigue sans succès. Imiter est naturel à l'homme; c'est un charme pour lui; mais on ne peut imiter ce qu'on ne connaît pas. Notre syntaxe décompose la phrase latine, en montre le génie, et donne le moyen d'imiter, c'est à dire de recomposer. Elle a donc pour but direct la traduction des auteurs; l'art de composer en latin en est une conséquence naturelle.

		Pag.	
Adventor , .	du terminatif *or*, ou *tor*, ...	45	qui a coutume de
	du radical *venio*, voy.	70	venir
	et de l'initiatif *ad* , ...	9	auprès.
Gravior, . .	du terminatif *ior*, *ius*, etc. . . .	39	plus
	et du radical *gravis*, voy.	70	pesant.
Abeat, ...	du radical *eo*, *ire*, conjugué , . .	132	aller.
	et de l'initiatif *ab* , ...	9 .	loin.
Adveniat, .	du radical *venio*, voy.	70	venir.
	et de l'initiatif *ad* , traité , ...	9	auprès.
Novi , ...	du radical *novus* , voyez, ...	70	nouveau.
	ou du radical *nosco*, phrasé , .	176	connaître.
Ego, ...	mot déjà très-connu, phrasé , .	79	moi.
Hominum, .	radical , phrasé , ...	94	homme.
Mores, ...	radical , phrasé , ...	111	mœurs.

Mais avec toutes ces prénotions il est encore impossible de traduire le passage donné. Car, s'agit-il d'une ou de plusieurs *portes ?* par qui est faite ou soufferte l'action d'*écouter* , en quel temps ? Le *novi* vient-il de *novus* ou de *nosco ?* etc. , etc.

Lexigraphie.

		Pag.	
Ad , ...	mot invariable , phrasé , ...	9	auprès.
Fores, ...	acc. plur. comme *homines* , phr.	94	portes.
	ou nom. pluriel comme *homines* , ...	id.	
Auscultate ,	voc. sing. comme *domine* , phr.	92	écouté.
	ou un impératif comme *date* , phrasé , ...	141	écoutez.
Has ;	accusatif pluriel , phrasé , ...	85	ces.
Ædes , ...	acc. ou au nom. pluriel comme *homines*, phrasé , ...	94	demeures.
Ne quis, . . .	pour *ne aliquis*, nominatif sing., voyez, ...	82	que , quelqu'un arrivant.
Adventor, .	nom. comme *homo*, phrasé , . .	94	arrivant.
Gravior, . . .	nom. comme *homo*, phrasé , . .	id.	plus pesant.
Abeat , ...	au temps 5 comme *eat*, phrasé ,	133	s'en aille.
Quàm , ...	invariable , phrasé , p. 136	etc.	que.
Adveniat, .	au temps 5 , comme *sciat* , . . .	146	il arrive.
Novi , ...	génitif singulier, comme *domini*, phrasé , ...	91	nouveau.
	ou nominatif pluriel comme *domini* , phrasé , ...	92	nouveaux.
	ou passé indicatif, phrasé , ...	176	connaître.
Ego , ...	nominatif singulier , phrasé , . .	79	moi.
Hominum , .	génitif pluriel , phrasé , ...	94	des hommes.
Mores, ...	acc. plur. comme *homines* , . . .	id.	les mœurs.
	ou nom. plur. comme *homines* , phrasé , ...	id.	

Avec ces nouveaux secours, beaucoup de mots sortent du vague, où les laissait la nomenclature; *fores* n'est plus qu'un pluriel; *auscultate* n'est plus qu'un vocatif singulier, ou un impératif; *has* est un accusatif pluriel, et ne peut rien être autre chose, etc. etc.

Mais cette même lexigraphie laisse encore beaucoup d'indétermination; *fores* est bien au pluriel, mais est-il à l'accusatif ou nominatif? *auscultate* est-il au vocatif ou à l'impératif? etc. etc.

Syntaxe.

C'est elle qui apprendra que *fores* est un effet du mot *ad*, qui le précède, et que par cette cause il est à l'accusatif;

Qu'*auscultate* et *asservate* n'ayant dans la phrase aucun substantif singulier masculin au vocatif, avec lequel il soit en rapport, ces mots ne peuvent être des adjectifs singuliers, et qu'ils sont nécessairement des verbes, en rapport avec le nominatif *vos* sous-entendu;

Elle apprendra que dans la phrase *novi ego hominum mores*, EGO étant au nominatif, *novi* par un effet nécessaire, est un verbe à la 1ᵉʳ personne du singulier, en rapport avec *ego* en personne et en nombre;

Qu'*hominum* est un effet de *mores*, que MORES est à l'accusatif comme un effet de *novi*.

Ces trois opérations étant faites (et jamais on n'arrivera au sens d'une phrase sans les avoir faites dans tous leurs détails, avec plus ou moins de rapidité), on a tous les moyens nécessaires pour traduire le passage donné :

Ad fores auscultate,..........	écoutez aux portes,
Atque asservate has ædes,.....	et faites la garde près de cette maison,
Ne quis adventor,...........	que (*ou* de peur que) quelque arrivant,
Gravior abeat quam adveniat,..	ne s'en aille plus pesant qu'il n'est venu.
Novi ego hominum mores,.....	je connais, moi, les mœurs des hommes.

La traduction n'est pas scrupuleusement littérale, mais dès que le sens est connu, il faut consulter le génie de sa langue, et traduire la pensée plutôt que les mots.

Nec verbum verbo curabis reddere, fidus
Interpres.   Hor. *Art. poet. v.* 133.

» Et, fidèle interprete, tu ne chercheras pas à rendre mot pour mot ».

13.

PRINCIPE UNIQUE
Dont toute la syntaxe ne sera qu'une application.

Tout mot placé dans une phrase est un effet qui force à remonter à une cause.

Le nominatif personnel lui-même, qui à la vérité n'est pas l'effet d'un autre mot, est un effet de la volonté de celui qui parle. C'est le mot par lequel commence nécessairement toute phrase; tout autre mot est un effet (complément ou suite) d'un autre.

Dans *novi ego hominum mores*,

Nov₁ est l'effet d'*ego*; ʜᴏᴍɪɴᴜᴍ est l'effet de *mores*; ᴍᴏʀᴇꜱ est l'effet de *novi*; ᴇɢᴏ est l'effet de la volonté de Plaute à qui il a plu de mettre en scène, de faire parler la vieille Astaphium (54).

Ainsi telle est notre marche; nous remontons aux causes ᴘᴀʀ ʟᴇꜱ ᴇꜰꜰᴇᴛꜱ (54).

La considération des effets ne peut jamais tromper, ils ont toujours une cause; mais de ce que, par exemple, dans la phrase de Plaute, *mores* a causé le génitif *hominum*, on ne peut pas conclure qu'une semblable cause sera toujours féconde, tous les substantifs ayant la faculté de se modifier, ou de ne pas se modifier par un génitif.

DIVISION DE LA SYNTAXE.

Toutes les divisions et subdivisions de la syntaxe, doivent être empruntées à l'idéologie et à la lexigraphie. Or selon que les mots sont revêtus, ou dépouillés d'idées accessoires, ils sont variables, ou invariables : d'où la division de la syntaxe en ᴅᴇᴜx ꜱᴇᴄᴛɪᴏɴꜱ.

---

(54) On objectera qu'aussi *novi*, qui est effet par rapport à *ego*, est cause par rapport à *mores*, qu'il commande à l'accusatif; que *mores*, effet par rapport à *novi*, est cause par rapport à *hominum*; qu'on peut donc aussi employer la marche inverse, et des causes descendre aux effets.

Il faudrait dire : et *des causes* ᴄʜᴇʀᴄʜᴇʀ *à descendre aux effets ;* car on peut bien conclure de l'effet à la cause, (puisqu'il n'y a point d'effet sans cause), mais non point de la cause à l'effet, qui souvent peut varier, ou même ne point exister.

Nous ne mêlerons point ces deux méthodes ; cette dernière est pleine de tâtonnements et de ténèbres. Nous ne la ferons entrer pour rien dans la conception et l'exécution de ce traité.

PREMIÈRE SECTION.

Des Mots variables.

Les mots variables sont, ou des substantifs, ou des modificatifs, (adjectifs, ou verbes), d'où la subdivision de cette section en deux CHAPITRES (55).

CHAPITRE PREMIER.

Des Substantifs.

Sous le mot de substantif, sont compris les noms substantifs des rudiments et leurs pronoms personnels, ces deux sortes de mots exprimant en effet des idées de substance, et étant soumis, comme on verra, aux mêmes lois syntaxiques.

Debitâ sparges *lacrymâ favillam* vatis amici, xon. 2, *Od.* 4.	tu arroseras d'une juste *larme* la *cendre brûlante* d'un poëte ami.

Ici, comme dans toute la syntaxe, il s'agit, étant donné un effet, de remonter à sa cause, de montrer comment il s'enchaîne avec elle.

Il faut penser que dans ce chapitre c'est du substantif, du substantif seul que nous nous occupons, que nous ne devons rechercher d'autres causes que celles dont il est l'effet, et il ne faut pas perdre de vue que le but de cet examen est de rassembler des moyens de traduction, et qu'un semblable but est celui de toute la syntaxe (55).

On recherchera donc dans la phrase d'Horace à quel autre mot s'enchaîne *vatis, favillam, lacrymâ*, ou en d'autres termes, quelles sont dans la phrase les causes de ces trois effets. Car dans le discours

---

(55) Il n'y a dans la nature que des substances; et dans les substances il n'y a que des manières de subsister ou des modifications.

Il ne peut donc y avoir dans le langage que des substantifs et des modificatifs. Les mots de cette dernière classe se composent et des adjectifs et des verbes. Les différences présentées par ces deux sortes de mots exigeront une subdivision.

Nous verrons que les mots appelés vulgairement *articles, noms de nombre, pronoms démonstratifs, pronoms possessifs*, etc., *participes* quelconques ne sont que des adjectifs, soumis aux mêmes règles, que les mots de cette classe.

NOTA. L'idéologie est le flambeau de la grammaire, elle y produit l'effet d'un lustre

tout est effet; les mots eux-mêmes qui sont des causes sous tel ou tel rapport sont nécessairement des effets sous un autre (56).

On verra que *vatis* est au génitif à cause de *favillam*,

Que *favillam* est à l'accusatif à cause de *spargis*,

Que *lacrymâ* est à l'ablatif comme un autre effet ou un autre complément du même verbe; voilà pour les cas. La syntaxe peut toujours donner les moyens de remonter à leur cause.

Mais elle est muette sur la cause des genres et des nombres, et elle doit l'être, car le genre et le nombre des substantifs ne présupposent, dans la phrase, aucun mot auquel tel ou tel substantif, ainsi considéré, doive se lier ou comme effet ou même comme cause.

La nomenclature apprend, par exemple, que *favillam* est du genre féminin, et la lexigraphie montre que ce mot est au singulier. Mais cette double considération n'autorise aucune induction syntaxique.

Ce chapitre aura SEPT PARAGRAPHES. Le premier traitera des substantifs qui sont au même cas par *apposition*.

Dans les six autres, on examinera successivement les six cas.

Voici l'ordre et la table des paragraphes.

	Pag.		Pag.
§ 1. Des Substantifs apposés, ...	191	§ 4. Génitif,.......	200.
§ 2. Nominatif,....	195	§ 5. Datif, ...	221.
§ 3. Vocatif, ...	199	§ 6, Ablatif,.......	229.
		§ 7. Accusatif,.....	251.

qui suspendu, à la voûte d'un temple, en éclaire toutes les parties : expression de Bacon. Nous supposons donc que ceux qui étudient notre cours latin, ont fait précéder cette étude par celle de notre *cours français*, où l'idéologie est traitée à fonds. Du moins nous avons appliqué à cette partie fondamentale de la grammaire toutes nos forces intellectives. Ceux qui la posséderont bien, trouveront dans l'étude des langues des charmes toujours nouveaux, puisqu'ils assisteront sans cesse à la marche et aux procédés de l'esprit humain dans l'expression de la pensée.

(56) Nous avons déjà annoncé que le nominatif lui-même, qui n'est causé par aucun autre mot de la phrase, est un effet de la volonté de celui qui parle ; nous ajouterons qu'alors il existe dans la phrase un autre mot, qui est le signe nécessaire et manifeste de la présence de ce nominatif. On verra que ce mot est un verbe à un mode personnel, mais ce signe est lui-même un effet.

PARAGRAPHE PREMIER.

Des Substantifs apposés.

N° 1. *Urbs* ROMA à Romulo dicta.

1. *Urbs* ROMA à Romulo dicta.	NOTA. *Urbs Roma , urbem Romam,*
2. *Urbem* ROMAM à principio reges habuere [a] !	*urbe Româ,* et *flumen, Rhenum,* signifient immédiatement *Rome,* ville ; *Rhin , fleuve.*
3. Alme sol, nihil possis *urbe* ROMA visere majus [b] !	En français, c'est une autre tournure, nous disons: *la ville de Rome,*
4. *Flumen* RHENUM *describitur* [c].	*le fleuve du Rhin.*

Dans la première phrase, on a mis au nominatif le substantif *urbs,* c'est-à-dire, au même cas que le substantif ROMA, pour signifier que *urbs* est dit ou affirmé de *Roma,* qu'il en est l'effet, la suite, le complément et le développement.

Dans la seconde, on a eu le même dessein, et *urbem* est à l'accusatif à cause de ROMAM.

Dans la troisième, *urbe* est à l'ablatif à cause de ROMA.

Dans la quatrième, *flumen* est au nominatif à cause de RHENUM.

On donne le nom d'*apposition* à cette manière de placer les substantifs, et celui d'*apposé* au substantif subalterne, qui est toujours un nom commun, tandis que le substantif principal, ou causatif, est un nom propre, ou d'une moindre étendue (57)

N° 2. CRETA medio jacet *insula* ponto.

Le substantif apposé peut être séparé du substantif principal, la forme et l'idée les rapprochent.

5. CRETA medio jacet *insula* ponto [d],	la CRÈTE, *île,* est située, etc.
6. CAPUAM colonia deducetur, *urbem* amplissimam atque ornatissimam [e],	une colonie sera conduite à CAPOUE, ville très-ample et très-brillante.

(57) Ceci est d'une démonstration rigoureuse, par exemple: ROMA , ROMAM , ou ROMA, est un nom propre : *urbs,* un nom commun. Or, c'est nécessairement de *Rome,* qu'est dit , qu'est affirmée l'idée plus générale, et partant plus simple, ou moins compliquée de *ville,* c'est de ROME, qu'on dit qu'elle est *ville* ; c'est ROME qu'on regarde comme contenant l'idée de *ville.* Mais cela n'est point réciproque ; les idées comprises dans ROME, comme celle de *Vatican* ne sont point toutes contenues dans le mot *ville.*

a TAC. 1 . *Ann.* 1.	c HOR. *Art. poet. v.* 18.	e CIC. 2, *Agrar.*
b HOR. *Carm. sœc. v.* 9 etc.	d VIRG. *Æn.* 3, *v.* 104.	

N° 3. Quid meruére ʙoves, *animal* sine fraude ?

Le substantif apposé nécessairement semblable en cas au substan-
tif principal, peut différer en genre et en nombre.

1. Vidi hunc ipsum, Hortensium , *lumen* et *ornamentum reipublicæ* [a],	Hortensius, ou nom propre, est au masc., les deux noms communs ou apposés (*lumen*, *etc.*) sont du neutre.
2. Ipse, tua maxima *cura*, Tristis Aristæus stat lacrymans [b],	Aristæus, ou nom propre, est au masc., et le nom commun ou apposé (*cura*) est du féminin.
3. Quid meruére ʙoves, *animal* sine fraude doloque [c] ?	Boves, nom d'espèce, est au plur. masc., et *animal*, nom du genre, est du sing. neutre.
4. Effodiuntur opes *irritamenta* malorum [d],	Opes est moins étendu qu'*irritamenta*, etc.
5. Quid Mitylenæ, quæ vestræ factæ sunt, *urbs* nobilis [e] ?	Mitylenæ, ou nom propre, est au plur., et le nom commun ou apposé (*urbs*) au sing.
6. Tullia, *deliciæ* nostræ, munusculum flagitat [f],	Tullia est du sing. et *deliciæ*, nom commun, est au pluriel.

La raison est que le substantif *apposé* représente, dans la nature, des êtres juxta-posés, mais qui, pour cela, n'ont pas besoin d'être du même sexe, d, même genre, ni d'exister en même nombre.

N° 4. Ego eram ille *consul*.

Il y a aussi apposition dans les circonstances suivantes :

7. Ego eram ille *consul* [g],.......	Ego, {eram / consul ille.
8. Mala *merx* ʜeʀa hæc videtur [h],	Hera, {hæc / videtur / *merx* mala.
9. Hæc loca *Trojam* esse jubet [i], .	Jubet loca, {hæc / esse / *Trojam.*
10. Olim *truncus* eram , *ficulnus*, inutile lignum [k],	Ego, {eram olim , / *truncus* , ficulnus , lignum / [inutile.

La construction montre la filiation des idées. C'est évidemment dans l'*ego* de Cicéron, qu'est contenu immédiatement l'idée exprimée par *consul* ; c'est dans *hæc loca* que doit être contenu *Trojam*, nom propre

a Cic. pro. Milon. 14.
b Virg. Georg. 4, v. 354.
c Ovid. 1 , Metam.
d Ovid. Metam.
e Cic. 2, Agrar.
f Cic. Terentiæ.
g Cic. 4, Catil. 1.
h Plaut. Cist. 4,2.v.61.
i Virg. Æn. 5, v. 756.
k Hor. 1, Sat. 8.

en apparence, mais fèsant réellement ici les fonctions de nom commun, et signifiant une *Troie*, une autre Troie.

Hæc loca Trojam esse jubet, il ordonne que ces lieux deviennent *une Troie*, c'est-à-dire, une seconde Troie.

Suite du N° 4. · An sua cuique *deus* fit dira CUPIDO?

1. An sua cuique *deus* fit dira CUPIDO[a]	une passion individuelle (*sua*) devient-elle à chacun son dieu?
2. Perfectus *epicureus* evaserat[b],..	c.-à-d. ILLE, etc., il était devenu..
3. Ego vocor *Lyconides*[c],........	je suis appelé Lyconide, ou je m'appèle Lycouide.
Qui vocare? — *Geta*[d],.........	comment t'appèles-tu? — Géta.
4. Ego *perditor* reip. nominarer·[e].	moi, je serais appelé le destructeur de la république!
5. ARISTÆUS olivæ dicitur *inventor*[f],	Aristée est dit l'inventeur de l'olivier.
6. Tum DRANCES consiliis habitus non futilis *auctor*... surgit[g],	alors Drancès regardé comme un auteur non futile dans les conseils..
7. Ego sæpè *lupum* fieri MOERIM vidi[h],	mais j'ai vu souvent Méris devenir loup.
8. Roma *patrem* patriæ CICERONEM libera dixit[i],	Rome libre nomma Cicérou; père de la patrie.
9. *Urbem* ANTIOCHIAM vocavit[k],..	il nomma la ville Antiochie.
10. Ego qui TE habeam *fratrem*[l],..	moi qui te regarde comme frère.

Nous avons étendu le mot *apposition*. Il y a apposition pour nous toutes les fois qu'un substantif, est dit ou affirmé d'un autre (58). ·

(58) Les verbes qu'on emploie n'influent point sur ces cas. *Hæc loca Trojam esse jubet*, etc., *ego sæpè lupum fieri Mœrim vidi*, etc. montrent évidemment que les verbes, *sum*, *fio*, *vocor*, *dicor*, *nominor*, etc. ne sout point la cause du nominatif qui les suit dans *ego eram consul*, etc. *ego vocor Lyconides*, etc.

Quel que soit le verbe employé, le cas du substantif apposé sera toujours le même que celui du substantif principal, *sum*, *fio*, *evado*; les passifs, *vocor*, *nominor*, *credor*, *censeor*, *existimor*, *habeor*, *videor*, n'ont pas plus d'influence sur le cas apposé que l'actif, *voco*, *dico*, *habeo*, (voyez les exemples,) ou que tout autre verbe.

11. Defendi remp. *adolescens*, non deseram *senex* (m).	13. *Rexque paterque*, audisti coram (o). *Tu as entendu publiquement comme roi et comme père* (*).
12. Non docebò *sus*, ut aiunt, oratorem eum (*) (n)	

(*) *Ne sus Minervam* (*doceat*), qu'un porc n'instruise pas Minerve, répond à notre proverbe, que *Gros-Jean ne remontre pas à son Curé*. Dans cette analogie, Cicéron aurait dit: moi Gros-Jean, je ne remontrerai pas à un tel orateur. *Rexque paterque audisti coram*, signifie en résultat, tu t'es entendu appeler roi et père.

a VIRG. *Æn.* 9, v. 185.
b CIC. *de Clarissor.* 68.
c PLAUT. *Aul.* 4, 10, 49.
d TER. *Adelph.* 5, 4.
e CIC. *pro Planco.*
f CIC. 3, *de Nat. deor.* 18.
g VIRG. *Æn.* 11, v. 342.
h VIRG. *Ecl.* 8, v. 97.
i JUV. *Sat.* 8, v. 244.
k JUST. 15, 4.
l TER. *Adelph.* 2, 4.
m CIC. 2. *Phil.*
n CIC. 2, *de Orat.*
o HOR. 1, *Epist.*

AINSI

Lorsque plusieurs substantifs sont au même cas, il faut examiner si c'est par apposition, c'est-à-dire, si l'un des deux est contenu dans l'autre, est dit ou affirmé de l'autre. Il faut alors chercher quel est celui des deux substantifs qui exprime une idée plus générale, ou qui est effet par rapport à l'autre, c'est le substantif apposé.

On verra dans les énumératifs, seconde section, que plusieurs substantifs sont souvent au même cas, sans qu'il y ait apposition, comme dans *arma virumque cano.*

N° 5. *En quoi diffère*

L'apposition des substantifs de celle des adjectifs.

1°. Le substantif ne s'appose que par accident, l'adjectif est nécessairement apposé; jamais une phrase ne peut renfermer d'adjectif, sans qu'il y ait un substantif exprimé ou sous-entendu.

2°. L'apposition d'un substantif n'emporte avec elle que l'identité de cas; celle de l'adjectif exige la triple identité de cas, de genre et de nombre.

CLAMOR *magnus* se tollit in auras.

1. CLAMOR *magnus* se tollit in auras[a],	un grand cri s'élève dans les airs.
2. Ast ego, *magna* Jovis CONJUX, vincor ab Æneâ [b],	mais moi, la grande épouse de Jupiter, je suis vaincue par Énée.
3. Scio, *magnum* SIGNUM [c], ...	je le sais, c'est un grand signe.
4. *Magnis* Ithaci CLAMORIBUS actus, Compositò rumpit vocem [d], .	poussé par les grands cris d'Ulysse, il rompt à dessein le silence.
5. *Magnum* narras, vix credibile [e],	c-à-d. *magnum* NEGOTIUM narras, etc.

On voit dans les trois premiers exemples, que *magnus*, *magna*, *magnum* sont au nominatif, comme *clamor*, *pars* et *signum*, qu'ils sont au nombre singulier comme eux, et que *magnus* est du genre masculin comme CLAMOR; *magna* au féminin comme PARS, et *magnum* au neutre comme SIGNUM.

Le quatrième exemple montre que l'adjectif suit le sort de son substantif, que *magnus* est devenu *magnis*, comme CLAMOR est devenu CLAMORIBUS, c'est-à-dire un ablatif pluriel.

a VIRG. *Æn.* 11, *v.* 455.   c TER. *Andr.* 2, 2. *v.* 29.   e HOR. 1. *Sat.* 9, *v.* 52.
b VIRG. *Æn.* 7, *v.* 308.   d VIRG. *Æn.* 2, *v.* 128.

.Le cinquième présente un adjectif, dont le substantif est sous-entendu : *Magnum narras*, c'est-à-dire, *magnum* ɴᴇɢᴏᴛɪᴜᴍ *narras.* Cette doctrine recevra de justes développements dans le chapitre second, ou de l'adjectif.

PARAGRAPHE II.

Du Nominatif ou *Cas verbal personnel.*

N° 6. Ego videro.

1. *Ego* videro ª (59).	3. *Epicurus* hoc viderit ᵈ.
Nos viderimus.	Dii in futurum vident ᵉ.
2. *Tune* me vidisti ᵇ ?	4. *Sol* sex mensibus videtur ᶠ.
Vos tùm plus in repub. vidistis ᶜ.	Non *homines* habitare hic videntur, sed *sues* ᵍ

Nᴏᴛᴀ. 1° Voilà trois sortes de nominatifs ; ceux qui expriment une idée de première personne, *ego*, *nos*, ce sont les seuls de cette sorte ; ceux de seconde personne, *tu* et *vos*, ce sont encore les deux seuls de leur sorte ; et ceux de troisième personne, comme *Epicurus*, *sol* etc. etc.

2° A ces nominatifs répondent des verbes qui, par leur forme, expriment l'idée de la même personne. A *ego* répond *videro*, à *tu* répond *vidisti*, etc.

Ces verbes, qui alors sont toujours à un mode personnel, peuvent être à la voix active, comme dans les premières, les deuxièmes et les troisièmes phrases ; ou à la voix passive, comme dans les quatrièmes, *sol videtur*, etc.

D'après le principe énoncé, pag. 188, le nominatif doit être considéré comme un effet, dont il faut assigner la cause. Or, aucun mot de la phrase n'est la cause du nominatif. Sans doute *videro* est un signe nécessaire d'*ego* ; *viderit* annonce également d'une manière infaillible qu'il y a dans la phrase un nominatif de troisième personne, comme *Epicurus* ou tout autre. Mais ce n'est point *videro* qui est la cause d'*ego*, ni

---

(59) *Ego videro*, répond pour le résultat à cette tournure française : Ce sera mon affaire, ou je verrai ce que j'aurai à faire ; *tu videris, ille viderit, nos viderimus, vos videritis illi viderint*, se traduisent d'après la même analogie.

ª Tᴇʀ. *Andr.* 2, 6.v.25, ᵈ Cɪᴄ. 4. *Acad.* 40. ᵍ Pʟᴀᴜᴛ. *Stich.* 1, 2.
ᵇ Pʟᴀᴜᴛ. *Mil.* 2, 4. ᵉ Lɪᴠ. 6, 12.
ᶜ Cɪᴄ. *Pro.lege Man.*22. ᶠ Vᴀʀʀ. *de R. R.* 2.

Epicurus qui est celle de *viderit*; c'est tout le contraire; *videro* et *viderit* sont des effets par rapport à ces deux nominatifs (60).

Ces deux choses sont donc inséparables :

1°. Il n'y a jamais de nominatif sans verbe personnel, } à moins qu'il n'y
2°. Il n'y a jamais de verbe personnel sans nominatif, } ait ellipse (61).

Nous ne parlerons plus des cas apposés, nous avons vu qu'ils sont tous des effets, des suites, ou compléments d'un autre substantif.

Le verbe est donc ellipsé dans les phrases suivantes:

Nº 7. *En* Priamus, etc.

1. *En* Priamus. Sunt hîc etiam sua præmia laudi[a],

NOTA. Nous traduisons ainsi : *voilà* ou *voici* Priam, ici la gloire a aussi ses honneurs.

2. *Ecce* autem nova turba atque rixa[b],

mais *voilà* un nouveau trouble, une nouvelle rixe.

Les nominatifs *Priamus*, *turba*, *rixa*, etc., n'ont point de verbe exprimé dans la phrase, mais cette ellipse est facile à rétablir : *en est*

---

(60) Celui qui parle a voulu représenter un être comme fesant ou comme souffrant une action personnifiée, c'est-à-dire, incorporée avec l'une des trois personnes ; telle par exemple, *videro*, qui non seulement exprime l'action de voir, mais la montre unie à une première personne, à *ego*, exprimé ou sous-entendu.

Voila la cause , la seule cause du nominatif.

On ne pourrait donc pas dire, *ego videns* , *ego visus* , *ego videre* , *ego videri*; car l'action de *voir*, faite ou soufferte n'est point personnifiée , ou représentée par la force même du verbe comme existant dans une des trois personnes.

(61) Une phrase peut ne contenir que deux mots, le nominatif et le verbe personnel. *Ego videro* est une phrase , *viderit Epicurus* en est une autre; mais il est impossible d'en concevoir une sans la réunion de ces deux mots; sans nominatif, ce serait une phrase sans commencement; et sans verbe personnel, ce serait une phrase commencée et qui ne serait point finie.

Ainsi toutes les fois qu'on trouve dans les auteurs un de ces deux termes, il faut chercher l'autre ou le regarder comme sous-entendu, et s'ils manquent tous les deux, il faut rétablir la double ellipse.

Comme le nominatif n'est point un effet visible et qui ait sa cause dans la phrase, nous l'étudierons plus facilement dans ses effets, c'est-à-dire, à l'article des verbes personnels.

---

a VIRG. *Æn.* 1, *v.* 461. | b CIC. 6, *Verr.*

Priamus ; ecce est, ou *exoritur nova turba,* etc. La traduction de *en*, *ecce*, par *voici*, *voilà* n'est donc point immédiate (62¦).

N° 8. Sed vos qui tandem ?

1. Sed vos qui tandem [a],.........	c.-à-d. Sed vos, qui tandem estis ?
2. Nam Polydorus ego [b],.........	— nam *sum* ego Polydorus.
3. Quot homines, tot sententiæ [c],.	— quot *sunt* homines, tot *sunt*..

Cette ellipse de *sum* est extraordinairement fréquente.

N° 9. Æolus hæc contra.

4. Æolus hæc contrà [d],..........	c.-à-d. Æolus *dixit.*
5. At Romæ ruere in servitium consules, patres, eques [e],	— at ruere *cœperunt*; etc.
Ego illud sedulo negare factum [f],	— ego *cœpi* negare, etc.
6. Galba autem multas similitudines afferre [g],	— Galba *solebat* afferre, etc.

Dico, ou tout autre verbe semblable ; *cœpi*, je commence, et *soleo*, j'ai coutume, sont, après *sum*, les verbes qui s'ellipsent le plus souvent, quoiqu'ils n'aient pas été précédemment exprimés. *Voyez* n°. 11.

N° 10. Ille timore, ego risu corrui.

7. C.-à-d. ille timore *corruit*, ego risu corrui [h], etc.	
8. India mittit ebur, molles sua tura Sabæi [i],	c.-à-d. Sabæi *mittunt*, etc.
9. Quisque suos patimur manes [k],.	— nos patimur manes nostros, quisque *patitur* suos.
10. Duo reges, ille bello, hic pace civitatem auxerunt [l],	— (ille bello *auxit*, hic pace *auxit*) civitatem auxerunt.)

(62) *Voici, voilà,* sont pour *vois ici, vois là* ; les deux mots latins n'expriment que la seconde valeur c.-à-d. celle de *là* ou *ici*, ils sont les synonymes de *hìc*, comme on le voit dans le premier exemple. Très-souvent *en* et *ecce* sont employés sans l'ellipse du verbe, *ecce Corinna venit* (m), voila que Corinne vient ; *en ego sum illa* (n). Ils se trouvent aussi souvent devant un autre cas que le nominatif *prandi in navi, ecce rem* (o), c'est-à-dire, *ecce rem dixi*, ou *narravi rem* ; *en quatuor aras* (p) ; *ecce tibi* (q).

En rétablissant les ellipses, on découvre que *en, ecce,* n'ont pas d'autre sens que le *hìc* latin, que notre *ici*, ou *là*, que par conséquent ils ne gouvernent aucun cas.

a Virg. Æn. 1, v. 369.	g *Cit.* par Port-Royal.	n Plin. 21, 3.
b Virg. Æn. 3, v. 45.	h Cic. ad Quint.	o Plaut. *Men.*2,3. v,49.
c Ter. *Phorm.* 2, 3.	i Virg. Georg. 1, v. 57	p Virg. Ecl. 5, v. 65.
d Virg. Æn. 1, v. 76.	k Virg. Æn. 6,v. 743.	q Cic. 3, *de Off.* 28.
e Tac. *Ann.* 1, 7.	l Liv. 1, *de Romulo.* etc.	
f Ter. *Andr.* 1,1,v.129.	m Ovid.	

1. Non vendo meum pluris quàm cæteri [a],	c.-à-d. quàm cæteri *vendunt* suum.
2. Faba valentior est quàm pisum [b],	— quàm *est* pisum.
3. Consimile est atque ego [c],	— atque ego *sum.*
4. Quis heru est tibi ? — Amphitruo [d],	— Amphitruo *est* mihi herus.
5. Qui nunc vocare ? — Nemo nisi quem jusseris [e],	— nemo *vocor,* je ne suis appelé personne, ou je ne m'appèle, etc.

Ces sortes d'ellipses sont innombrables, le nominatif ne pouvant se concevoir sans un verbe personnel, la présence seule d'un nominatif annonce qu'un tel verbe existe dans la phrase ou qu'il est sous-entendu ; mais on n'a pu le sous-entendre que parce qu'il y a déjà été exprimé, ou que, comme dans le n° 8, le sens l'appèle invinciblement. La connaissance de ces ellipses peut seule faciliter la traduction et la composition ; elle rend inutiles beaucoup de règles de nos rudiments (63).

N° 11. *Quos ego.*

6. Et tantas audetis tollere moles !. Quos ego..... sed [f], ...	*quos ego....sed*, c.-à-d. vos ques ego *plecterem......* vous que je..... punirais tout-à-l'heure ; mais.....
7. Di meliora piis [g], ...	c.-à-d. di *dent* meliora piis.

Cette sorte d'ellipse est très-rare. La présence d'un nominatif annonce celle d'un verbe exprimé ou sous-entendu, mais qui doit être facile à rétablir.

---

(63) Telles sont par exemple les règles : *Paulus est doctior quàm Petrus, magis pius quàm tu*, etc..etc. et la fameuse règle *quis te redemit ? — Jesus Christus.* Rétablissez les ellipses et toutes ces recettes deviennent superflues. Nous ferons une observation sur la dernière, qui veut, dit-on, que la réponse se mette ordinairement au même cas que la demande. Le mot *ordinairement* détruit la règle, ou force à des explications qui la rendent superflue. Mercure interroge Sosie par le nominatif : *quod nomen est tibi ?* (h) quel est le nom à toi ? Sosie répond par l'accusatif : *Sosiam vocant me Thebani* (h), les Thébains m'appèlent Sosie. Rien n'oblige à répondre de telle manière plutôt que de telle autre. Il faut s'accoutumer à pénétrer le fonds des choses et ne point s'arrêter ainsi à la superficie.

---

a Cic. 3, *Off.* 12.
b Cels.
c Plaut. *Amp* 1, 1, v 295.
d Plaut. *Amp.* 1, 1, v 206.
e Plaut. *Amp* 1, 1, v 226.
f Virg. *Æn.* 1, v. 134.
g Virg. *Georg.* 3, v. 513.
h Plaut. *Amph.* 1, 1, v 07.

Nominatif ellipsé.

Le verbe personnel étant un effet, une suite nécessaire du nominatif, on doit toujours conclure que, si le nominatif qui en est la cause, n'existe pas dans la phrase, il est sous-entendu. Cette ellipse sera traitée dans le chapitre des verbes.

Nominatif et verbe personnel, tous deux ellipsés.

1. Hæccine tua domus est ? — ita inquam [a], | c.-à-d. ita hæc *domus est* mea.
2. Certò pedibus venis ? — ita profectò [b], | c.-à-d. ita *ego veni*, etc.

On conçoit le génie de cette double ellipse. On y est préparé par ce qui précède.

PARAGRAPHE III.

Du Vocatif ou Cas interjectif.

No 12.

3. Nox ruit, Ænea [c], ... | la nuit se précipite, ô Énée!
4. Gaudia principium nostri sunt, *Phoce*, doloris [d], | Phocus! la joie est la source de notre douleur.

Le vocatif a cela de commun avec le nominatif qu'il n'est l'effet d'aucun autre mot, que sa cause est dans la volonté de celui qui parle; mais il en diffère en ce qu'il n'a point d'effet, point de suite nécessaire. Il est comme jeté dans la phrase. On peut dire que lui seul est considéré comme une phrase du langage exclamatif. *Phoce !* équivaut à cette phrase : *toi Phocus es appelé pour entendre ceci:* savoir, la joie est la source de notre douleur. Tous les autres vocatifs sont susceptibles d'une traduction semblable. Le plus souvent il y a dans la phrase où est jeté le vocatif, un verbe à la seconde personne, ou un autre mot qui désigne cette personne :

5. Hoc, *Tiresia*, petenti responde [e],
6. Incipe, *Mopse*, prior [f], ...
7. Qui Bavium non odit amet tua carmina, *Mævi* [g],
8. Scis, *Proteu*, scis ipse neque est te fallere quidquam [h].
9. Quò te *Mœri*, pedes [i].
10. Mirabar quid mœsta deos, *Amarylli*, vocares [k].

a PLAUT. *Amp.* 1, 1, v205.
b PLAUT. *Am.* 1, 1, v. 213.
c VIRG. *Æn.* 6, v. 539.
d OVID.
e HOR. 2, *Sat* 5.
f VIRG. *Bolog.* 5, v. 10.
g VIRG. *Ecl.* 3, v. 90.
h VIRG. *Georg.* 4, v. 445.
i VIRG. *Ecl.* 9, v. 10.
k VIRG. *Ecl.* 1, v. 37.

On reconnaît qu'un mot est au vocatif par la lexigraphie, lorsque sa forme est caractéristique ; telle est celle de tous les vocatifs des phrases citées. Il faut faire attention aux mots venus du grec, comme *Tiresias, ProteusMœris*, qui perdent un S au vocatif.

Ordinairement la présence du vocatif annonce un verbe à la seconde personne, ou à la première du pluriel. *Vicimus, o Socii!*

PARAGRAPHE IV.

Du Génitif ou *Cas déterminatif.*

Nᵒ 13. *Cæsaris* LIBER præ manibus est.

1. Si *Cæsaris* LIBER præ manibus est, promi jubeas ²,	si le livre *de César* est devant les mains, (sous la main) fais le produire.
2. *Domini* ÆDES pervolat	elle vole à la maison du maître.

C'est évidemment *Cæsaris* qui est la suite, le complément, l'effet de LIBER. C'est à cause de LIBER que ce génitif est employé dans la phrase, non point pour s'identifier avec lui, mais pour en diminuer, pour en limiter l'étendue (64).

LIBER a une étendue bien plus vaste, lorsqu'il est seul, que lorsqu'il est joint à *Cæsaris.*

Cæsaris amoindrit l'étendue du mot *Liber*, qui, sans ce génitif, pourrait se dire de tel ou tel autre livre, pris dans l'immense généralité des livres.

Le génitif est donc un substantif lié à un autre pour en diminuer, pour en limiter l'étendue.

---

(64) Le génitif est avec le substantif qu'il détermine en rapport de *connexion*. Il ne faut pas confondre ce rapport avec celui *d'apposition*. Le substantif apposé, quoiqu'au fond différent du substantif principal, est représenté comme s'identifiant avec lui. Mais, dans la connexion, le substantif annexé, c'est-à-dire le génitif, non seulement est différent du substantif principal, mais il n'est point représenté comme ne fesant qu'un avec lui.

Le substantif apposé développe, explique l'idée comprise dans le premier substantif; le génitif ne développe point cette idée, mais la resserre, la circonscrit : aussi la syntaxe marque-t-elle la différence de ces deux effets par l'identité de cas dans l'apposition, et la différence de cas dans la connexion.

La présence d'un substantif au génitif force donc toujours à remonter à un autre substantif, qui doit nécessairement exister dans la phrase, ou être sous-entendu. La suite des faits ne laissera aucun doute sur cette doctrine.

N° 14. Ast ego, quæ *Divûm* incedo *regina*, etc.

Le mot *génitif* signifie *qui a la force d'engendrer* ou *générateur.* Cette dénomination jète peu de lumière.

1. Ast ego, quæ *divûm* incedo REGINA, *Jovis*que et SOROR et conjux... bella gero ª.	Mais moi, qui marche la reine des Dieux, et la sœur et la femme de Jupiter...., je fais la guerre!..

On ne peut dire en aucun sens que les Dieux, *divûm*, soient les générateurs de la reine Junon; que la sœur, *Soror*, soit la génératrice de Jupiter, son frère. Mais on conçoit bien qu'il y a une connexion entre REGINA et *divûm*, entre SOROR et *Jovis*. REGINA et SOROR, employés seuls, ont une telle étendue, qu'ils peuvent être dits de toute reine, de toute sœur; mais *regina divûm*, n'est plus que telle reine, que Junon; *Jovis* SOROR n'est plus que telle sœur, tirée de la généralité des sœurs.

Le génitif pourrait donc être appelé le cas *déterminatif*, car il est toujours employé pour déterminer l'étendue du substantif auquel il est lié, et la rendre toujours moindre. Il ne peut en effet déterminer qu'en amoindrissant, qu'en circonscrivant; car déterminer, c'est mettre des termes ou des bornes, c'est délimiter (65).

APPLICATIONS

Ou détails des diverses manières dont le génitif détermine.

N° 15. REGNA *Tyri* Germanus habebat.

2. REGNA *Tyri* Germanus habebat ᵇ,	rapport du nom propre, TYRI, au nom commun, *regna*.

---

(65) Mais comment le génitif détermine-t-il, ou circonscrit-il, ou amoindrit-il? Est-ce par une idée de possession? Dans les exemples cités, ce sont les dieux qui ont ou possèdent la reine, c'est Jupiter qui a ou possède la sœur; c'est le maître qui possède la maison; c'est la terre qui a ou possède le fils. Le génitif aurait donc pu s'appeler cas *possessif*; mais cette théorie est quelquefois difficile à appliquer. Que nous importe le comment? que le génitif représente ou non l'objet comme possesseur, le fait est qu'il détermine, et que cette fonction est toujours facile à apercevoir.

---

a VIRG. *Æn.* 1, *v.* 45. | b VIRG. *Æn.* 1, *v.* 346.|

1. Sub *Veneris* REGNO vapulo [a],...	rapport du nom propre, *Veneris*, au nom commun, *regno*.
NOMEN *Mercurii* est mihi [b],....	id.
2. Non REGNA *vini* sortiere talis [c],.	rapport du nom d'espèce, *vini*, à celui du genre.
3. *Horæ* MOMENTO cita mors venit [d],	rapport du tout à sa partie.
4. CAPITA RERUM mihi expedite [e],.	rapport du tout, *rerum* à la partie.
CAPUT *hominis* [f], ...	id.
5. Homo crassi *capitis* [f],.........	rapport de la partie au tout.
Si *capitis* RES siet (pour *sit*) [g], .	id.
6. CADUS erat *vini* [h],...........	rapport du contenu au contenant.
7. VINUM majoris *cadi* [f], ...	rapport du contenant au contenu.
8. SIMULACRIS *Phidiæ* nihil perfectius [i].	rapport de la cause, *phidias* à l'effet, *simulacris*.
CONDITOR *mundi* Deus [k], ...	rapport de l'effet à la cause.
9. Paratus nummus argenti [l], ...	rapport de la matière, *argenti* à son composé, *nummus*.
Cujum pecus ? an Melibœi ? [m], .	rapport du possesseur *Melibœi* à l'objet possédé, *pecus*.

Nous ne pousserons pas plus loin ces détails. Quelque nom que l'on donne aux différents rapports exprimés par le génitif, il est de fait qu'il détermine, c.-à-d. qu'il circonscrit, qu'il diminue l'étendue du substantif auquel il est annexé.

N° 16. *Operæ* PRETIUM est audire [a].

10. Le prix du travail est qu'on entende, c.-à-d. il est utile d'entendre.	
11. Mihi visum est *curæ* PRETIUM ipsum Senatûscons. quærere [o],	il m'a paru utile de chercher le sénatus-consulte même.
12. Rem magnam PRETIUMque moræ fore [p].	ils disent que la chose est grande, et qu'on ne regrètera point le temps employé à l'entendre.

Les génitifs *Operæ*, peine, travail; *curæ*, soin; *moræ*, retard, n'offrent rien de particulier par rapport à leur cause, qui est PRETIUM. *Operæ*, *curæ*, *moræ* PRETIUM, signifient donc immédiatement la récompense de la peine, le soin du retard; mais la traduction française usuelle avait besoin d'être remarquée. C'est ainsi qu'il faut étudier les latinismes, en comparant le mot à mot avec la traduction usuelle, qui doit présenter à-peu-près le même résultat.

---

a PLAUT. *Pseud.* 1, 1.
b PLAUT. *Amph. prol.*
c HOR. 1, *Od.* 4, 4, 27.
d HOR. 1, *Sat.* 1, v. 7.
e PLAUT. *Truc.* 4, 3.

f *Citation* de PORT-R.
g PLAUT. *Tri.* 4, 2, v. 117.
h PLAUT. *Am.* 1, 1, v. 275.
i CIC. 5, *in Orat.*
k SEN. *in Phœn.* v. 655.

l PLAUT. *Pseud.* 1, 1, v. 95
m VIRG. *Eclog.* 3, v. 1.
n LIV. 3, 26.
o PLIN. 8, *epist.* 6.
p VIRG. *Æn.* 9, v. 280.

N° 17. *Ejus* ᴊᴜᴅɪᴄɪᴏ permitto omnia ᵃ.

1. J'abandonne tout au jugement *de lui*. Nous disons: à son jugement.
2. Volo *ipsius* ᴠᴏʟᴜɴᴛᴀᴛᴇ hoc fieri ᵇ, je veux que cela se fasse par la volonté *de lui-même*.
3. Non capitis *ejus* res agitur ᶜ.... il n'y va pas de la tête *de lui*, c.-à-d. de sa tête.
4. *Eorum* ingenia admiror ᵈ..... j'admire le génie *d'eux*, c.à-d. leur génie.

La traduction des génitifs latins *ejus, ipsius, eorum*, et semblables par les adjectifs *son, sa, ses, leurs*, n'est point immédiate.

Les latins ont aussi *suus, sua, suum*, pour signifier *son, sa, ses* et même *leur*; mais ils n'emploient cet adjectif que lorsque le substantif auquel il se rapporte fait l'action sur soi-même. Par exemple ils disent: *fac ut suâ voluntate id faciat ᵉ*. Fais ensorte qu'elle fasse cela de sa volonté; parce que celle à qui appartient la volonté est la même que celle qui doit faire cela. *Voy.* le beau passage : *sua sibi habeant regna reges*, n° 44....

N° 18. Non est *narrandi* ʟᴏᴄᴜs.

5. Non est *narrandi* ʟᴏᴄᴜs ᶠ,..... ce n'est pas le lieu de raconter.
6. ᴛᴇᴍᴘᴜs non est *introeundi* ᵍ, .. il n'est pas temps d'entrer.
7. ᴄᴀᴜsᴀs innecte *morandi* ʰ, ... cherche des causes de retarder.
8. Date *crescendi* copiam ⁱ,...... donnez le moyen de s'augmenter, c.-à-d. donnez du courage.
9. Apes amor urget *habendi* ᵏ,... l'ardeur *d'avoir* presse les abeilles.
10. Eram cupidus *redeundi* domum ˡ. j'étais désireux de retourner chez moi.
11. Non ego divitias avidus sine fine *parandi* ᵐ, moi, je ne suis point avide *d'acquérir* sans fin des richesses.
12. Et quæ tanta fuit tibi Romam causa *videndi* ⁿ ? et quel a été pour toi si grand sujet *de voir* Rome ?

Une semblable traduction n'est point immédiate. Le prétendu gérondif *narrandi* n'est autre chose que l'adjectif passif *narrandus, a, um*, devant être raconté. ʟᴏᴄᴜs est *narrandi* est pour *locus est negotii narrandi*, c'est le lieu, le temps ou l'occasion de la chose devant être racontée, car en effet il est impossible de raconter sans qu'il y ait quelque chose qui soit l'objet du récit. Si ce *quelque chose* n'est pas exprimé, il est nécessairement sous-entendu (66).

_____

(66) On verra dans le septième paragraphe, la cause de l'accusatif qui suit assez souvent non-seulement le prétendu gérondif en ᴅɪ, mais encore ceux en ᴅᴏ et en ᴅᴜᴍ.

_____

a ᴛᴇʀ. *Phorm. sc. ult.*
b ᴛᴇʀ. *Phorm.* 4, 5, *v.* 14.
c ᴛᴇʀ. *Phorm.* 4, 3, *v.* 26.
d ᴛᴇʀ. *Eun.* 2, 2. *v.* 19.
e ᴛᴇʀ. *Phorm.* 5, 2, *v.* 2.
f ᴛᴇʀ. *Andr.* 2, 2, *v.* 17.
g ᴘʟᴀᴜᴛ. *Merc.* 5, 2, *v.* 74.
h ᴠɪʀɢ. *Æn.* 4, *v.* 51.
i ᴛᴇʀ. *Heaut. prol. v.* 28.
k ᴠɪʀɢ. *Georg.* 4, *v.* 177.
l ᴛᴇʀ. *Hec-y.* 3, 1.
m Oᴠɪᴅ. 1, *Trist. eleg.* 2
n ᴠɪʀɢ. *Ecl.* 1, *v.* 27.

14.

SUITE.

Preuve de fait que le mot dit GÉRONDIF *en* DI *n'est que le génitif neutre
de l'adjectif passif en* DUS, DA, DUM.

Adjectifs en DUS, DA, DUM.	*Adjectif dit gérondif en* DUM.
1. Tempus *rei* gerendæ non dimisit [a],	Spe *gerendi* absunt confecti senectute, c'est-à-dire negotii *gerendi* spe absunt [c], etc.
Il ne laissa pas échapper l'occasion de la chose devant être gérée ou faite, c.-a-d. *de gérer* la chose.	
2. Homines infimâ fortunâ nullâ spe *rerum gerendarum* [b],	NOTA. Cicéron a dit avec ce substantif exprimé : *si negotiis gerendis orbatus possit vesci* (d),
Ce sont des hommes de la dernière classe, sans espoir des choses devant être gérées, c.-a-d. de gérer les choses.	Si privé des choses devant être gérées, il peut se nourrir…

Rem gerere se traduit, selon les circonstances, par *gérer la chose,
bien faire ses affaires*, ou *gérer la chose publique*, etc.

CÉSAR, CICÉRON et TÉRENCE ont dit :	*Il est certain qu'on peut dire aussi :*
3. Tempus inter eos committendi *prælii* convenerat [e],	Tempus *committendi* prælium.
4. Nactus coërcendæ *juventutis* locum [f],	Nactus *coërcendi* juventutem.
5. Cognoscendi et ignoscendi dabitur peccati locus [g],	*Cognoscendi* et *ignoscendi* peccatum dabitur locus.

Tous les verbes transitifs, autrement dits verbes actifs, fournissent
au passif des adjectifs en DUS, DA, DUM, qui s'emploient indifféremment sans ou avec ellipse, c'est-à-dire comme adjectifs ordinaires, ou
comme prétendus gérondifs. Cette remarque est commune aux adjectifs dits gérondifs en DO et en DUM.

N° 19. AMANTES *patriæ*, mare infestum habebimus [h].

6 Amants de la patrie, nous aurons une mer contraire.

7. Si quem fortè cognosti AMANTIOREM *tui* [i],	si par hasard tu as connu quelqu'un plus grand amant ou ami de toi.
8. Ad uos AMANTISSIMOS *tui* veni [k], .	viens auprès de nous les plus grands amis de toi.
9. Qui *religionum* COLENTES [l]!.....	quels adorateurs des dieux !
10. Tempus EDAX *rerum* [m]!.	ô temps, dévorateur des choses !
11. *Utilium* tardus PROVISOR PRODIGUS *æris*, gaudet equis [n],	proviseur tardif des choses utiles et dissipateur de l'argent…

a NEP. *in Alcib.* 8.
b CIC. 5, *de Finibus.*
c CIC. 5, *de Finib.* 19,
d CIC. 5, *de Finib.*
e CÆS. 2. *Bel. gall.* 19.

f CIC. *ad Att.* 2, 18.
g TER. *Heaut.* 1, 3.
h CIC.9, *Attic.Epist. ult.*
i CIC. *Quint.fr.* 1, ep. 1.
k CIC. *Fam. epist.* 7.

l CIC. *pro Planco.*
m OVID.1, *Amor.eleg.*15.
n HOR. *Art. poet. v.* 163.

. Pour expliquer ces génitifs, *patriæ, tui,* etc. on peut regarder AMAN-
TES, COLENTES, EDAX, etc., comme des adjectifs substantifiés, ou comme
ayant à peu près le sens des substantifs en TOR ou en SOR : AMATOR,
CULTOR, ESTOR.

1. Fama tam *ficti pravique* TENAX quam NUNTIA *veri* [a].	4. Dominum scientem esse oportet earum *rerum* [d],
2. Flumen *navium* CAPAX [b].	5. Nescia mens *hominum* fati [e] !
3. PATIENS *operum* juventus rastris terram domat [c].	6. Avidum *pugnæ* Ascanium prohibent [f].

Ces adjectifs, ainsi employés, viennent des verbes, *amo, colo, edo,
prodigo, nuntio, teneo, capio, patior, scio, nescio, aveo.* Quelques
autres adjectifs reçoivent cet emploi extraordinaire. Ceux en ANS et
en ENS se font suivre aussi du cas du verbe dont ils dérivent, *Hirrus
quam seipse amans sine rivali* [g] ! comme Hirrus s'aime sans rival !

N° 20. QUATUM animis *erroris* est !

7. Jam SATIS terris *nivis* atque diræ GRANDINIS misit pater [h],	déjà le père des dieux a envoyé assez de neige et de grêle, etc.
8. Parumne fusum latini *sanguinis* [i],	peu de sang latin a-t-il donc coulé!
9. PAULULUM *moræ* habeo, dùm [k], etc.	je demande un tant soit peu de délai, jusqu'à ce que...
10. MINUS *prædæ* quàm speraverat fuit [l],	il y a eu moins de butin qu'il n'avait espéré.
11. MINIMUM *herbarum* creat stercus asini [m],	la fiente de l'âne produit le moins d'herbes.
12. MULTUM *diei* processerat [n],....	déjà une grande partie du jour s'était écoulée.
13. Neque habet PLUS *sapientiæ* quàm lapis [o],	il n'a pas plus de saveur qu'une pierre.
14. Si AMPLIUS *obsidum* velit [p], ...	s'il veut plus d'otages.
15. PLUSCULUM *mellis* adjiciunt [q], .	ils ajoutent un peu plus de miel.
16. PLURIMUM *gravitatis* debet habere exordium [r],	c'est l'exorde qui doit avoir le plus de gravité.
17. NIMIUM bonæ *rei* » advexit [s], ..	il a apporté trop d'une bonne chose.
18. TANTUM *vini* exhauseras [t], ...	tu avais épuisé (ou bu) tant de vin.
19. TANTUMDEM *viæ* est » undique ad inferos [u].	de partout il y a autant *de chemin,* (ou le même chemin) d'ici aux enfers.

---

a VIRG. *Æn.* 4, *v.* 188.   h HOR. 1, *Od.* 2.   p CIC. 16. *Bell. Gall.* 9.
b PLIN. 12, 1.   i HOR. *Epod.* 7, *v.* 3.   q COLUM. 12, 50.
c VIRG. *Æn.* 9, *v.* 606.   k CIC. *in Catil.* 1, 4.   r CIC. *de Orat.*
d VARR. *R. R.* 3.   l LIV. 4, 51,   s PLAUT. *Stich.* 2,3,*v.*55.
e VIRG. *Æn.* 10. *v.* 501.   m COLUM. 11, 3.   t CIC. 2, *Phil.* 25.
f VIRG. *Æn.* 9, *v.* 661.   n SALL. *in Jugurth.* 55.   u CIC. 1. *Tusc.*
.g CIC. *Quint. fr.* 3! *epist.*   ð PLAUT. *Mil.* 2,2,*v.*80.

1. Quantum animis erroris est ª!.... | combien il y a d'erreur dans les esprits!
2. Tantillum *loci* ubi catellus cubet, mihi sat est *loci* ᵇ, | aussi peu de place qu'il en faut pour un petit chien, c'est assez de place pour moi.
3. Quantulum enim *summæ* curtabit quisque dierum ᶜ, | quelle petite quantité de la somme rognera chaque jour ?

Tous ces invariables, dits adverbes de quantité, font dans ces phrases et semblables les fonctions de substantifs; les latins ne les emploient ordinairement que lorsqu'ils parlent d'une quantité concrète, c'est-à-dire qui se prend par masse, par dose, ou par tas. Dans cette circonstance ils se servent aussi de l'adjectif variable, ils disent également bien, par exemple : *quantus honos*, ou *quantum honoris*.

Il existe encore une troisième manière, c'est lorsqu'il s'agit d'une quantité discrète, ou d'objets représentés comme susceptibles d'être comptés; ils disent alors : *quot honores*, *quot homines*.

Nous allons donner ici le tableau de ces trois manières, il est nécessaire pour ceux qui veulent composer en latin.

Invariables avec le génitif.	*Adject. variables de quantité.*	*Adjectifs variables de quotité.*
Sat, satis, . *asses*.......	Satis magn-us, a, um....	Satis mult-i, æ, a, (*).
Parùm, ... *peu*........	Parv-us, a, um.........	Pauc-i, æ, a.
Minùs, ... *moins*......	Min-or, us...........	Paucior-es, a.
Minimùm, . *très-peu*, ou le moins..	Minim-us, a, um.......	Paucissim-i, æ, a.
Multùm, ... *beaucoup*...	Mult-us, a, um........	Mult-i, æ, a.
Plus *ou* ampliùs, } *plus*........	Maj-or, us............ Ampli-or, us..........	} Plur-es, a.
Plurimùm, . *le plus*, etc.	Plurim-us, a, um, ou Maxim-us, a, um.....	} Plurim-i, æ, a.
Nimiùm, .. *trop*........	Nimis magn-us, a, um ou Maj-or, us..........	} Nimis mult-i, æ, a.
Tantùm, .. *autant, tant*.	Tant-us, a, um........	Tam mult-i, æ, a.
Tantulùm, . *aussi peu*...	Tantul-us, a, um.......	Tot, (indéclinable).
Tantillùm, . *id.*	Tantill-us, a, um.......	Tam pauc-i, æ, a.
Quantùm, .. *autant que*	Quant-us, a, um........	Quam mult-i, æ, a, ou quot.
Quantulùm, *aussi peu*...	Quantul-us, a, um......	Quam pauc-i, æ, a.

Ce tableau ne laisse aucun doute sur la nature des invariables *minùs, multùm, tantùm*, etc. Ce sont tous des adjectifs neutres employés avec l'ellipse de *negotium. Tantùm vini* est pour *tantum negotium vini.*

(*) Les latins disent aussi, *satis historiarum est*, et même, multum *hominum*, quantùm *hominum*, lorsqu'ils veulent plutôt marquer la quantité que la quotité.

a Ovid. 2, *Fast. v.* 158. | b Plaut. *Stich.* 4, 2. v. 40. | c Hor. 2, *Sat.* 3, v. 122.

Or on s'est accoutumé à regarder comme des substantifs les adjectifs ainsi employés.

N° 21. Eò *insolentiæ* processit ut.........

1. Eò *insolentiæ* processit ut [a],....	il en vint *à un tel point* d'insolence.
2. Huc *arrogantiæ* venerat ut [b],...	il en était venu à ce point d'arrogance, que.....
3. Isidem *loci* res erit [c],..........	la chose en sera en même point du lieu, c.-à-d. dans le même état.
4. Ubi illum quæram *gentium* [d],..	en quelle partie de nations, etc.
Ubinam *gentium* sumus [e]?	en quelle partie des nations sommes nous?
5. Undè hæc igitur *gentium* est [f],..	de quelle partie des nations est-elle donc?
6. Fratrem nusquam invenio *gentium* [g],	en aucune part des nations, je ne trouve mon frère.

On voit que ces invariables, dits adverbes de lieu, sont employés à la manière des substantifs. *Ubi gentium* équivaut en effet à *in quo loco*, ou *in quâ parte gentium*. Les invariables de temps se construisent de même.

N° 22. Pridiè *ejus diei* venit.

7. Pridiè *ejus diei* venit [h],......	*pridiè* est pour *priori die*, le jour précédent.
8. Postridiè *ejus diei* introit [i],..	*postridiè* est pour *postero die*, le jour d'après.
9. Tunc *temporis* filiam in matrimonium tradit [k],	en ce point de temps, il donne sa fille en mariage.

N° 23. Instar *montis* equum ædificant.

10. Instar *montis* equum ædificant [l],	ils bâtissent un cheval à l'instar d'une montagne.
11. *Illius ergo* venimus [m],.......	nous sommes venus à cause de lui.
12. *Affatim* est hominum [n],......	il y a abondance d'hommes.

Instar, ergo et affatim (qui est pour *ad fatim*), sont trois subs-

---

a Plin. *in Paneg.* 16.
b Tac. *Ann.* 3, 73.
c Plaut. *Cist.* 2, 1, v. 55.
d Plaut. *Epid.* 5, 2.
e Cic. *in Cat.* 1, 4.

f Plaut.*Epid.* 3, 4, v.47.
g Ter. *Adelph.* 4, 2.
h Cic. *ad Att.* 11.
i Cæs. *Bell. Gall.* 13.
k Just. 1, 4.

l Virg. *Æn.* 2, v. 15.
m Virg. *Æn.* 6, v. 671.
n Plaut. *Men.* 3, 1.

tantifs, et ces phrases sont évidemment dans l'analogie de *Cæsaris
liber* (67).

N° 24. Quid *Romæ* faciam · ?

Que ferai-je dans la ville *de Rome ?* nous disons : *à Rome.*

Corinthi pueros docebat ʰ ,.....	il enseignait les enfants à **Corinthe.**
2. Si *domi* sum, foris est animus, sin foris sum, animus *domi* est ᶜ,	si je suis à la maison , mon **esprit** est dehors, si , au contraire , je suis dehors , mon esprit est à **la** maison.
3. *Domi militiæ*que præclara facinora fecit ᵈ,	il a fait de beaux exploits en **temps** de paix et en temps de guerre.
Una militiæ et domi fuimus ᵉ,..	nous avons été ensemble en **temps** de paix , etc.
4. *Domi belli*que duellatores optumi ᶠ,	ce sont en temps de paix , etc. , de très-bons guerroyeurs.
5. *Domi duelli*que male fecisti ᵍ,..	tu as mal agi en temps de paix , etc.
6. Serpit *humi*, tutus nimium ʰ , ..	il rampe à terre, trop prudent.
Procumbit *humi* bos ⁱ , ...	le bœuf tombe à terre.

Si *Romæ*, *Corinthi*, *domi*, etc. , sont de vrais génitifs latins, on en
trouvera la cause en rétablissant les ellipses : *quid faciam* in URBE
Romæ ; si sum in ÆDIBUS *domi ;* una in ÆDIBUS *domi*, et NEGOTIO ou
TEMPORE *militiæ* fuimus, etc. (68).

Ces génitifs se trouvent aussi employés sans ellipse :

---

(67) ERGO, est le substantif grec ΕΡΓΟ, *d'ergon*, travail, d'où le mot GE-ΩRGI-QUE·
qui traite des travaux de la terre, et notre métALLURGIE, travail sur les métaux, notre
chir-urgie, travail de la main ; *virtutis* ERGO , signifie pour le travail, ou à cause de
la vertu. La prétendue conjonction ERGO n'est que le même ablatif employé elliptiquement.

Affatim est pour *ad fatim*, qui signifie à satiété. *Edas usque affatim*, (ᵏ) mange
jusqu'à satiété.

INSTAR est un vieux substantif devenu indéclinable, il signifie ressemblance,
modèle. *Vallis ad instar castrorum clauditur* (1). *Quantum instar in ipso est* (m).

(68) On peut aussi expliquer ces génitifs en les regardant comme un hellénisme. Les
grecs n'ont point d'ablatif, et toutes les fonctions de l'ablatif latin se distribuent en grec
entre le génitif et le datif; par exemple , l'ablatif de la question *ubi*, l'ablatif dit
absolu, et l'ablatif complément des verbes passifs, s'expriment toujours en grec
par le génitif.

---

a Juv. *Sat.* 3, *v.* 42.	e Ter. *Adelph.*3.5.*v.* 49.	i Virg. *Æn.* 5, *v.* 481.
b Cic. 3, *Tusc.*	f Plaut.*Capt.prol.v.*68.	k Plaut.*Pœnul.*3,1.*v.*31
c Plaut. *Merc.* 3, 4.	g Plaut. *Asin.* 3 , 2.	l Justin. 36
d Sallust.	h Hor. *Art. poet. v.* 28.	m Virg. *Æn.* 6, *v.* 866.

1. Cassius in OPPIDO *Antiochiæ* commoratus (a).	*Romæ*, (quid faciam), ne diffère comme on voit de in OPPIDO *Antiochiæ* que par l'ellipse.
2. Insectatur omnes *domi* per ÆDES (b)... Il me poursuit par tous les appartemens ou parties de la maison.	*Domus*, a comme on voit ses parties, ou appartemens, *domi* ne diffère donc de in ÆDIBUS *domi*, que par l'ellipse.
3. Durare nequeo in ÆDIBUS (c)........	Je ne puis me souffrir à la maison.

L'idée de ville ; URBS ou OPPIDUM ; l'idée d'appartemens, ÆDES, étant nécessairement réveillées par les noms propres *Romæ*, *Corīnthi*, par *domi* ; les mots qui les expriment ont donc pu être sous-entendus. L'ellipse de *milìtiæ*, de *belli*, de *humi*, n'offre pas plus de difficulté (69).

Cette ellipse n'est d'usage habituel qu'à la question *ubi*, lorsqu'on emploie seuls ou sans complément les noms propres de villes, bourgs et villages du nombre singulier de la première ou de la seconde déclinaison, et *domi*, *militiæ*, *belli*, *duelli*. Il n'y a qu'*humi* qui se trouve aussi à la question *quò*, comme dans le dernier exemple, *procumbit humi bos*. Nous verrons plus tard ces deux questions.

N° 25. Ventum erat ad *Vestæ*.

4. Ventum erat ad Vestæ [d],.....	on était arrivé au temple de Vesta.
5. Quo te agis ? — egone ? in Veneris [e],	où cours-tu ? — moi ? au temple de Vénus.
6. Ubi ad *Dianæ* veneris, ito ad dextram [f],	quand tu seras arrivé au temple de Diane, prends à droite.

C'est ÆDEM, édifice, temple, quand il est au singulier qui est sous-entendu. On l'exprime aussi très-souvent dans ces sortes de phrases.

7. Apud ÆDEM *Veneris* mantat (g)......	Il demeure près du temple de Vénus.
8. Ad ÆDEM *Felicitatis* sunt (h)........	Ils sont auprès du temple du Bonheur.

(69) Les latins disent avec l'abl. : *Delphis* erunt (i).	Parce que *Delphi* n'est pas un nom singulier.
— — *Babylone* mortuus est (k)...	— — *Babylo*, n'est ni de la 1ere ni de la 2e. déclinaison.
— — In viduâ *domo* (l)........	— — *Domus*, n'est pas sans complément.
— — *Humo* defodit altâ (m)....	— — *Humus*, n'est pas sans complément.

Ces remarques prouvent que la grande analogie de la langue latine est d'employer l'ablatif dans ces sortes de phrases. *Voyez* plus loin l'ablatif de la question *ubi* ; elles sont utiles pour la composition.

a CIC. *Att.* 5.	e PLAUT. *Pœn.* 1,2.v.124.	i CIC. *de Divin.*
b PLAUT. *Cas.* 3, 5.	f TER. *Adelph.*4,2,v.44.	k CIC. *de Divin.*
c PLAUT. *Amph.* 3, 2.	g PLAUT. *Pœn.* 1, 2.	l OVID. 1. *Fast. v.* 45.
d HOR. 1, *Sat.*, 9, v. 35.	h CIC. 6, *Verr.* 2.	m OVID. 2, *Fast. v.* 4.

On voit jusqu'à l'évidence, que lorsque l'idée de la cause se lie invinciblement avec celle qu'exprime le génitif, c'est elle qui motive l'ellipse du causatif. Telle est la raison qui fait sous-entendre *in urbe* dans *quid faciam Romæ*, et *in œdibus* dans *si domi sum*, etc. Ce sont les effets qui rappèlent les causes, ce sont donc les causes ou les mots causatifs qui sont sujets à l'ellipse; les effets, à moins qu'ils ne soient nécessaires, ne peuvent jamais être supprimés.

Nº 26. Sophia *Septimi.*

1. Sophia *Septimi* [a],............	Sophie, FILLE *de Septime.*
2. *Amphitruonis* te esse aiebas Sosiam [b],	c.-à-d. SERVUM *Amphitruonis.*

Les latins, à l'imitation des grecs, suppriment quelquefois le mot SERVUS, FILIUS, FILIA, UXOR et autres mots semblables. Par le génitif un individu est représenté comme possesseur, ce qui suppose nécessairement un objet possédé. Ceux qui savaient que Septime avait une fille, nommée Sophie, devaient donc comprendre Cicéron, quand il disait Sophia *Septimi*; ceux qui l'ignoraient n'auraient su s'il était question de la femme ou de la fille de Septime, etc.

Nº 27. Quid *hominis* sit exponam.

3. QUID *hominis* sit exponam [c],...	je dirai quelle chose, ou sorte d'homme c'est.
Quid illic *hominum* litigant [d],..	quelle sorte de gens se disputent là?
4. Quid *mulieris* uxorem habes [e],..	quelle sorte de femme as-tu là pour épouse?
Quid *turbæ* est apud forum [f],..	quelle sorte de trouble y a-t-il, etc.?
5. Quid *marmoris* putatis esse [g],..	quelle sorte de marbre, ou statue de marbre, croyez-vous que ce soit?
6. Quid est *negotii* [h]?..........	quelle sorte de chose est-ce?
7. Quod *auri* fuit, subripuisti [i],..	ce qu'il y avait d'or, tu l'as enlevé.

Tous ces génitifs sont évidemment causés par le substantif neutre, NEGOTIUM ou autre semblable, *quid hominis* est pour *quod negotium hominis. Quid hominis*, voilà deux effets : un adjectif qui suppose un substantif, et un génitif qui suppose aussi un substantif; NEGOTIUM satisfait à ces deux indications.

Cette ellipse est extrêmement fréquente.

---

a CIC.
b PLAUT. *Amp.* 1, 1. *v.* 223.
c CIC. 4, *in Verr.* 54.
d TER. *Andr.* 4, 5.
e TER. *Hecyr.* 4, 4. *v.* 21.
f TER. *Andr.* 4, 5.
g CIC. *pro R. Amer.* 4, 6.
h PLAUT. *Most.* 3, 2. *v.* 54.
i CIC. *in Verr.*

1. Quid hoc *hominis* est [a],

2. Hoc *noctis* solus ambulem [b] ?

3. Hoc *copiarum* in Hispanias portatum est [c],

4. Hoc *commodi* est quod [d],

5. Facite conjecturam quid id sit *hominis* [e].

6. id *hostium* aspexit [f].

7. id nobis (hominibus id *ætatis*) *oneris* imponitur [g].

Illud, *istud*, s'emploient souvent aussi avec la même ellipse ; il en est ainsi de beaucoup d'autres adjectifs.

8. *Sero diei* subduxit legionem [h],

9. Ventum ad *inopiæ ultimum* [i],

10. CUNCTA *terrarum* subacta [k].

11. ferimur per OPACA *locorum* [l].

12. obsedere alii ANGUSTA *viarum* [m].

Nᵒ 28. *Hominis* ingenui est bonè velle.

13. *Hominis* ingenui est benè velle [n],
Il est de l'homme bien né d'être bienveillant.

14. Tantæ *molis* erat romanam condere gentem [o] !

c'est-à-dire NEGOTIUM *hominis* ingenui, etc. C'est l'affaire, le propre de l'homme bien né, etc.

c.-à-d. tantæ *molis* NEGOTIUM erat.
Tant il était difficile de fonder, etc.

Cette ellipse de NEGOTIUM est encore confirmée par ces phrases : *tuum est videre* quid agatur [p], *non est mentiri meum* [q]. Or, l'adjectif neutre *meum*, *tuum*, etc., réclame nécessairement NEGOTIUM On trouve quelquefois les deux effets réunis comme dans *meum est Cæsaris*, etc.

Nᵒ 29. *Reipublicæ* interest, etc.

15. Magis *reipublicæ* interest quam mea [r],
Certes il importe plus à république qu'à moi.

c.-à-d. *inter* NEGOTIA *reipublicæ magis quam est inter mea negotia.*

16. *Illius* interest ubi sis [s], ...

il lui importe où tu sois.

17. Mea *Cæsaris* interest [t]. ....

il m'importe à moi César, etc.

Le mot de *negotia* explique la présence des génitifs *reipublicæ*, *illius*, *Cæsaris*, et celle de l'adjectif *mea*. Ce double effet resterait sans cause, si la pensée ne rétablissait l'ellipse.

a TER. *Eun.* 3, 4.
b PLAUT. *Amph.* 1, 1.
c LIV. 42, c. 18.
d CIC. *pro R. Amer.* 32.
e PLAUT. *Pœn. prol. v.* 91.
f LIV. 22, 4.
g CIC. 1, *de Orat.* 47.

h TAC. *lib.* 2, *Ann.*
i LIV. 12, *Dec.* 10.
k HOR.
l VIRG. *Æn.* 2, v. 725.
m VIRG. *Æn.* 2, v. 332.
n. CIC. 3, *de Finib.*
o VIRG. *Æn.* 1, v. 33.

p CIC. *pro Muren.* 38.
q TER. *Heaut.*, 3, 2. v. 38.
r LIV. 26, 31.
s *Citat.* de PORT-ROYAL.
t *Citat.* de PORT-ROYAL.

N° 3o. *Omnium* refert.

1. *Omnium* Refert ª,............ Il importe à tous.	c.-à-d. *res fert* omnium, la chose de tous porte, ou il importe à tous.
2. Refert mea militis ᵇ,......... Il m'importe, à moi soldat.	c.-à-d. *res fert mea*, meî, militis. Ma chose, de moi soldat porte.

Refert renferme donc en soi la cause du génitif. Cette cause est le mot RES. Fût-il à l'ablatif, comme on le croit vulgairement, il ne remplirait pas moins ce rôle de causatif par rapport au génitif. Les latins disent :

3. Fert animus (c), fert opinio.	6. Incepi, dum *res tetulit*, nunc non *fert* (f).
4. Ut opinio et spes fert (d).	7. Quid nunc futurum est? —
5. Natura fert (e),	8. Id enim quod *res ipsa fert* (g).

Les derniers exemples sont surtout décisifs en faveur de la décomposition de *refert* en *res fert* (70).

N° 31. Piget me STULTITIÆ meæ.

9. Piget me STULTITIÆ meæ ʰ,....	c.-à-d. *negotium stultitiæ meæ me piget.*

L'objet, le sujet, la considération (*negotium*), de ma sottise me point ou me chagrine. Nous DISONS: j'ai regret, ou je suis marri de ma sottise.

10. Pigere eum *facti* cœpit ⁱ,.....	il commence à se repentir de l'avoir fait.
11. Crasse, pudet me *tui* ᵏ, ...	Crassus, j'ai honte de toi.

---

(70) On objectera que l'A de *mea* est long; et que si *refert*, venait de *res fert*, il serait bref.

La même raison ferait aussi rejeter l'ellipse de NEGOTIA, dans *mea interest*, qui deviendrait presque inexplicable. La quantité ne prouve rien en pareille circonstance; car il est de fait que lorsqu'un mot est employé d'une manière extraordinaire, il ne garde pas toujours sa quantité primitive.

C'est ainsi que la dernière voyelle des mots suivants n'est pas la même

Dans *Puta*, impératif......	et *putà*, invariable.	Nous pourrions ajouter beaucoup d'autres exemples incontestables. Cependant il n'y a pas deux *puta*, deux *modo*, etc. mais seulement deux manières de les employer.
Modo, substantif ablat.	*modò*, inv.	
Quo, modo ablatif...	*quomodò*, inv.	
Imo, ablatif........	*imò*, inv.	
Cito, ablatif.........	*citò*, inv.	
Ergo, substantif ablat.	*ergò*, donc.	
Cedo equidem......	*cedò*, inv.	

---

a Cic.	e Cic. *in Somn. Scip.*	i Justin. 12, 6.
b *Citat.* de Port-Royal.	f Ter. *Andr.* 5, 1.	k Cic. *in Pison.* 45.
c Ovid. *Metam.*	g Ter. *Adelp.* 4, 7. *v.* 12.	
d Cic. *ad Att.* 2, *Ep. ult.*	h Cic. *pro Domo.* 11.	

1. Prorsus *vitæ* tædet ª, ...	on s'ennuie tout-à-fait de la vie.
2. Acti non *pœnitet* ᵇ	on ne se repent pas du fait.
3. Non pœnitet me *famæ* ᶜ, ...	je ne suis pas mécontent de ma re-nommée.
4. *Tuî* me miseret, me piget ᵈ, . . .	j'ai pitié de toi, j'ai du regret.
5. Inopis te miserescat *mei* ᵉ, ...	aie pitié de moi pauvre.

Nous n'avons donné la traduction immédiate que du premier exemple. Dans tous, le génitif ou cas déterminatif suppose un objet qu'il détermine ou dont il borne l'étendue. Ce ne peut être que NEGOTIUM, (ce mot banal dont l'ellipse est si fréquente,) ou tout autre mot équivalent. Lorsque je dis *me piget*, il y a nécessairement quelque chose qui me point ou m'affecte désagréablement ; ce quelque chose est tiré du vague, est borné, délimité, déterminé par *stultitiæ*. L'ellipse de NEGOTIUM montre la cause de deux effets, c'est-à-dire du génitif et d'un verbe à la troisième personne du singulier.

Double traduction de PIGET *etc.*

Traduction immédiate.	*Traduction de résultat.*
Piget me, . . une chose me point ou me chagrine . .	j'ai regret, ou je suis marri.
Pudet me, . . une chose me fait rougir	j'ai honte de.
Tœdet me, . une chose m'ennuie	je m'ennuie de.
Miseret me, une chose m'émeut de pitié	j'ai pitié de.
Pœnitet me, une chose me peine, me fait repentir.	je me repens, ou je ne suis pas content.

Il est bien évident que si l'on veut déterminer la chose qui *point*, etc. on emploiera un génitif ; que le verbe sera toujours à la 3ᵉ personne ; qu'on devra dire : *pigere me facti cœpit*, parce que NEGOTIUM sera le nominatif de ce dernier verbe ; et la traduction et la composition de ces sortes de phrases deviennent également faciles (71).

(71) On a senti la nécessité de trouver un substantif qui fût la cause des deux effets que présentent *piget stultitiæ*, et autres phrases semblables, et l'on s'est imaginé de décomposer les verbes *piget, pudet, tœdet, miseret* et *pœnitet*, en deux élements en cette sorte : le regret, la honte, l'ennui, la pitié, le repentir *tient*. C'est ce dernier verbe *pœnitet*, qui a mis sur la voie d'une telle imagination. On a cru y voir *pœna tenet* ; mais cela fût-il vrai, il n'y aurait d'expliqué que *pœnitet*, car l'art étymologique ne reconnaitra jamais, *tenet* dans les quatre autres verbes. Et puis nous ne croyons pas même à son existence dans *pœnitet*. On disait anciennement *pœnio*, on trouve dans LUCRÈCE, et dans VARRON, *pœnibitur* etc. Or, *pœnio, pœnitum*, a pu donner pour son fréquentatif *pœnitere*, chercher à punir.

a Cic. *ad Att.*, 2.   c Ter. *Hecyr.* 4, 6.   e Ter. *Heaut.* 5, 4.
b Valer 5, *Argon.*   d Cic. *Divin.* 31.

N° 32. Festivi *sermonis* Socratem accepimus.

1. Festivi *sermonis* Socratem accepimus [a],	nous avons appris que Socrate était un *homme* d'une conversation enjouée.
2. Evasit verè *indolis* regiæ [b],....	il devint un *homme* de mœurs, de mœurs vraiment royales.
3. Me nullius *animi* fuisse confiteor [c],	j'avoue que j'ai été un *homme* de nul courage.
4. Magni sunt *oneris*, quidquid imponas vehunt [d],	c'est-à-dire sunt HOMINES magni *oneris*, etc., ce sont des *hommes* d'un grand fardeau, c.-à-d. propres à porter un grand fardeau, etc.

Il faut reconnaître dans ces sortes de phrases l'ellipse d'*homo* ou de tout autre substantif semblable, ou les expliquer par l'hellenisme, note 68 ; car les latins emploient souvent leur ablatif dans les mêmes circonstances : *fuit ingenio probabili* [e], il fut d'un esprit passable.

Nec indole virtutis fuit ut respueret omnes voluptates [f].

N° 33. Nos te *nihili* pendimus.

5. Nos te *nihili* pendimus [g],.....	nous te pesons ou estimons comme un HOMME de *rien*.
6. Tu istos deos *flocci* feceris [h],..	regarde ou estime ces Dieux, comme des DIEUX de *rien*.
7. Meum flocci facio tergum [i],...	j'estime mon dos comme une CHOSE de *rien*.
8. Ambo sumus *non nauci* [k],...	tous deux nous sommes des HOMMES d'un non *zeste*, c.-à-d. qui ne valent pas un zeste.
9. Hanc nec facit *pili* [l],........	et il ne la considère pas comme une FEMME d'un *cheveu*, c.-à-d. qui vaille un cheveu.
10. Omnes unius æstimemus *assis* [m],	estimons-les tous comme des HOMMES d'un *sou.*
11. Nec ridiculos *teruncii* faciunt [n],	ils n'estiment pas les ridicules autant que des HOMMES d'un *liard.*

On croit que c'est le substantif *pretio* qui est sous-entendu ; cependant

---

a Cic. 3, *Offic.*
b Liv. 1, 39.
c Cic. *pro Sexto.*
d Plaut. *Most.* 3, 2. v. 96.
e Cic. *de Clar. Orat.*

f Cic. *pro Cœl.* 17.
g Plaut. *Pœn.* 3, 1. v. 17.
h Plaut. *Cas.* 2, 5. v. 24.
i Plaut. *Epid.* 3, 2.
k Pl. *in Frag. Apud. fest.*

l Catull. *Carm.* 17.
m Catull. *Carm.* 5.
n Plaut. *Capt.* 3, 1.

on n'a jamais dit PRETIO *flocci*, PRETIO *nauci*, PRETIO *nihili*, tandis qu'on trouve *homo flocci*, *homo nihili*, *mulier non nauci*, etc. (72).

Nous pensons donc que dans ces phrases et semblables, il faut sous-entendre HOMO, MULIER, NEGOTIUM, ou tout autre mot de cette analogie.

Flocci est le génitif de *floccus*, flocon de laine.
Nauci est le génitif de *naucum*, zeste de la noix.
Nihili est le génitif de *nihilum*, de *ne* et *hilum* (73).
Pili est le génitif de *pilus*, cheveu.

Ces quatre substantifs étant des signes de choses de très-peu de valeur, nous les traduisons ordinairement par *rien* : *meum tergum facio flocci*, J'estime mon dos comme une CHOSE de *rien* etc.

Assis et *terunoii* servent aussi à déprécier. C'est ainsi que nous disons un HOMME d'un *sou*, un HOMME d'un *liard*, pour signifier un homme de rien.

N° 34. *Parvi* ego illos facio *.

1. Je les estime comme des hommes *de peu de prix*. Nous disons : j'en fais peu de cas, ou je les estime peu.
2. *Magni* erunt mihi litteræ tuæ *b*.
3. Hæc te solum semper fecit *maxumi* *c*.
4. Unicè unum *plurimi* pendit *d*.
5. Ut *quanti* se quisque facit, *tanti* fiat ab amicis *e*.
6. Illud *æqui bonique* facio *f*.

Ici l'ellipse est double, 1°. les adjectifs *parvi*, *magni*, *maximi*, *plurimi*, *pluris*, etc. supposent le substantif *pretii*, ou tout autre semblable, et le substantif *pretii* ou *negotii* suppose un substantif causatif. On aura donc, en rétablissant ces deux ellipses, savoir, 2ᵉ exemple : Tes lettres seront pour moi des lettres *d'un grand* prix, et dernier exemple : J'estime cela comme une CHOSE *d'un bon et juste prix.*

(72) Ille nugator est, *nihili*, *non nauci* homo (g). Unde is (HOMO) *nihili* (h)? d'où viens-tu homme de rien? Amas HOMINEM *non nauci* (i). Aimer ou estimer ne fait rien ici.

(73) Quem putamus esse *non hili*, dicimus *nihili* (k). *Hilum* est le point noir de la fève, c'est-à-dire très-peu de chose. La phrase de Varron décompose *nihili* qui est absolument dans la même analogie que *non flocci* et *non nauci*.

Il faut remarquer que pour le résultat *nauci*, *flocci*, et *non nauci*, *non flocci*, sont à peu près la même chose. Car être un homme, ou être estimé comme un homme d'un zeste, d'un flocon, ou qui ne vaut pas un flocon, un zeste; c'est toujours être un homme, ou être estimé comme un homme de rien.

a Plaut.Mil.4,7.v.42.
b Cic. Cass. 15.
c Ter.Andr. 1, 5. v.60.
d Plaut. Bacch.
e Cic. de Amic. 16.
f Apul. 1. Metam.
g Euv. Apud. Fert.
h Plaut. Cas. 2. 3.
i Plaut.Truc.2,7.v.50.
k Varr. l. 9, L. L.

On trouve dans les auteurs des phrases semblables sans l'une ou
l'autre de ces ellipses, et quelquefois sans aucune d'elles.

1. Mortuus *pluris pretii* est quam ego sum [a],	voilà *pretii* ou le substantif de l'adjectif *pluris*.
2. Meam herus esse operam deputat *parvi preti* [b],	voilà encore *pretii* ou le subtantif de *parvi*.
3. Noli spectare *quanti* homo sit, *parvi* enim *pretii* est [c],	voilà *quanti* sans *pretii*, et *parvi* avec *pretii*.
4. *Hominem maxumi pretii* esse te hodie judicavi [d],	voilà les deux ellipses rétablies, *pretii* et *hominem*.
5. Facio te *magni pretii Hominem* [e],	*Id.*

Ces deux derniers exemples sont surtout précieux. On a coutume
de dire *te facio magni*, les deux ellipses sont rétablies dans la phrase
de Plaute. Pretii est la cause de *magni*, et hominem est celle de *pretii*.

Nota. Nous avons copié ce 5ᵉ passage dans un auteur et n'avons pu le retrouver.

Les Adjectifs génitifs

Magni, majoris, maximi;	Tanti, tantidem, tantuli;
Multi, pluris, plurimi;	Quanti, quantivis, quantuli;
Parvi, minoris, minimi;	Æqui et boni, etc.

S'emploient également avec la double ellipse, lorsqu'on veut désigner des objets *d'un grand*, *d'un plus grand* ou *d'un très-grand
prix*, etc., ou les apprécier comme tels.

Suite du N° 34.

Les exemples suivants présentent un peu plus de difficulté pour le
rétablissement des ellipses.

6. *Nihili* imperium heri sui servus facit [f],	l'esclave regarde l'ordre de son maître comme un ordre de rien.
7. Nec *pluris* habetur quam Trebellius [g],	il n'est pas tenu pour un homme *d'un plus grand prix*, que Trébellius.
8. *Parvi* æstimo, si ego hic peribo [h],	je regarde comme une *chose* de peu de prix, si je péris-là.
9. *Tanti quanti* poscit, vin' tanti illam emi [i],	veux-tu qu'on l'achète comme une femme *d'un aussi grand prix* que celui qu'il demande.

Ces deux dernières phrases pourraient aussi s'expliquer par l'ellipse

---

a Plaut.*Bacch.*4,3.*v.*17. d Ter. *Adelph.* 5, 4.   g Cic. *Phil.* 4.
b Ter. *Hecyr.* 5, 1,   e Plaut.   h Plaut. *Capt.*4, 2. *v.*24.
c *Ad Quint.fr.*2. *Ep.*2.   f Plaut. *Pseud.* 4, 7.   i Plaut. *Merc.*2,4,*v.*22

de PRETIO, mais quelle. que soit l'ellipse, elle n'en est pas moins double, et c'est ce qu'il importe le plus de remarquer (74).

N° 35. Unus *natorum* Priami... fugit.

1. Unus *natorum* Priami.... fugit [a],	c.-à-d. unus *NATUS natorum*, etc.
2. Reddidit una *boum* vocem [b],...	c.-à-d. una *BOS boum.*
3. Unum *omnium* oro,..........	c.-à-d. unum *NEGOTIUM omnium*, etc.
4. Expectabam aliquem *meorum* [c],	c.-à-d. aliquem *HOMINEM* meorum *hominum*, etc.
5. Primi *Pœnorum* exspectant [d],..	c.-à-d. primi *POENI Pœnorum.*

Voilà deux effets, les génitifs *natorum*, *boum*, etc., et les adjectifs *unus*, *una*, *unum*, etc., qui présupposent une cause. Cette cause est le substantif BOS, NATUS; d'où *bos boum*, *natus natorum*, etc., que donne la construction pleine. Virgile a dit :

6. Hîc domus Æneæ cunctis domina-bitur oris ET *NATI natorum* [e],	là la maison d'Énée et les ENFANTS de ses *enfants*, etc.

Ici le causatif *nati* est exprimé, parce qu'il n'y avait point d'adjectif qui le rappelât. Rien de plus fréquent que l'ellipse du causatif après les adjectifs appelés partitifs, *unus*, *primus*, *secundus*, *aliquis*, *nullus*, etc. Elle est plus ou moins fréquente avec les autres adjectifs.

N° 36. Unum, optime *regum*, adjicias.

7. Unum optime *regum* adjicias [f],	c.-à-d. rex regum optime, etc.
8. *Rerum* facta est pulcherrima Roma [g],	c.-à-d. facta est res { *rerum* pulcherrima.
9. Cæterarum *rerum* præstantior erat [h] (75),	c.-à-d. RES *rerum*, etc.
10. Quid agis, dulcissime *rerum* [i],	c.-à-d. HOMO { rerum dulcissime.

(74) Horace a dit, *quanti emptæ?*— Parvo (k), et Virgile *magno mercentur* Atridæ (l). Ces ablatifs *parvo* et *magno*, sortent de l'analogie, mais se justifient aussi par l'ellipse, *empta parvo pretio*, ou *parvo argento; mercentur magno pretio*, ou *magno argento.*

(75) Voyez pour l'emploi de ces comparatifs *rerum præstantior, regum regalior.* le chapitre des adjectifs.

---

a Virg. *Æn.* 2, *v.* 527.	e Virg. *Æn.* 3, *v.* 97.	i Hor. 1, *Sat.* 9, *v.* 4.
b Virg. *Æn.* 8, *v.* 217.	f Virg. *Æn.* 11, *v.* 354.	k Hor. 2, *Sat.* 3, *v.* 156.
c Cic. *ad Att.* 13.	g Virg. *Georg.* 2, *v.* 534.	l Virg. *Æn.* 2, *v.* 104.
d Virg. *Æn.* 4, *v.* 133.	h Cic. cité par Port-R.	

1. O Danaûm fortissime gentis [a] ! . | c.-à-d. homo { gentis Danaûm fortissime !

C'est toujours la même analogie, cette ellipse du causatif *rex, res, negotium* et de tout autre mot semblable, est tout-à-fait naturelle après. les superlatifs et les comparatifs, parce que le substantif ellipsé a déjà été exprimé, ou que le sens l'appèle invinciblement.

Le REX *regum*, le RES *rerum*, etc., n'est pas plus étrange que le NATUS *natorum*, etc. Lorsque les auteurs veulent appuyer sur une pensée, ils expriment tout, ils disent sans ellipse :

Sum *regum* REX regalior [b].

2. *Hominum* HOMO stultissime [c].

3. Omnium quantum est, qui vivunt HOMO hominum ornatissimè [d] !

4. Jovem detestor—quâ de RE *rerum* omnium. *J'atteste Jupiter* [e], etc.

Nous dirons même en passant que le superlatif et le comparatif supposent le positif devant ce génitif : omnium *hominum* exopto ut fiam *miserorum* miserrimus [f] (*homo*).

N° 37. Abs te *capitis* citantur.

5. Abs te *capitis* citantur [g],...... | ils sont cités par toi pour CRIME de la tête.

6. Eam *capitis* accuset [h],........ | c.-à-d. eam accuset CRIMINE *capitis.*

7. Poteratis... non *capitis* arcessere [i], | vous pouviez ne pas le citer pour CRIME de la tête (ou capital).

8. *Capitis* absolutus, pecuniâ damnatus est [k], | absous du CRIME capital, il fut condamné à une amende.

9. *Capitis* te perdam ego [l], ... | je te perdrai pour CRIME capital.

10. Dolabellam *repetundarum* postulavit [m], | c.-à-d. CRIMINE *rerum repetundarum* (crime de concussion).

11. Annon intelligis quales viros summi *sceleris* arguas [n] ? | ne vois-tu pas quels hommes tu accuses du CRIME d'extrême méchanceté.

12. Si herum insimulabis *malitiæ*, malè audies [o], | si tu accuses ton maître du CRIME de méchanceté, tu entendras mal parler de toi.

Les latins disent RES *capitis*, CRIMEN *capitis.* Dans toutes ces phrases et semblables, la cause du génitif est l'ablatif NEGOTIO ou CRIMINE sousentendu : *condemnabo eodem ego te crimine* [p]. Lorsque l'espèce d'accu-

a VIRG.1, Æn.1, v. 96.
b PLAUT. Capt.4, 4.v.45.
c TER. Adelph.2,2,v.10.
d TER. Phorm.5,5.v.15.
e PLAUT. Men.5, 2.v.60.

f PLAUT. Men.,5,2.v.65.
g CIC. pro Rabirio.
h CIC. 2, de Finib. 49.
i CIC. pro Dejot.
k NEPOS. in Milt. 7.

l PLAUT. Asin. 1, 2.
m SUETON.
n CIC. pro Rabirio.
o TER. Phorm., 2, 2.
p CIC. 2, Fam. Epist.

sation ou crime est exprimée, les latins sous-entendent souvent le nom du genre, ou mettent le nom d'espèce à l'ablatif après les verbes suivants :

Arcesso,..	Accuso,..	Damno,....	Perdo,...
Cito,....	Insimulo,.	Condemno,.	Libero,..
Postulo,...	Arguo,...	Plecto, ...	Absolvo,.
Defero,...	Convinco,	Afficio,...	

et autres semblables.

Quelquefois l'ellipse de *pœnâ* paraîtra plus naturelle que celle de *crimine*, comme dans cette phrase : in legibus posuerunt *dupli* furem condemnari, fœneratorem *quadrupli* (CATON).

Toutes ces phrases peuvent aussi s'expliquer par l'hellénisme, note 68, le génitif imité des grecs répondant à l'ablatif latin.

N° 38. Memini nec unquam obliviscar *noctis* illius.

1. Memini nec unquam.
2. Obliviscar *noctis* illius [a].
3. *Flagitiorum* suorum recordabitur [b].
4. Reminisceretur pristinæ virtutis [c].
5. Adversæ res admonerunt *religionum* [d].

Ces génitifs sont très-difficiles à expliquer. Il faut peut-être les rapporter à l'hellénisme de la note 68, nous bornons ici à observer les faits. Les latins emploient aussi l'accusatif après ces verbes :

6. Suam quisque homo rem meminit (e).
7. Et jam obliviscere Graios (f).
8. Dulces reminiscitur Argos (g).
9. Si ritè audita recordor (h).

Plaute a dit avec l'ablatif : *de pallâ memento, amabo* (i).

Quant à *moneo*, *admoneo*, on les trouve, suivis tantôt d'un génitif, tantôt d'un accusatif; tantôt d'un ablatif.

Voilà les faits. La suite pourra jeter sur les causes quelque clarté.

N° 39. *Animi* pendeo, etc.

10. *Animi* pendeo et de te jet de me [k].
11. Absurdè facis, qui angas te *animi* [l].
12. Antipho me excruciat *animi* [m].
13. Recreatur *animi* [n].
14. Nec sum *animi* dubius [o].
15. Vix sum compos *animi*; ita iracundiâ ardeo [p].
16. Tu es *mentis* compos [q]?
17. Me *voti* compotem facis [r].
18. *Rerum* potiri volunt [s],

Ces génitifs ne peuvent guères s'expliquer que par l'hellénisme,

---

a Cic. *pro Cæl.* 20.	g Virg. *Æn.* 10, *v.* 782.	n Luc. 4.
b Cic. *in Pison.* 6.	h Virg. *Æn.* 3, *v.* 107.	o Virg. *Georg.* 3, *v.* 289.
c Cæs. 1, *Bell. gall.* 13.	i Plaut. *Asin,* 5, 2, *v.* 89.	p Ter. *Adelph.* 3, 2.
d Tac. 13, *Ann.* 45.	k Cic. *Att.* 16. *Epist.* 12.	q Cic. 2, *Phil* 38.
e Plaut. *Merc.* 5, 4, *v.* 51.	l Plaut. *Epid.* 3, 1.	r Senec. *in Hipp. v.* 710.
f Virg. *Æn.* 2, *v.* 148.	m Ter. *Phorm.* 1, 4.	s Cic. *ad Att.* 10.

note 68. Dans toutes ces circonstances, les latins emploient aussi leur ablatif: *animo eventa timebat* [a]. *Auro vi potitur* [b]. *Matres animo vix præ gaudio compotes* [c].

N° 40. Quàm lactis abundans !

1. Quàm dives pecoris, nivei quam lactis abundans [d] !

2. O te, Balane, *cerebri* felicem aiebam tacitus [e].

3. Sum omnium *rerum* satur [f].

4. Referta Gallia *negociatorum* est, et plena *civium* [g].

5. *Scelerum* cumulatissime !

6. Hic est *fraudis, sceleris* plenissimus [h].

7. Versus inopes *rerum* nugæque canoræ [i].

8. *Animi* pectus inane fuit [k].

9. Tempus nullum vacuum *laboris* [l].

Ces génitifs et semblables ne peuvent guères s'expliquer que par l'hellénisme, note 68 ; les adjectifs avec lesquels ils se construisent marquent des idées d'abondance, de plénitude ou de disette, de vide, de puissance etc., tels sont :

Dives,	Fecundus,	Onustus,	Compos,	Viduus.
Abundans,	Locuples,	Cumulatus,	Inops,	Vacuus.
Uber,.	Felix,	Dignus,	Pauper,	Inanis.
Ferax,	Plenus,	Indignus,	Indigus,	Truncus.
Fertilis. .	Refertus,	Potens.	Egenus,.	Cassus, etc.

Il n'est pas rare de trouver l'ablatif après ces différents mots.

N° 41. Abstineto *irarum* etc.

10. Abstineto *irarum* calidæque rixæ [m],

11. Desine mollium tandem querelarum [n].

Il faut aussi recourir à l'hellénisme, note 68, pour expliquer ces génitifs. Les latins emploient ordinairement l'ablatif dans ces circonstances: *abstinuit alieno* [o]. *Desine, quæso, communibus locis* [p].

a Cic. *Apud Non.*
b Virg. *Æn.* 3, *v.* 55.
c Liv. 4, 40.
d Virg. *Ecl.* 2, *v.* 20.
e Hor. 1, *Sat.* 9, *v.* 11.

f Ter. *Adelp.* 4, 8.
g Cic. *pro Fontico.* 1.
h Plaut. *Rud.* 3,2. *v.* 36.
i Hor. *Art. poet. v.* 322.
k Ovid. 3, *Heroid. v.* 60.

l =Ter. *Heaut.* 1, 1.
m Hor. 3, *Od.* 21, *v.* 59.
n Hor. 2, *Od.* 6. *v.* 17.
o Suet. *in Tito.*
p Cic. *Acad.* 4, 23.

PARAGRAPHE V.

Du Datif ou *Cas terminatif.*

N° 42. Dat *Niso* Mnestheus pellem.

1. Dat *Niso* Mnestheus pellem... [a],	Mnesthée donne une peau *à Nisus*.
2. Sic vos non *vobis* vellera fertis, oves [b].	vous portez des toisons non pas *pour vous*.
3. Nos munera *templis* quippe tuis ferimus [c],	nous portons des présens *à tes temples*.

L'action de donner exprimée par *dat* (76) est mise de trois manières en rapport, savoir, s'il est permis de parler ainsi, avec le donateur *Mnestheus*, avec la donation *munera*, et avec le donataire *Niso;* ou en d'autres termes : *Mnestheus* représente l'objet actif, ou qui fait l'action de *dat; pellem* représente l'objet passif, ou qui reçoit ou souffre l'action de *dat; Niso* représente l'objet terminatif, ou qui est le terme, la destination de l'action de *dat*, l'objet pour qui se fait l'action..... de *dat*.

Dans le second exemple, *vos* est l'objet qui fait l'action de *fertis*, *vellera* celui qui la souffre, et *vobis* l'objet auquel elle se termine.

Dans le 3° exemple, c'est encore la même analogie *nos*, *munera* et *templis* sont avec *ferimus* dans les trois mêmes rapports.

---

(76) Souvent le même mot, comme *ferimus*, est suivi tantôt d'un datif, tantôt d'un accusatif avec *ad : ferimus templis, ferimus ad templa.* Dans la première circonstance, c'est l'idée de terme, de destination qui prédomine dans l'esprit ; et c'est celle du trajet à parcourir qui frappe le plus dans la seconde, *voy. n°* 50.

Quand Virgile dit : *sociis ad littora mittit viginti tauros* (d), il exprime cette différence. Quand Cicéron dit : *legatos de deditione ad eum miserunt*, ils envoyèrent des députés à lui, c'est plutôt l'idée du trajet qu'il considère, que celle de l'intérêt que certes n'inspirait point celui à qui était adressée la députation.

Au reste, il est souvent difficile de trouver une différence de résultat entre ces deux manières, le datif, et l'accusatif avec *ad : hunc librum ad te mittam* (e). *Tibi aliquid de scriptis meis mittam* (f), et des milliers de phrases semblables paraissent présenter en effet comme deux chemins qui conduisent au même but.

Cependant il faut se tenir en garde dans la traduction ; les langues n'expriment guères nos pensées que par des *à-peu-près*, il faut donc, lorsqu'on craint de donner à un mot une fausse interprétation, interroger les circonstances où il est employé.

---

a Virg. *Æn.* 9, *v.* 306.
b Virg. *in Bathyl.*
c Virg. *Æn.* 4, *v.* 217.
d Virg. *Æn.* 1, *v.* 634.
e Cic. *de Senect.*
f Cic. *Att.* 1, 11.

Nous n'avons choisi de tels exemples, où se rencontrent ensemble ces trois relations, que pour mieux faire comprendre par la comparaison la nature du cas dont nous traitons dans ce paragraphe.

Rien n'indique mieux l'emploi et la nature du datif, que le mot de *terminatif;* on verra que jamais ce cas n'est employé que pour exprimer au propre ou au figuré une idée de terme, ou de destination quelconque, favorable ou défavorable ou indifférente.

N° 43. *De quelles sortes de mots le datif est l'effet ou complément.* — *Tibi* ARAS, etc.

1. *Tibi* ARAS, tibi occas, tibi seris, tibi eidem métis [a],	tu laboures *pour toi*, tu herses pour toi, tu semes pour toi, et c'est pour toi aussi que tu moissonnes.
2. *Mihi* nec seritur, nec metitur [b],	on ne seme ni ne moissonne pour moi.
3. Sunt *tibi* regna patris Dauni [c],...	les états de ton père Daunus sont à toi ou pour toi.
4. Nil *mortalibus* arduum [d],......	rien n'est inaccessible pour les mortels.
5. Camilla CARA *mihi* ante alias [e],..	Camille m'est chère avant toutes les autres.
6. Nec te *mihi* carior alter [f],.....	aucun autre ne m'est plus cher que.
7. Viderem homines *mihi* carissimos [g],	je verrais des hommes très-chers pour moi.
8. Summum bonum convenienter CONGRUENTERque *naturæ* vivere [h],	le souverain bien est de vivre convenablement et conformément à sa destination.

On voit que le datif peut avoir pour cause ou compléter un modificatif quelconque, un verbe (transitif, intransitif, actif, passif, etc.), ou un adjectif (positif, comparatif, etc.), ou un invariable. *Voyez* les trois sortes d'exemples. Il paraît même compléter immédiatement un substantif dans les phrases suivantes:

9. Geminas, CAUSAM *lacrymis*, sacraverat aras (i).

10. Pallas, *huic* FILIUS, pauperque senatus tura dabant (k).

AINSI

Lorsque dans une phrase on trouve un datif, il faut lui chercher

a PLAUT.*merc.prol.v.*71.
b PLAUT.*Epid.*2,2.*v.*82.
c VIRG. *Æn.* 12, *v.* 21.
d HOR. 1, *Od.* 3, *v.* 36.
e VIRG. *Æn.* 11, *v.* 537.
f OVID. 3 *Trist. eleg.* 6.
g CIC. 2, *de Orat.* 9.
h CIC. 3, *de Finib.*
i VIRG. *Æn.* 3, *v.* 305.
k VIRG. *Æn.* 8, *v.* 106.

pour cause un modificatif ; c'est presque toujours un mot variable , verbe ou adjectif (*).

Nous allons entrer dans quelques détails , plutôt dans la vue des exemples que des préceptes.

N° 44. *Sibi* sua ʜᴀʙʙᴀɴᴛ regna reges.

1. *Sibi* sua ʜᴀʙʙᴀɴᴛ regna reges , sibi divitias divites , sibi honores , sibi virtutes , sibi pugnas , sibi prælia ; dum mihi abstineant invidere , sibi quisque habeànt quod suum est ᵃ,	que les rois aient ou gardent *pour soi* leurs empires , que les riches gardent *pour soi* leurs richesses , leurs honneurs , leurs combats , leurs batailles , pourvu que , etc. , qu'ils aient chacun ce qui est leur ou à eux.
2. Bene ʜᴀʙᴇɴᴛ *tibi* principia ᵇ , .	les commencements vont bien pour toi.
3. Propino *tibi* salutem plenis faucibus ᶜ ;	je bois *pour toi* une santé à plein gosier.
4. Tuæ *rei* bene ᴄᴏɴsᴜʟᴇʀᴇ cupio ᵈ ,	je désire bien penser pour ton intérêt , c.-à-d. bien conduire ton affaire.
5. *Illi* optimè ᴠᴏʟᴏ ᵉ , ...	je lui veux beaucoup de bien.
6. Ah ! ɢᴇʀᴇ morem *mihi* ᶠ , ...	ah ! porte moi , c.-à-d. soumets moi ta manière , ton goût , c.-à-d. obéis-moi.
7. Si id capso , ɢᴇʀɪᴛᴏᴛᴇ *amicis* vestris aurum corbibus ᵍ ,	si je fais cette capture , portez à vos amis de l'or dans des corbeilles.
8. Ego *mihi* ᴘʀᴏᴠɪᴅᴇʀᴏ ʰ , ...	moi je pourvoirai pour moi , c.-à-d. ce sera mon affaire.
9. ᴀsᴘɪʀᴀᴛ primo fortuna *labori* ⁱ ,	la fortune est favorable à ce premier effort.
10. ɴᴏᴄᴇᴛ *dentibus* brassica ᵏ , ...	le chou nuit aux dents.
11. Aiebat deos esse ɪʀᴀᴛᴏs *mihi* ˡ , .	il disait que les Dieux étaient irrités contre moi.
12. sᴏʀᴅᴇɴᴛ *tibi* munera nostra ᵐ ,	nos dons sont vils pour toi.
13. *Tibi* ea ᴇᴠᴇɴᴇʀᴜɴᴛ à me ⁿ , . .	ces choses te sont arrivées par moi.
14. Ibo *huic* ᴏʙᴠɪᴀᴍ ᵒ , ...	j'irai à la rencontre à lui , c.-à-d. etc.

Voilà en apparence trois sortes de datifs , ceux auxquels est attachée une idée d'avantage et de faveur , comme dans les neuf 1ᵉʳˢ exemples. :

(*) Il ne faut pas perdre de vue ce que nous avons dit de l'apposition , tous les cas y sont sujets.

a Pʟᴀᴜᴛ. *Curc.* 1 , 3. *v.* 22.
b Tᴇʀ. *Phorm.* 2. 2, *v* 82.
c Pʟᴀᴜᴛ. *Stich.* 3, 2. *v.* 15.
d Pʟᴀᴜᴛ. *Trin.* 3 , 2.
e Pʟᴀᴜᴛ. *Most.* 1 , 4.

f Pʟᴀᴜᴛ. *Most.* 3 , 1. *v.* 50.
g Pʟᴀᴜᴛ. *Bacch.* 4, 4. *v.* 62.
h Pʟᴀᴜᴛ. *Most.* 2, 2. *v.* 93.
i Vɪʀɢ. *Æn.* 2. *v.* 385.
k Pʟɪɴ.

l Pʟᴀᴜᴛ. *Pœn.* 2 , 1.
m Vɪʀɢ. *Ecl.* 2 , *v.* 45.
n Pʟᴀᴜᴛ. *Capt.* 2, 1, *v.* 56.
o Pʟᴀᴜᴛ. *Most.* 3 , 1.

sibi sua habeant regna ; ceux auxquels se joint une idée de défaveur, *nocet dentibus brassica ,* et ceux qui, comme dans les deux derniers exemples *tibi ea evenerunt,* etc., ne font naître ni l'une ni l'autre de ces idées. Le datif n'a donc point de semblables propriétés ; il ne marque qu'une idée de terme. Le reste de la phrase montre si la destination est favorable ou défavorable etc.

N° 45. Vultis *auscultando* operam DARE ?

1. Vultis *auscultando* operam da-re [a]?	voulez-vous donner votre soin à écouter ?
2. Eæ nos *lavando, eluendo* operam dederunt [b] ,	elles ont donné leurs soins à nous laver et nettoyer.

Ce prétendu gérondif en *do* est le datif de l'adj. neutre *auscultandum , lavandum , eluendum* pris substantivement, ou avec l'ellipse du substantif neutre *negotio.* Vultis dare operam *negotio auscultando ?* voulez-vous donner vos soins à la chose devant être écoutée ? On trouvera dans les §§, *ablatif* et *accusatif* de plus amples explications.

N° 46. SUNT *mihi* nummi, etc.

3. SUNT *mihi*, nescio quot , nummi aurei — deferto ad me [c] ,	des écus d'or sont à moi, ou j'ai des écus d'or etc.
4. Suus *cuique* mos est » quot homines tot sententiæ [d] ,	sa manière (de voir, etc.) est à chacun, c.-à-d. chacun a sa ma-nière, autant de têtes autant d'avis.
5. Avarus suus *sibi* carnifex est [e] ,	l'avare est à soi-même son bourreau.
6. Quid *tibi* negotiî mecu'st [f]...	quelle affaire est à toi avec moi ?
7. Diu est jam id mihi [g] ,........	cela est déjà long-temps pour moi, ou le temps me dure, ou me pa-raît long.
8. Tùm *nobis* opus est sumptu [h],.	alors besoin est *à nous*, c.-à-d. nous avons besoin de dépenser.
9. Quid *mihi* fingere PRODEST [i] ,.	que me sert-il de feindre ?
10. Si *cui* dentes ABSUNT [k],......	si les dents manquent à quelqu'un.
11. Non DEERO officio [l],........	je ne manquerai pas à mon devoir.

L'emploi de *sum* dans l'analogie de *sunt mihi nummi* est très-fré-quente. Nous avons une autre tournure , nous disons *j'ai des écus* ; les latins disent aussi *habeo nummos*, mais bien plus rarement. Les com-posés de *sum* ont souvent aussi un datif pour complément. *Voyez* pour le double datif, n°. suivant.

---

a PLAUT. *Amph.* 3,4.   e PHÆD. 1, 26.   i OVID. 13, *Met. v.* 935.
b PLAUT. *Pœn.* 1, 2.   f PLAUT. *Cas.* 1, 1.   k VARR. 2, *de R. R.*
c PLAUT.   g PLAUT. *Most.* 1 , 4.   l CIC. *ad. Att. Epist.* 17.
d TER. *Phorm.* 2, 3.   h PLAUT. *Bacch.* 4,4. *v.* 65.

N° 47. *Mihi* tu, tui, tua *curæ* SUNT.

1. *Mihi* tu, tui, tua, *curæ* SUNT [a],	toi, les tiens et tes affaires *me* sont à soin, c.-à-d. sont l'objet de mes soins.
2. *Illi* mea carmina curæ [b], ...	mes vers sont *à lui à soin*, c.-à-d. il estime mes vers.
3. *Nobis lucro* FUISTI potiùs quàm decori tibi [c],	tu nous as été plus à profit, que tu n'as été à toi à honneur.
4. Si *tibi cordi* est, facere licet [d],	si cela t'est à cœur, etc.
5. Erit *illi* illa res *honori* [e], ...	cette chose lui sera à honneur.
6. *Auxilio iis* fuit [f], ...	il leur a été à secours, c.-à-d...
7. *Mihi* est *Menæchmo* nomen [g], .	le nom est à moi pour Ménèchme, c.-à-d. j'ai nom, ou je m'appèle Ménèchme.
8. *Fabio laudi* DATUM quòd pingeret [h],	il a été donné à louange à Fabius, de ce qu'il peignait.
9. *Vitio mihi* dant quòd graviter fero [i], . . .	on me donne à vice, c.-à-d. on me fait un crime de ce que je supporte, etc.
10. Quod *isti* dedimus *arrhaboni* [k],	et nous lui avons donné cela pour arrhes.
11. *Iis* pecuniam *fœnori* dabat [l], . .	il leur donnait de l'argent à usure.
12. Me HABEAT sibi documento [m],	qu'il me prenne à exemple pour soi, c.-à-d.
13. Persuasit ne *sibi vitio* VERTERENT, quòd abesset à patriâ [n],	elle leur persuada de ne pas lui imputer à crime de ce qu'elle était absente de sa patrie.
14. Quod *illi* TRIBUEBATUR *ignaviæ* [o],	et cela lui était imputé à lâcheté.
15. *Linguæ* MODERANDUM est mihi [p],	il me faut commander à ma langue.

Souvent ont trouve deux datifs construits avec les verbes *sum*, *do*, *habeo*, *verto*, *tribuo*. Ce sont surtout les différences que présente la langue latine comparée à la nôtre, que nous amenons en exemples, afin de faciliter ainsi et la traduction et la composition. Les deux datifs du dernier exemple ont deux causes, EST *mihi*, MODERANDUM *linguæ.*

a Cic. 6, *Fam. epist.* 4.
b Virg. *Ecl.* 3, *v.* 61.
c Plaut. *Asin.* 1,3. *v.* 40.
d Plaut. *Most.* 1, 4.
e Plaut. *Epid.* 1,1.*v.* 31.
f Plaut. *amph. prol. v.* 92

g Plaut. *Men.* 5, 9.
h Cic. 1, *Tusc.* 2.
i Cic. *Fam.* 11, *epist.* 28.
k Plaut. *Most.* 3, 4.
l Cic. *in Verr.*
m Cic. *in Rul.*

n Cic. *ad Trib.* 7, 6.
o Cic.
p Plaut. *Curc.* 4, 1.

N° 48. Satin' id *tibi* PLACET ?

1. Satin' id *tibi* PLACET ª?.......	cela te plait-il assez ?
2. EXPEDIT bonas esse *vobis* ᵇ, .	il vous est utile d'être bonnes.
3. Malè *illis* EVENIAT ᶜ !,........	qu'il leur arrive malheur.
4. ACCIDIT *huic* ut esset ᵈ,......	il *lui* arriva qu'il fut.
5. *Huic* CONTIGIT ut patriam ex servitute in libertatem vindicaret ᵉ,	il lui arriva d'affranchir sa patrie de l'esclavage.

Que ces verbes et semblables soient ainsi à la 3ᵉ personne du singulier, ou à toute autre, cela est indifférent. Le datif y est appelé par la grande analogie.

N° 49. Cui *rei* STUDES ?

6. Cui *rei* studes ᶠ?.............	à quoi t'appliques-tu? ou pour quelle chose as-tu du goût ou du zèle ?
7. Favete linguis ᵍ,.............	soyez favorables aux langues, (par votre silence, afin qu'on puisse se faire entendre, etc.)
8. Eamus Jovi gratulatum ʰ......	allons rendre grace à Jupiter.
9. Non graiis servitum matribus ibo ⁱ,	je n'irai point servir d'esclave aux mères grecques.
10. Non parcam operæ ᵏ, ...	je ne mettrai pas de parcimonie à ma peine.
11. Inscitiæ meæ ignoscas ˡ,.......	pardonnez à mon ignorance.
12. Blanditur cœptis fortuna ᵐ,....	la fortune est complaisante pour leurs entreprises
13. Dominus servo indulsit ⁿ,.....	le maître a été indulgent pour l'esclave.
14. Sanè possum tibi opitulari ᵒ,...	certes je puis te porter secours.

Ainsi lorsque l'on rend

Studere	par étudier,	*Servire*	par servir,	*Ignoscere* par pardonner,	
Favere	par favoriser ,	*Parcere*	par { ménager, pardonner,	*Blandiri* par flatter,	
Gratulari *Gratari* } par féliciter,		*Indulgere*	par { favoriser, aimer, flatter,	*Opitulari* par secourir, etc.	

On est obligé de traduire un datif latin par un accusatif français,

---

a TER. *Eun.* 5, 2.
b TER. *Heaut.* 2, 3.
c PLAUT. *Curc.* 1, 1.v. 39.
d NEP. *in Con. Cap. ult.*
e NEP. *in Trasyb.* 8.

f CIC. 2, *de Orat.*
g HOR. 3, *Od.* 1.
h GELL. 4, c. 18.
i VIRG. *Æn.* 2. v. 786.
k CIC. *Fam.* 13, 27.

l PLAUT. *Mil.* 2, 6. v. 61.
m TAC. 2. *Histor.* 12.
n SEN. 3, *de Bauf.*
o CIC. 12, *famil. epist. ult.*

parce que les causes sont changées, et que tout est différent, et le verbe et le cas (77).

N° 50. Iт clamor *cœlo.*

On dit avec le datif.	On dit avec l'accusatif avec *AD.*
1. It clamor cœlo [a], ...	7. It tristis ad æthera clamor [g].
2. Merses profundos pulchrior evenit [b],	8. Se mergunt in flumen [h].
	9. Dardaniam ruit ad portam [i].
3. Ruit *Oceano* nox [c], ...	10. Ruit ad portus [k].
4. Accede *Nilo* temerè [d], ...	11. Nonne accedam ad illos [l].
5. *Auribus* nostris accidit clamor [e],	12. Ubi ad aures accidit regis [m].
6. Te *pugnæ* accinge pedestri [f], ..	13. Quin ad hoc accingeris [n] ?

Dans toutes ces circonstances l'analogie la plus générale amène, comme nous verrons, l'accusatif avec *AD* (78).

N° 51. Videre *mihi* VIDEOR.

14. Videre *mihi* VIDEOR hanc úrbem [o],	je suis vu à moi voir cette ville, etc. c.-à-d. il me semble voir cette ville.
15. Mihi sic hoc videtur [p], ...	cela est vu ainsi à moi, c.-à-d. cela me paraît ainsi.
16. Hæc sententia et *illi* et *nobis* PROBATUR [q],	cette opinion est approuvée, etc.
17. Tros Tyriusque *mihi* nullo discrimine AGETUR [r],	Agentur à nobis omnia [s].

(77) Cette manière de comparer ainsi des choses qui ne sont point comparables ne satisfait point l'intelligence dans la traduction, et n'offre point de facilité pour la composition. Il serait à souhaiter que les dictionnaires donnassent d'abord la traduction immédiate de chaque mot, celle qui amène identité de cas, les règles des rudiments ne pouvant être sur cette difficulté que fastidieuses et incomplètes.

(78) Cependant ces datifs sont faciles à expliquer. Lorsqu'on emploie ce cas, c'est qu'on veut plutôt exprimer l'idée de terme ou de destination que celle d'un trajet. Tantôt on a le choix entre ces deux cas, tantôt on ne peut employer que l'un des deux, quoique le résultat paraisse le même. Les règles feraient perdre un temps précieux, c'est aux exemples seuls qu'il faut s'appliquer.

a VIRG. *Æn.* 5, v. 451.
b HOR. 4, *Od.* 3, v. 64.
c VIRG. *Æn.* 2, v. 250.
d PHÆD. 1, 26.
e PLIN, *in Paneg.*
f VIRG. *Æn.* 11, v. 707.
g VIRG. *Æn.* 12, v. 409.
h VARR. 3, *de R. R.*, 10.
i VIRG. *Æn.* 9, v. 695.
k VIRG. *Æn.* 5, v. 676.
l TER. *Heaut.* 3, 3. v. 22.
m LIV. 8, *ab urbe.*
n LIV. *Bell. Pun.* 8.
o CIC. 4, *in Cat.*
p TER. *Phorm.* 2, 3.
q CIC. *Fam. Epist.* 7.
r VIRG. *Æn.* 1, v. 573.
s CIC. 1, *Lentul.*

1. Scriberis Vario fortis et hostium | 2. Cyrus ille a Xenophonte scrip-
victor, Mæonii carminis aliti ᵃ(79) | tus ᵇ.

Ces datifs se confondent par le résultat avec l'ablatif, qui dans ces phrases, comme on verra dans le paragraphe suivant, serait plus dans l'analogie. Cependant cette construction d'un datif avec le passif de *videor* est constante, elle est fréquente avec *probor*, et plus ou moins rare avec un grand nombre d'autres verbes. Quelquefois le choix entre ces deux cas n'est point indifférent. *Neque cernitur ulli*, il n'est rendu visible à personne, ou il n'est vu de personne, et *cernitur honestate beata vita*, la vie heureuse est vue ou se fait connaître par l'honnêteté. En général le datif de la personne est plus fréquent que celui de la chose.

N° 52. DESPECTUS *tibi* sum.

3. DESPECTUS *tibi* sum, Alexi ᶜ.
4. Nulla tuarum audita mihi neque visa sororum ᵈ.
5. Nulli exaudita deorum, vota precesque meæ ᵉ.
6. Me uxori exoptatum credo adventurum domum ᶠ.
7. Spectata est mihi tua felicitas ᵍ.

8. Ille *mihi* FERIENDUS aper ʰ.
9. Gens dura debellanda tibi est ⁱ.
10. Adhibenda nobis et diligentia ᵏ.
11. Siquidem mihi saltandum est ˡ.
12. Faciendum id nobis quod parentes imperant ᵐ !
13. Pedibus redeundum est mihi ⁿ.

Après les adjectifs passifs en *us* et en *dus*, le datif est bien plus souvent employé qu'après les autres formes passives. C'est surtout l'adjectif en *dus* et plus particulièrement encore le neutre des intransitifs, comme dans *mihi saltandum est*, etc., qui préfèrent ce datif à l'ablatif. Ainsi quoiqu'on dise bien avec l'ablatif *ea abs te curata sunt* ᵒ, on dit mieux avec le datif *illis curandum censeo* ᵖ.

---

(79) Dans la traduction : » *tu seras écrit*, c'est-à-dire célébré comme vaillant et vainqueur des ennemis par Varius, l'aigle du chant méonien. » Le datif latin *Vario* n'est pas susceptible d'une traduction immédiate.

---

a Hor. 1, *Od.* 5.
b Cic. *ad Quint. Fr.* 1.
c Virg. *Ecl.* 2, v. 19.
d Virg. *Æn.* 1, v. 326.
e Virg. *Æn.* 11, v. 157.
f Plaut. *Amph.* 2, 2
g Plaut. *Stich.* 4, 2. v. 42.
h Ovid. *Metam.* 3, 11.
i Virg. *Æn.* 5, v. 730.
k Cic. 2, *de Orat.*
l Plaut. *Stich.* 5, 5.
m Plaut. *Stich.* 1, 1. v. 46.
n Plaut. *Men. prol.* v. 49.
o Cic. *ad Att.* 1, 3.
p Plaut. *Rud.* 1, 2. v. 92.

N° 53. *Mihi* » ERIPIET quivis.

Avec le datif :	*Avec l'ablatif :*
1. *ERIPIET* quivis oculos citiùs *mihi* [a]	4. Hæc ea est quam miles à me vi
2. Meas *mihi* ancillas invito eripis [b],	nunc ereptum venit [d].
3. Animam abstulit *hosti* [c].	5. Ab hoc abaco vasa abstulit [e] (68).

Nous avons voulu dans ce paragraphe rassembler les diverses analogies, en les personnifiant en quelque sorte par des exemples ; notre travail suffit pour faire reconnaître à laquelle de ces analogies se rapportent les différents datifs qui se rencontrent dans les auteurs (80).

PARAGRAPHE VI.

De l'*Ablatif* ou *Cas ablocatif.*

N° 54, Ab *urbe* venit Daphnis.

6. Ab *urbe* venit Daphnis [f],......	Daphnis vient de la ville.
7. Incensâ Danai dominantur in *ur-*	les Grecs dominent *dans la ville.*
be [g],	

D'où vient Daphnis ?.. — de la ville..	Où était-il ? —	} dans la ville.
Où dominent les Grecs ? — dans la ville.	Où sont-ils ? —	

Voilà tout le génie de l'ablatif. C'est le cas *ablocatif*, le cas qui marque le lieu duquel on s'éloigne, ou d'où l'on peut s'éloigner. Dans la première circonstance, on a été dans le lieu ; dans la seconde, on y est (81).

---

(80) Quant Horace fait dire à Tirésias, avec le datif *mihi*, on m'arrachera plutôt les yeux, il considère sur qui se terminerait l'action, sur qui, au détriment de qui elle se ferait. Mais lorsque Térence fait dire à Thaïs avec l'ablatif : *Hæc ea est quam* A ME *ereptum venit*, c'est l'idée d'éloignement, de déplacement qu'il exprime. Souvent le résultat est le même. L'usage a fait beaucoup de consécrations, tantôt les latins employent presqu'indifféremment l'un ou l'autre cas, tantôt c'est l'un des deux qu'ils préfèrent ; les règles ne feraient ici que fatiguer la mémoire, et les raisonnements dégénéreraient souvent en subtilités.

(81) Car on s'éloigne ou l'on s'est éloigné du lieu où l'on a été, et pour pouvoir s'éloigner d'un lieu, la première condition c'est d'y être. C'est de là qu'est venu le mot ablatif, d'*ablativus*, de *latus*, porté, et de *ab*, loin. L'ablatif

---

a Hor. 2, *Sat.* 5, *v.* 35.	d Ter. *Eun.* 4, 6. *v.* 14.	g Virg. *Æn.* 2, *v.* 327.
b Plaut. *Rud.* 3, 4.	e Cic. 6, *Verr.* 16.	
c Virg. *Æn.* 9, *v.* 443.	f Virg. *Ecl* 8, *v.* 109.	

1. Melius *ex re* et *ex tempore* constitues [a],	tu décideras mieux *d'après* la chose *et le temps*, ou les circonstances.
2. Hunc vidi *ex tempore* dicere [b],	je l'ai vu improviser des vers.
3. *Ex re* tua non est ut emoriar [c],	il n'est pas de ton intérêt que je meure.
4. *E re natâ* meliùs fieri haud potuit quàm factum est [d],	d'après les circonstances, on n'a pu mieux faire qu'on a fait.
5. *E vestigio* eò sum profectus [e],	de ce pas, ou à l'instant, etc.

E ou *ex* exprime toujours l'idée d'une intériorité d'où l'on sort, d'où l'on s'éloigne. Dans toutes ces phrases citées et semblables, on regarde les mains, le fer, l'embuscade, la chose, le pas, l'industrie, ou le dessein, le temps, etc., comme des lieux où était telle ou telle chose, ou connaissance, ou dessein, etc., et d'où cela a été tiré. A la question *UBI*, *manibus*, *ferro*, *insidiis*, *tempore*, etc., auraient été précédés de la préposition *in*, qui exprime l'idée de l'intériorité, où l'on est, et d'où l'on peut s'éloigner.

NOTA. Les latins emploient ordinairement *ex* devant une voyelle : *ex insidiis*, et *e* devant une consonne : *è manibus*.

N° 57. Anchora *de* prorâ jacitur.

6. Anchora *de* prorâ jacitur [f], . . .	l'ancre est jetée *de dessus* la proue.
7. Illis clamat *de viâ* [g], ...	il leur crie *de dessus* le chemin.
8. Aderit multo Priami *de* sanguine Pyrrhus [h],	Pyrrhus viendra *de dessus* le sang abondant de Priam.
9. Non bonus somnus est *de prandio* [i],	le sommeil n'est pas bon, venant *de dessus* le diner, c.-à-d. après le dîner.
10. Flebat pater *de* filii morte [k], . .	le père pleurait *sur* la mort de son fils.
11. Ipse *de tempore* cœnavit [l], . . .	il soupa de bonne heure.
12. *De* lanificio neminem metuo [m],	*quant à* l'art d'apprêter les laines, je ne crains personne.
13. *De me*, te eum esse finge quiego sum [n],	*pour ce qui est de moi*, mets-toi à ma place.
14. *De industriâ* fugiebatis [o], ...	vous évitiez *à dessein*.

Quelle que soit la traduction française, médiate ou immédiate, *de* exprime toujours une idée du lieu sur lequel on a été. L'ancre était sur la proue, c'est *de dessus* la proue qu'elle est jetée. C'est *de dessus* la

a Cic. 12, *Fam.* 19.
b Cic. *pro Anl.* 8.
c Plaut.*pseud.*1,3,*v.*107
d Ter.*Adelph.*3, 1, *v.* 8.
e Cic. 4, *Fam. Epist.* 12.

f Virg. *Æn.* 3, *v.* 277.
g Ter. *Andr.* 3, 2
h Virg. *Æn.* 2, *v.* 662.
i Plaut. *Most.* 3, 2.
k Cic. 3, *Verr.* 30.

l Hirt.*de Bell. Hisp.* 33.
m Plaut.*Merc.*3,1,*v.*22,
n Cic. 3, *Fam.* 12.
o Plaut.*Asin.*1.3.*v.*60.

route que crie..... C'est *de dessus* le sang de Priam sur lequel il glissait (*lapsantem*), que Pyrrhus doit arriver. *Aderit de sanguine;* ce n'est pas sur le dîner qui se fait, mais sur celui qui a été fait que le sommeil est mauvais etc. (84).

N° 58. *A* terrâ ad cœlum quid lubet .... percontare ª.

1. Sonde de la terre au ciel,......	c.-à-d. sonde, examine, interroge tout ce que tu voudras de la terre au ciel (*hyperbole*).
2. Doleo *ab* animo, doleo *ab* oculis, doleo *ab* ægritudine ᵇ,	je souffre de l'ame, je souffre des yeux, je souffre de la maladie.
Ab sæculo ad sæclum vivunt ᶜ,.	ils vivent d'un siècle à l'autre.
3. Ab illo tempore regnat ᵈ,......	il règne depuis ce temps-là.

On voit que la terre, l'esprit, les yeux, la maladie, le siècle, le temps sont mis en même cathégorie, ou qu'on en parle comme d'un lieu d'où part l'action de sonder, de souffrir, de vivre, de régner.

4. *Ab* hora octava bibebatur ᵉ.	9. Quid vis, dum *ab re* nequid ores, faciam. *AB RE*, signifie *sans cause* ou *utilité* ᵏ.
5. *Ab ovo ad mala* citaret ᶠ. Il citerait depuis l'entrée jusqu'au dessert.	
6. Salvebis *à* meo Cicerone ᵍ,	10. *Ab* romanis cornua cecinerunt ¹.
7. Unà *à pueris* parvulis sumus educti (dès l'enfance) ʰ.	11. *A pedibus servum* misi ᵐ.
8. Adeò *à teneris* consuescere multum est ⁱ.	12. *A manu servum* puniit ⁿ.

Ces phrases mettent sur la voie de tous les latinismes qui résultent de l'emploi d'*a* ou *ab* : *servus a pedibus*, est un valet de pied, *sic dictus à pedibus*, c'est ainsi qu'on a : *sic eris alter ab illo*, *legatus à latere* etc. *Homines à Platone* etc., c.-à-d. *sic dicti à Platone*, les Platoniciens.

---

(84) On voit que les latins arrivent quelquefois au même résultat par des chemins différents, mais cela ne change rien à la valeur intrinsèque des mots. Dans *ex industria ludos parat*, c'est de son industrie qu'on tire les jeux, *de industria* est plus superficiel.

---

a PLAUT.*Pers.* 4, 4, *v.* 58.	f HOR. 1, *Sat.* 3, *v.* 6.	l LIV. 3, *decad.* 10.
b PLAUT. *Cist.* 1, 1. *v.* 62.	g CIC. ad *Attic.* 6, *epist.* 2.	m CIC.
c PLAUT. *Milit.* 4, 2. *v.* 87.	h TER. *Adelph.* 3, 5, *v.* 49.	n SUET. *in Cœs. dict.* 74.
d CIC. 6, *Verr.* 26.	i VIRG. *Georg.* 2, *v.* 272.	
e CIC. *Phil.* 2, 41.	k PLAUT. *Capt.* 1, 4, *v.* 88.	

N° 59. Vincam te, vel vincar *abs* te.

1. Vincam te vel vincar *abs* te [a], .	je te vaincrai ou serai vaincu par toi.
2. *Absque* te esset, hodiè nunquam ad solem occasum viverem [b],	si c'était loin de toi, c.-à-d. sans toi, je ne vivrais pas jusqu'à ce soir.
3. *Absque eo esset*, rectè ego mihi vidissem [c],	sans lui, c'est-à-dire n'eût été lui, j'aurais bien pourvu à ce qui me concerne.

Abs ne diffère de *ab* que par le *s* euphonique post-additionné. Il a le même sens, mais il n'est guères employé que devant les mots qui commencent par un *q* ou par un *t*. *Absque* est la réunion de *abs* et de *que*. C'est ce *que*, qui (comme dans *quisque* de *quis* et *de que*, etc.) augmente sa force. *Absque* peut toujours se traduire par *sans*, et quant au résultat, il se confond avec *sine*.

N° 60. Quid leges *sine* moribus vanæ proficiunt [a] ?

4. Que servent les lois vaines (ou qui sont vaines) *loin* des mœurs ou *sans* les mœurs ?	
5. Dat *sine* mente sonum [e], ...	il donne un son *sans* sens.
6. Vitiis nemo *sine* nascitur [f], . .	personne ne naît *sans* vice.
7. Nobis navigandum est age dùm, cum fratre an *sine* [g] ?	il nous faut naviguer ; dis donc avec ton frère ou *sans* ?

Le dernier exemple oppose *cum* et *sine* ; c'est dans ces sortes de phrases que la valeur des mots est toujours bien marquée.

Prépositions de la question UBI.

N° 61. *In* fonte lavabo » capellas.

8. Capellas *in* fonte lavabo [h].	14. Nolo me *in tempore* hoc videat senex [o].
9. Se in littore condunt [i].	
10. Processit modo *in crepidis*, modo in *caliga* [k].	15. *In apparando* consumunt diem [p].
11. Victoria *in manu* nobis est [l].	16. Pecuniam *in loco* (à propos) negligere maximum interdum est lucrum [q].
12. Ego *in insidiis* hìc ero [m].	
13. *In animis* nostris es [n].	

La fontaine a une capacité, une intériorité où seront les chèvres,

a Cic. 7, *Fam. Ep.* 131.
b Plaut. *Men.* 5,7,*v.*32.
c Ter.*Phorm.*1,4,*v.*11.
d Hor. 3, *Od.* 18, *v.* 35.
e Virg. *Æn.* 10. *v.* 640.
f Hor. 1, *Sat.* 3, *v.* 68.
g Cic. 8, *ad Att.* 3.
h Virg. *Ecl.* 3 , *v.* 97.
i Virg. *Æn.* 2 , *v.* 24.
k Suet. *in Calig.* 52.
l Sall. *Catil.* 20.
m Ter.*Phorm.* 1,4,*v.*58.
u Plin. *in Paneg.* 34.
o Ter.*Andr.*4,6,*in fine.*
p Ter. *Adelp.* 5, 5.
q Ter. *Adelp.* 2, 2. *v.*8.

quand on les lavera. Le rivage, qui n'a qu'une superficie, est assimilé à une cavité dans laquelle on se cache. La capacité de la main
dans laquelle est la victoire n'est que figurée. Enfin on voit que la
fontaine, le rivage, les pantoufles (*crepidis*), les bottines (*caliga*), les
embûches, les cœurs (*animis*), le temps, les préparatifs, le lieu (*loco*),
sont tous également considérés comme des lieux où se font les actions
de laver, de se cacher, d'aller, etc.

Si l'on compare ces exemples à ceux du n°. 56, on verra que *in* et *ex*
marquent également une idée d'intériorité, *in* celle où l'on est, *ex*
celle où l'on a été ou d'où l'on sort, d'où l'on s'éloigne.

N° 62. *Super* impiâ cervice pendet « districtus ensis ».

1. Une épée tirée pend sur son cou impie.
2. Geminâ *super* arbore sidunt [b]. | 4. *Super hac re* nimis [d].
3. Multa *super* Lauso rogitat [c]. | 5. Nec spes ulla *super* (erat) [e].

On voit par le dernier exemple que *super* peut aussi s'employer
avec ellipse de son complément.

Si l'on compare ces exemples avec ceux du n°. 57, on verra que
c'est surtout à *de* que s'oppose *super*. Mais les latins, regardant quelquefois comme une intériorité, ce que nous considérons comme une
superficie, disent *in littore condunt, pendent in arbore poma*, au lieu
de *super littore, super arbore.* Ces diverses manières de considérer les
choses ne changent rien à la signification des mots ; IN ne signifie
jamais que *dedans*, *super* ne signifie jamais que *dessus*.

N° 63. *Sub* rupe canet frondator ad auras [f].

6. Le bûcheron, placé *sous* le rocher, chantera vers les airs.
7. Sedet circum castella *sub ar-* | il s'asseoit sous les armes, autour
  mis [g],   des fortifications.
8. Non pudet, ô superi, populos | on n'a pas honte, ô dieux ! de ven-
  venire *sub hast â* [h]   dre les peuples sous la lance,
                                     c'est-à-dire à l'encan.
9. Manet *sub Jove* frigido vena- | le chasseur reste sous le froid Ju-
  tor [i],   piter, c.-à-d. à l'air froid.
10. Divesne.... nil interest an *sub* | peu importe si tu es riche, ou si tu
  divo moreris [k],   restes ou couches en plein air,
                                      (à la belle étoile).

---

a Hor. 3, *Od.* 1. *v.* 16. | e Val. *Flacc.* 8. | i Hor. 1, *Od.* 1, *v.* 25.
b Virg. *Æn.* 6, *v.* 203. | f Virg. *Eclog.* 1, *v.* 57. | k Hor. 2, *Od.* 3, *v.* 21.
c Virg. *Æn.* 10, *v.* 839. | g Virg. *Æn.* 5, *v* 440. |
d Cic. *Att.* 10, 8. | h Claud. r, *in Eut. v.* 210. |

1. *Sub luce* ingressus urbem ª,....	sous la lumière, c.-à-d. au jour, etc.
2. *Sub somno* plerique sanescunt ᵇ,	sous le sommeil, c.-à-d. en dormant ils guérissent la plupart.
3. Subter densâ *testudine* casus » ferre libet ᶜ,	on aime à braver les hasards sous l'épaise tortue (voute formée par les boucliers).
4. Tot vigiles oculi *subter* ᵈ,......	*dessous* il y a autant d'yeux vigilants.

Subter est un composé de *sub* et de *trans*. Il s'emploie quelquefois seul et sans complément (85).

Nº 64. Argenti *præ se* tulit 14,000 pondo ».

5. Il porta devant lui 14,000 livres d'argent. (livres en poids).	Nota. *Pondo* poids est ici indécl., et *libras* est sous-entendu. La livre était de 12 onc.
6. Animum erectum *præ se* gerebat ᶠ,	il portait devant lui, c.-à-d. il montrait un esprit élevé.
7. Nec loqui *præ mœrore* potuit ᵍ,.	devant son chagrin, en face de son chagrin, etc., c.-à-d. il ne put parler de chagrin.
8. *Præ gaudio* ubi sim nescio ʰ,...	*de joie* je ne sais où je suis.
9. *Præ lœtitiâ* lacrymæ præsiliunt mihi ⁱ,	les larmes coulent devant la joie, c.-à-d. de joie.
10. Tu *præ* nobis beatus ᵏ,.......	tu es heureux *avant nous*, c.-à-d. en comparaison de nous.

Præ et *pro* ont *à* ou *ab* pour opposé dans la question *undè.*

Nº 65. Stabat *pro littore* classis ˡ.

11. La flotte se tenait ou était *en avant* du rivage, ou devant le rivage.

12. Mori *pro mœnibus* ardent ᵐ,.. ils brûlent de mourir *devant* les remparts.

---

(85) A *sub*, *subter* s'oppose de ; voyez les exemples du nº. 57, on trouve même ces deux signes réunis : DE SUB oculo (n), DE SUB *Alpibus* (o), *virgo* DE SUB *saxo*, (p) sur quoi il faut remarquer que de *sub* n'est que la décomposition de la double idée renfermée dans *de*, qui signifie *de dessus*, (de *sub*). C'est ainsi qu'on a *exin*, *de dedans.*

Sub et *super* n'ont donc pour opposé que *de*, dans la question *undè;* mais il faut observer qu'on est plus enclin à regarder *le dessous* comme un capacité que le dessus et que parconséquent *e* ou *ex* sera souvent employé pour exprimer *de dessous.*

---

a Liv. 25, 24.	f Hist. de Bell. Afr. 10.	l Tac. 14, Ann. 30.
b Cels. 3, 18.	g Cic. Pro Plauc. 41.	m Virg. Æn. 11, v. 895
c Virg. Æn. 9, v. 514.	h Ter. Heaut. 2.2.v.67.	n Veget, de re vet.
d Virg. Æn. 4, v, 182,	i Plaut. Stich. 3. 2. v. 13.	o Flor. 2, 3.
e Liv. 28, 38.	k Cic. 4. Fam. Epist. 4.	p Senec. 1, Controv. 5.

1. Est mihi tecum *pro aris et focis* certamen[a],	j'ai à combattre avec toi *devant* mes autels et mes foyers, c.-à-d. *pour.*
2. *Pro viola* carduus... surgit[b],	le chardou croît *à la place* de la violette.
3. *Pro re* paucà loquar[c],........	devant la chose, c.-à-d. vu la chose je parlerai peu.
4. *Pro se* quisque faciebat[d], ...	chacun agissait *devant soi* ou selon ses moyens, etc.
5. *Pro virili parte* annitendum[e], ..	il faut s'efforcer de toutes ses forces.
6. Hæc *pro* tuâ prudentiâ considerabis[f],	placé *devant* ta prudence, c.-à-d. selon ta prudence, tu examineras cela.

Sans doute *pro*, selon les circonstances, peut se traduire de différentes manières :

> Par *devant, en avant de*, comme dans stabat *pro littore.*
>
> Par *pour, en faveur de*, comme dans les deux exemples qui suivent.
>
> Par *pour, au lieu de*, comme dans le 2°. exemple, *pro viola*, etc.
>
> Par *vu, attendu, d'après*, comme dans le 3°. exemple; *pro re* etc.
>
> Par *selon, d'après, en proportion de*, comme dans les trois derniers exemples.

Mais son sens primitif, son sens unique est de marquer une position antérieure. Tous les autres prétendus sens ne sont que des substitutions (86).

N° 66. Cum nuntio Crassus » exit[g].

7. Crassus sort *avec* le messager..	NOTA. *Nuncius* se traduit aussi par *message, nouvelle.*
8. Multa mecum ipse reputavi[h],	j'ai médité beaucoup *avec* moi-même.
9. Quicum tibi res est, peregrinus est[i],	NOTA. *Qui* ainsi employé sert pour les 3 genres et les deux nombres. Celui avec qui tu as affaire, etc.

Les latins disent toujours *mecum, tecum, secum, nobiscum, vobiscum* etc. au lieu de *cum me* etc.; on trouve *quocum, quacum, quibuscum*, et *cum quo, cum quâ* et *cum quibus.*

---

(86) Mourir devant ses remparts ou pour ses remparts; combattre devant ses autels et ses foyers, ou pour ses autels, etc. se confondent à peu-près dans le résultat; et même mourir pour sa patrie, c'est mourir *étant placé devant* elle, et la prenant en considération. C'est ainsi que tout s'est appuyé sur les idées physiques; on n'a eu même se former une idée de l'esprit, *spiritus*, qu'en partant d'une idée semblable, *spiro* je respire.

---

a Cic. 3. *de Nat. deor.*
b Virg. *Ecl.* 5, *v.* 39.
c Virg. *Æn.* 4, *v.* 337.
d Ter. *Heaut.* 1. 1. *v.* 74.
e Liv. 7. 28.
f Cic. 4. *Fam. Epis.* 10.
g Cæs. 5. *Bell. Gall.* 4.
h Cic. *Post redit. in sen.*
i Ter. *Eun.* 4 6. *v.* 21.

Cum a pour opposé dans la question ᴜɴᴅᴇ̀ *à* ou *ab*, *absque* ou *sine*, sa valeur est de marquer une idée de cohésion, d'adhésion.

N° 67. Populo *coràm* ubertim fleverat.

1. Populo *coràm* ubertim fleverat [a],	c.-à-d. *coràm in* ou *præ populo fleverat.*
2. *Clam* uxore » empta est [b],	c.-à-d. *clam ab* uxore, etc.
3. Luce *palam* certum est igni circumdare muros [c],	*Cum luce, palam,* etc. on est décidé à entourer de feu publiquement avec la lumière ou en plein jour.

Priscien et plusieurs autres grammairiens ont refusé, avec raison, le nom de préposition à ces trois invariables; ils s'emploient presque toujours seuls et sans complément, ou suivis d'une autre préposition, ou avec un autre cas que l'ablatif (87).

SUITE

4. Collo *tenus* supereminet omnes [d].	8. Crurum *tenus* à mento palearia pendent [g].
5. Capulo *tenus* abdidit ensem.	
6. Hæc verba cum affectu accepimus, non *verbo tenus* [e],	9. Est quàdam prodire *tenùs*, si non datur ultrà [h].
7. Tanaïm *tenùs* descendit ab Euro [f].	

On a aussi refusé le nom de préposition à *tenus*, et avec raison, comme on peut en juger par les exemples que nous venons de citer (88).

---

(87) Le premier est le substantif ᴄᴏʀᴀᴍ, de ᴄᴏʀᴀ, *prunelle de l'œil*, d'où in coram; ᴄʟᴀᴍ, signifie *clandestinement*, et s'oppose à ᴘᴀʟᴀᴍ, *publiquement.*

1. *Coram*, quem quæritis, adsum (i). In coram omnium... (k).	*Clàm* furtim hic esse vult. (m). 3. *Palàm* in oculis omnium gesta sunt (n).
2. Multa faciam *clàm* uxorem (l).	*A* Leuone eripuit *palàm* (o). Res *palam* est (p).

(88) Comme *seciùs* vient de *sequens*, ou de *sequus*, suivant : *tenus* vient de *tenens*, *tenant;* en effet *tenus* exprime toujours une idée de teneur, de continuité. On voit par les exemples cités qu'il se construit avec un ablatif, comme dans *collo tenus*, etc., ou avec un accusatif, comme dans *Tanaïm tenus*, ou avec un génitif comme dans *crurum tenus*, ou sans aucun cas, comme dans *prodire tenus*. De fait, il n'exerce aucune influence sur les cas, dans le premier exemple *collo* est à l'ablatif à cause de *d* sous-entendu, *à collo tenus*, etc. en partant du cou et en continuant *tenus*, il les surpasse tous. *Verbo tenus*, c.-à-d. *à verbo tenus*, en partant du mot et

---

a Sᴜᴇᴛ. *in Tito.* 10.	f Vᴀʟ. *Flacc.* 1. *v* 537.	l Pʟᴀᴜᴛ. *Cas.* 2,8,v. 30.
b Pʟᴀᴜʟ. *Merc.* 3. 2.	g Vɪʀɢ. *Georg.* 3. *v* 53.	m Pʟᴀᴜᴛ. *Pœn.* 3,3, v.49.
c Vɪʀɢ. *Æn.* 9, *v.* 153.	h Hᴏʀ. 1. *Epist.* 1, *v.* 32.	n Cɪᴄ. 4, *Verr.*
d Oᴠɪᴅ.3.*Metam.v.*182.	i Vɪʀɢ. *Æn.* 1, *v.* 595.	o Tᴇʀ.*Adelph.*3, 2,v.30.
e Uʟᴘɪᴇ̃. *Dig.* 2, 2,	k Aᴘᴜʟ. *Met.* 7, 3.	p Pʟᴀᴜᴛ.*Most.*5, 1,v.20.

N° 68. *GÉNÉRALITÉS sur les prépositions ablatives.*

1. Le nombre des prépositions ablatives est donc borné à dix, savoir :

A six, pour la question UBI....	*in*, *super*, *sub* ou *subter*, *præ*, *pro* et *cum*.
Et à quatre, pour la question UNDE.	*e* ou *ex*, *de*, *à* ou *ab* ou *abs* ou *absque* et *sine*.

Les trois premières *in*, *super*, *sub* ou *subter*, sont un signe incertain de l'ablatif, car elles peuvent se construire aussi avec un accusatif, comme nous le verrons dans le paragraphe suivant.

Les sept autres sont un signe constant de l'ablatif. Il faut seulement observer que *absque* et *sine* s'emploient quelquefois (très-rarement) avec ellipse de leur complément.

2. Comme l'ablatif marque essentiellement une idée d'origine locale, et que l'on ne peut être ou avoir été dans le lieu, sans y être ou y avoir été d'une des manières exprimées par les prépositions, il est impossible de concevoir un ablatif sans une préposition exprimée ou sous-entendue. Cette idéologie est prouvée par les faits dans l'article suivant (89).

Table des prépositions ablatives, etc.

Cette table est fondue avec celle des prépositions accusatives. Voyez pag. 251, n° 90.

---

en continuant, c.-à-d. en se tenant au mot (non à la chose). Dans *Tanaïm tenus descendit ab Euro*, il faut suppléer AD : *descendit ab Euro, tenus ad Tanaïm*, il descend de l'Eurus, c.-à-d. du levant, en continuant au Tanaïs. Le *crurum tenus* s'explique aussi facilement, de même qu'on dit : *amans patriæ*, *tenax pravi*, on a pu dire *tenens* ou *tenus crurum*.

Il est bon de savoir aussi que *tenus*, *tenús* existe comme substantif. Plaute l'a employé dans *Bacch act* 4, sc.6. *Nunc ab transennâ hic turdus lumbricum petit; pendebit hodiè pulchrè, ita intendi tenus.* Maintenant la grive a mordu à l'hameçon, elle sera aujourd'hui pendue au croc, j'ai tendu pour cela les filets. PROVERBE

(89) Les langues peuvent se passer de prépositions, en multipliant les cas, ou par plusieurs autres moyens. Nous ne parlons donc que de la langue latine, et de la manière qu'elle a adoptée.

ARTICLE SECOND.

Divers emplois de l'ablatif avec ou sans préposition.

PREMIER SOUS-ARTICLE. — QUESTION UNDÈ.

N° 69. *Ab urbe* venit Daphnis.

1. *Ab urbe* venit Daphnis [a],......	Daphnis vient *de la ville.*
2. *Româ* subitò profectus est [b],...	Il est parti à l'instant *de Rome.*
3. Se *domo* non commoverunt [c],..	ils ne se sont pas remués *de la maison.*
4. Rure *hùc* advenit [d],..........	il est arrivé ici *de la campagne.*

D'où se fait l'éloignement ? Où était-on quand on est sorti, quand on est parti ?

Ces quatre exemples rappèlent quatre règles des rudiments, que nous réduisons aux observations suivantes :

1. A la question *undè* les latins expriment *souvent* les prépositions devant les noms de grands lieux, comme *regio, regnum, urbs,* et les noms propres de grands lieux comme *Gallia, Italia.*

2. Ils suppriment très-souvent ces mêmes propositions devant les noms propres de villes, bourgs ou villages, lorsque ces mots sont sans complément.

3. *Domo,* lorsqu'il est seul subit aussi très-fréquemment cette ellipse.

4. *Rure,* quand il est seul, la subit toujours (*).

Au reste, le besoin d'abréger, la clarté, l'euphonie, l'énergie, le nombre, déterminent les auteurs à faire ou à ne pas faire l'ellipse, et c'est trop entreprendre que de vouloir réduire en règle un usage si mobile.

N° 70. Huic decet statuam statui *ex auro* [a].

5. Il convient de lui ériger une statue d'or.	
6. Bina dabo *argento* perfecta, atque aspera *signis* pocula [f],...	je donnerai deux coupes faites d'or et ornées de reliefs.
7. Quid eo est *argento* factum [g] ?.	qu'a-t-on fait de l'argent ?
8. *Ex ea re* quid fiat vide [h]	vois ce qu'il en arrivera.
9. Quid *de illâ* fiet fidicinâ (*) [i] ?	qu'arrivera-t-il de cette musicienne ?
10. Quid *te* futurum est [k] ?.......	qu'arrivera-t-il *de toi ?*

D'où, de quelle substance, *matière* ou non, quelque chose est-il fait

(*) Nous n'avons pu trouver un seul exemple contraire.

a VIRG. *Ecl. 8, v.* 109.	e PLAUT.*Bacch.*4, 4.*v.*1.	i PLAUT. *Epid.*1,2, *v.*48.
b CIC.	f VIRG. *Æn.* 9, *v.* 263.	k TER. *Phorm.*1,2.*v.*87.
c CIC. 9, *Famil.*5.	g PLAUT.*most.*3,1,*v.*106.	
d TER.*Hecyr.*1,2.*v.*115.	h TER. *Andr.*2,3. *v.*12.	

ou tiré ? c'est toujours la même analogie que dans le N°. précédent ; car on sait qu'on emploie *ab* ou *ex* ou *de*, selon l'idée qu'on veut peindre (90).

N° 71. *Ab octavâ* Marius bibit ª.

1. Marius boit depuis la huitième heure. Nota: nous disons *depuis les huit heures.*

2. Me primis hùc misit *ab annis* ᵇ, | il m'envoya là dès mes premières années.

3. *Ex illo* fluere spes Danaûm ᶜ,. | dès ce moment l'espoir des Grecs commença à couler (à décliner).

D'où date l'action de boire, d'envoyer, de couler? De la huitième heure etc. L'ellipse de la préposition *ab* ou *ex* sera rare dans cette circonstance, car on ne saurait plus si c'est *ab octavâ* ou *in octavâ horâ*, depuis la huitième heure ou dans la huitième heure, que l'action se fait (*).

Nota. *Ab octo horis bibit Marius*, signifierait qu'il y a huit heures que Marius est à boire.

N° 72. *Ab eo* argentum accipe ᵈ.

4. Ego *ex te* audivi, et ex tuâ accepi manu pateram ᵉ.

5. Peto *à te*, vel si pateris, oro ᶠ.

6. A viris virtus nomen est mutuata ᵍ, ...

7. Omnia volo *à me* expectes et postules ʰ.

8. Ille illas spernit segregatque *ab sese* omnes ⁱ.

la vertu a emprunté des hommes (*à viris*) son nom.

D'où recevras-tu l'argent?—de lui, il viendra de lui, d'auprès de lui, *ab eo*. D'où ai-je entendu sortir les paroles ? *ex te*, de toi, de ta bouche, *ex te*. D'où ai-je reçu la coupe ? de dedans ta main, *ex tuâ manu*.

---

(90) Il est certain que lorsque l'action n'est pas exprimée, l'ellipse sera moins fréquente, Virgile a dit *pharetra ex auro*, s'il avait exprimé *facta* ou *perfecta*, l'ellipse de *ex* devenait plus naturelle, comme dans *bina dabo* etc. Cependant on trouve quelquefois la double ellipse, comme dans *statua auro solido*; les latins disent aussi *statua auri*: Voyez n. 15, ou *statua aurea*, comme on verra dans les adjectifs.

(*) Les Romains ne comptaient pas les heures comme nous. Ils divisaient le jour en douze heures, la sixième heure était à midi. *Octava hora*, c'était donc deux heures après midi, Marius commençait donc à boire dès les deux du soir.

---

a Juv. *Sat.* 1, v. 49. | d Plaut.*pseud.*4,2,v. 53. | g Cic. 2, *Tusc.* 18.
b Virg. *Æn.* 2, v. 87. | e Plaut.*amph.*2,2,v.130 | h Cic 4 *Fam.* 3, *Epist.*
c Virg. *Æn.* 2, v. 169. | f Cic.9.*Fam. Epist.* 13. | i Plaut. *Mil.* 4, 5.v.18.

C'est toujours la même analogie que dans *ab urbe venit ; é manibus dedit in manus* (91).

N° 73. Ast ego Vincor *ab Æneâ*, je suis vaincu par Ænée.

1. Vincor ab Æneâ [a], ... | je suis vaincu par Enée
2. Caput *vento* pulsatur et *imbri* [b], | sa tête est battue par le vent et la pluie.

D'où, par qui suis-je vaincu ? d'où vient ma défaite ? d'Enée, *ab Æneâ.* D'où ou de quelle part ou par quoi est battue cette tête ; d'où viennent les pulsations qu'elle éprouve ? du vent, de la pluie. C'est donc encore la même analogie que dans *ab urbe venit*, etc. Les verbes passifs ne gouvernent rien, dit Port-Royal. C'est le rapport d'extraction, d'origine, qu'on a dans l'esprit, qui force à mettre l'ablatif, quel que soit le mot qui serve à les compléter (92).

N° 74. Agnam *ense* FERIT.

3. Agnam *ense* ferit [c], ... | il frappe de son épée une brebis.
4. Nostro doluisti sæpè *dolore* [d], . . | tu as souffert souvent de notre douleur.
5. Neque ego committam ut homines mortuum me dicant *fame* [e], | je ne m'exposerai pas à ce qu'on puisse dire que je suis mort *de faim.*
6. *Naufragio* intereunt naves [f], . . . | les vaisseaux s'entrouvrent ou périssent par le naufrage.

(91) Les verbes *accipere*, recevoir *audire* ; entendre, apprendre; *petere*, *quærere*, *orare*, demander, s'informer; *sperare*, espérer ; *expectare*, attendre ; *spernere*, rejeter; *segregare*, séparer, n'apprennent point les cas qui doivent les suivre. Mais si l'on a dessein d'exprimer un rapport ablatif, il est certain qu'après ces verbes comme après tout autre on a dû mettre l'ablatif.

(92) Ce numero répond à la double règle des rudiments *amor à Deo* et *conficior mœrore*, et rappèle la fameuse distinction des noms de choses animées d'avec ceux de choses inanimées, les uns prenant, les autres rejetant la préposition. Cependant Horace a dit sans préposition : *fortes creantur fortibus*, il a même dit au datif *scriberis Vario mæonii carminis aliti*, où l'on voit que la règle *amor à Deo* est violée trois fois; des milliers d'exemples semblables pourraient être ici accumulés. Après les verbes passifs, les auteurs mettent ce qu'ils doivent mettre selon le rapport qu'il leur plaît de représenter. Il n'y a point de règle à donner là-dessus. Ne s'est-il pas trouvé aussi des grammairiens qui ont dit que certains verbes passifs gouvernent le nominatif, comme dans *vocor Lyconides?*

a Virg. *Æn.* 7, v. 310. | c Virg. *Æn.* 6, v. 251. | e Plaut. *Stich.* 4,2,v.57.
b Virg. *Æn.* 4, v. 249. | d Virg. *Æn.* 1, v. 669. | f Cæs. *Bell. civ.* 2, 16.

1. *Auribus* teneo lupum ª,.......	je tiens le loup par les oreilles.
2. Ut totâ *mente* atque omnibus *ar-tubus* contremiscam ᵇ,.......	je tremble de toute mon âme et de tous mes membres.

Ceci rappèle le catalogue des noms *d'instrument, de cause, de manière, de la partie* etc., dont parlent les grammairiens. Mais ces noms ont cela de commun à tous les autres, qu'ils se mettent à l'ablatif, lorsqu'on les emploie sous le rapport ablatif. *Ense, dolore, fame, mente, artubus* sont à l'ablatif parce qu'en effet c'est de l'épée, de la douleur, de la faim, etc., que part l'action de frapper, de souffrir, etc. Ils seraient à tout autre cas, s'il s'agissait de toute autre considération.

N° 75. Nihil istâc ᴏᴘᴜꜱ ᴇꜱᴛ *arte* ᶜ.

3. Il n'est pas besoin de cet art ou de cet artifice.	
4. Quod parato opus est para ᵈ,..	prépare ce qu'il est besoin de préparer.
5. Viso ôpu'st, cauto est opus ᵉ, ..	il est besoin de voir, il est besoin de prendre garde.

Opus est le substantif *opus*, gén. *operis*, qui signifie *travail, ouvrage, besoin*, et qui, pas plus qu'un autre substantif, n'a le pouvoir de gouverner l'ablatif; car on trouve à côté d'*opus*, dans l'intention du même résultat, le nominatif, le génitif et l'accusatif, aussi bien que l'ablatif.

6. *Milites* opus sunt tibi (f).	9. *Lectionis* opus est, on a besoin de lire (i).
7. Minus multi opus sunt *boves* (g).	
8. *Dux* nobis et *auctor* opus est (h).	10. On trouve même *opus* avec un acc.: puero opu'st cibum (k).

C'est donc l'idée du rapport qu'on veut exprimer, et non point *opus* (ou tout autre mot) qui fait mettre l'ablatif. Lorsqu'*opus* est construit avec un ablatif, la préposition est presque toujours sous-entendue. L'usage le plus fréquent est celui qui est noté par *nihil istâc opus est arte.*

N° 76. Pedibus duobus et semis latæ scrobes ˡ.

11. Les fossés sont larges de deux pieds et demi.	Nota. *Semis, demi* est indéclinable.

D'où tire-t-on la largeur du fossé? d'où la calcule-t-on? des deux

a Tᴇʀ. *Phorm.*3 ,2.v.21.
b Cɪᴄ. *de Orat*, 1, 26.
c Tᴇʀ. *Andr.* 1, 1, v. 5.
d Tᴇʀ. *Andr.* 3, 2, v. 45.

e Pʟᴀᴜᴛ. *Capt.* 1,3,v.32.
f Pʟᴀᴜᴛ. *Capt.* 1,2,v.61.
g Vᴀʀʀ. *R. R. L.*8.
h Cɪᴄ. *Fam.* 2, *Epist.*

i Qᴜɪɴᴛ. 1, 2, 3.
k Pʟᴀᴜᴛ.*Truc.*5,1.v.10,
l Cᴀ̈ꜱ.

pieds et demi qui ont servi à la mesurer. Quand on envisage ainsi les dimensions, les distances ; les noms de lieues, de milles, de toises, de pas, de pieds, de pouces, de lignes d'aunes etc. etc. etc., qui les marquent, sont nécessairement à l'ablatif.

C'est toujours répéter ce que nous avons dit dès le principe (93).

N° 77. Oppidum *re cibariâ* copiosum.

1. Oppidum re cibariâ copiosum[a].
2. Fama volat hoste vacare domos[b].
3. Laudibus arguitur vini vinosus Homerus[c].
4. Locus à frumento copiosus[d].
5. Hæc à maritimis custodiis loca vacabant[e].
6. De hoc crimine dearguatur[f].

[F] Après les verbes ou adjectifs *d'abondance*, *disette* ou *privation*, et les verbe *d'accuser*, *d'absoudre*, de *condamner*, la chose D'OÙ PROVIENT l'abondance, la disette, l'accusation, etc., se met à l'ablatif, presque toujours avec l'ellipse de la préposition.

Nous avons vu, n° 40, que dans cette circonstance, les Latins emploient aussi le génitif par hellénisme. C'est ainsi qu'on trouve:

Plena domus cælati *argenti* (g) (erat .
La maison était pleine d'argent ciselé..
Tui carendum erat (h).
Il fallait être privé de toi.

N° 78. *Ab œdificando* sunt deterriti[i].

7. c.-à-d. *à negotio œdificando* ils ont été détournés de la chose devant être bâtie ; ce que nous traduisons ainsi : ils ont été *détournés de bâtir.*
8. A scribendo abhorret animus[k].
9. Nullum tempus ille unquam vacabat à cogitando[l].
10. Bos est enectus arando[m].
11. Aut consolando aut consilio aut re juvero[n].

On voit, par le dernier exemple, que *consolando* (gérondif en do) suit la même ligne que les substantifs *consilio* et *re*. C'est qu'en effet c'est un adjectif substantifié , c'est-à-dire qui, comme tous les autres

(93) Il est plus naturel de calculer les dimensions en suivant leur trajet. Aussi les latins préférent-ils le plus souvent l'emploi de l'accusatif avec *in* ou *per* exprimé ou sous-entendu, et de dire : *duos pedes longus , hoc patet tres ulnas, assurgit in septem ulnas.* Ils emploient aussi le génitif, *bis ter ulnarum toga.* Enfin tout dépend de la manière de considérer les objets, et les noms de mesure sont soumis, comme tous les autres, aux lois générales.

a Gell. 7, 1.
b Virg. Æn. 3, v. 123.
c Hor. 1, epist. 19. v. 6.
d Cic. Att. 5, Epist. 18.
e Cic. 2, de Divin.
f Cic. 2, de Inv.
g Cic. 4, Verr.
h Ter. Heaut. 2, 3. v. 20.
i Sulpit. Szv. 2, 12.
k Cic. cité par Maugard.
l Cic. in Bruto.
m Hor. 1, Epist. 7.
n Ter. Heaut. 1, 1.

adjectifs semblables, fait fonction de substantif, et s'emploie avec ou sans préposition (94). Ce numéro n'est donc que pour montrer que tout ce qui a été dit de l'ablatif s'applique aussi à l'ablatif dit gérondif.

N° 79. *Obsonatu* redeo*.

1. Je reviens de faire des provisions, ou de l'approvisionnement.

2. Dictu quàm re facilius [b], ...
3. Visu inepto ineptior nulla res est [c],
4. Ab actu remotus est [d],
5. Ad omnia opportunus nec magis ex usu tuo nemo est [e].

Il n'y a qu'une chose à observer sur ce substantif verbal, c'est que, lorsqu'il est employé à la manière du verbe dont il dérive, pour exprimer plutôt une action que l'idée d'une substance abstraite, il subit presque toujours l'ellipse de la préposition.

En tout le reste il suit l'analogie des autres substantifs, prend ou ne prend pas la préposition, se pluralise etc.

On voit sur-tout par la phrase, *Dictu quàm re facilius*, qu'il est absolument assimilé aux autres substantifs (95).

SECOND SOUS-ARTICLE.

Divers emplois de l'ablatif dans la question UBI.

N° 80. Danai dominantur *in urbe*.

6. Incensâ Danai dominantur *in urbe* [f],
7. *In domo suâ* mysteria facere dicebatur [g],
8. *In rure propinquo* manebo.
9. *Delphis* erant duæ stellæ aureæ [h],
   Puteolis est Lentulus [i],
10. *Carthagine* qui nunc expectat [k],
11. *Domus* étant seul, se met au génitif. Voyez n° 24.
12. *Rure* morans, quid agam [l] ?

Où dominent les Grecs ? Où croyait-on qu'Alcibiade faisait les mystères ? etc. — Dans la ville, dans la maison.

_____

(94) On peut revoir utilement dans les n°°. 18 et 45, ce que nous avons dit des gérondifs en *di* et en *do*.

(95) Nous traduisons ainsi la 2° phrase, *cela est plus facile à dire qu'à faire;* la 3° *rien n'est plus sot qu'un sot regard*, (qu'un sot voir) : la 4°, *il a été détourné d'agir*,

_____

a PLAUT. *Men.* 2, 2.
b LIV. cité par Maugard.
c CAT. *Carm.* 39, *as ognat*
d PAULUS.
e TER. *Eun.* 5, 10 v, 28.
f VIRG. *Æn.* 2, v. 327.
g NEPOS. *in Alcib.* 3.
h CIC *Att.* 17.
i CIC. *Att. epist.* 13.
k VIRG. *Æn.* 4, v. 225.
l HOR.

Règle générale. A la question *Ubi*, les Latins mettent l'ablatif avec ou sans préposition (96).

N° 81. Suo quæque *tempore* facienda ᵃ.

1. Chaque chose doit être faite en son temps,	6. In hoc tempore « hoc faciunt contrà nos ᶠ.
2. *Hoc tempore* obsequium amicos, veritas odium parit ᵇ,	7. In ipso tempore eccum ipsum obviam ᵍ.
3. Martiis, cœlebs, quid agam kalendis ᶜ,	
4. Hoc anno Romæ triumphatum ᵈ,	.....c.-à-d., in hoc anno triumphatum.
5. Sammula 110 annis vixit ᵉ,....	.....c.-à-d., vixit in centum decem annis.

Ubi se traduit par ou, c'est-à-dire, *dans quel lieu*, et ou, *dans quel temps*, toutes les idées du temps ayant été empruntées à celle du lieu.

Dans cette circonstance, les Latins ellipsent ordinairement *in*, mais

la 5ᵉ, *personne n'est plus propre à tout cela, et ne vous est plus utile*, (c.-à-d. n'est plus de votre *user*, ou de votre usage). Encore une fois le substantif verbal, dit supin en ᴜ, n'est qu'un ablatif comme tout autre ablatif, et lorsqu'on a eu besoin d'employer dans tous les cas et dans les deux nombres, ce prétendu supin, on ne s'en est pas fait faute, *mortales visus hebetat nubes*, etc.

(96) *Règles particulières* sur l'emploi ou la suppression de la préposition.

1. 2. 3. Voyez pour l'emploi de la préposition le n. 69; la question *undè* et la question *ubi* suivent en ce point la même analogie, seulement les prépositions diffèrent.

4. Les noms propres de villes, bourgs et villages, de la première et de la seconde déclinaison, s'il sont au pluriel, comme *Delphæ* et *Puteoli*; et ceux de la 3., de quelque nombre qu'ils soient, se mettent à l'ablatif sans préposition.

On a vu, n. 24 *quid faciam Romæ*, que les noms singuliers de la première et de la seconde déclinaison, se mettent au génitif ainsi que quelques autres.

5. Voyez pour *domi, belli, militiæ* et *humi*, le même numéro, *pag.* 208.

6. *Rus*, lorsqu'il est seul, se comporte dans cette question comme dans la question undè : *rure advenit.*

Au reste, toutes les règles particulières ne sont ici rapportées que pour l'utilité de ceux qui composent en latin; elles expriment l'usage le plus fréquent des bons auteurs.

a Plin. 18, 6.
b Ter. *And.* 1, 1, *v.* 41.
c Hor. 3, *Od.* 7.
d Liv. 2, 16.
e Plin. 7, 16.
f Cic. pro *Quinto.* 5, 1.
g Ter. *Andr.* 1, 2, *v.* 50.

ils l'expriment, lorsqu'ils veulent mieux faire remarquer le temps dont ils parlent. *Voyez* les exemples de la seconde colonne (97).

N° 82. Emit *quanti* ? — *Viginti minis.* ,

1. Il a acheté combien, pour le prix de combien d'argent? — Pour 20 mines.

2. Ita ut scrupulum valeret *sestertiis* vicenis [b].	4. *Pro argenteis* decem aureus unus valebat [d]. *Un écu d'or en valait dix d'argent.*
3. Liber mihi constitit *decussi* [c].	5. Aliquando una res *pro duabus* valet [d]. *Quelquefois une chose en vaut deux.*

Dans une vente, un achat, une mutation quelconque, la chose peut être considérée comme mise en face du prix; le prix est alors, par rapport à cette chose, comme *littore* dans *stabat pro littore classis.* Aussi, dans les exemples de la seconde colonne, trouve-t-on la pré-

---

(97) Quoiqu'on dise également *in tempore* et *tempore*, pour signifier dans les temps opportun, ou comme nous, *à temps*, le premier est plus expressif : *in tempore ad eam veni*, *quod rerum omnium est primum* (e). Je suis arrivé à temps, ce qui est de toutes les choses le premier point.

On a voulu faire marcher de pair la question *combien de temps*, c'est-à-dire *pendant combien de temps* avec la question où, *en quel temps*, mais la première est toute autre chose, et quand les latins ont cette idée, ils se servent de l'accusatif, et ils disent : *vixit annos septuaginta*, il vécut pendant (*per*) 70 ans

Ainsi l'exemple *Sammula* 110 *annis* etc., ne répond point, comme on croit, à la question *pendant combien de temps*, puisque *annis* est à l'ablatif. *Sammula* vécut donc dans tout l'espace de cent dix ans, il remplit 110 ans. C'est ainsi que parle le même *Pline* dans le même passage : *Corvinus centum annos implevit*; ainsi Pline représente Corvinus comme ayant rempli l'espace désigné, et Sammula comme ayant existé dans tous les points de cette espace. Ce qui fait naitre l'idée d'un même résultat, quoique les moyens d'arriver soient tout différents.

Les latins ont vingt manières de dire : *vixit centum annis.*

1. Centum annis vixit.	5. Erat centum annorum.
2. Centum annos vixit.	6. Centum annos natus obiit.
3. Vixit in centum annos.	7. Obiit anno vitæ centesimo.
4. Centum annos implevit.	8. Obiit annum centesimum agens, etc.

Que sert-il donc d'établir comme une règle que les noms de temps se mettent à l'ablatif avec le nombre cardinal? *Vixit centum annis.* Tout dépend de la tournure que prend l'écrivain, qui, s'il lui plaisait, mettrait le nom de temps au nominatif, au vocatif même.

---

a Ter. *Eun.* 5, 6. *v.* 14.   c Stat. 4, *Silv.* 9, *v.* 9.   e Ter.*Heaut.* 2,2.*v.*123.
b Plin. 33, 3.   d Liv. cité par Port-R.

position *pro*. Elle est donc ellipsée dans les exemples de la première. Acheter quelque chose vingt mines, c'est enlever cette chose pour vingt mines, en laissant *en avant* vingt mines. Comme, dans cette circonstance, le sens appèle invinciblement la préposition *pro*, ou autre semblable, elle est presque toujours sous-entendue.

L'explication du génitif *quanti*, *multi*, etc., a été donnée n° 34.

N° 83. STULTIOR *stulto* fuisti, qui iis tabellis crederes ª.

1. Tu as été plus fou, mis devant un fou; c'est-à-dire, tu as été plus fou qu'un fou (98).

2. Tu es *lapide silice* stultior ᵇ,...
Tu es plus stupide qu'une pierre silice.

3. Sapiens uno minor est *Jove* ᶜ,..

4. Alius *alio* PLUS habet viriûm ᵈ,.

5. Unus *præ cæteris* et animo FORTIOR et ætate JUVENIOR, exurgat ᵉ.

6. Unus senior *præ cæteris* SENIOR ᶠ.

7. Sinam impunè me MINORIS factum *præ illo* ᵍ ?

On voit par les exemples de la deuxième colonne, que l'ablatif qui suit le comparatif est précédé de PRÆ. *Præ cæteris fortior*, plus courageux, en comparaison (*præ*) de tous les autres. L'ellipse de *præ*, après le comparatif, se fait presque toujours, l'idée de comparatif aplant invinciblement cette préposition.

N° 84. *Opinione* tuâ STULTIOR est ʰ.

8. C.-à-d., stultior est quàm stultus est pro tuâ opinione.

9. Curavi ut, *opinione* illius, pulchrior sies ⁱ (pour *sis*),

il est plus fou, en effet, qu'il ne l'est dans ou selon ton opinion.

j'ai eu soin ensorte que tu sois (ou lui paraisses) plus belle qu'il ne croit.

---

(98) Quand nous traduisons *stultior stulto fuisti*, par *tu as été plus fou qu'un fou*, nous employons une toute autre tournure que les latins.

Ce n'est pas *stultior stulto fuisti* que nous traduisons, mais bien *stultior fuisti quàm stultus*, qui est aussi une phrase latine.

Quand dans Plaute on dit au banquier Lycon : *stultior stulto*, on le place devant un fou de mesure commune, et on le trouve plus fou. Dans la sublime pensée d'Horace, qui ne voit que Jupiter au-dessus du sage, le sage est placé devant Jupiter, *præ Jove*, il est plus petit *minor*, en comparaison de Jupiter seul, *præ Jove*. Et quand il dit : *vilius argentum est auro*, *virtutibus aurum*, c'est que *præ* est deux fois sous-entendu, une fois devant *auro*, une fois devant *virtutibus*.

---

a PLAUT. *Curc.*4, 3, *v.*19.
b PLAUT. *Pœn.*1, 2.*v.*79.
c HOR.1, *epist.* 1, *v.* 107.

d CIC. 1, *de Legib.* 6.
e APUL. cité par PORT-R.
f APUL. cité par PORT-R.

g PLAUT. *epid.*3,4,*v.*81.
h *Voy. la citation suiv.*
i PLAUT. *Mil.*4. 5. *v.* 23.

1. **Major** quàm *pro numero* jactura | la perte fut plus grande qu'elle ne
fuit. **ᵃ**, | devait être , vu leur nombre.

On voit que, dans *opinione stultior*, ce n'est point la même ellipse
que dans *stultior stulto.* Ici, ce sont deux fous qui sont comparés, et
l'un est plus fou, étant placé devant l'autre, *præ stulto.* Mais dans *opinione
tuâ stultior*, l'opinion n'est pas comparée, on ne veut pas dire : *il est plus
fou que ton opinion*, mais il est plus fou qu'il n'est fou selon ton opinion. L'ellipse est donc bien différente et bien plus grande (99).

N° 85. *Tantò* **major** vis *quanto* recentior ᵇ.

2. Une force est plus grande en | *Tanto* est pour *pro tanto.* C'est
tant qu'elle est plus récente. | ainsi qu'on trouve souvent *nihilo*
     | pour *pro nihilo* , etc.
3. *Paulo majora canamus* ᶜ ,.... | chantons des choses un peu plus
     | grandes.
4. Verbo sensum cludere *multo* | C'est très-bon en un grand degré
optimum est ᵈ ,.......... | (*multo*) de clore le sens par le
     | verbe.

Voyez page 206, le tableau des adjectifs *multum, tantum*, etc. Ils
suivent tous la même analogie ; ils sont à l'ablatif devant les comparatifs ,
et font *tanto, quanto , multo , paulo* etc. Voy. ibidem. On les trouve
aussi devant les superlatifs , comme dans le troisième exemple. C'est
toujours la même ellipse , *multo optimum est*, c'est-à-dire , *optimum
pro multo*, ou *in multo.*

N° 86. *Re bene gesta*, redisse me videt ᵉ.

5. *Re bene gesta , etc.* | 10. *Cum bene re gesta*, convertor
6. Ponuntque ferocia Pœni Corda | domum ᵏ.
    volente deo ᶠ. | 11. *Volentibus cum* magnis *diis* ˡ.
7. Ite , diis bene *juvantibus* ᵍ. | 12 *Cum diis* bene *juvantibus* ᵐ.
     | 13. *Sub te* tolerare *magistro* mili-
8. Ibant *Volscente magistro* ʰ. | tiam assuescat ⁿ.
9. Non ego hoc ferrem calidus ju- | 14. *Sub Annibale magistro* omnes
    ventâ , *consule Planco* ⁱ. | belli artes edoctus ᵒ.

L'ablatif dit absolu, est donc relatif comme tous les autres , et tou-

---

(99) On voit par le 3. exemple, qu'au lieu de dire comme il le pouvait avec une
grande ellipse: *major numero jactura fuit*, etc.; Tite-Live a dit moins elliptiquement
major quàm pro numero, etc., c-à-d. *jactura fuit major quàm esse debebat pro numero.*

---

a Liv. 21, 59.   f Virg. *Æn.* 1. v. 303.   l Cic. *Off.* 1.
b Plin. 9 , 38.   g Liv. 25 , 28.   m Cic. *cité par* Port. R.
c Virg. *Ecl.* 4. v.   h Virg. *Æn.* 9, v. 370.   n Virg. *Æn.* 8, v. 516.
d Cic. *Pro. Quint.* 9. 4.   i Hor. 3 , od. 10, v. 27.   o Liv. 25, 40.
e Plaut. *Stich.* 3, 1. v. 10.   k Plaut. *Stich.* 3, 1, v. 1.

jours en rapport avec *cum*, *sub* ou autre préposition semblable,
exprimée ou sous-entendue L'ellipse se fait presque toujours dans cette
circonstance. C'est elle qui a fourni les phrases laconiques : ME DUCE,
*carpe viam; non ego Daphnim metuam, judice te ; me lubente, Hercle
facies; deo juvante ; quo facto* etc. etc.

N° 87. *Cursando* atque *ambulando* totum hunc contrivi diem [*].

1. J'ai broyé, c.-à-d. passé cette journée *à courir*, ou *en courant*.	3. Contrivi *in quærendo* vitam meam [c].
2. *Flendo* ducimus horas [b].	4. Manus suas *in plaudendo* consumunt [d].

Les exemples des deux colonnes sont dans la même analogie. Il y a
donc ellipse de *in* dans ceux de la première. J'ai usé, employé toute
ma journée, ou ma vie *dans le courir devant être fait, in cursando;*
dans le chercher, dans la quête, *in quærendo, in quæstu.*

On peut voir sur cette forme en *do* le n° 45, pag. 224.

N° 88. Mirabile *visu* [*] !

5. Chose admi*rable* à voir, c.-à-d. dans le voir !

6. Hoc difficile est *probatu* [f].	9. Lingua cœpit esse *in quæstu* [i].
7. Attrita quotidiano *actu* forensi ingenia [g].	10. Ubi sunt illa præcepta quæ jubent *in actu* mori [k]?
8. Dentes atteruntur *usu* [h].	11. Silices tenuantur *ab usu* [l].

Nous avons déjà vu le substantif, dit supin en *u*, employé à la
question *undè*. Mais il est de fait qu'il est d'un usage bien plus fréquent dans celle-ci et avec l'ellipse de la préposition ; c-à-d. *hoc est
mirabile in visu.* Il est assez difficile de prononcer à laquelle des
deux questions appartient le 8ᵉ exemple; mais le résultat étant le
même, on peut se borner à comprendre la phrase et à l'imiter (100).

---

(100) Si l'on nous disputait l'ellipse de *in* dans *dentes atteruntur usu*, nous chercherions des exemples pour la justifier. Nous pourrions citer *contrivi in quærendo vitam*; *contero et attero*, étant des composés de *tero* ; au besoin, nous abandonnerions cette discussion à la curiosité désœuvrée.

---

a Ter.*Heoyr.* 5, 1.v.17.　　e Virg. *Æn.* 12, v. 252.　　i Quint.
b Virg. *Æn.* 6, v. 53g.　　f Cic. 5, *Tusc.* 1.　　k Senec. *Epist.* 8.
c Ter.*Adelph.* 5,2,v.15.　　g Quint. 10, 1.　　l Ovid. *de Arte* 3, v.91.
d Cic. 16. *Att.* 2.　　h Plin. 7, 16.

VII PARAGRAPHE.

De l'Accusatif ou *cas allocatif.*

Tout ce paragraphe prouvera que l'accusatif marque le lieu vers lequel on tend.

Nous parcourrons, dans un premier article, les prépositions avec lesquelles l'accusatif peut se construire, et dans un second, ses divers emplois.

ARTICLE PREMIER.

Des Prépositions qui se construisent avec l'Accusatif.

N° 89. AD *terram* fluit devexo pondere cervix [a].

1. Le cou (*chignon*) penche *vers* la terre, par son poids tiré en bas.	
2. Quid vult concursus *AD amnem* [b] ?	que veut dire ce concours vers le fleuve ?
3. *Ad te* ibam. Jam advesperascit [c],	j'allais *vers toi* (c'est-à-dire, chez toi), il se fait tard.
4. Respice *ad me* [d], ...	regarde *vers moi*, ou de mon côté.
5. *Ad incitas* lenouem rediget [e], .	il poussera le marchand d'esclaves aux abois. (ad res incitas)
6. *Ad assem* impendium reddes [f],	tu rembourseras la dépense *jusqu'à un sou.*
7. Quasi talenta *ad quindecim* coëgi [g],	j'ai ramassé presque jusqu'à 15 *talents.*
8. Si quid poscas, *ad ravim* poscas [h],	si tu demandes quelque chose, il faut que tu demandes jusqu'à l'enroûment.
9. Hæc *ad insaniam* concupierat [i],	il avait désiré jusqu'à la folie. . . . .
10. Omnes *ad unum* idem sentiunt [k],	tous, *jusqu'à un*, pensent de même.
11. *Ad summum* quinque sunt inventi [l],	on en a trouvé cinq *au plus.*
12. *Ad hunc modum* locuti sunt [m], (101)	ils parlèrent *approchant de cette manière.*

(101) *Ad hunc modum* et *hoc modo* paraissent se confondre dans le résultat. *Ad hunc modum* ne marque cependant qu'un à-peu-près, *locuti sunt ad hunc modum,* ils parlèrent pour arriver à cette manière, c'est-à-dire à peu près en cette manière ; *hoc modo* signifierait *ils parlèrent de cette manière.*

a VIRG. *Georg.* 3, *v.* 524. e PLAUT. *Pæn.* 4, 2, *v.* 85. i CIC. 4, *Verr.* 35.
b VIRG. *Æn.* 6, *v.* 318. f PLIN. *Epist.* 15. k CIC. *de Amit.* 23.
c TER. *And.* 3, 4. g TER. *Heaut.* 1, 1, *v.* 93. l CIC. *pro Milone* 8.
d TER. *Phorm.* 4, 6, *v.* 13. h PLAUT *Aul.* 2, 2, *v.* 10. m CÆS. *Bell. Gall.* 2, 31.

1. *Ad* normam et *libellam* fieri, et *ad perpendiculum* respondere oportet » structuram [a],	il faut que la structure soit faite à *la règle* et *au niveau*, et réponde *à l'aplomb.*
2. *Ad amussim* factum judicium [b],	c'est un jugement rendu à la règle, ou exactement.
3. *Ad* vicesimum ab urbe *lapidem* effoditur [c],	on fait des fouilles vers la 20ᵉ pierre de la ville.
4. *Ad horam* novam expectavit [d],	il attendit jusqu'à la 9ᵉ heure.
5. *Ad audiendum* parati sumus [e],	nous sommes prêts à écouter.

Cette préposition marque toujours une idée de tendance vers un lieu, ou un objet quelconque assimilé à un lieu. Dans *ad terram*, *ad amnem*, *ad ravim*, *ad insaniam*, *ad horam*, etc., la terre, le fleuve, la règle, l'enrouement, la folie, l'heure, sont également considérés comme des lieux ou des buts vers lesquels on tend. Il faut étudier avec soin cette série d'exemples, dont aucun n'a été choisi sans dessein.

Nᵒ 90. In *nemus* ire parant [f].

6. Ils se préparent à aller *dans le bois* (bois de pâturage).	
7. Fugiunt *in* flumina phocæ [g],...	les veaux marins fuient dans les fleuves.
8. Pariter *in* bella ruebant [h],....	ils se précipitaient ensemble dans les combats.
9. *In tutum* eduxi maniplares meos [i],	je conduisis mes soldats *en lieu sûr.*
10. (Apes) glomerantur *in orbem* [k],	les abeilles se rassemblent *en rond.*
11. Taxi torquentur *in arcus* [l],...	les ifs sont tordus eh arcs.
12. Domatur *in burim* ulmus [m],...	l'orme est dompté en manche de charrue.
13. *In* vaticinantis *modum* cecinit [n],	il parla en... devin.
14. Pars *in frusta* secant [o],.......	une partie coupe en morceaux.
15. *Inque vicem* speculantur aquas et nubila cœli [p],	*à leur tour*, etc. chacune à leur tour, elles observent les eaux et les nuages.
16. Mutatur *in horas*... juvenis [q],	le jeune homme se change d'heure en *heure.*
17. *Inque dies* caput altiùs effert [r],	elle élève de jour *en jour* plus haut.
18. *In diem* rapto vivit [s], ...	il vit de rapt *au jour le jour.*
19. *In rem* est utrique [t], ...	cela est *dans leur intérêt*, etc.

a Plin. 36, 22.	h Virg. Æn. 9, v. 182.	p Virg. Georg. 4, v. 167.
b Gell. 1, 4.	i Plaut. Most. 5, 1, v. 7.	q Hor. Art. poet. v. 160.
c Plin. 33, 12.	k Virg. Georg. 4, v. 79.	r Virg. Georg. 3, v. 553.
d Cæs. 4, Bell. gall.	l Virg. Georg. 2, v. 448.	s Liv. de Bell. punic.
e Cic. 1, Tusc.	m Virg. Georg. 1, v. 169.	t Ter. Andr. 3, 3, v. 15.
f Virg. Æn. 4, v. 118.	n Liv. 5, ab urbe.	
g Virg. Georg. 3, v. 543.	o Virg. Æn. 1, v. 212.	

1. *In lucem* cœnat Sertorius[a],...	Sertorius soupe pour arriver dans le jour, c.-à-d., jusqu'au jour.
2. Boves pariunt *in decem annos*[b],	les vaches engendrent jusque dans les dix ans, c.-à-d., jusqu'à dix ans.
3. *In* ora parentum filios jugulat[c],	il égorge les fils jusque sous les yeux de leurs parents (père et mère).
4. Me *conjicerem in pedes*[d],....	je me réfugierais dans mes pieds, c.-à-d., je me mettrais à fuir.
5. Crines nodantur *in aurum*[e],...	ses cheveux sont noués dans l'or.

On a vu, pag. 234, la même préposition suivie d'un ablatif. Cependant sa valeur est toujours la même ; elle exprime toujours une intériorité réelle ou fictive. C'est le cas seul qui fait la différence de *eo in urbe*, je marche dans la ville, et de *eo in urbem*, je marche pour arriver dans la ville. Dans l'ablatif, l'intériorité est de fait, mais dans l'accusatif, on la cherche, on tend à y arriver.

N° 91. sub *Tartara* mittam desertorem Asiæ[f].

6. J'enverrai *sous le Tartare* le déserteur de l'Asie.	
7. Quam multa *sub* undas scuta virûm, galeas que volvit[g]!	combien de boucliers et de casques il roule sous les ondes !
8. Venit avis prima *sub frigora*[h],	sous les premiers froids, l'oiseau..
9. *Sub lucem* adit oppida pastor[i],	sous la lumière, c.-à-d., à la pointe du jour, le pâtre va aux villes.
10. *Sub noctem* naves solvit[k],....	sous la nuit, c.-à-d., à la chûte de la nuit, il lève l'ancre.
11. *Sub vesperum* portas claudi jussit[l],	sous le soir, c.-à-d., à l'arrivée du soir, il ordonna qu'on fermât.
12. *Sub* ipsam finem adventabant[m],	ils arrivaient sous la fin, c.-à-d., ils approchaient de la fin.

On a vu, pag. 235, la préposition *sub* employée avec l'ablatif. Elle marque toujours, dans l'un et l'autre cas, une idée d'intériorité. C'est le cas seul qui fait la différence. *Sub noctem* indique une nuit où l'on entre; *sub nocte*, une nuit où l'on est (102).

---

(102) Quand Virgile dit : *Ibant obscuri sola sub nocte* (n), ils marchaient cachés sous la nuit solitaire, c'est qu'il était nuit, c'est qu'on était sous la nuit, sous le voile qu'elle étend sur la terre. Mais lorsque Pompée lève l'ancre, *sub noctem naves solvit*, c'est qu'il entre sous la nuit, que la nuit commence. Il y a la même différence

---

a Mart. 7, *Metam.* 9.	f Virg. *Æn.* 12, *v.* 14.	l Cæs. 2, *Bell. Gall.* 33.
b Varr. *R. R.* 5, 2.	g Virg. *Æn.* 8, *v.* 538.	m Virg. *Æn.* 5. *v.* 327.
c Senec. *Benef.* 7.	h Virg. *Georg.* 2, *v.* 321.	n Virg. *Æn.* 6, *v.* 268.
d Ter. *Phorm.* 1,4, *v.* 13.	i Virg. *Georg.* 3, *v.* 402.	
e Virg. *Æn.* 4, *v.* 138.	k Cæs. 1, *Bell. Gall.* 28.	

Nº 92. *Subter fastigia* tecti Ænean duxit ᵃ.

1. Elle conduisit Enée *sous les faîtes* du toît, c.-à-d., sous l'endroit le plus haut,	Nota. Ne confondez pas *fastigia* avec *fastidia*, dégoûts, dédains. Matri longa decem tulerunt fastidia menses (b) (*).

On a vu, pag. 236, cette préposition employée à l'ablatif. Elle se reproduit rarement, et elle est sans difficulté.

Nº 93. Super *ardua* venit *Pergama* ᶜ.

2. Alii *super* alios trucidantur ᵈ, ..	ils sont égorgés les uns sur les autres.
3. Clathri *super* aquam emineant ᵉ,	que les barreaux sortent sur l'eau.
4. *Super* Garamantas et Indos proferet imperium ᶠ,	il portera son empire jusque sur les Garamantes et les Indiens.
5. *Super* abundantiam lactis samera aut hedera præbenda ᵍ, ..	sur ou contre l'abondance de lait, il faut donner de la semence d'orme et du lierre.
6. Nomentanus erat *super* ipsum, Porcius infrà ʰ,	Nomentanus était (à table) au dessus de lui (de l'hôte), Porcius audessous. (103).
7. Polypercon cubabat *super* regem ⁱ,	Polypercon était couché (à table) au-dessus du roi.

On a vu, pag. 235, la même préposition employée avec l'ablatif. Cependant, elle marque toujours une seule et même idée. C'est le cas seul qui fait la différence. Voyez les deux numéros précédents.

---

dans *sub fine* et *sub finem. Jam sub fine laborum, vela traham* (k), *sub ipsam finem adventabant,* dans le premier cas, on est sous la fin ; dans le second, on cherche à y arriver

(103) C'est l'idée du trajet qu'il y avait de *Nomentanus* pour arriver à Nasiédénus, le maître du repas, qui a déterminé l'accusatif après super, *super ipsum.* C'est la même idée qui a fait mettre *cubabat super regem.*

Quelquefois, par résultat, *super* pourra se traduire comme *ultra. Super Numidiam Gætulos accepimus* (l). Nous savons que les Gétules sont en-dessus, ou au delà de la Numidie ; mais le sens immédiat, dans ce passage comme dans tout autre, est de signifier *sur, dessus, en-dessus.*

(*) Traduction : Dix mois ont apporté ou donné à la mère de longs dégoûts, ou ennuis.

a Virg. *Æn.* 8, v. 366.	e Colum. 8, *Capt. ult.*	i Curt. 8, 5.
b Virg. *Ecl.* 4, v. 61.	f Virg. *Æn.* 6, v. 794.	k Virg. *Georg.* 4, v. 117.
c Virg. *Æn.* 6, v. 515.	g Colum. 7, 8.	l Sall. *in Jugurth.* 22.
d Liv. 1, 5o.	h Hor. 2, *Sat.* 8, v. 24.	

N° 94.

Il n'y a que *in, sub, subter* et *super* qui soient suivis, tantôt de l'accusatif, tantôt de l'ablatif.

Ces prépositions sont doublement rappelées dans les phrases suivantes, qu'il faut se fixer dans la mémoire.

Accusatif.		*Ablatif.*	
	Pages		Pages
I<small>N</small> *nemus* ire parant,........	252	I<small>N</small> *fonte* lavabo.............	234
S<small>UB</small> Tartara mittam etc., ...	253	S<small>UB</small> *rupe* canet frondator,..	235
S<small>UBTER</small> *fastigia* tecti etc., ...	254	S<small>UBTER</small> *densâ testudine*, etc..	236
S<small>UPER</small> *ardua* venit *Pergama*,.	254	S<small>UPER</small> *cervice* pendet » ensis..	235

Toutes les autres prépositions sont bornées à l'un de ces deux cas. *Supra*, lui-même, malgré sa ressemblance avec *super*, ne peut avoir qu'un complément.

N° 95. S<small>UPRA</small> volat ardea *nubem* [a].

1. *Supra* volat ardea *nubem* [a] ,...	le héron vole au-dessus de la nue.
2. Saltu *supra* venabula fertur [b] ,..	par un saut, il se porte par-dessus les épieux.
3. Ille qui *supra* nos habitat [c] ,...	celui qui habite au-dessus de nous.
4. Cæsa, eo die, *supra* millia viginti [d] ,	il y en eut de taillés en pièces, ce jour-là, au-dessus de vingt mille.
5. Cùm hostes *supra* caput sint [e] ,.	lorsque les ennemis sont sur notre tête.

Cette préposition est souvent employée sans aucun cas, comme dans *ut supra dixi*, comme j'ai dit plus haut ; *nil supra deos lacesso*, je ne fatigue en rien les dieux *au-delà*, car *deos* n'est pas le complément de *supra*. Beaucoup de prépositions s'emploient aussi plus ou moins souvent avec l'ellipse de leur complément. Voyez pag. 267.

N° 96. I<small>NFRA</small> *oppidum* expectabat [f].

6. I<small>NFRA</small> *oppidum* expectabat....	il attendait *au-dessous* de la ville.
7. Uri magnitudine paulò *infra* elephantos [g] ,	les bœufs sauvages sont, en grandeur, un peu au-dessous des éléphants.

On dit aussi sans complément exprimé, *videbitur infra*, on verra plus bas, etc.

---

a V<small>IRG</small>. *Georg.* 1, *v.* 364.
b V<small>IRG</small>. *Æn.* 9, *v.* 553.
c P<small>LAUT</small>. *Pers.* 5, 2, *v.* 38.
d L<small>IV</small>. 30, 35.
e L<small>IV</small>. *ab urbe.*
f C<small>IC</small>. 6, *Verr.* 23.
g C<small>ÆS</small>. 6, *Bell. Gall.* 27.

Nº 97. Inter audaces lupus errat *agnos* ª.

1. Le loup erre entre les agneaux hardis (devenus hardis).	
2. Cœpi *inter vias* cogitare ᵇ, ...	entre les routes, c.-à-d., en chemin, j'ai commencé à penser.
3. *Inter hæc* major alius terror ᶜ,.	parmi ces choses ou sur les entrefaites, etc. C'est ainsi qu'on a eu *interea.*
4. Furtim *inter se* aspiciebant ᵈ,.	ils regardaient *entr'eux*, c.-à-d., ils se regardaient entr'eux furtivement.
5. *Inter nos* » dictum hoc fuit ᵉ,	cela a été dit entre nous (soit dit entre nous).
6. *Inter* tot dies herclè actum aliquid oportuit ᶠ,	certes il a bien fallu faire quelque chose parmi (ou dedans) tant de jours.
7. Hoc *inter cœnam* dictavi ᵍ,....	j'ai dicté cela *en soupant.*
8. *Inter vapulandum* vocitari » incipit ʰ,	pendant qu'on le battait, il commença à crier ou vociférer.
9. Potum age, et *inter agendum* occursare capro... caveto ⁱ,	mène-les boire, et *en les menant*, prends garde de rencontrer le bouc.
10. *Inter rem agendam istam* heræ huic respondi quod rogat ᵏ,.	Nota. *Inter rem agendam* est le même tour qu'*inter* (negotium) *agendum.*

Inter marque toujours une idée d'espace, bornée au moins de deux côtés ; sa traduction immédiate est *entre, parmi.* Quand on dit *inter cœnam*, on se figure donc le souper comme un espace borné par le commencement et la fin. C'est dans cet intervalle ou entre ces deux bornes que j'ai dicté cela, etc., *hoc inter cœnam dictavi.* Dans *inter agendum*, on se figure aussi l'action de mener comme ayant une semblable étendue.

Nº 98. (Iliacos) intra *muros* peccatur et extra ˡ.

11. On pèche *entre* les murs (d'Ilium) et *en dehors.* Proverbe.	
12 *Intra parietes* meos.... ᵐ,....	entre mes parois, c.-à-d., chez moi.
13. Locus *intra* Oceanum jam nullus est, quò... ⁿ,	il n'est plus de terre *dans l'intervalle* que laisse l'Océan, c.-à-d., dans toutes les terres qu'entoure l'Océan.

a Hor. 3, *Od.* 13. *v.* 13.
b Ter. *Eun.* 4, 2.
c Liv. 2, 23.
d Cic. *in Cat.* 3, 5.
e Ter. *Adelph.* 5, 1. *v.* 10.

f Plaut. *Truc.* 2, 6, *v.* 28.
g Cic. *ad Q. frat.* 3, 17.
h Just. 1, 18.
i Virg. *Ecl.* 9, *v.* 25.
k Plaut. *Cist.* 4, 2, *v.* 55.

l Hor. 1. *Epist.* 2, *v.* 16.
m Cic. *Attic.* 3, 10.
n Cic. 5, *Verr.* 89.

1. **Ea** *intra se* consumunt Arabes[a],	les Arabes cousument ces choses *entr'eux* (chez eux).
2. Quidam phrænetici *intra verba* desipiunt [b],	quelques frénétiques sont fous *dans l'espace des* paroles, c.-à-d., ne sont fous que *dans les paroles*.
3. *Intra jactum teli* progressus uterque substiterat [c],	dans l'intervalle du jet du trait, c.-à-d., à la portée du trait, etc.
4. Epulamur non modo non contra legem, sed etiam *intra legem* (104) [d],	*sed intra legem*, c.-à-d., mais dans l'intérieur des limites prescrites par la loi (somptuaire).
5. Subegit *intra* viginti dies... [e],..	il subjugua dans l'intervalle de vingt jours.
6. **Extra** *causam* id est [f],	cela est *hors* de la question.
7. *Extra* duces, reliqui rapaces [g],	hors ou excepté les chefs etc.

N° 99. Cis *Anienum* cum rege conflixit [h].

8. Il se heurta, c'est-à-dire, il en vint aux mains avec le roi, *en-deçà* de l'Anio.	
9. *Cis* paucas tempestates augebis genus ferratile [i],	en - deçà de (c.-à-d., avant) peu de saisons, tu augmenteras la race qui porte des fers.
10. Qui sunt **citra** Rhenum [k], ...	ceux qui habitent en-deçà du Rhin.
11. *Citra spem* omnium fortuna cessit [l],	en - deçà de l'espérance de tous, c.-à-d., sans qu'on l'espérât.
12. *Citra* calendas octobris seminare convenit [m],	il convient de semer *en-deçà* (en avant) des calendes d'octobre.
13. *citra* satietatem danda glans [n],	il faut donner le gland *en-deçà de la satiété*, c.-à-d., avant la satiété.
14. Phidias in ebore *citra* æmulum fuit [o],	Phidias fut, dans l'ivoire, *en-deçà* d'un émule, c.-à-d., sans rival.

Il faut s'attacher au sens immédiat, c'est le seul moyen d'éviter les

---

(104) Quand Cicéron a dit : *Modicè hoc faciam, aut etiam intra modum*, il s'est figuré la mesure comme ayant une étendue dans laquelle on se tient. *Modicè hoc faciam*, je ferai cela selon la mesure, ou mesurément, *aut etiam intra modum*, ou même en me tenant dans l'intérieur de la mesure, et n'allant pas même jusqu'à la limite.

Quintilien ravale donc les écrits d'Hortensius, lorsqu'il dit : *Hortensii scripta sunt tantùm intra famam ;* car il les resserre dans les limites de l'opinion ou renommée, c'est comm s'il disait qu'ils ne méritent qu'une réputation commune.

---

a Plin. 12, 22.	f Cic. pro. Cæls. 32.	l Ter. 3, 1, *de Jugurth.*
b Cels. 3, 18.	g Cic. *Fam.* 7, *Ep.* 3.	m Colum. 2, 8.
c Virg. *Æn.* 11, *v.* 608.	h Liv. 4, *ab urbe.* 76.	n Colum. 7, 6.
d Cic. 9, *Fam. epist.* 4.	i Plaut. *Most.*1,1,*v.*17.	o Quint. 12, 10.
e Plaut. *Curc.*3,1,*v.*77.	k Cæs. 6, *Bell. Gall.*	

contre-sens. *Cis*, *citra*, signifient toujours *en-deçà ;* et lorsqu'on **peut** les traduire par *avant* ou par *sans*, ce sont des chemins différents qui conduisent au même résultat (105).

N° 100. ULTRA *terminum* curis vagor expeditus [*].

1. Dégagé de soins, j'erre *au-delà* du terme.

2. Ridetque (Deus) si mortalis *ultra* fas trepidat [b],	et il (Jupiter) se rit si le mortel s'agite *au-delà* de ce qui est fesable ou permis.
3. Sunt certi denique fines , QUOS ULTRA CITRAQUE nequit consistere rectum [c],	il est enfin des bornes fixes, au-delà et en-deçà desquelles le bien ne peut être (ou se tenir).

Ultra, comme on le voit très-bien par le dernier exemple, s'oppose à *citra*.

N° 101. CONTRA *Pompeium* consistit [d].

4. Il s'arrête ou s'établit contre ou *vis-à-vis*, ou *en face* de Pompée.

5. Lanæ sunt tutela *contra* frigora [e],	les laines sont un abri contre le froid.
6. Aspice dùm *contra* me [f], ...	regarde donc vis-à-vis moi.
7. Elephanti tanta narratur clementia *contra* minus validos [g],	on raconte que la clémence de l'éléphant est si grande *vis-à-vis* les moins forts.
8. Hoc non modò non' pro me , sed *contra* me est potiùs [h], .	non-seulement cela n'est pas pour moi, mais c'est plutôt *contre* moi.

Ainsi, *contra* signifie immédiatement *contre*, c'est-à-dire, *vis-à-vis*, *en face ;* ce qui, par résultat, peut faire naître l'idée d'opposition, d'obstacle. Dans cette circonstance, *pro* et *contra* s'opposent, comme dans le huitième exemple.

---

(105) Il faut remarquer que l'écrivain qui emploie *citra*, *ultra*, etc. , compte l'espace en partant de l'endroit où il est. Ainsi cette phrase de Cicéron : *Cùm exercitum citra Rubiconem educeret* , était traduite ainsi par les Romains : lorsque César faisait passer son armée *en deçà du Rubicon ;* pour nous c'était *en delà*. C'est ainsi que *Gallia Cisalpina* (partie de l'Italie), signifie à Rome la *Gaule Cisalpine*, et à Paris la *Gaule Transalpine*.

---

a Hor. 1 , *Od.* 19. *v.* 10.	d Cæs.3, *de Bell.* 6,*v.*89.	g Plin. 8 , 7.
b Hor. 3 , *Od.* 23. *v.*31.	e Plin. 29, 2.	h Cic. 3 , *de Orat.* 20.
c Hor. 1 , *Sat.* 1, *v.* 106.	f Plaut.*Most.*5,1,*v* 55.	

Nº 102. JUXTA *murum* castra posuit Cæsar [*].

1. César posa ses retranchements, ou campa joignant le mur.	
2. Humilis volat *æquora* JUXTA [b],	il vole en joignant ou rasant la mer.
3. Totos dies *juxta* focum atque ignem agunt [c],	Ils passent des jours entiers tout près du foyer et du feu.
4. Gravitate annonæ *juxta* seditionem ventum [d],	par la cherté des denrées, on en vint tout près de la sédition.
5. *Juxta deos*, in tuâ manu positum est [e],	*joignant les dieux*, c.-à-d., après les dieux, cela est en ton pouvoir.
6. Figulus *juxta Varronem* doctissimus [f],	Figulus est le plus savant *joignant* Varron, c.-à-d., après Varron.

Juxta signifie *joignant*, ou *tout près;* car l'idée de jonction ne se prend pas toujours à la lettre. *Juxta ignem*, joignant le feu, veut dire seulement *tout près du feu* (106).

Nº 103. ERGA *ædes* sese habet [g].

7. Elle se tient (elle est) *vis-à-vis* ou *en face* de la maison.	
8. Tua voluntas *erga me*, meaque *erga te* par atque mutua [h],	ta volonté vis-à-vis moi et la mienne à l'égard de toi, ou à ton égard, est égale et mutuelle.
9. Nunquam quidquam *erga me* commerita est quod nollem [i],	jamais elle n'a rien fait vis-à-vis moi (ou contre moi) que je ne voulusse.

Erga signifie toujours une mise *en regard;* il se dit des affections morales, favorables, défavorables ou indifférentes, plutôt que des situations physiques, quoique pourtant il s'emploie aussi dans cette circonstance, comme dans *erga ædes sese habet.*

Nº 104. CIRCA *forum* » erant tabernæ [k].

10. Il y avait des échoppes ou boutiques *autour* de la place publique.	
11. *Circa regem* densæ miscentur [l],	elles se mêlent, semées *autour du roi.*

(106) Quand Salluste dit de ceux qui passent leur vie dans la paresse : *Eorum vitam mortemque juxta æstimo*, j'estime leur vie et leur mort joignant; il y a ellipse du complément *eas;* j'estime leur vie et leur mort en les joignant, c'est-à-dire je les estime également, je ne mets point d'intervalle entre les deux choses, je les joins, je les confonds.

a Cæs. 1, Bell. 1, v. 16.
b Virg. Æn. 4, v. 255.
c Tac. de Germ. 17.
d Tac. 6, Ann. 15.
e Tac. 2, Histor. 76
f Gell. 4, 9.
g Plaut. Truc. 2, 4, v. 52,
h Cic. 16, Att.
i Ter. Hecyr. 3, 5, v. 56.
k Quint. 6, 14.
l Virg. Georg. 4, v. 75.

1. Varia *circa hæc* opinio[a], ... | autour de (ou sur) ces choses.... —
2. Postero die *circa eamdem horam* copias admovit[b], | le lendemain vers la même heure il fit appeler les troupes.
3. *Circa lucem* expergefactus[c],.. | il fut réveillé autour de la lumière , c.-à-d., à l'approche de la lumière.

N° 105. CIRCUM *claustra* fremunt [d].

4. Ils frémissent *autour* de leurs cloisons.
5. Terra *circum axem* se convertit[e] | la terre se tourne autour de son axe.

Circa, et *circum* ont le même sens. Ils ne s'emploient guère que dans le sens physique ou immédiat. *Circiter* a la forme et les mœurs des adverbes. *Circiter in medio, environ dans le milieu.* Cependant on le trouve quelquefois suivi d'un accusatif, comme dans *circiter meridiem exercitum reduxit* [f] ; mais on peut dire que *ad* est sous-entendu.

N° 106. ANTE *pedes* hydrum altâ non vidit in herbâ [g].

6. Il ne vit pas un serpent, une hydre dans l'herbe, *devant ses pieds.*
7. *Ante lucem* surrexit[h],....... | il se leva avant la lumière.
8. Factus est consul *ante tempus*[i], | il fut consul avant le temps (légal).
9. *Ante Jovem* nulli subigebant arva coloni[k], | avant Jupiter, aucun laboureur ne subjuguait les champs.
10. *Ante Notos* Zephyrumque volant[l], | ils volent devant (plus vite que) les vents du midi et le zéphyr.
11. Alvus *ante omnia* ducitur[m],.. | *avant tout,* on tient le ventre libre.
12. Scelere *ante alios* immanior[n],. | plus cruel *avant les autres.*

Ante s'oppose à *post,* comme on verra dans le numéro suivant.

N° 107. POST *carecta* latebas [o].

13. Tu te cachais derrière *les glaïeuls.*
14. Neque Lydia erat *post Chloen* | et Lydie n'était pas *derrière Chloé,* et par extension , Lydie n'était pas *après Chloé,* ou moins que Chloé.
15. O Cives ! Cives ! quærenda pecunia primùm , Virtus post nummos. Hæc Janus summus ab imo perdocet[p], | il faut chercher l'argent en premier lieu, la vertu *après* les écus : c'est ce qu'enseigne Janus ou l'usurier depuis le dernier jusqu'au 1er.

---

a PLIN. 8 , 16.
b LIV. 42, 57.
c SUET. *in Oth.* 11.
d VIRG. *Æn.* 1. *v.* 56,
e CIC. *Acad.* 4, 39.

f CÆS. *Bell. Gall.* 1, 15.
g VIRG. *Georg.* 4, *v.* 458.
h CIC. 2, *de Invent.*
i CIC. 3, *de Amic.*
k VIRG. *Georg.* 1, *v.* 125.

l VIRG. *Æn.* 12, *v.* 334.
m CELS 7, 30.
n VIRG. *Æn.* 1, *v.* 347.
o VIRG. *Ecl.* 3, *v.* 20.
p HOR. 1, *epit,* 1, *v.* 55.

1. *Post meridiem* in academiam descendimus[a],	nous descendîmes après midi dans l'académie.
2. Decessit *post annum* quartum[b],	il alla en bas ou décéda après la 4ᵉ année, ou après quatre ans.
3. Maxima *post hominum memoriam* classis est devicta[c],	la plus grande flotte qui eût paru depuis la mémoire des hommes, c.-à-d., depuis que les hommes ont de la mémoire. Nous disons *de temps immémorial*.

Post et son opposé *ante* ont aussi les deux substantifs *postes* et *antes*, les parties antérieures et les parties postérieures d'une porte, etc. Ils signifient immédiatement *derrière* et *devant*. Toute autre traduction, même *après* et *avant*, n'est point immédiate (107).

N° 108. Pone *castra* pabulatum ibant [d].

4. Ils allaient fourrager *derrière* les retranchements, ou le camp.
5. *Pone quos* aut ante labantur[e], | ils tombent derrière ou devant eux.

Pone et *post* sont synonymes, mais l'emploi de *pone* est restreint u lieu, *post* se dit des lieux et des temps.

---

(107) Ce qui est placé *devant* est censé être plus estimé que ce qui est mis ou placé *derrière*. On a donc pu passer de cette idée : *Lydie n'est pas derrière Chloé*, à celle-ci : *Lydie n'est pas après* ou *ne vaut pas moins que Chloé*. Post et ANTE se sont aussi appliqués aux époques d'où l'on part pour compter le temps. Ces époques ainsi appelées (*epokè*), parce qu'elles désignent quelque chose de fixe, de stable, sont comme des jalons dans la durée, ou plutôt comme des figures immobiles, à qui l'on prête deux faces, l'une antérieure, l'autre postérieure. Quand Cicéron dit : *Cùm ANTE MERIDIEM operam dictioni dedissemus, POST MERIDIEM in academiam descendimus ; MERIDIEM, midi*, est une époque représentée avec ces deux faces, l'une tournée vers l'espace où midi a commencé d'exister, c'est sa face antérieure *antè* ; et l'autre tournée vers l'espace où il a fini d'exister, *post* ; car on suppose dans l'époque au moins deux points, son origine et sa fin. *Après midi* est donc par résultat la même idée que celle de *derrière midi*. POST TEMPORA *Trojæ vixit Alexander*, Alexandre vécut derrière ou après les temps de Troie. C'est dans notre cours français que nous avons approfondi toute l'idéologie de la grammaire ; dans celui-ci nous ne pouvons guères que donner des faits.

---

a Cic. 2, *Tusc. c.* 3. | c Nep. in *Them.* 5. | e Cic. *de Univ.* 10.
b Nep. *in Aristid. in fine.* | d Liv. 40, 30.

N° 109. O**b** *Trojam* duxit exercitum [a].

1. Il conduisit son armée devant Troie.

2. *Ob oculos* mors versata est [b], . . | la mort s'est agitée devant mes yeux.

3. Id frustrà an *ob rem* faciam in vestrâ manu situm est [c] ; | il est en votre pouvoir que je fasse cela inutilement ou *en face*, c'est-à-dire , en faveur de la chose.

4. Ait se *ob asinos* ferre argentum atriensi [d], | il dit qu'il apporte l'argent pour les ânes ou des ânes) au concierge.

5. Pretium *ob stultitiam* fero [e] . . . . | je porte le prix de ma sottise.

6. Pretia *ob tacendum* accipiunt [f], . | ils reçoivent des récompenses pour se taire.)

Ob signifie immédiatement *devant ;* o**b** **rem** *faciam* , j'agirai étant devant la chose , en vue, en considération de la chose.

Ce n'est donc que par résultat que *ob* peut être traduit par *pour, à cause de.* Ces sortes de substitutions ne se font, bien entendu, que lorsque le résultat les permet et que le génie de notre langue l'exige. Cette observation est générale, et s'applique à tous les mots.

N° 110. A**pud** *Andrum* insulam » navem fregit [g].

7. Il brisa son vaisseau ou fit naufrage auprès de l'île d'Andros.

8. Apud exercitum est [h], ... | il est auprès de l'armée, ou *à* l'armée.

9. Non diù *apud hunc* servies [i], . . | tu ne serviras pas long-temps chez lui.

10. Verba apud senatum fecit [k] , . . | il parla dans le sénat.

11. Apud forum è Davo audivi [l], . . | j'ai appris cela *sur* la place publique.

12. *Apud me* plurimum possunt [m], . | ils peuvent beaucoup *sur* moi.

13. Inveni apud auctores [n], ... | j'ai lu ou trouvé *dans* les auteurs.

14. Sic apud animum meum statuo [o], | je l'ai ainsi résolu *dans* mon esprit.

15. Vix sum *apud me* , ita animus commotus est metu [p], | je ne suis pas en mon pouvoir , c.-à-d. , à peine je me possède ; tant mon esprit est frappé de crainte.

Apud marque toujours une idée de juxta-position que nous traduisons immédiatement par *auprès ,* mais que, par résultat, nous remplaçons par *dans, chez, sur* etc., selon le génie de notre langue.

---

a Fest. *in Enn.*
b Cic. *pro Rabin* 14.
c Sall. *in Jug.* 33.
d Plaut. *Asin.* 2, 3.
e Ter. *Andr.* 3 , 6.

f Gell. 11, 10.
g Ter. *Andr.* 1, 3.
h Cic. *Verr.* 6.
i Plaut. *Pers.* 4.4, *v.*69.
k Cic. 4. *Verr.* 33.

l Ter. *Andr.* 2, 1, *v.* 2.
m Cic. *pro Ro , Cumer.*
n Plin. 20, 20,
o Sall. *Orat.* 2. *ad Cæs.*
p Ter. *Andr.* 5, 4. *v.* 34.

Nº 111. Jam PENÈS *vos* psaltria est ; ellam intus ..

1. Déjà la joueuse d'instruments est *chez vous*. — La voilà dans l'intérieur.

2. Summa virium *penès eum* est [b],	le pouvoir souverain est *chez lui*, c.-à-d., en son pouvoir.
3. *Penès te* es? [c], ...	es-tu chez toi, c.-à-d., maître de toi?
4. Omnia adsunt bona, *quem penès* est virtus [d], ·	tous les biens sont chez celui , chez qui est la vertu.

Apud et *penès* diffèrent peu , et se substituent pourtant rarement. *Penès* est plus expressif, et marque mieux la possession. On a *Penitùs*, intérieurement, tout-à-fait ; *penetrare*, pénétrer ; aller en dedans ; *penetralia* (sous-entendu LOCA), *lieux intérieurs*, *sanctuaire*. Or, l'idée d'intériorité réveille mieux l'idée de possession, de puissance, que ne fait l'idée d'une simple juxta-position.

Nº 112. PROPE *Cæsaris* hortos » cubat is ..

5. Celui-ci couche *près des* jardins de César.

6. propè seditionem ventum est [f],	on en vint *près de la* sédition.
7. propè calendas puto me fore, ..	j'espère y être vers les calendes.

Nº 113. PROPTER *Platonis* statuam consedimus *g*.

8. Nous nous assîmes *près de la* statue de Platon.

9. Hic *propter hunc* assiste ,	tiens-toi là, auprès de lui.
10. *Propter frigora* frumenta in agris matura non erant [h],	auprès des froids, c.-à-d., à cause des froids, les blés n'étaient pas mûrs.
11. Hi propter notitiam intromissi [i],	ceux-ci, auprès ou à cause de la connaissance, c.-à-d., parce qu'ils étaient connus, furent introduits.

Propter est une altération de *propiter*, proche, de *propis*, *propè*, qui a *propior*, *proximus*. PROPTER se prend souvent, par résultat, pour faire naître une idée de cause finale, comme si , de ce qu'une chose est près de nous, on devait en conclure qu'elle est là pour nous.

---

a TER.*Adelph*. 3, 4, v. 24.   e HOR. 1, *Sat*. 9, v. 18.   i NEP. *in Dione*. 9.
b VELL. 2 , 63.   f TAC, 3 , *Hist*. 21.
c HOR. 2, *sat*. 3, v. 271.   g CIC. *in Brut*. 6.
d PLAUT.*Amph*.2,2,v.21   h CÆS. 1, *Bell. Gall*. 16.

N° 114. Præter radices montis lapsus amnis [a].

1. Le fleuve coule *à côté* des racines de la montagne.

2. Nihil ante rem, neque *præter rem* locuti sumus [b],	n. n'avons rien dit, ni en face (ou contre) la chose, ni *à côté de la chose.*
3. *Præter* opinionem res ceciderat [c],	la chose était arrivée à côté ou hors de leur opinion.
4. *Præter illum* nemo regum ditior fuit [d],	*à côté* de celui-là, aucun roi ne fut plus riche.
5. Nihil *præter salices* fuit [e], ...	il n'y avait rien à côté des saules, c.-à-d., excepté les saules.

On voit, par le dernier exemple, comment du sens immédiat, *à côté*, on peut passer à celui d'*excepté*, *de hors* (108).

N° 115. Per Elidis urbem ibat ovans [f].

6. Il marchait ou passait triomphant par (ou à travers) la ville d'Élis (109)	
7. *Per medias rapit ira cædes* [g], . .	la colère entraîne à travers les meurtres.
8. *Per* novem cui *jugera* corpus porrigitur [h],	son corps s'étend par (ou à travers) neuf arpents.
9. Mille rotam volvêre *per annos* [i],	ils ont roulé la roue par ou à travers, c.-à-d. pendant mille ans.

---

(108) Le sens de *contre* qu'on lui donne dans certaines phrases, comme dans la troisième : *Etsi præter opinionem res ceciderat*, ne nous paraît pas admissible ; qu'on lise le chapitre de Nepos, où se trouve ce passage, on restera convaincu que la venue de Miltiade de la Chersonnèse à Lemnos n'avait pas été prévue par les Lemniens ; ce n'était donc pas *contre leur opinion* que la chose était arrivée, mais *à côté*, ou *hors de leur opinion*, c'est-à-dire sans qu'ils y eussent pensé.

Il n'y a sûreté dans la traduction, qu'autant qu'on se rattache au sens immédiat, tout ce cortège de significations diverses, attribuées au même mot, ne sert qu'à accabler, qu'à égarer le traducteur, qui ne tient pas le fil d'Ariadne que nous ne cessons de lui présenter.

(109) S'il fallait admettre une question QUA, *par où*, c'est ici qu'il faudrait la rapporter : *per Elidis urbem ibat*, il allait QUA, *par où* ? Mais cette question est inutile, car si l'on met comme ici l'accusatif avec *per*, cette question se confond avec la question *quò*, ou plutôt elle se fait sans *but* ; car avec *per* on met toujours l'accusatif, quelle que soit la question qu'on puisse faire. Si, au contraire, comme dans *urbe vagatur, ibam vid sacrd*, on met l'ablatif, c'est à la question *ubi* que le cas appartient, elle erre où ? *ubi* ? dans la ville, je marchais où ? dans la rue sacrée.

---

a Plin. 6, 3.	d Just. 23, 2.	g Hor. 3. Od. 2. v. 12.
b Auct. *ad Herenn.* 4, 1.	e Ovid. 6, *Fast. v.* 406.	h Virg. Æn. 6, v. 596.
c Nepos *in Milt.* 2.	f Virg. Æn. 6, v. 588.	i Virg. Æn. 6, v. 748.

1. *Per tempus* advenis [a], ...	tu arrives à propos.
2. Satis *per te* tibi consulis [b], ...	tu veilles assez par toi-même à tes intérêts.
3. *Per vinum* exoritur dissidium [c],	à travers le vin, c.-à-d. dans le vin.
4. *Per me* vel stertas licet [d], ...	il ne tient pas à moi que tu ne ronfles.
5. Ne pater *per me* stetisse credat [e].	que mon père ne croie pas qu'il ait tenu à moi.
6. *Per nos* quidem herclè egebit qui suum prodegerit [f],	certes *par nous*, celui-là aura besoin, qui aura prodigué son bien.
7. *Per ego te* deos oro [g], ...	moi, je t'en prie par les dieux.

Per exprime immédiatement une idée de trajet à travers un lieu, *per urbem, per novem jugera.* On l'a étendu au temps, et l'on a dit *per mille annos*, comme on avait dit *per novem jugera.* On voit par les autres exemples comment *per* a pu faire naître une idée de moyen. *Per te tibi consulis*, tu veilles à tes intérêts par toi-même, tu n'as pas besoin d'un autre moyen.

Ici, comme dans tous les autres numéros, il faut remarquer les latinismes, *per tempus*, *per me licet, per me stat etc.*

N° 116. Trans *fluvium* vatemque virumque exponit in ulvâ [h].

8. Il expose *au delà* du fleuve la prophétesse et le héros dans les plantes de marais.

9. Cœlum, non animum, mutant, qui trans mare currunt [i],	ils changent de ciel et non d'esprit, ceux qui courent *au dela* des mers.

N° 117. Secundum *littus* » 'quid illuc est hominum [k] ?

10. Quelle est cette sorte d'hommes qui est *le long du* rivage ?

11. Secundùm patrem tu es pater proximus (110) [l],	*après* mon père tu es mon père le plus proche.

---

(110) *Secundùm* se traduit immédiatement par *le long, suivant*, ou *selon ;* lorsqu'il s'agit d'une chose à suivre dans sa longueur, ou à imiter, comme dans *secundùm littus, secundùm normam, legem, jus, naturam*, le long du rivage ou suivant le rivage, le long de la règle, ou selon la règle, selon la loi, etc. Mais lorsqu'au lieu d'une continuité, il n'y a que succession, c'est-à-dire qu'on ne suit qu'en

---

a Ter *Andr.* 4, 5, *v.* 44.
b Hor. 1, *Epist.* 17.
c Plaut. *Mil.* 3, 1, *v.* 59.
d Cic. 4, *Acad.*
e Ter *And.* 4, 2. *v.* 16.
f Plaut. *Merc.* 5, 4, *v.* 60.
g Ter, *Andr.* 5, 1, *v.* 15.
h Virg. *Æn.* 6, *v.* 415.
i Hor. 1, *Epist.* 11, *v.* 27-
k Plaut. *Rud.* 1, 2, *v.* 61.
l Plaut. *Capt.* 1, 3, *v.* 45.

1. Secundùm jus fasque egerunt [a],	ils ont agi selon le droit et ce qui est fesable ou permis.
2. Secundùm hæc silentium fuit [b],	à cela ou après cela on se tut.
3. Hoc expones secundùm hunc diem [c].	tu diras cela *après* ce jour-ci.

Secundùm vient de *sequi* suivre, il marque un trajet qu'on va suivre ou qu'on a suivi, il se traduit en français par *le long, selon, suivant, sur* ou *après,* selon la manière dont il est encadré.

N° 118. Ego *portum* VERSUS pergam et perquiram [d].

4. Moi j'irai *vers* le port et je chercherai ou m'informerai.	
5. ADVERSUM *speculum* ornatur [e],	elle se pare, tournée vers le miroir.
6. Quis hæc quæ *me adversùm* incedit [f]?	NOTA. *Quis* est ici indécl. pour *quæ,* quelle est celle qui vient vis-à-vis moi?
7. *Adversùs eos* quos invitus offendas » utendum est excusatione [g],	il faut user d'excuse *vis-à-vis* ceux que tu offenses malgré toi, ou sans le vouloir.

Versùs, adversùs, adversùm ne sont autre chose que des adjectifs employés invariablement (111) on les trouve souvent employés avec *ad* ou *in,* en cette sorte : *ad urbem modo, modo in Galliam versùs* [h]. Ils expriment une idée de *position en face,* soit indifférente

se mettant à la suite d'un objet, comme dans *secundùm patrem tu pater es,* alors *secundùm* se traduit par *après,* tu es mon père après mon père, tu viens après lui en cette qualité. *Secundùm patrem* signifie immédiatement *en suivant mon père;* mais ces mots sont équivoques, et ont besoin d'être placés pour être traduits; car la manière de suivre n'est pas la même dans la phrase citée que dans celle-ci : *Secundùm patrem sentio,* je pense comme mon père. *Secundùm,* suivi d'un nom de temps, ou d'un signe qui sert à diviser le temps, peut toujours se traduire par *après. Secundùm æquinoctium* (i), après l'équinoxe; *secundùm ludos* (k), après les jeux.

(111) Nous avons prouvé, dans notre cours français, que toutes les prépositions ne sont et ne peuvent être que des substantifs ou des adjectifs, plus ou moins altérés, employés invariablement, et d'une manière plus ou moins elliptique; dans *per fenestras in viam versa, populum alloquitur* (l), *versus* n'est pas un autre mot que le *versus* de *ego portum versus pergam.* C'est ainsi que *superus, exterus, interus, inferus,* etc. ont fait *super, extra, intra, infra;* que *pono* a fait *pone,* pose, laisse en arrière, qu'*antes, postes,* etc. ont donné *ante, post.* Les prépositions et tous les invariables présupposent nécessairement des substantifs ou des adjectifs, qui leur aient donné naissance. Mais ces détails appartiennent plutôt à l'idéologie qu'à la syntaxe.

---

a LIV. 10, *Bell. Punic.*
b LIV. 52, 33.
c CIC. 1, *de Orat.*
d PLAUT.
e GELL. 7, 12.
f PLAUT. *Pers.* 2, 2, v. 18.
g CIC. 2, *Off.* 19.
h SALLUST. *in Cat.* 59.
i PLIN. 19, 8.
k PLAUT. *Cas. prol.*
l LIV. 1, 44.

comme dans le 4ᵉ et le 5ᵉ exemple, défavorable, comme dans le 6ᵉ, ou favorable comme dans le 7ᵉ.

Nᵒ 119. Et ANTÈ et POST eadem facienda sunt ᵃ.

REMARQUE. Les prépositions polysyllabiques, comme *antè, adversùs* etc, et le monosyllabe *post,* se trouvent plus ou moins souvent employés sans complément.

Il n'y a qu'*apud, erga* et *penès,* qui, quoique polysyllabiques, ne s'emploient jamais seuls.

Nᵒ 120. Longo *post* tempore venit ᵃ.

1. C.-à-d. *venit in longo tempore post ea* : il vint dans un long-temps après cela.
2. Reperta multis *ante* sæculis ᵇ, . | c.-à-d. reperta sunt *in* multis sæcu-
    lis ante ea.

REMARQUE. Lorsqu'une proposition est suivie d'un autre cas que le sien, c'est qu'il y a ellipse de son complément. Il n'y a guères qu'*antè* et *post* qui soient sujets à être ainsi employés.

Nᵒ 121. LISTE GÉNÉRALE

Des phrases principales , qui rappellent le sens et le complément de toutes les Prépositions , tant ablatives qu'accusatives.

NOTA. Le petit caractère est pour les prépositions ablatives.

	Pag.		Pag.
A terrà ad cœlum percontare , ...	233	Cum nuntio Crassus exit , ...	237
Ab horà octavà bibebatur ,........	ibid.	De prorà jacitur » anchora,.......	232
Abs. Vincam te vel vincar *abs te*,..	234	E manibus dedit in manus,.......	231
Absque te esset etc..............	ibid.	*Erga* ædes sese habet ,.......	259
Ad terram fluit devexo etc.	251	*Ex* Andro commigravit, ...	231
Adversùm speculum ornatur;	266	*Extra,* voyez *intrà* ,........	256
Adversùs eos quos invitus, etc. *ibid.*		*In* nemus ire parant ,.......	252
Ante pedes hydrum vidit , ..	260	In fonte lavabo » capellas , ...	234
Apud Andrum insulam » navem		*Infrà* oppidum expectabat , .	255
fregit,................	262	*Inter* audaces lupus errat ,...	256
Circa forum » erant tabernæ,	259	*Intrà* muros peccatur et extra,	256
Circum claustra fremunt, ...	260	*Juxta* murum , ...	259
Cis anienum ,...........	257	*Ob* Trojam duxit exercitum,.	262
Citra Rhenum sunt,........ibid.		*Penès* vos psaltria est , ...	263
Contra Pompeium consistit , .	258	*Per* Elidis urbem ibat ovans,.	264

a CELS. 8, 10. | b PLIN. 4, 16.

	Pag.		Pag.
Ponè castra pabulatum , ...	261	Sub rupe canet frondator,........	235
Post carecta latebas ,........	260	Subter densâ testudine ,..........	236
Præ se tulit 1½ millia pondo ,......	236	*Subter* fastigia tecti ,........	254
Præter radices montis lapsus ,	264	*Super* ardua venit Pergama,.	254
Pro littore classis » stabat, ...	236	Super cervice pendet , ...	235
Propè Cæsaris hortos » cubat,	263	*Supra* volat ardea nubem ,...	255
Propter Platonis statuam ,...	263	*Trans* fluvium vatemque vi-	
Secundùm littus » quid illuc		rumque , ...	265
est hominum ?..........	265	*Ultra* terminum , ...	258
Sine. Quid leges *sine* moribus, ...	234	*Versùs.* Ego portum versus,.	266
Sub tartara mittam ,.......	253		

On sait que *in* , *super*, *sub* et *subter* sont tantôt suivis d'un accusatif, tantôt d'un ablatif, selon qu'il y a tendance ou non tendance. Il faut se servir de ces phrases pour graver dans sa mémoire et le sens immédiat et le cas des prépositons ; ces deux connaissances sont de grandes préno- tions, qui aident souvent à débrouiller le reste de la phrase. Aussitôt qu'on trouvera par exemple un *ex* , il faudra songer à *ex Andro com- migravit* ; quand on rencontrera *sub* , on se rappèlera *sub tartara mittam* etc, ou *sub rupe canet* etc, selon que, dans le passage, *sub* sera suivi d'un accusatif ou d'un ablatif. Cette méthode de rattacher ainsi des abstrac- tions à des choses concrètes, à des phrases, rendra sûre, facile et prompte la composition.

ARTICLE SECOND.

Des différents emplois de l'Accusatif avec ou sans Préposition.

N° 122. { QUO nunc is ?—*Domum*ᵃ. — *in hanc domum* ᵇ !
{ QUID tum posteàᶜ (facies)? — *domum* vendam ᵈ.

Tout accusatif répond à l'une de ces deux questions, QUO et QUID, en français *où* avec tendance et *quoi*. *Quò nunc is ?* où vas-tu maintenant ? —Je vais à la maison , *domum* ; dans cette maison , *in hanc domum.*

Quid tùm postea? que feras-tu ensuite?—*Domum vendam,* je vendrai la maison. Je vendrai quoi ?

Dans la première, tantôt on exprime , tantôt on supprime la prépo- sition ; *eo domum* , *in hanc domum.* Dans la seconde, il n'y a jamais de préposition. Cet article fournit le sujet de deux sous-articles.

---

a TER. *Eun.* 2, 3, v. 71. c *Ibid. v.* 78.
b *Ibid. v.* 73. d = COLUM 1, 1.

Accusatifs de la question QUO.

N° 123. TENDIMUS *in Latium* ᵃ. TENDIMUS hinc recta *Bene-*
ventum ᵇ.

1. Tendimus *in Latium.* Antiquam Dauni defertur *ad urbem* ᶜ.	4. Tendimus hinc recta *Beneven-tum.*
2. Cur non intro eo *in nostram domum* ᵈ ?	5. Transacta re, convortam me *domum* ᶠ.
3. *In Albense rus* intulit hæc ᵉ.	6. Ego *rus* ibo atque ibi manebo ᵍ.

QUO *tenditur?* où tend-on? où va-t-on? *dans le Latium, dans la maison etc.,* l'accusatif est forcé.

Ces six exemples rappèlent les règles des rudiments sur l'emploi et l'ellipse de la préposition (112).

_____

(112) Voici ces règles : 1° Les noms propres de grands lieux, comme *Latium, Galliam, Egyptum,* et les noms communs, comme *urbem, oppidum,* ville ; *regnum, regionem,* pays ; *pagum,* bourg ; *vicum,* rue ou village ; *fluvium,* fleuve ; *silvam,* forêt ; *campum,* champ, etc. etc., se font ordinairement précéder de *ad* ou *in* selon le sens.

Domum et *rus,* qui sont aussi des noms communs, suivent la même règle, mais seulement lorsqu'ils ont un complément, comme dans *domum nostram* ou *domum Cæsaris* etc.

2°. On supprime ordinairement la préposition devant les noms propres de villes, bourgs, villages : *tendimus Beneventum,* et autres noms propres qui ne désignent pas de grands lieux.

Domum et *rus* employés sans complément suivent la même analogie. Nous avons ajouté aux règles des rudiments le mot *d'ordinairement:* car on trouve dans les auteurs des milliers d'exemples où la préposition est exprimée ou sous-entendue contre ces règles, qu'il ne faut, en effet, regarder que comme des observations sur l'usage le plus fréquent, *ibitis Italiam,* etc. *Italiam Lavinaque venit littora; Pompeium domum suam compulistis* etc. etc.

_____

a Virg. Æn. 1, v. 205.	d Plaut. *Amp.*1,1,v.252	g Ter. *Eun.* 2, 1.
b Hor. 1, *Sat* 5, v. 72.	e Plin. 15, 19.	
c Virg. *Æn.*10, v. 688.	f Ter. *Adelph.* 2,4,v.22.	

N° 124. *Ad tonsorem* ire dixit [a]

1. Il dit qu'il allait au barbier , c.-à-dire chez le barbier.

2. Eamus *ad cœnam*, quid stas [b] ?
3. Venient ad pocula damæ [c].
4. Ad ineptias redis [d].
5. *Ad propositum* redire malu- mus [e].
6. *Ad rastros* res redit [f].
7. *Ad restim* mihi res rediit [g].

8. *In rem* nostram esse putas [h].
9. *In spem* ventum erat [i].
10. Hanc oportet *in cruciatum* abripi [k].
11. Abi *deambulatum* [l].
12. Ille *inficias* ibit , sat scio [m].

Dans tout ce numéro, c'est évidemment la même analogie que dans TENDIMUS *in Latium.* Le barbier, le souper, les coupes ou l'abreuvoir, *pocula;* les sottises; le dessein ou plan, *propositum;* les rateaux, *rastros;* la corde, *restim;* l'action de tourmenter, ou le tourment, *cruciatum;* l'espérance; l'action de se baigner, *lavatum;* les dénégations, *inficias* sont assimilés à des lieux ou à des objets physiques, auxquels on tend, soit pour arriver auprès, soit pour y pénétrer.

Dans le 11ᵉ exemple la préposition est sous-entendue; voyez le n° 133, dans le 12ᵉ elle l'est aussi, c'est une tournure consacrée : *inficias ibit,* il ira aux dénégations, c.-à-d. *il niera.*

N° 125, *Ad me* Valerius SCRIPSIT [n].

13. Valerius écrivit à moi.
14. *Ad cœnam* hominem invita- vit [o].
15. *Ad pacem* hortari non desino [p],

16. Multa Cæsarem *ad id bellum* in- citabant [q].
17. *Ad nullam rem* impelletur [r], je ne cesse d'exhorter à la paix.

Scribere, rescribere, invitare, incitare, impellere, hortari, et autres mots semblables réveillent aussi une idée de trajet, qui, quoique moins tranchée que dans *ire, redire, venire,* n'en exige pas moins l'accusatif. Où dut arriver la lettre de Valérius? à *moi,* Ciceron.

Nous avons vu dans le datif que quelquefois l'accusatif avec *ad,* et le

---

(*) On a dit *ad rastros* ou *ad restim res redit,* pour signifier qu'*une chose est venue à rien* ou qu'*elle est dans un état désespéré.* Voyez dans l'auteur même ces deux passages.

---

a Plaut. *Asin.* 2, 3, *v.* 14.
b Ter. *Eun.* 3, 2.
c Virg. *Ecl.* 8, *v.* 28.
d Cic 2, *Tusc.* 51.
e Cic. 1, *Tusc.*
f Ter. *Heaut.* 5, 1, *v.* 58.

g Ter. *Phorm.* 4, 4.
h Plaut. *Pers.* 4.4, *v.* 58.
i Liv. 2, *ab urbe.*
k Ter *Andr.* 4, 5. *v.* 47.
l Ter. *Heaut.* 3, 3, *v.* 26.
m Ter. *Adelph.* 3, 2, *v.* 41

n Cic. ad *Terent.*
o Cic. 3. *Off.* 75.
p Cic. *Att.* 7.
q Cæs. de *Bell. Gall.* 3, 10.
r Cic. 4, *Acad.* 5:.

datif se substituent avec assez peu de différence dans le résultat.

N° 126. Aptum *ad omne tempus* anni pallium *.

1. Le manteau est propre à toute saison de l'année.

2. *Ad laudem* nati sumus b.

3. *Ad omnia* hæc magis opportunus nec magis ex usu tuo nemo est c.

4. Ingenium est omnium hominum à labore proclive *ad libidinem* d.

5. Non potuisti adducere homines magis *ad hanc rem* idoneos e.

6. Format nos intus *ad omnem* fortunarum *habitum* f.

7. Ad eorum *arbitrium* et *nutum* totos se fingunt et accommodant g.

Il ne faut pas s'étonner si l'on trouve souvent un accusatif avec *ad*, après *aptus, idoneus, opportunus, proclivis, propensus, pronus*, adjectifs qui marquent tous une idée de pente, et, partant, de facilité, d'aptitude etc. Il en est de même de *natus, educatus, edoctus, formare, fingere, creare* et autres adjectifs ou verbes, qui supposent cette même facilité pour atteindre à un but (113).

N° 127. Negotium hoc ad me attinet aurarium h.

8. Cette affaire d'or (où il s'agit d'argent, affaire d'argent) tient à moi ou me regarde.

Ea nihil *te ad* attinent i.

9. Si quid hoc *ad rem pertinet* k. Quid ista *ad vidulum* (valise) pertinent, servæ sint istæ an liberæ l ?

10. Non ea *ad religionem* spectant m.

11. Scythæ *ad Tanaïm* attinent n.

Les Scythes vont ou aboutissent au Tanaïs.

---

(113) Nous avons vu, dans le paragraphe du datif, que dans ces circonstances les latins obtiennent par le datif à peu-près le même résultat. *Ad miserias ego natus sum* (o), *me credo huic esse natum rei, ferundis miseriis* (p).

Nota. Parce qu'à Rome comme en France, on fait porter le joug aux bœufs, et qu'on s'y prive ainsi bien gratuitement d'une partie de leurs forces, Cicéron a dit : *ad juga natæ sunt boum cervices*, les cous des bœufs sont nés pour recevoir le joug. C'est ainsi (*dictum sit per transennam*, soit dit par parenthèse), qu'on prend souvent pour des destinations de la nature des aptitudes factices, qui ne sont dues qu'à des habitudes, qu'à des usages, produits de l'ineptie ou de la violence. En Saxe les bœufs libres et élevant une tête fière paraissent nés pour ne pas porter le joug, et ne traînent pas moins des fardeaux énormes.

---

a Cic. 3, *de Nat. deor.*

b Cic. *de Finib.*

c Ter. *Eun.* 5, 10, v. 29.

d Ter. *Andr.* 1, 1, v.50.

e Plaut. *Pœn.* 3, 2.

f Hor. *Art. poet.* v. 108.

g Cic. 1, *de Orat*, 8.

h Plaut. *Bacch.* 2, 2, v. 51.

i Ter. *Heaut.* 1, 1, v.24.

k Cic. 13, *Fam. epist.* 13.

l Plaut. *Rud.* 4, 4, v. 62.

m Cic. *de Leg.* 23.

n Curt. 6,

o Ter. *Heaut.* 3, 1, v. 10.

p Ter. *Adelph.* 4, 2, v. 7.

1. Aspera arteria *ad pulmones* us-	2. Huc *ad me* specta, ut cornicem
que per'inet *.	conspicere possit [b].
La trauché-artère va jusqu'aux pou-	Regarde vers moi afin que tu puisses
mons.	voir la corneille.

Attineo vient de *teneo* et de *ad*, je tiens, je tends vers, *pertineo* vient de *teneo* je tiens et de *per*, au travers, tout le long, tout-à-fait: *Huc ad me specta* est dans l'analogie de *huc aspice ad me*, et signifie *regarde vers moi* ou de *mon côté* (114).

Nº 128. Hic totos ter centum REGNABITUR annos [c].

3. Là on règnera pour arriver à trois fois cent ans tout entiers, c.-à-d. on régnera trois cents ans entiers.

4. *Annos sexaginta* natus es, aut	8. Ubi mille rotam volvere *per an-*
plus eo, ut conjicio [d].	*nos* [h].
5. Tertium *annum* regnat [e].	9. Vixit *ad annum centesimum* [i].
6. *Menses* tres abest [f], ...	c.-à-d. *ad tres menses*, ou *per*
7. Non *horam* tecum esse potes [g].	*tres menses.*
	10. Dormiit *ad horas tres* [k].

Jusqu'où se prolonge(en avant ou en arrière) l'action de régner, de vivre, d'être avec toi-même, *esse tecum*, de tourner la roue, de dormir ?

Les exemples de la 2ᵉ colonne sont une preuve de fait que la préposition est sous-entendue dans ceux de la 1ᵉ.

---

(114) » Les trois verbes PERTINERE, *appartenir,* dit L'Homond, ATTINERE, SPEC-
» TARE, *regarder, avoir rapport à,* veulent le nom de la personne à l'accusatif
» avec *ad* ».

D'abord la personne ou la chose ne fait rien ici, témoin *hoc ad rem pertinet, ista ad vidulum pertinent*; ensuite ces verbes ne veulent rien par eux-mêmes, tout dépend de l'idée qu'on veut peindre, car on trouve ces verbes, tantôt sans accusatif, tantôt sans préposition, tantôt avec une autre préposition.

Enfin *avoir rapport à, appartenir,* ne sont point la traduction immédiate de *spectare, attinere, pertinere,* comme on le voit par les exemples de la seconde colonne : *Scythæ ad Tanaïm attinent* etc., les Scythes vont ou aboutissent au Tanaïs.

Ici, comme avec tous les autres mots, c'est du sens immédiat qu'il faut partir et l'on s'appercevra que dans les exemples de la première colonne, *hoc ad me attinet* etc., la traduction qu'on en fait ressemble au bâton que l'eau a courbé, mais pour évaluer cette courbure, il a fallu avant tout avoir connu le bâton dans son état naturel et primitif.

---

a Cic. 2, *de nat. Deor.*	e Liv. *ab urbe,*	i Cic. *de Senect.* 6.
b Plaut.*Most.*3,3. v.56.	f Ter. *Heaut.*1,1,v.66.	k Cic. *Att.* 10, 13.
c Virg. *Æn.* 1, *v.* 272.	g Hor.2, *Sat.* 7, *sub fine.*	
d Ter. *Heaut.*1,1,v.10.	h Virg. *Æn.* 6, *v.* 748.	

Lorsque les latins considèrent ainsi la durée, ils emploient l'acc. avec ou sans préposition ; ils disent par une autre considération : *Sammula* 110 *annis vixit*, ou tout autrement, comme on a vu, note 97.

N° 129. *Stadia octo* ABEST mons Atlas à terrâ [a].

1. Le mont Atlas est loin de la terre pour s'élever jusqu'à huit stades etc.

Nous disons : Le mont Atlas est éloigné de la terre de huit stades.

2. *Millia* passuûm tria ab eorum castris castra posuit [b].

3. PATET oppidum 30 *stadia* [c].

4. Altitudo a cacumine *pedes* viginti quinque [d].

5. *Per tria millia* passuûm canalem absolvit [e].

6. Nix septem assurgit *in ulnas* [f].

7. Arborum ibi proceritas *ad* 144 pedes adolescit [g].

Voila la distance figurée par ABEST, et la mesure figurée par PATET. Les noms qui expriment l'une et l'autre sont à l'accusatif avec ou sans préposition. Voy. l'analyse de l'exemple 1er, et comparez les exemples des deux colonnes (115).

N° 130. Te tua *fata* DOCEBO [h].

8 Je t'instruirai sur tes destinées, pour te faire arriver à la connaissance de tes destinées.

9. Cursum mutavit amnis, doctus *iter* melius [i],

il a changé son cours, étant instruit à suivre un meilleur chemin.

10. Eos *hoc* moneo, desinant furere [k],

je les avertis sur cela, qu'ils cessent d'être possédés de rage.

11. *Illud* te esse admonitum volo [l],

je veux que tu sois averti sur cela.

12. Aves mater erudiit *artes* [m], ...

la mère instruisit les oiseaux dans les arts.

13. *Ea* ne me celet, consuefeci filium [n],

j'ai accoutumé mon fils à ne pas me tenir voilé sur ces choses.

Où, sur quoi se dirige l'action d'instruire ou d'être instruit, d'avertir ou d'être averti, etc. ? C'est cette idée de tendance vers une fin qui a fait mettre à l'accusatif *fata, iter, hoc, illud, artes* et *ea.* La préposi-

---

(115) Les latins emploient aussi, quand il leur plaît, une toute autre tournure, comme on a vu, n° 82, pag. 247. *Distance, mesure, temps, instrument*, etc. etc. ; tout est soumis à l'idée du peintre, car la parole est une peinture.

a PLIN. 6, 31.
b CÆS. cité par *Maugard.*
c PLIN. 6, 23.
d PLIN. 36, 12.
e CLAUD. 20.

f VIRG. *Georg.* 3, v. 355.
g PLIN. 6, 32.
h VIRG *Æn.* 6, 1 v. 759.
i HOR. *Art. poet.* v. 67.
k CIC. *in Cat.* 9.

l CIC. *pro. Cœl.* 50.
m OVID. 2, *de Art.* 14.
n TER. *Adelph.* 1, 1, v. 29.

tion *ad* ou *in* est évidemment sous-entendue. *Celare* signifie *cacher*, *voiler*, *tenir voilé*, c'est-à-dire, dans l'ignorance, lorsqu'il se dit des personnes.

Numquam *divitias* deos ROGAVI [a].

1. Je n'ai jamais prié les dieux pour avoir des richesses.

2. Ovem rogabat cervus *modium* tritici [b],	le cerf poursuivait la brebis *pour un muid* de froment.
3. Unum *hoc* vos oro [c], ...	je vous prie pour (ou d') une seule chose.
4. Tu modo posce Deos *veniam* [d],	toi, sollicite les Dieux pour obtenir leur indulgence ou leur permission.
5. *Nihil* supra deos lacesso, nec potentem amicum *largiora* flagito [e],	je ne fatigue les dieux *sur rien* au-delà, et ne sollicite pas un ami puissant *pour des choses plus copieuses.*

Il est de fait que souvent on trouve deux accusatifs après les verbes,

Doceo, Moneo,	Admoneo, Erudio,	Celo, Rogo,	Oro, Posco,	Lacesso, Flagito etc. } mais ils sont dûs

à deux causes. L'un répond à la question *quid*, et l'autre est le complément de la préposition *in* ou *ad*, sous-entendue. Ces verbes gouvernent si peu deux accusatifs que, lorsqu'ils sont au passif, l'accusatif de la préposition continue à être employé. *Doctus iter melius, te illud esse admonitum volo* etc. (116).

N° 131. SCISSA *comam* muros cursu petit [f].

6. Arrachée par rapport à sa chevelure, *ad comam* (quantum ad *comam*), c'est-à-dire, s'étant arraché les cheveux, elle court etc.

7. Unum exuta *pedem*, in veste recinctâ, testatur moritura Deos [g],	dépouillée, déchaussée quant à un pied, en robe retroussée, elle atteste les dieux.

---

(116) C'est toujours la même observation. Quand il plaît aux latins de vouloir arriver par un autre chemin au même résultat, ils disent avec l'ablatif : *quis te de isto genere non docuit* (h)? *Socratem fidibus docuit* fidicen, un musicien instruisit Socrate à jouer de la flûte. *Terentiam moneas de testamento* (i). *Adversæ res admonuerunt religionum* (k). Voyez le n° 38.

Ou voit combien la règle *doceo pueros grammaticam*, d'après laquelle *doceo* etc. gouvernent, dit-on, deux acc., est mal-sonnante et incomplète.

---

a MART. 4, *Epigr.* 77.
b PHAED. 1, 16.
c TER. *Eun.* 5, 10, v. 38.
d VIRG. *Æn.* 4, v. 50.
e HOR. 2, *Od.* 15, v. 11.
f VIRG. *Æn.* 9, v. 478.
g VIRG. *Æn.* 4, v. 519.
h CIC. 3, *de Orat.*
i CIC. *ad Att.* 11, liv. 5.
k LIV. 5, *de Bell. maced.*

1. *Os humerosque Deo similis...* [a], semblable à un dieu quant à ses traits et à ses épaules.

Où, sur quoi, se porte l'action d'arracher, de déchausser, et le rapport de similitude ? Cette ellipse de la préposition *ad, in,* ou de toute autre semblable, est très-fréquente dans les poètes et dans Tacite, lorsqu'il s'agit d'un dénombrement des parties. *Omnia* et *cetera* sont eux-mêmes des signes de dénombrement. OMNIA *Mercurio similis, vocemque coloremque* [b]. *Tradunt feram, equind jubá,* CETERA *tauro similem* [c].

N° 132. Inutile *ferrum* CINGITUR (Priamus).

2. Inutile *ferrum* cingitur [d].
3. Progreditur picto *chlamydem* circumdata limbo [e].
4. Visus adesse mihi per pedes trajectus *lora* tumentes [f].
5. Loricam induitur [g].

6. Dic quibus in terris inscripti *nomina* regum Nascantur flores [h].
7. Expleri *mentem* nequit [i].
8. O ego lævus qui purgor *bilem* sub verni temporis horam [k]!...
9. Nec *quidquam* tibi prodest aërias tentasse domos [l].

C'est encore *in* ou *ad* qui est sous-entendu dans les phrases de l'une et de l'autre colonne. Dans la première le *fer,* la *robe* ou *chlamyde,* les *courroies* (LORA) la *cuirasse* (LORICA) sont comme des parties additionnelles de Priam, de Didon, d'Hector etc. C'est à-peu-près comme dans *crines nodantur in aurum,* Priam fait effort, tend contre le fer qui le ceint; comme les cheveux, contre l'or qui les noue.

Dans la seconde colonne, les fleurs sont écrites de manière à *produire les noms des rois,* c'est à-peu-près, quoique d'une manière moins marquée, comme dans *taxi curvantur in arcus.* En français nous rétablissons l'ellipse de *nec quidquam tibi prodest,* en disant *et il ne te sert à rien.*

N° 133. *Lusum* IT Mæcenas, *dormitum ego* [m].

10. Mécène va *au jeu,* ou va *jouer,* et moi je vais dormir.
11. Stultitia est *venatum* ducere invitas canes [n].
12. Daturne illa Pamphilo hodie nuptum [o]?

c'est une folie de mener *à la chasse* ou *chasser* les chiens malgré eux.
est-elle donnée aujourd'hui à *marier* ou en mariage à Pamphile?

Les latins sous-entendent presque toujours la préposition devant le

---

a VIRG. *Æn.* 1. *v.* 589.
b VIRG. *Æn.* 4, *v.* 558.
c PLIN. 8, 15.
d VIRG. *Æn.* 2, *v.* 511.
e VIRG. *Æn.* 4, *v.* 137.

f VIRG. *Æn.* 2, *v.* 71.
g VIRG. *Æn.* 7, *v.* 640.
h VIRG. *Ecl.* 3, *v.* 107.
i VIRG. *Æn.* 1, *v.* 713.
k HOR. *Art. poët. v.*301.

l HOR. 1, *Od.* 23.
m HOR. 1. *Sat.* 5, *v.* 48.
n PLAUT. *Stich.* 1,2, *v.*82.
o TER. *Andr.* 2, 1.

substantif verbal , dit supin en *um*, lorsque c'est plutôt l'action exprimée par le verbe dont il dérive qu'ils véulent peindre qu'un lieu ou un acte particulier. Les doubles exemples suivants donneront quelque idée de l'usage relativement à l'ellipse ou à l'emploi de la préposition.

1. *Potum* pastas age » capellas [a].	3. *Ad potum* venientes elephan-
2. Dico iturum esse me *mercatum*, si velit [b].	tos [c]......
	4. Nisi *ad mercatum* venio , dam- num maxumum est [d].

Dans la 1ᵉ colonne l'idée *de boire* et celle de *faire le marchand* se présentent d'abord à l'esprit; dans la seconde cet *ad*, placé devant *potum* et *mercatum* , fait penser plutôt à un objet, à un lieu (117).

N° 134. Audierat non *datum* iri filio uxorem suo [e].

5. Il avait entendu dire *qu'on n'allait pas* (*non* iri) *donner* cette femme à son fils.

Nous disons : il avait appris qu'on ne donnerait pas cette femme à son fils.

6. Siccine oportet *ire* amicos homi- ni operam *datum* [f].	est-ce ainsi qu'il faut que des amis aillent *donner* des soins etc.
7. Mihi præda videbatur *perdi- tum* iri [g].	la proie me paraissait ÊTRE CONDUITE (iri) *à la perte.*
8. Vitam tuam *perditum* iRE pro- perat [h].	il se hâte d'ALLER *perdre* ta vie.

Ce numéro ne diffère point pour nous du précédent ; la différence entre *datum iri* et *datum ire*, entre *perditum iri* et *perditum ire* est donc immédiatement dans *iri* et *ire*. *Iri* est tellement le passif d'*ire* qu'on le trouve employé seul à la manière de tous les autres infinitifs :

---

(117) Pline a figuré les Eléphants comme allant au boire, à l'endroit où l'on boit ou *à l'abreuvoir;* et Virgile a représenté les chèvres comme allant faire l'action de boire. Térence fait plutôt naître l'idée d'aller au marché, *ad mercatum venio,* et Plaute, celle d'aller faire le marchand.

Il faut éviter de confondre avec cet accusatif en *um*, l'adjectif passif homonyme, *ducent damnatum domum* (i). Ils conduiront le condamné à la maison : nous ne parlons pas des phrases comme *dictum est, actum est, conclamatum est,* c'est dit, c'est fait, c'en est fait; c'est évidemment, l'adjectif passif.

---

a Virg. *Ecl.* 9, *v.* 24.	d Ter. *Adelph.* 2,2.*v.* 23.	g Plaut. cité par Port-R.
b Plaut. *Merc. pr. v.* 82.	e Ter. *Andr.* 1 , 2.	h Liv. cité par Port-R.
c Plin.	f Plaut. *Pœn.* 3, 1,*v.* 9.	i Ter. *Phorm.* 2,1;*v.* 20.

1. *Ire* non queo, ad me *iri* æquum censeo (a).	je ne puis aller, je crois juste qu'*on vienne* à moi.
2. Contumelia quæ mihi factum *itur* (b).	l'affront qu'on va me faire.
3. Non esse *itum* obviam, cùm *iri* debuit (c).	qu'on n'était pas allé au devant, lorsque *cela* a dû *être fait* (*iri*).

C'est en partant toujours du sens immédiat des mots, qu'on entre dans le génie des langues et qu'on reconnait les causes de toutes les locutions (118).

N° 135. Nec satis *ad objurgandum* causæ [d].

4. Et il n'y a pas assez de sujet pour arriver à quereller, c.-à-d. pour quereller.

5. Non satis tutus *ad narrandum* locus [e].	le lieu n'est pas assez sûr *pour le narré devant être fait*, c.-à-d.
6. In vobis resident mores pristini, *ad denegandum* ut celeri lingua utamini [f],	vous avez conservé les mœurs antiques; vous avez la parole prompte *pour refuser.*

On a vu, n°. 18, que les mots dits gérondifs en *di, do, dum* sont des adjectifs passifs. employés seuls, ou avec ellipse de leurs substantifs. On verra dans la question *quid* quelle est la cause de l'accusatif, qui souvent les accompagne comme dans *ad Remp. gerendum veniunt.*

(118) Dans les rudiments on mêle avec la conjugaison les locutions *datum iri, visum iri, dictum iri, factum iri*, etc.; voyez pag. 141, 144, 145, 147 etc., et on les regarde comme un temps qu'on appèle futur du passif; mais comment y aurait-il un futur dans *iri* qui est un présent, et dans *datum, visum*, etc., qui sont de purs substantifs, et ne marquent aucun temps? tout ce qu'on peut dire sur ces locutions, c'est qu'elles peuvent, par résultat, faire naître à-peu-près la même idée que le temps sept de la 3e série passive, *dandus esse, videndus esse*, etc.; mais il ne faut pas comparer des choses incomparables, les adjectifs *dandus, videndus* etc., avec les substantifs *datus, datûs*, acc. *datum*; *visus, visûs*, acc. *visum*, l'infinitif actif *esse* et l'infinitif passif *iri*. Cette manière de ne voir que des résultats sans examiner comment ils ont été produits, désespère ou accable l'intelligence et tend directement à l'automatie.

a PLAUT. *Stich.* 2, 2, *v.* 20.
b CATO. cité par PORT-ROYAL.
c CIC. 2, *Att.* 1.
d TER. *Andr.* 1, 1, *v.* 110.
e TER. *Phorm.* 5, 2, *v.* 38.
f PLAUT. *Truc. prol. v.* 6.

Accusatif de la question QUID.

N°. 136. *Terram* TETIGIMUS .

1. Nous avons touché la terre. NOTA. Pour cela il a fallu tendre vers elle; mais lorsque nous la touchons, il n'y a plus de trajet à parcourir. Il n'y a donc pas lieu d'employer la préposition.

2. *Te* tetigi triginta minis [b],	je t'ai touché, ou décidé par 30 mines, (une mine, c'est 100 drachmes).
3. Si quis tangit honos *animum* [c].	si quelque honneur touche l'*âme*,

On voit que les différentes manières de toucher, que la différence des choses touchées ne fait rien au cas; il en est de même des différentes manières de *voir*, de *goûter*, d'*odorer*, d'*entendre*, et des diverses choses vues, goûtées, etc.

4. Terram video [d],	je vois la terre.
Diem « nondùm videram [e].	je n'avais pas encore vu le jour.
5. Leporem, gallinam et anserem gustare fas non putant [f],	ils ne croient pas permis de goûter ou manger du lièvre, de la poule et de l'oie.
6. Gustare ego ejus sermonem volo [g]	je veux goûter, savoir ce qu'il dit.
7. Tu projectum odoraris cibum [h],	tu flaires le mets jeté devant toi.
8. Hi voluptates omnes odorantur [i],	ils flairent, ils recherchent etc.
9. Audiit agnovitque sonum [k],	il entendit et reconnut le bruit.

Toucher, voir, goûter, odorer, entendre représentent les cinq opérations de nos sens; toutes nos actions se rapportent à ces cinq classes (119).

Quid tetigimus, QUID *video ?* QU'avons-nous touché ? QUE vois-je ? etc.

---

(119) Que l'objet touché, ou goûté, odoré, entendu, soit un corps ou non; que l'être qui fait ces actions de toucher, de goûter, etc., ait réellement les organes *ad hoc,* ou que ces organes ne soient que supposés; que ces actions se prennent à la lettre et dans le sens immédiat, ou dans un sens étendu et figuré, tout cela ne fait rien au cas, tout doit être pris et calculé du sens immédiat; ainsi qu'on touche la terre ou qu'on touche l'âme, que ce soit *nous* qui touchions ou que ce soit l'être abstrait que nous appelons *honneur,* etc. etc,, c'est toujours la même idéologie.

---

a PLAUT. *Amph.* 1, 1. v. 49
b PLAUT. *Epid.* 5, 2, v. 40.
c VIRG. *Æn.* 12, v. 57.
d PLAUT. etc. *Prov.*
e SEN. in *Phæn.* v. 245.
f CÆS. 5, *Bell. Gall.* 50.
g PLAUT. *Most.* 5, 1, v. 15.
h HOR. *Epod.* 6, v. 10.
i CIC. *Post. redit. in ser.*
k VIRG. *Æn.* 12, v. 449.

Toute question semblable faite sur un mot actif, appliqué à un objet, et fesant effort contre lui, amène nécessairement un accusatif (*).

Tendimus in Latium fait bien concevoir l'accusatif de la question *quò*, (*quò tendimus*) dont le propre est de marquer une tendance illimitée, c.-à-d. qui n'est pas limitée. *Terram tetigimus* montre bien l'accusatif de la question *quid*, dont le propre est de marquer une tendance limitée ou bornée (120).

On voit par *odoraris cibum* que la déponence n'influe point sur le cas. Il suffit que le verbe déponent exprime une action qui atteint un objet pour se faire suivre d'un accusatif sans préposition.

SUITE. Feminis dumtaxat purpuræ *usum* interdicemus *.

1. Nous interdirons seulement aux femmes l'*usage* de la pourpre.
2. Interdixit histrionibus scenam [b], | il interdit la scène aux histrions.

Les auteurs disent *interdicere alicui patriam*, *interdicere feminis convivia*, *interdicere mare*, *potum vini*; or tous ces exemples sont dans l'analogie de *terram tetigimus*, ou *amo deum*, (121).

___

(120) Dumarsais croit que devant ce dernier accusatif même, il y a la préposition *ad* ou *in* de sous-entendue, et qu'*amo deum* est pour *amo ad deum*, ainsi *tetigimus terram* serait pour *tetigimus ad terram*. Nous pensons que le rapport général de tendance ou d'effort est marqué par l'accusatif, et que le trajet étant nul, quoiqu'il y ait effort contre l'objet, la préposition n'ajouterait rien à l'idée exprimée par le cas, et semblerait faire croire qu'il y a un trajet à parcourir. Au reste, les prépositions n'étant que des adjectifs ou des substantifs employés extraordinairement, ce n'est rien gagner que de sous-entendre *ad*, dans *amo deum*, *amo* pouvant, aussi bien que *ad*, causer l'accusatif *deum*. Mais c'est ici une question d'idéologie, qui n'appartient point à cet ouvrage: elle est amplement traitée dans notre cours français.

(121) Ceux qui composent en latin n'ont donc pas besoin de la règle *interdico tibi domo med*, qui enseigne *qu'il faut mettre l'accusatif à l'ablatif* etc. Ils peuvent imiter sans crainte la tournure française qui est aussi latine, et dire *interdico tibi domum meam*, etc. Nous ne trouvons dans les auteurs que deux phrases qui nous paraissent, l'une comme une formule d'exil, *aquâ et igni interdixit ei* (c), et par le passif *illi aquâ et igni interdictum sit* (d); *futurum puto ut aquâ et igni interdicamur* (e); l'autre est pour l'interdiction des biens: *malè rem gerentibus patribus bonis interdici solet* (f).

(*) Nous appliquons également la question QUID ou *quoi* aux personnes et aux choses. *J'aime dieu*, qu'est-ce que j'aime (ou qui est-ce que j'aime), j'aime quoi? *Quid amo?* la réponse apprend si l'objet aimé est une personne ou une chose, mais cela ne fait rien au cas.

___

a LIV. 34, 7.   c PLIN. *de Vir. Illust.*   e CIC. *Fam.* 11, *Epist.* 1.
b SUET. *in Domit.* 7.   d CIC. 6. *Phil.* 4.   f CIC. *de Senec.* 7.

N° 137. *Vitam* cupio VIVERE ª.

1. Je veux vivre la vie, c'est-à-d. je veux vivre.

2. Nam ego vitam duram quam vixi usque adhuc mitto ᵇ,	je passe sous silence la vie que j'ai vécue c'est-à-dire menée.
3. Cur non eosdem cursus currimus quos L. et L. cucurrerunt ᶜ ?	pourquoi ne courons nous pas les mêmes courses que L. et L. ont courues.

4. Currit iter tutum classis ᵈ.
5. Sibi longam videtur ire viam ᵉ.
6. Magnam pugnavimus pugnam ᶠ.

7. Tuis servivi servitutem præceptis ᵍ.

8. *Nihil* PECCAT nisi quòd nihil peccat ʰ.

9. *Ea* peccemus quæ corrigat hora ⁱ.

Les verbes intransitifs, vulgairement dits verbes neutres, comme *vivere*, *currere*, *ire*, *servire*, *peccare*, *pugnare* (lutter) etc, se trouvent quelquefois employés dans les auteurs à la manière de *tetigimus* ou des verbes transitifs ; mais ils ne portent l'action que sur le résultat de cette action même, ou sur des noms d'une signification approchant de la leur, comme dans *vivere vitam*, *ire viam* etc.

N° 138. *Agros* POPULABUNDUS in Numeriam couvertit ᵏ.

10. Devant ravager les champs, il se tourne du côté de la Numérie.

11. Marius, VITABUNDUS hostium classem, ad oppidum pervenit ˡ,	Marius, cherchant à éviter la flotte des ennemis, parvint à la ville.

Les adjectifs en BUNDUS dérivés d'un verbe transitif, comme *populari* ravager, *vitare*, éviter, sont dans l'analogie des adjectifs actifs en NS et en URUS ; et, comme eux, ils se font suivre d'un accusatif.

N° 139. Neque enim hoc *te*, Crasse, FALLIT ᵐ !

12. et certes cela ne te trompe pas, c.-à-d. certes, Crassus, tu n'ignores pas cela.

Num me fefellit hosce id struere ⁿ ?	ai-je ignoré qu'ils machinaient cela?

13. Te non fugit quàm sit difficile ᵒ,
Cela ne te fuit pas combien etc.

tu n'ignores pas combien il est difficile.

---

a PLAUT. *Merc.* 2, 4, v. 5.
b TER. *Adelph.* 5, 4.
c CIC. *pro. Lege Agr.* 51.
d VIRG. *Æn.* 5, v. 862.
e VIRG. *Æn.* 4, v. 468.

f LUCIL.
g PLAUT. *Trin.* 2, 2, v. 21.
h PLIN. 9, *Epist.* 26.
i OVID. *Heroid Epist.* 16.
k SISENN. *apud Non.* 7.

l SALL. *in Fr. apud noni.*
m CIC. 1, *de Orat.* 60.
n TER. *Heaut.* 3, 2, v. 3.
o CIC. *Att.* 12.

Fugit me ad te antea scribere *,	j'ai oublié de t'écrire auparavant.
1. Hoc te præterit b, ... Cela te passe, te laisse de côté.	tu iguores cela , tu ne sais pas cela.
2. Nil illum...sub orbe latet c. . . . . Rien ne le cache , ne voile sa vue.	il n'ignore rien sous le ciel.
Nec latuere doli fratrem d, . . .	le frère comprit, démêla les ruses.
3. Multos castra juvant e, ... Les camps réjouissent beaucoup de personnes.	beaucoup de personnes aiment les camps, ou se plaisent dans les camps.
4. Venatio me delectat , ... La chasse me délecte.	j'aime la chasse , ou me plais à la chasse.

La première colonne donne la traduction immédiate des verbes *fallit*, *fugit*, *præterit*, *latet*, *juvat*, *delectat*, et en même temps la raison de l'accusatif qui les suit, lequel est évidemment dans l'analogie de *terram tetigimus* (122).

N° 140. Nec *te* POENITEAT calamo trivisse labellum f.

5. Et que cela ne te peine pas ou ne te fasse pas repentir , d'avoir pressé ta petite lèvre contre le chalumeau.

6. Solet eum , cùm aliquid furiosè fecit, pœnitere g,	cela a coutume de le peiner quand il s'est porté à quelque excès, c.-à-d. il a coutume de se repen- tir, quand etc.

Qu'on voie dans le paragraphe des génitifs, p. 212, les verbes *pænitet*, *piget*, *pudet*, *tædet*, *miseret*. ME POENITET, ME PUDET etc. ne signifient point immédiatement *je me repens*, *j'ai regret* etc, mais *cela me peine* ou *me fait repentir*, cela *me point* ou *m'affecte douloureusement*. L'accusatif de ces verbes est donc dans l'analogie de *terram tetigimus*,

(122) Rien de plus funeste à l'intelligence et de plus contraire aux progrès, soit dans la traduction , soit dans la composition que de franchir les intermédiaires , que de dire par exemple que *neque hoc te fallit* signifie *tu n'ignores pas*, que *musica me juvat* , veut dire *j'aime la musique*. Rien de plus dissonant, de plus désespérant que s'entendre dire que l'accusatif se met au nominatif, que le nominatif se met à l'accusatif etc, et de charger la mémoire de semblables préceptes. En partant du sens immédiat, tout s'applanit, tout devient clair, tout devient facile : s'agit-il de traduire *neque hoc te fallit*, on voit dans cette phrase la troisième personne du verbe *fallo*, je trompe etc , et l'on a d'abord le mot à mot : *cela ne te trompe pas* , puis fesant l'équation exigée par le génie de notre langue, on a : *tu n'ignores pas*. Si on avait cette phrase française à latiniser, et qu'on voulût imiter ses auteurs, on aurait d'abord; *cela ne te trompe pas* , qu'on traduirait immédiatement par *neque hoc te fallit*.

a Cic. 7, *Att. Epist.* 18.
b Cic. *Verr.* 1.
c Ovid. 4, *de Ponto, ep.* 9.
d Virg. *Æn.* 1, *v.* 130.
e Hor. 1, *Od.* 1, *v.* 23.
f Virg. *Ecl.* 2, *v.* 34.
g Cic. *Att.* 8, *Epist.* 5.

19

pour celui qui prendra le point de départ, *solet eum pœnitere , incipit me pœnitere* etc, ne sont difficiles ni à traduire ni à imiter.

N° 141. Scitatum oracula Phœbi mittimus [a].

1. Nous envoyons à l'action d'interroger les oracles d'Apollon ; c.-à-d. nous envoyons interroger ou consulter les oracles d'Apollon.

2. Cur te is *perditum* [b] ?........	pourquoi vas-tu te perdre ?
Nutricem *arcessitum* iit [c] ,....	il est allé faire venir la nourrice.
3. Tu tibi laudem is *quæsitum* [d] ,	tu vas t'acquérir de la gloire.
4. Me ires *consultum* malè [e] , ...	tu me viendrais assaillir mal-à-propos , c.-à-d. m'importuner.

Comme on avait dit *scitamur oracula , perdis te* etc, on a dit *scitatum oracula , is te perditum* etc. , conservant au substantif verbal , *scitatum, perditum* etc., le sens actif du verbe dont il dérive. Voyez le n° suivant.

N° 142. Quid tibi *hanc* digito TACTIO est [f] ?

5. Pourquoi *l'action de toucher* (tactio) celle-là est-elle à toi ? c.-à-d. pourquoi t'avises-tu de la toucher du bout du doigt ?	
6. Quid tibi *hanc* NOTIO est [g] ?....	comment as-tu *l'habitude* de LA connaître ?
7. Quid tibi *hanc* CURATIO est *rem,* verbero [h] ?	pourquoi t'occupes-tu de *l'action de soigner* cette chose, vaurien ?
8. Quid tibi huc RECEPTIO ad te est meum *virum* [i] ?	pourquoi retirer chez toi mon homme ou mari ?

On voit que les substantifs verbaux, *tactio , notio , curatio* (ainsi des autres) conservent le sens actif des verbes *tango , nosco , curo,* dont ils dérivent (123).

_____

(123) Ces tournures ont vieilli dans la question *quid* ; elles se sont maintenues dans la question QUO ; *domum reditionis spe sublatd* (h) l'espoir de retourner ou du retour à la maison étant ôté. Employés ainsi , ces substantifs en *io* sont synonymes de ceux en *us*, gen. *ûs*, que les grammairiens ont appelés supins, quand ils les ont vus à l'accusatif ou à l'ablatif.

_____

a VIRG. *Æn.* 2, *v.* 114.	d TER. *Heaut.* 2, 2, *v.* 74.	g PLAUT. Cité par P.-R.
b TER *Andr.*1,1, *v.* 107.	e PLAUT. *Pœn.* 5, 5, *v,*29.	h PLAUT.*Amp.*1,3, *v.*21.
c TER. *Eun.* 5, 2, *v.* 53.	f PLAUT.*Curc.* 5,2,*v.* 26.	i PLAUT.*Asin.*5,2,*v.*70.

N° 143. Ad *Rempublicam* GERENDUM veniunt[a].

1. C.-à-d. veniunt *ad negotium gerendum* (gesturi) Rempublicam.
Ils viennent pour une chose devant être gérée.... (devant gérer....)
la République; NOUS DISONS : ils viennent pour gérer la République
ou ils viennent gérer la République.

Rempublicam GERENDI spe veniunt ,	ils viennent dans l'espoir de régir la République.
Rempublicam GERENDO operam dabit.	il s'occupera à gouverner la République.
Rempublicam GERENDO senex evasit.	il a vieilli en gérant la République.
2. Ad *honores* ADIPISCENDUM veniunt[a].	ils viennent pour acquérir les honneurs.
3. *Nos* ELUENDO *operam* dederunt[b].	elles ont donné leur soin à nous laver.
4. Quis *talia* FANDO temperet a lacrymis[c] ?	qui pourrait s'abstenir de larmes en racontant de telles choses ?
5. DANDUM (canibus) potiùs hordeaceos quam triticeos *panes*[d],	il faut donner aux chiens des pains d'orge, plutôt que des pains de froment.

Dans *gerendum Remp.*, l'adjectif passif neutre *gerendum* exprime une
action qui doit être faite, ce qui force à penser que quelqu'un la fera ;
or c'est cette dernière idée qui a déterminé *Rempublicam* à l'accusatif.

Cet accusatif n'a point dans la phrase de mot qui le cause ; le mot ou
plutôt l'idée qui l'appelle est dans la pensée (124).

Nous ferons sur les exemples cités, ou à leur occasion, les observations
pratiques suivantes :

1°. L'adjectif passif neutre en *dum*, étant employé seul, c.-à-d. sans
substantif exprimé, a, comme les autres adjectifs neutres de la 2ᵉ déclinaison, trois formes, que les grammairiens appèlent gérondif en *di*,,
géroudif en *do*, gérondif en *dum.*

Ce mot de *gérondif* signifie mot à mot qui a la force de *gérer*, de *gouverner*,
nous avons vu qu'au fond il n'en a que l'apparence.

(124) Il y a une figure de grammaire que l'on appèle syllepse, qui consiste à *faire
la construction selon le sens ou la pensée, et non selon les paroles* ». Lorsque Horace
dit *fatale monstrum quæ*, c'était Cléopâtre qui était dans sa pensée. Quand Quinte-
Curce dit *duo millia electi*, c'est qu'il pensait à *homines* ; Molière aussi a fait une
syllepse, quand il fait dire au premier médecin : *nous sommes médecins qui voyons
clair dans votre constitution;* car *médecins* qui est de la troisième personne devait amener *qui voient.*

a Cic. 3, *de Orat.*   c Virg. Æn 2, *v.* 6.
b Plaut *Pœn.* 1, 2.   d Varr. *de R. R.* 2, 9.

2°. Que le gérondif en *di* est le génitif de l'adjectif passif neutre en *dum* ; *gerendum*, génitif *gerendi*.

Que le gérondif en *do* est le datif ou l'ablatif du même adjectif.

Et que le gérondif en *dum* en est l'accusatif ou le nominatif.

Nous disons *ou le nominatif*, témoin la 5° phrase, pag. 283 : *dandum hordeaceos panes*, c.-à-d. *negotium est dandum*, (DARE DEBETIS ou DATE) *panes hordeaceos* ; une chose est devant être donnée (vous devez donner) des pains d'orge (125).

3°. Que les adjectifs dits gérondifs peuvent tous trois être également suivis d'un accusatif, voyez les exemples.

4°. Que les latins disent indifféremment avec ou sans ellipse :

Ad rem GERENDUM ; ou *ad rem gerendam*,	Rem GERENDO *operam dederunt*, et *rei gerendæ* operam dederunt.
Rem GERENDI *spe* ou *rei gerendæ spe*,	Rem GERENDO *insenuit*, et *gerendâ* etc.
Res GERENDI *spe*, ou *rerum gerendarum spe*,	Res GERENDO etc. et *rebus gerendis*.

Mais *rem* GERENDUM *est*, ou *res* GERENDUM *est* est difficile à trouver. Les latins préfèrent : *res gerenda est*, *res gerendæ sunt*, la chose doit être gérée, les choses doivent être gérées, ce que nous traduisons par une toute autre tournure ; *il faut gérer la chose*, *il faut gérer les choses*.

5°. Il est bien entendu que lorsque le sens n'appèle rien après l'idée

---

(125) A l'exemple déjà cité : DANDUM *potius hordeaceos quam triticeos panes*, nous ajouterons les suivants :

1. ADDENDUM *partis* (ou *partes*) *alias* erit (a).	il faudra ajouter d'autres parties.
2. *Pleraque* similiter FACIENDUM (b),...	il faut faire de même la plupart des choses.
3. *Arietes* tempore trimestri, SACERNENDUM (c).	il faut séparer les béliers etc.
4. ITERANDUM eadem *ista* mihi (d)......	il faut me répéter ces mêmes choses.
5. *Æternas* quoniam *pœnas* in morte TIMENDUM (e),	parce qu'il faut craindre, après la mort, des peines éternelles.
6. *Multaque* in his rebus QUÆRENDUM, *multaque nobis* CLARANDUM (f).	il nous faudrait rechercher et éclaircir beaucoup de choses.

Cette tournure est plutôt à remarquer qu'à imiter. Les exemples recueillis par Maugard sont précieux, parce qu'ils fournissent des faits qui peuvent aider à approfondir la nature des mots dit gérondifs. D'autres faits qui constatent que les latins mettent aussi un génitif après le *gérondif* en DI SEULEMENT, sont aussi très-utiles à recueillir. Voyez la note suivante.

---

a LUCR. 2.
b VARR. *de R. R.* 2, 2.
c VARR. *de Re Rust.* 2, 2.
d CIC. *Tusc.* 2, 282.
e LUCR. 1.
f LUC. 4.

du gérondif, il n'est point suivi de l'accusatif. *Locus non est narrandi* etc.
Voyez les numéros 18, 45, 78 etc.

6°. Quelquefois le génitif ou gérondif en *di* est suivi, non d'un accusatif, mais d'un génitif, comme dans cet exemple :

Fuit *exemplorum* LEGENDI potestas ,	c.-à-d. *potestas negotii legendi, librorum legendorum fuit* ; on a eu la possibilité de la chose devant être lue, des livres devant être lus.
Nous traduisons ainsi :	
On avait la possibilité de lire des exemples.	

Port-Royal cite plusieurs exemples semblables (126).

---

1. (126) Fuit exemplorum *legendi* potestas (a).	on a eu le pouvoir de lire des exemples.
2. Reliquorum *siderum* quæ causa COLLOCANDI fuerit (b).	quelle fut la cause de placer les autres astres.
3. Antonio facultas detur *agrorum* CONDONANDI (c).	qu'on accorde à Antoine la faculté de donner des terres.
4. Omnium *rerum* una est definitio COMPREHENDENDI (d).	il y a une délimitation pour embrasser toutes les choses.
5. NOMINANDI tibi erit magis quàm edandi copia (e),	il te sera plus aisé de nommer ces choses-là que de les manger.
6. Ego *ejus* VIDENDI cupidus rectà consequor (f),	curieux de la voir (Philumène) je vais tout droit.

Remarquez que dans ce dernier exemple *videndi* n'est pas l'adjectif de *ejus* , puisque *ejus* se rapporte à la jeune Philumène.

Port-Royal, qu'on ne peut trop étudier, trop méditer, a cru voir dans ces exemples la nécessité de regarder ces gérondifs comme de véritables substantifs, qui, comme tous les autres, ont la faculté de se faire suivre d'un génitif.

Mais si le génitif qui les suit dans les exemples cités était leur complément, pourquoi les gérondifs en po et en DUM ne sont-ils jamais suivis d'un génitif ? On peut donc croire que les génitifs, *exemplorum*, *siderum* etc , ne sont pas causés par le gérondif en DI, car les gérondifs en DO et en DUM auraient le même pouvoir.

Au reste, il est impossible de reconnoître deux sortes de mots dans les adjectifs passifs en DUS, DA , DUM, et les gérondifs DI, DO, DUM, qui ne sont visiblement que des formes neutres de ce même adjectif passif. Dire que ces adjectifs sont pris substantivement, n'avance rien ; ce nouvel emploi ne change point leur nature, ne leur donne pas la force active, si comme adjectifs, ils ne l'ont pas. Le plus simple, c'est d'expliquer par la syllepse l'accusatif qui les suit.

Voyez surtout l'emploi de cette figure dans les numéros 148 , 150 et 156.

---

a Cic.	c Cic.	e PLAUT. *Capt.*4, 4, 1, 72.
b Cic.	d Cic.	f TER. *Hecyr.* 3, 3. v. 11.

N° 144. *Te* CREDO *credere* [a].

1. Je crois *toi croire*; NOUS DISONS : Credunt *se vidisse* Jovem [b],	je crois que tu crois... ils croient qu'ils ont vu Jupiter.
2. Censen' *hominem me esse* [c]? Comptes-tu moi être homme?	penses-tu que je suis homme ?
3. *Esse illum iratum* putas [d] ?	penses-tu qu'il est fâché ?
4. Sic *esse* opinor *dicturum patrem* [e], J'opine le pere (être) devant parler.	j'opine que le père parlera ainsi.
5. Quid arbitratus est *se facturum* [f]? Qu'a-t-il cru lui (être) devant faire?	qu'a-t-il pensé qu'il ferait?
6. *Ferre* videt *sua gaudia* ventos [g],	il voit que les vents emportent sa joie.
7. *Poetam* audivi *scripsisse mulieres duas pejores esse* quàm unam [h],	j'ai entendu dire qu'un poète a écrit que deux femmes sont pires qu'une.
8. Ait Glycerium se scire civem esse Atticam [i],	il dit Glycère savoir soi être etc, c.-à-d. que Glycère sait qu'elle est citoyenne d'Athènes.
9. Omnes nos gaudere hoc te credo credere.	je crois que tu crois que nous nous réjouissons tous de cela.

On voit par la double traduction que les deux langues ont ici deux marches bien différentes. Il suffit de faire remarquer que, pour rendre facile la double voie de la traduction et de la composition , *te credo credere* est dans l'analogie de *terram tetigimus.* Qu'est-ce que je crois ? *quid credo ?* — Je crois toi croire (127).

---

(127) Ce numéro nous jète dans le vaste champ du fameux *que* dit retranché, qu'on signale presque partout, et qu'on ne trouve nulle part; car pour nous, nous n'en avons point. Nous disons sans *que* retranché : *je crois que tu crois cela.* Le verra-t-on dans les phrases latines que nous avons citées, et dans un million d'autres semblables ? Mais comment Plaute, Térence, Cicéron ont-ils pu retrancher ce qu'ils ne connaissaient pas ? Ou bien veut-on dire qu'ils ont fait des *que* retranchés sans le savoir ? S'agit-il de traduire en français : *credo te credere ?* il faut en concevoir la traduction immédiate, et l'on arrivera sans peine à la traduction française. Au contraire s'il est question de faire du latin , on tournera *je crois que tu crois,* par *je crois toi croire,* ce qui est presque du latin, et on aura bientôt *credo te credere.*

Les trois dernières phrases , pour parler le langage ordinaire, renferment chacune deux *QUE retranchés,* j'ai entendu dire qu'un *poète a écrit* QUE *deux* etc. La difficulté

---

a Ter. *Andr.*5, 4.1,44.   d Ter. *Heaut.* 5, 2.v.38.   g Virg. *Æn.* 10, v.652.
b Virg. *Æn.* 8, v. 353.   e Ter. *Andr.* 2, 3, v. 14.   h Plaut. *Curc.* 5, 1.
c Ter. *Adelp.* 4, 2.v. 41.   f Cic. *Ad. Epist.* 2.   i Ter. *Andr.* 5, 2, v.18.

Le substantif étant à l'accusatif, il est nécessaire que les mots qui s'y rapportent suivent le même sort. On verra plus tard que l'infinitif n'est qu'un adjectif indéclinable.

N° 145. *Te superesse* VELIM °.

1. Je veux ou je désire toi survivre...., je veux que tu survives.

2. Jubete *istos* foras *exire* [b],..... ordonnez qu'ils sortent.
   Ordonnez ceux-là sortir.

3. Mandat *fieri talia* Daphnis [c]. | Daphnis ordonne qu'on fasse de
   Daphnis recommande de telles choses. | telles choses.

4. *Hoc esse* cupio *verum* [d],....... | Je désire que cela soit vrai.
   Je désire cela être vrai.

5. A meis *me amari* et magni | je cherche à être aimé et beaucoup
   pendi postulo [e], | estimé des miens.

6. Hanc maculam *nos* decet effu- | il convient que nous évitions cette
   gere [f], | tache.

On voit d'après ce n° et le précédent, que deux sortes de verbes se font suivre de l'accusatif qui a pour complément un infinitif. Tels sont d'un côté : *aio, dico, censeo, credo, puto, reor, opinor, autumo, arbitror, sentio, video, audio*, et autres verbes qui se rapportent à *dire* ou à *penser*.

Tels sont de l'autre : *volo, nolo, malo, jubeo, impero, cupio, opto, postulo* et tout autre verbe qui exprime une idée de volonté, de désir (128).

n'est pas plus grande, soit qu'il faille traduire les phrases latines, soit qu'il faille latiniser les phrases françaises.

Toute méthode qui dira qu'il faut mettre le nominatif à l'accusatif, l'indicatif ou le subjonctif à l'infinitif etc., sera purement machinale, et ne fera ni des hommes, ni des latinistes. Comment, d'ailleurs, avec des procédés purement mécaniques, se reconnaître dans la substitution des temps? Il n'y a que le sens, que le genre d'équation indiqué par la nature des choses qui puisse servir de fil conducteur dans ce nouveau labyrinthe.

(128) Cependant il est important de remarquer qu'après les verbes de ce dernier numéro, les latins ont une seconde manière d'exprimer la phrase complétive, et que souvent ils la mettent au subjonctif, en cette sorte : *volo ut mihi respondeas* (g) ; *vis ergo experiamur* (h)? *jubet sententiam ut dicant suam* (i). C'est cette tournure que nous imitons, lorsque nous traduisons, *je veux que tu me répondes, veux-tu que nous éprouvions ; il ordonne qu'il disent leur avis.*

---

a VIRG. *Æn.* 9 *v.* 212. | d TER. *Adelph.* 4,5,*v.*66. | g CIC. *in Vat.* 7.
b TER. *Eun.* 3, 2. *v.* 16. | e TER. *Adelph.* 5,2. *v.*25. | h VIRG. *Eclog.* 3, *v.* 29.
c VIRG. *Ecl.* 5, *v.* 41. | f TER. *Adelph.* 5,6. *v.* 34. | i PLAUT. *Amp.* 1,1. *v.* 50.

N° 146. Scire equidem volo quot mihi sint domini [a].

1. *Je veux savoir* en vérité combien j'ai de maîtres.

Ce numéro appartient au second chapitre où il sera traité de l'infinitif. Nous y verrons si *scire* se rapporte à l'accusatif *me* sous-entendu ou à *ego.*

Nous pouvons remarquer ici que cette tournure s'emploie lorsque l'infinitif se rapporte à celui qui fait l'action du premier verbe ; *volo scire*, c'est moi qui *veux* et c'est moi qui dois *savoir.*

2. Fecisse satis opinor [b].
3. Imperare animo nequivi [c].
4. Cupis credi [d].
5. Domo exire nolebant [e].

6. Incipient magni procedere menses [f].
7. Imperare consuevit [g].
8. Pater esse disce [h].

Il ne peut y avoir d'équivoque; *fecisse* et *opinor*, *imperare et nequivi*, se rapportent à *ego*; *cupis* et *credi* se rapportent à *tu. Je crois avoir fait assez, je n'ai pu commander à mon cœur, tu désires être cru* etc. ; il y a même des verbes, comme *possum, nequeo, incipio, consuesco*, qui ne pourraient être suivis d'un accusatif dans l'analogie de *te credo credere*, ou de *te superesse velim.*

Le 8° exemple est digne de remarque.

N° 147. *Hoc fieri* et OPORTET et OPUS est [i].

9. Et il convient fort, et il est besoin cela être fait. NOUS DISONS : il convient fort (ou il faut) et il est urgent que cela se fasse.

10. Necesse est multùm accipere Thaïdem [k],

il est nécessaire que Thaïs reçoive beaucoup.

11. Fas est meis te fidere regnis [l]..

il est permis que tu confies etc.

12. LICET *me scire* quid sit [m] ?....

est-il permis que je sache ce que c'est ?

13. EXPEDIT *bonas esse* vobis [n]....

il vous est utile que vous soyez bonnes etc.

14. PAR FUERAT *me dare* vobis cœnam advenientibus [o].

il aurait été plus égal, c.-à-d. plus convenable que je vous donnasse à dîner à vous arrivants.

15. Tibi *me* EST ÆQUUM parere [p]...

il est juste que je t'obéisse.

---

a TER. *Adelph.* 4,2,v.17.
b PLAUT. *Asin.* 2,4,v.31.
c LIV. 34, 31.
d OVID. *héroïd. epist. ult.*
e CIC. *pro Flacco..*

f VIRG. *Ecl.* 4, v. 12.
g NEP. *in Conon.* 3.
h TER. *Adelph.* 1,2,v.45.
i CIC. *Att. H. Epist.* 25.
k TER. *Eun.* 5, 10, v. 27.

l VIRG. *Æn.* 5, v. 800.
m PLAUT. *Pseud.* 1,1,v.14.
n TER. *Heaut.* 2, 3, v. 8.
o PLAUT. *Stich.* 4, 1, v 8.
p VIRG. *Ecl.* 5, v. 4.

Nous n'avons donné la traduction immédiate que de la phrase : *hoc fieri et oportet et opus est.*

AINSI APRÈS :

Oportet, Opus est,	Necesse est, Fas est,	Nefas est, Licet,	Expedit, Par est,	Æquum est, etc.

On suit l'analogie de *te superesse* VELIM (129).

Ce n'est que par la syllepse qu'on peut expliquer l'accusatif employé dans ce numéro (130).

N° 148. RUMOR ERAT » rem *te bene gessisse* ».

1. Le bruit étoit toi avoir bien géré la chose, c.-à-d. que tu avois bien réussi etc.

2. OPINIO EST *Cæsarem* ad 11^ᵃⁿⁱ calendas aprilis Formiis fore[b], | l'opinion est que César sera à Fourmies vers le onze des calendes.

3. Ipsumque FIDES intrasse Lyæum[c], | la foi est, c.-à-d. on croit que Bacchus lui-même y entra.

4. SPES EST eum melius facturum, | l'espérance est qu'il fera mieux.

5. Fama volat hoste vacare domos[d], | la renommée vole que les maisons sont vuides d'ennemis.

Ces phrases et semblables sont dans l'analogie de *te credo credere. Rumor erat, opinio est, fides est, spes est* etc. équivalent à ceci : *le bruit publiait, ou annonçait, on opine, on croit, on espère* (131).

---

(129) Il est bon de remarquer que dans cette circonstance les latins emploient souvent aussi le subjonctif avec *ut* ; *tibi opus est ægram ut te assimules*, maintenant il est nécessaire que tu te feignes malade. Souvent aussi ils suivent l'analogie de *volo scire*, et ils disent sans accusatif : quid *opus est dicere* (e) ? *qu'est-il besoin de dire* ?

(130) *Oportet, opus est, æquum est* etc. sont des locutions qui n'expriment point par elles-mêmes l'idée d'une action qui tende vers un objet ou qui le touche, elles ne peuvent être la cause immédiate de l'accusatif. Mais à leur occasion, l'esprit s'élève à une idée de résultat, synonyme du véritable VOULOIR. *Æquum est me tibi parere*, il est juste moi obéir à toi, équivaut dans l'esprit à cette idée : la justice veut moi obéir à toi ou que je t'obéisse.

(131) La cause des accusatifs, *Cæsarem, Lyæum, domos* des phrases citées, n'est bien certainement ni dans les substantifs *rumor, opinio, fides, fama*, ni dans les verbes intransitifs, *erat, est, volat*. L'esprit a donc fait l'équation dont nous avons parlé. Martial a dit : *rumor* AIT *linguæ te tamen esse malæ* (f). Cicéron, *fama nuntiabat* ; Virgile, *fama canit*. Rien de plus commun que cette nouvelle sorte d'exemple où la phrase elle-même emploie les verbes transitifs que l'esprit substitue à *est, erat* etc., dans *opinio est Cæsarem fore* etc.

---

a Cɪc. *ad Lentul.* 1, 8, 14. | c Stat. 7. *Theb. v.* 577. | e Quintil. 8, 3.
b Cɪc. *ad Att.* 9, 176, 2. | d Virg. *Æn.* 3, *v.* 123. | f Mart. 3, *Epist.* 38.

Nᵒ 149. Hoc **est** *patrem esse ?*

Hoc est *patrem esse ?* Aut **hoc** est *filium esse* ᵃ ?	est-ce donc être père ? Ou est-ce donc être fils ?

C'est encore ici la même syllepse qui amène l'accusatif, c'est comme si l'on disait : cela signifie- t-il, ou *est-ce à dire* qu'on est père etc.? Au reste, *hoc est* et *id est* sont très-souvent employés dans les auteurs dans le sens de notre *c'est-à-dire*, qui est la traduction du *hoc est dicere* de Cicéron : *hoc est enim dicere, nonne dignus* ᵇ. On les trouve rarement suivis d'un complément, ego (ero) *ædilis*, **hoc est**, *paulo amplius quam p⸱ivatus* ᶜ ; moi je serai édile, *c'est-à-dire* un peu plus que simple particulier.

Nᵒ 150. *Tarquinium dixisse* **fertur** ᵈ.

1. Il est rapporté, Tarquin avoir dit. Nous **disons** : on rapporte que Tarquin a dit.

2. Dicitur eo tempore matrem Pausaniæ vixisse ᵉ,	on dit que la mère de Pausanias vivait dans ce temps-là.
3. Dictum est Chrysidem » in hac habitasse plateâ ᶠ,	on a dit que Chrysis demeurait dans cette grande rue.
4. Neminem talem fuisse credendum est ᵍ,	il faut croire que personne n'a été tel.

En disant *fertur*, *dicitur* etc, les latins pensent à *ferunt*, *dicunt* ; cela est si vrai que souvent ils emploient ces derniers mots sans nommer ceux qui disent, qui rapportent : *Faustulo fuisse nomen ferunt* ʰ ; dicunt : *jus summum sœpè summa est malitia* ⁱ (132).

La construction de *rumor erat rem te benè gessisse* est donc celle-ci :

$$ \text{Rumor erat te gessisse} \begin{cases} \text{benè} \\ \text{rem} \end{cases} , \text{ erat étant regardé comme aiebat ou ferebat.} $$

(132) Il faut observer que lorsque les latins ne veulent pas songer à cette idée de résultat actif, ils mettent tout au nominatif, en cette sorte : *dixisse fertur simius sententiam* (k). Le singe est dit avoir porté ce jugement.

On sent que c'est alors une toute autre tournure, et que le premier verbe suit la personne du sujet.

5. Nimius fortasse (esse) *dicor* (l)	je suis dit peut-être excessif.
6. Verus patriæ *diceris* esse pater (m) . . .	tu es dit être le vrai père de la patrie.
7. Is *dicitur* multa Jovem orasse (n)	celui-là est dit avoir prié Jupiter.

Nous traduisons ces phrases par *on dit que je suis excessif, on dit que tu es le père de*

---

a Ter. *Adelph.* 4, 5, v. 73.	f Ter. *Andr.* 4, 6. v. 1.	l Stat. 5, *Silv.* 5.
b Cic.	g Cic. 2, *de Nat. deor.*	m Mart. 1, *Epist.* 3.
c Cic. 6, *Verr.*	h Liv. 1, *ab urbe* 16.	n Virg. *Æn.* 4, v. 204.
d Cic. *de Amic.* 40.	i Ter. *Heaut.* 4, 4. v. 48.	
e Nepos, *in Paut* 5.	k Phæd. 1, *fab.* 10, v. 8.	

Nº 151. Admittier orant; *rem magnam* pretiumque moræ fore[a].

1. Ils demandent à être admis, *disant* que la chose est grande, et qu'elle mérite bien d'être écoutée.	
2. Misit legatos qui connubium peterent; urbes quoque, ut cætera, ex infimo nasci[b].	il envoya des députés pour demander des mariages; *ils devaient dire* que les villes comme les autres choses naissent etc.

3. Voyez le *fore enim tutum iter* de l'ode d'Horace, *inclutam Danaen.*

C'est ainsi que souvent, (surtout dans Tite-Live, dans Tacite et dans les poètes) le mot énonciatif *dico, dicens,* ou tout autre semblable est suppléé par la pensée, quoiqu'aucun mot de la phrase ne réveille cette idée ; elle naît comme un résultat nécessaire de la phrase elle-même qui précède, ou de la seule circonstance dans laquelle on parle (133).

CHAPITRE II.

Des Modificatifs.

Ce chapitre se divise en deux sous-chapitres. Le premier traite des modificatifs simples et déclinables, vulgairement dits *adjectifs ;* le second, des modificatifs complexes et conjugables, connus sous le nom de *verbes* (134).

---

la patrie. Au pluriel, on aurait *nimii fortasse dicimur, veri patriæ dicimini patres, ii dicuntur oræsse,* on dit que nous sommes excessifs etc.

(133) Ces tournures sont-elles des ellipses ou des syllepses ? Nous n'entrerons point dans ces subtilités. A la rigueur on peut les expliquer par l'ellipse. Il n'en est pas de même des tournures *rumor erat, Tarquinium dixisse fertur, ad Rempublicam gerendum veniunt,* qui ne s'expliquent bien que par la syllepse.

(134) Les mots *simples* et *complexes* ajoutés à celui de *modificatifs* se rapportent à l'idéologie. Ceux de déclinables et de conjugables sont lexigraphiques. Le modificatif *languissant,* comparé à *nous languirons* est un modificatif plus simple, renferme moins d'idées accessoires que *languirons,* qui, outre l'idée renfermé dans *languissant,* réveille des idées de mode, de temps, de personne etc.. Les adjectifs *languissant, bon, juste* etc., peuvent donc être appelés des modificatifs simples, et je *languis* des modificatifs complexes; mais pour ne pas trop nous éloigner du langage reçu, nous nommons les premiers *adjectifs* et les seconds *verbes.* C'est dans notre cours français que nous avons fondé cette doctrine.

---

a VIRG. *Æn.* 9, v. 231. | b LIV. 1, 9.

PREMIER SOUS-CHAPITRE.

Des Adjectifs.

On verra que sous cette dénomination sont compris les *adjectifs des rudiments*, leurs *articles*, *pronoms, démonstratifs, relatifs* etc., *noms de nombre* et *participes*.

N° 152. Quandoque *bonus* dormitat HOMERUS [*].

1 et 2. Quelquefois le *bon* (c.-à-d. le divin) Homère sommeille.	
3 et 4. *Bona* de Domitio FAMA est [b],	l'opinion qu'on a de D. est bonne.
5. *Bona* bello cornus [c], ...	le cornouillier est *bon* pour la guerre.
6. *Bonum* INGENIUM augendum [d],	le *bon* naturel doit être cultivé.
7. Super omnia VULTUS accessere *boni* [e],	surtout de *bons* visages se joignirent.
8. Nunquàm sera ad *bonos* MORES via [f],	jamais le retour aux bonnes mœurs n'est tardif, il n'est jamais trop tard pour revenir aux bonnes mœurs.
9. *Bonam* atque justam REM oppido imperas [g],	tu commandes une chose bonne et juste abondamment (*).

Bonus, bona, bonum etc. sont des effets qui forcent à remonter à une cause. Il est facile de concevoir que *bonus* est au masculin à cause d'*Homerus*; *bona* au féminin à cause de *fama* ou de *cornus*; et *bonum* au neutre à cause d'*ingenium*; ces trois modificatifs sont au singulier et au nominatif comme les substantifs auxquels ils se rapportent.

Bonus, boni et *bonos* diffèrent entr'eux comme les substantifs dont ils sont affirmés. *Bona* comparé avec *bonos* diffère en genre, en nombre et en cas. Ce triple accord de l'adjectif avec son substantif se reproduit nécessairement dans chaque exemple; d'où ce principe:

PRINCIPE UNIQUE et sans aucune exception.

L'adjectif est un effet qui se rapporte à un substantif unique, avec lequel il s'accorde en genre en nombre et en cas.

Nous DISONS que l'adjectif se *rapporte à un substantif unique*; cette doctrine fondamentale s'éclaircira par les faits.

. (*) Quand les Latins voulaient exprimer une grande abondance, par exemple de fruits, il disaient: *quantum vel oppido satis esset;* autant que cela suffirait à une grande ville, *oppido*: Delà, *oppido* a été employé elliptiquement pour signifier *beaucoup, tout-à-fait*, OPPIDO *perii* etc.

---

a Hor. *Art poet.* v. 359. d Quint. 2, 8. g Ter.*Heaut.* 4, 2, v. 26.
b Cic. *Att.* 7. e Ovid. 8. *Met.* v. 137.
c Virg. *Georg.* 2, v. 448. f Senec. *Agamm.* 4. 4.

NOTA. Les exemples *bonus dormitat Homerus* et suivants peuvent servir à faire connaître le genre d'un très-grand nombre de substantifs (135).

(NOTE 135) *Règles sur les Genres.*

Les exemples de ce n° peuvent servir à rappeler neuf règles, qui renferment tout ce qu'il importe de savoir sur les genres.

1. *Bonus* HOMERUS apprend que tous les substantifs qui désignent des êtres mâles, comme *vir*, *equus*, *leo*, sont masculins.

2. *Id.* *Homerus* apprend aussi que, tous les substantifs en *us* de la 2° déclinaison comme *oculus*, *lacertus*, sont aussi masculins. On verra que les noms d'arbres font exception, ainsi qu'*alvus*, *domus*, *humus* etc., et bien entendu les noms d'êtres femelles.

3. *Bona* FAMA... *Fama*, la renommée personnifiée rappèlera que les noms d'êtres femelles sont féminins, quelle que soit leur terminaison : tels sont *puella*, *agna*, *anus*, une vieille femme etc.

4. *Id.* *Fama* (non personnifiée) rappèlera par sa finale en *a*, que tous les noms de la 1ᵉ déclinaison ainsi terminés sont féminins, à moins, bien entendu, qu'ils ne désignent des êtres mâles, comme *cacula*, un goujat.

5. *Bona* CORNUS apprend que les noms d'arbres sont féminins sous cette finale : tels sont, *laurus*, *quercus*, *alnus* etc. Il n'y a que *dumus*, *spinus* et *rubus* d'exceptés.

Cette règle ne regarde que les arbres en *us* ; ceux en *ster* comme *pinaster*, sont masculins et ceux en *um* sont neutres.

6. *Bonum* INGENIUM apprend que tous les noms en *um* sont neutres. Voyez cependant le numéro *mea Glycerium*.

7. VULTUS *boni* apprend que tous les noms de la 4° déclinaison sont masculins; il n'y a d'exceptés que quelques noms qui appartiennent à des femmes et sont nécessairement féminins, comme *socrus*, *nurus*, *anus*; ajoutez *manus*, *domus*, *acus* aiguille, *idus* et *tribus*, tribu.

8. *Ad bonos* MORES apprend que les noms en *os* ou en *or*, génitif *oris*, sont masculins comme *mos* génitif *moris*, *labos* ou *labor*, *decor*, *color*, *calor* etc. Il n'y a d'exceptés qu'*arbor* qui est féminin, et *cor*, *ador*, *marmor* et *æquor*, qui sont neutres.

9. *Bonam* REM apprend que tous les noms de la 5° déclinaison sont féminins comme *res*, *species*, *eluvies* etc. Nous croyons que *dies* seul est excepté, encore est-il souvent du féminin au nombre singulier.

Il est inutile de dire que les noms en *tas* et *tio* sont féminins; leur genre nous est suffisamment rappelé par l'analogie française, car nous disons aussi *la vérité*, *une action*.

Nous sommes convaincus qu'un travail complet sur les genres d'une langue morte est de peu d'utilité, et se classe dans les bagatelles difficiles. Nous croirons en avoir dit assez si l'on profite de nos neuf règles, que nos exemples rendent si faciles à retenir.

N° 153. *Hic* VIR, *hic* est tibi promitti quem sæpiùs audis ᵃ.

1. C'est cet homme, c'est celui que tu t'entends promettre si souvent.
2. En *hæc* promissa fides est ᵇ.... | voila *cette* foi promise !
3. *Hoc* opus, hic labor est ᶜ,..... | c'est là le nœud, la difficulté.
4. *Hos* humeros ambiat ostro ᵈ,. | qu'il entoure ces épaules de pourpre.

On voit que *hic*, *hæc*, *hoc* etc. suit la même analogie que l'adjectif *bonus*, *bona*, *bonum*. Les autres adjectifs déterminatifs, dits pronoms possessifs, comme *meus*, *tuus* etc; noms de nombre, comme, *unus*, *duo* etc, sont invinciblement soumis à la même loi.

NOTA. On peut revoir maintenant avec fruit les 100 et quelques phrases lexigraphiques, pages 80 etc. où les adjectifs *hic*, *hæc*, *hoc*; *is*, *ea*, *id; ambo*, *duo*, *tres* etc. sont employés sous toutes leurs formes de genre, de nombre et de cas.

N° 154. Heros cuncta *videns* magno curarum fluctuat æstu ᵉ.

5. Le héros, *voyant* tout, flotte dans un grand tourbillon de soucis.
6. Vates horrere *videns* jam colla colubris offam objicit ᶠ, ... | la prophétesse, voyant déjà les cous de Cerbère se hérisser de couleuvres, lui jète le gâteau.
7. Hoc *videns* effugit monstrum, | voyant cela, le monstre fuit.
8. Subit Rhœtum cuncta *videntem* ᵍ, | il surprend Rhétus *qui voyait* tout.
9. Si *visurus* eum vivo, vitam oro ʰ. | si je vis *devant* le *voir*, je demande.
10. Nascitur et casus abies *visura* marinos ⁱ. | le sapin naît, devant voir les hasards de la mer.
On dirait *robur visurum*, ... | le rouvre qui doit voir etc.
11. Scribamque licenter ut omnes *visuros* peccata putem mea ᵏ ? | écrirai-je négligemment, pensant tous être *devant voir*, ou que tous verront mes fautes.

On voit que les adjectifs actifs en *ns*, dits participes présents, et ceux en *urus*, dits participes futurs, suivent l'analogie générale.

N° 155. Ecce *visus* Iuli fundere lumen apex ˡ.

12. Voila que le panache d'Iule fut *vu* jeter de la lumière.
13. *Visa* dea est violentior æquo ᵐ, | la déesse a été *vue* plus violente que le juste, c.-à-d. qu'il ne faut.

---

a VIRG. *Æn.* 6, *v.* 791.
b VIRG. *Æn.* 6, *v.* 346.
c VIRG. *Æn.* 6, *v.* 129.
d STAT. *Silv.* 4, 1.
e VIRG. *Æn.* 8, *v.* 19.
f VIRG. *Æn.* 6, *v.* 420.
g VIRG. *Æn.* 9, *v.* 345.
h VIRG. *Æn.* 8, *v.* 576.
i VIRG. *Georg.* 2, *v.* 68.
k HOR. *Art. poet. v.* 265.
l VIRG. *Æn.* 2, *v.* 682.
m OVID.

1. Dîs aliter *visum* [a], ...	cette chose fut vue autrement aux dieux, c.-à-d. les dieux en jugèrent autrement.
2. Ruere omnia *visa* repentè [b], . . .	toutes choses furent vues etc.
3. *Visendus* ater Cocytus [c], ...	le noir Cocyte doit être visité.
4. *Calcanda* semel via leti [d], ...	le chemin de la mort doit être une fois foulé par les pieds, c.-à-d. parcouru.
5. *Faciendum* est quod vis [e], ...	c.-à-d. negotium est faciendum.
6. Ex eo auro buculam *faciendam* curavit [f],	il soigna une génisse devant être faite, c.-à-d. il eut soin de faire avec cet or une génisse.

Cette dernière tournure est à remarquer ; après *curo* les latins aiment à amener un adjectif passif en *dus*.

IL N'Y A DONC

Qu'une seule et même analogie pour l'accord de tous les adjectifs. Nous allons voir dans les numéros suivants que lorsque, non pas l'adjectif, ce qui est impossible, mais l'idée adjective se rapporte à plusieurs substantifs, l'adjectif ne s'accorde qu'avec un seul substantif, exprimé ou sous-entendu.

N° 156. *Læti se* robore promunt PELIDESque et MENELAUS [g].

7. Le fils de Pelée et Ménélas s'élancent *joyeux* hors du cheval...

8. Ad rivum eumdem lupus et agnus venerant, siti *compulsi* [h].	9. Menander fecit Andriam et Perinthiam ; dissimili oratione sunt *factæ* [i].

L'adjectif pluriel *læti* ne se rapporte point à *Pelides*, qui est du singulier, ni a *Menelaüs* qui est du même nombre ; mais à la vue de *Pelides* et de *Menelaüs*, l'esprit s'élève rapidement à l'idée d'un substantif pluriel, résultat nécessaire de plusieurs unités ; or c'est avec ce substantif, qui reste dans la pensée, que s'accorde l'adjectif *læti*.

Factæ est au nominatif pluriel en rapport, non point avec *Andriam* qui est au singulier et à l'accusatif, ni par la même raison avec *Perinthiam*, mais avec le substantif pluriel résultatif *fabulæ*, pièces, comédies qui est resté dans la pensée.

NOTA. Ceux qui composent peuvent imiter cette syllepse, surtout lorsqu'il s'agit de noms de choses animées, comme homme, cheval.

---

a VIRG. *Æn.* 2, *v.* 428.
b VIR. *Æn.* 8, *v.* 525.
c HOR. 2. *Od.* 11, *v.* 17.
d HOR. 1, *Od.* 23. *v.* 16.
e TER. *Eun.* 1, 2, *v.* 106.
f CIC. 1, *de Divin.*
g VIRG. *Æn.* 2, *v.* 260.
h PHÆD. 1, 1.
i TER. *Andr. prol.*

N° 157. *Attoniti* novitate pavent Baucis timidusque Philæmon [a].

1. Baucis et le timide Philémon *étonnés* ou *ébahis* par la nouveauté etc.

2. Ubi friget (sermo) huc evasit quàm pridem pater mihi et mater *mortui* essent [b],	dès que la conversation se refroidit, on en vint à me demander depuis quand mon père et ma mère étaient morts.
3. Ut patremque juxtaque Creüsam, alterum in alterius mactatos sanguine, cernam [c] ?	pour que je voie *immolés* dans le sang l'un de l'autre, mon père et tout près de lui Creüse [c] ?

Dans le précédent numéro les substantifs étaient du même genre, tous masculins, ou tous féminins; dans celui-ci ils sont de différents genres. L'esprit est donc forcé d'opter, car le substantif résultatif, qu'il forme à l'occasion des substantifs exprimés, doit avoir un genre. L'esprit préfère le genre masculin, parce que, dans la section des êtres animés, le mâle, l'*homme, le coq, le cheval* etc. est plus notable que l'être femelle.

Nota. Ceux qui composent peuvent aussi imiter cette syllepse, surtout lorsque les substantifs sont des noms de choses animées (136).

_____

(136) Ce n° et le précédent rappellent les règles *pater et filius boni, pater et mater boni* des rudiments. « Ces règles, dit-on, enseignent que, quand un adjectif se rapporte à deux substantifs singuliers, il se met au pluriel; que lorsqu'il y a différence » de genre, il s'accorde avec le substantif du genre le plus noble. »

C'est comme si l'on disait que l'accord de l'adjectif se fait avec un substantif masculin singulier, qui est du pluriel; car si dans *attoniti Baucis et Philæmon*, c'était avec Philémon (dont le genre est le plus noble) que se fait l'accord, l'adjectif pluriel *attoniti* s'accorderait avec un substantif singulier, ce qui est visiblement faux. On est donc forcé de reconnaître que dans les phrases de cette analogie, l'accord se fait nécessairement avec un substantif sylleptique. Cette doctrine exige des développements idéologiques, qui n'appartiennent pas à une grammaire de langue étrangère. *Voyez notre cours français.*

_____

a Ovid. 8, *Metam.* v. 631. | b Ter. *Eun.* 3, 3. | c Vir. *Æn.* 2, v. 667.

N° 158. Sitis, ardor, arenæ *dulcia* virtuti [a].

1. Sitis, ardor, arenæ *Dulcia* virtuti: gaudet patientia duris [a].	la soif, la chaleur brûlante, les sables sont des choses douces pour le courage ou la vertu etc.
2. Nox et præda hostes *remorata* sunt [b].	la nuit et le butin ont retardé l'ennemi.
3. Divitiæ, decus, gloria in oculis *sita* sunt [c].	les richesses, l'honneur, la gloire sont placés devant les yeux.
4. Labor voluptasque *dissimillima* naturâ, societate quâdam inter se naturali sunt *juncta* [d].	

Lorsqu'il y a dans la phrase plusieurs substantifs de choses inanimées de différent genre, l'accord se fait souvent avec un substantif pluriel neutre (comme *negotia*), sous-entendu: *sitis, ardor, arenæ dulcia*, c.-à-d. sunt dulcia negotia.

Cet accord se fait aussi, mais plus rarement, lorsque, comme dans le second exemple, les substantifs sont du même genre: *nox et præda hostes sunt remorata*, c.-à-d. *negotia sunt remorata*, la nuit et le butin, (ces choses) ont retardé l'ennemi.

N° 159. Caper tibi *salvus* et hædi [e].

5. Ton bouc est *sain et sauf*, et les chevreaux (sont sains et saufs).	
6. Linquenda tellus et domus et placens uxor [f].	la terre doit être quittée, et la maison et une femme qui te plaît.
7. Hærent *infixi* pectore vultus Verbaque [g],	les traits restent gravés dans le cœur, et les paroles.....

Très-souvent les Latins rapportent l'adjectif au premier substantif et le sous-entendent pour les autres.

N° 160. Si datur Italiam, sociis et rege *recepto*, Tendere [h].

8. S'il est donné de nous diriger vers l'Italie, nos compagnons (retrouvés) et le roi *étant retrouvé*.

9. Hâc arte Pollux et vagus Hercules *enisus* arces attigit igneas [i],	Pollux et Hercule... appuyé sur ce moyen, a atteint les citadelles de feu.
10. Hinc exaudiri voces et verba vocantis *Visa* viri [k],	11. Conversis studiis, ætas animus que *virilis* quærit opes [l].

Dans cette analogie les Latins font accorder l'adjectif avec le premier substantif, et le sous-entendent avec les autres.

a LUCAN. 10, *v.* 403.
b SALL. *in Jugurth.*
c SALL. *in Catill.*
d LIV. 5, 3.
e VIRG. *Ecl.* 7, *v.* 9.
f HOR. 2, *Od.* 11, *v.* 21.
g VIRG. *Æn.* 4, *v* 4.
h VIRG. *Æn.* 1, *v.* 553.
i HOR. 3, *Od.* 3, *v.* 9.
k VIRG. *Æn.* 4, *v.* 460.
l HOR. *Art. poet. v.* 166.

Résumé des cinq derniers numéros.

Lorsque l'idée adjective se rapporte à plusieurs substantifs singuliers ou pluriels (le nombre ne fait rien), et que l'adjectif n'est exprimé qu'une fois, il y a nécessairement ellipse ou syllepse (137) : voici la pratique des Latins rappelée par les phrases et les explications suivantes :

1. *Læti….* Pelidesque et Menelaüs,	lorsque les substantifs sont du même genre et désignent des êtres animés, l'accord se fait par syllepse avec un substantif pluriel masculin ou féminin, selon l'idée fournie par les substantifs exprimés.
2. *Attoniti…* Baucisque etc. ….	lorsque les substantifs sont de différent genre et désignent des êtres animés, l'accord se fait par syllepse avec un substantif pluriel masculin (137).
3. Sitis, ardor, arenæ *dulcia*, ..	lorsque des substantifs désignent des êtres inanimés, l'accord se fait avec un substantif pluriel neutre *ellipsé*.
4. Caper *salvus* et hædi, …….	l'accord se fait très-souvent avec le premier substantif exprimé.
5. Sociis et rege *recepto*, ……	l'accord se fait souvent avec le dernier substantif exprimé.

Voilà les cinq grandes analogies que suit l'adjectif latin, lorsque l'idée adjective est affirmée de plusieurs substantifs. Dans les deux dernières, on pense bien que l'adj. doit être convenablement placé; que, si par exemple on le mettait à la fin, il serait impossible de le faire accorder avec le premier substantif (138).

---

(137) Dans cette analogie l'adjectif est presque toujours au masculin, car il sera très rare de trouver une qualité affirmée de deux êtres animés dont l'un soit neutre. On cite *Lucretia et ejus mancipium castissimæ fuerunt*, Lucrèce et sa servante ont été très chastes; mais il n'est pas sûr que *mancipium* ne soit pas dans l'analogie de *mea Glycerium*, voyez n°, (169). Au reste, on n'a pas pu faire une règle pour un exemple ou deux.

(138) La 3ᵉ analogie se trouve plus ou moins souvent remplacée par une des quatre autres : on a

. Fama et fortuna eorum *pares* (a),   d'après la 1ʳᵉ, ou *læti se promunt*.

a Salluste.

N° 161 Ilia cum Lauso de Numitore sati *.

1. C'est comme si nous disions: *Ilie avec Lausus sont issus de Numitor.*	Cette syllepse dont les Latins fournissent quelques exemples est plutôt à remarquer qu'à imiter.

Les numéros suivants

Se rapportent à différentes sortes d'ellipses.

N° 162. Oderunt peccare *boni* virtutis amore [b].

2. C.-à-d. homines boni etc.	NOTA. L'ellipse d'*homo* ou *homines* est extrêmement fréquente (139).
3. Expedit esse *bonas* vobis [c]....	NOTA. L'ellipse de *mulier* ou *mulieres* est beaucoup moins fréquente que la précédente.
4. *Tristia mœstum* Vultum verba decent... *severum seria* dictu [d].	L'ellipse d'un substantif qui a déjà été une fois exprimé est extraordinairement fréquente.

N° 163. *Bonum* mentis est virtus *.

5. C.-à-d. *bonum negotium mentis* etc. le...bon ou le bien de l'âme est la vertu.

6. *Bonum æquumque oras* [f] ,.... | tu demandes ce qui est bon et juste.

Hinc leges et plebiscita *coactæ* (g).
Agros villasque Civilis *intactos* sinebat (h). } d'après la 2ᵉ analogie, *attoniti* etc.

Manet altâ mente *repostum* Judicium Paridis, spretæque injuria formæ, (i) } d'après la 4ᵉ, *caper tibi* etc.

Video in me omnium ora atque oculos esse *conversos* (k). } d'après la 5ᵉ, *sociis et rege recepto.*

Ceux qui composent peuvent s'en tenir aux cinq grandes analogies.

(139) Il y a des adjectifs si souvent employés avec l'ellipse du substantif, *homo, homines*, que les dictionnaires les font figurer comme substantifs; tels sont par exemple *legatus*, un député, ou ambassadeur, *aulicus*, un courtisan, *sponsus*, un fiancé, *præfectus*, préfet etc. etc., ce sont de véritables doubles emplois, ces mots sont pour *vir* ou *homo legatus*, un homme envoyé; *vir aulicus*, homme de cour; *vir præfectus*, homme mis à la tête; *vir sponsus*, homme promis ou fiancé. C'est de la même manière qu'on a pris pour un substantif *sponsa*, c'est-à-dire *mulier sponsa* etc.

---

a OVID. *Fast.* 4, v. 54.
b HOR. 1, *epist.* 16. v. 52.
c TER. *Heaut.* 2, 3. v. 8.
d HOR. *Art. Poet.* v. 106.
e CIC. *Tusc.* 5,
f PLAUT. *Pers.* 3, 1, v. 70.
g LUCAN. 1, v. 27.
h TACIT.
i VIRG. *Æn.* 1, v. 26.
k CIC. 4, *in Cat.*

1. Optumum atque æquissimum orat [a], | il demande ce qui est très-bon et très-juste.
2. *Bona* nostra *malis* inquinantur [b]. | c.-à-d. bona negotia malis negotiis.
3. Et *mala* sunt vicina *bonis* [c], | et les maux sont voisins des biens.

4. *Pensum* meum quod datum est confeci [d]. | j'ai rempli la chose pesée, c.-à-d. la tâche qu'on m'a donnée.

Il n'y a point d'adjectif qui ne soit susceptible d'être employé avec ellipse d'un substantif neutre, comme *negotium*; mais il en est un certain nombre, tellement usités dans cette fonction que les auteurs des dictionnaires s'y sont mépris, et que, par un double emploi, ils les ont classés parmi les substantifs ; tels sont par exemple :

Factum, ce qui est fait, un fait. | *Præceptum*, ce qui est prémis, précepte.
Dictum, ce qui est dit, un dit. | *Legatum*, ce qui est légué, un legs.
Jussum, ce qui est ordonné, un ordre. | *Pensum*, ce qui est pesé, une tâche.
Mandatum,   id. | *Punctum*, ce qui point, un point.
Tectum, ce qui est couvert, une maison. | etc. etc. etc.

Omne tulit *punctum* qui miscuit *utile dulci* [e].

Nota. Les quatre numéros suivants ne sont que des suites ou développements du précédent.

N° 164. *Meum* est quærere » tace sis, tu [f].

5. C'est mon affaire d'interroger » toi, tais-toi, s'il te plait.
6. Non est mentiri *meum* [g]. | 9. Persuasit nox, vinum, adolescentia; *humanum* est [k].
7. *Tuum* est, si quid præter spem evenit, mihi ignoscere [h]. | 10. *Humanum* est errare [l].
8. *Vestrum* est dare, vincere *nostrum* [i]. | 11. Et facere et pati fortia *romanum* est [m].

Nous disons : c'est à moi d'interroger, c'est à toi, à nous etc. La phrase latine est toute différente. Le rétablissement de l'ellipse *negotium* montre qu'elle est dans l'analogie du n° précédent, ou de QUANDOQUE BONUS. *Non est meum negotium quærere; non est mentiri meum negotium,* mentir n'est pas mon fait, mon habitude, *et facere et pati fortia romanum*, et faire et souffrir des choses fortes ou courageuses est une chose romaine ; c.-à-d. digne d'un romain.

a Plaut. *Men.* 5, 9, *v.* 87. | e Hor. *Art. poet.* | i Ovid. 4, *Fast.*
b Quintil. 4, 12. | f Plaut. | k Ter.
c Ovid. *Remed.* 324. | g Ter. *Heaut.* 3, 2, *v.* 38. | l Proverbe.
d Plaut. *Pers.* 2, 4. | h Ter. *Andr.* 4, 1, *v.* 55. | m Liv. 2, 12.

N° 165. Nunquam est *utile* peccare , quia semper est *turpe*

1. Ce n'est jamais *une chose* utile de pécher ,.parce que c'est toujours une chose honteuse.

2. Fient quæ fieri æquum est [b].
3. Quanto satius est te id dare operam [c]!
4. Te videre melius est quid agas [d].

5. Scitum est periclum ex aliis facere tibi quod ex usu sit (*) [e].
6. Magnum est efficere ut quis intelligat quid illud sit [f].

Nous disons: *il est utile, il est honteux , il est juste , il est meilleur , il est prudent,* ou *c'est prudent de* etc.

Dans la phrase latine

L'ellipse d'un substantif neutre est si évidente qu'on trouve quelquefois ce substantif exprimé : *magnum negotium est navigare* [g].

On trouve aussi un grand nombre de phrases où l'adjectif est employé avec un autre substantif : *res est magna tacere* [h]. *Non sunt meæ partes id facere* [i] , mon rôle n'est pas de faire cela.

N° 166. Desine , *conclamatum* est [k].

7. Cesse, l'affaire est proclamée, c.-à-d. il n'y a plus d'espoir (**).
8. *Dictum factum*, hùc abiit [l] ,...
9. Dimidium *facti* qui cœpit habet; sapere aude [m],
10. Aqua et igni *interdictum* est reo [n],
11. *faciundum* est quod vis [o] ,...
12. Nunc est *bibendum* [p], ...

sitôt dit , sitôt fait , il est allé là.
celui qui a commencé a déjà la moitié de la chose faite ; ose être sage.
il a été *interdit* à l'accusé d'user (*uti*) de l'eau et du feu.
la chose que tu veux *doit être faite.*
maintenant il faut boire.

Nous traduisons : *on a crié, on a dit, on a fait, il faut faire, il faut boire* etc. Ces tournures françaises ne ressemblent donc point à la

(*) *Scitum* vient de *scio*, » c'est une chose connue (belle ou adroite), de faire essai sur les autres pour savoir ce qui est utile. » Nous disons : il est sage de savoir faire son profit de l'expérience d'autrui.

(**) Avant d'enterrer les morts , les anciens les appelaient par leur nom, comme pour s'assurer qu'ils n'étaient pas en léthargie, et quand on disait : *on a crié*, cela signifiait, *c'est fini* ; d'où la locution *conclamatum est* , pour exprimer cette dernière idée.

a Cic. 3 . *Offic*, 15.
b Ter.*Adelph*.3,5,*v*.60.
c Ter. *Andr*. 2 , 1. *v*. 7
d Plaut.*Most*.5,1,*v*.20.
e Ter.*Heaut*. 1,2,*v*.36.

f Cic. 49, *Attic*. 5, 12.
g Cic. 3 , *v*. 15.
h Mart. 4. *Epig*. 68.
i Cic. 1 , *Acad*.
k Ter. *Eun*. 2, 3. *v*. 54.

l Ter.*Heaut*. 5,1, *v*. 31.
m Hor. 1 ,*Epist*.2, *v*. 40.
n Tac. *Ann*. 3, *v*. 38.
o Ter. *Eun*. 1, 2, *v*. 106.
p Hor. 1, *Od*. 31,

phrase latine. Le rétablissement de l'ellipse (du subst. *negotium*) la ramène à l'analogie de *quandoque bonus dormitat Homerus*. Lorsque Horace a dit : *Nunc bibendum est , nunc pede libero pulsanda tellus ,* il a fait marcher sur le même pied l'adjectif *bibendum*, en rapport avec *negotium*, qu'il avait dans la pensée, et *pulsanda* en rapport avec *tellus;* et même l'accord de *pede libero* n'a pas une autre cause que celui de *pulsanda tellus* et de *bibendum.*

Les adjectifs *itum, eundum , pugnatum, pugnandum, ventum* etc., comme dans *itum est , eundum est,* sont réellement passivés et assimilés aux adjectifs en *us, a , um.* Ils supposent donc la même ellipse de *negotium.*

N° 167. *Triste* lupus stabulis, maturis frugibus imbres *.

1. Le loup est une chose fâcheuse pour les étables, les pluies pour les fruits mûrs.

2. Dulce satis humor, depulsis arbutus hædis [b],	l'eau est une douce chose pour les choses semées, l'arbousier pour les chevreaux sevrés.
3. Varium et mutabile semper Femina [c],	la femme est une chose toujours variable et changeante.
4. Turpe senex miles, turpe senilis amor [d],	un vieux soldat est une chose vilaine à voir, l'amour dans un vieillard....

Ici , quoiqu'il y ait un substantif exprimé , comme *lupus, humor* etc., ce n'est pas avec lui que se fait l'accord, mais avec le substantif neutre *negotium* sous-entendu. Cette ellipse une fois rétablie, on est dans l'analogie de *bonus Homerus.*

N° 168. Pars *aversi* tenuere facem e.

5. Une partie étant *tournés en arrière* tenaient la torche.	
6. Pars grandia trudunt *obnixæ* frumenta humeris [f].	une partie (des fourmis) fesant effort trainent sur leurs épaules.....
7. Hicminus ob patriam pugnando vulnera *passi* g.	là est la troupe (des héros) ayant souffer: des blessures.
8. *Impliciti* laqueis uterque jacent [h].	l'un et l'autre gisent ou sont là embarrassés dans les lacs ou filets.
9. utraque *formosæ* Paridi potuere videri [i].	l'une et l'autre ont pu paraître belles à Paris.

a Virg. *Ecl.* 3, *v.* 80.
b Virg. *Ecl* 3, *v.* 82.
c Virg. *Æn.* 4, *v.* 569.

d Ovid. *Amor. El.* 9.
e Virg. *Æn.* 6, *v.* 224.
f Virg. *Æn.* 4, *v.* 405.

g Virg. *Æn.* 6, *v.* 660.
h Ovid. 2, *Art. v.* 580.
i Ovid. *Remed. v.* 711.

1. *Densi* se quisque agglomerant[a]. | serrés chacun ils s'agglomèrent.
2. Samnitium duo millia *cæsi*[b]. .. | il y eut deux milliers de Samnites de tués.

L'accord des adjectifs *aversi*, *obnixæ*, *passi*, *impliciti*, *formosæ*, *densi*, *cæsi* est nécessairement sylleptique, c.-à-d. que l'esprit au lieu de les rapporter aux substantifs ou mots collectifs exprimés, *pars*, *manus*, *uterque*, *quisque*, *millia*, pense aux éléments de la collection, et fait l'accord avec un substantif résultatif. Dans le premier exemple on pense aux Troyens, dans le second aux fourmis, dans le troisième aux héros, dans le quatrième à Mars et à Vénus, dans le cinquième, aux deux déesses qui n'ont pas eu la pomme, etc (140).

N° 169. Ubi scelus est *qui* me perdidit[c] ?

3. Où est le crime, c.-à-d. le criminel ou le scélérat qui m'a perdu ?
4. Et crimine ab uno disce *omnes*[d]. | et par un seul crime, ou scélérat, connois-les tous.
5. Ut illum di deæque senium perdant, qui me remoratus est[e]! | que les dieux et les déesses perdent cette vieillesse, c.-à-d. ce vieillard qui m'a retardé.
6. *Mea* glycerium suos parentes reperit[f]. | ma Glycère a retrouvé ses parents.
7. Pægnium, ausculta, *scelerate*, etiam respicis[g]. | Pegnium (garçon) écoute, scélérat, est-ce que seulement tu me regardes ?

L'accord de l'adjectif est encore sylleptique dans toutes ces phrases et semblables. En prononçant les substantifs neutres, *scelus*, *crimine*, *senium*, on pense à un être mâle, qu'on se représente comme personnifié dans la scélératesse, le crime, la vieillesse.

Il y a quelques noms d'hommes, particulièrement de garçons ou esclaves qui sont en *ium*, tels sont *Pægnium*, *Dinacium*; il y a beaucoup

---

(140) Les latins font aussi l'accord avec le nom collectif :

Pars *cæca* arietat in portas (h). | Amnes et in æquora currunt, quisque suum *populatus* iter (l).
Juvenum manus *emicat* ardens (i). | Cæsa ad sex millia hominum (m).
Procumbit uterque *pronus* humi (k). |

Cependant dans tous ces exemples, comme dans ceux du texte, il s'agit des mêmes éléments, cette différence de conduite tient aux deux manières de considérer les objets; mais c'est toujours la même loi qui détermine l'un et l'autre accord.

---

a Virg. Æn. 12, v. 457. | e Ter. Eun. 2, 3, v. 9. | i Virg. Æn. 6, v. 5.
b Liv. cité par P.-Roy. | f Ter. Andr. 5, 6. | k Ovid. 1, Metam. v. 375.
c Ter. Andr. 3, 5. | g Plaut. Pers. 2, 4, v 2et4. | l Virg. Æn. 12, v. 524.
d Virg. Æn. 2, v. 65. | h Virg. Æn. 11, v. 889. | m Liv. 10, 20.

plus de noms de femmes de cette finale, tels que *Gymnasium*, *Glyce-rium*, *Delphium* etc. Nous pensons que les uns et les autres ne sont originairement que des substantifs ou des adjectifs neutres, et qu'étant dits d'un homme ou d'une femme, la syllepse les a fait accompagner d'un adjectif masculin ou féminin (141).

N° 170. Paupertas mihi onus *visum* est et miserum et grave ᵃ.

1. La pauvreté a été vue à moi,	on m'a paru un fardeau pesant etc.
2. Non enim omnis error stultitia *dicenda* est ᵇ.	tout égarement ne doit pas être dit folie.
3. Animal hoc, *quem* vocamus ho-minem, generatum est etc. ᶜ	l'animal que nous appelons homme a été créé etc.
4. Ad eum locum, *quæ* Pharsalia appellatur, applicuit ᵈ.	il aborda à l'endroit qui est appelé Pharsale.
5. Circumpicit saxum campo, *qui* forte jacebat limes positus ᵉ.	il apperçoit une pierre, qui par hasard était là comme une borne placée dans le champ.
6. Fatale monstrum, *quæ* nec muliebriter expavit ensem ᶠ.	le monstre fatal qui, comme une femme, n'a pas redouté l'épée.

Lorsqu'il y a ainsi dans une phrase deux substantifs qui s'appartiennent, ou dont l'un peut-être conçu comme contenu dans l'autre, l'esprit se laisse entraîner par l'idée qui frappe le plus, et transporte l'accord sur le substantif qu'il considère comme principal.

Ainsi dans la 1ʳᵉ phrase, c'est l'idée du fardeau, *onus*, qu'on voit dans *pauvreté*, qui a déterminé l'accord.

Dans la 3ᵉ, c'est moins le mot *animal* que celui d'*hominem*, qui force l'attention.

Dans le dernier exemple Horace pense à Cléopâtre et fait accorder

---

(141) *Gymnasium*, *Delphium* etc., étant dits d'une femme n'en restent pas moins l'un le substantif neutre *Gymnasium*, Gymnase, et l'autre l'adjectif neutre *Delphium*, Delphien. GLYCERIUM lui même est venu de l'adjectif grec *glacon doux*, qui se trouve dans *glycirrhison*, réglisse, racine douce; aussi Port-Royal regarde-t-il *Glycerium* comme le synonyme de *suavium*, douceur, et il prétend que si l'on applique ce dernier mot à une femme, il faut dire *mea suavium*, de même qu'on dit *mea Glycerium*, nous n'admettons pas cette conséquence n'ayant pû la trouver confirmée par des exemples. Jamais *suavium* n'a été un nom de femme; il n'y a pas de femme qui s'appèle *suavium*, ni *corculum* mon petit cœur, nous pensons donc qu'il n'est pas plus permis de dire *mea suavium*, *mea corculum*, que nous ne disons *ma chou*, *ma cœur*.

---

a TER. *Phorm.*1, 2, *v.* 44.   c CIC. 1, *de Legib.*   e VIRG. *Æn.* 12, *v.* 896.
b CIC. *de Divin.*   d CÆS.   f HOR. 1, *Od.* 31. *v.* 21.

l'adjectif avec ce substantif féminin , quoiqu'il n'ait pas même été exprimé dans la phrase.

Et puis il y a aussi dans les langues cette puissance qu'on appèle *attraction* , et dont il est impossible de ne pas quelque fois reconnaître les effets.

Les numéros suivants

Sont consacrés à l'adjectif *qui, quis, quæ , quod,* dit tantôt *pronom relatif,* tantôt *pronom interrogatif.*

On verra que tout ce qui a été dit des autres adjectifs lui est applicable; que surtout, comme tous les autres, il s'accorde toujours en genre, en nombre et *en cas*, non point, (ce qui est impossible), avec un substantif antécédent, mais avec son propre substantif, exprimé ou sous-entendu.

N° 171. Præco Fabium citavit, *qui* accessit [a].

Substantif ellipsé.	*Substantif exprimé.*
1. Præco Fabium citavit, *qui* simul ad tribunal accessit [a].	7. Fabio succedunt , *qui* FABIUS duos consules monuit [g].
2. Dixere causam tùnc , nescio *quam* [b].	8. Is habet causam, *quam* CAUSAM ad te deferet [h].
3. Rursùs redit ad ea castra, *quæ* ad Agar habuerat [c].	9. Castra posuerunt, *quæ* CASTRA ampliùs millibus passùum octo patebant [i].
4. Tabellas cereas intelligit,*quibus* sententias ferebant [d].	10. Tabulæ repertæ sunt, *quibus* in TABULIS ratio erat confecta [k].
5. Amicos magnos esse voluit, ut tamen pari jure essent *quo* ceteri [e].	11. Eodem uti jure senem liceat, *quo jure* usus sum adolescens [l].
6. Diditur rumor (le bruit se répand) advenisse diem *quo* debita mœnia condant [f].	12. Diem dicunt , *qud die* conveniant [m]. Dies nullus erat, *quo die* [n].

Il est aisé de voir que l'adjectif, *qui, quæ , quod,* suppose toujours deux substantifs, l'un, *identique ,* qui est le sien, l'autre, *antécédent* (142).

(142) Ainsi la doctrine de l'accord, *incomplet , de l'accord avec l'antécédent en genre et en nombre* (et non pas en cas), doit être regardée comme surannée, également contraire à la saine idéologie et aux faits.

Dans *Fabio succedunt qui Fabius monuit,* QUI s'accorde évidemment, non point avec

---

a LIV.	f VIRG. *Æn.* 7, *v.* 144.	l TER.
b TER.*Hecyr.*1,2,*v.*111.	g LIV. cité par *Maug.*	m CÆS. *Bell. Gall.* 1 , 6.
c HIST. *Bell. Afric.* 77.	h CIC.13,*Fam.Epist.*58.	n CIC. *Att.* 2, *Epist.* 11.
d ASCON. *de Div.*	i CÆS. *Bell. Gall.* 7.	
e SUETON.	k CÆS.*deBell.Gall.*1,29.	

On voit, par les exemples des deux colonnes, que le *substantif identique*, ou pour parler peut-être plus exactement, que le substantif de
qui, *quæ*, *quod*, est tantôt exprimé comme dans la seconde colonne,
tantôt sous entendu, comme dans la première. Mais que ce substantif
soit exprimé, ce qui est assez rare, ou qu'il soit ellipsé, l'adjectif *qui*,
quæ, *quod*, s'accorde avec lui en genre, en nombre et en cas, et suit
l'analogie de *quandoque bonus dormitat Homerus* (143).

N°. 172. *Quam* quisque ARTEM novit, in hac se exerceat*.

1. Que chacun s'exerce dans cet art, *le quel ART il* connaît.

2. *Qui SERVI* eadem noscerent reperit[b],	c.-à-d. reperit servos, qui servi etc.
3. *Quâ NOCTE* venis, eadem abis[c],	c.-à-d. eâdem nocte abis, quâ nocte venis.
4. *Quæ* debetur PARS tuæ modestiæ, audacter tolle[d],	c.-à-d. quæ debetur pars, partem tolle.

On voit encore ici le substantif identique exprimé. Le substantif antécédent, au contraire, est sous-entendu, ce qui n'influe en rien sur
l'adjectif corrélatif (143).

---

l'antécédent *Fabio*, mais avec le substantif identique *Fabius*. Dans la contre-phrase
Fabium citavit,qui accessit, ce *qui* ne se rapporte pas plus à *Fabium*, que le précédent
ne se rapporte à *Fabio*. Le substantif de *qui* est FABIUS, sous-entendu; ce qui donne
dans la construction pleine : *Fabium citavit, qui Fabius accessit.*

(143) M. Maugard cite plus de 150 exemples dans les quatre analogies suivantes:

    Fabio succedunt, *qui* Fabius monuit,
    Quam urbem statuo vestra est, *Voyez* n° 173.
    Quam quisque novit *artem*, in hâc se exerceat,
    Sagittas corripuit *quæ tela. Voyez le* n° 174.

Dans ces quatre circonstances l'accord de *qui*, *quæ*, *quod* se fait évidemment avec
son substantif propre. Nous en ajouterons une 5°. qui fournit des millions d'exemples,
où se trouve le prétendu pronom interrogatif comme dans *quid vis ?* ou le premier
membre de phrase est sous-entendu. *Voyez le* n° 175.

---

a CIC. 1, *Tusc.*	c PLAUT.*Amph.*1 3 *v.*34.
b TAC. *Ann.* 2, 28.	d PHÆDR. 2, *Fabl.* 1.

N° 173. Urbem quam statuo, vestra est [a].

1. C'est-à-dire, urbem *quam statuo*, urbs vestra est ; la ville, laquelle ville je bâtis est à vous.

2. Agrum *quem* vir habet tollitur [b], | c.-à-d. *ager tollitur*, agrum *quem habet*, le champ, lequel champ il a, est enlevé.

3. *Istum quem* quæris ego sum [c]. | c.-à-d. *ego sum iste quem istum quæris*. Je suis cet homme lequel homme tu cherches.

4. *Eunuchum quem* dedisti nobis, quas turbas dedit [d] ! | c.-à-d. *dic illas turbas* quas turbas dedit *eunuchus ille* quem eunucum dedisti.

Dans ce numéro l'adjectif est construit après son substantif, dans le précédent il l'est avant. Voilà toute la différence, qui, sous le rapport de l'emploi du corrélatif, existe entre ces séries d'exemples, qui d'ailleurs n'offrent rien qui s'écarte de l'analogie de *bonus dormitat Homerus. voyez la note* 144.

N° 174. Sagittas corripuit, *quæ* tela gerebat Achates [a].

5. Il saisit les flèches, lesquels traits portait Achate.

6. Hinc Dardanus ortus Jasiusque pater, genus à *quo* principe nostrum [f], | de-là est sorti Dardanus et le père Jasius, duquel prince vient notre race.

7. Lucus in urbe fuit mediâ, *quo* effodére loco signum [g], | un bois fut dans le milieu de la ville, dans lequel les Carth. déterrèrent un signe.

8. Socios terræ mandemus, *qui* solus honos Acheronte sub imo est [h], | confions nos compagnons morts à la terre etc. lequel honneur est le seul sous le profond Achéron.

9. Carne pluit, *quem* imbrem aves feruntur rapuisse [i]. | il plut de la chair, laquelle pluie fut, dit-on, enlevée par les oiseaux.

10. Hortamur fari.... *quæ* sit fiducia capto [k], | nous l'exhortons à parler, exhortation qui doit donner de la confiance au captif.

Voilà encore ce corrélatif, qui s'accorde avec son substantif exprimé, *tela, principe, loco, honos, imbrem, fiducia.* Il n'a point d'antécédent exprimé, ni même de sous-entendu, que l'ellipse puisse rétablir. L'esprit voit des *traits* dans les *flèches*, un *prince* dans *Jasius*, un *lieu*

---

a Virg. Æn. 1, v. 573.   e Virg. Æn. 1, v. 187.   i Liv. cité par Port-Roy.
b Cic.   f Virg. Æn. 3, v. 167.   k Virg. Æn. 2, v. 74.
c Plaut. Curc. 3, 1, v. 49.   g Virg. Æn. 1, v. 441.
d Ter. Eun. 4, 3, v. 10.   h Virg. Æn. 11, v. 22.

dans le *bois sacré*, une *pluie* dans *il pleut*, etc.; ou, à la vue des flèches, de Jasius, du bois sacré, de l'action de pleuvoir, il passe rapidement à l'idée de traits, de prince, de lieu, de pluie. Ce procédé est évidemment sylleptique, il est commun à toutes les langues (144).

N° 175. *Quid* vis tibi ᵃ? Eloquere *quid* vis ᵇ; rogita *quod* vis ᶜ.

1. Que veux-tu? Dis ce que tu veux; demande ce que tu veux.

2. *Ecquis* est ᵈ? — *Quis* hic homo est ᵉ?

c.-à-d. eloquere *quis* hic homo est.

3. Hem *quid* est ᶠ? *Quid* istuc negotii est ᵍ?

dic *quid* tibi nunc ægrè est ¹.

4. Quid est tibi nomen ʰ? . . . .
5. Quod nomen tibi est ⁱ? . . . . . .

tuum nomen dic quod est ᵐ.

6. Quis locus, quæ regio nostri non plena laboris ᵏ?

dicite *quæ* regio Anchisen, *quis* habet locus ⁿ.

Il est évident que les phrases de la seconde colonne, où les rudiments ne voient que l'adjectif, qu'ils appèlent *pronom relatif*, et les phrases de la 1ʳᵉ colonne, où ils croient voir une nouvelle espèce de mot qu'ils appèlent *pronom interrogatif*, ne diffèrent entre elles que parce qu'elles sont plus ou moins elliptiques. La force interrogative n'est donc pas dans *quis*, *quæ*, *quid* ou *quod*; c'est donc toujours le même adjectif, qui, comme tous les autres, suit inévitablement la loi de l'accord en genre, en nombre et en cas avec son propre substantif, exprimé ou

---

(144) Le dernier exemple mérite, par sa difficulté, une explication particulière.

Hortamur fari quo sanguine cretus; quidve ferat memoret, jusque là il n'y a qu'une ellipse : *Hortamur fari sanguinem, quo sanguine sit cretus, vel ut memoret illud quod ferat* : « Nous l'exhortons à dire dequel sang il est né, et à raconter ce » qu'il rapporte ».

Mais quand Virgile ajoute, sans aucun signe d'énumération, *quæ sit fiducia capto* : il y a non seulement une syllepse, mais une double syllepse; car il veut dire *hortamur fari ... ut hortatio quæ sit fiducia capto.* » Nous l'invitons à dire dequel sang » il est né etc.» *Invitation* qui doit inspirer de la confiance au captif. Le *quæ* se rapporte à *fiducia*, tandis que dans la construction usuelle, il se rapporterait à l'idée d'invitation que réveille le verbe *hortamur....* Au reste, toutes ces syllepses doubles ou simples sont plutôt à remarquer pour la traduction qu'à imiter dans la composition.

---

a Ter. *Heaut.* 1, 1, *v.* 9.
b Plaut. *Curc.* 4, 2.*v.*31
c Plaut.
d Plaut. *Curc.* 2, 3.
e Ter. *Phorm.*5, 7, *v*, 2,

f Plaut. *Cist.* 4, 2, *v.* 27.
g Plaut. *Cist.* 4, 2. *v.* 79.
h Plaut.*pseud.*2,2,*v.*41.
i Plaut.*amph.*1,1.*v*207.
k Virg. *Æn.* 1, *v.* 459.

l Plaut.*Men.*1,3,*v.*62.
m Ter. *Phorm.*5,7,*v.*59.
n Virg. *Æn.* 6, *v.* 670.

sous-entendu, sans jamais s'écarter de l'analogie figurée par *quando-que bonus dormitat Homerus* (145).

Voyez

l'explication de *mea*, *tua* après *interest* ; n° 29, pag. 211.
l'explication du même adjectif après *refert* ; n° 30, pag. 212.
l'explication des adjectifs en DUS, dits gérondifs en DI, DO, DUM. nᵒˢ 18, 45 et 87,

Ces différents numéros complètent ce qui concerne l'accord de l'adjectif avec le substantif.

TRADUCTION

De quelques sortes d'Adjectifs.

N° 176. Triumphus clarior quàm *gratior* fuit ᵃ.

1. Le triomphe fut plus brillant que plus agréable. Nous DISONS : le triomphe fut plus brillant qu'*agréable*.

2. Acrior fuit quam *compositor* pugna ᵇ, | le combat fut plus vif que plus régulier, c.-à-d. *que régulier.*

Nous ne pouvons pas dire :.*le triomphe fut plus brillant que plus agréable.* Cependant telle est la phrase latine la plus usuelle en pareille circonstance. Les Latins, frappés de la comparaison, semblent se dire, avant de prononcer leur jugement : *Clarior* an *gratior fuit triumphus?* le triomphe a-t-il été plus brillant ou plus agréable? et ils retiennent les deux mêmes membres dans la phrase définitive : *clarior fuit quàm gratior.* La phrase française suit littéralement l'ordre des idées : *Le triomphe a été plus brillant qu'il a été agréable.*

NOTA. Les Latins disent aussi avec le positif :

3. *Magis invidi* sunt quam amici ᶜ, | ils sont plus envieux qu'*amis*.
4. Artem habebitis *magis uberem* quam difficilem ᵈ, | vous aurez un art plus abondant que difficile (146).

---

(145) REMARQUE *pratique pour ceux qui composent en latin* : Dans les phrases interrogatives, *quis* s'emploie ordinairement au lieu de *qui*, soit que cet adjectif soit seul comme dans *quis est*; ou qu'il ait son substantif, comme dans *quis homo est?* Il s'emploie aussi dans l'analogie suivante : *Eloquere quis est?* ou *quis homo est?* ou *nescio quis homo est?*

Quid est employé dans les mêmes circonstances, excepté lorsqu'il est joint à son substantif; on dit beaucoup plus souvent, *quod nomen est tibi*, que *quid nomen est tibi.* On dit donc *quid negotii est?* car negotii n'est pas le substantif de *quid.*

(146) Lorsque les Latins se servent de *magis* avec le positif, ils ne répètent pas

---

a LIV. *ab urbe.* 5. | c CIC. *de Orat.*
b QUINT. 3, 1. | d CIC.

N° 177. Indè duæ pariter, visu mirabile, palmæ

surgunt. Ex illis altera *major* erat ª.

1. De-là s'élèvent (ou naissent) deux palmiers; l'un d'eux était *plus grand*. Nous disons *le plus grand*.

2. Tu *major ;* tibi me est æquum | tu es plus grand (que moi) où le
   parere[b], | plus grand, ou l'aîné, etc.

Les Latins mettent le comparatif, lorsqu'ils comparent deux objets, pour savoir lequel des deux possède en plus la qualité exprimée par l'adjectif, comme *grand, petit ;* car il y a aussi bien un excédent en petitesse qu'en grandeur : *major* et *minor*, par exemple, marquent également un excédent, l'un en grandeur, l'autre en petitesse. Quand nous disons *le plus grand* d'eux, cela signifie celui des deux qui est plus grand que l'autre. La tournure latine *tu es major* signifie immédiatement : *tu es plus grand*. Le comparatif a un emploi bien plus étendu, comme on a vu n° 176 etc.

N° 178. Entelle , heroum *Fortissime* ª.

3. Entelle, heroum fortissime frus- | O Entelle, héros jadis très - coura-
   trà , tolli dona sines [c] ? | geux d'entre les héros, etc.
4. Æneæ sese fortissimus heros Ad- | héros très-courageux, il s'était asso-
   diderat socium [d], | cié à Enée.
5. Te fortissime Teucrûm accipio | O Troyen très - vaillant entre les
   agnoscoque libens[e]. | Troyens, je te reçois, etc.

Quelquefois on peut, pour le résultat traduire le superlatif par un comparatif français, comme peut-être dans le dernier exemple, lorsque Pallas dit à Enée : *Fortissime Teucrûm, ô le plus vaillant des Troyens;*

---

magis après *quàm*, témoins les exemples *magis invidi quàm amici* etc. Lorsque l'un des deux adjectifs n'a point de comparatif, comme *pius, arduus* et autres adjectifs qui ont une voyelle devant *us*, on est obligé de dire *Petrus magis pius quam doctus*.

Nous devons cependant remarquer pour les curieux que l'on trouve quelques exemples où *magis* est répété dans le second membre : *Tam magis illa fremens quam magis* etc. (f). *Magis quam id repeto, tam magis uror* (g), plus j'y réfléchis, plus cela me tourmente.

Quelquefois aussi le signe du comparatif est supprimé ; *tacita bona est mulier semper quam loquens* (h).

---

a Ovid. 3 *Fast. v.* 31. | d Virg. *Æn.* 6, *v.* 168. | g Plaut. *Bacch.* 5, 1.
b Virg. *Ecl.* 5 , *v.* 4. | e Virg. *Æn.* 8 , *v.* 155. | h Plaut. *Rud.*4,4.*v.*70.
c Virg. *Æn.* 5 , *v.* 389.| f. Virg. *Æn.* 7 , *v.* 787.

mais cette traduction n'est point littérale ; le superlatif présente la qualité portée non pas à son plus haut point, mais à un dégré très-haut. Le compliment de Pallas signifie donc littéralement, *ó Troyen* (d'entre les Troyens) *très vaillant* (147)!

N° 179. M.lvo bellum est cum corvo, *alter alterius* ova frangit «.

1. Il y a une guerre entre le corbeau et le milan, *l'un* brise les œufs de l'autre.
2. Alterius sic Altera poscit opem res et conjurat amicè b,
(la na'ure et l'art) l'un demande ainsi le secours de l'autre.
3. Amicus est tamquam alter idem c
un ami est comme un autre soi-même.
4. Tu nunc eris alter ab illo d,....
tu seras *l'autre,* ou le second après lui.
5. Altero quoque die bibendum e,.
nous disons : *tous les deux jours.*

Les Latins emploient *alter, a, um,* pour désigner *autre* pris dans le nombre de deux. La réduplication qu'ils en font ne peut recevoir dans notre langue une traduction immédiate. Nous ne pourrions pas dire : *l'autre casse les œufs de l'autre.* Les Latins en s'exprimant ainsi, suppriment tout un premier membre de phrase. La construction pleine serait : *l'un casse les œufs de l'un, l'autre casse les œufs de l'autre.* La phrase française ellipse une moitié de chacun des deux membres de la phrase latine.

(147) Virgile a au moins dix héros qu'il qualifie de *fortissimus,* il a vingt personnages tant femelles que mâles qu'il appèle *maximus, maxima.* Si Entelle était le plus grand des héros, comment Enée pourrait-il l'être aussi? comment Turnus? comment Tarchon? etc. etc. Ces superlatifs, érigés si peu idéologiquement en comparatifs, nous rappèlent ces vers, que cite Boileau comme un modèle d'idées mal débrouillées :

Sire, je crois que le soleil, | Excepté mon frère Joconde,
Ne voit rien qui vous soit pareil, | Qui n'a point de pareil au monde.

Le comparatif est souvent employé pour enchérir sur le superlatif :

Ego sum *miserior* quàm tu quæ es *miserrima* (f).
Et cum possideant *plurima plura* petunt (g).
... Nisi sis *stultior stultissimo* (h).

Il est donc démontré que le superlatif latin répond à notre adjectif précédé de *très,* que *miserrima* signifie très malheureuse ; *plurima,* des choses très copieuses, et *stultissimo,* très fou.

a Cic. 2.de Nat.deor. 19. | d Virg. Ecl. 5, v. 49. | g Ovid.
b Hor. Art.poet. v. 411. | e Cels. 4, 22. | h Plaut.Amph.3,2,v26.
c Cic. de Amicit. 21. | f Cic. Terentia.

Les Latins disent aussi comme nous : *unus et alter dies intercesserat* ; un jour et un autre s'était écoulé.

N° 180. *Alius alium* percontamur [b].

1. Nous nous interrogeons l'un l'autre, c.-à-d. l'un interroge l'autre, etc.

2. *Aliud* ex *alio* malum[c],.......	un mal naît d'un mal, et un autre mal d'un autre mal.
3. Fallacia *alia aliam* trudit[d],.. ..	une tromperie en amène une autre.
4. Equites *alii alià* delapsi sunt[e],.	les cavaliers se sont écoulés les uns par un chemin, les autres par un autre.
5. *Aliud alii* natura iter ostendit[f],	la nature montre à l'un un chemin, et un autre chemin à un autre.

Alter, a, um, et *alius, a, ud* diffèrent en ce que le premier ne s'emploie ordinairement que pour désigner *un,* pris dans le nombre de *deux* ; et que le second désigne un ou plusieurs pris dans le nombre de *trois* et au-dessus (148).

N° 181. *Medià* sese tulit obvia silvâ [g].

6. Elle se porta à sa rencontre dans la forêt *moyenne,* c'est-à-dire, au milieu de la forêt.

Sensit *medios* delapsus in hostes[h],	12. Stant castrorum *medio* [p].
Medius prorumpit in hostes[i],..	Rem in *medio* relinquimus.
7. Manet *altà* mente repostum[k],..	*Medio* tutissimus ibis [q].
8. *Summà* decurrit ab arce[l],.....	13. Pelagi petere *alia* parabat [r].
9. *Imo* gurgite sorbet fluctus[m],...	14. Quid causas petis ex *alto* [s] ?
10. *Extremis* digitis hoc attingis[n],.	15. In *summo* Manlius arcis stabat[t].
11. Taleæ ne plus quatuor digitos transversos emineant[o],	16. Ad *imum* threx erit [u].
	17. Ad *extrema* perventum est [v].
	18. Quod non exspectes ex *transverso* fit [x].

---

(148) Tous les deux signifient *autre,* mais le génie de notre langue nous permet rarement de les traduire immédiatement, surtout lorsqu'ils sont redoublés, *alius alium percontamur,* signifie immédiatement *nous nous questionnons, un autre en questionne un autre* ; ce qui suppose l'ellipse d'un premier membre de phrase. La construction pleine serait : *nous nous questionnons, un questionne un, et un autre questionne un autre* ; s'il ne s'agissait que de deux, les latins, diraient : *alter alterum* percontamur.

---

a Cic. *pro Cluent.* 10, 20.	i Virg. *Æn.* 10, v. 379.	r Virg. *Æn.* 9, v. 81.
b Plaut. *Stich.* 2, 3, v. 46.	k Virg. *Æn.* 1. v. 26.	s Virg. *Æn.* 8, v. 395.
c Ter. *Eun.* 5, 6, v. 17.	l Virg. *Æn.* 2, v. 41.	t Virg. *Æn.* 8, v. 653.
d Ter. *Andr.* 4, 5. v 40.	m Virg. *Æn.* 3, v. 422.	u Hor. 1, *Epist.* 18, v.55.
e Liv.	n Cic. *pro Cæl.* 12.	v Curt. 4, 4.
f Sall. *in Catil.*	o Cat. *R. R.* 45.	x Petr. *in Frag. trag.* 55.
g Virg. *Æn.* 1, v. 314.	p Virg. *Æn.* 9, v. 230.	
h Vir. *Æn.* 2, v. 377.	q Ovid. *Metam.* 2, v. 136.	

On voit que les Latins ont deux manières d'employer les adjectifs *medius*, *altus*, *imus* etc., savoir: 1.° avec un substantif exprimé, comme dans les exemples de la 1ʳᵉ colonne (tel est l'usage le plus général), 2° ou sans substantif exprimé, l'adjectif étant pris, comme on dit, substantivement; dans cette circonstance, cet adjectif se fait suivre souvent d'un génitif.

1. Gurgitis *hujus* IMA tenes [a].....	tu occupes *le fond* de ce gouffre.
2. EXTREMA gallicæ *oræ* occupavêre [b],	ils occupèrent les *extrémités* de la frontière gauloise.

Ces exemples et semblables, traduits immédiatement, ne seraient pas français.

Traduction immédiate.	*Traduction de résultat.*
Dans la ville moyenne...........	Au milieu de la ville.
Dans les ennemis moyens ou.....	Au milieu des ennemis.
Moyen dans les ennemis.	*Id.*
De son trône haut.	Du haut de son trône.
De son cœur profond............	Du fond de son cœur.
Du gouffre bas.................	Du bas ou du fond du gouffre.
Des doigts extrêmes.............	De l'extrémité ou du bout des doigts.
De quatre doigts transversaux etc..	De quatre travers de doigts.

On peut remarquer que la traduction française se rapproche de la tournure latine de la 2ᵐᵉ colonne.

Voici les principaux adjectifs qui se rapportent à ce numéro.

Altus,	Celsus,	Medius,	Imus,	Interior,
Supremus,	Excelsus,		Profundus,	Extremus,
Summus,	Sublimis,	.	Intimus,	Transversus.

Ces mêmes adjectifs se traduisent immédiatement par *haut*, *élevé*, *moyen*, *bas*, *extrême*, *transversal*, lorsque le génie de notre langue le permet et que la traduction de *résultat* ne rend pas l'idée de l'auteur latin.

N° 182. *Aurea purpuream* subnectit fibula vestem [c].

3. une agrafe *d'or* noue en-dessous sa robe de *pourpre*.	
Aurea mala decem misi [d],....	dix pommes *couleur d'or*.
4. Nec clypei mora profuit *ærei* [e],.	ni le retard du bouclier *d'airain*... ne lui fut utile.
5. *Populeâ* velatur fronde juventus [f],	......feuillage de *peuplier*......

a VIRG. *Georg.* 4, *v.* 321.
b TAC.
c VIRG. *Æn.* 4, *v.* 139.
d VIRG. *Ecl.* 3, *v.* 71.
e VIRG. *Æn.* 12, *v.* 541.
f VIRG. *Æn.* 5, *v.* 134.

1. Proinde tu tibi jubeas concludi ædes foribus *ferreis* ,
   Ferreas ædes commutes , limina indas *ferrea* ,
   Ferream seram atque annulum , ne si *ferro* parseris ,
   Ferreas tute tibi impingi jubeas crassas compedes (149) [a].

2. Ain vero, *verbereum* caput[b],...	dis-tu oui, tête *à étrivières.*
3. Dos parit *uxoria* lites[c],......	la dot *d'une femme* engendre les procès.
4. Anna *sororia* linquit mœnia[d],..	Anne quitte les murs *de sa sœur.*
5. Icarus *icarias* nomine fecit a-quas[e],	Icare a nommé les eaux *icariennes* (mer de l'Asie mineure).
6. Quis facta *herculeæ* non audit fortia clavæ[f]?	qui n'entend célébrer les hauts faits de la massue *d'Hercule?*

Dans le vers qui précède *aurea purpuream* etc., Virgile avait dit : *Cui pharetra est auro*, à elle est un carquois *d'or.*

Les Latins ont ainsi deux manières de s'exprimer, où presque toujours nous n'en avons qu'une. Nous sommes forcés de dire avec un substantif précédé d'une préposition : *un carquois d'or, une agrafe d'or, un bouclier d'airain, des feuilles de peuplier, des portes de fer, la massue d'Hercule,* etc. (150).

_____

(149) TRADUCTION. Ainsi fais fermer ta maison par des portes de fer , fais de ta maison une maison de fer, mets y des seuils (limina) de fer , une serrure et des anneaux de fer , et si tu n'épargnes pas le fer, fais-toi river à toi-même de grosses chaînes ou entraves de fer.

(150) Les latins ont une quantité innombrable d'adjectifs formés dans l'analogie d'*aureus, sororius, Icarius, Herculeus,* et marquant une idée de matière, ou d'appartenance, ou quelquefois de simple ressemblance. Dans *aurea fibula,* il s'agit de la matière elle-même dont l'agrafe est faite, dans *aurea mala misi,* il n'y a plus de l'or que la ressemblance de couleur. Dans *facta herculeæ clavæ, herculeæ* n'exprime point la matière dont est composée la massue, mais un rapport d'appartenance.

Nous ne fesons qu'indiquer cette mine d'expressions latines. Mais c'en est assez pour mettre sur la voie, soit qu'on ait à les traduire ou à les imiter.

_____

a PLAUT. *Pers.* 4,4, *v.* 21.   c OVID.   e OVID.
b PLAUT. *Pers* 2, 2, *v.* 2.   d OVID. 3, *Fast. v.* 559.   f PROP. 4 , *Eleg.* 9.

N° 183. *Tyndaridœ* fratres, hic eques, ille pugil ª.

1. Ce sont les frères, fils de Tyndare, l'un à cheval, l'autre armé d'un ceste.

Tyndarïda adspicio[b],........	je vois la fille de Tyndare (Hélène).
2. Ulysse ! *Danaïdæ* credent tibi. Tu cui ? Parenti[c].	Ulysse, les enfans de Danaüs (ou les Grecs) se confieront à toi, toi à qui ?.....
3. Urnas frustra *Danaïdes* plenas ferunt[d],	les filles de Danaüs ou les D naïdes portent leurs urnes pleines inutilement.
4. *Heliades* dant lacrymas[e], .. .	les filles du Soleil, les Héliades....
5. *Pelidæ* tunc ego congressum Ænean nube cavâ rapui [f],	j'ai arraché Enée se mesurant avec le fils de Pélée (Achille).
6. *Æacidæ* telo jacet Hector [g],...	Hector gît par le trait du petit-fils d'Eacus (Achille).....

Les Latins expriment ainsi d'un seul mot, à l'imitation des Grecs, ce que nous ne pouvons rendre par moins de quatre, savoir :

Le fils de A, Le petit fils de A, Le descendant de A,	Les fils de A, » Les descendants de A,	La fille de A, La petite fille de A, La descendante de A.	etc.

La mythologie, le contexte et la finale peuvent déterminer le choix entre ces diverses traductions.

Ces mots peuvent être regardés comme des substantifs. Nous n'en avons fait ici le sujet d'un numéro que parce qu'ils ont été omis dans la nomenclature, ORDRE DES TERMINATIFS (151).

N° 184. Quot homines, tot sententiæ [h].

7. Il y a autant (*tot*) d'opinions qu' (*quot*) il y a d'hommes.

8. Dic quotus cupias cœnare[i],...	dis lequel en quantité tu veux souper, c.-à-d. par exemple si tu soupes le 3ᵉ, le 4ᵉ, etc.
9. Hora quota est ? — Octava[k]...	quelle heure est-il (en quotité) ?— la 8ᵉ, c.-à-d. il est huit heures.

---

(151) Nous avons francisé quelques adjectifs de cette analogie; tels sont *Alcide*, fils d'Alcée, c'est Hercule ; les *Atrides*, ou fils d'Atrée ; les *Héraclides*, ou descendans d'Hercule ; les *Héliades*, ou filles du Soleil ; les *Néréides*, ou filles de Nérée ; les *Séleucides*, les descendants de Séleucus etc.

---

a Ovid. 5, *Fast. v.* 700.
b Virg. *Æn.* 2, v. 569.
c Senec. *in Troad. v.* 607.
d Sen. *in Herc. F. v.* 757.

e Ovid. *Met.* 2, v. 240.
f Virg. *Æn.* 5, v. 808.
g Virg. *Æn.* 1, v. 99.
h Ter. *Phorm.* 2, 3, v. 14.

i Mart. 14, *Epigr.* 191.
k Hor. 2, *Sat.* 6, v. 44.

1. *Paucis* temeritas bono , *multis* malo[a],	la témérité tourne à bien à peu (de personnes), à mal à beaucoup.
2. Ne *pauciores* cum *pluribus* manum consererent[b],	afin qu'un plus petit nombre d'hommes n'en vinssent pas aux mains avec un plus grand.
3. Supponuntur ova anseribus *paucissima* septem , *plurima* quindecim[c], ●	le moins d'œufs que couvent les oies c'est sept , le plus c'est quinze.

Voyez le tableau , page 206 , donné à la suite du n° 20. C'est une source féconde d'exercices pour ceux qui veulent composer en latin. Il faut comparer les deux langues, et juger l'identité ou la différence de route suivie par l'une et l'autre , pour arriver à un même but.

Nous terminerons ce premier sous-chapitre en observant que les adjectifs *mea* , *tua* , etc., après *interest* et *refert* , ont été expliqués pag. 211 et 212 , que les adjectifs dits gérondifs en DI, DO, DUM, l'ont été pag. 203 etc., que les adjectifs *quanti* , *multi* , etc. l'ont été pag. 215, que nous n'avons rien dit des phrases qui sont dans l'analogie de *vidi redeuntem senem* , parce que l'infinitif est beaucoup plus souvent employé en pareille circonstance.

SECOND SOUS-CHAPITRE.

Du Verbe.

On sait, qu'outre l'idée fondamentale , le verbe exprime les idées accessoires de nombre , de personne , de mode , de temps et de voix. D'où la division de ce sous-chapitre en CINQ PARAGRAPHES.

PARAGRAPHE PREMIER.

Du nombre.

N° 185. Quandoque bonus *dormitat* HOMERUS[d].

Homerus est également représenté comme modifié par le verbe *dormitat* , et par l'adjectif *bonus* ; aussi ces deux sortes de modificatifs sont-ils au singulier , chacun à leur manière , comme le substantif auquel ils appartiennent et dont ils sont affirmés. Au pluriel , on dirait : *Quandoque boni dormitant* HOMERI.

---

a PHÆD. 5, *Fabl.* 4.   c PLIN. 10 59.
b SALL. *in Jugurth.* 53.   d HOR. *Art. poet. v.* 359.

Le verbe, de même que l'adjectif, s'accorde donc nécessairement en nombre avec son substantif.

, Et ce substantif, dans les modes personnels, c'est-a-dire dans nos six premiers temps (*) est nécessairement un nominatif (152).

Pag.

Voyez les nᵒˢ
{ Quandoque bonus *dormitat* Homerus, ... 292
Læti se robore *promunt* Pelidesque et Menelaüs, 295
Caper tibi salvus (*est*) et hædi, ... 297
Pars aversi *tenuere* facem , ... 302

Car la théorie du nombre dans les verbes est la même que dans les adjectifs; ces deux sortes de modificatifs étant également des effets , suites ou compléments de leur substantif, et devant revêtir les formes qui servent à marquer cette subordination.

Or, les verbes, comme les adjectifs, ont, chacun à leur manière , des formes pour exprimer le nombre; le paragraphe suivant, qui traite de la personne, fournira , en même temps, des exemples du nombre, ces deux rapports étant indivisibles. Car, à quelque personne (1ʳᵉ, 2ᵉ ou 3ᵉ), que soit un verbe, il est nécessairement à l'un des deux nombres, au singulier ou au pluriel.

PARAGRAPHE II.

De la Personne.

Nᵒ 186. Eco *sum* Amphitryo qui *fio* Jupiter, quando lubet ».

1. Moi , je suis l'Amphitryon qui deviens Jupiter, quand il me plaît.
2. Ego *sum*, tu *es* ego ᵇ,
3. Tu *es* ille vir ᶜ,
4. Est deus qui cuncta quæ gerimus auditque et *videt* ᵈ,
5. Nos *sumus* idææ pinus ᵉ.
6. Vos *estis* fratres ᶠ.
7. *Sunt* lacrymæ rerum et mentem mortalia *tangunt* ᵍ.

On voit, dans l'une et l'autre colonne, que le verbe s'accorde tout-à-la-fois en personne et en nombre avec son nominatif.

(152) Le verbe, lorsqu'il est à un mode personnel, ne peut se rapporter en effet qu'à un nominatif, car par le nominatif on n'entend rien autre chose que le cas du verbe, que le cas qui représente le substantif mis en scène et jouant l'un des trois rôles de l'acte de la parole. Mais c'est dans un cours français ou de grammaire générale qu'ont du trouver place de plus amples développements idéologiques.

(*) Voyez les conjugaisons, pag. 140, de la lexigraphie.

a Plaut.*Amp.*3,*v.*1 et 4.
b Plaut.*Stich.*5,4, *v.* 49.
c Septuag.
d Plaut.
e Virg. Æn. 10, *v.* 230
f Juv. 5, *Sat.* 2. 137.
g Virg. Æn. 1, *v.* 462.

Le n° 6, *ego videro*, pag. 195, qui traite du nominatif, laisse peu à désirer sur la concordance du verbe avec son nominatif en nombre et en personne.

Les n°ˢ suivants montreront dans quelles circonstances le nominatif peut s'ellipser ou se syllepser　　　　:

N° 187. Hæc neque ego neque tu *fecimus* ᵃ.

1. Ni moi ni toi n'avons fait ces choses. Nous disons par politesse : ɴɪ ᴛoɪ ɴɪ ᴍoɪ, etc.

2. Meruimus ᴇɢo et ᴘᴀᴛᴇʀ de vo-｜mon père et moi, nous avons bien
   bis et de Republicâ ᵇ,　　　　｜mérité de vous et de la Républi-
   　　　　　　　　　　　　　　　｜que.

3. Ego vapulando, ɪʟʟᴇ verberan-｜nous nous sommes fatigués tous
   do, ambo defessi *sumus* ᶜ,　　｜deux, lui à me battre, moi à
   　　　　　　　　　　　　　　　｜périr sous les coups.

4. Tu et ᴄoʟʟᴇɢᴀ tui *errastis* ᵈ, .｜toi et tes collègues avez erré.

5. Spolia ampla *refertis*, ᴛᴜque｜vous remportez d'amples dépouil-
   ᴘᴜᴇʀque tuus ᵉ,　　　・　　　｜les, toi et ton fils.....

Lorsque l'action exprimée par le verbe est affirmée de personnes dif-férentes, le verbe se met au pluriel de la personne la plus notable. La 1ʳᵉ (*ego* ou *nos*) est plus notable que la 2ᵉᵐᵉ (*tu* ou *vos*), et la 2ᵉᵐᵉ l'est plus que la 3ᵉᵐᵉ (153).

On a dû observer qu'en latin l'ordre des personnes est exactement suivi, et que celui qui parle se nomme le premier. En français, la civilité exige ordinairement qu'on se place le dernier (154).

──────────

(153) Nous disons que » le verbe se met au pluriel de la personne la plus no-table » et non point qu'il s'accorde avec cette personne, *fecimus* ne s'accorde pas plus avec le *ego*, qu'avec *tu*, car *fecimus* est au pluriel et *ego* est au singulier, c'est ici la même idéologie que celle du n° 156, *læti se robore promunt Pelides-que et Menelaüs*, pag. 295; c'est avec un tiers substantif, avec *nos* sous-entendu que se fait l'accord.

(154) Nous avons lu à la tête d'un traité écrit en bon français : *moi et l'em-pereur de....* Ce n'est donc point une faute de langue de se nommer le premier ; il y a même beaucoup de circonstances, où cela n'est pas même incivil.

Les auteurs latins ne s'assujétissent pas toujours non plus à l'ordre des personnes. Tite-Live a dit : *pater et ego fratresque mei, pro vobis arma tulimus;* Térence: *euremus, tu alterum, ego item alterum* (f) etc. etc.

──────────

a Tᴇʀ.*Adelph.*1, 2. *v.*23.｜c Tᴇʀ.*Adelph.*2,2. *v.* 5.｜e Vɪʀɢ. *Æn.* 4, *v.* 95.
b Lɪv.　　　　　　　　　　｜d Cɪɢ.　　　　　　　　　　｜f Tᴇʀ.*Adelph.*1, 2.*v.*53.

Le verbe est un effet

Qui annonce une cause; cette cause est, comme on a vu un nominatif; mais ce nominatif est exprimé, comme dans les exemples du n° 186, pag. 317; *ego sum Amphitryo* etc. ou sous-entendu, comme dans ceux du numéro précédent.

Cette sous-entente du nominatif se fait aussi dans plusieurs autres circonstances. Voyez les onze numéros suivants.

N° 188. *Sum patriâ ex Ithacâ* ª.

1. Sum patriâ ex Ithacâ ª.	3. Pulvis et umbra *sumus* ᶜ.
2. Cujus nunc *es ?* — tuus ᵇ.	4. *Estis* in senioribus ᵈ.

Les nominatifs de premières personnes étant toujours *ego* pour le singulier, et *nos* pour le pluriel; ceux de la seconde étant aussi toujours les mêmes, (*tu* et *vos*) et leur idée étant d'ailleurs suffisamment rappelée par la présence des objets eux-mêmes, ils peuvent être, et sont très-souvent sous-entendus.

On ne les exprime que dans deux circonstances, par emphase ou énergie : *ego sum Amphitryo*; ou pour marquer une opposition : *ego tu sum, tu es ego*, moi je suis toi, et toi tu es moi.

Mais les nominatifs de troisième personne pouvant être représentés par tous les substantifs dont le nombre est considérable, et ne représentant que des êtres absents, leur ellipse ne peut se faire qu'en certaines circonstances.

N° 189. *Est, Dîs gratia, et undè hæc fiant* ᵉ.

5. C.-à-d. ɴᴇɢᴏᴛɪᴜᴍ *est* undè hæc ɴᴇɢᴏᴛɪᴀ *fiant*, la chose ou le moyen est d'où ces choses-là se fassent, ɴᴏᴜs ᴅɪsᴏɴs:il y a de quoi faire ces choses.

6. Necnon cernere erat ᶠ.
Et l'on pouvait voir.
c.-à-d. nec non *erat* ɴᴇɢᴏᴛɪᴜᴍ datum cernere.

7. Est quadam prodire tenus, si non datur ultra ᵍ,
c'est une chose donnée d'aller jusqu'à un certain point, s'il n'est pas donné d'aller au delà.

8. Est ubi plus tepeant hiemes ʰ,
un lieu est où les hivers sont plus tièdes.

L'exemple capital *est unde hæc fiant* offre l'ellipse de ɴᴇɢᴏᴛɪᴜᴍ et celle dè *negotia*. Celle-ci ne se fait guère que lorsqu'un adjectif en facilite

---

a Vɪʀɢ. *Æn.* 3, *v*, 613.   d Pʟᴀᴜᴛ. *Casin.pr. v.*14.   g Hᴏʀ. *Epist.* 1, *v.* 32.

b Vɪʀɢ. *Amph.*11, *v.*217.   e Tᴇʀ. *Adelph.*1, 2, *v.*42.   h Hᴏʀ.

c Hᴏʀ. 4, *Od.* 6, *v.* 16.   f Vɪʀɢ. *Æn.* 6, *v.* 595.

le rappel. *Hæc* placé devant un verbe pluriel ne peut en effet se rapporter qu'à un nominatif pluriel neutre. *Omnia, cuncta, quæque,* et presque tous les adjectifs peuvent être ainsi employés, et s'il ne se trouve point un autre substantif pluriel neutre, c'est nécessairement ce substantif vague qui est sous-entendu.

Mais l'ellipse du nominatif singulier *negotium* se fait quelquefois sans aucun signe nécessaire qui le rappèle. Le sens et un peu d'usage rendent bientôt facile le rétablissement de cette ellipse.

N° 190. Fecit statim, ut *fit*, fastidium copia [a].

1. C'est-à-dire ut id ɴᴇɢᴏᴛɪᴜᴍ *fit*; comme il arrive, l'abondance fit aussitôt le dégoût

2. I mecum hàc unà. —*Fiat*[b], . . .	viens par là avec moi. — Soit fait.
3. Quid tu Athenas insolens? — *Evenit*[c],	Pourquoi es-tu venu à Athènes contre ta coutume? — Cela est arrivé par hasard.
4. *Accidit* casu ut primus nuntiaret[d],	Il arriva par hasard qu'il annonçât le premier.
5. Ire ad conspectum cari genitoris et ora *contingat*[e],	qu'il m'arrive d'aller à la vue et aux traits de mon père chéri, c-à-d.....

Il est évident que *fit, evenit, accidit, contingat* etc., sont à la 3ᵉ personne singulière de *fio, evenio, accido, contingo, contingis,* et qu'ils sont employés avec l'ellipse du nominatif *negotium.*

N° 191. *Liquet* inter nos [f].

6. C'est-à-dire, *hoc negotium liquet,* cette affaire est liquide ou claire entre nous.

De hâc re mihi satis haud liquet,	cela n'est pas assez clair pour moi.
7. Quid quærendum? factum ne sit? At *constat.*—A quo? at *patet*[h],	que faut-il rechercher? si cela a été fait? Mais c'est constant. — par qui? mais c'est patent, manifeste.

C'est la continuation de la même ellipse; *liquet, constat, patet,* ne sont pas plus impersonnels que *liqueo,* je suis liquide ou je me liquéfie, que *consto,* je me tiens avec, etc., que *pateo,* je suis ouvert ou patent, *patet atri janua Ditis,* la porte du noir Pluton est ouverte.

---

a Lɪᴠ. 3, 1.   d Cɪᴄ. *pro R. Amer.* 34.   g Pʟᴀᴜᴛ. *Trin.* 2, 1, *v.* 7.
b Pʟᴀᴜᴛ. *Most.* 1, 3.   e Vɪʀɢ. *Æn.* 6, *v.* 109.   h Cɪᴄ. *pro Milone.* 6.
c Tᴇʀ. *Andr.* 5, 4, *v.* 4.   f Cɪᴄ.

N° 192. *Expedit* Reipublicæ ne suâ re quis malè utatur ».

1. *Il est expédient* ou il importe à la République que quelqu'un n'use pas mal de son bien.

2. Corpus augere volentibus con-ducit inter cibos bibere [b], | il est utile, pour ceux, etc., de boire entre les mets, c.-à-d., dans le repas.

3. *Profuit* et marathros bene olen-tibus addere myrtis [c], | il a été utile aussi d'ajouter des fe-nouils aux myrtes odoriférants.

4. Melius pejus, *prosit, obsit,* nihil vident nisi quod lubet [d], | mieux ou pis, que cela *serve* ou *nuise*, ils ne voient que ce qui les charme.

5. Non est permittendum, nisi *contulerit* [e]. | il ne faut pas permettre...à moins qu'il ne soit utile.

Même ellipse. *Expedit, conducit, prodest, obest, contulit, confert* sont la 3ᵐᵉ personne d'*expedio, conduco, prosum, obsum, contollo, confero.*

6. Et fieri sic *decet* [f], ... | et il sied ou il convient, etc.

7. Nonne prius communicatum op-portuit [g]? | n'a-t-il pas fallu me l'avoir commu-niqué auparavant?

On ne trouve ordinairement *decet* et *oportet* qu'à la 3ᵐᵉ personne du singulier (155).

N°. 193. Non ita Diis *placuit* [h].

8. Centum oratores ire *placet* [i], . . | il plaît, on est d'avis que cent ora-teurs aillent.

9. *Lubet* scire ex hoc ut certior sim [k], | je suis curieux de savoir de lui, pour être plus sùr.

10. Non *libet* plura scribere [l], ... | je n'ai pas envie d'écrire plus.

11. Quæ sint hæc interrogas, quæ scire magis *juvat* quam pro-dest [m], | tu demandes quelles sont les choses qu'il est plus agréable qu'utile de savoir.

12. *Juvit* me tibi tuas litteras pro-fuisse [n], | cela m'a fait plaisir que ta lettre t'ait été utile.

Même ellipse. *Placet, juvat,* sont la 3ᵐᵉ personne de *placeo,* je plais,

(155) Virgile a dit au pluriel : *ista* DECENT *humeros gestamina nostros,* et Pline, *gemmæ aurum* DECENT; Térence, *hæc facta ab illo* OPORTEBANT, (o). *Quæ adsolent, quæque* OPORTENT. . . . *omnia video* (p).

a Just. 1, *Instit. lit.* 8.
b Plin. 2, 3.
c Ovid.de.Med.fac.v.91.
d Ter. Heaut.3,4.v.30.
e Paulus. *Digest.* 39, 2.

f Cic. 2, *de Legib.* 13.
g Ter. *Andr.* 1, 5, v. 5.
h Ovid.expont.ep.11.v7.
i Virg. Æn. 11, v.332.
k Plaut.Merc.1,2,v.19.

l Cic. *Att.* 2, *epist.* 18.
m Senec. *Epist.* 106.
n Cic 5, *Fam. Epist.ult.*
o Ter. Heaut.3,2, v. 25.
p Ter. *Andr.*3,2.

et de *juvo*, je charme, je réjouis. *Libet*, et sa variété, *Lubet*, ne s'emploient guères que de cette manière. Cependant Suétone a dit : *Cœtera item, quæ cuique libuissent, dilargitus est*, il distribua de même toutes les autres choses qui avaient plù ou fait plaisir à chacun.

N° 194. *Tibi licet esse »*, *quieto* *.

1. Il t'est permis d'être tranquille.

2. Civi romano *licuit* esse gaditanum [b], | Il a *été* permis à un Romain d'être citoyen de Gades.

3. *Licet me* id scire quid sit [c]?... | est-il permis que je sache ce que c'est?

4. Per hanc curam quieto tibi licet esse [d], | il t'est permis par ce soin; ou que ce soin ne t'empêche pas d'être tranquille.

5. Asinaria vult esse, si *per vos licet* [e], | elle veut être anière, si c'est permis par vous, c.-à-d., avec votre permission.

Per me exquirere *licet* [f],...... | je n'empêche pas qu'on recherche.

6. *med* quidem herclè *causâ* salvus sis *licet* [g], | je n'empêche pas ou il ne tient pas à moi que tu ne sois sain et sauf.

7. Fremant omnes *licet*, dicam quod sentio [h], | il est permis que tous frémissent, c.-à-d., tous ont beau frémir, je dirai ce que je pense.

8. *Licet* in me terrores omnes impendeant, subibo [i], | il est permis que, ou quoique toutes les terreurs soient suspendues sur moi.

9. *Licet* ingens janitor antro exangues terreat umbras, Æneas descendit [k], | il est permis que, ou quoique le portier épouvante les pâles ombres, Enée descend etc.

Nous avons fait un n° à part du seul verbe *licet*, parce qu'il fournit plusieurs latinismes bons à imiter dans la composition, et que nous en fesons des traductions de résultat, qui sont bien loin d'être immédiates (156).

---

(156) Cette galerie d'exemples invite à faire des remarques :

1°. On voit par les six premiers qu'on peut dire :

A. tibi licet esse quieto, *ou* | C. te licet esse quietum.
B. tibi licet esse quietum, *ou* | D. licet tibi ut quietus sis.

La première manière, qui est un hellénisme est la plus usitée, c'est la puissance

---

a Plaut. *Epid.* 3, 2, v. 2. | e Plaut. *Asin. prol. v.* 12. | i Cic. *pro Sext. Rosc.*
b Cic. *pro Conn. Balb.* | f Ter. *Hecyr.* | k Virg. *Æn.* 6, v. 400.
c Plaut. *Pseud.* 1,1,v.14. | g Plaut. *Rud.* 1,2,v.51.
d Plaut. *Epid.* 3, 2, v. 2. | h Cic. 1, de *Orat.* 44.

Licet se trouve aussi employé avec un nominatif exprimé. *Neque enim quod quisque potest, id ei licet* (157)[a].

N° 195. *Pudet* dicere verbum turpe [b].

1. *Pudet* dicere verbum turpe, at te id nullo modo facere puduit,	c.-à-d., *hoc negotium te pudet dicere*, etc., cette chose *te fait rougir* etc.

L'ellipse de *negotium* est si peu contestable, qu'on trouve *idne pudet te*[c] *?* cela te fait-il rougir? *Non te hæc pudent*[d] *!* ces choses-là ne te font pas rougir! *ita nunc pudeo, ita nunc paveo*[e], tant je rougis maintenant, tant je crains maintenant!

Voyez sur les verbes *pudet, piget, tædet, pœnitet, miseret,* le n° 31, pag. 212.

---

de l'attraction qui après *tibi* a déterminé *quieto*; dans la seconde il y a ellipse de TE : *tibi* licet (TE) *esse quietum.*

2°. *Per hanc curam licet, per me licet, per cœlum licet,* et autres phrases semblables répondent à notre tournure : *il ne tient pas à ce soin, à moi, au ciel;* ou bien *que ce soin n'empêche pas* etc., *med causd* joint à la permission donnée, un air d'ironie.

5°. Notre gallicisme, *on a beau frémir* etc., rend très-bien *fremant omnes licet*, et autres phrases semblables.

4°. On voit dans les deux derniers exemples que la prétendue conjonction *licet,* qu'on a coutume de traduire par *quoique,* n'est autre chose que le verbe *licet* lui-même, on le trouve au futur dans la même destination. Ovide a dit :

> Detrahat auctori multum fortuna *licebit,*
> Tu tamen ingenio clara ferère meo (f)

» *Quoique* la fortune ôte beaucoup à l'auteur, tu n'en seras pas moins illustrée » par mon génie. » Pourquoi n'a-t-on pas dit aussi que *licebit* est une conjonction?

(157) Nous n'hésitons pas même de le regarder comme la 3e personne de LICEO : *auctio fiet; venibunt servi, venibunt, quiqui* LICEBUNT, *præsenti pecunia* (g).

» L'enchère ou encan se fera, les esclaves seront vendus ou mis en vente; tous » ceux-là seront vendus, qui seront permis, ou prisés, argent comptant. » C'est aussi de notre mot *licite* que nous avons fait *liciter,* mettre à l'enchère.

---

a Cic. *Phil.* 13, *Cap.* 6.   d Ter. *Adelph.* 4, 7, *v.* 36.   g Plaut. *Men.* 5, 9, *v.* 97.
b Ter. *Heaut.* 5, 4, *v.* 19.   e Plaut. *Casin.* 5, 2.
c Plaut. *Epid.* 1, 2, *v.* 4.   f Ovid. *Trist.* 5, *eleg.* 14.

N° 196. *Pluet*, credo, herclè hodiè.

1. Il pleuvra , je crois , bien certainement aujourd'hui.

2. Quæritur quare hieme *ningat*, non *grandinet*[b],	on demande pourquoi il neige en hiver, et qu'il ne grêle pas.
3. Nocte sine tonitrubus *fulgurat*[c],	la nuit, il éclaire sans tonnerre.
4. Cùm jam *advesperasceret*, discessimus[d],	et comme il se faisait tard, nous nous sommes retirés.
5. Priusquàm *lucet* adsunt[e],......	ils sont là avant qu'il soit jour.

Il est impossible qu'il pleuve, sans qu'il pleuve quelque chose, *pluet* est donc pour *negotium pluet*, aussi trouve-t-on ce verbe avec un nominatif exprimé. *Effigies quœ pluit spongiarum ferè similis fuit*[f], « l'effigie *qui plut* ou tomba était presque semblable à des éponges. » *Fundœ saxa pluunt*[g] « Les frondes pleuvent des pierres, c'est-à-dire, font pleuvoir des pierres ».

Ainsi les verbes *pluit*, *ningit*, *grandinat*, *fulgurat*; *advesperascit*, *lucet*, *illucescit*, etc., s'accordent, comme tous les autres, avec un nominatif exprimé ou sous-entendu.

N° 197. *Est* cui magno constitit dicterium[h].

6. c'est-à-dire, *homo est cui homini magno pretio*, etc., il est un homme à qui un bon mot a coûté un grand prix ou a coûté cher.	
7. *Clamant* omnes indignissumè factum[i],	c.-à-d., *homines* omnes clamant, etc.
8. *Sunt* quibus in satira videor nimis acer[k],	des hommes sont auxquels je parais trop âcre ou mordant dans la satire.
9. Dummodò morata rectè *veniat*, dotata est satis[l],	on est assez dotée, pourvu qu'on ait des mœurs.
10. Dùm *moliuntur*, dum comuntur annus est[m].	c.-à-d., dum *mulieres moliuntur*, pendant qu'elles se préparent.

Cette ellipse d'*homo* et d'*homines* est extrêmement fréquente; en général, elle ne se fait que parce qu'il y a dans la phrase un adjectif, comme *cui*, *omnes*, *quibus*, ou autre mot qui aide à la rétablir.

Un adjectif féminin autorise aussi l'ellipse de *mulier* ou de *mulieres*; mais c'est ordinairement ce qui précède, ou le sens de la phrase, qui annonce l'existence de cette ellipse, d'ailleurs bien plus rare que celle

a Plaut.*Curc.*1,2,*v.*42.	e Plaut.*Mil.*3,1,*v.*115.	i Ter *Adelph.*1,2.*v.*11.
b Sen. 3,*quœst. natur.* 4.	f Plin. 2, 56.	k Hor. 2,*Sat.* 1.
c Plin. 2, 54.	g Stat.*Thebaïd.*8,*v.*416	l Plaut.*Aul.*1,4,*v.*62.
d Cic. 6, *in Verr.*	h Phæd. 1, *Fabl.* 18.	m Ter.*Heaut.*2,1,*v.*11.

d'homo, *homines.* Quand même Térence n'aurait pas eu dit : *Nosti mores mulierum*, on aurait pu comprendre que c'est des femmes qu'il veut parler, lorsqu'il ajoute *qu'il leur faut un an pour se préparer, pour s'ajuster* : Dum moliuntur etc.

Le sens de la 4ᵉᵐᵉ phrase se rapporte encore plus évidemment à une femme.

Nº 198. Te *aiunt* proficisci Cyprum [a].

1. C'est-à-dire, *homines aiunt*. On dit que tu pars pour Chypre. Satin' rectè ? — Nosne ? — Sic ut quimus, *aiunt*, quando ut volumus non licet [b],

2. A Faustulo nomen fuisse *ferunt* [c],

3. Herculem in ea loca boves abegisse *memorant* [d],

4. Illam terra, ut *perhibent*, progenuit [e].

5. Nec mutam profecto repertam ullam esse hodie *dicunt* mulierem ullo in sæculo [f].

6. Hospitibus nam te dare jura loquuntur [g].

7. *Nuntiant* melius esse tyronem [h].

8. Solvi et metus *narrant* [i].

Aucun adjectif ne sert dans ces phrases à rappeler le nominatif *homines*, mais le sens vient au secours du traducteur, mis d'ailleurs sur la voie par cette série d'exemples.

Cette ellipse a surtout lieu devant *aiunt*, *ferunt*, *perhibent*, *memorant*; elle est déjà plus rare devant *dicunt*, *loquuntur*, *nuntiant*, *narrant*, *aiunt*, etc.

Nous traduisons ordinairement ces phrases par la tournure dite de la *particule* on. *Aiunt*, on dit; *ferunt*, on rapporte; *memorant*, on raconte; *perhibent*, on atteste, on témoigne; *dicunt*, on dit; *loquuntur*, on dit; *nuntiant*, on annonce; *narrant*, on récite, on raconte.

C'est aussi par cette tournure que nous avons coutume de rendre les phrases latines beaucoup plus nombreuses, du nº 150, pag. 290. *Tarquinium dixisse fertur*, on rapporte que Tarquin a dit.

Réflexion générale.

Nous aurions pu multiplier les catalogues des nominatifs ellipsés, mais nous en avons dit assez pour ceux qui sont nés avec quelques dispositions pour l'étude des langues.

---

a Ter. *Adelph.* 2, 2, *v.* 16.
b Ter. *Andr.* 4, 6, *v.* 10.
c Liv. 1, *ab Urbe.*
d Liv. 1, 7.
e Virg. *Æn.* 4, *v.* 178.
f Plaut. *Aul.* 1, 3, *v.* 6.
g Virg. *Æn.* 1, *v.* 731.
h Cic.
i Plin. 2, 47.

PARAGRAPHE III.

Des Modes.

Les latins n'ont que quatre modes dans leurs verbes, l'impératif, l'indicatif, le subjonctif et l'infinitif.

Les adjectifs dits *participes*, et ceux dits *gérondifs*, les substantifs dits supins en *um* et en *u* n'appartiennent point à la classe du verbe, quoiqu'ils s'y rattachent par la dérivation.

Des quatre modes latins, trois sont personnels, l'infinitif seul est impersonnel. Nous les considérerons d'abord sous le rapport général de personnalité ou d'impersonnalité, ensuite nous en ferons l'examen individuel; d'où cinq articles.

ARTICLE PREMIER.

Des Modes considérés comme personnels ou comme impersonnels.

Nous allons voir que trois grandes différences existent entres les deux langues:

1°. Que le temps huit, première série, où adjectif actif de *sum* et de ses composés *possum*, etc. *étant*, *pouvant*, manque en latin; *voyez le n° suivant.*

2°. Que le temps huit, seconde série, où adjectif actif passé, qui répondrait à notre périphrase, *ayant entendu* etc. manque aussi; *voyez n°. 200.*

3°. Que jamais l'infinitif latin ne peut se construire avec une préposition; *voyez n°. 201.*

Alors les Latins sont donc forcés

D'employer la tournure personnelle à la place de la tournure impersonnelle (infinitive ou adjective) que nous avons, sans être privés de la première ; ce qui constitue un des plus grands avantages de notre langue sur la latine.

N° 199. Istæ *cùm* ita *sint*, tantò magis te advigilare
æquum est ».

1. Les choses *étant* ainsi , il te convient de veiller d'autant plus.

2. *Quando* imago *est* hujus in me, certu'st hominem elude-re [b],	l'image de l'homme *étant* en moi, je ne puis manquer de le jouer.
3. *Quando* vir bonus *es*, responde quod rogo [c],	*étant*, comme tu *es*, un si brave homme, réponds à ce que je te demande.
4. Hoc, *cùm essem* in senatu, exa-ravi [d],	*étant* dans le senat, j'ai tracé cela.
5. *Quoniam* non *potest* id fieri quod vis, id velis quod pos-sit [e],	ce que tu veux ne *pouvant* se faire, veuille ce qui se peut.

Le temps huit ou adjectif actif présent, comme *dans* , *videns* , manque dans le verbe *sum* et dans tous ses composés ; il n'existe plus qu'*absens* et *præsens* (158).

Les Latins sont obligés de supléer à ce défaut par l'emploi d'un mode personnel. Au lieu de dire comme nous : cela ÉTANT , cela se *pouvant* etc. disent *comme cela est*, ou *puisque cela est*; *comme* ou *puisque cela se peut* etc.

On a vu n° 86, pag. 249, que le verbe *sum* peut aussi disparaître totalement par la tournure de l'ablatif dit absolu, *me duce*, *carpe viam*, moi étant ton guide, prends ce chemin.

Souvent aussi, quoique les Latins aient un adjectif présent, ils emploient la tournure personnelle.

---

(158) *Ens* a été donné par César dans ses livres *de analogia*, comme l'adjectif actif de *sum*, et l'on ne peut douter que par la forme il ne le soit ; car on a *absens*, *præsens*, *potens*, mais il faut observer que *ens* et *potens* ne s'emploient plus comme adjectifs actifs ; que *ens*, n'est plus usité que comme substantif neutre, *ens*, *entis*, pluriel *entia*, un être, les êtres ; et que *potens* ne fait plus les fonctions que d'adjectif qualificatifs, et répond à notre *puissant*, et non pas à *pouvant*, Quant à *absens* et *præsens*, ce sont deux vrais adjectifs actifs : *vereor ne*, *me absente*, *corrupta* sit (f). Je crains que moi étant absent elle n'ait été séduite. *hoc præsente*, *nolueram dicere* (g), lui étant présent, je ne voulais pas dire. Voyez dans Plaute même ce passage curieux où la Profusion (*Luxuria*) paraît sur la scène , et donne à un jeune homme qu'elle a ruiné sa fille l'Indigence en mariage.

---

a TER. *Phorm.* 1, 4, v. 26.
b PLAUT. *amph.* 1, 1v 108.
c PLAUT. *Curc.* 5, 3, v. 30.
d CIC. 12, *Fam. Epist.* 20.
e TER *And.* 2, 1. v. 5.
f TER. *Heaut.* 2, 1, v. 2.
g TER. *Hecyr.* 4, 4, v. 90.

1. *Quoniam sentio* errare, extemplo cœpi assentari[a],	*m'appercevant* qu'il se trompe , je commence aussitôt à approuver son avis.
2. *Quoniam* ei qui me aleret nihil *video esse* reliqui, dedi meam gnatam quîcum ætatem exigat[b],	*voyant* qu'il ne lui restait plus rien de quoi m'alimenter, je lui ai donné ma fille afin qu'il passe avec elle sa vie.
3. Non taceo , quando res *vortit* benè (*vortit* pour *vertit*)[c],	la chose tournant bien, je ne me tais pas.
4. Abibo, præsens *quando promoveo* nihil[d],	je m'en irai, n'avançant rien par ma présence.

Quoique *sentiens*, *videns*, *vertens*, *promovens*, existent, la tournure personnelle a été préférée. Nous pouvons aussi l'employer et dire : *lorsque je m'apperçois qu'il se trompe* etc. *quand je vois qu'il ne lui reste plus rien* etc.

Le dernier exemple offre les deux tournures réunies : *abibo* PRÆSENS *quando promoveo parum*, car *præsens* est l'adjectif actif de *præsum*, et *quando promoveo* remplace *promovens*.

Nº 200. Eò *postquam* Cæsar *pervenit*, obsides et arma poposcit[e].

5. César ayant parvenu, (*) c.-à-d. étant parvenu là, demanda les ôtages et les armes.	
6. *Ubi* primùm *potuit*, istum reliquit[f],	*l'ayant pu* d'abord, il le quitta c.-à.-d. il quitta aussitôt qu'il le put.
7. *Quoniam* miser quod habui *perdidi*, quò redactus sum[g] !	*ayant perdu* ce que j'avais , malheureux à quoi je suis réduit[e] !
8. Hæc *ubi* dicta *dedit*, cœlo se protinùs alto misit[h],	*ayant* ainsi *parlé*, elle s'élança aussitôt du haut du ciel.
9. *Ubi* semel quis *perjuraverit*, ei credi postea non oportet[i],	quelqu'un *s'étant* une fois *parjuré* il ne peut plus être cru.

Le temps huit de la seconde série, c.-à.-d. l'adjectif passé actif, qui répondrait à notre périphrase impersonnelle, *étant parvenu*, *ayant perdu*, etc. manque dans tous les verbes, excepté dans les déponents. On est donc forcé de prendre la tournure personnelle lorsque les

---

(*) Ceux qui font des thêmes doivent remarquer qu'avec certains verbes intransitifs comme *venir*, *parvenir*, *tomber* etc. les temps composés prennent *être* au lieu *d'avoir* : NOUS DISONS : *je suis venu*, *je suis tombé* etc., au lieu de j'ai venu, j'ai tombé, *veni*, *cecidi*.

---

a PLAUT. *Men.* 3, 2, *v.* 16.	d TER. *Hecyr.* 4, 8, *v.* 3.	g TER. *Eun.* 2, 2, *v.* 6.
b PLAUT. *Trin. prol. v.* 14	e CÆS. 1, *Bell. Gall.* 27.	h VIRG. *Æn.* 10, *v.* 633.
c PLAUT. *Curc.* 5, 2, *v.* 62.	f CIC. *in Verr.* 4, 20.	i CIC. *pro Rab. cap.* 13.

verbes sont intransitifs, commme *pervenio*, *possum*, etc. ainsi au lieu de dire comme nous : *César, étant arrivé, demanda les ôtages*, les latins sont obligés de tourner : *lorsque César fut arrivé, il demanda* etc. nous pouvons aussi employer cette dernière tournure, nous avons donc en cette circonstance deux moyens de nous exprimer, où les Latins n'en ont qu'un.

Mais lorsque le verbe a un passif, les Latins ont le choix entre la tournure personnelle, comme dans *ut hæc audivit, sic exarsit*, et la tournure passive *his auditis, sio exarsit*, ces choses étant entendues, il s'enflamma tellement......

Dans cette dernière circonstance, notre langue l'emporte encore sur la latine, car elle a trois tournures où la latine n'en a que deux, savoir : *ayant entendu cela*, ou *cela ayant été entendu*, et *lorsque cela eut été entendu*.

N° 201. Depugna, inquis, POTIUSQUAM servias ᵃ.

1. Combats, dis tu, plutôt que de servir, ou être esclave.	
2. Zeno Eleates perpessus est omnia POTIUS QUAM conscios delendæ tyrannidis *indicaret* ᵇ.	Zénon d'Éleate souffrit tout *plutôt que* de dénoncer les confidents (ou coupables).
3. PRIUS QUAM *pereo*, certum est omnia experiri ᶜ.	je suis résolu de tout tenter, *avant que* de périr.
4. Animam amittunt PRIUS QUAM loco *demigrent* ᵈ.	ils perdent la vie plutôt que de quitter leur poste.
5. Neque PRIUS fugere destiterunt QUAM ad flumen Rhenum *venerunt* ᵉ.	ils ne cessèrent de fuir avant d'être arrivés au Rhin.
6. ANTEQUAM de rep. *dicam*, ea.. exponam vobis ᶠ.	avant de dire.....Je vous exposerai.
7. Neque defatigabor ANTEQUAM *percepero* ᵍ.	je ne me lasserai point avant d'avoir compris.
8. POSTQUAM *comedit* rem, post rationem putat ʰ.	après avoir mangé son bien, il en fait le compte.
9. QUONIAM *inspexi* mulieris sententiam, cepi tabellas, consignavi clanculùm ⁱ.	après avoir démêlé la vie de la dame, j'ai pris et décacheté les tablettes en cachette.
10. QUONIAM ambo, ut est libitum, nos *delusistis*, datisne argentum ᵏ ?	après nous avoir joués comme il vous a plu, donnez-vous l'argent?

a Cic. *Attic.* 7, *Epist.* 7.
b Cic 2, *Tusc.*
c Ter. *Andr.* 2, 1, *v.* 11.
d Plaut. *amph.* 1, 1, *v.* 86.
e Cæs. *Bell. Gall.* 53.
f Cic. 1, *Phil.*
g Cic. *de Orat.*
h Plaut. *Trin.* 2, 4, *v.* 15.
i Plaut. *Mil.* 2, 1, *v.* 51.
k Plaut. *Asin.* 3, 3, *v.* 120.

1. Haud desinam DONEC *perfecero* hoc. [a].	je ne cesserai qu'après avoir achevé cela.
2. Nos pudet, QUIA cum catenis *sumus* [b].	nous avons honte d'être avec des chaînes ou enchaînés.
3. Non ego intro ad vos mittar. —quidùm?— QUIA enim plus dedi [c].	je ne serai pas introduit chez vous. — Pourquoi donc? — pour avoir donné plus (ou trop.)
4. Vitium commune omnium est QUÒD nimiùm in senecta attenti ad rem *sumus* [d].	notre défaut commun à tous, c'est d'être trop intéressés dans la vieillesse.
5 Pergratum mihi fecisti QUÒD librum ad me *misisti* [e].	tu m'as fait un très-grand plaisir de m'avoir envoyé le livre.

La traduction de ces passages par une préposition, comme *après*, *avant*, *de*, *pour*, et un infinitif présent ou passé n'est point immédiate, les Latins n'ont rien de semblable; ils sont obligés en pareille circonstance de recourir à la tournure personnelle, lorsqu'ils ne peuvent ou qu'ils ne veulent pas tourner par le passif.

Nous allons continuer l'énumération.

Suades UT ab eo *petam* [f].

6. Vous me conseillez de lui demander.	
7. Ego plectar pendens, NISI quid me *fefellerit* [g],	à moins de m'être trompé, je serai puni, étant pendu, c.-à-d.
8. Nunquam unum intermittit diem QUIN semper veniat [h].	il ne passe un seul jour sans venir à chaque heure du jour.
9. Nullum diem intermisi QUIN ad te *scriberem* [i],	je n'ai passé aucun jour sans t'écrire.
10. Nec recedit loco QUIN statim rem GERAT [k],	il ne désempare pas sans terminer la chose sur la place même.
11. Messanam nemo venit *quin* viderit [l],	personne n'a été à Messine sans avoir vu.
12. Consules bellicosi, qui vel pace tranquillâ bellum excitare possent, NEDUM in bello respirare civitatem forent passuri [m].	

On voit que les Latins emploient la tournure personnelle (soit indicative soit subjonctive)

Après	potiùs quàm, priusquàm, antequàm,	postquàm, quia, quoniam,	quòd, ni, nisi, quin,	ut, ne pour ut ne, ni, nisi,	nedùm, donec, etc.

Ces deux séries d'exemples suffisent pour faire apprécier dans les détails

---

a TER.*Phorm.* 2, 2, *v.* 73.
b PLAUT. *Capt.* 1, 3, *v.* 9.
c PLAUT. *Truc.* 4, 2, *v.* 19.
d TER. *Adelph.*

e CIC 2, *Att.* 4.
f CIC. 9, *Fam. Epist.* 6.
g TER. *Phorm.* 1, 4, *v.* 44.
h TER. *Adelp.* 3, 1.

i CIC. 7, *Att.*
k PLAUT. *Amp.* 1, 1, *v.* 84.
l CIC. 6, *Verr.* 4.
m LIV. 26, 26.

l'une des plus grandes différences qui existent entre les deux langues, et pour mettre sur la double voie de la traduction et de l'imitation.

ARTICLE SECOND.

Du Mode Impératif.

N° 202. Salus populi suprema lex *esto* ª.

1. Que le salut du peuple soit la suprême loi.

2. Justa imperia *sunto*,iisque cives
   parento ª,

que les ordres soient justes, et que les citoyens leur obéissent.

3. Donum ne *capiunto* (magistra-
   tus) ª,

que les magistrats ne reçoivent point de présents.

Nous ferons sur l'impératif deux observations essentielles soit qu'il s'agisse de traduire ou de composer.

1°. *qu'il soit, qu'ils soient, qu'il obéisse, qu'ils obéissent,* etc. appartiennent au subjonctif français et ne sont point la traduction immédiate d'*esto*, de *sunto* etc. Le français manque de troisièmes personnes impératives, et pour les traduire, il est forcé d'emprunter les formes correspondantes du subjonctif.

2°. De son côté le latin, comme on a vu dans les conjugaisons pag. 128, etc. n'a point de première personne à l'impératif, et il est obligé de remplacer cette forme, comme *soyons, allons, donnons* etc. par la forme subjonctive correspondante, *simus, eamus, demus.*

On verra que dans cette circonstance même, *simus, eamus,* etc. ne sont au subjonctif qu'en vertu d'un membre de phrase sous-entendu.

N° 203. Nunc te marmoreum pro tempore fecimus; at *tu,*
Si fetura gregem suppleverit, aureus *esto* ᵇ.

4. maintenant, vû ou selon le temps, nous t'avons fait de marbre, mais quand la portée (ou produit des brebis) aura supléé (augmenté) le troupeau, *sois* d'or.

Noᴛᴀ. On a dit qu'*esto* est là, par *énallage* (*) un impératif pour un indicatif; et qu'*aureus esto* est pour *aureus eris*. Cette étrange doctrine tient à l'erreur où l'on était que l'impératif marque un temps présent, tandis qu'il n'exprime et ne peut exprimer qu'une idée de futur.

(*) La syntaxe n'a besoin que de deux figures, l'*ellipse* et la *syllepse*, qui même se confondent en une seule, *la sous-entente.* C'est donc une chose curieuse que le catalogue des figures admises par les anciens grammairiens, l'ᴇɴᴀʟʟᴀɢᴇ, *antipthose* etc. ; la sʏɴᴛʜᴇsᴇ, le ᴢᴇᴜɢᴍᴀ, *protozeugma, mésozeugma, hypozeugma,* l'*hyperbate,* le *tmesis,* l'*anacoluthon* et trente autres.

---

a Cɪᴄ. 3, *de Legib.* | b Vɪʀɢ. *Ecl.* 7, *v.* 36. |

L'impératif est un mode qui ne présuppose devant lui qu'un nominatif exprimé ou sous-entendu. Et comme effet, seul rapport sous lequel la syntaxe considère les mots, il n'offre aucune difficulté dans son emploi (159).

ARTICLE TROISIÈME.

Du Mode Indicatif.

N° 204. *Dat* veniam corvis, *vexat* censura columbas.

1. La censure fait grace, etc.....	Nota. On a vu , page 140, ces
2. Jura domosque *dabam.*	trois passages , ainsi que leur tra-
3. *Dabis*, improbe, pœnas.	duction.

Ces trois exemples rappèlent les trois temps de l'indicatif, première série, lesquels se composent de dix-huit formes, dont 13, *do*, *das*, *dat*, *damus*, *datis*, *dant; dabam*, *dabo*, *dabis*, *dabit*, *dabimus*, *dabitis*, *dabunt*, sont employées dans des citations.

Les douze conjugaisons, tant irrégulières que régulières, ont donc fourni cent cinquante-six phrases ou exemples de l'emploi de l'indicatif.

Or, dans ces cent cinquante-six phrases, comme dans les trois ci-dessus, qui en font partie, on voit que le mode indicatif exprime l'action comme un fait positif; *la censure donne, je donnais, tu donneras*, etc.; que, par conséquent, il peut toujours être employé d'une manière indépendante, et en première ligne, sans présupposer un mode antécédent (160).

---

(159) La seconde personne impérative a deux formes au singulier, comme au pluriel, *da* et *dato*, *date* et *datote*. Il est certain que les deux formes sont synonymes , et que celle en *to* ou *tote* est beaucoup plus rarement employée que la première; aussi se fait-elle plus remarquer, lorsqu'elle paraît :

Quantumlibet me *poscitote* aurum , ego dabo; si id capso,
Geritote amicis vestris aurum corbibus (a).

La troisième personne *to*, *nto* ne s'emploie guères que dans les lois et le style qui les imite. Elle se remplace par les formes subjonctives correspondantes, et pour une fois qu'on rencontre *dato ille*, *danto*, on trouvera vingt fois *det*, *dent* etc.

(160) Nous disons qu'il *peut toujours être employé d'une manière indépendante et en première ligne*, faculté que n'ont jamais ni le subjonctif ni l'infinitif, modes essentiellement subordonnés. Mais nous ne disons point qu'il soit toujours ainsi

---

a. Plaut. *Bacch.* 4, 4. v. 52 et 61.

Ce qui convient aux trois temps de la 1ʳᵉ série est commun à ceux des trois autres séries, tant au passif qu'à l'actif (161).

N° 205. QUAM penè furvæ regna Proserpinæ.... *vidimus* ᵃ !

1. Combien presque nous avons vu, c'est-à-dire, combien peu s'en est fallu que nous n'ayons vu les états de la brûlante (ou noire) Proserpine (*furvus* de *ferveo*) !

2. QUAM penè tua me *perdidit* | combien presque ton insolence m'a protervitas ᵇ ! | perdu ! c.-à-d.

3. QUANTI *est* sapere ! nunquàm | de quel prix il est d'être intelli-accedo, quin abs te abeam | gent ! je ne t'approche jamais doctior ᶜ. | sans devenir plus instruit.

4. UT gaudet insitiva decerpens | comme il jouit en cueillant les poi-pyra ᵈ ! | res (ou fruits) greffées.

5. Ut dissimulat malus ᵉ ! . . . . | comme le méchant dissimule !

6. Ut falsùs animi est ᶠ ! . . . . | comme il est faux !

Dans les phrases dites *exclamatives*, les deux langues mettent l'indicatif. Elles en font de même, comme on verra dans le n° suivant, lorsque la phrase est interrogative. Cependant il n'y a pas de doute que les unes et les autres ne soient des phrases secondaires, et que la phrase primaire n'ait été totalement supprimée.

Ordinairement les Latins emploient le subjonctif, lorsque cette ellipse est rétablie. Ils diraient *vide quanti sit sapere*, comme ils disent *vide quanti apud me sis* ᵍ, voyez dans quel crédit vous êtes auprès de moi.

---

employé. Car on verra dans les n°ˢ suivants que *par accident* il joue souvent un rôle subalterne.

L'impératif est toujours employé d'une manière indépendante, et ne peut l'être autrement.

(161) On a vu dans la lexigraphie, *pag.* 140 etc. que l'indicatif a trois temps dans chacune des quatre séries, tels sont dans la 1ʳᵉ conjugaison.

TEMPS.	1ʳᵉ SÉRIE.	2ᵉ SÉRIE.	3ᵉ SÉRIE.	4ᵉ SÉRIE.
1.	Do,	Dedi,	Daturus sum,	Daturus fui.
2.	Dabam,	Dederam,	Daturus eram,	Daturus fueram.
3.	Dabo,	Dedero,	Daturus ero,	Daturus fuero.

Le passif a les douze mêmes temps correspondants. Nous donnerons dans le paragraphe des temps, un tableau comparatif des temps actifs et des temps passifs dans tous les modes.

---

a Hor. 2, *Od.* 10. v. 21. | d Hor. 2, *Epod.* 2, *Od.* | g Cic. 7, *Fam. Epist.* 19.
b Ter. *Heaut.* 4, 5, v. 10. | e Plaut. *Merc.*
e Ter. *Eun.* 4, 7, v. 23. | f Ter. *Eun.* 2, 2, v. 43.

N°. 206. Quid *quæris ?* vivo et regno simul ista reliqui ᵃ.

1. Que cherches-tu, c. à-d., que veux-tu savoir de plus? Je vis,
   et je règne depuis que j'ai quitté ces choses.
2. Ut *valet?* ut *meminit* nostri ᵇ? | comment se porte-t-il? comment
   | sommes-nous dans son souvenir?
3. Quorsùm hæc spectat oratio ᶜ, . | où tend ce langage?

Ces phrases et semblables seraient au subjonctif, si la phrase primaire était exprimée; les Latins diraient: *dic quid quæras, dic ut valeat, dic quorsùm hæc spectet oratio*, comme ils disent *nescio quorsùm eam*, etc., etc. *Nescis quò valeat nummus* ᵈ (162).

N° 207. Succus manat QUEM opobalsamum *vocant* ᵉ.

4. Il découle un suc qu'ils appèlent, c'est-à-dire, qu'on appèle
   beaume.
5. Arundo seritur quos alii bulbos, | on sème un roseau que les uns ap-
   alii oculos *vocant* ᶠ, | pèlent *bulbe*, les autres *écusson*.
6. Ea quoniam nemini obtrudi | on vient à moi, parce qu'on ne peut
   potest, itur ad me ᵍ, | la faire accepter de force par
   | personne.

Toute phrase où se trouve un *qui, quæ, quod*, ou l'un de ses composés variables ou invariables, en renferme nécessairement deux;
celle qui suit le corrélatif (*) est complétive ou secondaire. Le verbe
de cette dernière phrase est tantôt au subjonctif, tantôt à l'indicatif.

(162) On appèle phrases *exclamatives* ou admiratives, et phrases *interrogatives*,
celles qui en reçoivent la ponctuation, *on ne peut dire combien il est capricieux*,
n'est donc pas une phrase exclamative, *dis-moi ce que tu demandes*, n'est donc
pas une phrase interrogative.

(*) On peut appeler *corrélatif* tout mot variable (comme *qui, quæ, quod*,
ou invariable, comme *quò, quòd, quin* etc. etc.) qui suppose toujours deux
phrases, une qui précède et une qui suit.

» Lorsque la préposition subséquente peut facilement se détacher, son verbe
» se met ordinairement à l'indicatif, mais lorsqu'elle est liée à la précédente d'une
» manière étroite, et que surtout elle est soumise à l'empire d'une volonté morale
» ou physique, le verbe se met au subjonctif. »

Au reste on tirera peu de fruit de cette généralité, ce sont les détails qu'il
faut connaître.

a Hor. 1, *Epist.* 10, *v.* 8. | d Hor. 1, *Sat.* 1, *v.* 73. | f Colum. de *Arbor. cap.*
b Hor. 1, *Epist.* 3, *v.* 12. | e Plin. 12, 23. | penult.
c Cic. 1, *Tusc.* | | g Ter. *Andr.* 1, 5, *v.* 15.

L'article suivant et tout le sous-chapitre des invariables dits *corré-latifs*, montreront, dans tous les détails, l'emploi de ces deux modes.

ARTICLE QUATRIEME.

Du Mode Subjonctif.

N° 208. Cura ut *valeas* ⁱ.

1. Prends soin. afin que *tu sois fort* ou valide c'est-à-dire, que tu te portes bien.

2. Non sum ita hebes ut istuc *di-* cam [b],
je ne suis pas stupide au point que je dise, c-à-d., si stupide que de dire cela.

3. Cursorem miserunt ut *nuntia-* ret [c],
ils dépêchèrent un coureur, afin qu'il annonçât.

4. Olent, salsa sunt, tangere ut non *velis* [d],
ils sentent, sont salés au point que tu ne veuilles pas y toucher.

5. *Valeas*, habeas illam quæ pla-cet [e].—*Valeas* — Vale [f],
c.-à-d., cura ut valeas, etc.

On voit que le subjonctif *valeas*, *dicam*, *nuntiaret*, *velis*, *valeas* et *habeas* est un mode subordonné, qu'il présuppose une phrase entière et un signe de corrélation; qu'ici la phrase antécédente est, 1° cura, 2° non sum ita hebes, 3° cursorem miserunt; 4° olent, salsa sunt, que le corrélatif est *ut*.

On voit, dans le cinquième passage, que la phrase antécédente et le corrélatif sont supprimés; d'où ce principe plutôt idéologique que syntaxique :

1ᵉʳ PRINCIPE. « Le subjonctif est un mode essentiellement subor-» donné, et qui présuppose toujours une phrase primaire et un signe de » corrélation, exprimés ou sous-entendus ».

Ut (exprimé ou sous-entendu) est, comme on le verra dans les dé-tails, le signe le plus ordinaire de corrélation.

N° 209. Ou *les quatre sortes de Subjonctifs.*

6. Hoc volo, sic jubeo; *sit* pro ratione voluntas [g],
je le veux, j'ordonne ainsi; que ma volonté tienne lieu de raison.

7. INTERROGAVIT an bove *esset* latior [h],
elle interrogea (ses petits), si elle était plus grosse que le bœuf.

---

a Cic. 16, *Fam. Epist.* 1.
b Cic. 1, *Tusc.* 6.
c Nep. *in Milt.* 4.
d Plaut. *Pœn.* 1, 2, v. 35.
e Ter. *Adelph.* 4, 4, v. 13.
f Plaut. *Truc.* 2, 4, v. 77.
g Juv. 6, *Sat.* v. 222.
h Phæd. 1, *Fabl.* 23.

1. Mirum *quantùm* illi viro hæc | il est étonnant combien on ajouta
nuncianti fides fuerit [a], | foi à cet homme annonçant cela.
2. Leo, quùm jaceret, asinus cal- | lorsque le lion était étendu par
cibus frontem conterit [b], | terre... l'âne lui broie le front
                                   | à coup de pieds.

L'indicatif, n° 210, peut se surbordonner accidentellement. On a vu, dans le numéro précédent, que le subjonctif est un mode essentiellement subordonné, qu'il suppose toujours une phrase antécédente et un signe de corrélation exprimé ou sous-entendu.

On peut rapporter tous les subjonctifs aux quatre sortes désignées par les exemples de ce numéro, d'où il résulte

Que le verbe subordonné se met au subjonctif

1°. Dans les phrases *obligatives*, c'est-à-dire où l'action du verbe subordonné est représentée comme obligée, ou voulue, soit librement, soit par la nature des choses, voy. l'exemple : *sit pro ratione voluntas.*

2°. Dans les phrases *implicitement interrogatives*, comme dans le second exemple, qui peut se tourner ainsi : *elle demanda : était-elle plus grosse que le bœuf* (163) ?

3°. Dans les phrases *implicitement admiratives* ou *exclamatives*, comme dans *mirum quantùm illi viro* etc.

4°. Dans les phrases purement *adjonctives*, comme dans *leo quùm jaceret.* Nous allons reprendre ces quatre subdivisions, et donner quelques détails.

---

(163) Nous disons, IMPLICITEMENT *interrogatives*,..... IMPLICITEMENT *exclamatives*; telles sont les phrases : *interrogavit an bove latior esset*, et *mirum* etc. Car elles renferment d'une manière enveloppée ou *implicite*, savoir : la première, une idée d'interrogation; la seconde, une idée d'exclamation. Mais si l'on disait : *était-elle plus grosse qu'un bœuf? comme on ajouta foi à cet homme!* l'une serait explicitement interrogative, l'autre explicitement exclamative; Les latins mettraient le verbe à l'indicatif, *an bove latior erat? quantum huic viro fides fuit!*

Car on a vu n° 219 et 220, que les latins emploient l'indicatif dans les phrases interrogatives et dans les exclamatives, c'est-à-dire dans les phrases explicitement telles,

---

a Liv. 1. | b Phæd. 1, *Fabl.* 20.

N° 210. Hoc volo, sic jubeo; *sit* pro ratione voluntas.

1. Nolo tibi tam valdè placeas [a], .	je ne veux pas que tu plaises si fort.
2. Quod ego cupio ut impetret [b], .	moi, je désire qu'il l'obtienne.
3. Optabit ut abeat ab se filius [c], .	il désirera ou préférera que son fils s'en aille loin de lui.
4. Flagitas me ut eloquar [d], ...	vous me pressez pour que je parle.
5. Suadeo à te impetres ne sis nugax [e],	je te conseille d'obtenir de toi de n'être pas un sot impertinent (*).
6. Is mihi suasit ut ad te irem [f], . .	il me conseilla d'aller te trouver.
7. Mihi ne abscedam imperat [g], . .	il me commande de ne pas m'éloigner (*).
8. Rogat eos atque orat ne oppugnent filium suum [h],	il les prie et supplie de ne pas attaquer son fils.
9. Sine me expurgem [i], ...	permettez-moi de me justifier (*).
10. Ut ad pauca redeam, uxorem deducit domum [k],	pour couper court (*), il conduit l'épouse à la maison.
11. Feci è servo ut esses libertus mihi [l],	j'ai agi *voulant* que d'esclave tu devinsses affranchi.

C'est toujours une idée de *vouloir* qui règne dans toutes ces phrases et semblables, soit que le verbe primaire exprime déjà lui-même cette idée, comme font *volo jubeo, cupio, opto, flagito, impero*, soit que, comme *deduco, facio*, il ne l'exprime aucunement.

On a vu, pag. 287 etc., que les Latins remplacent souvent cette tournure par l'infinitif de l'analogie *te superesse velim*, ou de celle de *scire volo* etc.

Dans toutes les phrases de ce numéro, *ut* étant toujours exprimé ou sous-entendu, on a cru qu'il gouverne le subjonctif. La preuve qu'*ut* ne gouverne rien, c'est qu'il est tantôt suivi du subjonctif, tantôt de l'indicatif (164).

(164) L'on verra dans les corrélatifs, dits conjonctions qu'aucun de ces mots (*ut, si, etsi, quamvis, cùm* etc.,) n'exerce d'influence sur le verbe, puisqu'après eux on met tantôt l'indicatif, tantôt le subjonctif, selon l'idée qu'on veut peindre. Où verra même que ces mots sont les compléments, ou effets du verbe qui les suit, bien loin d'en être les causes.

(*) C'est ainsi que nous traduisons souvent la tournure personnelle du latin par la tournure impersonnelle.

a Petron. *in Sat. c.* 126.
b Plaut. *Capt.* 1,2,*v.*17.
c Ter. *Heaut.* 4, 4, *v.* 8.
d Plaut. *Merc.* 1,2,*v.*66.
e Petron. *in Fr. tra.* 52.
f Plaut.
g Ter. *Eun.* 3, 5, *v.* 30.
h Cic. 4, *Verr. c.* 29.
i Ter. *Andr.* 5, 3, *v.*29.
k Ter. *Hecyr.* 1, 2, *v.*60.
l Ter. *Andr.* 1, 1, *v.* 10.

N° 211. Ne *sedeas* sed *eas*, ne *pereas* per eas [a].

1. C.-à-d. volo *ut ne sedeas* sed *ut eas* etc. nous disons par l'impératif et l'infinitif: ne t'asseois pas, mais va, de peur de *périr* par elles.

2. *Valeas*, habeas illam quæ placet [b],	porte toi bien ou adieu, et aie celle qui te plaît.
3. Sic *eat* quæcumque romana lugebit hostem [c],	ainsi aille, ou périsse toute romaine qui pleurera l'ennemi.
4. *Valeat* Venus, castra peto. [d],	adieu Vénus, je vais dans les camps.
5. *Valeant* qui inter nos discidium volunt [e],	adieu (ou loin de nous) ceux qui veulent entre nous le divorce ou la désunion.

On voit que dans cette tournure, qui remplace souvent l'impératif, surtout dans les troisièmes personnes, toute la phrase primaire est ellipsée ainsi que le signe de corrélation *ne sedeas* est pour *volo ut ne sedeas*.

N[d] 212. *Ne* forté *credas* interitura quæ verba loquor [f].

6. *Ne* forte *credas* etc.,	10. Obsecro *ut ne credas* à me adlegatum senem [k].
7. Quod *ne fieret* jusserunt consules [g],	11. Opera datur *ut* judicia *ne fiant* [l].
8. Edico prius *ne* duplices *habeatis* linguas [h],	12. Edixit *ut ne* quis vallum transiliret [m].
9. Eo dico *ne me* thesaurum reperisse *censeas* [i],	13. Primum justitiæ munus est *ut ne* cui quis *noceat* [n].

Ne suivi du subjonctif, est toujours précédé de *ut*, exprimé comme dans les exemples de la seconde colonne, ou sous-entendu comme dans ceux de la première; il n'a donc pas la force de régir le subjonctif. Il le régit en effet si peu qu'il s'emploie devant tous les modes personels avec le subjonctif, *ne forte credas*; avec l'impératif, *ne crede colori*; et avec l'indicatif, *mendaci ne verum quidem dicenti creditur*, c.-à-d. *ne creditur mendaci dicenti quidem verum*, on ne croit pas un menteur disant même la verité.

a Proverb.
b Ter. *Adelph.* 4, 4, *v.* 13.
c Liv. 1
d Tibull. *l.* 2, *Eleg.* 6. *v.* 9.
e Ter. *Andr.* 4, 2, *v.* 13.
f Hor. 4, *Od.* 8, *v.* 1.
g Hist. 8. *de Bell. Gall.*
h Plaut. *Truc.* 4, 3, *v.* 6.
i Plaut. *Aul.* 1, 4. *v.* 63.
k Ter. *And.* 5, 3. *v.* 28.
l Cic. *ad Q. frat.* 3, *ép.* 2.
m Aurel. vict.
n Cic. *de Amial.* 21.

N. 213. Id paves *ne ducas* tu illam, tu autem, *ut ducas* ª.

Pamphile voudrait ne pas épouser Philumène, et Charinus voudrait l'épouser, ou ce qui présente le même résultat :

Le premier craint d'être forcé à ce mariage, le second d'en être empêché.

Davus dit $\begin{cases} \text{à } \text{PAMPHILE : id paves.... } \textit{ne } \text{ducas tu illam,} \\ \text{et à } \text{CHARINUS : tu autem, } \textit{ut } \text{ducas }^{a}. \end{cases}$

Ce qui se traduit ainsi d'après le génie de notre langue :

» Tu crains toi (Pamphile) de l'épouser, et toi (Charinus) de ne pas
» l'épouser ».

Dans cette traduction *ne ducas* où se trouve la négation est traduit par *épouser*. La traduction n'est donc point immédiate, rétablissons les ellipses :

1. Id paves sic *ut ne* ducas tu illam.	tu crains toi de cette manière ou avec le désir (sic) que tu ne l'épouses pas.
2. Tu autem paves sic *ut* ducas illam.	et toi tu crains avec le désir que tu l'épouses ou de l'épouser.

Pamphile, tu crains donc *d'épouser*, puisque tu crains avec le desir de ne pas épouser, *ut ne ducas* ; et toi Charinus tu crains, *de ne pas épouser*, puisque tu crains avec le désir d'épouser, *ut ducas*.

AINSI

Pour ne point s'égarer dans ces sortes de phrases très difficiles, il faut penser que *ut* exprimé ou sous-entendu répond à notre *afin que* ou *avec le désir que*, et ne passer à la traduction usuelle ou résultative, qu'après avoir fait la traduction immédiate.

3. Vereor..... *ne* quid Andria apportet..... mali ᵇ, *Je crains qu'Andria n'apporte quelque malheur.*	je crains avec le désir qu'Andria ne nous apporte pas quelque malheur.
4. Vereor *ut* placari possit ᶜ. *Je crains qu'il ne puisse pas être appaisé.*	je crains avec le désir qu'il puisse être appaisé.
5. Verebamini *ne non* id facerem, *Vous craigniez que je ne le fisse pas.*	c. à-d. *ut ne non facerem*, vous craigniez désirant *que* je fisse cela *non negativement* (165).

Cette double traduction donne le même résultat, mais la première

---

(165) La première négation tombe sur le verbe FACEREM, *verebamini ne facerem* signifierait : » vous craigniez désirant que je ne le fisse pas, c'est-à-dire vous crai-

est immédiate; *ne non* ne présente pas une difficulté nouvelle, par résultat *vereor ut ne non*, *vereor ne non*, et *vereor ut* sont synonimes, car une phrase offre le même résultat, soit qu'on y conserve ou qu'on en retranche *ne non* ou *nec non*. Voyez dans la table alphabétique, NE NON.

Phrases à traduire :

1. Hoc timet *ne deseras* se [a],

2. Dies hic mi *ut* satis *sit* vereor [b].

3. Hos omnes labores *timeo ut sustineas* [c],

4. Timeo *ne non impetrem* [d],

5. Metuo fratrem *ne intus sit* [e],

6. Metuo *ne non sit* surda [f],

7. Ornamenta quæ locavi metuo *ut possim* recipere [g],

8. Metuo *ut ne pereat* [h].

9. *Ne non* sat *esses* leno metuebas [i],

10. Formido male *ne* ego nomen *commutem* meum [k],

Ces phrases et autres semblables ne causeront aucun embarras, si l'on rétablit *ut*, lorsqu'il n'est pas exprimé, et qu'exprimé ou sous-entendu, on le traduise par une idée de désir.

Les verbes *paveo, timeo, vereor, metuo, formido*, peuvent dans toutes ces phrases et semblables se traduire par *craindre, redouter, avoir peur*.

N° 214. *Utinam* aut hic surdus, aut hæc muta facta *sit* [l].

11. C.-à-d. opto utinam etc. ...... Utinam di ita faxint, ...

je désire pour qu'en vérité etc.
c.-à-d. opto utinam etc.

12. *Ut* te omnes di deæque cum isto invento perduint (*pour* perdant) [m],

c.-à-d. opto ut etc. Je désire que tous les dieux et déesses te perdent etc.

13. *Utinam ne* in nemore Pelio cecidisset abiegna trabes [n],

je désirerais que la poutre de sapin ne fut pas tombée dans la forêt.

On voit qu'*utinam* est pour *uti* et *nam*, qu'il a les mêmes mœurs

---

» gniez que je le fisse. » Si donc on ajoute *non*, cette seconde négation tombera sur la première, *ne non* signifiera *non* négativement, *verebami (ut) ne non id facerem*, équivaudra donc à *verebamini ut id facerem*, vous craigniez que je fisse cela *non* négativement; car, ces deux mots négatifs étant ôtés, le résultat est à peu près le même.

---

a Ter. *Andr.* 1, 5.
b Ter. *Andr.* 4, 2. v.22.
c Cic. 14, *Famil.* 14.
d Cic. *Att.* 9, *Epist.* 5.
e Ter. *Eun.* 3, 5. v.62.

f Plaut. *Cas.*3,3. v.12.
g Plaut. *Curc.* 4, 1.
h Cic.
i Plaut. *Pers.* 4, 6.
k Plaut.*Amp.*1,1.v.147.

l Ter. *Andr.* 3, 1, v. 5.
m Ter. *Heaut.* 4,6, v. 6.
n Ennius. *in Meded*.

que *ut*, s'employant comme lui dans les phrases affirmatives, et dans les phrases négatives; seulement il faut observer que la phrase antécédente est toujours ellipsée devant *utinam* (166).

N° 215. Adducti *qui* illam civem hinc *dicant* ª.

1. C.-à-d. adducti hom nes *ut qui* dicaut etc. On a fait venir des hommes *pour que lesquels hommes* disent qu'elle est citoyenne d'ici.

2. Pueris aut monedulæ aut anates aut coturnices dantur, *quicum* lusitent, c.-à-d. *ut lusitent cum quibus* ᵇ,

on donne aux enfants des corneilles des canes ou des cailles pour qu'ils jouent avec lesquels oiseaux.

3. Sumne autem nihili *qui nequeam* ingenio moderari meo ᶜ,

suis-je donc un homme de rien, tellement que *lequel moi* je ne puisse me commander à moi-même.

4. Servum herclè te esse oportet et nequam et malum advenam *qui irrideas.*

il faut que tu sois un esclave vaurien et méchant, ᴜᴛ ǫᴜɪ ɪʀʀɪᴅᴇᴀs *pour que toi lequel esclave* tu té moques d'un étranger.

5. Qui modestè paret videtur *qui* aliquando imperet dignus esse ᵈ,

c.-à-d. *videtur dignus esse ut qui imperet* etc.

6. Nihil est dignius *quod ametur* ᵉ,

rien n'est plus digne d'être aimé.

Le génie de notre langue est de remplacer souvent la tournure personnelle des latins par la tournure infinitive : *Suis-je donc un homme de rien pour ne pouvoir me commander, tu n'es pas digne d'avoir* etc.

Dans toutes ces phrases et semblables, l'ellipse de *ut* ne peut être contestée (167); il n'est même pas rare de trouver *ut qui*, *ut quæ* tant avec le subjonctif qu'avec l'indicatif.

---

(166) On serait donc tenté de croire que c'est pour déguiser la vraie signification de *utinam* que les Lexiques traduisent *utinam* par *plùt à dieu que* etc., d'où il suivrait que *utinam di ita faxint* signifierait littéralement *plùt à dieu que les dieux agissent ainsi.* Uᴛɪɴᴀᴍ n'a pas d'autre sens que celui de ses deux éléments, *uti* et *nam.*

(167) *Non sum dignus præ te* ᴜᴛ *figam palum in parietem* (f)? ne suis-je pas plus digne que toi de planter le pieu dans le mur ou (paroi). On pourrait dire aussi : *non sum dignus qui figam*, ce qui serait évidemment pour *ut qui figam.*

---

a Tᴇʀ. *Andr.* 5, 3. *v.*21.   c Bᴀᴄᴄʜ. 1, 1.   e Tᴇʀ. *Eun.* 5, 10, *v.*4.
b Pʟᴀᴜᴛ. *Capt.* 5, 3, *v.*5.   d Cɪᴄ. 3, *de Legib.*   f Cɪᴄ. 3, *de Legib.*

N° 216. Numquid me vis, mater, intrò *quin eam* • ?

1. C.-à-d. vis *ut qui ego ne eam,* | veux-tu, ma mère, que moi, je n'entre pas.
2. Nullá est *quin* gnatum *velit* uxorem ducere, | c.-à-d. nulla est ita morata *ut quæ* ne gnatum *velit* etc.

N° 217. Stare *putes;* adeò procedunt tempora tardè [b]!

3. C.-à-d. *tempora procedunt adeò tardè, ut putes ea stare.* Les temps vont à pas si lents, que tu penses qu'ils sont stationnaires.

Nous DISONS : vous croiriez que le temps est arrêté, tant il marche lentement !

4. Demptum tenet arbore pomum; Hesperidas donasse *putes* [c], | il tient la pomme enlevée de l'arbre, vous croiriez que les Hespérides la lui ont donnée.
5. Vagierunt clamore pari, sensisse *putares* [d], | ils poussèrent des cris ou vagissements, vous croiriez les avoir entendus.
6. *Credas* aut tecta nefandas corripuisse domos [e], | tu croirais que les toits ont.
7. *Crederes* lætari et fortasse lætabantur [f], | tu croirais (ou tu aurais cru) qu'ils se réjouissaient et peut-être etc.
8. Migrantes *cernas...* [g] ,...... | tu les verrais sortir, s'en aller.
9. Fusile per rictus aurum fluitare *videres* [h], | vous verriez, ou vous auriez vu l'or fusible couler par les ouvertures de bouche.
10. Fidelem haud ferme mulieri *invenias* virum [i], | tu ne trouverais presque pas un homme fidèle, *ou* à peine trouverais-tu ?

Nous traduisons ces phrases par la tournure de la 3ᵉ personne dite de la particule ON. *On croirait, on verrait, on trouverait* à peine, ou par la tournure déjà moins éloignée et plus pittoresque *vous croiriez* etc.

Le corrélatif *ut*, et presque toujours la phrase primaire, sont ellipsés en cette occasion : *Tenet pomum* etc. *ita ut putes.* « Il tient la pomme » qu'il a prise à l'arbre, de telle manière qu'il faut que tu penses que » les Hespérides la lui ont donnée ».

_____

a PLAUT. *Cist.* 1, 1, *v.* 120. | d OVID. 2. *Fast. v.* 405. | g VIRG. *Æn.* 4, *v.* 401.
b OVID. 5, *Trist. eleg.* 10. | e LUCAN. 1. *v.* 493. | h OVID. 11, *Met. v.* 126,
c OVID. 11, *Met. v.* 113. | f TAC. *Ann.* 16, 4. | i TER. *Andr.* 3, 1, *v.* 12.

N° 218. Horatium in quibusdam *nolim* interpretari *.

1. Nota. Pour arriver à cette idée de *nolim*, il a fallu avoir lu Horace, et me trouver obligé à ce que je ne veuille pas , *ut nolim* , l'interpréter dans certains endroits. Nous disons : Je ne voudrais pas l'interpréter Horace dans certains endroits.

2. *Nollem* factum (168) ᵇ.	6. *Mallem* divitias mihi dedisses ᶠ.
3. Ita *velim* ut ne quid properes ᶜ.	7. Non mihi si ferrea vox.... omnia nomina percurrere *possim* ᵍ.
4. Nimis *vellem* habere perticam ᵈ.	8. Plura *scriberem*, si possim ʰ.
5. Mori me *mallem* ᵉ.	9. Aliquid *facerem* ut hoc ne *facerem* ¹.

C'est toujours la même ellipse de *ut*, et les premiers membres de phrase sont supprimés. *Nolim interpretari*, et *nollem factum* équivalent donc à *res ita est ut nolim interpretari ; ut nollem factum* (168).

Le dernier exemple, *aliquid facerem, ut hoc ne facerem*, se traduit en français par « *je ferais* quelque chose pour que *je ne fisse* pas, ou *pour* » *ne pas faire cela* (169) ».

- *Les neuf numéros précédents*

Ont montré que *ut*, exprimé ou sous-entendu, dans les phrases négatives comme dans les phrases affirmatives , n'est point la cause du subjonctif, quoiqu'il ne manque jamais de se trouver (exprimé ou sous-entendu) dans les phrases dites obligatives.

---

(168) *Nollem factum* est une formule d'excuse ou de réparation d'injures. Celui qui s'excuse ne dit pas qu'il n'a pas fait l'injure, mais il voudrait qu'elle n'eût pas été commise, reconnaissant ainsi qu'elle n'a pas été méritée : *nollem factum.*

(169) Le temps dit présent du subjonctif, *nolim*, *velim*, *malim*, n'est certainement pas traduit immédiatement par notre conditionnel, *je ne voudrais pas*, *je voudrais, j'aimerais mieux* ; le temps dit imparfait du subjonctif *nollem*, *vellem*, *mallem*, ne l'est pas davantage par le même mode, car si *vellem* etc., pouvaient se traduire immédiatement par *que je voulusse* ou *je voudrais*, il faudrait reconnaître deux *vellem*, l'un subjonctif, et l'autre conditionnel, et leur donner deux noms. Les grammairiens, n'en ayant donné qu'un à cette forme du verbe, et la traduisant de deux manières, ont donc confondu la traduction immédiate et la traduction de résultat, que l'ellipse rétablie peut seule expliquer. Beaucoup de langues manquent de conditionnel, elles le remplacent par un autre mode, quelques unes même, comme la langue anglaise, n'ont point de subjonctif, elles y suppléent ou par un autre mode, ou par une périphrase.

---

a Quintil.
b Ter. *Adelph.* 2, 1, *v.* 11.
c Cic. 16, *Fam. Epist.* 9.
d Plaut. *Asin.* 3, 2, *v.* 42.
e Ter. *Eun.* 1, 1, *v.* 21.
f Catull. 24, *ad Juvent.*
g Virg. *Æn.* 6 *v.* 626.
h Cic. *Att.* 8, 15.
i Ter. *Andr.* 1, 5, *v* 24.

Mais lui-même, il marque si peu l'idée de volonté qu'il se trouve très-souvent construit avec un indicatif. Voyez son emploi dans les analogies suivantes, et surtout dans la seconde section.

Aucune conjonction ne gouverne le subjonctif, puisque, comme nous le verrons dans les détails, il n'en est aucune qui soit le signe constant de tel ou tel mode, tant il s'en faut qu'elle en soit la cause.

N° 219. Interrogavit ᴀɴ bove latior *esset* *.

Interrogation implicite.	*Interrogation explicite.*
1. Illud unum nescio *gratulerne* tibi ᴀɴ *timeam* ᵇ,	Aɴ potest esse ulla excusatio ʰ?
2. Quæro ɴᴜᴍ aliter ac eveniunt *evenirent* ᶜ,	Nᴜᴍ furis, an prudens ludis me ⁱ?
3. NᴜᴍQᴜɪᴅ *redeat* incertum hodie ᵈ,	NᴜᴍQᴜɪᴅ duas habetis patrias ᵏ?
4. Id *utrum* illi *sentiant* an vero simulent, tu intelliges ᵉ,	Uᴛʀᴜᴍɴe ego sum exemplo gravis, an tu ¹?
5. Rex *sit* è vobis ᴜᴛʀᴀ quærite ᶠ,	Uᴛʀᴀ nostrum popularis est ? tune an ego ᵐ?
6. Scio ego *quid* ætatis *sim* ᵍ,	Quid ego tibi ætatis videor ⁿ?

Qᴜɪᴅ de QᴜᴏQᴜᴇ viro, et cᴜɪ dicas, sæpe videto (o).

Ainsi, selon que l'interrogation est implicite ou explicite, les latins mettent *ordinairement* le subjonctif ou l'indicatif (170).

Les signes de l'interrogation, dite *implicite* sont les mêmes que ceux de l'interrogation *explicite*, savoir :

An, ne, Num, numquid,	utrùm, cur, quarè,	quomodo, quando,	quo, quâ, undè,	quis, quæ, quid etc. uter, ra, rum etc.

Nous n'entrons pas ici dans les détails; tous les corrélatifs invariables sont traités et employés dans la 2ᵉ. section; et les variables l'ont été dans le sous-chapitre des adjectifs.

---

(170) Nous disons *ordinairement,* car quoique l'interrogation soit formelle on rencontre quelquefois le subjonctif *quem te appellem* (p)? *Troiæ quis nesciat urbem* (q)? *quis credat pueris non nocuisse feram* (r). Quelquefois aussi les latins emploient l'indicatif dans les circonstances qui paraissent tenir à l'analogie. de la 1ʳᵉ colonne, *eloquere quid venisti* (s).

a Pʜæᴅ. 1, *Fabl.* 23.	g Pʟᴀᴜᴛ. *Pers.*	n Pʟᴀᴜᴛ. *Merc.*
b Cɪᴄ. 2, *Famil. Epist.* 3.	h Cɪᴄ. *in Pison. c.* 5.	o Hᴏʀ. 1, *Epist.* 18.v.68.
c Cɪᴄ. *de Fato.* 3.	i Hᴏʀ. 2, *Sat.* 5, v. 60.	p Cɪᴄ. 13, *Phil.*
d Pʟᴀᴜᴛ. *in Mil. Suppos.*	k Cɪᴄ. 2, *de Legib.* 2.	q Vɪʀɢ. *Æn.* 1, v. 565.
e Cɪᴄ. 12, *Att. Epist.* 51.	l Pʟɪɴ. 17, 1.	r Oᴠɪᴅ. 2, *Fast.* 1, v. 415.
f Sᴇx. *in Phæn.* v. 564.	m Cɪᴄ. *pro Rabir. perdul.*	s Pʟᴀᴜᴛ. *amp.* 1, 1. v. 221.

Nº 220. Mirum *quantùm* illi viro hæc nuntianti fides fuerit ᵃ.

1. C.-à-d. mirum est QUANTUM etc.

2. QUAM dulcis sit libertas breviter proloquar ᵇ,

3. Cernis UT ignavum *corrumpant* otia corpus ᶜ,

4. QUANTÙM animis erroris inest ᵈ !

5. QUAM cupiunt laudari ! ut se culpari nolunt ᵉ ! ,

6. UT sæpè summa ingenia in occulto latent ᶠ !

C'est à peu près la même analogie que dans le nº précédent.

Nº 221. Leo *cùm jaceret*, asinus calcibus frontem conterit
(voy. nº 209, pag. 335).

7. Cùm *essem* in Tusculano, puer epistolam abs te allatam dedit ᵍ,

8. Cùm me Romam *recepissem*, eam mihi abs te epistolam reddidit ʰ,

9. *Cùm* dare non *possem* munera, verba dabam (i).

10. Ineptis, *si* tu *sis* homo, hic faciat ᵏ,

11. *Si* meus *esses* . . . . . exemplum omnibus curarem ut esses ˡ,

12. Cùm maximè nostra interesse *arbitrabar*, tum intellexi ᵐ,

13. Cùm id mihi *placebat*, tùm uno ore omnes omnia bona dicere ⁿ,

14. *Cùm* tibi *nubebam*, nulli mea tæda nocebat (o).

15. *Si* id *facis* postremum me vides ᵖ

16. Nunquàm labere, *si* te *audies* ۹.

17. Eas ferias si quis polluisset ; hostiam *si deo*, *si* deæ *immolabat* ʳ.

Le verbe des phrases que nous avons nommées adjonctives, voyez le nº 209, se met tantôt à l'indicatif, tantôt au subjonctif. L'usage est ici trop variable pour pouvoir être soumis à des règles fixes, car de tous les corrélatifs, qui dans ces phrases se font suivre le plus souvent du subjonctif, *Cùm* et *Si* tiennent les premiers rangs ; et cependant on les trouve très fréquemment avec l'indicatif (171).

(171) Nous ferons seulement les remarques suivantes :

1º. Le temps six de toutes les séries, comme *essem*, *fuissem*, *futurus essem* et *futurus fuissem*, est beaucoup plus souvent employé dans les phrases adjonctives que le temps indicatif, qui lui correspond, *eram*, *fueram*, *futurus eram*, *futurus fueram*. *Cùm arbitrabar* etc. *cùm id mihi placebat*, sont donc des phrases rares ; *si immolabat*, est encore une phrase plus rare, cette remarque s'applique surtout aux verbes construits avec *si* ou *cum*.

a LIV. 1.
b PHÆD. 3, *Fabl.* 7.
c OVID. 1; *de Ponto. eleg.* 6. *v.* 1.
d OVID. 2, *Fast. v.* 788.
» CIC. 5, *de Finib.*
f PLAUT. *Cap.* 1, 2, *v.* 62.
g CIC. *Att.* 1, *Epist.* 10.
h CIC. 1, *Att. Epist.* 20.
i OVID. 2, *de Art.*
k TER. *Adelph.* 5, 6. *v.* 12.
l TER. *Adelph.* 4, 8. *v.* 8.
m CIC. *Att.* 3, *Epist.* 1.
n TER. *Andr.* 1, 1, *v.* 69.
o OVID. *Her.* 8, *v.* 35.
p TER. *Andr.* 2, 1, *v.* 23.
q CIC. 2, *Fam. epist.* 7.
r GELL. 2, *c.* 28.

OBSERVATION GÉNÉRALE

Sur l'emploi de l'Indicatif et du Subjonctif.

La seconde section traite amplement de tous les corrélatifs, mots qui annoncent nécessairement après eux la présence d'un mode personnel soit indicatif soit subjonctif. C'est dans cette section que sont les nombreux détails qui peuvent éclairer sur l'emploi et la nature de ces deux modes.

ARTICLE CINQUIÈME.

De l'Infinitif ou Mode impersonnel.

N° 222. Hoc debueram scripto certior *esse* tuo *.

1. J'avais dû, ou (j'aurais dû) en être instruite par une lettre de toi.	
2. Exsanguis succiduo dicor procubuisse genu [b],	je suis dite être tombée décolorée, mon genou ayant fléchi.
3. Verus patriæ diceris *esse* pater [c],	tu es dit être le vrai père de la patrie.
4. Affatus comites dicitur *esse* suos [d],	il est dit avoir parlé (ou harangué) ses compagnons.
5. Audaces cogimur *esse* metu *,..	nous sommes forcés par la peur à être hardis.
6. Te *esse* aiebas Sosiam [f], ...	tu te disais être Sosie.
7. Quieto tibi licet *esse* [g].	il est permis à toi d'être tranquille.
8. Da mihi *fallere*, da justum sanctoque *videri* [h] (*),	donne-moi de tromper, de paraître juste et saint.

2°. D'un autre coté, le temps trois indicatif de toutes les séries, comme ero, *fuero, futurus ero, futurus fuero,* est d'un bien plus fréquent emploi dans les phrases adjonctives, que le temps subjonctif qui lui correspond, *sim, fuerim, futurus sim* et *futurus fuerim.*

3°. Plus le lien qui unit les deux phrases est étroit, plus il est probable que les latins emploieront le subjonctif, et *vice versâ*; aussi voit-on que lorsque l'antécédent du corrélatif est exprimé, comme dans *cùm arbitrabar... TUM id placebat,* le verbe adjonctif est bien plus souvent à l'indicatif.

4°. Plus on s'éloigne de l'origine d'une langue, plus on trouve de subjonctifs, plus au contraire on s'en rapproche plus on y trouve d'indicatifs.

(*) Plusieurs éditions portent *da justum sanctumque videri*; c'est-à-dire *da me justum* etc.

a Ovid. *héroïd. ep.*6, *v.*4.	d Ovid.	g Plaut. *Epid.* 3, 2, *v.* 2.
b Ovid. *Héroïd.* 13, *v.*24.	e Ovid.	h Hor. 1, *Epist.* 16, *v.* 59.
c Martial.	f Plaut. *amp.*1, 1, *v.*226.	

1. *Scire* tuum nihil est, nisi te scire hoc sciat alter ª,	ton savoir n'est rien, si on ne sait que tu sais (pensée fausse).
2. Hoc ipsum nihil *agere* et planè *cessare* delectat ᵇ,	NOTA. Cette tournure rappèle le *il far niente* des Italiens: c'est ainsi que nous disons : *le boire*, *le manger*, etc.
3. Ipsum *cremare* apud Romanos non fuit veteris instituti ; terrâ condebantur ᶜ,	le brûler chez les Romains n'était pas d'ancienne institution, on enterrait.
4. Ad canitiem et nostrum ipsum *vivere* triste aspexi ᵈ,	j'ai considéré nos cheveux blancs et notre triste *vivre* ou manière de vivre.

En jugeant d'après ces diverses analogies, on voit

Que l'infinitif peut s'employer

1. Au NOMINATIF, quelle que soit la personne (1ʳᵉ 2ᵐᵉ ou 3ᵐᵉ) à laquelle il se rapporte, quel que soit le nombre singulier ou pluriel. *Voyez* les exemples du premier sous-numéro.

2. A l'ACCUSATIF, comme dans *te esse aiebas Sosiam* etc.

3. Au DATIF, comme dans *tibi licet esse quieto.*

4. SUBSTANTIVEMENT, comme dans *scire tuum nihil est.*

Quoique l'infinitif reste toujours invariable, les modificatifs déclinables, *certior, exsanguis*, etc. qui se rapportent évidemment à tel ou à tel substantif, ne laissent point de doute sur les rapports casuels exprimés par ce mode. N'est-ce pas également à l'*ego* sous-entendu, qui dans la phrase capitale représente Hypsipyle, que se rapportent et *certior* et *esse* ? si donc *certior* est au nominatif, *esse* est nécessairement au même cas.

Les deux derniers emplois de l'infinitif, c.-à-d. lorsqu'il est en rapport avec un datif, ou qu'il est pris substantivement, sont très-rares.

Il est de fait que l'infinitif se rapporte presque toujours à un nominatif ou à un accusatif, les trois numéros suivants vont donner quelques détails sur ces deux emplois (172).

---

(172) L'infinitif, par cela même qu'il est impersonnel et que pour chaque temps il n'a qu'une forme, semblerait devoir s'employer devant tous les cas. Aussi a-t-on cru

Que dans :
tempus est *abire* ab his locis (e),	*abire* était pour le génitif *abeundi.*
erat tum dignus *amari* (f), ...	*amari* était pour *amatu*, dignus AMATU serait en effet dans l'analogie de *indigna* RELATU *vociferans ibat* (h).
hoc *reddere*, non *perdere* herus me misit (g)	*reddere* et *perdere* étaient pour *redditum*, *perditum.*

Mais d'abord ces infinitifs peuvent s'expliquer par l'accusatif de la question

---

a PERS.
b CIC. cité par Maugard.
c PLIN. cité par Maugard.
d PERS. *Sat.* 1.
e PLAUT. *Most.* 1,3,3.*v.*
f VIRG. *Eclog.* 5, *v.* 89.
g PLAUT. *Pseud.* 2,2,*v.*48.
h VIRG. *Æn.* 9, *v.* 595.

23.

Infinitif en rapport avec un nominatif.

N° 223. *Dixisse* fertur simius sententiam [*].

1. Le juge est dit avoir porté ce jugement , c.-à-d. *on dit* etc.

2. Vestæ simulachra feruntur virgineas oculis *imposuisse* manus [b],

3. Quibusdam aut sapiens videor aut *fuisse* felix [c],

4. Tu non videris *perdidisse* quod petis [d],

5. Adeon' videmur vobis idonei esse in quibus sic illudatis [*]?

6. Hos successus alit; possunt quia posse videntur [f],
Le succès les anime; ils peuvent, parce qu'ils croient pouvoir.

L'idée comprise dans *dixisse* est aussi bien comprise dans *simius* qne celle de *fertur*, DIXISSE est donc un modificatif qui se rapporte à un nominatif. Appliquez le même raisonnement aux infinitifs *imposuisse fuisse, perdidisse, esse, posse.*

L'infinitif ainsi employé avec un verbe passif et un nominatif est très-fréquent; en pareille circonstance les latins emploient aussi l'accusatif, voyez le n°. *Tarquinium dixisse fertur*, pag. 290, n° 150.

N° 224. *Nec galeâ tegimur, nec acuto cingimur ense, His habilis telis quilibet esse potest* [*].

7. Nous ne sommes pas couverts d'un casque, ni ceints d'une épée aiguisée, chacun peut *être* propre à porter ces armes.

8. A me utinam inciperes ferus esse [h],
plût à Dieu que tu ne commençasses par moi à être cruel.

9. Idem stoïcus *esse* voluit.... [i],
le même a voulu être Stoïcien.

10. Cupio *fieri* matrona potentis....... [k],
je desire devenir la dame d'un puissant.

11. Meditor *esse* affabilis, et bene procedit [l],
je médite d'être affable et cela va bien.

12. Pace tuâ dixisse velim [m],.....
avec ta permission etc.

13. *Vivere* debuerant et vir meus et tua conjux [n],
et mon mari et ta femme avaient dù vivre.

On voit par les adjectif *habilis, ferus, affabilis* etc. et par le substan-

---

quid en cette sorte : *tempus est nos abire, herus me misit volens me reddere hoc,* et l'*amari* de *dignus erat amari* peut-être rapporté au nominatif, comme l'*esse* de *debueram certior esse.*

Au reste, de quelque manière que les infinitifs de cette note et semblables soient expliqués, le fait est qu'ils sont plutôt à remarquer qu'à imiter.

---

a PHÆD. 1, *Fabl.* 10. v.8.
b OVID. 3, *Fast.* v. 45.
c CIC. 9, *Att. Epist.* 12.
d PHÆD. 1, *Fabl.* 10.v.9.
e TER. *Andr.* 4, 5, v. 18.

f VIRG. *Æn.* 5, v. 231.
g OVID. 2, *Fast.* v. 14.
h OVID. *Carm.*
i CIC. *in Brut. ch.* 56.
k OVID. *héroïd. ep.* v. 85.

l TER. *Adelph.* 5, 4.v.8.
m OVID. 3, *ex pont. ep.* 1, v. 9.
n OVID. 6, *Fast.* v. 692.

tif apposé, *matrona*, que les infinitifs *esse, fuisse, fieri*, se rapportent de même que ces adjectifs au nominatif du verbe personnel (173).

On doit donc juger par analogie que les infinitifs *dixisse, vivere* des derniers exemples sont au nominatif, quoiqu'il n'existe dans la phrase aucun signe certain de ce rapport. On doit porter le même jugement de *scire* dans *scire equidem volo quot mihi sint domini*, voyez les exemples du n°. 146, pag. 288.

N° 225. Pater *esse* disce ab illis qui verè sciunt [a].

1. Apprends à être père de ceux qui savent vraiment l'être.

2. Artifici meruit proximus *esse* deæ [b],	il a mérité d'être le plus près de la déesse créatrice.
3. Invicti Jovis uxor *esse* nescis......[c].	tu ne sais pas que tu es la femme de Jupiter.
4. Hic ames *dici* pater atque princeps [d],	aime à être nommé le père et le premier (des romains).
5. Non tamen ut Priamus nymphæ socer *esse* recuset [e],	non que cependant Priam refuse d'être le beau-père de la nymphe.
6. Tutumque putavit bonus *esse* socer [f],	il regarda comme sûr d'être un bon beau-père.
7. Sensit se medios delapsus (*esse*) in hostes [g],	il se sentit être tombé au milieu des ennemis.

Voilà encore des infinitifs qui, comme les adjectifs ou substantifs opposés compris dans ces phrases, sont évidemment au nominatif.

Mais il faut observer qu'en pareille circonstance les Latins employent souvent une autre tournure, *liber merui ut fierem* [h], *credunt se vidisse Jovem* [i].

---

(173) Cet emploi de l'infinitif est très fréquent après les verbes suivants :

Possum,	Nequeo,	Volo,	Malo,	Aveo,	Meditor,	Incipio.
Queo,	Valeo,	Nolo,	Cupio,	Flagito,	Debeo,	

---

a TER. *Adelph.* 1,2,*v*.46.　d HOR. 1, *Od.* 2, *v.* 50.　g VIRG. *Æn.* 2, *v.* 377.
b OVID. *Eleg. Heinsii.*　e OVID. *heroïd.ep* 5,*v.*83.　h PLAUT. *Epid.* 5,2,*v.*47.
c HOR. 3, *Od.* 21, *v.* 73.　f LUC. cité par PORT-R.　i VIRG. *Æn.* 8, *v.* 353.

Infinitif en rapport avec un accusatif.

N° 226. Virtus est vitium fugere etc.

1. Virtus est vitium *fugere*, et sapientia prima Justitiâ caruisse [a],

2. Divitiæ grandes homini sunt *vivere* parcè [b],

3. Scribendi rectè *sapere* est et principium et fons [c],

4. Nunquam utile est *peccare* quia semper est turpe [d],

5. Nonne id flagitium est *te* aliis consiliis dare et foris *sapere*, tibi non *posse* auxiliarier [e].

6. Contentum suis rebus *esse* magnæ sunt divitiæ [f],

7. Hoc est magnum periculum *me* ab asinis ad boves *transcendere* [s].

8. Utile est te jam rem *transigere* [h],

Tous les infinitifs de l'une et de l'autre colonne sont également en rapport d'identité avec un accusatif, sous-entendu dans la première, et exprimé dans la seconde; *virtus est te*, ou *hominem fugere vitium*, etc. c'est évidemment la même analogie que celle de *flagitium est te foris sapere.* Le dernier exemple *nunquam utile est peccare* est aussi dans l'analogie du contr'exemple *utile est te rem jam transigere.*

Si de ce n° on rapproche les suivants :

	Pag.		Pag.
Te credo *credere*, ...	286	Hoc est *esse* patrem ,......	290
Te *superesse* velim,........	287	Tarquinium *dixisse* fertur ,.	290
Hoc *fieri* et oportet , etc...	288	Admittier orant, rem magnam	
Rumor erat te rem *gessisse*..	289	pretiumque moræ *fore*,..	291

On aura tout ce qu'il importe de savoir sur l'infinitif, lorsqu'il est en rapport avec un substantif à l'accusatif.

PARAGRAPHE IV.

Des Temps.

N° 227. Do pœnas temeritatis meæ [i].

Temps 1er			
1e SORTE : *do* etc.	JE DONNE. etc.	
2e SORTE : *dedi pecuniam* (i) etc.	J'AI .... donné de l'argent.	
3e SORTE : *daturus sum* (k) etc. .	JE DOIS .... donner de l'argent.	
4e SORTE : *daturus fui* (l) etc ...	J'AI .... dû donner de l'argent.	

La traduction française, par rapport à la première sorte, est immé-

---

a Hor. 1, *Epist.* 1.
b Lucan. 5.
c Hor. *Art. poet.* v. 309.
d Cic. *de Offic* 3, 15.

e Ter. *Heaut.* 1, 3, v. 35.
f Cic. cité par Maugard.
g Plaut. *Aul.* 2, 2, v, 58.
h Cic. *ad Att.* 1, epist. 4.

i Cic. 9, *Att. Epist.* 10.
k Plaut. *Rud.* 4. 7.
l Ter. *Heaut.* 4, 5.

diate, DO, *je donne;* c'est un temps simple pour un temps simple, un présent pour un présent. Déjà la seconde sorte, *dedi* est traduite par une périphrase (*j'ai donné*), mais dont le premier élément est le présent de votre verbe *avoir :* J'AI; les deux derniers sont des périphrases traduites par des périphrases, dont le premier élément est encore un présent, *je dois*, et *j'ai.*

Il y a donc, dans les quatre subdivisions de ce premier temps, un trait commun qui a dû les faire réunir sous un numéro commun.

Car on a { Dans la 1ere sorte : JE DONNE... qui est un présent.
Dans la 2eme ..... J'AI .... (*donné*) qui est un présent.
Dans la 3e ..... JE DOIS...... (*donner*) qui est un présent.
Dans la 4e ..... J'AI .... (*dû donner*) qui est un présent.

Il est vrai que les mots qui suivent le présent dans les trois dernières séries amènent des différences; mais il le faut bien, puisque ce premier temps se subdivise en quatre sortes (174).

Les sept autres temps présentent les mêmes subdivisions; mais nous nous hâtons de présenter le tableau général des temps latins et des temps français comparés. C'est le meilleur moyen d'abréger les observations, et de les rendre intelligibles.

----

(174) En dernière analyse on peut résoudre :

JE DONNE.......... par .... *je suis* donnant.
J'AI DONNÉ .... — .... *je suis* ayant donné.
JE DOIS DONNER.... — .... *je suis* devant-donner (*sum daturus*).
J'AI DU DONNER .... — .... *je suis* ayant du donner

On voit à découvert que le trait caractérisque du temps premier dans les quatre sortes est un présent, aucun autre temps n'a ce caractère.

LE TEMPS 2, *dabam, dederam, daturus fueram*, je donnais, j'avais donné, je devais donner, j'avais dû donner, a aussi son trait commun :

Je donnais, peut se résoudre par... *j'étais* donnant.
J'avais donné, ... — ... *j'étais* ayant donné.
Je devais donner,.......... — ... *j'étais* devant donner.
Et *J'avais dû donner*, ... — ... *j'étais* ayant dû donner.

Enfin les huit temps ont chacun dans leurs quatre séries un trait commun caractéristique.

Au reste, nous attachons peu de prix à toutes ces nomenclatures. Les numéros suffisent pour le langage grammatical.

TEMPS.	1ère SÉRIE ou SORTE.		2me SÉRIE ou SORTE.	
	ACTIF.	PASSIF.	ACTIF.	PASSIF,
1.	Video. *Je vois.*	*Videor.* Je suis vu.	Vidi. J'ai vu (ou *je vis*).	*Visus sum* ou *fui.* J'ai été vu (ou je fus)
2.	Videbam. Je voyais.	*Videbar.* J'étais vu.	Videram. J'avais vu.	*Visus eram* ou *fuera* J'avais été vu.
3.	Videbo. Je verrai.	*Videbor.* Je serai vu.	Videro. J'aurai vu.	*Visus ero* ou *fuero.* J'aurai été vu.
4.	Vide *ou* videto. Vois.	*Videre* ou *videtor.* Sois vu.	MANQUE. manque.	MANQUE. Manque.
5.	Videam. Que je voie.	*Videar.* Que je sois vu.	Viderim. Que j'aie vu.	*Visus sim* ou *fueri* Que j'aie été vu.
6.	Viderem. Je verrais, que je visse.	*Viderer.* Je serais vu.	Vidissem. J'aurais vu.	*Visus essem* ou *fuisse* J'aurais été vu.
7.	Videre. Voir.	*Videri.* Être vu.	Vidisse. Avoir vu.	*Visus esse* ou *fuisse* Avoir été vu.
8.	Videns. Voyant.	*Vis-us, a, um.* Étant vu.	MANQUE. Ayant vu.	*Vis-us, a, um.* Ayant été vu.

Observations.

1°. Voilà 8 temps à l'actif, 8 temps au passif; *voyez* les nᵒˢ de la 1ʳᵉ lig verticale, intitulée *temps.* Chaque temps a ses quatre sortes; *voyez* les nᵒˢ de première ligne horizontale.

Le nombre des temps multipliés par celui des sortes, et ensuite par celui d voix, est donc de 64.

Les MANQUES ne changent rien au systême; ce sont des vides dans un cadr

La connaissance d'un petit nombre d'idées élémentaires fournit le moy de posséder à fond ce tableau, et de l'imiter pour tout autre verbe.

2°. La même différence, qui existe entre telle et telle sorte, se continue da tous les temps, et c'est surtout ce qui constitue la beauté et l'utilité de cet classification.

Ainsi, par exemple : *videbam* et *videram* diffèrent entr'eux comme *video* *vidi*, ou comme *videbo* et *videro* etc. (175).

3°. Pour caractériser un temps, il faut le distinguer par son numéro d'espè et par son numéro de sorte, ou, s'il est permis de parler ainsi, par son nom et p son surnom (176).

---

(175) On peut faire des comparaisons, et établir des proportions, en cette sorte :

Ce qui avec le verbe latin se transformerait ainsi :
Videro est à *visurus fuero*, comme *viderim* est à *visurus fuerim.*
Vidi est à *visurus essem*, comme *videram* est à *visurus eram.*

Quels que soient les deux temps comparés, la distance ou différence d'une série à une autre toujours la même.

(176) » *Videbam* est le temps DEUX-UN ou (2-1), *videram* le temps DEUX-DEUX ou 2-
» *visurus eram*, le temps DEUX-TROIS, ou 2-3, *visurus fueram*, le temps DEUX-QUATRE ou 2-
» c'est-à-dire le temps deux de la 1ʳᵉ, de la 2ᵉ, de la 3ᵉ et de la 4ᵉ sorte, ainsi des autres. »

3me SÉRIE ou SORTE.		4me SÉRIE ou SORTE.	
ACTIF.	PASSIF.	ACTIF.	PASSIF.
isurus sum. Je dois voir ou je vais voir.	*Videndus sum.* Je dois être vu ou je vais être vu.	Visurus fui. J'ai dû voir, j'ai été sur le point de voir.	*Videndus fui.* J'ai dû être vu, j'ai été sur le point d'être vu.
isurus eram. Je devais voir.	*Videndus eram.* Je devais être vu.	Visurus fueram. J'avais dû voir.	*Videndus fueram.* J'avais dû être vu.
isurus ero. Je devrai voir.	*Videndus ero.* Je devrai être vu.	Visurus fuero. J'aurai dû voir.	*Videndus fuero.* J'aurai dû être vu.
MANQUE. Manque.	MANQUE. Manque.	MANQUE. Manque.	MANQUE. Manque.
isurus sim. Que je doive voir.	*Videndus sim.* Que je doive être vu.	Visurus fuerim. Que j'aie dû voir.	*Videndus fuerim.* Que j'aie dû être vu.
isurus essem. Je devrais voir.	*Videndus essem.* Je devrais être vu.	Visurus fuissem. J'aurais dû voir.	*Videndus fuissem.* J'aurais dû être vu.
isurus esse. Devoir voir.	*Videndus esse.* Devoir être vu.	Visurus fuisse. Avoir dû voir.	*Videndus fuisse.* Avoir dû être vu.
isur-us, a, um. Devant voir.	*Vidend-us, a, um.* Devant être vu.	MANQUE. Ayant dû voir.	MANQUE. Ayant dû être vu.

Suite des observations.

4°. Si l'on voulait absolument donner aux temps des noms significatifs, on pour-
it ainsi nommer les quatre sortes ou séries,

Savoir :
{
Séries des PRÉSENTS,   ce sont les 8 temps de la 1ere série *ou* sorte.
Séries des PASSÉS, .   — les 8 temps de la 2e série *ou* sorte.
Séries des FUTURS,   — les 8 temps de la 3e série *ou* sorte.
Séries des FUTURS PASSÉS,   — les 8 temps de la 4e série *ou* sorte.
}

C'est dans le Cours français que nous avons fondé notre doctrine sur la nature,
nomenclature et la classification des temps. Toute la partie idéologique des
igues doit s'apprendre dans un cours de langue maternelle (176).

5°. Ceux qui voudront faire de grands progrès dans l'étude de la langue latine,
même de toute autre langue étrangère, doivent, par des applications nom-
euses, se rendre familière cette belle classification.

6°. Si les deux langues fesaient toujours correspondre leurs temps, il ne nous
sterait plus rien à dire sur ce paragraphe; mais elles font des permutations qui
t besoin d'être connues soit pour la traduction, soit pour la composition. Nous
traiterons en DEUX ARTICLES.

Car il est certain que les temps de la première sorte, comme *video*, *videbam*, *vi-*
bo etc., comparés à ceux de la seconde, expriment une idée du présent, ou tout au moins
lée d'un temps plus près du présent que les temps de la seconde série. *Videbam*, par exemple,
oique passé sous un rapport, exprime un temps moins éloigné du présent que *videram*.
La seconde série doit obtenir sans réclamation le nom de SÉRIE DES PASSÉS.
La troisième, comme *visurus sum*, *visurus eram* etc., comprend toujours une idée du futur,
ntrée séparément par l'adjectif en *urus*.
La quatrième est évidemment la série des futurs-passés ou passés-futurs, ces deux valeurs sont
i montrées séparément dans *visurus sum*, *visurus fueram* etc. etc., *visurus* marque une
a de futur, *fui* ou *fueram*, une idée du passé. (Voyez note 147.)

ARTICLE PREMIER.

De la Permutation dans les sortes.

N° 229. *Odi* Profanum vulgus et arceo [a].

1. *Jc hais* le profane vulgaire et je le repousse.

2. *Oderam* multò pejus hunc quàm illum ipsum Clodium [b],	je le *haïssais* beaucoup pis c.-à-d. beaucoup plus que ce Claudius même.
3. Servìre et contumelias pati pejus *odero* aliis omnibus malis [c],	je *haïrai* plus que tous les autres maux, d'être esclave et de souffrir des affronts.

On sait que le temps 4, ou impératif, n'existe jamais dans la 2ᵉ série d'aucun verbe.

4. Vox dira et abominanda : *oderint* dum metuant [d],	qu'*ils haïssent* pourvu qu'ils craignent, est une maxime affreuse, abomiuable.
5. *Odissem* te odio Vatiniano [e],	je te haïrais de la haine de V**.
6. Neque studere neque *odisse*, sed minumè irasci decet [f],	il ne convient ni d'être enthousiasmé ou passionné, ni de *haïr*, ni surtout de se mettre en colère.

Le temps 8 de la seconde série manque à l'actif dans tous les verbes.

Odi avait autrefois sa première série : *odio , odiebam , odiam ,* etc. mais elle est devenue inusitée, il est évident que la seconde *odi, oderam, odero, oderim , odissem , odisse ,* la remplacent; ne voit-on pas qu'*odi,* et *arceo,* qu'*odisse* et *studere* etc. sont placés sur la même ligne?

SUITE. *Memini* me Corycium vidisse senem [g].

7. *Je me souviens,* moi, d'avoir vu le vieillard Corycien ou de Corycie.

8. *Memineram* Paulum, videram Gallum [h],	Je me *souvenais* de Paul, j'avais vu Gallus.
9. Dum sanitas constabit, pulchrè *meminero* [i],	Tant que je conserverai ma raison, je me *souviendrai* très-bien…..

On sait que le temps 4, ou impératif manque dans la 2ᵉ série de tous les verbes.

Les Latins ont conservé le temps correspondant de la 1ʳᵉ. série: *memento mihi suppetias ferre, souviens-toi* de me porter secours.

a Hor. 3. *Od.* 1, *v.* 1.	d Senec. *de ira* 1.	g Virg. *Georg.* 4. *v.* 25
b Cic. 7, *Fam. epist.* 2.	e Catull. *ad Calvum.*	h Cic. 2, *de Amic.*
c Brut. *ad Cic. epist.* 16.	f Sall. *in Catil.* 50.	i Præd. 3, *Epist.*

1. *Meminerint* legentes [a], | que les lecteurs *se souviennent.*
2. Cùm senex non nisi de Africano loqueretur et non solum facta sed etiam dicta *meminisset*, me somnus complexus est [b], | comme ce vieillard ne parlait que de l'Africain et *rappelait à la mémoire* non seulement ses actions, mais encore etc., le sommeil me saisit.
3. Et nimiùm *meminisse* necesse est [c], | il est trop nécessaire de se souvenir.

Le temps 8 de la seconde série manque, comme on sait, à l'actif de tous les verbes; *memini* vient du vieux *meno*, j'ai dans l'esprit. Il ne reste de toute la 1re série que *memento*, *mementote*. Nous traduisons *memini*, *memineram*, etc. par le français de notre première série : *je me souviens* et *je me souvenais.*

La 1re série de *cœpio*, je commence est devenue aussi inusitée, et la seconde, *cœpi*, *cœperam*, *cœpero*, *cœperim*, *cœpissem*, *cœpisse*, sert pour les deux séries, et peut se traduire tantôt par le français de la 1re, tantôt par celui de la 2me.

> Qui bene *cœpit* habet dimidium facti ; sapere aude [d],
> Et jam cunctantem flectere sermo *cœperat*, quum [e],

» Celui qui commence bien ou qui a bien commencé, a déjà la moi-
» tié de son fait ; ose être sage ».

» Et déjà son discours *commençait* ou *avait commencé* à le fléchir.....
» lorsque ».

On voit en effet que souvent le résultat doit être le même, la distance entre *commencer* et *avoir commencé* n'étant souvent qu'un point.

N° 230. *Novi* rem omnem [f], vesperascit et non *noverunt* viam [g].

4. *Je connais* toute la chose, il se fait nuit et ils ne *connoissent* pas la route.
5. Sic canibus catulos similes, sic matribus hœdos *Nóram*. [h], | c'est ainsi que *je savais* que les petits chiens sont semblables aux chiens etc.
6. Unum *cognoris*, omnes *noris* [i], | quand tu en *connaîtras* un, tu les *connaîtras* tous.

7. On sait que ce temps manque dans la 2me série de tous les verbes.

8. Non novi faciem hominis, faciam ut *noverim* [k], | je ne connais pas la figure de cet homme, je ferai que *je la connaisse.*

a Plin. 38, 25.
b Cic. de somne Scip. v. 1.
c Virg. Æ. 1. 6, v. 514.
d Hor.
e Virg. Æn. 12, v. 941.
f Ter. Andr. 4, 5. v. 50.
g Ter. Heaut. 2, 2, v. 7.
h Virg. Ecl. 1, v. 23.
i Ter. Phorm. 1, 5, v. 35.
k Ter. Hecyr. 3, 4, v. 25.

1. Si tartara *nossent* ignovisse [a], | si le tartare savait pardonner.
2. Ego vos *novisse* credo jam ut | je pense que *vous savez* déjà com-
   sit pater meus [b], | ment est mon père.

On sait que le temps de la seconde série manque à l'actif de tous les verbes.

La première série *nosco*, 2. *noscebam*, 3. *noscam*, 4. *nosce*, 5. *noscam*, 6. *noscerem*, 7. *noscere*, 8 *noscens*, existe toute entière, mais, excepté au temps 4. et au temps 8, qui manquent dans la seconde, elle est beaucoup moins employée.

N° 331. Cœlo tonantem *credidimus* Jovem regnare [c].

3. *Nous croyons* que Jupiter tonnant règne dans le ciel.

4. Nec moror antè tuos *procubuisse*, pedes [d],	Nous TRADUISONS comme s'il y avait *procumbere*.
5. Si *dixero* mendacium, solens, meo more *fecero* [e],	Nous TRADUISONS comme s'il y avait si *dicam* etc. lorsque je dirai un mensonge, je ferai etc.
6. Ego istæc rectè ut fiant *videro* [f],	Nous TRADUISONS comme s'il y avait *videbo*.
7. Nolo irascaris, liberè si *dixero* [g],	Les Latins, disent aussi avec la 1re. sorte du même temps si *dicam*.
8. Non alios illuxisse dies *crederim* [h],	Les Latins emploient ordinairement la 1re. série *credam*.

Il nous est impossible de traduire immédiatement ces phrases et semblables.

Nous avons cru que Jupiter règne, ferait penser que nous ne le croyons plus; au contraire, en employant ce passé, à l'imitation des Grecs, au lieu du présent actuel, *credimus*. Horace affirme sa pensée avec plus de force, c'est comme s'il disait : *nous avons cru, nous croyons et nous devons croire que Jupiter règne.*

Le *procubuisse* d'Ovide peint mieux que ne ferait *procumbere*, on croit voir Médée déjà tombée aux pieds de Jason. C'est une beauté que nous ne pouvons faire passer dans notre langue. Certainement nous disons : JE VERRAI *pour que cela se fasse comme il faut*. Le VIDERO des Latins est plus pittoresque; comme *videbo* (temps de la 1re. série) il montre l'action dans le futur, mais il la montre comme passée dans ce même futur.

Nous ne cherchons point à épuiser ce sujet, qui, comme dit Port-Royal dans une occasion à peu-près semblable tient plus à l'élocution qu'à la syntaxe; au reste, on verra que d'une langue à l'autre les temps se permutent bien plus rarement dans les sortes que dans les espèces.

a Virg. *Cir.* v. 293.
b Plaut. *Am.pr.v.*104.
c Hor. *Od.*
d Ovid. *her.ep.*13v.186.
e Plaut. *Amp.*1,1,*v.*43.
f Ter. *Andr.*2,6.*v*,25.
g Phæd.4,*Fab.*18.*v.*14.
h Virg. *Georg.*2,*v.*336.

ARTICLE SECOND.

Des Permutations dans les espèces.

Il n'y a de permutation de temps, dans l'espèce comme dans la sorte qu'autant que les deux langues sont comparées, et que l'une traduit l'autre. Aucun temps en effet ne peut être employé que pour peindre telle ou telle idée, l'emploi de chaque temps a donc sa raison; et dans une seule et même langue un temps n'est jamais employé pour un autre.

La lexigraphie a presqu'épuisé tout ce qui concerne l'emploi des temps, cependant les temps du subjonctif et ceux de l'infinitif offrent souvent dans leur traduction des difficultés qui doivent être l'objet de la syntaxe.

N° 232. Cᴇᴅᴏ igitur quid *agas* ·. (*Cedo* pour *cedito.* 178)

1ʳᵉ ꜱᴏʀᴛᴇ. Cedo quid *agas*.......	dis-moi ce que *tu fais.*
2ᵐᵉ ꜱᴏʀᴛᴇ. Cedo quid *egeris*	dis-moi ce que *tu as fait.*
3ᵐᵉ ꜱᴏʀᴛᴇ. Cedo quid *acturus sis*..	dis-moi ce que *tu dois faire* ou ce que *tu vas faire.*
	dis-moi ce que *tu feras.*
4ᵐᵉ ꜱᴏʀᴛᴇ. Cedo quid *acturus fueris.*	dis-moi ce que *tu as dû faire* ou ce que *tu auras fait.*

Voilà l'actif du temps 5 ou premier temps du subjonctif dans ses quatre sortes (177). Le passif suit ordinairement la même analogie.

---

(177) *On peut dire que le latin*

Cedo quid acturus sis,... *peut se traduire par* dis ce que tu dois faire,
ce que tu devrais faire, *ou*
ce que tu feras.

Quid acturus fueris,...... — — — dis ce que tu as dû faire, *ou*
ce que tu auras dû faire, *ou*
ce que tu auras fait.

Quid acturus esses, ... — — — dis ce que tu devais faire, *ou*
ce que tu devrais faire, *ou*
ce que tu ferais.

Quid acturus fuisses,.... — — — dis ce que tu avais dû faire, *ou*
ce que tu aurais dû faire, *ou*
ce que tu aurais fait.

Ce qui prouve l'immense supériorité des temps français sur les temps latins.

Ce que nous disons des deux dernières séries de l'actif doit s'appliquer aux deux mêmes séries du passif.

---

a ꞊Tᴇʀ.*Andr.* 2, 3, v. 9.

1ʳᵉ sᴏʀᴛᴇ.Cedo quid *agatur*, ...	dis-moi ce qui *est fait*, c.-à-d, ce qu'*on fait.*
2ᵐᵉ — Cedo quid *actum sit* (ou *fuerit*),	dis-moi ce qu'*on a fait.*
3ᵐᵉ — Cedo quid *agendum sit*, .	dis-moi ce qu'*on doit faire* ou ce qu'*on fera.*
4ᵐᵉ — Cedo quid *agendum fuerit*,	dis-moi ce qu'*on a dû faire* ou ce qu'*on aura fait.*

Nous allons donner aussi des exemples de l'emploi du second et dernier temps du subjonctif.

A l'Actif.

1ʳᵉ sᴏʀᴛᴇ.Cedo quid *ageres*, ...	dis donc ce que *tu fesais.*
2ᵐᵉ — Cedo quid *egisses*, ...	dis ce que tu avais fait.
3ᵐᵉ — Cedo quid *acturus esses*,.	dis ce que tu *devais faire* ou ce que *tu ferais.*
4ᵐᵉ — Cedo quid *acturus fuisses*,	dis ce que tu *aurais dû faire* ou ce que *tu aurais fait.*

Au Passif.

1ʳᵉ sᴏʀᴛᴇ.Cedo quid *ageretur*, ...	dis ce qui *était fait* ou se fesait.
2ᵐᵉ — Cedo quid *actum esset* (ou *fuisset*).	dis ce qui *avait été fait.*
3ᵐᵉ — Cedo quid *agendum esset*,	dis ce qui *devait être fait* ou ce qui *serait fait* ou ce qu'*on ferait.*
4ᵐᵉ — Cedo quid *agendum fuisset.*	dis ce qui *aurait dû être fait* ou ce qu'*on aurait fait.*

On a vu, n° 209, que les Latins emploient le subjonctif dans les phrases *implicitement interrogatives ou exclamatives.* Le tableau comparatif que nous venons de donner facilite, d'une manière étonnante, et la traducution et la composition.

S'agit-il de traduire du latin en français? on voit que le temps 5 (ou temps premier du subjonctif) se traduit par le temps 1ᵉʳ du système général, qui est le 1ᵉʳ de l'indicatif, et que les sortes se correspondent admirablement dans les deux langues, sous le rapport ᴅᴇs ǫᴜᴀᴛʀᴇ ɪᴅᴇ́ᴇs principales qui ont servi à les établir.

S'agit-il de composer en latin? on rétablit le latin même qu'on avait traduit; et si l'on a : *dis-moi ce que tu as fait*, on prend le temps et

la sorte qui correspondent en latin à ce temps français, et l'on a *cedo quid egeris* (178).

N° 233. Quid *sit futurum* cras fuge quærere ».

1. Évite de chercher ce qui $\begin{cases} doit\ arriver\ ou \\ arrivera \end{cases} \begin{cases} \\ \end{cases}$ demain.

Lorsqu'il s'agit d'une idée de futur, les Latins n'ont au subjonctif que les 3ᵉˢ et les 4ᵉˢ sortes (du temps 5 et du temps 6).

Ainsi les temps $\begin{cases} 5\text{-}3\ (*)\ \text{futurum sit} \\ 5\text{-}4\quad \text{futurum fuerit} \\ 6\text{-}3\quad \text{futurum esset} \\ 6\text{-}4\quad \text{futurum fuisset} \end{cases}$ sont également susceptibles d'une double traduction.

Voyez, dans le n° précédent, tous les exemples des 3ᵉ et 4ᵉ sortes et la double manière dont chacun d'eux se traduit (179).

---

(178) Ce *cedo* a coutume de se traduire par l'impératif : *cedo quid egeris*, ᴅɪs moi ce que tu as fait, *cedo aquam manibus*, donne-moi de l'eau sur les mains; c'est une altération de *cedito*, ce qui le prouve invinciblement, c'est que, dans les auteurs, on trouve *cette* pour *cedite*. *Cette manus vestras measque accipite* (b), *cette in conspectus* (c), *is vestrorum uter sit*, *cette*, dites lequel de vous deux c'est (d); il y a donc deux *cedo*, l'un ɪᵉʳᵉ personne du présent indicatif de *cedere*, *cedo*, et l'autre, seconde personne de l'impératif du même verbe. Les faits sont donc contraires à la doctrine que nous avions précédemment adoptée.

(179) Les temps de la 4ᵉ sorte, par cela même qu'ils sont très compliqués d'idées, sont bien plus rarement employés que ceux de la 3ᵉ, et ceux-ci beaucoup plus que ceux des deux première sortes.

(*) 5-3 signifie le 5ᵉ temps, 3ᵉ sorte; 6-3, le 6ᵉ temps, 3ᵉ sorte, ainsi de suite.

---

a Hoʀ. 1, *Od.* 8, *v.* 13. | c Accɪᴜs. *Ibid.*
b Eɴɴ.*apud.non.*2,*v*122. | d Pᴀᴄᴜᴠ.*apud.non.ibid.*

E X E M P L E S à l'appui des deux numéros précédents.

TEMPS 5.

EXEMPLES DE L'ACTIF.	EXEMPLES DU PASSIF.
1. Nescis cui *maledicas* viro[a],....	1. Vereor ne ità hunc *videar* voluisse servare [i],
2. Possum scire quid *veneris*[b], . Quæro cur civis bona *venierint*[c],	2. Inepta, nescis quid *sit actum*[k],
3. Quid *dicturus sis* nescis[d],.....	3. Quid nobis *sit agendum* nescio,
4. Quid *dicturus fueris* nescio (180).	4. Quid *fuerit agendum* nescio

TEMPS 6.

1. Quæsivit *à medicis* quemadmodùm se haberet [e],	1. Quid *ageretur* nescio.
2. Quæsivi an apud Leccam *fuisset*[f],	2. Quid *actum esset* nescio.
3. Dicebat quæ fierent , quæ *futura essent*[g],	3. Quid *faciendum esset* moneret[l],
Non fuerat mihi dubium quin te Brundisii *visurus essem*[h],	on n'avait pas douté que je ne le visse à Brindes.
4. Dicebat quæ *futura fuissent* (180).	4. Quid *faciendum fuisset* nescio.

N° 234. Dic an *futurum sit* ut ningat.

Dis { *s'il neigera*, ou mot à mot
    { *s'il est devant-arriver* qu'il neige.

Ningere n'ayant point de futur en *rus*, parce qu'il manque de supin, les Latins sont obligés de remplacer les deux dernières séries du temps 5 et du temps 6 par une périphrase, en cette sorte:

Temps 5. 3ᵉ SORTE. Dic an futurum sit   ut ningat.

        4ᵉ SORTE. — an futurum fuerit ut ninxerit.

Temps 6. 3ᵉ SORTE. — an futurum esset   ut ningeret.

        4ᵉ SORTE. — an futurum fuisset ut ninxisset.

Pœnitet, *tædet*, *possum*, *studeo*, et autres verbes sans supin, et

---

(180) Il n'est pas facile de trouver des exemples de la 4ᵉ série ou sorte, c'est précisément parce que ces temps renferment une plus grande complication d'idées que les autres, que l'occasion de les employer se reproduit plus rarement.

---

a TER. *Eun.* 4, 7, *v.* 29.   e NEPOS. *in Epamin.*   i CIC. *Pro Rosc. Amer.*
b PLAUT. *amp.* 1, 1, *v.* 189.   f CIC. *in Cat.* 2, 6.   k TER. *Andr.* 4, 5, *v.* 51.
c CIC. *Pro Rosc. Amer.*   g CIC. *Pro Rosc. Amer.*   l CIC. *de Divin.* 2.
d PLAUT.   h CIC. 6, *Att.* 1.

partant sans adjectif en *urus*, manquent nécessairement de toutes les 3ᵉˢ et les 4ᵉˢ sortes; et, lorsque les Latins veulent peindre les diverses idées de temps exprimées par ces deux sortes, ils sont obligés d'employer la périphrase : *dic an futurum sit ut* etc.

Il ne faut pas perdre de vue

Que les trois derniers nᵒˢ ne concernent que le subjonctif des phrases *implicitement interrogatives* ou *exclamatives*, dont nous avons amplement traité dans les nᵒˢ 219 et 220.

N°. 235. Te credo *credere* ꞌ omnes *gaudere* hoc ꞌ.

1. Te credo *credere* etc.........	je crois que tu crois,	c.-à-d. *toi croire.*
Non credo te *credere*, ...	je ne crois pas que tu crois,	
Te credebam *credere*	je croyais que tu croyais,	
Non credebam te *credere*,....	je ne croyois pas que tu crusses,	
2. Te credo *credidisse*, ...	je crois que tu as cru *ou* que tu croyais *ou* que tu avais cru,	c.-à-d. *toi avoir cru.*
3. Te credo *crediturum esse*, ...	je crois que tu dois croire ou que tu devras croire ou que tu croiras,	c.-à-d. *toi devoir croire ou être devant croire.*
Te credo *crediturum fore*, ...	même traduction que celle de *crediturum esse.*	
— — *crediturum* (181), ...		
4. Te credo *crediturum fuisse*, ...	je crois que tu as dû croire ou que tu devais croire ou que tu avais dû croire ou que tu auras dû croire ou que tu aurais dû croire,	c.-à-d. *toi avoir dû croire.*

L'infinitif latin n'a qu'un temps, savoir le temps 7, comme *credere* 1ʳᵉ SORTE, *credidisse* 2ᵐᵉ SORTE, *crediturus esse* 3ᵐᵉ SORTE, et *crediturus fuisse* 4ᵐᵉ SORTE; et au passif *credi*, *creditus esse* etc.

---

(181) Souvent les latins se contentent dans la 3ᵉ série de l'adjectif en *urus*, et sous-entendent *esse*, ils disent indifféremment *credo te crediturum esse*, ou *te credo crediturum*; ils ne peuvent se permettre une semblable ellipse dans la 4ᵉ série: car, s'ils disaient *credo te crediturum*, pour *te credo crediturum fuisse*, ils ne seraient plus compris, on ne saurait plus s'il s'agit d'un futur ou d'un futur-passé; il en est de même du *fuisse* de la 4ᵉ série du passif: on dit indifféremment *credo credendum esse*, ou *credo credendum*, mais on est forcé de dire *credo credendum fuisse*.

Fore se trouve souvent employé dans le même sens qu'*esse*, de la 3ᵉ sorte, tant du passif que de l'actif.

Ce temps unique, avec ses quatre sortes, peut recevoir, en français, selon les circonstances, un très-grand nombre de traductions.

Or; il s'agit ou d'une version ou d'un thème : dans l'un ou l'autre cas, c'est à l'idée qu'on veut peindre qu'il faut s'attacher, plutôt qu'à la forme du temps employé, ou qui doit l'être.

Mais cette idée ne peut être, réellement et par le résultat, que de quatre sortes.

Savoir :
{ 1°. Idée qui caractérise le temps de la 1ᵉ sorte, ou série, dite des PRÉSENTS.
{ 2°. Idée qui caractérise le temps de la 2ᵉ sorte, ou série, — des PASSÉS.
{ 3°. Idée qui caractérise le temps de la 3ᵉ sorte, ou série, — des FUTURS.
{ 4°. Idée qui caractérise le temps de la 4ᵉ sorte, ou série, des FUTURS PASSÉS.

Traduit-on un infinitif latin ? alors on voit à laquelle des quatre sortes il appartient, et l'on prend, dans la langue française, le temps personnel ou impersonnel, que réclament l'idée et le génie de cette langue.

A-t-on au contraire un temps français personnel, on examine à laquelle des quatre sortes d'idées, il se rapporte, et on le traduit par une des quatre sortes de l'infinitif ou temps 7.

Toutes les recettes réunies et accumulées ne peuvent suppléer ici l'intelligence, il faut PENSER, sous peine de ne jamais pouvoir traduire sûrement et facilement les temps d'une langue en ceux d'une autre.

Temps de l'Infinitif Passif.

Ils n'offrent aucune difficulté, car la lexigraphie a montré comment, étant donné l'actif, on forme le passif Voyez pag. 154, et le tableau général pag. 352 où sont opposés tous les temps des deux voix. Ainsi, par exemple,

Si l'on a à l'Actif,	On aura au Passif :
1. Credo te credere,...........	credo te credi.
2. — te credidisse,............	— te creditum esse *ou* creditum fuisse, *ou simplement* creditum.
3. — te crediturum esse ou..... te crediturum,	— credendum esse, credendum fore *ou* credendum.
4. — te crediturum fuisse,.....	— credendum fuisse.

On pense bien que l'adjectif *criturum*, de l'actif, que les adjectifs passifs *creditum* et *credendum* s'accordent avec le substantif exprimé ou sous-entendu auquel ils se rapportent. On dirait donc : *credo vos esse credituros, mulieres esse credituras* etc.

$\hat{C} I T A T I O N S$ à l'appui de ce numéro.

EXEMPLES DE L'ACTIF.	EXEMPLES DU PASSIF.
1. De psaltriâ me somnias *agere*[a],	1. Negant nefas esse *agi* cum populo, cùm de Cœlo servatum sit[s] (*),
2. Scias tribunum plebis cum populo *egisse*, cùm constaret servatum esse de Cœlo[b],	2. Intelligit senem *actum esse* pessimè[h],
3. Negat sese verbum esse facturum[c], Credo et id *facturas*[d], Tuam ineptiam *facturum* credo, ut habeas quicum cantites[e] (182),	3. Moram non puto *esse faciendam*[i],
4. Si contendisset, scio *impetraturum* non *fuisse*[f],	4. Bibulus de Cœlo servasset, necne, *quærendum* non *fuisse.*

Nº 236. Omnia se *facturum* PROMITTIT[k].

1. Il promet de tout faire, c.-à-d.	{ *soi devoir* tout *faire* ou { qu'*il fera* tout.
2. POLLICITA est ea se co●●ssuram ex ædibus[l],	elle a promis de sortir de la maison.
3. Sperant se quæ petierint *impetraturos*[m],	ils espèrent obtenir ce qu'ils auraient demandé.
4. Summasque minatur *dejecturum* arces Italûm[n],	il menace de renverser et d'abattre les hautes citadelles.

Après les verbes *promitto, polliceor, spero, minor*, etc., les La-

---

(182) Ordinairement les latins disent en pareille circonstance, *credo tuam ineptiam* FACTURAM, ou ESSE FACTURAM, fesant açoorder l'adjectif avec le substantif. On trouve un certain nombre d'exemples où la forme en *urum* reste invariable, tel que dans *tuam ineptiam facturum credo*, je crois que ton ineptie fera etc.

CICÉRON	a dit:	hanc sibi rem præsidio sperant *futurum.*
CAIUS GRACCHUS,	—	credo ego inimicos hoc *dicturum.*
CATON,	—	illi polliciti sese *facturum* omnia.
VALÉRIUS Antias,	—	dixerunt omnia ex sententia *processurum.*
PLAUTE,	—	(Casina) *te occisurum* ait, Casine dit qu'elle te tuera.

Ces exemples sont plutôt à remarquer qu'à imiter.

(*) On voit par cet exemple qu'un des offices des augures était d'observer

---

a TER. *Adelph.* 4, 7. v. 6.	f CIC. *de Amic.*	l TER. *Hecyr.* 4, 4. v. 57.
b CIC. *in Vat.* 13.	g CIC. *pro Domo.* 31.	m CÆS. 5.
c CIC. 19, *in Verr.*	h CIC. 5, *in Verr.* 51.	n VIRG. *Æn.* 12, v. 654.
d TER. *Andr.* 5, 1, v. 41.	i CIC. *ad Att.* 16.	
e TER. *Adelph.* 4, 7, v. 30.	k SALLUST. *Jugurth* 111.	

tins emploient ordinairement la 3ᵉ sorte, lorsqu'ils veulent exprimer une idée de futur : *omnia se facturum promittit.* Nous employons volontiers la 1ʳᵉ sorte, et nous disons : *il promet de tout faire, elle a promis de sortir, ils espèrent obtenir,* etc., pour *il promet devoir faire tout,* c.-à-d., *qu'il fera tout.*

Nouve le preuve que, dans la traduction et la composition, c'est à l'idée des temps qu'on veut exprimer qu'il faut s'attacher plutôt qu'à la forme.

Nᵒ 237. Spero *fore* ut contingat id nobis *.

1. J'espère que cela nous *arrivera*, c.-à-d., nous *réussira.*

Quand l'adjectif en urus *manque,*

Ce qui arrive dans les verbes comme *contingit, studeo,* etc., qui n'ont pas de supin, les Latins sont obligés de recourir à une périphrase pour exprimer la 3ᵉ et la 4ᵉ sorte.

Ils les remplacent ainsi ces deux sortes dans le temps 7, ou infinitif.

Savoir :
$$\begin{cases} 3^e \text{ sorte}: spero \begin{cases} fore\ ut\ldots\ldots\ldots \\ futurum\ ut\ldots\ldots \\ futurum\ esse\ \ldots. \end{cases} contingat \text{ id nobis etc.}(*). \\ 4^e \text{ sorte}: spero \mid futurum\ fuisse\ ut. \mid contingeret\ (*). \end{cases}$$

On voit que la 3ᵉ sorte peut être remplacée par l'une des trois périphrases *fore* ut, ou *futurum* ut ou *futurum esse* ut, et que la 4ᵉ ne peut l'être que par *futurum fuisse* ut. Souvent les latins se contentent d'exprimer le temps d'une manière plus incomplète.

Surtout il leur arrive souvent de faire servir *posse,* lorsque, cependant, l'idée appèle la 3ᵉ sorte.

Mene efferre pedem te *posse* relicto sperâsti (b)?

Il est évident qu'il est question d'un temps futur ou de la 3ᵉ sorte ? « As-tu espéré que je pusse ou que je pourrais fuir sans toi ? »

---

le ciel; lorsqu'ils annonçaient qu'il avait plu ou tonné, le sacrifice s'interrompait; quand on disait: *servatum est de cœlo,* cela signifioit on a observé le ciel, et il a plu ou tonné, on doit interrompre le sacrifice : Palinurus dum sidera servat, exciderat puppi (c).

(*) Le temps du subjonctif doit être tantôt *ut contingat,* tantôt *ut contigerit,* tantôt *ut contingeret,* tantôt *ut contigisset,* selon le sens de la phrase.

---

a Cᴵᴄ. 1, *Tusc.* 54. | b Vɪʀɢ. *Æn.* 2, *v.* 657. | c Vɪʀɢ. *Æn.* 6, *v.* 338.

N° 238. Audierat non *datum iri* filio uxorem suo [a].

1. Il avait appris qu'*elle* ne *serait* pas *donnée* en mariage à son fils.
On POUVAIT DIRE : audierat non *dandam esse filio uxorem.*

2. Brutum *visum iri* à me puto [b]. | on pouvait dire : *puto Brutum à me* ESSE VIDENDUM.

3. Dum id *rescitum iri* credit, | on pouvait dire : *dùm id* RESCINDUM tantisper cavet [c], | ESSE *credit,* etc.

Voyez, pag. 275 et 276, l'explication de cette tournure en *um*, *iri*, composée du substantif ou supin et de l'infinitif passif du verbe *ire*.

Elle est très-usitée pour remplacer la 3° sorte de l'infinitif, ou temps sept. On voit que, dans ces phrases et semblables, *datum, visum, rescitum* etc. sont des substantifs à l'accusatif, comme dans *lusum it Mœcenas* (pag. 275) et non point des adjectifs ; que, par conséquent, ils restent invariés, et qu'on doit dire également *audierat uxorem datum iri, servos datum iri,* etc.

La 3°. *sorte de l'infinitif actif,*

Comme *daturum esse, perditurum esse,* etc., se trouve quelquefois remplacée par la même tournure ; mais avec *ire* au lieu d'*iri.* Voyez, pag. 276, des exemples de *datùm irè* et de *perditum ire.*

PARAGRAPHE V.

Des Voix.

N° 239. Dixit : *fiat* lux et facta est lux [d].

4. Il dit : que la lumière *soit faite*, et la lumière fut faite.
5. In quem exempla fient [e] ?..... | sur qui des exemples *seront-ils faits?* ou fera-t-on des exemples?
6. Vapulabis ni hinc abis [f],...... | tu seras battu, si tu ne t'en vas.

Parce que souvent on peut traduire *fio* et *vapulo,* le premier par *je suis fait*, l'autre par *je suis battu ;* on a cru que ces deux verbes sont passifs, prenant ainsi le sens résultatif pour le sens immédiat.

Il est pourtant facile de voir que la forme s'oppose invinciblement à cette idéologie, que l'étymologie et l'usage même de ces deux ver-

---

a TER. *Andr.* 1, 2. c TER. *Adelph.* 1,1,v.45. e TER. *Eun.* 5, 5, v. 6.
b CIC. *attic.* 15, *Epist.* 25. d SEPTUAG. f PLAUT. *amp.* 1,1,v.292.

bes démontrent leur *activité*. *Fio* vient du grec *phuó, je nais, je deviens*, d'où le latin *fuo*, puis *fio*.

1. Non illæc(Arabia) ubi absinthium *fit* atque cunila[a],	ce n'est pas cette Arabie où *naît*, où *croît* l'absinthe et la sarriette.
2. *Fis* anus, et tamen vis formosa videri[b],	*tu deviens* vieille, et cependant tu veux paraître belle.
3. Tandem ædepol mihi morigeri pessuli fiunt[c],	certes enfin les verroux me *deviennent* dociles ou obéissants.

Vapulo vient du grec, *apuluó, je souffre, je péris*. On sait que l'aspiration des Grecs se change, en latin, en *v*, comme dans *vesper* de *esperos*, ou en *s*, comme *super* de *uper*.

4. Vapulat peculium[d], ...	mon pécule périt ou se dissipe.
5. Verberibus cædi jusserit, compedes imponi? *vapulem*, ne credat sibi me supplicem fore[e] (*).	Voudra-t-il que je sois battu à coups de fouet, qu'on me mette les fers aux pieds? *Que je souffre misérablement*, qu'il ne croie pas que je le supplie.

On voit évidemment que *vapulo* ne signifie point immédiatement *je suis battu*, mais *je souffre*, ou *je péris*, et que, par le sens et l'étymologie, ainsi que par la forme, c'est un verbe actif.

N° 240. *Habeatur* sanè orator, sed de·minoribus[f].

6. Qu'*il passe* sans doute *pour* orateur, mais entre les moindres.	
7. Formosus *haberi* cupit[g], ...	il désire *passer* pour beau.
8. Tu verò benè meriturus mihi videris de tuis civibus[h],	quant à toi, tu me parais devoir bien mériter de tes concitoyens.
9. Num nimio emptæ tibi videntur[i],	te paraissent - elles achetées trop cher?

La traduction de *habeor* par *je passe pour* et de *videor* par *je parais*, est bien loin d'être immédiate, et ces deux verbes ne sont pas plus des verbes actifs que *fio* et *vapulo* ne sont des verbes passifs: *habeatur orator*, c'est-à-dire, qu'il soit estimé ou jugé orateur. *Tu vero benè meriturus videris*, mais *toi* TU ES VU ou JUGÉ comme devant mériter, etc.

---

a PLAUT. *Trin.*4,2,v.90.
b HOR. 4, *Od.* 12.
c PLAUT. *Curc.*1,2,v.60.
d PLAUT. *Stich.*5,5,v.10.
e PLAUT. 2, 3, v.16.
f CIC *de Optime. Gen. Orat.* 146.
g =HOR. 1, *Sat.* 6, v.30.
h CIC. 1, *Acad.*
i PLAUT. *Most.* 3,4,v.2.

Nᵒ 241. Vincet euicumque ꜰᴀᴠᴇʙɪs ᵃ.

1. Quiconque *sera favorisé* par toi l'emportera.

2. Nonnullæ civitates Cassii rebus studebant, plures Marcello favebant ᵇ, | Le parti de Cassius *était embrassé avec zèle* par quelques villes; mais celui de Marcellus *était favorisé* par un plus grand nombre.

3. Non ætate confectis, non mulieribus, non infantibus pepercerunt ᶜ, | ni vieillards, ni femmes, ni enfants ne furent *épargnés*.

Tout est changé dans notre traduction, et la voix et le verbe lui-même; car *faveo, studeo, parco* sont en latin des verbes intransitifs, et *favoriser, étudier* ou *embrasser avec zèle, épargner* sont en français des verbes transitifs.

Or, les verbes intransitifs latins n'ont point de passif, si ce n'est à la 3ᵉ personne du singulier neutre; les Latins sont donc obligés de dire: *non mulieribus pepercerunt,* ou *non mulieribus parcitum est.*

Nᵒ 242. *Experiar* et *tentabo* omnia ᵈ.

4. Tout *sera éprouvé* et *tenté* par moi

5. Ipse vocat pugnas, *sequitur* tùm cetera pubes ᵉ, | lui-même appèle les combats, et il est suivi de la jeunesse.

6. Nunc terram oculi *mirantur* tui ᶠ, | maintenant la terre est regardée fixement par tes yeux.

Cette traduction représente un tableau renversé. Les verbes français sont au passif, les latins à l'actif; car les verbes dits déponents *experior, sequor, miror,* etc., quoique passifs pour la forme, sont actifs, du moins par le sens qu'on a coutume de leur donner (183).

La traduction immédiate serait donc:

4. J'éprouverai et je tenterai tout.
5. Il appèle les combats, la jeunesse le suit.
6. Tes yeux regardent fixement la terre.

Noᴛᴀ. Si l'on compare cette traduction avec celle de ce résultat, on saura tourner l'actif en passif, ou le passif en actif, et traduire et s'exprimer en conséquence.

Il est nécessaire de connaître ce changement de voix, surtout

---

(183) Il manque un travail sur les déponents, c'est-à-dire sur les verbes qui, sous la forme passive, ont, dit-on, un sens actif.

La traduction immédiate de ces verbes devrait toujours amener un sens passif. Mais ce travail exige des recherches que nous ne sommes plus en état de faire: *nam fugit intereà, fugit irreparabile tempus.*

---

a Ovɪᴅ. 3, *Eleg.* 2.   c Cɪᴄ. *Brut. ad. Cic.*   e Vɪʀɢ. *Æn.* 7, *v.* 614.
b Hɪʀᴛ. *de Bel.Alex.* 62.   d *Epist.* 16, à la fin.   f Pʟᴀᴜᴛ. *Merc.* 2, 3, *v.* 31.

dans la composition ; car *tout sera éprouvé et tenté par moi* ne peut se rendre immédiatement en latin, *experior*, verbe déponent, n'ayant point de passif. Toute la phrase doit donc prendre une autre tournure. C'est le procédé contraire qu'il faut suivre lorsqu'on change l'actif en passif, comme dans le n° suivant :

N° 243. *Trajecto missa lacerto protinùs hasta fugit* ᵃ.

1. La flèche lancée, lui *ayant traversé le bras*, fuit plus loin.

2. His demùm *exactis, perfecto munere divæ*, Devenère locos lætos, et amœna vireta ᵇ, | *ayant achevé* ces choses, et ayant *accompli* la tâche prescrite par la déesse etc., ils arrivèrent dans les lieux fortunés et les agréables bocages.

On a vu, dans la lexigraphie, que les Latins n'ont point de temps huit de la 2ᵉ série. Ainsi *ayant traversé le bras*, *ayant achevé*, etc. ne peut se traduire immédiatement. Les Latins disent, par le passif, *trajecto lacerto*, le bras étant traversé.

Il n'y a que les verbes dits déponents, comme *jaculatus*, *miratus*, *secutus*, qui expriment immédiatement cette idée du temps huit-deux ;

Ipsa Jovis rapidum *jaculata* de nubibus ignem,
Disjecitque rates, evertitque æquora ventis ᶜ.

« Elle-même *ayant lancé*, du haut des nues, le feu de Jupiter,

« Dispersa les vaisseaux et bouleversa les mers. »

N° 244. *Laudarier te audit libenter* ᵈ.

3. Il t'entend volontiers *louer*, MOT A MOT : *toi être loué*.

4. Sentio cursari rursùm prorsùm ᵉ. | je vois *courir* çà et là en haut, et tout droit en avant.

5. Omnia sub pedibus *vertique regique* videbunt ᶠ, | ils verront sous leurs pieds tout *changer*, tout *régir*.

La traduction immédiate serait : il entend toi *être loué*, je sens l'action de courir *être faite*, je vois *être couru*, ils verront tout *être changé*, tout *être régi*. Il est impossible de composer en latin par le seul secours des règles, l'intelligence doit intervenir dans cette opération, car souvent il faut traduire les idées plutôt que les mots.

ᵃ Virg. Æn. 10, v. 339.   ᶜ Virg. Æn. 1, v. 42.   ᵉ Ter. Hecyr. 3, 1, v. 56.
ᵇ Virg. Æn. 6, v. 637.   ᵈ Ter. Adelph. 4, 1.   ᶠ Virg. Æn. 7, v. 100.

N° 245. Hunc furtim mandârat *alendum* Threïcio regi °.

1. Il l'avoit donné furtivement à *nourrir* c.-à-d. devant être nourri.

2. Sapiens non habet *mittendos* trans mare legatos, nec *metanda* in ripis hostilibus castra [b],	le sage n'a pas de lieutenants à envoyer au-delà des mer, ni des camps à tracer (à établir) sur les rivages ennemis.
3. Mihi ætatem à rep. procul *habendam* decrevi [c],	j'ai résolu *de passer* ma vie loin des affaires publiques.
4. Cura *asservandum* vinctum.	aie soin de garder l'enchaîné.
5. Pontem in Arare *faciendum* curavit [d],	il eut soin de faire faire un pont sur la Saône.
6. *Dicendum* et quæ sint agrestibus arma [e],	*il faut dire* quels sont les outils des laboureurs.

Il est rare que nous traduisions immédiatemet l'adjectif passif latin en *dus*. Nous ne pourrions pas dire : *il l'avait donné ou confié devant être nourri* ; le sage n'a pas de camp *devant être mesuré*, il faut donc par des faits connaître le génie des deux langues, et traduire et composer en conséquence.

N° 246. *Conteritur* ferrum, silices *tenuantur* ab usu [f].

7. Le fer *s'use* et les cailloux *s'amincissent* par l'usage.

8. Quid ego cesso, dum *datur* mihi occasio abire ab his locis [g]?	qu'est-ce que j'attends à fuir de ces lieux, pendant qu'il s'offre l'occasion.
9. *Inflatur* carbasus [h],.........	le voile (*lin fin*) s'enfle
10. Id *intelligitur* [i],............	cela se conçoit ou l'on conçoit etc.
11. Pisces hi ne *corrumpantur* cautio est [k],	on a soin que les poissons ne se gâtent pas.
12. Pugna quæ erat commissa *sedatur* [l],	le combat qui *s'était engagé*, se calme (cesse).
13. Tempestas sedatur [m],........	la tempête se calme.
14. Vicimus, *rumpantur* iniqui , ..	nous avons vaincu, que les envieux *se rompent*, ou crèvent de dépit.
15. (Apes) miscentur.....mixtæ *glomerantur* in orbem [n],	les abeilles *se mêlent*, et s'étant mélées, elles s'amoncèlent en rond.

Les deux langues ont chacune ici leur phrase, qui ordinairement n'est pas susceptible de traduction immédiate : *le fer est usé, la tempête*

a Virg. Æn. 3, v. 49,
b Senec. de Benef.
c Sallust. in Cat. 4.
d Cæs. de bell. Gall. 1, 13.
e Virg. Georg. 1, v. 160.
f Ovid. 3, de Art. v. 91.
g Plaut. Men. 3, 3, v. 28.
h Virg. Æn. 3, v. 357.
i Cic. de Amic.
k Ter. Adelph. 3, 4, v. 57.
l Catil. 3, 3.
m Cic. 3, Verr.
n Virg. geor. 4, v. 7, bel. 79.

est calmée n'est point la même chose que *le fer s'use, la tempête se
calme* (184).

N° 247. Ego quoque à meis me *amari* postulo ᵃ.

1. Et moi aussi je désire ardemment que les miens m'aiment.
2. Scires eum non solùm à me di- | tu saurais non seulement que je le
   ligi, verùm etiam amari ᵇ, | distingue, mais que je l'aime.

L'amphibologie est un défaut

Qu'on doit éviter soit dans la traduction soit dans la composition. Ce
principe est de toutes les langues. Si, comme nous, Térence et Cicéron
eussent employé la tournure active, leur phrase eût été susceptible
d'une double interprétation : *Ego quoque meos me amare postulo*, eût
pu se traduire par *je veux aimer les miens* ou *je veux que les miens
m'aiment* (185).

---

(184) Cependant on trouve quelques exemples de cette analogie; tels sont : *ita res
se habet*, ainsi se passe la chose; *quocumque dabunt se tempore vires* (c),
« maintenant, un jour, en quelque temps que les moyens *se présenteront* »,
res, vires, quoique exprimant des choses inanimées, sont représentées comme
agissant sur elles-mêmes, et la phrase latine est dans l'analogie de la phrase
française : *le fer s'use*. D'un autre côté, on voit des êtres animés, *iniqui,
apes*, représentés par le verbe même dans un état passif: *rumpantur iniqui,
glomerantur apes*; *dari optat aprum*, il desire qu'un sanglier *se présente* etc.
Que devient donc la distinction que font ici les rudiments entre les noms
de choses inanimées et ceux de choses animées? rien ne peut suppléer l'observation
des faits.

(185) Térence n'a pas toujours évité si bien l'amphibologie.

    Monere me oportet vicinum (d), pourrait se construire ainsi de deux manières :

        Oportet { *me monere vicinum;* il faut que j'avertisse le voisin.
                { *vicinum monere me;* il faut que le voisin m'avertisse.

Il n'est donc pas à imiter dans cette circonstance, il faudrait employer le tableau
passif, et dire selon le sens *oportet moneri me à vicino*, ou *oportet à me moneri
vicinum*.

Il ne faut pas regarder la phrase suivante comme amphibologique, quoiqu'elle ait
deux accusatifs comme la précédente :

JUBEO ILLAM TE AMARE (e), *et velle uxorem*, les mots *et velle uxorem*, lèvent
l'équivoque, qui existerait dans *jubeo illam te amare*, si cette phrase était seule.

L'amphibologie n'est bonne que dans les oracles, comme dans celui-ci : *aio te
acies romanas vincere posse* (f).

---

a TER.*Adelph.*5,2,v.25. | c VIRG. *Æn.* 4, v. 627. | e TER. *Heaut.* 4, 2, v. 25.
b CIC. | d TER. *Heaut.* 1,1,v.117. | f AUREL.VICT.*de vic. Ill.*

IIᵐᵉ SECTION.

Des Mots invariables.

Cᴇs mots comprènent les *interjections*, les *adverbes*, les *prépositions* et les *conjonctions* des rudiments, et seront l'objet de quatre paragraphes.

PARAGRAPHE PREMIER.

Des Invariables dits *Interjections.*

Nᵒ 248. Heu pietas! héu prisca fides! invictaque bello, dextera*!

1. Hélas! la piété, hélas! l'antique bonne foi etc. ont disparu.
2. *Heu* me miserum ᵇ! . . . . | ah! je me regarde comme malheu-reux.
3. *Heu!* nequeo quin fleam ᶜ,.. | ah! je ne puis m'empêcher de pleurer.

Heu signifie, *je souffre, j'éprouve un sentiment douloureux*; et comme tout autre signe du langage exclamatif, il est à lui seul une phrase entière, que nous traduisons par une exclamation française correspondante ou par une phrase du langage analytique. Il ne se lie à aucun mot de ce dernier langage, ni comme effet ou complément, ni comme cause (186).

---

(186) L'exclamation a resserré dans un signe unique une pensée toute entière, et imprime à la phrase analytique dans laquelle elle est interjetée un mouvement rapide qui force en quelque sorte à supprimer tout ce que l'esprit peut rétablir par la liaison des idées. C'est ainsi que dans *heu pietas* le verbe qui exprime l'action que doit faire la piété est sous-entendu, que dans *heu me miserum*, la cause qui m'a mis dans un état passif, et a exigé le mot *me* à l'accusatif, n'a point eu de signe extérieur, se laissant assez reconnaître par l'effet qu'elle a produit.

Hem! misera occidi (d). | *hem* ou *hola* (c'est-à-dire venez à mon secours), malheureuse, je suis morte.
Heus, heus! Syre.—*Hem* quid est (e)? | *hem*, ou *hola* (ou viens ici), Syrus.—Hem (ou me voila) qu'y a-t-il?
Ha! Hegio, nunquam istuc dixis (pour *dixeris*) (f). | *ah!* Hégion, tu n'as jamais pu dire cela.

---

a Vɪʀɢ. *Æn.* 6, *v.* 878. | c Pʟᴀᴜᴛ. *Mil.* 4, 7. *v.* 32. | e Tᴇʀ. *Adelph.* 2,4. *v.* 17.
b Cɪᴄ. 1, *Off. Cap.* 39. | d Tᴇʀ. *Eun.* 5, 1. *v.* 11. | f Pʟᴀᴜᴛ. *Capt.* 1, 2. *v.* 45.

Nº 249. *Hei* mihi! qualis erat! quantùm mutatus ab illo
Hectore, qui redit exuvias indutus Achilli etc.[a]!

1. *Aie* (ou *ah !*) cela me fait mal d'y penser; dans quel état il était!
combien il était changé en comparaison de cét Hector qui etc.

2. *Hei!* numnam ego obolui [b]? | *ah*, l'ai-je donc pressenti ?

3. *Væ* tibi, causidice » si sciero[c] ,. | *aie !* cela *te* fera mal, ô avocat , (ou
malheur à toi, ô avocat) si je
l'apprends.

4. *Væ* te, tibi supplicium de nobis | *aie!* je te plains, il faut qu'un châti-
detur [d], | ment te soit infligé de notre part.

5. *Væ !* meum bile tumet jecur [e]. | *aie!* mon foie est enflé par la bile.

Souvent *hei* et *væ* sont suivis d'un datif, mais qui peut s'expliquer
comme un effet d'un verbe sous-entendu, par exemple : *hei! mihi hoc
dolet.* Aie! cela me fait mal ; *væ tibi dolet* ou *dolebit*, aie! cela t'est ou te
sera douloureux. L'idée de douleur déjà exprimée par le langage exclamatif a excité à sous-entendre *dolet* ou autre mot du langage analytique (187).

Nº 250. *Næ* perperàm nostras monitiones exaudit [f].

6. Certes! il écoute (c.-à-d. il prend) très-mal nos remontrances.

7. *Næ !* illi vehementer errant [g], | *cela est sûr*, ils se trompent fort.

8. Hercule! facile patior [h]. | 11. Neque *hercules* quidquam sa-

9. Hoc *hercle* factum est [i]. | lubrius fuit [l].

10. *Mehercule!* revivjscunt justitia | 12. *Mehercules !* hoc dicam » ve-
et fides [k]. | rè [m].

| 13. *Mediusfidius!* invitus dicam [n].

Næ équivaut à une phrase toute entière. Considéré comme exclamation, il ne peut se lier à aucun mot de la phrase analytique. Sans
doute il réveille l'idée que nous attachons à *certainement*, mais il appartient évidemment à un autre ordre de signes.

Hercule, ennemi du mensonge, était invoqué par les hommes, comme
vengeur de la vérité. Tantôt l'invocation était simple , alors Hercule
se mettait au vocatif : *Hercule!* ou l'on y joignait l'invitation d'agir,
d'où *me Hercule !* ô Hercule ! frappe *moi*, si je mens. Tantôt on le

___

(187) D'ailleurs *hei* et *væ* peuvent être suivis de tout autre cas, et même de
toutes sortes de mots, l'enchaînement du datif avec l'un où l'autre de ces mots
n'est donc point nécessaire, et ne peut être jugé comme leur effet.

___

a Virg. Æn. 2. v. 274. | f Sen. 1 , de Benef. 14. | l Gell. 2, 52. ou *Vell.*
b Plaut. *Amp.* 1,1,v.165. | g Cic. 2, in Catil. 29. | m Cic. pro *Planc.* 26.
c Mart. 5, *Épig.* 33. | h Cic. ad *Att.* 16. | n Cic. pro *Rosc. Amer.* 57.
d Plaut. *Asin.* 2,4,v.76. | i Ter. *Eun.* 2, 3, v. 17.
e Hor. 1 , *Od.* 13. | k Cic. ad *Att.* 5.

nommait à la 3ᵉ personne avec ou sans invitation d'agir, d'où ME HER-
CULES , qu'Hercule *me frappe* etc. D'où aussi le simple nominatif,
Hercules, c.-à-d. *Hercules testis est* , Hercule est témoin.

Medius fidius est dans la même analogie que *mehercules*. C'est la
réunion de *me*, de *dius* et de *fidius*. Plaute a dit *per deum fidium* jurato.
Jure par le dieu qui préside à la bonne foi (188).

N° 251. Hæc QUIDEM *ædepol* larvarum plena sunt ᵃ.

1. Ces choses en vérité, *par le temple de Pollux*, sont pleines de fantômes.	
2. CERTE QUIDEM tu *Pol* hilarior ᵇ.	certes en vérité *par Pollux*, tu es plus gai.
3. Nimis *ecastor* facinus mirum'st ᶜ.	par le temple de Castor etc.
4. Certò *mecastor* id fuit nomen tibi ᵈ.	c.-à-d. *me Castor juvet* etc.

Tantôt on trouve *ædepol, œoastor*; tantôt *edepol, ecastor*. Les femmes
juraient ordinairement par Pollux ou Castor, ou par le temple de Castor
ou celui de Pollux ; les hommes par Hercule ou par son surnom , *dius
fidius*. Tous ces mots ne sont plus guères considérés que comme des
espèces d'adverbes, qu'on traduit par *certes, certainement*. Souvent les
auteurs réunissent plusieurs signes d'affirmation. Il y en a deux, *quidem*
et *edepol*, dans la 1ʳᵉ phrase; et trois (*certè, quidem* et *pol*) dans la 2ᵉ.

N° 251 *bis*. *Proh !* curia inversique mores ᵉ !

5. O cour , ô sénat et mœurs renversées !	
6. *Pro !* (ou *proh*) deûm homi-numque fidem ᶠ !	oh ! j'en atteste la foi des dieux et des hommes.
7. *O* vir fortis atque amicus ᵍ !	ó l'homme courageux et ami !
8. *O* præclarum ovium custo-dem lupum ʰ !	ó le beau gardien de brebis le loup !
9. Hui ! babæ ! basilicè te intulisti et facetè ⁱ.	ha ! ha ! tu t'es introduit royalement et jovialement.

Babœ, papœ , tatœ sont des signes d'admiration et ordinairement
d'approbation.

---

(188) Les grecs ont *dios pistios*, qui signifie aussi *deus fidius* ou vengeur de
la foi jurée, ce dieu ou demi-dieu est encore Hercule.

Hercule, Hercle , mehercules etc., sont regardés comme des interjections ou des
adverbes; au fond ce sont des restes de phrases qu'on s'est accoutumé de traduire
par *certes, certainement*, ou autre terme équivalent du langage analytique.

---

a PLAUT. *Amp.* 2, 2, v. 145.	d PLAUT. *Stich.* 2, 1, v. 86.	g TER. *Phorm.* 2, 1, v. 10.
b TER. *Eun.* 4, 5, v. 5.	e HOR. 3, *Od.* 5, v. 7.	h CIC. 3, *Phil.* 11.
c PLAUT. *Amph.* 4, 4.	f CIC. 5, *Tusc.*	i PLAUT. *Pers.* 5, 2, v. 25.

Nous avons donné presque tous les mots appelés interjections, ils sont peu nombreux et n'offrent point de difficulté pour leur traduction ni pour leur emploi ; ils ne jouent jamais le rôle de causatif, et si quelques uns sont quelquefois suivis d'un cas, ce n'est que par accident, il faut en chercher la cause ou dans un autre mot de la phrase ou dans l'ellipse.

PARAGRAPHE II.

Des Invariables dits *Prépositions.*

Nº 252. Candidus et talos *à* vertice pulcher *ad* imos,
Fiet eritque tuus, nummorum millibus octo [a].

1. Celui-ci blanc et beau *depuis* le sommet de la tête jusqu'*au* bas des talons ; c.-à-d. depuis la tête jusqu'aux pieds, deviendra et sera tien pour huit milliers d'écus.

2. Nec velim, quasi decurso spatio *à* calce *ad* carceres revocari [b]. | et je ne voudrais pas, comme en parcourant de nouveau le même

3. *A* carceribus decurrit *ad* metas [c], | espace, être rappelé de la chaux aux prisons ou barrières, c.-à-d

Il court depuis les barrières ou prisons jusqu'aux bornes. | de la fin de ma vie vers son commencement.

A calce ad carceres est emprunté des courses qui se faisaient dans le cirque. Les chevaux, les chars étaient renfermés dans des parcs, espèces de prisons appelés *carceres*, c'était le point de départ ; la fin de la carrière était marqué par de la chaux blanche : ainsi *à carceribus ad calcem*, signifiait immédiatement *des prisons ou barrières jusqu'à la chaux*, et par résultat *du commencement à la fin ;* A CALCE AD CARCERES marquait le trajet contraire.

Dans *à vertice ad talos* de la première phrase, et dans *à calce ad carceres* de la seconde, on voit bien que *à* et *ad* marquent chacun un rapport vague, l'un de départ, l'autre d'arrivée ; que *vertice* et *calce* sont les points d'où l'on part, que *talos* et *carceres* sont ceux où l'on doit arriver.

Mais ce n'est point encore avoir trouvé la cause pour laquelle *à* ou *ad* sont employés dans la phrase, il faut que le trajet se rapporte à une action, ou à une qualité quelconque sur laquelle se fasse l'un ou l'autre trajet. Dans la première phrase, c'est *pulcher* qui est modifié par *à* et par *ad* ; dans la seconde c'est l'action exprimée par *revocari.*

A et *ad* sont donc des effets qui supposent comme cause de leur existence dans la phrase un adjectif ou un verbe, ou un modificatif

a HOR. 2, *Epist.* 2. | b CIC. *de Senect.* | c VARR. 1, *de R. R.* 3.

quelconque, qui nécessairement les précède dans l'ordre des idées ;
c'est ce que montre parfaitement la construction, '

Hic.. pulcher $\begin{cases} à \text{ vertice} \\ ad \text{ talos imos} \end{cases}$ | Nec velim revocari $\begin{cases} à \text{ calce,} \\ ad \text{ carceres.} \end{cases}$

Le même raisonnement est applicable à tous les invariables dits
prépositions ; mais comme nous avons montré l'emploi de tous ces
mots à l'occasion des *effets* qu'ils produisent, lorsqu'ils se font suivre
d'un ablatif ou d'un accusatif, nous bornerons ici ce paragraphe par le
principe suivant :

Pᴛɪɴᴄɪᴘᴇ. Tout mot invariable, dit *préposition*, est un effet, (complément ou suite), d'un modificatif quelconque, adjectif ou verbe (*).

Pulcher et *revocari* sont donc une fois sous-entendus ; car en effet
pour être *beau de la tête aux pieds*, il faut être *beau depuis la tête*, il
faut être *beau jusqu'aux pieds.* ·

Ainsi, lorsqu'on trouve dans une phrase un invariable, dit préposition,
il faut lui chercher une cause ou un antécédent, et l'antécédent ne peut
être qu'un adjectif ou un verbe, pris variablement ou invariablement.

Cicéron a dit *homines à Platone* pour signifier *les Platoniciens ;*
mais l'adjectif *dicti* ou tout autre semblable est sous-entendu, *des hommes*
ainsi *nommés* (à partir *de* Platon.)

PARAGRAPHE III.

Des Invariables dits *Adverbes.*

N° ₂53. *Sapienter* idem contrahes vento *nimiùm* secundo
turgida vela ·.

1. Toujours le même tu resserreras sagement les voiles enflées par
un vent trop favorable.
2. Id *graviter* ferebam ᵇ........|je supportais cela *péniblement.*
3. Id *valdè graviter* tulerunt ᶜ...|ils supportèrent cela *très - pénible-*
ment.

Sapienter, sagement, et *nimiùm,* trop, sont évidemment des effets qui
doivent leur existence dans la phrase, le premier à *contrahes,* le
second à *secundo.*

_____

(*) La préposition ne peut être au plus que le 3ᵉ mot de la phrase, car elle est
l'effet ou la suite d'un modificatif ; et celui-ci, comme on verra et comme la raison
le dit, doit avoir pour antécédent un substantif.

_____

a Hoʀ. 2, *Od.* 7. *v.* 22. | b Cɪᴄ. *de Arusp. Cap.*43. | c Cɪᴄ. *ad Att.* 1, *epist.*17

Le premier *graviter* est une suite ou un effet de *ferebam*, le second *graviter* est un effet de *tulerunt.*

Valde n'est dans la phrase qu'à cause de *graviter* dont il vient augmenter la force.

Voici donc dans l'ordre des idées la construction de ces invariables :

$$\text{Idem CONTRAHES} \begin{cases} \textit{sapienter,} \\ \text{vento SECUNDO } \textit{nimiùm,} \\ \text{turgida vela.} \end{cases}$$

$$\text{FEREBAM} \begin{cases} \text{id,} \\ \text{graviter.} \end{cases} \Big\| \text{ TULERUNT } \textit{graviter valde.}$$

C'est donc encore le même principe que celui du numéro précédent. Tout invariable, dit *adverbe* est l'effet, suite ou complément d'un modificatif quelconque, adjectif ou verbe, variable ou invariable.

NOTA.

Les huit numéros suivants vont parcourir les différentes sortes d'*adverbes* :

Nº 254. Mulier *rectè* olet, ubi nihil olet [a].

1. Une femme sent bon, où comme il faut, quand elle ne sent rien.	
2. Rectè admones [b], ...	tu avertis bien (tu donnes un bon avis).
3. Quid tu lacrymas?— rectè, mater [c].	pourquoi pleures-tu ? — cela va bien, ma mère; c.-à-d. cela n'est rien.
4. *Rect-iùs* vives, Licini, neque altum semper urgendo [d],	tu vivras *mieux*, en ne pas toujours pressant la haute mer.
5. *Rect-issimè* animadvertis [e]. . .	8. *Fort-*ITER occupa portum [h].
6. Pulchr-*è* mehercule dictum [f]. .	9. Sapienter res parata est [i].
7. *Pulcher-*RIMÈ hostia litatur [g]. .	

Les invariables ainsi formés d'un adjectif sont pour les 3 degrés au nombre de plus de trois mille. Les phrases où nous venons de les employer rappèlent toutes les règles de dérivation que nous n'avons données qu'abstractivement, pag. 77.

a PLAUT. *Most.* 1,3,*v.*118.   d HOR. 2, *Od.* 7.   g CIC. *de Divin.* 15.
b CIC. *Verr.* 6.   e CIC. 3, *de Leg.* 5.   h HOR. 1, *Od.* 12.
c TER. *Hecyr.* 3, 2,*v*, 20.   f TER. *Eun.* 5, 1, v. 27. i PLAUT. *Mil.* 3, 3, *v.* 33.

N° 255. *Membratim cæsimque dicemus* ª.

1. Nous parlerons *par membres* (de phrases) et *par hachures.*
2. *Partim* deseruerunt me amici, | mes amis m'ont abandonné *en par-*
   partim prodiderunt ᵇ. | *tie,* et *partie* m'ont trahi.
3. *Vicissim* experiamur ᶜ, | éprouvons par tour, ou *tour-à-*
   | *tour.*

Cette sorte est aussi très-nombreuse : voyez les terminatifs, page 42.
Ces mots sont à base d'adjectif passif ou de supin , c'est ainsi qu'on a :

Membratim de *membratus,*	*Cæsim* de *cæsus,*
Ordinatim de *ordinatus,*	*Passim* de *passus,* de *pando,*
Privatim.. de *privatus,*	*Cessim* de *cessum,*
Furtim ... de *Furatus,*	*Sensim* de *sensus* etc.

Elle a aussi quelques mots qui paraissent venir d'un substantif ; tels
sont : *vicissim,* tour-à-tour, *viritim,* par homme ou par tête, *partim* etc.

N° 256. *Deciès* in die mutat locum ᵈ.

4. Il change de place *dix fois* par jour.
5. Aliquot-*ies* egit hanc causam ᵉ, | il a *quelquefois* plaidé cette cause.

Cette sorte comprend les répétitifs fixes, dont nous avons donné la liste
page 41 ; et les répétitifs vagues : *aliquoties, toties, quoties, pluries,
paucies, multoties* etc.

N° 257. *Simulato quasi eas* prorsùm *in navem.* — Ne doce
    per angiportum rursùm *te ad me recipito* ᶠ.

6. Fais semblant comme si tu allais *tout droit en avant* au vaisseau,—
   ne m'instruis pas—et *recommençant* reviens à moi par la rue étroite.
7. Ita pr-*orsùs* existimo ᵍ,..... | je pense *tout-à-fait* ainsi.

Cette sorte vient de l'adjectif passif, *orsus, orsum,* d'*ordior,* je
commence, j'ourdis. *Prorsus* qui a ourdi ou commencé d'aller en avant,
de *pro* et *orsus.* C'est ainsi qu'on a *aliorsùs, aliorsùm, retrorsùm,
lævorsùs, lævorsùm, sinistrorsùs, rursùs, rursùm* etc.

N° 258. *Vivos* radicitùs *abstulit ungues* ʰ.

8. Il arracha vifs les ongles *par les racines.*
9. *Antiqu-itùs* factitatum ⁱ,..... | cela s'est fait *anciennement.*

Cette sorte a *funditùs, mordicitùs,* d'où *mordicùs, divinitùs, huma-
nitùs, penitùs,* intérieurement , tout-à-fait , etc.

---

a Quint. 9, 4.   d Plaut *Stich.* 3,2,*v.*45,   g Cic. 3, *de Nat. deor.* 8.
b Cic. *Quinto frat.*   e Cic. *pro Font.* 11.   h Propert. 3, *Eleg* 5.
c Virg. *Ecl.* 3, *v.* 28.   f Plaut. *Pers.* 4, 5.*v.* 5.   i Plin. 18, 18.

Nº 259. *Primò* pecuniæ, dein imperii libido crevit ª.

1. C-à-d. *primo loco*, en premier lieu, ou d'abord la passion de l'argent s'accrut, ensuite celle du commandement.

2. Nunc *prim-ùm* audio quid illo sit factum ᵇ, | c'est maintenant que pour la première fois j'apprends ce qu'il est devenu.

Cette sorte comprend les adjectifs purs et simples, à l'ablatif ou à l'accusatif neutre. Les ablatifs surtout ont fourni beaucoup de ces invariables, qui n'ont été réputés tels qu'à cause de l'ellipse méconnue ; tels sont :

Aliò,	Continuò,	Meritò,	Seriò,
Certò,	Eò,	Optatò,	Solitò,
Compositò,	Festinatò,	Profectò,	Subitò,
Consultò,	Imò,	Rarò,	Tantò etc.

Ceux en *um*, comme *plurimùm*, *minimùm*, *multùm*, *nimiùm*, *lucidùm* sont moins nombreux. Ils supposent devant eux le substantif *negotium*, ou tout autre, que le sens peut facilement suppléer.

Nº 260. *Fortè* sub argutâ consederat ilice Daphnis ᶜ.

3. Daphnis s'était assis *par hasard* sous une ieuse à feuilles aiguës.

4. Advenis *modò* admodùm ᵈ, | tu arrives *maintenant*, à l'instant même.

5. *Modo* ait, *modo* negat ᵉ, | *tantôt* il dit oui, *tantôt* non.

6. Quàm *diluculo* misisti ad navim Sosiam ᶠ! | combien tu as envoyé de bien *bon matin* Sosie au vaisseau !

7. *Sponte* per incautas audet tentare latebras ᵍ, | il ose *de son propre mouvement* sonder les retraites dont on ne se défie pas, c.-à-d. mal gardées.

Ces mots et quelques autres semblables, pris pour des invariables adverbes, sont de purs adjectifs à l'ablatif. *Fors viderit*, le sort en décidera; *Fortem celebrate, quirites*, romains, célébrez le Sort ou la Fortune. On trouve dans les auteurs *sponte med*, *sponte suâ*, etc. *Diluculò* fait au nominatif *diluculum*, la pointe du jour. *Modo* fait au nominatif *modus*, mesure. *Modo*, par cela même qu'il est à l'ablatif, indique donc une mesure (de temps) d'où l'on s'éloigne, qu'on vient de quitter. Il a donc pu se prendre pour signifier *il n'y a qu'un moment.* C'est ainsi qu'on a eu *extemplò*, en sortant du temple, c.-à-d. aussitôt; *ex tempore*, qui signifie aussitôt, ou par impromptu, est fondé sur la même idéologie.

a SALL. *in Catil.* 10.   d TER. *Hecyr.* 3, 5. *v.* 8.   g LUCAN. 5, *v.* 500.
b TER. *Andr.* 5, 3 *v.* 33.   e TER. *Eun.* 4, 4, *v.* 47.
c VIRG. *Ecl.* 7, *v.* 1.   f PLAUT. *Amp.* 4, 2. *v.* 44.

N° 261. Mittite, *age* dum, legatos circa omnes Asiæ urbes[a].

1. Envoyez, *allons*, *courage*, des députés autour de toutes les villes.
2. Age, *age* nunc experiamur[b],.. | allons, courage, courage éprouvons.
3. Procedat, *age* dum, in pugnam[c], | courage donc, qu'il s'avance.....

Dans ces phrases et semblables il est évident qu'*age* est employé invariablement, sans rapport à la personne qui doit agir, autrement on aurait eu: *mittite, agite*, etc.; *agamus, agamus nunc* etc., *procedat, agat* ou *agito*. Mais ce mot, pour être ainsi employé n'en est pas moins ce qu'il est, c.-à-d. l'impératif singulier, deuxième personne, du verbe *ago*.

Ave, ave, aves esse aves ? (*esse* pour *edisse*).

4. Bon jour, mon grand père, désires-tu manger des oiseaux ?
5. Illa constant aut nexu aut acer-| ces choses se tiennent ensemble ou
vatione, ut, *puta*, funis, fru-| par lien, ou par entassement,
mentum, navis[d], | comme, *par exemple,* (PUTA), une
　　　　　　　　　　　　　| corde, du blé, un vaisseau.
6. *Ponè* nos recede[e], ... | *laisse*-nous, retire-toi, ou retire-toi
　　　　　　　　　　　　　| *derrière* nous.

Ave, que quelques-uns regardent encore comme un adverbe, est l'impératif d'*aveo*; au pluriel on dit toujours *avete*. On sait combien varie chez les différents peuples, et quelquefois chez le même, la manière de saluer. Les latins disaient le matin *ave, avete*, desirez, formez des vœux; et le soir *salve, salvete*, sois ou soyez sains; le matin et le soir, *vale* et *valete*, valez, ayez de la force. Ces derniers mots étaient surtout ce qu'on disait en se quittant: c'est ce qui répond le mieux à notre *à revoir*, à notre *adieu* (190).

---

(190) Les latins disent dans les mêmes circonstances où ils ont coutume de placer AGE: *agite, bibite, potate, fite mihi propitiæ* (f), allons, courage, buvez etc., *agite, pugni*, allons, courage, coups de poings.

Il y a quelques autres impératifs comme *pone, puta*, qu'on a pris aussi pour des adverbes. Dans le fait il y a des circonstances où ils sont employés invariablement de même qu'*age*, et où par résultat *ponè*, signifie derrière, et *puta*, par exemple. Dans cet emploi *puta* et *pone*, n'en sont pas moins l'impératif de *pono*, je pose, je laisse, et de *puto*, je pense.

---

a Liv. 38, 47.　　| c Liv. 7, 9.　　| e Plaut. Pœn. 3, 2. v. 34.
b Ter. Adelph. 5, 2, v. 23. | d Senec. 2; Quæst nat, 2. | f Plaut. Curc. 1, 1, v. 88.

N° 262. *Obviàm* mihi est quem quæro ª.

1. Voila *devant mon chemin* ou *à ma rencontre* celui que je cherche.
2. *Hodie* postremùm me vides ᵇ, | hodie est pour *hoc* et *die*.
3. Non *magnopere* laboro ᶜ, | *magnopere* est pour *magno opere.*
   Je ne m'inquiète pas beaucoup.
4. Scilicet is superis labor est, ea | *scilicet* est pour *scire licet*, il est
   cura quietos Sollicitat ᵈ. | permis de savoir, ou à savoir.
5. *Videlicet* de psaltria audivit ᵉ. | *videlicet* est pour *videre licet.*
6. Ilicet peristi, actum est ᶠ. | *ilicet* est pour *ire licet.*

Tous ces invariables sont des mots composés; les uns, comme *ob-viam*, *ad-modum*, *in-vicem* sont de simples juxta-positions. D'autres ont plus ou moins souffert en s'affrontant; *ilicet* est un des plus altérés. Cependant, on ne peut douter qu'il ne soit pour *ire licet* : ILICET *peristi*, *actum est*, c.-à-d. *ire licet*, il est permis d'aller, de faire un pas, ou il ne faut que le temps de faire un pas; *peristi*, et tu es perdu, *actum est*, c'en est fait.

N° 263 et 264. *Procul*, ô, *procul* este, profani ᵍ.

7. O soyez *loin des yeux*, soyez loin d'ici, ô profânes!
8. Mox ego huc revertor ʰ, | bientôt ou tantôt je reviens ici.

Cette sorte comprend tous les invariables qui ne peuvent se rapporter avec facilité à aucune des neuf analogies précédentes (191); ils sont tous phrasés avec les radicaux à la fin de la syntaxe.

Ainsi les invariables connus sous le nom d'adverbes doivent offrir peu de difficulté dans la traduction. Des phrases rendent familiers ceux qui sont sans analogie, et l'analogie fait reconnaître tous les autres.

Mais quelle que soit la sorte, il suffit que le mot soit considéré comme invariable pour subir l'application du principe énoncé à la fin du n° 252, page 375.

NOTA. Quelquefois, si l'on remonte aux origines, la construction n'est plus la même; par exemple, si l'on décompose *ilicet* en *ire licet*, il est permis d'aller, ce n'est plus un mot, c'est une phrase.

---

(191) Nous disons *avec facilité.* PROCUL, est comme *hodie* un composé de deux mots; *procul* est pour *pro oculis*, placé loin devant les yeux. Mais cette origine n'est point facile à appercevoir. Tous les mots de cette sorte seront parcourus individuellement, le nombre en est peu considérable.

---

a PLAUT. *Bacch.*4,4,*v*.16.   d VIRG. *Æn.* 4, *v*. 376,   g VIRG. *Æn.* 6, *v*. 258.
b TER. *Andr.* 2, 1, *v*.23.   e TER. *Adelph.* 3, 5.   h TER. *Andr.* 3, 2. *v*. 5.
c CIC. *pro Rosc.* 15.   f TER. *Eun.* 1, 1, *v*. 9.

PARAGRAPHE IV.

Des Invariables dits Conjonctions.

Après avoir parcouru tous les invariables de cette sorte nous verrons qu'ils se divisent en deux ordres ; les énumératifs, comme *et*, *que*, *atque* et les corrélatifs, tels que *cùm*, *ut*, etc.

ORDRE PREMIER.

Des Énumératifs.

N° 265. Leti vis rapuit rapiet*que* gentes ⁎.

1. La force de la mort a entraîné et entraînera les nations.

CONSTRUCTION : vis { leti / rapuit gentes / rapietque } | la force { de la mort, / a entraîné les nations, / entraînera { elles, / additionnellement ou ensuite. } }

2. Vina liques,*et* spatio brevi spem longam reseces ᵇ, — coule tes vins, et dans un court espace resserre un long espoir.

CONST. tu { liques vina / reseces.... { et / spatio brevi / spem longam. } } | toi { coule les vins / resserre.... { simultanément, / en un court espace, / un long espoir. } }

3. O fortes pejora*que* passi, vino pellite curas ᶜ, — o hommes courageux et qui avez souffert des choses pires, chassez...

CONSTR. o vos { fortes / passi.. { que / pejora, } / pellite. { vino, / curas. } } | o vous { courageux / ayant souffert { de plus, / des choses pires } / chassez..... { par le vin, / les soucis. } }

NOTA. La construction française n'est pas faite complètement ; notre but n'est que de réprésenter le sens latin ; mais tous les mots des phrases latines sont construits dans l'ordre des idées, qui rend la place de chacun d'eux forcée et nécessaire.

4. Optime *et* dulcissime frater ᵈ .. | o frère très-bon et très-doux !

CONSTR. o frater { optime, / dulcissime *et*, } | o frère { très bon, / très doux *en même temps* ou *de plus.* }

5. Res omnes timidè gelidè*que* ministrat ᵉ, — il administre toutes choses timidement et froidement.

CONSTR. ministrat { res omnes / timidè / gelidè*que.* } | il traite { toutes choses / timidement / froidement *aussi* ou *de plus.* }

⁎ HOR. 2, *Od.* 10, *v.* 19.   c HOR. 1, *Od.* 6, *v.* 30.   e HOR. *Art. poët*, *v.* 171.
b HOR. 1, *Od.* 10, *v.* 6.   d CIC. 3, *de Leg.* 1-1.

1. Benè *et* sapientèr dixti*,...... { tu as dit bien *et* sagement.

CONSTR. dixti { bene, / sapienter *et*. { tu as dit { bien, / sagement *de plus*.

2. Musas Venerem*que* canebat[b], . { il chantait les muses etc.

CONSTR. canebat { musas / Venerem...*que*. { il chantait . { les muses / Vénus prise additionnelle- / ment.

3. Mores hominum multorum vidit et urbes[c].

CONSTR. vidit { mores hominum etc. / urbes....*et*. { il a vu { les mœurs de beaucoup d'hom. / des villes prises additionnel*.

Dans chacune de ces phrases on ÉNUMÈRE, savoir :

1°. Deux actions, exprimées par les deux verbes, ... *rapuit, rapiet*,.. ou *liques, reseces.*
2°. Deux qualités, exprimées par les deux adjectifs, ... *fortes, passi*,.... ou *optimè, dulcissimè.*
3°. Deux manières d'agir exprimées par les deux invariables, ... *timidè, gelidè*, .. ou *benè, sapienter.*
4°. Deux objets, exprimés par les deux substantifs, ... *musas, Venerem*, ou *mores, urbes.*

Or c'est nécessairement pour le second mot qu'est employé dans la phrase l'invariable *que* ou *et*, pour annoncer que ce second mot est pris additionnellement ou simultanément par rapport au premier, voyez la construction. *Que* et *et* sont, comme les adverbes, *insuper, posteà, simul,* ou autres semblables, qui signifient *additionnellement, semblablement, ensuite, encore ;* ils ne sont donc pas d'une autre nature que les invariables connus sous le nom d'adverbes. Leur fonction n'est point de servir de lien entre les mots ou phrases énumérés, ce qui est impossible, mais de modifier un modificatif, c.-à-d. un adjectif, un verbe, ou un invariable.

Lorsqu'ils paraissent modifier des substantifs, comme dans les deux derniers exemples, c'est qu'il y a ellipse d'un adjectif.

» Il chantait les muses, il chantait Vénus prise additionnellement(192)».
Considérés comme effets, suites ou compléments d'un mot, les in-

(192) On n'aurait pas besoin d'admettre l'ellipse d'un adjectif, si l'on construisait ainsi :

Canebat { Musas / que / Venerem. | Il chantait { les Muses / additionnell' / Vénus. | c.-à-d. il chantait les Muses, / il chantait additionnellement, / il chantait Vénus.

Mais alors ce serait faire tomber l'énumération sur l'action de chanter ; les rôles seraient changés, au lieu d'énumérer les choses, on énumérerait les actions, ou

a TER. *Adelph.*5,6.*v.*30. | b HOR. | c HOR. *Art. poët. v.* 142.

variables *que* et *et* n'offrent donc rien de nouveau, ils suivent le principe énoncé, numéro 252.

MAIS *que* et *et*

Envisagés comme *indicateurs* (ainsi que les autres énumératifs) sont, d'un grand secours dans la traduction.

Grand principe pratique :

« La présence de *que* ou *et* (ou comme nous verrons, de tout autre
» énumératif) annonce deux mots soumis à l'empire d'une seule et même
» cause, ou en d'autres termes deux mots syntaxiquement semblables ».

Nota. Ce qui fait l'importance de ce principe, c'est que presque toujours ces deux mots font arriver à tous les autres.

On peut vérifier cette théorie sur les exemples du numéro précédent; ceux des quatre numéros suivants serviront à la développer.

N° 266. . . . . LICUIT semper*que* LICEBIT

Signatum præsente notâ producere nomen *.

1. Il a été et il sera toujours permis de créer un mot marqué au coin présent c.-à-d. de l'analogie.

Nota. *Licuit, licebit* présente diversité de temps, mais *identité* de mode ; ils sont tous deux à l'indicatif.

2. Quum semel OCCIDERIS *et* de te splendida Minos FECERIT arbitria [b],	diversité de personne, mais *identité de mode.*
3. Precibus non LINQUAR inultis ; te*que* piacula Nulla RESOLVENT [c].	diversité de personne, de nombre, de voix, mais *identité de mode,* l'indicatif.
4. Aurum per medios IRE satellites *et* PERRUMPERE amat saxa [d],	*identité complète,* de mode, de temps, de voix.

Tout peut être identique dans les verbes énumérés, nombre, personne, temps, mode et voix. Tels sont dans le dernier exemple *ire* et *perrumpere.* Une, deux, trois et même quatre de ces identités peuvent

plutôt on n'énumérerait rien, puisqu'il n'y a qu'une action, celle de *chanter,* qui peut bien être répétée, mais qui dans le fait n'est point énumérée. Quand je dis : *il chantait et pleurait,* alors on conçoit l'énumération des actions, mais elle ne se conçoit point dans *il chantait,* quoique cette action ait pour objet les Muses et Vénus. Ainsi nous préférons de reconnaître une ellipse, lorsqu'il s'agit de l'emploi de *et* ou de *que* pour l'énumération de deux substantifs, et de dire que cette ellipse est celle d'un adjectif.

a Hor. *Art. poét. v.* 58. | c Hor. 1, *Od.* 23. *v.* 33.
b Hor. 4, *Od.* 6, *v.* 21. | d Hor. 3, *Od.* 11. *v.* 9.

manquer; mais ce qu'il y a de constant, et de très-remarquable, c'est que dans les deux verbes énumérés, il y a toujours et nécessairement identité de mode (193).

N° 267. Armamenta SALVA *et* SANA sunt *.

1. Les objets d'équipement (outils, agrets) sont saufs *et* sains.

2. Rhodii SANIORES, et Atticorum SIMILIORES[b],	les Rhodiens sont plus sains, (d'un gout plus sain) et plus semblables aux Athéniens.
3. Is omnium PESSIMUS DETERRIMUS-*que* est[c],	il est le plus méchant *et* le plus noir de tous les hommes.

On voit qu'une triple identité (de genre, de nombre et de cas) règne dans les adjectifs énumérés. Celle de dégré règne aussi dans les trois exemples de ce n°; cependant elle est plutôt exigée pour cause de symétrie que par nécessité absolue. En effet, on ne voit point d'impossibilité qu'une chose ait deux qualités énumérées, qui soient différentes dans le dégré.

N° 268. Hanc tibi PROBÈ LEPIDÈ*que* concinnatam referam[d].

4. Je vous la ramènerai bien *et* joliment ajustée ou parée.	
5. NUNC *et* OLIM, hodiè et cras, ..	maintenant et un jour, (passé ou futur) aujourd'hui ou demain.
6. HIC *et* ILLIC humi jacent, ...	ils gisent à terre *ici et là*.
7. Plenus rimarum sum, HAC atque ILLAC perfluo *,	je suis plein de fentes, je fais eau *par ci* et *par là*.
8. HINC *et* ILLINC exhibent mihi negotium[f],	*de ce côté ci* et *de ce côté là*, ils me donnent de l'ouvrage.
9. HUC *et* ILLUC cursitant mixtæ pueris puellæ [g],	les jeunes filles mêlées avec les jeunes gens courent *çà et là*.

On voit que, dans les invariables, la ressemblance exigée consiste seulement à exprimer des idées d'une même classe, par exemple, deux idées de manière, comme *benè lepidèque*, ou deux idées de temps, comme *nunc* et *olim*, ou deux idées de lieu, comme *hìc et illìc*, ou *hàc* et *illàc*.

(193) La nécessité de cette identité de *mode* dans les verbes énumérés est due à la même cause, qui force dans les substantifs énumérés l'identité de *cas*. Mais c'est dans le cours français, *partie idéologique*, que nous avons recherché les causes de ces effets.

a PLAUT. *Merc.* 1, 2, *v*. 61.   d PLAUT. ou TER.   g HOR. 4, *Od.* 10. *v*. 9.
b CIC. *in Bruto.* c. 13.   e TER. *Eun.* 1, 2. *v*, 25.
c GELL. 2, 6.   f PLAUT. *Most.* 3, 1. *v*. 85.

On peut remarquer, dans les quatre dernières phrases, les quatre doubles manières d'exprimer *ici* ou *là*,

$$\text{Savoir}\begin{cases}\text{par } \textit{hic et illic}, \text{ à la question } \textit{ubi.}\\ \quad- \textit{hàc et illàc}, \text{ à la question } \textit{quà.}\\ \quad- \textit{hinc et illinc}, \text{à la question } \textit{undè.}\\ \quad- \textit{hùc et illùc}, \text{ à la question } \textit{quò.}\end{cases}$$

L'adjectif *iste* fournit aussi, comme *hic* et *illic*, ses quatre invariables, *istic*, *istàc*, *istinc* et *istuc*.

La question *quà* et la question *ubi* peuvent être regardées comme une seule et même question. *Monuit milites* VIA *irent* [a]. Il avertit les soldats de marcher *par la route* ou *sur la route.*

N° 269. Musa dedit fidibus .DIVOS, PUEROSque deorum.
> Et PUGILEM victorem et EQUUM certamine primum
> *Et* juvenum ĈURAS et libera VINA referre [b].

. Voilà les substantifs *divos*, *pueros*, *pugilem*, *equum*, *curas*, et *vina*, qui sont les effets d'une seule et même cause de *referre.* Ils sont formellement énumérés par *et* et par *que.* Ils présentent tous, comme on voit, identité de cas; mais celle de genre et celle de nombre existent ou manquent selon qu'il a plu à l'écrivain.

La ressemblance ou identité exigée dans les substantifs énumérés est donc celle de cas (194).

N° 270. NATUMque PATREMque cum genere extinxem [c].

1. J'aurais étouffé et le fils et le père avec leur race.

CONSTR. extinxem	natum . .que, patrem . .que, cum genere,	j'aurais étouffé	le fils pris add[t]. le père pris add[t]. avec leur race.

2. Pellitur *et* UXOR *et* VIR[d],........ | on chasse et la femme et le mari.
3. Et me miserum SENTIO *et* TÆ-DET[e]. | et je me sens malheureux *et* je m'ennuie.

L'idée semble repousser le premier énumératif: c'est comme si, en

---

(194) Qu'importe en effet dans l'énumération le nombre ou le sexe de chaque objet? Il suffit pour s'énumérer que les objets groupés ou isolés, mâles ou femelles, ou neutres, soient justa-posés. Il n'est pas même ici question d'additionner dans le sens du calcul pour avoir un total, ce qui exigerait dans les objets une ressemblance de nature, car on n'additionne point des quarts avec des cinquièmes, ni des hommes avec des moutons, ni, pour ne nous pas sortir de l'exemple d'Horace, on n'additionne pas *des dieux*, *un cheval*, *des soucis*, *des vers* etc.

---

a LIV. 25, 19.   c VIRG. Æn. 4, v. 606.   e TER. Eun. 1, 1. v. 26·
b HOR. Art. poët. v. 83.   d HOR. 2, Od. 15.v. 26.

commençant à compter, on disait *et un.* Cependant on peut l'expliquer *on chasse et la femme et le mari.* Par le premier *et,* l'auteur annonce que le premier objet nommé n'est point seul, mais qu'il est pris additionnellement. Le second *et* joue le rôle ordinaire de l'énumératif, qui est d'indiquer un second effet d'une même cause.

Il peut donc y avoir autant d'énumératifs qu'il y a de mots énumérés, alors l'énumération est annoncée dès le premier mot.

> N° 271. Clamabit enim; pulchrè ! benè ! rectè »
>
> Pallescet super his.... , saliet, tundet pede terram [a].

1. Car il criera : c'est joli ! bien ! très-bien ! il pâlira sur cela...., il sautera, frappera du pied la terre.

| 2. Stat fullo, phrygio, aurifex, lanarius, ciniflones, violarii, propolæ, linteones [b], | voilà sur pied le foulon, le brodeur, l'orfèvre, le lainier, les soufle-cendres (marmitons), les teinturiers, les fripiers, les lingers,... |
| 3. Sura, pes, statura, tonsus, oculi, nasum, labra, malæ, mentum, barba, collum, nihil hoc simili est similius [c], | le mollet, le pied, la taille, la tonsure, les yeux, le nez, les lèvres, les joues (ou machoires), le menton, la barbe, le cou, ... rien n'est plus ressemblant que ce semblable-là. |

Dans la phrase d'Horace, deux énumérations marchent sans le secours d'aucun mot énumératif, savoir celle des invariables, *pulchrè, benè, rectè,* et celle des verbes *clamabit, pallescet, saliet, tundet.*

Les deux énumérations de Plaute, *fullo* etc., *sura, pes* etc., marchent aussi sans un seul mot énumératif.

D'autres fois les mots énumératifs sont multipliés autant que les mots énumérés, comme dans les exemples des n°˙ précédents. Alors il y en a un qui est employé par pléonasme (195).

(195) On a vu dans les vers d'Horace, n° 269, les six effets de REFERRE; savoir: *divos, pueros, pugilem, equum, curas, vina,* annoncés, par cinq énumératifs. Le premier effet *divos,* est énoncé sans être précédé d'aucun signe d'énumération, parce que réellement lorsqu'on l'entend prononcer, on ne sait point encore s'il sera énuméré; aussi est-il le seul qui ne soit pas précédé d'un énumératif.

C'est ainsi qu'il devrait y avoir dans chaque phrase autant d'énumératifs, moins un, qu'il y a de mots énumérés. Lorsque le nombre est égal, le premier énumératif est une espèce de pléonasme employé pour grossir les objets et en quelque sorte pour les multiplier. La ponctuation remplace les énumératifs, qui manquent souvent.

a HOR. *Art.poet. v.* 428. | b PLAUT. *Aul.*3, 5, *v.*34. | c PLAUT.*Amph.*1,1,*v.*296.

C'est la ponctuation

Qui remplace et représente les énumératifs, toutes les fois qu'ils sont supprimés. Voyez les trois phrases précédentes.

Ainsi les sept virgules qui sont dans la première phrase de Plaute équivalent à autant de *et* ou de *que.* On aurait pu dire *stat fullo et phrygio et aurifex*, etc., *sura et pes*, etc.

Ainsi les indications fournies pour la traduction par la virgule et quelquefois par d'autres signes de la ponctuation, sont les mêmes que celles qui se déduisent des *mots énumératifs.*

Il est donc de la plus haute importance de bien raisonner, en traduisant les auteurs, les signes de ponctuation; ils servent à résoudre d'une manière certaine un grand nombre de difficultés.

Le plus souvent la virgule et l'énumératif, *que* ou *et*, ou autre équivalent se partagent les rôles; quelquefois même ils se trouvent ensemble; c'est ce qui arrive, lorsque le mot énuméré par *et* ou *que* a une dépendance d'une certaine étendue.

N° 272. *Erreur à éviter.*

1. Pallida mors æquo pulsat pede pauperum tabernas Regumque turres[a].	*Que* énumère-t-il les deux acc. *tabernas, turres,* ou les deux génitis *pauperum, regum* ?

Toutes les fois qu'il y a énumération, il faut qu'il y ait un signe qui l'indique, soit que ce signe soit la virgule, comme dans les exemples du n° 271, ou un mot, comme *que, et,* ou tel autre équivalent. Or nous avons vu qu'il n'y a énumération que d'objets semblables par l'effet d'une même cause; *tabernas* et *turres* sont donc énumérés, puisqu'ils sont tous deux les effets nécessaires de *pulsat*, aucun autre mot n'existe dans la phrase, qui puisse causer un accusatif. Donc le *que* sert à les énumérer. Les deux génitifs n'ont aucun signe d'énumération, ni la virgule, ni l'énumératif; ils ne sont donc pas énumérés, et il faut en chercher la cause dans d'autres mots. On trouve celle de *pauperum* dans *tabernas*, et celle de *regum* dans *turres* (196).

(196) Dans notre méthode, c'est un cours pratique et théorique continuel de logique que fait notre élève. La traduction n'est plus une sorte de *devination*, mais elle est le résultat d'une logique sûre, qui, étant donnés les mots latins et leurs formes, conduit infailliblement au sens de la phrase par ces mots et ces formes mêmes.

a Hor. 1, *Od.* 4. *v.* 19.

N° 273. *Autre erreur à éviter.*

1. Est animus tibi rerumque pru- dens, *et* secundis temporibus dubiis*que* rectus*.	tu as un esprit, et qui prévoit les choses, et qui est droit, et dans les temps heureux, et dans les temps douteux (197).

Il y a, dans cette phrase, deux sortes d'énumération, l'une faite par le premier *que* et *et*, l'autre annoncée par le dernier *que*. La première n'offre pas de difficulté. *Est tibi animus rerumque prudens et rectus*, tu as un esprit et prévoyant et droit. Mais dans la seconde, on voit aussi deux adjectifs semblables, *secundis*, *dubiis*, et l'on est tenté de les prendre pour les deux mots énumérés. Cependant il n'en est rien. Ce ne sont pas les mêmes temps qui sont *heureux* et *douteux*. Il y un *temporibus* sous-entendu, c'est le *temporibus* de *dubiis*. Voici la construction.

..Rectus	{ temporibus secundis, temporibus { que, dubiis.	..Droit dans	{ les temps favorables, les temps { pris additionnellement, douteux.

On ferait donc un contre-sens, si l'on disait *droit dans les temps favorables et douteux;* et on le ferait, parce qu'on aurait cru que ce sont les deux adjectifs *secundis* et *dubiis* qui sont énumérés, tandis que ce sont les deux sortes de temps.

N° 274. *Autre erreur à éviter.*

2. Timeo Danaos *et* dona ferentes [b],	je crains les Grecs, les Grecs surtout fesant des présents.

Cette phrase, matériellement prise, pourrait recevoir plusieurs interprétations, mais le sens s'oppose à celle-ci ; *timeo ferentes Danaos et dona*, je crains ceux qui portent les Grecs et des dons. Mais on est tenté d'admettre cette seconde : *je crains les Grecs et ceux qui font des présents.* Dans toutes les deux il y aurait ellipse du mot *homines.*

Les circonstances où cette pensée est émise et la nature des idées dont elle se compose, déterminent à reconnaître que *Danaos* est une fois sous-entendu.

---

(197) On peut remarquer à cette occasion l'avantage inappréciable qu'ont sur nous les latins par leur double énumératif *et*, *que*, ou plutôt comme on verra par leur quadruple énumératif *et*, *que*, *ac*, *atque*. Quels moyens de variété et de classification !

---

a Hor. 4, *Od*, 8, *v*, 34. | b Virg. *Æn*. 2, *v*. 49.

1. Timeo	{danaos			Je crains	{les Grecs (de quelque manière qu'ils agissent.)
	danaos	{et, ferentes dona.			les Grecs considérés *surtout* comme fesant des présents.

C'est ainsi que les langues, en se créant des sources de beauté, se sont rendues quelquefois difficiles, pour ceux du moins qui commencent leur étude.

NEC, NEQUE.

N° 275. Non ebur *neque* aureum meâ renidet iñ domo lacunar*.

2. L'ivoire ne brille pas dans ma maison, *et* un lambris doré n'y brille pas.

3. *Neque* ego insanio *neque* ego lites cœpio[b],	et je ne suis pas fou, et je n'entreprends point de procès.
4. *Neque* edo *neque* emo nisi quod est carissimum[c],	*et* je *ne* mange *et* je *n'*achète que ce qui est très-cher.
5. Vitis est habilis arbori, *necnon* jugo[d],	la vigne est propre à devenir arbre, *et* elle *n'*est pas non propre à être liée,

On voit que *ne*, *neque*, ne diffèrent de *que* que par une idée de négation ; mais l'énumération n'en marche pas moins, soit qu'on énumère des objets niés ou des objets affirmés. *Necnon* est la réunion de *nec* (qui est pour *neque*) et de *non*. Il renferme donc deux négations, sans offrir rien de nouveau. Car la première (*ne*) tombe sur le verbe *est* sous-entendu, et la seconde *non*, sur l'adjectif *habilis*, également sous-entendu. *Vitis est habilis arbori*, NEC est NON habilis jugo. Deux négations se traduisent donc par deux négations (198).

_____

Note (198).

Qu'on dise : *la vigne est habile à devenir arbre, et elle n'est pas non habile*, ou *inhabile à être liée*, ou qu'on dise : *la vigne est habile à devenir arbre et elle est habile à être liée*, on aura par résultat à peu-près le même sens, mais dans le fond l'un n'est pas l'autre. Dans le second membre de la première phrase, le verbe est nié du sujet, *la vigne* ; l'adjectif *habile* est aussi pris négativement. Dans la seconde phrase le même verbe est affirmé de la vigne : l'adjectif *habile* l'est aussi : *la vigne est habile*. Ce n'est donc point le *nec* qui a détruit *non*, ni *non* qui a détruit *nec*, ces deux mots n'agissent point l'un sur l'autre ; mais comme on l'a vu, *nec* tombe sur *est*, et *non* tombe sur *habilis*. Ainsi il n'est pas exact de dire que deux négations se détruisent, encore moins qu'elles valent une affirmation, ce langage ne serait pas plus exact que si l'on disait que *semianimus* signifie *demi-mort*. Voyez ce mot.

_____

a HOR. 2, *Od.* 15.   c PLAUT.*Men.* 1, 1.1'.30.
b PLAUT.*Men.* 5,5,*v.* 54.   d COLUM.

N° 276. AT, ATQUE, AC.

1. Per Jovem juro me esse. — At ego per Mercurium juro tibi Jovem non credere[a],	je jure par Jupiter que c'est moi.— et moi (mais moi), je jure par Mercure que Jupiter ne te croit pas.
2. Mitte ista *atque* ad rem redi[b],.	laisse-moi tout cela, et reviens au fait.
3. Vitam parcè *ac* duriter agebat, lanâ *ac* telâ victum quæritans[c],	elle vivait chichement et durement, gagnant sa vie sur la laine et sur la toile.

At est beaucoup moins employé que *et*, son emploi excite donc plus l'attention; aussi peut-on souvent le traduire par *mais*.

Atque n'est que la simple réunion de *at* et de *que*. Ces deux mots pris ensemble peuvent toujours se traduire par *et* (199). *Ac* paraît une altération d'*atque*, le *t* affronté à *que* a disparu; et, comme dans *nec*, le *que* s'est changé en *c*.

Ces trois mots, et surtout les deux derniers, *atque* et *ac*, peuvent être regardés comme des doublures de *que* ou *et*, et tout ce que nous avons dit de ces deux énumératifs leur est applicable.

N° 277. ALITER *atque* ostenderam, facio [d].

C'est-à-dire, *aliter facio, atque aliter ostenderam.* Je fais d'une façon et j'avais montré d'une autre. Nous DISONS : *J'agis autrement que je n'avais montré.*

4. ALITER ego feci *atque* tu[e],.....	c.-à-d. atque tu fecisti aliter.
5. ALIUD respondes *ac* rogo[f],....	c.-à-d. ac rogo aliud.
6. Pumex non ÆQUE est aridus, *atque* hic est senex[g],	c.-à-d. non æque aridus est, atque æque aridus est hic senex.
7. Mihi plaudo SIMUL *ac* nummos contemplor in arcâ[h],	c.-à-d. mihi plaudo simul, ac simul contemplor, etc.
8. Non PERINDÈ *atque* putâram arripere visus est[i],	c.-à-d. non perindè arripere visus est, atque putâram perindè.
9. Dixi SECUS *ac* sentiebam[k],.....	c.-à-d. dixi secùs ac sentiebam secùs.

(199) C'est ainsi que *et, nam* se sont fondus en un seul mot, *enim*; et que *et* venant encore à se joindre à *enim*, a fait *etenim*, sans qu'au résultat cette accumulation de signes ait amené une notable différence de sens; ce phénomène est encore plus sensible dans *verumenimverò.*

a PLAUT. *Amp.*1,1.*v.*287.
b TER. *Adelph.*2, 1.*v.*32.
c TER. *Andr.* 1, 1.*v.*47.
d CIC. 2, *Fam. epist.* 3.
e GELL.
f TER. *Phorm.*, 4, 4.
g PLAUT. *Aul.*2, 1.*v.*18.
h HOR. 1, *Sat.* 1, *v.* 66.
i CIC. *Att.* 16. *Epist.* 5.
k CIC. 2, *de Orat.*

En rétablissant les ellipses, *ac* ou *atque* conserve son sens originel; ce qui n'empêche pas que, pour le résultat :

On ne puisse traduire

Aliter ac	*ou* atque	*par*	autrement	que
Æque ac	*ou* atque	—	de même	que
Alius ac	*ou* atque	—	autre	que
Idem ac	*ou* atque	—	le même	que
Simul ac	*ou* atque	—	aussitôt	que, *ou*
Statim ac	*ou* atque	—	en même temps que	
Perindè ac	*ou* atque	—	de même	que
Secùs ac	*ou* atque	—	autrement que.	

Ainsi les phrases citées peuvent se rendre, ainsi :

La 4: *j'ai fait autrement que toi.*

La 5: tu réponds une autre chose que celle que je te demande.

La 6: la pierre ponce n'est pas aussi aride que n'est ce vieillard.

La 7: je m'applaudis aussitôt que, ou lorsque je contemple etc.

La 8: il n'a pas paru prendre la chose comme je l'avais cru.

La 9: j'ai parlé autrement que je ne pensais.

Mais la traduction immédiate est celle-ci : *J'ai fait d'une façon et tu fais d'une autre*; etc. Voyez les ellipses rétablies (200).

N° 278. Ordinis hæc virtus erit et venus, *aut ego fallor*, Ut jam nunc dicat jam nunc debentia dici [a].

1. Telle sera la force de l'ordre *ou* je me trompe, qu'on dise etc.

Aut bibat *aut* abeat [b],.........	ou qu'il boive ou qu'il parte.
Vel adest *vel* non [c],..........	c.-à-d. VEL *adest* VEL *non adest.*
Ne quid plus minus*ve* dicat [d],..	*qu'il ne dise pas plus* ou *moins.*

Laudabunt alii clarum Rhodum *aut* Mitylenen *aut* Ephesum bimaris*ve* Corinthi mœnia, *vel* Apolline Delphos insignes *aut* Thessala Tempe [e],	NOTA. *Aut, vel* ou *ve* sont indifféremment employés dans cette phrase, dans laquelle sont énumérés, les accusatifs *Mitylenen Rhodum, Ephesum, mœnia, Delphos* et *Tempe,* tous causés par *laudabunt.*

Aut, vel et *ve* sont donc aussi des énumératifs, comme *que* et *et*; ils annoncent dans la phrase la présence de deux mots semblables, en ce qu'ils appartiennent à la même cause. Seulement *et* et *que* rassem-

---

(200) Dans ces phrases et semblables, il y a un *aliter*, un *æquè*, un *simul*, un *perindè* etc., de sous-entendu. C'est celui qui devrait venir après *ac* ou *atque*. Il n'est pas rare de le trouver dans les phrases un peu longues *perindè*..... *ac* .... *perindè dicemus* (f).

---

a HOR. *Art. poet. v.* 42. c PLAUT. *Mil.* 4, 2. *v.*28. e HOR. 1, *Od.* 6.

b CIC. 5. *Tusc.* d CIC. *pro Flacco.* f CIC. *pro Roscio.*

blent les choses énumérées, et *vel, ve* et *aut* les énumèrent en les sé-
parant. Mais, considérés comme effets, ou comme indicateurs, ces
deux sortes d'énumératifs ne présentent aucune différence.

N° 279. Carmina *vel* cœlo possunt deducere lunam ª.

1. Les vers (ou enchàntements) peuvent *même* faire descendre du
Ciel la lune.

2. Ubi illum quæram gentium ?— | en quelle partie des nations le cher-
Dum sine me quæras, quæras | cherai-je ? — Pourvu que tu le
meâ causâ *vel* medio in mari ᵇ, | cherches sans moi, cherche·le
| pour me faire plaisir , au milieu
| de la mer *même.*

La traduction de *vel* par *même* n'est point immédiate. Ces sortes de
phrases renferment une grande ellipse.

Virgile avait dit : *Ducite ab urbe domum, mea carmina, ducite
Daphnim.* Quand il ajoute : *Carmina vel cœlo possunt, etc.*, il se rapporte à la première idée, comme s'il disait : *Carmina possunt ducere
ab urbe domum,* les vers peuvent faire venir quelqu'un de la ville ici;
carmina vel possunt, etc. ou *les vers peuvent faire descendre la lune
du Ciel.*

Plaute, en disant *quæras* VEL *medio in mari,* se rapporte aussi à l'idée
exprimée dans sa première phrase : *ubi quæram gentium.* C'est comme
s'il disait : *quæras ubi vis gentium,* VEL *in medio mari,* cherche-le en
quelque part qu'il te plaira des nations, *ou* dans le milieu de la mer.

Ainsi, dans ces phrases extrêmement elliptiques, *vel* reste lui-même,
et signifie *ou* comme dans toutes les autres. Qui dit *vel* suppose nécessairement une énumération, qu'il est impossible de concevoir sans une
première et une seconde partie.

N° 280. Per me *vel* stertas licet ᶜ.

3. Il est permis par moi que tu ronfles *même*......
NOTA. Cicéron venait de dire : *Placet autem Chrysippo* QUIESCERE;
Per me VEL *stertas licet* équivaut donc à ceci :

4. Per me licet ut quiescas vel | il ne tient pas à moi que tu dormes
stertas. | ou que tu ronfles.

En effet, *per me vel stertas licet* offre une alternative ou une faculté
de choix. Lorsque Cicéron ajoute ensuite *non modo quiescas,* il ne fait

---

ª VIRG. *Ecl.* 8, u. 69. | b PLAUT. *Epid.*5,2. *v.*13. | c CIC. 5, *Acad.*

qu'appuyer sur cette faculté ; il dit expressément qu'elle n'est pas bornée à l'une de ces deux choses, mais qu'elle s'étend à toutes les deux. PER ME VEL STERTAS LICET, NON MODO QUIESCAS (201).

N° 281. Erravit *an* insanivit Apronius ᵃ ?

1. Apronius s'est-il trompé *ou* a-t-il été fou ?

2. An abiit jam à militeᵇ,.......	est - elle encore , ou est-elle partie de chez ce soldat?
3. Videndum *an* adstrictum corpus sit *an* profluatᶜ,	il faut voir lequel des deux c'est.... *ou* le corps est resserré , *ou* il coule.
4. Utrum hostem *an* vos ignoratis?	lequel des deux ignorez-vous, l'ennemi *ou* vous-même ?
5. *An* non dixi hoc esse futurumᵈ,	ai-je dit ou n'ai-je pas dit *?* etc.

Nous voyons que *an* est le *vel* ou *aut* des phrases interrogatives ou dubitatives, tout ce qui a été dit de *vel* ou *aut*, sauf cette différence, étant applicable à *an*. Voyez note 203.

N° 282. Daturne illa Pamphilo hodiè nuptum ? ᵉ

6. (N'est-elle pas donnée)*ou* est-elle donnée aujourdhui en mariage etc.,	
7. Bellua jam*ne* sentis quæ sit hominum quærela frontis tuæᶠ?	bête féroce, ne comprends-tu pas ou comprends-tu, etc. quelle est la plainte des hommes (c.-à-d. que font les hommes) de ton effronterie ? (202)
8. Nunc habeam nec *ne* incertum est ᵍ,	maintenant l'aurai-je ou ne l'aurai-je pas, c'est incertain.

Ne joue le même rôle que *an*, mais il se place toujours immédiatement après un mot, comme s'il en était la dernière syllabe; c'est ce qui le distingue du *ne* négatif, qui n'est jamais enclitique. On a vu, *page* 55, l'explication des trois enclitiques *né*, *ve* et *que*.

---

(201) On a coutume de traduire » je te permets non seulement que tu dormes, » mais encore que tu ronfles, » mais le tour est changé et la traduction n'est point immédiate. Ainsi il ne faut pas dire que *vel* signifie tantôt *ou* tantôt *même*, tantôt *mais*, la vérité est qu'il signifie *ou*, et qu'il ne peut jamais signifier autre chose.

(202) C'est-à-dire la plainte que font les hommes à cause de ton effronterie, on voit que *querela* est déterminée deux fois, par deux génitifs : *querela hominum*, *querela frontis*, ce double génitif causé par le même mot n'est pas très rare en latin.

---

a Cic. 5, *Verr.*
b Ter. *Eun.* 4, 5, *v.* 7.
c Cels. 3, 6.

d Ter. *Andr.* 3, 5. *v.* 16.
e Ter. *Andr.* 2, 1, *v.* 1.
f Cic. *in Pison.*

g Ter. *Heaut.* 1, 1, 43.

Nº 283. Roma*m*ne venio, *an* hîc maneo • ?

1. Ou vais-je à Rome, ou est-ce que je reste ici ?

2. Nescio illud unum gratuler*ne* an timeam [b],	j'ignore cela seul: *ou* dois-je te féliciter *ou* craindre pour toi ?
3. Roga velit*ne* uxorem an*non* [c],	demande : *ou* il veut *ou* il ne veut pas se marier.
4. Tria pauca sunt an*ne* multa [d] ?	trois sont-ils peu ou sont-ils beaucoup ?

Ce nº montre les deux énumératifs *ne* et *an* réunis dans la même phrase. Dans cette circonstance, *ne* est presque toujours placé le premier. Dans le dernier exemple, on les voit réunis en un seul mot : *tria pauca sunt,* ANNE *multa.*

Nous ne doutons point que, soit qu'ils paraissent seuls ou ensemble, ils présupposent toujours une phrase, telle que celle-ci : *J'ignore laquelle de ces deux choses je ferai. Nescio utrum facturus sim* : Roma*m*ne venio an hîc maneo, etc. etc.

Nº 284. *Num* cogitat, quid dicat ? num facti piget ? •

5. Ou pense-t-il à ce qu'il dit, ou a-t-il honte de sa conduite ?

6. *Num* lacrymas victus dedit, aut miseratus amantem est [f] ?	*ou,* vaincu, a-t-il donné des larmes, ou a-t-il eu pitié de son amante?
7. *Numne* vis me ire ad cœnam [g]?	*ou* veux-tu que j'aille souper ?
8. *Numnam* hic relictus custos [h] ?	. . . . . *ou bien* a-t-il été laissé pour gardien ?
9. *Numquid* duas habetis patrias [i] ?	ou quoi ! vous avez deux patries ?

Num a les mêmes mœurs, le même sens, les mêmes emplois que les énumératifs *an* et *ne.* Par les trois derniers exemples on voit que, pour le résultat, *num, numne, numnam, numquid* peuvent recevoir la même traduction.

Sur la traduction de *an, ne, anne, num, numne* etc.

Ces énumératifs se traduisent, 1º *immédiatement* par *ou,* comme dans *erravit an insanivit ?* s'est-il trompé *ou* a-t-il été fou ?

2º Médiatement, par la seule forme interrogative, donnée à la phrase ; *an abiit ?* s'en est-elle allée ?

---

a Cic. *Att.* 16, *Epist.* 8.

b Cic. 2, *Famil. Epist.* 5.

c Ter. *Hecyr.* 4, 1, *v.* 43.

d Cic. 4, *Acad.* 29.

e Ter. *Andr.* 5, 3, *v.* 6.

f Virg. *Æn.* 4. *v.* 370.

g Plaut. *Truc.* 2, 6. *v.* 64.

h Ter. *Eun.* 2, 2, *v.* 55.

i Cic. 2, *de legib.* 2.

3° Médiatement encore par *si*, comme dans *roga velitne*, demande s'il veut.

Souvent on trouve deux sortes de traductions dans la même phrase. *Roga velitne annon*, demande s'il veut *ou* non. *Num rogas velitne annon* donnerait à la traduction les trois procédés : demandes-tu *si* elle veut *ou* non ? car on aurait dans la phrase la forme interrogative, et l'énumératif serait traduit par *si* et par *ou* (203).

L'art de traduire et celui de composer consistent, l'un à imiter la phrase française, l'autre à imiter la phrase latine

N° 285. NEVE, NEU.

1. *Neu* propiùs tectis taxum sine, *neve* rubentes Ure foco cancros [a],	*ou ne* laisse pas l'if trop près des toits (ruches), *ou ne* brûle pas les écrevisses.
2. Ne sursùm deorsùm cursites; *neve* usque ad lucem vigiles [b],	que tu *ne* coures pas de haut en bas, *ou* que tu *ne* veilles pas jusqu'au jour.

On voit, par le premier exemple, que *neu* est une altération de *neve*, et par le second, que *neve* se décompose en deux mots, dont le premier est *ne*. Voyez au surplus le traité des altérations, *page* 55.

On sait que *ve* est un des trois enclitiques, dont la propriété est de se placer à la fin des mots, comme s'il ne formait avec eux des composés, *Tros*, *Triusve*. Ainsi, *neve*, *sive*, d'où sont venus *neu* et *seu*, n'offrent rien de particulier, si ce n'est que c'est *ne* et *ve*, *si* et *ve*.

Observations générales sur les énumératifs.

Les énumératifs que nous avons parcourus dans les douze numéros précédents, sont les seuls qui, par leur fréquent emploi, et par la sûreté et la facilité des indications qu'ils fournissent pour la traduction, sont dignes de fixer d'une manière toute particulière l'attention de l'étudiant. Quoique *dein*, *deinceps*, *deindè*, *denique*, *posteà*,

---

(203) L'étymologie de ces trois mots *an*, *ne* et *num* serait très curieuse et jeterait de la clarté sur les phrases dites interrogatives et dubitatives. Nous regrettons que les bornes de cet ouvrage ne nous permettent pas de consigner ici le résultat de nos recherches et les explications nécessaires pour les rendre utiles.

---

a VIRG. *Georg.* 4, *v.* 49. | b TER. *Eun.* 2, 2, 47. |

insuper et quelques autrès invariables puissent être regardés comme énumératifs, il faut les laisser confondus avec la foule des invariables qui ne sont considérés que comme effets, et n'ont aucun titre pour être élevés au rang *d'indicateurs.*— Voici la liste des *énumératifs indicateurs :*

	Pag.		*Pag.*		*Pag.*
Que,.........	381	Atque, ac,........	390	Au,.............	394
Et,...........	*id.*	Aut, vel, ve,......	391	Ne,.............	*id.*
Neque, nec,...	389	Neve, neu,.......	395	Num,...........	*id.*

At a été traité pag. 390, mais il ne se reproduit pas assez souvent pour devoir figurer dans cette liste.

COMMENT

Les Enuméraifs donnent la clé des phrases où ils se trouvent.

N° 286. Nil cupientium Nudus castra PETO *et* transfuga divitum Partes linquere GESTIO [a].

Et annonce deux mots semblables qui sont PETO et GESTIO ; ces deux mots une fois trouvés, on groupe autour de chacun d'eux tout ce qui s'y rattache.

Peto suppose *ego,* à quoi se rapporte *nudus;* on a donc *ego nudus peto,* mais je vais quelque part, c'est au camp: *nudus castra peto,* nu, je vais au camp,

Mais au camp de *qui?* *cupientium nil,* de ceux qui ne désirent rien, car ce *nil,* qui est à l'accusatif comme *castra,* n'y est pas par la même cause; si c'était un accusatif similaire, il serait accompagné d'un signe d'énumération; on a donc dans le premier membre: *Nu, je vais au camp de ceux qui ne demandent rien.*

On procède de même à l'égard du second membre, *et transfuga.*

N° 287. Fugerunt trepidi vera *ac* manifesta canentem Stoïcidæ [b].

Les deux mots semblables, annoncés par *ac,* sont nécessairement *vera, manifesta,* non point à cause que *ac* se trouve entre ces deux mots. (Ce qui n'est point concluant) mais parce qu'en effet il n'y a dans la phrase que ces deux mots qui soient semblables. Car *trepidi* et *stoïcidæ,* qui sont au même cas, appartiennent à deux classes de mots, l'un est adjectif, l'autre est substantif. *Canentem* est bien à l'accusatif comme *vera, manifesta;* mais, s'il était énuméré comme ces deux derniers, il serait précédé d'un énumératif ou d'une virgule. Les deux mots semblables sont donc forcément *vera, manifesta,* dont la cause est nécessairement *canentem,* qui, lui-même, reconnaît pour cause *fugerunt;* mais *fugerunt* doit avoir un nominatif, et c'est nécessairement à *stoïcidæ* que se rapporte l'adjectif *trepidi.* On a donc:

Stoicidæ $\begin{cases} \text{trepidi,} \\ \text{fugerunt canentem (negotia)} \end{cases}$ $\begin{cases} \text{vera,} \\ \text{manifesta } ac. \end{cases}$

a HOR. 3, *Od.* 11, *v.* 22. | b JUV. *Sat.* 2, *v.* 64. |

N⁰ 288. Lux longè alia est solis , *et* lychnorum ..

Solis et *lychnorum* sont des substantifs au génitif, et paraissent les deux mots semblables annoncés par l'énumératif *et;* dans cette supposition, on aurait *la lumière du soleil et des flambeaux* , mais la phrase elle - même annonce deux sortes de lumières, puisqu'elle dit que l'une n'est pas l'autre. *Lux alia est*, etc.

Ce ne sont donc pas le soleil et les flambeaux qui sont énumérés , mais les lumières. Il y a donc un *lux* de sous-entendu. *Lux alia est solis, et lux est alia lychnorum.*La lumière du soleil est une, et la lumière des flambeaux est une autre (lumière).

C'est ici le même écueil à éviter que celui qui a été signalé n° 273.

Nous ne pousserons pas plus loin ces analyses, il suffit d'avoir mis l'étudiant sur la voie. Un bon maître , en redressant ses erreurs, l'accoutumera bientôt à ne porter que de bons jugements.

SED , AST , AUTEM

peuvent être aussi regardés comme énumératifs.

N° 289. Hoc tu indaga, ut soles, *ast* hoc magis ᵇ.

1. Sonde, examine cela comme tu as coutume, *mais* plus encore ceci.
2. Neque (mores) antiquos servas, *ast* captas novos ᶜ,

et tu ne gardes point les mœurs antiques, *mais* tu recherches.....

3. Crebri hostes cadunt , *sed* fugam se tamen nemo convortitur ᵈ,

les ennemis tombent dru et menu, *mais* personne cependant ne fuit.

4. Turba istuc nulla tibi, hìc *autem* apud nos magna turba , *ac* magna familia est (204) ᵉ,

là, il n'y aura pas foule pour toi, *mais* ici, chez nous , la foule est grande , et il y a un nombreux domestique.

Au reste, il n'y a d'important, pour les indications, que les énumé-

(204) NOTA. Jamais *autem* ne se place au commencement d'une phrase ou d'un membre de phrase. Il y a quelques autres mots qui offrent cette particularité, tels sont *enim*, car , *quoque*, aussi, *quidem*, en vérité, *verò*; tel est aussi le verbe *inquio* et ses différentes formes.

Il y a au contraire quelques mots qui sont toujours inceptifs : tels sont *at*, *nam*, *num*.

On a vu, *pag.* 55, les trois mots dits *enclitiques*, QUE, VE et NE, (le *ne* interrogatif), qui se placent toujours immédiatement à la fin d'un mot.

a Cɪc *pro Cœl.* 28.   c Pʟᴀᴜᴛ.*Trin.* 1, 2, *v.* 37.   e Pʟᴀᴜᴛ. *Aul.* 2, 2. *v.* 14.
b Cɪc. 6, *Attic. epist.* 5.   d Pʟᴀᴜᴛ. *Amph.* 1, 1. *v.* 81.

ratifs dont on a donné la liste pag. 396. *Ast, sed* et *autem* ne reviennent que plus ou moins rarement, et les indications qu'ils fournissent ne sont pas toujours faciles à saisir.

ORDRE SECOND.

Des Corrélatifs.

Nº 290. *Cùm* mihi paveo, *tùm* Antipho me excruciat animi [a].

1. *Lorsque* je crains pour moi, ALORS Antiphon me tourmente l'esprit.

2. Ex victoria *cùm* multa mala, TUM certè tyrannis exsistet [b],	*lorsque* beaucoup de maux sortiront de la victoire, ALORS certainement la tyrannie en sortira.
3. *Cùm* rectè navigari poterit, TUM naviges [c],	*lorsqu'on* pourra naviguer commodément, ALORS navigue.

Dans chacune de ces citations, on trouve deux phrases plus ou moins pleines ou elliptiques, qui ont ensemble par les mots, *cùm* et *tùm* une corrélation nécessaire; *cùm* ne pouvant être conçu sans la co-existence de *tùm* ou tout autre équivalent exprimé ou sous-entendu (205).

Cùm considéré comme effet, suite ou complément n'offre rien de nouveau, il suit, ainsi que tous les autres corrélatifs, le principe énoncé à la fin du nº 252.

4. *Antipho excruciat tùm; paveo cùm, ou paveo* $\left\{\begin{matrix} que \\ cùm \end{matrix}\right\}$ (206).

Mais, considéré comme INDICATEUR,

Il va nous fournir de grands secours pour la traduction.

---

(205) Tout ce que nous disons et dirons de *cùm* s'appliquera à tous les autres corrélatifs, *quando, quòd, quò, ut* etc. Voyez-en la table alphabétique, pag. 426.

(206) *Cùm* vient de *quùm,* qui s'emploie dans le même sens. *Quùm* est la réunion de *que tùm,* et comme ces deux mots, il signifie *et alors. Cùm* ne peut donc entrer dans la pensée de celui qui parle qu'après qu'il a conçu l'idée de *tùm.* Les faits appuient cette idéologie. On trouve des milliers d'exemples où *cùm* et *tùm* sont exprimés dans la même phrase. *Cùm paveo, tùm Antipho* etc., il y a un temps où Antiphon me tourmente, et il y a un temps où j'ai peur; le premier est exprimé par *tùm,* le second par *cùm.* Il est vrai que souvent le signe du premier temps (*tùm*) n'existe point; mais son idée est facilement rappelée par le second (*cùm*) qui la présuppose nécessairement. Tel est le génie de l'ellipse, qui joue un rôle si vaste dans les langues: on ne supprime que ce qui peut se retrouver par l'enchaînement des idées. Toute autre ellipse est un défaut ou de la langue ou de l'auteur.

---

a TER. *Phorm.* 1, 4. *v.* 10. | b Cic. *Att.* 7, *Epist.* 5. | c Cic. 12, *Fam. Ep.* 12.

N° 291. *Cùm* dolore conficiar, *tùm* etiam pudore *.

1. *Lorsque* je serai accablé de douleur, ALORS aussi je le serai de honte. NOUS DISONS : je serai accablé autant de honte que de douleur.

2. Amabat, ut *cùm* maxumè, TUM Pamphilus (207) b,	Pamphile aimait ALORS (TUM) comme il aimait lorsque (*cùm*) il aimait le plus (207).
3. Erat in Miltiade *cùm* summa humanitas, TUM mira comitas c.	au même temps (TUM) il y avait dans Miltiade une admirable douceur, *et en même tems* cùm etc.

On voit que dans cette série de phrases, comme dans la précédente, c'est toujours le même *cùm*, mais employé plus elliptiquement, ce qui ramène toujours à l'éternel principe qu'un mot n'a et ne peut jamais avoir qu'un sens.

TUM *est ordinairement ellipsé.*

4. Præclarè facis , *cùm* puerum diligis d,	c.-à-d. TUM præclarè facis *cùm* etc.
5. Dies multi intercesserant, *cùm* legati venerunt e.	c.-à-d. TUM multi dies intercesserant, *cùm.*

Mais on voit que TUM ne manque que par ellipse, que parce que *cùm* en réveille nécessairement l'idée.

Maintenant nous croyons pouvoir être compris dans l'énonciation du principe suivant :

GRAND PRINCIPE PRATIQUE.

« *Cùm* annonce nécessairement que la phrase où il se trouve se sub-
» divise en deux, l'une primaire, l'autre secondaire, ayant chacune au-
» moins un nominatif et un verbe exprimés ou sous-entendus ».

Dans l'ordre des idées *cùm* appartient à la phrase secondaire, et TUM à la phrase primaire, qui, dans l'ordre usuel, est presque toujours la seconde.

NOTA. On verra que ce principe s'applique à tous les autres corrélatifs.

---

(207) Cette sorte de phrase où se trouve *ut cùm maximè* est extrêmement elliptique. Celle de Térence équivaut à ceci: *Amabat tùm Pamphilus ut amabat cùm amabat maximè*, le rétablissement des ellipses fait tout rentrer dans le chemin naturel.

---

a CIC. 14, *Fam. Epist.* 3.   c NEPOS. *in Milt.cap.ult.*   e LIV. *de Bell. Pun.*
b TER. *Hecyr.* 1, 2.   d CIC. 3, *de Finib.* 2.

Soit le passage suivant,

Dont le traducteur n'est censé connaître que les mots et les formes :

N° 292. Patricios omnes opibus *cùm* provocet unus,
         Crispinus, Tyrias humero revocante lacernas,
         Ventilet æstivum digitis sudantibus aurum,
         Nec sufferre queat majoris pondera gemmæ ;
         Difficile est satiram non scribere ª.

Cùm apperçu dans la phrase est un trait de lumière. Saisissons ce chaînon et d'après le principe, cherchons le nominatif et le verbe de la phrase, en y joignant, bien entendu, leurs attenances et dépendances, nous aurons :

Cùm unus Crispinus provocet $\begin{cases} \text{omnes patricios} \\ \text{opibus,} \\ \text{humero Tyrias revocante lacernas,} \end{cases}$

(*Cùm*)......... ventilet... $\begin{cases} \text{æstivum aurum} \\ \text{digitis sudantibus:} \end{cases}$

(*Cùm*).......... nec queat sufferre pondera majoris gemmæ ;

(Tum) difficile est satiram non scribere.

La lumière est faite, et quoique nous n'ayons construit les mots que par groupes, tous les rapports peuvent être facilement saisis.

   » *Lorsque* lui seul Crispin provoque tous les Patriciens par ses richesses, etc.
   » Qu'il évente dans ses doigts suants ses bijoux d'été,
   » Et qu'il ne peut porter le poids d'une plus grande quantité de pierreries ;
   » Alors il est difficile de ne pas écrire une satire.

Lorsque la phrase primaire est la première, ce qui arrive aussi quelquefois, le groupe de mots où se trouve *cùm* sert à la borner. Si donc Juvénal avoit commencé ainsi :

         Difficile est satiram non scribere,
         Patricios omnes *cùm* provocet unus etc.

La délimitation serait faite par la phrase primaire ; la présence de *cùm* dans le groupe *patricios omnes cùm provocet* aurait averti de ne pas pousser la phrase primaire au-delà de *scribere.*

<hr />

ª Juv. *Sat.* 1. v. 24.

Les signes de la ponctuation, lorsqu'ils sont bien employés, facilitent aussi beaucoup la traduction ; par exemple, la virgule équivaut à un énumératif, et l'on peut lui faire l'application de tout ce que nous avons dit de cette sorte d'invariables.

N° 293. Hoc me ipse consolabar, *quòd* non dubitabam [a].

1. Je me consolais PAR CELA que je ne doutais pas.

2. Jam diu est *quòd* ventri victum non datis..... [b],	c.-à d., diu est EX HOC TEMPORE *quòd* non datis, il y a long-temps que, etc.
3. *Quòd* si quiessem, nihil evenisset mali [c],	c.-à-d., dico quòd nihil evenisset mali, si quiessem.

On voit par la phrase *hoc me ipse consolabar, quòd* etc. que *quòd* a pour antécédent HOC ; et par les deux phrases suivantes, que, lorsque l'antécédent n'est pas exprimé, il est sous-entendu.

. N° 294. Ibit EÒ *quò* vis, qui zonam perdidit, inquit [d].

4. Il ira LA *où* tu veux celui qui a perdu sa ceinture ou bourse.

5. *Quò* difficilius, HOC præclarius [e],	c'est plus beau PAR CELA que c'est plus difficile.
6. *Quò* minores opes fuerunt, eò majorem gloriam parit [f],	elle produit une gloire plus grande PAR CELA *en quoi* les moyens ont été moindres.
7. *Quò* plus sunt potæ, plus sitiuntur aquæ [g],	c.-à-d., eò plus sitiuntur.
8. Nos ubi decidimus *quò* pius Æneas, *quò* dives Tullus et Ancus, pulvis et umbra sumus [h],	c.-à-d., ubi decidimus EÒ *quò* decidit pius Æneas, EO *quò* decidit, etc.

Nous avons coutume de traduire la 5ème, la 6ème et la 7ème phrase, par ce que les rudiments appèlent *plus* ou *moins* répété : *plus c'est difficile, plus c'est beau ; plus les moyens ont été petits, plus il acquiert de gloire. Plus* on (l'hydropique) a bu *d'eau, plus on est altéré.*

Nous renversons donc la phrase latine. La seule règle à suivre pour la composition, c'est de ne traduire la phrase française qu'après lui avoir · donné le tour latin (208).

_____

(208) On voit que l'antécédent de *quò* est EO ou HOC, exprimé ou sous-entendu. Le premier passage et le dernier, tous deux d'Horace, *ibit* EO *quò vis* etc., et *nos*

a CIC. *Attic.* 1, *Epist.* 17.	d HOR. 2. *Epist.* 2, *v.* 40.	g OVID.
b PLAUT.*amp.* 1, 1, *v.* 143.	e CIC. ad *Quint. Fr.* 19.	h HOR. 4, *Od* 6, *v.* 14.
c TER. *And.* 3, 4, *v.* 26.	f QUINT. 3, 7.	

N° 295. Tua est imago, TAM consimilis est *quàm* potest [a].

1. C'est ton portrait, il est aussi ressemblant qu'il peut l'être.

2. Parmenonis TAM scio esse hanc technam *quàm* me vivere[b]..	Je sais AUSSI BIEN que c'est une fourberie de Parménon que je sais que je vis.
3. *Quàm* magis aspecto, TAM magis est nimbata[c],	elle est d'autant plus voilée ou coquette, que je la regarde davantage.
4. *Quàm* resisto, tam maximè res in periclo vertitur[d],	la chose est aussi grandement en danger que je retarde.....

On voit que *quàm*, reste d'une locution entière, a *tam* pour antécédent.

Ellipse de l'antécédent.

5. Homo non *quàm* isti, est gloriosus[e].	c.-à-d., non est *tam* gloriosus *quàm* isti.
6. *Quàm* potero adjutabo senem[f],	c.-à-d., TAM adjuvabo *quàm* potero.
7. Sitque salubrior *quàm* dulcior[g],	c.-à-d., TAM salubrior *quàm* dulcior.
8. Pacem *quàm* bellum probabam[h],	c.-à-d., TAM magis pacem *quàm*, etc.
9. *Quàm* maximas potest copias armat[i],	c.-à-d., armat TAM maximas copias *quàm* maximas potest armare.
10. Agam *quàm* brevissimè potero[k].	c.-à-d., agam TAM brevissimè *quàm* brevissimè potero.
11. Videte *quàm* suæ malitiæ confidat,	c.-à-d., videte an quis TAM confidat suæ malitiæ *quàm*, etc. (*)
12. *Quàm* nos severè Curtius accusat[l]!	videte an quis nos accuset TAM severè *quàm* severè Curtius nos accusat.

Les quatre premiers exemples de cette série et les quatre de la 1ʳᵉ série se répondent. *Tàm consimilis est quàm potest; homo non quàm isti est gloriosus ; tàm consimilis est quàm potest.* Dans l'une et l'autre

---

ubi decidimus QVÒ etc., nous montrent que, dans des circonstances absolument semblables, on exprime ou l'on ellipse l'antécédent. Il faut seulement observer que lorsqu'il y a deux comparatifs, comme dans *quò difficilius* etc. l'antécédent *hoc* ou *eò*, ordinairement transposé, se sous-entend rarement. Le passage d'Ovide : *quò plus sunt pota, plus sitiuntur aquæ*, est un exemple de cette rare ellipse.

(*) TRADUCTION. « Voyez si on peut se confier à sa malice autant qu'il se confie « à la sienne ».

---

a PLAUT. *Men.* 5, 9.
b TER. *Eun.* 4, 4, *v.* 52.
c PLAUT.*Pœn.*1,2,*v.*136.
d PLAUT.*Merc.*1,2,*v.*12.
e LIV. 35, *Cap.* 49.
f TER. *Heaut.* 3, 1, *v.* 7.
g QUINT. 3, *Cap.* 1.
h TAC. *Ann.* 1, 58.
i SALL. *in Jugurth.*
k CIC. 2, *de Nat. deor.* 3.
l CIC.

série, *quàm* est employé avec les mêmes circonstances, sans ellipse ou avec ellipse de l'antécédent (209).

N° 296. *Postquàm* natus sum, satur nunquàm fui ª.

1. Depuis que je suis né, je n'ai jamais été rassasié.

2. *Postquàm* ego me aurum ferre dixi, post tu factus Charmides ᵇ,	depuis que j'ai eu dit que je portais de l'or, dès ce moment tu es devenu Charmide.
3. Postᴇᴀ *quàm* ad me scripsissetis.....ᶜ,	après que vous m'aviez écrit ....

On voit, par le dernier exemple, que *postquam* est pour *posteà quàm;* on voit aussi par *post quàm ego* etc., *post*, que *post*, qui fait partie de l'antécédent *post-ea*, peut se détacher de *quàm,* et se trouver en composition ou l'employer séparément.

N° 297. Neque defatigabor *antequàm* percepero ᵈ.

Je ne me lasserai pas avant d'avoir bien compris.

4. Orcum moror !.....*antequàm* turpis macies decentes occupet malas, speciosa quæro pascere tigres ᵉ,	je retarde de mourir..... avant qu'une maigreur horrible occupe mes joues, belle, je cherche à repaître les tigres.
5. Anteaquàm est comperendinatus ᶠ,	avant d'avoir été renvoyé au troisième jour (de *perendiè*).
6. Ante, pudor, quàm te violo...ᵍ,	avant, pudeur, que j'enfreigne.

N° 298. *Priùsquàm* incipias; consulto, et ubi consulueris, maturè facto opus est ʰ.

7. Avant que tu ne commences, il est besoin de délibérer; et, dès que tu auras délibéré, il faut agir promptement.

8. Omnia experiri certum est *priùs quàm pereo* ⁱ,	il est arrêté, ou je suis résolu de tout éprouver avant que de périr.
9. *Priùs* tu non eras *quàm* auri feci mentionem ᵏ,	tu n'étais pas (Charmide) avant que j'eusse fait mention de l'or.

Postquàm, antequàm, priusquàm sont évidemment la réunion de

---

(209) Le dernier passage, *quàm severè Curtius nos accusat,* offre un exemple de *quàm,* dit admiratif, des rudiments. On voit, par les autres phrases et surtout par l'avant dernière : *videte quàm suæ malitiæ confidat,* qu'il n'a rien de particulier : seulement il est employé dans une phrase dont tout le premier membre a disparu.

---

a Pʟᴀᴜᴛ. *Stich.* 2, 1, *v.* 2.	e Hoʀ. 3, *Od.* 21, *v.* 5o.	i Tᴇʀ. *Andr.* 2, 1, *v.* 12.
b Pʟᴀᴜᴛ. *Trin.* 4,2, *v.* 13o.	f Cic. 6, *Verr.*	k Pʟᴀᴜᴛ. *Trin.* ,2, v. 131.
c Cic. *Lentul.*	g Vɪʀɢ. *Æn.* 4, *v.* 2o.	
d Cic. 3, *de Orat,* 36.	h Cic. *in bel. Catil.*	

post, antè, prüs et de *quàm.* On a vu que les deux premiers sont pour *posteà, anteà*, le dernier est dans l'analogie des autres comparatifs, qui sont suivis de *quàm.*

N° 299. Ac venti, *quà* data porta, ruunt ª.

1. C'est-à-dire, *ruunt* ᴇᴀ ᴠɪᴀ ǫᴜᴀ ᴠɪᴀ *porta data est*, les vents se précipitent ᴘᴀʀ ʟᴇ ᴄʜᴇᴍɪɴ *par lequel chemin* le passage leur est ouvert.

2. *Quà* potes excusa, nec amici desere causam ᵇ, — c.-à-d., excusa ᴇᴀ ᴠɪᴀ *quà vià* potes, excuse par la voie que tu peux.

3. Hominem, *quà* animal est, moveri sensu oportet ᶜ, — il faut que l'homme, *en tant qu'il* est animal, soit mû par les sens.

4. Satisfactum est *quà* civium, *quà* sociorum utilitatibus ᵈ,.. — on satisfit aux intérêts, *tant des* alliés *que* des citoyens (210).

5. Volsci, *quà* modò simulato metu, ᴇᴀ in veram fugam effusi ᵉ, — Les Volsques furent mis en vraie déroute *par ce chemin* (eà) par lequel (*quà*) ils avaient fui par une crainte simulée (210).

On voit, dans le dernier exemple, qu'*eà* est l'antécédent de *quà.*

Nous avons montré, dans le premier, que les deux adjectifs à l'ablatif supposent *vià.... vià.* Il est aisé de concevoir que *quà*, placé dans une phrase où il est question d'un mouvement réel ou figuré, a suffi pour réveiller l'idée de *vià*, et que *quà vià* appèle invinciblement *eà vià* ou *hàc vià*, ou tout autre équivalent.

> Perge modò, et *quà* te ducit via dirige gressum ᶠ,
> *Quà*que vià est vobis, erit et mihi, dixit *eàdem* ᵍ.

---

(210) Ce *quà* répeté suppose trois phrases. D'abord la primaire, comme *satisfactum est utilitatibus omnium*, ou *ambarum partium*, on satisfit aux intérêts des deux partis; puis deux phrases secondaires : 1° *quà satisfactum est utilitatibus civium*, 2° *quà satisfactum est utilitatibus sociorum.* Ce qui donne ce sens français total, » on satisfit aux intérêts de tous (ᴇᴀ ᴠɪᴀ *quà vià*) en tant » qu'on satisfit aux intérêts des citoyens, (et ᴇᴀ ᴠɪᴀ *quà vià*) et en tant qu'on » satisfit aux intérêts des alliés. »

Cette sorte de phrase est dans le genre de *alius alium percontamur*, qui aussi renferme trois phrases, » nous nous interrogeons tous, un interroge un, un autre interroge un autre, » voyez n° 180, il n'y a pas plus d'arbitraire dans cette doctrine, que dans celle qui établit que le tout se compose de ses parties.

a Vɪʀɢ. *Æn.* 1, v. 83.   d Pʟɪɴ. *Paneg.* 33.   g Oᴠɪᴅ. *Met.* 5, v. 290.
b Oᴠɪᴅ.*trist.*1,*el.*9,*v.*65.   e Lɪᴠ. 6, *dec.* 1.
c Sᴇɴᴇᴄ.   f Vɪʀɢ. *Æn.* 1, v. 401.

N° 3oo. *Qui* possum, quæso, facere quod quereris[a] ?

1. *Par quel moyen* ou *comment* puis-je faire ce dont tu te plains ?

2. *Qui* possumus intelligere Deum nisi sempiternum[b] ? | comment pouvons-nous concevoir Dieu, si ce n'est éternel ?

3. *Qui* istæc tibi incidit suspicio[c] ? | comment (ou d'où) t'est venu ce soupçon ?

4. Ego id agam mihi *qui* ne detur[d], | pour moi, je ferai CELA *par quoi* elle ne me soit pas donnée, c.-à-d., je ferai ensorte qu'elle ne me soit pas donnée.

Qui n'est autre chose que l'adjectif *qui*, employé invariablement, soit pour représenter tous les cas de cet adjectif dans les trois genres et dans les deux nombres, soit pour signifier *comment*; et c'est sous ce dernier rapport que nous le considérons ici. *Cedo qui est cognata*, je vous demande comment elle vous est parente. Les deux substantifs, l'antécédent et l'identique sont supprimés. La phrase pleine seroit : *cedo eum* MODUM *qui modo est cognata*, « je vous demande ou dites-moi la manière par laquelle manière elle est votre parente (211)».

N° 3o1. Insanine estis[e] ? — Quidum[e] ?

5. Êtes-vous fous ? — *Comment donc ?* | c.-à-d., *dic qui... dùm sic loqueris.*

6. Hic homo meus est — Qui dùm?— quia præda hæc mea est[f], | cet homme est à moi. — Comment ou pourquoi ? — parce qu'il est ma proie.

7. Prodigum te fuisse oportet. — *Quidùm?*—Quia mendicas...[g], | il faut que tu aies été prodigue. — pourquoi donc? — Parce que tu mendies.....

Quidùm est la réunion de *qui* et de *dùm*, reste de deux phrases.

(211) Ce *qui* invariable est d'un très grand usage. M. Maugard cite 2 ou 3 cents exemples de son emploi comme pronom relatif : *nihil est qui emam*, pour *quod emam; quicum hæc mulier loquitur*, pour *quocùm*, avec qui parle cette femme? *quàm vellem habere perticam, qui verberarem asinos*, pour *quâ verberarem.* » Que je voudrais avoir une perche *avec laquelle* je pusse frapper les ânes; » nous observons que cet emploi de *qui* n'est point à imiter dans la composition, qu'il a vieilli.

Quant au *qui* que le modernes accentuent, et qui est le signe de rappel de *eo modò, quò modò*, ou *qui modò*, il est d'un usage général, et il peut toujours se traduire par *comment, par quel moyen.*

a PHAED. 1, *Fab.* 1.   d TER. *Andr.* 2, 1, *v.* 36.   g PLAUT. *amph.* 4, 1, *v.* 11.
b CIC. 1, *de Nat. deor.*   e PLAUT.
c TER. *Andr.* 3, 2, *v.* 21.   f PLAUT. *pseud.* 4, 7, *v.* 22.

Quelqu'un dit : *insanine estis ?* êtes-vous fous ? On lui répond : *qui-dum!* c'est-à-dire, *cedo, qui insani simus, dùm loqueris,* « dis-nous, pendant que tu es en train de parler, comment ou pourquoi nous sommes fous » ?

N° 302. *Quin* tu urges occasionem istam [a] ? .

1 C'est-à-dire, *cedo,* ou *dic mihi qui ne,* etc., dis-moi *comment* ou *pourquoi* tu ne saisis pas cette occasion.

2. Nulla est tam facilis res *quin* dif-ficilis siet quam invitus fa-cias [b],

Il n'est aucune chose si facile *qui ne* soit pas difficile, lorsque tu la feras malgré toi.

Par une double voie d'altération *quin* est venu de *qui ne* ou de *quid ne,* d'où *quidni.* Il y a donc deux sortes de *quin.* Le premier est le *qui* du n° précédent, plus *ne.* Il a donc deux usages, celui de s'employer comme *qui,* que nous traduisons par *comment* ou *pourquoi,* et celui de remplacer l'adjectif déclinable *qui, quæ, quod,* comme dans l'exemple : *nulla est tam facilis res quin difficilis siet,* c'est-à-dire, *quæ non difficilis sit* (212).

Le second *quin* (qui représente *quid ne*) a conservé le sens de ces deux mots, et s'emploie dans les mêmes circonstances.

Il est quelquefois difficile de démêler lequel des deux *quin* se trouve dans une phrase donnée ; mais c'est qu'alors le résultat est le même, quelle que soit celle des deux manières de le traduire.

N° 303. *Quin* aspera Juno...... consilia in melius referet [c]

3. Pourquoi ne dirai-je pas ? *quin,* c'est-à-dire, bien plus, l'âpre Junon changera en mieux ses desseins, c'est-à-dire, prendra de meilleurs sentiments.

4. Placuit sententia Cæpionis; *quin imò* ei acclamatum est [d],

l'avis de C. plut; pourquoi ne di-rais-je pas ? *quin,* etc.

5. *Quin* facto est opus [e],........ | bien plus il faut le faire.
6. *Quin* tu rectè dicis [f],........ | bien plus tu parles juste.

On voit que, dans l'analogie de ce n°, ce *quin* vient de *quid ne,*

_____

(212) Cicéron a dit : *nego ullam picturam fuisse quin inspexerit,* pour *quam non inspexerit,* l'emploi de *quin* pour remplacer *quæ ne, quam ne, quos ne* etc., n'est point douteux et pourrait se prouver par beaucoup d'exemples.

_____

a Cic. 7, *Trebatio.* 8. | c Virg. *Æn.* 1, v. 279. | e Plaut. *amp.* 2,2,v. 144.
b Ter. *Heaut.* 4, 5. | d Plin. 4, *epist.* 9. | f Plaut. *Men.* 2,3, v. 74.

et que, par résultat, il peut se traduire par *bien plus*, ou *mais de plus* (213).

Quin après *prohibeo*, *dubito*, *parum abest*, etc.

N° 304. Neque di omnes id prohibebunt *quin* sic faciam ᵃ.

1. Et tous les Dieux n'empêcheront pas que je n'agisse ainsi.

2. Non dubitabat *quin* ei crederemus ᵇ,	il ne doutait pas que nous ne crussions en lui.
3. Nihil abest *quin* sim miserrimus ᶜ,	il ne s'en faut rien que je ne sois très-malheureux.
4. Haud multum abfuit *quin* interficeretur ᵈ,	il ne s'en fallut pas beaucoup qu'il ne fût tué.
5. Non possum *quin* exclamem ᵉ,	je ne puis que je ne m'écrie, c.-à-d., je ne puis m'empêcher de m'écrier.
6. Hodiè nunquam facies *quin* sim Sosia ᶠ,	vous ne ferez jamais aujourd'hui que je ne sois pas Sosie.
7. Divinitùs non metuo *quin* meæ uxori latæ suppetiæ sient ᵍ (pour *sint*).	je ne crains pas que des secours n'aient pas été portés par le ciel à ma femme.

Il est à remarquer que le membre de phrase qui précède le *quin* est presque toujours négatif, ou tout au moins interrogatif.

(213) On a prétendu qu'il y a un *quin* qui marque l'affirmation, et qui signifie *bien plus*, comme celui qui se trouve dans ce numéro, mais il n'y a plus de langues, plus de science grammaticale, si un mot négatif devient affirmatif sans changer de forme, sans cesser d'être lui-même, *quin* dans les phrases de ce numéro et autres semblables est employé d'une manière très elliptique. Jupiter après avoir entendu les plaintes de Vénus, la rassure, en lui déroulant les secrets des destins, *imperium*, dit-il, *sine fine dedi*, j'ai donné à Énée et à ses descendants un empire sans fin. *Quin*, ajoute-t-il, c'est-à-dire *quin dicam*? pourquoi ne vous dirai-je? la cruelle Junon etc. Cette formule est devenue si fréquente qu'on a négligé de marquer l'interrogation, et qu'on a lié *quin* avec la phrase qui suit.

Au reste, quand même on n'admettrait point la manière dont nous rétablissons l'ellipse, le principe resterait intact, *quin* serait toujours *quin*, c'est-à-dire *quid ne*, c'est-à-dire un mot tout à la fois relatif et négatif.

NOTA. Souvent le *quin* de ce numéro est accompagné d'un signe d'affirmation comme *edepol*, *herclè*, *pol*, *quin*, *imò*. *Quin imò ei acclamatum est.* Cet *imò* est l'ablatif d'*imus*, qui signifie profond, *imò* signifie donc *au fond: edepol quin facto opus est; herclè quin tu rectè dicis!* Cette addition ajoute peu à la force de *quin*, mais elle est dans les mœurs des mots affirmatifs, qui aiment à être accumulés, on en trouve quelquefois ensemble quatre ou cinq.

a PLAUT. *amph.* 4,4,ᵛ.17.   d LIV. 44, 44.   g PLAUT. *amph.* 5,1,*v.*54.
b CIC. 6, *Att. Épist.* 2.   e CIC. 2, *de Orat.*
c CIC. 11, *Att. Épist.* 15   f PLAUT. *Amph.*

Nota. Dans les phrases de cette analogie les Latins emploient presque indifféremment *quin* ou *quominùs.*

N° 3o5. *Quominùs* oppido potirentur videbatur » stetisse per T·.

1. Il paraissait qu'il avait tenu à Trébonius *qu'ils* ne s'emparassent de la ville.

2. Te infirmitas valetudinis tenuit *quominùs* ad ludos venires [b], | la faiblesse de ta santé t'a empêché *que tu* ne vinsses aux jeux.

3. Si sensero quidquam in his te nuptiis fallaciæ conari *quo* fiant *minùs*, te in PISTRINUM dedam [c], | si j'aperçois que tu machines quelque ruse dans ces noces, *pour qu*'elles *ne* se fassent pas, je t'enverrai AU MOULIN (où l'on pile le blé).

Quominùs est décomposé dans ce dernier exemple. Il n'est donc autre chose que *quò*, qui a été traité n° 294, et le comparatif *minùs.* Or *minùs*, ainsi que le superlatif *minimè*, marquant une idée de grande petitesse, est ici employé comme l'équivalent d'une négation. *Quominùs* est donc le synonime de *quin.* Son antécédent est *eò*, qu'on trouve rarement, et non point *eo minùs*, qui donnerait au premier membre de la phrase un sens négatif. *Te infirmitas... tenuit eò quò venires minùs*, « la faiblesse de ta santé t'a retenu de cette manière, d'après laquelle il a fallu que tu vinsses moins, ou que tu ne vinsses pas ».

N° 3o6. *Quomodò* se venditant Cæsari [d] !

4. *De quelle manière* ou *comment* ils cherchent à se vendre à César !

5. At scin' *quomodò* tibi res se habet [e] ? | mais sais-tu comment cela va pour toi, ou comment vont tes affaires ?

6. ITA me consulem fecistis, *quomodò* pauci facti sunt [f], | vous m'avez fait consul DE TELLE MANIÈRE (ita) de laquelle manière peu ont été faits consuls.

7. Necesse est *quo* tu me *modo* voles ITA esse, mater [g], | il faut, ma mère, que je sois de telle manière (*ità*), de laquelle manière tu voudras.

Quomodò est décomposé dans le dernier exemple, il y est de plus employé avec son antécédent ITA, qui se trouve aussi dans l'avant-dernier : ITA *me consulem fecistis quomodò*. Il est aisé à voir que, lorsque *quomodò* figure dans les phrases interrogatives ou exclamatives,

---

a C̄ᴀꜱ.*Bell.Gall.*2,*v.*13. | d Cɪᴄ. *ad Att.*8,*epist.ult.* | g Pʟᴀᴜᴛ. *Cist.* 1,1,*v.*48.
b Cɪᴄ. 7, *Fam. epist.* 7. | e Pʟᴀᴜᴛ. *Aul.* 1, 1, *v.* 8.
c Tᴇʀ.*Andr.*1,2, *v.* 22. | f Cɪᴄ.3,*de Leg.Agr.* 19.

comme dans *quomodò se venditant Cæsari*, etc., tout le premier membre de phrase est sous-entendu.

Nº 3o7. *Quò tu te agis?*—*Quonàm* nisi domum ª?

1. *Où* te presses-tu, c'est-dire, *où* vas-tu ? — *où en vérité*, si ce n'est à la maison ?

On voit que *quonàm* n'est autre chose que *quò* et *nàm*; mais il est de fait que, plus un mot est composé, moins	il est employé; ainsi *quonàm* se rencontrera bien moins souvent que *quò*.

Nº 3o8. *Quemadmodùm* est » ego omnem rem scio ᵇ.

2. C'est-à-dire, ego scio omnem rem AD EUM MODUM *quem ad modum* et moi, je sais toute la chose SELON LA MANIÈRE *selon laquelle manière* elle est.

3. Ut *quemadmodùm* sunt in se ipsos animati EODEM MODO sint erga amicos ᶜ, | qu'ils soient animés envers leurs amis de la même manière qu'ils le sont envers eux-mêmes.

L'antécédent de *quemadmodùm* est nécessairement *ad eum modum*, ou comme, dans le dernier exemple, *eodem modo*, ou tout autre équivalent, tels que *sic* ou *ita*.

Plaute l'a décomposé dans cette phrase : *qui scire possum?* quemnam ad modum ᵈ ?

Nº 3o9. *Quamobrem* hæc abierit, CAUSAM vides ᵉ.

4. Tu vois LA RAISON *pour laquelle chose* elle s'en est allée.

5. Piratam vivum tenuisti. *quam* | tu as gardé un Pirate vivant. *pour ob rem?* quam ob causam ᶠ? | quelle chose? pour quelle cause?

Dans la phrase de Térence, on peut regarder *causam* comme l'antécédent de *quamobrem*. *Vides* REM ou *CAUSAM*, quam ob rem. La phrase de Cicéron montre que *quamobrem* est dans l'analogie de *quam ob causam*. Lucrèce sépare les trois mots, mais au pluriel : *quas ob res ubi viderimus.*

a PLAUT. *Trin.* 4, 3, v. 70.   c CIC. 2, *de Finib.*   e TER. *Hecyr.* 3, 3, v. 22.
b PLAUT. *Bacch.* 3, 3, v. 72.   d PLAUT. *Bacch.* 2, 2. v. 13.   f CIC. 7, *Verr.*

Nº 310. Accipe *quare* Desipiant omnes æquè ac tu [a].

1. Apprends CETTE CHOSE *par laquelle chose* ils sont tous fous aussi bien que toi.

2. OMNIA feci *quare* perditis resisterem [b],	j'ai TOUT fait *par quoi* je résistasse, ou pour résister aux pervers.
3. MULTAS RES addidit *quare* [c], ...	il ajouta beaucoup de choses, par quoi.....
4. Oratus sum ad te venire hùc. — *Quare* ausus [d] ?	on m'a prié de venir auprès de toi. — pourquoi l'as tu osé ?
5. EA RE esse faciendum *quare* id necesse est [e],	il faut le faire PAR CELA *même pour quoi* cela est nécessaire.

On voit surtout par le dernier exemple que *quare* est pour *quâ* et *re*, et que son antécédent est *ed re*. Enfin, *quare* ne diffère de *quâ re* que parce que, en ne faisant plus qu'un mot, il est devenu invariable, et plus apte à s'employer après divers antécédents exprimés ou sous-entendus, comme *omnia*, *multas res*, quels que soient le nombre et le genre de ces antécédents.

Nº 311. Afferunt RATIONEM *cur* negent [f].

6. Ils apportent UNE RAISON *pour laquelle chose* ou raison ils nient.

7. *Cur* me excrucio, *cur* me macero [g] ?	c.-à-d., *dic* RATIONEM *cur*, etc.
8. Ne forte mirere *cur* à te id petamus [h],	ne t'étonne pas sur la raison pour laquelle nous demandons cela.

Cur est une altération évidente de *quare*, et se comporte de même. En résultat, il peut se traduire par *pourquoi*, *c'est pourquoi*, etc.

Nº 312. *Quoquò* hic spectabit, *eò* spectato simul [i].

9. *En quelque endroit que* celui-ci regardera, regarde *là* aussi.

10. *Quoquò* ibo, mecum erit [k], ...	en quelque endroit que j'aille....
11. *Quocumque* me verto, argumenta senectutis meæ video [l],	en quelque lieu que je me tourne, je vois les preuves de ma vieillesse.

a HOR. 2, Sat. 3, v. 43.
b PLAUT. ad Civ. Fam. Epist. 21.
c NEP. in Cat. 2.
d PLAUT. Mil. 5, 1, v. 12.
e CIC. 3, de Off. 13.
f CIC. 6, Fam. 8.
g TER. Andr. 5, 3, v. 15
h CIC. 5, Famil. epist., 12,
i PLAUT. Pseud. 3, 2. v. 69,
k PLAUT. Aul. 5, 3, v. 1.
l SENEC. Epist. 12.

N° 313. *Quaquà* tangit, omne amburit ª.

1. *Par quelque endroit qu'il touche, il brûle tout.*

2. *Quacumque* vacat spatium , | *en quelque part que* soit le vide , **en**
corpus eà non est ᵇ, | **cette part** il n'y a pas de corps.

3. *Qualibet* perambula ædes ᶜ, ... | parcours la maison *en quelque part*
    | *qu'il* te plait, c.-à-d., partout.

N° 314. *Quamquàm* animus meminisse horret...... incipiam ᵈ.

4. C'est-à-dire, *secundùm quamquam rationem*, etc., en quelque
proportion que, etc.

5. *Quamquam* abest à culpâ sus- | quoiqu'il soit exempt de faute, ce-
picione **tamen** non caret ᵉ, | pendant il ne l'est pas de sus-
    | picion.

6. Vicina coegi ut *quamvis* avido | j'ai forcé les champs voisins d'obéir
parerent arva , colono ᶠ, | au laboureur avide *en cette pro-*
    | *portion* que tu veux, c.-à-d., quoi-
    | que avide.

Quamquàm et *quamvis* ne diffèrent de *quàm* que comme *quàm* diffère de l'adjectif *quæ* que , *quævis*. Tous trois, *quamquàm*, *quamvis*
et *quàm* sont des accusatifs employés très-elliptiquement, et devenus
invariables parce que les termes de rapport ont disparu (214).

N° 315. Jubeas miserum esse, libenter *Quatenùs* id facit (*) ? ?

7. *Eà tenus* dabitur in eum actio, | l'action sera donnée contre lui **en**
quatenus locupletior ex eâ re | **tant** qu'il est devenu plus riche
factus est ʰ, | par cette chose.

8. **Hactenus** non vertit in rem, | cela n'augmente pas la chose **d'au-**
quatenus domino debet ⁱ, | **tant** qu'il le doit à son maître.

9. Neque *eatenùs* consistit plaga | la plaie ne s'arrête, n'est pas bor-
quà vestigium fecit acies ᵏ, | née **a ce point** *par où* la pointe
    | du fer a fait sa trace.

(214) Or on sait que, pour obtenir une étendue indéfinie, l'adjectif *qui*, *quæ*,
quod, se redouble comme dans *quisquis*, ou prend l'énumératif *que*, comme dans
quisque, ou qu'il renforce cet énumératif en le fesant précéder de *cùm*, comme
dans *quicumque*, et enfin qu'il s'adjoint pour le même effet les verbes *libet* ou
lubet ou *vis*, comme dans *quilibet*, *quivis*.

Il est bon de remarquer que les latins augmentent ainsi la valeur de plusieurs
autres mots, comme *ut*, *ubi*, et qu'ils ont d'après la même analogie *ut ut*, *ubi ubi*,
utcumque, *ubique*, *ubicumque*, *ubivis* etc.

(*) C'est - à - dire *jubeas eum miserum esse*, **hac** **via** *quâ* facit *vid tenùs*

a Plaut. *Epid.* 5, 2, *v.* 9. | e Cic. *pro Rosc. Amer.* | i Ulpien *de in rem.*
b Lucan. 1, *v.* 507. | f Virg. | k Colum. 4, 7.
c Plaut. *Moss.* 3, 2, *v.* 122. | g Hor. 1, *Sat.* 1, *v.* 63. |
d Virg. *Æn.* 2, *v.* 12. | h Caius *de Institutione.* |

Quatenùs ne diffère de *quà* que par *tenùs*, qui signifie tenant, allant. *Quatenùs*, allant par cette route, ou selon cette route. Il se rapporte donc à des idées de lieu, et par extension à des idées de temps. Son antécédent est *eatenùs* ou *hactenùs*, (comme dans le 2ᵉ et le 3ᵉ exemple), ou tout autre équivalent. *Excusationem accipio* EX HÁC PARTE *quatenùs*, etc.ᵃ La 4ᵉ ou dernière phrase montre *quatenùs* décomposé par l'ellipse de *tenùs*.

Dans la 1ʳᵉ, *quatenùs* est employé sans antécédent, ce qui arrive presque toujours.

Nᵒ 316. *Quoniam* non potest id fieri quod vis, id velis quod possit ᵇ.

1. Puisque ce que vous voulez ne peut se faire, veuillez ce qui se peut.

2. TAMEN ei moriendum fuit, quoniam homo nata eratᶜ,	cependant il fallait qu'elle mourût parce qu'elle était née mortelle.
3. An *quoniam* agrestem detraxit ab ore figuram Jupiter, IDCIRCO facta superba dea es ᵈ?	*Parce que* Jupiter a ôté de ton visage la forme agreste, POUR CELA es-tu devenue une déesse ?...

Quoniam est la réunion de *quo* et *jam*. On sait qu'on écrivait jadis *iam*. La consonne nasale a été inter-ajoutée pour cause d'euphonie, d'où *quoniam*. L'antécédent de *quoniam*, est, comme on voit, *tamen*, *idcirco*. On trouve aussi *eò*, *ità*, *ideò*, *proptereà*, etc.

Nᵒ 317. Ego, hoc *quia* jusseras, eò cœpi ᵉ.

4. Moi, je l'ai commencé POUR CELA *que déjà* tu l'avais voulu.

5. An eò fit, *quia* in re nostrâ aut gaudio sumus præpediti nimio, aut ægritudine ᶠ!	cela arrive-t-il PAR CELA *que déjà* nous sommes enchaînés (prévenus), dans notre affaire, par une trop grande joie ou douleur
6. Quî ibi istuc in mentem venit? — *Quia* enim serò advenimus ᵍ,	comment cela te vient-il dans l'esprit? — Parce que nous sommes arrivés trop tard.

Quia est la réunion de *quì* et de *jam*. Rien ne prouve mieux que

_____

se miserum libenter, » ordonnerez-vous qu'il soit malheureux par telle ou telle » voie, selon laquelle voie il se fait lui-même malheureux ; c'est-à-dire : ordon » nerez-vous qu'il soit malheureux d'autant, ou puisqu'il se rend malheureux lui- » même? » ou par le chemin *ed vid tenùs*, par lequel chemin, ou en suivant lequel chemin, *qud vid tenùs*, il se rend malheureux.

_____

a CIC. 4, *Fam.* 4.　　　　d PROP. 1, 1, 2.　　　　g PLAUT. *Amph.* 2, 2. 5.
b TER. *Andr.* 2, 1, *v.* 6.　e TER. *Heaut.* 4, 4. *v.* 38.
c CIC. *Fam.* 4, *epist.* 5.　f TER. *Heaut.* 3, 1. *v.* 99.

son premier élément est *qui* que les exemples où, comme dans le dernier, *qui* et *quia* sont employés en demande et en réponse.

On a vu, dans les exemples *eò cœpi*, *eò fit*, que *eò* est l'antécédent de *quia*. On trouve aussi, dans les mêmes fonctions, *sic*, *ideò*, etc.

N° 3i8. *Quando* esurio, TUM crepant » intestina ».

i. ALORS mes intestins crient (ou font du bruit) lorsque j'ai faim.

2. O rus, quando ego te aspiciam[b]? | ò campagne, quand te verrai-je ?

3. *Quando* ità tibi lubet, vale atque salve[c], | puisque cela te plait ainsi, adieu et porte-toi bien.

4. *Quando* hoc benè successit, hilarem hunc sumamus diem[d], | puisque cela nous a bien réussi, passons cette journée gaie ou gaiement.

C'est toujours la même analogie des corrélatifs et de leurs antécédents qui se continue. Il paraît que *quando* vient de *quá die*. Son antécédent est *eá die* ou *tùm*, comme dans le premier exemple, ou tout autre mot équivalent.

N° 3i9. Ego TAMDIU requiesco *quamdiù* ad te scribo ».

5. Je me repose *aussi long-temps* que je t'écris, c.-à-d., pendant aussi long-temps que je t'écris, c.-à-d., je n'ai de repos que *pendant que je t'écris*.

6. Disces *quamdiù* voles ; TAMDIU autem velle debebis quoad te, quantùm profigias, non pœnitebit[f], | tu apprendras aussi long-tems que tu voudras, et tu devras vouloir aussi long-temps que tu ne seras pas mécontent de tes progrès.

7. *Quamdiù* potuit tacuit[g], | il s'est tù aussi long temps qu'il a pu.

8. *Quamdiù* id factum est ? — Hic annus incipit vicesimus[h], | *depuis combien de temps* cela s'est-il fait ? — Voilà la 2e° année qui commence.

Quamdiù est la réunion de *quam* et de *diù*. Son antécédent, comme on voit dans l'exemple capital est *tamdiù*. •

---

a PLAUT. *Men.* 5,5, *v.*27. | d TER. *Adelph.*2,4.*v.*23. | g CÆs. i, *Bell. Gall.* 17.
b HOR. 2, *Sat.* 6, *v.* 6o. | e CIC. *Att.* 9, *Epist.* 4. | h PLAUT. *Capt.* 5, 2.
c PLAUT. *Cist.*1,1,*v.*1i8. | f CIC. i, *Off.* i.

N° 320. Ferum usquè eò retinuit, *quoad* renunciatum est
vicisse boetios •.

1. Il contint le barbare jusqu'au point ou moment auquel on annonça
que les Boétiens avaient vaincu.

2. *Hactenus* hoc adhibitum quoad | ce moyen a été employé jusqu'à
certior fieres [b], | ce que tu fusses assuré......

3. Hactenus exercuerunt *quoad* | ils exercèrent en tant ou autant
voluerunt [c], | qu'ils voulurent.

4. Tamdiu velle debebis...*quoad* [d], | Voy. ce passage, phrase 6•, p. préc.

5. Elaboro *quoad* ejus facere pos- | je m'efforce, en tant que je puis,
sum, ut intelligam•, | de comprendre

6. Senem quoad expectatis ves- | jusqu'à quand attendez-vous votre
trum [f] ? | vieillard ?

L'antécédent de *quoad* peut être, comme on voit, *usque eò*, *eatenus* ou *hactenus* ou *tamdiu*, ou être sous-entendu, comme dans les
deux dernières phrases. Quelquefois, comme dans le dernier exemple,
tout le premier membre de la phrase est supprimé (215).

N° 321. Major vis tantò *quantò* recentior •.

7. Une force est plus grande d'autant qu'elle est plus récente.

8. *Quantum* quisque timet, tan- | chacun fuit autant ou selon qu'il
tum fugit [h], | craint.

9. Quid enim est tantum *quan-* | qu'y a-t-il d'aussi grand que le
tum jus civitatis [i], | droit de cité ?

10. Properate jam quantum potest [k] | hâte autant que possible.

Il est inutile de rappeler ici les corrélatifs formés de *quantus*, et
leurs antécédents formés de *tantus*, tels que *quantoperè* et *tantopen*,
quantulùm et *tantulùm*, etc.

Tantus est pour *tam magnus*, et *quantus* est la réunion bien certaine de *que* et de *tantus*; de sorte que *quantopere* renferme trois
mots *que*, *tanto*, *opere*.

(215) *Quoad ejus facere possum*, *quoad hujus potest*, autant que je puis le fais
autant qu'il se peut, offre un emploi singulier du génitif. Nous croyons que que
ejus est dans la même analogie que *eò negotii*, *quid negotii*.

a Nep. *in Epam.* | e Cic. 1, *Orat.* 2. | i Cic. 1, de *Legib.* 4.
b Cic. 4, *Fam. Ep.* 5. | f Ter. *Phorm.* 1,2, v.98. | k Plaut. *Poen.* 3, 1, re
c Cic. 1, *de Legib.* 4. | g Plin. 9, 38.
d Cic. 1, *Off.* 1. | h Petron. *in satiur* 123.

Tous les corrélatifs

Que nous avons traités jusqu'à présent renferment donc l'énumératif *que*, qui signifie *et;* en les décompliquant, toutes ces phrases deviendraient nécessairement indicatives et parallèles, comme on peut le prouver d'après les faits que nous avons rassemblés dans les numéros précédents. Cette vérité recevra de nouvelles preuves dans le reste de ce paragraphe.

N° 322. *Ut* illud incredibile est, sic hoc verisimile non est [a].

1. Comme cela n'est pas croyable, DE MÊME ceci n'est pas vraisemblable.

2. Jam *ut* voles esse me, ITA ero mater [b],

comme tu voudras que je sois, ainsi je serai.

3. *Ut* res dant sese, ITA magni atque humiles sumus [c],

comme ou selon que les choses se présentent, ainsi nous sommes grands ou petits.

4. Cursorem miserunt *ut* nunciaret [d],

ils envoyèrent un courier afin qu'il annonçât.

5. Amat *ut* qui verissimè [e], ...

c,-à-d. amat sic *ut* amat qui amat verissimè.

6. Depugna *ut* quid ? Si victus eris, proscribare; si viceris, servias tamen [f],

c.-à-d. depugna sic *ut* quid eveniat ? *ut* proscribare, si victus eris ; sic *ut* servias, si viceris.

7. Erat *ut* temporibus illis eruditus [g],

c.-à-d. erat eruditus ITA *ut* eruditi erant illis temporibus.

8. *Ut* vales ? —*Ut* queo [h], ...

comment te portes-tu ?— Comme je puis.

9. *Ut* ille tùm demissus erat [i] ! ...

comme il était alors soumis, bas !

Ces exemples suffisent pour marquer tous les emplois, même les plus difficiles de *ut*.

Ut vient du grec ὅς, forme invariable de l'adjectif *os*, d'où les Latins ont fait leur *quis*, *quæ*, *quod*, qui en est la traduction immédiate. *Ut* n'ayant aucune forme casuelle n'en est que plus propre à recevoir des sens étendus. Il remplace surtout le *quí*, le *quò*, le *quomodò*, le *quàm*. Il a les mêmes antécédents *sic*, *ità*, *eò modò*. Il peut toujours se traduire en français par *comme* ou *de manière que* ou *afin que*. Voyez les phrases précédentes.

Il se comporte comme les autres corrélatifs; il s'emploie avec de

---

a Cic. *pro Amer.* 23
b Plaut. *Pseud.* 1, 3. *v.* 11
c Ter. *Hecyr.* 3, 3. *v.* 20.
d Nepos *in Milt.* 4.
e Plin. 199.
f Cic. *ad Att.* 7, 127, 8.
g Coelius 55.
h Plaut. *Pers.* 1, 1. *v.* 17.
i Cic. *Attic.* 2, 21.

plus ou moins grandes ellipses, il sert dans les phrases interrogatives, et dans les phrases exclamatives; alors tout le premier membre de phrase est ellipsé.

N° 323. Id, *ut ut* res hæc se habet, pergam turbare porrò[a].

1. De quelque manière que cette chose aille, je m'efforcerai à brouiller...

2. *Utcumque* ventus est, exin velum vertitur[b],	*de quelque manière que* soit le vent, on tourne la voile de son côté.

N° 324. Nam**q**ue videbat *uti* hàc fugerent Graii[c].

3. Car il voyait *comment* par là fuyaient les Grecs.

4. Ad me dedit litteras *uti* placarem te sibi[d],	il me donna des lettres pour que je t'appaisasse envers lui.

Uti vient du grec ὅτι. Il s'emploie dans le sens de *ut*, mais il est d'un usage infiniment plus rare.

N° 325. *Utinam* ità di faxint[e] !

5. C.-à-d. opto uti nam di etc....	je désire qu'en vérité les dieux fassent ainsi.
6. Utinam lex esset eadem, uxori, quæ est, viro[f]!	je voudrais qu'en vérité la même loi fût pour l'homme qu'elle est pour la femme.

Utinam est évidemment la réunion de *uti* et de *nam*, qui signifie *en vérité.* Le premier membre de la phrase, où il se trouve est presque toujours ellipsé. Nous ne l'avons jamais vu employé que dans les phrases exclamatives; nous ne lui connaissons pas d'autre usage.

N° 426. An *sicut* pleraque, sic et hoc[g] ?

7. Ceci est-il DE MÊME (sic) *comme* (sicut) la plupart des ch. sont ?

8. Sic faciam *sicut* consilium est, ad herum ut veniat[h],	10. *Sicuti* sanguis in corporibus, sic illæ in orationibus fusæ esse debebunt[k].
9. *Sicut* eram, fugio sine vestibus[i].	11. *Sicuti* facitis velle debetis[l].

On voit que *sicut* et *sicuti* ne sont autre chose que *ut* et *uti* et leur

---

a Plaut. *Most.*3, 1. v. 14.
b Plaut. *Epid.*1, 1. v. 47.
c Virg. *Æn.* 1, v. 467.
d Cic. *Fam* 13, *Ep.* 1.
e Ter. *Heaut.* 1, 1. v. 106.
f Plaut. *Merc.*4, 8, v. 7.
g Cic. 1, *Tusc.* 17.
h Plaut. *Rud.* 4, 2, v. 24.
i Ovid. 5, *Metam.* 601.
k Cic. 2, *de Orat.*
l Cic. pro. *Leg. Manil.*

antécédent, *sic*, réunis en un seul mot; ce qui n'empêche pas que, comme on voit, *sicut* et *sicuti* ne puissent se trouver employés avec le même antécédent, *sicut pleraque , sic et hoc.*

N° 3₂7. Crescit occulto *velut* arbor ævo Fama Marcelli *.

1. La renommée de M. croît insensiblement *de même qu'*un arbre....

2. Ex judicio *velut* ex incendio nudus effugit [b].

3. *Velut* per fistulam, *ita* per apertam vitis medullam humor trahitur [c].

4. *Veluti* qui anguem pressit humi repente refugit [d].

5. *Veluti* Sagunti excidium , *sic* Philippo Abydenorum clades animos fecit *.

Dans le résultat *vel*, un des éléments de *veluti, velut* serait supprimé, que le sens de la phrase resterait le même.

On voit que, comme *sicut, sicuti,* ces deux nouveaux corrélatifs, *velut, veluti* sont employés tantôt avec, tantôt sans antécédent.

L'ellipse de l'antécédent est ici bien plus fréquente; c'est ce que figurent les deux exemples capitaux : *Sicut pleraque, sic et hoc,* et *crescit occulto velut arbor ævo.*

N° 3₂8. *Ubi* satias cœpit fieri, commuto locum [f].

6. Je change de place *là où* la satiété commence à se faire sentir, c.-à-d. je change de place *dès que* l'ennui commence etc.

7. *Ubi* strigandum , *ubi* currendum scio [g],

8. Otium *ubi* erit, tecum loquar [h],

9. *Ubi* est frater ?—Præsto adest [i],

10. *Ubi* te non invenio, ıʙı ascendo in quendam excelsum locum [k],

11. *Ubi* amici, ıʙıᴅᴇᴍ sunt opes [l], .

12. Vivendum est ıʟʟıᴄ *ubi* nulli nocte metus [m],

je sais *où* il faut s'arrêter , où il faut courir , c'est-à-d. quand etc.

dès que j'aurai le loisir etc.

dès que je ne te trouve là , où alors je monte sur un lieu élevé.

où sont les amis , là même sont des richesses ou ressources.

il faut vivre ʟᴀ, *où* la nuit nul n'a de crainte.

Ubi vient du grec *opou* et signifie *où, dans quel lieu ;* il a toujours le sens de *in quo loco.* On sait que, par extension , toutes les idées de lieu s'appliquent au temps. Voyez la double traduction de l'exemple capital.

---

a Hoʀ. 1, *Od.* 11. *v.* 46.
b Cıc. *In et Od.*
c Coʟᴜᴍ. 3, 18.
d Vıʀɢ. *Æn.* 2, *v.* 379.

e Lıv. 31, 18.
f Tᴇʀ. *Eun.* 5, 6.
g Pʜᴀᴅ. *Fab.*
h Pʟᴀᴜᴛ. *Truc.* 4, 4. *v.* 18.

i Tᴇʀ. *Eun.* 5, 10.
k Tᴇʀ. *Andr.* 2, 2. *v.* 19.
l Pʟᴀᴜᴛ. *Truc.* 4, 4, 1ʳ. 30.
m Jᴜᴠ. *Sat.* 3. *v.* 198.

Les trois derniers exemples montrent que l'antécédent d'*ubi* est *ibi*, *ibidem* ou *illic*. On trouve aussi souvent *hic*, ou un nom de lieu qui fait aussi fonction d'antécédent.

L'exemple *ubi est frater?* Apprend que, lorsque *ubi* s'emploie dans les phrases interrogatives, tout le premier membre de phrase est sous-entendu.

Dans les trois exemples qui précèdent, l'antécédent est supprimé; c'est ce qui arrive ordinairement.

N° 329. Ubi ubi erit, inventum tibi curabo *.

1. *En quelqu'endroit* qu'il soit, j'aurai soin de te le trouver.

2. Ubi ubi sit animus, certè quidem in te est [b], | *en quelqu'endroit que* soit l'âme, certes elle est en toi.

3. Nostrum est *ubicumque* opus sit obsequio [c], | c'est à nous d'obéir, en quelque endroit ou temps qu'on l'exige.

4. Nemo est quin *ubivis* quàm ibi ubi est esse malit [d], | il n'y a personne qui n'aime mieux être en quelque lieu que ce soit plu ôt que là où il est.

5. Crudelis *ubique* Luctus, ubique pavor [e], | en quelque lieu que ce soit est un deuil cruel, et partout la peur..

On sait quel est le génie qui a présidé à ces divers composés d'*ubi*.

N° 330. *Undè* is? — Egone? nescio herclè neque *undè* eam, neque *quorsùm* eam [f].

6. *D'où* viens-tu? — Moi? Je ne sais ni *d'où* je viens, ni *où* je vais.

7. Nec enim INDÈ venit *undè* mallem [g], | et certes il ne vient DE LA *d'où* j'aimerais mieux (qu'il vînt).

8. Narratio brevis erit, si *undè* necesse est INDE initium sumetur [h], | la narration sera courte, si le commencement en est pris DE LA *d'où* cela est nécessaire.

Undè suit, comme on voit, les mœurs des autres corrélatifs, il est employé sans antécédent comme dans la phrase capitale, ou avec un antécédent, comme dans les deux dernières phrases. Cet antécédent est *indè*, ou *hinc*, ou *ex hoc loco* etc., il a donc le sens de *ex quo loco*. Par extension, il se dit du temps ou même de toute autre intériorité ablocative.

---

a Ter. *Andr.* 4, 2.
b Cic. 1, *Tusc.*
c Ter. *Heaut.* 3, 3, v. 17.
d Cic. 6. *Fam. Epist.* 1.
e Virg. *Æn.* 2, v. 368.
f Ter. *Eun.* 2, 3, v. 13.
g Cic. *Attic.* 13, *Epist.* 39.
h Cic. 1, *de Invent.* 20.

N° 331. Malum et à quocumque *unde undè* passus est fieri ^a.

1. Il a laissé faire le mal de quelque part qu'il vînt etc.

2. Nisi mercedem aut nummos *un-de undè* extricat, amaras historias audit ^b; | et s'il ne tire de quelque part que ce soit le prix, les intérêts ou les écus (le capital), il entend de tristes histoires.

3. Nec, undecumque causa fluxit, ibi culpa est ^c, | et la faute n'est pas LA, de quelque part qu'ait découlé la cause.

On connaît à quelle intention on fait le doublement, voyez note 214, *ut ut.* C'est dans le même dessein que par l'addition de *cumque*, de *licet*, on a fait *undecumque*, *undelibet.* Le dernier montre que les composés ont le même antécédent que le simple.

     N° 332. *Dùm* moliuntur, dùm comuntur, annus est ^d.

4. Tandis qu'on (les femmes) se prépare, qu'on se pare, un an se passe.

5. Expectabo, dùm venit ^e, ... | j'attendrai jusqu'à ce qu'il vienne.

6. Expectandum dùm se res ipsa aperiret ^f, | il fallait attendre que la chose se découvrît elle-même.

7. INTEREA *dùm* sermones cædimus, illæ sunt relictæ ^g, | PENDANT *que* nous coupons des paroles, c.-à-d. que nous parlons etc.

8. *Dùm* hæc aguntur, INTEREA . . . audivimus ^h, | *pendant que* ces choses se font, SUR CES ENTREFAITES nous avons entendu . . . . .

9. Nunc, *dùm* isti lubet, ei obsecundes ⁱ, | maintenant, tandis que cela lui plaît, seconde-le.

10. Fruare *dùm* licet ^k, ... }
11. Sosia, adesdùm ^l, Ehodùm dic ^m, } c.-à-d. *dùm licet* ou *lubet.*

Après l'impératif on trouve souvent *dùm* employé avec ellipse de tout le membre de phrase qui doit le suivre, comme dans le dernier exemple. Les deux phrases qui précèdent montrent qu'elle est l'ellipse.

C'est ainsi qu'il faut expliquer *mone dùm*, *age dùm*, *facito dùm*, *tace dùm*, c'est-à-dire *mone dùm lubet*, ou *dùm licet.*

Du reste, *dùm* suit la même analogie que les autres corrélatifs, tantôt il est employé avec ellipse de son antécédent, comme dans les premiers exemples ; tantôt sans cette ellipse, comme dans les deux avant-derniers. L'antécédent, *intereà, nunc, tunc, interim*, ou tout autre semblable..

---

a TERT. *Adv. Hermog.*   e TER. *Eun.* 1, 2, *v.* 126.   i PLAUT. *Truc.* 4, 2.
b HOR. 1, *Sat.* 3, *v.* 86.   f NEP. *in Paus.* 3.   k TER. *Heaut.* 2, 2. *v.* 107.
c QUINT. 7, 3.   g TER. 2, 2, *v.* 1.   l TER. *Andr.* 1, 1,
d TER *Heaut.* 2, 1. *v.* 11.   h PLAUT. *amph.* 5, 1, *v.* 46.   m TER. *Andr.* 2, 1, *v.* 24.

N° 333. *Dummodò* tu sis Æacidæ similis , Vulcaniaque arma
capessas » Malo pater tibi sit Thersites *.

1. Pourvu que tu ressembles à Achille , et que etc. , j'aime mieux que
Thersite soit ton père.

2. Valdè me Athenæ delectarunt , | Athènes m'a plu beaucoup , la ville
urbs dumtaxat [b], | seulement.

Juvenal pouvait dire : *dùm tu sis* ou *modò tu sis*, aussi bien que *dum-
modo tu sis*, dans le résultat, le sens est le même; on a coutume de
traduire *dumtaxat* par *seulement*. Tel est, en effet, le sens de résultat; mais *dumtaxat* n'en est pas moins la réunion de *dùm* et du verbe
taxat, de *taxo* fréquentatif de *tango*, je touche, DUMTAXAT, *en tant
que cela touche*, ou *se borne à*. Athènes m'a plu, la ville m'a plu, *en
tant que cela se borne à elle.*

N° 334. *Donec* felix eris multos numerabis amicos ;
Tempora si fuerint nubila solus eris [c].

3. Tant que tu seras heureux , tu compteras beaucoup d'amis ; si les
temps deviennent nébuleux , tu seras seul.

4. Ibo odorans USQUE *donec* per- | j'irai flairant jusqu'à ce que j'aie at-
secutus ero vulpem [d]. | teint le lièvre.

5. Nunquam destitit suadere , | Il n'a pas cessé un instant de per-
orare USQUE ADEO *donec* per- | suader, de prier jusqu'à ce point
pulit [e], | qu'il a entraîné.

On voit, par les deux avant-dernières phrases, que l'antécédent de
donec est *usque* ou *usque adeò*. On a vu, dans le n° 332 , que celui de
dùm est *intereà;* or c'est, par la différence des antécédents, qu'on peut
juger celle des corrélatifs.

N° 335. Lupi *ceu* raptores, per tela, per hostes Vadimus [f].

6. *De même que* vont des loups ravisseurs..... nous marchons à
travers les traits.

7. *Ceu* cetera nusquam bella fo- | *de même que* s'il n'y avait pas
rent , *sic* Martem indomitum | d'autres combats , *ainsi* nous
cernimus [g], | voyons Mars....

Il ne faut pas confondre *ceu* avec *seu*, celui-ci est une altération de
sive. Mais *ceu* vient immédiatement du grec , et peut toujours se tra-

a JUVEN. *Sat.* 8. v. 268,   d PLAUT. *Mil.* 2,2,v. 113.   f VIRG. *Æn.* 2, v. 354.
b CIC. 5, *Att.* 10.   e TER. *adelph. andr.* 4,1.   g VIRG. *Æn.* 2, v. 438.
a OVID. 1, *Trist.* 9, v. 6.   v. 36.

duire par *comme*, *comme si*. Il n'exprime jamais l'idée disjonctive,
vel, contenue dans *seu*, son antécédent est *sic*, comme on voit dans le
dernier exemple.

N° 336. *Utrum* sit (tragœdia) an non vultis * ?

1. Lequel des deux voulez-vous que ce soit une tragédie ou non.
    Nous disons : Voulez-vous que ce soit ou non une tragédie ?

2. Quid tu curas *utrùm* crudum an coctum edam [b],	t'informes *lequel des deux* (je fais), que je mange cuit ou cru.
3. *Utrùm* ea vestra an nostra culpa est [c] ?	dites *lequel des deux*, c'est votre faute ou la nôtre.
4. *Utrùm* strictimne attonsurum dicam esse an per pectinem nescio [d].	je ne sais *lequel des deux* je dirai, ou qu'il tondra serrément (jusque sur la peau) ou par un peigne.

Utrùm est l'adjectif neutre d'*uter*, *utra*, *utrum*, pris invariablement.
Cet adjectif vient du grec qui a un duel, et signifie *lequel*, lorsqu'on
ne parle que *de deux*. Ainsi les latins traduisent de deux manières notre
qui, ou *lequel*, savoir : par *qui*, *quæ*, *quod* quand, il s'agit de plus de
deux, et par *uter*, *utra*, *utrum*, lorsqu'il s'agit de deux. *L'utrùm* ne
diffère donc de l'adjectif variable *utrum*, que comme *quòd* diffère de
quod, c'est-à-dire que comme un adjectif invariable diffère de l'adjectif
variable homonyme.

Voyez la double traduction de la phrase capitale, et comparez le
génie des deux langues.

Remarquez que l'énumération que nous annonçons par *ou*, les latins
l'expriment par *an* ou par *ne*, deux énumératifs disjonctifs qu'ils
n'emploient que dans les phrases interrogatives ou dubitatives. *Voyez*
l'emploi de ces deux énumératif, n° 283, (216).

(216) Quand on dit : *Romamne venio an hic maneo* (e) ? nous croyons qu'il
y a ellipse de *utrum facio*, lequel des deux est-ce que je fais ? ou je vais à Rome
ou je reste ici ? *utrum facio* lui-même ne peut s'expliquer que par une autre
ellipse *nescio utrum negotium facio*, ou l'antécédent *hoc negotium* est encore
sous-entendu, au lieu de *utrum tibi accumbo* (f) ? Plaute pouvait dire : *an tibi
accumbo ?* ou *accumbo ne tibi ?* ou *dic mihi utrum tibi accumbo ?* ou *dic mihi
utrum tibi accumbo nec ne* etc. Cette dernière phrase où toutes les ellipses sont
encore bien loin d'être rétablies ne dit pas plus que la première ou que la seconde ;
an tibi accumbo suppose qu'il y a alternative, elle suppose donc qu'on a dit : *utrum
facio*, elle suppose un membre négatif en cette sorte : dis lequel des deux je fais,
ou *je dîne* ou *je ne dîne pas*, c'est-à-dire ou *si je dîne*, ou *si je ne dîne pas avec toi*.

---

a Plaut.*amp.prol.v.*58.   c Cic. 4, *Acad.* 29.   e Cic. *att.* 16, *ep.st.* 8.
b Plaut. *Aul.* 3,2,v.15.   d Plaut. *Capt.*2,2,*v.*18.   f Plaut.

N° 337. *Si* me audies, vitabis inimicitias ᵃ.

1. *Si* tu m'écouteras, c.-à-d. si tu m'écoutes, tu éviteras les inimitiés.
2. Adduc, *si* me amas, Marium ᵇ. | amène, si tu m'aimes, Marius.
3. Numeros memini, *si* verba te- | je me rappèle les nombres, la me-
   nerem ᶜ. | sure, *si* je savais les paroles.
4. Tu, si videbitur, ita censeo fa- | toi, *si* c'est là ton avis, je pense que
   cias ᵈ. | tu dois faire ᴀɪɴsɪ.
5. *Si* ne ei caput exoculassitis, ɪᴛᴇᴍ | *si* vous ne lui *désœuillez* pas la tête,
   ego vos virgis circumvinciam ᵉ. | moi je vous garotterai de verges.
   (217).

On voit par les deux derniers exemples que l'antécédent de *si* est *ita, item.* Quelquefois on le trouve aussi avec *tam, sic* ou *tamen.*

Composés de *si*
(218)
$$\begin{cases} \text{sive, de si et ve} & \text{etsi.... de et et si.} \\ \text{seu, id.} & \text{etiamsi, de et, jam et si.} \\ \text{nisi, de ne et si} & \text{tametsi, de tamen et etsi.} \\ \text{ni, id.} & \text{tamenetsi, de tamen et d'etsi.} \end{cases}$$

Or, dans tous ces composés, *si* retient sa valeur première, à laquelle il faut ajouter celle des éléments qui se joignent à lui.

Les trois numéros suivants vont donner des exemples de l'emploi de ces mots. Nous ferons de *scis* un seul n°.

___

(217) *Exoculare,* ôter les yeux, *exoculassitis* est l'altération d'*exoculaveritis*; cette sorte d'altération est très fréquente dans les anciens auteurs, surtout dans Plaute ; *exoculasso, exoculassis, exoculassit, exoculassitis* et *exoculassint.* Ces formes remplacent les cinq formes correspondantes du temps trois de la seconde série *exoculavero* etc.

C'est ainsi qu'on a *capso, capsis* etc., pour *cepero, ceperis*; *faxo, faxis* etc., pour *fecero, feceris.*

(218) Il vient immédiatement du grec *ei,* le signe d'aspiration s'étant changé 🙰 *s,* par le même procédé que *uper* a fait *super,* que *eik* est devenu *sic.* Mais quelle que soit l'origine de *si* ou de *ei,* il est certain qu'il peut toujours se traduire en français par *si;* l'antécédent, *sic, ita, item,* qu'il a ou qu'il peut avoir, prouve qu'il est le synonyme de *quomodò* ou de *quo negotio posito.* Ainsi *vitabis inimicitias si me audies,* équivaut à ceci, *vitabis eo modo* ou *sic inimicitias, quo modo,* ou *quo pacto,* ou *quo posito me audies,* tu éviteras les inimitiés par le moyen que tu m'écouteras.

___

a Cɪc. *ad Term.* 2, *ep.* 18. | c Vɪʀɢ. *Ecl.* 9, *v.* 45. | e Pʟᴀᴜᴛ. *Rud.* 3, 4, *v.* 26,
b Cɪc. *quint. frat.* 2, *ep.* 10. | d Cɪc. *Sulpitio* 4, 2.

N° 338. *Sive* hâc *seu* meliore perges viâ ª, Di bene vertant ᵇ.

1. *Si* tu marches dans cette route, ou si dans une meilleure..., que les
dieux te secondent.

2. *Si* nocte, *sive* luce, *sive* servus, | si c'est de nuit, *ou si* dans le jour,
seu liber faxit probè factum ᶜ. | *ou si* un esclave, *ou si* un homme
| libre l'a fait, cela a été bien fait.

3. Rem esse facilem, *seu* maneant, | que la chose est facile, *ou* s'ils res-
seu proficiscantur ᵈ. | tent *ou* s'ils partent.

Nous traduisons : *Soit que tu marches dans cette route ou dans une
meilleure*, etc., ce qui revient au même pour le résultat.

N° 339. *Nisi* quid pater aliud ait » causa optima est ᵉ.

4. *Si* le père *ne* dit rien de contraire, la cause est très-bonne.
5. Mirum *ni* domi est ᶠ. | c'est étonnant, *s'il* n'est à la maison.
6. Hanc *nisi* mors mi adimet | rien me l'enlèvera que la mort.
nemo ᵍ. |
7. *Nisi* me fallit memoria ʰ...... | si ma mémoire ne me trompe.
8. *Nihil* volo aliud, *nisi* Philume- | je ne veux rien, *si* ce n'est Phili-
nam ⁱ. | mène.

. Souvent *nisi* ou *ni* peut se traduire par *à moins que*, comme dans
la septième phrase : *à moins que* mon esprit ne me trompe, ou *ne que*,
comme dans la dernière, *je ne veux rien que Philumène*. Mais ce sont
des traductions de résultat, *nisi* et *ni* ne signifient jamais immédiatement que *si....ne*.

N 340. Si illum relinquo, ejus vitæ timeo ; *sin* opitulor,
hujus minas ᵏ.

9. Si je l'abandonne, je crains pour sa vie ; si je ne l'abandonne pas,
et que je le secoure, je crains les menaces de celui-là (du père).
10. Si quod volumus eveniet, gau- | si ce que nous voulons arrive, nous
debimus, *sin secus*, patiemur | nous en réjouirons ; *sinon, si au-*
animis æquis ˡ. | *trement*, nous souffrirons avec
| résignation.
11. Si quod sic assecutus sum gau- | si je l'obtiens, je m'en réjouis ; *si-*
deo, *sin minùs* hoc me tamen | *non, sinon* je m'en console, par
consolor, quod... ᵐ. | cela que...

a SALL in Orat. ad Cirs. | e TER. Andr. 5,4, v. 48. | i TER. Andr. 2,1. v. 14.
b PLAUT. Aul. 1,3, v. 52. | f TER. Andr. 3,4, v. 19. | k TER. Andr. 1, 3. v. 5.
c LIV. 22, 10. | g TER. Andr. 4,2, v. 14. | l PLAUT. Casin. 2,6, v. 24.
d CÆS. Bell. Gall. 543. | h GELL. 20, 1. | m CIC. Fam. 7, Épist. 1.

1. Id si ita est omnia faciliora, *sin | aliter* magnum negotium ᵃ. | si cela est ainsi, tout sera plus facile, | si cela n'est pas, et si c'est autre- | ment, etc.

Il est certain que pour le résultat, *sin* étant seul, *et sin'secùs*, *sin minùs*, *sin aliter*, sont synonymes. *Sin* tout seul équivaut à une phrase entière : voyez la phrase capitale, *sin* est évidemment pour *si non eum relinquo* ; car si on le joignait à *opitulor*, on ferait un contre-sens. *Sin*, *secùs* représente deux phrases : *si hoc eveniet, gaudebimus ; si non eveniet, et si secùs eveniet, patiemur æquis animis* (219).

Nº 341. Pol *etsi* taceas, palàm id quidem est ᵇ.

2. Certes *et si* tu te tais, cela est cependant public.
3. Iter *etsi* non infestum, suspec-tum tamen ᶜ.
4. Obtundis *tametsi* intelligo ᵈ.
5. *Tametsi* vicisse debeo, TAMEN à meo jure decedam ᵉ.
6. Memini *tametsi* nullus moneas ᶠ.

7. *Tametsi* bella quærunt, non periit virtus ᵍ.
8. Omnia brevia tolerabilia esse debent, *etiamsi* magna sint ʰ.
9. *Etiamsi* quod scribas non ha-bebis, scribito tamen ⁱ.

Etsi, *tametsi*, *tamenetsi* et *etiamsi* peuvent par résultat se traduire par QUOIQUE : *quoique* tu te taises, la chose est publique, tu me bats les oreilles, *obtundis* (aures), *quoique* je comprenne, etc. Mais, comme nous l'avons dit, leur sens immédiat est celui de *si*, et de l'élément ou des éléments qui s'y sont joints.

(219) Ou il faut dire que *sin secus, sin minus, sin aliter,* se sont introduits par abus dans la langue pour *si secus, si minus, si aliter,* ou que *sin secus* etc., produit l'effet d'une négation répétée par énergie, comme lorsque Térence dit : *non, non futurum est, non potest*; les locutions *sin secus, sin minus, sin aliter,* représenteraient donc *sinon, sinon.* Qu'on n'objecte pas l'absence de la virgule entre *sin*, et *secus*, il n'est pas douteux qu'après *sin*, lorsqu'il est seul, le signe de ponctuation est déjà exigé par l'idée, *si illum relinquo, timeo*; *sin opitulor* etc., ce *sin* ne se lie point à *opitulor*, à lui seul il est une phrase : si je l'abandonne je crains, *si je ne l'abandonne pas, et si je lui porte du secours*; cependant *sin* est placé sans virgule à côté d'*opitulor*, sɪɴ ᴏᴘɪᴛᴜʟᴏʀ.

a Cɪᴄ.*Fam.*11,*Epist.*14. | d Tᴇʀ. *Andr.* 2,2,*v.*11. | g Aᴜᴄᴛ.*paneg.adPison.*
b Pʟᴀᴜᴛ. *Aul.* 3,2,*v.*7. | e Cɪᴄ. pro *Rosc. amer.* | h Cɪᴄ. *de Amic. infinè.*
c Lɪᴠ. 38,41. | f Tᴇʀ. *Eun.* 2,1,*v.*10. | i Cɪᴄ.*Fam.*16,*Epist.*26.

N° 342. *Quasi* ego sim peregrinus » ita assimulatote ».

1. Faites semblant AINSI. *comme si* j'étais de pays étranger.
2. Adsimulabo *quasi* nunc exeam[b].
3. VERUMTAMEN *quasi* affuerim simulabo atque audita eloquar[c].
4. ITA vita est hominum *quasi* quùm ludas tesseris[d] (220).
5. Quasi piscis, *itidem* amator *.
6. Qui hero servitutem servit, quasi ego servio[f]?
7. Philosophia est artium omnium mater, et *quasi* parens[g].

Quasi est, par sa forme et par le sens qu'il a dans toutes les phrases, la réunion des corrélatifs *qua* et *si*, et à lui seul il rappelle deux propositions secondaires, en présuppose deux primaires. *Assimilabo quasi exeam*, représente tout ceci : *Assimilabo hâc viâ ire* QUA *viâ eo* SI *exeam*. Je ferai semblant d'aller par le chemin par lequel je vais si sors, ou quand je sors.

On s'est tellement accoutumé à franchir les intermédiaires dans le langage usuel, que souvent on ne songe même pas aux valeurs élémentaires ni aux ellipses. Mais les mots, pour être ainsi employés, n'en restent pas moins ce qu'ils sont. *Quasi* est toujours *quasi*, c.-à-d. *qua* et *si*, il a toujours, quel que soit son emploi, la force de ces deux mots, et réveille toutes les idées qu'ils sont chargés de réveiller.

N° 343. Hoc est altius *quàm ut* nos suspicere possimus[h].

8. C.-à-d. *hoc est altius quam oportet ut possimus*, etc.; cela est plus haut (qu'il ne faut) *pour que* nous puissions voir....
Nous DISONS : cela est trop haut pour que nous puissions voir etc.
Plerumque dolor vehementior *quam ut* causa sit cur feratur[i].
souvent la douleur est plus vive qu'(il ne faut) *pour qu'*il y ait moyen ou raison de la supporter.

9. Dicam nihil mihi gratius esse *quàm quòd* illum diligis[k].
10. Nihil est admirabilius *quàm quomodo* ille mortem filii tulit[l].

11 Nil habet infelix paupertas durius in se
Quam quòd ridiculos homines facit (m).

On voit que *quàm... ut; quàm...quòd; quàm...quomodo* n'offrent

(220) C'est-à-dire *ita est vita hominum* ou *eâ viâ* QUÂ *via sit si ludatur cùm ludas tesseris*, la vie de l'homme est dans le même chemin dans lequel elle serait si elle était jouée, lorsque tu joues aux dés. La phrase de Térence beaucoup plus courte ne réveille pas une seule idée de moins, quoiqu'elle ait resserré deux phrases tout entières dans les deux corrélatifs *qua....si.....*

a PLAUT. *Pœn.* 3, 2. v. 23.
b TER. *Eun.* 3, 2. v. 8.
c PLAUT. *amph.* 1, 1, v. 46.
d TER. *Adelph.* 4, 7, v. 21.
e PLAUT. *Asin.* 1, 3. v. 26.
f PLAUT. *Aul.* 4, 1, v. 6.
g CIC. *de Orat.* 3.
h CIC. 3, *de Orat.*
i CIC. 5, *Tusc.*
k CIC. 9, *att. Epist.*
l CIC. *de Senat.* 11.
m JUV. 3, v. 153.

de particulier qu'une grande ellipse. Ce procédé ne diffère de celui qui a donné *quasi*, *etsi*, etc., que parce qu'ici les éléments sont affrontés, et qu'ils restent séparés dans *quàm ut*, etc. Ce double procédé reçoit beaucoup d'autres applications.

Nº 344. TABLEAU

Des Corrélatifs et de leurs Antécédents.

CORRÉLATIFS.	Pag.	ANTÉCÉDENT.	CORRÉLATIFS.	Pag.	ANTÉCÉDENT.
Antequàm, ...	403		Quemadmo-dùm ,.......	409	eo modo, sic, ita.
Ceu,........	420	ita, sic, hoc etc.	Qui,.........	405	id
Cùm ou quùm,	398	tum, tunc, nunc etc	Quia,........	412	ita, tamen, sic.
Cur, v. quare,.	410	»	Quin , ...	406	ita, sic, hoc etc.
Donec, ...	420	usque, adeò, ardeò.	Quò , ...:	401	eò, hoc, sic, ità.
Dùm , ...	420	interea etc.	Quoad,.......	414	intereà, tùm, tamdiù, eatenùs.
Etiamsi, ...	424	ita, tamen, sic.			
Etsi, ...	424	id.	Quòd,........	401	hoc, eò, sic, ita.
Ni, Nisi, ...	423	id.	Quominùs, ...	408	id.
Postquàm ,...	403	id.	Quomodò ,....	408	eo modo, sic etc.
Priusquàm,...	403		Quonàm, ...	409	id.
Quà (via), ...	404	hàc, eà, sic etc.	Quoniam ,.....	412	eo, jam, modo, ita.
Quàlibet, ...	411	id.	Quorsùm,.....	418	prorsum, eò, sic.
Qualiter,		taliter, sic, ita.	Quotiès,		toties.
Quàm, ...	402	tam, ita etc.	Quùm, ou cùm,.	398	sic ita, tamen.
Quamdiù, ...	413	tamdiù.			tum, tunc, nunc etc.
Quando, ...	413	id.	Seu,..........	423	sic, ita, tamen etc.
Quandudùm,		tamdudùm.	Si,...........	422	id.
Quàmlibet,		tamen etc. etc.	Sicut, sicuti,..	416	id.
Quamobrem,..	409	ob eam rem etc.	Sive, seu,.....	423	id.
		idcircò, ideò etc.	Tametsi ,.....	424	id.
Quamquàm,..	411	tamen, ita, sic.	Ubi , ubiubì ,..	417	id.
Quamvis, ...	411	id.	Ubicumque,		
Quantò, ...	414	tantò, eò, hòc.	ubique,......	418	ibi, hic, in eo loco.
Quantoperè,..	414	tantoperè, ita.	Unde, unde un-dè ,........	418	indè, hinc, ou ex hoc loco.
Quantulò, ...		tantulò, eò.			
Quantulùm,...		tantulùm.	Uudelibet,....,	419	id.
Quantùm, ...		tantùm, tamen.	Ut, utut,.....	416	sic, ita etc.
Quantumvis,..		id.	Utcumque etc,.		id.
Quapropter, ..		proptereà, ideò.	Utinam , ...	416	id.
Quaquà ;.....	411	hàc, eà, ita.	Utrum,.......	421	illud , hoc etc.
Quare et cur, .	410	ea re, sic, ita.	Utrumvis,		id.
Quasi,........	425	eo modo, tamen, sic, ità.	Velut, veluti,..	417	sic, ita etc.
Quatenùs, ...	411	eàtenùs, hactenùs.			

Observation.

Quelque important que soit ce sujet de grammaire, nous l'aurions moins étendu, si d'aussi hautes, d'aussi utiles théories n'étaient embellies par la fleur de la latinité, et si nos citations n'avaient continué a exercer le latiniste dans l'art de la traduction.

NOMENCLATURE.

Nous allons donner des phrases sur les quarante initiatifs et les cinquante terminatifs que nous avons traités, pag. 8 et suivantes.

D'autres phrases comprendront les radicaux ou racines non encore employées.

INITIATIFS.

Nous continuerons les n°°. de la syntaxe. Les chiffres latéraux rappeleront l'ordre qui a été suivi dans la nomenclature.

N° 345. *A*tomos insecabilia corpora nostri vocitaverunt [a].

1. Les nôtres ont appelé les atomes, corps indivisibles
2. *Abj*ici eos in mare jussit quia esse nolunt, bibant [b].
   *Au*fer te hinc [c].
3. *Adj*ecisse prædam torquibus exiguis renidet [d].
4. *Æq*uanimus fiam, te judice [e].
5. *Amph*ibolias aucupantur [f].
   *Amb*ustum torrem corripit [g].

6. *Ana*logia est similis similium declinatio [h].
7. *Ante*volant sonitumque ferunt ad littora venti [i].
   Anti.cios ejus incolas vocant [k]. (*)
8. *Apo*lactizo inimicos omnis [l].
   Du grec ʟᴀx, *calcibus*.à coups de pied.
9. *Archi*pirata interficitur [m].

{ Voyez p. 9, 10, et 11, les explications et exemples des initiatifs de ce n° 345.

N° 346. *Bene*fico *male*ficus immane quantum discrepat [a] !

0. Quelle énorme différence entre le *bien*fesant et le *mal*fesant

1. *Bis*seno premit ora die [o].
   Il se tait pendant deux fois six jours.
2. *Cata*pultas, balistas, tormentaq alia devexêre [p].
3. *Circum*jectos rigat campos [q].

{. *Cis*pellam virum» inde optume [r].
5. *Con*jiciunt igni, galeas, enses-que decoros, Frenaque [s].

16. *Contr*astat semper, nec me sinit loquier [t].
17. *Dej*icitur » Sextus Marius Hispanus saxo tarpeio [u].
18. *Dia*dema ostendis [v].
    Ille crucem sceleris pretium tulit, hic diadema [x].
19. *Dis*jecitque rates et evertit [y].

{ Voyez p. 11, 12 et 13 les explications et ex. des initiatifs de ce n°.

(*) *Antiscii*, du grec *anti* et de *skia*, ombre; les Antisciens ont en effet mbre opposée.

a Vitruv. 2, 2.
b Valerius.
c Ter. *Phorm.* 3, 3, *v.* 26.
d Hor. 3, *Od.* 6, *v.* 11.
e Auson.*de sept. sap. v.* 3.
f Auct. *ad Herenn.* 2.
g Virg. *Æn.* 12, *v.* 298.
h Varr. 9, *R. R.* 4.

i Virg. *Æn.* 12, *v.* 455.
k Amm. 2, 2, 1.
l Plaut. *epid.* 5, 2, *v.* 13.
m Cic. *Off.* 2, 11.
n *Imité* d'Hor. 1, *Od.* 22, *v.* 6.
o Stat. 3, *Theb. v.* 574.
p Liv. 4, *Bel. pun.*

q Curt. 3.
r Plaut. *Amph.* 3, 4, *v.* 17
s Virg. *Æn.* 11, *v.* 194.
t Nævius
u Tac. 6, *Ann.* 19.
v Cic. 2. *Phil.* 34.
x Juv. *Sat.* 13, *v.* 105.
y Virg. *Æn.* 1, *v.* 43.

N° 347. *Disticha qui scribit vult brevitate placere* ».

20. Nota *Distichon* vient du grec *dis*, deux et *stichon* rang ou vers.

21. *Du*plicem fossam *duo*denum
pedum (à....ad) perduxit[b].

22. *E*jici est indè *ex*pelli, undè
invitus recedas[c].

23. *Epi*tomata conscribo[d].
24. *Semi*putata tibi frondosâ vitis
in ulmo est[e].

25. *Super*injice frondes[f].

26. *Sub*jiciunt verubus prunas[g].

*Hypo*gea instituentur[h].

27. *In*jicias humeris victoribus ostrum[i].
*In*fandum, regina, jubes renovare dolorem[k].

28. *Inter*jectu terræ deficit « lunæ.
29. In *meta*morphosi » lascivir
solet Ovidius[m].

{Voyez *pag.*, 14, 15, 16 et 17, les
explications et exemples des initiatifs de ce n°.

N° 348. *Objiciunt portas tamen et præcepta facessunt* ».

30. Ils jètent *devant* ou ils *opp*osent, ou ferment les portes , etc.

31. *N*ullus sum, occidi[o].

32. *Per*fudit nectare vestam[p].

33. *Per*iodo plura nomina dat Cicero, ambitum, circuitum[q].
34. *Præi* verbis quidvis[r].
*Præ*terito hâc recta plateâ. ‹ ,
35. *Pro*jice tela manu, sanguis
meus[s].

36. *Re*jiciunt parmas et equos à
mœnia vertunt [u].
37. *Se*duxit me solum ab ædibus'
*Ve*sana verberat ora manu'.
38. *Sym*bolam dabo et jubebo cœnam coqui. ʸ.
39. *Trans*eat per cribrum casew
*Tra*jecit utrumque sagitta[aa].
40. L'initiatif *vice* forme peu l
mots.

a Mart. 8, *Epig.* 29.
b Cæs. 3, *Bell. Liv.* 63.
c Quint. 914.
d Veget 1,*de re Milit.*8.
e Virg. *Ecl.* 2, *v.* 70.
f Virg. *Georg.*4,*v.*46.
g Virg. *Æn.* 5, *v.* 103.
h Vita 6, 11.
i Ovid. *ex pont.*4,*v.*101.

k Virg. *Æn.* 2, *v.* 3.
l Cic.2,*de nat.Deor.*40.
m Quint. 4, 1.
n Virg. *Æn.* 9, *v.* 45.
o Plaut.*merc.*2,3,*v.*129.
p Virg. *Georg.*4,*v.*384.
q Quintil. 9, 4.
r Plaut. *Rud.*5,2,*v.*48.
s Ter.*Adelph.*4,2,*v.*36.

t Virg. *Æn.* 6, *v.* 81
u Virg. *Æn.* 11, *v.*
v Plaut.*Asin.*2,2,
x Prop. 2, *Eleg.*
y Plaut.*Stich.*3,1,
z R. R. 76.
aaOvid. 6, *Met. v.*6

TERMINATIFS.

N° 349. Princ*eps* in prælium ibat, ultimus excedebat ª.

. Le premier, il alloit au com-
bat, et en sortait le dernier.
Præc*eps* Curru tremebundus
ab alto Desilit ᵇ.

₂. Homic*idæ* sunt an vindices
libertatis ᶜ ?

₃. Agric*olam* continet imber ᵈ.

…Fati*dicos* concepit mente furores ᵉ.

₅. Fati*fero* Mavors accingitur
ense ᶠ.

46. Horri*fico* lapsu de montibus,
adsunt ᵍ.

47. Auri*fluus* quos Tagus inundat ʰ.

48. Nau*fragus* assem rogat ⁱ.
Legi*rupa*, verberavisti patrem ᵏ.

49. pro*fugos* misisti, Troja, pe-
nates ˡ.

{ Voyez p. 22, 23, 24 et 25 les explications et exemples des terminatifs de ce n°.

N° 350. Unig*enam* procreavit » deus hunc mundum ᵐ.

₂. Dieu créa le monde seul de son espèce (*unigena*, unigenitus,
né seul.)

₁. Tibi mori*gera* fuit in rebus omnibus ⁿ.

₂. Chiro*graphi* mei misi cautionem ᵒ.

₃. Flori*legæ* nascuntur apes ᵖ.

₄. Escu*lentis* atque poculentis iter
natura patefecit ᑫ.

₅. Astro*logos* non habeo nauci ʳ.
Magni*loqui* erant » post eventum ˢ.

56. Puer*pera* uxor (me) tenet ᵗ.

57. Soni*pes* pressis pugnat habenis ᵘ. (*)

58. vetu*stos* porticibus disponat
avos ᵛ.

59. rot*undam* atq. aptè cæsam velim » togam esse ˣ.

{ Voyez p. 25, 26, 27 et 28 les explications et exemples des ter-
minaifs de ce n°.

(*) *Quadrupedante* putrem sonitu quatit ungula campum (y). La corne (du
eval), frappe le champ poudreux avec un bruit *répondant aux quatre pieds*.

a Liv. 21 . 4.
b Ovid. *Met.* 12, *v.* 128.
c Cic. 2, *Phil.* 12.
d Virg. *Georg.* 1, *v.* 259.
e Ovid. 2, *Metam. v.* 640.
f Ovid. 3, *am. eleg.* 3, *v* 27.
g Virg. *Æn.* 3, *v.* 225.
h Prudent. 2, *v.* 604.

i Juv. *Sat.* 14, *v.* 301.
k Plaut. *Pseud.* 1, 3, *v.*
134 et 137.
l Propert. 4, *éleg.* 1.
m Cic. *de Univ.* 4.
n Ter *And.* 1, 5. *v.* 59.
o Cic 7, *Fam. Epist.* 18.
p Ovid. 15, *Met. v.* 260.

q Cic. 2, *de nat. deor.* 56.
r Cic. 1, *de div. cap. ult.*
s Tac. *in Agric.* 27.
t Senec. *de Benef.* 4, 35.
u Virg. *Æn.* 11, *v.* 600.
v Juv. 6, *Sat. v.* 161.
x Quintil. 11, 3.
y Virg. *Æn.* 8, *v.* 596.

N° 351. Par*turiunt* montes, nascetur ridiculus mus ᵃ.

60 Les montagnes *brûlent* d'enfanter , il en naîtra un rat ridicule.

A. Sylla*turit* et proscrip*turit* diù ᵇ.
B. Pot*itare* rex solitus est. ᶜ.

c. Cap*tat* flumina ᵈ. (*)

D. Can*tillant* , conviciis jocantur
E. Nig*ricans* aspectu « tyri
      color ᶠ.
F. Nig*rescunt* sanguine venæ
      ore tu mentiris ᵍ.

N° 352 Breve et irrepar*abile* tempus Omnibus est vitæ ʰ.

61. Fac*ilis* jactura sepulchri ⁱ.
62. Mix*ta* ten*ax* segeti crescere
      lappa solet ᵏ.
63. Mort*alia* facta peribunt ˡ.
64. Et cal*canda* semel via leti ᵐ.

65. Hæc abun*dantis* an egentis si-
      gna sunt ⁿ ?

66. Urb*ani* fiunt rustici ᵒ.
67. Vica*rium* corpus opponam ᵖ.
68. Pin*aster* est pinus silvester
69. Damn*atus* longi Sysiphus
      boris ʳ.

{ Voyez p. 31 , etc. les explicati
  et exemples de neuf termin
  de ce numéro.

N° 353. Lu*sum* it Mæcenas, dormi*tum* ego Virgiliusque

70. Mécène va jouer ou au jeu. Voyez les substantifs, dits Supis
      pag. 36 et 275.
71. Vin*eta* virge*ta*que auguranto
      sacerdotes ᵗ.
72. Au*rea* purpur*eam*. Voyez p.
      313.
73. Lu*rida* terribiles miscent aconita
      novercæ (221) ᵘ.
74. Rat*io* (est) naturæ imita*tio* ᵛ.
75. Verbe*ro* , audes herum ludi-
      ficarier ˣ.

76. Stul*tior* stultissimo ʸ.
      Stultus hic est.
77. Corrup*tissimâ* rep. pluri
      leges ᶻ.
78. Se*x*cen*ties* in die suspirabo
      Voy. p. 41, les divers mots de n
79. Acr*iter* utrimque pugnatu
{ Voyez page 36, 37, etc. les
  plications et exemples des
  terminatifs de ce numéro.

---

(221) Luridus vient de *lura*, ouverture d'un sac de cuir, de *lorum*. d
*luridu*s signifie, QUI MONTRE la couleur, ou qui a , ou imite la couleur du cu
de la peau, c'est-à-dire livide, jaunâtre ; d'où *luridatus*, couleur de cuir, la
pâleur, jaunisse.

(*) Tantalus à labris sitiens fugientia captat
      flumina, quid rides? mutato nomina de te
      fabula narratur (cc).

---

a Hor. *Art poet. v.* 139.
b Cic. *att. 9, epist.* 10.
c Plaut. *amp.* 1,1,*v.*105.
d Hor. 1, *Sat.* 1, *v.* 68.
e Apul. *Met.*
f Plin. 9, 38.
g Ovid. 3, *de Art. v.* 503.
h Virg. *Æn.* 10. *v.* 464.
i Virg. *Æn.* 2, *v.* 646.

k Ovid. 2, *ex Ponto. ep.* 1.
l Hor. *Art. poet. v.* 68.
m Hor. 2, *Od.* 11.
n Cic. *Parad.* 6.
o Plaut. *Merc.* 4,3,*v.*15.
p Quintil. *declam.* 26,7.
q Plin. 16, 10.
r Hor. 2, *Od.* 11, *v.*19.
s Cic. 2, *de Legib.*

t Cic. 2, *de Leg.*
u Ovid. 1, *Metam. v.*1
v Senec. *Epist.* 66.
x Plaut. *Amph.* 2,1,
y Plaut. *Amph.* 3,2,
z Tacit. *Ann.*
aa Plaut. *Men.* 5,4, v
bb Liv.
cc Hor. 1, *Sat.* 1, *v.* 6

N° 354. Veri*tas* odium parit » obsequium amicos*.

80. La vérité (reprochée) engendre la haine ; la complaisance ,
l'amitié.

81. Pigri*tià*, iner*tià* impediuntur[b].   86. Auc*tor* ego inven*tor*que sa-
(222)   lutis[h].

82. Sollici*tudo* est ægri*tudo* cum co-   87. *L*uso*ria* arma ista remove,
gitatione[c].   decretoriis opus est.[i]

83. Sibi noci*vum* concitant peri-   88. Ven*tosa* lingua, pedes fugaces.[k]
culum[d].

84. Funda*menta* quatit[e].   89. Ven*tulum* huic sic facito » ca-
                                              pe hoc flabe*llum* [l].

Fun*damine* magno Res romana
valet[f].

85. Ca*lor* et reverentia pugnant[s].   90. Datu*rus* nemo est prandium
La chaleur (ou l'amour) et le respect   advenientibus[m].
se combattent ou sont contraires.

Les 90 phrases précédentes

Sont destinées à rappeler les exemples et les explications que nous
avons donnés dans la nomenclature page 8, etc. des quarante principaux initiatifs et des cinquante principaux terminatifs.

Voici le procédé :

Aux phrases comprises et rendues familières, on rattache les faits et
les théories de la nomenclature, qui sont relatifs à chacune d'elles.
Par exemple, *projice tela manu* , pag. 428 , et *parturiunt montes*, page
430 , rappèlent tout ce qui a été dit, pag. 19 de l'initiatif, *pro* , et du
terminatif *urire, urio* , page 28.

Soit donc cette pensée d'Horace à traduire :

Te semper anteit sæva *Necessitas* clavos trabales....gestans (n).

Si déjà l'on connait ses racines ou radicaux, comme *eo*, je marche ;
cedo , je me retire ou je cède; *trabs* , poutre; *gero* , je porte, on
a bientôt découvert la différence qu'apporte à ces mots les éléments

(222) *Pigritia, pigrities, pigritas, pigritudo,* sont comme diverses formes
d'un même mot.

a Ter. *Andr.* 1, 1, v. 41.   f Ovid. 14, *Met.* v. 808.   l Ter. *Eun.* 3, 5, v. 47.
b Cic. 1, *Off.* 41.   g Stat. 1, *Silv.* 1, v. 38.   m Plaut. *Amp.* 2, 2, v. 32.
c Cic. *Tusc.* 4, 8.   h Senec. *Epist.* 117.   n Hor. 1, *Od.* 16, v. 17.
d Phæd.   i Plaut.
e Virg. *Æn.* 2, v. 611.   k Phæd. 5, *Fab.* 2.

accessoires , *ante* , *ne* , *itas* , etc. ; et , si l'on a bien étudié le traité des initiatifs et des terminatifs ,

			Pag.
	d'ante...it......	à la phrase *ante*...volant, ...	427
On arrive sans peine,	de *Ne*..cess..*itas*	à la phr. *n*..ullus sum, occidi ,...	428
		à la phr. ver..*itas* odium parit,...	431
	de trab..*ales*....	à la phr. mort..*alia* facta peribunt,	430

Or , on sait que les phrases *antevolant*, *nullus sum*, *veritas odium* , etc. , rappèlent tous ce qui a été dit sur les initiatifs, *ante* , *ne* , etc.

C'est ainsi, et avec la même facilité, que se décomposeront les trente à quarante mille composés et dérivés de la langue latine.

RACINES ou RADICAUX

Qui n'ont point encore été employés.

Nota. La table générale alphabétique comprendra tous les radicaux déjà employés, et ceux qui vont figurer dans les phrases suivantes, ainsi que tous les mots latins, dont se composent toutes les phrases du Cours.

Nous continuons les numéros. Les phrases sont distinguées par des chiffres latéraux (223).

N° 355. Illi sunt *adipes* medicaminibus apti [a].

1. Ces *graisses* sont propres pour les médicaments.
2. *Adorea* liba per herbam subjiciunt epulis [b], | ils mangent sur l'herbe des gâteaux *de fleur de farine.*
3. *Adulantem* omnes videre te volui [c], | j'ai voulu te voir *adulant* (*flattant bassement*) tout le monde.
4. *Adytis* effert penetralibus ignem [d], | il enlève le feu des *sanctuaires* intérieurs.
5. *Ærumnæ* te premunt omnes [e], | tous les *travaux pénibles* ou chagrins....
6. O quam dignus eras *alapis* [f] !.. | que tu méritais biens des *soufflets* !
7. *Amento* contorta hastilia turbo Adjuvat [g], | le tourbillon aide les traits tordus avec une *courroie.*
8. *Amita* hujus Aviti fuit [h],..... Elle était la tante de *cet Avitus.* | N. *Amita* est la tante paternelle, *matertera*, la tante maternelle.
9. Sed quid hic *ansatus* ambulat [i] ? | qui marche là *en fesant des anses* avec les bras (*d'Ansa*).

(223) Nous n'avons point recherché l'avantage vain, d'ailleurs toujours impossible, d'un traité complet. Nous n'avons donc point hérissé notre travail de mots effrayants, tels que *brochus, bruchus, hirulum, murra, sandapila, sarissa* etc., à cela près notre traité contient toutes les racines de Duplan. Nous avons de plus que lui l'avantage inappréciable des phrases, et celui de dix mille autres mots également placés dans des phrases.

a Plin. 8, 36.
b Virg. Æn. 7, v. 109.
c Cic. in Pison.
d Virg. Æn. 2, v. 297.
e Cic. in Parad. 21.
f Mart. 5, Epig.
g Silius 9, v. 508.
h Silius. v. 508.
i Plaut. Pers. 2, 5 v. 7.

N° 356. *Alea* parva nuces et non damnosa videtur,
    Sæpè tamen pueris asbtulit illa nates ».

10. Les noix paraissent être un petit *jeu de hasard*, et qui ne porte pas dommage; cependant il a souvent enlevé (*fait enlever*) les fesses aux enfants.

11. Aspice ut *antrum* Sylvestris raris sparsit labrusca racemis [b],	la vigne sauvage a parsemé *l'antre de* grappes de raisin clair-semées.
12. *Aret* ager [c].... Torrentur aristæ [c],	la campagne *est desséchée*, les épis sont brûlés, (torréfiés).
13. Ex humeris *armi* fiunt [d], ...	ʜᴜᴍᴇ́ʀᴜs, épaule, bras, se dit de l'homme, ᴀʀᴍᴜs, se dit des animaux.
14. Spicula tergunt *Arvinâ* pingui [e],	ᴀʀᴠɪɴᴀ, graisse : ils nettoient leurs traits avec du *lard* gras.
15. *Asseres* in terrâ defigebantur [f],	des *ais* ou *pieux* étaient fichés ...
16. *Atria* longa patescunt [g], ...	de longs *vestibules*, ou *entrées* s'ouvrent.
17. *Auster* fudit aquas [h], ...	le vent du midi a répandu....
18. Te esse Tiburtem *autumant* [i], .	ils pensent que tu es de Tibur.
19. Ego *bajulabo*, tu ito inanis [k], ..	moi, je porterai sur moi, toi...

N° 357. Esculus (*ou* æsculus) nascitur è balano [l].

20. Le chêne vert naît du gland.

21. Videbo jam vos , *balatrones*, et hùc afferam corium et flagra [m],	*dissipateurs*, ou *vauriens*. ɴᴏᴛᴀ. *Flagra* signifie *fouet, brûlant, mordant*.
22. Balbum *balbus* rectiùs intelligit [n],	le *bègue* comprend mieux le *bègue*.
23. *Baltheus* est cingulum è corio , *bullis* ornatum [o],	le *baudrier*.... orné de têtes rondes de clous (en forme de *bulles*).
24. O barathrum, ubi nunc es [p]!...	ô *gouffre*, ou *dissipateur*, où es-tu?
25. O factum benè! *beasti* [q], ...	ô c'est bien! tu m'as comblé de joie.
26. Socius bellum ita géris, ut *bella* omnia domum auferas [r],	allié, tu fais la guerre, de sorte que tu emportes toutes les *belles* choses....
27. Bigis it Turnus in albis [s], ...	ʙɪɢᴇ, char attelé de deux chevaux.
28. Bubulat horrendum ferali carmine *bubo* [t],	ʙᴜʙᴏ, *hibou* (se dit aussi d'une tumeur); ꜰᴇʀᴀʟɪ, funèbre.
29. Inventusque cavis *Bufo* [u], ...	et un *crapaud* fut trouvé....

a Mᴀʀᴛ. *Epigr.*
b Vɪʀɢ. *Ecl.* 5, *v.* 7 et
c Vɪʀɢ. *Ecl.* 7, *v.* 57 et
  — *Æn.* 7, *v.* 720.
d Ovɪᴅ. 10, *Metam. in Hippom.*
e Vɪʀɢ. *Æn.* 7, *v.* 626.
f Cᴀ̂ᴇs. 2, *Bell. Civ.* 2.

g Vɪʀɢ. *Æn.* 2, *v.* 483.
h Tɪʙᴜʟʟ. *Eleg.* 1.
i Cᴀᴛᴜʟʟ. *Epigr.* 41.
k Pʟᴀᴜᴛ. *Asin.* 3, 3, *v.* 70.
l Pʟɪɴ. 17, 20.
m Vᴀʀʀ. *R. R.* 1, 5.
n Pʀᴏᴠ. *apud Hiéronym.*
o Vᴀʀʀ. *de Linguâ lat.*

p Pʟᴀᴜᴛ. *Bacch.* 1, 2, *v.* 44.
q Tᴇʀ. *Andr.* 1, 1. *v.* 7.
r Vᴀʀʀ. *apud non* 4, *v.* 45.
s Vɪʀɢ. *Æn.* 12, *v.* 164.
t Aᴜᴄᴛ. *de Philom apud Ovid.*
u Vɪʀɢ. *Georg.* 1, *v.* 184.

N° 358. Illi inter sese magnâ *vi brachia tollunt* In numerum*.

30. Ils élèvent alternativ^t les bras en cadence avec beaucoup de force.

31. Butyrumque novum comedit^b, et il mange du beurre frais.

32. Romani tollent equites pedites-que *caehinnum* ^c, les chevaliers et les bourgeois Romains pousseront un éclat de rire.

33. *Calathis* peracta refertis Vel-lera ^d, vous rapportez dans des *corbeilles* vos toisons (c'est-à-dire vos tâches) achevées.

34. *Calthaque* vincet odore rosas^e, le *souci* l'emportera sur la rose...

35. *Camelos* pascit oriens ^f, ... l'Orient nourrit des *chameaux.*

36. Amant alterna *camœnœ* ^g, ... les *muses* aiment les chants alternés.

37. Camum et *furcam* feras » deos quæso ^h, je prie les dieux que tu portes *le f ein* et la fourche.

38. *Cano* capite te cuculum uxor ex lustris rapit ⁱ, ta femme t'arrache des mauvais lieux, toi coucou, à tête blanche.

39. Mihi *cantharo* mulsum date ^k,. donne moi dans une *coupe* à anses du vin miellé.

N° 359. Egomet autem, quùm extemplo, arcum mihi et sagittas sumpsero, *cassidem in* caput, dormibo placidè ¹.

(*Dormibo* a vieilli et il a été remplacé par *dormiam.*)

40. Mais moi, aussitôt que j'aurai pris mon arc, mon carquois, mes flèches, le *casque* en·tête, je dormirai paisiblement.

41. *Catervis* et cuneis concurrebant ^m, caterva, *troupe*, bande, cuneus, coin, troupe rangée en coin.

42. Indè domum me Ad porri, et ciceris refero laganique cati-num ⁿ, de là je me retire à la maison, vers le *plat* de porreau, de *pois* et de beignet.

43. Vitis odit *caulem* °, ... la vigne hait le *chou*, *tige* quelconq.

44. Cùm fremit ad caulas ^p, ... caulæ, *parc*, *bergerie.*

45. Non potes, ut cuperes vendere, *caupo*, merum ^q, cabaretier... nota. merum signifie *pur* (du vin pur).

46. *Cicadœ* mares canunt; feminæ silent ^r, les *cigales* mâles chantent, les femelles se taisent.

47. Quanta pernis pestis veniet! quanta labes *larido* ^s! quel fléau arrivera pour les jambons! quelle chûte (perte) pour le *lard!*

48. Varia genera bestiarum, vel *cicurum* vel ferarum ^t, il y a divers genres de bêtes, les *apprivoisées* ou les sauvages.

49. Ea res cit *alvum* ^u, ... cela meut (ou relâche) le *ventre.*

---

a Virg. *Georg.*4, *v.* 174.
b Valg.
c Hor. *Art. poet. v.* 114.
d Juv. 2, *Sat. v.* 45.
e Ovid. 2, *ex pont.* 4, *el.*6.
f Plin. 8, 8.
g Virg. *Ecl.* 3, *v.* 59.

h Plaut. *Cas.* 2, 6, *v.* 37.
i Plaut. *Asin.* 5, 2, *v.* 84.
k Plaut. *Asin.* 5, 2, *v.* 56.
l Plaut. *Trin.* 3, 2, *v.* 98.
m Tac. 2, *Hist.* 42.
n Hor. 1, *Sat.* 6, *v.* 115.
o Plin. 17, 24.

p Virg. *Æn.* 9, *v.* 60.
q Mart. 1, *Epig.*
r Plin. 1, 26.
s Plaut. *Cap.* 4, 5, *v.* 3.
t Cic. 2 *de Nat. deor.* 99.
u Colum. 6, 5.

Nº 36o. . . . . . . Barbatum hæc crede magistrum
Dicere, sorbitio tollit quem dira *cicutæ* ª.

5o. Crois que le maître barbu qu'enlève la boisson funeste de la *ciguë* ...	
51. *Colaphis* tuber est totum caput[b],	toute ma tête est une bosse par les coups qu'elle a reçus.
52. *Coruscat* mucronem[c], ...	*il fait briller*, il agite... la pointe.
53. *Cretá* an carbone notandi[d]?...	faut-il les noter à la craie ou au charbon ?
54. Vobis picta *croco* et fulgenti murice vestis[e],	CROCUS, ou CROCUM, *safran*; MUREX pourpre (poisson, couleur).
55. Sis turis piperisque *cucullus*[f], .	sois un *cornet* d'encens ou de poiv.
56. Argentum *cudo* quod tibi dem[g],	je bats monnaie etc.
57. Senex in *culiná* clamat, hortatur coquos[h],	il crie dans la *cuisine*, il excite les cuisiniers.
58. *Cunarum* fueras motor mearum[i],	tu avais remué mon *berceau*.
59. *Curvæ* rigidum falces conflantur in ensem[k],	les faulx *courbes* sont fabriquées, forgées en épée....

Nº 361. Spumens in longá *cuspide* fumet aper[l].

6o. Qu'un sanglier écumeux fume dans une longue *pointe* ou *broche*.	
61. Pellem antiqui dicebant *scortum*[m],	la peau, les anciens l'appelaient *cuir*. (*scortum* se prend aussi pour une . .).
62. Nævia sex *cyathis* bibatur, Ida tribus[n],	qu'en six *verres* il soit bu à la santé de Névia, etc.
63. Principio *delubra* adeunt[o],	d'abord elles vont aux *temples*.
64. Ordire igitur; nam hunc tibi totum *dicamus* diem[p],	commence donc, car nous te *dédions* ou *consacrons* toute cette journée.
65. Ubi senex senserit sibi data esse verba, virgis *dorsum* depoliet meum[q],	Dès que le vieux s'appercevra qu'on l'a trompé, il me polira le *dos* à coups de verges.
66. *Ebria* mæonio firmat vestigia thyrso[r],	*ivre*, il assure ses pas sur un thyrse ou bâton méonien.
67. Pinguia corticibus sudent *electra* myricæ[s],	que les bruyères suent (fassent sortir) de leurs écorces les *ambres* gras.
68 Illa illum censet virum suum esse, quæ cum *mæcho* est[t],	MŒCHUS, homme *adultère*, ou débauché, (*mæcha*, au féminin).
69. Tu quidem de *fæce* hauris[u],	tu puises à la *lie*.

a Pers. *Sat.* 4, v. 1.	h Plaut. *Cas.* 4, 1, v. 6.	p Cic. *de Leg.* 2. *Cap*.5.
b Ter. *Adelph.* 2, 2, v. 37.	i Mart. 2, *Epigr.*	q Plaut. *Epid.* 1, 1, v.85.
c Virg. *Æn.* 10, v. 652.	k Virg. *Georg.* 1, v. 5o8.	r Claudian. 1, *de rapt.*
d Hor. 2, *Sat.* 3, v. 244.	l Mart. 4, *Epigr.*	*Proserpin.*
e Virg. 9, *Æn.* v. 614.	m Varr. *L. L.*6, 5.	s Virg. *Ecl.* 8, v. 54.
f Mart. 3, *Epigr.*	n Mart. 1, *Epigr.*	t Plaut. *amp. prol.* v 133.
g Ter. *Heaut.* 4, 3, v. 18.	o Virg. *Æn.* 4, v. 56.	u Cic. *de Clar. orat.*

N° 362. Constituère *pyras*,¨ter circum accensos decurrêre
rogos.... semiustaque servant *Busta* ª.

70. NOTA. PYRA, ROGUS, BUSTUM sont trois sortes de bùchers.

71. Ultròque animam sub fasce dedere ᵇ,	elles ont volontiers expiré sous le *faix.*
72. Cœlo examina ludunt, contemnuntque *favos* ᶜ,	les *essaims* jouent dans l'air et méprisent les rayons *ou* cellules.
73. Pronus in ipso concidit *fumo*ᵈ,	il tombe sur la face sur le *fumier*.......
74. Flavaque de viridi *stillabant* ilice mella ᵉ,	les miels *jaunes* coulaient goutte à goutte de l'ieuse verte.
75. Oculis capti *fodere* cubilia *talpæ* ᶠ,	les *taupes* prises des yeux, c.-à-d. aveugles, *creusèrent* des lits.
76. *Fœda* cicatrix frontem turpaverat ᵍ,	une *hideuse* cicatrice avait enlaidi son front.
77. *Fœnum* habet in cornu ʰ,.. ﹏	il a du foin à la corne, c.-à-d. c'est un homme dangereux.
78. *Fœtet* anima uxori tuæ ⁱ, ...	l'haleine sent *mauvais*.....
79. *Tiliæ* folia tantùm in usu ᵏ,..	les feuilles de *tilleul* sont seules en usage.

N° 363. *Follibus* auras ·Accipiunt redduntque ˡ.

80. Ils reçoivent l'air dans des *soufflets* de cuir, et ils le rendent.	
81. Dentibus *frendit*, icit femur ᵐ,	il *grince* des dents, se frappe la cuisse.
82. Dìs sum *fretus* ⁿ,	je suis *appuyé* sur les dieux.
83. Struxêre cubilia *frondes* ᵒ,	les *feuilles* ont construit des lits.
84. *Fulvos*que lupi de pelle GALEROS Tegmen habent ᵖ,	il ont pour BONNETS *blonds* des peaux de loup.
85. *Fuscis* tristis dea tollitur alis �q,	la déesse est portée sur des ailes *brunes.*
86. *Garrimus* quidquid in buccam ʳ,	nous *jasons*, ou nous disons tout ce qui nous vient à la bonche.
87. *Gerro*, iners, fraus, helluo, ganeo, damnosus ˢ,	tu es *diseur de riens*, indolent, fourbe, glouton, pilier de taverne, dissipateur.
88. *Gliscit* rabies; cave tibi ᵗ, ...	la rage *augmente*, gare à toi.
89. *Graculus* pennas, pavoni quæ deciderant, sustulit ª,	un ʻgeai enleva les plumes .qui étaient tombées à un paon.

a VIRG. *Æn.* 11, *v.* 175.
b VIRG. *Georg.* 4, *v.* 204.
c VIRG. *Georg.* 4, *v.*103.
d VIRG. *Æn.* 5, *v.*332.
e OVID. 1, *Metam.* 112.
f VIRG. *Georg.* 1, 183.
g HOR. 1, *Sat.* 5, *v.*60.

h PROV.HOR.1,*Sat.*4,*v.*34.
i PLAUT. *Asin.* 5,2,*v.*78.
k PLIN.
l VIRG. *Georg.* 4, *v.* 171.
m PLAUT. *Truc.*2,7,*v.*42.
n PLAUT. *Casin.*2,5,*v.*38.
o LUCAN. 9, *v.* 841.

p VIRG. *Æn.* 7, *v.* 688.
q VIRG. *Æn.* 7, *v.* 408.
r CIC. *adult.* 12, *epist.* 1.
s TER. *Heaut.* 5,4, *v*, 10.
t PLAUT. *Capt.* 3,4,*v.* 36.
u PHÆD. 1, *Fab.* 3.

N° 364. Tormenta *gubernat* dolor, moderatur natura cujusque,
regit quæsitor, flectit libido, corrumpit spes,
infirmat metus.... ut nihil veritati loci relinquatur [a].

90. La torture interroge et la douleur répond. Renouard.

Guberno signifie *gouverner.* Voyez dans les sources mêmes ces
deux beaux passages.

91. *Grenito* fovet inscia Dido [b],...	Didon le réchauffe sur son *sein...*
92. Laqueo *gulam* fregére [c], ...	ils se sont rompu la gorge par un filet, c.-à-d.- ils se sont pendus.
93. Piscis exsultat freto, agitatque *gyros* [d],	FRETO, golphe, mer, vient de *fretus ;* GYRUS, *tour, circuit.*
94. *Hariolos*, haruspices mitte omnes [e],	chasse tous les devins, etc.
95. Inceptus clamor frustratur *hiantes* [f],	le cri commencé, frustre, ou trompe eux *ouvrant la bouche.*

D'autres veulent crier, et leurs voix défaillantes
Expirent de frayeur sur leurs lèvres *béantes.* Delille.

96. Caruitne febris te *here*, vel nudiustertius? et *heri* cœna-vistine ? [g],	la fièvre t'a-t-elle quitté *hier* ou avant-hier ? as-tu dîné hier ?
97. Obòluisti allium, germana illu-vies, *hircus*, hara suis [h],	tu sens l'ail, vraie immondice, *bouc*, étable à POURCEAUX.
98. Non missura cutem nisi plena cruoris *hirudo* [i],	... *sangsue* qui ne lâchera la peau (cutem) que pleine de sang.
99. Aut arguta lacus circumvoli-tavit *hirundo* [k],	ou *l'hirondelle instruite, ingénieuse...* a volé autour des lacs.

N° 365. Tùm stygio regi nocturnas *inchoat* aras [l].

100. Il *commence*, ou il élève, il *dédie* des autels au roi Stygien.	
101. Etiam opu'st chlamyde et *macherá* et petaso [m],	j'ai aussi besoin d'un surtout, d'une épée et d'un chapeau à grands bords.
102. *Jejuna* CLIVOSI glarea ruris Vix casias roremque ministrat [n],	le gravier *à jeûn* ou *aride* d'une campagne EN PENTE fournit à peine du romarin etc.
103. Triremes hùc illùc *meant* [o],	les galères *vont*, *passent* çà et là.
104. Ærataeque micant *peltæ*, micat æreus ensis [p]; Corda timore *micant* [q],	de *petits boucliers* couverts d'airain, brillent, une épée d'airain brille. les cœurs *s'agitent*, *palpitent* etc.

a Cic. *pros Sulld.*
b Virg. 1, *Æn. v.* 718.
c Sall. *in Catil.* 58.
d Sénec. *in Agam.* 451.
e Plaut. *Amph.* 5,2,v.2.
f Virg. *Æn.* 6, *v.* 493.
g Plaut. *Curc.* 1,1,v.17.
h Plaut. *Most.* 1,1,v.38.
i Hor. *Art. poet.*
k Virg. *Georg.* 1,v.377.
l Virg. *Æn.* 6, *v.* 252.
m Plaut. *pseud.* 2,4,v.45.
n Virg. *Georg.* 2.v.212.
o Tac. 4, *Ann.* 5.
p Virg. *Æn.* 7, *v.* 745.
q Ovid. 3 *Fast. v.* 36.

105. Thus in *micas* friatur,...... | l'encens s'émie en *miettes*.
106. Migrare certu'st jam è *fano* fo- | il est bien résolu de sortir *du tem-*
    ras ª, | *ple.*
107. *Mitis* in ᴀᴘʀɪᴄɪꜱ coquitur vin- | la *douce* vendange est mûrie sur les
    demia saxis ʰ, | rochers ʙɪᴇɴ ᴇxᴘᴏsés ᴀᴜ sᴏʟᴇɪʟ.
108. Scurror ego ipse mihi, populo | je me sers de passe-temps (ou de bouffon) à
    tu ᶜ, | moi-même; toi, tu en sers au peuple.
109. *Monilibus* et margaritis defor- | les hommes sont enlaidis par les
    mantur viri ᵈ, | *colliers*, et par les perles.

Nº 366. *Munda* sed è ᴍᴇᴅɪᴏ consuetaque verba, Scribite ᵉ.

110. Écrivez des paroles *propres* (bien chois.), mais ᴜsɪᴛéᴇs et accoutumées.
111. *Multâ* et pœnâ multavit ᶠ,...il le condamna à une amende, et à...
112. Pallentes habitant *morbi* ˢ, .. | les pâles *maladies* habitent.
113. Ut *muscæ*, culices, pedesque, | comme les *mouches*, les cousins, les p..x,
    pulicesque, cimices, bono | les puces, les punaises, vous n'êtes pro-
    usui estis nulli ʰ, | pres à aucun bon usage.
114. *Macte* novâ virtute, puer; sic | *courage*, ᴍᴀᴄᴛᴇ, de *magis aucte.*
    itur ad astra ⁱ, |
115. In vinum *mustum* veratri ma- | jète dans le vin *récent* (ou *moût*),
    nipulum conjicito ᵏ, | une poignée d'ellébore vert.
116. Sic *mutilus* minitaris ˡ !...... | ainsi mutilé, tu fais des menaces.
117. Æsopus ibi stans, *naris emunc-* | d'un nez *bien mouché*, c.-à-d. d'un
    tæ senex, si vis... inquit. | goût fin.
    da ᵐ, |
118. *Nempè* hinc abire vis ⁿ, ... | ainsi donc ou *vraiment* (de *nam*
     | et *pe*).
119. Nucleum amisi; reliquit pignori | j'ai perdu le noyau; il m'a laissé
    putamina. º, | les coquilles en gage.

Nº 367. . . . . Cum sit *obeso*

Nil melius turdo.... Nil vulvâ pulchrius amplâ ᵖ.

120. Comme il n'y a rien de meilleur qu'une grive *bien grasse*....
121. Omnium versatur urna, seriùs | l'urne de tous est agitée, le sort doit
    ociùs sors exitura ᑫ, | tôt ou tard sortir.
122. Ex *aleâ* efficitur oleum ʳ, ... | ᴏʟᴇᴀ se dit de l'olive et de l'olivier.
123. Præmiaque ingeniis *pagos* et | ᴘᴀɢᴜs sign: bourg, canton et *com-*
    ᴄᴏᴍᴘɪᴛᴀ circùm Theseïdæ | *pitum*, carrefour.
    posuêre ˢ, |

---

a Pʟᴀᴜᴛ. *Circ.* 2, 1, ᴠ. 1.
b Vɪʀɢ. *Georg.* 2, v. 522.
c Hᴏʀ. 1, *epist.* 17. v. 19.
d Qᴜɪɴᴛ. 11, 1.
e Oᴠɪᴅ. 3, *de Art.* v. 479.
f Cɪᴄ. *pro Corn. Balbo.*
g Vɪʀɢ. *Æn.* 6, v. 273.

h Pʟᴀᴜᴛ. *Cur.* 4, 2, v. 13.
i Vɪʀɢ. *Æn.* 9, v. 641.
k Cᴀᴛ. *de R. R.* 115.
l Hᴏʀ. 1, *Sat.* 5, v. 60.
m Pʜæᴅ. 3, *Fabl* 3.
n Pʟᴀᴜᴛ. *Merc.*

o Pʀᴏᴠ. Pʟᴀᴜᴛ. *Cap.* 3, 4,
    v. 122.
p Hᴏʀ. 1, *Epist.* 15, v. 40.
q Hᴏʀ. 2, *Od.* 3, v. 25.
r = Cᴏʟᴜᴍ. 11, 2.
s Vɪʀɢ. *Georg.* 2, v. 382.

124. Juncosus ager verti *pald* de-|il faut tourner avec la *pelle* le champ
bet ᵃ, | plein de joncs.
125. *Paleæ* jactantur inanes ᵇ, ... |des *pailles* ou *balles* vides......
126. Nihil asperum tetrumque *pal-* |pour *celui qui touche doucement* ou
panti est ᶜ, | en care*ssant*, rien n'est âpre etc.
127. *Palpebræ* factæ et ad clauden- |les *paupières* ont été faites pour clore
das et ad aperiendas pupulasᵈ, | et pour ouvrir les prunelles.
128. Nos tibi *pa.umbem* ad aream |nous t'avons amené le *pigeon* ju-
usque adduximus ᵉ, | qu'à la grange.
129. Pictâ pandat spectacula CAU- |qu'il *étale* sur sa QUEUE variée.
Dᴀᶠ,

Nº. 368. Video sentum, squalidum, *pannis* obsitum ɪ.

130. Je le vois hérissé, crasseux, couvert de *morceaux de drap*.
131. Lassove *papavera* collo Demi- |les *pavots*, le cou étant lassé, ont
sêrc caput ʰ, | baissé la tête.
132. Id tu miraris, si *patrissat* filius ⁱ! |tu t'étonnes que le fils *imite le père*.
133. Ubi sementim *patraveris*, glan- |lorsque tu auras fait ou *achevé* les
dem parari, legique opor- | semailles etc.
tet ᵏ,
134. *Peram* et baculum tu philoso- |tu blâmerais dans des phil. la *besace*
phis exprobrares ˡ! | et le bâton.
135. Rex, peritus fortius esse aurum |le roi, *instruit par l'expérience* que
quam ferrum, pacem emit ᵐ, | l'or est plus fort que le fer...
136. Quod est antè pedes nemo spec- |personne ne voit ce qui est devant ses
tat; cœli scrutantur *plagas* ⁿ, | pieds ; on scrute les *régions* du ciel.
137. Si invenio qui vidit, ad eum vi- |si etc. je ferai jouer contre lui toutes mes
neas *pluteos*que agam ᵒ, | batteries. PLUTEUS, parapet, VINEA, ma-
| chine, dans les siéges.
138. Tantòque magis ferito, quantò |et frappe d'autant plus que tu peux
magis potes , *polles* ᵖ, | et que *tu vaux*.
139. Prælum de carpino *atrâ* potissi- |fais surtout le pressoir avec de la
mum facito �q, | charmille *noire*. .

Nº 369. Fautor utroque tuum laudabit *pollice* ludum ʳ.

140. Celui qui te favorise louera ton jeu, de l'un et l'autre *pouce*.
141. Prehendit dextram, seducit ˢ, |il lui prend la main, la tire à part.
142. *Fagi* glans nucleis similis ᵗ, ... |le gland du *hêtre* ressemble....
143. Accipis uvâm, *pullos*, ova, ca- |tu reçois du raisin des petits (poulets)
dum TEMETI ᵘ, | des œufs, un baril de vin.
144. In lecticâ *pulvinus* erat ᵛ, ... |il y avait un *coussin* dans la litière,
| ou chaise.

a PLIN. 18, 6.
b VIRG. Georg.3,v. 134.
c SEN. 3, de Ira. 8.
d CIC. 2, de Nat. Deor.
e PROV. PLAUT.Pers.3,3,
v. 63.
f HOR. 2,Sat. 2, v. 26.
g TER. Eun. 2, 2, v. 5.

h VIRG. Æn. 9, v. 436.
i PLAUT. pseud.1,5,v.27.
k CATO. R. R. 54.
l APUL. in Apol.
m FLOR. 3, 1.
n CIC. 2, de Divin.
o PLAUT. Mil.2,2,v.111.
p LIV. ab urbe.

q CATO. R. R. 31.
r PROV HOR.1,Epist.18,
v. 66.
s CIC. 7, in Verr.
t PLIN. 16, 6.
u HOR. 2,Epist 2,v.161.
v CIC. 7, in Verr.

145. *Putet* aper , rhombusque re- | le *sanglier* et le turbot *récent puent.*
cens [a] ,
146. Si merulis intentus decidit au- | si l'oiseleur attentif aux merles, tom-
ceps in *puteum* foveamvé [b] , | be dans un *puits* ou dans une fosse.
147. Ostrea *rufa* , fusca, nigra [c] , .. | l'huître est *rousse* , brune, ou noire.
148. *Rugis* vetus frontem senectus | la vieillesse sillonne le front de
exarat [d] , | rides.
149. Dies noctesque estur , bibitur ; | jour et nuit on mange, on boit, c'est
sagina planè est [e] , | une vraie *bombance.*

N° 370. Is olet et *saniem* SPURCAM mittit [f].

150. Il sent et jète une *sanie* ou un *pus* SALE.
151. Palles, — saucius factus sum, | tu es pâle — j'ai été *blessé* dans le
in prælio [g] , | combat.
152. Ante focos olim longis conside- | c'était autrefois la coutume de s'as-
re *scamnis* mos erat [h] , | seoir sur de longs *bancs* devant
| les foyers.
153. Minimè sputator , *screator* | je ne crache pas, mais je *tousse pour*
sum [i], | *cracher.*
154. Sine inter victrices hederam | permets que le lierre *rampe* parmi
tibi *serpere* lauros [k] , | tes lauriers vainqueurs.
155. Tragicos decet ira cothurnos [l], | la colère convient aux tragiques cothurnes,
Usibus è mediis *soccus* ha- | le *socque* ou brodequin devra être pris
bendus erit , | pour les usages communs.
156. Quid fiet *sonti* , cùm REA lau- | qu'arrivera-t-il à une *coupable*, puisque
dis agar [m], | je suis poursuivie, comme ACCUSÉE
| d'une action digne de louange.
157. Gradere ad infernos *specus* [n], | marche vers les *cavernes* infer-
| nales.
158. *Spica* habet granum, glumam, | *l'épi* a le grain, la peau du grain,
aristam et vaginam [o], | la barbe et le fourreau.
159. Omne lac igne *spissatur* [p], ... | tout lait *est épaissi* par le feu.

N° 371. . . . . TORUS est de mollibus ulvis [q].

Impositus lecto, *spondâ* pedibusque salignis.

160. NOTA. TORUS est un lit fait avec des herbes tordues ; *sponda* , bois
de lit, bord du lit ; *salignis* , de saule.
161. Nosque ipsos redargui et re- | souffrons que nous soyons nous-
felli patiamur [r], | mêmes repris et *réfutés.*
162. Sensit imis *stagna* refusa va- | il sentit que les *étangs* (les eaux)
dis [s], | étaient répandus du fond de leurs
| gués ou lits.

a HOR. 2 , *Sat.* 2 , v. 40.
b HOR. *Art. poet. v.* 458.
c PLIN. 32, 6.
d HOR. *Art. poët.*
e PLAUT. *Most.* 1,3, v. 78.
f CAT. R. R. 157.
g PLAUT. *Pers.* 1, 1,v.24.
h OVID. 6, *Fast. v.* 303.
i PLAUT. *Mil.* 3, 1, v.52.
k VIRG. *Ecl.* 8 , v. 12.
l OVID. *de Remed.* v.375.
m OVID. *hyperm.*
n SENEC. *in Thyest.* 105.
o VARR. 1, *R.R.* 48.
p PLIN. 11, 41.
q OVID. *Met.* 8, v. 655.
r CIC. *Tusc.* 2, 2.
s VIRG. *Æn.* 1 , v. 126,

163. Saxum ingens volvunt alii, radiisque rotarum districti pendent[a],	d'autres roulent etc., retenus par les *rayons* des roues, ils sont suspendus.
164. *Speluncis* abdidit atris[b],	il les enferme dans des cavernes noires.
165. Delphini dorsum repandum, rostrum *simum*[c],	le dos du dauphin est cambré, son groin ou museau *camus*.
166. Estne hic Crito, sobrinus Chrysidis[d],	est-ce là Criton, le cousin de Chrysis?
167. Non naturâ, nec sum tam CALLIDUS usu, *Solertem* tu me, crede, puella, facis.	*callidus, peritus, astutus, solers,* marquent tous idée *d'adresse,* de finesse (*).
168. Annuit, et totum nutu tremefecit Olympum[e],	il fit signe de la tête, et par ce signe il fit trembler.....

169 Claudite jam rivos pueri, sat prata biberunt[f],

170. Jam satis est; ne me Crispini *scrinia* lippi,
Compilasse putes, verbum non ampliùs addam[g].

(*) Les latins ont *callosus,* calleux, *calleo,* j'ai le cal ou l'usage, ou je sais bien; *solers,* vient de *soleo,* j'ai coutume et *d'ars,* art, adresse.

---

a VIRG. *Æn.* 6, *v.* 616.
b VIRG. *Æn.* 1, *v.* 60.
c PLIN. 9, 8.
d TER. *Andr.* 4, 6, *v.* 6.
e VIRG. *Æn.* 9, *v.* 106.
f VIRG. *Eccl.* 3, *v.* 111.
g HOR. *Sat.* 1, *in fine.*

TABLE

ET MOYENS D'EXERCICES.

ABRÉVIATIONS

Employées dans la Table , et leur EXPLICATION.

DEMI-PARENTHÈSE, (

Lorsqu'un mot finit la citation, dont on rapporte un fragment dans la table, on a été obligé, pour ne pas le laisser isolé, de transporter après lui un ou plusieurs des mots qui le précèdent immédiatement. La demi-parenthèse sert à indiquer ce transport,

Ainsi : *Abeam* (*doctior*, pag. 333ᶜ, est pour *doctior abeam ;*

Agis (*si quid*, pag. 178ᴾ, est pour *si quid agis.*

D'ailleurs on peut toujours recourir à la page et au passage cités.

CHIFFRES ET POINTS

Placés au commencement ou à gauche de chaque colonne.

Il n'y a de points que devant les six premiers chiffres qui marquent les déclinaisons. Voici l'explication des uns et des autres :

0	Signifie substantif irrégulier.		
1	—	1ʳᵉ décl. régulière.	
2	—	2ᵐᵉ	id.
3	—	3ᵉᵐᵉ	id.
4	—	4ᵉᵐᵉ	id.
5	—	5ᵉᵐᵉ	id.

Lorsque ces chiffres sont précédés d'un point en cette sorte ˙0 ˙1 ˙2 3 ˙4 ˙5, c'est que le substantif est masculin. Deux points :0 :1 :2 :3 :4 :5, indiquent que le substantif est féminin ; l'absence du point ou des deux points désigne les neutres.

10	Signifie adjectif irrégulier , ..		comme *hic, is, qui, vetus* etc.
11	—adjectif en *us, a, um* , ..		comme *doctus, doctissimus,* etc.
12	—	— en *er, ra, rum* ,.	comme *dexter, ra, rum.*
13	—	— en *er, ris, re,* ..	comme *acer, acris, acre.*
14	—	— biforme en *is , e,*	ou le comparatif *or, us.*
15	—	— unif. en *s* ou en *x,*	comme *pruden-s, feli-x.*

20	Signifie verbe irrégulier.			
21	—	1ʳᵉ CONJUG.	*are, o.*	
22	—	2ᵉᵐᵉ	—	*ere, eo.*
23	—	3ᵉᵐᵉ	—	*ere, o.*
24	—	4ᵉᵐᵉ	—	*ire, io.*
25	—	5ᵉᵐᵉ	—	*ere, io.*

Noᴛᴀ. Les verbes déponents se reconnaissent par la forme lexicale qui est toujours en *or,* jamais en *o.* Ainsi, 23 *loquor* signifie *verbe déponent* de la 3ᵉ conjugaison, car *loquo* n'est point dans la table ; si l'on a 23 *loquuntur,* on recourt à la forme lexicale qui apprend que le mot se rattache à *loquor* et qu'il est déponent.

30 signifie *mot invariable,* vulgairement dit préposition, adverbe , conjonction ou interjection.

TABLE

ET

MOYENS D'EXERCICES.

C'E n'est que sur l'intuition même de la table imprimée que nous pouvons bien faire comprendre l'usage, le dessein et toute l'importance de cet instrument. *V.* les observations placées à la fin du volume ;

Nous y joindrons aussi quelques conseils, sur la manière d'étudier l'ouvrage.

ERRATA. Il est fondu dans la table, selon l'ordre alphabétique, en cette sorte : *Istæ cùm ita sint*, lisez : *Istæc cùm ita sint*, pag. 327 ².

Ainsi, lorsqu'on doute si un passage est ou non correct, on va le chercher dans la table, et l'on s'assure ainsi du fait.

Les fautes qui auraient pu se glisser dans la table elle-même, seront rapportées et corrigées à la suite du mot VOYEZ, qui aura son article dans la table.

A

	Pag.
A, initiatif *grec*,	9
A, initiatif *latin*,	9
3o A, traité	233
— cœnâ redit,	91 *i*
— lævâ,	107 *b*
— sue discrepat,	107 *g*
— populo divisit,	110 *i*
— terrâ contingere,	131 *g*
— feris austeritas,	168
— Romulo dicta,	191
— principio,	191 *a*
— me (evenerunt,	223 *n*
— terrâ ad cœlum,	233 *a*
— meo Cicerone,	233 *g*
— pueris ... summo,	233 *h*
— teneris consuesc.	233 *i*
— pedibus servum,	233 *m*
— latere (legatus,	233
— Platone,	233
— nemto,	238 *g*
— lenone	238 *o*
— viris virtus,	241 *g*
— frumento,	244 *d*
— scribendo,	244 *k*
— cogitando,	244 *l*
— quo principe,	307 *f*
— quo ? — at patet,	320 *h*
— me utinam,	348 *h*
— medicis,	360 *e*
— meis me amari,	370 *a*
— me diligi,	370 *b*
— vertice... ad,	374 *a*
— calce ad carceres,	374 *b*
— carceribus... ad,	374 *c*

	Pag.
3o A te id petamus,	410 *h*
— meo jure,	424 *e*
— labris,	430bb
AB, initiatif,	9
3o AB, traité	233
— ancisu,	108 *b*
— illo militte,	127 *h*
— hoc abaco,	229 *e*
— urbe venit, 229 *f* 240 *a*
— animo, doleo,	233 *b*
— sæculo ad,	233 *c*
— illo tempore,	233 *d*
— horâ octavâ,	233 *e*
— ovo ad mala,	238 *f*
— re nequid ores,	233 *h*
— romanis,	233 *l*
— transennâ,	239
— urbe venit,	240 *a*
— octavâ Marius,	241 *a*
— annis,	241 *b*
— Æneâ vincor,	241 *a*
— eo argentum,	241 *d*
— ædificando,	244 *l*
— imo perdocet,	260 *p*
— uno disco,	303 *d*
— illo (alter,	311 *d*
— arce,	311 *l*
— eo petam,	330 *f*
— se filius,	331 *c*
— te impetres,	337 *e*
— his locis,	347 *e*
— illis qui verè,	349 *a*
— asinis ad boves,	350 *g*
— usu,	369 *f*
— his locis,	369 *g*
— illo Hectore,	372 *a*

	Pag.
3o Ab ore figuram,	412 *d*
— alto desilit,	429 *b*
2 Abaco vasa	229 *e*
4 abactum d'abigo,	161
23 Abdi-*di*, *tum*,	161
23 abdidit se in,	165 *a*
23 — ensem,	238 *d*
23 abdi-*xi*, *ctum*,	161
23 abdo, abdidi,	51
— me in,	165 *b*
V. abdidi, abdidit.	
20 abeam (doctior,	333 *c*
20 abeamus nostras,	89 *n*
20 abeat (mavis ut,	136 *h*
— quàm adveniat,	185
23 abegerunt (pecus	178 *v*
23 ab-*egi*, *actum*, 64,	161
23 abegisse memorant,	325 *d*
20 abeo, adeo, coeo,	134
V. abeamus, abeat, abi, abibo, abierit, abierunt, abiit, abire, abis, abivi.	
20 aberant noctes,	88 *e*
20 abesset à patriâ,	225 *n*
20 abest tres menses,	272 *f*
— mons Atlas,	273 *a*
— quin sim,	407 *c*
— à culpâ,	411 *e*
20 abfui, d'absum,	130
20 abfuit quin,	407 *d*
11 abfuturus,	130
22 abhorret animus,	244 *k*
20 abi deambulatam,	270 *l*
20 abibo præsens,	328 *d*
11 abiegna trabes,	340 *n*
20 abierit, causam,	409 *e*

Pag.

31 Ademptum, (luge-
bat,   109 f
30 adeo, coeo, ineo,   134
V. adeunda, adeunt, adit.

30 adeò-ne mori,   73 d
— à teneris........   233 i
— procedunt,   342 b
— donec perpulit,   420 e
— videmur,   348 e
Let :3 adeps, v. adipes.

'4 adeptum,   61
30 aderant acerrimi,
30 aderit multo de,   332 h
30 adero, (jam inquam..   137 n
30 adesdùm, ou ades
dùm,   410 k l
30 adesse mihi,   275 f
11 adeundæ sunt,   213 b
30 adeunt (delubra,   436 o
23 adferam (causam,   81 e
30 adfui, d'absum,   130
11 adfuturæ,   130
32 adhæ-si, sum,   263
11 adhibitum quoad,   414 b
30 adhuc mitte,   280 b
— si me amas,   432 b
23 adimet nemo,   413 b
23 adimisque dolores,   179 a
23 adimo, ademptum,   52
V. ademerunt,   178 cc
adimis,   179 a
adimet,   413 g
'3 adipes medicaminib. 433 a
11 adipiscendum ve-
niunt,   283 a
23 adipiscor, adeptum,   61
30 adit oppida pastor,   253 i
'4 aditus littoris,   178 cc
25 adje-ci, ctum,   161
25 adjecisse prædam,   427 d

ADJECTIF, sa gradua-
tion,   75
ADJECTIF, sa décl. v. les
déclinaisons irrég. et régulières.   78, 90
— sens et étendue du mot
adjectif,   189, 292
— sa syntaxe montrée dans
32 numéros,   292
V. gérondifs, etc. etc.

'4 adjectum, d'adjicio,   161
25 adjicias (regum,   217 f
25 adjicio, v. adjicias, adji-
cisse, adjiciunt.
25 adjiciunt (mellis,   205 q
23 adjun-xi, ctum,   163
31 adjutabo senem,   402 f
31 adjuto, v. le précéd.
31 adjuvat (turbo,   433 g
31 adjuvo, v. adjuvat.
11 adlegatum senem,   338 k
25 admirabilius,   427
'3 admirator armifer,   203 a
31 admiror (ingenia,   203 d
23 admi-si, ssum,   263
'4 admissum, d'admit-
to,   103

Pag.

23 Admittier orant, 50 b, 109 b
— et 291 a
30 admodùm (modò,   378 d
22 admoneo,   219
V. admonuerunt, admo-
nes.
22 admones (rectè,   376 b
22 admonuerunt religio-
num,   274 k

ADMIRATIVES (phra-
ses),   333, 345

11 admonitum volo,   273 l
22 admov̇eo, v. admovi, admovit.
22 admovi (aurem,   168 c
22 admovit (copias,   160 b
— (manus,   112 m
11 adnare necesse,   91 a
'3 adolescens, non de-
seram senet,   193 m
— (usus sum,   305 l
:1 adolescentia, huma-
num,   300 k
23 adolescit (pedes,   273 d
23 adolesco, v. adolescit,
adolescens.
'3 Adonis (pavit,   176 e
3 ador, marmor,
æquor,   293
11 adorea liba,   433 b
22 adsolent quæque,   321 p
11 adstrictum corpus
sit,   393 c
31 adstiti, d'adsto.
'3 adstitum, d'asto.
30 adsum, adesse,   130
— (quem quæritis,   238 i
V. aderit, adero, ades,
adesse, adeat, adsunt,
affuero, affuerim, affue-
runt.
30 adsunt bona, quem, 263 d
— (lucet,   324 e
25 adulantem omnes,   433
21 adulor, v. adulantem.
21 adulter, v. adulteros.
11 adulteriatus,   34
'3 adulteros punivit,   102 a
21 adsultum, d'adoleo,   65
22 adursi, d'aduȓeo,   173
'4 adursum, du même.
11 advectus est navi,   80 c
'1 advenam qui,   341
24 adveniat (abeat
quàm,   186
15 advenientibus,   431 m
— (coram,   298 o
24 advenimus (serò,   412 g
24 advenio, v. adveniat, advenientibus, advenimus,
advenit, advenisse, adve-
nit.
24 adveois modò,   378 d
— (per tempus,   265 a
24 advenisse diem quâ, 305 f
24 advenit (rure huc,   240 d
21 adventabant (finem, 263 m
'3 adventor gravior, . 185

Pag.

'4 Adventum (hostium, 175 p
11 adventurum domum, 228 f
ADVERBES dits de
quantité, leur
liste,   205, 206
ADVERBES, syntaxe
des diverses sortes
d'adverbes,   3-5
11 adversæ rei,   119 d
— res admonuerunt, 273 i
30 adversùm special.. 268 c
— incedit,   266 f
11 adversus, schamare, 9
30 adversùs eos quæ 266 o
23 advesperasceret,   324 d
23 advesperascit,   251 c
23 advexit nimiùm,   265 l
11 advigilare æquam, 312 c
11 advocatus,   36
2 adytis effert,   433
'1 Æacidæ telo,   315 g
— similis,   408 b
'1 Æacides, v. Æacidæ.
:3 ædem Veneris,   209 g
— Felicitatis,   209 l
30 ædepol volo,   58 c
— mihi morigeri,   396 c
— larvarum,   3-3 a
V. edepol.
:3 ædes pervolat, 91 e, 200
— (aperiuntur,   106 b
— ne quis adventor, 185 b
— (domi per,   209 b
— sese habet,   259 g
— commutes,   314 a
— (perambula,   411 c
V. ædibus.
:3 ædibus domi,   208
— (nequeo in,   209 c
— (ex,   363 l, 420
11 ædificando (ab,   244 c
21 ædificant (equum, 207 l
21 ædifico, v. ædificant.
'3 ædilis, hoc est,   200 c
:3 ædilitas,   42
23 ægresco, vesperascit, 30
11 æger, v. ægri.
30 ægrè est (nunc tibi, 308 l
:1 ægri omnes non, 104 a
:3 ægritudine,   233 b
— (aut,   242 f
:3 ægritudo cum cog. 431 c
11 æmulum fuit,   25- e
'1 Ænea (non ruit, 209 c
'1 Æneâ (vincor ab, 232 a
                             294 b
'1 Æneam ou Ænean, 99
'1 Æneæ cunctis,   103
'1 Æneæ sese   310 d
'1 Ænean duxit   254 g
— nube cavà,   315 f
'1 Æneas (italis,   49 a
— sa décl.   99
— descendit,   322 k
— quò dives Tullus, 404 b
V. Æneâ, Ænea, Ænean.
:3 Æneis, sa déclin.. 110
11 æneus (aureus,   37
'1 Æolus hæc contrà, 197 d

	Pag.
ACHAINTRE,	LXX
·3 Achates gerebat,	307 e
·3 Acheronta movebo,	170m
·3 Acheronte sub,	307 h
·3 Achilles (jam partus,	49 c
— est, inquit,	85 g
·3 Achilli (indutus,	372 a
11 acidulus,	3 et 46
:5 acies romanas,	370 f
— (fecit,	411 k
·3 acinacis mutari;	106 a
a aconita novercæ,	430 u
23 acquia-vi, tum,	164
11 acquirendi sunt quos,	180 f
23 acquirit eundo,	88 o
23 acquiro, v. acquirendi, acquirit, acquisiit, acquisivi, acquisivit.	
23 acquisiit, hæreditatem,	180 e
23 acquisi-vi, tum,	162
13 acre,	77
13 acres venabor,	100 a
13 acri gaudet equo,	109 a
15 acrior fuit quàm,	309 b
13 acris,	77
30 acriter,	42
— utrimque,	430bb
11 acti non pœnitet,	213 b
:3 actio, actionis,	110
:3 activitas,	42
·3 actor, :3 actrix,	45
·4 actu forensi,	250 g
— remotus est,	245 d
— mori,	250 k
·4 actum, d'ago,	162
11 actum aliquid,	256 f
— sit ou fuerit,	358
— esset nescio,	360 k
— esse,	363 h
— est (ilicet,	380 f
11 acturi sitis,	143 s
acturus sis,	357
— fueris,	357
— esses,	357
— fuisses,	357
·4 actus, motus,	97
V. actu, actum,	
11 actus compositò,	194 d
:4 acu, (tetigisti,	186 y
23 acui, acuere,	59
'a aculeus, quòd,	169 v
23 acuo, v. acui, etc.	
ACUS, AX, ACÆUS, ICUS, terminatif,	31
:4 acus, v. acu,	
11 acutâ, (pastus,	113 r
11 acuto cingimur,	348 g
11 acutum, cultrum,	104 i
11 acutus, v. acuta, acuto, acutum,	
AD, initiatif,	9
30 AD rem referunt,	81 x
— potum cant,	115 v
— exemplum,	120 e
— cœnam foràs,	132 i
— opus ire,	135 l
. — stomachum,	148 c

	Pag.
30 AD te, domine,	160 e
— sinistram,	167 k
— honestatem,	168 s
— rectum,	168 t
— victimas,	172 q
— scopulos,	174 f
— vos oratum,	174 x
— illum ex,	175 a
— pectora natos,	175 g
— flumina,	178 o
— insulam,	179 h
— fores ausculate,	185
— inferos,	205 u
— fatim, v. affatim,	208 k
— instar castrorum,	208 l
— Vestæ,	209 d
— Dianæ,	209 f
— ædem Felicitatis,	209 h
— inopiæ,	211 i
— templa,	211
— littora,	211 d
— eum,	211
— ad hunc,	211 e
— te mittam,	211 e
— me (deferto,	224 c
— æthera clamor,	227 g
— portam,	227 i
— portus,	227 k
— aures,	227 m
— terram fluit,	251 a
— incitas,	251 e
— assem,	251 f
— quindecim coëgi,	251 g
— ravim poscas,	251 h
— unum,	251 k
— hunc modum,	251 m
— normam fieri,	252 a
— perpendiculum,	252 a
— libellam,	252 a
— amussim,	252 b
— lapidem,	252 c
— horam novam,	252 c
— audiendum,	252 e
— tonsorem,	270 a
— cœnam,	270 b
— pocula,	270 c
— ineptias redis,	270 e
— propositum,	270 e
— rastros res,	270 f
— restim mihi,	270 g
— rem pertinet,	271 k
— me Valerius,	270 n
— omne tempus,	271 a
— laudem nati,	271 b
— ... arbitrium,	271 u
— nutum,	271 g
— me attinet,	271 h
— miserias ego,	271 o
— juga natæ,	271
— pulmones usque,	272 a
— me specta,	272 b
— horas tres,	272 h
— potum venientes,	272 b
— mercatum venio,	276 d
— me iri æquum,	277 a
— objurgandum,	277 d
— narrandum locas,	277 c
— denegandum,	277 f
— remp. gerendum,	283 a
— honores,	283 a
— bonos mores,	292 f
— rivum eumdem,	295 h

	Pag.
30 AD sex millia,	303 m
— eum locum, quæ,	304 d
— tribunal,	305 a
— ea castra,	305 c
— imam threx,	312 u
— extrema,	312 v
— rem sumus,	330 d
— pauca redeam,	337 k
— canitiem,	347 d
— boves transc....,	350 g
— imos,	374 a
— carceres,	374 b
— metas,	374 c
— navim Sosiam,	378 f
— me recipito,	377 f
— rem redi,	390 b
— lucem vigiles,	395 b
— me scripsissetis,	403 c
— te venire hùc,	410 d
— te scribo,	413 e
— me dedit,	416 d
— herum ut veniat,	416 h
— porri, et ciceris,	435 n
— caulas,	435 p
— astra,	430 i
— aperiendas,	440 a
— aream aduximus,	440 e
— eum vineas,	440 o
— infernos,	441 n
·4 adactum, d'adigo,	162
3 adamante columnæ,	116 a
21 adamare,	9
3 adamas, v. adamante.	
21 adamo, v. adamare.	
11 adau-xi, ctum,	162
23 adde duas,	86 e
11 addendum partis (pour partes) alias,	284 æ
23 addentur dum,	86 b
23 addere, addo,	9
23 — myrris,	321 c
23 addiderat socium,	310 d
23 addi-di, tum,	162
23 addidi, (primùm,	88 c
23 addi-dici, scitum,	162
23 addidit quare,	410 e
·4 addiscitum,	162
23 addit, (minis,	88 l
11 — pauca,	84 d
ADDITION, figure d'altération,	49, 50
:3 ADDITIO,	2
23 addito et salem,	162
'4 additum, d'addo,	161
11 additus, (gladius est,	112 l
23 addi-xi, ctum,	162
23 addo,	51
V. addam, addere, addidit, addit, adde, addendum, addentur, addiderat, addidi, addidit, addito.	
23 adduc, si me amas,	422 b
11 adducti qui illam,	341 a
23 adducere homines,	271 e
23 adduximus (usque,	440 e
ad-egi, actum,	161
23 ademerunt, (littoris,	178cc
23 adem-i, ptum,	162
V. ademerunt, ademi, ademptum.	

Pag.

11 Ademptum, (luge-
  bat,   109 *f*
20 adeo, coeo, mos,   134
  V. adeunda, adeunt, edit.
30 adeò-ne mori,   73 *d*
  — à teneris........   233 *i*
  — procedunt,   342 *b*
  — donec perpulit,   420 *e*
  — videmur,   348 *e*
'Let :3 adeps, *v.* adipes.
'4 adeptum,   61
20 aderant acerrimi,   88 *d*
20 aderit multo de,   432 *h*
20 adero, (jam inquam.. 137 *n*
30 adesdùm, ou ades
  dùm,   419 *kl*
20 adesse mihi,   275 *f*
11 adeunda sunt,   113 *b*
20 adcunt (delubra,   436 *o*
23 adferam (causam,   81 *e*
20 adfui, d'absum,   130
11 adfuturus,   120
22 adhæ-si, sum,   163
11 adhibitum quoad,   414 *b*
30 adhuc mitte,   280 *b*
  — si me amas,   422 *b*
23 adimet nemo,   423 *f*
23 adimisque dolores,   179 *a*
23 adimo, ademptam,   52
  V. ademerunt,   178 *cc*
    adimis,   179 *a*
    adimet,   423 *g*
'3 adipes médicaminib. 433 *n*
11 adipiscendum ve-
  niunt,   283 *a*
23 adipiscor, adeptum,   61
20 adit oppida pastor,   253 *i*
'4 aditus littoris,   178 *cc*
25 adje-ci, ctum,   161
25 adjecisse prædam,   407 *d*
  ADJECTIF, sa gradua-
  tion,   75
  ADJECTIF, sa décl. *v.* les
    déclinaisons irrég. et ré-
    gulières.   78, 90
  — sens et étendue du mot
    adjectif,   189, 202
  — sa syntaxe montrée dans
    32 numéros,   292
  V. gérondifs, etc. etc.
'4 adjectum, d'adjicio, 161
25 adjicias (regum,   217 *f*
25 adjicio, *v.* adjicias, adji-
    cisse, adjiciunt.
25 adjiciunt (mellis,   205 *q*
23 adjun-xi, ctum,   163
21 adjutabo senem,   402 *f*
21 adjuto, *v.* le précéd.
21 adjuvat (turbo,   433 *g*
21 adjuvo, *v.* adjuvat.
11 adlegatum senem,   338 *k*
25 admirabilius,   427
'3 admirator armifer,   203 *d*
21 admiror (ingenia,   203 *d*
23 admi-si, ssum,   163
'4 admissum, d'admit-
    to,   163

Pag.

23 Admittier orant, 50 *b*, 109 *b*
  —   et 291 *a*
30 admodùm (modò,   378 *d*
22 admoneo,   219
  V. admonuerunt, admo-
    nes.
22 admones (rectè,   376 *b*
22 admonuerunt religio-
    num,   274 *k*
  ADMIRATIVES (phra-
    ses),   333, 345
11 admonitum volo,   273 *l*
22 admoveo, *v.* admovi, ad-
    movit.
22 admovi (aurem,   165 *c*
22 admovit (copias,   260 *b*
  — (manus,   112 *m*
21 adnare necesse,   91 *a*
'3 adolescens, non de-
    seram senet,   193 *m*
  — (usus sum,   305 *l*
:1 adolescentia, huma-
    num,   300 *k*
23 adolescit (pedes,   273 *f*
23 adolesco, *v.* adolescit,
    adolescens.
'3 Adonis (pavit,   176 *e*
3 ador, marmor,
    æquor,   293
23 adorea liba,   433 *b*
22 adsolent quæque,   321 *p*
11 adstrictum corpus
    sit,   393 *c*
21 adstiti, d'adsto.
'4 adstitum, d'asto.
20 adsum, adesse,   130
  — (quem quæritis,   238 *i*
  V. aderit, adero, ades,
    adesse, adest, adsunt,
    affuero, affuerim, affue-
    runt.
20 adsunt bona, quem,   263 *d*
  — (lucet,   324 *e*
25 adulantem omnes,   433
21 adulor, *v.* adulantem.
'2 adulter, *v.* adulteros.
11 adulterinus,   34
'2 adulteros punivit,   102 *a*
'4 adsaltum, d'adoleo,   65
22 adursi, d'adurgeo,   173
'4 adursum, *du même*.
11 advectus est navi,   80 *c*
'1 advenam qui,   341
24 adveniat (abeat
    quàm,   196
15 advenientibus,   491 *m*
  — (cœnam,   288 *o*
22 advenimus (serò,   412 *g*
24 advenio, *v.* adveniat, ad-
    venientibus, advenimus,
    advenis, advenisse, adve-
    nit.
24 advenis modò,   378 *d*
  — (per tempus,   265 *a*
24 advenisse diem quò,   305 *f*
24 advenit (rure hac,   240 *d*
21 adventabant (fineam, 253 *m*
'3 adventor gravior, .   185

Pag.

'4 Adventum (hostium,   175 *f*
11 adventarum domum,   228 *f*
  ADVERBES dits de
    quantité, leur
    liste,   205, 206
  ADVERBES. syntaxe
    des diverses sortes
    d'adverbes,   3-5
11 adverse res,   219 *d*
  — res admonuerunt,   2-4 *i*
30 adversùm special..   266 *i*
  — incedit,   266 *f*
11 adversus, admittere,   2
30 adversùs eos quos,   266 *l*
23 advesperasceret,   324 *d*
23 advesperascit,   231 *c*
23 advexit nimiùm,   225 *i*
21 advigilare æquam,   325 *a*
11 advocatus,   36
2 adytis effert,   433
'2 Æacidæ telo,   325 *f*
  — similis,   400 *s*
'1 Æacides, *v.* Æacidæ.
:3 ædem Veneris,   209 *f*
  — Felicitatis,   200 *i*
30 ædepol volo,   53 *i*
  — mihi morigeri,   366 *e*
  — larvarum,   2-3 *s*
  V. edepol.
:3 ædes pervolat, 91 *e*, 202
  — (aperiuntur,   206 *b*
  — ne quis adventor,   285 *b*
  — (domi per,   209 *b*
  — sese habet,   253 *s*
  — commutes,   314 *s*
  — (perambula,   411 *c*
  V. ædem, ædibus.
:3 ædibus domi,   206
  — (nequeo in,   209 *c*
  — (ex,   363 *l*, 420
11 ædificando (ab,   244 *i*
22 ædificant (equum,   207 *i*
21 ædifico, *v.* ædificant.
'3 ædilis, hoc est,   200 *c*
:3 ædilitas,   244
23 ægresco, vesperascit, 30
12 æger, *v.* ægri.
30 ægrè est (nunc tibi, 308 *l*
11 ægri omnes non,   104 *a*
:3 ægritudine,   233 *i*
  — (aut,   412 *f*
:3 ægritudo cum cog.   43 *c*
21 æmulum fuit,   25 *e*
'1 Ænea (nos ruit,   199 *c*
'1 Æneã (vincor ab,   242 *a*
  — ,   194 *b*
'1 Æneam ou Ænean,   99
'1 Æneæ cunctis,   217 *c*
'1 Æneæ sese,   310 *d*
'1 Ænean duxit,   254 *a*
  — nube cavâ,   315 *f*
'1 Æneas (italis,   49 *a*
  — sa décl.   99
  — descendit,   322 *k*
  — quò dives Tallus,   401 *k*
  V. Æneã, Ænean, Æneas.
:3 Æneis, sa déclin..   120
11 æneus (aureus,   37
'2 Æolus hæc contrà,   197 *d*

		Pag.
11	Æquanimus ,	10
	— fiam ,	427 e
30	æquè est aridus ,	390 g
	— atque ,	390 g
	— ac tu ,	410 a
11	æqui sitis ,	148 o
	— bonique facio ,	215 f
	— et boni ,	216
2	æquinoctium ,	10
2	æquipondium ,	10
11	æquis 'animis ,	423 l
11	æquissimum ,	93
	— orat ,	300 a
11	æquivocus , æquip..	10
11	æquo (violentior ,	204m
	— pulsat pede ,	387 a
3	æquor , suber ,	57
	V. æquora.	
3	æquora juxta ,	259 b
	— currunt ,	303 l
11	æquum , optimum ,	93
	— est ,	146 d
	— censeo ,	277 a
	— parere ,	288 p
	— que oras ,	299 f
	— est ,	301 b
	— parere ,	310 b
	— est (advigilare ,	327 a
11	æquus , v. æqui , æquis	
	æquo , æquum.	
·3	aér , æther ,	122
	V. ære.	
3	æra (fornacibus ,	170 i
11	ærataeque micant ,	438 p
·3	aére ningit ,	169m
	— dat , pingitur ,	111 a
11	ærei , (profuit ,	313 e
11	æreus , v. ærei.	
	— ensis ,	438 p
11	aérias tentasse ,	275 l
15	æripes , capripes ,	27
3	æris amav t ,	104 l
	— gaudet equis ,	204 n
11	aérius , v. aérias.	
:2	ærumnæ te prem..	433 e
3	æs , v. æra , ære , æris.	
:2	æsculus nascitur ,	434 l
:3	æstas , æstatis ,	58
21	æstimemus assis ,	214m
21	æstimo , si ego hic..	216 h
11	æstivum digitis ,	400 a
·4	æstu (fluctuat ,	294 c
·4	æstus consuetud..	171m
	V. æstu.	
:3	ætas , ætatis ,	95
	ætas animusque ,	297 l
	V. ætate , ætatem , ætatis.	
:3	ætate (omni ,	173 n
	— confectis ,	367 c
:3	ætalem exigat ,	328 b
:3	ætatis sim ,	344 g
	— videor ,	344 n
11	æternas , quoniam ,	184 p
·3	æther , æger ,	122
	V. æthera.	
·3	æthera nimbi ,	168 c
	— clamor ,	227 g
11	æthereus , empyreus ,	37
2	ævi quassatum ,	88 n

		Pag.
2	Ævo fama ,	417 a
14	affabilis , de fari ,	9
	— et benè ,	348 l
30	affatim est ,	207 n
11	affatus comites ,	346 d
25	affeci , d'affectum ,	161
25	affecit in diversùm ,	179 b
·4	affectu accepimus ,	238 e
23	afferam corium ,	434m
23	effero , d'ad et fero ,	67
	V. afferam , afferre , affer-	
	to , afferant.	
23	afferre (similitud..	167 g
23	afferto , (abs te ,	89 e
23	afferant rationem ,	410 f
25	afficere , afficio ,	64
25	aficimur dolore ,	170 c
25	aficio , d'ad et facio ,	64
	V. affeci , affecit , afficere ,	
	afficimur.	
·4	affictum , d'affingo , ,	163
14	afinis , v.	
14	afinium (duorum ,	96 a
23	affi-nxi , ctum ,	163
21	affirmare , etc.	2
23	affi-xi , ctum ,	163
23	affli-xi , ctum ,	163
23	affu-xi , xum ,	163
23	affu-di , sum ,	162
10	affuerim simulabo ,	425 c
10	affuerunt (qui ,	85 d
22	affulsi , d'affulgeo ,	163
11	africano loqueretur ,	355 b
23	agam (rure.. quid..	245 l
	— kalendis ,	246 c
	— quàm breviss..	402 k
	— mihi qui ne ,	405 m
3	Agar habuerat ,	305 c
23	agar (rea laudis ,	44 lm
23	agas (quod agis id ,	81 f
	— (est quid ,	301 d
23	agatur (cedo. quid ,	357 a
	— (cedo quid ,	358
23	age , d'ago.	
	— duc ad nos ,	54 k
	— ambula ergo ,	148m
	— et inter agendum ,	256 i
	— (potum pastas ,	176 a
	— si quid agis ,	178 p
	— dùm legatos ,	379 m
	— age nunc ,	379 p
	— dùm , in pugn. ,	3 g c
23	agebam (easque...	83 p
2	agello Noluit ,	104 n
2	agellum (denormat ,	227 s
2	agellus , v. les 2 préced.	
11	agendam istam ,	256 k
11	agendum occursare ,	286 f
11	— sit ,	358 .
	— fuerit , etc.	358
15	agens , (Clausus ,	119 c
23	agatur à nobis ,	227 s
·2	ager ; torrentur ,	434 c
	— verti palà ,	440 a
	V. agri , agris , agrorum ,	
	agros.	
23	agere decretum ,	86m
	— et planè cessare ,	347 b
	— (somnis ,	363 a
13	ageres (cedo quid ,	358
23	ageretur (cedo...	358

		Pag.
23	Ageretur nescio ,	360
30	ageais , pour age , sis ,	
	c.-à-d. age , si vis ,	84
23	agetur (Tros ,	227 r
·3	agger ,	122
23	aggero , d'ad et gero.	67
23	agge-ssi , stum ,	169
21	agglomerant (quisq.	303 a
21	agglomerare ,	2
21	agglomero , voy. les 2	
	précédents.	
21	aggregare de grex ,	9
23	agi cum populo ,	363 g
:3	agilitas , agilitas ,	42
30	agiliter , acriter ,	42
23	agis , id agas ,	81 f
	— (si quid ,	178 p
	— dulcissime ,	217 t
	— (quò tu te ,	409 a
21	agitant? (quæ te..	81 s
11	agitat que gyros ,	438 d
	— , quæ res te ,	81 k
23	agite (rem ,	146 p
	— bibite ,	379 f
21	agito , v. agitant.	
23	agitur ipsa ,	83 e
	— fabula ,	84 r
	— (duris ,	115 i
	— (ejus res ,	203 q
3	agmen agens ,	119 c
3	agminis inktar ,	119 c
:1	agnam ense ferit ,	142 c
·4	agnitam , d'agnosco ,	163
·2	agnos (lupus errat ,	256 a
23	agnoscoque libens ,	310 e
23	agnovi , agnitum ,	163
23	agnovitque sonum ,	278 k
·2	agnus chorus ,	100
	— venerunt ,	295 h
	V. agros.	
23	ago , ligo ,	67
	— summè sol ,	107 c
	— (et non venit ,	139 f
	V. agam , agar , agas , aga-	
	tur , age , agebam , agen-	
	dam , agendum , agens ,	
	agentur , agere , ageretur ,	
	agi , agetur , agis , agite ,	
	agitur , agunt , aguntur ,	
	egre , egerunt , egi ,	
	egisse , egit.	
14	agrestis , d'ager etc. ,	28
14	agrestem detraxit ,	412 d
·1	agricola ,	23 , 91
·1	agricolam continet ,	449 d
·2	agris matura ,	263 h
·2	agrorum condon ,	285 c
·2	agros populabund.	280 k
	— villasque ,	299 h
·2	agrum hic mere.	104 p
	— quem vir ,	307 b
23	agunt (atque ignem ,	259 c
23	aguntur , intereà ,	419 h
30	ah! gere morem ,	223 f
11	ahenus , d'airain.	
24	ni vel nega ,	138
24	aiebas Sosiam ,	346 f
24	aiebat (mensum ,	63 e
	— se tibi ferre ,	141
	— deos ,	223

	Pag.
24 Ain' *pour* aisne,	55
— verò?	138 *d*
— verò verbereum,	314 *b*
24 aio, rectè,	138 *b*
— enimverò,	138 *d*
— te acies,	370 *f*
— (ait?	138 *e*
V. ai, aiebas, aiebat, ain, ait, aiunt.	
ait, duc (ad nos..	54 *k*
— sese fugere,	89 *d*
— mortem non,	146 *g*
— ac ob asinos,	262 *d*
— Glycerium,	286 *i*
— modo negat,	378 *e*
— (aliud,	423 *e*
24 aiunt, si rectè,	120 *f*
— (uxorem ducis?	138 *f*
— Solonem,	172 *g*
— oratorem,	193 *u*
— proficisci,	325 *a*
— quando ut,	325 *b*
— ferunt, perh. etc.	325
21 ala, *v.* alis.	
13 alacer, *v.* alacres.	
13 alacres admittier,	109 *b*
21 alam, *acc.* d'ala.	
23 alam (quem negl..	169 *k*
21 alapis (dignus eras,	433 *f*
14 albense rus intulit,	169 *e*
22 albet humus,	117 *s*
21 albicare, mordicare,	29
2 Albini filiam,	168*m*
11 albis (it Turnus in,	434 *s*
11 album an nigrum?	93 *d*
11 albus, *v.* les 2 précédents.	
21 alea parva nuces,	434 *a*
23 aleret nihil,	328 *b*
3 Alexi (tibi sum,	228 *c*
22 algeas hac hyeme,	172 *p*
22 algeo, *v.* algeas; alserit.	
10 alii aliam trudit,	312 *d*
— est solis, et	39? *a*
— deverere,	427 *p*
30 alii delapsi sunt,	312 *e*
10 aliam trudit,	312 *d*
10 alias (mihi ante,	222 *o*
11 aliena (cursim,	144 *f*
2 alienigena,	25
11 alieno (abstinuit,	220 *o*
11 alienus, *v.* aliena, alieno.	
11 aliger, d'ala *et* gero,	25
10 alii, d'alius,	85
— fracti sunt,	62 *i*
— angusta,	211*m*
— super alios,	254 *d*
— alia delapsi,	312 *e*
— natura iter...	312 *f*
— bulbos, alii,	334 *f*
— oculos vocant,	334 *f*
— alii radiisque,	442 *a*
V. la déclin. d'ali-*us, a, ud,*	85
10 aliis (periculum ex,	301 *e*
— consiliis dare,	350 *e*
— omnibus malis,	354 *c*
10 alio plus habet,	248 *d*
— (aliud ex,	312 *c*
30 aliò certò, etc.	378
30 aliorsùm,	377
30 aliorsus,	377

	Pag.
Alios immanior,	260 *n*
— illuxisse dies,	356 *h*
10 aliqua, aliquod,	82
30 aliqua nocuisses,	53
30 aliquando una res,	247 *d*
— imperet,	341 *d*
10 aliquem meorum,	217 *c*
10 aliquid, (sa décl.	82
— ut hoc,	148 *s*
— Sophocleum?	169 *o*
— de scriptis,	221 *f*
— oportuit,	256 *f*
— furiosè fecit,	281 *g*
— facerem ut,	343 *i*
10 aliquis, (sa décl.	82
— : existim.. quid,	124 *i*
10 aliquod, (sa décl.	82
30 aliquotiès egit,	377 *e*
ALIS, ALE, termi-naitifs,	31
21 ALIS, (tollitur,	437 *q*
23 — alis, d'alo.	
23 alit canes duos,	80 *g*
— possunt, quia,	348 *f*
3 aliie fertur,	115 *c*
30 aliter visum,	295 *a*
— ac eveniunt,	344 *c*
— atque,	390 *a*
— magnum,	424 *a*
3 aliti (carminis,	228 *a*
10 aliud si scirem,	147 *a*
— ex alio,	312 *c*
— alii natura,	312 *f*
— respondes ac,	390 *f*
— ait,	423 *e*
— nisi Philum...	423 *i*
10 alium quaeras cui,	172 *r*
— percontamur,	312 *b*
10 alius latio jam...	49 *c*
— alia, aliud,	85
— alio plus,	248 *d*
— terror,	256 *c*
— alium percont.	312 *b*
— ac *ou* atque,	391
V. alia, aliam, alias, alii, aliis, alio, alios, aliud, aliam, alius, *au génitif.*	
10 alius, *gén.* d'alius, alia, aliud,	85
11 allatam dedit,	345 *g*
23 allevi, allitum,	163
25 allexero (si illum,	167 *a*
25 alle-xi, ctum,	162
25 allicere annexus,	9
23 allicio, *v.* allexero, allexi, allicere, alliciunt.	
25 alliciunt somnos,	167 *b*
23 allidas gemmas,	174 *g*
23 allido, *v.* allidas, allisit.	
23 allido *de* laedo etc.	67
V. allidas, allisit.	
23 allisit se ad,	174 *f*
4 allisum, d'allido,	162
11 allitus, d'allino,	163
2 allium (saporis,	102 *b*
— sitim,	179 *r*
— germana,	438 *h*
23 alloquitur, versus,	206 *l*
11 alme sol, nihil...	191 *b*
2 alnetum, salicetum,	37

	Pag.
2 Alnus, laurus,	293
23 alo, *v.* alam, aleret, alis, alit.	
3 alpes, *v.* alpibus.	
2 Alphenus (erat,	131*m*
3 Alpibus candidi,	113 *f*
22 alserit (ne ille,	172 *p*
22 alsi, alsum,	67, 162
11 alta tumescunt,	108 *l*
11 altâ (humo defodit,	209*m*
— parabat,	312 *r*
— non vidit in,	360 *g*
— mente repostum,	291 *l*
— mente,	312 *l*
3 altaris aram,	108 *t*
10 alter, sa déclinaison,	85
— carior,	222 *f*
— alterius,	311 *c*
— idem,	311 *c*
— ab illo,	311 *c*
V. altera, alteram, alteri, alterius, alterum.	
10 altera major,	310 *a*
— poscit opem,	311 *b*
10 alteram perit,	83 *i*
ALTÉRATIONS des mots,	49
— 3 figures d'alt.	49
— observ. générales,	69
10 alteri,	85
10 alterius,	85
— mactatos,	296 *t*
— ova frangit,	311 *a*
— sic altera,	311 *b*
11 alternis dicetis,	124 *l*
11 alternus, *v.* alternis.	
10 altero quoque die,	311 *t*
10 alterum in alterius,	296 *t*
— (ego item,	318 *f*
10 alteruter, sa décl.	85
10 alterutrius,	85
11 altis sedent,	109 *a*
3 atitudo à cacumine,	173 *i*
14 altius quàm ut,	435 *l*
30 altiùs effert,	251 *r*
11 alto (jactatus et,	91 *l*
— (petis ex,	312 *l*
— misit,	328 *l*
— (desiliit ab,	409 *l*
11 altum semper,	3-8 *e*
11 alt-us, a, um,	
— supremus etc.	313
V. alta, altâ, altis, altum	
23 alui, d'alo.	
2 alveolus, filiolus etc.	4
2 alvum (cit,	435 *e*
2 alvus ante omnia,	
— domus, humus,	293
21 amabat, ut cùm,	399 *l*
14 amabilis, visibilis,	31
21 amabis (me et,	168 *l*
21 amabo (duce me,	54
— (memento,	219
amans, 58, 94, 96,	191
— sine rivali?	205 *f*
V. amantem, amantes.	
21 amant (sese,	80 *t*
— alterna,	435 *l*
15 amantem est,	304 *l*
15 amantes patriae,	304 *l*

Pag.

15 Amanti, *ou* amante, 94
14 amantiorem tui, 204 *l*
11 amantissimos tui, 204 *k*
11 amaras historias, 419 *b*
21 amare (illam te, 370 *e*
21 amari mavolo me, 54 *c*
— (dignus, 114 *c*
— (metui quàm, 136 *m*
— et magni pendi, 287 *e*
— (tùm dignus, 347 *f*
— postulo, 370 *a*
— (verùm etiam, 370 *b*
:3 Amarylli, vocares, 199 *k*
21 amas, ego te amo, 80 *a*
— Marium, 442 *b*
21 amat saxa, 383 *d*
— ut qui, 415 *e*
:3 Amath-*us, untis*, 118
·3 amator, cursor, 119
— · itidem, 415 *e*
21 amavit (æris, 104 *l*
10 ambabus hæc, 87 ·*e*
— malis vorem, 87 *h*
·4 ambactum, *d'*ambigo, 161
10 ambæ meæ, 80 *h*
— manete, 87 *p*
:3 ambages, 10
— mulier, mitte, 106 *c*
10 ambarum miserent, 87 *b*
10 ambas eadem, 84 *b*
— profero, 87 *m*
23 ambegi, *d'*ambigo, 161

AMBI, initiatif, 10

24 AMBIAT ostro, 294 *d*
12 ambidexter, 10
24 ambio, *v.* ambiat.
·4 ambitum, circuitum, 429 *q*
10 ambo, opportunè, 87 *l*
— oppida, 87 *n*
— accusandi, 8· *o*
— mancipia, 87 *q*
— eratis, 124 *e*
— sumus non, 214 *k*
— defessi sumus, 318 *c*
—, ut est libitum, 329 *k*
V. ambabus, ambæ, ambarum, ambas, ambobus, amborum, ambos.
10 ambobus nobis, 87 *d*
— pe· toribus, 87 *f*
— volo, 87 *g*
— pessulis, 87 *i*
10 amborum ingratiis, 87 *a*
— generum, 87 *c*
10 ambos amo, 87 *k*
21 ambula ergo, 148 *m*
11 ambulando totum, 250 *a*
21 ambulat (ansatus, 433 *l*
21 ambulem (solus, 211 *b*
21 ambulo, *v.* ambula, ambulando, ambulat, ambulem.
23 amburit (omne, 411 *g*
21 ambustum torrem, 429 *g*
2 amento contorta, 433 *g*
·3 ames, *v.* amite.
21 ames dici pater, 249 *d*
21 amet patrem, 134 *a*
— tua carmina, 199 *g*
21 ametur (quod, 341 *e*

Pag.

30 Amicè (conjurat, 311 *b*
11 amici (vatis, 189
— partim, 377 *b*
— deserere causam, 404 *b*
— ibidem sunt opes, 417 *l*
24 amicio, *v.* amicitur, amixit.
11 amicis vestris, 332 *a*
24 amicitur arbos, 167 *d*
11 amicos, veritas, 246 *b*
— homini, 176 *f*
— magnos, 305 *e*
— (erga, 409 *e*
— ; tempora, 420 *c*
— veritas, 431 *a*
·4 amictu (velamus, 116 *h*
·4 amictus, *v.* les 2 précéd.
·4 amictum *d'*amicio, 162
11 amicum (dilexit, 168 *g*
— et sustinuit, 172 *x*
— largiora, 274 *c*
11 amicus, qui in re, 83 *d*
— est tamquam, 311 *c*
— (atque, 373 *g*
V. amici, amicis, amicos, amicum.
23 ami-*si, ssum*, 163
— reliquit, 439 *o*
4 amissum, *d'*amitto, 163
21 amita hujus, 433 *h*
·3 amite tendit, 115 *d*
23 amitto de *a* et *mitto*,
V. amisi, amittunt.
23 amittunt priùs, 329 *d*
23 ami-*xi, ctum*, 162
24 amixit (mater, 167 *c*
·3 amnem (ad, 251 *b*
·3 amnes et in.. 303 *l*
·3 amnis (lapsus.. 264 *a*
— doctus iter, 273 *i*
V. amnem, amnis.
21 amo (ambos, 87 *k*
V. amabat, amabis, amabo, amans, amant, amantem, amantes, amare, amari, amas, amat, amavit, ames, amet, ametur.
11 amœna vireta, 368 *b*
·3 amor, 45
— erat unus, 87 *f*
— pudor etc. 119
— nummi, 176 *k*
— urget habendi, 203 *k*
·3 amore (virtutis, 299 *c*
14 amovibilis, 31
2 amphibium, 10
·1 amphibolias aucup.. 427 *f*

AMPHIBOLOGIE, 370

·1 AMPHITRIONIS te.. 210 *b*
·3 Amphitruo (quis herus, 198 *e*
— qui fio, 317 *a*
·1 amphora cœpit, LX
·1 amphoris (condit, 117 *l*
11 ampla refertis, 318 *c*
41 amplâ (pulchrius, 439 *p*
30 amplè, ampliùs, 77

Pag.

23 Amplectitur tellurem 111 *p*
14 ampli-*or, us,* 75, 206
11 amplissimam atque, 191
30 amplissimè, 77
11 amplissimus, 39, 77
V. amplissimam.
30 ampliùs, 76
— obsidum.. 205 *p*
— quàm privatus, 290 *c*
— millibus.. 305 *i*
11 amplus, *a, um,* 75
V. ampla, amplâ.
21 amputare, de *puto*, 10
·1 amurcâ fugantur, 114 *q*
·3 amussim factum, 252 *l*
·3 amussis, abl. amussi;
  acc. amussim, 102 ·
30 an non (estne ea.. 56 *c*
— injuriâ, 111 *i*
— non es ab illo, 127 *b*
— expectas? 175 *b*
— sua cuique deus, 193 *a*
— Meliboei? 202 *m*
— sub divo, 235 *k*
— liberæ? 271 *l*
— bove esset, 335 *h*
— bove latior, 344 *a*
— verò simulent, 344 *e*
— potest esse, 344 *h*
— prudens ludis, 344 *i*
— futurum sit, 360
— insanivit, 393 *a*
— abiit jam, 393 *b*
— adstrictum.. an, 393 *c*
— vos ignoratis ? 393
— non dixi, 393 *d*
— hic maneo, 394 *a*
— quoniam, 412 *d*
— eò fit, quia, 412 *f*
— sicut pleraque, 416 *g*
— non vultis? 421 *a*
— coctum edam, 421 *b*
— nostra culpa, 421 *c*
— per pectinem, 421 *d*
— vindices, 429 *c*
— egentis, 430 *n*
V. anne, annon.
·ANACOLUTHON, ce que c'est, 331
3 anagramma, 10
:1 analogia, analysis, 10
— est similis, 427 *h*
:3 analysis (analogia 10
:3 anas, *v.* anates.
:1 anastrophe, 10
:3 anates aut cotur... 341 *b*
10 anaticeps, triceps, 116
2 anceps, ancipitis, 75
V. ancipiti.
:1 anchora de prorâ, 232 *f*
·1 Anchisen, quis habet, 308 *n*
·1 Anchises, *décl.* 99
3 ancilla dicta, 108 *b*
·1 ancillam (jargantem, 144 *a*
:1 ancillas invito, 229 *b*
10 ancipiti ferro, 116 *b*
·4 ancisa (dicta, 108 *b*
11 anctum *d'*ango, 162
·2 Ancus, pulvis et 401 *h*
·1 Andria apportet... 339 *b*

	Pag.
:1 Andriam et perinth..	295 *i*
:2 Andro commigravit,	231 *b*
:2 Andrum insulam ,	262 *g*
ANDUS , ENDUS , terminatis ,	32
2 ANETHI (jungit ,	111 *e*
23 angas te animi ,	219 *l*
2 angiportum rursùm,	377 *f*
23 angit me illa,	167 *f*
23 ango , *v.* angit, anxit.	
:3 et :3 anguem pressit,	417 *i*
:3 et :3 anguis colligit ,	179 *g*
14 angularis ,	35
2 angulus iste ,	1
— sartigulus ,	47
:2 anienum cum rege,	257 *h*
:1 anima uxori ,	437 *i*
V. animabus, animæ, animam.	
:1 animabus asinabus ,	91
23 animadvertis ,	376 *e*
:1 animæ felices),	145 *d*
3 animal, pulvinar ,	96
— sine fraude ,	192 *c*
— hoc , quem ,	304 *c*
— est , moveri ,	404 *c*
:1 animam abstulit ,	229 *c*
— amittunt ,	329 *d*
— (sub fasce,	437 *b*
11 animati eodem ,	409 *c*
:2 anime mi ,	100
:2 animi gratiâ ,	105 *a*
— (finxerunt ,	110 *h*
— fuisse ,	214 *a*
— pendeo ,	219 *k*
— (angas te ,	219 *l*
— (excruciat ,	219 *m*
— (recreatur ,	219 *n*
— dubius ,	219 *o*
— (compos ,	219 *p*
— ... iname	220 *k*
— (falsus est ,	333 *f*
— (excrutiat ,	398 *a*
:2 animis nostris ,	234 *n*
— erroris ,	345 *d*
— erroris ,	346 *a*
:2 animo metitur ,	63 *d*
— (bono ,	128 *h*
— præsenti ,	145 *e*
— omnes ,	160 *h*
— (video ,	160 *o*
— eventa),	220 *a*
— vix... compotes,	220 *c*
— (doles ab ,	233 *b*
— fortior ,	248 *e*
— nequivi ,	288 *c*
.2 animos exacuit ,	111 *b*
— divitiæ ,	140 *f*
— (faciunt ,	148 *f*
— (pupugit ,	166 *n*
— ituli ,	167 *g*
— fecit (clades ,	417 *e*
:2 animum , sis, ad ,	53 *i*
— ejus ,	167 *e*
— (conclusit ,	173 *g*
— tuum ,	176 *d*
— erectum ,	236 *f*
— meum ,	262 *o*
— mutant ,	265 *i*

	Pag.
:2 Animus duobus ,	86 *f*
— est in patinis ,	105 *d*
— (rediit ,	173 *i*
— (liquit ,	178 *e*
— domi est ,	208 *c*
— fert opinio ,	212 *c*
— (abhoret ,	244 *k*
— commotus ,	261 *p*
— que virilis ,	297 *l*
— tibi rerum ,	388 *a*
— meminisse ,	411 *d*
— certè quidem ,	418 *b*
V. anime , animi , animis , animo animes , animum.	
:1 Anna sororia ,	314 *d*
30 anne multa ?	304 *d*
23 anne-*ri* , *rum* ,	161
:2 anni pellium ,	271 *a*
:3 Annibale magistro ,	249 *o*
:2 annis lustrasti ,	102 *l*
— (misit ab ,	241 *b*
— vixit ,	246 *e*
11 annitendum ,	237 *c*
23 annitor , *v.* annitendum.	
:2 anno Romæ ,	246 *d*
30 annon intelligis ,	218 *n*
— dixi hoc ,	393 *d*
— (uxorem ,	394 *c*
V. an et non.	
:2 annonæ juxta ,	259 *d*
:2 annorum (erat ,	247
:2 annos implevit ,	247
— (in decem ,	253 *b*
— (regnabitur ,	272 *c*
— sexaginta ,	272 *d*
— (volvere per ,	272 *h*
21 annoto , appeto ,	67
23 annuit et totum ,	44 *e*
:1 annulum , ne, si....	314 *a*
:2 annum , quartam ,	261 *b*
— regnat ,	272 *a*
— centesimum ,	272 *l*
23 annuo , *v.* annuit.	
:2 annus est dùm ,	175 *d*
— est (dum ,	214 *m*
— incipit ,	413 *h*
— est (dùm ,	419 *d*
V. anni, annis, anno, annos, annum,	
ANS , ENS , terminatis ,	33
11 ansatus ambulat,	433 *i*
:3 anser, 122 , *v.* les 2 suivans.	
:2 anserem gustare ,	278 *f*
:3 anseribus ,	316 *c*
11 antarcticus ,	11
:4 ANTE, ANTI, initiat. ,	10
30 ANTE parentes ,	166 *b*
— pedes ,	160 *g*
— lucem ,	160 *h*
— tempus ,	160 *i*
— Jovem ,	160 *k*
— notos ,	160 *l*
— omnia ,	160 *m*
— alios ,	160 *n*
— labantur ,	161 *e*

	Pag.
Antè rem neque ,	164 *b*
— et post , eadem ,	164 *c*
— sæculis ,	164 *b*
— ea ,	167
— tuos ,	356 *d*
— àquum ,	403 *f*
— pudor , quàm ,	403 *e*
— volant ,	407
— focos olim ,	403 *c*
30 antè quàm est ,	403 *f*
— scribere ,	281 *a*
15 antecedens ,	10
20 anteeo , coeo ,	136
20 anteit sæva ,	431 *a*
30 antequam de repub.	329 *f*
— percepero ,	403 *g*
— percepero ,	403 *d*
— turpis ,	403 *g*
— est comperend...	403 *f*
:3 antes opponantur ,	106 *b*
:1 Antiochia , *v.*	
ANTI (initiatif),	10
:2 Antiochia commoratus ,	209 *z*
:1 Antiochiam, vocavit,	191 *i*
:3 Antipho me exer....	398 *a*
:1 antiphona ,	10
:3 antipodes , *plur.*	10
ANTIPTOSE, *v.* ce que c'est ,	331
11 antiqua cupressus ,	230 *c*
11 antiquem Dauni ,	269 *c*
11 antiqui dicebant ,	430 *n*
30 antiquitùs factitatum ,	377 *i*
11 antiquos servas ,	397 *c*
11 antiquus , *v.* antiqua, antiquam, antiqui, antiquos.	
:2 antiscios ejus ,	427 *k*
:3 antistites eatis ,	115 *c*
:2 Antonio facultas...	285 *c*
2 antra fuerunt ,	59 *g*
2 antro exsangues ,	311 *k*
2 antrum raris ,	434 *b*
ANUS , ENSIS , terminatis ,	34
:4 anus , nurus...	97
— manus , acus ,	305 *b*
— et tamen ,	305 *b*
23 anxi , anctum ,	162
:3 anxietas libertas ,	43
23 anxit ea res ,	167 *e*
:3 Apelles , finxit ,	160 *r*
:2 Apenninus (fremit ,	114 *g*
:2 aper (fumet ,	436 *l*
— rhombusque recens ,	441 *a*
V. apri, apros.	
24 aperiendas pupulas,	440 *c*
24 aperio , *v.* aperiendas, aperiret, aperiantur, aperu...	
24 aperiret (res ipsa ,	419 *f*
11 aperitivus ,	43
24 aperiuntur ædes ,	106 *b*
11 apertam vitia...	417 *c*
24 aperui (colui ,	59
:3 apes thymum ,	172 *c*
— amor urget ,	203 *k*
— glomerantur ,	252 *k*

	Pag.
:3 Apes (nascuntur,	429 p
3 apex (lumen,	294 l
V. apicem.	
APHÉRÈSE,	56
'3 apicem fortuna,	113 o
:3 apis, v. apes.	
:3 apiscor, aptus,	61
APO , initiatif grec.	
APOCOPE ,	56
'3 apodis, d'apus,	9
2 apogæum, apologus,	11
— scarabæus,	37
21 apolactizo inimicos,	427 l
'3 Apolline puppis,	172 v
'3 Apollo (magnus,	128 c
2 apologus, apostolus,	11
11 apparando consu-	
munt,	234 p
21 appellatur, applicuit,	304 d
23 appellitur navis,	179 i
21 appello , v. appellatur.	
23 appello, v. appellitar, ap-	
pulerant, appulsi.	
23 appeto, d'ad et peto,	67
23 appi-nxi , ctum,	163
23 applau-si , sum,	163
23 applicare, etc.	2
21 applicat ipsum,	90 h
21 applico, v. applicare, ap-	
plicat, applicuit.	
21 applicuit (appella-	
tur,	304 d
23 apponere, arrogare,	9
21 apportet... mali,	339 b
APPOSITION ,	191
— en quoi l'apposition des	
substantifs differe de	
celle des adjectifs.	194
11 appositus, d'appono	
23 apposui , v. pono.	
23 appressi, appressum,	162
'4 appressum, d'appri-	
mo,	162
23 appulerant (ad insu-	
lam,	179 h
23 appuli, appulsum,	162
23 appul-si , sum,	162
'2 apri (in dentibus,	104 c
11 apricis coquitur ,	439 b
'3 aprilis Formiis,	280 h
'2 Apronius (insanivit,	393 a
'2 apros (venabor,	100 e
30 aptè cæsam,	429 x
11 apti (adipes,	433 a
11 aptum ad omne,	271 a
11 aptus, d'apiscor,	61
V. apti, aptum.	
30 apud Volumniam	177 n
— ædem Veneris,	209 g
— forum ,	210 f
— Andrum ,	262 g
— exercitum,	262 h
— hunc servies ,	262 i
— forum è Davo	262 l
— me plurimum ,	262m
— auctores ,	262 n
— me, ità,	262 p
— me, ais,	353 g

	Pag.
30 Apud romanos,	347 c
— Lecram ,	360 f
— nos magna	397 e
10 apus, v. apodis,	9
:2 aqua, décl.	91
V. aqua, aquæ, aquam,	
aquas, aquis.	
:1 aquâ et igni inter-	
dixit ,	279 c
— interdictum ,	279 d
— interdicamur,	279 e
— interdictum ,	301 n
:1 aquæ (cursus,	168 b
— (plus sitiuntur,	
— (sitiuntur ,	401 g
:1 aquam date,	96 f
— è pumice,	114 r
— (condito in ,	116 n
— egredientem ,	160 n
— rediit ,	173 l
— manibus,	173 v
— emineat,	254 e
11 aquarium, vas,	35
:1 aquas et nubila ,	252 p
:1 aquas (fecit ,	314 c
— (auster,	434 h
:1 aquila (clangunt ,	168 f
'3 aquilex , aquilegis ,	26
11 aquilibus ,	34
:1 aquis assuevimus,	177 c
:1 ara, v. aram, aras, aris.	
:5 arabes (arborem ,	111 q
— (consumunt ,	257 a
:1 arabia ubi absin-	
thium ,	366 a
:1 aram pessumded ,	108 a
:1 arando (enectus,	244m
21 Arare faciendum,	369 d
:3 Araris, abl. arari ou arare,	
acc. ararim ,	107
:1 aras (sacraverat,	221 i
21 aras, ubi occas,	221 a
11 aratorius ,	46
2 aratro, boves,	137 e
'2 arbiter, v. arbitram.	
21 arbitrabar, tàm ,	345m
11 arbitratus est se ,	286 f
11 arbitria (fecerit,	383 b
21 arbitrium et nutum,	271 g
11 arbitror id fieri ,	84 i
— (malle te ,	137 a
'2 arbitrum (me capè-	
re,	104 d
:3 arbor, arbos,	57
— ævo fama,	417 a
V. arbore, arbori, arbo-	
ris, arboribus, arboscum,	
arbos.	
:3 arbore pomum ,	172 b
— corna ,	172 y
— sidunt ,	235 b
:3 arborem arabes ,	111 q
:3 arbori, necnon jugo,	389 d
:3 arboribusque comæ,	122 b
:3 arborum (radices,	179 l
— ibi proceritas...	273 g
:3 arbos ou arbor,	57
— vitibus,	167 d
11 arbuteis texunt ,	108 i
:1 arbutus umbrâ ,	170 b

	Pag.
:2 Arbutus hædis,	301 b
:1 arcâ (contemplor in,	390 h
:3 arce (decurrit ab ,	312 l
22 arcent (præsepibus,	108 n
22 arceo (vulgus et ,	179 u
— id.	354 a
— V. arcere, arcent, ar-	
cui.	
22 arcere possunt ,	114 n
:3 arces, terruit ,	122 c
— attigit ,	297 i
23 arcessere (capitis ,	218 l
23 arcesso , cito , pos-	
tulo ,	219
'4 arcessitum iit ,	218 e
11 archetypus ('archi-	
dux ,	11
ARCHI, initiatif grec,	11
'3 ARCHIDUX ,	11
'1 archipirata ,	427 l
'2 archipresbyter ,	11
:3 arcis stabat ,	312 t
11 arctis claudentur ,	106 h
22 arcui , d'arceo ,	59
'4 arcus, artus, lacus...	103
— (torquentur in ,	252 l
:1 ardea nubem ,	255 a
15 ardens (emicat,	96 d
— (emicat,	303 t
22 ardent (mænibus,	136m
22 ardeo (iracundiâ,	219 p
V. ardet , ardens, ardent,	
ardet, arsit.	
22 ardet, hæreo ,	95 b
— in arma ,	173 t
'3 ardor urit guttur,	131 d
— arenæ ,	297 a
11 ardua venit ,	254 c
11 arduum (mortalibus,	222 d
:1 area , v. aream.	
:1 aream (extra ,	212 a
:1 arena , v. arenæ.	
:1 arenæ dulcia ,	297 a
22 aret ager,	434 c
22 argentarius ,	35
11 argenteis decem ,	247 a
2 argenti (nummus,	201 l
— præ se tulit ,	236 e
— erat (cœlati...	244 g
2 argento speras,	147 g
— senes ,	168 o
— domus,	174 p
— perfecta ,	240 f
— factum	240 g
2 argentum? (datis ne,	140 c
— (dedistine ,	141 b
— daturus...	142 f
— accipe...	141 d
— est auro,	248
— atriensi ,	262 d
— (datisne ,	329 k
V. argento, argenti.	
11 argivum accommo-	
dat ,	112 f
11 Argivus, v. argivum.	
23 Argos (reminiscitur,	119 g
23 arguas (sceleris ,	218 n
23 arguitur vini ,	244 c
2 argumenta ,	410 l
2 argumentum dicam,	97 a

Pag.

23 Arguo,convinco,etc. 219
V. arguas, arguunt, arguitur.
11 arguta lacus 438 *k*
11 argutâ consederat, 378 *c*
11 argutus, *v. les 2 préced.*
23 arguunt (te, 85 *e*
11 aridus atque hic, 390 *g*
·3 aries, arietis, 121
V. arietes.
21 arietat in portas, 303 *h*
·3 arietes tempore, 284 *c*
:1 aris et focis, 237 *a*
:1 arista, *v.* aristæ, aristam.
:1 aristæ (torrentur, 434 *c*
·2 Aristæus olivæ, 193 *f*
:1 aristam et vaginam, 441 *p*
2 arma, *subst. plur.*
2 — virumque, 56 *a*
— (ferte, 137 *h*
— magis, 173 *t*
— collegit in, 179 *f*
— (colligit, 179 *g*
— tulimus, 318 *f*
— poposcit, 328 *e*
— (agrestibus, 360 *e*
— ista remove, 431 *i*
V. armis.
2 armamenta salva, 384 *a*
21 armat (copias, 402 *l*
21 armemus manum, 115 *b*
12 armifer (admirator, 103 *a*
12 armiferi admirator, 103 *a*
2 armi fiunt, 434 *d*
12 armiger (non est, 103 *a*
12 armigeri non est, 103 *a*
2 armis (castella sub, 235 *g*
21 armo, *v.* armat, armemus.
21 aro, *v.* arare, aras.
2 aron dedit, 111 *m*
·4 arrectum, *d'*arrigo ; 162
23 arrexêre animos, 167 *g*
23 arrexi, arrectum... 162
·3 arrhaboni (dedimus, 225 *k*
23 arrige aures, 167 *h*
23 arrigo, *v.* arrige, arrexêre.
25 arripere visus est, 390 *i*
25 arripio, *d'ad et* rapio 87
V. arripere.
22 arri-*si, sum.* 164
:1 arrogantiæ venerat, 207 *b*
21 arrogare (assistere, 9
23 arro-*si, sum,* 164
:3 ars, artis, 121
V. arte, artem, artes, artis, artium.
22 arsi, arsum, 162
22 arsit arundo, 173 *s*
11 arsuros artus, 170 *e*
:3 arte vias, 168 *a*
— caput, 175 *c*
— (est opus, 243 *c*
— Pollux et, 297 *i*
:3 artem novit, 306 *a*
— habebitis, 309 *d*
:1 arteria ad pulmones, 272 *a*
11 arteriacus, zodiacus, 31
:3 artes edoctus, 249 *o*
— (erudiit, 273 *m*

Pag.

·2 Articulus, ranunculus, 47
·3 artifex carnifex, *etc.* 24
V. artifici, artificum.
·3 artifici meruit, 349 *b*
2 artificium, carnifex, 24
·3 artificum manus, 113 *p*
·3 artis observatio, 165 *n*
:3 artium omnium, 425 *g*
·4 artubus contremiscam, 243 *b*
·4 artus, lacus, *etc.* 103
— (arsuros, 170 *e*
V. artubus.
:3 arundo (arsit, 173 *s*
— seritur, 334 *f*
2 arva colono, 179 *m*
— coloni, 260 *k*
— colono, 411 *f*
:1 arvinâ pingui, 434 *e*
2 arvum, *v.* arva.
:3 arx, *v.* arce, arces, arcis.
·3 as, assis, 57
V. assem, assis.
·2 Ascanium prohibent, 205 *f*
15 ascendens, oriens, 33
23 ascendo in quemdam,417 *k*
23 ascensi, *lis,* assensi, 164
23 ascri-*psi, ptum,* 164
:1 ascia, *une hache.*
·2 Asiæ (desertorem, 253 *f*
— urbes, 379 *a*
11 asinaria vult esse, 321 *e*
·2 asini stercus, 205 *m*
·2 asinis ad boves, 350 *g*
·2 asinos ferre, 262 *d*
·2 asinus, oculus, 92
— calcibus, 336 *b et* 345
V. asini, asinis, asinos.
·2 asparago, rapa, *lises* asparagus, 112 *h*
21 aspecto, tam magis, 402 *c*
·4 aspectu (nigricans, 430 *f*
·4 aspectum, *v.* aspicio, 162
12 asper, ater, *etc.* 75
V. aspera, asperi, asperum.
12 aspera signis, 240 *f*
— arteria, 272 *a*
— Juno... 406 *c*
30 asperè, atrè, *etc.* 77
23 asperge sapores, 173 *k*
22 aspergo,
V. asperge, aspersisti.
12 asperi saporis, 102 *b*
15 asperi-*or, us,* 75
30 asperiùs, 77
30 asperrimè, 77
11 asperrimus, 75
13 asper-*si, sum,* 162
23 aspersisti aquam, 173 *i*
11 aspersorium, 46
·4 aspersum *d'*aspergo 112
12 asperum tetrumq. 440 *c*
25 aspe-*xi, ctum,* 162
25 aspexi et illicò, 167 *i*
— (triste, 347 *d*
25 aspexit (hostium, 211 *f*
25 aspice nunc ad, 167 *k*
— dùm contra me, 258 *f*

Pag.

25 Aspice ut antrum, 434 *b*
25 aspiciam (ego te, 413 *b*
25 aspiciebant (inter se, 256 *d*
25 aspicio (ornatum 79 *g*
— (tyndarida, 315 *b*
V. aspexi, aspexit, aspice, aspiciebant.
21 aspirat primo, 223 *i*
·4 assentum, consatum, *d'*assero, etc., 164
11 assecutus sum, 423 *m*
11 asse-*di, ssum,* 162
22 assedit, surrexi ego, 179 *d*
·3 assem elephanto, 116 *c*
— impendium, 251 *f*
— rogat, 429 *l*
23 assen-*si, sum,* 164
21 assentari (cœpi, 328 *a*
·3 asser, attagen, 122
·3 asseres in terrâ, 434 *f*
:1 — ferias,
11 asservandum, vinct. 369 *d*
·2 asservate has, 185
21 asservo, *v. les 2 préced.*
·4 assessum, *d'*assideo, 162
23 assevi, assitum, 164
23 assideo, 179 *e*
V. assidet, assedit.
23 assidet inde Jovi, 179 *h*
21 assimulabar (verè... 128 *o*
23 assimulabo quasi 425 *b*
21 assimula tote, quasi, 425 *a*
23 assimulo, *v. les 3 préced.*
23 assis (æstimemus, 214 *m*
V. as, assem.
23 assiste (hunc, 263 *h*
23 assistere, attribuere, 9
23 assisto, *v. les 2 préced.*
23 assuescat (militiam, 149 *x*
23 assuescè vocari, 177 *d*
23 assuesco, *v.* assuescat, assuesce, assuescere, assuevimus.
23 assue-*vi, tum,* 164
23 assuevimus, istis, 177 *c*
23 assump-*si, tum,* 164
23 assurgit in ulnas, 273 *f*
·4 assurrectum, *d'*assurgo,
30 ast ego... bella.... 55 *c*
— ego quæ, 201 *g*
— ego vincor ; 242 *a*
— hoc magis, 397 *b*
— captas novos, 397 *c*
21 asta atq. audi 165 *a*
ASTER, ASTRUM, terminatifs, 35
21 asti-*ti, tum,* 162
— aurem, 165 *e*
2 astitum, *d'*asto, 162
21 asto, *v.* asta, astiti.
·2 astra (itur ad, 439 *i*
23 astri-*nxi, ctum,* 164
·2 astrologos, non.... 429 *r*
·2 astrologus, 27
23 astru-*xi, ctum,* 164
30 at Romæ ruere 197 *e*
— constat, 320 *h*
— patet (à quo? *ibid.*
— te id nullo, 323 *b*

		Pag.
3o	At tu , si fetura ,	331 *b*
	— ego per Mercu...	390 *a*
	— scin' quomodò ,	408 *e*
11	ater, atra, atrum ,	75
	— Cocytus ,	295 *c*
	V. atra, atri, atris ,	
3o	aterrimè ,	77
11	aterrimus ,	75
:1	Athenæ , *plur.*	
:1	Athenæ delectarunt,	420 *b*
:1	Athenas insolens ,	3²o *c*
'2	atheus, apus , etc.	9
'3	Atlantis , *d'*Atlas,	
'3	Atlas à terrà ,	273 *a*
:1	atomos, etc. ,	427 *n*
3o	atque , arcesse ,	9² *b*
	— dies patet atri ,	117 *q*
	— pecore vivunt ,	117 *k*
	— etiam ,	143 *t*
	— audi ,	165 *d*
	— refixit ,	168 *q*
	— impero ,	172 *n*
	— bibisti ,	174 *h*
	— asservate ,	185
	— ego ,	198 *c*
	— diræ ,	205 *h*
	— ambulando ,	250 *a*
	— æquissimum ,	300 *a*
	— cunila ,	366 *a*
	— illac perfluo ,	384 *e*
	— ostenderam ,	390 *d*
	— tu ,	390 *e*
	— hic est senex ,	390 *g*
	— putàrim ,	390 *i*
	— humiles ,	415 *c*
11	atrâ potissimùm ,	440 *q*
12	atri dies ,	104 *d*
	— janua ditis ,	117 *q*
2	atria longa ,	434 *g*
:3	atriensi (argentum,	26² *d*
15	atri-*or*, *us*,	75
12	atris , (abdidit ,	44² *b*
3o	atrius, celebrius...	77
'4	attactum, *d'*attingo,	16²
'3	attagen, augur...	122
23	atteruntur usu ,	250 *h*
23	att-*igi*, *actum* ,	16²
23	attigit igneus ,	297 *i*
22	attinent (te ad ,	271 *i*
	— (ad Tanaim ,	271 *n*
22	attinet ærarium ,	271 *h*
23	attingo, *v.* attigit.	
23	attollo, atripio,	6¹
11	attoniti novitate,	296 *a*
11	attonuerum ,	42¹ *d*
23	attra-*xi*, *ctum* ,	164
23	attribuere (assistere,	9
11	attrita quotid.	250 *g*
23	attri-*vi*, *tum* ,	164
	ATUS , terminatif,	35
'3	auceps, manceps.	22
	— *d'*avis , et capio..	65
	— anceps ,	75
	— lu puteum ,	44¹ *b*
	V. aucupibus.	
'3	auctor.... surgit.	193 *f*
	— opus est,	243 *h*
	— ego...	43¹ *h*
	V. auctores, auctori.	
'3	auctores (apud,	26² *n*

		Pag.
'3	Auctori multùm	3²3 *f*
:3	auctoritas, deitas ,	4²
'4	auctum, *d'*augeo	16²
11	aucupantur ,	427 *f*
'3	aucupibus noti ,	116 *d*
11	aucupor , *v.* aucupantur.	
15	audaces lupus ,	256 *a*
	— cogimur ,	346 *e*
:1	audaciam (prædonis,	177 *r*
15	audacis (audax ,	77
3o	audacter audacis ,	77
	— olle ,	306 *d*
15	audax ,	77
	V. audaces , audacis ,	
22	aude (sapere ,	301 *m*
11	audendum est,	79 *n*
22	audeo, *v.* aude, audendum, audes , audet , audetis.	
	— herum ,	430 *v*
22	audet tentare ,	378 *g*
22	audetis tollere ,	198 *f*
24	audi (asta atque ,	165 *d*
24	audiendum parati ,	¹5² *e*
24	audierat id factum,	149 *b*
	— nòn datum ,	276 *e*
	— non datum ,	365 *a*
24	audies (si te ,	345 *q*
	— vitabis ,	4²² *a*
24	audiit agnovitque ,	278 *k*
24	audio, cupio, peto,	59
	— quid illo ,	378 *b*
	V. audi, audiendum, audierat , audies , audire , audis, audisti, audit , audivi, audivimus, audivit.	
24	audire ? (orationem,	86 *a*
	— pretium est ,	202 *n*
24	audis sæpiùs ,	294 *a*
24	audisti coram ,	193 *o*
24	audit fortia ,	314 *f*
	— que et videt ,	317 *d*
	— (historias ,	449 *l*
11	audita recordor ,	219 *h*
	— mihi neque ,	228 *d*
	— eloquar ,	4²5 *d*
24	audivi, cupivi ,	59
	ou audii...., ¹	60
	— ex meo ,	23¹ *e*
	— et ex tuâ ,	24¹ *e*
	— (è Davo ,	262 *l*
	— scripsisse ,	286 *h*
24	audivimus , (dùm...,	449 *h*
24	audivit, sic (exarsit,	378 *e*
	— ι psaltria ,	380 *e*
2o	aufer te hinc ,	427 *c*
23	auferas , *de* ferre.	
2o	auferre *de* ab, ferre	9
	— non dubitasti,	118 *c*
	— in præsentia ,	136
2o	aufero, *se conj. comme* fero ,	137
	V. aufer , auferas , auferre.	
22	augebis , genus ,	257 *l*
11	augendum ,	29² *d*
22	augeo, *v.* augebis, augendum , augere, augetur, auxerunt , auxi , auximus.	
22	augere volentibus ,	3²1 *b*
11	augetur remis ,	168 *b*

		Pag.
'3	Augur, bacchar,	122
'3	augures,	363 *g*
'3	augurium , *d'*avis ,	65
11	aulicus , rusticus ,	3²
:1	aura, *v.* auras	
11	aurarium (attinet	271 *h*
:1	auras (vitiaverat,	107 *f*
	— (rege per ,	169 *g*
	— (tollu in ,	194 *a*
	— accipiunt ,	437 *l*
11	aurea purpuream ,	3¹3 *c*
		et 430
	— mala misi ,	3¹3 *d*
11	aureæ (duæ stellæ ,	245 *h*
:3	aurem admovi ,	165 *c*
	— (Paupertas ,	175 *u*
:3	aures jam satis	166 *cc*
	— Pamphile ,	16⁷ *h*
	— obtundis ,	414
11	aureâ meâ ,	38¹¹ *a*
11	aureus, æneus ,	37
	— unus valebat ,	247 *d*
	— esto ,	33¹ *b*
	V. aurea, aureæ , aureum.	
2	auri porticum ,	110 *k*
	— fuit ,	210 *i*
	— feci ,	403 *k*
:3	auribus, parcend....	166 *e*
	— nostris accidit ,	427 *a*
	— teneo ,	243 *a*
'3	aurifex, artifex ,	24
	— lavarius ,	386 *b*
11	aurificus, aurifex,	24
11	aurituus (mellifluus.	24
	— quos tagus ,	429 *h*
:3	auris , *v.* aures, aurem, auribus.	
2	auro (hunc ,	166 *aa*
	— lacertos ,	1·o *h*
	— vi potitur ,	220 *b*
	— (statui ex	240 *e*
	— (argentum est,	248
	— buculam ,	295 *f*
:1	aurora remittit ,	111 *h*
2	aurum aiebat se ,	²41 *l*
	— (virtutibus ,	248
	— (nodantur in ,	253 *e*
	— decent ,	321 *o*
	— ego dabo ,	33² *a*
	— cordibus ,	33² *a*
	— fluitare ,	34² *h*
	— per medios ,	383 *d*
	— (sudantibus ,	400 *a*
	— fer. e dixi ,	403 *b*
	— quàm ferrum ,	440 *m*
	V. auri, auro.	
11	ausculta, scelerate,	303 *e*
11	auscultando operam,	134 *a*
	— operam ,	224 *a*
21	auscultare (mihi ,	13¹ *b*
11	auscultate atque....	185
11	ausculto , *v.* ausculta, auscultando, auscultare, auscultate.	
1o	auspex , *d'*avis , *etc.*	65
1o	auspice Teucro ,	113 *q*
'2	auster fudit ,	434 *h*
:3	austeritas (mares ,	168 *l*

	Pag.
11 Candidatus, adv..	36
11 candidi (in Alp.. ;	113 f
11 candidus et talos,	374 a
V. candidi.	
·3 candor , calor ,	48
23 canebat · que ,	382 b
15 canentem stoicidæ,	396 b
·3 canes duos,	89 g
:3 — invitas...	275 n
23 canet frondator ,	235 f
·3 ou :3 canibus potiùs,	283 d
— catulos similes ,	355 h
23 canimus surdis ,	165 k
·3 ou :8 canis, lepus,	95
— panis, etc.	101
V. canes , canibus.	
2 canistris expediunt	111 c
·3 canit (fama,	289
:5 canitiem et nos...	347 d
23 cano (cecini,	50
— (virumque	56 a
V. canamus, canebat, ca- nimus , canit , canunt , cecinerunt, cecini.	
11 cano capite ,	435 i
11 canoræ (ringæque,	220 i
·2 cantharo mulsum,	435 k
21 cantillant, conviciis,	430 e
21 cantillare ,	29
21 cantites (qui cum ,	363 e
·4 cantu delphinus,	172 ee
·4 cautus delphinum,	172 dd
·3 et :3 canum, gen. de canum ,	101
23 canunt ; feminæ,	435 r
15 capax navium,	205 b
25 cape dicta ,	178 n
— hoc flabellum ,	431 l
:1 capella , libellus ,	3
:1 capellas in fonte ,	234 h
— potum ,	276 a
·2 caper vitea,	174 r
— tibi salvus ,	297 e
V. capri , capro.	
23 capessas (arma,	420 a
25 capi ab aquilâ,	LXXII
CAPI (scial, diei ,	154
23 capiant (fructum ,	118 k
·2 capillos (gerit ,	114 v
·2 capillum (pexisti ,	170 p
·2 capillus , v. les 2 précéd.	
25 capio , v. cape, capiant , capiunto, cepêre, cepi , cepit.	
CAPIS, te fait eris,	154
3 capita velamus,	116 h
— rerum,	202 e
14 capitalis, labialis ,	32
3 capite te cuculum ,	435 i
capitis (crassi ,	202 f
— res siet ,	202 g
— ejus res,	203 c
— citantur ,	218 g
— accuset,	218 h
— arcessere ,	218 i
— absolutus ,	218 k
— te perdam,	218 l

	Pag.
25 Capiunto magistra- tus,	331 a
:1 capræ carpunt ,	104 g
·2 capri et capræ.	104 g
10 capripes, de pes, etc.	27
·2 capro, ferit enim,	256 i
25 capso (pour cepero).	
— geritote,	223 g
— (si id ,	322 a
21 captas novos ,	397 c
21 captat flumina,	431 d
11 capti fodêre,	437 f
21 captilare,	29
11 capto (quæ sit,	307 k
21 capto, facturio,	30
V. captas, captat.	
:1 captura , figura ,	48
11 captus, v. capti , capto.	
:1 Capuam (colonia,	191 e
CAPUS, ceps (ter- minatif,	22
2 capulo tenùs ,	238 d
2 capulum , v. capulo.	
3 caput, nec pedes ,	55 b
— salveto,	112 n
— (galea molle ,	170 a
— (et arte,	174 c
— hominis,	202 f
— vento,	242 b
— altiùs,	252 r
— sint (supra,	255 e
— (verbercum ,	314 b
— exoculassitis ,	422 e
— , dormibo,	435 l
— (totum ,	436 b
— demisêre,	440 h
V. capita, capite.	
11 cara mihi ,	222 e
2 carbasa , plur.)	103
·2 carbasus, sibilus ,	103
— (inflatur ,	369 h
·3 carbone notandi ,	436 d
3 carcer, v. les 3 suiv.	
·3 carcerem rectâ,	133 b
·3 carceres revocari ,	374 b
·3 carceribus decurrit,	374 c
14 cardinalis, diurnale ,	32
·3 cardine torquet,	171 b
·3 cardines (effringam,	116 b
·3 cardo, v. les 2 précéd.	
·2 carduus... surgit ,	237 b
2 carecta latebas ,	260 a
11 carendum erat ,	244 h
22 careo , v. carendum, ca- rere , caret , caruisse , caruit.	
22 carere negant ,	107 e
22 caret (tamen ,	411 a
·3 carex, v. carice.	
11 cari genitoris ,	320 e
·3 carice pastus ,	113 r
:1 carina , v. les 2 suiv.	
:1 carinâ (currente,	169 f
:1 carinas (machinæ,	159 a
15 carior alter ,	222 f
11 carissimos (mihi ,	222 g
11 carissimum (est,	389 c

	Pag.
:3 Caritatis, caritas ,	121
3 carmen , v. carmina, car- mine.	
3 carmina (pango ,	166 c
— Mævi,	199 f
— curæ ,	215 b
— vel cœlo,	302 a
3 carmine bubo ,	434 t
3 carminis aliti ,	228 e
14 carnalis, mortalis ,	31
:3 carne pluit,	30- i
:3 carnibus vesci ,	116 i
3 carnifex , forfex ,	24
— est,	224 e
11 carnosus (formosus,	46
:3 caro , v. carne , carnibus.	
23 carpe viam ,	79 c
— diem ,	172 e
·2 carpina atrâ ,	440 f
23 carpo , v. carpe, carpsit, carpunt.	
23 carpsit opes ,	171 r
·4 carptum ,	162
23 carpunt (capræ ,	104 g
— mandunt ,	169 aa
:3 Carthagine qui ,	245 k
22 caruisse (stultitiâ ,	350 a
22 caruitne febris ,	438 f
11 carus , v. cara,	
CAS,	78
— leur distribution lexi- graphique , v. note 18	
— syntaxe,	190
2 casealia quotidiè ,	108 e
·2 caseus per cribrum,	428
:1 casias roremq.	438 x
·3 cassidem in caput ,	435 l
·2 Cassii rebus,	367 i
·2 Cassius in oppido ,	209 a
11 cassus (truncus),	220
30 castè , certè ,	42
2 castella sub ,	235 f
2 castra posuit ,	259 a
— pabulatum,	261 d
— posuit...	2-3 b
— juvant ,	281 e
— quæ ad ,	305 c
— posuerunt,	305 i
— peto ,	333 d
— hostilibus ,	364 b
— peto,	396 x
V. castris , castrorum.	
14 castrensis, forensis ,	34
2 castris, castra ,	3-3 b
2 castrorum claudicar,	108 l
— medio ,	320 d
·4 casu ut primus ,	320 f
·4 casum , de cado ,	166
·4 casus subter ,	206 c
— abies ,	294 i
CATA, initiatif grec.	
·2 catalogus , catholi- cus ,	12
·2 catellus cubat ,	206 b
·2 catapultas, balistas,	427
·2 catarrhus ,	11
·3 catastrophe, catalo- gus ,	22

Pag.

11 Catenis sumus, 330 b
21 catervis et cuneis, 435m
21 catholicus, 12
'2 catinum (laganique, 435 n
'2 catulos similes, 355 h
'2 Caucasus horrens, 179 q
21 caudâ (spectacula, 440 f
21 caulæ (subst. plur.)
21 caulas (fremit ad, 425 p
13 caulem (vitis odit, 435 o
'3 caupo, merum, 435 q
21 causa fui... 112 c
— doloris, 128 n
— videndi, 203 n
— collocandi, 285 b
— fluxit, 419 c
— optima, 423 e
— sit cur, 425 i
V. les 4 suiv.
21 causâ (sunt, 79 a
— vult, 82 a
— obsonatum, 83 g
— agitur, 84 r
— adeunda, 113 b
— vel medio, 392 b
12 causæ (nec satis... 277 d
42 causam adferam, 81 e
— oratores, 145 f
— lacrymis, 222 i
— id est, 257 f
— tâuc, 305 b
— quam, 305 h
— ad te deferet, 305 h
— (hanc, 377 e
— (desere, 404 b
— vides, 409 e
— (quam ob, 409 c
21 causas innecte, 203 h
— (cogn... LII
— petis ex, 312 s
'2 causidice (tibi, 372 c
13 cautes stat, 106 g
13 cautio est, 369 k
13 cautionem (misi, 429 o
11 cauto est opus, 423 e
'4 cautum, de caveo, 61
11 cautum est... 112 b
11 cautus, v. le précedent.
11 cavâ rapui, 315 f
22 cave ne cadas, 55 d
— tibi, 437 e
22 cavebo (sciens, 147 e
22 caveo, v. cave, cavebo, cavere, cavete, cavet, caveto, cavi.
22 cavere, favere, 66
— nimiùm, 166 f
22 cavesis pour cave si vis, 54 v
22 cavet (tantisper, 365 c
22 caveto (capro... 256 i
22 cavi, vidi, 59
11 câvis bufo, 434 u
11 cavus, v. cavâ, cavis.
23 ceciderat (res, 264 c
23 ceciderunt fulgura, 165 e
23 cecidi, casum, 162
— cæsum, 162
23 cecidimus hostes, 165 u
23 cecidisset abiegna, 340 n

23 Cecinerunt (cornua, 233 l
23 cecini, cepi, 161
23 cecinit receptui, 165 i
— modum, 252 n
23 cedere sapientis, 113m
23 cedo; présent indicatif.
— equidem, VIRO.
Æn, 21.
V cedere, cædo et cessit.
23 cedo pour cedito.
— aquam manibus, 173 v
— vinum, 175 f
— igitur, quid, 257 a
— v. la note pag. 359
30 cedò. lises cedo, 212
13 celeber, lugubris, 39
V. celebre, celebres.
11 celeberrimus, etc. 75
21 celebrare (sumis, 110 d
13 celebre, forte... 96
13 celebres vidit, 109 d
11 celebro, v. celebrare.
30 celebriter, comiter, 77
15 celebrior, comior, 75
30 celebriùs, celeber-rimè, 77
13 celer, vigil, etc. 75
13 celeri linguâ, 277 f
30 celeriùs mater, 167 c
21 celet consuefeci, 273 n
23 celo, rogo, 274
V. celet.
11 celsus, excelsus, 313 v
22 censeas reperisse, 338 l
22 consen' pour cen-sés-ne, 55
— hominem, 286 c
22 censeo (æquum, 277 a
— facias, 422 d
V. censeas, censen', cen-serier, censet.
22 censerier vestrâ, 131 e
22 censet virum suum, 436 t
21 censura, cæsura, 48
— columbas, 140 e
11 centesimo vitæ, 247
11 centesimum annum, 247
— 272 i
11 centesimus, 41 et 247
30 centiès, ducentiès, 41
'3 centones, alium, 172 r
11 centrifugus, 24
10 centum, indécl. 41
— patuêre, 89 a
— annis vixit, 247
— annos vixit, 247
— annos impl... 247
— annorum, 247
— annos natus, 247
— regnabitur, 272 c
— oratores, 321 i
'3 centussis, decussis, 102
25 ceperat (odium, 53 d
25 cepêre (me, 104 d
25 cepi, concepi, 64
— , captum, 162
— tabellas, 329 i
25 cepit me, 119 e
— pecunias, 178m
— (facti, 212 i

21 Ceræ utendum, 118 l
11 ceratis nititur, 142 d
11 cereas intelligit, 305 d
2 cerebri felicem, 220 e
13 cererem canistris, 111 c
23 cernam (sanguine, 206 c
3 cernas (migrantes, 342 g
23 cernere erat, 319 f
23 cernimus (indomi-tum, 420 g
23 cernis ut ignavum, 345 c
cerno, sperno, ster-no, 177
V. cernam, cernere, cer-nimus, cernuntur, cre-vimus, crevit.
23 cernuntur in ag. . 176m
3 certamen (focis, 237 o
3 certamine prim... 385 b
30 certè (castè, 4a
— quidem, 373 b
— tyrannis, 398 b
— quidem, 418 b
11 certi denique, 127 f
— 258 c
14 certior, 321 k
— esse tuo, 346 a
— fieres, 414 b
30 certò pedibus, 199 b
— mecastor, 373 d
— composito, 378
11 certum est igni, 234 e
— est omnia, 329 c
— est priùs, 420 i
11 cortus, v certi, certum.
11 certu'st, pr. certus est.
— hominem, 327 b
— jam è fano, 439 a
3 corvical, caracter, 122
13 cervice pendet, 235 a
23 cervices (boum, 271
13 cervix (pondere, 251 a
V. les 2 précéd.
'2 cervus modium, 274 b
'3 cespite (vulserat, 175 t
21 cessare delectat, 347 b
21 cessavit dicere, 80m
23 cessi, cessum, 162
23 cessit in prov.. 173 u
— (fortuna, 257 l
21 cesso, dùm datur, 369 g
V. cessare, cessavit.
11 cetera tauro, 275 c
— pubes, 367 e
— nusquàm, 420 g
11 ceteri (essent quo, 305 e
23 cette pour cedite, 359
— manus, 359 b
— in conspectus, 359 c
— uter sit, 359 d
30 ceu raptores, 420 f
— cetera, 420 g
'3 chalybem frangeque, 110 a
'3 chalybeus, 37
'3 chalybs, v. chalybem.
3 character,... cicer, 122
'2 Charinus : tu, 329 a
'3 Charmides (factus, 403 b

	Pag.
CHIFFRES ARABES, signes d'abréviation, *voy.*	444
CHIFFRES ROMAINS, marquent les pages de la manière d apprendre les langues.	
'a chiliarchus,	14
a chiliophyllum duodecim,	14
14 chinensis, castrensis,	34
'a chirographi mei,	429 *o*
:3 chlamyde et machera,	438*m*
:3 chlamydem (picto,	275 *e*
:3 chlamys, *v. les 2 précéd.*	
01 Chloen,	260
— (post,	260 *o*
'a chorus deus, agnus,	100
11 christianus, *etc.*	34
:1 chronologia,	27
'a chronologus,	27
:8 Chrysidem (est,	290 *f*
13 Chrysidis (sobrinus,	441 *d*
'a chrysologus, horologium,	27
21 cibariâ copiosum,	244 *a*
'a cibos bibere,	321 *b*
'a cibum opu'st,	243 *k*
— (odoraris,	278 *h*
'a cibus, *v. les 2 précéd.*	
11 cicadae mares	435 *r*
:3 cicatrix frontem,	43* g*
3 cicer,... piper,	122
3 ciceris refero,	435 *n*
'3 Cicero ambitum,	428 *q*
V. les 2 suiv.	
'3 Cicerone (à meo,	239 *g*
'3 Ciceronem libera,	193 *i*
:1 ciconia pennis,	174 *k*
'3 *et* :3 cicur, clyster,	122
'3 cicurum vel ferarum,	435 *t*
:1 cicutæ sorbitio,	436 *a*
CIDA, *terminatif,*	23
'3 cimices nulli,	113 *s*
—, bonè usui,	439 *h*
'4 cinctum, *de cingo,*	162
'3 cineres sparge,	116 *k*
'3 ciniflones, violarii,	386 *b*
23 cingimur ense,	348 *g*
23 cingit vitta,	168 *d*
23 cingitur ferrum,	275 *d*
23 cingo, *v.* cingimur, cingit, cingitur, cinxi, cinxerunt.	
a cingulum è corio,	434 *o*
'3 cinis, *v.* cineres.	
CINQ (5 ·5 :5', *voy. les abréviations.*	442
23 cinxerunt æthera,	168 *c*
25 cio, *v.* cit.	
3o circa forum,	259 *k*
— regem,	259 *l*
— hæc,	260 *a*
— eamdem,	260 *b*
— lucem,	260 *c*
— omnes,	379 *a*
3o circiter meridiem,	260 *f*

	Pag.
'4 Circuitum(ambitum,	428 *q*
CIRCUM, *initiatif,*	12
3o circum castella,	235 *g*
— claustra,	260 *d*
— axem,	263 *e*
— oscula,	165*bb*
— accensos,	437 *a*
— Theseida,	439 *s*
23 circumcucurri,	162
21 circumdare muros,	238 *c*
11 circumdata limbo,	275 *e*
'4 circumdatum,	162
21 circumdedi,	162
21 circumdo, *v.* circumdare, circumdedi.	
23 circumegi, exegi,	161
20 ci cumeo, coeo,	134
11 circumjectos rigat,	427 *q*
25 circumspicit sæxum,	304 *c*
11 circumspectus, circuitus,	12
24 cir umvinciom,	422 *e*
21 circumvolitavit, *etc.*	438 *k*
CIS, *initiatif,*	12
3o cis Anienum,	257 *h*
— paucas,	257 *i*
11 cisalpina (gallia,	258
11 cisalpinus, cispellere,	12
'3 cispellam virum,	427 *r*
23 cispellere, componere,	12
11 cistifer, cistophorus,	23
a cistophorus, phosphorus,	23
24 cit a vum;	435 *u*
11 cita mors,	202 *d*
11 citadinus, benedic...	34
21 citantur (capitis,	218 *g*
V. citantur, citaret.	
21 citaret (a 1 mala,	233 *f*
21 citavit qui,	305 *u*
3o citiùs mihi,	259 *a*
11 cito, imo,	212
21 cito, postulo,	219
3o cito, imò,	212
3o citrà Rhenum,	257 *k*
— spem,	257 *l*
— calendas,	257 *m*
— satietatem,	257 *n*
— æmulum,	257 *o*
— Rubiconem,	258
3o citraque nequit,	258 *c*
11 citus, *v.* cita, citò.	
:3 civem esse atticam,	286 *i*
— hinc dicant,	341 *a*
:3 civeis cives...	260 *p*
— parento,	331 *a*
'3 civi romano,	322 *b*
'3 civibus (de tuis,	366 *h*
'3 Civilis intactos,	299 *h*
'3 *et* :3 civis, *v.* civem, cives, civi, civibus, civium.	
:3 civitas, *v. les 3 suivants.*	
'3 civitatem aux...	107 *i*
— forent,	330*m*
:3 civitates Cassii,	367 *b*
:3 civitatis (jus,	414 *i*

	Pag.
:3 Civium plena,	220 *g*
:3 cladem divisit,	106 *f*
:3 clades animos,	417 *s*
3o clam uxore,	238 *k*
— uxorem,	238 *l*
— furtim,	238*m*
21 clamabit enim,	386 *a*
21 clamant omnes,	324 *i*
15 clamantis in deserto,	120 *d*
21 clamat de viâ,	32 *f*
— hortatur,	436 *k*
21 clamavi ad te,	160 *e*
21 clamo mihi,	160 *f*
Voy. clamabit, clamant, clamat, clamavi.	
'3 clamor magnus se,	194 *a*
— cœlo (it,	227 *a*
— (accidit,	227 *e*
— frustratur,	439 *f*
'3 clamore pari,	341 *d*
'3 clamoribus actus,	194 *d*
3o clanculùm (consignavi,	329 *i*
23 clangunt, aquilæ,	168 *f*
23 clanxit tuba,	168 *e*
14 clariferère,	313 *f*
11 clarandum (nobis,	284 *f*
23 clarior quàm,	309 *a*
3o clariùs (quæso,	168 *k*
11 clarum Rhodum,	391 *e*
23 classe pererrat,	109 *a*
:3 classem, ad,	280 *l*
:3 classis (littore,	236 *l*
— est,	261 *c*
— tutum,	280 *d*
V. les 2 précéd.	
a clathri super,	254 *e*
23 claudatur humus,	107 *p*
11 claudendas et ad,	445 *d*
23 claudentur belli,	106 *h*
23 claudi jussit,	253 *t*
21 claudicare,	29
23 claudite f.m,	1-3 *y*
— jam rivos,	445 *f*
23 clauditur (custr.,	208 *l*
23 claudo, *v.* claudatur, claudentur, claudi, claudite, clauditur, clauserunt.	
23 clauserunt (viam,	1-3 *z*
2 claustra fremunt,	119 *c*
'a Clausus (agens,	119 *e*
:1 clavis (fortis,	3-4 *f*
:1 clavicula, molecula,	47
a clavos trabeius,	43 *a*
23 clementia conjrà,	258 *g*
23 clepe, tene,	171 *e*
23 clepsit (signis,	172 *d*
:1 clitellas (plur.)	
:1 clitellas vis,	116 *f*
— (vehit hic,	171 *c*
'3 clivosi glarea,	438 *u*
'a Clodium (ipsum,	354 *b*
'3 cladere multo,	260 *d*
'3 clypei mora,	313 *e*
11 coac'm (plebiscita,	209 *s*
'4 coactum (coegi,	162
3 cochlear... exemplar,	122
3o cochleatim, gradatim,	42

	Pag.
:3 Coctio, flexio,	38
—, coctionis,	58
— (virtus,	95
21 coctum edam,	421 b
'a Cocytus (ater,	295 c
'3 codice enascuntur,	113 t
11 cœca arietat,	301 h
23 coegi, exegi,	64
— ad quindecim,	251 g
— ut quamvis,	411 f
'3 et :3 cœlebs, cœlibis,	75
—, quid,	246 c
10 cœles, v. cœlitibus.	
'2 cœli, (plur. sa décl.)	103
2 — nubila,	252 p
— scrutautur,	440 n
'3 cœlibes esse,	116 g
3 cœli'ibus regnis,	115 f
2 cœlo ceciderunt,	165 e
— lucem, LV et	180 c
— (clamor,	22ª a
— protinus,	328 h
— tonantem,	356 e
— (esse de,	363 b
— servatum,	363 g
— servasset,	363
— possunt,	392 a
— examina,	437 c
2 cœlum, décl.	103
— vertice,	172 y
— quid lubet,	233 a
—, non animum,	265 i
V. cœli, cœlo.	
:1 cœna, v. les 2 suiv.	
:1 cœnâ redit,	91 i
11 cœnam forâs,	132 i
— dictavi,	256 g
— quid,	270 b
— hominem,	270 o
— advenientibus,	298 o
— (me ire ad,	394 g
— coqui,	428 y
21 cœnare (cupias,	315 i
21 cœnat Sertorius,	253 a
24 cœnaturire, parturire,	28
21 cœnavistine? (heri,	438 a
21 cœnavit (tempore,	232 l
21 cœno, v. cœnare, cœnat,	
cœnavit.	
20 cœeo, intereo,	134
24 cœperat (radere...	174 n
— quàm,	355 e
24 cœperunt, etc.	197
24 cœpi, et soleo,	197
— inter,	256 a
— assentari,	328 a
— (eò,	412 e
24 cœpio (lites	389 b
V. cœperat, cœ erunt,	
cœpi, cœpisti, cœpit.	
24 cœpisti (pergè quò?	169 q
24 cœpit instiui,	LX
— (esse fames,	106 k
— spargere,	110m
— (faeti,	212 i
— esse in quæstu,	250 i
— habet dimid...	3·1m
— habet,	355 d
— fieri,	417 f

	Pag.
11 Cœptis fortuna,	216m
11 coercendæ juv...	204 f
11 cœterus, v. cæterus.	
13 cogemur (parere,	92 g
23 cogere socios,	135 o
23 cogimur esse,	346 e
21 cogita (voluisti?	15 d
11 cogitando (à,	244 l
21 cogitare (vias,	256 b
23 cogitat quid,	394 e
'3 cogitatione cum,	430 c
23 cogito oves,	179 n
21 cogito, cohæres,	12
V. cogita, cogitat, cogi-	
tando, cogitare.	
'4 cognitum,	163
3 cognomen (surnom.	116
14 cognominem patriæ,	116 l
23 cognôris omnes,	315 l
	et LVI
23 cognoscam quisq.	132 h
11 cognoscendi et ign.	201 g
23 cognoscere caus.	LII
23 cognosco, v. cognoris, co-	
gnoscam, cognoscendi,	
cognosti, cognovi.	
23 cognosti etc.	204 i
23 cognovi, cognitum,	163
— (illico,	161
23 cogo atque impero,	172 n
V. coex, cogemur, cogere,	
cogimur.	
'3 cohæres, collocare,	12
22 cohæ-si, sum,	163
COLA, terminatif,	23
'2 COLAPHIS tuber est,	436 b
.15 colentes (religion...	204 l
11 colicus, rusticus,	32
2 colla boves,	177 s
— colubris,	204 f
11 col·apsis dormitant,	89 l
'4 collectum (collegi,	1ª2
11 collegæ tui,	318 o
23 collegit in arma,	170 f
23 colligit anguis,	170 e
23 colli-si, sum,	162
23 colli-vi, tum,	143
2 collo tenùs,	238 d
— demisêre,	440 h
23 collocandi tuerit,	285 b
11 collocare, corrigere,	12
23 colloqui, volo,	84 l
2 collum nihil,	386 c
22 collu-xi, ctum,	203
'1 colonia deducetur,	101 e
'1 colonus, v. les 2 suivans.	
2 coloni (arva,	260 k
'2 colono 'arva,	179m
— (arva,	411 f
'3 color (tyrius,	430 f
'3 colorem (abstulit,	97 g
— (traxêre,	160 l
— que,	275 b
'2 coluber, v. les 2 suivans.	
'2 colubris offam,	204 f
'2 colubrum in,	204 h
23 colui, aperui,	50
:1 columbas censura,	140 c
11 columnæ, ferrea,	116 a

	Pag.
:1 Coma, v. les 3 suivans.	
:1 comæ, lanuginis,	119 f
:1 comam muros,	273 f
:1 comas (vitta,	168 d
23 comedit rem,	320 h
— (butyrum,	435 b
COMÉNIUS, son	
janua.	L
20 cometes, cometæ,	99
15 comior, constantior,	75
14 comis, constantis,	75
11 comissimus etc.	75
2 comitat (mira,	390 c
'3 c. mitem quem,	115 g
30 comiter, comiùs,	77
'3 comites dicitur,	346 d
30 comius, comiùs...	77
23 comme-mini, nium,	163
COMMENT en un	
plomb vil,	LVIII
11 COMMERITA est,	259 l
11 commigravit,	231 b
11 commissa sedatur,	369 l
23 committam ut,	242 e
11 committendi p·ml...	204 a
2 commodi est quod,	211 d
11 commoratus etc.	209 a
11 commotus est,	262 p
22 commoverunt (non,	240 c
11 communicatum,	321 g
14 commune omnium,	330 c
14 communibus locis,	220 p
14 communis, v. les précéd.	
21 commutem meum,	340 k
21 commutes limina,	314 q
21 commuto locum,	417 f
V. les 2 précédents.	
23 como, v. commantur,	
compsit.	
'4 compactum,	162
'3 compagibus arctis,	106 k
23 compar-si, sum,	163
23 compa-vi, stum,	163
'3 compedes (crassas,	314 a
— imponi,	366 e
23 compegerat sibi,	177 v
23 compello, v. compuli	
11 com·erendinatus,	403 f
24 comperi, (concepi,	64
'3 compes, compedis,	58
V. compedes.	
21 compilari quàm,	137 b
21 compilasse putes,	442 g
23 comp.ngitis fabulas,	177 x
23 compingo, v. compegerat,	
compingitis.	
2 compita circùm,	430 s
23 comple-xi, sum,	163
11 complexus euntis,	133 d
— est,	355 b
23 componere, conflare,	12
15 compos animi,	219 p
— mentis,	219 q
— inops,	220
COMPOSITION. v.	
au mot thème.	
14 compositior pugna,	309 b
30 compositò rumpit,	106 d
— consuliò,	378

Pag.

Compositor, *lisez* compositior, 309 *b*

15 compotem facis, 219 *r*
15 compotes (gaudio , 220 *c*
23 comprehendi, 285 *d*
43 compre-*ssi* , *ssum* , 162
— est rabiem , 175 *i*
23 comprime te , 175 *k*
23 compsit et arte , 175 *c*
'4 comptum , 162
23 compul-*i* , *sum* , 162
23 compulistis (suam , 269
11 compulsi (siti , 295 *h*
23 compun-*xi*, *ctum* , 163
23 comuntur, annus , 175 *d*
— annus , 324*m*
— annus est , 419 *d*
21 conari quo , 408 *c*
25 concepit mente , 429 *e*
25 concep-*i* , *tum* , 162
23 concessi, concessum, 162
11 concessuram ex, 363 *l*
23 concidit fumo , 437 *d*
23 concinnatam , 384 *d*
23 concinere, incidere, 64
23 concino , *v.* les 2 précéd.
21 concipio , *v.* concepi, concepit.
21 concitant pericul.. 431 *d*
21 concitat (insidiis , 231 *d*
21 concito , *v.* les 2 précéd.
21 conclamatum est , 301 *k*
3 conclavibus sarcin.. 108 *g*
23 concludi aedes , 314 *a*
23 concluditur ipse, 174 *a*
23 concludo , *v.* concludi, concluditur, conclusi, conclusit.
23 conclu-*si* , *sum* , 162
23 conclusit in , 173 *g*
10 concors , discors , vecors , 20
23 concrevi, concret.. 162
25 concupierat (insa.. 251 *i*
23 concurrebant (cum.. 435*m*
'4 concursus ad , 251 *b*
25 concu-*ssi* , *ssum* , 162
25 concussit eum , 174*bb*
25 concute plebem , 174*cc*
25 concutio , *v.* les 2 précéd.
23 condant (moenia , 305 *f*
23 condebantur (terrâ , 347 *c*
21 condemno , plecto , 219
23 condere gentem , 211 *o*
23 condidêre (Med.. 109 *h*
23 coudidici , 162
23 condidit (se bubili , 80 *n*
— (se bovili , 108 *d*

CONDILLAC , cité LII , et LIX , LXIX

24 CONDIO, *v.* condiunt.

'4 condiscitum , 162
23 condit amphoris , 117 *l*
:3 conditionem , 178*aa*
23 condito in aquam , 116 *n*
'8 conditor mundi , 202 *k*
'4 conditum, creditum , 161
24 condiunt (non, 83 *r*

Pag.

23 Condo, condidi , 51
V. condant, condebantur, condidêre, condidit, condit , condito , condunt.

22 condoleo, *v.* condoluit.
22 condoluit (pes , 120 *h*
11 condonandi (agr... 285 *c*
23 conducit inter , 311 *b*
— prodest , 321
23 condunt (littore , 234 *i*
25 confeci (quod, *etc.* 300 *d*
11 confecta (erat, 305 *k*
11 confecti senectute , 204 *c*
11 confectis navim , 83*m*
— noh mulierib... 367 *c*
'4 confectum , 162
V. les 3 précéd.
23 confero (contollo, 321
25 confer-*si* , *tum* , 162
23 confert , contollo , 321
25 conficiar , tàm , 399 *a*
25 conficio , *v.* confeci, conficiar.
23 confi-*xi* , *ctum* , 163
23 confidat (malitiæ , 402 *l*
23 confido fore , 129 *b*
23 confi-*nxi* , *ctum* , 163
11 confisus periit , 88*m*
22 confiteor me fecisse, 55 *i*
— (fuisse , 214 *c*
23 conflantur in ensem, 430 *k*
23 conflex-*i* , *xum* , 163
23 confligo , *v.* le suiò.
23 conflixit , cum rege , 157 *h*
21 conflo , *v.* conflantur.
25 confodi, confossum.
'4 confractum , 162
23 confregi fores , 178 *a*
23 confregisti (imbr. 114 *i*
23 confringi vos , 178 *b*
23 confringo , *v.* les 3 précéd.
23 confu-*di* , *sum* , 163
24 conful-*si* , *tum* , 163
23 congen-*ui* , *itum* , 163
23 conge-*ssi* , *stum* , 163
23 congregantur(grues, 110 *c*
11 congressum Æneam, 315 *f*
30 congruenterque , 222 *h*
25 conjecerat ,
conjeci (adjeci , 161
11 conjecturam quid , 211 *e*
25 conjicerem in pedes, 253 *d*
23 conjicio (ut , 272 *d*
V. conjecerat, conjicerem, conficito, conjiciunt.
25 conjicito (manipu.. 439 *k*
23 conjiciunt igni , 427 *s*

CONJONCTIONS , 381
— énumératives , 381
— corrélatives , 398
— liste , 396 et 398

CONJUGAISONS , 124
— irréglières , 127
— réglières , 140
— actives , 151
— passives , 154
— modèle , 157
— des deponents , 158

Pag.

23 CONJUN-*xi* , *ctum* , 163
21 conjurat amicè , 311 *b*
21 conjuro , *v.* conjurat.
10 conjux vincor , 194 *b*
— ... bella , 201 *a*
— (et tua , 348 *n*
23 conne-*xi* , *xum* , 163
23 counubium peterent, 291 *b*
21 conor , *v.* conari.
23 conquisi-*vi* , *tum* , 162
'4 conatum *de* consero , 164
23 conscios, delendæ , 320 *b*
23 conscribo (epitomata, 428 *d*
23 consedimus (statuam, 263 *g*
23 consen-*si* , *sum* , 164
23 conse-*psi* , *ptum* , 164
23 consequar (exitus , 102 *i*
23 consequor (recta , 285 *f*
23 consererent (manum, 316 *b*
23 cons-*evi* , *itum* , 164
23 considerabis (prud.. 237 *f*
23 considere scamnis , 441 *h*
21 consignavi clancu... 329 *i*
21 consili expers , 88 *k*
2 consiha in , 406 *c*
2 consiliis utamur , 162*m*
— habitus , 193 *g*
— dare , *lisez* consilia dare , 350 *e*
2 consilio aut re , 264 *a*
2 consilium est , 416 *h*

V. consili , consilia , consiliis , consilio ,

14 consimile est atque , 198 *c*
14 consimilis est , 402 *a*
23 consistere rectum , 258 *c*
23 consisto , *v.* consistere consistit.
23 consistit (Pompeium , 258 *d*
23 cosolaber , quod , 401 *a*
11 consolando aut , 244 *n*
21 consolor , quod , 423*m*

V. consolabar, consolando.

'4 conspectum cari , 320 *a*
'4 conspectus (cette in, 359 *c*
25 conspe-*xi* , *ctum* , 162
25 conspicere , LXXII
25 conspicere possis , 272 *b*
25 conspicio , *v.* conspicere.
25 conspicor (sodales , 96 *k*
21 constabit pulchrè , 354 *i*
15 constans, constantis, 75
21 constant aut , 329 *d*
30 constanter , 77
14 constantior , 75
11 constantissimus , 75
30 constantiùs , 77
21 constaret , 363 *b*
21 constat.— A quo ? 320 *h*
21 constiterit alicubi , 53 *e*
21 constitit decussi , 247 *c*
— dicterium , 324 *h*
23 constituêre pyras , 437 *g*
23 constitues (tempore, 231 *a*
23 constituit Salamina , 116 *l*
23 constituo , *v.* constituêre, constituit, constitues.

Pag.

2 1 Consto , *v.* constabit, constaret , constant, constat , constiterit , constitit.
2 3 constra-*vi* , *tum* , 164
˙4 constrictum , 164

CONSTRUCTION ,
— déconstruction ,
          XXXIII
— *de* que *et* et , 381
—   385
—   400
2 3 CONSTRUUNT (aves , 108 *h*
2 5 consuefacio , *v.* le suiv.
2 5 consuefeci filium , 273 *n*
2 3 consuescere(multàm,233 *t*
2 3 consuesco. *v.* consuescere, consuevit.
1 1 consuetaque verba , 439 *e*
˙3 consuetudinis (æstus, 171 *m*
2 3 consuevit \ imper. 288 *g*
˙3 consul (ego eram , 192 *g*
— ante , 260 *i*
    V. consule , consulem , consulis , consulis.
˙3 consule Planco , 249 *i*
˙3 consulem fecistis , 408 *f*
2 3 consulere cupio , 223 *d*
˙3 consules \ apopond. .166 *p*
— patres , 197 *e*
— monuit , 305 *g*
— bellicosi , 330 *m*
— (jusserunt , 338 *g*
˙3 consuli (insidias , 166 *v*
˙3 consulis (tibi , 265 *d*
2 3 consulo , *v.* consulis , consulere , consulueris.
2 3 consulueris maturè , 403 *h*
1 1 consulto et ubi , 403 *h*
3 0 consultò , continuò , 378
˙4 consultum malè , 281 *e*
2 3 consumo , *v.* les 2 suiv.
2 3 consum-*psi* , *ptum* , 164
2 3 consumunt diem , 234 *p*
— plaudendo , 250 *d*
— Arabes , 257 *a*
2 contagia lædent , 113 *h*
2 3 contemnuntq. favos , 437 *c*
2 3 contem-*psi* , *ptum* , 164
2 1 contemplor in , 300 *h*
2 3 contendisset , scio , 363 *f*
2 3 contendo , *v.* contendisset.
1 1 contento'st opus , 84 *h*
1 1 contentum suis , 350 *f*
2 3 conterit frontem , 336 *b*
— frontem , 345
2 3 conteritur ferrum , 369 *f*
2 3 contero , *v.* conterit , conteritur , contrivi.
2 3 conte-*xi* , *ctum* , 164
2 3 contigit oppetere , 81 *r*
— ut patriam , 226 *e*
2 3 continet imber , 429 *d*
2 3 contingat (et ora , 320 *c*
— *id.*   364 *a*
2 3 contingere ramos , 131 *g*
2 3 contingo , *v.* contigit , contingat , contingere , contingit.

Pag.

2 3 Contino , *v.* continet.
3 0 continuò , eò , 378
1 1 contorta hastilia , 433 *g*
2 3 contollo , confero , 321

CONTRA , initiatif , 12
3 0 CONTRA (Æolus hæc, 197 *d*
— nos , 246 *f*
— legem , 257 *d*
— Pompeium , 258 *d*
— frigora , 258 *e*
— me , 258 *f*
— validos , 258 *g*
— me est , 258 *h*
2 3 contradico , 12
2 3 contrapono , 12
1 1 contraria imprecor , 113 *g*
1 1 contrarius , *v.* contraria.
2 3 contrastat semper , 447 *t*
2 1 contrasto , *v.* contrastat.
2 3 contremiscam (artubus , 243 *b*
2 3 contremisco , *v.* contremiscam.
˙4 contritum , 164
2 3 contrivi diem , 250 *a*
— in , 250 *c*
˙1 controversia , 12
2 3 contu-*di* , *sum* , 162
— prædonis , 177 *r*
2 3 contulerit (nisi , 321 *e*
contulit , confert ; 321
˙1 contumelia , *v.* contumehas.
2 contumelia quæ , 277 *b*
˙3 contumelias non , 80 *m*
— pati , 354 *c*
2 contumelium , *v.* contumelia.
2 3 contudo , *v.* contudi , contundunt.
2 3 contundunt colla , 177 *s*
2 3 convalescant (non , 104 *a*
2 4 convenerat (prælii , 204 *e*
2 4 conveniant (quâ die, 305 *m*
3 0 convenienter , 222 *h*
2 4 convenio , *v.* convenerat , conveniant, convenit.
2 4 convenit (seminare , 257 *m*
1 1 conversis studiis , 297 *f*
1 1 converso cardine , 171 *i*
1 1 conversos , 299 *k*
1 1 conversus , *v.* conversis , converso, conversos.
2 3 convertere in , 135 *n*
2 3 convertit , 265 *e*
— (Numeriam , 280 *k*
2 3 converto , *v.* convertere , convertit , convertor.
2 3 convertor domum , 240 *k*
2 3 convi-*ci* , *ctum* , 164
2 convictis jocantur , 430 *e*
2 3 convinco , damno , 219
convinxi,n'existepas164
˙1 conviva , *v.* les 2 suiv.
˙1 convivas quæris , 81 *u*
˙1 convivis (nihil , 178 *t*
2 3 convortam *pour* convertam , 269 *f*

Pag.

2 3 Convortitur (nemo , *pour* convortitur. 397 *d*
2 3 convorto , *pour* converto.
    V. convortam, *etc.*
2 3 convul-*si* , *sum* , 164
˙1 copia (edundi , 285 *e*
— fastidium , 320 *a*
    V. copiam , copiarum , copias.
˙1 copiam (crescendi , 203 *i*
˙1 copiarum in Hisp.. 211 *c*
˙1 copias admovit , 260 *b*
— armat , 402 *i*
1 1 copiosam (cibariâ , 244 *d*
1 1 copiosus (frumento , 244 *d*
2 3 coqui (cœnam , 428 *y*
2 3 cóquit messem , 170 *k*
2 3 coquitur vindemia , 439 *b*
2 3 coquo , *v.* coqui , coquit , coquitur , coxit.
˙2 coquos hortatur , 436 *h*
˙2 coquus tu solus , 124 *b*
3 cor , *v.* corda , cordi.
3 0 coràm me , 165 *s*
— (audisti , 193 *o*
— ubertim , 238 *a*
— quem , 238 *i*
— omnium , 238 *k*
˙3 corbibus , 223 *g*
— (aurum , 33a *a*
˙3 corbis , *v.* corbibus.
3 corda labant , 116 *m*
— pavor , 175 *bb*
— volente , 249 *f*
— timore , 438 *q*
3 cordi est , facere , 215 *d*
˙2 Corinthi pueros , 208 *b*
— mœnia , 391 *e*
2 corio , bullis , 434 *o*
2 corium et flagra , 434 *m*
˙3 cornicem   conspicere possis , 272 *b*
o cornu , *sa déclin.* 103
— in arbore , 177 *y*
— (fœnum in , 437 *h*
o cornua cecinerunt , 233 *l*
˙2 cornus (bello , 292 *c*
˙1 coronam (Lamiæ , 170 *o*
2 1 coronat opus , 121 *f*
1 1 coronati sedent , 102 *h*
2 1 corono , *v.* coronat.
3 corpora nostri , 447 *a*
3 corpore (conclusit , 173 *s*
— sudor , 171 *e*
— ferrum , 175 *y*
3 corporibus , sede opus , 86 *f*
— sede opus , 113 *a*
— sic , 416 *k*
3 corporum video , 86 *a*
1 1 corpulentus , 26
3 corpus labore , LXXIV
— quassatum , 88 *n*
— porrigitur , 264 *h*
3 corpus augere , 321 *b*
— (otia , 345 *c*
— sit an profluat , 303 *c*
— eâ non est , 411 *b*
— opponam , 430 *p.*
    V. corpora , corpore , corporibus , corporum.
2 3 corra-*si* , *sum* , 164

Pag.

CORRÉLATIFS,
cùm, etc.   398

23 corrigat hora,   280 i
23 corrigo (colloco,   12
25 corripio, de rapio,   68
    V. les 3 suiv.
25 corripit torrem,   427 g
25 corripuisse domos,   342 e
23 corripuit, quæ,   305 e
23 corro-si, sum,   164
23 corrui (ego risu,   107 h
23 corrumpant otia,   345 c
23 corrumpantur cum-
        tio est,   369 k
23 corrumpit apes,   438 a
23 corrumpo, v. corrumpant,
        corrumpantur, corrum-
        pit, corrupi.
23 corru-pi, ptum,   164
23 corruo, v. corrui, corruit.
11 corrupta sit,   327 f
11 corruptissim â rep..   430 s
'3 cortex, v. les 2 suiv.
'3 cortice nucum,   114 a
'3 corticibus sudent,   436 s
21 coruscat mucro-
        nem,   436 c
'2 corvis, vexat,   140 c
    —, vexat,   332
'2 corvo alter,   311 a
'2 corvum nigrum,   LXXII
'2 corvus est niger,   LXXII
    V. les 3 précéd.
2 Corycium vidisse,   354 g
2 coryletum, ros...   37
21 costis (diripiunt,   113 n
'2 cothurnos usibus,   441 l
'3 coturnices dantur,   341 b
23 coxit fornacibus,   170 i
30 cras, fuge quærere,   359 a
    — (hodie et ,   384 d
11 crassas compedes,   314 a
'2 Crasse pudet me,   312 k
    — fallit,   280 m
11 crassi capitis,   202 f
'2 Crassus(cum nuntio,   237 g
    V. Crasse.
11 crassus, v. crassas, crasse.
'3 crater, craterem, cra-
        tera, crateras,   102
:3 crates arbuteis,   106 l
21 creat stercus asini,   205 m
12 creber, v. crebri.
12 crebri hostes,   397 d
23 credas interitura,   338 f
    — à me ad,   338 k
    — aut tecta,   342 e
23 credat (stetisse,   265 e
    — pueris non,   344 r
    — sibi me,   366 e
23 crede mihi, placent,   112 g
    — magistrum,   436 a
    — paella, facis,   442
11 credendum est,   290 g
23 credent tibi. Tu cui? 315 c
23 credere totum,   136 i
    — totum,   136 k
    — (te credo,   286 a

Pag.

23 Credere (te credo,   286
    — (Jovem non,   390 a
23 crederemus (quin ei,   407 b
23 crederes (tabellis,   248 a
    — lætari,   342 f
23 crederim, lites cre-
        diderim,   356 h
23 credi (cupis,   288 d
14 credibile (vix,   194 c
23 crediderim (dies,   356 h
23 credidimus Jovem,   356 c
23 credit tantisper,   365 c
'4 creditum. deditum,   161
23 credo, credidi,   51
    — adventurum,   228 f
    — huic esse,   271 p
    — cre dere,   286 a
    — credere (hoc te,   296 i
    — herclè hodie,   324 a
    — jam ut sit,   356 b
    — (credere,   361 n
    — et id facturas,   363 d
    —, ut habeas,   363 e
    V. credas, credat, crede,
        credendum, credeut,
        crede, e, credere
        crederes, credi, credi-
        derim, credidimus, cre-
        dor, credunt.

23 credor, censeor,   103
23 credunt quod vident,   96 i
    — se vidisse,   286 b
    — se vidisse,   340 l
21 cremare apud,   347 c
21 creo, v. creat.
21 crepant(esurio, tàm,   413 a
21 crepidas (sibi,   177 v
21 crepidis, modo in,   234 k
11 crescendi copiam,   203 i
20 crescere lappa,   430 k
23 crescit amor nummi,   176 k
    — (pecunia,   176 k
    — occulto velut,   417 a
23 cresco (cretum,   61
    V. crescendi, crescere,
        crescit, crevi, crevimus.
:1 Creta, medio jacet,   191 d
:1 cretâ an carbone,   436 d
'4 cretum, cresco,   61
'4 — de cerno,   162
    — de cresco,   162
11 cretus, quidve,   308
    — vel ut,   308
21 Creüsam, alterum,   296 c
23 crevi de cerno,   162
23 crevi de cresco,   162
23 crevimus (unà,   176 i
23 crevit senatus,   176 l
    — (libido,   378 a
2 cribrum geris,   109 g
    — caseus,   428 z
3 crimen capitis,   218
3 crimine (ego te,   289 p
    — dearguatur,   241 f
    — ab uno disce,   303 d
'3 crines diduci,   117 l
    — nodantur,   253 e
:3 crisis, criseos,   101
'2 Crispe, soles,   165 z
'2 Crispini scrinia,   442 g

Pag.

'2 Crispinus, tyrias,   400 a
    — provocet,   400
'2 Crispus, v. crispe.
:1 cristæ (ut stant,   55 m
'3 Crito, sobrinus,   442 d
'2 croco et fulgenti,   436 e
:3 crucem (in malam,   132 k
    — sceleris,   427 z
'4 cruciatum abripi,   270 k
14 crudelis ubique,   418 c
11 crudum an coctum,   421 b
'3 cruor (in terram,   121 d
'3 cruoris hirudo,   438 t
3 crus, dux, flos,   101
3 crus, v. crurum.
3 crurum tenus à,   238 g
:3 crux, v. crucem.
21 cubabat super,   254 l
21 cubat is (propè,   263 l
21 cubet, mihi,   206 b
    — mihi sat,   206 b
3 cubile, pulvinar,   96
3 cubilia, sibi,   108 b
    — frondes,   121 f
    — talpæ,   437 f
    — frondes,   437 e
4 cubitum (vale et .   245 m
21 cubo, v. cubabat, cubat,
        cubet.
'2 cucullus (piperis,   436 f
'2 cuculum uxor,   435 l
'3 cucumere (sanatur,   110 l
'3 cucumerem condito,   126 n
'3 cucumis, v. les 2 préced.
23 cucurrerant,   280 e
23 cucurrit Puteolos,   165 l
21 cudo quod tibi   436 g
'2 culullus (grande coupe),
    — urgere cucullis,   Hon.
10 cui bono,   80 g
    — farcias centones,   172 r
    — dentes,   224 k
    — rei studes,   226 f
    — jugera,   264 h
    — parenti,   315 c
    — magno,   324 h
    — quis noceat,   338 n
    — dicas, sæpè,   344 e
    — maledicas,   360 a
10 cuicumque favebis,   362 r
10 cu que, de quisque.
    — dies,   166 z
    — deus sit dira,   193 u
    — mos est,   224 d
10 cuivis facile,   142 h
11 cujum pecus?   302 m
10 cujus jussu,   80 c
    — nunc es?   310 b
    — cujusque, regit,   438 c
'3 culices avertunt,   114 b
    — pedesque,   438 h
:1 culina clamat,   436 h
3 culmen, robur,   96
:1 culpa, sylva,   91
    — est,   419 c
    — est (an nostra,   421 c
    V. les 2 suiv.
:1 culpâ, suspicione,   421 e
:1 culpæ (succumb...   132 n

Pag.

2 1 Culpari (quàm ,   136 *g*
— nolunt !   345 *e*
2 1 culpavi , delevi ,   59
2 1 culpo , *v.* les 2 précéd.
·2 culter , *v.* les 3 suiv.
·2 cultri (sanguine ,   170 *d*
·2 cultros (sanguine ,   170 *c*
·2 cultrum habeo ,   104 *i*
:1 cultura , lectura ,   48
1 1 culturus , lecturus ,   47
30 cum ambabas ,   8¨ *g*
— hominibus frugi ,   94 *k*
— soceris ,   102 *c*
— parvis ,   179 *t*
— fratre an sine ?   254 *g*
— nuntio Crassus ,   237 *g*
— quo , *ou* quocum ,   237
— affectu ,   238 *e*
— benè re ,   249 *k*
— magnis ,   249 *l*
— diis bene ,   249*m*
— rege ,   257 *h*
— Lauso ,   299 *a*
— pluribus ,   316 *b*
— catenis ,   330 *b*
— populo egisse ,   363 *b*
— genere ,   385 *c*
— cogitatione ,   430 *c*
— moecho est ,   436 *b*
— genere extinxem ,   385 *c*
30 cùm *ou* quùm , dit conjonc-
jonction.
— hostes ,   ·   255 *e*
— exercitum ,   258
— iri debuit ,   277 *c*
— aliquid ,   281 *g*
— jàm advesp.   324 *d*
— ita sint ,   327 *a*
— essem in ,   327 *d*
— jaceret ,   336 *b*
— essem ,   345 *g*
— jaceret ,   345
— me Romam ,   345 *h*
— dare non possem ,   345 *t*
— maximè ,   345*m*
— id mihi ,   345 *n*
— tibi nubebam ,   345 *o*
— arbitrabar ,   345
— senex non nisi ,   355 *b*
— constant ,   363 *c*
— de coelo ,   363 *g*
— semel occideris ,   383 *b*
— mihi paveo ,   398 *a*
— mul·a mala ,   398 *b*
— rectè... tùm ,   398 *c*
— dolore... tùm ,   399 *a*
— maxumè ,   399 *b*
— summa ,   399 *c*
— puerum diligis ,   399 *d*
— legati ,   399 *e*
— provocet ,   400 *a*
— fremit ,   435 *p*
— sit obeso ,   439 *q*
— rea laudis ,   441*m*
:1 cameram frumenti ,   172 *f*
1 1 cumulatus , dignus ,   220
1 1 cumulatissime ,   220
:1 cunæ, *plur. v.* cunarum.
:1 cunarum fueras ,   436 *i*
1 1 cuncta terrarum ,   211 *k*
— videns ,   294 *c*

Pag.

1 1 Cuncta videntem ,   294 *g*
— quæ gerimus ,   317 *d*
15 cunctantem flectere ,   355 *e*
1 1 cunctis dominabitur ,   217 *a*
2 1 cunctor , *v.* cunctantem.
1 1 cunctus , *v.* cuncta, cunctis.
·2 cuneis concurr.. ,   435*m*
:1 cunila (atque ,   366 *a*
15 cuperes vendere ,   435 *q*
25 cupias oportet ,   135 *a*
— coenare ,   315 *i*
·3 cupidinis pravi ,   119 *d*
:3 cupido cepit me ,   119 *e*
— (fit dira ,   193 *a*
1 1 cupidus redeundi ,   203 *l*
— rectà ,   385 *f*
15 cupientium nadus ,   396 *a*
25 cupio, cupivi ,   59
— consulere ,   223 *d*
— vivere ,   280 *a*
— verum ,   287 *d*
— ut impetret ,   337 *b*
— fieri matrona ,   348 *k*
— aveo ,   349
V. cuperes, cupias, cupis ,
cupit , cupiunt , cupivi.
25 cupis credi ,   288 *d*
25 cupit (haberi ,   366 *g*
25 cupiunt ultrò ,   135 *k*
— laudari ,   345 *e*
25 cupivi (petivi ,   59
:2 cupressus (antiqua ,   230 *a*
30 cur urceus ,   LX
— non intro ,   269 *d*
— non eosdem ,   280 *c*
— te is , perditum ,   345 *b*
— quarè ,   344
— civis bona ,   360 *c*
— negent ,   410 *f*
— me macero ,   410 *g*
— me excrucio ,   410 *g*
— à te id ,   410 *h*
— feratur ,   425 *l*
:1 cura (figura ,   48
— medullas,   165 *x*
— (angit ,   167 *f*
— quietos ,   380 *d*
V. curæ, curam, curarum,
curas, curis.
21 cura ut valeas ,   335 *q*
— asservandum ,   369 *d*
21 curabis reddere ,   105 *f*
— reddere fidus ,   187
21 curabo (tibi ,   418 *a*
14 curacior... ,   75
30 curacissimè ,   77
30 curacissimus ,   75
30 curaciter , curaciùs ,   77
30 curaciùs, cura cess... ,   77
:1 curæ pretium ,   202 *v*
— sunt (tua ,   225 *a*
— (carmina ,   225 *b*
:1 curam abjecimus ,   178 *f*
— quieto ,   322 *d*
21 curarem ut esses ,   345 *l*
:1 curas fluctuat ,   294 *a*
:1 curas labor ,   165 *z*
— malas ,   178 *z*
— (pellite ,   381 *c*
— et libera ,   385 *b*

Pag.

21 Curas utrèm ,   421 *b*
1 1 curata sunt ,   228 *o*
13 curatio hanc rem ,   281 *h*
1 1 curatum est ,   172*m*
21 curavi ut , opinione ,   248 *l*
21 curavit (faciendam ,   295 *f*
— (faciendum ,   369 *d*
15 curax , potens ,   96
21 curemus, tu alterum ,   318 *f*
:1 curia , inversique ,   373 *e*
·3 Curio (plebem ,   174*cc*
:1 curis vagor ,   238 *a*
21 curo , *v.* curabis, curabo ,
curarem, curavi, curavit.
1 1 currendum scio ,   417 *g*
15 currente notà ,   LX
— carinà ,   169 *f*
23 currimus quos ,   290 *c*
23 currit iter tatum ,   280 *d*
23 curritur ad ,   165*q*
23 curro ,   51 , 68
V. currimus, carrit, curritur, currant.
·4 curru tremebundus ,   429 *b*
15 currunt (mare ,   265 *l*
— quisque ,   303 *l*
·4 currus , *v.* curru.
1 1 cursando atque ,   250 *a*
21 cursari rursùm ,   368 *e*
30 cursim aliena ,   144 *f*
21 cursitant mixtæ ,   384 *f*
21 cursites ; neve ,   395 *k*
21 curso , *v.* cursari.
·3 cursor (præcursor ,   45
·3 cursorem miserunt ,   335 *c*
— miserunt ,   415 *d*
·4 cursu petit ,   274 *f*
·4 cursum mutavit ,   273 *t*
·4 cursus aquæ ,   168 *b*
— (in lævam ,   170 *b*
— currimus quos ,   280 *c*
21 curtabit quisque ,   206 *c*
·2 Curtius accusat ,   402 *l*
21 curto , *v.* curtabit.
1 1 curvæ rigidum ,   436 *k*
·3 cuspide fumet ,   436 *l*
·3 cuspis , *v.* le précéd.
·3 custodem lupum ,   373 *h*
:1 custodiis loca ,   244 *e*
·3 custos (oves ,   161 *h*
— (relictus ,   304 *h*
·3 cutem nisi plena ,   438 *i*
·3 cyathis bibatur ,   436 *n*
:2 Cyprum (proficisci ,   325 *q*
·2 Cyrus ille ,   228 *b*
:1 Cytherea (metu ,   173 *c*

D.

21 DA , genitor ,   113 *k*
— sodes , abs ,   140 *o*
— mihi fallere ,   346 *h*
— justo ,   ibid.
— (inquit ,   439*m*
21 dabam (domosque ,   140 *g*
— (verba ,   345 *i*
21 dabant (tura ,   222 *k*
21 dabat (foenori ,   225 *l*
21 dabimus in ,   140 *l*

	Pag.
21 dabis, improbe,	140 i
	et 332
21 dabit deus his,	140 k
— (operam,	283
21 dabitis nobis,	140m
21 dabitur peccati,	204 g
— in eum actio,	411 h
21 dabo (rei operam,	97 b
21 — tripodas,	118 g
— operam (si,	131 h
—, inque,	138 a
— uti scire,	140 h
— argento,	140 f
— si id capso,	332 a
— et jubebo,	428 y
21 dabunt di quæ,	140m
— se tempore,	370 c
DACIER, ses notes sur Horace,	LVI
11 DÆMONIACUS,	31
:1 damæ (pocula,	270 c
2 damna vestra,	173 f
21 damnari (mavultis,	136 l
'4 damnatu,	37
'4 damnatum,	37
11 damnatum domum,	276 i
'4 damnat-us, ús,	36
V. damnata, damnatum.	
11 damnatus est,	218 k
— longi,	430 r
V. damnatum.	
21 damuo, v. damnari.	
11 damnosa videtur,	434 a
11 damnosus, (ganeo,	437 b
2 damnum, malum,	93
— maxum..	276 d
V. damna.	
21 damus (petimusq..	140 d
:0 Danaen inciusam,	291
'2 danai dominantur,	229 g
— dominantur,	245 f
'0 danaidæ credent,	315 c
:3 Danaides plenas,	315 d
'3 danais, v. danaides.	
'2 Danaüs, v. danai, danaûm, danaos.	
'2 danaos et dona,	388 b
'2 danaûm fortissime,	218 a
— (spes,	241 c
11 danda glans,	257 n
11 dandam esse,	365
11 dandum potius,	283 d
11 dandus, v. les 3 précéd.	
15 dans fidem,	141 g
21 dant, eos derides,	81 y
— animos,	140 f
. — quòd,	215 l
— lacrymas,	315 e
— sese ita,	415 c
21 danto manus,	141 c
21 dantur quicum,	341 b
:3 dape pavit,	110 b
:3 dapes parat,	111 n
:3 daps, v. les 2 précéd.	
'3 Daphni, v. Daphnis.	
'3 Daphnim (ducite.	392
.3 Daphnis, Daphnidis,	101
— (venit,	229 f

	Pag.
'3 Daphnis (venit,	240 a
— (talia,	287 c
— (ilice,	378 c
11 dardaniam ruit,	227 i
'2 Dardanus ortus,	307 f
21 dare me jussit,	85 b
—.(operam,	134 e
— nobis verba,	139 a
	et 141 f
— (operam,	224 a
— vobis,	288 o
— vincere nostrum,	300 i
— operam,	301 c
— jura,	325 g
— non possem,	345 i
— et foris,	350 e
21 darem nisi soleres,	141 e
21 dari, videri, sciri,	154
DARJOU, v. les observ. placées à la fin du volume.	
21 das nunquam,	140 b
— adimisque,	179 a
21 dat suam,	82 b
— veniam,	140 c
— Niso,	221 a
— sine,	234 e
— veniam,	332
— Cicero,	428 q
11 data porta,	404 a
.11 — esse verba,	436 q
21 date (aquam,	96 f
— lilia plenis,	96 g
— potestatem,	141 a
— crescendi cop..	203 i
— (mulsum,	435 k
11 dati (sunt mihi,	86 o
DATIF,	78
— sa lexigraphie,	79
	et 90
— sa syntaxe montrée dans 13 numéros,	221
21 datis-ne argentum,	140 e
— ne argentum,	329 k
— ... (non,	401 b
21 dato pingitur,	111 a
21 dato excruciatum,	140 p
— se in pedes,	140 q
21 datote quod dixero,	141 b
4 datu meo, aurum,	141 l
11 datum (operam,.	141 k
— quòd,	225 h
— (operam,	276 f
— iri filio,	276 e
— est confeci,	300 d
— ire filio,	365 a
21 datur palma,	174 l
— ultra,	238 h
— ne illa,	275 o
— italiam,	297 h
— ultra,	319 g
— ut judicia,	338 l
— mihi occasio,	360 g
— ne illa,	393 e
11 daturi sumus,	142
— ne estis,	142 c
— sunt,	142
11 daturus tibi nihil,	142 a
— es,	142
— nemo est,	142 b
— eram,	142

	Pag.
11 Daturus ero,	142
— sim,	142 d
— essem,	142
— esse diceris,	142
— nomina,	142 e
— jam fui,	142 f
— fueram,	142
— fuero,	142
— fuerim,	142
— fuissem,	142
— fuisse,	142
— nemo est,	431 m
— V. daturi.	
11 datus, v. data, dati, datum.	
'4 datum de do,	16a
'2 Dauni (patris,	221 c
— defertur,	269 c
'2 Davo, (nom propre,	261 l
— audivi,	261 l
DE, initiatif,	12
3o DE argento,	147 k
— sella,	169cc
— corpore,	171 e
— gurgite,	175au
— prorá,	231 f
— vià,	231 g
— sanguine,	231 h
— prandio,	231 k
— filii,	231 k
— tempore,	231 l
— lanificio,	232m
— me, te cum,	232 n
— industrià,	232 k
— sub oculo,	236 a
— sub alpibus,	236 e
— sub saxo,	236 p
— hoc,	244 f
— hac re mihi,	320 e
— spaltrià me,	363 c
— tuis civibus,	366 k
— nubibus ignem,	368 c
— spaltrià audivit,	380 e
— te splendida,	383 b
— montibus,	429 g
— fœce hauris,	436 a
— viridi,	437 c
— pelle galeros,	437 p
— carpino,	444 r
— mollibus ulvis,	451 q
:1 dea est,	294u
— tollitur,	437 q
:1 deæque senium,	303 q
— que cum isto,	342mm
— inmolabat,	365 r
— (esse,	349 b
21 dealbo, decresco,	12
'4 deambulatam (abi,	270 l
23 dearguatur (crim..,	244 f
22 debebis quoad,	413 f
— ... quoad,	414 d
22 debebunt (esse,	416 k
23 debellanda tibi,	228 i
22 debent, etiam,	224 k
15 debentia dici,	391 g
22 debeo, eis reddo,	81 q
— (esse,	227 q
— incipio,	349

Pag.

22 Debeo tamen, 424 e

V. debebis, debent, debentia, debet, debetur, debueram, debuerant, debueris, debuero, debuit.

22 debet, qui se, 92 g
— habere exord... 205 r
— (domino, 411 i
— palâ, 440 a
22 debetis (velle, 416 l
22 debetur pars, 306 d
21 debilitantur, 84 k
11 debitâ sparges, 189
— mœnia, 305 f
22 debueram scripto, 346 a
22 debuerant et vir, 348 n
22 debueris (esse, 129 k
22 debuero (esse, 129 i
22 debuit (cùm iri, 277 c
:3 decadis, decas, 120
·2 decalogus, 13
23 decedam (jure, 424 e
23 decedo, *v.* decedam, decedunt.

23 decedunt (surgente, 102m
10 decem, deciès, 41
— passimas, 83 l
— aureus unus, 247 d
— annos, 253 b
— tulerunt, 254 b
— misi, 313 d
·3 decembri utere, 109 g
15 decens, *v.* decentes.

22 decent severum, 299 d
— (aurùm, 321
— humeros, 321
15 decentes occupet, 403 e
22 deceo, *v.* decent, deceret, decet.

22 deceret esse me, 146 i
15 decerpens pyra, 333 d
23 decerpo, *v.* les 3 suiv.

23 decerp-*si, tum,* 162
23 decerpserat arbore, 172 b
23 decerpunt apes, 172 c
·3 dece-*ssi, ssum,* 162
23 decessit post, 261 b
22 decet, (*v.* incompl.
— (ferri, 137 c
— statuam, 240 e
— effugere, 287 f
— (et fieri sic, 321 f
— (irasci, 354 f
— ira, 441 l
23 deciderant sustulit, 437 u
23 decidimus quo, 401 h
23 decidit auceps, 441 b
23 decido, *v.* deciderant, decidit.

30 deciès, undeciès, 41
— in die, 377 d
11 decimus, undecim, 41

DÉCL. *v.*

DÉCLINAISONS, 78
— irrégulières, 78
— régulières, 90

Pag.

DÉCLINAISONS. Tableau des finales, 98
— irrégulariés, 99
:3 declinatio (simil... 427 h
15 decolor, decurrens, 2
3 decori tibi, 225 c
3 decoris causâ, 113 b
11 decoros frenaque, 427 s
23 deco-*xi, ctum,* 162
23 decresco, 13

V. decrevi.

11 decretoriis opus, 431 i
11 decretum est, 86m
:3 decre-*vi, tum,* 162
— (habendam, 369 c
23 decub-*ui, itum,* 162
23 decu-*curri, rsum,* 162
15 decurrens, deferre, 2
23 decurrêre rogos, 437 a
23 decurrit ab, 312 l
— ad metas, 374 c
23 decurro, *v.* les 3 précéd.

11 decurso spatio, 374 b
3 decus, *v.* decori, decoris.

— gloria in, 297 c
·3 decussi (constitit, 247 c
25 decu-*ssi, ssum,* 162
·3 decussis, pelvis, 102
23 dedam (pistrinum, 408 c
23 dederam, dedero, 141
21 dedere (fasce, 437 b
21 dederim, dedissem, 141
21 dederint (panem, 165 u
21 dedero, dederim, 141
21 dederunt (operam, 83 l
— (operam, 224 b
— (operam, 283 b
21 dedi (pessum, 83 i
— specimen, 107 d
— pecuniam, 141 h
— meam gnatam, 328 b
— (enim plus, 330 c
23 dedi-*di, tum,* 161
23 dedi-*dici, scitum,* 162
23 dedimus arrhaboni, 225 k
21 dedisse, 141
21 dedissem, dedisse, 141
21 dedissemus dict... 261
21 dedisses (mibi, 343 h
21 dedisti (manus, 96 h
— ne argentum? 141 i
— nobia quas, 307 d
21 dedit oscula, 109 k
— (aron, 111m
— initium, 165 n
— mihi, 231 a
— (turbas, 307 a
— cœlo, 318 h
— (allatam, 345 g
— aut miseratus, 394 f
— litteras, 416 d
·4 deditum *de* dedo, 61
23 dedo, edidi, 51

V. dedam.

23 deducere lunam, 392 a
23 deducetur, urbem, 191 e
23 deducit domum, 837 k
23 deduco, *v.* les 3 précéd.

Pag.

20 Deero officio, 224 l
de faits lisez des faits, XV
20 deesse, defui, 130 g
21 defatigabor anteq... 329 d
et 403 d
25 defeci, suffeci, etc. 64
— defectum, 162
:3 defectio vitiis, 88 l
23 defendi remp.. 193m
22 deferbui, 162
23 deferet (ad te, 305 h
23 defero, accuso, 219

V. deferet, deferre, deferto, defertur.

23 deferre, deficit, 2
10 deferto adme, 224 c
20 defertur ad urbem, 269 c
11 defessi sumus, 318 c
25 deficio. *v.* defeci, deficit, deficiunt.

25 deficit (terræ, 428 l
25 deficiunt (me, 88 p
23 defigebantur (terrâ, 434 f
:3 definitio compreh... 285 d
23 defle-*xi, xum,* 163
23 defloreo, 13
25 defodit altâ, 209m
21 deformantur viri, 439 d
20 defui (deesse, 130
11 defuturus, 130
10 degener, delphin, 122
·2 dei, *ou* dii, *ou* di, 100
30 dein imperii, 398 a
30 deinde molis, 168 x
·2 Deiphobum vidit, 102 e
·2 deis, *ou* diis, *ou* dis, 100
— (sanxi vota, 169aa
:3 Deitas *de* deus, 42
25 dejeci, inspexi, 64
:3 dejectio, descendre, 12
11 dejecturam arces, 363 h
25 dejicio, *v.* dejeci, dejicere, dejicitur.

25 dejicere.. desipere, 64
25 dejicitur (sextus, 427 u

DELASPE, *v.* Pestalozzi, LXXVII

11 delapsi sunt, 312 e
11 delapsus in hostes, 312 h
— in hostes, 349 g

DÉLAUNAY, sa méthode, LXII

21 delectârunt urbs, 420 b
21 delectat (venatio, 281 e
— (cessare, 347 b
21 delecto, *v.* les 2 précéd.

23 dele-*gi, ctum,* 162
23 delegerat (me, 105 c
11 delendæ tyrannidis, 329 b
22 deleo, delere, 58
— ex animo, 160 h

V. le suivant.

22 delevi, petivi, 59
— lacrymis, 160 g
:1 deliciæ, (*plur.*) 103
— nostræ, 192 f

	Pag.
11 Delicias (facis	148 b
2 delicium, (décl.)	103
23 deligo, v. delegerat.	
23 deli-qui, ctum,	163
'2 Delphi, (plur.) v. Delphos, Delphis.	
'3 delphin, exemplar,	122
'2 delphini dorsum,	442 c
'2 delphinum cantus,	172dd
'2 delphinus (undâ,	172cc
— cantu,	172ee
'2 Delphis erunt,	209 l
— erant duæ,	243 h
'2 Delphos, (plur.)	391
— insignes,	391 e
2 delubra adeunt,	436 o
23 deludetur (hic,	80 f
23 deludo, v. deludetur, delusi, delusistis.	
23 delu-si, sum,	163
23 delusistis, datisne,	329 k
21 dem tibi visticum,	141 c
— (quod tibi,	436 g
DEMANDE ET RÉPONSE, ne sont pas toujours au même cas,	198
23 deme soleas,	175 f
21 dementia,	2
23 demer-si, sum,	163
23 deme-ssui, ssum,	163
21 demigrent (loco,	329 d
23 demisêre caput,	440 h
11 demissus erat,	415 i
23 demo, demptum,	51
V. deme, dempserat.	
21 demonstro, dealbo,	12
23 dempserat (ungues,	175 e
11 demptum tenet,	342 c
'4 demptum,	163
DE MURALT, v. Pestalozzi,	LXXVII
30 Demùm exactis,	84 v
— pectora,	169 t
— exactis,	368 b
11 denegandum nt,	277 f
30 — denique fines,	127 f
	et 258 c
21 dehormat agellum,	1
'3 dens, v. dente, dentes, dentibus.	
11 densâ testudine,	236 c
11 densæ miscentur,	259 l
11 densi se quisque,	303 a
11 densusq. viro vir,	105 a
V. les 3. précédents	
'3 dente momordi,	50 a
'3 dentes atteruntur,	350 h
'3 dentibus (habent,	104 c
— brassica,	223 k
— frendit,	437m
'3 dentis, dens,	120
'2 deo (volente,	249 f
— similis,	275 a
— si doæ,	345 r
'2 deorum. vota,	228 e
— et pugilem,	385 b

	Pag.
30 Deorsûm carvites,	395 b
'2 deos (evehit ad,	90 n
— que,	112 g
— (temperat ille,	175 r
— Amarylli,	199 k
— flocci feceris,	214 h
— esse,	223 l
— in tuâ manu,	259 e
— oro,	265 g
— rogavi,	274 a
— veniam,	274 d
— lacesso,	274 e
— (moritura,	274 g
— quæso,	435 h
23 depanxi, depactum,	163
23 depa-vi, stum,	163
23 depe-xi, xum,	163
23 depi-xi, ctum,	163
DÉPONENTS, leur conjugaison,	158
— travail à faire,	367
24 depoliet mentm,	436 y
23 depo-posci, scitam,	163
23 depre-ssi, ssum,	162
23 deprom-psi, ptum,	163
21 depugna, inquis,	329 a
— ut quid?	415 f
11 depulsis arbutus,	302 b
21 deputat parvi,	216 b
23 deputo, v. deputat.	
23 dereli-qui, ctum,	163
23 dere-psi, ptum,	164
23 derides (qui dant,	81 y
25 deripiunt costis,	113 n
23 deri-si, sum,	164
23 descendimus (acad.	261 a
23 descendit ab Euro,	238 f
— (Æneas,	331 k
23 descendo, v. descendimus. descendit,	
23 describitur (Rhem..	191 c
23 descri-psi, ptum,	164
23 deseram senex,	193m
23 deseras (neu,	55 g
— se,	340 a
23 desere causam,	404 b
23 deserit pudor,	83 o
23 desero, v. deseras, desere, deserit, deserunt.	
11 deserto (in,	120 d
'3 desertorem Asiæ,	263 f
11 desertus, v. deserto.	
23 deseruerunt me,	377 b
23 deses, redes,	118
11 desidiosus (videor,	128 p
24 desilio, v. desilit, desiliunt,	
24 desilit (ab alto,	429 b
24 desiliunt (velites,	115 x
23 desinam donec,	330 a
23 desinant furere,	273 k
22 desine mollium,	210 p
— quæso comm...	210 p
— conclamatum,	301 k
23 desino, v. les 3 précéd.	
— (hortari non)	270 p
25 desipere, insilire,	64

	Pag.
25 Desipiant omnes,	410 g
25 desipio, v. desipere, desipiant, desipiunt.	
25 desipiunt (verba,	257 b
23 desisto, v. destiterunt, destitit.	
DESPAUTÈRE, sa méthode,	IX
11 despectus tibi,	228 c
11 desperandum (nil,	113 g
11 despe-xi, ctum,	162
15 despon-di, sum,	164
23 destiterunt quàm,	329 c
23 destitit suadere,	420 c
23 destru-xi, ctum,	164
DESTUTT-TRACY, cité,	LXIX et 62
:3 desuetudo,	63
23 desue-vi, tum,	164
20 desum, defui,	130
22 deterreo, v. deterruit.	
23 deterrimusque est,	384 c
11 deterriti (sunt,	244 i
22 deterruit Orpheus,	106 c
23 deter-si, sum,	164
21 detestor — quâ de,	228 c
23 detor-si, tum,	164
23 detrahat auctori,	203 f
23 detraho, v. les 2 suiv.	
23 detra-xi, ctum,	164
23 detraxit ab ore,	411 d
23 detru-si, tum,	164
21 detur agrorum,	285 c
— (de nobis,	3—1 d
— (qui ne,	405 d
'2 Deûm, pour deorum,	3-3
'2 — hominum,	3-3
— nisi,	405 b
'2 deus (fecit,	79 l
— agnus, chorus,	100
— his quoque,	142 l
— fit dira,	193 d
— (mundi,	201 l
— si mortalis,	258 l
— qui cuncta,	311 c
— hunc,	403m
DEUX, (2 '2 :2) v. la abréviations,	442
23 deveho, v. devexêre.	
24 Devenêre locos....	81 y
— locos,	361 l
23 devexêre (alia,	471 c
11 devexo pondere,	251 d
11 devicta (est,	261 c
23 devi-ci, ctum,	164
24 devincio, v. les 2 suiv.	
23 devin-xi, ctum,	164
24 devinxit (inguina,	117 c
12 dexter, vorax,	
V. dextera, dexterâ, dextram, dextras, dextrum.	
12 dextera ferrum,	1—5 l
— (bello,	311 c
12 dexterâ sacras,	121 l
12 dextram complexus,	131 l
— (ito ad,	209
— seducit,	440
12 dextras (hospitio,	268m

	Pag.
12 Dextrum (fuge,	104 *k*
'2 dî, *ou* dii , *ou* dei ,	100
'2 dî quæ exopfes ,	160 *n*
— meliora pûs ,	198 *g*
— deæqua ,	303 *e*
— ita faxint ,	360
— deæque ,	340*m*
— omnes ,	407 *a*
— faxint ,	416 *e*
— benè , vortant , *ou* vertant ,	423 *b*
DIA , initiatif grec ,	13
3 DIADEMA ostendis ,	427 *v*
— (tulit , hic ,	427 *x*
'2 Diameter , diapason ,	13
:1 Dianæ veneris ,	209 *f*
3 diapason , diameter ,	13
11 diaphanus , diameter ,	13
23 die , age ,	54 *f*
— duc , fer ,	145
— quibus ,	275 *h*
— quotus ,	315 *i*
— an futurum ,	360
— quod est ,	308*m*
— (Ehodùm ,	410*m*
23 dicam (venio ,	80 *p*
— argumentum ,	97 *a*
— si potero ,	124 *g*
— horrida ,	144*m*
— quid sis ?	145 *g*
— quod sentio ,	322 *h*
— ea exponam ,	329 *f*
— (istuc ,	335 *f*
— (hoc ,	372*m*
— (invitus ,	372 *n*
— esse an per ,	421 *d*
— nihil mihi ,	425 *k*
21 dicamus diem ,	436 *p*
23 dicant fame ,	24 *e*
— suam ,	287 *i*
— (hinc ,	341 *i*
23 dicas , sæpe ,	346 *o*
23 dicat , jam nunc ,	391 *a*
— (minusve ,	391 *d*
— ? numfacti ,	394 *e*
23 dice , dic quod ,	54 *g*
— dic quod te ,	145 *a*
—, duce , *ou*t vieilli,	145
23 dicebam tibi ,	144 *i*
23 dicebat quæ fierent ,	360 *g*
— quæ futura ,	360 *g*
23 dicebant scortum ,	436*m*
23 dicebatur (facere ,	245 *g*
23 dicemus ficus ,	124 *k*
— ficos ,	124
— (cresimque ,	377 *a*
— perindè... ac ,	391 *f*
11 dicenda est ,	304 *c*
11 dicendum et quæ ,	369 *a*
15 dicens, eduxit ,	145 *k*
23 dicent te mend...	124*m*
DICENTIOR , IUS ,	74
11 DICENTISSIMUS ,	74
23 DICERE (cessavit ,	80*m*
— quid opus ,	83 *s*
— (volui ,	135 *c*
— possum ,	139 *d*
— penè sum ,	145 *i*
— (tempore ,	232 *b*
— (opus est ,	289 *g*
— nonne dignus ,	290 *b*
— verbum ,	303 *b*

	Pag.
23 DICERE (molaciam ,	327 *g*
— (bona ,	345 *n*
— sorbitio ,	436 *a*
23 dicerem , ni...	145 *h*
diceris (esse ,	290*m*
— esse pater ,	346 *d*
23 dîces : quid posteà ?	124 *h*
— ibid.	144 *n*
— quam diù ,	413 *f*
23 dicet tibi ,	83 *c*
— aliquis :	124 *i*
23 dicetis (alternis ,	124 *l*
23 DICI , CAPI ,	154
DICI pater ,	349 *d*
— debentia ,	391 *a*
23 dicimus : exaudi ,	144 *h*
— nihili ,	215 *k*
23 dicis cursim ,	144 *f*
— capis, *te fait*,	154
— tu recte ,	406 *f*
23 dicit semper ,	144 *g*
23 dicite , felices ,	145 *d*
— quæ regio ,	308 *n*
23 d'citis (herclè ,	132 *e*
— vera. fateor ,	144 *i*
23 dicito facturam ,	85 *i*
— (hæc ,	87 *e*
— 'judicandas	88 *b*
— quidvis ,	145 *b*
— quisque ,	145 *c*
23 dicitote animo ,	145 *e*
23 dicitur inventor ,	193 *f*
— eo tempore ,	290 *e*
— multa Jovem ,	290 *n*
— esse suos ,	346 *d*
21 dico , *v.* dicamus diem.	
23 dico , duco , traho ,	68
— (me esse ,	73 *a*
— omnibus ,	107*m*
— ego tibi ,	139 *d*
— ut res est ,	144 *e*
— duco , fero ,	145
— iturum esse ,	276 *b*
— ne me ,	338 *t*
V. dic , dicam , dicant , dicas , dicat , dice , dicebam , dicebant , dicebatur , dicemus , dicens , dicere , dicerem , diceris , dices , dicet , dicite , dic:to , dicitote , dicitur , dicor , dicunt , dixere , dixeris , dixero , dixi , dixis , dixit.	
23 dicor , habeor ,	193
— (fortasse ,	290 *l*
— procubuisse ,	346 *b*
11 dicto ab æstu ,	108 *b*
— memor ,	178 *n*
— (à Romulo ,	191
— dedit , cœlo ,	328 *h*
— meminisset ,	355 *b*
21 dictavi (cœnam ,	256 *g*
2 dicterium (constitit ,	324 *h*
:3 dictioni dediss...	261
21 dicto , *v.* dictavi.	
'4 dictu facilius ,	145 *n*

	Pag.
'4 Dictu quàm re ,	245 *b*
— (seria ,	299 *d*
'4 dictum vale et ,	145*m*
11 dictum hoc fuit ,	256 *e*
— sit per trans...	271
— est Chrysidem ,	290 *f*
— factum , bùc ,	301 *l*
— (hercule ,	376 *f*
11 dicturi sumus ,	46 *a*
— fui ,	146 *b*
11 dicturum patrem ,	286 *e*
11 dicturus sum ,	145
— fui ,	145
— sis nescis ,	360 *d*
— fueris ,	360
23 dicunt summum ,	144 *k*
— jus ,	290 *i*
— quâ die ,	305*m*
— mulierem ,	325 *f*
23 dicunto causam ,	145 *f*
DICUS , DEX , terminatif ,	23
23 DIDICERAT latinè ,	165 *p*
23 diditur rumor ,	161 *f*
'4 diditum , *de* dido ,	61
:3 Dido (inscia ,	438 *b*
23 diducit (crines ,	217 *s*
'5 die circa ,	260 *b*
'5 die mulsère ,	173 *ff*
— (truditur dies ,	174 *v*
— conveniunt ,	305*m*
— (erat , quo ,	305 *n*
— bibendum ,	311 *e*
— mutat locum ,	377 *d*
— (premit ora ,	417 *o*
— processerat ,	205 *n*
— venit ,	207 *h*
— introit ,	207 *i*
— subduxit ,	211 *h*
'5 diem (te prope ,	143 *h*
— (jam illum ,	143 *x*
— (carpe ,	171 *a*
— (consumunt ,	134 *p*
— (contrivi ,	150 *d*
— rapto vivit ,	252 *s*
— (hunc ,	266 *c*
— (videram ,	278 *s*
— quin ,	330 *h*
— quo debita ,	305 *f*
— (dicunt , quâ ,	305*m*
— quin semper ,	330 *h*
— intermisi ,	330 *i*
— (sumamus ,	413 *d*
— dicamus ,	436 *p*
'5 dierum (quisque ,	206 *c*
'6 dies (totos ,	89 *b*
— diebus , dierum ,	103
— erant nefasti ,	104 *e*
— patet atri ,	117 *y*
— (cuique ,	166 *x*
— (traditur ,	174 *v*
— caput altius ,	251 *r*
— herclè actum ,	256 *f*
— ....(viginti ,	257 *c*
— juxta fœcum ,	259 *c*
— nullus erat ,	305 *n*
— intercesserat ,	312 *a*
— hic mi ut ,	340 *b*
— crediderim ,	356 *h*
— multi ,	399 *e*

	Pag.
'5 Dies noctesque,	441 e
V. die, diem.	
25 deficiunt (vires me,	88 p
14 difficile est probatu,	250 f
— (quàm sit ,	280 o
— est satiram ,	400 n
14 difficilem (quam ,	309 d
14 difficilior , gracilior ,	74
14 difficilis (diffusus ,	13
— gracilis ,	74
— siet quàm ,	406
V. difficile , difficilem.	
30 difficiliùs hoc ,	401 e
11 difficillimus ,	74
23 diffi-di , ssum ,	163
25 diffugère nives ,	122 b
25 diffugio , v. le précéd.	
11 diffusus , difficilis ,	13
'4 diffusum (diffudi ,	163
23 digerere ,	13
'2 digitis hoc ,	312 n
— sudantibus ,	400 a
'2 digito tactio est ,	282 f
'2 digitos transversos ,	312 o
'2 digitus , v. les 3 précéd.	
11 dignas contumelias ,	80m
15 dignius quod ,	341 e
11 dignus amari ,	124 c
— (nonne ,	290 b
— esse ,	341 a
— præ te ut ,	341 f
— amari ,	347 f
— eras ,	433 f
V. dignas.	
'2 dii , ou dî , ou dei ,	100
'2 dii in futurum ,	195 e
'2 diis , ou dis , ou deis ,	100
— benè juvantibus ,	249 g
— (magnis ,	249 l
— benè juvantibus ,	249m
— placuit ,	321 h
23 dile-xi , ctum ,	162
23 dilexit amicum ,	168 f
23 diligamus (quos ,	180 f
'1 diligentia (et ,	228 k
23 diliges me et ,	168 h
23 diligi verùm ,	370 b
23 diligis (pueram ,	399 d
— (illum ,	425 k
23 diligo , v. diligamus , diliges, dilexit, diligi, diligis.	
2 diluculo misisti ,	378 f
2 diluculum , v. diluculo.	
21 dimicant (inter se ,	110 o
21 dimico , v. dimicant.	
11 dimidium perdere ,	136 i
— facti ,	301m
— facti	355 d
23 dimisit (non ,	204 a
11 dira cupido ,	193 a
— et abom..	354 d
— cicutæ ,	436 a
11 diræ grandinis ,	205 h
'4 diremptum, diremi ,	162
23 dirige gressum ,	404 f
25 diripiunt costis ,	113 n
'3 director, directrix ,	45
'3 directrix , actor ,	45
23 direm-i , ptum ,	162
11 dirus , v. dira , diræ.	

	Pag.
'2 Dis, ou diis, ou deis,	100
— aliter visum ,	295 a
— gratia ,	319 e
— sum ,	437 n
'3 Dis , v. Ditis.	
23 disce quid sit ,	165 q
— (pater esse ,	288 h
— omnes ,	303 d
— ab illis ,	340 n
23 discedat ,	3
23 disces quamdiù ,	413 f
23 discessimus ad ,	324 d
2 discidium volunt ,	338 e
'4 discitum ,	162
23 disco , v. didicerat, disce.	
11 discordiâ ruit domus ,	92 d
10 discors , socors ,	116
10 discordis , discors ,	120
21 discrepat (à sue ,	107 z
— (quantùm ,	427 n
21 discrepavi et discre-pui ,	59
3 discrimine agetur ,	227 r
25 disjecitque rates ,	368 c
	et 427 y
'25 disjicio, v. disjecit.	
23 disponat avos ,	429 v
11 disputando vafri ,	104 r
21 disputavi (diu ,	83 b
21 disputo , v. les 2 précéd.	
21 dissemino , distrib..	13
11 dissectus , disseco..	36
2 dissidium (exoritur ,	265 c
14 dissimili oratione ,	295 i
14 dissimilior ,	74
14 dissimilis ,	74
11 dissimillima naturâ ,	207 d
23 dissimulat malus ,	333 e
'1 dissonantia ,	13
23 dissua-si , sum ,	164
'1 dissyllabus ,	13
2 disticha qui scrib..	428 a
23 distinguo , v. les 3 suiv.	
23 distinguit mares ,	168 l
23 distin-xi , ctum ,	162
23 distinxit nos ,	168
23 disto , v. distitit.	
23 distribuo, disson...	13
11 districti pendent ,	442 a
11 districtus ensis ,	235 a
V. le précéd.	
14 ditior fuit ,	264 d
'3 Ditis (janua ,	117 q
— dis , dotis , dos ,	121
30 diù disputavi ,	83 b
— apud hunc ,	262 z
— est quòd ventri ,	401 b
— est jam ,	224 g
— (proscripturit ,	430 b
14 diurnale ,	32
'1 divæ , devenère ,	368 b
11 diversa genera ,	93 f
30 diversùm (in ,	179 b
10 dives , divitis ;	75
10 dives pecoris ,	220 d
— abundans ,	220
— ne... nil ,	235 k
— Tullus ,	401 h
11 dividendum ,	33
15 dividens ,	33
23 dividimus muros ,	174 c

	Pag.
23 Divido, v. dividimus, divisit , etc.	
30 divinitùs, hum..	3-7
— non , metuo ,	407 g
:3 divisq. videbit ,	143 k
23 divisit in orbem ,	106 f
— (à populo,	110 l
— horas,	174 b
10 divitem quem ,	115 h
10 divites sibi ,	223 a
:1 divitiæ (animos ,	140 f
— animos (faciunt ,	141 f
— decus ,	297 c
— grandes ,	350 b
— (magnæ sunt ,	350 f
V. divitias.	
:1 divitias ,	203m
— avidus ,	203m
— deos ,	274 a
— mihi ,	343 f
10 divitum partes ,	396 a
'2 divo moreris ,	235 k
'2 divos puerosq...	385 b
'2 divùm incedo ,	201 a
'2 divus, v. divis, divo, divos, divum.	
23 divul-si , sum ,	164
23 dixeram, dixero ,	145
23 dixère causam ,	305 b
23 dixeris (aciam si ,	146 k
23 dixero (datote quod, dixero mendacium ,	356 e
— (liberè si ,	356 g
23 dixi , dictum ,	162
— per jocum ,	85 c
— Phormio , dixi ,	145 i
— quæ volui ,	168 i
— secus ac ,	304 k
— hoc esse ,	303 d
— post tu factus ,	403 b
23 dixis pour dixeris ,	371 f
— (istuc ,	371 f
23 dixisse ,	145
— fertur ,	290 d
— fertur ,	290 k
— fertur ,	348 a
— velim ,	348m
23 dixit esse ,	117 p
— (libera ,	193 i
— (ire ,	270 a
— : fiat ,	365 d
— eâdem ,	404 g
23 dixti (sapienter ,	382 a
21 do , fallo , etc.	50
— fidem futuram ,	140 g
— manus ,	165 o
— pœnas ,	350
V. da, dabam, dabant, dabimus, dabis, dabit, dabitis, dabitur, dabo, dabunt, dant, dantur, dare, das, dat, date, datis, dato, datote, datur, dederam, dederim, dedero, dederunt, dedi, dedisse, dedissem, dedisti, etc.	
22 doce per angip ,	377 f
22 docebat, (pueros ,	208 b
22 docebo sus ,	193 n

		Pag.
22	Docebo (te tua fata,	273 h
22	doceo moneo,	274
	V. docebat, docebo, docere, docuit.	
22	docere (satius est.	85 a
24	docilis, utilis....	31
11	docta, doctissima,	91
11	doctique (indocti,	171 q
24	DOCTIOR quàm Petrus,	198
	— (te abeam,	333 c
11	DOCTIS insidiosa,	XXXIII.
11	doctissimus,	39
	— (Varronem,	259 f
3	doctor, præcursor,	45
4	doctum, factum,	61
11	doctus iter melius,	273 i
	V. docti, doctis.	
22	docuit (genere non,	274 h
3	dogma, cubile.....	96
11	dogmaticus,	31
1	Dolabellam, rep....	218 m
22	doleat natura,	81 l
11	dolendum est,	54 a
22	doleo ab oculis,	233 b
	— ab animo,	233
	— ægritudine,	233
	V. doleat, dolendum, doluisti,	
2	doli fratrem,	281 d
2	dolia (benè,	173 e
2	dolo, seu jam....	55 l
	— que,	192 c
3	dolor vehementior,	425 i
	—, moderatur,	438 a
	V. dolore, dolores, doloris, dolorum.	
3	dolore lætitia,	179 c
	— (sæpe,	242 d
	— conliciar,	399 a
3	dolorem (renovare,	428 k
3	dolores (finire,	131 l
	— (adimisque	179 a
3	dolori (medicina,	171 g
3	doloris, causa,	128 n
	— (Phoce	199 d
2	dolus, v. doli, dolo.	
22	doluisti sæpe,	242 d
21	domat (terram,	205 c
21	domatur in burim,	252 m
10	domi sedet totos,	89 b
	— imperator,	128 a
	— sum,	208 c
	— est,	208 c
	— militiæque,	208 d
	— fuimus,	208 e
	— bellique,	208 f
	— duellique,	208 g
	— per ædes,	209 b
	— est,	423 f
4	domibus nostris,	89 k
	— collapsis,	89 l
21	dominabitur oris,	217 c
10	dominabus, mulab...	91
21	dominantur in,	129 g
	— in urbe,	243 f
2	domine, non putavi,	91 a
	— (ad te,	180 e

		Pag.
2	Domini ædes,	91 et 200
	— ubi absunt,	91 h
	— (mihi sint,	288 a
2	dominis parere,	91 e
	— absentibus,	91 f
2	domino venatur,	91 f
	— absente,	91 g
2	domino debet,	411 i
21	dominor. v, dominantur.	
2	dominorum disc...	91 d
2	dominos habere,	91 h
	— evehit ad,	91 n
2	dominum generosa,	91 h
	— scientem,	105 d
2	dominus à cœnâ,	91 i
	— servo,	226 n
	V. domine, domini, dominis, domino, dominorum, dominos, dominum.	
2	Domitianus,	34
2	Domitio fama est,	291 b
4	domitum, de domo,	
10	domo, abs te,	89 e
	— (in viduâ,	209 l
	— non,	240 c
	— suâ mysteria,	245 g
	— exire,	288 c
	— lacunar,	389 a
21	domo, v. domat, domatur, domitum.	
2	domorum tecta,	89 l
10	domos abeamus,	89 n
	— que dabam,	140 g
	— (vacare,	244 b
	— (tentasse,	275 l
	— (exire,	288 d
	— que dabam,	332
	— coripuisse,	342 e
4	domu (ex hac,	89 d
4	domui hospes,	89 c
10	domum me,	89 f
	— (eo,	132 a
	— jussit,	133 c
	— (sum,	133 f
	— (iturus sum,	133 f
	— redeant,	146 n
	— redeundi,	203 l
	— venturum,	228 f
	— (convertor,	249 k
	— (nunc is?	268 a
	— (in hanc,	268 b
	— vendam,	268 d
	— (nostram,	269 d
	— convortam me,	269 f
	— (damnatum,	276 i
	— reditionis,	282 h
	— (deducit	337 k
	— mea carrm...	391
	— (ab urbe,	391
	— (nisi,	409 a
	— auferas,	434 r
	— me ad porri,	435 n
4	domus una non,	89 g
	— suas quemque,	89 m
	— antra,	89 o
	— (ruit,	91 d
	— (argento,	174 p
	— est ita,	199 a
	— Ænea,	217 e
	— cælati,	244 g

		Pag.
4	Domus et placens,	297 f
	V. domi, domibus, domo domorum, domos, domu, domum, domûs, domûm.	
4	domûs ostia,	89 a
4	domuum magnarum,	89 h
2	dona sines,	310 c
	— ferentes,	388 b
21	donasse putes,	342 c
30	donec perfecero,	339 a
	— felix,	420 c
	— persecutus,	420 d
	— perpulit,	420 e
2	donum, v. dona.	
	— ne capiunto.	
24	dormibo placidè,	435 l
24	dormiit ad horas,	272 k
24	dormio, v. les 2 précéd.	
23	dormisco, miseresco,	30
21	dormitant in,	89 l
21	dormitat Homerus,	LVIII et 291 a, 316 d
21	dormito, v. les 2 précéd.	
4	dormitum (is,	132 b
	— ego,	275 m
	— ego,	430 s
2	dorsum depoliet,	436 g
	— repandum,	442 c
11	dos parit,	314 c
11	dotata est,	324 l
3	dotis, dos,	121
	DOUZE (12), v. les abréviations,	442
3	DRANCES consiliis,	193 g
10	duabus adde,	86 e
	— portis,	86 h
	— valet,	247 d
10	duæ (addentur,	86 b
	— nos solæ,	86 p
	— stellæ aureæ,	245 h
	— duæ horæ,	129 f
	— pariter,	310 a
10	duarum pœnitet,	86 b
10	duas (adde	86 e
	— res simul,	86 m
	— pejores,	286 h
	— habetis,	344 k
	— habetis,	394 i
11	dubia est,	111 a
21	dubiâ re juvat,	83 d
21	dubitabam (non,	401 a
21	dubitabat (quin,	407 b
21	dubitasti (non,	118 e
2	dubitare, duplex,	14
	— parum abest,	407
	V. dubitabam, dubitabat, dubitasti.	
11	dubiisq... rectus,	388 a
11	dubium quin,	360 h
11	dubius (animi,	219 o
	V. dubia, dubiâ, dubiis, dubium.	
23	duc, age, duc,	54 k
	— fer,	145
23	ducas (autem, ut,	339 a
	— tu illam,	339
3	duce me, amabo,	54 l
	— carpe viam,	79 c

Pag.

23 Duce, *a vielli*,   145
23 ducent damnatum,   276 *i*
11 ducentesimus,   41
11 ducenti (plur.)   41
30 ducenties,   41
23 ducere invitas,   275 *n*
— (uxorem,   341
— ab urbe domum,   392
23 duces, si qua via,   128 *l*
— reliqui,   257 *g*
23 ducimus horas,   250 *b*
·3 duc-*is*, bon-*us*,   56
23 ducis ? — aiunt,   138 *f*
23 ducit inter,   321 *b*
— via,   404 *f*
23 ducite ab urbe,   392
— Daphnim,   392
23 ducitur (omnia,   260*m*
23 duco,   68

V. duc, ducas, duce, ducent, ducere, duces, ducimus, ducis, ducit, duci-
tur, duxi, duxit.

·4 ductus, actus,   97
·3 duellatores optumi,   208 *f*
2 duellique malè,   208 *g*
14 dulce satis,   302 *b*
14 dulces reminiscitur,   219 *g*
14 dulci (utile,   300 *e*
14 dulcia virtuti,   297 *a*
14 dulcior (quàm,   402 *g*
14 dulcis sit libertas,   345 *b*
V. les 2 précéd.

11 dulcissime rerum,   217 *i*
— frater,   381 *d*
— dùm fuit,   141 *h*
— matronæ,   169 *d*
— comuntur,   175 *d*
                   324 *m* et 419 *d*
— (moræ habeo,   105 *k*
— res tetulit,   212 *f*
— mihi,   223 *a*
— ab re,   233 *k*
— cum,   234 *g*
— contra,   258 *f*
— moliuntur,   324*m*
— metuant,   354 *d*
— sanitas,   354 *i*
— id rescitum,   365 *c*
— datur mihi,   369 *g*
— legatos,   379 *a*
— in pugnam,   379 *b*
— sine me,   392 *b*
— moliuntur, dùm,   324*m*
                            419 *d*
— quia,   405 *f*
— comuntur,   419 *d*
— venit,   419 *e*
— se res ipsa,   419 *f*
— sermones,   419 *g*
— hæc,   419 *h*
— isti lubet,   419 *i*
— licet,   419 *k*

DUMARSAIS.
— son chap.   LVIII
— cité, XII, XXXIII,
    XL, LVII, LXII,
    LXIV, LXX, LXXI,
                        et 279
2 DUMETA juvenci,   166*bb*

Pag.

2 Dumetum ,   37
30 dummodò morata ,   324 *l*
— tu sis,   420 *a*
30 dumtaxat purpuræ,   279 *a*
— (urbs ,   420 *b*
10 duo (sepulchra ,   86 *c*
— peperit ,   86 *l*
— oppida ,   86 *n*
— sunt mihi ,   86 *o*
— restabant ,   86 *q*
— genera sunt ,   115 *p*
— (itinera ,   117 *f*
— summa,   131 *k*
— reges, ille,   197 *l*
— milia ,   283
— millia ,   303 *b*
V. duabus, duæ, duarum,
    duas, duobus, duorum,
    duos.

10 duobus nuptæ,   86 *d*
— nuptæ,   86 *d*
— corporibus ,   86 *f*
— his oculis,   86 *g*
— exemplis ,   86 *i*
— et semis ,   243 *l*
30 duodeciès ,   41
10 duodecim ,   14
                           41
11 duodecimus ,   41
11 duodenum pedum ,   428 *b*
11 duodenus, *v.* duodenum.
10 duodeviginti ,   14
10 duorum affinium ,   86 *a*
— corporum ,   86 *c*
10 duos sodales ,   86 *k*
— (alit canes ,   89 *g*
10 duplex , triplex ,   14
V. les 2 suiv.

10 duplicem vallum ,   114 *c*
— fossam ,   428 *b*
10 duplices habeatis ,   338 *h*

DUPUGET ,   LXXVII
11 DURA ferens ,   121 *e*
— debellanda ,   228 *i*
11 duram quam ,   280 *b*
21 durare nequeo ,   209 *c*
11 duris agitur,   115 *t*
— (patientia ,   297 *a*
30 duriter agebat ,   390 *c*
14 durius in se   425*m*
11 durus *v.* dura, duram, du-
    ris.
·2 duumvir (vir...,   105
·3 dux , flos, fraus ,   101
— nobis et ,   243 *h*
V. duce, duces, ducis.

23 duxit Albini ,   168*m*
— (Ænean ,   254 *a*
— exercitum ,   261 *a*

E.

E changé en l,   65
— en u ,   65
E ou EX, initiatif,   14
30 e, son emploi,   231
30 e pumice postulas,   114 *r*
— manibus ,   231 *d*
— rubigine,   231 *e*

Pag.

30 E, ferro ,   231 *a*
— re nata ,   231 *d*
— vestigio   231 *c*
— Davo audivi ,   261 *l*
— servo ut ,   337 *l*
— balano ,   434 *l*
— corio ,   434 *o*
— fano foras ,   439 *c*
— medio con..   439 *c*
·10 ea res nunc,   83 *a*
— facito ,   83 *q*
— sunt verba hæc ,   121 *a*
— prima piacula ,   146
— res animam ,   167 *c*
— evenerunt ,   233 *a*
— abs te ,   233 *a*
— est quam ,   244 *a*
— intra se ,   257 *c*
— ad religionem ,   271 *a*
— ne me celet ,   273 *a*
— peccemus ,   286 *a*
— castra ,   301 *a*
— loca boves ,   325 *a*
— (dicam ,   369 *a*
— quoniam ,   331 *a*
— se concessurum ,   363
— cura quietos ,   380 *a*
— vestra an nostra,   421 *a*
— res cit ,   433
— mediis ,   441 *a*
— ea vestra an ,   441 *a*
10 eâ, d'is , ea , id ,   *b*
— omnes stant ,   *b*
— re quid fiat,   411 *a*
— re... quare ,   411 *a*
— re factus est ,   441 *a*
30 eâ in veram ,   441 *a*
— non est ;   411
— tenus ,   441 *a*
— tenus ,   441 *a*
V. eatenus.

10 eadem ferè ,   *b*
— hora ,   *b*
— facienda ,   *b*
— ista mihi ,   *b*
— noscerent ,   *b*
— uxori ,   *b*
10 eâdem horâ ,   *b*
— abis ,   *b*
— dixit ,   *b*
10 eæ nos eluendo ,   *b*
— nos lavando ,   *b*
10 eam rem diu ,   *b*
— (tempore ad ,   *b*
— mihi abs te,   *b*
20 eam ? redeam ?   *b*
— (non ,   *b*
— (qui ne ,   *b*
— neque ,   *b*
— (quorsùm ,   *b*
10 eamdem horam ,   *b*
20 eamus, eatis, eant,   *b*
— Jovi ,   *b*
— ad conserm ,   *b*
20 eant (ad potism ,   *b*
10 earum hic alterum ,   *b*
— rerum ,   *b*
10 eas, easque res,   *b*
— ferias si quis ,   *b*
— (per,   *b*

	Pag.		Pag.		Pag.
10	Eas , ne pereas ,	133 a et 338 a	23	Effingo , de facio ,	98	10 et 10	Ego , hoc quia ,	412 e
	— prorsùm ,	377 f	24	effio , v. effieri.			— te aspiciam ,	413 b
10	eat , eamus ,	133	25	effodére loco sign....	307 g		— tamdiu ,	413 e
	— quæcumque ,	338 c	25	effodio , v. effodére , affo-			— bajulabo ,	434 k
30	eatenùs consistit ,	411 k		ditur.			— ipse mihi ,	430 c
10	eatis , eant ,	133	25	effoditur (lapidem ,	252 c		egomet autem ,	435 l
3	ebora poliuntur ,	116 o	25	effodiuntur opes ,	192 d	10	egone ? in Veneris ,	209 a
3	ebore citra sem...	257 o	4	effractum,perfractum,	162		— ? nescio hercle ,	418 f
11	ebria mæonio ,	436 r	23	effringam cardines ,	116 b	11	egressis antiqua..	130 n
3	ebur , eboris ,	57	25	effugere (decet ,	287 f	30	ehodùm dic ,	419 l
	— femur , jecur ,	118	24	effugi foras ,	143 v	10	ei nomen ,	81 l
	— molles sua ,	197 i	24	effugio , v. effugere , effugi,			— rei operam ,	82 b
	— neque aureum ,	389 a		effugit.			— homines ,	83 r
	V. ebora, ebore.		25	effugit monstrum ,	294 g	10	ei virgo ,	171 n
30	ecastor , qui soles ,	84 a		— (nudus ,	417 b		— (interdixit ,	279 c
	— facinus ,	373 c	11	effusi (fugam ,	404 e		— licet ,	323 a
30	ecce agminis ,	119 c	22	egebit qui suum ,	265 f		— qui me sieret ,	328 b
	— autem ,	196 b	15	egentis signa ,	430 n		— credi postea ,	328 i
	— Corinna ,	197 m	23	egere boves ,	178 o		— acclamatum ,	406 d
	— rem ,	147 o	23	egerunt (fasque ,	266 a		— crederemus ,	407 b
	— rem dixi ,	197 p					— moriendum ,	412 c
	— tibi ,	197 q		**EGGER ,**	**LXXXVIII**		— obsecundes ,	419 l
	— visus Juli ,	294 l					— caput ,	422 e
11	eccum ipsum ,	246 g	23	ege teque ,	79 o	10	eidem (irrég.)	83
10	ecquia , ou ecquâ ,	81	23	egisse , cùm ,	363 b		— metis ,	122 a
10	ecquid , ecquod ,	81	23	egit hanc causam ,	377 e	10	eis reddo ,	81 q
10	ecquis , ecqua ,	81	10	10	ego , sa decl.	79		— vitium ,	83
	— est ? — quis hic ,	308 d		— et oleum ,	79 e		— respondi ,	83 k
23	edam (coctum ,	421 b		— tibi præcepio ,	83 q		— tribus sunt ,	88 f
23	edas usque statim ,	208 k		— in portu ,	84 f	10	eisce confectis ,	83 m
15	edax rerum !	204 m		— illis ,	133 a	25	ejici est indè ,	428 c
10	edepol unâ litterâ ,	XLIV		— ex te percunt...	134 g	10	ejus , (sa decl.)	82
3	educo , v. eduxi , eduxit.			— tibi dicere ,	139 d		— causâ ,	82 a
3	edico priùs ne ,	338 h		— officium ,	146 c		— judicio ,	203 a
	— v. edixit.			— plectar ,	170 e		— res agitur ,	203 c
3	edidi , indidi ,	161		— (surrexi ,	179 d		— dici venit ,	207 b
3	edidit (latratus ,	88 a		— hominum ,	185		— dici introit ,	207 l
	— (librum ,	104 m		— eram ille ,	192 g		— sermonem ,	278 g
1	editus ,	161		— vocor ,	193 c		— videndi ,	285 f
3	edixit ut ne quis ,	338 m		— perditor ,	193 h		— mancipium ,	298
3	edo , edidi ,	51 et 161		— sæpè ,	193 l		— facere ,	414 e
	V. edidi, edidit.			— qui te ,	193 l		— vitæ timeo ,	423 k
1	1	edo , edi , esum.			—, magna ,	194 b		— incolas ,	427 k
	— neque emo ,	389 c		— videro ,	195 a	10	ejusdem , generis ,	84 d
	— V. edas.			— (Polydorus ,	197 b	21	elaboro quoad ejus ,	414 e
10	edoctus (artes ,	249 o		— risu ,	197 b	3	Eleates perpessus ,	329 b
	educat (verùm ,	73 b		— sum illa ,	197 n	2	electra myrica ,	426 s
	educeret (Rubico-			— (atque ,	198 c	4	electum , d'eligo ,	162
	nem ,	258		— ...sed ,	198 f	11	eleemosynarius ,	35
	educo , v. educat.			— quæ ,	201 a	2	elementa eradenda	
	educti (sumus ,	233 h		— illos facio ,	215 a		(sunt ,	119 d
	eduxi maniplares ,	252 i		— sum ,	216 a	2	elephanti tanta ,	128 g
	eduxit telum ,	145 k		— mihi vidissem ,	234 c	2	elephanto porrigis ,	116 g
	effeci , abjeci ,	64		— in insidiis ,	234 m	2	elephantos (infra ,	255 g
	effectus , enormis ,	14		— natus ,	271 o		— venientes ,	176 c
	efferre pedem te ,	364 b		— vitam duram ,	280 b	2	elephantus , v. les 3 préc.	
	effero , v. efferre , effert,			— ejus videndi ,	285 f	3	elephas , antis ,	128
	efferuntur.			— sum ,	307 o	3	Elidis urbem ibet ,	264 f
	effert (caput altius ,	252 r		— sum miserior ,	311 e	21	eliminare ,	14
	— penetralibus ,	433 d		— sum Amphytrio...	317 a	21	elisi (allisi ,	162
	efferuntur onera ,	109 i		— sum , tu es ego ,	317 b	4	elitum , de Hno ,	163
	efficere ut quis ,	301 f		— neque tu ,	318 a	11	ellam intus ,	263 a
	efficio , v. effeci , efficere ,			— et pater ,	318 b	23	eloquar (me ut ,	337 d
	efficitur.			— vapulando ,	318 c		— (audita ,	425 c
	efficitur sæpiùs ,	96 l		— vos novissè ,	356 b	23	eloquere quid vis ,	308 b
	— oleum ,	439 p		— istæc rectè ,	386 f		— quid venisti ,	344 b
	effueri (quæ volui ,	149 c		— cesso ,	369 g	23	eloquor , v. les 2 préced.	
	effigies , species ,	78		— quoque à meis ,	370 a	23	eludere (hominem ,	327 b
	— quæ pluit ,	324 f		— hunc revert...	380 h	23	eluendo operam ,	83 t
				— per Mercurium ,	390 a			224 b et 283 b
				— id agam ,	405 d			

33

	Pag.
2 Elysii (plur. sa décl.)	103
2 Elysium (sa décl.)	103
23 emi (tanti illam ,	216 i
21 emicat ardens ,	96 d
— ardens ,	303 i
22 emineant (aquam ,	254 e
— (transversos ,	312 o
23 emit quanti ?	247 a
— (parem ,	440 m
23 emo , demo ,	52
— nisi quod ,	389 e
V. emit.	
25 emoriar (est ut ,	232 c
25 emorior , v. emoriar.	
11 empta est clam..	238 b
11 emptæ ? (quanti ,	217 k
— parvo ,	217
— tibi ,	366 i
11 emptus , v. les a précéd.	
11 empyreus ,	37
11 emunctæ senex ,	439 m
11 emundanda quotidiè , 108 e	
23 emungam hominem , 168 p	
23 emungo , voy. emungam ,	
emuxi.	
23 emunxi argento ,	168 o
— en ipsos metus !	166 g
— Priamus ,	196 a
— ego sum illa ,	197 n
— en quatuor ,	197 p
— hæc promissa ,	294 b
23 enascuntur (codice ,	113 t
11 endemicus ,	31
ENDUS , terminatif ,	32
11 enectus arando ,	244 m
30 enim vesana fames ,	174 t
— summæ ,	206 c
— quod res ,	212 g
— pretii ,	216 c
— hoc te ,	280 m
— dicere ,	290 b
— omnis error ,	314 b
— quod quisque ,	323 a
— plus dedi ,	330 c
—; (clamabit ,	386 a
— serò ,	412 f
— est tantum ,	414 i
— indè ,	418 g
30 animverò (aio ,	138 d
11 enisus , arces ,	297 i
11 enixa gemellam ,	107 l
11 enneagonus ,	13
14 enormis ,	3 et 14
ENS , terminatif ,	33
3 ENSE ferit ,	242 c
— cingimur ,	348 g
— (accingitur ,	429 f
3 ensem (accommodat , 112 f	
— (abdidit ,	238 d
— expuvit ,	304 f
— confiantur in ,	436 k
3 ensesque decoros ,	427 s
ENSIS , terminatif ,	34
3 ENSIS (districtus ,	235 a
— (transigit ,	112 t
— (micat æreus ,	438 p
— v. ense , ensem , enses.	
2 Estelle , heroum ,	310 c

	Pag.
ÉNUMÉRATIFS , et , que , etc.	381
— leur liste ,	396
10 EO præsente ,	82 c
— triduo ,	82 e
— esset , rectè ,	234 c
— die , suprà ,	255 d
— ut conjicio ,	272 d
— tempore ,	290 e
— auro ,	295 f
20 eo domum !	132 a
— in nostram do- mum ,	269 d
V. toutes les for- mes de ce verbe ,	132
30 eò insolentiæ ,	207 a
— sum profectus ,	232 e
— postquàm ,	328 e
— dicone ,	338 i
— festinatò ,	378
— quò vis ,	401 d
— majorem ,	401 f
— spectato simul ,	410 i
— cœpi ,	412 e
— fit , quia ,	412 f
— retinuit quoad ,	414 a
10 eodem ,	83
— uti jure ,	305 l
— modo sint ,	409 c
30 eòdem unde , cæs.	
10 eorum , causâ ,	83 g
— inventu ,	83 i
— ingenia ,	203 d
— vitam ,	259
— arbitrium ,	271 g
— castris castra ,	273 b
— pares ,	298 a
10 eos derides ,	81 y
— deserit pudor ,	83 o
— jecoris ,	117 h
— committendi ,	204 e
— hoc moneo ,	273 h
— atque orat ,	337 h
— in mare ,	427 b
10 eosdem , cursus ,	280 c
23 ephemerides , plur.	15
ÉPENTHÈSE ,	50
2 EPÆEUM bimarisve ,	391 e
2 ephori , epidemus ,	15
EPI , initiatif grec et ses variétés , EPH.	15
11 epicureus evaserat ,	193 b
2 Epicurus hoc viderit ,	195 d
2 epidemus.	15
11 epistolam abs te ,	345 g
— reddidit ,	345 h
11 epistolas tuas ,	160 g
2 epitogium , ephori ,	15
3 epitomata conscribo , 448 d	
10 epitome , epitomes ,	99
3 epos , epodis ,	58
2 epulæ (plur. sa décl.)	103
V. epulis.	
21 epulamur , non modo , 257 d	
11 epulas (post...	90 c
11 epulis (vacat ,	111 g
— (subjiciunt ,	433 b

	Pag.
21 Epulor , v. epulamur.	
2 epulum , balneum ,	103
10 equabus , famulabus ,	91
3 eques (patres ,	197 e
— (hic ,	315 a
V. equitem , equites , equi- tibus.	
30 equidem in princi- pio ,	147 f
— volo quot ,	288 a
11 equinâ jubâ ,	275 c
2 equis (gaudet ,	62 e
— (gaudet ,	204 a
3 equitem sede ,	53 b
3 equites , d'eques.	
— que misit ,	115 b
— alii alia ,	311 b
— peditesque ,	435 c
3 equitibus viam ,	173 x
2 equo (gaudet ,	109 a
— (fertur ,	115 e
— (Turnus ,	441 b
2 equos (pavit ,	110 b
— (tingat ,	115 e
— (poscit ,	106 m
— ad mœnia ,	428 a
2 equum ædificant ,	207 l
— certamine ,	385 b
2 equus , asinus ,	92
— v. equis , equo , equos , equum.	
11 eradenda cupidinis ,	119 d
20 eram domi ,	125 a
— domi ,	125 a
— (daturus ,	151
— inutile ,	191 k
— cupidus redeundi , 202 l	
— fugâ ,	416 i
20 eramus nos nostris ,	125 d
20 erant nefasti ,	104 e
— omninò ,	117 f
— duobus ,	124 f
— duæ istæ.	245 b
— tabernæ ,	259 k
— (non matura ,	263 b
20 eras coquus tu ,	125 b
— quàm ,	403 h
— alapis ,	433 f
20 erat ei nomen ?	81 l
— summa ,	81 p
— unus , lises unus erat ,	8 f
— exta inspicere ,	114 e
— (pulsus ,	115 f
— (princeps ,	117 a
— tum dignus ,	124 c
— Alphena ,	131 m
— vini ,	202 e
— ad Vestæ ,	209 d
— romanam ,	211 o
— præstantior ,	217 k
— carendum ,	244 b
— centum ,	247
— super ,	254 b
— post Chloen ,	260 c
7 ventum ,	270 i
— (rumor ,	289 d
—, Tarquinium ,	291
— confecta ,	305 b
—, quo die ,	305 a
— (cernere ,	319
— (latior ,	336

Pag.

20 Erat tùmdignus, 347 f
— commissa, 369 l
— ! quantùm, 372 a
— in Miltiade, 399 c
— (homo nata, 412 c
— ut temporibus, 415 g
— (demissus, 415 i
— (pulvinus, 440 v
— (mos, 441 h
20 eratis (ambo, 114 e
11 erectum præ se, 236 f
·4 ereptum venit, 229 d
30 erga ædes sese, 259 g
— te par atque, 259 h
— commerita, 259 i
— amicos, 401 c
30 ergo venimus, 85 h
— experiamur, 134 g
— (ambula, 148 m
— venimus, 207 m
— cedo, 212
— experiamur? 287 h
30 ergò, cedò, lisez ergo, cedo, 212
20 erimus hic. interim, 128 c
25 eripiet qui vis, 229 a
25 eripio, v. eripiet, eripis,
25 eripis (invito, 229 b
25 eripuit palàm, 238 o
20 eris minister, 104
— siunt, ai, 120 f
— mihi magnus, 128 c
— alter, 311 d
— proscribere, 415 f
— (nubila, solus, 420 c
— multos, 420 c
— (hospes, 89 c
20 Erit illi illa res, 128 d
— (loci res, 207 c
— illi illa res honori, 225 e
— (alias, 284 a
— magis, 285 e
— et venus, 391 a
— et mihi, 404 g
— tecum loquar, 41 h
—, inven'um, 418 a
—, si undè, 418 h
— (habendus, 441 l
20 eritis nostræ portus. 128 f
20 ero ut me esse, 128 b
— (daturus, 142
— (hic, 234 m
— vulpem, 420 d
11 errabundus, vagab. 28
21 errant (vehementer, 372 g
21 errare (humanum est, 300 l
— extemplo, 328 n
21 errastis (collegæ tui, 318 d
21 errat agnos, 256 a
ERRATA, il est fondu dans la table, 445
V. aussi le mot VOYEZ.
21 erravit an, 393 a
21 erro, v. les 5 précéd.
·3 error. favor. 45
— stultitia dicenda, 304 b
V, les 2 suiv.
·3 errorem suxisse, 269 ss
·3 erroris est, lisez erroria inest, 206 a
— inest, 345 d

Pag.

24 Erudio, celo, 274
24 erudiit artes, 273 m
11 eruditus (illis, 415 g
20 erunt, quique, 73 c
— (hospites, 89 k
— (delphis, 209 i
— induciæ, 128 g
— mihi litteræ, 215 b
13 eruptionem fieri, 86 h
20 es escator, 84 a
— calvo, 117 r
— ne tu, an nos, 127 b
— (bono animo, 128 h
— (daturus, 142 a
— mentis, 219 q
— (nostris, 234 n
— pater prox... 265 l
—, aut plus eo, 272 d
— miserrima, 311 f
— ego, 317 b
— ille vir, 317 c
— ?— tuus, 319 b
—, responde, 327 c
— (ubi nunc, 434 p
11 esculentis atque, 429 q
11 esculentus, vi.l.. 26
12 esculus nascitur, 434 l
20 esse opinor, 83 a
— cœpit, 106 k
— prohibento, 116 g
— debeo, 117 a
— tibi videor, 128 p
— debuero, 129 f
— me deceret, 146 i
— (hoc ita, 146 l
— repertum, 146 q
— victum eum, 180 b
— jubet, 192 i
— oportet, 205 d
— aiebas, 210 b
— (putatis, 210 g
— natum, 271 p
— bonas vobis, 299 c
— voluit, 305 e
— gaditanum, 322 b
— hodie, 325 f
— Tyronem, 325 h
— tuo, 346 a
— pater, 346 c
— suos, 346 d
— metu, 346 e
— aiebas, 346 f
— (tibi licet, 346 g
20 esse (ferus, 348 h
— voluit, 348 i
— affabilis, 348 l
— disce ab illis, 349 a
— deæ, 349 b
— nescis, 349 c
— recuset, 349 e
— socer, 349 f
— aves? 379
— hanc technam, 402 b
— me, ita ero, 415 b
— debebunt, 416 k
— malit, 418 d
— (togam, 429 x
— Tiburtem, 434 i
— verba, 436 q
—, quæ cum, 436 t
— aurum, 440 m
20 essem verè qai, 128 o

Pag.

20 Essem daturus, 142
— in senatu, 327 d
— (visurus, 360 h
20 essemus, essetis, 128
20 essent, esse, 128
— (mortui, 296 b
— quo ceteri, 305 e
— (futura, 360 g
20 esses, esset, 128
— exemplum omn. 345 l
— (curarem ut, 345 l
— libertus mihi, 337 l
— leno metuebas, 340 i
20 esset. esse mus. 128
— (huic ut, 126 d
—, hodiè, 234 b
—, rectè ego, 234 c
— (bove latior, 344 a
— nescio, 360
— moneret, 360 l
— eadem uxori, 416 f
20 est verbis, 81 m
— misericordia, 84 p
— quod peraceacit. 84 q
— opus helleborum, 84 u
— docere, 85 a
— inquit tibi? 85 g
— lubido, 86 æ
— corpus, 88 n
— omnium, 90 l
— benè velle, 94 a
— in vera bona, 96 a
— armiger, 103 a
— enixa, 107 l
—, perbona, 112 d
— (sapientis, 113 m
— jurene, 120 b
— modus in, 127 c
— (parùm, 135 a
— prandium, 142 b
— doctior, 198
— tibi? 198 h
— atque ego, 198 c
— tibi? 198 d
— (domus, 199 a
— te fallere, 199 h
— (manibus, 200 a
— promi jubeas, 200 a
— curæ, 202 o
— mihi, 202 b
— narrandi, 203 f
— introeundi, 203 g
— (viæ, 205 u
— (erroris, 206 a
— pulcherrima, 217 g
— quam, 229 d
— probatu, 250 f
— omnium, 271 d
— patrem esse? 290 a
— mentiri, 300 g
— utile peccare, 301 a
— turpe, 301 a
— periculum ex, 301 c
— reo, 301 n
— bibendum, 301 p
— deus qui, 317 d
—, dis gratia, 319 a
— quædam, 319 g
— ubi plus, 319 h
— cui magno, 314 h
— similius, 386 e

Pag.

20 Est quòd ventri, 401 b
— imago, tam, 402 a
— nimbata, 402 c
— gloriosus, 402 e
— quo tu me, 408 g
— esse malit, 418 d
— cingulum, 434 o
— totum, 436 b
— de mollibus, 441 q
— ne hic Crito, 441 d

20 este duces, 128 l
— profani, 380 g

20 estis ambæ meæ, 80 h
— Saliorum, 115 e
— fratres, 127 e
— fœnus, 141 c
— fratres, 317 f
— in senioribus, 319 d
— quidùm? 405 e
— nulli, 439 h

20 esto sanè Sosia, 128 i
— ut animus, 128 k
— (suprema lex, 331 a
— (aureus, 331 b

20 estote, v. este, 128

20 estur, bibitur, 441 e

24 esurio tùm crepant, 413 a
24 esurire, cœnaturire, 28

30 et montes, 107 i
— rabente, 122 c
— velle hæc, 13 k
— rabiem, 1-5 l
— arceo, 179 u
— ornamentum, 192 a
— conjux.., bella, 201 a
— soror, 201 a
— quæ tanta, 203 n
— ignoscendi, 204 g
— rege recepto, 297 h
— igni interdictum, 301 n
— videt, 317 d

— pater de vobis, 318 b
— de republicâ, 318 b
— undè hæc fiant, 319 e
— marathros, 321 c
— nimium memi-
nisse, 355 c
— non noverunt, 355 g
— id facturas, 363 b
— facta est lux, 365 d
— tamen vis form.. 366 d
— spatio brevi, 381 b
— dulcissime frater, 381 d
— sapienter dixti, 382 a
— urbes, 382 c
— de te splendida, 383 b
— per-rumpere, 383 d
— sana sunt, 384 a
— uxor et vir, 385 d
— secundis, 388 a
— dona ferentes, 388 b
— venus, aut, 391 a
— transfuga, 396 a
— lychnorum, 397 b
— umbra sumus, 401 h
— ai taceas, 424 b
— fuream feras, 435 h
— ad aperiendas, 440 d

Pag.

30 Etiam atque etiam, 143 l
— sua præmia, 196 a
— intra legem, 257 d
— respicis, 303 g
— dicta, 355 b
— amari, 370 b
— pudore, 399 a
— opu'st, 438 m
30 etiamsi magna, 424 h
— quod, 424 i
30 etsi præter, 264
— taceas, 424 b
— non infestum, 424 c

ETUM, terminatif, 37

ÉTYMOLOGIE, 49

30 EUGE, euge, 94 f
10 eum esse opinor, 83 a
— matronæ, 169 d
— fortuna, 174bb
— (victum, 180 b
— facti cœpit, 212 l
— miserunt, 221
— esse finge, 232 n
— est, 263 b
—, cùm aliquid, 281 g
— vivo, vitam oro, 294 h
— locum, 304 d
— non solum, 370 b
— actio, 411 h
— vineas, 440 o
10 eumdem (sa décl.) 83
— lupus et, 295 h
11 eundi, eundum, 133
10 eundo (acquirit, 88 o
— eundum, 133
11 eundum (eundo, 133
— pugnatum, 302
— est, 302
10 eunt res, 132 f
10 euntis, d'iens, 133 d
— (complexus, 133 d
10 euntum in vigiliam, 132 l
'2 eunuchum quem, 307 d

EUPHONIE, 53

'3 EUPHRANOR scalpsit, 172 h
'3 Euphrates (illic, 177 u
'2 Euro (descendit ab, 238 f
:0 Europen taurus, 171 b
'2 Eurus, v. Euro.

EUS, EA, EUM,
terminatifs, 37

23 evado fio, 193
v evaserat, evasit.

21 evannentur extrà, 112 a
23 evaserat (epicureus, 191 b
23 evasit verè indolis, 214 b
— (senex, 283
— quàm, 296 b
23 evehit ad deos, 90 n
24 evenerunt à me, 213 h
24 eveniat! (malè illis, 226 c
24 eveniet (nihil, 84 l
v gaudebimus, 423 l
24 evenio, v. evenerunt, eveniat, eveniet, evenisset,
evenit, eveniunt.
24 evenirent (eveniunt, 344 c

Pag.

24 Evenisset mali, 129 u
— mali, 401 e
24 evenit pulchrior, 227 b
— mihi, 300 h
— (insolens? 320 c
24 eveniunt, evenirent, 344 c
11 eventa timebat, 220 a
'4 eventum (post, 429 s
'4 eventus magni sit, 97 h
— (fefellit, 166 r
V. eventum.

23 evertitque æquora, 368 c
— (que rates et, 427 f

EX, EXTRA, initia-
tifs, et leurs variétés, 14

30 ex hâc domu, 80 d
— numero, 96 d
— osse revellit, 107 a
— spicis fiunt, 115 a
— te percontarier, 134 g
— tempore, 144 g
— hoc, 146 n
— necessitate, 148 g
— animo omnes, 160 h
— Lybia, 175 a
— servitute, 226 e
— Andro, 231 b
— insidiis, 231 d
— meo servo, 231 e
— industriâ, 231 f
— re et ex, 232 a
— tempore, 232 a
— tempore dicere, 232 a
— re tua non, 232 c
— auro, 240 e
— eâ re quid, 240 h
— illo fluere, 241 b
— te audivi, 241 c
— tuâ accepi, 241 e
— usu tuo, 245 e
— usu tuo, 271 e
— infimio, 291 b
— eo auro, 295 f
— aliis facere, 301 e
— usu sit, 301 e
— illis altera, 310 a
— alto? 312 i
— transverso, 312 x
— Ithacâ, 319 a
— hoc nt, 321 h
— ex ædibus, 363 l
— victoria, 398 b
— ea re factus est, 421 h
— judicio, 427 b
— incendio, 427 b
— humeris fiunt, 434 c
— lustris, 435 i
— oleâ efficitur, 439 r
11 exactis, devenêre, 84 v
—, perfecto, 366 b
23 exacuit (animos, 111 b
3 examen, agmen, 119
3 examina ludunt, 437 c
14 exangues, tises ex-
saugues, 322 k
21 exarat (frontem, 441 d
21 exaravi (senatu, 327 d
21 exaro, v. les 2 précéd.
11 exaridus, effectus, 14
21 exasperare, 14

	Pag.
24 Exaudi (fateor,	144 h
24 exaudio, v. exaudi, exaudiri, exaudit.	
24 exaudiri voces,	207 k
24 exaudit (monitiones,	372 f
11 exaudita deorum,	228 e
23 excedebat (ultimus,	429 a
11 excelsum locum,	417 k
11 excelsus sublimis,	313
V. excelsum.	
'4 excerptum, d'excerpo, de carpo,	
23 exciderat puppi,	364 c
2 excidium, sic Philippo,	417 e
23 excitare exasp.	14
— possent	330m
24 excitat fomite,	115 i
21 excito, v. les 2 précéd.	
EXCLAMATIONS,	
ou interjections,	371
EXCLAMATIVES	
(phrases,	336
11 exclamem (quàm,	407 e
21 excruciant (quæ me,	85 f
21 excruciat animi,	210m
— animi,	398 a
11 excruciatum me,	140 p
21 excrucio, cur me,	410 g
V. excruciant, excruciat.	
23 excudit (scintillam,	114 t
'4 excursum, d'excurro,	162
21 excusa, nec amici,	404 b
:3 excusatio (esse ulla,	344 h
:3 excusatione (est,	266 g
21 excuso, v. excusa.	
21 exeam (quasi nunc,	425 b
23 exegi (coegi,	64
2 exempla fient?	365 e
2 exemplis meminerint,	86 i
4 exemplo gravis,	344 l
2 exemplorum legendi,	285 a
2 exemplum (regis ad,	110 e
— omnibus,	345 l
V. les 3 précéd.	
'4 exemptum, d'exemi,	162
20 exeo, v. exeam, exire.	
22 exerceat (in hæc se,	306 a
21 exerceo, v. exerceat, exercuerunt.	
'4 exercitum citrà,	258
— reduxit,	260 b
— (duxit,	262 a
— est,	262 h
'4 exercitus (jactus,	97
22 exercuerunt quoad,	414 c
24 exhaurio, v. le suiv.	
24 exhauseras (vini,	205 t
'4 exhaustum,	163
22 exhibent mihi,	384 f
23 exigat (ætatem,	318 b
23 exigo, v. exegi, exigat.	
11 exiguis renidet,	427 q
30 exin velum,	416 b
20 exire (foras,	287 b
— nolebant,	288 e

	Pag.
23 Existet, lises existet.	
23 existet (tyrannis,	398 b
21 existimabas (quid,	124 t
21 existimo (prorsùs,	377 g
V. le précéd. et le suiv.	
21 existimor, habeor,	193
'4 exitum invenies,	118 e
'4 exitus consequar,	102 i
— obserantur,	114 s
V. exitum.	
11 exitura (sors,	439 q
21 exoculassitis, item,	421 x
11 exoptatum credo,	228 f
11 exoptes (di quæ,	140 n
2 exoravi (petii, et,	160 k
2 exordium (habere,	205 r
21 exorem, sino,	177 k
24 exoritur dissertam,	265 c
21 exoro, v. exoravi, exorem.	
10 exos, exossis,	117
11 expavit ensem,	304 f
23 expectas (an, lises exspectas,	175 b
21 expecto, v. exspecto.	
24 expedio, v. expedit, expedita, expediunt.	
24 expedit esse bonas,	226 b
— 228 n,	299 e
— reipublicæ,	321 a
24 expedite (mihi,	202 e
11 expeditus (vagor,	258 a
24 expediunt (canisiris,	111 c
23 expelli, undè,	428 c
22 expergefacio,	
11 expergefactus (lucem,	260 c
24 experiamur (vis ergo,	134 b
—	287 h
— (vicissim,	377 c
24 experiar et tentabo,	387 d
24 experimenta (quàm,	54 n
experior, v. experiamur, experiar, experiri.	
24 experiri (omnia,	329 c
— certum,	403 i
15 expers mole ruit,	88 k
23 expeto (scire,	147 c
23 expleri mentem,	275 i
23 exponam (sit,	210 c
— vobis,	329 f
23 expones secundùm,	208 c
23 exponit in ulvà,	265 b
23 expono, v. les 3 précéd.	
21 exprobrares (peram,	440 l
12 expulsus, exquisitus,	14
'4 expulsum d'expello,	162
23 expurgem (sine me,	337 i
21 expurgo, v. expurgem.	
23 exquirere licet,	322 f
11 exquisitus, excitare,	14
14 exsangues terreat,	322 k
14 exsanguis succiduo,	346 b
'4 exsartum d'exsartio,	164
15 exscreantibus aron..	111m
'4 exscalptum,	164
23 exsistet (tyrannis,	398 b
21 expectabam aliquem,	217 c
2f exspectabat (oppidum,	255 f
21 exspectabo, dùm venit,	419 e

	Pag.
11 Exspectandum dùm,	419 f
21 exspectant (poenorum.	217 d
21 exspectas (an,	175 b
21 exspectat (qui nunc,	245 k
21 exspectatis vestrum?	414 f
21 exspectavit (novam,	252 e
21 exspectes et postules,	241 h
— ex transverso,	312 x
21 exspecto, v. les 10 précéd.	
23 exstinguo, v. le suiv.	
23 exstinxem pour exstinxissem,	385 c
23 exstiti, d'exto,	161
23 exstruat lignis,	104 q
'3 et :3 exsul præsul,	64
21 exsultat freto,	438 d
3 exta, plur.	
— inspicere,	114 e
30 extemplò cœpi,	318 a
— arcum mihi,	435 l
23 exterior, melior,	30
11 exterus, internus,	266
23 extinguo, v. exstingue.	
23 extinxem, v. exstinxem	
extiti, lises exstiti,	161
30 extrà arcam,	112 a
— (peccatur et,	256 l
— intrà,	266
— causam id..	257 f
— duces,	257 g
11 extrema perventum,	312 v
— gallicæ,	313 b
11 extremis digitis,	312 x
11 extremus transversus,	313
V. les 2 précéd.	
22 extricat, amaras,	419 b
'4 extusum, d'extundo,	164
'3 et :3 exul, præsul,	64
22 exurgat (juvenior,	248 e
11 exuta pedem,	274 s
'4 exutum, d'exuo.	
11 exuviæ, plur.	
11 exuvias indutus,	372 a

F.

11 FABA valentior,	198 b
'2 FABER, v. fabros.	
'2 Fabio laudi,	225 h
— succedunt,	305 g
2 Fabium citavit,	305 x
'2 Fabius duos,	305 g
V. les 2 précéd.	
'2 fabros æris,	104 l
11 fabula (agitur,	84 r
V. fabulas, fabulis.	
11 fabulantur per visum,	94m
11 fabulas (compingitis,	177 x
2 fabulis refarsit,	172 a
— libri,	172 t
211 fabulor, v. fabulantur.	
11 fabulosos reor,	110 g

	Pag.
25 Fac sis ,	54 h
25 fac memineris,	165 t
— possim,	131 i
— videam ,	143 u
— periculum ,	148 l
— potuisse ,	178 s
25 face id ut ,	54 l
— verba,	148 k
:3 facem (tenuere ,	302 e
25 facere oportet ,	139 f
— te opportet ,	148 t
— licet ,	225 d
— dicebatur,	245 g
— et pati ,	300m
— tibi quod ,	301 e
— (partes id ,	301 i
— puduit,	323 b
— quod ,	405 a
— possum,	414 e
25 facerem aliquid ,	148 s
— (ut hoc ne,	148 s
— suasisti ne ,	174 s
— (ne non id ,	339 c
— (ut hoc ne,	343 i
23 facessunt (præcepta,	428 n
30 facetè (intulisti et ,	373 i
:1 facetias risi,	90 c
25 faciam ut facias,	148 h
—? non eam?	148 r
— (Romæ , 108 a,	246
— ab re ,	233 k
— clàm ,	238 l
— in vestrâ ,	262 c
— (quin sic ,	407 a
— sicut ,	416 h
25 facias faciliùs ,	148 h
— (invitus,	406 b
— (ita censeo ,	422 d
25 faciat (hic ,	345 k
25 faciebam me ,	148 g
25 faciebat (quisque ,	237 d
:5 faciem hominis,	355 k
11 facienda (tempore ,	246 a
— sunt ,	267 a
11 faciendam curavit,	295 f
— (puto esse ,	363 l
11 faciendum id nobis,	228m
— (similiter ,	284 b
— est quod ,	295 e
— est quod ,	381 o
— essel,	360 l
— fuisset ,	360 l
— curavit,	369 d
— quare id ,	410 e
11 faciendus, v. les 2 précéd.
25 faciens verba ,	148 u
:5 facies, effigies,	98
—, progenies,	103
— moram,	148 i
V. faciem.
25 facies (si rectè ,	120 f
— quin sim..	407 f
25 faciet (turbas ,	148 u
14 facile est ,	147 h
30 facilè patior ,	372 h
14 facilem, seu maneant,	423 d
14 facilia facta sunt,	149 c
14 facilior, difficilior,	74
14 faciliora, sin aliter,	424 a

	Pag.
14 Facilis , docilis,	31
— difficilis ,	74
14 facilisque sequetur,	135 b
— res quin ,	406 b
— jactura,	430 i
V. facile , facilia, facilem
14 facilius (dictu ,	145 n
— (quàm re ,	245 b
30 faciliùs (facias,	148 b
11 facillimus ,	74
25 facimus vestiment...	148 d
3 facinora (narrat ,	113 c
— fecit ,	208 d
3 facinus mirum'st ,	373 c
V. te précéd.
25 facio, effingo,	98
— ut me ,	139 f
— obsidium Ilio,	148 a
— tergum ,	214 i
— (ego illos ,	215 a
— (bonique ,	215 f
— te magni,	216 e
— (ostenderam ,	390 d
V. toutes les formes	
de facio,	148
et dans la table fac ,	
etc. , feci , etc.
25 facis delicias ,	148 b
—, qui angas,	219 l
— (compotem ,	219 r
— postremum ,	345 p
— , cùm puerum ,	399 d
— (puella ,	442
25 facit occidenti ,	84 c
25 facit (homines ,	425 m
— ad stomachum ,	148 c
— pili ,	214 l
— (quisque,	215 e
— (sui servus	216 f
— (quatenùs id ,	411 s
25 facite æqui ,	148 o
— conjecturam,	211 e
25 faci:is magni ,	148 e
— velle debetis ,	416 l
25 facito (præcipio ea ,	83 q
— age , ambula ,	148m
—, ut poterit ,	148 n
— (huic sic ,	431 l
— (potissimùm ,	440 q
25 facitote manibus,	148 p
11 faciuudum fuit ,	149 a
— est quod vis,	301 o
25 faciunt (lignorum ,	107 t
— animos ,	148 f
— teruncii ,	214 n
— contrà nos ,	246 f
25 faciunto ex ,	148 q
11 facta sunt, me ,	55 i
— sunt quæ ,	149 c
— patrum,	169 n
— est ,	217 g
— herculeæ ,	314 f
— ab illo ,	321 o
— sit ,	340 l
— sed etiam ,	355 b
— est lux ,	366 d
— superba ,	411 d
— peribunt ,	430 d
11 factæ sunt,	192 e
— (sunt ,	295 i
— et ad claudend...	440 d

	Pag.
11 Facti sunt ,	408 f
— cœpit ,	211 l
— qui cœpit ,	301m
— ; sapere aude ,	355 d
— piget?	394 c
11 factitatum (antiqui-	
tùs,	3-- i
11 facto opus est ,	403 h
— est opus,	406 s
4 factu facta sunt ,	149 c
4 factum, raptum,	61
— (nihil ,	81 e
— herclè ,	134 l
— (argentum?	141 i
— audierat id ,	149 b
— itur ,	277 b
11 factum (negare ,	19: f
— (è ferro ,	231 c
— est,	232 d
— (argento ,	240 t
— præ illo?	248 g
— judicium ,	251 b
— , hùc abiit ,	301 l
— ne sit?	320 b
— (indignissumè ,	324 i
— nollem ,	333 b
— est,	371 i
— (illo sit,	3-8 h
— (probè ,	433 c
— benè!	434 q
11 facturas (credo et id,	363 f
11 facturam me ,	85 i
— est se ,	286 f
— (meliùs ,	289 d
— (verbum esse ,	363 c
— credo, ut ,	363 e
— promittit ,	363 h
11 facturus sum ,	149
— fui ,	149
V. facturas , facturam.
4 factus, v. factu , factum.
11 factus est consul ,	260 i
— Charmides ,	403 b
— est ,	411 b
— sum ,	441 g
V. facta , factæ , facti , fac-
to, factum.
:3 facultas (paupertas ,	43
— detur,	285 c
11 facundus (iracundus,	28
:3 fæce hauris ,	436 a
:3 fagi glans ,	440 t
:3 fagus , fraximus ,	92
:3 falces conflantur ,	436 l
:1 fallacia alia aliam ,	312 d
:1 fallaciæ conari ,	408 c
23 fallam duo sunt ,	86 s
23 fallebat curas ,	166 s
23 fallere quidquam ,	199 h
— da justum ,	346 l
23 fallit! (Crasse ,	280m
— memoria,	421 b
23 fallo, v. fallam, fallebat,	
fallere, fallit, fallor, fe-
fellerit, fefellit.
23 fallor, (aut ego ,	321 a
4 falsum , de fallo ,	262
11 falsus , de fallo.	
— animi est!	333 f

Fama.   Ferrum.   479

Pag.		

Pag.

:x Fama tam ficti,   205 a
— volat hoste,   244 b
—   et 289 d
— est,   292 b
— et fortuna,   298 a
— Marcelli,   417 a
V. famæ, famam.

:x famæ (pœnitet me,   213 c
:x famam (intrà,   257
:3 fame, (dicant,   242 e
:3 f..mes (vesana,   174 t
V. fame.

:x familia est,   397 e
:0 famulabus, filiabus,   91
11 fando temperet,   283 c
2 fano foràs,   439 a
2 fanum mancipium,   93
3 far, *v.* farra.

24 farcias centones,   172 r
24 farcio, *v.* farcias, farsit.

21 furi... quæ sit,   307 k
:x farina, (piscina,   34
3 furri jacieb.nt,   116 p
— metebant,   116 p

24 farsit pecudes,   172 q
4 furtum, *de* farcio,   162
3 fas, trepidat,   258 b
— que egerunt,   266 a
— non putant,   228 f
— est meis te,   288 l

:3 fasce dedêre,   427 b
2 fastidia menses,   254 b
2 fastidium copia,   320 u
2 fas..igia tecti,   254 u
2 fata sinant,   53 a
— tùm,   86 q
— nostra,   88 f
— docebo,   273 h
14 fatale moustrum,   304 f
22 fateor (vera,   144 l
11 faudicos concepit,   429 e
11 faidicus,   23
12 satifero Mavors,   429 f
2 fatum, *v.* fata.

:3 fauces (urit,   176 b
:3 faucibus (plenis,   223 e
:2 Faustulo fuisse,   290 h
+ nomen,   325 c
11 faustus, minister,   28
:3 fautor atroque,   440 r
:3 faux, faucis,   120

V. fauces, faucibus.

22 favebant (Marcello,   367 b
22 favebis cuicumque,   367 a
22 favere, gratulari,   226
22 faveo,   66
V. favebant, favebis, favete.

22 favete linguis,   226 g
:x favillam vatis,   189
:3 favor,   45
:a favos contemn...   437 c
:3 fax, *v.* facem.

25 faxint *pour* fecerint.
— (ità di. 340m,   416 e
25 faxit probè,   423 c

Pag.

25 Faxo *pour* fecero.
V. faxint, faxit.

11 febrifugus, centrif..   24
:3 febris te here,   438 g
25 feceram, fecero,   149
25 fecerat usus,   111 f
— vallum,   114 c
25 fecerit (jurene,   120 b
— urbitria,   383 b
25 fecero, fecerim,   149
— (meo more,   356 e
25 feci (salsum,   64
— jeci,   64
— (vitio,   93 a
— faciendum,   149 a
— feceram,   149
— potestatem,   178 r
— (facinora,   208 d
— e servo ut,   337 l
— mentionem,   403 h
— quare,   410 b
25 fecimus (neque tu,   318 a
— (tempore,   331 b
25 fecisse confiteor,   55 i
— satis,   149
25 fecissem, fecisse,   149
25 fecisti (malè,   208 g
— quod,   330 e
25 fecistis, quomodo,   408 e
25 fecit (olim,   79 h
— tempestas,   107 s
— servum,   129 h
— maxumi,   215 c
— (senatum,   262 k
— pœnitere,   281 g
— Andriam,   295 i
— aquas,   314 e
— statim, ut fit,   320 a
— acies,   411 k
— (animos,   417 e
— Olympum,   442 e
11 fecundus, locuples,   220
23 fefellerit (quid me,   330 g
23 fefellit eventus,   165 r
— hosce id,   280 n
3 fel *et* mel,   118
V. felle.

25 feles, *v.* felium.

15 felicem aiebam,   220 e
15 felices animæ,   143 d
:3 felicitas (mihi tua,   228 g
V. felicitatis.

:3 felicitatis sunt,   209 h
:3 felium in tenebris,   107 a
15 felix, velox,   58
— potens,   77
— plenus,   220
— (fuisse,   348 c
— eris,   420 c
V. felicem, felicis.

3 felle madent,   116 q
:x femina (semper,   302 e
V. les 2 suivants.

:x feminæ silent,   435 r
:x feminis dumtaxat,   279 a
3 femore habet,   117 a
3 femur, jecur, robur,   118
— icit,   437m

Pag.

:x Fenestras in viam,   266 l
20 fer stabulis,   54m
— pectus in,   137 f
14 ferali carmine,   434 t.
:x *ou* 11 feram, equinâ,   275 c
— (nocuisse,   344 r
:x ferarum (vel,   435 t
23 feras, deo quæso,   435 h
23 feratur (cur,   425
15 ferax, fertilis,   220
22 ferbuerat Lyæus,   179 o
30 ferè minus,   54 n
— (eadem,   84 e
— similis fuit,   324 f
23 ferebam (graviter,   375 b
23 ferebant (sententias,   305 d
15 ferens (dura,   121 e
15 ferentes (et dona,   388 b
23 ferêre meo,   423 f
23 feret imperium,   254 f
24 feriam sidera,   122 a'
:x ferias si quis,   345 r
11 feriendus aper,   228 h
23 ferimur per,   211 l
23 ferimus (tuis,   221 c
24 ferio, *v.* feriam, ferit, ferito.
:x feria (nos à,   168 k
24 fêrit (ense,   242 c
24 ferito quanto,   440 p
30 fermè mulieri,   342 l
23 fero, (graviter,   225 l
— (stultitiam,   262 c
V. fer, feram, feratur, ferebam, ferebant, feres, ferre, ferrem, ferri, fers, fert, ferte, fertis, ferto, fertote, fertur, ferunt, feruntur.

15 ferocia Pœni corda,   249 f
14 ferratile (genus,   257 i
20 ferre videt,   137m
— (se tibi,   141 l
— libet,   136 c
— argentum,   262 d
— videt sua,   286 g
— dixi, post,   403 b
11 ferrea turris,   116 a
— (indas,   314 a
— vox,   343 g
11 ferreas ædes,   314 a
— tute tibi,   314 a
11 ferream seram,   314 a
11 ferreis (foribus,   314 a
20 ferrem tibi,   137 k
— calidus,   229 f
20 ferres infortunium,   137 l
11 ferreus, æthereus,   37
V. ferrea, ferream, ferreas, ferreis.

20 ferri decet,   137 c
2 ferro effringam,   116 b
— factum est,   314 a
— parseris,   314 a
2 ferrum (visceribus,   1:266b
— (dextera,   175 h
— cingitur,   175 d
— silices,   369 f
— pacem,   440m

Pag.

20 Fers ut ferri, 137 c
20 fert lapidem, 96 b
— usus, 137 d
— res, 137 d
— animus, 211 e
— opinio, 211 c
— (et spes, 211 d
— (natura, 211 e
— (nunc non, 211 f
— (res ipsa, 211 g
20 ferte arma, 137 h
14 fertilis, fecundus, 220
20 fertis oves, 221 b
— aratra, boves, 137 e
— vellera, 221 b
20 farto sententiam, 137 g
20 fertote vos invicem, 137 i
20 fertur (accepisse, 211 k
— equo, 115 c
— (turbine, 118 h
— (venabula, 255 b
— T. dixisse) 290 d
— sintius, 348 a
11 forum usque eò, 414 a
11 ferundis miseriis, 271 p
23 ferunt (monstra, 91 d
— (pruna, 107 y
— mantelia, 108 k
— (nomen, 290 h
— (plenas, 315 d
— (fuisse, 325 c
— ad littora, 427 i
23 feruntur, verbe irrég. 307 i
— rapuisse, 307 i
— virgineas, 348 b
11 ferus esse, 348 h
V. feram, ferarum, feras, feris, ferum.
22 ferveo, v. ferbuerat, fervet.
22 fervet opus, 179 p
30 festinatò, imò, 378
11 festivi sermonis, 214 a
:1 fetura gregem, 331 b
fex, v. fæx.
24 fiam, te judice, 427 c
24 fiant (undè hæc, 319 e
— (judicia me, 338 l
— videro, 356 f
— minus, 408 c
24 fiat ab, 215 e
— vide, 240 h
—, ... (unà. — 310 b
— lux et, 365 d
:1 fibula vestem, 313 c

FICENTIOR, 74

FICENTISSIMUS, 74
:2 ficos (dicemus, 124 k
21 ficti pravique, 205 a
:4 fictum de fingo, 163
21 fictus, v. ficti.
:2 ficulnus, inutile, 192 k
FICUS, FEX, termi-
natifs, 24
— 74
:4 ficus, dicemus ficos, 124 k
— (pepedi, 165 y
— 428
14 fidelem haud fermè, 352 i
:3 fidem sustinet... 107 b
:5 fidem futurum, 140 a
—, dans, 141 g

Pag.

:5 Fidem (hominumq., 373 f
23 fidere regnis, 288 l
:3 fides, gén. fidis, v. fidem, fidibus.
:5 fides intrasse, 289 c
— est, 294 b
— fuerit, 336 n
— fuerit, 345 a
— ! invictaque, 371 a
— (justitia et, 372 k
V. fidem.
:3 fidibus docuit, 374
— divos, 385 b
:3 fidicen, cornicen, 118
— , docuit, 274
:1 fidicinâ (fiet, 240 i
23 fidit os ictus, 177 t
:2 Fidius ! invitus... 372 n
23 fido, v. fidere.
:1 fiducia capto, 307 k
11 fidus interpres, 187
24 fiebat post epulas, 96 e
24 fieat quæ fieri, 301 b
— ? (exempla, 365 e
10 fierem, credunt, 349 h
20 fierent, quæ, 360 g
20 fieres (certior, 414 b
20 fieret jusserant, 338 g
20 fieri posse, 84 i
— jubet, 86 h
— (liber possum, 87 a
— (potest, 131 c
— possit, 134 k
— (nihil, 143 b
— Mœrim, 193 h
— (hoc, 232 d
— , et ad perpendic... 252 a
— talia, 287 c
— et oportet, 288 l
— æquum est, 301 b
— sic docet, 321 f
— quod vis, 327 e
— matrona, 348 k
— quod vis, id, 412 b
—, commuto, 417 f
— (passus est, 419 a
24 fiet fidicinâ, 240 i
— venibunt, 333 g
— eritque tuus, 374 a
— sonti, 441 m
23 figam palum, 341 f
23 figat homo, 168 r
23 figo, v. figat, fixit,
:1 figulus juxtà, 259 f
:1 figura, cura, 48
:1 figuram Jupiter, 412 d
:2 fili, geni, 100
:1 filio, v. les 4 suiv.
:1 filiabus, mulabus, 91
:1 filia-familias, 99
:1 filiæ (amba meæ, 80 h
:1 filiam (Albini, 168 m
— in matrimonium, 207 k
:2 filii morte, 232 k
— tulit, 425 l
:2 filio uxorem suo, 276 e
— uxorem suo, 365 a
:2 filiolus, gladiolus, 47
:2 filios jugulat, 253 c
:2 filium (consuefeci, 273 n
— esse, 290 a

Pag.

:2 Filiam suum, 33 k
:2 filius, voc. fili, 100
— est, 90 g
— , pauperque, 222 k
—, (ab se, 337 c
— patrisat, 440 t
V. fili, filii, filie, filios filium.
:3 filix, (fongère, 120
23 finditur illic, 177 a
23 findo, v. finditur, fidit.
:3 fine laborum, 254 k
— dedi, 407
:3 finem (quoque, 140 k
— adventabant, 252 m
— jam sub fine, 253 k
:3 fines (denique, 127 f
— quos ultra, 256 d
23 finge qui ego sum, 232 a
23 fingere prodest, 224 i
23 fingeris ad rectum, 168 l
23 fingo, 68.
V. finge, fingere, fingeris,
fingunt, finxerunt, fin-
xit.
23 fingunt et accomm... 271 g
24 finire dolores, 231 l
:3 finis inventio, 190 d
— dura ferens, 121 e
— coronat, 221 f
V. fine, finem, fines.
23 finxerunt animi, 218 k
23 finxit Lysippus, 169 r
23 fixit leges pretio, 168 q
24 fio evado, 293
— Jupiter, quando, 217 a
V. fiam, fiant, fiat, fiebat,
fiet, fierem, fieres, fieret, fieri, fit, fite.
21 firmat vestigia, 436 r
24 fis anus, et, 365 b
:4 fissum, de finde, 163
:4 fisum de fido, 163
:1 fistulam, ita per, 412 c
24 fit; ego in portu, 88 h
— via vir, 88 h
— (absente id ità, 91 f
— eventus, 97 f
— dira, 191 a
— fit (transverso, 311 r
— fastidium, 330 d
— atque, 366 a
—, quia in re nostrâ, 412 r
24 fite (saturi, 105 b
— mihi propitius, 379 f
24 fiunt (ex spicis, 115 a
— pessuli, 356 c
— rustici, 430 o
— arini, 434 d
23 fixit leges, 168 q
Flabellum (cape hoc, 431 f
21 flagitas me ut, 337 d
21 flagitat (manuscu-
lum, 292 f
:2 flagitia ? (quæ mea, 81 m
:2 flagitiorum suorum, 219 b
:2 flagitium est te aliis, 350 e
— v. flagitia, flagitiorum,
21 flagito (largiore, 274 c
— meditor, 359
— v. flagitas, flagitat.

Pag.

a Flagra (corium et, 434m
:1 flammas ,fomite, 115 i
11 flavaque de viridi, 437 e
22 fleam (quin, 371 c
23 flectare,
23 flectere si nequeo, 170m
— sermo, 355 e
23 flectit libido, 438 a
23 flecto, v. flectare, flectere,
   flectit, flexi, fleximus.
11 flendo ducimus, 250 b
22 fleo, v. fleum, flere, fleverat.
22 flere, dolendum, 54 a
22 fleverat (ubertim, 238 a
23 fleximus in lævam, 170 l
:5 flexio, inclinatio, 38
'4 flexum de flecto, 163
23 fligit in terram, 168 v
23 fligo, v. fligit, flexi.
23 fluxere (obvia, 168 u
23 flixi, flictum, 163
'2 flocci feceris, 214 h
— facio, 214 i
'2 floccus, v. flocci.
'2 Flore,scire laboro, 92 c
'3 florem jungit, 111 e
'3 flores, fugite hinc, 62 c
— (nascantur, 275 h
12 floriger, morigerus, 25
11 florilegæ nascuntur, 429 p
'2 Florus, v. Flore.
'2 Flore sciret, 92 c
'3 flos, fur, grus, 101
— v. florem, flores.
'1 et 11 fluctigena, 25
21 fluctuat æstu, 294 e
'4 fluctus (littora, 189 u
— (sorbet, 312m
15 fluens (unda, 166 r
23 fluere spes Danaûm, 241 c
23 fluit de corpore, 171 e
— devexo, 251 a
21 fluitare videres, 342 h
21 fluito, v. fluitare.
3 flumen Rhenum, 191 c
— navium, 205 b
— (mergunt in, 227 h
— Rhenum, 329 e
3 flumina (boves.. ad, 178 o
— phocæ, 252 g
— (captat, 430 d
23 fluo, plecto, 68
— v. fluere, fluit, fluxit.

FLUUS (terminatif), 24
'2 fluvium vatemque, 265 h
'2 fluvius (Rhenum, 178 d
23 fluxit in terram, 171 d
— ibi culpa est, 419 c
'4 fluxum, fluxi, 163
'2 focia certamen, 237 a
'2 foco cancros, 395 a
'2 focos olim, 441 h
'2 focum (ligrûs, 104 g
— atque ignem, 259 c
'2 focus, v. focis, focos, focum.
25 fodere cubilia, 437 f
11 foeda atque terribilis, LXIV
— cicatrix, 437 g
3 foedere cautum, 112 b
3 foedus, v. foedere.
11 foedus, v. foeda.

Pag.

:1 Fœminæ silent, 435 r
3 fœnore (homines, 118 e
3 fœnori dabat, 225 l
1 fœnum habet, 437 h
3 fœnus mihi? 141 c
— v. fœnore, fœnori.
22 fœtet animal, 431 i
2 folia tantùm, 437 k
'3 follibus auras, 437 l
'3 fomes, v. fomite.
'3 fomite flammas, 115 i
'3 fons (principium et, 350 c
FONTAINE, ancien
   professeur aux é-
   coles centrales;
   manière d'app. les
   langues, chap. XLVII
'3 fonte lavabo, 134 h
21 for, fari, v. fando.
30 foras (abierunt, 87 q
— (ad cœnam, 132 i
— (effugi, 143 v
— exire, 187 b
— (è fano, 439 a
'3 forceps (manceps, 22
20 fore (confido, 129 b
— (moræ, 202 p
— (puto me, 263 f
— (Formiis, 289 b
— (moræ, 291 a
— ut contingat, 364 a
— (supplicem, 366 c
V. forent.
14 forensi ingenia, 250 g
14 forensis (castrensis, 34
20 forent passuri, 330m
—, sic Martem, 430 g
:3 fores (sic fregit, 62 k
— occlude, 87 i
— (pepulisti, 166 l
— (confregi, 178 a
V. foribus.
:3 forfex (carnifex, 24
:3 foribus ferreis, 314 a
30 foris est animus, 208 c
— sum, animus, 208 c
— sapere, 350 e
:1 forma perit, 93 c
11 formæ terribiles, 144 d
— (injuria, 299 i
11 format nos intus, 271 f
11 formatus, legatus, 36
:1 formica (repit, 172 g
21 formidat malum, 80 d
21 formido malè ne, 340 k
:1 Formiis fore, 289 b
21 formo, v. format.
11 formosa videri, 366 b
11 formosæ Paridi, 302 v
11 formosus, carnosus, 46
— haberi, 366 g
V. les 2 précéd.
:3 forpacibus æra, 170 l
:3 fornax, v. fornacibus.
30 fortasse (esse) dicor, 290 l
— lætabantur, 341 f
14 forte, prudens, 96
30 fortè viâ sacrâ, 131 g
— cognosti, 204 i
— jacebat, 304 e
— credas, 338 f
— sub argutâ, 378 c
— mirere cur, 410 h

Pag.

14 Fortes creantur, 242
14 fortes pejoraque, 381 c
14 fortia romanum, 300m
— clavæ? 314 f
14 fortior, curax, 95
— et ætate, 248 e
14 fortis, fortior, 95
— et hostium, 228 a
— atque amicus! 373 g
V. forte, fortes, fortia,
   fortibus.
11 fortissimè gentis, 218 a
— frustra, 310 c
— teucrûm, 310 e
11 fortissimus heros, 310 d
30 fortiter occupa, 376 h
14 fortius,gén,fortioris, 96
— esse aurum, 440m
:1 fortuna sustulit, 113 o
— sinet, 132 q
— (eum, 175bb
— salutem, 106 q
— nullâ spe, 204 b
— labori, 223 i
— (cœptis, 226m
— cessit, 257 i
— eorum pares, 298 a
— licebit, 323 f
:1 fortunarum habitum, 271 f
2 forum (est apud, 259 k
— (circa, 259 g
— è Davo, 63 h
:1 fossam duodenum, 428 b
'4 fotum, fovi, 61
:1 foveamve, 441 b
22 foveo, v. foves, fovet,
   fovi.
22 foves (in sinu, 104 h
:1 fovet inscia, 438 b
22 fovi, cavi, 59
'4 fractum de frango, 163
'2 frænosque momor-
   dit, 110 a

FRAGUS et RUPA
   (terminatifs) 24
23 frangi (eat viro, 63 a
23 frangit (alterius ova, 311 a
23 frango, v. frangi, frangit,
   frangunt, franguntur,
   fregère, fregérunt, fregit.
23 frangunt (molis, 168 y
23 franguntur remi, 177 g
'3 frater (dulcissime, 381 d
— ? (ubi est, 417 i
V. fratre, fratrem, fratres,
   fratribus.
'3 fratre an sine? 234 g
'3 fratrem lugebat, 109 f
— (habeam, 193 l
— nusquam, 207 g
— (doli, 281 d
— ne intus sit, 340 e
'3 fratres (vos estis, 127 c
—, hic eques, 315 a
— (vos estis, 317 g
— que mei, 218 f
'3 fratribus erunt, 86 d
— (nuptæ, 124 f
:3 fraude doloque, 192 c
:3 fraudis, sceleris, 220 h
:3 fraus, fur, grus, 101
— helluo, ganeo, 437 e

Pag.

23 Fregêre gulam, 438 c
23 fregêrunt (mobis, 168 x
23 fregit (pectora, 93 e
— in arbore, 177 y
— apud Andrum, 261 g
23 fremunt omnes licet, 311 h
15 fremens quàm magis, 310 f
23 fremit Apenninus, 114 g
— ad caulas, 435 p
23 fremo, v. fremant, fremit, fremunt.
FRÉMONT, LXIV et LXX.
FRÉMY (l'abbé, LVIII
23 fremunt (claustra, 160 d
2 frenæque, 427 s
23 freudit, icit femur, 437 m
2 frenum, v. frena.
11 freta classe, 109 o
11 freto agitat, 438 c
11 fretus sum, dîs, 437 n
V. freta, freto.
21 friatur (micas, 439 a
'4 frictum, de frico, 61
22 friget (sermo, 296 b
11 frigido venator, 235 i
23 frigo, frixi, 68
V. frigunt, frixerunt.
3 frigora mitescunt, 113 d
— (prima sub, 253 h
— (contra, 258 e
— frumenta, 263 h
23 frigunt, deinde molis, 168 y
3 frigus, v. frigora.
21 frio, v. friatur.
23 frixerunt et molis, 168 x
'3 frondator ad auras, 235 f
:3 fronde juventus, 313 f
:3 frondes (cubilia, 171 f
— (vinea, 180 a
— superinjice, 428 f
— cubilia, 437 o
:3 frondis (frons, 110
11 frondosâ vitis, 428 e
:3 frons, v. fronde, frondes, frondis.
:3 frons, v. frontem.
:3 frontem conterit, 336 b
— 345
— turpaverat, 437 g
— senectus, 441 d
:3 frontis tuæ? 393 f
23 fruare dùm licet, 419 k
'4 fructum capiant, 118 k
11 fructuosus, spinosus, 46
'4 fractus, v. fructum.
:3 fruges, v. frugibus.
:3 frugi, ibi bibisti, 94 k
:3 frugibus imbres, 302 a
2 frumenta in agris, 263 h
— humeris, 302 f
2 frumenti repit, 172 f
2 frumento copiosus, 244 d
2 frumentum, navis, 379 d
V. les 3 précéd.
23 fruor, v. fruare.
2 frusta secant, 252 o
30 frustra an ob rem, 262 c
— tolli dona, 310 c
— Danaides, 315 d
21 frustratur hiantes, 438 f
'3 frutex, gurges, 101
'3 frutices in gurgite, 100 b
et 114 d

Pag.

'3 Frutices (noti, 116 d
23 fuat (Tyriusve, 56
'2 fucos præsepibus, 108 n
23 fudit has ore, 198 c
— aquas, 434 h
20 fueram liber, me, 129 h
— (daturus, 142
20 fueras motor, 436 i
20 fuerat me dare, 288 o
— mihi, 360 h
20 fuêre qui ment... 129 g
20 fuerim liber, 129 l
— daturus, 142
20 fuerimus, fuerint, 129
20 fuerint nubila, 420 c
20 fueris et qui, 81 h
— quod esse, 129 k
— nescio, 360
20 fuerit, fuerimus, 129
— collocandi, 285 b
— (fides, 330 a
— (fides, 345 a
— agendum, 360
20 fueritis, 129
20 fuero qui esse, 129 i
— (daturus, 142
20 fuerunt, quique, 73 e
— (antra, 89 o
— duæ horæ, 129 f
— (castissimæ, 298
—, eò majorem, 401 f
21 fuga, v. fugam.
21 fugaces (pedes, 431 k
21 fugam se tamen, 397 d
— effusi, 404 c
21 fugantur (amurcâ, 114 q
25 fugax, v. fugaces.
25 fuge littus, 104 k
— latè, 159 f
25 fugere (ait sese, 89 d
— destiterant, 329 e
—, et sapientia, 350 a
25 fugerent graii, 416 e
25 fugerunt trepidi, 396 b
25 fugi, veni, 59
25 fugiamus. — Quò? 79 l
25 fugiebatis nolebam, 135 l
— (industriâ, 23 o
25 fugio sine vestibus, 135 l
V. fuge, fugere, fugerent, fugerunt, fugi, fugiamus, fugiebatis, fugit, fugiunt.
25 fugit (Priami... 217 a
— quàm sit, 280 o
— me ad te, 281 c
— intereà, 367
— irreparabile, 367
— (hasta, 368 a
— (tantum, 414 h
25 fugiunt in flumina, 252 g
21 fugo, v. fugantur.

FUGUS, terminatif, 24

20 ful illic in re, 129 a
— (iturus, 133 i
— (sciturus, 147
— (facturus, 149
— nunquàm, 403 a
20 fuimus illices, 114 h
— troes, 129 d
— (dicturi, 146 b
— (et domi, 208 c

Pag.

20 Fuisse, 129
— confiteor, 214 c
— credendum, 290 g
— nomen, 200
— ferunt, 215 c
— felix, 348 c
— (impetraturum, 363 f
— (quærendum, 363
— oportet, 405 g
20 fuissem, hic nihil, 129
20 fuissent (fatura, 360
20 fuisset (Leccam, 360 f
— nescio, 360
20 fuisti liber, et ego, 129 b
— potiùs quàm, 215 c
20 fuistis nobiscum, 129 c
20 fuit hoc, 81 i
— Ilium, 129 c
— (dùm, 141 b
— (faciundum, 129 a
— tibi romam, 203 n
— (auri, 210 i
— ingenio, 214 c
— ut respueret, 214 c
— (inane, 220 l
— (auxilio iis, 215 f
— (jactura, 249 c
— (dictum hoc, 256 c
— (æmulum, 250 c
— (salices, 261 c
— (silentium, 266 b
— exemplorum, 235 a
— medià, quo, 307 g
— (gratior, 309 d
— quàm comp... 309 b
— similis, 324 f
— I (fides, 336
— veteris, 347 c
— (salubrius, 372 c
— nomen tibi, 273 d
—, quoniam, 411 c
— in rebus, 411 c
— Aviti, 431 i
24 fulcio, v. fulcit, fulsit.
24 fulcit (vertice, 172 f
22 fulgebat Apolline, 172 f
22 fulgent oculi, 107 i
15 fulgenti murice, 436 c
22 fulgeo, v. fulgebat, fulgens, fulsère.
3 fulgura (ceciderunt, 165 c
21 fulgurat (tonitrubus, 314 c
21 fulguro, v. fulgurat.
'3 fullo, parygio, 386 o
3 fulmen habent, 104 c
22 fulsère ignes, 172 z
22 fulsit amicum, 172 z
11 fulta riget,
'4 fultum de fulcio, 163
11 fulvosq.. lupi, 43? z
21 fumet aper, 436 l
'2 fumo (concidit, 43? c
11 fumo, v. fumet.
'2 fumus, v. fumo,
3 funalia noctem, 178 i
3 fundamen, v. fundamina.
11 fundæ saxa, 324 f
2 fundamenta (jeci, 431 c
— quatit, 431 c
2 fundamentum, 44
3 fundamine magno, 431 c
23 fundere lumen apex, 294 c
23 funditur in Rhenum, 178 c

Pag.

3o Fundìtùs, mordicitùs, 3 77
23 fundo , *v.* fudit.
·3 fundus , *le fond.*
3 funeris, heu ! tibi,   112 *c*
11 funestus , honestus ,   28
23 fungar vice ,   21
·3 funis , frumentum ,   379 *d*
3 funus , *v.* funeris.
23 fuo , *v.* incomplet,   *d'où*
   fuat , fui , etc.
·3 fur me vituperas ,   87 *r*
— grus , laus ,   101
:1 furcam feras ,   435 *h*
15 furens (urbe ,   230 *b*
23 furere (desinant ,   273 *k*
·3 furfur (*son , crasse*,   122
3o furiosè fecit ,   281 *g*
13 furis , an prudens ,   344 *i*
13 furo , *v.* furere , furis.
·3 furor, *v.* furorem , furores.
11 furor, furari(de *fur*, voleur.
·3 furorem per ossa ,   170 *t*
·3 furores (mente ,   429 *e*
3o furtim, hic esse ,   238*m*
— inter se ,   256 *d*
— mandârat ,   369 *a*
— *de* furatus ,   377
11 furtivus , furatus ,   43
11 furvæ regna,   333 *a*
11 fusæ esse ,   416 *k*
11 fusca... nigra ,   441 *c*
11 fuscis tristis ,   437 *q*
11 fuscus , *v.* les 2 précéd.
4 fusile per rictus ,   342 *h*
2 fusum pollice ,   114 *p*
4 fusum, *de* fundo ,   163
1 fusum latini ,   205 *l*
1 fusus , *v.* fusæ, fusum.
4 futilis auctor ,   103 *g*
1 futura fui ,   130
— essent ,   360 *g*
— fuissent ,   360 *h*
1 futuri sunt ,   *n*3 *e*
— sumus ,   130
1 futurum (do fidem,   140 *a*
— (videbam in ,   143 *g*
— vident ,   195 *e*
— est ?   212
— est ?   240 *k*
— puto ut aquâ ,   279 *e*
— cras,   359 *a*
— sit ut ningat ,   360
— (hoc esse ,   393 *d*
2 futurus , culturus ,   47
— sum rusticus ,   130 *a*
— fui rusticus ,   130 *a*
— rusticus ,   130 *b*
V. futura, futurum.

G.

1 GALBA autem mul-
   tas ,   197 *b*
2 galea molle caput ,   170 *a*
V. galeâ, galeas.
1 galeâ tegimur ,   348 *g*
1 galeasque volvit ,   253 *g*
—, enseque ,   417 *s*
2 galeros tegmen ,   102 *p*
1 Galla, senescimus ,   144 *l*
1 Gallia negociatorum, 220 *g*
— Itàlia ,   240

Pag.

:1 Galliam versùs ,   266 *h*
11 gallicæ oræ occupav. 313 *b*
11 gallicanus (vetera-
   nas ,   34
11 gallicus , *v.* gallicæ.
11 gallina (parit ,   166 *h*
11 gallinam et anserem , 278 *c*
·2 Gallum (videram ,   354 *h*
11 gallus (*coq*).
11 gallus (*gaulois*).
·3 ganeo, damnosus ,   437 *e*
11 garamantas et indos, 254 *f*

GARAT, ancien pro-
   fesseur aux écoles
   normales, membre
   de l'institut.
— cité,   LXIX et LXXI
24 garrimus quidquid,   437 *r*
22 gaudebimus, sin se-
   cùs ,   423 *l*
22 gaudeo, sin minùs ,   423*m*
V. gaudebimus , gaudere ,
   gaudet.
22 gaudere hoc te ,   286
— hoc ,   361 *a*
22 gaudet equis ,   62 *e*
— equo ,   109 *a*
— equis ,   105 *n*
— patientia ,   207 *a*
— insitiva ,   333 *d*
2 gaudia ventos ,   137*m*
— principium ,   199 *d*
— ventos ,   286 *g*
2 gaudio compotes ,   220 *c*
— ubi sim...   236 *h*
— sumus ,   412 *f*
2 gaudium , *v.* les 2 précéd.

GAUTTHIER (l'abbé, LXVI.
V. le supplément, *ch.* XLVII
3 gausape ,   108

G , H , QU , changé
   en C ,   67
3o gelidæque ministrat, 381 *e*
11 gemellam (est enixa, 107 *l*
11 geminâ super ,   235 *b*
11 geminas, causam ,   221 *i*
11 geminos (tripodas ,   118 *g*
11 geminus , *v.* les 3 précéd.
:1 gemma , *v.* les 2 suiv.
:1 gemmæ (palmite ,   173 *o*
— (...turgent ,   173 *p*
— auram decent ,   321 *o*
—; difficile ,   400 *a*
:1 gemmas (ne allidas,   174 *g*

GENA, terminatif ,   25
:1 genas (pingit barba,   169 *s*
·2 gener , *v.* generi non.
3 genera (diversa ,   93 *f*
— sexdecim ,   109 *c*
— (varia ,   113 *l*
— permulta,   120 *c*
— bestiarum ,   435 *t*

GÉNÉRALITÉS sur
   les prépositions ,   239
11 generatum est ,   304 *c*
3 genere natu'st ?   81 *c*
— non docuit ?   274 *h*
3 generis non lavantur,   102 *c*
3 generis addit pauca ,   84 *d*
— græci est ,   112 *d*
11 generosa recusat ,   91 *h*

Pag.

3 Generum una ratio ,   87 *c*
·o geni (fili ,   100

GÉNITIF , méthode
   pour remonter au
   nominatif,   100
— syntaxe ,   100
— gérondif en *di*,   103
·3 genitor (pignora da , 113 *k*
V. genitore , genitoris.
·3 genitore (sublato ,   160 *i*
·3 genitoris et ora ,   320 *e*
·4 genitum , genui ,   163
·2 genius , *v.* geni ,   100

GENRE , règles ,   293
:3 GENS dura ,   228 *i*
V. gentem , gentes, gentis,
   gentium.
:3 gentem ! (condere ,   211 *o*
:3 gentes... (terruit ,   122 *e*
— (rapietque ,   381 *a*
:3 gentis (fortissime ,   218 *a*
:3 gentium (quæram ,   207 *d*
— sumus ,   207 *a*
— est ,   207 *f*
— (invenio ,   207 *g*
— ? dum sine ,   207 *k*
3 genu (*indéc. au sin-
   gulier*) ,   346 *b*
— (procubuisse ,   346 *b*
23 genuit te horrens ,   179 *q*
3 genus ferratile ,   257 *t*
— à quo ,   307 *f*
V. genera, genere, generis,
   generum.
·2 geographus , bibliog... 25
23 geram tibi morem ,   175 *x*
23 gerat (statim rem ,   330 *k*
23 gere morem mihi ,   223 *f*
23 gerebat (præ se ,   236 *f*
— Achates ,   307 *e*
11 gerendas non dimisit, 204 *a*
11 gerendarum (spe re-
   rum ,   204 *b*
11 gerendi absunt ,   204 *c*
— spe veniunt ,   283 *a*
11 gerendis orbatus ,   204 *d*
11 gerendo operam ,   283
— senex evasit,   283
11 gerendum veniunt ,   283 *a*
11 gerendus, *v.* les 6 précéd.
15 gerentibus patribus ,   279 *f*
23 gerimus audiique,   317 *d*
23 geris , ut bella ,   434 *r*
— (in cribrum,   109 *g*
23 gerit capillos ?   114 *v*
23 geritote amicis ,   223 *g*
— amicis ,   33*a* *a*
11 germana illuvies ,   438 *h*
11 germanus habebat ,   201 *b*
23 gero (bella ,   55 *c* et 201 *a*
V. geram, gerat, gerebat,
   gerimus , geris , gerit ,
   geritote, gessisse, gessit.
·3 gero , iners.   437 *s*

GÉRONDIFS , sont
   des cas de l'adj.
   neutre en *dum*.
— en *di* ,   103 et 104
— en *do*, 124 , 144 et 250
— en *dum* ,   277 et 284

Pag.

GERUS, GER, ter-
  minatifs ,   25
23 gessisse (te bene ,   289 *a*
23 gessit (res magnas ,   175 *v*
11 gesta sunt ,   238 *n*
— potasti ,   97 *c*
11 gestâ , redisse ,   249 *e*
—, convertor ,   249 *k*
— (re bene ,   249 *e*
— (cum bene re ,   249 *k*
3 gestamina nostros ,   321 *o*
15 gestans (trabales...   431 *n*
24 gestio (linquere ,   306 *a*
4 gestum , gessi ,   164
1 Geta (qui vocara ? —   193 *d*
15 gibberi spina...   102 *d*
3 gigas , *v.* gigantes.
3 gigantes terra ,   117 *b*
23 gignit (allium sitim ,   179 *r*
23 gigno , *v.* genuit , gignit.
2 Gymnasium , Delph.   304
3 gladiolus , linteolum ,   47
3 gladius est additus ,   112 *l*
3 glandem parari ,   446 *k*
3 glans (glandis ,   120
— (danda ,   257 *n*
— nucleis ,   440 *t*
11 glarea (clivosi ,   418 *n*
3 glires legibus ,   111 *d*
3 glis , *v.* glires.
3 glis , glitis , *terre grasse,*
23 gliscit rabies ,   437 *t*
21 globantur (nubes ,   107 *k*
3 globulus , particula ,   3
— acidulus ,   46
21 glomerantur in or-
  bem ,   252 *k*
— in orbem ,   369 *n*
3 glomere lini ,   112 *e*
21 glomero , *v.* glomerantur.
3 glomus , *v.* glomere.
21 gloria (stulta est , LXIX.
3 gloria in oculis ,   297 *c*
21 gloriam parit ,   401 *f*
11 gloriosus. (isti , est , 402 *e*
21 glumam aristam ,   441 *o*
3 glut-*en* , *inis* ,   118
2 Glycerium se scire ,   286 *i*
— suos parentes ,   303 *f*
2 Glycyrrhison ,   304
21 gnata , gnosco ,   61
21 gnatam quicum....   328 *b*
2 gnatam . (unicum ,   115 *s*
— vadit uxorem ,   341
2 gnatus ,   51
V. gnatam.
21 gnavus , gnatus ,   51
14 gnobilis , gnatus ,   51
23 gnosco , gnobilis ,   51

GOELDI , LXXVIII.

11 GOETULOS, accepimus ,   254 *l*
11 gracillimus , simil....   74
14 gracihor , similior ,   74
14 gracilis , similis ,   74
3 graculus pennas ,   437 *u*
30 gradatim , pedatim ,   41
25 gradere ad infernos ,   441 *n*
25 gradior , *v.* le préced.

GRADUATION des
  adjectifs ,   74
— des invariables ,   77

Pag.

11 GRÆCI est , perbona ,   112 *d*
11 græcus , *v.* græci.
11 graii (fugerent ,   416 *c*
11 graiis servitum ,   226 *i*
11 graios (obliviscere ,   219 *f*
11 graius , *v.* les 3 préced.
3 gramen , graminis ,   113
13 gramina campis ,   122 *b*
14 grandes homini ,   350 *b*
14 grandia cum parvis ,   179 *t*
— trudunt....   302 *f*
14 grandior maledic...   39
21 grandinet (ningat ,   344 *b*
3 grandinis misit pater ,   205 *h*
14 grandis , *v.* grandes , grandia.
3 grando , *v.* grandinis.
2 granum , glumam ,   441 *o*

GRAPHUS (termin.   25
21 GRATARI , servire ,   226
3 grates habeo ,   80 *e*
— tibi ago ,   107 *c*
NOTA Ce mot n'a point de
  sing.
21 gratia , et undè ,   319 *e*
V. les 2 suiv.
21 gratiâ me delegerat ,   105 *c*
— (verbi ,   105 *e*
21 gratiam (huic ,   84 *g*
— referentem ,   143 *n*
14 gratior fuit ,   309 *a*
14 gratiam esse quàm ,   425
21 gratulari , gratari ,   226
4 gratulatum (Jovi ,   226 *h*
21 gratulerae a ti-
  meam ,   394 *b*
13 gratus (gnobilis ,   51
14 grave (miserum et ,   304 *a*
14 gravior abeat ,   187
14 gravis , an tu ?   344 *l*
V. grave.
3 gravitas , *v.* les 2 suiv.
3 gravitate annonæ ,   259 *d*
3 gravitatis debet ha-
  bere ,   305 *r*
30 graviter fero ,   225 *i*
— ferebam ,   375 *b*
— tulerunt ,   375 *c*
13 gregem suppleverit ,   331 *b*
4 gremio fovet ,   438 *b*
4 gressum (via dirige ,   404 *f*
3 grex , *v.* gregem.
3 grues abiturae ,   110 *c*
3 grus , laus , lex ,   101
V. grues.
21 gryphas fabulosos ,   110 *g*
21 gubernat dolor ,   438 *a*

GUÉROULT , sa mé-
  thode ,   LXIX
GUILLEMET , signe
  de transposition ,   80
21 gulam fregére ,   438 *c*
13 gurges , tergus ,   101
V. les 2 suiv.
3 gurgite sistam ,   114 *d*
— ibero tingat ,   115 *k*
— lymphas ,   175 *aa*
— sorbet fluctus ,   312 *m*
3 gurgitis hujus ima...   313 *a*
21 gustare fas non ,   278 *f*
— exo ejus ,   278 *g*
21 guttae (per vimina ,   132 *n*
3 guttur (ardor urit ,   121 *d*

Pag.

3 Guttur coeperat ,   174 *n*
2 Gyros (agitat ,   438 *d*

H.

30 HA! Hegio ,   371 *f*
21 habeam fratrem ,   193 *l*
— nec ne ,   303 *t*
21 habeant regna ,   223 *d*
— quod suum ,   223 *e*
21 habeas illam , 335 *e* et 334 *b*
— quicum ,   363 *t*
21 habeat quod suum ,   80 *l*
— (germanus ,   201 *b*
— sibi ,   215 *n*
21 habeatis linguas ,   338 *b*
21 habeatur sanè ,   306 *f*
21 hab-bimus (infestum ,   204 *t*
21 habebis , scribito ,   401 *i*
21 habebitis magis ,   309 *d*
11 habens , *v.* habenis.
11 habendum decrevi ,   36 *e*
11 habendi (urget ,   203 *t*
11 habendus erit ,   441 *t*
V. habendam , habendi.

21 habenis (pugnat ,   404 *a*
21 habent res tuæ ,   55 *c*
— in dentibus ,   204 *c*
— tibi principia ,   223 *b*
— (tegmen ,   43 *r*
21 habeo (grates ,   80 *e*
— quod agam ,   81 *g*
— (cultrum ,   205 *h*
—, dàm ,   205 *h*
— nauci ,   409 *t*
V. habeant , habeas , habe-
  habeatur , habebis , habebitis , habeat , habere , haberet , habes , habet , habetis , habeto , habe-
  buerat , habuére , habu

21 habeor , videor ,   193
21 habere debet ,   92 *j*
— exordium ,   205 *r*
— perticam ,   341 *d*
21 haberet (se ,   36 *e*
21 haberi cupit ,   366 *r*
21 habes (uxorem ,   210 *e*
— ut istuc ,   335 *b*
21 habet (qui se non ,   99 *f*
— lævam ,   112 *s*
— plus sapientiæ ,   205 *a*
— virium ,   248 *t*
— (sese ,   252 *c*
—; sapere ,   301 *n*
— causam ,   205 *h*
— tollitur ,   301 *n*
— locus ,   306 *c*
— dimidium ,   355 *a*
— mittendos ,   301 *c*
— (res se ,   406 *e*
—, pergam ,   416 *a*
— infelix ,   431 *n*
— in cornu ,   431 *o*
— granum , glumam ,   441 *t*
21 habetis patrias ?   311 *t*
                      et 395 *l*
21 habeto (huic ,   84 *t*
21 habetur quàm ,   216 *t*
14 habilis telis ,   343 *t*
— arbori , necnon ,   389 *t*

Pag.

11 Habitant morbi, 439 g
21 habitare hîc, 195 g
21 habitasse plateâ, 200 f
21 habitat (nos, 255 c
21 habito, v. les 4 précéd.
.4 habitum(fortunarum, 271 f
11 habitus non futilis, 193 g
22 habuerat (Agar, 305 c
22 habuêre (reges, 191 a
22 habui, strepui, 59
— perdidi, 328 g
10 hâc re arbitror, 84 i
— hieme, 172 p
— (ait, 89 d
— re nimis, 235 d
— arte Pollux, 297 i
— se exerceat, 306 a
— re mihi satis, 320 g
— seu meliore, 423 a
— recte plateâ, 428 s
30 hâc unâ fiat, 320 b
— atque illâc, 384 e
— et illâc, 385
— fugerent, 416 c
30 hactenùs id facit, 411 i
— hoc adhibitam, 414 b
— exercuerunt, 414 c
10 hæ tabellæ te, 85 e
10 hæc otia fecit, 79 h
— erat summa, 81 p
— illa est, 84 p
— vobis dixi, 85 c
— sunt quæ, 85 f
— dicito, 87 e
— duo summa, 131 k
— oratio, 134 c
— siet (pour sit), 143 e
— mihi facilis, 149 c
— videtur, 192 h
— loca, 192 i
— contrà, 197 d
— igitur, 207 f
— te solum, 215 c
— sententia, 227 q
— ea est, 229 d
— pro tuâ, 237 f
— verba, 238 e
— à maritimis, 244 e
— ad insaniam, 251 i
— major, 256 c
— opinio, 260 a
— Janus summus, 260 p
— silentium, 266 b
— (intulit, 269 e
— magis, 271 c
— promissa, 294 b
— neque (ego, 318 a
— fiant, 319 e
— interrogas, 321 m
— facta, 321 o
— pudent, 323 d
— ubi dicta, 328 h
— nuncianti, 336 a et 345 a
— muta facta, 340 l
— quidem, 343 a
— virtus erit, 391 a
— mea est, 405 f
— abundantis, 430 n
— crede, 436 u
— (abierit, 409 e
— se habet, 416 a
10 hæccine tua, 199 a
·2 hædi, (salvus et 297 e

Pag.

·2 Hædis (arbutus, 302 b
·2 hædos nôram, 355 h
·2 hædus. v. les 3 précédents.
22 hæsit in corpore, 175 y
:3 hæreditatem, 189 a
22 hærent infixi, 297 g
22 hæreo (pectus ardet, 93 b
V. hærent, hæret, hæsit.
:3 hæresis, sa décl. 102
22 hæret (densus, 105 a
— pede pes, 175 s
22 hæsit in corpore, 175 y
10 hanc rem agite, 84 m
— rem petere, 176 h
— nec, 214 l
— urbem, 227 o
— oportet, 270 k
— rem idoneos, 271 e
— digito tactio, 282 f
— notio est? 282 g
— curatio est, 282 h
— curam, 321 d
— causam, 377 e
— tibi probè, 384 d
— maculam, 287 f
— technam, 402 b
— nisi mors, 423 g
21 hara suis, 438 h
·2 hariolos, haruspices, 438 e
21 harpaga (tene, clepe, 171 e
10 harum miserebat, 84 g
·3 haruspices mitte, 438 e
·3 haruspicum munus, 114 e
10 has tabellas, 85 b
— loquelas, 1-8 c
— ædes, 185
167
:1 hasta fugit, 368 a
:1 hastâ (sub, 235 h
3 hastile. v. le suiv.
3 hastilia turbo, 433 g
30 haud potuit quàm, 232 d
— liquet, 320 g
— desinam, 330 a
— fermè, 342 i
— multùm, 407 d
24 haurio. v. les 3 suiv.
24 hauris (de fæce, 436 u
24 haurit corda, 175bb
24 hausit de gurgite, 175aa
·4 haustum d'haurio, 163
15 hebes ut istuc, 335 b
21 hebetat nubes, etc. 246
:o hecatombe, 14
·3 Hector (jacet, 315 g
·3 Hectore, qui redit, 372 a
:1 hedera præbenda, 254 g
:1 hederam tibi serpere, 441 k
·3 Hegio, nunquam, 371 f
30 hei mihi! qualis, 372 a
— ! numnam, 372 b
HELDENMAYER, LXXVIII.
:3 HELIADES dant, 315 e
:3 Helias, v. le précéd.
3 helleborum(est opus, 84 u
·3 helluo, gaudeo, 437 s
30 hem quid est? 308 f
—! misera occidi, 371 d
— quid est, 371 e
HEMI, SEMI, ini-
tialis, 15
2 HEMICRANIUM, 15·

Pag.

:1 Hemisphæra, 15
2 hemitonium, 15
3 hepar (refert, 117 c
3 hepatis lobum, 117 c
11 heptagonus, 13
:1 hera hæc videtur, 191 h
:1 heræ huic respondi, 256 k
:1 herbâ (non vidit in, 260 g
:1 herbam subjiciunt, 433 b
:1 herbarum creat, 205m
:1 herbas (usserat, 121 c
— et 176 a
— (vulserat, 175 t
30 herclè dicitis, 132 e
— factum, 134 l
— (quidem, 136 b
— facies, 250
— actum, 256 f
— egebit, 265 f
— causâ, 322 g
— hodiè, 324 a
— te esse, 341
— factum, 372 i
— neque, 418 f
30 hercule ! facile, 372 h
— ! reviviscunt, 372 k
— dictum, 376 f
30 herculem non, 314 f
·3 Herculem in ea, 315 d
·3 Hercules enisus, 297 i
30 hercules quidquam, 372 l
11 herculeus, v. herculem.
30 here, vel nudius ter-
tius, 438 g
:3 heri sui servus, 216 f
30 heri cœnavistine, 438 g
14 herilis, patria, 90m
·3 hero servitutem, 415 f
·3 heroa lyrâ, 110 d
·3 heroas permixtos, 143 k
·3 heros, herois, 101
— cuncta videns, 294 e
— addiderat, 310 d
V. heroa, heroas, heroum.
·3 heroum fortissime, 310 d
heru est, lises he-
ru'st, 197 d
·2 herum (tuum esse, 550
— insimulabis, 218 o
— ut, 416 h
— ludificarier, 421 v
·2 herus, servus, 170 r
— esse, 216 b
— me misit, 347 g
V. heri, hero, herum.
:3 hesperidas donasse, 342 c
11 heterogeneus, 25
30 heu! stirpem, 110 n
—! tibi causa, 112 c
— pietas! heu, 371 a
— me miserum, 371 b
—! nequeo quin, 371 c
30 hens, heus! Syre, 371 a
11 hexagonus, 13
·2 hexameter, 13
10 hi sciunt qui, 85 d
— sciunt, 146 f
— propter, 263 h
— voluptates, 278 i
— nec orrampantur, 369 k
15 hiantes (frustratur, 438 t

Pag.

23 Hiascere, 30
10 hic deludetur, *lisez avec guillemet,*
  « hic deludetur, 80 f
— alteram perit, 83 h
— vir, hic est, 84 o
— mos est, 107 x
— clitellas (vehit, 171 c
— pace, 197 l
— domus, 217 e
— est fraudis, 210 h
— esse vult, 238 m
— propter, 263
— totos ter centum, 272 c
— vir, hic est, 294 a
— labor est, 294 c
— manus, 302 g
— homo, 308 e
— eques, ille, 315 a
— surdus, aut, 340 l
— faciat, 346 k
— ames dici, 349 d
— relictus custos, 394 h
— homo meus, 405 f
— spectabit, 410 i
— annus incipit, 413 h
— est, 430 y
— ansatus, 433 i
— Crito, sobrinus, 442 d
30 hic affuerunt, 85 d
— mercatus, 104 b
—, interim, 128 e
—, nihil evenisset, 129 m
— adero, 137 n
— videntur, 175 g
— etiam, 196 a
— peribo, 216 h
— domus Æneæ, 217 e
— ero, 234 m
— maneo, 394 a
— et illic humi, 384
— et illic, hàc, 385
— autem apud, 397 e
10 hiccine Achilles, 85 d
:3 hieme ningat, 324 b
:3 hiemes orate, 110 o
— (tepeant, 319 h
:3 hiems, v. les 2 préced.
14 hilarem hunc, 413 d
14 hilarior (tu pol, 373 b
2 hili, dicimus, 215 k
2 hilum (naucum, 215
30 hinc rectà, 269 b
— exaudiri, 297 k
— leges, 299 g
— Dardanus, 307 f
— dicant, 341 a
— abis, 365 f
— et illinc, 384 f
— (aufer te, 427 c
— abire, 439 n
21 hio, v. l'adj. hiantes, 438 f
2 hircus, hara suis, 438 h
:3 hirudo (cruoris, 438 i
:3 hirundo (circum... 438 k
10 his demàm, 84 v et 368 o
— oculis, 86 g
— amor unus, 87 f
— quoque finem, 140 k
— habilis telis, 348 g

Pag.

10 His locis, 347 e et 369 h
— saliet pede, 386 a
10 Hisce hominib.. 84 u
— ire, 135 f
23 hiscere, hiascere, 30
:1 Hispanias portatum, 311 c
11 hispanus saxo, 427 u
:1 històrias audit, 419 b
:3 histrionibus scenam, 279 b
10 hoc, *quelquefois hòc ou invariable.*
— homine, 84 h
— quòd sedent, 84 k
— volo te scire, 84 n
—, hoc est quòd, 84 q
— dicito, 85 i
— tibi, 136 c
— vis, 139 e
— placeat, 143 m
— dicens, 145 k
— ita esse, 146 l
— (me ex, 146 n
— mihi (sumpsi, 175 n
— exorem, 177 k
— viderit, 195 d
—, Tiresia, 199 e
— fieri, 203 b
— hominis, 211 a
— noctis, 211 b
— copiarum, 211 c
— commodi, 211 d
— arcingeris, 227 n
— videtur, 227 p
— abaco, 229 c
— videat, 234 o
— crimine, 244 i
— tempore obsq.. 246 b
— anno, 246 d
— faciunt, *lisez hæc faciunt,* 246 f
— ferrem, 249 i
— difficile, 250 f
— fuit, 256 f
— inter, 256 g
— non modò, 258 h
— expones, 266 c
— ad me, 271 h
— ad rem, 271 k
— moneo, 273 k
— vos oro, 274 c
— te fallit, 280 m
— te præterit, 281 b
— esse cupio, 287 d
— fieri, 288 i
— esse (patrem, 290 a
— opus, hic, 294 c
— videns effugit, 294
—, quem vocamus, 304 c
— attingis, 311 n
— cùm essem, 327 d
— præsente, 327 k
— volo, sic, 337
— perfecero, 330 a
— volo, sic, 335 g
— timet, 340 a
— debueram, 346 e
— sciat alter, 347 a
— ipsum nihil, 347 b
— reddere, 347 g
— est magnam, 350 g
— (gaudere, 361 a
— hercle factum, 372 i
— dicam, 372 m

Pag.

10 Hoc simill, 396 c
— esse futurum, 393
— tu indaga, 397 b
— me ipse... quòd, 401 c
— præclarius, 401 c
— bene successit, 413 c
— adhibitum, 414 b
— (sic et, 416 g
— me tamen, 423 m
— est altius, 425 h
└ flabellum, 431 l
30 hodie uxorem, 138 f
— multàm, 174 o
— judicavi, 216 d
— nunquam, 234 b
— pulchrè, 239
— dicunt, 324 a
— (hercle, 325 f
— incertum, 344 d
— postremùm, 380 b
— nuptam, 393 c
— nunquam, 407 f
:3 hœdos, nôram, 355 b
:2 Homerus (vinosus, 244 c
— (dormitat, LVIII
— 292 a, 326 d
:1 homicida, 23
:1 homicidæ sunt an, 449 c
:2 homicidium, 23
:3 homine contento 'st, 84 b
— illo opus, 94 c
:3 hominem quæro, 54 c
— probè, 208 p
— non nauci, 215 i
— maxumi, 216 d
— (pretii, 216 k
— invitavit, 270 c
— me esse, 286 c
— generatum, 304 c
— eludere, 327 b
— fugere, 350
—, quà, 404 c
:3 homines, 73
— non condiunt, 83 r
— occupatos, 94 i
— fabulantur, 94 m
— que, 111 g
— lacerant, 113 c
— habitare, 195 g
—, tot sententiæ, 197 c
— infimâ, 204 b
— mihi, 222 g
— tot, 224 d
— mortuum, 242 c
— magis, 271 c
—, tot, 315 b
— aiunt, 325 b
— facit, 425 m
:3 homini nemini, 94 b
— operam, 94 c
— sunt, 350 b
:3 hominibus est opus, 84 c
— universis, 94 i
— frugi, 94 l
:3 hominis facetias, 92
— ingenui, 94 c
— caput, 202 f
— sit exponam, 210 c
— (sit, 211 c
— est quid hoc, 211 d
— ingenui, 211 b
—, faciam, 355 i

	Pag.
·3 Hominum negotî ,	53 c
— regio ,	81 n
— omnium ,	94 h
— homo stult...	117 d
— mores ,	186 et 187
— (est ,	207 m
— litigant ,	210 d
— (homo ,	218 c
— ornatissime ,	218 d
— rem ,	219 e
— memoriam ,	261 c
— illuc est ,	265 k
— à labore ,	271 d
— (millia ,	303 m
— quæ fidem ,	373 f
— multorum ,	382 c
— querela ,	393 f
— quasi, quùm ,	425
·3 homo sum ,	LXXI
—	73 b
— est (sed ille ,	73 c
— (trium litteraram ,	87 r
— es, ergo,	94 f
— nihili ,	94 g
— est (nemo ,	117 o
— nemo meliùs ,	178 bb
— crassi ,	202 f
— (nauci ,	215 g
— nihili ,	215 g
— sit pervi ,	216 c
— stultissime ,	218 c
— hominum ,	218 d
— (quis hic ,	308 e
—, hic faciat ,	345 h
— non quàm isti ,	402 e
— meus est ,	405 f
:3 — nata erat ,	412 b
V. les 6 précéd.	
11 homogeneus ,	25
:3 honestatem (te ad ,	168 s
11 honestus, sophista ,	28
·3 honor , ou honos ,	111
·3 honorem (libavit ,	114 l
·3 honores sibi ,	223 a
— adipiscendum ,	283 a
·3 honori (illa res ,	128 d
·3 honos animum ,	278 c
— (illa res ,	215 e
— Acheronte ,	307 h
V. honorem, honores, honori.	
:1 hora tulisset , ,	84 b
— (in ,	169 i
— (eadem ,	180 s
— octava ,	233 e
— (corrigat ,	280 l
— quota est?	315 k
V. horâ, horæ, horam, horas.	
:1 horâ (in ,	173 a
— octavâ ,	233 e
:1 horæ, et non ,	119 f
— momento ,	202 d
:1 horam novam ,	262 d
— copias ,	260 b
— tecum ,	272 g
— (temporis ,	275 k
:1 horas singulis ,	174 b
— ducimus ,	250 b
— juvenis ,	252 q
— tres ,	272 k
·2 Horatium in ,	343 a

	Pag.
2 Hordea campis ,	177 g et h
11 hordeaceos quam ,	283 d
2 hordeum , v. hordea ,	
:1 horis bibit ,	241
.3 horizontis ,	118
2 horlogium ,	27
2 horrea messes, 63 b et 178 g	
11 horrenda (stat ,	206 g
11 horrendum ferali ,	434 t
15 horrens Caucasus ,	179 q
22 horreo, v. horrere, horret.	
22 horrere videns ,	294 f
22 horret...incipiam	411 d
2 horreum, v. horrea.	
11 horrida oratio ,	XLIX
— bella ,	144 m
11 horridus, v. horrida.	
11 horrifico lapsu ,	429 g
21 hortamur fari...	309 k
21 hortari non desino ,	270 p
:3 hortatio quæ sit ,	308
21 hortatur coquos ,	436 h
·2 Hortensii scripta ,	257
·2 Hortensium lumen ,	192 a
21 hortor , v. hortamur, hortari, hortatur.	
·2 hortos (Cæsaris ,	263 e
10 horum causa ,	84 r
— tibi nihil ,	84 t
10 hos omnes ,	340 c
— successus ,	348 s
— humeros ,	294 d
10 hosce satius est ,	85 a
— id struere ,	280 n
·3 hospes erit ,	89 c
V. les 3 suivans.	
·3 hospitem accipies ,	115 l
·3 hospites erunt ,	89 k
·3 hospitibus nam te ,	325 g
2 hospitio dextras ,	168 bb
·3 hoste vacare, 244 b et 289 d
·3 hostem (pectus in ,	137 f
— (lugebit ,	338 c
— (an vos ,	393
·3 hostes (in ,	49 b
— cecidimus ,	165 g
— supra caput ,	255 c
— remorata ,	297 b
— (delapsus in, 312 h, 349 g
— (prorumpit in ,	312 i
— cadunt ,	397 d
— vadimus ,	420 f
·3 hosti (abstulit ,	229 c
:1 hostia litatur ,	376 c
— hostiam si deo ,	345 r
14 hostilibus castra ,	369 b
·3 hostis, v. hostem, hostes, hosti, hostium.	
·3 hostium adventum ,	175 p
— asperit ,	211 f
— victor ,	228 c
— in classem ,	280 t
30 hùc arrogantiæ ,	207 b
— abiit ,	301 l
— advenit ,	240 d
— misit ,	241 b
— ad me ,	272 b
— revertor ,	380 h
— et illuc ,	384 g
— (venire ,	410 d
— afferam ,	434 n
— illuc meant ,	438 o

	Pag.
30 Hui ! babæ !	373 i
10 huic gratiam ,	84 g
— potens erat ,	131 m
— filius ,	222 k
— obviam ,	223 o
— ut esset ,	226 d
— decet ,	240 e
— respondi ,	256 k
— esse natum rei ,	271 p
— contigit ut ,	226 e
— viro fides fuit ,	336
— potui succumbere, 131 n
— simili est ,	386 c
10 hujus periclo ,	84 f
— ima tenes ,	313 a
— in me ,	327 b
— minas ,	423 k
— Aviti ,	433 h
11 humanæ caducæ ,	97 k
11 humani nihil .	LXXI
:3 humanitàs , tùm ,	399 c
30 humanitàs , penitùs ,	377
:3 humanum est ,	300 k
— est errare ,	300 l
11 humanus , v. humanum.	
·2 humeris victoribus ,	428 i
— frumenta ,	302 f
— fiunt ,	434 n
·2 humero revocante ,	400 a
·2 humerosque deo ,	275 a
— ambiat ,	294 d
— gestamina ,	321 o
·2 humerus , v. humeris, humero, humeros.	
:2 humi pronam ,	177 a
—, tutus ,	208 h
— bos ,	208 i
— (pronus ,	303 k
— jacent ,	384 e
— repentè ,	417 d
14 humiles sumus ,	415 c
14 humilis , magnus ,	74
— volat ,	259 b
14 humilior , major ,	74
11 humillimus ,	74
:2 humo plantas ,	168 r
— defodit ,	209 m
·3 humor , candor ,	45
—, depulsis ,	302 b
— trahitur ,	417 c
:2 humus (claudatur ,	107 p
— (albet ,	117 s
V. humi, humo.	
10 hunc volo colloqui ,	84 l
— regnare ,	135 h
— auro ,	166 aa
— rus ,	178 x
— ipsum ,	192 a
— librum ad ,	221 e
— vidi ,	232 b
— assiste ,	263
— contrivi ,	250 a
— modum ,	251 m
— servies ,	262 a
— quàm illum ,	354 b
— videar ,	360 i
— furtim ,	369 a
— sumamus ,	413 d
— mundum ,	430 m
— tibi totum ,	436 p
— ipsum ,	192 a
·3 hydropem levat ,	110 f
·2 hydrum altâ ,	260 g

	Pag.
:3 Hyems , v. hiems.	
:3 hyeme (hac ,	172 p
HYPER, SUPER , initiatifs ,	15
:3 hyperbole, superbus ,	15
HYPO, SUB, initiatifs	15
1 et 1 hypocrita ,	15
2 hypogea instituentur,	428 h
2 hypogastrium ,	15
:3 hypothesis, hyp...	15

I.

I, changé en E,	65
— changé en U,	65
20 1, tu, atque ,	92 b
— præ , sequar,	132 o
— rus ,	132 p
— mecum hàc ,	320 b
20 ibam forte viâ ,	132 g
— (ad te ,	251 c
20 ibant Volscente ,	249 h
— obscuri ,	253 n
— (pabulatum ,	261 d
20 ibat ovans ,	264 f
— (vociferans ,	347 h
— ultimus ,	429 m
12 ibero tingat ,	115 k
:3 ibex , v. ibices.
50 ibi bibisti ,	94 k
— manebo,	269 g
— proceritas ,	273 g
— istùc in ,	412 g
— ascendo ,	417 k
— ubi est ,	418 d
— culpa est ,	419 c
— stans ,	439m
:3 ibices pernicitatis,	114 f
30 ibidem loci ,	207 c
— opes ,	417 l
— sunt ,	417 l
20 ibimus , ibimus ,	132 d
20 ibis-ne ad comam ,	132 i
— (tutissimus ,	311 q
20 ibit istùc ,	132 k
—, sat scio ,	270m
— eò quò vis ,	401 d
20 ibitis Italiam ,	132m
20 ibo (rus ,	110 o
— (et cognoscam ,	132 h
— atque ibi ,	209 g
—, mecum ,	410 k
— huic ,	223 o
— (matribus ,	226 i
— odorans usque ,	420 d
20 ibunt per vimina ,	132 n
11 icarias nomine ,	314 e
2 Icarus icarias ,	314 e
23 icit temur,	437m
23 ico, v. icit.
4 ictus (fidit os ,	177 l
10 id ubi ,	55 p
— agas ,	81 f
— sa décl.	83
— ipsa res ,	83 c
— eis vitium ,	83 f
— fieri posse ,	84 i
— ita fit ,	91 g
— actum ,	149 b
— sit hominis ,	211 c
— hostium ,	211 f

	Pag.
10 Id ætatis ,	211 g
— ... oneris ,	211
— enim ,	212 g
— capso ,	223 g
— mihi (diu est..	224 g
— tibi placet ,	226 a
— nobis ,	228m
— est ,	257 f
— frustrà ,	262 c
— bellum ,	270 q
— struere ,	280 n
— dare ,	301 c
— facere ,	301 i
— repete,	310 g
— scire ,	312 c
— ei licet ,	323 a
— nullo modo (te,	323
— ne pudet ,	323 o
— fieri quod vis ,	327 g
— paves ,	329 a
— facerem ,	329
— utrum ,	344 a
— mihi placebat ,	345 n
— facis ,	345 p
— flagitium ,	350 e
— nobis (contingat ,	364 a
— rescitum ,	365 e
— intelligitur ,	369 i
— fuit ,	373 d
— graviter ,	375 b
— valdè graviter ,	375 c
— agam qui ne ,	406 d
— prohibebant ,	607 a
— necesse est ,	410 c
— petamus ,	410 h
— facit ,	411 g
— velis quod ,	412 b
— factum ,	413 h
—, fieri quod vis ,	413 b
—, ut ut res hæc ,	416 n
— si ita est ,	424 a
— tu miraris ,	440 i
11 Ida (miserat ,	115 g
— (motibus ,	174aa
— tribus ,	436 n
11 Idæa , scarabæus ,	37
11 idææ pinus ,	317 a
30 idcirco facta ,	412 d
10 idem es ecastor ,	84 a
— facit ,	84 c
— sentiunt ,	251 k
— (alter ,	311 c
— stoicus ,	348 i
— contrahes ,	375 a
V. eadem , eâdem ,
eamdem , eidem ,
eodem ,
30 ideo, sic, ita ,	406

IDÉOLOGIE, 189

11 IDONEI esse in ,	348 e
11 idoneos (hanc rem ,	271 e
11 idoneus , v. les 2 précéd.

IDUS, terminatif, 38

4 idus tibi sunt agendæ,	
Hor. 4 , Od. 10.
15 iens (dextram ,	133 d
30 igitur gentium ,	207 f
— quid agas ,	357 a
—; nam hunc ,	436 p
11 ignaviæ (tribuebatur,	225 o

	Pag.
11 Ignavum corrump..	345 c
:3 igne spissatur,	44 p
11 igneas attigit ,	27 i
:3 ignem (stabulis ,	54m
— agunt ,	259 c
— disjecitque,	368 c
— (penetralibus ,	431 d
:3 ignes (fulsère ,	124 a
11 igneus æthereus ,	27
V. igneas.
:3 igni circumdare ,	233 c
— interdixit ,	279 c
— interdictum ,	279 c
— interdicamur ,	279 c
— interdicimur ,	301 a
— galeas ,	471
:3 Ignis , v. igne , ignem ,
igni , ignium.
:3 ignium (memor ,	124 f
14 ignobilis , illicitus,	26
11 ignorantia ,	33
21 ignoratis (an vos ,	393
23 ignoscas (meam ,	226 l
11 ignoscendi dabitur ,	204 g
23 ignoscere meæ ,	147 g
— blandiri ,	226
— (mihi ,	302 n
23 ignosco , v. ignoscas.
23 ignoscere , ignovisse,
23 ignovisse (nossent ,	356 a
10 ii solent ,	83 l
10 iis profuit ,	83 l
— infectis ,	83 a
— fuit ,	225 f
— fœnori ,	225 l
— tabellis ,	238 a
— que cives ,	331 a
10 iit (nutricem ,	144 c
— accessitum ,	282 c
2 ile , v. ilia.
:3 ilex , v. ilice , ilicibus.
2 ilia pulsat ,	208 l
11 Ilia cum Lauso ,	299 a
:3 Iliacos intra ,	236 c
:3 ilice Daphnis ,	373 c
— mella ,	43 c
30 ilicet periisti ,	320 f
:3 ilicibus fremit ,	114 g
2 Ilium (fuit ,	199 l
2 Ilio (obsidium ,	148 a
10 illa est misericordia!	84 p
— adj. irrég. sa décl.	83
— recessu ,	104 p
— (turbine fertur ,	118 h
— cura ,	167 f
— meas ,	171 i
— res ,	225 c
— præcepta ,	250 l
— Pamphilo ,	275 c
— fremens ,	310 f
— constant ,	379 d
— Pamphilo ,	303 c
— nates ,	434 c
— illum censet ,	436
10 illa fiet ,	240 l
30 illac persino ,	384 c
10 illæ in orationibus ,	426 c
— sunt relictæ ,	428 l
10 illæc ubi ,	366 c
10 illam (arcesse ,	92 l
— emi ,	116
— intùs ,	167 c
— terra ,	325 c

	Pag.
10 Illam quæ placet,	335 e
	et 338 b
— (ne ducas tu ,	339 a
—, tu autem ,	339 a
— civem hinc ,	341 a
— te amare,	370 e
10 illas spernit ,	241 i
10 ille, sa décl.	85
— homo ,	73 b
— est miserior,	73 c
— miserrimus ,	73 c
— confisus ,	88 m
— aculeus ,	169 v
— alserit ,	172 o
— deos ,	175 r
— consul ,	192 g
— bello , hic ,	197 l
— timore ,	197 h
— nugator,	215 g
— à Xenophonte,	228 b
— mihi ,	228 h
— illas ,	241 i
— unquam ,	244 l
— qui supra ,	255 c
— inficias ,	270 m
— pugil ,	315 a
— vir,	317 c
— verberando ,	318 c
— tum demissus ,	415 i
— mortem ,	425 l
— crucem.. hic ,	427 x
V. illa , illæ , illem , illa-	
rum , illas , illi , illis ,	
illius . illó , illos , illud ,	
illum.	
10 illex , *v.* illices.	
10 illi hoc dicito ,	85 i
— illa res,	128 d 225 e
— nimiùm ,	172 aa
— vinum ,	175 k
— aditus ,	178 cc
— optimè ,	223 e
— mea carmina ,	225 b
— tribuebatur,	225 o
— et nobis,	227 q
— viro hæc ,	336 a 345 a
— sentiant ,	344 a
— vehementer,	372 a
— sunt ,	433 a
— inter sese ,	455 a
30 illic in re præsenti ,	129 a
— Euphrates ,	128 d
— hominum ,	210 d
— humi ,	384, 385
— ubi nulli nocte ,	417 m
10 illices fuimus ,	114 h
30 illicet peristi ,	380 f
11 illicitus ,	16
30 illicò cognovi ,	167 i
23 illidere , *de ludo* ,	64
23 illidis ,	
23 illido , *v.* illidere.	
30 illinc exhibent ,	384
10 illis obviàm ,	133 e
— eveniat ,	226 c
— curandam ,	228 p
— clamat ,	232 g
10 illis altera ,	310 a
— qui verè ,	349 a
↲— eruditus ,	415 g

	Pag.
10 Illius ergo,	85 h
— ergo ,	207 m
— intercat ,	211 s
— (noctis ,	219 a
— pulchrior,	248 i
10 illo opus est.	94 c
— milite ,	127 b
— tempore ,	133 d
— fluere ,	241 c
— (factum præ ,	248 g
— (alter ab ,	311 d
— oportebant ,	321 o
— Hectore ,	372 a
— sit factum ,	378 b
10 illos facio ,	215 a
— (accedam ad ,	217 l
30 illuc est hominum ,	265 k
— cursitant ,	384 b
— meant ,	438 o
22 illuceto , *v.* illuxisse	
10 illud (*sa décl.*	85
— sedulo ,	197 f
— æqui ,	215 f
— sit (quid ,	301 f
— quod ferat ,	308
— unum nescio ,	344 b
— unam grat..	394 b
— ... sic hoc ,	415 a
23 illadatis (quibus ,	348 e
10 illam diem ,	143 x
— allexero ,	167 a
— ex Lybia ,	175 a
— quæram ,	207 d
— nemo ,	264 d
— ... sub orbe ,	281 c
— iratum putas ,	286 d
— di deæque ,	303 a
— ipsum ,	354 b
— quæram ,	391 b
— relinquo ,	423 k
— diligis ,	415 A
— censet suam ,	436 t
21 illuminare ,	16
11 illus , *v.* ille.	
:5 illuvies, *de luo* ,	98
—, hircus, hara,	438 h
23 illuxisse dies ,	356 h
11 ima tenes ,	313 a
:3 imago est hujus ,	337 b
— (tua est ,	401 a
:3 imber continet ,	429 d
V. imbrem , imbres,	
imbri.	
:4 imberbis , peregrè ,	64
11 imberbus juvenis ,	62 e
:3 imbrem in cribrum ,	109 g
— aves ,	307 i
:3 imbres (frugibus ,	302 a
:3 imbri (pulsator,	242 b
:3 imbrices confregisti ,	114 l
:3 imis stagna ,	441 s
:3 imitatio (naturæ ,	430 v
11 imitatus ,	16
:4 immanè quantàm ,	427 n
:4 immanior alios ,	260 n
IMMÉDIAT (sens) 264, etc.	
11 immensus ,	16
:3 immersio ,	16
22 immineat lapsu ,	107 n

	Pag.
22 imminere ,	64
23 immitto , irritas ,	68
21 immolabat (si deo ,	345 r
11 imo perdocet ,	260 µ
— est (sub ,	307 h
— gurgite ,	312 m
30 imo ei acclamatum ,	406 d
11 imos (pulcher ad ,	374 a
24 impediuntur (inertiâ ,	431 b
23 impelletur (rem ,	270 r
22 impendeant, subibo ,	321 i
2 impendium reddes ,	251 f
21 imperant (parentes ,	229 m
21 imperare animo ,	288 c
— consuevit ,	288 g
22 imperas (oppido ,	292 g
21 imperat (abscedam ,	337 g
IMPÉRATIF, sa lexi-	
graphie , etc.	140
sa syntaxe ,	331
:3 imperator summus ,	124 a
21 imperet dignus ,	341 d
2 imperia sunto ,	331 a
2 imperii libido ,	378 a
2 imperium traxim...	136 e
— heri sui ,	216 f
— (proferet ,	254 f
V. imperia , imperii.	
21 impero (atque ,	172 n
V. imperas , imperat ,	
imperet ,	
11 impetraturos (petie-	
rint ,	363 m
11 impetraturum non ,	363 f
21 impetrem (ne non ,	340 d
21 impetres ne sis ,	337
21 impetret (cupio ut ,	337 b
11 impetro , *v.* les 3 précéd.	
11 impiâ cervice ,	235 a
23 impingi jubeas ,	314 a
:4 implexum ,	163
21 implicavi *ou* implicui,	59
11 impliciti laqueis ,	301 h
21 implico , *v.* implicavi , im-	
plicui.	
21 implicui ,	59
23 imponas vehant ,	214 d
23 imponere ,	7
— (via ,	116 f
23 imponi ? vapulem ,	306 e
23 imponito (legem ,	134 i
23 imponitur , oneris ,	211 g
23 impono , *v.* les 4 précéd.	
et les 3 suiv.	
11 impositus lecto ,	441 q
23 imposuisse manus ,	348 b
23 imposuit (montes ,	107 i
:3 imprecor contraria ,	123 g
11 improbe , pœnas.	140 f
	et 332
11 improbus (vicit ,	118 l
30 impunè me minoris ,	248 g
11 imum threx erit ,	312 u
IMUS, ESIMUS,	
terminatifs,	41
11 imus , profundus ,	313
V. ima , imis , imo , imos ,	
imum.	
30 imus , venimus ,	132 d

35

Pag.

IN, terminatif, 16
30 IN, disputando, 104 r
— patinis, 105 d
— orbem (divisit, 106 f
— tenebris, 107 a
— primis, 108 o
— cribrum, 109 g
— femore, 117 a
— deserto, 120 d
— rebus, 127 c
— re præsenti, 129 a
— malam, 132 k
— vigiliam, 132 t
— serium, 135 n
— præsentia, 136
— hostem, 137 f
— omnem, 140 l
— pedes, 140 q
— loco res, 143 e
— futurum, 143 g
— principio, 147 f
— palæstrâ, 148 l
— Macedoniam, 165 a
— bibliothecam, 165 b
— arbore, 165aa
— terram, 168 v
— tenebris, 169 c
— horâ, 169 i
— lævam, 170 l
— terram, 171 d
— cumeram, 172 f
— horâ, 173 a
— palmite, 173 o
— et p
— arma magis, 173 t
— proverbium, 173 u
— corpore, 173 s
— corpore, 175 y
— havi, 176 g
— agendo, 176m
— summo, 177 o
— arbore, 177 y
— Rhenum, 178 d
— diversùm, 179 b
— arma, 179 f
— spiram, 179 g
— auras, 194 a
— repub. vidistis, 195 c
— futurum, 195 e
— matrimonium, 207 k
— viduâ, 209 l
— libertatem, 216 e
— flumen, 227 h
— manus, 231 a
— fonte lavabo, 234 h
— littore, 234 i
— crepidis, 234 k
— caligâ, 234 k
— manu, 234 l
— insidiis, 234 m
— animis, 234 n
— tempore, 234 o
— apparando, 234 p
— loco, 234 q
— coram omnium, 238 k
— oculis, 238 n
— domo suâ, 245 g
— rure, 245
— urbe, 245 f
— hoc tempore, 246 f
— ipso tempore, 246 g

Pag.

30 In quærendo, 250 c
— actu mori, 250 k
— plaudendo, 250 d
— quæstu, 250 i
— nemus, 252 f
— flumina, 252 g
— bella, 252 h
— tutum, 252 i
— arcum, 252 l
— vaticinantis, 252 n
— frusta, 252 o
— que vicem, 252 p
— horas, 252 q
— que dies, 252 r
— diem, 252 s
— rem est, 252 t
— lucem, 253 a
— ora parentum, 253 c
— pedes, 253 d
— aurum, 253 e
— docem, 253 b
— ebore, 257 o
— tuâ manu, 259 e
— (herbâ, 260 g
— ulvâ, 265 h
— hanc domum, 268 b
— Latium, 269 o
— nostram, 269 d
— albense, 269 e
— rem nostram, 270 h
— spem, 270 i
— cruciatum, 270 k
— ulnas, 273 f
— veste reiunctâ, 274 g
— hâc se exerceat, 306 a
— urbe fuit, 307 g
— hostes, 312 i
— medio relinq. 312
— summo, 312 t
— ea loca, 325 d
— senatu, 327 d
— nemore, 340 n
— quibusdam, 343 a
— occulto, 345 f
— quem exempla, 365 e
— orbem (glom... 369 n
— navem, 377 f
— arcâ, 390 h
— melius referet, 406 c
— re nostrâ, 412 f
— orationibus, 416 k
— quendam, 417 k
— mare jussit, 427 b
— metamorphosi, 428 m
— ulmo est, 428 c
— die (suspirabo, 430aa
— terrâ, 434 f
— albis, 434 s
— culinâ, 436 h
— longâ, 436 l
— usu, 437 k
— buccam, 437 r
— micas friatur, 439 a
— lecticâ, 440 v
— prælio, 441 g
— puteum, 441 b
14 inane fuit, 220 k
14 inanes pascis, 176 f
— jactantur, 440 b
14 inanis, truncus, 220
— (in ito, 434 k
V. les 2 précéd.

Pag.

11 Incautas audet, 378 g
23 incedit (adversùm, 206 f
23 incedo regina, 201 g
2 incendia vires, 175 e
2 incendio nudus, 41? b
2 incendiùm, v. incendio.
11 incensâ Danaï, 220 g
— Danaï, 245 f
25 incepi, reperi, 64
—, dum res, 213 f
11 inceptus clamor, 438 f
11 incertum hodiè, 344 d
— est (nec ne, 303 g
11 inchoat aras, 438 f
23 incidere, illidere, 64
23 incidit suspicio, 405 c
25 incipe, Mopse, 199
25 incipere; desipere, 64
25 inciperes ferus, 348 b
25 incipiam (horret... 411 b
25 incipias; consulto, 403 b
25 incipient magni, 208 f
25 incipio (debeo, 369
V. incepi, incepit,
    et les 6 précéd.
25 incipit vapuland... 236 b
— vicesimus, 411 b
21 incisivus, passivus, 43
21 incitabant bellum, 270 f
11 incitas lenonem, 251 c
11 incito, v. incitabant.
11 incitus, v. incitas.
:3 inclinatio, mensio, 38
:1 incolas vocant, 41? b
14 incredibile est, sic, 415 g
'4 incubitum, 16a
'4 incultu tenebris, LXIV
:3 incus, incudis, 58
— glans, 120
21 indaga, ut soles, 37 b
:3 indago, recherche.
21 indago, v. indaga.
23 indas ferrea, 314 a
30 inde Jovi, 179 c
— duæ pariter, 310 a
— venit undè, 418 g
— initium, 418 b
— optumè, 42? r
— expelli, 425 c
— domum me, 425 c
:1 India mittit, 190 i
21 indicaret (tyr... 329 b
INDICATIF, sa lexigr. 140 etc.
— sa syntaxe, 331
22 indigere volunt, 80 b
11 indigna relata, 34? b
30 indiguissumè factum, 344 a
11 indignus potens, 220
V. indigna.
11 indignus, egenus, 220
'4 inditum, 16a
23 indo, v. indas.
:3 indocti doctique, 171 g
:3 indole virtutis, 214 f
:3 indolis dedi, 10? g
— regiæ, 214 f
11 indomitum cernimus, 4?? g
11 Indos proferet, 254 f
:1 induciæ (erunt, 128 f
23 induitur loricam, 275 f
21 indulge, senex, 218 d

Pag.

22 Indulgent (vino, 93 b
22 indulgeo, v. les 2 précéd.
et les 5 suivants.
22 indulgere, ignoscere. 226
22 indulges illi, 172aa
22 indulsisse vino, 172 g
22 indulsit (servo, 226 n
·4 indulsum, } d'indulgeo,
·4 indultum, } 163
11 Indus, v. Indos.
:1 industriâ parat, 231 f
— fugiebatis, 232 o
11 indutus Achilli, 3~2 a
11 inepta, nescis, 360 k
:1 ineptiam facturum, 363 c
:1 ineptias redis, 270 d
14 ineptior nulla res, 245 c
24 ineptis, si tu sis, 345 k
11 inepto ineptior, 245 c
11 ineptus, v. inepta, inepto.
14 inermis, imberbis, 64
15 iners, inermis, 64
— fraus, helluo, 437 s
:1 inertiâ impediuntur, 431 b
20 inest (erroris, 345 d
11 infandum regina, 428 k
15 infans de fari, 16
15 infantibus pepercer. 367 c
11 infectis profisiscitur, 83 n
15 infelix paupertas, 425m
11 infernos specus, 441 n
11 inferos (undique ad, 205 u
11 inferus (internus, 266
V. inferos.
11 infesti (vitibus, 114 u
11 infestum habebimus, 204 h
— suspectum, 424 c
:1 inficias (it, 132 c
— (ire, 136 a
— ibit, 270m
NOTA, ce mot n'a que cette
forme.
23 infigo, infixi, 163
11 infimâ fortunâ, 204 b
11 infimo nasci, 291 b
INFINITIF, ou temps 7 sa
lexigraphie. 141
— sa syntaxe, 346
21 infirmat metus, 438 a
:3 infirmitas valetudinis,408 b
21 infirmo, 16
V. infirmat.
11 infixi pectore, 207 g
21 inflatur carbasus, 369 h
11 infortunium (ferres, 137 l
30 infrà (Portius, 254 h
— oppidum, 255 f
— elephantos, 255 g
20 infui (inesse, 130
23 ingemuitque, LV
2 ingenio admiror, 203 d
— (forensi, 250 g
— in oculto, 345 f
2 ingeniis pagos, 439 s
2 ingenio clarâ, 323 f
— moderari, 341 c
2 ingenium est omn. 271 d
— augendum, 292 d
V. les 3 précéd.
15 ingens janitor, 322 k
— volvunt, 442 a

Pag.

11 Ingenui est benè, 94 a
— est bene velle, 211 n
30 ingratiis liber, 87 a
11 ingressus urbem, 236 a
23 inruit Æneas, 40 a
3 inguen et pecten, 118
3 inguina devinxit, 117 e
11 inimici (sunt, 111 i
:1 inimicitias (vitabis, 422 a
11 inimicos omnis, 427 k
11 iniqui (rumpantur, 178 l
et 369m

INITIATIFS (tabl... des) 8
— phrases, 427
2 initium artis, 165 n
25 injeci, cepi, 64
:3 injectio, inserere, 16
— non est, 96 a
25 injicias humeris, 428 i
25 injicio, v. injeci, injicias.
:1 injuriâ de jus, 16
— sunt inimici, 111 i
— formæ, 299 i
23 innecte morandi, 203 h
23 innitor, immitto, 68
15 innocens, irrep. 16
12 innumerabilis, 53
15 inopes rerum, 290 i
7 inopiæ ultimum, 211 i
15 inopis me finx... 110 h
— te miserescat, 213 e
15 inops, v. inopes, inopis.
— pauper, 220
20 inquam hic adero, 137 n
— (ita, 199 a
20 inque (dabo, 138 a
21 inquinantur (malis, 300 b
20 inquio, inquam, 137
V. inquam, inque, inquis,
inquit.
20 inquis, potius quam, 329 a
20 inquit tibi ? 80 g
— (perdidit, 401 d
— da, 439m
11 insanine estis ? 405 e
:1 insaniam concup... 251 i
24 insanio neque ego, 389 b
24 insanivit Apronius, 393 u
11 insanus, v. insani.
11 inscia Dido, 438 b
11 inscitiæ meæ ign... 226 l
11 inscius, v. inscia.
11 inscripti nomina, 275 h
·4 insculptum, 164
14 insecabilia corpora, 427 a
21 insectatur omn. domi 209 b
23 inserere, imponere, 7
:1 insidiæ, pluriel.
:1 insidias consuli, 166 v
:1 insidiis concitat, 231 d
— hic ero, 234 m
11 insidiosa notis, LVI
15 insignes aut, 391 c
24 insilire, instituere, 64
24 insitiva decerpens, 333 d
21 insimulabis malitiæ, 218 o
21 insinuo, arguo, 219
15 insolens, præsens, 33
— 7 evenit, 320 c
:1 insolentia, præsentia, 33
:1 insolentiæ, processit, 207 a

Pag.

25 Inspexi mulieris, 329 l
25 inspicere, incipere, 64
— (erat exta, 114 e
25 inspicio, v. les 2 précéd.
30 instar (agminis, 119 c
— (lanuginis, 119 g
— montis, 207 l
— castrorum, 208 l
— in ipso, 208 m
·4 instinctus, de stigo, 16
11 et 23 institi, 161
23 instituentur hypog. 428 b
23 instituere, insilire, 64
23 institui, currente, LX
11 instituti,
23 instruere, instructum, 16
2 instrumentum, 44
·3 Insubres Mediola-
num, 109 h
:1 insula ponto, 191 d
:1 insulam (ad, 179 h
— Andrum, 262 s
— insulso salsum, 62 h
11 insulsus, sculpo, 64
·4 insultum, saltum, 64
20 insum, inesse... 130
V. inest.
30 insuper (posteà, 396
11 intacta sinebat, 299 h
23 integro saclorum, LIII
23 intellexi (tum, 345 m
23 intellexin'? probè, 168 g
23 intelligam (ut, 414 n
23 intelligat quid illud, 301 f
15 intelligens de lego, 16
23 intelligere deum, 405 h
23 intelliges (tu, 344 a
23 intelligimus (quem, 115 h
23 intelligis (nugas, 79 d
— quales, 218 n
23 intelligit, quibus, etc. 305 d
— senem actum, 363 h
— rectiùs, 434 n
23 intelligitur (id, 369 t
23 intelligo quid, 168aa
— (tametsi, 424 d
V. les 11 précéd.
23 intendi tenùs, 239
·1 intentus decidit, 441 b

INTER, INTRA, IN-
TRO, intùs initiatifs, 16

30 INTER vos partite, 90 i
— se demicant, 110 o
— eos, 204 e
— audaces, 256 a
— vias, 256 b
— hæc major, 256 c
— se aspiciebant, 256 b
— nos, 256 e
— tot dies, 256 f
— cœnam, 256 g
— vapulandum, 256 h
— agendum, 256 i
— rem agendam, 256 k
— se naturali, 297 d
— nos (liquet, 320 f
— cibos bibere, 320 s
— nos discidium, 338 e
23 intercedere, 16
23 intercesserant cùm, 399 e
23 intercesserat (dies, 322 a

	Pag.
23 Interdicamur(et igni,	279 e
23 interdicamus (usum,	279
23 interdici solet,	279 f
23 interdico,v. les 3 préc. et interdixit.	
11 interdicti (legibus,	111 d
11 interdictum ait,	279 d
— est reo,	301 n
23 interdixit ei,	279 c
30 interdùm est lucrum,	234 q
30 interea, fugit,	7
— tempus,	177 f
— dùm,	419 g
4 interemptum,	162
20 intereo, obeo.	134
V. intereunt.	
20 interesse, interfui,	130
— arbitrabar,	345 m
20 interest quàm mea,	211 r
— ubi sis,	211 s
— (Cæsaris,	211 t
— an sub,	235 k
20 intereunt naves,	242 s
25 interficeretur (quin,	407 d
25 interficitur (archipir.	427 m
30 interim potabimus,	138 e
14 interior, extremus,	313
11 interitura quæ verba,	338 f
INTERJECTIONS.	
Syntaxe,	371
4 INTERJECTU terræ,	428 l
INTERLINÉAIRES,	
(traduct.	lxv.
23 INTERMISI quim ad te,	330 i
23 intermittit diem,	330 h
23 intermitto, v. les 2 précédents.	
3 interpres. (fidus.	187
V. interprete.	
21 interpretari (nolim,	343 a
3 interprete (teque,	79 o
21 interpretor, v. interpretari.	
21 interrogas, quæ scire,	321 m
INTERROGATIVES.	
(phrases,	335 et 344
21 INTERROGAVIT an bove,	335 h et 344a
21 et 23 interstiti,	161
20 intersum, interesse,	130
11 interus, inferus,	266
23 intervertere,	16
11 intestina (crepant,	413 a
11 intimus, interior,	313
4 intortum, intorsi,	164
30 intra muros,	256 l
— parietes,	256 m
— oceanum,	256 n
— se consumunt,	257 a
— verba,	257 b
— jactum,	257 c
— legem,	257 d
— viginti,	257 e
— famam,	257
11 intramuranus,	16
21 intrasse Lyæum,	289 e
30 intrò accubitum,	131 s
— eo in,	269 d
— ad vos,	330 c
— quin eam.	342 a

	Pag.
23 Introducere,introitus,	17
20 introeo, v. introit.	
11 introeundi (non est,	203 g
20 introit (diei,	207 i
4 introitus, intususuc...	17
11 intromissi (notitiam,	263 i
21 intuitivus,	43
23 intulit hæc,	269 e
23 intulisti et facetè,	373 i
INTUS, initiatif,	16
30 INTUS (ellam,	263 a
— ad omnem,	271 f
— sit,	310 e
3 intus-susceptio,	17
11 inultis ; teque,	383 c
21 inundat (Tagus,	429 h
INUS, (terminatif,	34
14 inutile lignum,	192 k
— ferrum,	275 d
INVARIABLES, 4 sortes, leur syntaxe,	371
24 INVENI apud,	262 n
24 invenias virum,	342 i
24 invenies (exitum,	112 e
24 invenio gentium,	207 g
— ibi ascendo,	417 k
— qui vidit,	440 o
V. les 3 précéd.	
11 inventi (sunt,	251 l
3 invento (finis,	110 a
11 invento perduint,	34 om
3 inventor, inventrix,	45
— (dicitur,	193 f
— que salutis,	431 h
3 inventrix, doctor,	45
4 inventu res decem,	83 i
11 inventum tibi,	418 a
11 inventus cavis,	434 u
V. inventi, invento, inventum.	
11 inversique mores,	373 e
30 invicem (vos,	137 l
11 invictusque bello,	371 a
11 invicti Jovis,	349 c
22 invidere, sibi,	223 a
11 invidi sunt quàm,	309 c
11 invisam (stirpem,	110 n
11 invitas canes,	275 n
21 invitavit (hominem,	270 o
11 invito eripis,	229 b
11 invitus offendas,	266 g
— dicam,	372 n
— facias,	406 b
— recedas,	428 c
V. invitas, invitò.	
IOR, IUS, terminatifs, 39	
10 ipsa res dicet,	83 c
— (agitur,	83 e
— pecunia,	176 k
— fert,	212 g
— Jovis rapidum,	368 c
— aperiret,	419 f
10 ipsam finem,	253 m
10 ipse in Seleuciam,	133 h
— (mihi,	160 f
— portus urbe,	174 a
— quid agam,	174 e
—, tua,	192 b

	Pag.
10 ipsa neque,	199 k
— in manus,	231 a
— de tempore,	232 l
— reputavi,	237 h
— vocat pugnas,	367 e
— consolabar,	401 a
— mihi, populo tu,	439 c
V. les 2 précéd. et les 4 suiv.	
10 ipsius, d'ipse,	85
— voluntate,	203 b
10 ipso est (instar in,	208 m
— tempore,	246 g
10 ipsos metus,	165 z
— animati,	409 c
— redargui,	441 r
10 ipsum (applicat,	90 h
— persequar,	90 i
— Hortensium,	192 a
— senatus,	202 o
— obviam,	246 g
— Porcius,	254 k
— que fides,	289 c
— nihil,	347 b
— cremare,	347 c
— vivere,	347 d
— Clodium,	354 b
21 ira cædes,	264 g
— cothurnos,	441 l
V. iram, irarum.	
21 iracundiâ ardeo,	219 p
11 iracundus, facund..	18
21 iram (matris,	169 l
11 irarum calidæque,	110 m
23 irascaris, libere,	356 g
23 irasci decet,	354 f
11 iratos mihi,	223 l
11 iratum putas,	286 d
20 ire jussit,	89 m
— domum jussit,	133 c
— (opus,	135 i
— operam,	141 k
— parant,	252 f
— dixit,	270 a
— amicos,	276 f
— properat,	276 h
— non queo,.. iri,	277 a
— viam,	280 e
— ad conspectum,	320 c
— placet,	321 i
— amat,	283 d
— ad cœnam,	394 g
20 irem in carcerem,	133 f
— (ad te,	337 f
20 irent (milites via,	385 a
20 ires consultum,	133 a
20 iri de argento,	147 g
— (factum,	149 g
— filio,	276 e
— (perditum,	279 g
— censeo,	277 a
— debuit,	277 c
— filio,	365 a
— h mi puto,	365 b
— credit,	365 c
14 irreparabile temp..	430 h
14 irreparabilis,	16
2 irridcas (qui,	341 c
2 irritamenta,	192 d
11 irritus (immitto,	68
23 irruit in hostes,	49 b

	Pag.
IS, *de* dicis, capis,	154
10 IS , est (eam esse...	83 *a*
— est amicus qui ,	83 *d*
— dicitur,	290 *n*
— habet causam,	305 *h*
— mihi suasit,	337 *f*
— vestrorum ,	359 *d*
— superis labor,	380 *d*
— olet et saniem ,	441 *f*
V. les différentes formes de *is, ea, id*, p. 82 et 83, elles sont aussi dans la table.	
20 is dormitum,	132 *b*
— dictum,	145*m*
— (quo nunc ,	268 *a*
— perditum.	272 *b*
— quæsitum ,	282 *d*
— (undè ,	413 *f*
ISCO , ESCO , terminatifs,	30
ISSIMUS, RIMUS, IMUS,	39
10 ISTA ad vidulum ,	271
— (mihi ,	284 *d*
— decent ,	321 *o*
— reliqui ,	334 *a*
— atque ad rem ,	290 *b*
— remove,	411
10 istâc opus ,	243 *c*
10 istæ au liberæ ,	271 *l*
— *lires* istæc ,	327 *a*
10 istæc càm ita sint,	327 *a*
— rectè ut fiant ,	356 *f*
— tibi incidit ,	405 *c*
10 istam heræ hàic ,	256 *k*
— (occasionem ,	406 *a*
20 iste , ista , istud ,	85
— se stitisse ,	166 *t*
V. les 5 précéd. , et les 7 suiv.	
10 isti dedimus ,	225 *k*
— est ,	402 *e*
10 istis assuevimus,	177 *c*
10 istius , isti ,	85
10 isto genere ,	274 *h*
— invento	340*m*
10 istos deos flocci,	214 *h*
— foras exire ,	287 *b*
10 istuc egi ,	79 *o*
— negotii est ,	308 *g*
— dicam ,	335 *b*
— dixis ,	371 *f*
— in mentem ,	412 *g*
30 istàc in malam cruc..	122 *k*
— nulla tibi ,	397 *k*
10 istum quem quæris ,	307 *c*
— reliquit ,	328 *f*
20 it inficias ,	132 *c*
— clamor ,	227 *a*
— tristis ,	227 *g*
— Mæcenas,	275*m*
— Mæcenas,	430 *s*
— Turnus ,	434 *e*
30 ità fit ,	91 *g*
— esse ,	146 *l*
— faciò ,	148*m*
— apertè ,	178*m*
—, inquam ,	199 *a*
—, profecto ,	199 *b*

	Pag.
30 Ità iracundia ,	219 *p*
— intendi ,	239
— ut scrupulum ,	247 *b*
— diis placuit ,	321 *h*
— nunc pudeo ,	323 *e*
— nunc paveo ,	323 *e*
— hebes ut ,	335 *b*
— velim ut ,	343 *c*
— hunc videor,	360 *c*
— prorsùs .	377 *g*
— me consulem ,	408 *f*
— esse mater,	408 *g*
— per apertam ,	417 *c*
— assimulatote ,	425 *a*
— vita est ,	425 *d*
— geris ,	434 *n*
11 Itali (animos ,	161 *k*
11 Italiam (ibitis ,	132*m*
— italiam ,	143 *d*
— lavinaque ,	269
11 italis (Æncas ,	49 *a*
11 itàlùm (arces ,	363 *n*
ITAS, terminatif ,	41
20 ITE intrò accubitum ,	131 *s*
— diis , benè ,	249 *g*
30 item alterum ,	318 *f*
— quæ cuique ,	321
— ego vos virgia ,	421 *d*
3 iter melius ,	273 *t*
— tutum ,	280 *u*
— populatus ,	303 *l*
— ostendit ,	312 *f*
— et si non ,	426 *c*
— natura ,	429 *q*
V. itinera.	
11 iterandum eadem ,	284 *d*
11 iterare (nolui ,	136 *k*
30 iteràm vis ,	169 *g*
11 Ithacâ (patriâ ex ,	319 *a*
11 Ithaci clamoribus ,	194 *d*
ITIA, ITILS, (terminatifs ,	49
30 itidem amator,	425 *a*
3 itinera duo ,	117 *f*
20 itis, pessumè ,	132 *e*
20 ito, quà tua te ,	132 *q*
— (segnior ,	132 *r*
— ad dextram,	209 *f*
— inanis ,	434 *k*
20 itote, *comme* ite,	132
'4 itum , itu ,	133
11 itum obviam,	277 *c*
20 itur factum ,	277 *b*
— ad me ,	334 *g*
— ad astra ,	439 *i*
11 iturum esse ,	276 *b*
11 iturus sum domum ,	133 *f*
— en ,	133 *g*
— est ipse ,	133 *h*
— fui ,	133 *i*
'2 Iuli fundere ,	204 *f*
20 ivi *ou* ii ,	60
— ego illis ,	133 *c*
IVUS , terminatif,	43

J.

25 Jâce , pater,	178 *u*
22 Jacebat (velleribus ,	100 *d*
— limes ,	304 *e*

	Pag.
22 Jacent uterque ,	302 *h*
— humi ,	384 *e*
22 jaceo , *v.* les 2 précéd. et les 2 suiv.	
22 jacet asinus,	336 *b*, 345
22 jacet carice,	213 *r*
— insula ,	191 *d*
— Hector,	315 *g*
25 jaciebant , farra ,	116 *p*
25 jacimus (nos ,	178 *u*
25 jacio , *v.* les 2 précéd. la suiv. et jace, jeci.	
25 jacitur (prorâ ,	212 *f*
22 jactantur manes ,	440 *b*
11 jactatus et alto ,	91 *b*
'4 jactum, jeci ;	163
— teli ,	257 *c*
11 jactura fuit ,	249 *a*
— sepulchri ,	430 *i*
'4 jactus , exercitus ,	97
11 jaculata de nubibus ,	368 *c*
11 jaculatus arces ,	122 *c*
— partus ,	49 *c*
— (sed ,	55 *l*
30 jam gramina ,	122 *e*
— inquam ,	137 *n*
— illum	143 *x*
— nos , si hi ,	146 *f*
— satis (aures ,	166*cc*
— oves ,	269 *h*
— negligo ,	269 *l*
— rivos ,	273 *f*
— dudùm scio ,	174*dd*
— satis ,	205 *y*
— obliviscere ,	219 *f*
— id mibi ,	224 *g*
— advesperascit ,	251 *c*
— sub fine ,	254 *k*
— nullus est ,	256 *n*
— penès ,	263 *a*
— cunctantem ,	355 *e*
— nunc dicat ,	391 *a*
— ne sentit ,	393 *f*
— diù est ,	401 *b*
— quantùm ,	414 *k*
— ut voles ,	415 *b*
— è fano ,	439 *a*
— rivos ,	442 *f*
— satis ; ne me ,	442 *g*
jamdudum scio ,	174*dd*
'3 janitor, audis ,	L
— antro ,	322 *k*
21 janua , fulta ,	L
— Ditis ,	117 *g*
'2 Janus summus ,	260 *p*
'2 Jasiusque pater,	307 *f*
JEAN BON , son Horace ,	LIV
25 jeci , abjeci ,	64
— fundementa ,	178 *t*
3 jecinora reperta ,	117 *g*
3 jecoris bonitate ,	117 *h*
3 jecur (tumet ,	372 *a*
V. les 2 précéd.	
11 jejuna clivosi ,	438 *n*
11 jocantur (conviciis ,	430 *e*
'2 joci (multi ,	115 *l*
11 jocor , *v.* jocantur.	
2 jocum (per,	85 *e*

Pag.

JOUVENCI , notes, LVI

·3 Jove frigido ,   235 *i*
— (minor est,   248 *c*
·3 Jovem detestor,   218 *e*
—nulli ,   260 *k*
— (vidisse ,   286 *b*
— orasse ,   290 *n*
— (vidisse ,   349 *i*
— reguare ,   356 *c*
— non credere ,   390 *a*
·3 Jovi (inde ,   179 *e*
— gratulatum,   226 *h*
·3 Jovis omnia ,   117 *i*
— conjux ,   194 *b*
— que et soror,   201 *a*
— uxor,   349 *c*
— rapidum ,   368 *c*
V. Jove, Jovem, Jovi.

:: jubâ (equinâ ,   275 *c*
aa jubeas (promi ,   200 *a*
— concludi ,   314 *a*
— crassos ,   314 *a*
— miserum esse,   411 *g*
aa jubent in actu,   250 *k*
aa jubeo , cogo ,   172 *n*
—, sit pro ,   335 *g*
—   et 337
— illam ,   370 *e*
— cœnam ,   428 *y*
V. les deux précéd. , les 3
suiv. et jusseras.

aa jubes renovare ,   428 *k*
aa jubet , fieri ,   86 *h*
— (Trojam esse ,   192 *a*
— sententiam ,   287 *b*
aa jubete istos ,   287 *b*
·3 Judex , judicium ,   23
V. judice.

11 judicandas dicito ,   88 *b*
a1 judicavi (te hodiè ,   216 *d*
·3 judice , lis est ,   114 *k*
— te ; me ,   150
— (fiam te ,   427 *e*
a judicia ne fiant ,   338 *l*
a judicio permitto ,   203 *a*
a Judicium judex ,   23
— (factum ,   252 *b*
— (repostum ,   299 *i*
a1 judico , *v.* judicavi.
a juga montium ,   172 *l*
— prima ,   174 *e*
— natæ ,   271
15 jugantem ancillam ,   144 *a*
3 juger, jugeris ,   103
3 jugera corpus ,   264 *h*
a jugerum ,   103
a1 jugo (necnon ,   289 *d*
a1 jugula (filios ,   253 *c*
12 jugum , *v.* juga, jugo.
·a joli , flore , scire ,   92 *c*
·a julius (messem ,   170 *k*
11 juncosus ager,   440 *a*
11 juncta (sunt ,   297 *d*
a3 junge (manum ,   96 *b*
— pares ,   168 *cc*
a3 jungit anethi ,   111 *e*
a3 jungo , rego ,   67
V. les a précéd. et junximus.
:3 Juno... consilia,   406 *c*

a3 Junximus hospitio,   168 *bb*
·3 Jupiter, quandò ,   317 *a*
— figuram ,   412 *d*
V. Jove , Jovem , Jovi ,
Jovis.

3 jura sancta ,   107 *h*
— domosque ,   140 *g*
— loquuntur ,   325 *g*
11 jurandum ,   33
15 jurans (fidem ,   141 *g*
3 jure an injuriâ ,   111 *i*
— esse quo ,   305 *c*
— senem liceat ,   305 *l*
— decedam ,   424 *e*
3 jurene fecerit,   120 *b*
15 jurgantem ancillam ,   144 *a*
11 juridicus , judic...   23
a1 juro me esse,   390 *a*
— tibi ,   390 *a*
3 Jus sæpè ,   144 *k*
— fasque egerunt ,   266 *a*
— summum,   290 *l*
— facere ,   414 *l*
V. jura , jure.

aa jusseras quia ,   412 *d*
aa jusseris (quem ,   198 *e*
aa jusserit comp...   366 *e*
aa jusserunt consules   338 *g*
aa jussisti , curatum ,   172 *m*
aa jussit (dare me ,   85 *b*
— (ire ,   80 *m*
— (mutari ,   106 *a*
— domum ,   133 *c*
— (populus ,   176 *l*
— (claudi ,   253 *l*
—, quia esse nolunt,   427 *b*
·4 jussu venio ,   80 *p*
11 jussum, mandatum,   93
—   et 300
11 justa imperia ,   331 *a*
11 justam rem ,   292 *g*
:1 justitia , largitiæ ,   43
— et fides ,   3·2 *k*
:1 justitiâ caruisse ,   350 *a*
11 justitiæ manus ,   338 *n*
11 justum sanctoque ,   *lises*
— justo sanctoque ,   346 *h*
11 justus , vetustas ,   28
V. justo , justam , justo.

a1 juvant castra ,   281 *e*
15 juvante (deo ,   250
15 juvantibus · benè ,   249 *g*
15 juvat (dubiâ re ,   83 *d*
— quam prodest ,   321 *m*
— (me ,   281
·a juvenci (dumeta ,   166 *bb*
·a juvencos (prima ,   174 *e*
14 juvenior , exsurgat ,   248 *e*
14 juvenis gaudet ,   61 *e*
— vates ,   101
— (in horas ,   252 *q*
V. juvenum.

:1 juventâ , consule ,   249 *i*
:3 juventus rastris ,   205 *c*
— fronde ,   313 *f*
:3 juventutis locum ,   204 *f*
14 juvenum manus ,   303 *i*
— curas ,   385 *b*
a1 juvero (aut re ,   244 *n*
a1 juvi, lavi , fovi ,   59

a3 Juvit me tibi,   321 *n*
a1 juvo , *v.* juvant , juvat ,
juvero , juvi, juvit.
30 juxtà murum ,   259 *a*
— æquora ,   259 *b*
— focum ,   259 *c*
— seditionem ,   259 *d*
— deos ,   259 *e*
— Varronem ,   259 *f*
— æstimo ;   259
— que Creüsam ,   296 *c*

K.

:: kalendæ , *v.* calendæ , etc.

KRUSI, professeur,   LXXI

L.

a1 labant (corda ,   116 *m*
a1 labantur (aut antè ,   261 *e*
:3 labe carere ,   107 *e*
:1 labellum (trivisse ,   281 *f*
·3 labeo , strabo ,   38
:1 labere (si te audies ,   345 *q*
:3 labes larido ,   435
V. labe.

14 labialis , oralis ,   32
a1 labo , *v.* labant.
a1 labor, *v.* labantur.
a1 labor, amor,   45
·3 — omnia vicit ,   119 *l*
— (curas ,   167 *g*
— est ,   294 *c*
— voluptasque ,   297 *d*
— est , ea cura ,   380 *d*
V. les 4 suiv. et laborum.

·3 labore proclive ,   271 *d*
·3 labores timeo ,   340 *c*
·3 labori (fortuna ,   223 *i*
·3 laboris sui fructum ,   118 *k*
·3 laboris vacuum ,   210 *l*
— (non plena ,   308 *k*
— Sisyphus ,   430 *r*
a1 laboro (scire ,   92 *a*
— magnoperè ,   380 *c*
·3 laborum (sub fine ,   254 *k*
a labra, malæ,   396 *c*
:1 labrusca racemis ,   434 *b*
3 lac igne spissatur,   441 *p*
V. lacte , lactis.

a1 lacerant homines ,   113 *e*
·3 laceruas (revocante ,   400 *a*
a1 lacero , *v.* lacerant.
·a lacertos (auro ,   170 *h*
— protinùs ,   368 *a*
12 lacerum Deiphobum ,   102 *e*
a3 lacesso , nec poten-
tem,   274 *e*
a5 lacio , allicio , etc.   114
:1 Lacrymâ (favillam ,   189
V. lacrymas , lacrymis.

:1 Lacrymæ præsiliunt,   236 *i*
— rerum et ,   317 *g*
15 lacrymans (stat ,   192 *g*
15 lacrymantia (lumina ,   173 *l*
:1 lacrymas (dant ,   315 *e*
— (quid tu ,   376 *e*
— victus dedit ,   394 *f*

Pag.

:1 lacrymis epistolas, 160 g
— (opus , 174 d
— sacraverat , 222 i
— (temperet à , 283 k
3 lacte atque pecore , 117 k
3 lactis abundans , 220 d
— samura , 254 g
3 lacunar (domo , 389 a
·4 lacus, quercus , 103
— circumvolitavit , 438 k
23 lædent contagia , 113 h
— juga , 174 e
23 lædo . v. lædent , læsit.
:3 læsio, percussio , 38
23 læsit opus , 174 d
21 lætari et fortasse , 342 f
21 lætabandur (fortasse, 342 f
21 lætatur (sordibus , 107 r
11 læti se robore , 295 g
:1 lætitiâ (dolore , 179 c
— lacrymæ , 236 i
21 lætor, v. lætatur.
11 lætos (locos , 84 v
—, et amœna , 368 b
11 lætus, v. læti , lætos.
11 lævâ (sustinet à 107 h
11 lævam (habet , 117 a
— cursus , 170 l
11 lævus qui purgor, 275 k
V. les 2 précéd.

2 laganique, catinum , 435 n
:1 lagena (nostra , 148 g
:1 Lamiæ coronam, 170 o
:1 lanâ ac telâ , 390 c
:2 lanæ (tinguntur , 114 g
— sunt , 258 e
·2 lanarius, ciniflones , 386 b

LANCASTRE. · LXXIX
:3 lancis, lanx, etc. 120

LANGUES, manière
d'apprendre les
langues, 1

LANGUE maternelle, VII
— latine, XV, *etc.*
— ordre d'études pour la
langue latine, XVIII
— diverses méthodes la-
tines, XLIX
·2 lanificio neminem, ·232 m
12 laniger , floriger , 25
:3 lanuginis insţar, 119 f
:3 lanugo netur, 119 g
:3 lanx lancis (*bassin*,
:3 lapide silice, 248 b
·3 lapidem (fert , 96 b
— effoditur, 252 c
·3 lapis (quàm , 205 o
V. les 2 précéd.
:1 lappa solet , 430 k
·4 lapsu (immineat, 107 n
— de montibus, 429 g
·4 lapsus amnis , 264 g
·2 laqueis uterque , 302 h
·2 laqueo gulam, 438 c
·2 laqueus, v. les 2 précéd.
·3 lar , laser , lavar , 122
14 largior flagito, 274 e
·1 largitiæ, *plur...* 43
2 larido (labes , 435 s

Pag.

LAROMIGUIÈRE, LXIX
LARUE (le père , LVII
:1 larvarum plena , 373 a
24 lascivire solet, 428 m
:1 laser, laver , 122
— prodest , 112 p
11 lassove papavera , 440 h
11 latæ scrobes. 243 l
— suppetiæ, 407 g
30 latè (luge , 159 f
22 latebas (carecta , 260 o
:1 latebras (tentare , 378 g
22 lateo, v. latebas, latent ,
latet , latuère.
22 latent (occulto , 345 f
·3 later, *brique*,
3 lateri argivum , 112 f
22 latet (sub orbe , 281 c
·3 latex , v. laticum.
11 latias vitiaverat, 107 g
·3 laticum libavit , 114 l
30 latinè , turpe , 146 m
— loqui , 165 p
11 latini sanguinis , 205 i
2 latio jam .. 49 c
14 latior esset , 335 h
:3 latitudo , sollicitudo, 43
2 Latium (in , 269 a
V. Latio.

11 latius, v. latias.
·4 latratus edidit , 88 a
·3 latro, nebulo... 38
22 latuère doli , 281 d
3 latus , v. lateri.
1 latus, v. latæ.
14 laudabilis , visibilis , 31
21 laudabit pollice , 440 r
21 laudabunt alii , 391 e
21 laudari malo , 54 b
— quàm , 136 g
— ! ut se , 345 e
21 laudarier, te audet , 368 d
:3 laude pacisci... 134 f
:3 laudem nati... 271 b
— is quæsitum... 282 d
:3 laudi (præmia , 195 a
— datum, 225 h
:3 laudibus arguitur , 244 c
·3 laudis (studio , 159 b
— agar, 441 m
21 laudo, v. laudabit, laudabunt, laudari.
:2 lauros (serpere , 441 k
·2 laurus, corylus, etc. 92
·2 laus, lex, mos , 101
V. laude, laudem, laudi,
laudibus, laudis.
·2 Lauso (rogitat , 235 c
— de Numitore, 299 a
21 lavabo(fonte, 234 h
21 lavando , eluendo , 224 b
21 lavantur cum, 102 c
·4 lavatum ; lautum, 60
3 laver (laser, 122
21 lavi , fovi , 59
21 lavinaque venit, 269
:1 Lavinia vultus, 169 cc
21 lavo , luo , 98
V. lavabo, lavantur, lavi.
·1 Leccam fuisset , 360 f
11 lectas bidentes, 62 d

Pag.

:1 Lecticâ pulvinus , 440 v
:3 lectionis opus , 243 i
·2 lecto, sponda , 441 q
:1 lectura, structura , 48
24 lecturire, esurire , 28
11 lecturus (culturus , 47
·2 lectus, v. lecto.
11 lectus, v. lectas.
11 legati venerunt , 399 e
11 legatos, nec... 369 b
— circà... 379 a
:1 legatum (un *legs*) 36
11 legatus (legatum , 36
— homo, 299
V. les 3 précéd.
:3 Legem imponito , 134 i
— (intrà , 257 d
11 legenda, præbenda , 33
11 legendi potestas , 285 a
15 legens, dividens , 33
15 legentes (meminerint, 355 a
:3 leges pretio , 168 g
— sine , 134 d
— et plebis... 299 g
— (plurimæ , 430 s
:3 legi , *datif de lex.*
:3 legi (*j'ai choisi* , 59
23 legi, *infinitif passif.*
— que oportet , 440 k
:3 legibus interdicti , 111 d
:3 legionem subduxit , 211 h
·1 legirupa , 24
— verberavisti, 429 k
:3 legionem (subduxit , 211 h
:3 legis , lex , etc. 120
:3 legitis flores , 62 c
23 lego (lectum , 67
V. legi, legitis.

23 LEGUS , LEX , (ter-
minatifs , 26
·3 Lemures portentaque, 107 f
11 lenitus , lentas , 60
·3 leno, metuebas , 340 i
V. les 2 suiv.
·3 lenone eripuit , 238 o
·3 lenonem rediget , 251 e
:3 lens, lentis, *lentille.*
·2 Lentulus (est , 245 i

LENTUS , LENS ,
(termin. 26
11 lentus, v. lenitas.
·3 leo , quàm , 336 b
et 345
30 lepidèque concinn... 384 d
·3 lepor, lepos , etc. 95
·3 leporem, gallinam , 278 f
·3 lepores in alpibus , 113 f
·3 lepos , mulier , etc. 95
·3 lepus , ætas , etc. 95
V. leporem, lepores.
2 leti (via , 295 d
— vis , 381 a
— (via , 430 m
LETTRES , tableau
des lettres , 63
— leur nature et leur
division , 63
2 letum , v. leti.
21 levat porrum , 110 f
21 levavi (neque , 173 q

Pag.

23 Levi (sabinum, 177 *l*
14 levia, felix, 77
21 levo, *v.* levabo, levavi.
:3 lex, felix. etc. 58
—, mos, nux, pes, 101
— legio, etc. 120
— esto, 33: *a*
— esset eadem, 416 *f*
V. legem, legas, legi, legibus.

LEXICGRAPHIE, 71

— plan, division, 72
LHOMOND, xxxviii
et LXIX
— *sur* pertinet, 272
2 liba per herbas, 433 *b*
21 'libavit honorem, 114 *l*
:1 libellam fieri, 252 *a*
2 libellus, umbella, 8
— 47
15 libens (video, 90 *m*
— (agnoscoq. 310 *c*
30 libenter (audit, 368 *d*
— id facit, 411 *g*
*2 liber, v. liberi.
*2 liber, v. libri, libros librum.
12 liber, libera, etc. 77
— possum fieri, 87 *a*
— niger, etc. 92
—, et ego me, 129 *b*
—, me fecit, 129 *h*
—, quæritur, 129 *l*
— præ, 200 *a*
— mihi, 247 *q*
— merui et, 349 *h*
— faxit probè, 413 *c*
V. les 3 suivants.
11 libera dixit, 193 *i*
12 libera vina, 385 *b*
12 liberæ (istæ an, 271 *l*
22 liberè si dixero, 356 *g*
*2 liberi similes... 102 *f*
21 libero, absolvo, 219
:3 libertas, paupertas, 43
— breviter, 345 *b*
:3 libertate, decembri, 109 *e*
:3 libertatem vindicaret, 226 *e*
:3 libertatis vindices, 429 *c*
*2 libertus mihi, 33- *l*
22 libet (ferre, 236 *c*
— plura, 321 *l*
:3 libidinem (ad, 271 *d*
:3 libido crevit, 378 *a*
— corrumpit spes, 438 *a*
V. libidinem.
11 libitum nos delusistis, 329 *k*
21 libo, *v.* libavit.
*2 libri fabulis, 172 *t*
*2 libros (refersit, 172 *s*
*2 librum edidit, 104 *m*
— ad te, 221 *c*
— ad me, 330 *e*
22 libuissent cuique, 332
2 libam, *v.* liba.
12 liceat quo, 305 *l*
— tu tamen, 323 *f*
22 licebit (semperque, 383 *a*
22 licebunt, præsenti, 323 *g*
30 licenter ut omnes, 294 *k*
22 liceo, *v.* licet, licuit.

Pag.

22 Licet, (vesci, 116 *i*
— (non, 134 *d*
— (videre, 139 *c*
— (facere, 225 *d*
— stertas, 265 *d*
— me scire, 288 *m*
— n'est jamais conjonction, 322
— esse, 322 *a*
— me id scire, 322 *c*
— esse, 322 *d*
— (per vos, 322 *e*
— (exquirere, 322 *f*
— (salvus sis, 322 *g*
—, dicam, 322 *h*
— in me terrores, 322 *i*
— ingens, 322 *k*
— (id ei, 323 *a*
— (volumus non, 325 *b*
— esse, 346 *g*
— (vel stertas, 392
— fruare, dùm, 419 *k*
*2 Licini, neque, 376 *d*
22 licuit esse... 322 *b*
— sempergue, 383 *a*
2 ligamentum, 44
2 lignis focum, 104 *g*
2 lignorum faciunt, 107 *t*
2 lignum (inutile, 192 *k*
V. les 2 précédens.
21 ligo, lictor, 67
2 lilia plenis, 96 *g*
*2 limbo (circumdata, 275 *e*
3 limen, *v.* limina.
:3 limes positus, 304 *e*
V. limitem.
3 limina indas, 314 *φ*
3 limitem scindit, 115 *h*
23 lingere (videor, 169 *u*
23 lingo, *v.* lingere, linxisse.
:1 lingua cœpit, 250 *i*
— pedos, 431 *k*
V. les 4 suiv.
:2 linguâ utamini, 277 *f*
:1 linguæ moderand... 225 *p*
— te tamen, 289 *g*
:1 linguas (omnes, 146 *e*
— (habeatis, 338 *h*
:1 linguis (favete, 226 *g*
2 lini, exitum, 112 *c*
23 linit ora luto, 177 *m*
23 lino, *v.* linit, levi.
23 linquar inultus, 383 *c*
23 linque severa, 198 *f*
23 linquenda tellus, 297 *f*
23 linquere gestio, 376 *a*
23 linquit mœnia, 314 *d*
23 linquo, *v.* linque, linquere, linquit, liquit.
2 linteolum (gladiolus, 47
*3 linteones (propola, 386 *b*
*3 lintribus efferuntur, 109 *i*
2 linum, *v.* lini.
23 linxisse mei, 168 *dd*
23 lippi compilasse, 442 *g*
21 liques (vina, 93 *h*
— et 381 *b*
22 liquet inter nos, 320 *f*
— satis haud, 320 *g*
23 liquit animus, 178 *e*
*3 liquor, rubor, 44
:3 lis, litis, litium, 101

Pag.

:3 Lis est, 114 *k*
V. lites.
21 lititur (hostia, 3-6 *g*
:3 lites judicandas, 88 *b*
— mœnia, 314 *c*
— cœpio, 389 *b*
21 litigant (hominum, 210 *d*
21 lito, *v.* litatur.
:1 littera, *v.* les 3 suiv.
:1 litterâ plus quàm, XLIV
:1 litteræ tuæ, 215 *b*
:1 litterarum homo, 87 *r*
*2 litteras (plur.) 321 *n*
— profuisse, 321 *n*
— uti placerem, 416 *d*
3 littora litorious, 113 *g*
— fluctus, 169 *u*
— mittit, 221 *d*
—, Pompeium, 269
— venti, 43- *i*
3 littore condant, 234 *i*
— classis, 236 *l*
3 littoribus contraria, 113 *g*
3 littoris aditus, 178 *ee*
3 littus (fuge, 104 *k*
— (secundàm, 265 *k*
V. les 4 préced.
'4 litum, *de* lino, 163
*2 lobum refert, 117 *c*
2 loca, *ou* *2 loci, 103
— trojam, 191 *i*
— vacabant, 245 *e*
— boves, 325 *d*
21 locavi metus, 340 *g*
*2 loci, loca, 103
— ubi catellus, 206 *b*
— res erit, 207 *c*
— relinquatur, 438 *a*
locis (communibus, 229 *p*
2 locis (ab his, 347 *a*
LOCKE, LII, LXIX
*2 loco (quæ in, 8: *a*
— (quo in, 143 *e*
— pecuniam in, 134 *f*
— signum, 307 *g*
— demigrent, 329 *d*
— quin statim, 330 *k*
*2 locorum (opaca, 211 *l*
*2 locos, lætos, 84 *v*
— lætos, 368 *b*
2 locum quæ, 304 *d*
— (juventutis, 204 *f*
— (mutat, 377 *d*
— (commuto, 417 *h*
— (excelsum, 417 *k*
15 locuples, felix, 220
14 locupletior ex eâ, 411 *h*
*2 locus, 103
— (narrandi, 203 *f*
— peccati, 205 *g*
— à frumento, 244 *d*
— intrà, 256 *n*
— (ad narrandum, 277 *c*
— quæ regio, 308 *k*
— (quis habet, 308 *n*
V. loca, loci, loco, locorum, locos, locum.
11 locuti sunt, 251 *m*
— sumus, 264 *b*

		Pag.
LOGUS, LOGUUS,		
terminatiß,		27
11 LONGA decem,		254 b
— petescunt,		434 g
11 longâ cuspide,		436 l
11 longam videtur,		280 e
— reseces,		381 b
30 longè alia,		397 a
11 longi Sysiphus,		430 r
11 longis considere,		441 h
:3 longitudo, latitudo,		43
11 longo post,		267 a
11 longus, v. dans les 8 précédents.		
23 loquar (quid,		168aa
— (pauca,		237 c
— (tecum,		417 h
:1 loquelas (ore,		178 c
15 loquens pictura,		119 b
— (quàm,		310 h
23 loquere, hoc,		62 b
23 loqueretur et non,		355 b
23 loqui (latinè,		165 p
— (malè,		174 y
— præ,		236 g
23 loquier (sinit,		427 t
23 loquor (verba,		338 f

V. loquar, loquere, loqueretur, loqui, loquuntur.

23 loquuntur (jura,		325 g
2 lora tumentes,		255 f
:1 loricam induitur,		275 g
2 lorum, v. lora.		
:3 lotio fiebat,		96 e
15 lubente, herclè,		250
22 lubet (quod,		143 f
— percontare,		233 a
— quando,		317 a
— (quod,		321 d
— scire,		321 k
—, vale atque,		413 b
—, si obsecundes,		419 i
:3 lubido orationem,		86 a
:3 luce ingressus,		236 a
— palàm,		238 c
— sive nervus,		423 c
:3 lucem ingemuitque,		LV
— (cœlo,		180 c
— cœnat,		253 a
— adit,		233 i
— expergefactus,		260 c
— surrexit,		260 h
— vigiles,		395 b
22 luceo, v. lucet, luxerunt.		
22 lucet in tenebris,		169 c
—, adsunt,		324 e
11 lucidus, avidus,		38
12 lucifer, somnifer,		23
2 lucro fuisti,		225 c
2 lucrum (est,		234 q
4 luctus, ubique,		418 e
4 lucus in urbe,		307 g
23 ludas tesseris,		425 d
23 ludere me,		174 i
12 ludicer, ludicras,		25
21 ludificarier (herum,		430 v
2 ludis tenentur,		102 k
23 ludis me ?		344 l
23 ludo, v. ludere, ludis, ludunt.		

		Pag.
2 Ludos ex industriâ,		231 f
— (secundùm,		206 k
— veniras,		408 b
2 ladum (pollice,		440 r
23 ladunt, contemn...		437 c
2 ladus, v. ludis, ludo, ludos, ludum.		
:3 lues latius,		107 g
14 lugdunensis, narb...		34
22 lugebat ademptam,		109 f
22 lugebit hostem,		338 c
22 lugeo, (luctus,		67
V. lugebat, lugebit, luget.		
22 luget senatus,		169 e
14 lugubris, saluber,		27
2 lumbricum petit,		27
3 lumen et,		192 a
— apex,		204 l
2 lumina tersit,		173 l
3 lumine,		108
:1 luna interjecta,		428 l
:1 lunam deducere,		342 a

LUNEAU DE BOIS-
JERMAIN, LXIV

23 LUO (lavo,		98
3 lupanar, minutal,		122
2 lupi, ceu raptores,		420 f
— de pelle,		437 p
2 lupum fieri,		198 h
— teneo,		243 a
— (custodem,		373 h
2 lupus errat,		256 a
— et agnus,		295 h
— stabulis,		302 a
V. les 2 précéd.		
11 lurida terribiles,		430 u
23 lusisti satis,		174 h
11 lusitent cum,		341 b
11 lusoria arma,		431 i
21 lustrasti annis,		102 l
21 lustrat,		
21 lustris rapit,		435 i
21 lustro, v. lustrasti, lustrat.		
4 lusum it,		257m
— it Mæcenas,		430 s
2 luto (linit ora,		177m
:3 lux, lucis, lanx,		110
— facta est,		365 d
— longè,		397 a
V. luce, lucem.		
22 luxerunt (studia,		169 b
22 luxerunt cum,		169 d
:1 luxuria, profusion,		327
:1 Lybia ex,		175 a
4 lychnorum (et,		397 a
:3 Lydia erat,		210
2 Lyæum (intrasse,		289 c
2 Lyæus (ferbuerat,		179 o
:3 Lyconides (vocor,		193 c
2 lymphas gurgite,		175aa
:1 lyrâ sumis,		110 d
2 Lysippus (finxit,		169 r

M.

:1 Macedoniam (in,		165 a
12 macer, v. macro.		
21 macero? (cur me,		410 g
:1 machæræ et pe aso,		438m

		Pag.
:1 Machinæ carinas,		159 a
:5 maciea decentes,		403 e
12 macro pauper agello,		104 n
21 mactant lectus,		62 d
11 mactatos sanguine,		296 c
11 macte, de magis auc-		
te, plur. macti.		
— novâ virtute,		LXX
— et		439 i
21 macto, v. mactant.		
:1 maculam nos decet,		287 f
22 madent (felle,		116 f
:3 Mæcenas, dormitum,		275m
— et		430 s
11 mæonii carminis,		228 a
11 mæonio firmat,		436 r
3 magale, magalia,		108
30 magis (arma,		173 t
— reipublica,		211 r
— ex usu tuo,		245 e, 271 c
— opportunus,		271 c
— ad hanc rem,		271 e
— quàm edundi,		285 e
— invidi sunt,		309 c
— uberem quàm,		309 d
— illa fremens,		310 f
— (quàm,		310 f
— quàm id repeto,		310 s
— uxor,		310 g
— juvat quàm,		321m
— te advigilare,		327 a
— (ast hoc,		397 b
— est nimbata,		402 c
— aspecto, tàm,		402 c
— ferito,		440 p
— potes, polles,		440 p
2 magister, v. magistro, ma-		
gistrum.		
4 magistratus (capi..		331 a
2 magistro (Volscente,		249 h
— militiam,		249 n
— omnes belli,		249 o
2 magistrum dicere,		436 a
11 magna vis est,		121 a
— Jovis conjux,		94 b
— tacere,		301 b
— turba, ac magna,		397 a
— familia est,		397 a
— sint,		424 h
11 magnâ vi brachia,		435 a
11 magnæ sunt divitiæ,		350 f
11 magnam pretiumque,		202 a
— et		291 p
— pugnavimus,		280 f
11 magnarum viscera,		89 b
11 magnas gessit,		175 v
11 magni fit eventus,		97 h
—, pessimæ,		148 e
— sunt oneris,		214 d
— erunt,		215 b
— pretii,		216 e
— pendi postulo,		287 e
— procedere,		288 f
— atque humiles,		415 c
11 magniloqui erant,		429 s
12 magnis libaci,		194
— diis,		240 l
:3 magnitudine paulò,		255 g
11 magno mercentur,		217 l
— curarum,		294 c
— constitit,		324 k
— res romana,		431 f

		Pag.
30	Magnoperè laboro ,	380 c
11	magnos esse voluit,	305 e
11	magnum signum ,	194 c
	— narras , vix ,	194 e
	— est efficere ,	301 f
	— negotium ,	301 g
	— periculum ,	350 g
	— negotium ,	424 u
11	magnus ab integro ,	LIII
	—, parvus ,	74
	— Apollo ,	128 c
	— se tollit ,	194 a
	V. dans les 15 précéd.	
14	major, minor ,	39 et 74
	— quàm pro ,	249 a
	— vis quantò ,	249 b
	— alius terror ,	258 c
	— erat ,	310 a
	—; tibi me est ,	310 b
	— vis , tantò ,	414 g
14	majora canamus ,	249 a
14	majorem gloriam ,	401 f
14	majoris cadi ,	202 f
	— pondere ,	400 a
14	majus (visere ,	191 b
2	mala citaret ,	233 f
	— decem misi ,	313
11	mala merx ,	191 h
	— sunt vicina ,	300 c
	— tùm certè ,	308 b
11	malæ , mentum ,	386 c
11	malæ tamen esse,	289 f
11	malam de mala.	
11	malam crucem ,	132 k
20	malam de malo ,	136
11	mandas , speciosa ,	403 e
11	malas curæ ,	178 s
	MALÈ , initiatif ,	11
30	MALÈ facit ,	94 i
	— loqui ,	174 g
	— fecisti ,	208 g
	— audies ,	218 o
	— illis eveniat ,	226 c
	— rem gerentibus ,	279 f
	— (consultum ,	282 e
	— utatur ,	321 a
	— ne ego ,	340 k
20	malebam , malebas ,	136
23	maledicas viro ,	360 a
15	maledicens ,	39
14	maledicen'ior ,	39
11	maledicentissimus ,	39
23	maledico , v. maledicas.	
11	maledictum, de malè ,	11
11	maleficus immanè ,	427 u
20	males ,	136
11	mali (eveniat ,	132m
	— (apportet ,	339 b
	— (evenisset ,	401 c
11	malignus , privignus ,	15
20	malim mori ,	136
11	malis vorem ,	87 h
11	malis (omnibus ,	354 c
	— inquinantur ,	300 b
20	malit (ubi et esse ,	418 d
11	malitia , justitia ,	43
	— (summa est ,	144 k
	—	et 290 i
11	malitiam , malè aud...	218 o
	— confidat ,	402 k

		Pag.
20	Malle te arbitror ,	137 a
20	mallem auferre ,	136
	— (mori me ,	343 e
	— divitiad ,	343 f
	— venit unde ,	418 g
11	malo multis ,	316 a
20	malo pour magis volo,	54
	— quàm culpari ,	54 b
	— laudari quàm ,	136 g
	—, cupio ,	349
	— pater tibi ,	420 a
	V. sa conjug. 136 , et dans la table.	
11	malorum (irritam...	191 d
20	malui compilari ,	137 b
2	malum , pomme ,	LVI
11	malum (formidat ,	80 d
	— (ex alio ,	312 c
	—, advenam ,	341
	— et à quocumque ,	419 a
20	malumus (redire ,	270 e
20	malunt metui ,	136m
11	malus (bonus ,	74
	— (ut dissimulat ,	333 e
	V. ses formes , mala, malam , etc. , et ne les confondes pas avec les homonymes.	
3	mamillare ,	108
11	manat quem ,	334 e
3	manceps , mancipis ,	
2	mancipia abierunt ,	87 q
2	mancipium, princeps,	22
21	mandarat alendum ,	369 a
21	mandat fieri talia ,	287 c
21	mandata remittunt ,	81 p
21	mandavi (multas tibi ,	97 i
21	mandemus, qui sol..	307 h
21	mando , v. dans les 5 précédents.	
23	mando , v. le suiv.	
23	mandunt, (carpunt,	169 hh
23	maneant , seu ,	413 d
22	manebo , (propinq ..	245 g
	— (atque ibi ,	269 g
22	maneo? (an hic ,	394 a
		et 421 e
	V. maneant, manebo, manes, manesis , manet, manete , mansit.	
22	manes de maneo.	
22	manes! (ignoscere ,	147 b
	—. (patimur ,	197 k
	V. manium.	
22	manes de maneo.	
22	manet altâ mente ,	175 q
	— sub Jove ,	235 l
	— aliâ mente , 299 i ,	312 k
22	manete (ambæ ,	87 p
	Mangiu , v. le ch. XLVII.	
:4	manibus aquam ,	96 f
	— date lilia ,	96 g
	— pedibusque ,	148 p
	— puer ,	173 v
	— est , promi ,	200 a
	— (cedo aquam ,	359 b
	MANIÈRE D'APPRENDRE LES LANGUES,I,II,III,IV,etc.	
11	manifesta canentem ,	396 b
14	maniplares meos ,	252 i

		Pag.
2	Manipulum conj...	439 k
3	manium jura sancta,	107 k
2	Manlius arcis stabat,	312 t
3	mansio , læsio ,	38
22	mansit (adventum ,	175 p
21	mantat (Veneris ,	209 f
3	mantelia (ferunt ,	108 f
2	mantelio terguntur,	173m
21	manto , v. mantat.	
:4	manu (potiora ,	95 d
	— fert ,	96 f
	— servum ,	233 a
	— nobis est ,	234 l
	— peteram ,	241 e
	— positum est ,	259 e
	— situm est ,	262 c
	—, sanguis ,	428 t
:4	manui manum ,	96
:4	manum junge ,	96 b
	— non verterim ,	96 c
	— (armemus ,	115 b
	— consererent ,	316 b
:4	manus amicat ,	96 d
	— dedisti ,	96 h
	— credunt ,	96 i
	— admovit ,	112m
	— miratur ,	113 p
	— (danto ,	141 c
	— scientiæ ,	185 o
	— (post terga ,	170 g
	— (terguntur ,	173m
	— (ipse in ,	231 a
	— suas in ,	250 d
	— emicat ardens ,	303 i
	— (imposuisse ,	348 b
	— vestras ,	359 b
	V. manibus, manu, manui, manum, manus.	
:4	manus injectio ,	96 a
:4	manuum lotio ,	96 c
3	mapale, muletrale ,	108
2	marathros benè ,	321 c
2	Marcelli (ævo fama ,	412 a
2	Marcello favebont ,	362 b
3	mare infestum ,	204 i
	— currunt ,	265 i
	— legatos ,	369 b
	— jussit ,	427 b
3	mares animos ,	111 b
	— austeritas ,	169 l
	— canunt ,	435 r
11	margaritis deform...	430 d
3	mari persequar ,	90 t
	— (vel medio in ,	392 b
3	maria alta tumesc...	108 l
11	marinos (visura ,	204 i
11	marinus , aquilinus ,	34
2	mariscæ (cæduntur ,	114 o
2	marite , nuces ,	173 h
11	maritimis custodiis ,	244 e
2	Marium (si me amas,	422 b
2	Marius bibit ,	241 a
	—, vitabundas ,	280 l
	— hispanus ,	427 a
	V. Marium.	
3	marmor, v. marmoris.	
11	marmoreum pro ,	331 b
3	marmoris putalis ,	210 g
3	Martem indomitam,	420 g
11	martiis, cælebs, quid,	246 c
3	mas , v. mares.	

	Pag.
:3 Mater est omnium,	90 l
— amixit,	167 c
— eradiit,	273m
— mortui,	206 b
—, intrò quin,	342 a
—. (— rectè,	376 c
—. (ita esse,	408 g
— (ita ero,	415 b
—, et quasi,	425 g
V. matrem, matres, matri, matribus, matris.	
11 materiarius,	35
:1 matertera (amita,	433 h
:3 matrem Pausaniæ,	290 e
:3 matres animo,	220 c
:3 matri dedit oscula,	109 k
— longa,	254 b
:3 matribus ibo,	226 i
— hœdos,	355 h
2 matrimonium tradit,	207 k
:3 matris iram,	169 l
:1 matrona potentis,	348 k
:1 matronæ (cum,	169 d
11 matura non erant,	263 h
30 maturè (pecuniam,	173 b
— facto opus,	403 h
11 maturis frugibus,	302 a
MAUGARD, son cours,	LXVII
— sur Luneau,	LXV
cité p. 284, 305, 347, 405, etc.	
20 MAvis ut abeat,	136 h
20 mavolo me abs te,	54 x
'3 Mavors accingitur,	420 f
20 mavult perdere,	136 i
20 mavultis damnari,	136 l
11 maxima facta pat...	169 n
— cura tristis,	192 b
— post,	261 c
11 maximâ voce,	145 c
11 maximas potest,	402 i
30 maximè nostra,	345m
— res in periculo,	402 d
11 maximum interdùm,	234 q
11 maximus, pessimus,	39
—	et 74
V. dans les 6 précéd.	
11 maxuma facta,	169 n
30 maxumè . tùm,	399 b
11 maxumi (fecit,)	215 c
— pretii esse,	216 d
11 maxumum est,	276 d
11 maxumus, v. dans les 4 précédents.	
'o me fecisse confiteor,	55 l
— esse dico,	73 a
— duce. carpe,	79 e
— intelligis?	79 d
— amas, ego te,	80 a
—, vos valete,	80 b
— jussit,	85 b
— excruciant,	85 f
— vituperas!	87 r
— deficiunt,	88 p
— recipiam,	89 f
— orabat meus,	91 k
— delegerat,	105 c
— finxerant,	110 h
— vide,	143 p
— ex hoc,	146 n

	Pag.
'o Me bardum,	148 g
— illa cura,	167 f
— et amabis,	166 h
— illa aculeus,	169 v
—, quòd scribas,	169 x
— putas, seriò,	174 i
— misit ad vos,	174 x
— liquit animus,	178 e
— teucri,	180 h
— stultitiæ,	212 h
— (pudet,	212 k
— miseret, me,	213 d
— excruciat,	219m
—, meæque,	259 h
— delectat,	281
— amari et,	287 e
— dare vobis,	288 o
— omnium,	299 k
— remoratus est!	301 e
— tibi tuas,	301 u
— misit,	347 g
— ne efferre,	364 b
— amici, partim,	377 b
— miserum sentio,	365 c
— esse. — At ego,	390 a
— ipse consolabar,	401 a
— vivere,	402 b
— modo voles,	408 g
— excrucio ; mac...	410 g
— audies, vitabis,	422 a
— sinit,	427 t
—, crede,	442
— Crispini,	442 g
11 mea flagitia?	81aa
— studia,	169 b
— (interest quàm,	211 r
— Cæsaris interest,	211 t
— militis,	212 b
— carmina,	225 b
— quæ erga te par,	259 b
— (putem,	294 k
— Glyceriam,	303 f
— suavium,	304
11 mea tæda nocebat,	345 o
— est,	405 f
11 meâ quidem,	312 g
—, sponte,	378
— renidet,	389 a
— causâ vel medio,	392 b
11 meæ filiæ,	80 h
— ignoscas,	226 l
11 meæ (precesque,	228 c
— partes id,	301 i
— uxori latæ,	407 g
— video,	410 l
11 meam herus,	216 b
— (vitam,	250 c
— gnatam,	328 b
21 meant (hùc illàc,	438 o
11 mearum (motor,	436 i
11 meas imbrices,	114 i
— opes illa mens,	171 r
— quæ accipite,	359 b
30 mecastor id fuit,	373 d
'b et 30 mecum, pour cum me.	
— ipse reputavi,	287 h
— hàc unâ,	310 b
— erit,	410 k
10 mecu' st, pour mecum est.	
— negotii,	224 f
— ? (negotii,	224 f

	Pag.
11 Medi sequebantur,	115 r
11 mediâ, quo effodêre,	307 g
— sese tulit,	312 g
11 medias rapit ira,	264 g
11 mediatus, sceleratus,	36
3 medicaminibus,	433 a
:1 medicina dolori,	171 g
:1 medicis quemadmodum,	360 e
11 medicus, quæso, es? — plusquam medicus,	XLIV
11 mediis soccus,	441 l
11 medio jacet,	191 b
— (castrorum,	312 p
— relinquimus,	312 p
— tutissimus ibis,	312 g
— in mari,	391 b
— consuetaque,	439 e
2 Mediolanum condidêre,	109 h
11 medios delapsus in,	312 h
— delapsus esse,	349 g
— ire satellites,	383 d
11 mediterraneus,	37
21 meditor esse affabilis,	348 l
—, debeo,	349
11 medius prorumpit,	312 l
— fidius !	312 n
—, imus,	313
V. mediâ, medias, mediis, medio, medios.	
:1 medullam humor,	417 c
:1 medullas (mordet cura,	163
11 medus, v. medi.	
30 mehercule ! reviviscunt,	372 k
— dictum,	376 f
30 mehercules ! hoc dicam,	372 m
'o mei solius,	79 a
— (miserescat,	213 c
11 mei, pro vobis,	318 f
— misi,	429 o
11 meis vidi,	86 g
— mittam,	221 f
— me amari,	287 c
— te fidere,	288 l
— me amari,	370 a
3 mel mihi visus,	168dd
— mihi videor,	169 a
V. mella, mellis.	
'a Melibœi? (pecus? an,	202m
14 melior, pejor,	39 et 74
V. les 3 suiv.	
14 meliora proboque,	143 a
— piis,	178 g
—	et 198 g
14 meliore perges viâ,	423 a
14 melius (doctus iter,	273 i
— est quid agas,	301 d
— pejus, prosit,	321 d
— referet,	406 c
— turdo,	430 p
30 melius (nemo,	178bb
— fieri,	232 d
— facturum,	289 d
— esse Tyrenem	346 k

Pag.

3 Mella condit amph... 117 *l*
— (ilice , 437 *e*
11 mellifluus , 24
3 mellis adjiciunt 105 *q*
3o membratim, ordiza-
tim , 377
— cœsimque... 377 *a*
2o memento , amabo, 219 *i*
2o memineram Paulum, 354 *h*
2o meminerint (exem-
plis , 86 *i*
— legentes , 355 *a*
2o memineris (nunc ais, 81 *h*
— (fac , 165 *t*
2o meminero (pulchrè , 354 *i*
2o memini qui panem , 165 *n*
— me corycium , 354 *g*
— , si verba , 422 *c*
— tametsi , 424 *f*

V. les 4 précéd. et les
3 suivantes.

NOTA. Ce verbe n'a point
de présent.

2o meminisse necesse , 355 *c*
— horret , 411 *d*
2o meminisset, me , 355 *b*
2o meminit (homo rem, 219 *e*
— nostri ? 334 *b*
·3 et :3 memor ignium, 104 *o*
— (cape dicta , 128 *n*
21 memorant (abegisse , 325 *d*
21 memoret (vel ut , 308
:1 memoriam (omnem , 140 *l*
— classis est , 261 *c*
21 memoro , *v.* memorant,
memoret.
·2 Menæchmo nomen , 225 *g*
·2 Menæchmus? -sum , 373 *a*
·2 Menander fecit. . 295 *i*
15 mendacem esse , 124 *m*
2 mendacium , solens , 356 *e*
15 mendax , *v.* mendacem.
21 mendicas... (quia , 405 *g*
11 mendicus? XLIV
o *et* 3o mene efferre , 364 *b*
·2 Menelaus (Polides-
que et , 295 *g*
et 318
23 meno , *inusité, v.* memini , etc.
:3 mens hominum , 105 *e*

V. mente , mentem , mentis.

·3 menses (fastidia , 254 *b*
— tres abest , 272 *f*
— (procedere , 288 *f*
·3 mensibus videtur , 145 *f*
·3 mensis , *v.* les 2 précéd
11 mensum eiebat , 63 *a*
:3 mente repostum , 175 *q*
299 *i* et 312 *k*
— sonum , 234 *a*
— atque omnibus , 243 *b*
— furores , 429 *e*
:3 mentem venit , 79 *b*
— nequit , 275 *i*
— mortalia , 317 *g*
— venit ? 413 *g*
2 menthastrum (philos... 35

Pag.

24 Mentiare (nolo , 135 *c*
:3 mentionem (feci , 403 *k*
24 mentior , *v.* mentiare et
les 2 suiv.
24 mentirentur (qui , 129 *g*
·4 mentiri meum... 300 *g*
:3 mentis compos , 219 *q*
— est virtus , 299 *e*
2 mento palearia 238 *g*

MENTUM, MEN (ter-
minatifs , 44

2 mentum barba , 386 *c*
11 meo , aurum aiebat , 141 *m*
— Lamia... 170 *o*
— servo , 231 *e*
— ferére , 323 *f*
— (moderari , 341 *c*
— more fecero , 356 *e*
21 meo , *v.* meant.
11 meorum (aliquem , 217 *c*
11 meos (sparge , 116 *k*
·4 mercatu si velit , 276 *b*
— venio , 276 *d*
11 mercatu es , 104 *b*
:3 mercedem sat num-
mos , 419 *b*
11 mercenarius, semina-
rium , 35
21 mercentur Atridæ , 217 *l*
:3 merces , *v.* mercedem.
21 mercor , *v.* mercentur.
·2 Mercurii est mihi , 202 *b*
·2 Mercurio similis , 275 *b*
·2 Mercurium jurotibi.. 340 *a*
·2 Mercurius , *v.* les 3 précéd.
22 mereo , *v.* merui , meruimus , meruit.
·3 mergites ex spicis , 115 *n*
23 mergitur unda , 172 *acc*
23 mergo , *v.* mergitur, mergunt , mersit.
23 mergunt in flumen 227 *h*
·5 meridiem exercitum , 260 *f*
— in academiam , 261 *a*
— operam , 261
21 merito , optato , 3-8
11 meriturus mihi , 366 *h*
21 merses profundos ,
lises merses pro-
fundo , 227 *b*
23 mersit visceribus , 172*bb*
22 meruant fierem , 349 *h*
22 meruimus ego et , 318 *b*
22 meruit proximus , 349 *b*
:1 merulis intentus , 441 *b*
11 merum (motusque , 167 *p*
— caupo , 435 *b*
11 merum , *v.* merum (pur ,
vin pur).
:3 merx hera hæc , 192 *h*
:3 Mesanam nemo , 330 *l*
:3 messem Julius , 170 *k*
:3 messes (horrea , 63 *b*
:3 messis , *v* les 2 précéd.
23 messuit uvas , 179 *s*

META, initiatif , 17

:1 meta , *v.* metas.
:3 metamorphosi (in , 428 *m*
11 metanda in ripis , 369 *b*
:1 metaphora , 17

Pag.

:1 Metas (decurrit ad , 374 *c*
:3 metathesis, metaphora 17
:2 metebant farra , 116 *p*
:2 methodus (metha-
phora , 17
24 metior , *v.* metitur.
23 metis cidem , 222 *a*
23 metit orcus grandia , 179 *l*
23 metitur (seritur nec , 222 *b*
24 metitur utrumque , 63 *d*
23 meto , *v.* metebant , messuit , metis , metit , metitur.
·4 metu , Cytherea , 173 *c*
— (commotus est , 262 *b*
— cogimur esse , 346 *e*
— , ea in veram... 404 *e*
23 metuant (oderint ,
dùm , 354 *d*
23 metuebas (esses leno , 342 *i*
23 metuere (noli , 135 *c*
23 metui quàm amari , 136 *m*
23 metuo (neminem , 232 *m*
— fratresue , 340 *e*
— ne non , 342 *f*
— ut ne possim , 340 *g*
— ut ne pereat , 340 *f*
— quin meas , 407 *g*

V. les 4 précéd.

·4 metus (en ipsos , 186 *a*
— narrant , 325 *i*
— (nulli nocte , 417 *m*
— ut mihi , 438 *a*

V. metu.

11 meum (officium , 146 *c*
— pluris , 198 *a*
— flocci , 214 *l*
— statuo , 261 *o*
— virum , 281 *i*
— quod datum est , 300 *d*
— est quærere , 300 *f*
— (mentiri , 300 *g*
— commutem , 346 *k*
— bile , 372 *e*
— (depollet , 436 *q*
11 meus (ornabat , 91 *k*
— esses , 345 *l*
— (pater , 356 *b*
— est , 405 *f*
— (sanguis , 428 *t*

V. mea, meâ, mem, mecom,
meuram , mei , meis,
meum , mi.

10 mi vir, i tu , atque , 92 *b*
— anime , 100
·o mi *pour* mihi , 146 *k*
— respondere , 146 *k*
— ut satis ait , 340 *b*
— adimet nemo , 423 *g*
:1 mica , *v.* micas.
21 micant peltæ , 438 *p*
— (timore , 438 *q*
:1 micas friatur , 439
21 micat æreus , 438 *p*
15 migrantes cernas , 342 *g*
21 migrare certu' st , 439 *s*
10 mihi in mentem , 70 *b*
— tricas narras ? 81 *e*

		Pag.
10	Mihi dati ,	96 o
	— (misero ,	101 g
	— facies morum ,	148 i
	— facilia facta ,	149 c
	— ipse ,	160 f
	— visus sum ,	168dd
	— videor,	169 a
	— sat est loci,	206 b
	— litteræ	215 b
	— nec seritur,	222 b
	— carior alter,	222 f
	— abstineant ,	223 a
	— providero ,	223 h
	— nummi ,	224
	— fingere prodest ,	224 i
	— tu, tui, tua, cum,	225 a
	— est Menæchmo,	225*g
	— dant quòd ,	225 i
	— videor hæc ,	227 o
	— sic hoc videtur,	227 p
	— nullo discrimine ,	227 r
	— neque visa ,	228 g
	— (spectata est ,	228 g
	— feriendus aper ,	228 h
	— saltandum est ,	228 l
	— (redeundum est ,	228 n
	— ancillas invito ,	229 b
	— ipse in manus ,	231 a
	— tecum.. certamen,	237 a
	— res redit ,	270 g
	— præda ,	276 g
	— ista ,	288 d
	— sint ,	288 a
	— onus visum est ,	304 a
	— satis haud liquet ,	320 g
	— suasit,	337 f
	— ne abscedam ,	337 g
	— mongeri ,	366 c
	— placebat ,	345 n
	— gratias esse ,	425 k
	—, populo tu ,	430 c
	— cantharo ,	435 k
	— pharetram ,	435 l
3	miles à me vir,	229 d
	—, turpe senilis,	302 d
	V. milite , milites , militis.	
11	militaris, angularis,	35
3	milite ? (es ab illo,	127 b
	— (abiit jam à ,	393 b
3	milites equitesque,	115 o
	— (vigiliam ,	132 t
	— terror,	179 b
	— opus sunt ,	243 f
	— viâ ,	385 a
11	militiæque præclara,	208 d
	— et domi ,	208 a
11	militiam assuescat ,	249 a
3	militiis (refert mea ,	212 b
10	mille, milliès ,	41
	— rotam volvêre ,	264 i
	et 272 h	
	V. millia, millibus.	
11	millesimus, noning..	41
3	millia viginti ,	255 d
	— passuûm tria ,	273 b
	— passuûm canalem ,	273 c
	— electi ,	283
	— cæsi ,	303 b
	— hominum ,	303m
3	millibus passuûm ,	305 l
	— octo ,	374 n

		Pag.
30	Milliès (noningentièn,	41
3	Miltiade cum ,	399 c
2	milvo bellum est ,	311 n
1	mina v. minis viginti .	
12	mina , v. minas , minis .	
11	minas (hujus ,	423 k
21	minatur dejecturam ,	363 n
23	mingere (ou meire ,	169 g
	— vis iterum ,	169 g
23	mingo. v. mingere , (ou meire), minxisti.	
30	minimè sputator,	441 i
11	minimi pretii ,	146 o
11	minimam herbarum ,	205 m
11	minimus, supremum,	39
	—, optimus ,	74
	V. les 2 précéd.	
11	minis addit ,	89 i
11	minis (viginti ,	247 a
	— (triginta ,	278 b
2	minister, minister...	28
	—, ministri ,	104
2	ministerium, mon...	28
21	ministrat (gelidèque,	381 o
	— (roremque,	438 n
21	minitaris (matilus ,	439 l
2	ministri, minister,	104
14	minor, (major,	39
	— melior,	74
	— est Jove,	248 c
	V. minores, minoribus , minoris.	
21	minor, v. minatur .	
14	minores opes fuer...	401 f
14	minoribus (de ,	366 f
14	minoris factum,	248 g
3	Minos fecerit ,	383 b
30	minumè irasci ,	354 f
30	minùs, valdiùs ,	39
	— validos ,	258 g
	— ve dicat ,	391 d
	— valent ,	54 n
	— præda quàm ,	205 i
	— multi opus ,	243 g
	— te in pistrinum ,	408 c
	— hoc me tamen ,	423m
14	minutior, grandior	39
23	minxisti currente ,	169 f
11	mira comitas ,	390 c
11	mirâ (origine ,	107 g
21	mirabar quid mœsta ,	199 t
21	mirabere nubem ,	159 d
14	mirabile visu !	159 d
	—, palma ,	310 a
14	mirandæ (pernicit ..	114 f
21	mirantur tui ,	387 f
21	miraris, si potrissat ,	440 i
21	miratur (manus ,	113 p
21	mirere cur à te id ,	420 h
21	miror, v. dans les 8 précéd.	
11	mirum quantùm ,	336 a
	— quantùm ,	345 a
	— at ,	373 c
	— ni domi est ,	423 f
11	mirus , v. mira, mirâ, mirum.	
22	miscent aconita ,	430 n
22	miscentur (densæ ,	259 l
	— ... mixtæ ,	369 n
22	misceo, v. les 2 précéd. et le suiv.	

		Pag.
22	Miscuit utile dulci ,	300 e
12	misera occidi ,	371 d
14	miserabilis , laud ..	31
12	miser homo est ,	73
	— quod habui ,	396 g
	V. misera , miseris , misero , miserum.	
23	miserat Ida ,	115 g
11	miseratus amantem ,	304 f
22	miserect (amberam ,	37 b
22	miserebat (harum ,	64 e
23	miserescat mel ,	213 e
23	miserescere , vir...	30
22	miseret nec piget ,	79 m
	—, me piget ,	213 d
11	miserias ego natus ,	270 o
11	misericordia ista est	84 p
12	miseriis (ferundis ,	271 p
14	miserior quàm tu ,	311 f
	— (sed ille est ,	73 c
12	miseris mori ,	73 d
12	misero mihi !	101 g
11	miserrima (quæ es ,	311 f
11	miserrimum est ,	73 c
	— (quin sim ,	401 c
12	miserum est?	73 d
	— et grave ,	304 a
	— (heu me ,	371 b
	— sentio et ,	385 e
	— esse , libenter ,	411 g
23	miserunt, at nunt...	335 c
	— ut nuntiaret ,	415 d
23	misi, (mnia decem ,	313 d
	— cautinem ,	430 o
	— (pedibus servum ,	233m
23	misisti (librum ad ,	230 e
	— ad navim ,	378 f
	—, Troja ,	429 l
23	misit (equitesque ,	115 o
	— pater ,	122 c
	— ad vos oratum ,	174 x
	— pater ,	205 b
	— ab annis ,	241 b
	— legatos ,	291 b
	— (protinùs alto ,	328 h
	— (herus me ,	347 g
11	missa lacerto ,	368 a
3	missile , missilia ,	108
4	missum de mitto ,	163
11	missura cutem ,	438 l
11	missus , v. missa.	
12	mitescunt zephiris ,	113 d
14	mitis in apricis ,	430 b
23	mittam ad te ,	221 e
	— desertorem ,	253 f
23	mittar (intrò ad vos ,	330 c
23	mitte, mulier ,	106 b
	— male loqui ,	174 f
	— , age ,	379 a
	— ista atque ,	390 b
	— omnes ,	438 a
11	mittendos , trans ,	369 b
23	mittimus (Phœbi ,	281 a
23	mittit ebur, molles ,	197 d
	— viginti ,	221 d
	— spurc.im ,	441 f
23	mitto , committo ,	68
	— (usque adhæc ,	290 b
	V. les 6 précéd. et miserat , misi , etc.
11	Mitylenæ quæ vest...	192 e

	Pag.
:o Mitylenen aut ,	3o1 *e*
:: mixta tenax segeti ,	43o *k*
:: mixtæ glomerantur,	36g *n*
— pueris ,	384 *g*
'4 mixtum *de* mixceo.	
'2 Mnestheus pellem ,	221 *a*
MODES des verbes ,	326
:: moderandum est ,	215 *p*
2: moderari meo ,	341 *c*
2: moderatur natura ,	438 *a*
3o. modestè paret,	341 *d*
:: modestiæ, audacter,	3o6 *d*
:: modestus , agrestis ,	28
3o modicè hoc ,	257
MODIFICATIFS ,	291
'2 modis me purgem ,	81 *s*
'2 modium tritici ,	294 *b*
'2 modo te vivere ,	277 *i*
— facere non paduit,	323 *b*
— voles ità esse ,	4o8 *g*
— erga amicos ,	4o9 *c*
3o modò nescio quà ,	LVI
— in crepidis ,	234 *k*
— in caliga ,	234 *k*
— non contà ,	257 *d*
— non pro me ,	258 *h*
— in Galliam ,	266 *h*
— posce deos ,	274 *d*
— admodùm ,	378 *d*
— ait , modò ,	3-8 *a*
— simulato ,	4o4 *e*
— et quà te ducit ,	4o4 *f*
'2 modum locuti sunt,	251*m*
— cecinit ,	25: *n*
— ? (quemnam ,	4o9 *d*
'2 modus inserere ,	7
— in rebus ,	127 *c*
V. modis, modo, modum.	
'2 mœcho est ,	436 *t*
3 mœne , *v.* mœnibus.	
3 mœnia condant ,	3o5 *f*
— linquit ,	314 *d*
— vel Apolline	391 *e*
— vertunt ,	428 *u*
V. mœnibus	
3 mœnibus urbes ,	117*n*
— arient ,	236*m*
3 mœnium *de* mœnia.	
'3 Mœri , pedes ,	199 *i*
'3 Mœrim vidi ,	193 *h*
'3 mœrore potuit ,	236 *f*
:: mœsta deos ,	199 *g*
:: mœstum vultum ,	29o *d*
'2 Mœvi (carmina ,	199 *g*
:: mola buxea piper ,	177 *e*
:: molecula articulus ,	47
:3 mole ruit suà ,	88 *k*
:3 molem et montes ,	1o7 *i*
:3 moles! quos ego ,	198 *f*
V. les 2 précédents.	
24 molior , *v.* moliuntur.	
:: molis fregerunt ,	168 *x*
— frangunt ,	168 *y*
:3 molis erat romanum,	211 *o*
24 moliuntur , dàm ,	324*m*
—	et 419 *e*
:4 molle caput ,	17o *a*
:4 molles sua ,	197 *t*
:4 mollibus ulyis ,	441 *q*

	Pag.
:4 Mollis , *v.* les 3 précéd. , et mollium.	
:4 mollit (ventrem ,	1o9 *n*
:5 mollities (pigritia ,	43
:4 mollium tandem ,	22o *n*
2 momento cita mora,	2o2 *d*
2 momentum *de* mo- veo ,	44
22 momordi (...dente ,	5o *a*
22 momordit (frænosq..	11o *a*
— (paupertas ,	165 *v*
2 monasterium , cam- pestris ,	28
22 monens de testam...	274 *i*
— (nullus ,	424 *f*
:: monedulæ aut anates,	341 *b*
22 moneo , desinant ,	273 *k*
— , admoneo ,	274
V. moneas , les 4 suiv. , et monui , monuit.	
22 monere me oportet ,	37o *d*
22 moneret (esset ,	36o *l*
22 moneri vicinum ,	37o
22 monet (res	97 *e*
3 monilibus et marg...	439 *d*
'3 montis (lapsus ,	264 *d*
:3 monitiones exaudit ,	372 *d*
:: monitorius, oratorius,	46
'3 mons Atlas à terrà ,	273 *a*
V. montem, montes, mon- tibus, montis, montium.	
2 monstra ferunt ,	91 *d*
2 monstrum (effugit ,	294 *g*
— quæ ,	283 et 3o4 *f*
'3 montem , sublato ,	16o *l*
'3 montes imposuit ,	1o7 *t*
— , nascetur ,	43o *a*
'3 montibus umbræ ,	165 *f*
— Ida ,	174*m*
— adsunt ,	429 *g*
'2 monticulus, pediculus,	47
'3 mont-*is* , port-*us* ,	58
— equum ,	2o7 *l*
— lapsus ,	264 *a*
'3 montium silvæ ,	172 *l*
22 monui (arcui ,	59
22 monuit (consules ,	3o5 *g*
— milites ,	385 *a*
2 monumentum ,	44
'2 Mopse , prior ,	199 *f*
:: mora profuit ærei ,	313 *e*
:: more fore ,	2o2 *p*
—	et 291 *a*
— habeo , dùm ,	2o5 *k*
— fore ,	291 *a*
'2 moram (facies ,	148 *t*
— nou pato ,	363 *i*
:: morandi (innecte ,	2o3 *h*
15 moras, quid agam?	245 *l*
:: mores (rumpe ,	63 *c*
—	178 *l*
— tædet ,	16o *b*
:: mores rectè veniat ,	324 *t*
'2 morbi (habitant ,	439 *g*
:: morbificus, aurificus,	24
22 mordeo , spondeo ,	51
V. mordet , momordi , momordit.	
22 mordet cura ,	165 *x*
2: mordicare, claudicare,	29

	Pag.
3o Mordicitùs mordicùs.	377
3o mordicùs , divinitùs ,	377
'3 more fecero ,	356 *e*
'3 morem fecerat usus ,	111 *f*
— tibi ,	175 *x*
— mihi ,	223 *f*
2: moreris (an sub divo,	235 *k*
Hon. 2 , Od. 4.	
25 moreris , *de* morior.	
'3 mores (mulat , non ,	1o7*aa*
— (hominum ,	187
— pristini ,	277 *f*
— via ,	292 *f*
— ! (inversique ,	373 *c*
— hominum ,	382 *c*
— antiquos ,	397 *c*
25o mori miseram ,	73 *d*
— quàm ,	136
— pro mœnibus ,	236*m*
— ? (in actu ,	25o *k*
— me mallem ,	343 *e*
'3 moribus venæ ,	234 *d*
:: moriendum fuit ,	411 *c*
:: morigera fuit ,	429 *a*
2: morigerare , aliger ,	25
:: morigeri pessuli ,	366 *c*
25 morior , *v.* moreris , mori.	
:: moritura deos ,	274 *s*
24 moriturire (parturire ,	28
2: moror , ante tuos ,	356 *d*
— ! (Orcam ,	4o3 *c*
V. moreris.	
:3 morositas , stabilitas ,	42
:3 mors venit ,	2o2 *d*
— versata est ,	26o *b*
— æquo pulsat ,	38, *c*
— mi adimet ,	423 *f*
V. morte , mortem.	
'4 morsus sanatur ,	11o *l*
'4 morsum , *de* mordeo ,	163
:4 mortalia tangunt ,	317 *g*
— facta ,	43o *l*
:4 mortalibus arduam ,	222 *d*
:4 mortalis , venialis ,	32
— ultra fas ,	238 *b*
:3 morte (filii ,	23: *l*
— timendum ,	285 *c*
:3 mortem non posce ,	146 *g*
— quæ juxta ,	259
— filii ,	425 *l*
:: mortui essent ,	296 *b*
'4 motus , visus ,	97
:: mortuum me dicant,	2o9 *l*
:: mortuus est ,	2o9 *k*
— pluris pretii ,	218 *a*
V. mortui , mortuum.	
'3 mos , nux , pes ,	1o1
— est (vatibus hic ,	1o7 *x*
— est oratoribus ,	173 *e*
— est (cuique ,	224 *d*
— erat ,	441 *e*
V. more , morem , mores , moribus.	
'3 motor mearum ,	436 *i*
'4 motum (totum ,	61
'4 motus , visus ,	97
— quæ merumque ,	267 *b*
— (terræ ,	174 *s*
22 movebo (Acheranta ,	27o*m*
22 moveri sensu oportet,	4o4 *c*

Pag.

3o Mox ego hùc , 38o h
'3 mucrone recludit , 95 a
'3 mucronem (coruscat, 436 c
:1 mula , nata , filia , v. le suiv.
:o mulabus , natabus , 91
22 mulceo , v. les 2 suiv. et mulsit.
22 mulcet (pectora , 95 c / 113 i
22 mulcetur cantu , 172ee
3 mulctrale , secale , 108
22 mulgeo , v. mulget , mulsère , mulxit.
22 mulget in horâ , 16.1 l
— in horâ , 173 a
3o muliebriter expavit , 3o4 f
:3 mulier , canis , 95
— mitte , 106 c
— semper quàm , 3io h
— rectè olet , 376 a
V. les 5 suiv.
:3 mulierem ullo in , 325 f
:3 mulieres (animo omnes , 16o h
— duas pejores , 286 c
:3 mulieri invenias , 342 i
:3 mulieribus , non , 367 c
:3 mulieris uxorem , 210 e
— sententiam , 329 i
22 mulsère (quod die , 172ff
22 mulsit cantus , 172dd
11 mulsum date , 435 k
'4 mulsum de mulgeo , 163
:1 multa ou mulcta.
11 multa tulit , LXVIII
— super Lauso , 235 c
— mecum ipse , 237 h
— sub , 253 g
— Cæsarem , 270 q
— qæ in his , 284 f
— Jovem orasse , 290 n
— ? (sunt anne , 394 a
— mala , tùm , 398 a
:1 multâ et pœnâ , 439 f
11 multas tibi mandavi , 97 l
— similitudines , 197 g
— res addidit , 410 c
21 multavit (pœnâ , 469 f
11 multi joci , 115 l
— opus sunt , 243 g
— intercesserant , 399 e
22 multiplicandum, offer, 32
15 multiplicans, dividens, 33
11 multis antè sæculis , 267 b
— malo , 316 a
11 multo Priami de... 312 h
— optimum est, 249 d
— pejus hunc , 354 b
11 multorum vidit et , 382 c
11 multos castra juv... 281 e
— numerabis , 410 c
22 multum (hodiè , 174 o
— diei processerat , 205 a
— est , 233 i
— accipere , 288 k
— fortuna , 323 f
— abfuit quin , 407 d
11 multus , v. multa, etc., etc.
22 mulxit jam oves , 169 h
11 munda sedè mediis, 439 e

Pag.

'2 Mundi Deus , 202 k
'2 mundum (hunc , 429 m
'2 mundus , v. les 2 préced.
11 mundus , v. munda.
3 munera , crede mihi , 112 g
— templis , 321 c
— nostra , 223 m
— , verba , 345 i
3 manere divæ , ` 308 b
3 munus erat exta , 114 e
— est ut ne cui , 338 n
V. munera.
2 munusculum flagitat , 192 f
'3 murem mus fertur , 111 k
'3 mures scuta , 174 q
'3 murex , v. murice.
3 murice mutabit , 114 m
— vestis , 436 e
'2 muros (dividimus , 174 c
— (circumdare , 238 c
— peccatur , 256 l
— cursu petit , 274 f
2 murum castra posuit, 259 a
'2 murus , v. les 2 préced.

MUS fait MUR , 154

'3 mus fertur accepisse, 111 k
— (ridiculus , 43o a
V. murem , mures.

:1 musa dedit , 385 b
:1 musas Veneremque , 382 b
:1 muscæ , culices , 439 h
:1 musica me juvat , 281
11 mustum veratri , 439 k
11 muta facta sit , 340 l
14 mutabile semper , 302 c
21 mutabit vellera , 114 m
11 mutam profecto , 325 f
21 mutant qui trans , 265 i
21 mutari jussit , 106 a
21 mutat, non mores , 107aa
— locum , 377 d

MUTATION, 3e figure d'altérations , 49 et 62

21 mutato nomine , 43occ
21 mutatur in horas , 251 q
21 mutatus ab illo , 372 a
21 mutavit amnis , 273 i
21 mutilus militaris , 439 l
21 muto , v. mutabit , mutant , etc.
11 mutua (par atque , 259 h
11 mutuata (nomen est , 241 g
11 mutus , v. muta.
11 mutans , v. mutua.
11 myricæ (electra , 436 s
:3 myrtis (addere , 321 c
2 mysteria facere , 245 g

N.

NABHOLZ , LXXVIII
'4 NACTUM , de nancisc.. 61
21 nactus coërcendæ , 204 f
3o uæ perperam , 372 f
— ! illi... errant , 372 g
NAËF , LXXVIII
NÆGELI , LXXVIII
:1 Nævia sex , 436 n

Pag.

3o Nam Polydorus , 197 b
— ego vitam , 280 b
— te dare jura , 325 g
— que videbat , 416 c
— hanc tibi , 436 p
14 narbonensis , rhem.. 34
:3 naris emunctæ , 43gm
11 narrandi locus , 203 f
11 narrandum locus , 277 e
11 narrant (ei metus, 325 i
21 narras ? (mihi tricas, 81 v
— , vix credibile , 204 e
:3 narratio brevis erit , 418 h
21 narratur clementia , 258 g
— fabula , 43occ
21 narravi rem ; en , 197 p

NASALEMENT , et DÉNASALEMENT, 66

23 nascantur florés , 275 h
23 nascetur ridiculus , 43o u
23 nati (ex infimo , 291 b
23 nascitur ordo , LIII
— (nemo sine , 234 f
— et casus abies , 204 i
— æsculus , 434 l
23 nascor , v. les 4 préced. et le suiv.
23 nascuntur apes , 429 p
'2 naso quàm oculis , 143 c
'3 naso , nebulo , 38
2 nasum , labra , 386 c
'2 nisus , v. naso.
11 nata erat , 412 c
11 nata melius fieri , 232 d
11 natabaut (vinis oc... 93 g
11 natæ sunt boum , 271
:3 nates (illa , 434 a
11 nati! (robore , 118 b
— (oscula , 165bb
— natorum , 217 e
— sumus , 271 b
21 nato , v. natabant.
11 natorum Priami , 217 a
— (nati , 217 e
11 natos (ad pectora , 175 g
11 natum rei , ferundis , 271 p
— que patrem , 385 c
:1 natura negatis , 81 t
— fert , 212 e
— iter ostendit , 312 f
— patefecit , 429 q
— cujusque , 438 a
:1 naturâ , societate , 297 d
— , nec sum , 442 d
:1 naturæ vivere , 112 h
— imitatio , 43o v
11 naturali sunt jacta , 297 d
11 natus sum , 271 o
— es , aut plus , 272 d
— sum , satur , 403 a
V. nata, nati, etc.
11 natu'st ? quo de , 81 c
2 nauci (sumus non , 214 k
— , pretio , 215
— (non , 215 i
— (habeo , 429 s
2 naufragio intereunt , 242 f
2 naufragium (legir... 24
2 naufragus, legi-rupa, 24
— assem rogat , 429 i
'1 nauta, navita , 66

	Pag.
:3 Navem fregit,	202 g
— , ne doce,	377 f
:3 naves (intereunt,	242 f
— solvit,	253 k
:3 navi. (est advectus,	80 c
— noctem,	176 g
11 navigandum est ego,	234 g
21 navigare (negotium,	301 g
21 navigari poterit,	398 c
21 naviges. (tùm,	398 g
21 navigo. (ego in portu,	84 f
V. les 3 préced.	
:3 navim solvimus,	83 m
— Sosiam ?	3·8 i
:3 navis Syracusas,	179 i
—. (frumentum,	379 d
V. navem, naves, navi, navim, navium.	
:3 navium capax,	205 b
30 n' pour ne,	
NE, initiatif,	17
30 NE, enclitique, etc.	17
— dubitatif,	55
— 'ut stant, v. viden',	55 m
— vides. v. nonne	
vides,	55 n
— id tibi, v. satin',	55 p
V. sin', censen',	
— tu, an non es,	127 g
— sentis (jam...	393 f
— venio (Romam,	304 a
— an timeam (grat..,	394 b
V. adeone, aunc, egone, gratulerne, jamne, mene', nerne, nonne, nosne, numne, Romanne, utrumne, velitne, etc. etc.	
30 ne, négatif,	
— absorbeat nos,	171 m
— ille alserit,	172 o
— algeas hâc,	172 p
— allidas gemmas,	174 g
— temne verba,	175 s
— me attingas,	177 q
— quis adventor,	185
— sus Minervam,	193
— quid ores,	233 k
— plus quatuor,	312 o
— pauciores,	316 b
— suâ re quis,	321 a
— capiunto,	331 a
— sedeas, sed eas,	338 a
— forte credas,	338 f
— fieret jusserunt,	338 g
— duplices,	338 h
— me thesaurum,	338 l
— credas à me,	338 k
— tant,	338 l
— quis vallum,	338 m
— cui quis noceat,	338 n
— crede colori,	338
— verum quidem,	338
— ducas tu illam,	339 a
— quid Andria,	339 b
— non id facerem,	339 c
— non impetrem,	340 d
— non sat esses,	340 i
— autem mihi?	341 c
— ità hunc videar,	360 i
— credat sibi me,	366 e
— doce,	377 f

	Pag.
30 Ne quid plus,	391 d
— sursùm... neve,	395 b
— forte mirere,	410 h
— me Crispini,	442 g
:3 nebulo , labeo ,	38
30 nec caput, nec pedes,	55 e
— verbum verbo,	105 f
— præmia nôris,	112 r
— indole,	114 f
— facit pili ,	114 l
— ridiculos,	114 n
— sum animi,	119 o
— seritur,	222 b
— spes,	235 e
— quidquam tibi,	275 l
— satis ad objurg...	277 d
— te pœnitet,	281 f
— muliebriter,	304 f
— clypei mora,	313 e
— mutam profecto ,	325 f
— galeâ... nec ,	348 g
— moror ante tuos,	356 d
— metuenda in,	369 b
— et neque,	389 g
— non jugo,	389 d
— ne incertam est,	393 g
— amici desere,	404 l
— enim inde,	418 g
— me sinit,	427 l
— sum tam,	442 n
:4 necatum , nectum ,	60
21 necavi et necai,	59
11 necessarius, nef...	17
10 necesse est unumum,	288 k
— est (maximisse,	355 c
— est quo tu me,	408 g
— est (quare id,	401 e
— est inde,	418 h
:3 necessitas clavos,	431 n
:3 necessitate (faciunto,	148 q
30 necnon cernere erat,	319 o
— jugo,	389 d
21 neco , v. necavi, necai.	
23 necte, v. necte, nexisti.	
3 necture vestam,	428 p
11 nectus , necatus ,	56
21 necui, cui necavi ,	59
21 necvi, d'où necai,	60
30 nedùm , donec,	230
— in bello,	330 m
11 nefandas corripuisse,	342 e
11 nefandus, negotium,	17
10 nefas, violare,	108 f
— esse,	363 g
11 nefasti (dies erant,	104 e
21 negant (labe carens,	107 e
— nefas,	363 g
21 negare factum,	107 f
21 negari (non posse,	146 g
21 negat quis ? nego,	138 e
— sese verbum,	363 c
— (modo,	378 g
11 negatis (dolent nature,	81 t
21 negatis, vous niez.	
21 negent (rationem cur,	410 f
23 neglexit alam,	169 k
23 negligere nequire,	18
— , maximum,	234 q
23 negligo matris iram,	169 l
V. les 2 préced.	

	Pag.
21 Nego , ait? aio ,	138 e
V. negant , negare , negari, negat , negatis.	
2 negotii ? (quid est ,	210 h
— mecu' st ,	224 f
— est (quid istuc ,	308 g
2 negotiis (nos nostris,	114 d
— gerendis,	204 d
11 negotiosi eramus,	114 d
2 negotium (nefandus ,	17
— (d. bitis nobis ,	140 m
— hoc ad me ,	271 h
— est navigare ,	301 g
— exhibent mihi ,	384 f
V. negotii , negotiis.	
:3 neminem pol video,	117 n
— (scitote ,	146 q
— metuo ,	232 m
— talem ,	240 g
:3 nemini servias ,	94 b
— obtrudi ,	334 g
:3 nemo it infecias,	132 c
— est prandium ,	141 b
— melius ,	178 bb
— nisi quem ,	198 c
— sine nascitur,	234 f
— est (ex usu tuo ,	245 e
— , et 271 c	
— regum ditior...	264 d
— venit quin ,	330 l
— convertitur,	397 d
— est quin ubivis ,	418 d
— (mî adimet ,	423 g
— est grandium ,	431 m
— spectat,	440 n
V. neminem , nemini.	
3 nemore Pelio ,	340 n
30 nempè hinc abire ,	439 n
3 nemus , v. nemore.	
21 neo , v. netur.	
30 neque veto , neque ,	55 f
— ursi,	123 q
— levavi,	123 f
— est te fallere ,	199 k
— visa,	218 d
— ego committam ,	224 e
— Lydie erat ,	250
— enim hoc te ,	280 m
— hoc te fallit ,	281
— ego neque tu ,	318 g
— prius fugere ,	349 e
— defatigabor,	349 g
— et 351 g	
— studere , neque ,	354 f
— Herculea ,	371 l
— altum ,	376 d
— aurewm meâ ,	380 g
— ego insanio ,	389 b
— erlo , neque emo ,	389 c
— antiquos ,	397 c
— di omnes id ,	402 a
— eatenûs ,	411 t
— undè eam ,	418 f
— quorsùm ,	418 f
10 nequam et malum ,	341
20 nequeam ingenio ,	341 c
20 nequeo , nequire ,	18
— præeo ,	234
— superos ,	170 m
— in ædibus ,	209 c

		Pag.
20	Nequeo, valeo ,	349
	— quin fleam ,	371 c
	V. nequeam, nequire, nequit, nequivi.	
30	nequicquam , janitor,	
20	nequire, nolo ,	18
20	nequit consistere ,	258 c
	— (expleri mentem,	275 i
20	nequivi (animo ,	283 c
11	nescia mens hominum,	205 e
24	nesciat urbem ,	344 q
24	nescio quâ , venisse ,	LVI
	— quot nummi,	214 c
	— (ubi sim,	236 h
	— quàm ,	305 h
	— quorsùm eam ,	334 d
	— gratulerne ,	344 b
	— (fueris ,	360
	— (agendum,	360
	— illud unum ,	394 b
	— herclè neque,	418 f
	— (pectinem,	411 d
24	nescire (turpe ,	146 m
24	nescis quò valeat ,	334 d
	— (uxor esse ,	349 c
	— cui maledicas ,	360 a
	— (dicturus sis ,	360 d
11	nescius , v. nescia.	
22	netur (lanugo ,	119 g
30	neu cineres sparge ,	118 k
	— sim c. usa,	128 n
	— quis mihi ,	131 r
	— propiùs tectis ,	395 a
12	neuter de ne et uter,	17
30	neve mihi noceat,	55 h
	neve rubentes ,	395 a
	— usque ad lucem,	395 b
23	nexisti retia ,	170 u
4	nexu aut acervatione ,	379 d
30	ni hinc abis ,	365 f
	— domi est ,	413 f
32	NIEDERER, chef d'un institut à Yverdon ,	LXXVIII
32	niger , (acer , v. dans les 6 suiv.	77
12	nigra (fusca ,	441 c
12	nigrum dixit esse ,	127 p
23	nigrescunt sanguine,	420 g
15	nigricans aspecta,	430 f
12	nigrorum memor ,	104 o
12	nigrum? (alba an ,	93 d
	— traxère,	160 c
o	nihil factum ,	81 o
o	Nihil evenisset mali ,	190 m
	— sum ,	142 a
	— fieri ,	143 b
	— est dictu ,	145 n
	— possis ,	191 b
	— istâc ,	243 c
	— præter ,	264 e
	— ante rem ,	264 g
	— te ad ,	271 i
	— suprà ,	274 e
	— peccat ,	280 k
	— vident nisi ,	311 d
	— video esse ,	328 b

		Pag.
o	Nihil (promoveo ,	329 d
	— est dignius ,	341 e
	— agere ,	347 b
	— (olet ,	376 a
	— huc simili ,	386 c
	— evenisset mali ,	401 c
	— abest quin sim ,	407 c
	— volo aliud ,	423 i
	— mihi gratius ,	425 k
	— veritati loci ,	438 u
	— asperum ,	440 c
2	nihili! (homo ,	94 g
	— pendimus ,	214 g
	— (non hili ,	215 k
	— imperium ,	216 f
	— qui nequeam ,	341 c
2	nihilum, de ne hilum ,	215
o	nil habeo quod ,	81 g
	— desperandum ,	113 q
	— mortalibus ,	222 d
	— illum sub orbe ,	281 c
	— cupientium ,	396 a
	— habet infelix ,	425 m
	— melius turdo ,	439 p
	— vulvâ ,	439 p
30	nimis (hâc re,	235 d
	— acer ,	324 k
	— vellem ,	343 d
	— ecastor ,	373 c
30	nimiùm cavere ,	266 f
	— tutus ,	208 f
	— (indulges illi ,	172 aa
	— bonæ rei ,	205 s
	— in senectâ ,	330 d
	— meminisse ,	355 c
	— secundo ,	375 a
11	nimius fortasse ,	290 l
33	ningat, non grandinet ,	324 d
	— (futuram sit ut ,	360 v
23	ningit (toto aere ,	169 m
23	ningo v. ses formes,	360
23	ninxerat totâ passim ,	169 m
30	nisi utile ,	LXIX
	— soleres per te ,	141 e
	— quod lubet ,	143 f
	— quem ,	198 e
	— ad meroatum ,	276 d
	— quòd nihil ,	280 h
	— sis stultior ,	311 h
	— quod lubet ,	311 d
	— contulerit ,	311 u
	— quin ,	330
	— te scire hoc ,	347 a
	— quod est ,	389 c
	— sempiternum?	405 b
	— domum?	409 a
	— mercederm ,	419 b
	— quid pater ,	423 e
	— mors mî ,	423 g
	— me fallit ,	423 h
	— Philamenam ,	423 i
	— plena erroris ,	438 i
2	Niso Mnestheus ,	221 a
23	nititur pennis ,	152 e
23	nitor, innitor ,	68

		Pag.
11	Nivei quàm lactis ,	220 d
13	nivem nigram ,	117 v
13	nives, redeunt ,	122 b
11	niveus , v. nivei ,	
13	nivis atque diræ ,	205 h
13	nix septem ,	273 f
	V. nivem , nives , nivis.	
14	nobilis , facilis ,	81
	— ? (urbs ,	192 e
o	nobis non esse ,	LXII
	— hæc otia ,	79 h
	— cum vivit ,	79 t
	— sint obnoxii ,	87 d
	— (bibat.—et ,	118 f
	— cum (fuistis ,	119 g
	— verba putas ?	141 f
	— hominibus ,	211 k
	— opus est ,	224 k
	— lucro fuisti ,	225 c
	— probatur ,	227 q
	— omnia ,	227 s
	— quod parentes ,	228 m
	— navigandum ,	234 f
	— et auctor opus ,	243 h
	— clerandum ,	284 f
	— sit agendum ,	360
	— (contingat id ,	364 a
22	nocet (neve mihi ,	55 h
	— (ne cui quis ,	398 n
22	nocebat (mea tæda ,	345 o
22	nocebo(quidvis, non,	146 b
22	noceo, v. les 3 précéd. et nocet , nocuêre, etc.	
22	nocet (eis vitium ,	83 f
	— dentibus ,	223 h
	nocivum concitant ,	431 d
13	nocte premunt ,	179 ff
	— (sola sub ,	253 n
	— venis, eadem ,	306 c
	— sine tonitrubus ,	314 c
	— metus ,	417 m
	— , sive luce ,	423 c
13	noctem perpetem ,	198 g
	— funalia ,	178 ll
	— naves ,	253 k
13	noctes (aberant ,	88 e
	— atque dies ,	117 q
	— q. estur,	441 c
13	noctis solus ,	211 b
	— illius,	219 a
11	nocturnas inchoat ,	438 l
22	nocuêre (repertori ,	93 i
22	nocuisse feram ,	344 r
22	nocuisses . mortuus ,	53 b
22	nodantur in aurum ,	253 e
11	nodosus , petrosus ,	46
22	nolam ubi ,	135
22	nolebam , fugieb...	135 k
20	nolebant (domo exire,	288 e
15	nolente senata ,	136 e
20	noli metuere ,	135 m
20	nolim quidem ,	136 b
	— interpretari ,	343 a
20	nolis , cupiunt ,	135 k
20	nolite cogere ,	135 o
20	nolito in serium ,	135 n
20	nolitote ou nolite ,	136
20	nolle se non ,	136 d

Pag.

20 Nollem accidisset, 136 c
— (est quod, 259 i
— factum, 343 b
20 nolo, nullus, 18
— mentiare, 135 e
— me in tempore, 234 o
— tibi tam, 337 a
—, malo, 341
— frascaris, 356 g
V. les 12 précédents et les 6 suivants.
20 noluecam dicere, 327 f
20 nolui iterare, 136 f
20 noluit (agello, 104 n
20 nolumus hunc, 135 h
20 nol·nt ubi velis, 135 k
— (culpari, 345 e
—, bibant, 407 b
20 nolunto ire, 136 a
NOMBRE dans les substantifs, 190
— dans les adjectifs, 292
— dans les verbes, 316
3 nomen? (erat ei, 81 l
— est tibi, 198 h
— Mercurii, 202 b
— (Menœchmo, 225 g
— est mutata, 241 g
— ferunt, 291 x
— est tibi, 308 h
NOMENCLATURE, 7
3 nomen tibi est? 308 i
— dic quod est, 308 m
— fuisse ferunt, 325 c
— commutem, 340 k
— tibi, 373 d
— (producere, 383 a
V. nomina, nomine.
2 Nomentanus erat, 254 h
3 nomina ponto, 142 e
— (vestimentis, 148 d
— regum, 275 h
— percurrere, 343 g
— Cicero, 428 q
— de te, lises nomine de te, 430cc
11 nominandi tibi erit, 185 e
21 nominarer! (reip. 193 e
21 nominat me? 81 i
NOMINATIFS altérés, 49
— (remonter au, 100
— syntaxe. 195
30 nominatim (cumul. 42
3 nomine ambo? 124 e
— fecit aquas, 314 e
— de te, fabula, 430cc
21 nomino, v. nominarer, nominat.
NOMS DE NOMBRE. Leurs diverses sortes. Tableau. 41
30 non cessavit, 80m
— condiunt, 83 r
— est in verâ, 96 a
— mores, 10-aa
— vis obviam, 135 f
— vult te scire, 135 g
— vultis ad, 135 i

Pag.

30 Non eam? 148 r
— caninas surdis, 165 k
— docebo sua, 193 n
— vendo, 198 a
— capitis, 203 c
— pœnitet, 213 c
— nauci, 214 k
— graiis, 226 i
— parcam operæ, 226 k
— bonus somnus, 231 x
— modò non, 257 d
— pro me, 258 h
— vidit in, 260 g
— est mentiri, 300 g
— enim omnis, 304 b
— audit fortia, 314 f
— ita diis, 321 h
— non libet, 321 l
— sum ità, 335 b
— mihi si ferrea, 343 g
— tamen ut, 349 e
— ne id flagitium, 350 e
— nisi de Africano, 355 g
— novi faciem, 355 k
— alios illuxisse, 356 h
— credo te credere, 361
— ætate confectis, 367 c
— mulieribus, non, 367 c
— linquar inultis, 383 c
— ebur neque, 389 a
— dubitabat quin, 407 b
— possum quin, 407 e
— metuo quin, 407 g
— potest id fieri, 412 b
— habeo nauci, 429 r
— damnosa, 434 a
— potes, ut cuperes, 435 q
— missura cutem, 438 l
— ego naturâ, 442
— ampliùs, 442 g
11 nonagesimus, centes. 41
30 nouagiés, centiès, 41
30 nonaginta, centum, 41
30 nondùm videram, 228 e
11 noningentesimus, mil. 41
11 noningenti, mille, 41
30 noningentiès, milliès, 41
30 nonne, de non et ne.
— accedam, 227 l
— dignus, 290 b
— priùs communic. 321 g
— id flagitium, 350 e
11 nonnullæ civitates, 367 b
11 nonnullos (nullus, 18
11 nonus, decimus, 41
23 nôram pour noveram.
— (hædos, 355 h
23 nôris (omnes, LXVI.
— (nec præmia, 112 r
— (omnes, 355 i
11 normam et libellam, 252 a
0 nos pudet, 79 k. 330 b
— fugiamus.—quò? 79 l
— indigere volunt, 80 k
— eluendo operam, 83 t
— solæ scimus, 86 p
— nostris negotiis, 124 d
— numerus sumus, 127 d
—, si sciant, 146 f
— à feris, 168 l
— sprevit, 176 n
— viderimus, 195

Pag.

0 Nos te nihili, 214 g
— munera templis, 221 c
— lavando, 224 b
— decet effugere, 287 f
— sumus idææ, 317 e
— licet inter, 320 f
— ne?—sic ut, 325 b
— recede, 379 e
— ubi decidimus, 401 h
— severè Curtius, 402 l
— suspicere, 425 h
— que ipsos, 441 r
23 nosce te, nosce, 176 d
23 noscerent reperit, 306 b
23 nosco, v. noram, nôris, nosce, noscerent, nossent, novère, noverim, noverunt, novi, novimus, novit.
0 nosmet pœnitet, 79 f
23 nossent ignovisse, 356 a
12 noster, v, les suivans.
12 nostra pacia, 88 f
— lagena, 148 c
— (munera, 223 m
— malis, 300 b
— interesse, 345m
— culpa est, 421 c
12 nostrà aut gaudio, 412 f
12 nostræ portus, 128 f
— munusculum, 192 f
12 nostram domum, 269 d
12 nostras anitis, 89 n
— monitiones, 372 f
0 nostri nosmet, 79 f
—? (ut meminit, 334 b
11 nostri sunt, 199 d
— non plena, 308 k
12 nostris hospites erant, 89 k
— negotiis, 124 d
— accilit, 227 e
— es (animus, 234 n
0 nostrûm amborum, 79 g
12 nostrum (vincere, 300 i
— (principe, 307 f
— popularis, 344m
— ipsum vivere, 347 d
— est ubicumque, 418 c
21 notâ producere, 383 a
— notandi carbone, 436 d
2 noti (tendunt vela, 166 x
21 noti frutices, 116 d
23 notio est? 282 g
21 notis (insidiosa, LVI
21 notitia. avaritia, 43
21 notitiam intromissi, 263 i
2 noto (hædos, 169dd
2 notos Zephyrum, 160 l
11 notus, v. noti, noto, notos.
11 notus, v. noti.
11 nova turba, 196 b
11 novâ virtute, LXX et 439 l
11 novam expectavit, 252 d
10 novem diversem, decem, 41
— cui jugera, 264 h
30 novemdeciès, viciès, 41
10 novemdecim, viginti, 41
21 noveræ (aconita, 430 b
10 novercas (taceo, 160 m
23 novère (bonitate, 117 h
23 noverim (faciam ut, 355 k
23 noverunt viam, 255 g

Pag.

11 Novi *de* novus.
23 — ego, 187
— omnem rem, 176 c
— rem omnem, 355 f
— faciem, 355 k
30 noviès, deciès, 41
23 novisse credo jam ut, 356 b
23 novit, in hac se, 306 a
:3 novitate pavent Baue. 306 a
11 novos, (ast captas, 307 c
11 novum comedit, 435 c
11 novus, v. nova, etc. novi, etc.
:3 nox abstulit colorem, 97 g
— tellurem, 111 p
— ruit, Ænea, 199 c
— (ruit Oceano, 227 c
— et prædn hostes, 297 b
— vinum, 300 k
— V. nocte, noctem, noctes, noctè.
:3 nube cavâ rapui, 215 f
23 nube pari, 171 o
23 nubebam, nulli mea, 345 o
:3 nubem (mirabere, 159 d
— (volat ardea, 255 a
23 nubere. (voles aptè, 171 v
:3 nubes, nubium, 101
— globantur, 107 k
— (scindit se, 178 k
V. nube, nubem, nubibus.
:3 nubibus ignem, 368 c
11 nubila cœli, 252 p
11 nubila solus eris, 420 c
23 nubo, v. nube, nubebam, nupsit.
:3 nuces. (sparge, marite, 173 h
— et non damnosa, 434 a
's nucleis similis, 440 t
's nucleum amisi, 439 o
's nudius tertius, 438 g
11 nudus castra peto et, 396 a
— effugit, 417 b
11 nugæque canoræ, 230 i
:1 nugas blattis, 79 d
15 nug·x(impetres nesis, 377 e
10 nulla tuarum, 228 d
— res est, 245 c
— est quin, 342 a
— resolvent, 383 c
— tibi, hic autem, 307 e
— est tam facilis, 406 b
10 nullâ spe rerum, 204 b
10 nullam tempus, 244 l
— rem impelletur, 170 r
10 nulli accedent, 113 s
— exaudiat, 228 e
— subigebant, 260 k
— mea tæda, 345 o
— nocte metus, 417 m
— (usui, 439 h
10 nullius animi fuisse, 214 c
10 nullo discrimine, 227 r
— modo facere, 323 b
10 nullum vacuum, 230 l
— diem intermisi, 330 i
10 nullus, nonnullus, 18
— est, quò, 256 n
— erat, quo die, 305 n
— moneas, 424 f
— sum, occidi, 428 o
V. les 7 précédents.

Pag.

30 Num me fefellit, 280 n
— aliter ac, 344 c
— furis, 344 l
— numquid, 344
— nimio, 366 i
— cogitat, quid, 394 e
— facti, ibid.
— lacrymas, 394 f
3 numen, v. numine.
21 numera (mihi ipse, 160 f
21 numerabis amicos, 420 c
NUMÉRATIFS, ou Noms de nombre, 41
:2 NUMERIAM convertit, 280 k
's numero (omni ex, 93 d
— jactura fuit, 249 a
21 numero, v. numera, numerabis.
's numeros memini, si, 422 c
2 numerum (tollunt in, 435 a
's numerus (eamen, 53
— sumus, 127 d
V. numero et les 2 précéd.
:1 Numidiam Gœtulos, 254 l
3 numine torquet, 91 c
's Numitore sati, 299 a
's nummi quantùm, 176 k
— aurei, 224 c
's nummorum millibus, 374 a
's nummos; hæc Janus, 260 p
— contemplor, 390 h
— undè undè, 419 b
's nummâm, 100
's nummus argenti, 202 l
— (quò valeat, 334 d
V. les 4 précédents.
30 numnam ego obolui? 372 b
— hic, 394 f
30 numquam, lis. nunq. 274 a
30 numquid hoc placeat, 143 m
— me, vis, mater, 342 a
— redeat, 342 d
— duas, 344 k
— duas, 394 h
30 nunc denormat, 1
— sis memineris, 81 h
— agitur, 83 e
— futurum, 212
— ereptum, 229 d
— est bibendum, 301 p
— eris, 311 d
— is ? domum, 268 a
— es ? -tuus, 319 b
— paveo, 323 e
— pudeo, ibid.
— terram, 367 p
— primùm, 378 a
— experiamur, 379 b
— et olim, hodie, 384
— dicat, 391 a
— habeam nec, 393 g
— , dùm, 419 b
— exeam, 425 b
30 nunquam, semper, 140 e
— quidnam, 259 i
— divitias, 274 a
— sera ad, 292 s
— unum, 330 h
— est utile, 301 a
— accedo, quin, 333 e

Pag.

30 Nanquam labere, ai, 345 q
— utile est, 350 d
— istuc dixis, 371 f
— fui, 403 a
— facies, 407 f
— destitit, 420 e
11 nuntia veri, LXXIX et 205 a
21 nuntiant melius esse, 345 h
15 nuntianti fidos fuerit, 345 a
11 nuntiaret (ut primus, 320 d
— (miserunt ut, 335 c
— (miserunt ut, 415 d
11 nuntio Crassus, 237 g
21 nuntio, v. nuntiant, nuntiaret.
11 nuperùs, celeber, 27
23 nupsit ei virgo, 171 n
11 nuptæ fratribus, 86 d et 124 f
:2 nuptias (vidit, 109 d
:1 nuptiis fallaciæ, 468 c
'4 nuptum?(hodiè, 2750 et 393 e
11 nuptus, v. nuptæ.
:4 nurus (anus, 97
30 nusquam invenio, 207 g
— bella forent, 420 g
:3 nutricem iit, 144 c
— arcessitum, 282 c
'4 nutu tremefecit, 442 e
'4 nutum totos se, 271 g
:3 nux, pes, rem, 101
V. nuces, nucum.
:2 nymphæ socer esse, 349 a

O.

O changé en U, 65
O prend R, 254
30.O superi, 235 h
— vir fortis, 373 g
— præclarum, 373 h
— procul este, 380 g
— fortes, 381 e
— rus, quando, 413 b
— quam dignus, 433 f
— barathrum, 434 p
— quam utile benè, 484 q

OB, initiatif.

30 ob Trojam, 262 a
— oculos mors, 262 b
— rem, 262 c
— asinos, 262 d
— stultitiam, 262 e
— tacendum, 262 f
— patriam, 302 g
— rem ? quam, 409 f
'4 obditum, obdidi, 161
20 obeo, nequeo, 134
V. obierunt, obiit.
20 obeso nil melius, 439 p
'3 obices arcere, 114 n
20 obierunt, rem, LII
20 obiit anno, 247
— annum, 247
25 objicere, obsessio, 17
V. les 2 suivants.
25 objicit, (offam, 294 f
25 objiciunt portas, 428 n
11 objurgandum causæ, 277 d
21 obliterantur (vibices, 115 a

	Pag.
'4 Oblitum, d'oblino,	163
11 oblitus, d'obliviscor,	61
— (penè sum,	145 i
23 obliviscar noctis,	219 a
23 obliviscere graios,	219 f
23 obliviscor, v. les 2 précéd.	
11 oblungus, occasus,	17
11 obnixæ frumenta,	302 f
11 obnoxii (sint,	87 d
22 oboleo, v. les 2 suiv	
22 obolui (ego,	372 b
22 obolnisti allium,	438 h
21 ob-ecro ut ne,	338 k
22 obsedère alii,	211 m
2 obsequio (sit,	418 c
2 obsequium amicos,	246 b
—	et 431 a
21 obserantur exitus,	114 t
13 observatio (artis,	165 n
'3 obses, v. obsides, obsidum.	
1b obsessio, obviam,	17
'3 obsides et arma,	308 e
2 obsidium Ilio,	148 a
'3 obsidum velit,	205 p
20 obsit mihil,	321 d
11 obsitum (pannis,	440 g
'4 obsonatu redeo,	245 a
21 obstiti, perstiti,	161
20 obsunt, v. obsit.	
11 obscuri solà,	253 n
23 obtrudi potest,	334 g
23 obtundis tu metsi,	424 d
11 obvia silvâ,	312 g
30 obviam ire,	17
— illis,	133 e
— me hisce,	135 f
— (ibo huic,	223 o
— (ipsum,	246 g
—, cùm iri,	277 c
— mihi est,	380 a
21 occas, tibi seris,	291 a
:3 oecasio abire ab,	369 g
:3 occasionem istum,	406 a
'4 occasum viverem,	234 b
'4 occasus, offerre,	17
15 occidens, insolens,	33
15 occidenti (facit,	84 c
15 occideris et de te,	383 b
23 occidi (misera,	371 d
— (nullus sum,	428 o
23 occido, v. les 2 précéd.	
23 occido, je tue.	
3 occipite es calvo,	117 r
23 occlude (fores,	87 i
21 occo, v. occas.	
11 occulto latent,	345 f
— velut,	417 a
21 occupa portum,	376 h
21 occupet (occupetos,	94 l
11 occupatos occupat,	94 l
21 occupavère (orœ:,	313 b
21 occupet malas,	403 a
21 occupo, v. dans les 5 précédents.	
23 occurro, oppono,	68
21 occursare capro,	256 l
'2 oceáno nox,	227 c
'2 oceanum jam,	256 n
'2 oceanus, v. les 2 précéd.	
30 ocius sors,	439 q

	Pag.
11 Octava venit,	82 e
— bibebatur,	333 e
— (quota est,	315 k
11 octavâ Marius,	241 a
11 octavus, nonus,	41
V. les 2 précédents.	
30 octiès, noviès,	41
11 octingentesimus,	41
11 octingenti noning...	41
30 octingentiès,	41
10 octo, novem,	41
— abest,	273 a
— patebant,	305 i
— millibus,	374 a
'3 octobris seminare,	267 m
3 octodecies, novemd...	41
10 octodecim, novemd...	41
11 octogesimus, nonag...	41
30 octogies, nonagies,	41
10 octoginta, nonag...	41
11 octogonus, enneag...	13
14 oculeris, oculárius,	84
2 oculi natabaut,	93 g
— (fulgent,	101 a
— subter,	216 d
— mirantur,	367 f
—, nasum,	386 c
'2 oculis (his	86 g
— (naso quàm,	143 c
— (doleo ab,	233 b
— omnium,	238 n
— sita sunt,	297 c
— imposuisse,	348 b
— capti,	437 f
'2 oculos imponere,	7
— citiùs,	289 a
— mors,	262 b
— esse conversos,	299 k
— vocant,	334 f
'2 oculus, v. les 3 précéd.	
24 oderam multò,	354 b
24 oderim, odissem,	354
24 oderint dùm,	354 d
24 odero aliis,	354 c
24 oderunt peccare,	299 b
24 Odi Profanum,	354 a
24 odio, odiebam,	354 e
V. les 5 précédents et les 3 suivants.	
24 odisse sed minamè,	354 f
24 odiissem te odio,	354 e
24 odit, amet tua,	299 a
— caulem,	435 o
2 odium ceperat,	53 d
— parit,	211 b
	246 b et 431 a
'3 odor, v odore,	
15 odorans usque,	420 d
21 odorantur (omnes,	278 i
21 odoraris cibum,	278 h
'3 odore rosæ,	435 a
:1 offam objicit,	244 f
21 offendas (invitus,	286 g
11 offerendum (mult...	32
23 offerre, offero,	17
2 officio (deoro,	224 l
2 officium meum,	146 c
:1 oleâ efficitur,	439 r
15 olens, v. olentibus.	
22 oleat, salsa,	335 d
15 olentibus addere,	321 c
22 oleo, v. olent, olet.	

	Pag.
3 Olera sunt,	112 h
22 olet (nihil,	376 a
— et saniem,	441 f
2 olenm et operam,	79 c
— efficitur,	439 f
30 olim truncus,	192 k
—, hodiè,	384
— longis,	441 s
11 olivæ dicitur,	193 f
11 olographus autogr...	26
3 Olus, v. olera.	
'2 olympum (tremefecit,	442 e
21 ominatur, il présage.	
23 omittere, opponere,	117
'4 omne solum telis,	177 b
— tempus,	271 e
— tulit,	300 e
— amburit,	412 e
— lac igne,	441 p
'4 omnem memoriam,	140 l
— rem,	176 c
— curam,	178 f
— fortunarum,	271 e
—; vesperascit,	355 f
— rem scio,	409 o
'4 omnes amant,	80 o
— possumus,	131 d
— linguas,	146 e
— studio,	159 b
— mulieres,	160 h
— domi per,	209 b
— voluptates,	214 f
— unius,	224 m
— supereminet,	238 d
— (ab sese,	241 e
— belli,	249 e
— ad unum,	251 k
— odorantur,	278 i
— nos gaudere,	286 i
— visuros,	294 k
— (dixe,	303 e
— licèt,	322 h
— impendeant,	321 i
— indignissimè,	324 i
— labores,	340 c
— di, deæque,	342 m
— omnia,	345 n
— nôris, LXVI et	355 i
— gaudere,	361 a
— Asix,	379 a
— timidè,	381 e
— opibus,	400 a
— id prohibebant,	407 a
— æquè actu,	410 a
— videre te,	433 c
— (premunt,	413 e
— (mitte,	438 e
14 omni ex numero,	94
— ætate,	173 n
14 omnia (vult	82 a
— plena, 95 e	117 f
— vicit impr...	118 l
— possumus,	131 d
— (ut soles,	143 i
— ordine,	146 p
— (permitto,	203 e
— (nobis,	227 c
— volo à me,	241 h
— opportunus,	245 e
— ducitur,	260 m
— adsunt,	263 d
— hæc magis,	271 c
— Mercurio,	275 b

Pag.

14 Omnia vultus, 292 e
— visa repente, 205 b
— video, 321 p
— potius, 329 b
— experiri, 329 c
— nomina, 343 g
— bona dicere, 345 n
— se facturum, 363 k
— (et tentabo, 367 d
— sub pedibus, 368 f
— experiri, 403 i
— feci, 410 b
— faciliora, 424 a
— brevia, 424 h
— domum, 474 r
14 omnibus ferè, 54 n
— (rebus in, 97 h
— (dico, 107 m
— artubus, 243 b
— curarem, 345 l
— malis, 354 c
— (in rebus, 429 n
— est vitæ, 430 h
30 omninò (erant, 117 f
14 omnis dextera, 175 h
— error, 304 b
— (inimicos, 427 n
V. dans les 7 précéd., et le suiv.
14 omnium (mater est, 90 l
— refert, 212 a
— oro, 217
— quantum est, 218 d
— (rerum, 218 e
— rerum, 220 f
— (coram, 238 k
— gesta, 238 n
— est primum, 247 e
— fortuna, 257 f
— hominum, 271 d
— rerum, 285 d
— ora atque, 299 k
— est quod, 330 d
— pessimus, 384 c
— mater, 425 g
— versatur urna, 439 q
3 onera (efferuntur, 109 l
— accipiunt, 112 i
3 oneris imponitur, 211 g
— quidquid, 214 d
3 onus visum, 304 a
V. les 2 précéd.
11 onustus, cumulatus, 220
11 opaca locorum, 211 l
:3 ope vestrâ, 131 c
:3 opem res et, LXXVIII et 311 b
:1 opera datur, 338 l
V. les 2 suiv.
:1 operæ (parcam, 226 k
— pretium, 202 n
:1 operam perdidi, 79 e
— dat suam, 82 b
— dederam, 83 l
— dabo, 97 b, 131 h
— dare (vultis, 134 e et 224 a
— (oportet ire, 141 k
—: deputat, 216 b
— dictioni, 261
— datum, 276 f

:1 Operam dederunt, 283 b
— dabit, 283
— (dare, 301 c
3 operibus urbem, 112 k
3 operum juventus, 205 o
:3 opes illa meas, 171 r
— irritamenta, 192 d
— (quærit, 297 f
— fuerant, 401 f
— (ibidem sunt, 417 l
V. ope, opem, opibus.
:3 opibus eûm prov... 400 a
:3 opinio (fert, 212 c
— et spes fert, 217 d
— (circà hanc, 280 a
:3 opinione (tuâ, 289 b
— illius, 248 h
:3 opinionem res, 264 c
21 opinor... is est, 83 a
— dicturum, 286 e
— (satis, 288 b
21 epitulari (tibi, 226 o
—, blandiri, 226
21 opitulor, hujus, 423 k
:2 opobalsamum, 334 e
22 oportebant (ab illo, 321 o
22 oportent... omnia, 321 p
22 oportet (te scire, 79 p
— (me esse, 128 b
— cupias, 135 a
— (me facere, 134 f et 148 t
— ire operam, 141 k
— (respondere, 252 a
— in cruciatum, 270 k
— ire amicos, 276 f
— et opus est, 288 i
—, opus est, 289
— (posteà non, 328 i
— est nequam, 341
— vicinum, 370 d
— (sensu, 404 c
— (fuisse, 405 g
22 oportuit (aliquid, 256 f
— communicatum, 321 g
23 oppetere, ostent...
— (contigit, 81 r
2 oppida... vides, 86 n et 87 n
— pastor, 253 i
2 oppido Antiochiæ, 209 a
— potirentur, 408 a
30 oppidò imperas, 291 g
— satis esset, 292
2 oppidum re cibariâ, 244 a
— expectabat, 255 f
— 30 stadia, 273 c
— pervenit, 280 l
V. oppida, oppido.
23 opponam (corpus, 430 p
23 opponere, oppetere, 17
23 oppono, innitor, 68
V. les 2 précéd.
23 opponuntur post... 106 d
3 opportuné vos, 87 v
11 opportunus nec, 245 c
— nec magis, 272 c
21 oppugnent filium, 337 h
:3 ops, v. ope, opem.
21 optabit ut abeant, 337 c

30 Optatò, profectò, 278
11 optima est, 423 e
11 optime regum, 217 f
— et dulcissime, 381 d
30 optimè itis, 132 e
— volo, 123 e
11 optimum est (multò, 249 d
11 optimus, maximus, 39
— pessimus, 74
V. dans les 4 précéd.
21 opto utinam, 340
V. optabit.
30 optumè (inde, 427 r
optumi, duellatores, 108 f
21 optumum atque, 300 a
15 opulens (violens, 26
:3 opum, (s. pl. d'opes).
3 opus est verbis, 81 m
— fuit hoc, 83 s
— (contento'st, 84 h
— helleborum, 84 u
— est (homine illo, 95 c
— est (sede, 113 a
— (coronat, 121 f
— ire (ad, 135 l
— sit (quid, 143 l
— surgit, 169 ff
— lacrymis, 174 d
— (fervet, 179 p
— est sumptu, 224 h
— est arte, 243 c
— est, para, 243 d
— (cauto est, 243 e
— sunt tibi, 243 f
— sunt boves, 243 g
— 243 h, t
— est (oportet et, 288 t
— est dicere, 289 e
—, hic labor est, 294 c
— est (facto, 403 h
— et 406 e
— sit obsequio, 418 c
— decretoris, 423 i
3 opu'st, pour opus est, 243 e
— cibum, 243 k
— chlamyde, 438 m
OR, TOR, TRIX, SOR, terminatifs, 45
:1 ora, v. oræ, oras, oris.
3 ora die, 447 o
3 ora vacat, lises ora vacant, 111 g
— luto, 177 m
— parentum, 253 c
— atque oculos, 299 k
— contingat, 320 c
— manu (verberat, 428 x
21 orabat meus, 91 k
2 oracula Phœbi, 282 a
:1 oræ ocupavère, 313 b
14 oralis (capitalis, 32
21 orant (admittier, 50 b
— 109 b et 291 a
21 orantem nequicq... L
21 ornare usquè, 420 e
:1 oras, acc. d'ora.
21 oras (æquamque, 299 f
21 orasse (Jovem, 299 h
21 orat (æquissimum, 300 a
— ne oppugnent, 317 h

Pag.

31 Orate serenæ ,   110 e
:3 oratio (horrida ,   XLIX
— (sibi hæc ,   134 c
— (spectat ,   334 c
V. les 3 suivants.
:3 oratione sunt ,   295 l
:3 orationem audire ,   86 a
:3 orationibus fusæ ,   410 k
'3 orator (rausit ,   173 d
—, sed de minoribus, 366 f
V. les 3 suivants.
'3 oratorem eum ,   193 n
'3 oratores (causam ,   145 f
— ire placet ,   321 i
'3 oratoribus (mos est , 173 d
11 oratorius . aratorius , 46
'4 oratum (ad vos ,   174 x
11 oratus sum ad ,   410 d
11 orbatus possit ,   204 d
'3 orbe latet ,   281 c
'3 orbem (divisit in ,   106 f
—' (glomerantur in , 252 k
—   369 n
'3 orbis , *v.* les 2 précéd.
'2 orcum moror,   403 e
'2 orcus grandia ,   179 t
11 ordinandus ,   33
30 ordinatim . privatim, 377
'3 ordine ut æquum ,   136 d
— (omnia ,   146 p
'3 ordinis hæc ,   301 a
24 ordire igitur : nam , 436 p
'3 ordo (nascetur,   LIII
V. ordine , ordinis.
3 ore (attigit ,   LXVI
— loquelas ,   178 c
— omnes omnia ,   345 n
— figuram ,   412 d
— tu mentiris ,   430 g
21 ores . faciam ,   233 k
33 oriens , occidens ,   33
— (pascit ,   435 f
:3 origine mira ,   107 q
:3 origo dubia est ,   119 a
24 orior ou oriens ,
:1 oris et nati natorum, 217 e
3 oris , *de* os.
ORIUS , A , UM , ter-
minatiís ,   46
2 ornamenta quæ ,   340 g
2 ornamentum reipubl. 192 a
11 ornatissimam ,   191 e
30 ornatissimè ,   191 e
'4 ornatum aspicio ,   79 g
11 ornatum (bul'us ,   434 o
21 ornatur (speculum , 266 c
21 oro (est , te ,   55 k
— (omnium ,   217
— pateris ,   241 f
— (te deos ,   233 k
— (hoc vos ,   274 c
—, posco, lacesso ,   274
—, (vitam ,   294 h
V. orabat, orant, oras, ores.
11 orsus , d'ordior ,   377
11 ortus Jasiuque ,   307 f
'2 Orpheus (deterruit , 106 e
3 os humerosque ,   273 a
— *V.* ora, ore.

Pag.

3 Os ictus fidit ,   177 t
V. ossa , ossibus.
2 oscula terræ ,   109 k
— nati ,   165 bb
3 ossa furorem ,   170 t
3 ossibus albet ,   117 s
23 ostenderam facio ,   390 d
23 ostendis (diadema , 447 v
23 ostendit symbolum , 82 c
— (iter ,   312 f
23 ostendo , *v.* les 3 précéd.
:3 ostentatio, oppetere , 17
2 ostia centum ,   89 a
:1 ostrea rufa ,   441 c
2 ostro (ambiat ,   294 d
2 ostrum victoribus ,   428

OSUS , terminatif,   46

11 osus d'odi ,   17
11 osus sum , d'odi ,   163
2 otia fecit ,   79 h
— corpus ,   345 c
21 otior , otiari ,
2 otium ubi erit ,   417 h
— *V.* les 2 précédens.
2 ova frangit ,   311 a
— anseribus ,   316 c
— cadum ,   440 u
15 ovans , (ibat ,   264 f
:3 ovem rogabat ,   274 b
:3 oves (fertis ,   112 q
— enatos ,   169 h
— pavit ,   176 e
—, pueri ,   179 n
—, (fertis ,   221 b
'2 Ovidius (solet ,   428 m
11 oviparus , vipera ,   27
:3 ovis, *v.* ovem. oves, ovium.
:3 ovium custodem ,   373 h
2 ovo ad mala ,   233 f
21 ovo , d'où ovans.
2 ovum (parit ,   166 h
— *V.* ova, ovo.

P.

2 PABULA...dente ,   50 a
'4 pabulum ibant ,   261 d
2 pabulum , *v.* pabula.
:3 pace civitatem ,   197 l
— tranquillâ ,   330 m
— tuá dixisse ,   348 m
:3 pacem (victoria ,   169 bb
— hortari ,   270 p
— quam ,   402 h
— emit ,   440 m
23 pacisci . (laude ,   134 f
'4 pactum de pango ,   263
'2 Pægnium , auscula , 303 g
'2 pagos et compita ,   469 g
'2 pagum , vicum ,   269
:1 palá debet ,   440 a
:1 palæstra (fac in ,   148 l
30 palàm , 238, c, n, o, p.
:1 palæ jactantur,   440 b
2 palearia pendent ,   238 g
:1 pallâ memento ,   219 i
'3 Pallas huic filius ,   222 k
:3 Pallas , Paris ,   101
13 pallentes habitant , 439 g

Pag.

22 Palles , -saucius ,   441 g
23 pallescet super,   386 a
11 pallida mors ,   387 a
2 pallium (anni ,   271 a
:3 pallor, liquor,   44
:1 palma datur,   174 l
:1 palmæ surgunt ,   310 a
'3 palmes , *v.* les 2 suiv.
'3 palmite gemmæ , 173 o , p
'3 palmitum duo ,   115 p
15 palpanti est   44 c
:1 palpebræ factæ ,   440 d
:3 paludis , *gén. de* palus.
'3 palum in parietem ,   341 f
'3 palumbem ad aream, 430 e
'3 palus , *v.* palum.
'2 palus absorpsit ,   171 l
'2 Pamphile . aures ,   167 h
'2 Pamphilo hodie ,   275 o
— hodié ,   393 e
'2 Pamphilus (tàm ,   399 b
V. les 2 précédents.
23 pandat spectacula , 440 f
'3 panem dederint ,   165 a
23 panes (triticeos ,   283 d
23 pangis aliquid ,   169 o
23 pango carmina ,   166 y
V. pangis , panxit , pepige-
rant.
'3 pánis , juvenis ,   101
V. panem , panes.
'2 pannis obsitum ,   440 g
23 pan-xi , ctum , lises
panxi , pactum ,   163
23 panxit mexuma ,   169 o
3 papaver, par...   222
3 papavere collo ,   440 h
10 par atque mutua ,   259 b
— fueral me ,   288 v
— est æquam ,   289
V. pares, pari, paria.
21 para (opus est ,   243 d
21 par.bet (petere alta, 311 r
(PARAGOGE)   50 , 51
11 parandi (sine fine ,   203 m
21 parant (ire ,   251 f
21 parari legique ,   440 k
21 parat rus ibo ,   111 o
— (industriâ ,   231 f
— (ludos ,   233
11 parata est ,   376 i
11 parati sumus ,   251 c
11 parato opus est ,   243 d
11 paratum jam sit ,   54 i
11 paratus nummus ,   201 f
V. les 4 précédents.
23 parcam operæ ,   226 k
23 parce nimium ,   166 f
— metu ,   173 c
—, (quæres ,   180 d
30 parce (vivere ,   350 b
— ac duriter ,   390 c
11 parcendum auribus , 166 c
23 parcere . indulgere ,   226
23 parco , *v.* parcam, parces,
parceris, parsit, peper-
cerunt, peperci.

Pag.

·3 et :3 Parens (quasi, 4ı5 *g*

   V. parentes, parenti, parentum.

·3 parentes (ante,   166 *b*
— imperant,   228 *m*
— reperit,   ·303 *f*
·3 parenti (tu cui?   3ı5 *c*
22 parento (cives,   331 *a*
·3 parentum filios,   253 *c*
22 pareo, *v.* parento, parere, parerent, paret.
22 parere eugemur,   92 *e*
— (æquum,   288 *p*
—   3ıo *b*
22 parerent arva,   179 *m*
— arva,   4ıı *f*
10 pares (junge,   168 *cc*
— (eorum,   298 *a*
21 pares, *de* paro, parare.
22 pares, *de* pareo.
22 paret videtur,   341 *d*
10 pari (nube,   ı72 *o*
— jure essent,   305 *e*
—, sensisse,   342 *d*
11 paria tria eis,   88 *f*
·3 Paridi potuêre,   302 *l*
·3 Paridis, spretæque, 299 *i*
·3 p ries, *v.* les 2 suiv.
·3 parietem (palum in, 341 *f*
·3 parietes rasêre,   174 *m*
— meos,   256 *m*
·25 pario, *v.* parit, pariunt, peperi, peperit.
·3 Paris, Pallas,   101
a5 parit (odium,   121 *b*
— gallina,   166 *h*
— odium,   246 *b*
— uxoris,   3ı4 *c*
— (gloriam,   401 *f*
— (odium,   43ı *a*
3o pariter in bella,   252 *h*
—, visu,   3ıo *a*
11 pariturus *v.* *de* pario.
25 pariunt in decem,   253 *b*
:ı parmas et equos,   428 *u*
:ı Parmenonis tam,   4o2 *b*
21 paro, *v.* para, etc.
:3 pars in frusta,   25ı *o*
— aversi,   3o2 *e*
— grandia,   3o2 *f*
— cœca arietat,   3o3 *h*
— tuæ mod...   3o6 *d*

   V. parte, partes, parti.

23 parseris ferro,   3ı4 *g*
23 parsi, parsum,   ı63
23 parsit (maturê,   173 *b*
:3 parte annitendum, 237 *e*
:3 partes id facere,   3oı *i*
— linquere gestio, 396 *a*
10 particeps , forceps,   22
—, participis,   75
2 participium,   22
:ı particula, virgula,   3
3o partim (pedatim,   42
— deseruerunt,   377 *b*
— prodiderunt,   377 *b*
24 partio, *v.* partite.
:3 partis *ou* portes,   284 *a*
— alias erit,   284 *a*
22 partite, vos inter,   8o *i*
24 parturire, moriturire, 28

Pag.

24 Parturiunt montes,   430 *a*
11 partus, Achilles,   49 *c*
·4 partum, peperi,   ı63
3o parùm est,   135 *m*
— ne fusum,   2o5 *i*

PARUS, PERUS, BER, terminatifs actifs,   27

11 parva nuces,   434 *a*
11 parvi ego illos,   2ı5 *a*
— preti,   2ı6 *b*
— enim pretii est,   2ı6 *c*
— æstimo,   2ı6 *h*
11 parvis (grandia cum, ı79 *t*
11 parvulis sumus,   233 *h*
11 parvus, a, um,   74
— minor, minimus, 2o6

   V. parva, parvi, etc.

23 pascere tigres,   4o3 *e*
23 pascis inanes,   ı76 *f*
23 pascit oriens,   435 *f*
·3 pasco, *v.* les 3 précédents et pavit.

PASSÉS *ou* PRÉTÉRITS ALTÉRÉS, *p.* 49 etc.

— méthode pour remonter au présent par le passé,   160
— tableau des passés irréguliers,   161
— phrases des passés,   165
11 passi (vulnera,   3o2 *g*
—, vino,   381 *c*

PASSIF, conjug...   153
— *ibid*, préceptes,   154
3o passim silvâ,   169
— campo,   173 *g*
— cessim,   377
11 passivus (incisivus,   43
11 passuri forent,   33o *m*
·4 passus, *v.* passuum.
11 passus est fieri,   4ı9 *a*

   V. passi.

·4 passuum tria,   273 *b*
— canalem,   273 *e*
— octo,   3o5 *i*
11 pastas age,   276 *a*
·3 pastor (oppida,   253 *i*
·4 pastum (pascor,   6ı
11 pastus acutâ,   113 *r*
11 patebaut (octo,   3o5 *i*
25 patefecit (iter natura, 429 *q*
22 pateo, *v.* patebant, patet, patuere.
·3 pater, calor,   95
·3 pater familias,   99
—, et rubente,   122 *c*
—, talos ut,   178 *u*
— que,   193 *o*
— (misit,   2o5 *h*
— de filii,   232 *k*
— per me,   265 *e*
— proximus,   265 *l*
— esse disce,   288 *h*
— esse (diceris, 290 *m* 346 *c*
— mihi et,   296 *b*

Pag.

·3 Pater genus à,   3o7 *f*
— et ego,   3ı8 *a*
— de vobis,   3ı8 *b*
— (esse,   346
— esse disce,   349 *a*
— atque princeps, 349 *a*
— meus,   356 *b*
— tibi sit,   42o *a*
— aliud ait,   423 *e*

— *V.* patrem, patres, patri, patris, patribus, patrum.

:ı pateram (poposcit, ı66 *f*
— manu,   24ı *e*
25 pateris, oro,   24ı *f*
23 patescunt longa,   434 *g*
22 patet atri,   117 *q*
— oppidum,   273 *c*
— (at,   32o *h*
25 pati fortia,   3oom
— pejus,   354 *c*
25 patiamur (refelli,   44ı *r*
25 patiemur animis,   423 *l*
15 patiens operum,   2o5 *c*
:ı patientia duris,   297 *a*
25 patimur manes,   197 *k*
:ı patinis (est in,   ıo5 *d*
25 patior (facile,   32 *h*

   V. pateris, pati, patiamur, patiemur.

21 patraveris, glandem, 44o *k*
·3 patrem (amet,   134 *a*
— patriæ,   ı93 *i*
— tu es,   265 *t*
— dicturam,   286 *e*
— esse (hoc est,   290 *a*
— que meum,   290 *a*
— que cum genere, 385 *b*
—, (verberavisti,   429 *k*
·3 patres non,   ıo9 *l*
— eques,   197 *e*
·3 patri (similes,   ıo2 *f*
11 patriâ (abesset à,   225 *n*
— ex Ithacâ,   3ı9 *a*
11 patriæ suæ,   116 *t*
— Ciceronem,   ı93 *l*
—, mare,   2o4 *h*
— dicimini,   292
— diceris, 290 *m*   346 *c*
11 patriam (in,   79 *l*
— ex servitute,   226 *e*
— pugnando,   3o2 *g*
11 patrias (habetis,   394 *l*
·3 patribus bonis,   279 *f*
11 patricios omnes,   4oo *a*
·3 patris damni,   222 *c*
21 patrissat filius,   44o *i*
11 patrius, *v.* patria, etc.
21 patro, *v.* patraveris.
·3 patrum (facta,   ı69 *n*
22 patuêre (centum,   89 *n*
11 pauca (addit,   84 *d*
— loquar,   237 *c*
— redeam,   337 *h*
— sunt anne,   394 *d*
11 paucas tempestates, 257 *i*
11 pauci facti,   4o8 *f*
14 pauciores cum,   3ı6 *b*
11 paucis temeritas,   3ı6 *a*
11 paucissima septem, 3ı6 *c*
11 paucus, *v.* pauca. etc.,

Pag.

20 Paulò majora,   249 c
— ampliùs,   290 c
— infrà,   255 g
11 paululùm morœ ,   205 k
'2 Paulum , videram ,   354 h
10 pauper , indigus ,   220
— agello ,   104 n
— que senatus ,   222 k
:3 paupertas , *facultas* ,   43
— momordit ,   165 v
— (aurem ,   175 u
— mihi onus ,   304 a
— durius ,   425m
10 pauperum tabernas ,   387 a
'1 Pausaniœ vixisse ,   290 e
22 pavent Baucis ,   296 a
22 paveo , tùm ,   398 a

— *V.* pavent , paves.

22 paves ne ducas ,   339 a
22 pavi de paveo ,   163
23 pavi *de pasco* ,   163
23 pavit equos ,   110 b
— Adonis , oves ,   176 e
'3 pavoni quœ ,   437 u
'3 pavor , sapor ,   45
— (corda ,   175bb
— (ubique ,   418 e
:3 pax , *v.* pace , pacem.
21 peccare boni ,   299 b
—, quia ,   301 a
— quià semper ,   350 d
21 peccat nisi ,   280 h
— (nihil ,   280 h
2 peccata putem ,   294 k
2 peccati locus ,   204 g
21 peccatur et extra ,   256 l
21 peccemus quœ ,   280 i
21 pecco , *v.* peccare , peccat,
   peccatur , peccemus.
3 pecore vivant ,   117 k
3 pecoris contagia ,   113 h
— nivei quàm ,   220 d
·3 pecten , *v.* pectine pectinem.
:3 pectes cæsariem ,   170 q
'3 pectine crines ,   117 k
·3 pectinem nescio ,   421 d
23 pecto , *v.* pectes , pexisti.
3 pectora fregit ,   93 k
— sunt potiora ,   95 d
— mulcet ,   113 i
— (demùm ,   169 t
— natos ,   175 g
3 pectore vultus ,   297 g
3 pectoribus his ,   87 f
3 pectus mucrone ,   95 a
— ardet ,   95 b
— in hostem ,   137 f
— inane ,   220 k

— *V.* les 3 précédents.

:3 pecudes *de* pecus ,   172
— ad victimas ,   172 q
2 peculium (vapulat ,   366 d
:1 pecunia potest ,   143 f
— crescit ,   176 k
— primùm ,   260 p
— præsenti ,   323 q

— *V.* les 3 suivants.

:1 pecuniâ damnatus ,   218 k
:1 pecuniæ , dein ,   379 u

:1 Pecuniam redegit ,   130 b
—, dèm ,   141 h
— mature ,   178 b
— fœnori ,   225 l
— in loco ,   234 q
— (dedi ,   350 i
:1 pecunias (cepit ,   178m
3 pecus (abegerunt ,   178 v
— ? an ,   200m

— *V.* pecore , pecoris.

·3 pecus , *v.* pecudes.
30 pedatim , (partim ,   42
·3 pede terram ,   166dd
— pes densusq ,   175 s
— terram ,   386 a
— pauperum ,   387 a
·3 pedem , in veste ,   274 g
— te posse ,   364 b

3e pedepressim ,   42
23 pedere , Crispe ,   165 g
·3 pedes gen. pedis
— (se in ,   140 q
— (Mœri ,   199 i
— conjicerem in ,   253 d
— hydrum ,   280 g
— viginti ,   273 d
— adolescit ,   273 g
— trajectus ,   275 f
— (procubuisse ,   356 d
— fugaces ,   431 k
— nemo spectat ,   440 n
·3 pedes , peditis *v.* pedites.
·3 pedes , (*gen. pl.*, peduum.
   poux.)

·3 pedes que palicesque, 439 h
14 pedestri (accinge ,   227 f
30 pedetentim ,   42
·3 pedibus inguina ,   117 e
— que ,   148 p
— venis ,   199 b
— redeundum ,   228 n
— servum ,   233m
— duobus ,   243 f
— que salignis ,   441 y
— vertique ,   368 f

's pediculus ,   47
·3 pedis hæc sunt ,   100 g
3 pedites , *de* pedes.
3 peditesque cachin. ,   435 c
23 pedo , *v.* pepedi , pedere.
·3 pedum (duodenum ,   428 b
14 pejor , major , minor , 39
— (melior ,   74

V. les 3 suivans.

14 pejoraque passi ,   281 c
14 pejores esse ,   286 k
14 pejus , prosit ,   321 d
— hunc quàm ,   354 b
— odero ,   354 c
2 pelagi petere ,   312 r
'o Pelidæ tunc ego ,   315 f
'o Pelidesque et ,   295 g
11 Pelio cecidisset ,   340 n
:3 pelle galeros ,   437 p
23 pelle timorem ,   166 k
:3 pellem (Mnestheus ,   221 a
— antiqui ,   436m

:3 pellis , *v.* les 2 précéd.
23 pellite curas ,   381 c
23 pellitur et uxor ,   395 d

23 pello , mordeo ,   51
— *V.* pelle , les 2 précéd.
   et pepulisti.

:1 peltæ , miscet ,   438 p
:3 pelvis , ravis , sitis ,   102
'3 penas , *v.* penatibus.
·3 penales (troja ,   419 l
'3 penatibus umbram , 174 a
22 pendebit hodiè ,   239
16 pendens (plectar ,   270 l
— nisi quid ,   330 g
22 pendent circum ,   165uv
22 — (palearia ,   238 g
— districti ,   441 a
22 pendeo , pendo ,   50
— et de te ,   129 k

— *V.* pendebit , pendent,
   pendet , pependit.

22 pendet (cervice ,   235 a
23 pendi postulo ,   287 c
23 pendimus nihili ,   214 g
23 pendit (plurimi ,   215 d
23 pendo , (pendeo ,   50
V. les 3 précéd. pendunt.

23 pendunt pœni ,   166 a
30 penè sum ,   145 i
— confregi ,   178 a
— furvæ ,   333 e
— tua me ,   333 b
30 penès vos psaltria ,   263 a
— eum est ,   263 b
— te es? ,   263 c
— est virtus ,   263 d
3 penetr-*ale* , *alia* , *v. k*
   suiv.
3 penetralibus ,   433 d
30 penitùs (humanitas , 3--
:1 pennas , pavoni ,   437 a
:1 pennis vitreo ,   242
— ciconia ,   174 k
·4 pensum , pependi ,   163
11 pensum metum ,   300 d
11 pentagonum , hexag...   13
23 pepedi ficus ,   165 y
22 pependit in arbore ,   165aa
23 pepercerunt ,   96 c
23 peperci ,   64
23 pepercisse quam ,   166 d
24 peperi , *de* perio ,   64
25 peperit simul ,   90 i
— urbes ,   166 g
23 pepigerunt antè ,   166 b
23 pepigi , pactum ,   163
23 pepuli , momordi ,   51
23 pepulisti fores ,   166 i

PER , *initialif* ,   18

30 PER jocum ,   85 c
— vimina ,   131 a
— eas (ne perens ,   133 a
— te sumere ,   141 r
— pulpita vestem ,   260 a
— auras ,   169 i
— ossa ,   170 f
— opaca ,   211 i
— Elidis ,   264 f
— medias rapit ,   264 f
— novem ,   264 f
— annos ,   264 i, 272 d
— tempus ,   263 a
— te tibi ,   265 b

		Pag.
30	Per vinum,	265 c
	— me... licet,	265 d
	— me stetisse,	265 e
	— nos egebit,	265 f
	— ego te deos,	265 g
	— transennam,	271
	— pedes,	275 f
	— hanc curam,	322 d
	— vos hcet,	322 e
	— me... licet,	322 f, 392
	— rictus,	342 h
	— angiportam,	377 f
	— incautus,	378 g
	— medios ire,	383 d
	— medios,	383 d
	— Jovem juro,	390 a
	— me vel stertas,	392 c
	— apertam vitis,	417 c
	— tela, per hostes,	420 f
	— pectinem,	421 d
	— cribrum,	428 z
	— herbam,	433 b
11	pera, v. peram.	
23	peracescit (quod,	84 q
11	peracta refertis,	435 d
14	peractum, peregi,	161
11	peram et baculum,	440 l
21	perambula aedes,	411 c
11	per bona (graeci est,	112 d
23	percellit radices,	179 l
23	percello, v. percellit, perculit.	
12	Percennione et Vib...	146 a
25	percepero (anteq...	329 g
	et	403 x
25	percipere, permitt...	18
25	percipio, v. les 2 précéd.	
21	percontamur (alium,	312 b
21	percontare (habet,	133 a
21	percontarier (extè,	134 g
21	percontor, v. les 3 précéd.	
23	perculit me propè,	179 k
14	perculsum, (perculi,	163
23	percurrere, perf...	18
	— possim,	343 g
3	percussio, versio,	38
23	perdam ego,	218 l
23	perdant, qui me,	303 c
	— os perduint,	340m
23	perdere dimidium,	136 i
	— herus,	347 g
23	perdidi (operam,	79 e,
	—, perditum,	161
	—, quò redactus,	328 g
23	perdidisse mavult,	166 d
	— quod petis,	348 d
23	perdidit? (quo me,	303 c
	— protervitas,	333 b
	—, inquit,	401 d
11	perditis resisterem,	410 b
3	perditor reip...	193 c
4	perditum iri,	276 g, h
	— (cur te is,	282 b
23	perdo (perdidi,	61
	V. perdam et perduint.	
22	perdocet (ab imo,	260 p
23	perduco, v. perduxit.	
22	perduint (v. perdant,	340m
23	perduxit (a... ad,	428 h
22	pereas per eas,	133 a
	—	338 a
20	pereat (ut ne,	340 h

		Pag.
30	Peregrè (imberbis,	64
11	peregrinus est,	237 l
	— (ego sim,	425 a
23	peremi, peremptum,	162
20	pereo, v. eo, praeo,	134
	— (videns,	143 y
	—, certum est,	329 c
	—	403 i
	V. pereas, pereat, peribunt, periit, perire, peristi, perit, perivi.	
25	perfecero hoc,	330 a
11	perfecta atque,	240 f
14	perfectius (nihil,	202 i
11	perfecto munere,	368 b
11	perfectus, perman...	18
	— epicureus,	193 b
25	perficio, v. perfecero.	
14	perfidelis, perfidus,	18
23	perfluo illac,	384 e
23	perfregi, perfract...	162
23	perfudit nectare,	428 p
23	pergam et perquir...	166 d
	— turbare,	416 a
2	Pergama (venit,	254 c
23	perge quò coepisti,	169 q
	— modo,	404 f
23	perges viâ,	423 a
3	pergo, v. pergam, perge, perges, perrexi.	
21	pergratum mihi,	330 c
22	perhausi, perhaust...	163
22	perhibent, progen...	425 e
	PERI, initiatif,	18
2	peribunt (facta,	430 l
2	periclo fit,	84 f
	— vertitur	402 d
2	periclum,	56
	— ex aliis,	301 c
2	pericranium,	18
2	pericula (quaeris,	113 b
2	periculum in pal...	148 l
	— me ab,	350 g
	— concitant,	431 d
20	periit (contisus,	88m
	— virtus,	414 g
30	perindè atque,	391 i
	— ... ac...	391 f
11	Perinthiam; dissim...	295 i
2	periodo plura,	428 q
2	periodus (peric...	18
2	periosteum, peric...	18
20	perire, perfidelis,	18
20	peristi actum,	380 f
20	perit (alteram,	83 h
	— (forma,	93 c
11	peritus fortius,	44om
10	perivi, ou perii,	18
21	perjuraverit ei,	328 i
15	permansus,	18
11	permittendum,	321 e
23	permittere, perire,	18
23	permitto omnia,	203 a
61	permixtos,	143 k
2	permulta (genera,	190 c
3	pernicitatis,	114 f
11	pernis pestis,	435 z
23	perpello, v. perpulit.	
2	perpendiculum,	252 a
30	perperam nostras,	372 f
15	perpes, v. perpetem.	

		Pag.
11	Perpessus est omnia,	329 b
15	perpetem (noctem,	176 g
23	perpulit adeò donec,	420 e
23	perquiram (pergam,	166 d
4	perrectum, perrexi,	163
23	perrexi Romamque,	169 p
23	perrumpere amat,	383 d
11	persecutus ero,	420 d
23	persequar ipsum,	90 i
21	perstiti, praestiti,	161
21	personavi, personni,	59
	PERSONNE du verbe,	316, 317
21	personui, implicui,	59
23	perstrepunt (abs...	92 f
	— ubi absunt	92 h
22	persuasit ne sibi,	225 n
	— nox,	300 k
12	pertactum, pertigi,	162
11	perticam (habere,	343 d
22	pertineat, ser...	271 l
22	pertinet (ad rem,	271 k
	— (usque,	272 a
24	pervenerunt(Rhenum,	329 e
24	perveni (Romamque,	169 p
24	pervenit ad oppid...	280 l
	—, obsides et,	328 e
11	perventum est,	312 v
30	perversè facta sunt,	55 l
21	pervolat(domini aedes,	91 e
	— (aedes,	200
	PES, PEDA, PODA, terminatifs,	27
3	pes, pedis,	58
	— ren, rex,	101
	— condoluit,	120 h
	— (haeret pede,	175 z
	—, statura,	386 c
	V. pede, pedem, pedes, pedibus, pedis, pedum.	
11	pessimas pessumdedi,	83 i
30	pessimè (actum esse,	363 h
11	pessimus, de pessum,	39
	— (optimus,	74
	— determinus,	364 c
	V. pessimas.	
2	pessuli fiunt,	366 c
2	pessulis fores occlude,	87 l
2	pessulus, v. les 2 précéd.	
11	pessumae (magni,	148 e
21	pessumdedi (pessum,	83 i
21	pessumdedit (aram,	191 z
21	pessumdo, v. les 2 précéd.	
30	pessumè herclè,	132 e
	PESTALOZI, cité p.	XLIII
	— sa méthode,	LXXI
3	pestis veniet,	435 z
23	petam (ut ab eo,	330 f
23	petamus (cur à te id,	410 h
2	petaso (macherâ et,	428 m
15	petenti responde,	191 z
23	petere rem,	176 h
	— alta parabat,	312 r
23	petii, et exoravi,	160 d
23	petimusque vicissim,	140 d
23	petis ex arto,	312 s
	— (perdidisse quod,	348 d

38

Pag.

23 Petit (lumbricum, 239
— (muros cursu, 274 f
23 petivi, cupivi, 59
—, ou petii, 60
— (genitore, 160 i
23 peto,
— (putas serio, 274 i
— à te, vel si pateris, 241 f
— (castra, 338 d
— et transfuga, 396 a
V. les 6 précédents, petam, etc., petunt.
:1 petra, d'où petrosus, 46
11 petrosus, de petra, 46
23 petunt (v scera, 89 h
— (plura, 311 g
23 pexisti capillum, 170 p
4 pexum, pexi, 163

PFEIPFER, LXXVIII

:1 pharetra ex auro, 241
:1 Pharsalix appellatur, 304 d
'1 Phidiæ nihil, 202 i
'1 Phidias in ebore citra, 257 o
'3 Phlægmon (timidusque, 296 a
'2 Philippo Abydenorum, 417 e
'2 philosophaster, 35
:1 philosophia (urbes, 166 g
— est artium, 425 g
'2 philosophis exprobrares, 440 l
:1 Philumenam (nisi, 423 i
:1 Phœb mittimus, 282 a
:1 phocæ (in flumina, 252 g
'2 Phoce, doloris, 199 d
'3 Phormio... dixi, 145 l

PHORUS, terminatif, 23

'2 phosphoros, de phôs, 23
11 phrænetici intra, 257 b
'3 phrygio, aurifex, 386 b
2 piacula sunto, 128 m
— nulla resolvent, 383 c
11 picta croco, 436 e
11 pictă pandat, 440 f
11 picto chlamydem, 275 c
'4 pictum, pinxi, 163
:1 pictura est (loquens, 119 b
11 pictus, v. picta, pictă, picto.
:3 pietas! heu prisca fides! 371 a
22 pigere eum facti, 212 i
22 piget me stultitiæ, 212 h
—; (miseret me, 213 d
— ? (nam facti, 304 a
3 pignora da, genitor, 113 K
3 pignori putamina, 439 o
3 pignus, v. les 2 précéd.
:1 pigritia, de piger, 43
:1 pigritiă, inertiă, 43 b
:3 pigritudinem à te, 62 g
11 piis (di meliora, 308 f
'2 pili (hanc nec facit, 214 l
'2 pilum mutat, non, 107aa
'2 pinaster est pinus, 430 q
23 pingeret (datum quod, 225 h
23 pingit barba genas, 169 s
23 pingitur (ære dato, 111 a

Pag.

23 Pingo, v. les 3 précédents et pinxit.
14 pingui arvina, 434 e
14 pinguia corticibus, 436 s
14 pinguis, v. les 2 précéd.
:2 pinus (nos sumus idææ, 317 c
11 pinus silvester, 430 q
23 pinxit Apelles, 169 r
3 piper, præsul, 122
— (mola buxea, 177 e
3 piperisq. cucullus, 436 f
'1 piratam vivum, 409 f
'3 pisces hi ne corrumpantur, 369 k
:2 piscina, de piscis, 34
:3 piscis, itidem amator, 425 e
— exsultat, 438 d
'2 pistrinum dedam, 408 c
2 pisum (est quàm, 198 b
12 pius (arduus, 75
— Æneas, quò dives, 401 h
V. piis.

22 placant hominesque, 112 g
21 placarem te sibi, 416 d
21 placari possit, 339 c
22 placastis ventos, 118 c
22 placeas (tam valdè, 337 a
22 placeat (numquid hoc, 143 m
22 placebat, tàm, 345 n
15 placens uxor, 297 f
22 placeo, v. placeas, placeat, placere, placet, placuit.
22 placere (breviate, 428 a
22 placet? (satin' id tibi, 55 p
— (tibi, 220 a
— (oratores ire, 311 i
— (illam quæ, 336 e
— et 338 b
30 placidè (dormibo, 435 l
22 placo, v. placant, etc.
22 placuit (non ita diis, 321 h
— sententia, 406 d
:1 plaga quà vestigium, 411 k
:1 plagas scrutantur, 440 n
'2 Planco (consule, 249 l
30 planè cessare delectat, 347 b
— est (sagina, 441 e
23 plango, d'où planxi, 68
V. plangunt, planxi.

23 plangunt littora, 169 u
:1 plantas (figat humo, 168 r
23 planxi, de plango, 68
— (demùm pectora, 169 t
:1 plateâ (habitasse, 290 f
— (hac rectâ, 428 s
3 Platonis statuam, 269 g
11 plaudendo consumunt, 250 d
23 plauditur et palma, 174 l
23 plaudo simul ac, 390 h
23 plausit ciconia pennis, 174 k
:3 plebem à populo, 110 i
—, Curio, 174cc
:3 plebis cum populo, 361 b
:3 plebiscita coactæ, 209 g
:3 plebs, de plebis, 57
V. plebem, plebis.
23 plectar pendens, 170 s
— pendens, nisi, 330 g

Pag.

23 Plecto, d'où plexi, plexum, 68
V. plectar, plexit.
11 plena (omnia, 95 e
— (Jovis omnia, 117 i
— civin 11, 220 g
— domus cælati, 244 g
— laboris? 308 K
— sunt (larvarum, 323 a
— cruoris, 438 i
11 plenas ferunt 315 d
11 plenis (date lilia, 96 g
— faucibus, 223 c
11 plenissimus (sceleris, 220 h
11 plenus rimarum sum, 384 e
—, refertus, 220
V. plena, plenas, plenis.
11 pleraque similiter, 284 b
—, sic et hoc, 416 b
11 plerique sanescunt, 236 b
11 plerumque dolor, 425 i
11 plerusque, v. les précéd.
23 plexit horus servum, 170 r
'4 plexum, plexi, 163

PLUCHE, XXXIX

23 pluet, credo, herclè, 324 a
23 pluit, quem imbrem, 307 i
— spongiarum, 324 f
23 pluo, v. les 2 précéd.
10 plura petunt, 311 g
— scribere, 311 l
— scriberem, si, 343 h
— nomina dat, 428 g
10 plures, calor vias, 311 g
— Marcello, 362 b
11 pluribus manum, 316 g
11 plurima plura petunt, 311 g
— quindecim, 316 c
11 plurimæ leges, 430 e
11 plurimi pendit, 215 d
30 plurimùm gravitatis, 205 r
— possunt, 261 m
11 plurimus, v. plurima, etc.
10 ou 30 pluris quàm, 198 e
— pretii est quàm, 216 e
— habetur quam, 216 g
30 plus quàm medicus, XLIV
— naso quàm oculis, 143 c
— sapientiæ quam, 205 e
— habet, 248 e
— eo, at, 272 d
— quatuor digitos, 311 a
— tepeant hiemes, 319 h
— dedi, 330 c
— minusve dicat, 391 d
— sunt potæ, 401 g
V. plura, plures, pluris, pluribus.
30 plusculum mellis, 205 q
'2 pluteosque agam, 440 e
23 pluunt (saxa, 324 g
2 pocula (aspera signis, 240 f
— damæ, 270 c
15 poculentiser natura, 429 q
2 poculum, v. pocula.

PUDA, terminatif.
'3 podex, v. le suiv.
'3 podice cæduntur, 114 e
3 poema loquens, 119 b
3 poematis origo, 119 a
— ou poematibus, ibid.

:1 Pœnâ mnltavit, 439 f
:1 pœnas (dabis, impro-
be, 140 i
— in morte timen-
dum, 284 e
'2 pœni stipendia, 166 a
— corda, 249 f
V. pœnorum.
22 pœniteat calamo, 281 f
22 pœnitebat (patres
non, 109 l
22 pœnitebit (proficias,
non, 413 f
22 pœnitere (furiosè
fecit, 281 g
22 pœnitet (nostri nos-
met, 79 f
—, addentur duæ, 86 b
— (acti non, 213 b
— me famæ, 213 c
—, tædet, etc. 360
V. pœniteat, pœnitebat,
pœnitebit, pœnitere.
'2 pœnorum exspectant, 217 c
:1 poetam audivi, 286 h

POINT (·), placé de-
vant un chiffre, v.
les abréviations, 444

POINTS (DEUX) (:),
v. ibidem.

30 Pol video, 117 n
— hilarior, 373 b
— et si taceas, 424 b
24 poliuntur (ebora, 116 o
—, omni, 173 n
'3 et 3 pollen, v. pollinem.
22 polles (potes, 440 p
'3 pollex, v. le suiv.
'3 pollice versant, 114 p
— ludum, 440 r
22 pollicerer tibi, 147 a
11 pollicita est ea se, 363 l
:3 pollicitatio, de polliceor, 19
11 pollicitus, v: pollicita.
'3 pollinem addito et, 117 v
22 polluisset, hostiam
si deo, 345 n
'3 Pollux et vagus, 247 i
'2 Polydorus ego, 197 b
'2 Polypercon cubabat, 254 i
'1 polypoda (centipeda, 27

POMEY, son indicu-
lus, LIX
'2 Pompeium consistit, 258 d
2 pomum arbore, 172 b
—; hesperidas, 342 c

PONCTUATION, v. 387
3 pondera gemmæ, 400 a
3 pondere cervix, 251 a
3 ponderi gladius est, 111 l
0 pondo (quatuor, 236 e
3 pondus, v. pondera, pondere, ponderi.
23 pone esse victum, 180 b
30 ponè castra pabulat.. 261 d
— quos aut antè, 281 e
— nos recede, 379 e

23 Pono, d'où posui, 68
—, pone, 266
V. pone, ponunt, posnê-
re, etc.
'3 pons, v. les 2 suiv.
'3 pontem in arare, 369 d
'3 pontis, montis, 56
'2 ponto (daturus no-
mina, 142 e
— jacet insula, 191 d
23 ponuntque ferocia, 249 f
'3 poplites procumbant, 115 q
23 poposcit pateram, 166 l
— (et arma, 328 e
11 populabundus in, 280 k
14 popularis, de populus, 35
— est ? tune, 344 m
11 populatus iter, 303 l
11 populeâ velatur, 313 f
'2 populi suprema lex, 331 a
'2 populis dare jura, 325 g
'2 populo divisit, 110 l
— coràm uberiim, 238 a
— egisse cùm, 363 b
—, cùm de cœlo, 363 g
— tu (ipse mihi, 43q c
'2 populos venire sub, 235 h
'2 populum alloquitur, 266 l
'2 populus jussit, 176 l
V. populi, etc.

'2 Porcius infrà, 254 h
:3 porrectio, de rego, 19
2 porri et ciceris, 433 n
23 porrigis (elephanto, 116 c
23 porrigitur (corpus, 264 h
23 porrigo, v. les 2 précéd.
30 porrò nos jacimus, 178 u
— (turbare, 416 a
3 porrum (levat, 110 f

PORT-ROYAL, voy.
manière d'appren-
dre les langues, LXIII
et 285 etc.

Port-Royal, sa mé-
thode, XL
:1 porta, ruunt, 404 a
V. les 3 suiv. et portis.
:1 portæ (belli, 106 h
:1 portam converso, 171 i
— (ruit ad, 227 k
:1 portes claudi jussit, 253 l
— (arietat in, 303 h
— tamen et, 428 n
11 portatum est, 211 c
:4 portentaque rides, 107 f
:4 porticibus disponat, 429 v
:4 porticum stravit, 110 k
:4 porticus, v. les 2 précéd.
:1 portis eruptionem, 80 h
:1 portiuncula, de portio, 47
'4 portu navigo, 84 f
'4 portum versùs per-
gam, 266 d
— (occupa, 376 h
4 port-us, bon-us, 56
— specus, 103
— senectæ, 128 f
— urbe, 174 a
— (ruit ad, 227 k
V. les 2 précéd.

23 Poscas, ad ravim
poscas, 251 h
23 posce deos veniam, 274 d
23 poscit equos, 166 m
—, vin' tanti, 216 i
— opem res, LXXVIII
et 311 b
23 poscitote aurum, 332 a
'4 poscitum, poposci, 163
11 poscitus, 113
23 posco, lacesso, 274 ·
V. poscas, etc. et poposcit.

'4 positum, posui, 163
11 positum est (tuâ, 209 e
11 positus (limes, 304 c
20 posse (id fieri, 84 i
— et vello, 131 h
— negari, 146 g
— videntur, 348 f
— auxiliarier, 350 e
— relicto, 364 b
|— (vincere, 370 f
20 possem tantos, 131 l
— munera, 345 l
20 possent nedùm, 330 m
22 possideant plurima, 311 g
20 possim, velim, 131 l
— recipere, 340 g
— (percurrere, 343 g
— (scriberem, si, 343 h
20 possimus (suspicere, 425 h
20 possis (uti scire, 140 h
— urbe, 191 b
— (conspicere, 272 b
20 possit (velim fieri, 134 k
— vesci, 204 d
— (id velis quod, 327 e
— (ut placari, 339 g
— (id velis quod, 412 b
20 possum fieri, 87 a
— scire quid, 131 a
— (tibi dicere, 139 d
— tibi opitulari, 226 o
—, queo, 349
—, studeo, etc. 360
— scire quid, 360 b
—, quæso, facere, 405 a
— quin exclamem, 407 e
— ? quemnam ad, 409 d
— ut intelligam, 414 e
V. possa, possem, pos-
sim, etc., possumus,
possunt, poteram, po-
tes, potest, poteatis,
poterit, potero potuere,
potuisti, potuit, etc.

20 possumus omnes, 131 d
— intelligere, 405 b
20 possunt, quia, 131 f
— (plurimùm, 261 m
— quia posse, 348 f
— deducere, 391 a
30 post modo, ou post-
modò, LVI
— terga manus, 170 g
— carecta latebas, 160 o
— Chloen, 160
— nummos hæc, 160 p
— meridiem in, 261 a
— annum quartum, 261 b
— hominum, 261 c

	Pag.
3o Post tempore ,	267 a
— rationem ,	329 h
— tu factus Charmi-	
des ,	403 b
— eventum ,	429 s
3o posteà (quid ,	124 h
— ? (dices : quid ,	144 n
— ? domum .	268 cd
— non op·rtat ,	328 i
— quàm ad me ,	403 c
21 postero die circa ,	260 b
·3 postibus (opponun-	
tur ,	106 d
3o postquàm Cæsar ,	328 e
— comedit rem ,	329 h
— quia ,	330
— natus sum ,	403 a
— ego me xurum ,	403 b
3o postremùm me vides,	345 p
—	et 380 b
3o postridiè ejus diei ,	207 i
21 postulas (è pumice ,	114 r
21 postulavit (repetun-	
darum ,	218 m
21 postules (expectes et,	241 h
21 postulo, sive æquum	
est ,	55 k
— (magni pendi ,	287 e
— me amari ,	370 a
V. les 3 précédens.	
23 posuêre (theseïdæ,	439 s
23 posuerunt, quæ cas-	
tra ,	305 l
23 posuit vinea frondes ,	180 a
— Cæsar ,	259 a
— (castris castra,	273 b
21 potabimus (interim ,	128 c
11 potæ, plus sitiuntur,	401 g
21 potas ? album an ni-	
grum ?	93 d
21 potasti » (scelus ,	97 c
21 potate , fite mihi ,	379 f
·4 potatum , *et* potum,	60
15 potens (felix ,	77
— curax ,	95
— erat Alphenus ,	131 m
V. les 2 suivants.	
15 potentem amicum ,	274 e
15 potentis (fieri ma-	
trona ,	348 k
20 poteram à terrâ ,	131 g
20 poterit, (facito ut ,	148 n
— tùm naviges ,	398 c
20 potero (dicam si ,	124 g
— adjutabo ,	402 f
— brevissimè ,	402 k
20 potes me mihi ,	131 b
— (tecum esse ,	272 g
— excusa nec ,	404 o
— ut cuperes ,	435 q
— polles ,	440 p
20 potest fieri ,	131 c
— sciri ,	147 d
— id ei licet ,	323 a
— id fieri quod ,	327 e
	et 412 b
—, itur ad me ,	334 g
— esse ull. ,	344 h
— (quilibet esse ,	348 g
— (est quàm ,	402 a
— copias armat ,	402 i
— (jam quantùm,	414 k

	Pag.
:3 Potestas (legendi ,	285 a
:3 potestatem mihi ,	141 a
— ffeci ,	178 r
20 potest is ope vestrâ ,	131 e
14 potior, *v.* potiora.	
24 potior, *v.* potirentur, poti-	
tur, potiri.	
14 potiora manu ,	95 d
24 potirentur videbatur,	408 a
24 potiri volunt ,	219 s
21 potitare, scriptitare ,	29
— rex solitus est ,	430 c
3o po'issimùm facito ,	440 q
14 potitur (auro vi ,	220 b
3o potius quàm decori ,	225 c
— contra me est ,	258 h
— quàm hordea.eos,	283 d
— quàm servias ,	320 a
— quàm conscios ,	329 b
— quàm priusquàm,	330
21 poto , *v.* potabimus , potas ,	
potate.	
20 potuêre videri ,	302 i
20 potui succumbere ,	131 n
20 potnisse foc ,	178 s
20 potuisti adducere,	271 e
20 potui! rerum ,	LII
— quàm ,	232 d
— (præ mœrore ,	236 g
— . istum reliquit ,	328 f
— tacuit ,	413 k
·4 potam eant ,	215 v
— age , et inter ,	256 i
— pastas age ,	276 d
— venientes ,	276 c
·4 potus.	
11 potus , *v.* potæ.	
10 PRÆ et PRÆTER ,	
initiatifs ,	18
3o præ, sequar,—I rus , 130 op	
— manibus est ,	200 a
— gaudio ,	220 c
— se tulit , 14,000 ,	236 m
— se gerebat ,	236 f
— mœrore potuit ,	236 g
— gaudio ubi sim ,	236 h
— lætitiâ lacrymæ ,	236 i
— nobis beatus ,	236 k
— cæteris ,	248 ef
— illo (factum ,	248 g
11 præbenda *de* præbeo,	33
— (aut hedera ,	254 g
23 præcedat, procedat ,	3
22 præcedes (utcumque,232 l	
11 præcedo, *v.* les 2 précéd.	
10 præceps curru ,	420 b
11 præcepta quàm ,	54 n
— quæ jubent ,	250 k
— facessunt ,	428 n
11 præceptis (servitu-	
tem ,	280 g
11 præceptus, *v* les 2 précéd.	
25 præcipio (ego tibi ,	83 q
10 præcipitis (præceps ,	22
11 præclara facinora ,	208 d
3o præclarè facis , cùm, 399 d	
14 præclarius (hoc,	401 e
11 præclarum ovium ,	373 h
·3 præco Fabium citavit, 305 a	
·3 præcursor *de* præcurro, 46	

	Pag.
:1 Præda videbatur ,	276 g
— hostes,	297 b
— hæc mea est ,	405 f
V. les 2 suivants.	
prædæ quàm ,	205 l
:1 prædam torquibus ,	427 d
23 prædicere prædoctus,	18
·3 prædio, *v.* prædonis.	
21 prædoctus (prædicere, 18	
3 prædonis audaciam , 177 v	
20 præeo , prætereo ,	134
V. præi.	
11 præfectus (legatus ,	299
20 præi verbis quidvis,	428 r
2 prælia sibi ,	223 a
2 prælii convenerat ,	204 e
2 prælio (sum in ,	441 s
2 prælium ibat , ulti-	
mus ,	429 a
V. les 3 précédens.	
2 prælum de carpino ,	440 q
2 præmia nôris ,	112 r
— laudi ,	196 a
— que ingeniis ,	439 s
23 præmittere, prædicere, 18	
2 præmium , *v.* præmia.	
11 præpediti nimio, aut, 412 f	
23 præponere, præsidere, 18	
15 præsens; *de* præsum, 33	
— quando ,	328 g
V. les 2 suivants.	
15 præsente , istuc egi ,	79 o
— ? quo in loco ,	81 a
— ostendit ,	81 c
— nolueram ,	327 g
— flotà producere ,	383 a
15 præsenti (pubi ,	107 m
— (illic in re ,	129 a
— (animo ,	145 e
— pecuniâ ,	321 g
:1 præsentia, *de* præsum, 33	
:1 *præsentid*,(antereain, 136	
3 præsepibus arcent ,	108 a
·3 præsidem vestrum , 118 a	
22 præsidere de sedeo ,	18
24 præsiliunt mihi ,	236 i
14 præstantior erat ,	217 h
21 præstiti, prostiti ,	261
3o præsto adest ,	417 i
·3 præsal, *de* præ *et* salio, 64	
20 præsum , subeam ,	130
3o præter radices mon-	
tis ,	264 a
— rem locuti ,	264 b
— opinionem res ,	264 c
— illum nemo ,	264 d
— salices fuit ,	264 e
— spem evenit ,	300 b
23 prætermittere (præ-	
teritio ,	19
20 prætereo, prodeo ,	134
21 præterit , præterito.	
20 præterit (hoc te ,	281 b
:3 præteritio , præterm..	19
20 præterito hâc recta ,	428 s
·3 prætor (de sellâ ,	169 ee
21 prandeo , prandere ,	59
22 prandi in navi ,	197 o
2 prandio (somnus est	
de ,	232 i

Pag.

2 Prandium (nemo est, 142 *b*
— advenientibus , 431*m*
2 prætorium (curritur
ad , 165*m*
2 prata biberunt , 442 *f*
11 pravi sunt elementa, 119 *d*
— que tenax quàm , 205 *a*
— et LXXIX
15 precantûm (temne
verba , 175 *s*
:3 precesque meæ, 228 *e*
:3 precibus non inquar, 383 *c*
23 prebendit dextram , 440 *s*
23 premit omnis dextera,
— ora die , 427 *o*
23 premo. *v.* premit, premunt,
pressêre, etc.
23 premunt (nocte , 172 *ff*
— omnes , 433 *e*

PRÉPOSITION, *voy.*
l'ablatif *p.*   209

— listes des prop. abbla-
tives, *p.*   231

— *in* appartient à la question ubi,   231

— *v.* l'accusatif,   251

— liste générale des prépositions.   267
'2 presbyteri (sedent , 102 *h*
23 pressêre pectora, 175 *g*
23 pressi, pressum ,   163
11 pressis pugnat ,   429 *u*
23 pressit humi ,   417 *d*

PRÉTÉRIT, *v.* passé.

2 preti (depntat parvi, 216 *b*
2 pretia ob tacendum , 262 *f*
2 pretii (se minimi , 146 *o*
— est quàm ego ,   216 *a*
— esse te hodiè ,   216 *d*
— hominem ,   216 *e*
2 pretio atque rafixit, 168 *q*
— ne s'emploie pas avec
flocci nauci. etc. 215
2 pretium ipsum sena-
tus ,   102 *o*
— ob stultitiam , 262 *e*
— que moræ ,   202 *p*
— et 291 *a*
— tulit , hic ,   417 *x*

V. pretia, pretii, pretio.

11 priameia virgo ,   159 *a*
'2 Priami fugit ,   217 *a*
— de sanguine ,   232 *h*
'2 Priamus. Sunt hic , 196 *a*
— (cingitur ,   275
— nymphæ ,   349 *e*
30 pridem pater mihi , 296 *b*
30 *pridiè* ejus diei in-
troit ,   207 *h*
11 prima piacula sunto , 128*m*
— juvencos ,   174 *e*
— sub frigora ,   253 *h*
— justitia ,   35e *a*
11 primi pænorum ,   217 *d*
11 primis sedet ,   108 *o*
— huc misit ,   241 *b*
11 primo fortuna labori, 223 *l*
30 primò pecuniæ ,   278 *a*

Pag.

PRIMORDIAL (MOT, 159
11. primum (omnium
est ,   247 *e*
— justitiæ munus , 338 *n*
— et juvenum ,   385 *c*
30 primùm addidi ,   88 *c*
—, virtus post , , 260 *p*
— potuit , istam , 328 *d*
— audio quid ,   378 *h*
11 primus, secundus , 41
— (torsisti ,   191 *h*
— nuntiaret ,   320 *d*

V. prima, etc.

:3 princeps, *de primus*
et capio ,   22
— principis ,   57
— erat (principium , 117 *u*
— (pater atque ,   340 *d*
— in prælium ,   429 *a*

V. le suivant.

:3 principe nostrum , 307 *f*
2 principia (habent tibi, 223 *b*
2 principio (equidem
in,   147 *f*
— reges habuere ! 191 *a*
— delubra ,   436 *o*
2 principium ,   22
—, princeps ,   117 *u*
— nostri sunt ,   199 *d*
— et fons ,   350 *c*

V. les 2 précéd.

14 prior (incipe, Mopse, 199 *f*
14 priores ,   22
11 prisca fides !   371 *a*

PRISCIEN, etc.   167

11 pristinæ virtutis , 219 *c*
11 pristini ad denegan-
dum ,   277 *f*
30 priùs communica-
tum ,   321 *g*
— quàm pereo ,   349 *c*
— quàm loco ,   329 *d*
— fugere ,   329 *e*
— ne duplices ,   338 *h*
— tu non eras ,   403 *k*
30 priùsquàm lucet ad-
sunt ,   324 *e*
—, antequàm ;   330
— incipias ,   403 *h*
— pereo ,   403 *i*
30 privatim furtim , 377
11 privatus (quàm ,   290 *c*
2 privilegium, *de pri-
vus,*   26
2 priviguus, *de peivus*, 25

PRO, *initiatif.*   19

30 pro laude pacisci , 134 *f*
— littore ,   236 *f*
— mœnibus ,   236*m*
— aris et focis ,   237 *a*
— violâ corduus ,   237 *b*
— re pauca loquar , 237 *c*
— se quisque facie-
bat ,   237 *d*
— virili parte ,   237 *e*
— tuâ prudentiâ ,   237 *f*
— argenteis ,   247 *d*
— tuâ,   248

Pag.

30 Pro numero jactura , 249 *a*
— me sed ,   258 *h*
— vobis,   3:8
— tempore fecimus , 331 *b*
— ratione ,   337
— deûm hominum-
que ,   373 *f*
21 pr babam (quàm bel-
lum,   402 *h*
21 probabit. (nolle se
non,   136 *d*
'4 probatu, (difficile est, 250 *f*
21 probatur. (illi et no-
bis,   227 *q*
30 probè (hominem ,   168 *p*
— lepidéque ,   384 *d*
— factum ,   423 *c*
21 proboque. (meliora , 143 *a*

V. probabam, etc.

23 procedat. (præcedat, 3
—, age dum ,   379 *c*
23 precedere menses , 388 *f*
23 procedit (et benè , 348 *l*
23 procedo , *v* les 3 précéd.
procedant , processerat ,
processit.
23 procedunt tempora , 342 *b*
:3 proceritas ad 144 pe-
des ,   273 *g*
23 processerat. (mul-
tum diei ,   205 *n*
23 processit ut ,   207 *a*
— modò in crepidis , 234 *k*
14 proclive ad libidi-
nem ,   271 *k*
21 procreavit. (unige-
nam ,   429*m*
23 procubuisse genu , 346 *b*
—, pedes ,   356 *d*
30 procul, ô, procul es-
te ,   380 *g*
23 procumbit humi ,   208 *i*
— uterque ,   303 *k*
23 procumbo, *v.* procubuisse,
procumbit, procumbunt.
23 procumbunt. (popli-
tes ,   115 *q*
'4 prodactum, prodegi, 161
23 prodegerit. (qui
suum,   265 *f*
20 prodeo , redeo ,   134

V. prodire.

20 prodesse, prodire , 51
20 prodest (laser ,   112 *p*
— (fingere ,   124 *i*
— aerius ,   275 *l*
— (juvat quàm ,   321*m*
23 prodiderunt. (par-
tim ,   377 *b*
23 prodigere, *de pro et
agere ,   51
23 prodigo, *v.* prodigere, prodegerit.
11 prodigum te fuisse , 405 *g*
11 prodigus, *de pro et
agere ,   51
— aeris , gandet , 204 *n*
20 prodire , prodigere , 51
— tenús, si non ,   238 *k*
— 319 *g*
'4 proditum, *de prodo*, 161
23 prodo, *v.* prodiderunt.

	Pag.
23 Producere nomen,	383 a
23 produxit. (gigantes terra,	117 b
11 profani. (procul este,	380 g
11 profanum vulgus et,	179 u
— et	354 a
11 profanus, v. les 2 préced.	
30 profectò (ita,	199 b
— ratò,	3-8
— repertam,	325 f
23 profectum, de profi- ciscor,	61
11 profectus. (eò sum,	232 e
— est (subitò,	240 b
23 proferam. (rem no- vam,	112 s
23 profert imperium,	254 f
23 profero (ambus,	87 m
V. les 2 précéd.	
25 proficere, provid...	19
25 proficias, non pœni- tebit,	413 f
25 proficio,	19
V. les 2 précéd. et profi- ciunt.	
23 proficiscantur. (seu,	423 d
23 proficisci Cyprum,	325 a
23 proficiscitur. (infes- tis,	83 n
23 proficiscor, v. les 3 preced.	
25 proficiunt (vanæ,	234 d
23 profinat. (sit an,	393 c
11 profugos misisti,	429 l
20 profuisse (litteras,	321 n
20 profuit ærei,	313 e
— et marathios,	321 c
11 profundo pulchrior,	227 b
11 profundos, lises pro- fundo,	227 b
11 profundus, intimus,	313
23 progenuit. (perhi- bent,	325 e
25 progreditur picto,	275 e
11 progressus uterque,	257 c
30 proh! curia, inversi- que,	373 e
— deum hominum- que,	373 f
22 prohibebunt quin sic,	407 a
22 prohibent (Ascanium,	205 f
22 prohibento (esse,	116 g
22 prohibeo, dubito,	407
V. les 3 précéd.	
30 proinde tu tibi,	314 a
11 projectum odoraris,	278 h
23 projice tela manu,	438 l
3 prolem est enixa,	107 l
12 prologus, prospectus,	19
23 proloquar (breviter,	345 b
23 proloqui (cepit me,	119 e
23 proloquor. v. les 2 précéd.	
23 promi jubeas,	200 a
23 promisi? (quo in loco,	81 a
11 promissa fides est,	294 b
23 promite vires,	175 m
23 promitti quem sæ- pius,	294 a
23 promittis (semper,	140 b
23 promittit origine,	107 q
— (facturum,	363 k
23 promitto,	19
V. promisi, promitti, etc.	

	Pag.
23 Promo, prompsi,	52
V. promi, promite, promp- sisti, promunt.	
22 promoveo nihil	328 d
23 prompsisti tu illi,	175 l
4 promptum, prompsi,	163
21 promulgare, de vulgo,	19
23 promunt Pelidesque,	205 g
11 pronam (stravit humi,	177 a
11 pronus humi,	303 k
— in ipso,	437 d
propagare, de progo,	19
30 propè (me,	179 k
— Cæsaris hortos,	223 e
— seditionem,	263 f
30 propediens (videbo,	143 h
23 propensus, pronus,	271
21 properat ire,	276 h
11 properate jam quan- tùm,	414 k
21 properes, ut ne quid,	343 c
21 propero, v les 2 précéd.	
21 propino tibi salutem,	223 c
11 propinquo manebo,	245 g
14 propis, prope,	263
11 propitiæ (site mihi,	379 f
30 propiùs tectis taxum,	395 a
1 propolæ, linteones,	386 b
23 proponere, de pono,	19
2 propositum redire,	270 e
30 propter Platonis,	263 g
— hunc,	263
— frigora,	263 h
— notitiam,	263 i
11 prorâ jacitur,	232 f
3 pro ratione volun- tas,	335 g
30 prorsùm (rursùm,	377 f
— in navem,	377 f
— vitæ,	263
30 prorsùs existimo,	377 g
23 prorumpit in,	312 f
11 proscribare; si viceris,	415 f
24 proscripturit diù,	430 b
11 Proserpinæ... vidi- mus!	333 a
20 prosit neve mihi,	55 h
—, obsit,	321 d
4 prospectus, de spe- cio,	19
12 prosper, v. prosperos.	
21 prosperos exitas,	102 i
11 prostiti, restiti,	161
4 prostratum, prostra- vi,	164
20 prosum, proderam,	130
— et	131
V. prodesse, prodest, pro- fuisse, profuit, prosit.	
23 protegere, proficere,	19
3 protervitas! (per- didit,	333 b
PROTHÈSE,	50
30 protinùs alto misit,	328 h
— hasta fugit,	361 a
10 Proteu, scis,	199 h
2 proverbium (cessit in,	173 u
11 providentia, provoc..	19
3 provisor, prodigus æris,	204 n

	Pag.
21 Provocet unus,	400 e
11 proximus accedat ,	1
— (tu es pater,	265 l
— esse deus,	319 b
15 prudens, de provideo,	33
—, de prudentis,	58
— et secundis,	388 a
— ludis,	344 i
V. prudentis.	
21 prudentiâ conside- rabis,	237 f
15 prudent-is, ver-mis,	56
2 pruna ferunt,	107 y
21 prunas (verubus,	428 g
21 psaltria est; ellam,	263 a
— me somnias,	363 a
— audivit,	380 e
23 pubes (tùm cetera,	367 e
23 pubi præsenti,	107 m
1 Publicola, ignicola,	23
11 publicus, de populus,	32
22 pudent (non te hæc,	323 e
22 pudeo ita,	323 e
V. les 2 suivants.	
22 pudet (nec,	79 m
— (nos,	79 k
— te ?	94 g
— me tui,	232 k
—, ô superi,	233 h
— dicere verbum,	323 b
—, quia cum catenis,	330 s
20 puduit (modo facere,	323 b
3 pudor (eos deserit,	83 o
—, quàm te violo,	403 g
3 pudore (tùm etiam,	399 a
1 puella, facis,	442
11 puellæ (mixtæ pueris,	384 g
2 puer æquam mani- bus,	173 o
— que tuus,	318 e
— epistolam abs...	345 g
— (virtute, LXX et	439 i
V. dans les 4 suivants.	
2 pueri ludis tenentur,	102 k
—, (cogite oves,	179 n
— ant prata,	442 f
2 pueris parvulis su- mus,	233 h
— aut monedulæ,	341 b
— non nocuisse,	344 r
— puellæ,	384 g
— abstulit,	434 e
2 puero opu'st cibum,	243 k
2 pueros docebat,	208 h
— que eorum,	385 b
11 puerpera, vituperium,	27
— uxor,	429 l
2 puerum diligis,	309 d
1 pugil (hic eques, ille,	315 a
3 pugilem victorem,	385 b
11 pugna (compositior,	309 b
— quæ erat,	369 l
V. les 3 suivants.	
21 pugnæ Ascanium,	205 f
— accinge,	227 f
21 pugnam (pugnavi,	280 f
— (age dùm, in,	379 c
11 pugnando vulnera,	302 g
21 pugnant (reverentia,	431 g
21 pugnas, sibi prælia,	223 d
—, sequitur tùm,	367 e

Pag.

21 Pugnat habenis, 429 u
11 pugnatum(utrimque,43ubb
21 pugnavimus,pugnam,280 f
21 pugno, v. pugn int, etc.
12 pulcher ad imos, 374 a
  V. pulchro.
11 pulcherrima Roma, 217 g
30 pulcherrimè hostia, 376 g
30 pulchrè, ita intendi, 229
— meminero, 354 i
— mehercule, 376 f
—! benè ! rectè, 386 n
12 pulchrior evenit; 227 b
— sies, 248 i
14 pulchrius amplá, 439 q
12 pulchro sedet ille, 104 p
13 pulices amurcà, 114 q
— que, cimices, 439 h
2 pullos, ova, 440 u
3 pulmones usque, 272 n
2 pulpita vestem, 160 a
11 pulsando penè con-
    fregi, 178 a
21 pulsat (ilia, 108 t
— pede pauperum, 387 a
21 pulsatur et imbri, 242 b
21 pulso, v. les 2 précéd.
4 pulsum, pepeli, 163
11 pulsus erat, 115 f
3 pulvere (dormitant in, 89 l
2 pulvinus erat, 440 v
3 et 3 pulvis et umbra
    sumus, 319 c
— et umbra sumus, 401 h
  V. pulvere.
3 pumex non æquè, 390 g
3 pumice postulas, 114 r
21 punctum qui miscuit, 300 e
4 punctum, punxi, 163
23 pungit me quòd scri-
    bis, 166 o
— me, quòd scribas, 169 x
23 pungo, papugi, 51
  V. pungit, punxit, papugit.
24 puniit (a manu ser-
    vum, 233 n
24 punivit (adulteros, 102 a
23 punxit me ille, 169 v
13 puppis, navis, 102
— (Apolline, 172 v
23 papugit animos, 166 n
21 pupulas (aperiendas, 440 d
3 pura exscreantibus, 111 m
11 pura, de puras (pur.)
11 purgandis manus, 112 m
11 purgativus, de purgo, 43
11 purgatorius, de purgo, 46
21 purgem scio, 81 s
21 purgo, v. purgem, purgor.
21 purgor bilem sub, 275 k
21 purpuræ usum, 279 a
21 purpuream subnectit, 313 c
3 pus, puris, v. pura.
21 et 30 puta et puta, 212, etc.
30 puta, fauis, framen-
    tum, 379 d
3 putamina (pignori, 439 o
21 putamus esse, 215 k
21 putant (gustaro fas
    non, 278 f
21 putâram arripere vi-
    sus, 390 i

Pag.

21 Putaras (sensisse, 342 q
21 putas? (nobis verba, 139 a
— 141 f
— seriò peto, 174 i
— (nostram esse, 270 h
—? (illam iratum, 286 d
21 putat (rationem, 329 h
21 putatis esse, 210 g
21 putavi (domine, non, 92 u
— (tacendum, 160 l
21 putavit bonus esse, 349 f
21 putem mea? 294 k
22 puteo, v. putet.
2 Puteoli, v. les 2 suiv.
2 Puteolos (cucurrit, 165 l
21 putes? adeò proce-
    dunt, 342 b
— (donasse, 342 c
—, verbum, 442 g
21 putet, de putare.
22 putet aper, 441 a
2 puteam foveam, 441 b
— (alienum, LXXI
21 puto me fore, 263 f
— ut aquâ et igni, 279 e
— esse faciendam, 363 l
21 puto irâ me, 365 b
  V. puta, putant, etc., pu-
    tem, etc.
21 pyra (decerpens, 333 d
21 pyras, ter circum, 437 a
2 Pyrrhus(de sanguine,232 h

Q.

10 Quâ de re? 81 b
— die, 305 m
— norte, 306 v
—, unde quis, 344
— que viâ, 404 g
30 quâ, pour aliquâ.
— fata, 53 a
— tua te, 132 q
— domum, 146 r
— voles aptè, 171 o
— data porta, 404 a
— potes excusa, 404 b
— animal est, 404 c
— civiam quâ, 404 d
— sociorum, 404 e
— modo... eâ, 404 f
— te ducit, 404 f
— vestigium, 411 k
30 quæcunque vacat, 411 b
10 quædam inter se, 297
30 quædam prodire, 319 g
— prodire, 238 h
10 quadrupes, 27
10 quadraginta, quinq... 41
11 Quadragesimus, 41
30 quadragiès, quinq... 41
11 quadringentesimus, 41
30 quadringenta, quinq... 41
30 quadringiès, quinq... 41
10 quæ res te agitat, 81 k
— ad rem referant, 81 x

NOTA. Le quæ de cet exem-
ple est nominatif.

— res te agitant, 81 s
— mea flagitia, 81 aa

Pag.

10 Quæ me excruciant, 85 f
— exoptes, 140 n
— divum, 206 a
— (monstrum, 283
— fieri, 301 b
— Pharsalia, 304 d
— nec multebriter, 304 d
— ad agar, 305 c
— castra, 305 i
— debetur, 306 d
— tela gerebat, 307 e
— sit fiducia, 307 k
— regio nostri, 308 k
— regio Anchisen, 308 n
— gerimus, 317 d
    et 321 m, p, 324 f, 335 e,
    338 b, f. 340 g, 360 g,
    363 m, 369 e. 393 f, 416 f,
    436 t, 437, etc. etc. etc.
10 quæcunque quòd, 8s
— romana, 338 c
10 quælibet, quodlibet, 8s
10 quænam, quidnam, 8s
10 quæque, quodque, 8s
23 quæram gentium, 207 d
— gentium, 392 b
23 quæras, quæras, 392 b
— meâ, 392 b
23 quære, piroe, 180 d
11 quærela frontis, 393 f
11 quærenda pecunia, 260 p
11 quærendo vitam, 250 c
11 quærendum multa, 284 f
— factum ue, 393 m
23 quærere (meum est, 53 h
— (senatûs cons... 202 o
— (meum est, 300 f
— cras fuge, 359 a
23 quæris (convivas, 81 u
— ego sum, 307 c
—? vivo et, 334 a
23 quærit opes, 297 l
11 quæritans victum, 390 c
23 quærite (uter, 344 f
23 quærtis adsum, 238 i
21 quærito, v quæritant.
23 quæritur (liber, 129 l
— quare, 324 b
23 quæ o (quæsivi, 68
— (hominem, 94 e
— num aliter, 344 c
— cur civis, 360 c
— est quem, 380 a
— pascere, 403 e
  V. quæram, etc., quæ-
    runt, quæsivi, etc.
23 quærunt non, 424 g
3 quæsitor, libido, 438 a
4 quæsitum, quæsivi, 163
— is laudem, 281 d
23 quæsivi an apud, 360 f
23 quæsivit cœlo, LV et 180 c
— à medicis, 360 e
23 quæso, es? -imnò, XLIV
— clariùs, 168 k
—, communibus, 220 p
—, facere, 405 a
— (deos, 435 h
23 quæstio est, 130 b
23 quæstione sis, 53 g
3 quæstionis tinis, 130 a
4 quæstu (esse in, 250 i

	Pag.
2e Quævis, quodvis, etc.	82
— pericula,	113 b
3o qualibet perambula,	411 c
14 quales viros,	218 n
14 qualis erat,	272 a
V. quales,	
10 quam causam,	81 e, 305 h
— vixi,	280 b
— quisque artem,	306 a
— statuo vestra,	307 a
— invitus facias,	406 b
— ob causam,	409 f
— ob rem,	409 f
3o quàm nuntia,	LXXIX
— culpari,	136 g
— amari,	136m
— oculis (plus nasc,	143 c
— perdidisse,	166 d
— vivere (satiùst,	171 k
— pisum,	198 b
— lapis,	205
— mea (interest,	211
— ego sum (pluris,	216 a
— lactis abundans,	220 d
— decori (potiùs,	225 c
— factum est,	232 d
— re facilius,	245
— multa sub undas,	253 g
— 309 a, b, c, d,	
— 3. e f, g, h.	
— 319 b. c, d, e.	
— penè furvæ,	333 b
— dulcis sit,	345 b
— cupiunt laudari,	345 e
— illum Clodium,	351 b
— diluculo,	378 f
— bellum,	401
— 402 a, b, c, d, e, f, g,	
h, i, k, l.	
— ad me (postea,	403 c
— te violo,	403 d
— ut nos suspicere,	425 h
— ut causa sit,	425 i
— quòd illum,	425 k
— quomodò illo,	425 l
— dignus eras,	433 f
— ferrum, pacem,	440 m
etc. etc.	
3o quamdiù ad te,	413 e
— voles,	413 f
— potuit tacuit,	413 g
— id factum,	413 h
3o quamobrem hæc,	409 e
— animus,	411 d
3o quamquàm abest,	411 e
3o quamvis avido,	411 f
3o quando lubet,	317 u
— ut volumus,	325 a
— imago est,	327 b
— vir bonus,	327 c
— res vortit,	328 c
— promoveo,	328 d
— esurio tùm,	413 a
— ego te,	413 b
— ita tibi,	413 c
— hoc benè,	413 d
3o quandoque bonus,	LVIII
et 292 a,	316 d
11 quanta pernis,	435 ?
11 quanti se,	215 e
— homo,	216 c
— poscit,	216 i

	Pag.
11 Quanti emptæ,	217 k
— ? viginti,	247 a
— sit sapere,	333 g, etc.
QUANTITÉ. Tableau des adverbes de quantité,	206
3o quantò satiùs est,	301 c
— recentior,	249 b 414 g
3o quantum libet,	332 a
— huic,	336
— animis,	345 d
— quisque,	414 h
— jus,	414 t
— magis potes,	440 p
3o quantùm ipsa,	176 k
— animis,	206 a
— honoris,	206
— instar,	208m
— est, qui,	218 d
— animis,	305
— illi viro, 336 a	345 a
— mutatus,	372 a
— proficias,	313 f
— quisque,	414 h
— d screpat,	427 n
11 quantus, *v.* quanta, etc.	
3o quaquà tangit,	411 a
10 quàque viâ,	404 g
3o quare hieme,	324 b
—, quomodo,	344
— desipiant,	410 a
— perditis,	410 b
— addidit,	410 c
— ausus,	410 d
— id necesse,	410 e
21 quartum (animum,	261 b
10 quarum rerum,	81 o
10 quas tricas,	81 v
— turbas,	307 b
3o quasi talenta,	251 g
— decurso,	374 b
— eas,	377 f
— ego,	425 a
— nunc,	425 b
— affuerim,	425 c
— quùm,	425 d
— piscis,	425 e
— ego servio,	425 f
— parens,	425 g
11 quassatum est,	88 n
15 quassére terræ,	174 i
3o quatenùs id facit,	411 g
— locupletior,	411 h
— domino,	411 i
10 quater, quinquiès,	41
15 quatio, *v.* quassére, quatitur.	
15 quatit fundamenta,	431 e
15 quat-itur, *lisez* quatitur,	174aa
15 quatitur terræ,	174aa
QUATORZE. Le chiffre (14) signifie adj. en *is, e* ou en *er, us, v.* les abrév. page 444	
2 quatriduum,	14
3o quatùm animis, *lisez* quantùm animis,	205
10 quatnor quinque,	41
— digitos,	312 o

	Pag.
3o Quatuordeciès,	41
10 quatuordecim,	41
QUE dit retranché, *voy.* l'acc. 286, et l'infin. 361	
— etc.	236 e
3o que, enclitique,	55
— cano (virum,	56 a
— merumque (motus,	267 b
— gentes (rapiet,	381 a
— passi (pejora,	381 c
— licebit (semper,	383 a
— patremque (natum,	385 e
— turres (pauperum,	387 a
V. virumque, motusque, etc.	
10 queat majoris,	400 a
10 queis contigit,	81 r
— doleat,	81 t
10 quem, si quem est, *pour* si aliquem,	53
10 quem quæris,	81 d
— nuverat Ide,	115 g
— intelligimus,	115 h
— neglexit alam,	169 k
— jusseris,	198 c
— putamus,	215 k
— forte,	205 i
— quæritis,	236 i
— penès,	263 d
— sæpiùs,	291 e
— vocamus,	304 c
— vir habet,	307 b
— quæris,	307 c
— dedisti,	307 d
— imbrem,	307 e
— opobalsamum,	334 e
— te appellem,	341 p
— exempla,	303 e
— quæro,	381 a
— dira cicuta,	436 a
3o quemadmodùm se,	362 e
— est,	409 b
— sunt,	409 c
10 quemnam ad,	409 d
10 quemque ire jussit,	89m
— voluptas,	171 a
10 quemdam excelsum,	417 k
10 queo d me iri,	277 a
—, nequeo,	349
— (ut,	415 b
V. queat, quimus.	
14 quercus, portus, specus,	103
11 quæreis frontis tuæ?	393 f
11 querelam (scalpe,	172 i
11 querelarum (tandem,	200 a
23 quereris (quòd,	405 a
10 qui sunt, qui erunt,	73 e
— faeris et qui,	81 h
— dant eos,	81 y
— soles,	84 a
— hic affuerunt,	85 d
— se non habet,	92 b
— mentirentur,	129 g
— qui aque debuero,	129 i
— panem dederint,	165 a
— vocare,	193 d
— Bavium non odit,	199 f
— te habeam,	193 l

Pag.

10 Qui angas te, 219 *l*
— cœpit habet, 301 *m*
— me perdidit, 303 *c*
— me remoratus, 303 *e*
— fortè jaci bat, 304 *e*
— simul ad tribunal, 305 *h*
— Fabius, 305 *g*, 306 *b*
— solus honos, 307 *h*
— fio Jupiter, 317 *a*
— redit exuvias, 372 *a*
— scribit vult, 428 *a*
— vidit, ad eum, 440 *o*
30 qui dum ? — quà — 330 *c*
— possum, quæso, 405 *a*
— possumus, 405 *b*
— istæc, 405 *c*
— ne detur, 405 *d*
— dùm ? — quia, 405 *g*
— ibi istuc in mentem, 412 *g*
30 quia obierunt, LXII
— semper est, 301 *a*
— cum catenis, 330 *b*
— enim pius, 330 *c*
— , quoniam, quòd, 330
— posse videntur, 348 *f*
— semper est turpe, 350 *d*
— præda hæc, 405 *f*
— mendicas, 405 *g*
— jusseras, 412 *e*
— in re nostrâ, 412 *f*
— enim serò, 412 *g*
10 quibus in terris, 275 *h*
— sententias, 305 *d*
— in tabulis, 305 *k*
— in satirâ, 324 *k*
— (cum, 341 *b*
— sic illudatis, 348 *e*
10 quib.sdam nolim, 343 *a*
— aut sapiens, 348 *s*
10 quicum, *pour* qui *et* cum.
— res est, 227 *i*
— tibi, 237 *i*
— ætatem, 328 *b*
— lusitent, 341 *b*
— cantites, 363 *e*
10 quicumque, 82

10 quid. NOTA. Si quid, ne quid *est* *pour* si aliquid, ne aliquid, 53, etc.
— agis? 81 *g*
— opus est verbis, 81 *m*
— opus fuit hoc, 83 *s*
— existimabas? 124 *l*
— opus sit, 143 *l*
— potest pecunia, 143 *r*
— posteà? 144 *n*
— sis (dicam, 145 *g*
— sit vivere, 165 *q*
— loquar intelligo, 168 *aa*
— mereáre, 192 *c*
— Mitylenæ, 192 *e*
— mœsta deos, 199 *k*
— Romæ faciam, 208 *a*
— hominis, 210 *c*
— illic hominum, 210 *d*
— mulieris, 210 *e*
— turbæ est, 210 *f*
— marmoris, 210 *g*
— est negotii, 210 *h*
— hoc hominis, 211 *a*

Pag.

10 Quid ores, 233 *k*
— eo est argento, 240 *g*
— fiat, 240 *h*
— de illâ, 240 *i*
— te futurum, 240 *k*
— tùm posteà, 268 *c*
— stas, 270 *b*
— tibi hanc digito, 282 *f*
— præter spem, 300 *h*
— 308 *a*, *b*, *f*, *g*, *h*, *l*,
— cassas, 312 *s*
— tu Athenas, 320 *c*
— quærendum? 330 *h*
— quæris? 324 *a*
— Andria apportet, 339 *b*
— properes, 343 *c*
— ætatis, 344 *g*
— de quoque, 344 *o*
— venisti, 344 *s*
— sit futurum, 359 *a*
— 360 *b*, *d*, *e*, *k*, *l*, etc.
— ego cesso, 369 *g*
— tu lacrymas, 376 *c*
— plus minusve, 391 *d*
— pater aliud, 423 *e*
— hic ansatus, 433 *i*
— fiet sonti, 441 *m*
10 quidam, quædam, 82
— phrænetici, 257 *b*
V. quamdam, etc.

10 quidcumque, 82
30 quidem herclè, 265 *f* 322 *g*
— edepol, 373 *a*
— tu pol, 373 *b*
— in te est, 418 *b*
— est (palàm id, 424 *b*
— de fæce, 436 *u*
10 quidlibet, 82
10 quidnam *de* quisnam.
10 quidpiam *de* quispiam.
10 quidquam, 82
— (fallere, 199 *k*
— erga me, 259 *i*
— tibi prodest, 275 *l*
— salubrius, 371 *l*
— in his te, 408 *c*
10 quidque, 82
10 quidquid imponas, 214 *d*
— in buccam, 437 *r*
30 quidùm ? — quia, 82
— ? (estis ? — 405 *c*
— ? — quia, 405 *g*
10 quidvis (quivis, 82
— , non nocebo, 145 *b*
— (verbis, 428 *r*
23 quiescas vel, 392
23 quiesce hunc, 176 *h*
23 quiesco, *v.* quiescas, quiesce, quiessem, quievi.
23 quiessem, nihil, 401 *c*
11 quieto tibi licet, 322 *a*
— tibi, 322 *d*
— tibi licet, 346 *g*
11 quietos sollicitat, 380 *d*
23 quievi in navi, 176 *g*
10 quilibet, quælibet, 82
— esse potest, 348 *g*
20 quimus, aiunt, 315 *b*
30 quin semper ven. 133 *o*
— ad hoc, 227 *n*
— ad te scriberem, 330 *i*

Pag.

30 Quin statim rem, 330 *k*
— viderit, 330 *l*
— abs te abeam, 333 *c*
— eam sintrò, 342 *a*
— gnatum velit, 342
— te Brundisii, 360 *h*
— fleam, 371 *e*
— tu urges, 408 *a*
— difficilis siet, 406 *b*
— aspera Juno, 406 *c*
— imò ei, 406 *d*
— facto est, 406 *e*
— tu rectè, 406 *f*
— sic faciam, 407 *c*
— sim miserrimus, 407 *c*
— interficeretur, 407 *c*
— exclamem, 407 *e*
— sim Sosia, 407 *f*
— meæ uxori, 407 *g*
— ubivis quàm, 418 *d*
— etc. etc.
30 quindeciès, sexdeciès, 41
10 quindecim, sexdecim, 41
— coegi, 251 *g*
— (plurima, 316 *c*
11 quingentesimus, sexcent... 41
11 quingenti sexcent... 41
30 quingentiès, sexcent... 41
30 quinquagiès, sexagiès, 41
11 quinquagesimus, sex... 41
10 quinquaginta, sex.... 41
10 quinque, sex... 41
— sunt inventi, 251 *l*
— (viginti, 273 *d*
— mirum, 41
2 quinquennium, 14
30 quinquiès, sexiès, 41
11 quintus, sextus, 41
QUINZE. Le chiffre (15) signifie adject. en *s* ou en *x*, *v.* les abréviations, *p.* 444
30 quippe tuis ferimus, 221 *c*
10 quiqui licebunt, 323 *g*
20 quire, *de* queo.
10 quis, *pour* aliquis, 53
10 quis vocat, 81 *c*
— me nominat, 81 *i*
— mihi segnior, 132 *r*
— clepsit, 172 *d*
— adventor, 186
— hæc quæ me, 206 *f*
— tangit, 278 *c*
— talia, 283 *c*
— intelligat, 301 *f*
— hern est, *lisez* heru'st, 198 *d*
— hic homo, 308 *a*
— locus, quæ regio, 308 *k*
— habet locus, 308 *n*
— facta herc... 314 *f*
— malè utatur, 321 *a*
— noceat, 338 *n*
— perjuraverit, 328 *i*
— nesciat, 344 *q*
— credat, 344 *r*
— potuisset, 345 *r*
10 quisnam quænam, 82
V. quemnam, etc.
10 quispiam, quæpiam, 82
10 quisquam quæquam, 82
V. quidquam, etc.

	Pag.
10 Quisque habeat,	80 l
— quæque, etc.	82 v
V. cuique, cujusque, quæque, quâque, quemque.	
— maximâ,	145 c
— sibi,	159 c
— suos patimur,	197 k
— dierum,	206 c
— facit,	215 c
— homo,	219 e
— habeant,	223 a
— faciebat,	2?? d
— su in populatus,	303 l
— artem,	306 a
— potest,	323 a
— timet,	414 h
10 quisquis, quæquæ,	82
— est cognoscam,	132 i
— agglomerant,	303 a
20 quivis formidat,	80 d
— ; quævis, etc.	82 d
— oculos,	229 a
V. cuivis.	
10 quo præsente,	81 a
— in loco,	81 a
— de genere,	81 e
— in loco,	143 e
— Turnus equo,	144 b
+ te agis?	209 c
— ceteri,	305 e
— debita,	305 f
— jure,	305 l
— die,	305
— effodere,	307 g
— sanguine,	308
— ? a' patet,	310 h
— fiant minus,	408 c
— tu me modo,	408 g
30 quò ? in patriam,	79 l
— cœpisti,	169 q
— te Mœri,	191 i
— nunc is ?	268 a
— redactus,	328 g
— valeat,	334 d
— vis, qui,	401 d
— difficiliùs.... hoc,	401 e
— minores,	401 f
— , lus sunt potæ,	401 g
— pius Æneas,	401 h
— dives,	401 h
— tu te agis,	409 a
30 quoad te quantùm,	413 f
— renunciatum,	413 b
— certior,	414 b
— voluerunt,	414 c
— (debebis,	414 d
— ejus,	414 e
— hujus potest,	414
— expectatis,	414 f
10 quocumque (malum,	419 a
30 quocúmque me verto,	410 l
10 quod facimus,	LXIX
— suum es',	80 l
— agis, id agas,	81 f
— sæam nil habeo,	81 g
— erat ei nomen,	81 l
— perpæcescit,	84 q
— esse debuero,	129 i
— dixero,	141 b

	Pag.
10 Quod lubet,	143 f
— te rogo,	145 a
— scripsi,	171 p
— die mulsére,	171 ff
— auri,	210 i
— commodi est,	211 d
— res ipsa fert,	212 g
— ex usu,	301 e
— nollem,	259 i
— non expectes,	311 x
— quisque potest,	313 a
— petis (perdidisse,	348 e
— est carissimum,	389 c
— quæreris,	405 a
— possit id velis,	411 b
— volumus eveniet,	423 l
— scribas,	424 i
— tibi lem,	436 g
30 quòd scribis,	166 o
— cribas,	169 x
— pingeret,	225 h
— graviter,	225 i
— abesset,	225 n
— nihil peccat,	280 h
— ni, nisi, quin,	330
— librom ad me,	330 e
— non dubitat...	401 a
— ventri victam,	401 b
— si quiescem,	401 c
10 quodcumque,	82
10 quodlibet,	82
10 quodnam,	82
10 quodpiam,	82
10 quodque,	82
10 quodvis,	82
30 quominùs oppido,	408 a
— ad ludos,	408 b
30 quomodò, quando,	344
— se vendit,	408 d
— tibi res se,	408 e
— pauci,	408 f
— ille,	425 l
30 quonam nisi,	409 a
30 quoniam poe ms,	284 a
— non potest,	317 e
— sentio,	328 a
— ei qui me,	328 b
— miser quod,	328 g
— inspexi,	329 i
— ambo,	329 k
— , quòd,	330
— nemini,	334 g
— non potest,	413 b
— homo,	412 c
— agrestem,	412 d
10 quoque, de quisque,	82
— die (altero,	311 e
— viro et cui dicas,	344 o
30 quoque finem,	140 k
— ut cætera,	291 b
— à meis,	370 a
30 quoquò hic,	410 i
— ibo,	410 k
30 quorsùm hæc spectat,	334 c
— hæc spectet,	334 d
— eam,	418 f
— hominum,	81 u
10 quorum hæc,	81 p
10 quos tu convivas,	81 u
— fallam,	86 o
— rogo,	146 h
— diligamus,	180 f

	Pag.
10 Quos ego? sed motos,	198 f
— ultra citraque,	258 c
— aut antè,	261 c
— invitus,	266 g
— cucurrerunt,	280 e
— alii bulbos,	334 f
10 quot gerit capillos,	114 v
— homines, tot,	197 c
— , nummi,	214 c
— mihi sint,	208 a
— homines, tot,	315 h
11 quota est (hora,	315 k
11 quotidiano actu,	250 g
30 quotiès, pluriès,	3—
11 quotus cupias,	315 i
V. quot, quota.	
30 quùm semel,	323 b
— cœperat,	355 i
— jaceret,	336 h
— ludas,	425 d
— extemplò,	415 l
V. cùm, etc. etc.	

R.

:5 rabiem tantam,	175 i
:5 rabies, cave tibi,	43- i
:2 racemis labrusca,	434 b
:3 radere guttur,	154 n
RADICAUX,	70
— supplément,	433
:3 radices arborum,	179 l
— montis,	264 a
30 radicitùs abstulit,	3—i
:3 radiculæ codico,	113 i
:2 radiisque rotarum,	441 s
:3 radix, v radices.	
:3 radere, v. radere, rasére.	
RADONVILLIERS, sa manière d'apprendre les langues,	LXII
:3 ramicibus exitus,	114 i
:2 ramos (contingere,	131 g
RAMSAUER,	LXXVIII
:2 Ranunculus, libellus,	4?
:1 rapa (asparagus,	111 h
:5 rapaces (re iqui,	25: g
:5 rapax, tenax,	32
:5 rape, clepe, tene,	172 t
:5 rapere quisque sibi,	150 c
:5 rapidum jaculata,	306 c
:5 rapidæque gentes,	381 a
:5 rapio, (mitto,	68
V. rape, rapere, rapiet, rapit, rapui, rapuisse, rapuit.	
:5 rapit ira cædes,	264 f
— ex lustris,	435 i
:4 raptum, de rapere,	61
11 rapto vivit,	25a r
:3 raptores, per tela,	420 f
11 raptus, de rapio,	68
V. rapto.	
:5 rapui (nube cavâ,	315 f
:5 rapuisse (feruntur,	307 i
:5 rapuit, rapietque,	331 c
11 raris aparsit,	434 i

Pag.

3o Raró, serió, 378
23 rasere parietes, 174 *m*
21 rasorius, *de rado*, 46
2 rastellum, bestiola, 47
2 rastris terram, 205 *c*
'2 rastros res redit, 270 *f*
:3 rates, evertitque, 368 *c*
    et 4 7 *y*
:3 ratio (generum una, 87 *c*
— erat confecti, 305 *k*
— naturæ, 430 *v*
:3 ratione voluntas, 337
:3 rationem putat, 329 *b*
— cur negent, 410 *f*
:3 ratis, *v.* rates.
21 ratus, *de reor*, 51
24 rancire mos est, 173 *e*
24 rausit orator, 173 *d*
:3 ravim poscas, 251 *h*
:3 ravis, sitis, tigris, 102

RAYNOUARD, secré-
taire perpétuel de
l'Académie fran-
çaise, 438 *a*

RE, retrò, initiatif, 19

:5 re juvat (in re dubiâ, 83 *d*
— benè gestâ, 97 *c*
— præsentì, 129 *a*
— rerum omnium, 218 *e*
— et ex tempore, 232 *a*
— tua non est ut, 232 *c*
— natâ meliùs, 232 *d*
— ne quid ores, 233 *k*
— nimis, 235 *d*
— convortor, 269 *f*
— mihi satis, 320 *g*
— quis male, 321 *a*
— esse faciendum, 410 *e*
— nostrâ aut, 412 *f*
:1 rea lan lis gar, 441 *m*
:5 rebus mox, 97 *g*
— in omnibus, 97 *h*
— est modus in, 127 *c*
— quærendum, 284 *f*
— esse magnæ, 35c *b*
— studebant, 367 *b*
— omnibus, 429 *n*
23 recedas (invitus, 428 *c*
23 recedi (pone nos, 379 *e*
23 recedi loco quin, 330 *k*
23 recedo, *v.* recedas, recede, recedit.
15 recens (rhombusque, 441 *a*
14 recentior (quanto, 249 *b*
    et 414 *g*
15 recepissem eam mihi, 345 *b*
:3 receptio ad te est, 282 *i*
11 recepto, tendere, 297 *h*
'4 receptui (cecini, 105 *i*
'4 receptus, *v.* le précéd.
11 receptus, *v.* recepto.
'4 recessu (sedet illa, 104 *p*
11 recincta. tentatur, 274 *k*
25 recipere (ut possim, 340 *g*
25 recipiam (domum
me, 89 *f*
25 recipio. *v.* recepissem, les
2 précéd. et le suiv.
25 recipito te ad me, 377 *g*
23 recludit (mucrone, 95 *a*

Pag

21 Recordabitur (suo-
rum, 219 *b*
21 recordor (rite audita, 219 *h*
11 recreatur animi, 219 *n*
11 rectâ viâ, 133 *b*
3o rectà Beneventum, 269 *b*
— consequor, 285 *f*
— plateâ, 428 *s*
3o rectè seu perversè, 55 *l*
— (aio, 138 *h*
— veniat, dotata, 324 *l*
— ? — nosne? — sic, 325 *b*
— sapere est, 35c *c*
— ut fiant, 356 *f*
— olet, ubi nihil, 376 *a*
— admones, 376 *b*
—, mater, 376 *c*
— pallescet super, 386 *a*
— navigari, 398 *c*
— dicis, 406 *f*
3o rectissimè animad-
vertis, 376 *e*
3o rectiùs vives, Licini, 376 *d*
— intellixit, 434 *n*
11 rectum (finxeris ad, 168 *t*
— (consistere, 258 *c*
11 rectus (dubiisque, 388 *a*

V. rectà, rectum.

21 recusare, redire, 20
21 recusat (generosa, 91 *h*
11 recuset (socer esse, 349 *e*
11 recuso *de recusas.*
11 recuso. *v.* recusat, etc.
11 red-egi actum, 161
11 redactus sum! 3a8 *g*
21 reda uo, redanimo, 52
21 redanimo, reddo, 52
23 redargui et refelli, 441 *r*
23 reddere (curabis, 105 *f*
—, fidus, 187
— non perdere, 347 *g*
23 reddes (impendium, 251 *f*
23 reddidit una boum, 211 *b*
— (epistolam, 345 *h*
23 reddi-di, tum, 161
23 reddo, redire, 52
— quibus debeo, 81 *q*

V. les 4 précéd. et le suiv.

23 redduntque acci-
piunt, 437 *l*
20 redeam? (eam? 13a *u*
—. uxorem, 337 *k*
20 redeant (quà domum, 146 *r*
2o redeat incertum, 344 *q*
23 redegit pecuniam, 130 *b*
23 redemi, redem-
ptum, 162
20 redeo, subeo, 134
— (obsonatu, 245 *a*

V. redeam, redeant, re-
deat, redi, rediisse, re-
diit, redire, redis, re-
disse, redit.

11 redeundi domum, 203 *l*
11 redeundum est, 228 *b*
22 redhibere, *de re et*
habere, 52
20 redi (ad rem, 39 *b*
23 redigere, redimere, 20
23 rediget (lenonem, 251 *e*

Pag.

20 Rediisse (te scire se, 135 *g*
20 rediit (mihi res, 20 *g*
23 redimam (redimes, 50 *c*
23 redimere, redun-
d ns, 20
23 rediu es — redimam, 50 *c*
23 redimo, *v.* les 2 précéd.
13 redi teger, *de re et*
integer, 52
21 redintegrare, redund.. 20
20 redire, reducere, 20
— redhibere, 52
20 redis (ad ineptias, 170 *d*
2o redisse me videt, 249 *e*
20 redi: à cœnâ, 52 *i*
— (rastros res, 270 *f*
— ad ea castra, 305 *c*
— ex vias, 372 *a*
:3 red tionis spe, 282
21 redolet, *de re et olet*, 52
23 redolet, redigero, 20
15 redundans, redinteg. 20
— (hoc redolet, 52
23 reduxit (exercitum, 260 *f*
23 refelli patiamur, 441 *r*
20 refer animum, sis, 53 *l*
23 referam (concinna-
tam, 384 *d*
24 refercio, *v.* referciuntur,
refersit.
24 referciuntur libri, 172 *t*
15 referentem (gratiam 143 *n*
23 referet (in melius, 406 *c*
23 refero laganique, 435 *n*

V. refer, referam, referet,
refert, refertis, referunt-

20 referre (repetere, 19
— (vina, 385 *b*
24 refersit libros, 172 *t*
20 refert, *de refero.*
— hepar, 117 *c*
20 refert, *de res fert.*
— omnium, 212 *a*
— mea militis, 212 *b*
11 referta Gallia, 220 *g*
20 refertis, tuque, 318 *a*
— vellera, 435 *d*
'4 refertum, refersi, 162
11 refertus (plenus, 220

V. referta.

23 referunt... vide sis, 81 *x*
23 refixit (atque, 168 *q*
'4 refluxus, repulsus, 19
25 refugit (repentè, 417 *d*
11 refusa vadis, 441 *s*
14 regalior (regum rex, 218 *b*
'3 rege confixit, 257 *h*
— recepto, 297 *h*
23 rege tela per auras, 169 *x*
'3 regem (cubabat su-
per, 254 *i*
— densæ miscentur, 259 *l*
'3 reges habuere! 191 *a*
— sibi divitias, 223 *a*
'3 regi nocturnas, 438 *l*
23 regque videbant, 368 *f*
— threicio, 309 *a*
11 r gim (verè indolis, 214 *b*
21 regina, Jovisque, 201 *a*
— jubes renovare, 428 *k*

	Pag.
:3 Regio? (hominum ,	81 n
— nostri non ,	3o8 k
— Anchisen ,	3o8 n
·3 regis ad exemplum ,	120 e
— (accidit ,	227m
20 regit quæsitor ,	438 a
11 regius , v. regiæ.	
2 regna Tyri ,	201 b
— vini sortiere ,	202 c
— patria Dauni ,	222 c
— reges sibi ,	2·3 a
— Proserpinæ ,	333 a
·21 regnabitur annos ,	2·2 c
21 regnare (hunc ,	135 h
— (Jovem ,	356 c
21 regnat (tempore ,	233 d
— (tertium annum ,	272 e
·1 et :1 regnicola , pu-	
blicola ,	23
2 regnis pulsus erat ,	115 f
— (te fidere ,	288 l
2 regno vapulo ,	202 a
11 regno simul ista ,	334 a
V. regnabitur, regnare, re-	
gnat.	
2 regnum , v. regna, regnis,	
regno.	
23 rego, rexi, rectum, 67, 68	
V. rege, regi, regit, rexe-	
re.	
·4 regressus, recusare ,	20
:1 regula , angulus ,	46
:3 regum , rex regalior, 218 b	
— adjicias,	217
— ditior fuit ,	264 d
— nascantur ,	275 h
— que turres ,	387 a
t5 rei operam dat ,	82 b
— argumentum ,	97 a
— operam ,	97 b
— fuimus ,	114 h
— gerendæ ,	204 d
— (advexit ,	205 a
— benè .	223 d
— studes ,	2 6 f
— , ferundis ,	271 p
:5 et 11 reipublicæ (or-	
namentum ,	192 a
— interest quàm ,	211 r
— ne suâ re ,	3o1 a
25 rejiciunt parmas ,	428 u
21 relaxat (calor vias ,	111 l
11 relictæ (illæ sunt ,	419 b
11 relicto sperâsti ,	304 b
11 relictus custos?	394 h
:3 religionem spectant ,	271m
:3 religionum colentes! 204 l	
— admonuerunt ,	219 d
—	et 273 k
23 relinquatur ,	433 a
23 relinquimus (in me-	
dio ,	312 p
23 relinquo , ejus vitæ, 423 k	
V. reliqui, reliquit, relin-	
quatur, relinquimus.	
11 reliqui rapaces ,	257 g
— , dedi meam ,	3·8 b
23 reliqui (simul ista ,	334 a
23 reliquit (istum ,	3·8 f
— pignori ,	439 o

	Pag.
11 Reliquorum siderum , 285 b	
11 roliquus , v. reliqui, reli-	
quorum.	
:5 rem nobis non ,	LXII
— tenes ,	97 d
— novam ,	112 s
— , agite ,	146 s
— omnem ,	176 c
— petere ,	176 h
— magnam ,	202 p
— meminit ,	219 e
— est utrique ,	252 t
— agendam ,	256 k
— faciam in ,	262 c
— , neque præter ,	264 b
— nostram esse ,	270 h
— impelletur ,	270 r
— idoneos ,	271 e
— pertinet ,	271 k
— gerentibus ,	279 f
— , verbero ?	282 h
— te benè .	289 a
— magnam ,	291 a
— oppidò imperas ,	292 g
— in medio ,	312 p
— , post rationem ,	329 h
— sumus ,	330 d
— gerat ,	330 k
— transigere ,	350 h
— omnem ,	355 f
— redi ,	390 b
— scio ,	409 b
— ? (quàm ob ,	409 f
— , quatenùs ,	411 s
— esse facilem ,	423 d
·2 remi (franguntur ,	177 s
23 reminisceretur pristi-	
næ ,	219 c
23 reminiscitur Argos ,	219 g
·2 remis cursus aquæ ,	168 b
11 remissa (spina ,	102 d
23 remittit (aurora ,	111 h
23 remittunt (mandata, 81 p	
11 remorata sunt ,	292 h
11 remoratus est !	303 c
11 remotus est ,	245 d
22 remove, decretoriis, 431 i	
:5 et 11 rempublicam	
gerendam ,	283 a
— gerendi ,	283
— gerendo ,	283
— gerendum ,	291
·2 remus , v. remi, remis.	
:3 ren, rex ,	101
22 renidet in domo ,	389 a
21 renovare dolorem ,	428 k
21 renunciatum est ,	414 a
22 reor, (rea ,	98
— (fabulosos ,	110 g
11 repandum rostrum ,	442 c
3o repentè refugit ,	417 d
— (omnia visa ,	295 b
24 reperi , aperi ,	64
24 reperio , v. reperi, repe-	
risse , reperit.	
24 reperisse censeas ,	338 i
24 reperit (suos paren-	
tes ,	3o3 f
— (noscerent ,	3o6 b
11 reperta sunt ,	117 g
— multis ante ,	257 b

	Pag.
11 Repertâ (ingemuitq... LV	
11 repertæ sunt, quibus, 3·5 k	
11 repertam ullam esse, 3·5 f	
·3 repertori nocuêre ,	93 b
14 repertum scitote ,	146 q
11 repertus , v. reperta , re-	
pertæ, repertam, reper-	
tum.	
23 repetere , referre ,	19
23 repeto , iàm magis ,	3 10 g
11 repetundarum postul...	
—	218m
23 repit formica ,	179 t
23 repo-posci , scitum, 163	
11 repostum (altâ men-	
te ,	175 q
— judicium ,	299 i
— (altâ mente ,	312 k
23 repserat in cumeram, 172 f	
:5 et 11 republicâ (de	
vobis et de ,	17
— , dicam ,	3 ·9 f
— procul ,	369 c
— plurimæ ,	430 s
11 repulsus , repetere ,	19
23 repunxi , repunc-	
tum ,	163
21 reputavi (mecum ip-	
se ,	237 k
23 requiesco , quandiù, 413 c	
:5 rerum cognoscere .	LII
— suarum satagit ,	97 f
— mihi ,	201 c
— gerendarum .	204 f
— (tempus edax ,	204m
— facta ,	217 f
— præstantior ,	217 h
— (dulcissime ,	217 s
— omnium ,	218 c
— potiri ,	219 i
— satur ,	220 f
— nugæque ,	220 l
— omnium ,	24·c
— una est definitio , 285 d	
— et mentem ,	3·7 e
— que prudens ,	388 a
:5 res et conjurat, LXXVIII	
et 311 b	
— tuæ (pedes ha-	
bent ,	55 c
— te agitat ?	81 k
— te agitant ,	81 s
— dicet tibi ,	83 c
— nunc agitur ,	83 e
— decem pessimas ,	83 i
— (eas, easque ,	83 p
— simul agere ,	86m
— monet ,	97 c
— multas tibi ,	97 i
— humanæ .	9·l
— rei, reor ,	98
— (eunt ,	131 f
— (fert usus, fert ,	131 d
— palàm ,	138 p
— hæc siet ,	141 c
— est (dico ut ,	144 c
— animum ejus ,	16·c
— magnas gessit ,	175 v
— siet (vour sit ,	202 g
— agitur ,	203 c
— tetulit ,	211 f
— ipsa fert ,	212 g

:5 Res admonuerunt, 219 d
— honori, 225 e
— est, peregrinus, 237 i
— pro duabus valet, 24- d
— ceciderat, 264 c
— redit, 270 f
— rediit (mihi, 270 g
— admonuerunt, 274 k
— et conjurat, 311 b
— vortit benè, 318 c
— parata est, 3-6 i
— omnes timidè, 381 e
— in periclo, 402 d
— quin difficilis, 406 b
— se habet? 408 e
— addidit quarè, 410 c
— dant sese, ità, 415 c
— hæc se habet, 416 a
— ipsa aperiret, 419 f
— romana, 431 f
— cit alvum, 435 u

V. re, rebus, rei, rem, rerum.

24 resar-si, sum, 163
'4 rescitum iri credit, 365 c
23 rescribere, invitare, 270
21 reseces (longam, 381 b
10 reses, residis, 118
22 resident mores, 277 f
23 resisto, tàm maximè, 402 d
23 resisterem (perditis, 410 b
23 resolvent (nulla, 383 c
23 respice ad me, 251 d
25 respicis (scelerate etiam, 303 g
23 respirare civitatem, 330m
22 responde potenti, 199 e
— quod.rogo, 327 c
22 respondeas, (volo ut mihi, 287 g
22 respondeo, v. les 2 précéd. et les 4 suiv.
22 respondere, quos rogo, 146 h
— oportet, 252 a
22 responderunt.
22 respondes ac rogo, 390 f
23 respondi (eis, 83 k
— quod rogat, 256 k
:5 et 11 respublica, v. reipublicæ, et rempublicam.
23 respueret omnes, 214 f
21 restabant fata tùm, 86 q
:3 restim mihi res, 270 g
21 restiti, substiti, 161
21 resto, v. restabant, restiti.
3 rete accipitri, 109 p

V. les 2 suivants.

3 retia servo, 108m
— (amite tendit, 115 d
— (nexisti, 170 n
3 retium, (gén. plur. de rete, 95
22 retinuit quoad, 414 a
23 retudi, retusum, 161
23 revellit (vix ex osse, 107 u
11 reverendus, de revereor, 33
:1 reverentia pugnant, 431 g
23 revertor (mox ego huc, 380 h

23 Revisas (aliquando, 53 f
23 reviviscunt justitia, 372 k
15 revocante lacernas, 400 a
21 revocari (ad carceres, 374 b
3 rex, lex, felix, 58
—, sus (res, pes, 101
— sum si illum, 167 a
— que paterque, 193 o
— regalior, 218 b
— sit è vobis, 344 f
— solitus est, 430 c
—, peritus fortius, 410m

V. regem, reges, regi, regis, regum.

23 rexère sagittas, 169 y
14 rhemensis, chinensis, 34
2 Rhenum fluvias, 178 d
— describitur, 191 c
— (sunt citrà, 237 k
— pervenerunt, 329 e
'2 rhodii saniores, 384 b
'2 Rhodum aut, 391 e
'2 Rhœtum cuncta, 294 g
'2 rhombusque recens, 441 a
'4 rictus aurum, 342 h
22 rideo, v. rides, ridet, risi.
22 rides (portentaque, 107 f
22 ridet argento domus, 174 p
— que si mortalis, 258 b
11 ridiculos nihili fieri, 143 b
— terantii, 214 n
— homines, 425m
11 ridiculus mus, 430 a
11 rigat campos, 427 q
22 riget (fulta, ?.
11 rigidum falces, 436 k
11 rigidas, (timidus, 38
11 rigo, v. rigat.
11 rimarum sum, hàc, 384 a
11 ripis hostilibus, 369 b
22 risi (facetias, 70 c
— te hodiè multàm, 174 o
'4 risu corrui, 197 h
30 ritè audita recordor, 219 h
'2 rivos pueri, 442 f
'2 rivum eumdem lupus, 295 h
11 rixa (turba atque, 196 b
11 rixæ (calidæque, 220m
3 robore nati, 118 b
— promunt, 295 g, 318
3 roboribus duris, L
3 robur, de roboris, 57
— visu um, 294 i
23 rode, caper, vites, 174 r

RODEL, son Horace interpellé, LVII

23 rodo, v. rode, rosère.
21 roga velitne uxorem, 394 c
21 rogabat cervus, 274 b
21 rogas? (quà de re? — 81 b
21 rogat (respondit quod, 256 k
— eos atque orat, 337 h
— (assem, 429 i
21 rogavi (divitias deos, 274 a
21 rogita quod vis, 308 c
21 rogitat (super Lauso, 235 c

21 Rogo (quod te, 54 g, 145 a
— (quos, 146 h
—, oro, 274
— (responde quod, 327 c
— (respondes ac, 390 f

V. roga, etc.

'2 rogos... semiustaque, 437 a
:1 Roma à Romulo, 191
— patrem patriæ, 193 i
— (pulcherrima, 217 g

V. Româ, Romæ, Romam.

ROLLIN. manière d'apprendre les langues, LV

— versions interlin... LIX
:1 Româ subitò profectus, 240 b
:1 Romæ ruere in, 197 e
— faciam? 208 a
— triumphatum, 246 d
:1 Romam accipimus, 110 p
— à Romulo, 191
— causa, 203 n
— que perveni, 169 p
— recepissem, 345 h
— ne venio, 394 a
— venio, an, 394 a, 424 e
11 romana lugebit, 338 c
— valet, 431 f
11 romanam condere, 211 o
11 romanas vincere posse, 370 f
11 romani tollent, 435 e
11 romanis cornua, 233 l
11 romano licuit, 322 b
11 romanos non fuit, 347 c
11 romanum est, 300m
11 romanus... gallicanus, 34

V. les 8 précédents.

'2 Romulo dicta, 191
'3 roremque ministrat, 438 n
'3 rores aurora, 111 h
'3 ros, v. les 2 précéd.
:1 rosas (odore, 435 e
11 rosaceum (oleum, 32
23 rosère mures scuta, 174 q
2 rosetum, coryletum, 37
2 rostrum simum, 442 c
:1 rotâ, cur urceus, LX
:1 rotam volvêre per, 264 i
— volvere per annos, 272 h
11 rotarum, radiis, 442 a
11 rotundam, atq. aptè, 429 x
11 rotundus, errabundus, 28
15 rubentes ure, 395 a
23 rubescunt (cancri signa, 104 f
2 rubetum, dumetum, 37
:3 rubigine non è ferro, 231 c
'3 rubor, humor, 45
:1 rubrica, de ruber, 32
3 ruderibus purgandis, 112m
23 ruebant (in bella, 254 h
'3 Rubiconem, 258
23 ruêre in servitium, 197 e
— omnia visa, 293 b
11 rufa fusca, 441 c
:1 rugis frontem, 441 d

Pag.

23 Ruit smâ, 88 k
— domus, 92 d
—, Ænea, 199 c
— oceano nox, 227 c
— ad portam, 227 i
— ad portus, 227 k
·3 rumor erat, 249 a et 291
— advenisse, 305 f
23 rumpantur iniqui, 178 i
— 369
23 rumpe moras, 63 c, 178 h
23 rumpit vocem, 191 d
23 rum·o. v. les 3 préced. et
   ruperunt.
23 ruo, v. ruebant, ruere,
   ruit, ruunt.
23 ruperunt horrea, 63 b
    178 g
:3 rupes imminent, 107 n
— (absorpsit, 171 b
3 rure dapes parat, 111 n
— hùc advenit, 240 d
— propinquo, 241
— morans, quid, 245 l
3 ruris vix casias, 438 h
30 rursùm, prorsùm, 508 e
— te ad me, 377 f
30 rursùs redit ad ea, 305 c
3 rus ibo, 111 o
— (i, 131 p
— (abigam hunc, 178 x
— intulit hæc, 269 c
— ibo atque ibi, 269 g
— quando ego te, 413 b
V. rure, ruris.
11 rustici (fiunt, 430 o
:3 rusticitas, morositas, 42
11 rusticus, publicus, 31
—, redegit pecuniam, 130 a
V. rustici.
23 ruunt (quà data porta, 404 a

S.

S te fait RIS ou RE, 154
11 sabæi (tura, 197 i
11 sabinum (vile, 177 l
12 Sacer, v. sacrâ, sacras, sacrum.
·3 sacerdotes (auguran-
   to, 430 l
— sacernendum, lites
11 secernendum (trimestri,
    284 c
12 sacrâ (forte viâ, 131 g
2 sacramentum dicturi, 146 a
12 sacras jaculatus, 122 c
21 sacraverat aras, 222 i
2 sacrilegium, sortilegus, 26
11 sacrilegus, sortilegus, 26
21 sacro, v. sacraverat.
12 sacrum exstruat, 104 q
2 sæclorum nascitur, LIII
2 sæclum (sæculo ad, 233 c
2 sæculis (multis antè, 267 b
2 sæculo ad sæclum, 233 c
— (ullo in, 325 f
2 sæculum, v. les 2 préced.
30 sæpe summa est, 144 k
— lupum, 193 h
— dolore, 242 d

Pag.

30 Sæpè summa est, 290 t
— video, 344 o
— tamen, 434 a
:3 sæpibus claudatur, 307 p
30 sæpiùs efficitur, 88 l
— aurem, 175 u
— audis, 294 a
11 sæva necessitas, 431 n
11 sagina plane est, 441 e
11 sagitta (utramque, 428aa
:1 sagittas (rexère, 169 y
— corripuit, quæ, 307 e
— sumpsero, 435 l
2 Saganti excidium, 417 e
·3 et 3 sal, suber, 57
V. salem.
:3 Salamin constituit, 116 l
·3 salem addito et, 117 v
:3 salices fuit, 264 e
2 salicetum, salictam, 37
24 salict, tundet pede, 386 a
11 salignis (p. dibusque, 441 v
24 salio, v. saliet.
11 saliorum (estis, 115 e
:3 salix, v. salices.
11 salsa sunt, tangere, 335 d
11 salsum feci, 62 h
11 salsus, v. les 2 préced
11 saltandum est, 228 l
·4 salt (si pra venabula, 255 b
:3 saluber lugubris, 27
13 salubribus (utamur, 109 m
14 salubrior quàm dul-
   cior, 402 g
2 salubrius fuit, 372 l
14 salus populi, 331 a
V. salutem, salutis.
14 salutaris, de salus,
   salutis, 35
:3 salutem (fortuna, 166 q
— plenis, 223 c
:3 salutis (inventorque, 431 h
11 salva et sana sunt, 384 a
22 salvebis à meo, 213 g
22 salveo, v. salvebis, salveto.
22 salveto (scelerum ca-
   put, 112 n
11 salvus et hædi, 297 e
— sis licet, 322 g
:1 samera aut hedera, 254 g
·2 Sammula 110 annis, 246 e
·3 samnitium duo millia, 303 b
11 sana sunt, 384 a
21 sanatur cucumere, 110 l
22 sancio, v. sancit, senxi
24 sancit victoria, 169bb
11 sancitus sunto, 107 h
11 sanctoque videri, 346 h
·4 sanctum, de sancire, 60
11 sanctus, v. sancta, sancto.
30 sanè Sosia, tu, 128 i
— possum, 226 o
— orator, sed de, 366 f
23 sanescunt (plerique, 236 b
·3 sanguine placastis, 118 c
— cultros, 170 c
— cultri, 170 d
— Pyrrhus, 232 h
—, cernam? 296 c
— cretus, 308
— venæ, 430 g

Pag.

·3 Sanguinis (latini, 205 l
— in corporibus, 416 k
·3 sanguis meus, 418 t
V. les 2 précédents.
:5 saniem spurcam, 441 f
11 saniores, et attico-
   rum, 384 b
:3 sanitas constabit, 354 i
21 sano, v. sanatur.
11 sanus, v. sana.
21 sanxi vota deis, 169ez
25 sapere aude, 301 n
—! nunquam, 333 c
— est, et, 351 c
— tibi non, 350 e
— aude, et, 355 d
V. sapivi, sapui.
15 sapiens uno minor, 248 c
— videor aut, 348 c
— non habet, 369 b
V. sapientis.
30 sapienter idem, 375 a
— res parata, 376 i
— dixti, 381 a
:1 sapientia prima, 350 e
:1 sapientiæ quàm lapis, 205 e
15 sapientis est, 113m
25 sapivi, ou sapui, 110
·3 sapor, labor, 45
V. les 2 suivants.
·3 sapores (asperge, 173 k
·3 saporis allium, 101 b
24 sarcientur (damna ves-
   tra, 173 f
21 sarcinantur (conclavi-
   bus, 108 g
24 sarcio, v. sarcientur, et les
   2 suivants.
24 sarseritis benè dolia, 173 c
24 sarsi, sartum, 164
30 sat est loci, 206 b
— scio, 270m
— eases leno, 340 i
— prata, 441 g
·4 satactum, sategi, 162
23 satagit (suarum, 97 f
·3 satellites medi, 115 f
— et perrumpere, 383 d
11 sati (Numitore, 209 a
:3 satias cœpit fieri, 417 f
:3 satietas hominum, 53 c
:3 satietatem danda
   glans, 257 a
30 satio, pour satis ne.
— id tibi placet? 55 p
    et 216 a
— rectè? 3 5 b
:1 satirâ videor nimis, 324 k
:1 satiram non scribere, 400 a
:1 satis humor, 301 b
— terris nivis, 205 b
— per te tibi, 265 b
— ad objurgandum, 277 d
— tutus ad, 277 c
— opinor, 283 b
— haud liquet, 300 g
— (dotata est, 324 i
— sit vereor, 340 b
— eat; ne me, 441 g
11 satisfactum est quà, 404 j

	Pag.
10 Satius est docere,	85 a
— quàm,	171 k
— est te id dare,	301 c
10 satiu'st quàm,	171
10 satur (erum,	22) f
— nunquàm fui,	403 a
10 saturi lite,	105 b
'4 satum (sevi,	164

V. sati.

11 satus, *v.* sati, satis.	
11 saucius (sum,	441 g
2 saxa pluuut,	324 g
— (perrumpere amat,	383 d
11 saxifragus, naufragus,	24
2 saxis (vindemia,	439 b
11 saxo tarpeio,	427 u
2 saxum campo qui,	304 e
— ingens,	441 a

V. saxa, saxis, saxo.

23 scalpe querelam,	172 i
23 scalpsi, sculptum,	164
23 scalpsit scyphos	172 h
2 scamni mos erat,	441 h
2 scarabæus, apogæum,	37
11 scelerate etiam,	303 g
11 sceleratus, candidatus	36
3 scelere ante alios	260 n
3 sceleris arguas,	218 n
— plenissimus,	220 h
— pretium,	447 x
3 scelerum caput,	112 n
— cum uIatissime !	220
11 sceles e (attingas,	177 q
3 scelus reo bene,	97 c
— est q ui me,	303 c

V. scelere, sceleris, scelerum.

21 scenam (histrionibus,	279 b
24 sci latine ; turpe,	146 m
24 sciam, si dixeris,	146 k
— vos scire,	146 s
24 sciant, (nos si hi,	146 f
24 scias tribunum,	363 b
24 sciat alter,	347 a
23 scidisti (nihil,	178 i
24 sciebam ut esse,	146 l
15 sciens cavebo,	147 e
15 scientem esse opor-	
tet,	205 d
21 scientiæ do manus,	163 o
24 sciero væ tibi si,	372 c
24 scies hoc ita esse,	146 l
30 scilicet is superis,	380 d
24 scimus (nos solæ,	86 p
— jam nos,	146 f
24 scin' *pour* scisne,	408 e
— quomodò tibi,	408 e
23 scindit (limi.em,	115 m
— se nubes,	178 k
23 scindo *v*. scidisti, scindit.
21 scintillam excudit,	114 l
24 scio (me purgem,	81 s
— ego officium,	146 l
— (iamdudùm,	174 dd
— , magnum,	194 c
— , ibit (sat,	270 m
— ego quid ætatis,	344 g
— esse hanc,	402 b
— (rem,	409 h
— (currendum,	417 g

	Pag.
V. sci, sciam, sciat, scie-
bam, scimus, scin',
scire, scirem, scirent, sci-
retis, sciri, scis, scit, scite,
scitas, scito, scitote,
sciunt, sciunto.

24 scire oportet,	79 p
— (hoc volo te,	84 n
— Laboro,	92 c
— quid veneris ?	131 a
— se rediisse,	135 g
— hoc vis,	139 c
— possis,	140 h
— me ex hoc,	146 n
— (sciam vos,	
— expeto,	147 c
— civem esse,	286 i
— equidem volo,	288 a
— quid sit ?	288 m
— ex hoc ut certior,	321 k
— m gis juvat,	321 u
— quid sit ?	322 c
— tuum nihil est,	347 a
— hoc sciat alter,	347 a
— quid veneris,	360 b
— possum ?	409 d
24 scirem, id pollicerer,	147 a
24 scirent si ignoscere,	147 b
24 scires eum non,	370 b
24 sciretis dicerem,	145 h
24 sciri potest,	147 d
—, dici capi,	154
24 scis ordine ut æquam,	146 d
—, Proteu, scis,	199 n
11 scissa comam muros,	274 f
24 scit (omnes linguas,	146 a
'4 scitatum oracula,	281 a
24 scite omnia ordine,	146 p
24 scitis ait,	146 g
— iri de argento,	147 a
24 scito scire me ex hoc,	146 n
— se minimi,	146 o
24 scitote neminem,	146 q
11 scitu cuivis,	147 h
11 scitum est periclum,	301 e
11 sciturus sum,	147
— fui,	147
24 sciunt qui hic,	85 d
— mi respondere,	146 h
— (illis qui verè,	349 u
24 sciunto viam qua,	149 r
23 scobe auri porticum,	110 g
2 scopulos (allisit se ad,	174 f
2 scortu .. dicebant,	436 n
3 screator sum,	441 i
23 scribamque licenter,	294 k
23 scribas (pungit me,	
quòd,	169 x
— non habebis,	424 i
11 scribendi rectè sape-	
re,	350 c
23 scribendo abhorret,	244 k
23 scribere (ad te antea,	281 a
— libet plura,	322 l
— (satiram me,	400 a
23 scriberem (quid ad te,	330 i
—, si possim,	343 h
23 scriberis Varro fortis,	228 a
23 scribimus indocti,	1-1 q
23 scribis (me quòd,	166 o

	Pak.
23 Scribi e (consueta,	439 e
23 scribito, scribe,	62
— tamen,	424 i
23 scribo (ad te,	413 e

V. les 9 précéd. et scrip-
si etc.

2 scrinia lippi,	441 g
23 scripsi (quod scripsi,	171 p
23 scripsisse mulieres,	286 h
23 scripsissetis ad me,	403 c
11 scripta sunt,	257
11 scriptis meis,	221 f
11 scripto certior esse,	346 n
11 scriptum est,	62 b
11 scriptus(Xenophonte,	278 b
23 scribes semis la æ,	213 l
2 scrupulum valeret,	247 b
21 scrutantur plagas,	440 n
23 sculpo, *de* culpo,	64
21 sculptura, *de* sculpo,	48
23 sculpsi, sculptum,	164
21 scultror ego,	439 c
2 scuta (rosère mures,	174 q
— virùm,	253 g
1 scythæ ad Tanaim,	271 u
2 scyphos (sculpsit,	172 h

SE, VE et SINE, ini-
tiatifs,   20

10 se dignas,	80 m
— bubili condidit,	80 n
— se omnes,	80 o
— bovili condidit,	108 d
— tibi ferre,	141 l
— minimi pretii,	146 o
— flagit in terram,	168 v
— tectis,	171 k
— nubes,	178 k
— collegit in arma,	179 f
— collegit anguis,	179 g
— quisque,	215 e
— merguut,	227 h
— domo non,	240 c
— fingunt,	271 g
— vidisse Jovem,	286 b
	349 l
— facturum,	286 f
— scir civem,	286 i
— naturali sunt,	297 d
— q tisque,	303 a
— exerceat,	306 a
— medios, *lises* me-	
dios *sans* se,	349 g
— haberet,	360 e
— concessuram,	363 l
— quæ petierint,	363 m
— h bet (ita res,	370 c
— tempore vires,	370 c
— habet ?	408 e
— habet, pergam,	416 a
— res ipsa aperiret,	419 f
— (durius in,	425 m
3 secale (*seigle*.)	108
21 secant (in trusta,	252 o
21 secernendum(arietes,	284 c
21 seco, *v.* secant, secui.
10 secors, *ou* socors,	20
'4 secretum, secerno,	20
'4 sectum, *de* secare,	61
21 secui, sarcui,	59
11 secundis temporibus,	388 a

Pag.

11 Secundo turgida vela, 3-5 *a*
30 secundùm littus , 265 *k*
— patrem tu . 265 *l*
— jus fasque , 266 *a*
— hæc silentium , 266 *b*
— hunc diem , 266 *c*
— æquinoctium , 266 *i*
— ludos , 266 *k*
11 secundus , tertius , 41
V. secundis , secundo.
30 secùs ac sentiebam , 390 *k*
— patiemur , 423 *l*
30 sed fugit intereà , 7
— ille est miserior, 73 *c*
— sues , 195 *g*
— vos qui tandem? 197 *a*
— (ego... 198 *f*
— etiam , 457 *d*
— contra me , 258 *h*
— eas , ne pereas, 338 *a*
— minumè irasci , 354 *f*
— etiam , 355 *b*
— de minoribus, 366 *f*
— quid hic , 433 *i*
— è medio , 439 *e*
21 sedatur pugna, 369 *l*
— (tempestas , 369*m*
:3 sede opus est , 113 *a*
22 sede (post equitem , 55 *b*
22 sedeas sed eas , ne , 338 *a*
22 sedent debilitantur, 84 *k*
— presbyteri , 102 *h*
22 sedeo , *v.* les 3 preced. et sedet.
:3 sedes , *v.* sede , sedibus.
22 sedet totos dies, 89 *b*
— illa recessu , 104 *p*
— (in primis , 108 *o*
— circum castella , 235 *g*
:3 sedibus altis sedent , 107 *o*
3 sedilibus in primis , 108 *o*
:3 seditionem ventum, 259 *d*
— ventum est , 263 *f*
21 sedo , *v.* sedatur.
23 seducere , *de* duco , 20
23 seduci dextram , 440 *s*
30 sedulò negare factum, 197 *f*
23 seduxit me solum , 428 *v*
:3 segeti crescere , 430 *k*
2 segmentum , tormentum , 44
— *pour* accœmentum , 56
14 segnes rumpo moras, 63 *c*
14 segnior ito , 132 *r*
14 segnis , secors , 20
21 segregatque ab , 241 *l*
21 segreges neu deseras, 55 *g*
21 segrego , *v.* les 2 preced.
:1 Seleuciam (est ipse in, 133 *h*
:1 sella prætor , 169*cc*
30 semel , bis , ter , 41
— via leti , 295 *d*
— quis perjuraverit, 328 *t*
— occideris et , 383 *b*
— via leti , 430*m*
:3 sementim patraveris, 440 *k*
14 semianimis,d'animus, 15
21 semiuare convenit , 257*m*
2 seminarium, vicarius, 35
21 semino , *v.* seminare.
11 semiputata tibi , 428 *e*

Pag.

10 Semis latæ scrobes , 243 *l*
:1 semita, *de* semi, itus, 15
2 semitonium, *de* tonus, 15
11 semiustaq... servant, 437 *a*
30 semper promittis , 140 *b*
— ex tempore , 144 *g*
— fecit , 215 *c*
30 semper est , 301 *a*
— femina , 302 *c*
— quam loquens , 310 *h*
— veniat , 330 *h*
— est turpe , 350 *d*
— urgendo , 3-6 *d*
— que licebit , 383 *u*
— , nec me , 427 *t*
— , anteit , 431 *n*
11 sempiternum ? (nisi , 405 *b*
'4 senatu, traximus , 136 *e*
— exaravi , 327 *d*
'4 senatum fecit , 262 *k*
'4 senatus (luget , 169 *e*
—, populus , 178 *l*
— , tura , 222 *k*
V. les précéd. et les suiv.
'4 senatûsconsultum , 202 *o*
:1 senactà attenti ad , 330 *d*
:1 senectæ (portus , 128 *f*
:3 senectus exarat , 441 *d*
:3 senectute (confecti, 204 *c*
:3 senectutis meæ, 410 *l*
'3 senem (adlegatum, 338 *k*
— vidisse , 354 *g*
— actum , 363 *h*
— (adjutabo , 402 *f*
— quod , 414 *f*
'3 senes (argento , 168 *o*
23 senescimus (Galla , 144 *l*
'3 senex , senis , 75
— (non deseram , 193*m*
— (hoc videat , 234 *o*
— evasit , 283
— miles , turpe , 302 *d*
— non nisi de , 355 *b*
— (atque hic est , 390 *g*
— in culina , 436 *h*
— senserit , 436 *q*
— si vis... inquit , 439*m*
V. les 2 précéd. et seni , senis.
'3 seni indulge , senex , 118 *d*
14 senilis amor, 302 *d*
'3 senior (præ cæteris , 248 *f*
'3 senioribus (in , 319 *d*
2 senium perdant, qui, 303 *a*

SENS des mots. Jamais un mot n'a qu'un sens , cette doctrine foundamentale est prouvée par tout le cours latin : *v.* surtout *p.* 261, 264 265
— immédiat , 264, etc.

24 senserit sibi data , 436 *q*
24 sensero quidquam , 408 *c*
24 sensi et jamdudùm , 174*dd*
30 sensim (cessim , 377
14 senuisse putares , 342 *d*
24 sensit medios delapsus , 312 *h*

Pag.

24 Sensit se medios , *li- res* sensit medios. 349 *g*
— imis stagna , 441 *s*
2 sensorium , visorium, 46
'4 sensu oportet , 404 *c*
'4 sensum cludere , 249 *d*
'4 sensus , *v.* les 2 précéd.
:1 sententia et illi et , 217 *q*
— Cæpionis ; 406 *b*
V. les 4 suivants.
:1 sententià (stant , 82 *d*
:1 sententiæ (homines , tot , 197 *c*
— homines tot , 224 *d*
:1 sententiam (ferto , 13- *e*
— traxerunt , 160 *d*
— ut dicant , 28- *l*
— (simius , 290 *k*
— , cepi tabellas , 323 *l*
— (simius , 348 *z*
24 sententias ferebant , 303 *d*
24 sentiant an vero , 344 *e*
24 sentiebam (secus ac , 390 *k*
24 sentio ipse quid , 174*cr*
— (dicam quod , 322 *h*
— errare , 328 *z*
— cursari rursùm , 368 *c*
— et tædet , 385 *e*
V. senserit, sensero, sensi, sensisse, sensit, sentiant, sentiebam, sentis, sentiunt.
24 sentis quæ sit , 393 *f*
11 sentum , squalidum , 440 *g*
24 sentiunt (idem , 251 *l*
24 seorsim , cumulatim , 42
30 seorsùs , seorsùm , 20
21 separare , secretum , 20
24 sepio , *v.* sepiunt , sepsit. 1
'3 et :3 sepis morsus sanatur , 22
24 sapiunt (sylvæ , 172 *l*
'3 et :3 seps , *de* sepis , 57
24 sepsit urbem , 112 *k*
— se tectis , 172 *k*
10 septem, octo, novem. 22
— assurgit in , 273 *f*
— , plurima , 316 *c*
30 septemdecies, octod.. 41
10 septemdecim , octod.. 41
30 septiès , octiès , 41
'2 Septimi (Sophia , 410 *z*
11 septimus , octavus , 41
11 septingentesimus,oct.. 41
11 septingenti , octing... 41
30 septingentiès , octing... 41
11 septuagesimus,octog... 41
30 septuagiès , octogiès , 41
10 septuaginta , octog... 41
2 sepulchra duo , 90 *c*
2 sepulchri (jactura , 430 *i*
2 sepulchro scalpe , 172 *i*
2 sepulchrum, *v.* les 3 préced.
23 sequar, I rus , 132 *o*
23 sequebantur (medi , 115 *r*
23 sequere me , 80 *b* et 151 *d*
23 sequetur (facilisque , 135 *b*
23 sequitur tùm cetera, 367 *g*
23 sequor , *v.* sequar, sequebantur, sequetur, sequitur.

	Pag.
11 Sera ad bonos,	290 f
11 seram utque annu- lum,	314 a
11 serenus (oral,	110 c
11 seria dicta,	299 d
SÉRIES. 4 séries, voy. au mot temps.	
15 series . de sero,	98
30 serió peto,	174 i
— solitò,	378
13 seris, tibi eidem,	221 a
13 serite hordea exemple,	177 h
13 seritur, nec,	211 b
— quos alii,	334 f
11 serium convertere,	135 n
30 serius oriàs,	439 q
13 sermo hùc evasit,	296 b
— cœperat,	355 e
V. les 3 suiv.	
13 sermonem volo,	278 g
13 sermones redimus,	419 g
13 sermonis Socratem,	214 a
11 sero diei,	211 h
13 sero, d'où series,	98
V. seris, serite, seritur, serui, severunt, sevi.	
30 serò advenimus,	412 g
18 serpere lauros,	441 k
13 serpit humi,	208 h
13 Sertorius (cœnat,	253 a
13 serui et seri,	177
11 serus, v. sera, sero.	
11 servae sint istæ,	271 l
11 servant busta,	437 a
11 servare (voluisse,	360 l
11 servas ast capias,	397 c
11 servat, exciderat,	304 c
11 servatum esse de,	363 b
— ait,	363 k
13 servi eadem,	306 b
— venibunt,	323 g
14 servias (nemini,	94 b
— (potiùsquam,	329 u
— tamen,	415 f
14 servies (apud hunc,	415 f
14 servio (go,	415 f
V. les 2 précédents, les 2 suiv., et servivi.	
14 servire parcere,	226
— et contumelias,	354 c
14 servit quasi,	415 f
13 servitium consules,	297 e
14 servitum matribus,	226 i
13 servitus, v. les 2 suiv.	
13 servitute in liberta- tem,	226 e
13 servitutem præcep- tis,	240 g
— servio,	415 f
13 servivi servitutem,	280 g
13 servo indulsit,	226 c
— (ex meo,	231 c
— ut esses,	337 l
11 servo (retis,	208 m
V. servare, servas, ser- vant, servat.	
13 servum (herus,	170 r
— hercle te,	241 c

	Pag.
13 Servum (me fecit,	509 h
— misi,	233 m
— punit,	233 n
13 servus, seu liber,	413 c
13 servus facit,	216 f
V. servi, servo, servum.	
10 et 10 sese mensum,	63 c
— omnes amant,	80 o
— fugere,	89 d
— habet,	259 g
— fo. tissimus,	310 d
— tulit obvia,	312 g
— verbum esse,	361 c
— ita magni atque,	413 c
— magnà vi,	435 a
13 sestertiis vicenis,	247 b
30 seu pour si et ve,	55
— rectè seu,	6 d
— meliore perges,	423 a
— liber faxit,	421 c
— maneant seu,	423 d
13 severa (tinque,	1-8 f
30 severe Curtius,	421 l
11 severum seria,	299 d
11 severunt hordea,	177 g
11 severus, v. severa, seve- rum.	
13 sevi, serui,	177
10 sex, septem,	41
— menaibus,	195 f
— millia hominum,	303 m
— cyathis,	436 n
11 sexagesimus,	41
30 sexagies,	41
10 sexaginta,	14
— septuaginta,	41
— natus es,	272 d
11 sexcentes imus, sept.	41
11 sexcenti,	41
30 sexcenties, septing...	41
— in die,	33e aa
30 sexdecies, septemd...	41
10 sexdecim, septemd...	41
30 sexies, septies,	41
2 Sextus Marius,	427 u
11 sextus. septimus,	41
30 si angulus iste,	1
— quà, pour si aliquam,	53 a
— non aliqua,	53 b
— duarum pœnitet,	86 b
— rectè facies,	290 f
— potero,	114 g
— qua vis est,	128 l
— faisson hic,	290 m
— potero, dabo,	231 h
— dixeris,	146 k
— scirem, id,	147 a
— ignoscere manes!	
— illum allexero,	167 a
— nequeo superas,	270 m
— quà voles,	171 o
— quis clepsit,	272 d
— sarseritis benè,	273 e
— quid agis,	278 p
— bibis,	208
— domi,	208 c
— ego hic peribo,	216 h
— herum,	218 o
— ritè recordor,	219 h

	Pag
30 Si non datur ultrà,	239 h
— quid poscas,	251 b
— mortalis ultrà,	298 b
— quis tangit,	278 a
— datur Italiam,	297 h
— quid præter,	300 h
— ferro,	314 a
— per vos licet,	322 a
— fetura,	337 k
— tu sis homo,	345 k
— meus esses,	345 l
— id facis, postrem...	345 p
— te audias,	345 r
+ deo, si deæ,	345 r
— Tartara nossent,	356 a
— dixero,	356 g
— contendisset,	363
— quiessem, nihil,	401 c
— sensero quidquam,	408 a
— victus eris,	415 f
— viceris, servies,	415 f
— undè necesse est,	418 h
— fuerint nubila,	420 c
— me audies,	421 a
— in armas, Marium,	421 h
— verb: tenerem,	421 c
— videbitur, ita,	421 c
— ne ei ea, ut,	421 a
— nocte, sive... seu,	421 c
— illum relinquo,	423 h
— quod volumus,	423 l
— vis... inquit,	439 m
— patrissat,	440 l
— invenio,	440 o
— merulis,	441 b
10 et 10 sibi quisque habeat,	80 l
— construamus,	108 h
— hæc oratio ?	134 c
— (quisque,	159 o
— sua habeant,	213 a
— divitias, etc.	213 a
— quisque,	213 a
— carn fex est,	224 e
+ documento,	224 e
— vitio verterent,	215 a
— long im videtur,	280 e
— me supplicem,	368 c
— nocivum,	431 d
— data esse,	436 g
13 sibila, Tartara,	103
13 siblus, Tartarus,	103
30 sic altera,	LXXVIII
— apud animum,	202 c
— esse opinor,	286 a
— altera poscit,	311 b
— decet (et fieri,	325 b
— ut quinus,	325 b
— jubet, 335 g et 337	337 y
— eat quæcumque,	338 c
— illudatis?	348 c
— canibus catulos,	355 h
— faciam,	407 a
— hoc verisimile,	415 a
— et hoc ?	416 d
— faciam sicut,	416 h
— illæ in,	416 h
— Martem,	420 g
— assecutus sum,	421 m
— itur ad astra,	459 l
— mutius,	459 l
11 siccas machina,	159 a
30 siccine oportet ire,	278 f

	Pag.
11 Sicco ad potum eant,	115 v
11 siccus , v. siccas, sicco.	
30 sicut pleraque,	416 g
— consilium est,	416 h
— eram , fugio ,	416 i
30 sicuti sanguis ,	416 k
— facitis velle ,	416 l
3 sidera vertice,	112 o
— vertice ,	122 a
3 siderum quæ causa,	235 b
13 sidunt (arbore ,	235 b
3 sidus , v. sidera, siderum.	
20 sient , pour sint,	407 g
10 sies , pour sis,	268 i
20 siet , pour sit,	143 c
— (res ,	203 g
— quam invitas ,	406 b
2 signa rubescunt ,	104 f
— sunt ,	430 n
11 signatum præsente ,	383 a
2 signis pocula,	240 f
21 signo . v. signare.	
2 signum (magnum ,	194 c
— , loco ,	307 g
V. signa , signis.	
22 silent fœmina,	435 r
11 silentium fut ,	266 b
22 sileo , v. silent.	
3 silex , v. les 2 suivants.	
3 silice scintillam ,	114 t
— stultior,	248 b
3 et 3 silices tenuantur,	250 l
— tenuantur,	369 f
11 silva , v. les 2 suivants.	
11 sylvâ , ningit,	169 m
— (obvia ,	312 g
1 sylvæ (montium ,	172 l
13 sylvester est pinus,	430 q
10 sim causa doloris ,	128 h
— (daturus ,	142 g
— nescio ,	236 h
— (quid ætatis ,	344 g
— miserrimus ,	407 c
— peregrinus ,	425 n
14 similem (cetera tauro, 275 c
14 similes patri ,	102 f
— s c matribus,	355 h
14 simili est ,	386 c
14 similior, similius ,	74
14 similiores (atticorum, 384 b
14 similis , simile ,	74
— (que deo ,	275 a
— , vocemque ,	276 b
— fuit ,	324 f
— , vulcaniaque ,	420 a
— similium ,	427 n
— nucleis ,	440 t
V. similem , similes.	
30 similiter faciendum , 284 b
13 similitudines afferre , 197 g
14 similius declinatio , 427 h
14 similius (est ,	386 c
11 simillimus, simillima, 74
2 simius sententiam ,	290 k
—	348 k
10 simplex (imponere ,	7
— de sine plexu ,	20
30 simul agere ,	86 l
— ad tribunal ,	305 a
— ista reliqui ,	334 a
— ac nummos ,	390 h

	Pag.
30 Simul ac os atque ,	391
—, 100 spectato ,	410 i
2 simalachra feruntur, 348 b
2 simalachris Phidiæ,	202 i
2 simulachrum , v. les 2 préc.
21 simulabo atque ,	425 c
11 simulato metu , ea ,	404 e
21 simulato quasi ,	377 f
21 simulent, tu intelliges, 344 e
21 simulo , v. simulabo et les 2 précédens.
11 simum (rostrum ,	442 c
11 simus , v. simâ , simam.
20 simus , sitis, sint ,	128
30 sin , pour si et ne,	55
— foris sum ,	208 c
— opitulor, hu	us , 423 k
— secùs , patiemur, 423 l
— minùs hoc me , 423 m
— aliter magnum , 424 a
23 sinam impunè me , 248 g
23 sinant (si qua fata, 53 a
11 sincera , simplex , 20
23 sine te hoc exorem , 177 k
— me expurgem , 337 i
— taxum ,	395 a
— inter victrices, 441 k
30 sine fraude ?	192
— fine ,	203 m
— moribus vanæ , 234 d
— mente sonum , 234 c
— nascitur ,	234 g
— ? (cum fratre an, 234 g
— tonitrubus ,	3a4 c
— me quæras ,	392 b
— ve tibus ,	416 l
23 sinebat (intactos , 299 h
23 sines ? (tolli dona, 310 c
23 sinet (te fortuna , 132 q
11 singulis divisit horas, 174 b
12 sinistram (nunc ad, 167 k
23 sinit (ut animus , 128 h
— loquier,	407 b
23 sinitis vexari ,	118 a
23 sino , (sine , etc. 177 k
V. sinam , sinant , sine , sines, sinet , sinit , sinitis, sivi.
10 sint obnoxii ,	87 d
— istæ an liberæ ? 271 f
— domini ,	288 a
— (caput ,	255 e
— hæc interrogas , 301 m
— agrestibus ,	369 e
4 sinu foves ,	104 h
30 siquidem mihi ,	228 l
10 sis ? (dicam quid , 145 g
— (ubi ,	211 s
— , tu ,	300 f
— stultior ,	311 h
— licet ,	322 g
— nugax ,	337 e
— homo ,	345 k
— nescia ,	360 d
— Æacidæ similis , 420 a
— turis ,	436 f
30 et 10 sis , pour si vis, 53
— ne in quæstione, 53 g
— meum est ,	53 g
— , ad veritatem , 53 i
— (fac ,	54 h
— me vide ,	143 p

	Pag.
30 et 10 Sis tu (tace , 300 f
23 sistam (gurgite , 100 b
23 — (in gurgite , 114 d
23 sistit equos bijuges , 166 a
23 sisto , v. sistam , sistit, stitisse.
2 Sisyphus laboris ,	430 r
20 sit (opus ,	143 l
— vivere ,	165 q
— parvi ,	216 c
— hominis ,	211 e
— interdictum ,	279 d
— difficile ,	280 o
— (quid ,	288m
— quod ex usu , 301 e
— (quid illud ,	301 f
— fiducia capto , 307 g
— ? factumne .	310 h
— corrupta ,	327 f
— pro ratione, 335 g, 337
— vereor ,	340 b
— ne intûs ,	340 e
— nisus facit ,	340 l
— e vobis uter , 344 f
— pater meus , 356 b
— futurum cras , 357 h
— , cette (pr. cedita, 359 d
— actum ,	360 d
— ut ningat ,	360 e
— (servatum ,	363 g
— factum ,	3-2 b
— an ,	303 c
— hominum ,	303 f
— que salubrior , 401 g
— obsequio ,	418 c
— Thersites ,	420 e
— (tragœdia an , 421 a
— cur feratur,	425 i
— obeso ,	439 q
11 sita sunt ,	297 c
11 siti compulsi ,	295 h
13 sitim gignit ,	179 r
3 sitis , Tigris ,	102
— usserat herbas , 112 c
— ardor urit guttur, 131 d
— ardor arenæ , 297 c
V. les 2 précédens.	
20 sitis (quid acturi , 143 r
— (facite æqui , 148 o
11 situm est ,	284 c
14 sitam , sivi ,	164
24 sitiuntur aquæ , 401 g
11 situs , v. sita , sitam.
30 sive æquum est ,	55 l
— dolo seu jam , 423 a
— hâc seu meliore , 423 a
— luce , sive servus, 423 c
— servus, seu liber, 423 c
23 sivi tuo te vivere modo, 177 i
sivis , lises si vis. 143 s
3 sobolem promittit... 207 q
2 sobrinus Chrysidis , 441 d
11 sobrius de briâ , 20
2 soccus habendus , 441 l
2 socer esse recuset , 340 e
— (bonus esse , 349 f
2 soceria . (levantur cum , 102 c
13 societate quâdam , 297 d
11 sociis et rege recepto, 297 h
11 sociorum utilitatibus.. 404 d

	Pag.
11 Socios terræ manda-	
mus ,	307 *h*
— (nolite cogere ,	135 *o*
11 socius bellum ,	434 *r*
V. les 3 précéd. et le suiv.	
11 socium (addiderat ,	310 *d*
10 socors, *ou* secors,	20
3 Socratem accepimus,	214 *a*
3 *et* 3 sodales conspicor,	86 *k*
30 *et* 11 sodes, *pour si au-*	
des,	140 *o*
—, abs te,	140 *o*
3 sol , *de* solis ,	57
— (ego , summe ,	107 *c*
—, nihil possis urbe...	191 *b*
— sex mensibus ,	195 *f*
V. solem.	
10 solâ sub nocte ,	253 *n*
10 solæ scimus ,	86 *p*
11 soleas, cedo vinum ,	175 *f*
3 solem occasum ,	234 *b*
15 solens meo more ,	356 *e*
22 solent dicere : quid ,	83 *r*
22 soleo , *v.* solent , soleres ,	
soles , solet.	
22 soleres per te sumere,	141 *e*
15 solertem tu me ,	442
22 soles. (ecastor qui ,	84 *a*
— omnia ,	143 *i*
— Crispe ,	195 *g*
—, ast hoc magis ,	397 *b*
22 solet. (bonis interdici,	179 *f*
— eum, cùm aliquid ,	281 *g*
— Ovidus ,	428 *m*
— (Lappa ,	430 *k*
2 soliloquium ,	27
3 solis, et Lychnorum ,	397 *a*
30 solitò , subitò ,	378
11 solitus est. (rex	430 *c*
10 solius solliciti sunt,	79 *a*
21 sollicitat (quietos ,	380 *d*
11 solliciti sunt causâ ,	79 *a*
3 sollicitudo, *de* solici-	
tus,	43
— eat ægritudo ,	431 *c*
11 sollicitus, *v.* solliciti.	
3 Solonem. (vino aiunt,	172 *z*
2 solum telis ,	177 *b*
10 solum semper ,	215 *c*
— ab ædibus ,	428 *v*
30 solùm facta sed....	355 *b*
— à me diligi ,	370 *b*
10 *et* 11 solus. (coquus tu,	124 *b*
— ambulem ?	211 *b*
— honos Acheronte ,	307 *h*
— eris ,	420 *c*
V. solâ, solæ, solius, solum.	
23 solvi et metus narrant,	325 *i*
23 solvimus (navim ,	83 *m*
23 solvit (tabes cadave-	
ra ,	107 *v*
— (noctem naves ,	253 *k*
23 solvo , *v.* les 3 précéd.	
21 somnias agere ,	363 *a*
12 somnifer, *de* somnus ,	23
21 somniu , *v.* somnias.	
2 somno plerique ,	236 *b*
2 somnos (avertunt,	114 *b*
— motusque ,	107 *b*

	Pag.
2 Somnus est de præ-	
dio ,	232 *i*
— complexus est ,	355 *b*
V. les 2 précédents.	
22 sonabat (barba ,	62 *f*
10 sonipes, *de* sono,	27
— pressis ,	429 *u*
4 sonitumque ferunt ,	427 *i*
4 sonitus, *de* sonare ,	
sono ,	36
11 sono , *v.* sonabat.	
15 sonis , cum rea ,	441 *m*
2 sonum (sine mente ,	234 *c*
— (agnovitque ,	278 *k*
11 Sophia Septimi ,	210 *a*
1 sophista , justus ,	28
11 sophocleum? (aliquid,	169 *p*
13 sorbitio tollit ,	436 *a*
22 sordent tibi ,	223 *m*
11 sordibus lætatur ,	107 *r*
3 sorices vilibus infesti,	114 *u*
13 soror et conjux ,	201 *a*
V. sororum.	
11 sororia linquit mœ-	
nia ,	314 *d*
11 sororicida , *de* soror,	23
13 sororum (neque visa,	228 *b*
11 sororius , *v.* sororia.	
11 sorptum , sorbui ,	164
3 sors exitura ,	439 *g*
24 sortiere talis ,	201 *c*
2 sortilegium, privileg.	26
11 sortilegus , *de* sors ,	26
2 Sosia, tu (esto sanè ,	128 *i*
— (quin sim ,	407 *f*
—, adesdùm ,	419 *l*
V. Sosiam.	
10 Sosiam (te esse aiebas,	210 *b*
— (te esse aiebas ,	346 *f*
—! (ad navim ,	378 *f*
10 sospitem et supers-	
titem ,	115 *s*
SOUSTRACTION,	
2ᵉ fig. d'altération.	
49, 53, etc.	
23 sparge meos ,	116 *k*
— marite , nuces ,	173 *h*
23 spargere cœpit ,	110 *m*
23 sparges lacrymâ ,	189
23 spargo , *v.* les 3 précéd. et	
les 3 suiv.	
23 spargunt. (verrunt,	170 *f*
23 sparserant se passim,	173 *g*
23 sparsit labrusca ,	434 *b*
2 spatio à calce ad ,	374 *b*
— brevi spem ,	381 *b*
11 spatium corpus eà ,	411 *b*
5 spe finis dura ferens ,	121 *e*
— rerum gerenda-	
rum ,	204 *b*
— gerendi absunt ,	204 *c*
— sublata ,	282
— veniunt ,	283 *a*
5 species , series ,	98
3 specimen (indolis de-	
di ,	107 *d*
11 speciosa quæro ,	403 *e*
21 specta, ut cornicem ,	272 *b*

	Pag.
21 Spectabit, eò spectato,	410 *i*
2 spectacula caudâ ,	441 *f*
15 spectans , *v.* spectantibus.	
11 spectant (religionem,	271 *m*
15 spectantibus, hic de-	
ludetur,	80 *f*
21 spectare quanti ho-	
mo ,	116 *c*
21 spectat oratio ,	334 *c*
— cœli scrutantur,	440 *a*
21 spectata est mihi tua ,	229 *g*
21 spectato simul ,	410 *l*
11 spectatus , *v.* spectata.	
21 spectet oratio ,	334 *d*
21 specto, *v.* les 7 mots précéd.	
notés 21.	
21 speculantur aquas et,	252 *p*
2 speculum oruatur,	268 *e*
4 *et* 4 specus (portus ,	
— quercus ,	103
— infernos ,	441 *n*
11 speluncis abdidit ,	442 *b*
5 spem omnium fortu-	
na ,	257 *l*
— eveni , mihi ,	300 *h*
— longam reseces ,	381 *b*
21 sperant se quæ ,	363 *m*
21 spes (de argento,	247 *g*
21 sperasti ? (posse re-	
licto ,	364 *b*
21 speraverat fuit ,	205 *l*
23 sperne voluptates ,	276 *o*
23 spernit segregatque ,	241 *i*
23 sperno , *v.* les 2 précéd. et	
sprevit.	
21 spero fore ut contin-	
gat ,	364 *a*
V. sperant, etc.	
5 spes pascis, inanes ,	176 *f*
— fert ,	212 *b*
— ulla super (erat ,	235 *e*
— danaûm ,	241 *c*
— est eum meliûs ,	189 *d*
— infirmat ,	436 *a*
V. ape , spem.	
11 spica habet glumam.	441 *o*
V. spicis.	
24 spicio, *d'où* conspicio,	98
11 spicis fiunt ,	115 *u*
2 spicula felle madent,	116 *q*
— tergunt ,	434 *e*
11 spina remissa ,	102 *i*
11 spinosus , nodosus ,	46
11 spiram se colligit ,	179 *g*
11 spissatur (igne ,	441 *p*
11 splendida Minos fece-	
rit ,	383 *b*
2 spolia ampla refertis ,	318 *z*
11 spondâ pedibusque,	441 *q*
22 spondeo , *d'où* spo-	
pondi ,	51
V. spondet, spopouderunt.	
22 spondet fortuna ,	166 *q*
11 spongiaram ferè ,	324 *f*
3 spons (*inusité*) a formé	
sponte.	
11 sponsa (mulier ,	200
11 sponsum , spopondi ,	164
2 sponsus (vir ,	200
3 sponte per incautas ,	378 *g*
— meâ ,	378

	Pag.
:3 Sponte uai .	3;8
22 spoponderunt consu- les .	166 p
22 spoponfi, de spondeo,	51
11 spretaque injuria ,	290 i
4 spretum, sprevi ,	164
23 sprevit (nec ,	176 a
2 spumatorium , asp...	46
11 spumeus in longâ	436 l
21 spurcam mittit ,	441 f
'3 sputator, screator ,	441 i
11 squalidum pannis ,	440 g
:1 squatinâ eborâ ,	116 o
STA, STES, STUS, etc. terminatis ,	28
21 stabat pro littore ,	236 l
— (Manlius arcis ,	312 t
:3 stabili as , de stabilis ,	42
2 stabulis ignem	54 m
— maturis ,	302 a
2 stadia octo abest ,	273 a
— (oppidum 2o ,	273 c
2 stagna refusa ,	441 t
18 stans naris ,	430 m
21 stant cristæ ,	55 m
— sententiâ ,	82 d
— castrorum ,	312 p
21 stare putes ; adeò ,	342 b
21 stas? (cœnam quid ,	270 b
21 stat horrenda ,	106 g
— sua cuique dies ,	166 t
— lacrymans ,	192 b
— fullo , phrygio ,	386 b
30 statim , ut fit ,	330 n
— rem gerat ,	330 k
— ac ou atque ,	391
:1 statuam statui ex ,	240 e
— considimus ,	363 g
22 statuarius. mercen...	35
23 statui , legi , veni ,	59
— ex auro ,	240 e
-23 statuo (animum meum ,	261 o
—, vestra est ,	307 a
V. statui.	
'4 statum , steti ,	164
:1 stellæ aureæ ,	245 h
3 stercorum varia ,	113 l
3 stercus avini ,	205 m
V. le précédent.	
23 sternitur omne so- lum ,	177 b
23 sterno, v sternitur, stravit.	
23 stertas licet ,	261 d
— licet ,	391 c
23 stertit , volui dicere , 135 c	
23 sterio , v. les 2 préced.	
21 stetisse credat ,	265 e
— per Trebonium ,	408 a
21 stetit unda fluens ,	166 r
30 stillabant ilice ,	437 e
:3 stipem spargere ,	110 m
2 stipendia (pœni ,	166 a
:3 stips , v. stipem.	
'3 stipitibus duris agitur.	116 t
:3 stirpem invisam !	110 n
:3 stirps , stirpis ,	57
V. stirpem.	
13 stitisse (iste se ,	166 t
21 sto , v. stabat , stant , stare, stas, stat, stetisse, stetit.	
:2 stoicida (canentem,	395 b

	Pag.
:2 Stoicus esse voluit ,	348 i
'2 stomachum nostra lagena ,	148 c
'3 strabo , strabonis , de stra- bus ,	38
:3 stragem fecit tempes- tas,	107 g
'4 stratum , stravi ,	164
23 stravi , de sterno ,	164
23 stravit (porticum ,	110 k
— humi prónam,	177 a
23 strepui , colui ,	59
30 strictimne attonsu- rum ,	421 d
'4 strictum, strinxi ,	164
11 strigandum , ubi ,	417 g
:3 strigilis (vates ,	101
23 stringitur unda noto,	169 dd
23 stringo , v. le précéd. et le suiv.	
24 strinxit Lavinia ,	169 cc
:1 structura , de struo , structum ,	48
:1 structuram ad nor- mam ,	252 a
23 struere? (hosce id ,	280 n
:3 struem lignorum ,	107 t
23 struitur medicina ,	171 f
23 struo , censeo , credo ,	48
V. struere, struitur, stru- xêre.	
23 struxêre cubilia ,	191 f
— cubilia ,	437 o
22 studebant . plures,	367 b
2 studeo (possum ,	360
V. le précéd. et les 2 suiv.	
22 studere , favere,	226
— neque odisse ,	354 f
2 studes? (cui rei ,	2 6 f
2 stud a (parùm mea ,	169 b
2 studiis, ætas animus,	202 l
2 studio laudis ,	159 b
2 studium , v. les 2 précéd.	
11 stulta est gloria ,	LXIX
14 stultior stulto fuisti ,	248 a
— (silice ,	248 b
— est quàm ,	248 h
— stultissimo ,	311 h
— stultissimo ,	430 y
21 stultissime (homo ,	117 d
— (homo ,	218 e
11 stultissimo (stultior ,	311 h
— stultus hic ,	430 y
11 stultissimus , v. les 2 précéd.	
:1 stultitia dicenda est ,	304 b
— est venatum ,	175 n
V les 2 suivantes.	
:1 stultitiæ meæ ,	211 h
:1 stultitiam fero ,	262 e
11 stulto fuisti , qui ,	248 a
11 stultus est pro tuâ ,	248 h
— hic est ,	248 h
11 stygio regi ,	438 l
11 sua narrat facinora ,	113 c
— quemque ,	171 a
— cuique dens ,	193 a
— præmia laudi ,	196 a
— tura sabæi ,	197 i
— habeant regna ,	223 a
— gaudia ventos ,	286 g
11 suâ mysteria ,	245 g
— re quis ,	311 a
— (sponte,	278

	Pag.
21 Suadeo (vate neque,	55 f
— à te impetres ,	33; e
V. les 2 suiv. et suasisti, suasit.	
22 suades ut ab eo ,	330 f
23 suadet enim vesana,	174 t
21 suæ Salamina ,	116 l
— malitiæ ,	421 l
11 suam (operam dat ,	82 b
— sententiam ,	160 d
— quisque homo ,	219 e
— compulistis ,	269
11 suarum satagit ,	47 f
11 suns quemque ire ,	89 m
— in plaudendo ,	250 d
22 suasisti ne facerem ,	174 t
22 suasit ut ad te irem ,	33; f
2 et :2 suavium (mea ,	304
30 sub judice ,	114 k
— Veneris ,	202 a
— rupe canet ,	235 f
— armis ,	235
— hastâ ,	235 h
— Jove frigido ,	235 i
— divo moreris ,	235 h
— luce ingressus ,	236 a
— somno plerique ,	236 b
— te tolerare ,	249 a
— Annibale ,	249 a
— und s scuta ,	251 h
— frigora ,	253 h
— lucem adit ,	253 i
— noctem naves ,	253 k
— tartara ,	253 f
— ve perum ,	253 l
— ipsam finem ,	253 m
— nocte ,	253 a
— imo est ,	307 h
— pedibus vertique,	360 f
— argutâ ,	3-9 c
— fasce dedêre ,	43-5
11 subacidus, d'acidus,	15
21 subacta , terrarum ,	211
'4 subactum , subegi ,	161
'4 subditum , subdidi ,	161
23 subduxit legionem ,	211 l
23 subesit intra viginti ,	257 e
20 subeo , subire ,	15
—, transeo ,	134
V. subibo, subire , subit.	
3 suber , suberis ,	57
23 subigebant arva ,	202 k
20 subibo impendeant ,	211
23 subigo , v. subegit , subi- gebant.	
20 subire , de ire , eo .	15
20 subit Rhœteum cuncta,	204 f
30 subitâ profectus est ,	240 b
—. tantò ,	3-9
23 subjiciunt verubus ,	211 b
— epulis ,	433 b
SUBJONCTIF. Lexi- graphie. Il a deux temps, le temps 5 et le temps 6 : voy. p. 125 , 141 , etc.	
— sa syntaxe ,	335
11 subla à (spe ,	282 b
11 sublato genitore ,	160 i
11 sublevare , succum- bere ,	15
14 sublimi feriam ;	222 a

		Pag.
14	Sublimia pectora,	93 e
14	sublimia, medius,	313
	V. les 2 précédens.	
23	subnectit fibula,	313 c
25	subripuisti (auri fuit,	210 i
	SUBSTANTIF,	191
	— son étendue,	ibid.
	— apposé,	ibid.
	— cas des substant.	ibid.
		et 195, etc. etc.
23	substiterat (uterque,	257 c
21	substiti, superstiti,	161
20	subsum, supersum,	130
30	subter densà,	236 c
	— (oculi,	236 d
	— fastigia tecti,	254 a
23	succedo, v. les 2 suiv.	
23	succedunt, qui Fabius.	305 g
23	successit, hilarem,	413 d
11	successus alit; pos- aunt,	348 f
11	succiduo dicor,	346 b
11	succulentus, corpal...	26
23	succumbere, de cubo,	15
	— culpæ,	131 n
2	succus manat quem,	334 e
15	sudantibus aurum,	400 a
21	sudavit et alsit,	LXVII
21	sudent electra,	436 s
3	sudem vix ex osse,	107 u
3	sudor (de corpore,	171 e
3	et 3 sues mares inter se,	110 o
	— (videntur, sed,	105 g
4	suetum, suevi,	264
25	suffeci (defeci,	64
23	sufferre, sufiare,	15
	— queat majoris,	400 a
25	sufficio, v. suffeci.	
21	sufflare, suggerere,	15
23	suggerere, summutare,	15
23	sugo, v. sugunt, suxisse.	
23	sugunt, carpunt,	167 h
2	et 2 sui nos indigere,	80 k
11	sui fructum capiant,	118 k
2	et 3 suis (hara,	438 h
11	suis rebus esse,	350 f
20	et 30 sultis pour si vultis.	
	— (nostras,	89 n
20	sum, humani,	LXXI
	— me esse dico,	78 a
	— totus vester,	127 a
	— rusticus,	130 a
	— domum,	133 f
	— (nihil,	142 a
	— oblitus,	145 i
	— (sciturus,	147
	— (facturus,	149
	— (rex,	167 a
	— foris est animus,	208 c
	— regum rex,	218 b
	— animi,	219 o
	— compos,	219 p
	— omnium rerum,	220 f
	— Alexi,	218 c
	— profectus,	232 e
	— (ego,	232 n
	— apud me, ità,	262 p
	— (natus,	271 o
	— adolescens,	305 l

		Pag.
20	Sum (quæris,	307 c
	— miserior,	311 f
	— Amphitryo,	317 a
	—, tu es ego,	317 b
	— patria ex,	319 a
	— ità hebes,	335 b
	— ne autem nibili,	341 c
	— exemplo gravis,	344 l
	—, occidi,	428 o
	— (fretus,	437 n
	— (saucius factus,	441 g
	—, (screator,	441 i
	— tam callidus,	442
	V. es, est, et autres formes de ce verbe, p. 127, et dans la table.	
23	summamus diem,	413 d
23	sumere (soleres per te,	141 e
23	sumetur, inde in[i]tium,	418 h
23	sumis celebrare,	110 q
11	summa mandata,	81 p
	— (hæc duo,	131 k
	— est,	144 k
	— virium,	263 b
	— est malitia,	290 i
	— ingenia in,	345 f
	— humanitas,	399 c
11	summà decurrit ab,	312 l
11	summæ curtabit,	206 c
11	summàsque minatur,	363 n
11	summæ sol,	107 c
11	summi sceleris,	218 n
11	summo tenùs,	LXVI
	— (accumbe in,	177 o
	— Manlius,	312 u
11	summum jus sæpè,	144 k
	— bonum,	222 h
	— quinque,	251 l
	— sæpè,	290 l
11	summus (imperator,	124 a
	—	et 128 a
	— celsus,	313
	V. summa, et les 9 précéd.	
21	summutare, de muto,	15
23	sumo, sumpsi,	52
	V. sumamus, sumere, sumetur, sumis, sumpsero, sumpsi, sumunt.	
23	sumpsero, cassidem,	435 l
23	sumpsi, de sumo,	52
	— hoc mihi,	175 n
4	sumptu (opus est,	224 h
4	sumptum, sumpsi,	164
23	sumunt incendia,	175 o
20	sumus (nos numerus,	127 d
	— (datari,	142
	— (dicturi,	146 a
	— ? (geutium,	207 a
	— von nanci,	214 k
	— educti,	233 h
	— (parati,	252 e
	— (locuti,	264 b
	— (nati,	271 b
	— (idem,	317 e
	— (defessi,	318 c
	— umbra,	319 c
	— (catenis,	330 b
	— (rem,	330 d

		Pag.
20	Sumus (et umbra,	401 b
	— præpediti,	412 f
	— (humiles,	415 c
20	sunt, qui erant,	73 e
	— (futuri,	73 e
	— quæ me,	85 f
	— fata nostra,	88 f
	— potiora,	95 d
	— inimici?	111 i
	— asparago,	112 h
	— quævis pericula,	113 b
	— elementa,	119 d
	— vestigia,	120 g
	— certi denique,	127 f
	— daturi,	142
	—, quos,	180 f
	—, urbs,	192 e
	— hic etiam,	196 a
	— (nostri,	199 d
	— (felicitatis,	209 h
	— oneris, quidquid,	214 c
	— tibi regna,	222 c
	— mihi, nescio,	224 c
	— (tua, cura,	245 a
	— (gesta,	238 n
	— tibi (opus,	243 f
	— boves,	243 g
	— deterriti,	244 l
	— illa,	250 l
	— inventi,	251 l
	— (locuti,	251 m
	— certi,	258 c
	— vicina,	300 e
	— delapsi,	312 a
	— lacrymæ rerum,	317 g
	— quibus in,	324 k
	— tangere,	335 d
	— vivere,	350 b
	— divitiæ,	350 f
	— plena,	373 a
	— sana,	384 a
	— opes,	417 l
	— au vindices,	449 c
	— (signa,	430 n
	— adipes,	433 a
20	sunto (jura sancta,	107 h
	— (piacula,	128 m
	—, isque cives,	331 a
11	suo (uxorem,	276 e
11	suorum recordabi[tur],	219 b
11	suos patimur manes,	197 k
	— parentes,	303 f
	— (dicitur esse,	346 d
3	supellectilem auferre,	118 e
30	super impià,	235 a
	— arbore,	235 b
	— Lauso,	235 c
	— hàc re,	235 d
	— (ulla,	235 e
	— alios trucid...	254 e
	— garamantas,	254 f
	— aquas,	254 e
	— abundantiam,	254 g
	— ipsum, Porcius,	254 h
	— regeni,	254 l
	— omnia vultus,	292 e
	— his... saliet,	386 a
14	superbe dea es?	412 d
11	superbus, superfluus,	15
22	supereminet omnes,	233 d

Pag.

20 Superesse velim . 287 a
:3 superficies, de facies, 15
11 superfluus, de fluo, 15
11 superi, populos veni-
re, 235 h
25 superinjice frondes, 428 f

SUPERLATIF, 74

— sa syntaxe, 310
3 superliminare, (décl.)108
11 superos Acherunta, 170m
'3 superstitem (sosp...
et, 115 s
21 superstiti subsisti, 161
20 supersum, superesse, 130
11 superis labor est, 380 d
V. superi, superos.

11 superus, externus, 266
:1 suppetiæ sient, 407 g
:1 suppetias (ferrem ti-
bi, 137 k

SUPIN, ses altérations, 49

— formation, 181
— le supin est un sub-
stantif, 181
— en u, sa syntaxe, 245
— et 250
— eu um, 275 et 276
21 supplicare, de plico, 15
22 suppleverit, aureus, 331 b
10 supplicum fore, 366 e
2 supplicium de nobis, 372 f
21 supplico, d'où suppli-
care, 15
23 supponere, de pono, 15
23 supponuntur ova, 316 c
30 supra volat ardea, 255 u
— venabula, 255 b
— nos habitat, 255 c
— millia viginti, 255 e
— caput, 255 e
— deos lacesso, 274 e
11 supradictus, de dic-
tus, 15
11 suprema lex esto, 331 a
11 supremus, de supe-
rus, 39
— summus, 313
:1 sura, pes, statura, 386 c
11 surda (ne non sit, 340 f
11 surdis (non canimus,165 k
11 surdus, aut hæc muta,340 l
. V. les précéd.

15 surgente, decedant, 102m
23 surgit opus, 160ff
, — (futilis auctor, 193 f
— (viola carduus, 137 b
23 surgo . v. surgit, surgunt,
surrexit.
23 surgunt; ex illis altera,310 a
'4 surrectum, surrexi, 164
23 surrexi ego, 179 d
23 surrexit (sella prætor, 169ee
— (ante lucem, 160 h
25 surripere, de rapio, 16
30 sursùm deorsùm, 395 b
'3 et :3 sus, (ren, rex, 101
—, ut aiunt, orato-
rem, 193 n

Pag.

V. sues, suis, (hara.
25 suscepi, (incepi , 64
21 suscitare, (arripere , 16
11 suspectum tamen, 424 c
25 suspicere possimus, 425 h
:3 suspicio pupugit, 166 n
— ? (tibi incidit, 405 c
:3 suspicione tamen
non, 411 u
21 suspirabo sexcenties, 430aa
22 sustineas: (timeo ut, 340 c
22 sustineo, v. le précéd. et
les 2 suiv.
22 sustinet à lævâ, 107 b
22 sustinuit re, 172 x
23 sustulit (apicem for-
tuna, 113 o
— pennas, 437 u
11 suum est, 80 l
— prodegerit, 265 f
— populatus iter, 303 l
— filium, 337 h
— virum esse, 436 t
11 suus cuique mos, 114 d
— sibi carnifex, 114 e
V. sua, suæ, suam, sua-
rum, suis, suo, suos,
suum.
23 suxisse videmur, 169gg
:1 syllaba, de lambano, 21
SYLLEPSE, sorte
d'ellipse, v. 285, 295,
296, et les notes, 183 et
126.
23 syllaturit et proscrip-
turit, 430 b
14 sylvestris raris, 434 b
:1 symbolam Nabo, 428 y
2 symbolum, sympto-
ma, 21
— (ostendit, 8x c
3 symptoma, syllaba, 21
SYN, initiatif grec, 21
SYNCOPE, sorte de
soustraction, 56
2 synedrium, symbo-
lum, 21
SYNTAXE, 183
— principe unique, 188
— division, ibid.
— mots variables, 183
— mots invariables, 371
V. les mots substantifs,
adjectifs , verbes, etc.
:3 synthesis, de thesis,
et syn, 21
'2 Syre.—hem quid est? 371 e
'2 Sysiphus, lisez Sisy-
phus, 430 r

T.

T, prend UR, 154
:1 tabella, v. les 3 suiv.
:1 tabellæ te arguunt, 85 e
:1 tabellæ dare me, 85 b
— cereas intelligit, 305 d
—, consignavi, 319 i
:1 tabellis crederes , .248 a
:1 taberna, v. les 2 suiv.

Pag.

:1 Tabernæ (erant, 259 k
:1 tabernas regumque, 387 a
:3 tabes cadavera, 107 v

TABLE, lisez les chap.
XXVII et XXVIII

De la manière d'ap-
prendre les langues,
— abréviations, 444
— errata de la table
au mot VOYEZ.
— observations qui
sont placées à la fin
de la table.

:3 tabulæ repertæ, 305 k
:1 tabulis ratio erat, 305 h
22 tace, sis, meum, 53 h
—, tace, 55 c
— sis, tu (meam, 300 f
22 taceas, palam id , 424 b
11 tacendum putavi, 160 l
— accipiunt, 262 f
22 taceo novercas, 160am
—, quando res vor-
tit, 328 c
22 tacere (magna, 301 h
V. tace, taceas, tacare, tacui, tacuit.

11 tacita bona est, 310 h
11 tacitus aiebam, 290 e
:3 tactio est (hanc, 282 f
'4 tactum, (tetigi, 164
'4 tact-us, cuction-is, 56
22 tacui, tacendum, 160 l
22 tacuit (potui, 413 e
11 tæda nocebat, 345 o
22 tædet (moras,
— (vitæ, 213 a
— possum, studeo, 360
— (sentio et, 335 e
'2 Tagus inundat, 429 h
22 talem ne plus, 312 e
14 talem fuisse, 290 g
2 taleuta ad quindecim, 28 g
14 talia fando, 283 c
— Daphnis, 202 c
2 talis (sortiere, 202 c
14 talis, v. talis, talis.
'2 talos ut porro, 172 h
— à vertice, 314 a
2 talpæ (cubilia, 437 f
30 tàm ficti, LXXXIX
— magis, 310 f
— magis, 310 f
— valdè, 337 a
— consimilis, 402 a
— scio esse, 402 b
— magis est, 402 c
— maximè res, 402 a
— facilis res, 406 b
— callidus usu, 442
30 tamdiù requiesco, 413 e
— autem velle, 413 f
30 tamen esse malæ, 289 f
— pari jure, 305 e
— ingenio, 323 f
— ut Priamus, 349 c
— vis formosa, 366 h
— nemo converti-
tur, 397 d
— non caret, 411 c

	Pag.
3o Tamen *si* morien-	
dum,	412 *c*
— (serviás,	415 *f*
— consolor,	423*m*
— à meo jure,	424 *e*
—, et præcepta,	428 *n*
— pueris,	434 *a*
3o tametsi intelligo,	424 *d*
— vicisse debeo,	423 *c*
— nullus,	424 *f*
— bella,	424 *g*
tamquàm, *lises* tan-	
quàm.	311 *c*
·3 Tanaïm tenùs,	238 *f*
— attinent,	271 *n*
3o tandem (vos qui,	197 *a*
— querelarum,	220 *n*
— ædepol	366 *c*
3o tandiù , *v.* tamdiù.	
23 tangam (vertice,	112 *o*
23 tangere ut non ,	335 *d*
23 tangis en ipsos,	166 *g*
23 tangit honos ,	278 *c*
— omne amburit,	412 *a*
23 tango , *v.* les 4 préced. et	
tangunt , tetigi, tetigi-	
mus, tetigisti.	
23 tangunt (mortalia,	317 *g*
3o tanquàm alter,	311 *l*
11 tanta fuit tibi,	203 *n*
— narratur,	258 *g*
·11 tantæ molis erat,	211 *o*
11 tantam (rabiem ,	175 *i*
11 tantas audetis ,	198 *f*
11 tanti fiet ,	215 *e*
— illam,	216 *i*
3o tantillùm loci ubi,	206 *b*
3o tantò major vis,	249 *b*
— magis te advigi-	
lare,	327 *a*
— . (subitò ,	378
— quantò ,	414 *g*
— que magis ,	440 *p*
11 tantos finire ,	131 *e*
11 tantum quantum jus,	414 *l*
3o tantùm viui ,	205 *l*
— intra famam	257
— fugit ,	414 *h*
— in usu ,	427 *k*
3o tantumdem viæ,	205 *u*
11 tantus , *v.* tanta, tan'æ,	
tantam, tantas, tantos ,	
tantum.	
3o tardè (tempora ,	342 *b*
11 tardus provisor ,	204 *n*
24 Tarpeio (saxo .	421 *u*
·2 Tarquinium dixisse,	290 *d*
2 Tartara (Tartarus ,	103
— mittam,	253 *f*
— nôssent ,	356 *a*
·2 Tartarus ,	103
V. tartara.	
·2 tauro similem,	275 *c*
·2 tauros (viginti ,	121 *l*
·2 taurus Europen,	171 *b*
V. tauro , tauros.	
·2 taxi torquentur,	252 *l*
·2 taxum sine ,	395 *a*
·2 taxus, *v.* taxum, taxi.	

	Pag.
TE, TIS, vous fait	
MINI ,	154
V. pag. 81 , 84, 85, 87, 90.	
·o *et* :o te ex insulso,	62 *h*
— 79, *m*, *n*. *o*, etc.	
te mendacem esse ,	124*m*
— oportet ,	148 *l*
— hoc exorem,	177 *k*
— horrens ,	179 *q*
— miserescat ,	213 *c*
— magni ,	218 *c*
— pugnæ,	227 *f*
— is perditum ,	232 *b*
— est meum ,	281 *l*
— credo credere	286 *b*
	et 361 *a*
— superesse ,	287 *a*
— fidere ,	288 *l*
— id dare ,	301 *c*
— 301 *c*, 310 *e*.	
— aiunt,	323 *a* et *b*.
— marmoreum ,	331 *b*
— aliis consiliis ,	350 *c*
— jam rem ,	350 *h*
— odio vatimano ,	354 *e*
— credebam ,	361
— credi , etc.	361
— posse relicto ,	365 *b*
— audit libenter,	368 *d*
— ad me ,	377 *f*
— que piacula ,	383 *c*
— fuisse oportet,	405 *g*
— 408 *b* , *c*.	
— id petamus ,	410 *h*
— aspici m ,	413 *b*
— sibi (pl carem,	416 *d*
— cum loquor,	417 *h*
— hinc ,	427 *c*
— semper,	331 *n*
— judice,	429 *e*
:1 techuam quàm me ,	401 *b*
11 tecta videut ,	89 *i*
— nefandas ,	342 *e*
11 tecti Ænean ,	254 *a*
11 tectis (sepsit se ,	172 *k*
— t xum ,	395 *a*
11 tectus , *v.* tecta, tecti,	
tectis ou tectus.	
1o et 3o tecum , *pour* cum te.	
— pro aris ,	237 *a*
— esse potes ,	272 *g*
— loquar,	417 *h*
23 tegimur, nec ,	348 *g*
23 tegu arbutus ,	170 *b*
3 tegmen, segmen,	56
— habent ,	437 *p*
3 tegmine fagi ,	LVII
23 tego, *v.* tegimur, tegit, texit.	
:1 telâ victam,	390 *c*
2 tela per auras ,	169 *g*
— gerebat ,	307 *e*
— manu ,	428 *l*
2 teli progressus ,	257 *c*
2 telis solum ,	177 *b*
— quælibet ,	348 *g*
:3 tellurem amplectitur,111 *p*	
:3 tellus et domus ,	297 *l*
2 telo jacet ,	315 *g*
2 telum educit ,	145 *k*
— torsisti ,	171 *h*
— ex insidiis ,	231 *d*

	Pag.
V. tela, teli, telo.	
3o temerè (Nilo ,	227 *d*
:3 temeritas bono,	316 *a*
2 temeti (cadum ,	440 *u*
23 temne verba ,	175 *s*
23 temno , *v.* temne, temp-	
serat.	
o Tempe Thessala ,	371 *e*
11 temperet à lacrymis,	283 *o*
:5 temperies ,	98
11 tempero,	98
V. temperet.	
:3 tempestas (fecit ,	107 *s*
	369*m*
:3 tempestates augebis,	257 *i*
2 temple (ferimus ad ,	221
2 templis quippe ,	221 *c*
3 tempora tarde ,	342 *b*
— si fuerint,	410 *c*
3 tempore (semper ex,	114 *g*
— constitues,	131 *a*
— dicere ,	131 *b*
— cœnavit,	131 *l*
— regnat	133 *d*
— hoc videat,	134 *o*
— facienda ,	146 *a*
— obsequium ,	146 *b*
— (in hoc ,	146 *f*
— eccum ipsum,	146 *g*
— ad eam veni ,	147 *e*
— venit (post,	267 *a*
— trimestri ,	284 *c*
— matrem ,	290 *e*
— fecimus ,	331 *b*
— vires,	370 *a*
3 tempori cedere ,	113 *m*
3 temporibus dubiisq..	388 *a*
— illis ,	415 *b*
3 temporis filiam ,	207 *k*
— horam ,	275 *k*
TEMPS , division en	
4 séries ,	115 *et* 350
— leur syntaxe ,	350
— tableau géuéral ,	352
V. aux mots CONJU-	
GAISON , VERBE.	
— tableau général de	
tous les temps ac-	
tifs et passifs ,	351
23 temsserat ille deos,	175 *r*
3 tempus (interea ,	177 *f*
— non est ,	203 *g*
— rei gerendæ ,	204 *a*
— inter eos ,	204 *a*
— edax rerum ,	204*m*
— nullum .	220 *l*
— ille unquam ,	244 *l*
— consul antè ,	260 *l*
— advenis ,	265 *a*
— anni ,	271 *a*
— est abire ,	347 *e*
— omnibus ,	430 *h*
V. tempora , tempore ,	
tempori , temporibus ,	
temporis.	
15 tenax quàm ,	LXXIX
	et 205 *a*
— rosaceus ,	32
— segeti crescere ,	430 *k*

Pag.

23 Tendere (recepto, 297 h
23 tendimus in Latium, 269 a
— hinc recib, 269 b
23 tenditur (accipitri, 269 p
23 tendo, v. les 3 préced. le
suiv. et tetendit.
23 tendunt vela noti, 166 x
22 tene, harpaga, 172 e
11 tenebris, fœda, LXIV
— fulgent, 207 a
— (lucet in, 269 c
22 tenentur (ludis, 102 k
22 teneo lupum, 243 n
V. tene, tenentur, tene-
rent, tenes, tenel,
tenuisti, tenuit.
22 tener, v. teueris.
22 tenerent (si verba, 422 e
22 teueris annis, 102 l
— consuescere, 233 i
11 tenerrimus, optimus, 39
22 tenes (rem, 97 d
— (hujus ima, 313 a
22 tenel arbore, 341 c
— (uxor, 429 t
·4 tensum (tetendi, 164
21 tentabo omnia, 367 d
21 tentare latebras, 378 g
21 tentasse domos, 275 l
21 tenuantur ab usu, 250 l
22 tenuere facem, 302 e
22 tenuisti quam ob rem! 409 f
22 tenuit quominùs, 408 b
21 tenuo, v. tenuantur.
·4 tenus (intendi, 239
30 tenus attigit, LXVI
— descendit, 238 l
— , si non datur, 238 h
— et 319 g
— supereminet, 238 d
— (verbo, 238 e
— descendit, 238 f
— à mento, 238 g
22 tepeant hiemes, 319 h
30 ter, tertius, 41
— centum, 272 c
— circùm accensos, 437 a
·1 Terentiam monens, 274 i
23 teretur interea, 177 f
2 terga manus, 170 g
22 tergentur poliuntur, 173 n
22 tergeo, v. le précedent.
23 tergo v. tergant, ter-
guntur, tersit.
23 tersit lumina, 173 a
3 tergora diripiunt, 100 c
et 113 n
2 tergum (facio, 214 l
23 tergunt arvina, 434 e
23 terguntur manus, 173 m
3 tergus, v. tergora.
·3 termes, v. termitem.

**TERMINATIFS, Ta-
bleau,** 8

— 2e ordre, 22
— 1er sous-ordre, cor-
pus, etc. 22
— 2e sous-ordre, abi-
lis, etc. 31
— phrasés, 429
·2 terminum curis, 258 a
·3 termitem avellito, 115 u

Pag.

23 Tero, v. teretur, tri-
visse, trivit.
11 terra, 90 l, m
— produxit, 117 b
— circùm, 260 e
— , at perhibent, 325 e
V. les 6 suiv. et terris.
11 terrà aut mari, 90 i
— contingere, 131 g
— ad cœlum, 233 a
— (Atlas à, 273 a
— condebantur, 347 c
— defigebantur, 434 f
11 terræ filius, 90 g
— applicat, 90 h
— monstra, 91 d
— motibus, 274 aa
— (oscula, 109 k
— motus, 174 s
— mandemus, 307 h
— deficit, 428 l
11 terram video, 90 k et 278 d
— (tundet pede, 166 dd
et 386 a
— (fligit in, 168 v
— cruor, 171 d
— domat, 205 c
— fluit devexo, 251 a
— tetigimus, 178 a
— oculi mirantur, 367 f
17 terrarum dominos, 90 n
— subacta, 211 k
11 terras numine, 91 c
— (teueris, 102 l
22 terreat umbras, 322 k
22 terreo, v. terreat,
terrait.
14 terribiles (formæ, 144 g
— miscent, 430 u
14 terribilis ejus, LXIV
11 terris adnare, 91 a
— jactatus, 91 b
— nivis, 122 c
— inscripti, 275 h
·3 terror (milites, 179 b
— (alius, 256 c
·3 terrores omnes, 322 i
22 terruit urbem, 112
— gentes, 122 c
23 tersit lumina, 173 l
11 tertium annum, 272 e
11 tertius, 41
V. tertium.
·2 teruncii fuerunt, 214 n
·1 tesseris (Judas, 425 d
11 testâ ferbuerat, 179 o
·2 testamento (moneta
de, 274 l
21 testatur moritura, 274 g
·3 testes (accerrimi, 88 d
21 testificator iste, 166 t
·3 testis, v. testes.
21 testor, v. testatur.
·3 testudine casus, 236 c
23 tetendit insidias, 166 v
11 teter, v. tetrum.
11 teterrime (hominum, 94 h
23 retigi triginta, 178 b
23 tetigimus (terram 178 a
11 tetigisti ecu, XLIV et 166 f
11 tetrumque palpanti, 440 c
23 tetulit, nunc non, 112 f

Pag.

·2 Teucer, v. teucri, teucro, teucrum.
·2 teucri (tollite me 280 h
·2 teucro (auspice 223 q
·2 teucrùm accipio, 320 c
23 terit (galea molle 170 a
23 texo, v. le suivant.
23 texunt virgis, 106 l
·3 Thaidem (accipere 238 k
·3 Thais, v. Thaidem.

**THÊMES, XXXVIII,
etc. XL et XLI p. I
du cours, etc. etc.**

·0 Thescidæ posuère, 439 s
11 Thessala tempe, 391 a
·1 theogonia, privignus 25
·3 Thersites (tibi sit 420 e
·2 thesaurum reperisse, 338 i
·2 thessalus, v. thessala.
11 threicio regi, 369 g
·3 thrax erit, 322 a
3 thera sabæis, 497 i
3 thuris vident, 171 e
— piperisq. curalio, 436 f
3 thus in micas, 439
·2 thymum si quis, 172 c
·2 thyrso (vestigia 436 r
·0 et ·0 tibi audendum, 79 a
— nihil eveniet, 66 e
— mandavi, 97 l
— ago, summe, 107 c
— causa fui, 112 e
— video, 126 p
— viaticum, 141 d
— nihil sum, 142 a
— morem, 175 x
— Romam, 203 a
— aliquid, 222 f
— aræ, mæa, a, etc.
— regna patris, 222 c
— 223 b, c, m, a,
— negotia meris'st, 224 f
— (decori, 225 e
— 225 c, 225 d
— 226 a et o
— (debellanda, 228 t
— hanc...tactio est, 281 f
— hanc notio est, etc. 281 a
— salvus, 297
— quod ex usu, 304 a
— nomen, 308 b
— me est æquum, 310 b
— impingi, 314 a
— licet esse, 322 a et 346 a
— non pusse, 350 e
— probe lepidèque, 324 d
— Jovem non, 329 a
— incidit suspicio, 405 e
— res se habet, 412 e
— lubet, vale, 413 c
— curabo, 428 a
— morigera, 429 a
— 436 s, p,
— 437 l, 440 c, 441 k
·3 et ·3 Tiburtem sata-
mant, 436 i
·3 et ·3 tigres (pascere, 403 e
·3 tigris (ravis, siès, 102
11 tiliæ folia, 437 h
22 timeam (tibi an, 344 b
— (gratulasse an 344 b

Pag.

22 Timebat eventa, 220 a
11 timendum (in morte 284 e
22 timeo ut sustineas, 340 c
— ne non, 340 d
— daneos, 388 b
—, sin opitulor, 423 k
V. timeam, timebat, timet.

22 timet me deseras, 340 a
—, tantum, 414 h
30 timidè gelidèque, 381 e
11 timidus. rigidus, 18
— que Philæmon, 296 c
'3 timor, *v.* les 2 suiv.
'3 timore corruit, 197 h
— micant, 438 q
'3 timorem pelle, 166 k
23 tingat equos, 115 k
23 tingo, *v.* tingat, tinguntur, tinxit.
23 tinguntur sanguine, 170 d
24 tinnis (nimiùm 175 k
23 tinxit sanguine, 170 c
'1 Tiresia, petenti, 199 e

TIS *vous fait* MINI, 154

:1 togam esse, 429 x
14 tolerabilia esse debent,424 h
21 tolerare magistro, 249 n
23 tolle audacter, 306 d
23 tollent equites, 435 c
23 tollere moles! quos, 198 f
23 tolli dona sines, 310 c
23 tollit in auras, 194 a
— quem dira, 436 a
23 tollite me teucri, 180 h
23 tollitur (habet 307 c
— alis, 437 q
23 tollo, *v.* les 7 précéd.
et tollunt, tule-
runt, tulisset, tulit.
23 tollunt (brachia 435 a
15 tonantem crediduimus,356 c
22 tondent dumeta, rôôbb
22 tondeo, *v.* tondent,
totondi.
'4 tonitrubus fulgarat, 324 e
'3 tonsorem ire, 270 a
'4 tonsum (totondi 164
'4 tonsus, oculi 386 c
2 tormentaque alia, 427 p
— gubernat dolor, 438 a
22 torquentur in arcus, 252 l
22 torqueo, *v.* le préc., le
suiv. et torsisti.
22 torquet (numine 91 c
— (portam 171 i
'3 torquibus exiguis, 427 d
'3 torrem corripit, 427 g
22 torrentur aristæ, 434 c
'3 torris, *v.* torrem.
22 torsisti primes, 171 h
'4 tortam (torsi, 164
'a torus est de, 441 q
30 tot traxisse, 160 b
— sententiæ,197 c et
— 224 d, 315 h
— vigiles, 236 d
— dies herclè, 256 f
11 totà passim silvà, 169 m
— que vagatur, 230 b
— mente atque, 243 b

Pag.

11 Toto aere, 169 m
22 totondi hunc, 166 aa
11 totos dies, 89 b
— juxta, 259 c
— se fingunt, 271 g
— ter centum, 271 c
11 totum (credere 186 k
— hunc contrivi, 250 a
— caput, 436 b
— dicamus, 436 p
— nutu tremefecit, 442 e
11 et 10 lotus, *gén.* totius,
datif, toti.
— vester, et esse, 127 a
V. totà, totos, totum.

14 trabales.... gestans, 431 n
:3 trabes abiegna, 340 n
23 tradit(matrimonium, 207 k
:3 traditio (traducere, 21
'4 traditum (tradidi 161
23 trado, *v.* tradunt.
23 traducere, 21

TRADUCTION,
— moyens, XXIII
— latérale, 32
— interlin., XXXIII,
LXV, LXIX, etc.
— médiate ou immé-
diate, 232, 233, 264, etc.

23 tradunt feram, 2,5 c
11 tragicos decet ira, 441 l
:1 tragedia an non, 421 a
23 traham (vela 254 k
23 trabe, fuge, 159 f
23 trahebatur priameia, 159 e
23 trahere, rapere, 159 c
23 trahi vento, 159 d
23 trahimur omnes, 159 b
23 trahit sua quemque, 171 a
23 trahitur humor, 417 c
23 traho, veho, struo, 68
V. les 8 précéd., et trahunt,
traximus, traxit.

23 trahunt siccas, 159 a
25 trajecit utrumque, 428 aa
11 trajecto missa, 368 a
11 trajicere lora, 275 f
25 trajicio, *v.* trajecit.
'3 tramite sicco, 115 v
11 tranquillà bellum, 330 m

TRANS, *initiatif,* 21

30 trans fluvium, 265 h
:1 transenná hic turdus
lumbricùm petit; 239
— mare currunt, 265 i
— mare legatos, 360 b
11 transactà re, 269 f
'4 transactum (transegi, 161
15 transcendens, 21
23 transcendere boves, 350 g
10 transeat per cribr..., 428 z
23 transegi (subegi, 161
11 transenná, *v.* les 2 suiv.
11 transennam (per 271
20 transeo, *v.* transeat.
23 transferre, transgredi, 21
'1 transfuga divitum, 396 a

Pag.

25 Transgredi, transcen-
dens, 21
23 transigere (rem 350 h
23 transigit ensis, 112 f
24 transiliret (vellam, 338 m
11 transverse fit, 312 x
11 transversos eminent,312 o
11 transversus(extremus 343
V. les 2 précédens.

23 traxerant (in suam... 160 d
23 traximus imperium, 136 c
23 traxisse moras, 160 b
23 traxit per pulpita, 160 a
— per ossa, 170 f
'1 Trebellius (quam 216 g
11 trecenti, *v.* trecentis.
30 trecentiès, 41
11 trecentesimus, qua-
dring.... 41
11 trecentis (vel 87 s
30 tredecies, quatuor. 41
10 tredecim, quatuord. 41
11 tredecimus, 41

TREIZE. Le chiffre
(13) signifie adjectif
en *er, ris, re, v.* 444

11 tremebundus ab alto, 429 b
23 tremefecit Olympum, 442 a
23 tremiscere, hiscere, 30
11 trepidat (altra fas 258 b
11 trepidi vera, 396 a
23 trepido, *v.* trepidat.
10 tres, quatuor, 41 — 87
— latratus, 88 a
— lites, 88 b
— aderunt, 88 d
— aberant, 88 a
— abest, 272 f
— (ad horas 272 k
V. tria, tribus.

TRÉVOUX, *v.* Du-
marsais, LVIII
10 tria eis tribus, 88 f
— ab eorum, 173 b
— millia, 173 e
— pauca sunt, 394 a
23 tribuebatur ignaviæ, 215 o
23 tribunal necessit, 305 a
'2 tribunum plebis, 353 b
23 tribuo, *v.* tribuebatur.
10 tribus sunt fata, 88 f
— (bibatur Ida, 436 n
— verbis volo, 87 s
:1 tricas narras, 81 v
'3 triduo legao, 81 e
30 trigesiès, ou triciès, 41
'3 trigesimus, quadrag... 41
10 triginta, quadrag., 41
— minis, 278 b
14 trimestri, secernen-
dum, 184 d
14 triplex (duplex, 14
'3 tripodas geminos, 118 g
'3 triremes hùc illùc, 438 o
14 triste lupus, 362 a
— aspexi, 347 d
34 tristia mœstum, 299 d
24 tristis, horrida, XLIX
— Aristæus, 192 b
— ad æthera, 227 g

Pag.
14 Tristis dea tollitur, 437 q
V. les 2 précédens.
11 triticeos panes, 283 d
2 tritici (modium, 274 b
4 trium (trivi, 164
10 trium litterarum ho-
mo, 87 r
11 triumphatum Romæ, 246 d
2 triumphus clarior, 309 a
23 trivisse labellum, 281 f
23 trivit mola, 177 e
3 et 3 troes (fuimus, 139 d
1 Troja, penates, 429 l
1 Trojæ quis nesciat, 344 q
1 Trojam esse jubet, 192 i
— duxit, 262 a
3 et 3 tros tyriusque, 227 r
V. troes.
21 trucidantur (alios, 254 d
23 trudit (aliam, 312 d
23 truditur dies die, 174 v
23 trado, v. tradit, truditur,
trudunt, trusêre.
23 trudunt obnixê, 302 f
11 truncus eram, 192 k
— cassus, 220
23 trusêre penatibus, 174 n
1 trutina, balance.
0 ou 10 tu me redimes, 50 c
— es Menæchmus, 73 a
— me amas, ego, 80 a
— , sequere me, 80 b
— 81 u, v, 117 b.
— concute plebem, 174cc
— illi vinum, 175 l
— ne me vidisti, 195 b
— istos deos, 214 h
— es mentis, 219 q
— tui, tua, 225 a
— es lapide silice, 244 k
— major; tibi me, 310 b
— nunc eris, 311 d
— quæ es, 311 f
— cui? parenti, 315 c
— es ego, 317 b
— es ille vir, 317 e
— fecimus, 318 a
— et collegæ, 318 d
— que puerque, 318 e
— 310 c, 313 f, 331 b,
344 m, 366 h, 373 b,
406 a.
— me modo voles, 408 g
— te agis? 409 a
— ais Æacidæ, 430 a
— cures utrùm, 431 b
— si videbitur, 432 a
— 434 k, 436 n, 439 c,
440 c.
— philosophis, 440 l
— me, crede, puella, 442
11 tua te fortuna, 132 q
— maxima cura, 192 b
— domus est? 199 a
— carmina, Mævi, 199 g
— , curæ sunt, 225 a
— felicitas, 228 g
— non est ut, 232 c
— me perdidit, 333 b
— conjux, 348 n

Pag.
11 Tua est imago, 402 a
11 tuâ prudentiâ, 237 f
— dixisse velim, 348 m
11 tuæ (litteræ, 215 b
— modestiæ, 306 d
— frondis, 303 f
— (uxori, 437 i
11 tuam perditam, 276 h
— ineptiam, 363 e
11 tuarum audita, 228 d
11 tuus (epistolas, 160 g
— litteras, 321 n
1 tuba (clanxit, 168 e
3 tuber est totum, 436 b
10 et 10 tui te nec mise-
ret, 79 m
— (amantiorem, 204 i
— (pudet me, 21 k
— me miseret, 213 d
11 tui, tua, curæ sunt, 225 a
— errastis, 318 d
11 tuis ferimus, 221 c
— servivi, 280 g
— civibus, 366 h
23 tulerunt fastidia, 254 b
— graviter, 375 c
23 tulisset (hora, 84 b. 180 g
23 tulit fecitque, LXVII
— 14,000 pondo, 236 c
— punctum, 300 e
— obvia sylvâ, 312 g
— (mortem filii, 425 l
11 Tullia, deliciæ, 192 f
10 Tullus et Ancus, 401 h
30 tùm dignus amari, 174 c
— et 347 f
— Drances, 193 g
— plus in repub. 195 c
— nobis opus est, 224 h
— posteà, 268 c
— intellexi, 345 m
— uno ore omnes, 345 n
— cetera pubes, 367 e
— certè tyrannis, 398 b
— naviges, 398 c
— etiam pudore, 399 a
— mira comitas, 399 c
— crepant, 413 a
— stygio regi, 438 l
15 tumens, v. tumentes.
15 tumentes (lora, 275 f
22 tumeo, v. tumet.
22 tumescit (alta, 188 k
22 tumet jecur, 372 e
2 tumulus, lieu élevé, tom-
beau.
30 tunc temporis, 207 k
—, nescio quàm, 305 b
— ego congressum, 315 f
23 tundet pede terram, 166dd
— et 386 a
23 tundo 51, v. tundet, tu-
tudisti.
11 tuo te vivere, 171 i
— nemo est, 271 c
— (certior esse, 346 a
11 tuos procubuisse, 356 a
3 tura sabæi, 197 i
— dabant, 222 k
11 turba atque, 196 b
— istuc nulla, 397 e
V. turbæ, turbas.

Pag.
11 Turbæ est apud, 210 f
21 turbare porrò, 416 a
11 turbas faciet, 148 a
— dedit, 307 d
3 turbine fertur, 118 h
3 turbo adjuvat, 433 g
21 turbo, v. turbare.
2 turdo.. nil vulvâ, 439 p
2 turdus lumbricum, 239
22 turgent in palmite, 173 p
11 turgida vela, 375 a
3 turis piperisque, 436 f
2 Turnus equo, 144 b
— in albis, 434 s
21 turpaverat (frontem, 43 g
14 turpe est viro, 63 a
— nescire, 146m
— (semper est, 301 a
— senex, 302 d
— senilis, 302 d
— (verbum, 323 b
— semper est, 350 d
14 turpis macies, 403 e
21 turpo, v. turpaverat.
2 turres (regumque, 387 a
3 turris ferrea, 116 d
22 turserunt in palmite, 173 o
3 tus, v. tura, turis.
2 Tusculano, puer, 345 g
4 tusum, (tutudi, 164
23 tute pour tu, 314 a
23 tutela contra frigora, 258 c
11 tutissimus ibis, 312 v
23 tutudisti a ires, 196cc
11 tutum eduxi, 252 i
— classis, 280 d
— que putavit, 340 f
3 tutus nimiùm, 206 h
— ad narrandum, 277 e
11 tuum esse heram, 55 o
— animum, 176 d
— est, si quid, 300 a
— nomen dic, 301m
— nihil est, nisi, 347 a
— laudabit, 440 r
11 tuus puerque, 319 b
— (nunc es?— 319 b
V. tua, tui, tuum.
3 Tyndarida adspicio, 315 b
3 Tyndaridæ fratres, 315 a
3 tyrannidis indicaret, 329 b
3 tyrannis existet, 398 b
2 Tyri (regna, 201 b
2 tyrius humero, 400 a
11 tyriusve fuat, 56 b
— que mihi nullo, 227 r
— color, 43e f
3 Tyronem (esse, 325 h

U.

10 uber, ferax, 220
10 uberem qam diffici-
lem, 309 d
30 ubertim fleverat, 238 e
30 ubi absunt, perstre-
punt, 92 h
— noles, 135
— velis; ubi nolis, 135 k
— illum, 207 d
— ad aures, 217m

Pag.

30 Ubi sis, 211 s
— sim, 236 h
— sunt, 250 l
— mille rotam, 272 h
— friget sermo, 296 b
— scalus est qui me, 303 c
— plus tepeant, 319 h
— primùm potuit, 328 f
— dicta dedit, cœlo, 328 h
— semel quis, 318 i
— absinthium, 366 a
— nihil olet, 376 a
— illum quæram, 392 b
— decidimus, 401 h
— consulueris, matu-
rè, 403 k
— satias cœpit fieri, 417 f
— strigandum, ubi, 417 e
— erit, tecam lo-
quar, 417 h
— est frater? 417 i
— te non invenio, 417 k
— amici, ibidem, 417 l
— nulli nocte metus, 417 m
— nunc es, 434 p
— senex, 436 q
— sementim, 440 k
V. ubiubi.

30 ubicumque opus sit? 418 c
30 ubinam gentium, 207 e
30 ubique luctus, 418 e
— pavor, 418 e
30 ubiubi erit, 418 e
— sit animus; 418 h
30 ubivis quàm ibi, 418 d
3 ulceribus laser pro-
dest, 112 p
23 ulciscor, ultus sum,
3 ulcus, v. ulceribus.
10 ulla super (erat, 235 e
— excusatio, 344 h
10 ullam esse, 325 f
10 ullo in, 325 f
12 ulmo est, 428 e
12 ulmus (in burim, 252 m
11 ulnas (assurgit in, 273 l
11 altimum (ad inopiæ, 211 i
11 altimus excedebat, 429 a
30 altrà (datur, 238 l
— terminum curia, 258 a
— fas trepidat, 258 b
— citraque nequit, 258 c
— (si non datur, 319 g
— super Numidiam, 254 l
11 ultramontanus, de
mons, 34
30 ultrò nobis cupiant, 235 k
— que animam sub, 437 h
'4 ultum, d'ulciscor, 61
ULUS, ELLUS, OLUS
a, um, terminatifs, 46
21 ulva, v. les 2 suiv.
21 ulvà (exponit in, 265 h
21 ulvis, impositus, 441 q
'3 Ulysse (Danai'æ, 315 e
21 umbella, libellus, 2
21 umbræ sumus, 319 c, 401 h
V. les 3 suivants.

21 umbrà (tegit arbutus, 170 b
21 umbræ (de montibus, 165 f
21 umbram (penatibus, 174 u

11 Umbræ, Æneas des-
cendit, 322 k
UN, ('1, :1 et 1.) v. les
abréviations, 444
10 una ratio, 87 c
— non alit canes, 89 g
— boum vocem, 217 b
— res pro duabus, 247 d
— est definitio, 285 o
30 unà crevimus, 176 i
— militiæ, 208 e
— (I mecum hàc, 300 b
30 unam (esse quam, 286 h
21 unda fluens, 166 r
— noto, 169 dd
— delphinus, 172 cc
22 undas scuta viràm, 253 g
30 undè hæc igitur, 207 f
— hæc fiant, 319 e
—, quis, quæ, 344
— is? egone? — 418 f
— eam, neque, 418 f
— mallem, 418 g
— necesse est indè, 418 h
— undè passus est, 419 a
— undè extricat, 419 b
— invitus recedas, 418 c
30 undecies, duodecies, 41
10 undecim, duodecim, 41
11 undecimus, duode-
cim, 41
30 undique curis, 173 r
— ad inferos, 205 u

UNDUS, BUNDUS,
terminatifs, 28

30 undecumque causa, 419 c
23 ungo, v. ungunt, unxit.
3 unguen, v. unguine.
3 ungues tonsor, 175 e
— (abstulit, 377 h
— unguine ceræ, 118 i
'3 unguis, v. ungues,
23 ungunt, verrunt, 170 f
30 unicè unum plurimi, 215 d
11 unicum gnatum, 115 s
1 et :1 unigenam pro-
creavit, 429
30 unius æstimemus, 214 m
12 universis malè facit, 94 i
10 uno nomine ambo, 124 b
— minor, 248 c
— disce omnes, 303 d
— ore omnes omnia, 345 u
30 unquam obliviscar, 219
— vacabat, 244 l
10 unum cognoris, LXVI
— et 355 i
— illud, 143 q
— plurimi, 215 d
— omnium oro, 217
— optimè, 217 f
— hoc vos oro, 274 c, 8
— intermittit, 310 h
— nescio, 344 b
— gratularne, 304 b
10 unus, duo, tres, 31
— erat, 86 f
— (his amor erat, 87
— natorum Priami, 217 a

10 Unus valebat, 247 d
— senior præ, 248 f
— et alter dies, 318 a
— (càm provocet, 400 a
V. una, uno, unam.
23 unxit (arsuros artus, 170 e
11 urbani fiunt rustici, 430 o
:3 urbanitas, rusticitas, 42
11 urbanus, v. urbani.
:3 urbe (ipse portas, 174 a
— Roma, 191 b
— Venit Daphnis, 229 f
— 240 a
— (dominantur in, 129 g
— 245 f
— egressis, 230 a
— furens, 230 b
— lapidem, 252 c
— fuit mediâ, 307 g
:3 urbem Romam, 110 p
— operibus, 111 k
—; terruit, 122 c
— Romam, 191 a
— amplissimam, 161 g
— Antiochiam, 193 k
— (videor hanc, 227 o
— (ingressus, 236 a
— ibat ovans, 264 f
— modò, modò in, 266 h
— (defertur ad, 269 c
— quam statuo, 307 a
— (nesciat, 344 q
:3 urbes accepère, 117 m
— philosophia, 166 g
— omnes Asiæ, 379 a
11 urbicapus, forceps, 22
:3 urbs, urbis, seps... 57
— Roma à Romulo, 191 a
— nobilis? 192 e
— duntaxat, 420
'2 urceus exit, LX
23 uro foco cancros, 395 a
11 urgendo (semper, 376 d
'2 urgeo, v. les 3 suivans,
et ursi.
22 urgeris undique, 173 r
22 urges occ sionem, 406 a
22 urget habendi, 203 k
'a un magnitudine 255 g
23 urit guttur, 121 d
— fauces, 176 b

URIRE, ITARE
terminatifs ver-
baux, 28
21 urna seriùs, 439 q
21 urnas frustra Danai-
des, 315 d
23 uro, v. urit, uror, usserat.
23 uror (tam magis, 310 g
22 ursi neque levavi, 173 q

URUS, URA, URUM,
terminatifs.
'4 usibus è mediis, 441 l
30 usque affatim, 208 k
— pertinet, 272 a
— adhuc mitto, 280 b
— ad lucem, 395 b
— eò retinuit, 414 q
— donec, 420 d

Pag.

3o Usque adeo donec, 420 *e*
— adduximus, 440 *e*
23 usserat herbas, 191 *c* 176 *a*
'4 usu tuo nemo est, 245 *e*
— (atteruntur, 250 *h*
— (tenuantur ab, 250 *l*
— tuo nemo est, 271 *c*
— sit (tibi quod, 301 *e*
— (tenuantur ab, 369 *f*
—, solertem tu me, 44*a*
'4 usui estis nulli, 439 *h*
'4 usum interdicemus, 279 *a*
'4 usus (fecerat, 111 *f*
—, fert res, 137 *d*
12 usus sum adol... 305 *l*
V usibus, usu, usui, usum.

3o ut vales? quid tu, XLIV
— me esse oportet, 128 *b*
— soles, omnia, 143 *i*
— res est, 144 *e*
— æquum est, 146 *d*
— facias facilius, 148 *h*
— poterit, 148 *n*
— hoc ne facerem, 148 *s*
— porro nos, 178 *u*
— parerent arva, 179*m*
— (processit 207 *a*
— (venerat 207 *b*
— opinio et, 212 *d*
— respueret, 214 *f*
— quanti se, 215 *o*
— esset (huic 226 *d*
— homines, 242 *c*
— totâ mente, 243 *b*
— patremque, 296 *c*
— illum di.... 303 *e*
— tamen pari.... 305 *e*
— fit fastidium, 320 *a*
— primus, 320 *d*
— certior sim, 321 *h*
— quimus, aiunt, 325 *b*
— volumus non.... 325 *b*
— perhibent, 325 *e*
— 333, *d*, *e*,*f*,
— valet ? at.... 334 *b*
— valeas, 335 *a*
— abeat ab se, 337 *c*
— eloquar, 337 *d*
— ad te irem, 337 *f*
— ad pauca, 337 *k*
— satis sit, 340 *b*
— 340*c*, *g*, *h*, *m*,
— ignavum, 345 *c*
— se culpari, 345 *e*
— sæpè summa, 345 *f*
— ait pater, 356 *b*
— fiant videro, 356 *f*
— ningat, 360
— habeas, 363 *e*
— jam nunc.... 391 *a*
— quiescas, 392 *e*
— soles, 397 *b*
— cùm maxumè, 399 *b*
— quemadmodùm, 409 *c*
— quamvis avido, 411 *f*
— intelligam, 414 *e*
— illud incredibile, 415 *a*
— voles esse me, 415 *b*
— res dant sese.... 415 *c*
— nunciaret, 415 *d*
— qui verissimè, 415 *e*

Pag.

3o Ut ? ai victus... 415 *f*
— temporibus illis, 415 *g*
— vales? — ut queo, 415 *h*
— ille tàm demiss. 415 *i*
— ut res hæc se.... 416 *n*
— veniat, 416 *h*
—, causa sit, 425 *i*
— antrum, 434 *b*
— bella omnia, 434 *r*
— nihil veritati, 438 *a*
23 utamini linguâ, 277 *f*
23 utamur salubribus, 169*n*
23 utatur. (quis malè, 321 *a*
3o utcûmque præcedes, 132 *l*
— ventus est, 416 *b*
11 utendum, *de* utor,
— est, 118 *i*
— est excusatione, 166 *g*
10 uter advectus est navi, 80 *c*
— quærit, 344 *f*
— nostrum popularis, 344*m*
— sit, cette, 359 *d*
V. utrum.

10 uterque, utriusque, 85
— substiterat, 257 *c*
— jacent, 302 *h*
— pronus humi, 303 *k*
V. utraque, utrique, utro- que, utrumque.

23 utere (decembri, 109 *e*
11 utei inu.·, citedinus, 34
23 uti, *inf.* d'utor.
— jure senem, 305 *l*
3o uti scire possis, 140 *h*
— hàc fugerent, 416 *c*
— placarem te sibi, 4 16 *d*
14 utile est quod, LXIX
— dulci, 300 *e*
— peccare, quia, 301 *a*
—, 350 *d*
— est te jam, 350 *h*
14 utilis, docilis, 31
V. utile, utilium.

:3 utilitatibus (sociorum, 401 *d*
14 ntilium tardus , 340 *n*
3o utinam aut hic, 340 *l*
— di ita faxint, 340 *l*
— ne in nemore, 340 *n*
— inciperes, 348 *h*
— ità di faxint, 416 *e*
— lex esset, 416 *f*
21 utor, *v.* utamini, utamur, utatur, utere.
10 utraque formosæ, 301 *u*
10 atrique (in rem est, 252 *g*
3o atrinque pugnatum, 430*b*
10 utroque tuum, 440 *r*
3o utràm, cur, quarè, 344
— ne ego sum, 344 *i*
— hostem an, 391 *c*
— sit an non, 421 *a*
— crudum se, 421 *b*
— ea vestra an, 421 *c*
— strictimne, 421 *d*
— tibi accumbo, 421 *f*
10 utrumque sagitta, 418*aa*
3o utut *ou* ut ut,
— res hæc se, 416 *a*
11 uva, *v.* les 2 suiv.

Pag.

:1 Uvem, pallos, 440 *a*
:1 uvas (messuit , 179 *s*
:3 uxor (et placens, 297 *f*
— esse nescis, 349 *c*
— et vir, 385 *d*
— me tenet, 420 *f*
— ex lustris, 435 *i*
V. les 3 suivants.

:3 uxore (est clam, 238 *b*
:3 uxorem ducis? 138 *f*
— habes, 210 *e*
— suo, 276 *a*
— deducit, 337 *k*
— (clàm, 338 *l*
— ducere, 342 *a*
— suo, 366 *a*
— (et velle, 370
— annon, 394 *f*
:3 uxori exoptatum, 238 *f*
— faræ, 40*e*
— quæ est, 416 *f*
— tuæ, 437 *i*
11 uxoria lites, 314 *e*

V.

21 Vacabant loca, 244 *e*
21 vacabat à cogitando, 214 *l*
21 vacare domos, 254 *b*
— domos, 289 *d*
91 vacat epulis, 179 *d*
— spatium, 411 *b*
21 vaco, *v.* les 4 précéd.
11 vacuum laboris, 220 *l*
11 vacuus, inanis, 220
23 vadimus (hostes, 420 *f*
2 vadis (refusa, 441 *s*
23 vadis an expectas, 175 *b*
23 vado, *v.* vadis, vadimus, vasit
2 *ou* '2 vadum *ou* vadas, *vay*, vadis.
3o væ misero mihi, 202 *g*
— tibi, causidice, 372 *c*
— te; tibi de nobis, 372 *d*
— meum bile, 372 *e*
12 vafri non sunt, 104 *r*
11 vagabundus, vacab... 28
22 vagatur urbe, 230 *b*
24 vagierunt clamore, 342 *d*
:1 vaginam (acinacis, 106 *u*
— (aristam et, 441 *o*
24 vagio, *v.* vagierunt.
21 vagor expeditus, 250 *d*
V. vagatur.

11 vagus Hercules, 207 *i*
3o valdè placeas, 33*a*
— graviter, 373 *c*
— me Athenæ, 420 *b*
3o valdius, minùs, 39
22 vale, et cubitam, 145 *m*
— (volui, 168 *i*
— (valens, 335 *f*
— atque salve, 413 *c*
22 valeant qui inter, 338 *e*
22 valeas (cura ut, 335 *a*
— habeas, 335 *a*
— vale, 335 *f*
— habeas illam, 338 *f*
22 valeat Venus, 338 *d*
12 valebat (unus, 247 *l*

Pag.

25 Valens, v. valentior.
22 valent præcepta, 56 n
24 valentior est quam, 198 b
22 valeo, volo, 349
  V. vale, valete, etc. etc.
22 valere volumna, 80 g
22 valeret sestertiis, 247 b
-2 Valerius scripsit, 270 n
22 vales? — quid tu, XLIV
  — ? — ut queo, 415 h
-22 valet duabus, 247 d
  — ? ut meminit, 334 b
  — (romana, 431 f
22 valete (me, vos, 80 b
:3 valetudinis tenuit, 408 b
11 validos (minùs, 258 g
5 vallis ad instar, 208 l
2 vallum fecerat, 114 c
  — transiliret, 338 m
21 vanæ proficiunt, 134 d

VANIÈRE, son cours
  de latinité, XL

21 vapulabis in hinc, 365 f
22 vapulando, ille verb... 318 c
22 vapulandum vocitari, 256 h
21 vapulat peculium, 366 c
21 vapulem ne, 366 e
21 vapulo (regno, 202 n
  V. les 2 précéd. et vapulabis

22 varia genera, 113 l
  — circa, 260 d
  — genera, 435 t
-2 Vario fortis, 227 f

VARIORUM (les) LVI
  et LVII

11 varium et mutabile, 302 c
22 varius, v. varia, verium.

VARRON, cité 213, 215

-3 Varronem doctiss... 259 f
2 vas, vasis, as, assis, 57
  — samnium, 178 b
  — sa décl. vas, vasis, vasi
  vase, vas, plur. vasorum,
  vasis, vasa.
-2 vasa abstulit, 229 e
23 vasit ad illum, 175 a
21 vastabundus, 28
-3 et :3 vatemque virum-
  que, 265 h
-3 et :3 vates, gén. pl.
  vatum, 101
  — horrere, 294 f
25 vaticinantis modum, 252 n
21 Vatiniano (odio, 354 e
-3 et :3 vatis amici, 189
20 vecors, vesania, 20
:3 vectis, abl. vecti, 101
30 vehementer errant, 372 g
15 vehementior quàm, 428 i
23 vehit hic clitellas, 171 e
23 veho, struo,
  V. vehit, vehant, vexerat.
23 vehunt (impon... 514 d
30 vel trecentis, 87 t

Pag.

30 Vel vincar, 234 a
  — si pateris, 241 e
  — stertas, 365 d
  — pace, 330 m
  — adest, 391 c
  — non, 391 c
  — Apolline, 391 e
  — cœlo possunt, 392 a
  — medio in, 391 b
  — stertas licet, 391 c
  — cicurum, 435 t
  — ferarum, 435 t
  — nudiustertius, 438 x
2 vela noti, 166 x
  — traham, 254 k
  — (turgida, 275 a
21 velamus amictu, 116 h
21 velatur fronde, 313 f
:3 veles, v. velites.
20 valim (possim, 231 i
  — superesse, 287 a
  — ut ne quid, 343 c
  — dixisse, 248 m
  — , quasi, 374 b
  — (cæsam, 420 x
20 velis; ubi nolis, 135 k
  — quod possit, 307 a
  — (ut non, 325 d
  — quod possit, 412 b
  — (obsidam, 203 p
20 velit (mercatum si, 276 b
  — uxorem ducere, 342
:3 velites desiliunt, 115 x
20 velle, hæc duo, 131 k
  — (est benè, 211 N
  — uxorem, 370
  — debebis quoad, 413 f
  — debebis quoad, 416 d
  — debetis, 416 t
20 vellem herclè, 134 t
  — habere, 343 d
3 vellera fe tis oves, 112 q
  — (mutabit, 114 m
  — fertis, 221 d
  — (refertis, 221 t
3 velleribus (jacebat, 100 g
23 vellit sæpiùs, 275 u
3 vello, v. velli, vulserat.
2 vellus, v. vellera, valleri-
  bus.
21 velo, v. velamus, velatur.
15 velocis, lucis, 220
15 velox velocis, 58
2 velum vertitur, 416 b
  V. vela.
30 velut arbor, 417 a
  — ex incendio, 417 b
  — per fistulam, 417 c
30 veluti qui anguem, 417 d
  — Sagunti, 417 e
11 venæ (ore tu, 430 g
21 venabor apros, 100 a
2 venabula fertur, 255 b
14 venalis, venalis, 31
3 venatio me, 281
3 venator (frigido, 235 i
4 venatum ducere, 275 u
21 venatur vertagus, 91 f
23 vendam (domum, 268 d
23 vendere campo, 435 p
21 venditant Cæsari, 408 d
23 vendo meum, 198 b

Pag.

V. vendam, vendere.
10 veneo de ire, eo, v.
  venibunt, venierint,
  venire.
24 venerant siti, 295 h
24 venerat ut, 207 b
:3 Veneremque cane-
  bat. 382 b
:3 Veneris nec, 112 r
  — regno, 202 a
  — (egone? — in, 209 a
  — mantal, 209 g
24 veneris (scire quid, 131 a
  et 360 b
  — ito, 209 f
24 venerunt (legati 399 e
24 veni (lexi, statui, 59
  — tui (amantis, 204 k
  — quod reream, 247 e
11 verium corvis, 140 e
  — (posce deos, 274 d
24 veniat, dotata, 324 l
  — semper, 330 h
  — (ad horam ut, 416 k
20 venibunt servi, 323 g
  — quiqui 323 g
24 venient ad pocula, 270 c
15 venientes elephan-
  tos, 276 c
15 venientûm (acci-
  piunt, 112 t
20 venierint (bona, 360 c
14 veniet! quanta labes, 435 x
24 venimus (illius ergo, 85 h
  207
  — videmus, 132 d
24 venio, dicam, 80 p
  — damnum, 276 d
  — an hic maneo, 394 e
  V. tous les 24 depuis venerant jusqu'à veniunt.
20 venire sub hastâ, 235 h
  — (quam, 137 b
24 venire huc, 410 d
24 venires (ad ludos, 408 b
24 venis? — ità pro-
  fecto, 299 b
  — eadem abis, 306 c
24 venisse volubile, LVI
24 venisti (eloquere
  quid, 344 a
24 venit (in mentem, 79 b
  — (legio octava, 82 e
  — i quid ago, 229 f
  — (dans fidem, 141 g
  — (cita mors, 202 h
  — (diei, 207 h
  — (eream, 229 d
  — Daphnis, 229 f, 240 a
  — avis, 253 h
  — (longo post tem-
  pore, 267 a
  — littora, 269
  — quin viderit, 330 l
  — ? — quia enim, 412 g
  — unde mallem, 418 g
  — (exspeciabo dùm, 419 e
24 veniunt (spe, 283
  — (gerendum, 283 a
  — adipiscendum, 283 a
21 venor, v. venatur.

Pag.

·3 Venter, v. ventrem, ventri.
·2 venti . quâ data, 404 a
— (ad littora 427 i
21 ventilet æstivum 400 a
21 ventilo v ventilet.
·2 ventis æquora, 368 c
2 vento mirabere, 159 d
— pulsatur, 242 b
— nimium, . 375a
·2 ventos placestis, 118 c
— (gaudia, 137 m, 286 g
11 ventosa lingua, 431 k
·3 ventrem mollit, 209 n
·3 ventri victum, 401 b
21 ventriloquus, 27
·2 ventulum huic sic, 431 l
·2 ventum er-t ad, 209 d
— ad inopiæ, 211 i
— (seditionem, 259 d
— est, 263 f
— erat, 270 i
·2 ventus est, exin, 416 b
V. venti, ventis, vento, ventos.
:3 Venus (valeat, 338 d
—, aut · go fallor, 391 a
V. Venerem, Veneris.
:3 vepres pruna ferunt, 107 y
11 vera bona, 96 i
— fateor, 144 i
— ac manifesta, 396 b
11 veram fugam, 404 e
2 veratri manipulum, 439 k
2 verba hæc, 83 n
— putas? 141 f
— (face 148 k
—, turbas faciet, 175 s
— precantûm, 175 s
— cum affectu, 238 e
— desipiunt, 257 b
— apud senatum, 262 k
— que (vultus, 297 g
— vocantis, 297 k
— decent, 209 d
— loquor, 338 f
— dabam, 345 i
— tenerem, 421 c
— virgis dorsum, 436 q
2 verba scribite, 439 c
11 verberando ambo, 318 c
21 verberat ora manu, 428 x
21 verberavisti patrem, 430 k
11 verbereum caput, 314 b
·3 verbero . in rem, 282 h
— audes, 430 v
21 verbero, v. verberat, verberasti.

VERBES, temps, 125
— irréguliers, 127
— réguliers, 134
— passifs, 154
— tableau des verbes passifs, 156
— déponents, 158
— passés des ver-bes, 161
— syntaxe, No 316 jusqu'au No 370.

Pag.

V. aux mots TEMPS, NOMBRES, PERSON-NES, modes, etc.
2 verbi gratiâ, 105 e
2 verbis, opus est, 81m
— volo, 87 s
— quid vis, 408 r
2 verbo curabis, 105 f et 187
— tenùs, 238 c
— sensum, 249 d
2 verbum verbo, 105 f et 187
— turpe, 323 b
— esse facturum, 363 c
— non amplius, 442 g
V. verba, verbi, verbis, verbo.
30 verè qui assim... 128 o
— indolis, 214 b
— sciunt, 349 a
— mehercules, 372m
22 verebamini ne non, 339
22 vereor ne, me ab-sente, 327 f
— .... ne quid An-driâ, 339 b
— ut placari, 339 c
— (satis sit, 340 b
— ne ita hunc, 360 i
V. verebamini.
11 veri nuntia, LXXIX et 205 a
14 verisimile non est, 415 a
30 verissimè (ut qui, 415 e
·3 veritas, æstas, 58
— odium, 121 b, 246 b, 431 a
V. les 3 suiv.
·3 varitatem (sis ad, 53 l
·3 veritati loci, 438 a
·3 veritatis magna vis, 121 a
·3 ver-mis (prudent-is, 56
·3 verni temporis, 273 k
30 verò (enim, 138 d
—, verbereum, 314 b
— simulent, 344 e
— benè meditarus, 366 h
·3 verres à sue, 107 s
23 verrunt, spargunt, 170 f
21 versa populum, 266 t
21 versant pollice, 114 g
11 versata est, 262 b
11 versatur urna, 439 q
11 versatus, v. versata.
·3 versio, (percussio, 38
21 verso, v. versant, etc.

VERSION, v. traduction.
·4 versum, de verto.
·4 versus inopes, 220 i
11 versus, v. versa.
30 versùs pergam, 266 g
— (galliam, 266 h
·2 vertagus venatur, 91 f
23 vertant (di bene, 423 b
23 verterent, quòd, 225 n
23 verterim (non, 96 c
·3 vertex, v. vertice.
23 vertique ægique, 368 g
— palâ debet, 440 a
·3 vertice tangam, 112 o
— quot gerit, 114 v
— (sidera, 122 g

Pag.

·3 Vertice cœlum, 172 y
— pulcher, 374 a
23 vertit in rem, 411 i
23 vertitur (in periclo, 401 d
— (velum, 416 b
— vertit.
23 verto (quocumque me, 410 l
V. les 6 précéd.
23 vertunt (ad mœnia, 428 s
10 veru, v. verubus.
10 verubus prunas, 428 g
11 verum (cupio, 287 g
30 verùm educat, 73 b
— etiam amari, 370 b
30 verumtamen, 425 c
11 verus patriæ, 290m
— patriæ diceris, 346 c
V. vera, veram, veris, verum.
11 vesana fames, 174 l
— verberat, 428 x
23 vesci licet, 116 l
— (possit, 205 d
23 vesperascit et, 355 g
·2 vesperum portas, 253 f
·1 Vestæ (erat ad, 209 d
— simulachra, 348 b
·1 vestam nectare, 428 p
·3 vestem fibula, 313 c
·3 vestibus (sine, 416 i
2 vestigia eò, 232 e
2 vestimentis nomine, 148 d
2 vestis murice, 436 e
V. vestem, vestibus.
12 vestra (damna, 173 f
— est (statuo, 307 a
— an nostra, 421 c
12 vestrâ censerier, 131 a
— manu sitam, 261 c
12 vestras measque, 359 g
·0 et ·0 vestri ou vestrum, 80 c
12 vestris auram, 332 a
·0 vestrorum uter, 359 d
·0 vestrùm, ou vestri uter, 80 e
12 vestrum est dare, 300 i
— (expectatis, 414 f
— sinitis, 118 d
10 veterem rem novam, 312 c
10 veteris instituti, 347 c
21 vexai i (sinitis, 118 d
23 vexerat Europen, 171 b
·0 vi victum est, 88 g
— (fit via l 88 g
— potitur, 220 b
— nunc ereptum, 229 d
·2 via visit, 88 h
— est (si qua, 118 l
— (mores, 200 f
— leti, 295 d, 430m
— ireat, 385 a
— dirige, 404 f
V. viâ, via, viam, via-rum, vias.
·1 viâ sacrâ, 132 g
— (rectâ, 133 b
— (clamat de, 232 g
— aut vobis, 404 g
—, di bene, 403 a
·1 viæ (tantumdem, 205 s

Pag.

11 Viam (carpe, 79 c
— (fabulantur per, 94 m
— quâ domum, 146 r
— equitibus, 173 x
— (videtur ire, 280 e
— (noverunt, 355 g
11 viarum (angusta, 211 m
11 vias relaxat, 111 l
— (arte, 168 a
— cogitare, 256 b
2 viaticum, sequere, 141
3 vibex, v. vibices.
3 vibices obliterantur, 115 a
2 Vibuleno sacramentum, 146 a
11 vic.rium corpus, 430 p
11 vicarius popularis, 35

VICE, initiatif, 11, 428

11 vicenis sestertiis, 247 b
7 vicepraesea, 21
1 viam speculantur, 252 p
23 viceris servias, 415 f
11 vicesimum ab urbe, 251 c
11 vicesimus (incipit, 413 h
23 vicimus, rumpantur, 178 l
et 369
11 vicina bonis, 300 c
— coegi ut, 411 f
11 vicino (me à, 370
11 vicinum (oportet, 370 d
23 vicisse boetios, 414 n
— debeo, 424 e
30 vicissim (petimasq... 140 d
— experiamur, 377 c
23 vicit improbus, 118 l
11 victimas (nolo, 54 d
— pecudes ad, 172 q
3 victor, maeonii, 128 a
V. victorem, victoribus.
3 victorem et, 385 b
11 victoria pacem, 160 bb
— in manu, 234 l
— cùm multa, 398 b
3 victoribus ostrum, 428 i
3 victrices hederam, 441 k
4 victam (vici, 164
5 — non datis, 401 b
11 victum est, 88 g
— eum, 180 b
— quaeritans, 390 c
11 victus dedit, 394 f
— eris, 415 f
V. victam.

22 vide sis ne in quaest... 53 g
— (fuerit, 80 q
—, sis, 81 x
— sit, 143 o
— (me, 143 p
— (fiat, 240 h
— quanti, 333 g
22 videam, si vis, 143 u
22 videar voluisse, 360 i
22 videat senex, 234 o
22 videbam in, 143 g
22 videbat uti hâc, 416 c
22 videbatur perditam, 1... 8
— potirentur, 408 a
22 videbimus quid, 143 l
22 videbis ut soles, 143 i
22 videbit permixtos, 143 k

Pag.

22 Videbitis nunquid, 143 m
22 videbitur infrà, 255
— ita, 422 d
22 videbo te propediem, 143 h
— jam vos, 434 m
22 videbunt gratiam, 143 p
— (regique, 368 f
30 videlicet de psaltriâ, 380 e
22 videmur (suxisse, 169 gg
— vobis, 348 a
22 videmus (venimus, 13a d
— Italiam, 143 d
22 viden' ut stant, 55 m
—, scin' ain'... 55
11 videndi (causa, 203 n
— cupidus, 285
11 videndum un, 393 c
15 videus pereo, 143 y
— magno, 294 a
— jam colla, 294 f
22 vident (tecta, 89 l
— (quod, 96 l
— arborem, 111 q
— nisi, 143 f
— (futuram, 195 e
— nisi quod, 321 d
15 videntem (cuncta, 294 g
22 vidento etiam, 143 l
22 videntur (posse, 348 f
— (tibi, 366 i
22 video sepulchra, 86 c
— (terram, 90 k
— libens, 90 m
— (pol, 117 n
— videre, 139 c
— meliora, 143 a
— animo, 100 o
— (terram, 278 d
— in me, 299 k
— (omnia, 321 p
— esse reliqui, 328 b
— (meae, 410 l
—, sentum, 440 g
V. toutes ses formes dans sa conjugaison, 143
et ailleurs.

V. les 23 précéd. et les 22 suivantes.

22 videor desidiosus, 128 p
— jam illum, 143 x
— mihi, 169 a
— hanc urbem, 227 o
— minis, 321 s
— esse reliqui, 328 b
— (aetatis, 344 n
— aut fuisse, 348 c
22 videram (nondùm, 278 e
— gallium, 354 h
22 videre licet, 139 c
— videor, 143 x
— mihi, 227 o
— meliùs, 301 d
— te volui, 413 c
22 viderem, effugi, 143 v
— homines, 222 g
22 videres fluitare, 342 h
22 videri, sciri, 154
— (potuêre, 302 i

Pag.

22 Videri (sanctoque, 346 h
— (formosa, 366 b
22 viderimus nos, 195 a
22 videris perd.disse, 348 d
— de tuis civibus, 366 h
22 viderit (hoc, 195 d
— (quin, 330 l
22 videro (ego, 195 a
22 vides (nonne, 55 n
— (oppida, 86 n
— (oppida, 87 n
— ridiculos, 143 b
— (me, 143 b
— postremùm me, 380 b
— (causam, 409 e
22 videt sua gaudia, 137 m
— plus naso, 286 g
— (redisse me, 143 c
22 videte quid acturi, 143 s
— quàm, 401 l
22 videtis quo in, 143 e
22 videto (unum illud, 143 q
— quid potest, 143 r
— saepè, 344 o
22 videtur (hera haec, 191 h
— (mihi sic hoc, 227 p
— ire viam, 280 e
— aliquando, 341 d
— saepè tamen, 434 a
22 vidi, prandi, 59
— (meis, 86 g
— jurgantem, 144 a
— aequum, 160 n
— hunc ipsum, 191 a
— (Moerim, 193 h
— ex tempore, 232 b
22 vidimus (Proserpinae, 333 a
22 vidisse Jovem, 286 b
— senem, 354 g
22 vidissem (mihi, 234 c
22 vidisti quo Turnus, 144 b
— (tu ne me, 195 b
22 vidisis in republicâ, 195 c
22 vidit Deiphobum, 102 a
— in herbâ, 260 g
— et urbes, 382 c
— ad eum vineas, 440 o
11 vidua domo, 209 l
2 viduiam (ista ad, 271 l
11 viduus, vacuus, 220
11 vigesimus, trig... 41
30 vigiès, triciès, 41
10 et 10 vigil, vigilis, 75
10 et 10 vigiles (caeduntur, 165 h
— oculi, 236 c
— (ad lucem, 395 b
11 vigiliam milites, 131 t
10 viginti, bipes, 11
— triginta, 41
— (millia, 255 d
— dies, 25; e
— quinque, 273 d
14 vile sabinum, 177 l
14 vilius argentum, 248
11 villâsque Civilis, 299 h
10 vim minis addit, 81 l
11 vimina gutta, 13a n
20 et 30 vin', pour vis-ne, 216 l
2 vina referre, 385 b

	Pag.
2 Vina liques,	93 h
—	381 b
— repertori,	93 i
23 vincam te vel,	234 a
23 vincar abs te,	234 a
23 vincere nostrum,	300 i
— posse,	370 f
23 vincet cuicunque,	367 a
— odore rosas,	435 c
24 vinciam (circum,	422 e
24 vinciat auro,	170 h
23 ou 24 vincimus, nous vainquons, ou vincimus. nous enchaînons.	
24 vincio, v. vinciam, vinciat, vincimus, vinxerat.	
23 vinco, v. viceris, vicimus, vicit, vincere, vincet, vincor, vincunt.	
23 vincor ab Ænea,	194 b
—	242 a
11 vinctum asservand...	369
23 vincunt (funalia,	178 ll
11 vindemia saxis,	439 b
3 vindex, v. vindicem, vindices.	
11 vindicaret liberta- tem,	226 e
3 vindicem armemus,	115 b
3 vindices libertatis,	429 c
11 vindico, v. vindicaret.	
11 vinea frondes,	180 a
11 vineas phateosque,	440 o
2 vineta virgetaque,	430 t
2 vinetum, v. vineta.	

VINGT(20) et les cinq chiffres suiv., 21, 22, 23, 24 et 25 dé- signent les verbes. v. les abrév., p. 444.

2 vini vitio,	93 a
— sortière,	202 c
— (erat,	207 h
— vinosus,	244 c
2 vinis oculi,	93 g
2 vino indulgent,	93 b
2 vino siunt,	172 g
— forma,	93 c
— pellite,	381 c
2 vinorum diversa,	93 f
11 vinosus Homerus,	244 c
2 vinum potas?	93 d
— sublimia,	93 e
— cedo,	175
— illi,	175 l
— majoris,	202 f
24 vinxerat et post,	170 g
— exoritur,	285 c
— adolescentia,	300 k
— mustum,	439 k

V. vina, vini, vinis, vino, vinorum.

11 viola carduus,	237 b
11 violare (nefas,	108 f
11 violari propolæ,	386 b
25 violens, opulens,	16
25 violentior æquo,	244m
11 violentus, violens,	16
11 violo, aut tua,	403 g

V. violare, violari

	Pag.
11 Vipera, puerpera,	27
2 vir hic est,	84 o
— me orabat,	91 k
—, i tu,	92 b
— (viro,	105 a
—, hic est,	294 a
— habet,	307 b
— (tu es ille,	317 c
— bonus es,	327 c
— meus et tua,	348 n
— fortis atque,	373 g
— (uxor et,	385 c

V. viri, viris, viro, viros, virum.

:o vires acquirit,	88 o
— me deficiunt,	88 p
— (promite,	175m
— incendia,	175 o
— tempore,	370 c

V. virium, viribus.

23 virescere, ægresce- re,	30
2 vireta (amœna,	368 b
11 virga, v. virgis.	
2 virgeta auguranto,	430 t
2 virgetum, v. virgeta.	
2 Virgiliusque (ego,	430 t
11 virgineus oculis,	348 b
11 virgis (texunt,	106 i
— circumvinciam,	422 e
— dorsum,	436 q
:3 virgo (priameia,	159 e
— (nupsit ei,	171 n
11 virgula, particula,	3
2 viri (verba,	207 k
— deformantur,	439 c
:o viribus ille,	88m
— ævi,	88 n
14 viridi stillabant,	437 e
14 virili parte,	237 c
14 virilis quærit,	207 l
:o virium defectio,	88 l
— habet,	248 d
— penès,	263 b
2 viris virtus,	241 g
2 viro frangi,	63 a
— vir,	105 a
— hæc nuncianti,	336 a
—	345 a
— fides,	336
— et cui,	344 o
— (maledicas,	360 a
— (quæ est,	416 a
2 viros summi,	128 n
virreo, L. vitreo,	141
:3 virtus (ætas,	58
—, coctio,	95
— lucet in tenebris,	167 c
— nomen est,	241 g
— post nummos,	260 p
— (penès est,	263 d
— (mentis est,	199 e
— est vitium,	350 a
— erit et Venus,	391 a
— non periit,	414 g

V. les 5 suiv.

:3 virtute puer, LXX et	439 l
:3 virtutes agendo,	176m
— sibi pugnas,	223 a
:3 virtuti dulcis,	207 a
:3 virtutibus aurum,	248

	Pag.
:3 Virtutis fuit,	214 f
:3 — pristinæ,	219 c
— amore,	299 b
2 virumque cano,	56 a
— que exponit,	165 h
— (est meum,	282 i
— (veniæ,	341 i
— cispellam,	427 r
— suam esse quæ,	436 t
2 virûm pour virorum,	233 g
— galeasque,	253 g
:o vis consili,	88 k
— impunduere,	116 f
— est (magna,	121 a
— quanto,	149 b
— rapuit repietq.	381 a
— tantò,	418 g
— est (ista quaedam,	SUNT.
— hæc quidem her- clè est, et trahi et trudi simul.	PLAUT. capt. 3, 5.

V. vi, vim, vires, viribus, virium.

10 vis unicum gnatum	115 g
— ergo experiamur,	114 b
— (scire hoc,	139 d
— iteram,	160 g
— dum,	223 k
— (est quod,	295 e
— (quod,	301 e
— 308, a, b, c.	
— id velis quod,	327 c
— vis. mater,	342 a
— formosa,	366
10 vis me ire,	394 g
411, 43q, m, n.	
11 visa sororum,	228 d
— viri,	297 k
11 visa dea est,	294m
— repente,	295 b
3 viscera petant,	89 h
— transigit,	112 t
3 visceribus ferrum,	172dd
3 viscus, v. les 2 précéd.	
11 visendus ater,	295 c
13 visere majus,	191 g
14 visibilis, amovibilis,	3.
11 viso opu' st,	243 c
23 viso, v. visere.	
2 visorium, sensorium,	46
4 visu forma,	144 d
— inepto,	145 c
— (mirabilis,	150 c
— mirabile,	310 a
4 visum iri,	277
— iri à me,	305 b
— nutricem ille,	144 c
11 visum est curæ,	202 e
— diis aliter,	295 a
— est miseram,	344 b
11 visura marinos,	294 i
11 visuros peccata,	294 k
11 visarum (robur,	294 l
11 visurus sum,	144
— fui,	144
— eum vivo,	294 h
— essem,	362 h

Pag.

·4 Visus, jactus, 97
— (hebetat, *voy.* visu,
   visum. Visu.
— sum,, 168*dd*
— adesse, 275 *f*
— Iuli fundere, 294 *l*
— est (arripere, 390 *i*
  V. visa, viso, visum.

:1 vita est, 425 *d*
  V. vitæ, vitam.

21 vitabis inimicitias, 422 *a*
11 vitabundus hostium, 280 *l*
:1 vitæ tædet, 213 *a*
— timeo, 423 *k*
— (omnibus est, 430 *h*
:3 vitam meam, 25e *c*
— mortemque, 259
— tuam perditum, 276 *h*
— cupio vivere, 280 *a*
— duram quam, 280 *b*
— oro, 294 *h*
— parcè ac duriter, 390 *e*
:3 vites (caper, 174 *r*
21 vitiaverat auras, 107 *g*
:3 vitibus infesti, 114 *u*
— (arbos, 167 *d*
2 vitiis efficitur, 88 *l*
— nemo, 234 *f*
21 vitio, *v.* vitiaverat.
2 vitio feci, 93 *a*
— mihi dant, 225 *i*
— verterent, 225 *n*
:3 vitis est habilis, 389 *d*
— medulam, 417 *c*
— in ulmo, 428 *e*
— odit caulem, 435 *o*
  V. vitis, vitibus.

2 vitium fugere, 350 *a*
— nocet, 83 *f*
— commune, 330 *d*
  V. vitiis, vitio.

21 vito, *v.* vitabis.
11 vitreo daturus, 142
21 vituperas (me, 87 *r*
21 vitupero, *v.* vituperas.
2 vituperium, 27
15 vivax, theriaca, 31
— fortius, 96
15 vivacis, vervecis, 110
11 vivendum est illic, 417*m*
23 vivere (sivis me, 143 *u*
— (sit, 165 *q*
— (quàm, 171 *k*
— (tuo te, 177 *l*
— naturæ, 222 *h*
— (cupio, 280 *a*
— triste aspexi, 347 *d*
— debuerant, 348 *h*
— (sunt, 350 *b*
— (me, 402 *b*
23 viverem (occasum, 234 *b*
23 vives, Licini, 376 *d*
11 viviparus, vipera, 27
23 vivit (nobiscum, 79 *i*
— rapto, 252 *s*
23 vivo vitam, 204 *h*
— et regno, 334 *h*
  V. vivere, viverem, vivit,
  vivant, vixi, vixisse, vixit.

Pag.

11 Vivos radicitùs, 377 *h*
11 vivum tenuisti, 409 *f*
23 vivunt (bacchanalia, 108 *c*
— (pecore, 117 *k*
— homo, 218 *d*
— ab sæculo, 233 *c*
:3 vix, *gén* vicia.
30 vix sum apud, 262 *p*
— credibile, 194 *e*
— sum compos, 219 *p*
— præ gaudio, 220 *c*
— casias rorem, 438 *n*
23 vixi usque, 280 *b*
23 vixisse satiust, 171 *k*
— (Pausaniæ, 290 *e*
23 vixit (annis, 246 *e*
— in centum, 247
— ad annum, 272 *i*
·o et :o vobis grates, 80 *c*
— spectantibus, 80 *f*
— dixi, 85 *c*
— vellera, 221 *b*
— resident, 277 *f*
— cœnam, 288 *o*
— et republica, 318 *b*
— (exponam, 329 *f*
— picta croco, 436 *c*
21 vocamus hominem, 304 *c*
21 vocant opobals... 334 *e*
— oculos, 334 *f*
— (incolas, 427 *k*
15 vocantis visa viri, 297 *k*
21 vocare? — geta, 193 *d*
— ? — nemo nisi, 198 *c*
21 vocares (Amarylli, 99 *k*
21 vocari (assuesce, 177 *d*
21 vocat? quis nominat, 81 *i*

VOCATIF, syntaxe, 199
  V. les déclinaisons.

— pugnas, 367 *a*
  vocavit (Antiochiam, 193 *k*
:3 voce (maxima, 145 *c*
:3 vocem (rumpit, 194 *d*
— (boum, 217 *b*
— que coloremque, 275 *b*
:3 voces et verba, 297 *k*
15 vociferans ibat, 347 *h*
:3 vocis genera, 120 *c*
21 vocitari inter, 256 *h*
21 vocitaverunt nostri, 417 *a*
21 vocito, *v.* vocitari, vocitaverunt.
21 voco, *v.* vocamus, vocant,
  vocare, vocares, vocari,
  vocat, vocor.
21 vocor Lyconides, 193 *c*

VOIX, lexigr. iphie, 114
— syntaxe, 365
21 volant zephyramq... 260 *l*
— sonitumque, 427 *l*
11 volat hoste, 244 *b*
— ardea, 255 *a*
— æquora juxta, 259 *b*
— hoste vocare, 289 *d*
15 volens *v.* volente, volenti-
  tibus.
  volente deo, 249 *f*
15 volentibus cum ma-
  gnis, 249 *l*
— conducit, 341 *b*

Pag.

VOLENTIOR, . 74
VOLENTISSIMUS, 74
20 voles nobis legem, 134 *l*
— aptè, 171 *o*
— ita esse, 408 *g*
— ; tamdiu, 413 *f*
— esse me, 415 *b*
21 volo, *v.* volant, volat.
20 volo colloqui, 84 *l*
— scire, 84 *n*
— accumbere, 87 *g*
— (vos, 87 *l*
— (verbis, 87 *s*
— ut me amet, 134 *a*
— ipsius, 203 *b*
— (optime, 223 *f*
— à me expectes, 241 *h*
— (admonitum, 273 *l*
— (sermonem, 278 *g*
— ut mihi, 287 *g*
— quot mihi sint, 288 *a*
— , sic jubeo, 335 *g*, 337
— , nolo, 349
— aliud nisi, 423 *c*
  V. velim, velis, velit, velle, vellem, vis, volam,
  volebam, voles, volue-
  runt, volui, voluisse,
  voluit, volumus, volunt,
  vult, vultis.
:3 Volscente magistro, 249 *h*
2 volsci, quà modo, 404 *c*
14 volubile malum, LVI
13 volucri freta, 109 *o*
20. voluerunt (quoad, 414 *c*
20 volui effici, 149 *c*
— , vale, 168 *l*
— (videre te, 433 *c*
20 voluisse servare, 360 *l*
20 voluit, ut tamen, 305 *e*
— (stoïcus esse, 348 *l*
·2 Volumnium (apud, 177 *n*
20 volumus (vos valere, 80 *g*
— non licet, 325 *b*
— eveniet, 423 *l*
20 volunt indigere, 80 *k*
— (potiri, 219 *g*
— (discidium, 333 *a*
:3 voluntas erga me, 119 *c*
— (pro ratione, 335 *g* 337
  V. voluntate.
:3 voluntate hoc fieri, 203 *b*
:3 voluptas (quemque, 171 *a*
— que dissimil... 297 *a*
:3 voluptates (sperne, 176 *o*
— omnes, 278 *l*

VOLUS, (FICUS, 74
23 volvère per annos, 264 *l*
     et 272 *h*
23 volvit galeasque, 253 *g*
23 volvo, *v.* les 2 précéd. et
  le suiv.
23 volvunt alii, 442 *a*
15 vorax, dulcis, 77
— vorem (malis, 87 *h*
23 vortit benè, 328 *c*
·o et :o vos valete, 80 *b*
— valere volumus, 80 *g*

	Pag.
·o et :o Vos estis ambæ,	8o *h*
— inter vos,	8o *i*
— volo,	87 *l*
— lacerant,	113 *e*
— estis fratres, 127 *e*, 317 *f*
— scire,	146 *s*
— oratum,	174 *x*
— tùm plus in,	195 *c*
— qui tandem,	197 *a*
— non vobis,	221 *b*
— licet,	322 *e*
— miltar,	33o *c*
— balatrones,	434
·o et :o vestrûm quivis,	8o *c*
2 vota fefellit,	165 *r*
— deis,	16oaa
— precesque,	228 *e*
2 voti compotem,	219 *r*
2 votis assuesce,	177 *d*
2 votum, *v.* vota, voti.	
:3 vox attigit,	177 *p*
— ... omnia,	343 *g*
— dira,	354 *d*
V. voce, vocem, voces, vocis.	

VOYELLES COM-
POSÉES, etc., *p.* 65

VOYEZ.

Sous ce mot nous donnons l'*errata* de la table et les *omissions.*

Acr-i gaudet,	1o9 *a*
lises ac-ri gaudet.	
22 Apparent rari,	XLVII
23 attigit ore,	LXVI
21 auguranto sacer-	
dotes,	43o *t*
cum embabas, *li-*	
ses cum amba-	
bus,	465
dùm fuit, *lises*	
3o dùm fuit, les 28 exemples qui suivent appar- tiennent à *dùm,* 472	

ABRÉVIATIONS.

DÉCLIN.			ADJECTIFS.	CONJUG.
m	*f.*	*n*		
·o	:o	∶o	1o *irrégul.*	2o *irrég.*
·1	:1	∶1	11 us, a. um.	21 are,o.
·2	:2	∶2	12 er,ra,rum.	22 ere,eo
·3	:3	∶3	13 er, ris, re.	23 ere,eo
·4	:4	∶4	14 is, e, *ou* or, us.	24 ire,io.
·5	:5	∶5	15 s *ou* x,	25 ere,io.
3o signifie *invariable.*				

Suite du VOYEZ.

ELLIPSES. Elles sont traitées dans tout l'ouvrage, *v.* surtout p. 247, 248, 249, 25o, 272, 273, 276, etc.

	Pag.
:2 fagi (sub tegmi- ne,	XLVII
IN, terminatif, *lises* IN, initiatif,	49o
inquit, tibi?	8o *g*
lises inquit, tibi? 85 *g*	
22 mane, manesis,	54
3o manè, *le matin.*	
Mangin, *lises* MANGIN,	498
MAUGARD, ch. XLVII, etc.	
15 nantes in gurgite, XLVII	
PASTELOT, XLVII	
pateram, etc.	166 *f*
lises pateram.	166 *l*
21 rari nantes,	XLVII
15 recubans sub,	LVII
22-ur sum, *lises* satur sum,	1o5
23 scribit, vult,	428 *a*
3 tegmine fagi,	LVII
21 vasto (in gurgite, XLVII	
vil plomb, *lises* plomb vil,	LVII

Fin du VOYEZ.

	Pag.
11 Vulcaniaque arma,	42o *a*
14 vulgaris, militaris,	35
3 vulgus et apéco, 179 *n* 354 *a*
3 vulnera passi,	3o2 *g*
3 vulnus, culmen,	96
V. vulnera.	
:3 vulpem (secutus ero, 42o *d*
:3 vulpes pilum,	1o7aa
V. vulpem.	
23 vulserat herbas,	175 *t*
2o vult te scire,	135 *g*
— (furtim hic esse,	238aa
— concursus,	251 *b*
— esse si per vos,	311 *a*
— brevitate,	428 *a*
2o vultis ad opus,	135 *i*
— auscultando,	224 *a*
— an non,	421 *a*
·4 vultum verba,	2o9 *a*
·4 vultus (Lavinia,	169cc
— accessere,	292 *e*
— verbaque,	297
V. vultum.	
·1 vulvâ pulchrius,	439 *q*

W.

WEISS, manière d'apprendre les langues,	LXXXII
WIELAND,	LVI

X.

2 Xenophonte scriptus, 228 *b*

Z.

·3 Zeno eleates,	32o *b*
·2 zephyris (mitescunt, 113 *d*
·2 zephyrumque,	26o *l*
2 zodiacus, theriaca,	31
:1 zonam perdidit,	4o1 *d*

OBSERVATIONS SUR LA TABLE.

1°. Sɪ au lieu de borner à quatre mille les citations qui servent à fonder les déclinaisons et les conjugaisons, les passés et les génitifs irréguliers, les 344 numéros syntaxiques et la nomenclature, nous en eussions porté le nombre de 20 à 24 mille, en les accompagnant de la traduction française, et de l'analyse des parties, notre cours se fût grossi de 1000 à 1200 pages.

La table produit donc l'effet de 2 volumes. Par elle nos 4 mille citations font le même service qu'auraient pu faire 22 mille, car tel est le nombre des articles qu'elle comprend,

Elle donne,

Sur ab,	34		Sur *opus*,	29
— ad,	110		— l'infinitif *ire*,	14
— ago,	84	citations.	— le passif *iri*,	9	citations.
— cùm,	37		— *eo, is, it*, etc.	88
— in,	140		— *ut*,	66
— si,	60			

en somme, 22 mille citations, presque toutes traduites dans l'ouvrage. Elle donne aussi la notation de tous les mots qu'elle contient, indiquant s'ils sont substantifs, adjectifs, verbes ou invariables, de quelle déclinaison, de quelle sorte. *Voy.* pag. 444.

2°. Non-seulement tous les mots des citations sont rapportés dans la table, mais ils sont toujours accompagnés d'un ou de plusieurs autres mots qui individualisent le passage et donnent le moyen d'y arriver directement, souvent même de pouvoir le réciter tout entier par l'effet de la liaison des idées.

3°. Nous avons évité le défaut capital des tables *ad usum*, où l'ordre des mots est dérangé, car ces sortes de tables déroutent la mémoire et n'individualisent rien. *Cano arma virumque* n'est point *arma virumque cano*; ce n'es pas même une phrase de Virgile.

4°. La table fournit réellement aux maîtres un recueil de 22 mille exemples sur toute la Grammaire, sur tous les genres de considérations lexigraphiques, syntaxiques et de nomenclature.

Mais que de dictées ils auront à faire, si ce livre n'est pas entre les mains des élèves ! Ce serait la plus mal entendue de toutes les économies que de les priver de cet instrument. Car, avec notre cours, les

élèves, au moins pendant 6 , 8 à 10 mois, n'ont besoin d'aucun autre livre latin, pas même d'un dictionnaire. Pendant tout ce temps les maîtres n'ont à faire qu'à les diriger, qu'à leur faire répéter le latin à vue du français, et le français à vue du latin, à demander ou faire demander les *parties* qu'ils ont dû apprendre dans la table.

4°. Nous avons annoncé que par le moyen de la table on pourrait traduire sans dictionnaire les auteurs latins classiques, voy. chap. xxvII. La marche naturelle pour arriver à ce résultat , c'est d'apprendre toutes les citations; ce qui, à 20 citations par jour, exigerait 200 jours pour les quatre mille. Au reste , on peut se contenter de les traduire.

On pourra aussi faire toutes sortes de thêmes, si, en partant des citations déjà connues, on dicte de *vive voix* des phrases françaises; Par exemple, à la suite de

Sum totus vester et esse debeo, pag. 127.

On donne celles-ci :

« Je suis toute à vous, et je dois l'être : *Sum tota vestra*, etc.

« Nous sommes tout à vous, et nous devons l'être : *Sumus toti*, etc.

Et si, lorsqu'on aura vu les phrases du *que* dit retranché, etc., on dicte :

« Croyez que je suis tout à vous, et que je dois l'être : *Credite me esse*, etc.

On sent qu'avec nos quatre mille phrases il serait facile d'en dicter des millions d'autres.

6°. Un des grands avantages de la table, c'est de rassembler les homonymes, comme les trois *eo*, les deux *is*, les trois *malam*, les deux *moreris*, les trois *legi*. Le rapprochement de ces homonymes et la différence de notation, forcent les élèves à refléchir, et les accoutument à se défier des formes et à les apprécier d'après les circonstances.

7°. Pour abréger, et le volume du cours et notre travail , nous ne voulions rappeler que le nom de l'auteur où était pris la citation. C'est à M. DARJOU, proviseur du Lycée de Grenoble , l'un de nos plus profonds idéologistes , que nous devons d'avoir rapporté, au bas de chaque page, à la suite des noms des auteurs, les endroits précis de leurs ouvrages où les citations ont été puisées.

Nous avons remarqué que les élèves studieux se plaisent à chercher à la source même, à quelle occasion telle ou telle pensée a été produite.

6°. Relisez attentivement la page 444 , et la manière d'apprendre les langues, chap. XXIV, XXVI et XXVII.

FIN.

Lightning Source UK Ltd.
Milton Keynes UK
UKHW021836020320
359660UK00011B/184